COLLECTION
DE
DOCUMENTS INÉDITS
SUR L'HISTOIRE DE FRANCE

PUBLIÉS PAR LES SOINS

DU MINISTRE DE L'INSTRUCTION PUBLIQUE

PREMIÈRE SÉRIE

HISTOIRE POLITIQUE

CARTULAIRE

DE

L'ABBAYE DE SAVIGNY

SUIVI

DU PETIT CARTULAIRE DE L'ABBAYE D'AINAY

PUBLIÉS

PAR AUG. BERNARD

IIe PARTIE. — CARTULAIRE D'AINAY, TABLES, ETC.

PARIS

IMPRIMERIE IMPÉRIALE

M DCCC LIII

CARTULAIRE D'AINAY.

NOTICE CHRONOLOGIQUE.

Le peu de renseignements que fournit sur l'abbaye d'Ainay proprement dite le cartulaire que nous publions ne nous permet pas de nous étendre sur l'histoire de ce monastère, qui se lie en beaucoup de points à celle de la ville de Lyon même; toutefois, il nous a paru convenable de dire un mot de son origine et de donner une liste de ses abbés, afin d'éclaircir le document historique qui est ici imprimé pour la première fois. Nous avons emprunté la liste d'abbés à l'ouvrage de du Tems [1]; mais nous l'avons rectifiée en quelques points à l'aide de documents particuliers, et, entre autres, d'une chronique inédite de l'abbaye d'Ainay rédigée par J. M. de la Mure.

Dans les premiers siècles de notre ère, le lieu où se trouve aujourd'hui l'église d'Ainay était situé hors de la ville de Lyon, et formait une île appelée *Athanacum* [2], au confluent du Rhône et de la Saône. Au IIe siècle, on brûla dans cette île les corps d'un grand nombre de martyrs, qui furent depuis désignés par cela même sous le nom de *martyres Athanacenses* [3]. Cette circonstance signala naturellement l'île d'Ainay à la piété des chrétiens, qui s'empressèrent de la sanctifier par la construction d'une chapelle ou d'une crypte, aussitôt que les temps le permirent. Cette chapelle, dédiée à sainte Blandine, l'une des victimes de la persécution, fit place plus tard à un mo-

---

[1] *Le Clergé de France*, etc. t. IV, p. 393.

[2] Ce nom a porté un grand nombre d'auteurs à penser que c'était là que se trouvait l'*athénée* où l'on disputait le prix d'éloquence, et que Caligula a rendu si célèbre en imposant au vaincu la condition étrange d'effacer son ouvrage avec la langue, ou d'être précipité dans le Rhône (Suet. *in Caio*, xx); ils en ont conclu que c'était là également que se trouvait le fameux temple érigé par les nations gauloises, et près duquel avait lieu, en effet, le combat littéraire dont il vient d'être question (Juven. *Sat.* 1). J'ai démontré ailleurs que ce temple ne pouvait être à Ainay (*Revue archéologique* [1847], t. IV). Grégoire de Tours, qui était petit-neveu de saint Nizier, archevêque de Lyon, et qui connaissait parfaitement l'histoire de cette ville, où il avait été élevé, n'eût pas négligé de parler de ce temple, s'il avait été situé près du lieu où furent brûlés les martyrs. (*Glor. mart.* lib. I, cap. XLIX.)

[3] Grég. de Tours, *loc. cit.*

nastère dédié primitivement à saint Pothin. Telle fut l'origine de l'abbaye célèbre dont nous nous occupons. L'époque de cette fondation ne peut être fixée d'une manière précise; mais on a la preuve que cette abbaye existait déjà au v⁰ siècle. Elle adopta bientôt après la règle de saint Benoît.

Nous venons de dire que l'abbaye était située dans une île. Cet état de choses subsistait encore au xı⁰ siècle, comme on peut le voir par le préambule de la plupart des actes du cartulaire; mais un peu plus tard cette île fut unie à la terre ferme, dont elle forma pendant longtemps l'extrémité. Aujourd'hui, grâce aux travaux de Perrache, qui conquit sur les deux fleuves, vers la fin du xvııı⁰ siècle, un vaste territoire, l'église d'Ainay se trouve presque au centre de Lyon. L'abbaye d'Ainay fut sécularisée en 1685, et, en 1690, son église devint paroissiale par la translation qui s'y fit de l'office paroissial de l'église de Saint-Michel. Il n'y eut plus dès lors à Ainay qu'un chapitre composé de vingt chanoines, y compris l'abbé et le prévôt, curé de la paroisse.

ABBÉS ÉLECTIFS.

1. Le premier abbé d'Ainay fut, à ce que l'on croit, saint Badoul (*Badulphus*), sur lequel on n'a point de renseignement.

2. Après lui on trouve saint Sabin, qui est mentionné dans la légende de saint Romain, fondateur de l'abbaye de Saint-Claude au v⁰ siècle. Cette légende porte, en effet, que saint Romain, avant d'embrasser la vie érémitique, avait vécu dans la fréquentation d'un homme vénérable appelé Sabin, abbé d'un monastère désigné par les mots de *Lugdanensis Interamnis*, qui ne peuvent s'appliquer qu'à l'abbaye d'Ainay, située entre deux fleuves. C'est peut-être sous cet abbé que le monastère fut restauré par saint Solon, évêque de Gênes, fils de saint Eucher, évêque de Lyon. On pense que ce prélat fit commencer l'église de Saint-Martin, qui resta ensuite près de cinq siècles abandonnée.

3. Saint Anselme, qu'on croit avoir été le douzième abbé, fonda le monastère de Mont-Lemant en Savoie, l'an 546, ainsi qu'on l'apprend de l'acte même de cette fondation, inséré dans un vieux missel à l'usage de l'abbaye, et imprimé en 1531. De la Mure lui attribue la construction de l'église de Saint-Pierre d'Ainay, qui fut plusieurs fois depuis détruite et rebâtie. Il attribue également à la reine Brunehaut une restauration de l'abbaye en 612.

4. Aurélien fonda, en 859, l'abbaye ou prieuré de Sessieux en Bugey. Il fit venir vingt-deux religieux de l'abbaye de Bonneval, diocèse de Chartres, pour rétablir le monastère d'Ainay, ruiné par les guerres.

5. *Udulbaldus* est cité plusieurs fois dans le cartulaire d'Ainay. Cet abbé paraît avoir gouverné de l'an 920 à 930[1].

---

[1] C'est par erreur que nous avons daté les actes où il paraît du commencement du xı⁰ siècle. Le roi Rodolphe qui figure dans deux d'entre eux est sans doute Rodolphe II (911-937).

NOTICE CHRONOLOGIQUE.

6. *Raynaldus I*, cité dans la charte n° 2, sous l'an 932. C'est sans doute sous lui que l'archevêque Amblard restaura l'abbaye détruite par les Hongrois. On doit particulièrement à ce prélat la reconstruction de l'église Saint-Martin, qu'il ne put toutefois achever.

7. *Egilbertus*, 966-970.
8. *Raynaldus II*, 977-980.
9. *Asterius*, 980-984.
10. *Heldebertus*, 984.
11. *Durannus*[1], 990-992.
12. *Raynaldus III*, 992-1007[2].
13. *Arnulfus*, 1007-1022.
14. *Geraldus*, 1023-1055[3].
15. Guichard Ier (*Wichardus*), 1070.
16. Garnier.
17. Humbert Ier.

Tous ces abbés sont mentionnés dans le cartulaire; mais les dates des actes qui les concernent présentent une grande obscurité. Nous renvoyons à ce que nous avons dit déjà à propos des premiers abbés de Savigny. (Voyez la Notice historique qui précède le cartulaire de cette abbaye, p. LXXVIII.)

18. Artaud, qui passe pour avoir restauré le monastère.
19. Gaucerand, qui fit construire en 1102 l'église de Saint-Martin (laquelle fut consacrée par le pape Pascal II, le 29 janvier 1106), et qui devint archevêque de Lyon.
20. Bernard de Talard gouverna l'espace de cinq ans.
21. Ponce lui succéda vers 1115; il intervint vers 1117 dans la fondation du prieuré de Beaulieu en Roannais. Cet abbé est cité dans le cartulaire.
22. Ogier, qui vivait sous l'archevêque Pierre.
23. Bérard, mentionné dans le nécrologe de Saint-Bénigne de Dijon.
24. Hugues, qui était abbé en 1135. Il est cité dans le cartulaire. (Voy. *Ugo.*)
25. Guichard II, qui obtint une bulle de privilége du pape en 1152. (Voy. *Vuicardus.*)
26. Étienne, qui régla un différend avec l'évêque de Mâcon en 1185.
27. Humbert II, 1186-1197. Il fit bâtir la chapelle abbatiale.
28. Aymendric, 1200. Il se démit de sa charge en 1212.
29. Jean Ier le Rouge ou le Roux (*Rufus*), 1213-1224.
30. Guillaume Ier des Hardes (*de Sarcinis*), 1225-1229.
31. Girin de Clairmont (*de Claromonte*), 1230-1250.
32. *Ayglerius*, 1253-1265. Il mourut archevêque de Naples.
33. Pierre Ier. Nous plaçons ici cet abbé, parce que, comme le précédent, il est mentionné dans le nécrologe de Saint-Thomas en Forez, à la date du 15 des calendes de juin (18 mai), mais sans indication d'année.
34. Gaudemard, 1267-1270.
35. Jocerand de Lavieu, 1274-1299.
36. Anchelin Rigaud, 1300-1307.
37. Humbert III de Varey, 1308-1313.

---

[1] C'est sans doute celui que J. M. de la Mure nomme *Dayvannus*.

[2] Il fonda le monastère de Saint-Romain-le-Puy, vers 1007.

[3] Du Tems mentionne ici un abbé Adalard, qui paraît en effet dans le cartulaire de Savigny; mais il n'était pas abbé d'Ainay. Le *Gallia christiana* mentionne également un abbé Germain.

NOTICE CHRONOLOGIQUE.

38. Jean II, de la Palud (il portait le surnom de *Granus*), 1313-1320.
39. Guillaume II du Vent (*de Aura*), 1326-1330.
40. Barthélemy Ier de Civins (*de Civino*), 1332-1361.
41. Guillaume III d'Oncieu (*de Onciaco*), 1362-1376.
42. Adam de Mont-Saint-Jean, 1380-1393.
43. Barthélemy II, 1394.
44. Antoine Ier de Brona, 1400-1411.
45. Guillaume IV de la Grange (*a Grangia*), novembre 1411.
46. Antoine II du Terrail, 1414-1445. Il résigna sa charge à son neveu en 1445, mais ne mourut qu'en 1457. Il fut enterré dans la chapelle de Saint-Sébastien, qu'il avait fait construire.
47. Théodore du Terrail, neveu du précédent et oncle de Bayard, prit possession, comme résignataire, la veille de Noël 1445, et gouverna l'abbaye jusqu'à sa mort, arrivée en 1507. Il fut également enterré dans la chapelle de Saint-Sébastien. Comme son oncle, il fit de grandes réparations au monastère.

ABBÉS COMMENDATAIRES.

48. Philibert Naturel de la Plaine, nommé abbé en 1507, mort en 1529.
49. Louis Ier de Bourbon, cardinal, abbé en 1532.
50. Antoine III de Talaru, mort vers 1540.
51. Nicolas de Gaddi, cardinal, abbé de 1543 à 1552.
52. François Ier de Tournon, archevêque de Lyon, abbé d'Ainay de 1554 à 1562.
53. Hippolyte d'Este, archevêque de Lyon, abbé d'Ainay de 1562 à 1567.
54. Vespasien de Gribaldi, archevêque de Vienne, abbé d'Ainay de 1568 à 1579.
55. Louis de la Chambre, vicaire général du précédent, en obtint l'abbaye en 1582. Il était encore abbé en 1587.
56. Pierre II d'Épinac, archevêque de Lyon, abbé d'Ainay de 1588 à 1596?
57. Michel Chevalier, abbé en 1599.
58. Guillaume V Fouquet de la Varenne, évêque d'Angers, mort en 1620.
59. Camille de Neuville-Villeroy, archevêque de Lyon, abbé d'Ainay de 1621 à 1693. Il fit réparer l'église et reconstruire la maison abbatiale. C'est sous lui que l'abbaye fut sécularisée et les moines transformés en chanoines.

ABBÉS SÉCULIERS.

60. François-Henri de Nettancourt d'Ossonville, évêque de Montauban, second abbé séculier, fut nommé le 8 septembre 1693, et mourut le 17 avril 1736.
61. Henri Oswald de la Tour-d'Auvergne, cardinal, mort le 23 avril 1747.
62. Frédéric-Jérôme de la Rochefoucauld, archevêque de Bourges et cardinal, mort le 29 avril 1757.
63. Pierre Guérin de Tencin, cardinal et archevêque de Lyon, mort le 2 mai 1758.
64. Lazare-Victor de Jarente, trésorier de Saint-Victor de Marseille, nommé abbé d'Ainay en 1758, et qui l'était encore lorsque arriva la Révolution.

DIVISION DE L'OUVRAGE.

PREMIÈRE PARTIE.

                    Pages.

Avant-propos... III
Introduction... XXII
Cartulaire de Savigny.. LXXIII
 Notice historique... LXXV
 Texte du cartulaire... 1-547

DEUXIÈME PARTIE.

Cartulaire d'Ainay... I
 Notice historique... III
 Texte du cartulaire... 551
Index des cartulaires de Savigny et d'Ainay.................................... 705
 Index chronologique des actes de Savigny.................................... 707
 ——————————————— d'Ainay... 752
 Index général des noms et des choses.. 763
Appendices aux cartulaires de Savigny et d'Ainay............................... 897
 I. Pouillé du diocèse de Lyon au XIIIe siècle..................... 899
 II. ——————————————— au XIVe siècle............................... 934
 III. ——————————————— au XVe siècle............................... 952
 IV. ——————————————— aux XVIe et XVIIe siècles......... 980
 V. Pouillé général des paroisses composant l'ancien et le nouveau diocèse de Lyon à la fin du XVIIIe siècle... 1008
 VI. Pouillé du diocèse de Mâcon au XVIe siècle...................... 1043
 VII. Fragment d'un pouillé du diocèse d'Autun au XIe siècle........ 1051
 VIII. Pancarte du droit de cire et d'encens dû à l'église de Lyon............ 1054
 IX. Pouillé des droits de cens, de parée, etc. dus à l'archiprêtré de Jarez... 1060

	Pages.
ÉCLAIRCISSEMENTS	1067
Nomenclature des subdivisions territoriales des diocèses de Lyon et de Mâcon, et pays circonvoisins, aux ixe, x^e et xie siècles	1069
Dictionnaire géographique	1104
Glossaire et explications de quelques mots	1159
Variantes et rectifications	1162

CHARTULARIUM
ATHANACENSE.

1.
[XXIV[1]. CARTA ARNULFI ET ELDEBURGÆ.]

937-993.

....

vendicet, sed iram Dei incurrat [*et componat quibus*] litem intulerit tantum et aliud tantum quan[tum] prędictę res eo tempore emeliorate valuerint, et in antea hęc donatio firma et stabilis permaneat, cum stipulatione subnixa. S. Arnulfi et uxoris suę Eldeburgę, qui donatione ista fieri et firmare rogaverunt. S. Hicterii. S. Agnoni. S. Leutardi. S. Helie. S. Ascherici. S. Beraldi. S. Geraldi. S. Aaloni. S. Vuigonis. Data manu Rodulfi, indigni monachi, in v feria, viii id. Jul. regnante Chuonrado serenissimo rege in Gallia.

2.
XXV[2]. [CARTA SANBADINI.]

Dilectis in Christo fratribus, domno Rainaldo abbati, et monachis Athanacensibus, Ego Sanbadinus, venditor, vendo vineam unam quam adquisivi ex medio planto quod feci in terra Sancti Martini que sita est in villa Caseti; terminaturque ex omni parte terra Sancti Martini. Ipsam prefatam vineam sicut adquisivi ex supradicto medio planto vendo prescriptis monachis, ea ratione ut ab hac die in jure eorum consistat facere quicquid eis placuerit, pro pretio videlicet quod ab eis accepi, xxxv scilicet soldos; sitque ab hinc et deinceps firma, et stabilis permaneat, sicut prescriptum est. S. Sanbadini, qui hanc ven-

20 Febr. 932.

---

[1] Desunt chartæ I ad XXIII. Vide *Avant-propos*, p. XII.

[2] Hanc chartam edidit Menestrier, *Hist. consul. de Lyon*, pr. p. V, col. 1.

dicionem fecit et firmavit. [S. Benedicti[1].] S. Rotgerii. Data manu Arnulfi, monachi indigni et sacerdotis, die Lunis[2], x kal. Martis, xx anno regnante Radulfo rege.

3.

XXVI[3]. [CARTA DURANNI ET BENEDICTÆ.]

968 circa.

Sacrosancte Dei ęcclesię que est constructa in insula que Athanacus vocatur et in honore Sancti Martini dicata, ubi domnus Eilbertus[4] abbas pręesse videtur. Ego quidem Durannus et uxor mea Benedicta, pro anime nostre remedio, donamus monachis, Deo et ejus militi Martino, in supra dicta ęcclesia famulantibus, usum fructuarium ex vinea quam in Marcilliaco villa post mortem nostram Antelmus illis. Cartam igitur quam inde abuimus illis reddidimus, et hanc scripturam nunc illis facimus, ut ab hodierna die sine aliqua nostra requisitione firmissimam ex supra dicta vinea abeant potestatem quicquid juste elegerint faciendi. Si quis vero contra hanc donationem aliquam calumniam inferre voluerit, nullatenus vindicet, sed componat quibus litem intulerit auri libra una, et in antea hęc donatio firma et stabilis permaneat, cum stipulatione subnixa. S. Duranni et uxoris ejus Benedicte, qui donatione ista fieri et firmare rogaverunt.

4.

XXVII[5]. CARTA ANTELMI CLERICI.

30 Maii 969.

Sacrosancte ac venerabili ecclesie, in honore Sancti Martini con-

---

[1] Ab exscripto Menestrier, autographo hic hodie lacerato, nomen istud sumo.

[2] Male legit Menestrier *Jovis*. Codex equidem *Lunis* exhibet; ac differentia magni interest. Etenim auctores *Galliæ christianæ* quemdam abbatem Athanacensem, nomine Raynaldum, ad finem decimi seculi vitam degentem, commemorant. Atqui alius anno 932 viventis hoc instrumentum dat nobis cognitionem; nam notæ chronologicæ inibi scriptæ tantum conveniunt diei 20 Februarii istius anni bissextilis, qui fuit xx regis Rodolphi II. Regnum Rodolphi III congruentiam non prodit istam.

[3] Hanc chartam edidit Menestrier, *Hist. consul. de Lyon*, pr. p. v, col. 1.

[4] Pro *Egilbertus*. Male legit Menestrier *Edelbertus*.

[5] Hanc chartam edidit Menestrier, *Hist. consul. de Lyon*, pr. p. v, col. 1.

fessoris clarissimi consecrate, in insula Athanaco site, cui domnus Egilbertus abbas [*preesse di*]citur. Ego quidem Antelmus levita pro anime mee et parentorum meorum remedio, ut jam dicti confessoris precibus a nostris mereamur alleviari iniquitatibus, dono prelibate ecclesie quasdam res juris nostri : oc sunt vinea cum curtilo et mansione in pago Lugdunense, in agro Monte Auriacense, in villa que dicitur Marcilliaco, et terminat a mane terra Sancti Stephani, a medium die similiter, et a sero vinea Silvestri, a cercio de ipsa ereditate. Infra istas terminationes, sicut terminatum est, ego totum a[d] integrum jam dicte ecclesie in alimoniam monacorum Deo inibi famulantium dono; ea ratione ut quamdiu Antelmus vivit, usum et fructum inde percipiam, et singulis annis prefato abbati vel suis monachis quisque anno sextarios duos vini in vestituram persolvam. Post meum quoque discessum sine aliqua tarditate ipse res ad eorum perveniamus[1] dominium; et terminat alius curtilus cum vinea et mansione, in ipso pago, in ipso agro, et in ipsa villa, a mane terra de ipsa ereditate, a medium die de ipsa ereditate ante donavit, a sero via publica et terra Sancte Marie, oc est vinea, et a circio via publica. Infra istas terminationes, sicut terminati sunt, quantum ad ipsos curtilos aspicit, totum ad integrum tibi dono. Habeantque potestatem ex eis quicquid juste elegerint faciendi. Si quis vero contra hanc elemosinariam cartam aliquam calumniam inferre voluerit, nullatenus vindicet, sed inprimis iram Dei incurrat, impleturus postmodum quibus litem intulerit tantum et aliut tantum quantum predicte res meliorate voluerit[2], et in antea facta firma et estabilis permaneat, cum stipulatione subnixa. S. Antelmus, qui hanc cartam fieri et firmare rogavit. S. Simbertus. S. Arnulfi[3]. S. Tiddardi. S. Silvestri. S. Elpericus. S. Vuarinus. S. Aldono. Ego Rainardus presbiter, rogatus, escripsit. Datavi die Dominico, tercio kal. Junio, annos xxx, regnante Gonrado rege.

[1] Lege *perveniant*.
[2] Lege *valuerint*.
[3] Amanuensis primo scripsit *Arnulfus*; postea addidit litteram *i* supra duas ulteriores litteras verbi.

5.

XXVIII[1]. [CARTA GERALDI ET OTGERII.]

1010 circa.

Sacrosanctę Dei ecclesie, que est constructa in insula que Athanacus vocatur, et in honore sancti Martini dicata esse noscitur, ubi domnus Udulbaldus abba preesse videtur. Nos donatores, ego Geraldus sacerdos et Otgerius, meus frater, pro sepultura fratris nostri Petri, donamus Deo et Sancto Martino et monachis algiam unam vinéé[2] que sita est in pago Lugdunensi, in agro Monte Aureacensi, in villa Marcilliaco; et concluditur his terminis : a mane et a meridie via publica, a sero terra Sancti Stephani, a circio terra Sancti Martini et Aalonis. Infra hos fines vel terminationes, sicut jam diximus, donamus Deo et Sancto Martino hanc algiam, eo tenore ut monachi Athanacenses habeant ab hodie liberam potestatem inde fatiendi quod voluerint : hoc est donandi, vendendi seu commutandi. Si quis vero contra hanc benivolam donationem aliquam calumpniam inferre temptaverit, nullatenus vindicet quod repetit, sed componat quibus litem intulerit tantum et aliut tantum, et in antea firma maneat hęc carta, cum stipulatione subnixa. S. Geraldi. S. Otgerii. S. Aalonis. S. Aiclerii. S. Teotgrimmi. Data manu Amblardi, indigni levite hac monachi, in mense Januario, IIII feria, et IIII id. Januarii.

6.

XXVIIII[3]. [CARTA ENGELSENDÆ ET GRIMOLDI FILII EJUS.]

Febr. 996.

Sacrosancte Dei ęcclesie que est constructa in insula que Athanacus vocatur, et in honore sancti Martini dicata, ubi domnus Raynaldus abbas pręesse videtur. Ego, in Dei nomine, Engelsenda et filius meus Grimoldi, pro remedio animarum nostrarum, et pro remedio animarum [omnium] parentorum nostrorum, cedimus jam dicte ęcclesie et monachis ibidem Christo militantibus, aliquit ex rebus nostris :

---

[1] Hanc partim Menestrier edidit chartam, *Hist. consul. de Lyon*, pr. p. v, col. 2.

[2] Sic in cod.

[3] Hanc chartam partim edidit Menestrier, *Hist. consul. de Lyon*, pr. p. v, col. 2.

hoc est vinea in pago Lugdunense, in agro Monte Auriacense, in villa que dicitur Marcelliaco; a mane terra Arnulfi, a medio die via publica, a sero similiter, a circio vinea Eldranni. Infra os fines vel terminationes, prędictas res donamus prefate ęcclesie et monachis, pro amore Dei, ut faciant post hodiernum diem et deinceps quicquit facere voluerit rectum esse videtur ad abere, tenere, donare, seut licead commutare; et si quis vero, quod fieri minime esse credimus, si ullus homo avindicet, set insuper iram Dei et omnibus sanctis incurrat, et in antea donatio ista firmare, aucum stipulatione subnixa. Sigl.[1] Ingelsenda et filio suo Grimoldo, qui donationem istam fieri jusserunt et firmare rogaverunt. Sigl. Rotlan. S. Aalon. S. Berolt. S. Girbol. S. Girolt sacerdoti. Data manu Vualdradi, indigni sacerdoti, mense Februarii, feria III, annos III, regnangne Radulfo rege.

7.

XXX[2]. [CARTA GIRARDI.]

Sacrosancte Dei ęcclesie que est constructa in insula que Athanacus vocatur, et in honore sancti Martini dicata, ubi domnus Raynaldus abbas pręesse videtur. Ego, in Dei nomine, Girardus, pro remedio anime [*filiæ*[3]] mee, et loco sepulture ipsius, nomine Ginbergie, defuncte, dono prefate ęcclesie petiolam terre sitam in fines ville Marcilliaco, in agro Monte Auriacense, et terminatur a mane terra Girardi et Giroldi, a medio die terra Sancti Martini, a sero terra Hebreorum, aab aquilone terra Sancti Martini. Infra hos fines vel terminationes, dono prefatam terram ab hac die, et deinceps habeant potestatem habendi, donandi, perdonandi, seu liceat commutandi, vel quicquid juste elegerint faciendi. Si quis vero contra hanc benivolam donationem aliquam calumniam generare pręsumpserit, nullatenus vindicet quod repetit, set componat cui litem intulerit tantum et aliut tantum, et in antea hęc donatio firma et stabilis permaneat,

Maii 994.

---

[1] Forte hic et infra *Sigillum* pro *signum*.
[2] Hanc chartam partim edidit Menestrier, *Hist. consul. de Lyon*, pr. p. v, col. 2.
[3] Ab exemplari Menestrier hanc vocem sumo; nunc enim hoc in loco legi nequit autographum.

cum stipulacione subnixa. S. Girardi, qui fieri jussit et firmare rogavit. S. Ariberti presbiteri. S. Giroldi sacerdotis. S. Giroldi laici. S. Archimboldi. Sigl. Rodulfi. S. Emmane femine. Data manu Aschirici, indigni sacerdotis et monachi, in mense Maio, feria 1, regnante Rodulfo, rege Jurensium.

8.
XXXI [1]. [CARTA GERALDI ET RAYNÆ.]

Febr. 1013.

Sacrosanctę Dei ęcclesię que est constructa in insula que Athanacus vocatur, et in honore sancti Martini dicata, ubi domnus Arnulfus abbas pręesse videtur. Ego, in Dei nomen, Geraldus, et uxor mea nomine Rayna, donamus Deo et Sancto Martino Athanacensi monasterio et monachis ibidem Deo militantibus, aliquid rerum nostrarum, videlicet duas vineas et unum campum arabilem; que res site sunt in pago Lugdunense, in agro Monte Aureacense, et est una vinea sita in monte Avolorgo, et terminatur a mane, a meridie, et a circio terra de ipsa hereditate, a sero terra Rannulfi, et altera vinea est in Monte Sicco; et terminatur a mane terra Sancti Martini, a meridie et a sero terra Sancti Stephani, a circio terra de ipsa hereditate; terra vero arabilis terminatur a mane terra Vualdrade, a medie via publica, a circio terra Sancti Stephani, a sero terra Constabili. Infra hos fines vel terminationes, Geraldus et uxor sua Rayna donant Deo et Sancto Martino Athanacenci et monachis has predictas res, ea ratione ut nunc in presenti, ab hac scilicet die, monachi teneant vineam de Avolorgo; alteram vineam de Monte Sicco et campum arabilem Geraldus et uxor sua teneant, et in vestituram omni anno in vestituram unum cartallum, et quisquis ex eis primus obierit, campum arabile persolvat, seu vineam Sancto Martino reddat. Post mortem amborum, omnes res supradicte in jure monacorum sine contradictione perveniant. Sitque et convenientia sive donum firmum et stabile. S. Geraldi et uxori sue Rayna, qui hoc donum fecerunt. S. Geraldi presbiteri. S. Antelmi presbiteri.

[1] Hanc chartam partim edidit Menestrier, *Hist. consul. de Lyon*, pr. p. VI, col. 1.

S. Ricolfi. S. Bernardi. S. Constantini presbiteri. S. Otgerii. Data manu Gausmari, indigni sacerdotis et monachi, mense Febr. anno xx, regnante Rodulfo rege.

9.

XXXII. [CARTA SILVESTRI ET AVONDÆ.]

Ego, in Dei nomine, Silvester et uxor mea nomine Avonda, venditores, vendimus duas cameras de vinea quidam homini nomine Stephano, et accepimus hab eo solidos v et dimidium. Est autem ipsa vinea in pago Lugdunense, in agro Monte Aureacense, in villa que Mons Siccus dicitur, et terminatur ipsa vinea a mane terra Sancti Stephani, a medio die terra Duranni, a sero terra alii Duranni, a circio terra Vuicardi. Videlicet tali ratione ut ab hac die fatias quicquid facere volueris vendendi, donandi seu liceat commutandi. Si quis istam cartam [de] ista vendicione infrangere aut inquietare voluerit, componat auri libram unam, et in antea firma facta, stabilisque permaneat cum stipulatione subnixa. S. Silvestri, qui hanc cartam fieri jussit et firmare in presente rogavit. S. Duranni. S. Vuicardi. S. Eldegardis et filiabus suis Ermengardis et Emma.

1000?

10.

XXXIII. CARTA ELDOARDI, IN VILLA QUE VOCATUR MONS-SICCUS.

Sacrosanctę Dei ęcclesie que est constructa in insula que Athanacus vocatur, et in onore sancti Martini dicata, ubi domnus Raynaldus abba preesse videtur. Ego, in Dei nomine, Aloardus et uxor mea nomine Rotrudis, pro remedio animarum nostrarum et omnium parentum nostrorum, donamus Deo et Sancto Martino aliquid de vinea que nobis jure hereditario obvenit: hoc sunt algie III que site sunt in pago Lugdunense, in agro Monte Aureacense, in villa que vocatur Mons Siccus, et terminat ex omni parte terra de ipsa hereditate. Infra hos fines vel terminationes, predictas algias donamus Deo et Sancto Martino et monachis inibi Christo militantibus, ut ab hac die et deinceps faciant quicquid facere voluerint, id est abendi, vendendi,

Jan. 1000.

donandi, seu liceat commutandi. Si quis vero contra hanc donationem aliquam calumniam inferre voluerit, nullatenus evindicet quod repetit, set componat cui litem intulerit auri libras III, et in antea hec donatio firma et stabilis permaneat, cum stipulatione subnixa. S. Aloardi et uxoris sue nomine Rotrudis, qui donationem istam fieri et firmare rogaverunt. S. Pontionis. S. Tehtgrimi[1]. S. Eldiardis. S. Eldesendis. S. Emmenane[2]. S. Anastasie. S. Gallendis. Data manu Gausberti, indigni sacerdotis et monachi, in mense Januario, feria III, anno VII, regnante Rodulfo rege.

11.

XXXIIII. [CARTA ADALFREDI ET UDULGARDIS.]

Sept. 1008. Sacrosancta ac venerabilis ecclesia que est constructa in insula que Athanacus vocatur, in onore sancti Martini dicata, ubi domnus Raynaldus abba preesse videtur. Ego, in Dei nomine, Adalfredus et uxor mea Udulgardis, et filius noster Pontius, donamus predicte ecclesie et monachis inibi Deo militantibus curtilem unum cum mansione et vinea et orto et vircaria, et est situs in pago Lugdunense, in agro Monte Aureacense, in villa Marcilliaco; et concluditur vinea his terminis : a mane via publica, et a medio die similiter, a sero terra Viulusi, a circio terra Sancti Stephani; et vircaria terminatur a mane [terra] Sancti Stephani, a medio die terra Sancti Martini, a sero et a circio via publica. Infra hos fines vel terminationes, donamus predicte ecclesie, ut ab hac die faciant monachi inibi degentes quicquid facere voluerint, et in antea donatio ista firma permaneat, cum stipulatione subnixa. S. Adalfredi et uxoris sue Udulgardis, et filio illorum Pontio, qui donatione ista fieri et firmare in presente rogaverunt. S. Aalonni. S. Fulcherii. S. Benedicti. S. Vualterii. S. Aglerii. Data manu Abboni monachi, feria IIII, mense Septembrio, anno XV, regnante Rodulfo rege.

[1] Sic in cod. — [2] Forte legendum est *Emmenante* : scripserat enim amanuensis *Emmenate*, sed supra *t* addidit *n*.

12.

XXXV. DE MONTE SICCO.

Quidam homo, Wido nomine, dedit Sancto Martino At[h]anacensi quandam vineam pro sua sepultura et sue anime salute. Hęc autem vinea est sita in pago Lugdunensi, in agro Monte Aureacense, in villa de Marcilliaco, in loco qui Siccus Mons nuncupatur. Terminaturque a mane vinea Silvestri, a medio die vinea Duranni, a sero de ipsa hereditate, a circio via publica. Infra hos fines quicquid habebat, usque in exquisitum, dedit Sancto Martino Athanacenci et ipsius loci habitatoribus, ut faciant de hac vinea quod voluerint. S. Duranni. S. [alterius] Duranni. S. Emma. S. Ragimodis. S. Gerlenda.

XI sæcul.

13.

XXXVI[1]. [CONVENIENTIA DE QUADAM SCLOSA.]

Conveniencia inter monachos Athanacenses et Geraldum[2] de quadam sclosam posita in Aselga, quam consenciunt monachi Gerauldo, ea racione, ut sive hedificet, vel non hedificet sclosam, terra quam donat pro recompensatione sclose in potestate monacorum sit facere quicquid eis placuerit, et nullo modo Benedictus et ejus heredes cursum aque ipsius sclose et hedis habeant, vel accipiant, nisi observaverint convenienciam quam habuit Benedictus, cum monachis, et nisi monachi dederint licenciam; et si abuerint sine licenciam monacorum, sclosa remaneat.

XI sæcul.

14.

XXXVII. CARTA GIRINI ET UXORIS EJUS LETUIS[3], DE ECCLESIA DE BURZIACO.

Sacrosanctę Dei ecclesie que est constructa in insula que Athanacus vocatur, et in honore sancti Martini dicata, ubi domnus Arnulfus

12 Febr. 1023.

---

[1] Hanc chartam partim edidit Menestrier, *Hist. cons. de Lyon*, pr. p. v, col. 1.

[2] Vox ista prius scribebatur *Geraudum*; sed litteræ *u* substituitur *l*; forte legendum est *Gerauldum*, sicut in linea subsequente.

[3] Verbum istud ubique Menestrier scribit *Lævis*, quia codicis signum & (et) diphthongo *æ* simile est.

abbas preesse videtur. Ego, in Dei nomine, Girinus et uxor mea nomine Letuhis, et filius ejus Geraldus, cogitantes casum humane fragilitatis, et ut interventu beati Martini, confessoris Christi, mereamur eripi ab incomoditatibus presenti seculi cunctis, necnon pro redemptione anime domne Valdrade, sancte monialis femine, ac pro redempcione animarum nostrarum omniumque parentum nostrorum, donamus Deo et Sancto Martino Athanacensi monachisque inibi Deo servientibus ecclesiam de Burziaco, que est consecrata in honore Sancti Leodegarii, cum omnibus appendiciis et edificiis, cum vineis, et curtilibus, et pratis, et salicetis, et silvis, et terris cultis et incultis; que res site sunt in pago Lugdunensi, in agro Monte Aureacense, et in supradicta villa; terminanturque his terminis : a mane terra de ipsa hereditate et exartarie que terminant dominicas contaminas, a medio die et a circio singule cumbe, a sero finalis qui incipit a via publica que descendit de Burcioco et pervenit usque ad Fraxinum, hubi finitur terra communis. Infra hos fines vel terminaciones, donamus Deo et Sancto Martino, monachisque Athanacensibus, jure helemosinario, ut Deus cum omnibus sanctis suis adjutor sit nostri, totum ad integrum quicquid visi sumus habere, ea ratione ut ab ac die in potestate monachorum sit quicquid eis placuerit facere in servicio Dei et sancti Martini, et semper sint in mansa fratrum, pro redemptione animarum nostrarum. Si quis vero hoc donum helemosinarum destruere voluerit, sit excomunicatus ex parte Dei et omnium sanctorum, et pereat cum Datan et Abiron et cum Juda traditore, et in antea hoc donum firmum et stabile sit. S. domini Girini et uxoris ejus domine Letuhis, qui hoc donum fecerunt et firmaverunt, firmarique rogaverunt. S. Geraldi et fratris ejus Stephani. S. Gauceranni et sororis ejus Raimodis. Sign. Raoart pagani. Sign. Renccoin. S. alio Renccoin. S. Duranni. S. Ayglerii. S. Wargisi. S. Otelmi. Data manu Romani, indigni monachi et sacerdoti, feria III, II id. Febroarii, anno xxx, regnante Rodulfo rege. Sicut cognus vadit, qui est de terra communis usque a Tres Petras, et descendit usque ad Fraxinum, tantum quando terra communis tenet et silva.

15.

XXXVIII [1]. CARTA WIDONIS ET FRATRUM EJUS, DE ECCLESIA DE BURZIACO.

Mundi terminum appropinquante, ruinisque crebrescentibus, Ego Wido, fratresque mei Ardradus necne Adelardus et Soffredus, ut interventu beati Martini precumque monachorum At[h]anacensis loci mereamur eripi ab incursu diaboli, laudante genitrice nostra domina Aia ac uxore mea Raymodi, aliisque cum plurima multitudine nostrorum fidelium, donamus Sancto Martino et monachis Athanacensibus, sub pastorali cura domni Arnulfi abbatis degentibus, pro remedio nostrarum animarum, omniumque parentum nostrorum, nostram partem de ecclesia Sancti Leodegarii de Burziaco, cum edificiis et omnibus adjacentiis ejus. Donamus etiam vineas, curtilia cum adjacentiis, silvas, prata, saliceta, terram cultam et incultam, exitus et regressus. Que denominate res cinguntur his terminis : a mane via publica Lugdunensis, a media die rivulus decurrens de ipsa via publica usque ad la Praellam, et de la Praella usque ad Fraxinum; a sero sicut terra communis dividitur a priva terra Girini et ejus uxoris Letuis; a circio decursus gutte et fontium, finalisque canalium per fontem Petoleiam et per vetulas ceppas noieriarum que sunt juxta plantatam Burziaci et per noierias que sunt juxta mansionem Gislanni; et sicut ab ipsis terminus vadit usque ad Tres Petras. Infra hos fines vel terminaciones quicquid visi sumus habere de omni re, usque in exquisitum, donamus Sancto Martino et monachis Athanacensibus, pro remedio nostrarum animarum omniumque nostrorum parentum. Que res site sunt in pago Lugdunensi, in agro Monte Aureacensi, et donantur Sancto Martino et monachis Athanacensibus, ea ratione ut ab hac die in potestate eorum sit facere quicquid eis placuerit. Si quis vero contra hanc benivolam donationem quippiam calumpnie inferre temptaverit, nullatenus evindicet quod repetit, sed iram omnipotentis Dei incurrat, sitque excommunicatus ex parte Dei Sanctique Petri apostoli et omnium sanctorum, pereatque cum Datan et

16 Mart. 1023.

---

[1] Hanc chartam partim edidit Menestrier, *Hist. consul. de Lyon*, pr. p. VI, col. 1.

Abiron, et cum Juda traditore, atque cum impiis Judeis, qui dicerunt Domino, « Recede a nobis, » et componat illis quibus litem intulerit xx libras auri; et ut in antea hoc donum firmum et stabile permaneat, firmavimus manibus propriis, firmarique rogavimus. xvv[1]. S. Widonis. [S.] Ardradi. S. Adelardi et Soffredi, fratrum ejus. S. Aię, matris eorum. S. Raymodis, uxoris Widonis. Data manu Martini, indigni monachi, die Saturni, xvii kal. Aprilis, anno ab incarnatione Domini millesimo xxii, indictione v, regnante Rodulfo rege in Galliis.

16.

XXXVIIII. CARTA DURANNI, DE BURZIACO.

Sacrosancte Dei ecclesię que est constructa in insula que Athanacus vocatur, ubi domnus Geraldus abba preesse videtur, et in honore sancti Martini dicata. Ego, in Dei nomine, Durannus et uxor mea nomine Sarra, cedimus jam dicte æcclesię et monachis inibi Deo militantibus, aliquid ex rebus nostris, scilicet unam vineam quam de ipsis adquisivimus ad medium plantum in villa de Burziaco, tali racione ut, quamdiu vixerimus, habeamus usum et fructum, et in vestitura dabimus omni anno dimidium vini modium. Et si unus ex nobis mortuus fuerit, una medietas vineę ad monachos deveniet. Post nostrum vero discessum, quicquid in terra Sancti Martini edificati fuerimus in villa de Burziaco, scilicet vinea, nemora, vercaria et mansiones ad ecclesiam donamus, Deo, et Sancto Martino, et monachis Athanacensibus. Suprascriptam donationem facimus pro remedio animarum nostrarum et pro sepultura corporum nostrorum. Si quis contra hanc donationem aliquam calumniam inferre voluerit, nullatenus evindicet quod repetierit, sed sit pars ejus cum Datan et Abiron, et cum Juda traditore Domini. S. Duranni et uxoris sue Sarra, qui hanc cartam fieri jusserunt et firmare rogaverunt. Sign. Stephani presbiteri. S. Stephani fabri. S. Stephani monachi. S. Aschirici. S. Aglerii. Data manu Stephani, indigni sacerdotis.

---

[1] Quid valeant tres litteræ istæ nescio.

17.

XL [1] [CARTA ADALARDI, ABBATIS SANCTI NICETII.]

Monachis Athanacensibus sub cura pastorali domni Geraldi abbatis degentibus, sanctoque Martino ipsius loci defensori, Ego Adalardus[2], abbas Sancti Nicetii[3], causa salutis anime méé et genitorum, meorumque propinquorum omnium, partem ecclesie de Burziaco que mihi jure evenit, dono, cum vineis, pratis, silvis, salicetis, cultilibus, terra culta et inculta, exitibus etiam et regressibus[4], usque in exquisitum. Sunt autem nominate res in archiepiscopio Lugdunensi, in agro Monte Auriacensi, et in villa de Burziaco; taliterque terminantur : a mane via publica Lugdunensis, a medio die rivulus decurrens de ipsa via publica usque ad la Praellam, et de la Praella usque ad Fraxinum, a sero sicut terra communis a terra Girini et uxoris ejus Letuis dividitur, a circio decursus gutte[5] et fontium, finalisque canalium per fontem Petoleiam, et per vetulas ceppas noieriarum, que sunt juxta plantatam Burziaci, et per noierias quę sunt juxta mansionem Gislani, et sicut ad ipsis terminus vadit usque ad Tres Petras. Hæc terminatio méé hereditatis communis est terminationibus fratrum meorum partium que nobis jure contingunt, et ideo est mixta. Infra hos fines quicquid ad meam partem legaliter advenit, omnipotenti Deo Sanctoque Martino Athanacensi, habitatoribusque ipsius loci, do, ut omni tempore sit in potestate eorum quicquid facere voluerint, et accipio ab eis prefatis monachis quinquaginta solidos pro mea portione, quemadmodum et mei fratris de suis. Quod si aliquis presumptor quippiam calumnie supradictis monachis inferre ob hoc benivolum donum voluerit, auri libras x componat, et postea hoc donum

1022-1032.

---

[1] Hanc chartam partim edidit Menestrier, *Hist. cons. de Lyon*, pr. p. VI, col. 2.

[2] Ad caudam istius instrumenti hæc inscripsit Menestrier : « Cet Adalard, abbé de Saint-Nisier, est le même que celui du titre précédent (charte XXXVIII [15]). »

[3] Vox *Nicetii* supra vocem *Nicecii*, sub qua exarata est linea, scripta.

[4] Tres lineas subsequentes scripsit alia manus.

[5] Vocem *gutte* supra vocem *aque* scripsit amanuensis.

firmum maneat. S. Adalardi abbatis, qui hoc donum fecit et firmavit. S. Otgerii. S. Aschirici. S. Berardi. S. Duranni. S. Lugduni. Martini manu, die Dominico exarata, et in mense Martio.

18.

XLI[1]. CARTA DE MARCELLIACO.

Jan. 980.

Dilecto in Christo filiolo nostro nomine Stephano, Ego Arnulfus, hac dilecta uxor mea nomine Eldeburga, in pro hamore et bona voluntatæ que con te habuimus et in pro eo quod te de lavacro fonte sanctę Johannis levavimus; propterea in pro ipsa hamore donamus tibi aliquid de ereditate nostra que legiptime adquisivimus de Avane et Catbergie : hoc est vinea cum mansione, cum orto et cum vercaria. Sunt autem site ipse res in pago Lugdunense, in agro Monte Auriacense, in villa Marcilliaco. Cuy termini accinguntur de ipsas res : a mane et a medio die, a sero terra Sancti Stephani et vias puplicas, a circio de ipsa hereditate. Quantum infra istas terminationes habet, totum ad integrum tibi donamus, ea ratione ut ab ac die et deinceps liberam et firmissimam abeas potestatem quicquid elegeris faciendi, id est abendi, vendendi, donandi, vel quicquid facere volueris faciendi. Si quis vero contra hanc donationem istam aliquam calumniam inferre voluerit, nullatenus vindicet, sed componat cui litem intulerit auri libras II, et in antea donatio ista firma et stabilis permaneat, cum stipulatione subnixa. S. Arnulfi et uxori sue Eldeburga, qui donatione ista fieri et firmare rogaverunt. S. Gitrardi. S. Ugoni. S. Ansclericus. S. Ragnoldi levita. S. Girini. S. Beroldus. S. Ranulfi. Aymoynus presbiter scripsit, datavit die Martis, in mense Jenoario, annos XL, regnante Gondrado rege.

19.

XLII. CARTA DE MARCELLIACO.

1003.

Sacrosanctę Dei ęcclesię que est constructa in insula quę Athanacus vocatur, et in honore Sancti Martini dicata, ubi domnus Raynaldus

[1] Hanc chartam partim edidit Menestrier, *Hist. consul. de Lyon*, pr. p. VI, col. 6.

abbas preesse, Nos. in Dei nomine, ego Benedictus et uxor mea, nomine Fecema, pro remedio anime Geraldi, parentis nostri, donamus Deo, sanctoque Petro, principis apostolorum, necnon Sancto Martino Athanacensis, monachisque ejusdem loci petiolam unam de terra, unam de terra arabili; que terra sita est in pago Lugdunensi, in agro Monte Auricensi, in villa de Marciliaco, et terminatur ab his terminis : a mane terra ad infantes Gislaberti, a media die terra Gislandi, a sero terra de ipsa hereditate, a circio terra Siyverdi. Infra hos fines vel terminationes, hanc predictam terram donamus Deo et Sancto Petro atque Sancto Martino, monachisque ipsius loci; ea scilicet ratione ut ab hac die in potestate sit monacorum facere de ea quicquid eis placuerit. Si quis eis quispiam calumnie inferre voluerit, nullatenus evindicet quod repetit, set persolvat eis quibus litem intulerit auri libras IIII, et in antea hec donatio firma permaneat, cum stipulatione subnixa. S. Benedicti et uxoris ejus nomine Feceme, qui hanc donationem fecerunt. S. Geraldi sacerdotis. S. Rotberti presbiter. S. Adalonni. S. Geraldi laici. S. Othgerii. Data manu Arnulfi, indigni levite et monachi, die Martis anno x, regnante Radulfo, rege Galliarum.

20.

XLIII. CARTA GERARDI, DE MARCELLIACO.

Sacrosancte Dei ecclesie que est constructa in insula que Athanacus vocatur, et in honore Sancti Martini dicata, ubi domnus Asterius abbas preesse videtur. Ego, in Dei nomine, Gerardus et uxor mea Tivergia donamus aliquid ex rebus nostris : hoc est campus unus qui est situs in pago Lugdunense, in agro Monte Auriacense, in villa Marcelliaco; et terminat ipse campus a mane terra Arnulfi, a medio die via publica, a sero et a circio terra Sancti Martini. Infra has fines vel terminationes donamus predicte ecclesie et monachis ibidem Deo servientibus, ea stenore[1] ut post hac die licentiam habeant quicquid juste elegerint faciendi, et in antea donatio ista firma permaneat, cum

---

[1] Pro *tenore*, id est *ratione*. In cod. *eastenore*.

stipulatione subnixa. S. Gerardi et uxori[1] sue Tivergia, qui fieri et firmari in presenti rogaverunt. S. Aaloni. S. Beraldi, fratris sui. S. Raynaldi levite. S. Geraldi. S. Antelmi. S. Fulgerii. S. Wigonis. Data manu Rodulfi, indigni sacerdotis et monachi, in mense Junio, feria II, regnante Chundrado rege Jur.

21.

XLIIII[2]. KARTA CONSTANTINI IN VILLA MARCERLIACO, ET IN LOQUO QUI DICITUR LISCARIAS.

987-990.   Sacrosancte Dei ecclesię que est constructa in insula que Athanacus vocatur, et in honore sancti Martini dicata, ubi domnus Raynaldus abbas sub regimine domni archipresulis Buhorcardi pręesse videtur. Ego, in Dei nomine, Constantinus et uxor mea Adaltrudis, pro remedio animarum nostrarum, et pro remedio animarum omnium parentum meorum, cedimus pręfate ecclesie et monachis ibidem Christo militantibus, aliquid ex rebus nostris: hoc est curtilem unum situm in pago Lugdunense[3], in agro Monte Aureacense, in villa Marcilico, qui terminis his concluditur: a mane terra Sancti Stephani, a medio die terra Godoni, a sero terra Sancti Stephani et Vuaremberti, a circio via publica et terra Hicterii, et in alio loco pratum unum in villa quę dicitur Liscarias, et terminatur a mane via publica, a medio die terra Hugoni, a sero terra Sancti Stephani ex casamento Wichardi, a circio similiter. Infra hos fines seu terminationes prędictum curtilum et campum, et quicquid ad ipsum curtilum aspicit, cum prato pariter damus ex integro pręfatę ęcclesię et monachis ibidem commanentibus; ea videlicet ratione, ut quamdiu simul vixerimus, usum fructumque possideamus, et quicumque ex nobis primus obierit predictum pratum supra scriptę ęcclesie monachi recipiant; post nostrorum vero amborum discessum, omnia quæ supra dicta sunt, hoc est curtilum ipsum et quicquid ad ipsum aspicit, cum campo, ex integro in potestatem illorum perveniant. Si quis vero contra hanc be-

---

[1] Littera *s* in fine vocis deletur. — [2] Hanc chartam partim edidit Menestrier, *Hist. consul. de Lyon*, pr. p. VII, col. 1. — [3] Syllabam *du* in hac voce duplicavit amanuensis.

nivolam donationem aliquam calumniam inferre voluerit, nullatenus evindicet quod repetit, sed iram Dei omnipotentis incurrat, et sumergatur atque pereat cum sediciosis sociis Chore, atque sit portio ejus cum Juda traditore, et insuper componat quibus litem intulerit tantum et aliud tantum quantum prędictę res eo tempore emeliorate valuerint, et in antea firma et stabilis permaneat cum stipulatione subnixa. Signum Constantini et uxoris suę Adaltrudis, qui donationem istam fieri juserunt et firmari rogaverunt. Signum Lugduni sacerdotis. S. Evrardi sacerdotis. S. Sulpicii. S. Jhoanni. S. Hotberti. Ego Walcherius, levita et monachus, hanc cartam conscripsi, datavi, mense Aprili, Jovis die, anno L Chuonradi regis, in qua etiam carta concluditur illut quod ipsi habebant in villa quæ dicitur Ulciacus, in loco qui vocatur Sagniacus, et ex omni parte terra ipsius Sancti Martini concluditur : hoc est mansionem unam et unam algiam de vinea quod ex integro ipsi Sancto Martino concedunt.

22.

XLV[1]. CARTA WILENCI ET UXORE EJUS ROTCENDA, FILIISQUE EJUS MILONIS ET BERARDI.

Quidam homo nobilis Wilencus nomine et uxor ejus Rotcenda donant Sancto Martino At[h]anacensi monachisque ipsius loci, sub domni Geraldi regimine degentibus, aliquid suę hereditatis : est autem unum curtile cum vinea et vircaria et duo molendini, et pręter hęc aliquid terrę arabilis. Sunt autem hęc in pago Lugdunensi, in agro Monte Aureacense, in villa de Marcilliaco. Terminatur autem ipsum curtile et quicquid ad ipsum curtile aspicit : a mane terra domni Wilenci et uxoris ejus domnę Rotcendę, a medio die terra Sancti Martini, a sero Aselga rivo currente, a circio autem idem vir et eadem ejus prędicta uxor donant ipsis senioribus unam petiam de terra arabili cum duobus molendinis; et ęadem ipsa terra arabilis est continua ipsi curtili, et incipit terminari ipsa terra a mane ab ipso curtili et trucco arboris qui est juxta nucerium, et pertingit usque ad

1034?

[1] Hanc chartam partim edidit Menestrier, *Hist. consul. de Lyon*, pr. p. VII, col. 1.

tres salices quę sunt contra, et ab ipsis usque ad quadruvium. Molendini vero sunt in ipsa terra. Sub ipso quadruvio autem aliam petiolam supra dictis monachis prefatus vir et ejus uxor cedunt. Terminantur autem ambę petiolę, cum jam dictis molendinis, a mane terra Wilenci et uxoris ejus Rotcende, a medio die prefato curtili, a sero Aselga rivo, a circio terra Sancti Martini. Et in alio loco qui Ursilliacus dicitur, idem ipse Wilencus et ejus uxor domna Rotcenda dant prenominatis Deo fidelibus, alias duas petias de terra arabili. Hoc autem donum domnus Wilencus et ejus uxor domna Rotcenda cum predictis monachis ea convenientia fecerunt, ut ipsi monachi deinceps habeant et possideant hæc omnia absque molendinis. De ipsis autem molendinis duobus medietatem unius superioris ad presens donant predictis monachis; de altero vero reddunt unam eminam annone in vestituro omni anno, festivitate beati Martini. Post obitum autem ipsius domne, prefati molendini ad Athanacenses monachos sine inquietudine ullius hominis perveniant. Pro hac quoque convenientia, Athanacenses monachi persolvunt centum et decem soldos Lugdunensis monetę domno Wilenco et ejus uxori domne Rotcendę. Si quis vero presumptor iniquus extiterit, qui hoc spontaneę voluntatis donum contrariare, quod minime credimus, presumpserit, nullo modo quod cupit vindicare sibi possit, sed insuper quibus intulerit litem auri componat uncias septem, et in antea hoc donum perpetuo maneat inconvulsum. S. domni Wilenci ejusque uxoris domnę Rotcendæ, qui hoc donum fecerunt et firmaverunt, firmarique rogaverunt. S. Miloni et fratri ejus Berardi. S. Teodgrini. S. Renchoni. S. Wilenci. S. Miloni. S. Agnoni minoris. S. Artaldi. S. Wichardi. Data manu M., Oddone Campanensi regnum Galliæ summis juribus sibi vindicante.

23.

XLVI. CARTA ARNULFI IN VILLA DE LISSIACO.

980-990? Sacrosanctę Dei ecclesię que est constructa in insula quę At[h]anacus vocatur, et in honore sancti Martini dicata, ubi domnus Asterius preesse videtur, Ego quidem, in Dei nomine, Arnulfus et filia męa Wldrada cædimus jam dictę ecclesię plantata una quem Gislanus ædificavit, et est sita in pago Lugdunense, in agro Monte Aureocense, in villa quę nuncupatur Lissiacus, qui terminat a mane rivulo volvente, a medio die via publica, a sero et a circio terra Sancti Stephani, et in villa Cacellaco, in loco quæ dicitur Monte Piolęrii, vinęa una de causatione pro solidos XXXVI, pro remedium animę mæc vel parentum meorum, et in locum sępulturę. Infra hos fines vel termino[1], totum ad integrum dono prefate ęcclesię, ut faciant monachi ihc[2] abitantes quidquid facere voluerint. Si quis vero qui contra hanc cartam elemosinariam aliquam calumniam inferre voluerit, non valeat vindicare quod petit, set ira Dei incurrat, et in antea firma et stabilis permaneat, cum stipulatione subnixa. S. Arnulfi et filia ejus Wldrada, qui fieri et firmare rogaverunt. S. Icterii. S. Gerardi. S. Agnoni. S. Raynaldi *diaconi*[3]. S. Aschirici. S. Wigoni. S. Beraldi. S. Aaloni. Data per manu Benemari, indigni monachi et sacerdotis, regnante Chuonrado, rege Jurensi.

24.

XLVII. CARTA BOSONIS.

Sacrosancta ac venerabilis æcclesia, que est constructa in insula quæ Athanacus vocatur, in honore sancti Martini dicata, ubi domnus Rainaldus abba[4] magis prodesse quam pręesse videtur. Ego, in Dei nomine, Boso dono prędictę ecclesię et monachis inibi Deo militantibus aliquid de res meas : hoc sunt duæ petiole terre quę sunt site in pago Lugdunense, in agro Monte Aureacense, in villa Cacelliaco, et concluduntur his terminis; prima petiola ita terminatur : a mane terra Agnoni, a medio die via publica, a sero terra Rannulfi, a circio terra Sancti Stephani ; et secunda concluditur his finibus : ex omni parte terra Sancti Stephani; et a cercio via publica. Infra has fines

1 Febr. 978.

---

[1] Littera *o* super litteram *a* scripta est : leg. *terminationes*.
[2] Sic in codd. pro *hic*.
[3] Vox *diaconi* inter lineas scripta.
[4] Verbum *præesse* hic omitto.

vel terminationes, dono pręgdicte ut ab ac die licenciam habeant quicquid juste elegerint faciendi : hoc est vendendi, donandi seu cui voluerint commutandi. Si quis vero contra hanc donationem aliquam calumniam inferre aut inquietare voluerit, non valeat evindicare quod petierit, sed componat auri libras II, et in antea donatio ista firma permaneat, cum stipulatione subnixa. S. Bosoni, qui fieri jussit et firmare in pręsente rogavit. S. Odeboni et Agmini, infantibus suis. S. Costantini presbiteri. S. Girbaldi. Data per manu[1] Abboni monachi, feria VI, kal. Februaru, XL anno, regnante Guhonrado rege.

25.

XLVIII[2]. [CARTA VERANNI ET MARIÆ.]

1007. Sacrosanctę Dei ęcclesię que constructa est in insula quæ Athanacus vocatur, in honore sancti Martini dicata, ubi domnus Arnulfus abba pręesse videtur. Ego, in Dei nomine, Veranus et uxor mea nomine Maria donamus Deo et Sancto Martino, pro remedio animarum nostrarum, totum quantum evenit nobis de medio planto quod fecimus in terra Sancti Stephani, quod situm est in pago Lugdunensium, in loco [qui] Mons Lisinius vocatur, qui concluditur his terminis : a mane, et a sero, et a circio via publica, media die terra Sancti Stephani. De ipsa hereditate, infra hos terminos vel terminaciones, donamus Deo et Sancto Martino et monachis inibi commorantibus jam supra dictum plantum, eo tenore ut quamdiu ego vixero, possideam; post meum vero discessum, ad supra dictos monachos; et omni anno in vestituram reddam IIII sextarios vini. Si quis etenim contra hanc benivolenciam quippiam calumnię inferre temptaverit, nequaquam evindicet, set insuper VI libras auri componat. S. Verani et uxore sua Maria, qui hanc donationem fecerunt et firmare rogaverunt. S. Engelberti. S. Grimaldi. S. Bosoni. S. Erimberti. S. Davit. S. Leviarda. Data manu Aymoni monachi et levite, anno XIIII, regnante Rodulfo rege.

[1] Littera *s* hic deleta est. — [2] Hanc chartam edidit Menestrier, *Hist. consul. de Lyon*, pr. p. XVIII.

26.

XLVIIII. CARTA DE CACELLIACO.

Sept. 986?

Sacrosanctę Dei ęcclesie quę est constructa in insula quę Athanacus vocatur, et in honore sancti Martini dicata, ubi domnus Asterius abbas pręesse videtur. Ego, in Dei nomine, Engela, pro animę meę remedio et filiorum meorum, Stephanum videlicet et Aroldum, cæterorumque parentum nostrorum, sive pro anima sororis mei Aroldi, dono prefatę æcclesię almi Martini, et ęcclesię Sancti Petri quę est dicata in loco quod vocatur Casętum, aliquid ex rebus nostris quas ex conquistu adquisivimus, ego scilicet et supra scripti filii mei : hoc est curtilis unus, cum vinea, et mansione, et orto, et vircaria, et terra arabili, et silva. Sunt autem ipse res sitę in pago Lugdunense, in agro Monte Aureacense, in villa Cacellario, in loco quę dicitur Male Exartum; quicquid ibi visa sum habere, sicut Teutgrimo adquisivimus, totum ad integrum dono pręfatis locis et monachis inibi Deo militantibus, usque in exquisitum, ea tenore ut ab hac die et deinceps pręlibati monachi et suscessores eorum liberam et firmissimam habeant potestatem quicquid pro utilitate monasterii decreverint faciendi, id est habendi, vendendi seu liceat comutandi. Si quis vero contra hanc benivolam donationem aliquam calumniam generare pręsumpserit, nullatenus vindicet, set particeps sit Datan et Abiron in Inferno, et insuper componat quibus litem intulerit tantum et aliud tantum quantum ipsa res eo tempore emeliorate valuerint; et in antea hec donatio firma et stabilis permaneat cum stipulatione subnixa. S. Engelane, qui donationem istam fieri et firmari rogavit. S. Icterii. S. Gerardi. S. [alterius] Gerardi. S. Aschirici. S. Wigoni. S. Girini. S. Adaloni. S. Beroldi. Data per manum Rodulfi, indigni monachi, in mense Novembrio, feria VI, anno XLVI, Chuonrado regnante.

27.

L. KARTA ODILON ET UXOR SUA ROFFELDI.

990 circa.

Sacrosanctę Dei ęcclesię quę est constructa in insula quę Athanacus vocatur, et in honore sancti Martini dicata, ubi domnus Durannus abbas preesse videtur. Ego quidem Odilo et uxor mea Rofeldis cedimus jam dictę ęcclesię aliquid de res nostras quas pariter adquisivimus : hoc est vinea cum mansione et orto; æst aut[em] ipsa vinea sita in pago Lugdunense, in agro Monte Aureacense, in villa Poloniaco, in loco qui dicitur Cabannas, qui his concluditur terminis : a mane terra de ipsa hęreditate et semitario percurrente, a medio die terra Adalelmi et ejus heredeb[u]s, a sero terra Sancti Stephani, a circio Adalelmi et ejus heredibus. Infra hos fines et terminos prędictam vineam donamus prescriptę ęcclesię, ea ratione ut quandiu pariter vixerimus, usum et fructum inde percipiamus, annisque singulis, tempore vindemiali, monachis in supra dictę ecclesię Deo servientium sestarios IIII vini in vestituram persolvamus, et qualiscumque primus obierit, una medietas ad supra dictam ęcclesiam, sine aliqua tarditate perveniat. Post amborum quoque discessum, sine aliqua tarditate, supra scripti monachi liberam et firmissimam habeant potestatem quicquid elegerint faciendi. Si quis vero contra hanc donationem aliquam calumniam inferre voluerit, nullatenus vindicet, sed componat quibus litem intulerit tantum et aliud tantum quantum prędictę res eo tempore emeliorate valuerint, et in antea hec donatio firma et stabilis permaneat, cum stipulatione subnixa. S. Odiloni et uxoris suę Rofeldis, qui donatione ista fieri et firmare[1] rogaverunt. S. Gisleberti. S. Arnulfi. S. Iterii. S. Adaloni. S. Constantini. S. Adalmanni. Data per manu Rodulfi monachi Sancti Martini, sub die Venenis[2], in mense Junio, regnante Gonrado rege.

28.

LI. CARTA ANSTERII, SANCTI STEPHANI PRESBITERI.

Mai. 978.   Sacrosanctę Dei ęcclesię quę est constructa in insula quę Athanacus vocatur, et in honore sancti Martini dicata, ubi domnus Eilbertus abbas preesse videtur. Ego quidem Ansterius, Sancti Stephani sacerdos, cogitans humane fragilitatis casum, et metuens meorum enor-

---

[1] Duas voces ultimas iteravit amanuensis. — [2] Sic in cod. pro *Veneris*.

mitatem criminum, ut piis prelibati confessoris precibus, aput pium et terribilem judicem merear adjuvari, et quamvis indigno, bene sit mihi, dono ejus[1] prefate ecclesie in alimoniam monachorum Deo et sibi in ea serviencium quasdam res juris mei que dono avunculi mei legitime pervenerunt. Hoc sunt vinee cum mansionibus, vircariis, salicetis, terra arabile, silva et omnibus ad ipsas res pertinentibus. Sunt autem site in pago Lugdunense, in agro Monte Aureacense, in villa Brucalias, et terminant a mane fine Cacellaco, a medio die fine de Lissiaco, a sero fine de Marcelliaco, a circio fine de Mainciaco. Infra istos fines et terminationes prelibatas res jam dictis monachis dono, et de meo jure in eorum trado dominationem, ea tamen racione ut, quandiu vixero, usum et fructum inde percipiam, annisque singulis, tempore vindemiali, dimi[di]um modium vini in vestituram illis persolvam. Post meum autem[2] discessum predicte res cum omnibus que inibi deinceps adquirere potuero, sine aliqua tarditate, ad prefatam ecclesiam perveniant, in communem victum monacorum. Si quis vero contra hanc benivolam donationem aliquam calumniam inferre voluerit, nullatenus vindicet, sed componat quibus litem intulerit tantum et aliud tantum quantum predicte res meliorate valuerint, et in antea firma et stabilis permaneat, cum stipulatione subnixa. S. Ansterii, indignus sacerdos[3], [qui] fieri jussit et firmare rogavit. S. Warnerius. S. Asterii subdiaconi. S. Andree prepositi. S. Rodulfi. S. Bladini. S. Wigoni. Data per manu Rodulfi monachi, mense Maio, feria VI, XL anno, regnante Guonrado rege.

29.

LII. CARTA ADALARDI.

Sacrosancte ecclesie que est constructa in insula que Athanacus vocatur, et in honore sancti Martini dicata, ubi domnus Rainaldus abbas preesse videtur. Ego, in Dei nomine, Adalardus et uxor mea

1003.

---

[1] Pro *huic*.
[2] *Autem* in locum vocis *quoque*, prius scriptæ, restituitur.
[3] Hæ duæ ultimæ voces supra vocem *presbiter*, cui substituuntur haud dubie, scriptæ fuere. Vox *qui* subsequens omissa est.

nomine Eldegardis donamus Sancto Martino insule Athanacensis, monachisque ejusdem loci aliquid rerum nostrarum, curtilem videlicet unum, cum vinea, qui situs est in pago Lugdunensi [1], in agro Monte Aureacensi, in villa que vocatur Calliscus, terminaturque his terminis : a mane via publica, a media die terra Girardi, a sero terra Sancti Stephani, a circio de ipsa hereditate. In alio vero loco, in finibus scilicet Malexardis, damus duas petiolas de terra arabili; terminaturque una de illis petiolis a mane rivulus Gurgus, a media die via publica, a sero terra Waldradæ, a circio terra Grimoldi; alia etenim petiola ab his concluditur terminis : a mane terra Durandi et Adalburni, a media die via publica, a sero rivulus Gurgus, a circio via publica. Infra hos fines vel terminationes prescriptas res donamus omnipotenti Deo et Sancto Martino, rectoribusque ipsius æcclesię; ea scilicet ratione ut ab hac die faciant de ipsis rebus quicquid facere voluerint, id est habeant potestatem tenendi, vendendi, commutandi seu scilicet donandi. Si quis vero contra hanć benivolam donationem quippiam calumniæ inferre temptaverit, nullatenus evindicet quod repetit, set insuper persolvat quibus litem intulerit auri libras VI, et in antea hæc donatio firma et stabilis permaneat cum stipulatione subnixa. S. Adalardi et uxoris ejus nomine Eldegardis, qui donationem hanc fecerunt, et scribere jusserunt, necnon firmare rogaverunt. S. Girbaldi. S. Martini. S. Folcardi. S. Geraldi sacerdotis. S. alii Girbaldi. Data manu Arnulfi, indigni levite et monachi, die Sabbati, anno x, regnante Radulfo rege.

30.

LIII. KARTA ARNULFI ET UXORIS SUE ELDEBURGA, DE MONTE PETROSO.

Febr. 968.

Sacrosanctę Dei ęcclesię que est constructa in insula quę Athanacus vocatur, et in honore sancti Martini dicata, ubi domnus Aegilbertus [2] abba pręesse videtur. Ego quidem Arnulfus et uxor mea Eldeburga

---

[1] Hoc verbum in *e* prius desinebat, sicut in multis aliis locis; sed amanuensis mendum sustulit, certam regulam non habens. — [2] Fortasse legendum esset *Aegilberberus*.

cedimus jam dictę æcclesiæ aliquid ex ereditate nostra : hoc est unam vineam cum mansiones et cum campis duis in se tenentes, que sunt site in pago Lugdunense, in agro Monte Auriacense, in villa Lissiaco, in loco ubi dicitur Monte Petroso. Que terminant iste res a mane terra Sancti Cristofori et via puplica[1], a medio die terra Sancti Pauli et deipsa hęreditate, a sero molato[2] finale et semitario percurrente, et de ipsa ęreditate, a cercio terra Petroni et Sancti Stephani, et de ipsa ęreditate. Quantum infra istas terminationes abemus jam dictę æcclesię pariter cedimus, et pratum qui ad ipsum curtilem aspicit, pro remedio animarum nostrarum et patris mei Hicterio, et matris mee Arembert, et germanum meum Engelart. Ea videlicet ratione ut monachi pręfate ęcclesię eam, absque ulla contradictione tæneant, possideant, et quicquid ex ea pro utilitate monasterii fecere decreverint liberam habeant potestatem. Quod si nos aut aliquis noster propinquus vel heres contra hanc donationem aliquam calumniam generare pręsumpserit, omnia ejus molimina affectu careant, et quibus litem intulerit libras IIII auri componat, et deinceps hec donatio, quandiu mundus steterit, firma et stabilis permaneat, cum stipulatione subnixa. S. Arnulfus et uxor sua Eldeburga, qui donatione ista fieri et firmare in pręsente rogaverunt. S. Berta, Deo devota. S. Waldrada, Deo devota. S. Ugo et uxor sua Letuis. S. Icterio. S. Elioni. S. Pontioni. S. Gislabertus. S. Ayminus. S. Giroldus. S. Lupus. S. Teudoldus. Aimoynus presbiter scripsit, datavit die Jovis, in mense Februario, annos XXX, regnante Gondrado, rege Jurensis.

31.

LIIII. CARTA INGELARDI ABBATIS[3], IN VILLA LISSIACO.

Sacrosanctę Dei ęcclesię que est constructa in honore beati[4] Martini At[h]anacensi monasterii dicata, ubi domnus Eylbertus abba pręesse videtur. Ego quidem, in Dei nomine, Ingelardus diaconus, cogitans casum humane fragilitatis, et æterne retributionis, et ut beatum

9 Nov. 967.

---

[1] Hoc verbum prius *publica* scriptum fuerat. — [2] Sic pro *molaro*? — [3] Leg. *diaconi*. — [4] Vox *beati* supra *sancti* scripta.

Martinum in die exitus mei pro peccatis meis intercessorem habere merear, pro hoc hamore cędo ad jam dictam ęcclesiam vineam unam cum mansiones tres, et ortis, et vircariis, et terra arabile, in agro Monte Aureacense, in villa Lissiaco; et terminant ipsę res a mane via vicinabile, a medio die via publica, a sero rivulus qui ad ęstum siccat, a circio terra de ipsa hereditate. Infra hos fines vel terminos pręxlictas res dono ad ipsam ecclesiam, eo tenore : dummodo vivo, usum et fructum ex inde percipiam, annisque singulis, in tempore vindemię, modium vini in vestitura servientibus hujus ęcclesie persolvam. Post meum quoque discessum, sine aliqua tarditate pręxlictę res ad ipsam ęcclesiam perveniant. Si quis vero contra hanc cartulam aliquam calumniam inferre voluerit, nullatenus evindicet, sed inferat cui litem intulerit tantum et aliut tantum quantum pręxlicte res eo tempore emeliorate valuerint, et deinceps firma et stabilis permaneat, cum stipulatione subnixa. S. Ingelardus levita. S. Andreas prępositus. S. Waldemari. S. Hiterio. S. Gislaberto. S. Bertæ, Deo devotæ. S. Wanerius levita. S. Teutardus sacerdos, v id. Novemb., feria VII, anno XXVII, regnante Gonrado rege.

32.

LV. [CARTA ADALBURNI ET SULPICIÆ.]

9 Aug. 1002. Sacrosanctę Dei æcclesię quę est constructa in insula quę Athanacus vocatur et in honore sancti Martini dicata, ubi domnus Raynaldus abbas pręesse videtur. Ego, in Dei nomine, Adalburnus et uxor mea nomine Sulpicia, pro remedio animarum nostrarum omniumque parentum nostrorum, et ut per interventum beati Martini, confessoris Christi, mereamur liberari a geennalibus flammis, donamus pręfatę æcclesię monachisque ejusdem loci aliquid rerum nostrarum, vineam scilicet quamdam atque campum unum de terra arabili; quę res sitę sunt in pago Lugdunensi, in agro Monte Auriacensi, set non continet eas res ulla villa. Est autem vinea in villa quę nuncupatur Talenciacus, concludiesque ab his terminis : a mane terra Ariodi, a media die terra Sancti Petri et Sancti Martini Athanacensis,

necnon Sancti Martini insulę Barbarensis, a sero terra Sancti Stephani, a circio terra Freoldi; campus equidem est situs in finibus Malexardis; terminanturque his terminis : a mane, a media die terra Sancti Stephani, a sero terra Sancti Martini Athanacensis, a circio via publica. Infra hos fines vel terminationes pręscriptas res donamus omnipotenti Deo et Sancto Martino Athanacensis ęcclesię rectoribusque ipsius loci; ea scilicet ratione ut ab hac die in potestate horum consistat, facere de his rebus quicquid facere voluerint, id est habeant potestatem tenendi, donandi, vendendi seu liceat commutandi. Si quis vero contra hanc benivolam donationem quippiam calumnię inferre tentaverit[1], nullatenus evindicet quod repetit, sed insuper persolvat quibus illis litem [intulerit] auri libras x, et in antea hæc donatio firma et stabilis permaneat, cum stipulatione subnixa. S. Adalburni et uxoris ejus Sulpicię donatorum, qui hanc donationem fecerunt et firmari rogaverunt, necnon scribere jusserunt. S. Renco prępositus. S. Fulcherius decanus. S. Gondulfus rethor[2]. S. Rollannus pręcentor. S. Amaldricus. S. Ebrardus. S. Arnaldus. S. Umbertus. Data manu Arnulfi, indigni levitę et monachi, v idus Aug. anno vIIII, regnante Radulfo rege.

33.

LVI. ALIA CARTA AREMBERTI MONACHI[3].

Sacrosanctę Dei ęcclesię quę est constructa in insula quę Athanacus vocatur, et in honore sancti Martini dicata, ubi domnus Durannus abbas pręesse videtur. Ego quidem, in Dei nomine, Arembertus et uxor mea nomine Adaleldis cedimus jam dictę æcclesiæ aliquid ex rebus nostris : hoc est de uno curtile la[4] una medietate, et petiolam terre in alio loco. Sunt autem ipse res sitę in pago Lugdunense, in agro Monte Aureacense, in villa Albiniaco. Medietas autem curtili

990?

---

[1] Vox *tentaverit* super *voluerit* scripta.
[2] Forte pro *rector*.
[3] Hic absque dubio de monacho non agitur; inferius enim copulatum esse connubio Arembertum scitur. Vocem igitur *Monachus* cognomen esse existimo.
[4] Monosyllabus *la* superadditus; e manu incauta non oritur : Vide ch. 51.

terminat a mane via publica, a medio die terra Sancti Stephani, a sero terra de ipsa hęreditate, a circio terra Sancti Stephani; et petiola terræ terminat a mane terra Sancti Stephani, a medio die et a sero terra Sancti Petri, a circio terra Sancti Stephani. Infra hos fines vel terminos, pręscriptas res jam dicte æcclesię donamus et monachis ibidem Deo servientibus; eo tenore ut si ego Arembertus de ista egritudine vixero, usum et fructum inde percipiam, et si modo obiero, uxor mea usu fructuario ipsas res teneat, annisque singulis, tempore vindemiali, semodium vini jam dictis monachis in vestituram persolvam. Post nostrum quoque discessum, prędictę res sine ulla tarditate [, etc.].

34.

LVII. [CARTA GENESII ET INGELDRADÆ.]

937-993. Dilecto in Christo fratri Desiderio diacono, Nos quidem, in Dei nomine, Genesius et uxor mea Ingeldrada, venditores, vendimus tibi campum que legibus nos obvenit. Est situs in pago Lugdunense, in agro Monte Aureacense, in loco qui dicitur Cresciacus, qui terminat a mane terra Sancti Romani, et perticas xvIIII, et pedes vII, et dimidium; a medio die terra Sancti Stephani, et perticas xxxI; a sero terra Sancti Stephani, et perticas x; a circio via publica, et perticas xxx. Infra hos fines vel terminationes, prędictum campum tibi vendimus, et accepimus a te precium sicut inter nos placuit atque convenit, sold. vI, et, pro ipso precio, de nostro jure et dominatione in tuam revocamus potestatem quiquid facere volueris habendi, vendendi, perdonandi, seu liceat commutandi. Si quis vero, quod minime credimus, si nos ipsi aut ullus de eredibus nostris, qui contra hanc vendicionem istam aliquam calumniam inferre voluerit, nullatenus vindicet, sed componat tantum et aliud tantum quantum prędictus campus emeliorate valuerit, et in antea hęc vendicio ista firma et stabilis permaneat cum stipulatione subnixa. S. Genesii et uxor sua Ingelarda, qui hanc vendicionem fieri et firmare rogaverunt. S. Iozoldi. S. Desiderii. S. Folcoldi. S. Silvestri. S. Cristiani. Data per manu Salomonis acoliti, in mense Julii, sub die Lunis, anno [. . . .] regnante Gondrado rege.

35.

LVIII. CARTA DE CALLISCO ET DE BRUALIAS.

In Christi nomine, Ego Rainaldus, humilis abbas Athanacensium, et omnis congregatio memoratæ æcclesiæ, notum esse volumus omnibus, tam prẹsentibus quam futuris, qualiter quidam homines Adalardus et uxor ejus nomine Eldegardis, nostram advenerunt prẹsentiam, postulantes ut aliquid rerum nostrarum per precariam eis concederemus, quod et fecimus; dedimus autem eis loco precariẹ curtiles II, qui sunt siti in pago Lugdunensi, in agro Monte Aureacense; et unc[1] curtilis est in villa que vocatur Bruialias, terminaturque ex omni parte de ipsa hẹreditate. Alius vero curtilis in villa est quẹ vocatur Calliscus, terminaturque ab his terminis : a mane via publica, a media die terra Giroardi, a sero terra Sancti Stephani, a circio de ipsa hæreditate. Necnon duos campos de terra arabili donamus eis qui sunt siti in finibus de Bruialias. Infra hos fines vel terminaciones prẹdictas res, loco precariẹ, eis concedimus; ea scilicet ratione ut, quamdiu ambo simul vixerint, teneant et possideant. Quiscumque vero ex illis primus mortuus fuerit medietatem terrẹ hujus supra dictẹ ẹcclesiẹ reddat. Ipse vero qui supervixerit teneat aliam medietatem quamdiu vixerit. Post suum itaque dicessum supra dicta terra ad prẹscriptam æcclesiam, absque ulla mora, perveniat. Persolvant autem hi memorati homines, in vestitura, monachis dimidium modium inter panem et vinum omnibus annis. Hæc equidem precaria ab hac die et de[in]ceps firma et stabilis consistat cum stipulatione subnixa. S. Raganaldus. S. Walcherius. S. Arbo[2]. S. Wdulbaldus. S. Aschiricus. S. Gausbertus. S. Adalardus. S. Eudo[3]. S. Anselmus. S. Theuthardus. S. Durandus. S. Walnerius. S. Gausmarus. S. Ydbertus. S. Gaucerannus. S. Eldebertus. S. Eterius. S. Radulfus. S. Wichardus. S. Arnulfus. S. Foldradus. S. Gerardus. S. Otbertus. S. Raynaldus. S. Um-

---

[1] Leg. *hunc*, sed mendose. — [2] Leg. *Abbo*. — [3] Forte leg. *Fudo*.

bertus. S. Amblardus. S. Fulcherius. S. Aymo. S. Stephanus. S. alius Gaubertus. S. Radulfus. Data manu Arnulfi, indigni levitæ et monachi, die Sabbati, anno x, regnante Radulfo rege.

36.

LVIIII. [CARTA ADALBURNI ET SULPICIÆ.]

21 Maii 1004.

In Christi nomine, Ego Rainaldus, humilis abbas Athanacensium, ac omnis congregatio ejusdem loci, notum esse volumus omnibus tam presentibus quam futuris qualiter quidam homines, Adalburnus videlicet et uxor ejus nomine Sulpicia, nostram advenerunt presentiam, postulantes ut aliquit rerum memoratę ęcclesię, loco precarię, eis concederemus; quod et fecimus. Concessimus autem eis terram arabilem in diversis locis, et vineam unam, necnon aliquid de saliceto, quę omnia sita sunt in pago Lugdunensi, in agro Monte Aureacensi, et in his villis : in villa scilicet de Sancto Cirico et in Colonias, et in Talentiaco; quicquid nunc in presenti visi sumus in supradictis villis habere, totum, loco precarię, eis donamus. Ea siquidem[1] ratione ut quamdiu ambo simul vixerint teneant et possideant, annisque singulis semodium unum inter panem et vinum rectoribus memoratę æcclesiæ persolvant, et qui prior mortuus fuerit medietatem terræ hujus prefatę æcclesię relinquat. Qui vero superstes fuerit de his duobus, si medietatem mortui habere voluerit, leviori precio vel convenientia habeat illam, si rectores æcclesię prescripte pro bono servicio ipsius ei donaverint. Cum ambo etenim mortui fuerint, sine ulla mora, omnis hæc terra cum omni melioratione ad æcclesiam Sancti Martini Athanacensis et ad rectores ejus[2] perveniat. Et ut hæc precaria ab hinc firma et stabilis consistat[3], manibus propriis firmamus. S. Rainaldus. S. Walcherius. S. Abbo. S. Aschiricus. S. Udulbaldus. S. An-

---

[1] Hic est in manuscripto scissura sat lata, sed textui non officit, quia existebat antequam amanuensis suam inchoaret operam, et ille scripsit in utraque parte. Rursus invenitur hoc vacuum initio chartæ subsequentis, quæ sub tergo folii inscribitur.

[2] *Ejus* in codice iteratur.

[3] In locum *permaneat* hæc vox restituitur superscripta.

selmus. S. Teutardus. S. Eterius. S. Gausbertus. S. Warnerius. S. Durantus. S. Gausmarus. S. Eudo. S. Eldebertus. S. Radulfus. S. Gaucerannus. S. Ydbertus. S. Wichardus. S. Arnulfus. S. Foldradus. S. Gerardus. S. Grimaldus. S. Rainaldus. S. Otbertus. S. Amblardus. S. Fulcherius. S. Aymo. S. Stephanus. Data manu Arnulfi, indigni levitę et monachi, die Dominico, XII kal. Junii, anno X, regnante Radulfo rege.

37.

LX. KARTA ARBALDI.

In nomine Dei summę et[1] individue Trinitatis. Ego quidem Ayrboldus dono Deo et ęcclesię Sancti Petri que est constructa in loco quod vocatur Casetum, sub regimine domni Duranni abbatis, et monachis Athanacensis monasterii, pro animę meæ remedio vel parentum meorum, terciam partem vineę quam possideo, simul cum fratribus meis Eymino et Silvestro. Est autem ipsa vinea sita in pago Lugdunense, in agro Monte Auriacense, in villa que vocatur Mons Lysinius, et terminat a mane ipsa vinea[2]. Infra hos fines et terminationes, pręscriptam terciam partem vineę dono jam dicte ęcclesię et pręlibatis monachis, ea ratione ut ab hac die et deinceps liberam et firmissimam habeant potestatem quicquid pro utilitate monasterii fecere decreverint. Si quis vero contra hanc benivolam donationem aliquam calumniam generare pręsumpserit, nullatenus vindicet, sed iram Dei incurrat, et componat quibus litem intulerit tantum et aliud tantum pręditę res eo tempore emeliorate valuerint, et in antea hæc donatio firma et stabilis permaneat, cum stipulatione subnixa.

990?

38.

LXI. [PRECARIA FACTA ANDREÆ.]

In Christi nomine, Durannus abbas æcclesiæ Sancti Martini Athanacensis monasterii, necnon et cuncta congregatio monachorum inibi Deo servientium, notum esse volumus omnibus tam pręsentibus

980-990.

---

[1] Vide pag. 580, not. 1.   [2] Sic in cod.

quam futuris, qualiter nostram adiit presenciam Andreas prepositus Lugdunensis æcclesię, humiliter rogans ut sibi aliquid ex rebus æcclesię nobis commisse usu fructuario per prestarię firmitatem concederemus; quod et fecimus. Est autem curtilis unus cum vinea et mansione et orto situs in pago Lugdunense, in agro Monte Auriacense, in villa Talantiaco, in loco qui vocatur Genevreta, et terminat a mane terra Sancti Martini, a medio die, et a sero, et a circio terra Sancti Petri; et donat predictus prepositus, ex sua parte, Sancti Martini suisque servientibus, campum unum in villa Nuiz, qui terminat a mane terra....... a medio die, et a sero, et a circio via publica; ea tenore ut quamdiu ipse vixerit, prescriptam terram Sancti Martini et ipsam quam ille pro recompensatione hujus precariæ nobis donat, teneat et possideat, annisque singulis reddat in festivitate sancti Martini denarios VI in vestituram, et sic securus possideat dum advixerit. Post suum quoque discessum, supra dicte res, absque alicujus expectata tradicione aut judicis consignatione, in jus et potestatem Sancti Martini ejusque servientibus perveniant. Ut autem hæc precaria firmior habeatur, manu propria subscripsimus, et monachis æcclesiæ nobis commisse firmari rogavimus. S. Durannus abbas. S. Rodulfus monachus. S. Arnaldus monachus. S. Madalgerius. S. Abbo monachus. S. Gausbertus. S. Folcholdus monachus. S. Durannus monachus. S. Rainaldus. S. Durannus monachus. S. Leuthardus monachus. S. Siuvinus monachus. S. Andreas monachus. S. Ayrbaldus monachus. S. Arembertus monachus. S. Ardradus. S. Girelmus monachus. S. Walcherius monachus. [S.] Bernardus monachus. [S.] Pontius monachus. [S.] Durannus monachus. [S.] Gausmarus monachus. Data per manu Rodulfi, indigni monachi, feria VI, mense Maio, regnante Chuonrado serenissimo rege in Gallia.

39.

LXII. [CARTA ANSUSI ET UXORIS EJUS.]

980-990.   Sacrosanctę Dei ęcclesiæ que est constructa in insula quę Athanacus vocatur, et in honore sancti Martini dicata, ubi domnus Durannus abbas preesse videtur, ego quidem Ansusus et uxor mea nomine [.....], donatores, donamus [ecclesiæ] Sancti Martini et monachis ibidem Deo servientibus aliquid de rebus nostris pro animas nostras et parentum nostrorum : hoc est vinea una quem ex medium plantum acquisivimus ex terra Sancti Stephani, et est sita in pago Lugdunensi, in agro Monte Auriacense, in villa Cacellaco, et concluditur his terminis : a mane via publica, a medio die terra Ansii et uxoris sue, a sero rivulus currit et terra Sancti Stephani, a circio via publica; tali videlicet ratione ut quamdiu vixerimus, supra dictas res usufructuario teneamus, et tempore vendemiali, in vestituram, persolvamus sextarios duos. Post nostrum vero discessum, monachi prefate æcclesiæ teneant, possideant, et quicquid exinde pro utilitate monasterii facere decreverint, absque ulla controversia liberam habeant potestatem. Quod si nos aut aliquis noster propinquus contra hanc donacionem, que nos rogante scripta est, aliquam calumniam generare presumpserint, quibus litem intulerit duas libras auri componat, et in antea hæc donatio firma et stabilis permaneat, cum stipulatione subnixa.

40.

LXIII. CARTA DE MONTE SICCO.

Domino in Christo fratri Sanbadino, et ego Ginbergie, et Lanbertus, et frater meus Arbertus, vendimus tibi algiam unam de vinea xx solidos, qui est sita in Monte Sicco, et terminat a mane terra ipsius Sanbadini, a medio die terra Otberti, a sero terra Avundi, et Eimini, et Nadali, et Marini, a cercio terra Sancti Martini et Sancti Petri; ea vero ratione vendimus tibi ut ab hac die et deinceps liberam et firmissimam, in Dei nomine, habeas potestatem ad habendi, vendendi, donandi seu liceat commutandi, vel quicquid juste helegeris[1] faciendi. Si quis vero contra hanc benivolam vendicionem aliquam calumpniam inferre temptaverit, nullatenus vendicet quod repetit, sed componat cui litem intulerit tantum et aliut tantum precii, et in antea firma et

[1] Leg. *elegeris*.

stabilis permaneat, cum stipulatione subnixa. S. Lanberti et Arberti, fratris sui, qui vendicionem istam fieri jusserunt et firmari rogaverunt. S. Duranni. S. Wandalmari. S. Eurardi. Data manu Aschirici, indigni et sacerdotis monachi[1], mense Martio, die Jovis, regnante Radulfo, rege Jurensium.

41.

LXIIII. CARTA DE MANCIACO.

Mai. 1008.

Sacrosanctę Dei æcclesię quę est constructa in insula que Athanacus vocatur, et in honore Sancti Martini dicata, ubi domnus Arnulfus abbas pręesse videtur. Ego, in Dei [nomine], Rollannus et uxor mea nomine Raingardis donamus Deo et Sancto Martino Athanacensi curtile unum, cum mansione, et orto, et vircaria, et vinea, quod situm est in pago Lugdunensi, in agro Monte Aureocense, in villa de Manciaco; et curtile, cum mansione, et orto, et vinea, terminatur his terminis : a mane et a circio terra Agnonis, a medio die et a sero via publica; et vircaria terminatur a mane et a circio terra Agnonis, a medio die et a sero de ipsa hæreditate. Infra hos fines vel terminaciones predictam rem donamus Deo et Sancto Martino monachisque Athanacensibus; ea ratione ut quamdiu vixerimus teneamus, annisque singulis, duos sextarios vini in vestitura persolvamus, et qualiscumque ex nobis primus obierit, unam medietatem pro sepultura monachis reddat. Post mortem vero amborum, sine ulla mora, monachi accipiant totum. Si vero filius eorum Eldegarius cum monachis concordaverit, et de sua hæreditate eis dederit, illut curtile quod monachi donant suo genitori et matri Caseto teneat, salvo servicio eorum; sitque hoc donum firma et stabile ab hinc et deinceps. S. Rollanni et uxoris sue Raingardis, qui hoc donum fecerunt et firmaverunt. S. Eldegarii, filii sui. S. Constantini presbiteri. S. Grimaldi. S. Otgerii. Data manu Gausmari, indigni sacerdotis et monachi, feria .i, mense Maio, anno xv, regnante Rodulfo rege.

---

[1] Leg. *indigni sacerdotis et monachi.*

42.

LXV. CARTA DE MAINCIACO.

Sacrosanctę Dei ecclesię, quę est constructa in insula que Athana- 1015 circa.
cus vocatur, et in honore sancti Martini dicata, ubi domnus Arnulfus
abbas pręesse videtur. Ego, in Dei nomine, Constantinus presbiter,
et frater meus Richardus, pro remedio animarum nostrarum ac parentum nostrorum, ac pro sepultura fratrum nostrorum Otgerii et
Eldeberti, donamus Sancto Martino et monachis aliquid terrę arabilis, quod situm est in pago Lugdunensi, in agro Monte Auriacensi,
in finibus Mainciacæ[1] villæ, quæ terminatur a mane terra Rollanni, a
medio die et a sero terra Sancti Martini, a circio rivulo volvente.
Infra hos fines donamus Sancto Martino et monachis hanc pręscriptam terram; ea ratione ut ab hac die in jure eorum sit facere quicquid eis placuerit. Si quis vero eis contrarius fuerit, sit excommunicatus ex parte Dei et omnium sanctorum, et in antea sit hoc donum
firmum. S. Constantini presbiteri. S. Richardi. S. Rannulfi. S. Otgerii. S. Geraldi presbiteri. S. alii Geraldi. Arnulfus exaravit, regnante
Rodulfo rege in Gallia.

43.

LXVI. CARTA DE MAINCIACO.

Dominis in Christo fratribus Rainaldo, abbati Athanacensis æccle- 12 Aug. 1002.
się, et omnibus monachis ejusdem loci, Ego Grimaldus et uxor mea,
nomine Ermengardis, inpignoratores, inpignoramus vobis pro soldis
VI, quos a vobis accipimus, aliquid rerum nostrarum, IIII sextariadas
scilicet de terra arabili, quę sita est in pago Lugdunensi, in agro
Monte Auriacense, in terminis de Mainciaco. Terminatur hęc terra a
mane via publica, a media die et a sero terra Sancti Stephani, a circio de ipsa hæreditate. Infra hos fines vel terminationes pręscriptam
terram pro supra dicto pretio vobis inpignoramus; ea scilicet ratione
ut tamdiu teneatis vos hanc supra scriptam terram quamdiu reddamus

---

[1] Incaute scripsit amanuensis *Maninciacæ*.

vobis hoc memoratum pretium, et ipso anno quo hęc terra non reddiderit fructum, nos persolvamus vobis unum modium vini. Hęc equidem inpignoratio deinceps inconcussa consistat cum stipulatione subnixa. S. Grimaldi et uxoris ejus, nomine Ermengardis, qui hanc incautionem fecerunt et firmari rogaverunt necnon scribere jusserunt. Data manu Arnulfi, indigni levitę et monachi, die Mercoris, II nonas Aug., anno VIIII, regnante Radulfo rege in Gallia.

44.

LXVII. CARTA CONSTANCIE IN VILLA TAXONERIAS, IN MONTE AUREO.

April. 1012.

Sacrosanctę Dei æcclesiæ quę est constructa in insula quæ Athanacus vocatur, et in honore sancti Martini dicata, ubi domnus Arnulfus abba pręesse videtur. Ego, in Dei nomine, Andreas et uxor mea, Constantia, pro remedio animarum nostrarum et omnium parentum nostrorum, donamus Sancto Martino et monachis ejusdem loci duas algias de vinea. Que algie site sunt in pago Lugdunense, in agro Monte Auriacense, in villa Taxonerias, et terminat a mane terra Sancti Stephani, et a medio die terra Alberici et de ipsa hæreditate, a sero terra Alberici et de ipsa hæreditate, a circio terra Duranni et de ipsa hæreditate. Infra hos fines vel terminaciones pręscriptas algias ego Constantia, cujus hæreditas specialius fuit, dono Deo et Sancto Martino et monachis ejusdem loci, ut ab hac die et deinceps faciant quicquid facere voluerint, id est habendi, vendendi, donandi, seu liceat commutandi, et accipio a vobis, pro ipsas algias, solid. III, et post obitum meum me sepeliatis solam. Si quis[1] contra hanc donationem aliquid calumnię generare pręsumpserit, nullatenus evindicet, sed componat cui litem intulerit auri libras VI, et in antea hęc donatio firma permaneat, cum stipulatione subnixa. S. Andree et uxoris sue Constantię, qui hanc donationem fieri et firmari rogavit. S. Pontię, filie sue. S. Duranni. S. Justi. S. Rotberti. S. Franbergie. Data manu Gausberti, indigni sacerdotis et monachi, in mense Aprilis, feria III, anno XVIIII Rodulfi regis.

[1] Mendose addidit amanuensis *qui*.

45.

LXVIII. CARTA GRIMALDI ET UXORIS SUÆ, SIINELDIS NOMINE, IN MONTE AUREO.

Dilectis in Christo fratribus Grimaldo et uxoris sue, nomine Siineldis [1], Nos, in Christi nomine, Arnulfus abbas et reliqua congregatio fratrum Sancti Martini Athanacensis, donamus vobis, loco beneficii, curtilum unum, cum vinea, et orto, et vircaria; quem curtilum excolere videtur quidam homo, nomine Rothbertus, et est situs ipse curtilis in pago Lugdunense, et in Monte Aureo. Donamus etiam vobis in ipso Monte Aureo terram non modicam in diversis locis, cum saliceto, loco beneficii; ea ratione ut quamdiu vixeritis teneatis sicuti Adalburnus, vester antecessor, tenuit, et post vestrum amborum discessum, sine alicujus contradiccione atque melioratione et augmento, omnia supra dicta terra Sancto Martino et monachis perveniat, serviciumque omni anno a vobis nunquam desit; quod si fæcerit, omnia irrita fiant. Pręfatus vero Grimaldus, cum inserta uxore, donat Sancto Martino et pręlibatis monachis quandam petiolam terre sitam in eodem pago et agro locoque, que concluditur his terminis : a mane et a medio die, et a sero, et a circio terra Sancti Stephani. Martinus natinneus [2] atque monachus hanc cartulam exaravit sub die Jovis, in mense Februar., anno XXIII Rodulfi regis.

Febr. 1016.

46.

LXVIIII. CARTA ENGELBERTI, DE CACELLIACO.

Sacrosanctę Dei æcclesiæ quæ est constructa in insula quę Athanacus vocatur, et in honore sancti Martini dicata, ubi domnus Arnulfus abbas pręesse videtur. Ego Engelbertus et uxor mea Ermengardis donamus Deo et Sancto Martino et monachis Athanacensibus vineam unam sitam in pago Lugdunensi, in agro Monte Aureocense, in villa de Cacellaco, et in loco quę dicitur a la Colonia, que terminatur a mane, et a medio die, et a sero de ipsa hæreditate, a circio terra

1018.

---

[1] Amanuensis primo *ineldis* scripserat. Deinde super hanc vocem duas litteras *si* addidit. — [2] « Minister inferioris ordinis. » (*Gloss. Cang.*)

Sancti Stephani; et in altero loco, in ipsa villa, suam medietatem de medio planto quod fecit in terra Sancti Stephani; in altero loco, in villa de Callech, vineam unam quæ terminatur a mane de ipsa hereditate, a media die terra Rollanni, a sero terra Bernardi, a circio terra Sancti Stephani. Infra hos fines vel terminationes, prędictas res donamus Deo et Sancto Martino et monachis Athanacensibus; ea ratione ut, quamdiu vixerimus, teneamus, annisque singulis, in vestituram, II sextarios vini persolvamus, et qualiscumque ex nobis obierit primus unam medietatem monachis reddat. Post mortem vero alterius ex integro accipiant. Sitque hoc donum ab hinc et deinceps firmum et stabile. S. Elgelberti et uxoris [s]uę Ermengardi, qui hoc donum fecerunt. S. Bosoni. S. Gasmari. Data manu Gausmari, indigni sacerdotis et monachi, anno xxv, regnante Rodulfo rege. S. Rollendis. S. Gausberga.

47.

LXX[1]. [CARTA HICTERII ET GIMBERGIÆ.]

Sacrosancte Dei æcclesię que est constructa in insula quę Athanacus vocatur, et in honore sancti Martini dicata, ubi domnus Rainaldus abbas sub regimine domni archipręsulis Buhorcardi pręesse videtur. Ego, in Dei nomine, Hycterius et uxor mea Ginbergia, pro remedio animarum nostrarum, et loco meæ sepulturæ cædo jam dictæ æcclesię et monachis ibidem Christo militantibus, aliquid ex rebus nostris, hoc est curtilum unum cum mansione, et horto, et vircaria, et vinea, et arboribus; et est situs ipse curtilis in pago Lugdunense, in agro Monte Aureocense, in villa Lisciaco, et terminat a mane guttula percurrente, a medio die et a circio terra Sancti Stephani, a sero terra Waldradane. Infra hos fines seu terminationes, pręditum curtilem donamus Deo et pręditę æcclesiæ, [et] monachis sub regulare tramite militantibus, et quicquid ad ipsum aspicit; ea videlicet ratione ut quamdiu vixero usufructuario teneam et possideam, annisque singulis, tem-

---

[1] Hanc chartam edidit Menestrier, *Hist. consul. de Lyon*, pr. p. IV.

pore vindemiali, duos sextarios vini, in vestituram, persolvam. Post meum vero discessum, prefatę res ex integro in eorum potestatem deveniant. Quod si has res jam dictis monachis non fecero quietas tenere, tali convenientia facio ut inter Sivriaco et Lisciaco melioratas eis componam. Si quis vero contra hanc benivolam donationem aliquam calumpniam inferre temptaverit, nullatenus evindicet quod repetit, sed iram Dei om[n]ipotentis incurrat, et submergatur cum Dathan et Abiron, et pereat cum seditiosis sociis Chore, sitque ejus portio cum proditore Juda, componatque quibus litem intulerit tantum et aliut tantum quantum predicte res eo tempore emeliorate valuerint, et in antea donatio hęc firma et stabilis permaneat, cum stipulatione subnixa. S. Hycterii et uxoris suæ Ginbergię, qui donationem istam fieri jusserunt et firmari rogaverunt. S. Girardi. S. Stephani. S. Milonis. S. Aschirici. S. Girini. S. Beraldi. S. Adalonis. Data per manum Walcherii, indigni sacerdotis et monachi, Febr. in mense, Jovis die, anno LII, Chuonrado regnante in Gallia.

48.

LXXI. CARTA VENDITIONIS WARENGAUDI ET UXORIS SUE ERMENTRUDIS, IN FINIBUS DE LISSIACO SEU DE MAINCIACO.

Dilectis in Christo fratribus, monachis Athanacensibus æcclesiæ emtoribus. Nos quidem, in Dei nomine, Warengaudus et uxor mea Ermentrudis, venditores, vendimus vobis aliquid ex rebus nostris, qui nobis legitime obvenerant : hoc est terra arabilis, culta et inculta, pro solidis decem. Est autem ipsa terra sita in pago Lugdunense, in agro Monte Auriacense, in finibus de Lissiaco sive de Mainciaco, et terminat a mane terra Ardencho et Aalardo, a medio die via publica, a sero terra Sancti Martini, a circio terra Otberti, de ipsa hæreditate, et terra Otelmi. Infra istas fines vel terminationes sicut suprascriptum est, totum ad integrum vendimus[1], vobis tradimus adque transfundimus, et de nostro jure in vestram revocamus potestatem

937-993.

---

[1] Hanc vocem incaute iteravit amanuensis.

sive dominationem, id est habendi, vendendi, donandi, seu liceat comutandi. Si quis vero contra hanc vendicionem aliquam calumpniam inquietare presumpserit, nullatenus vindicet, sed componat quibus litem intulerit tantum et aliut tantum, et in antea hęc venditio firma et stabilis permaneat, cum stipulatione subnixa. S. Warengaudi et uxori[s] sue Ermentrudi, qui venditione ista fieri et firmari in presenti rogaverunt. S. Girboldi. S. Teutcrimi. S. Teutboldi. S. Geroardi. S. Dominici. S. Geraldi. S. Otgerii. Data per manu Gausberti, indigni monachi, feria II, in mense Febroario, regnante Gonrado rege in Gallias.

49.

LXXII. [CARTA GRINOLDI ET ERMENGARDIS.]

1000 circa. Dilectis in Christo fratribus Bercherio et uxore sua Ingela, Ego, in Dei nomine, Grimoldus et uxor sua Ermengardis, inpignoratores, inpignoravimus vobis [campum] unum qui est situs in pago Lugdunensi, in agro Monte Auriacense, in villa Maginciaco[1], pro solidos IIII, et concluditur ipse campus his terminis : a mane via publica, a medio die terra Sancti Stephani, a sero similiter, a circio terra de ipsa hæreditate. Infra has fines vel terminationes, vobis [inpignoravimus], ea ratione ut istam terram teneatis, quousque quatuor solidos vobis persolvam, et istos denarios ab alio homine non accipiam neque vobis reddam nisi de mea substantia[2] propria aquiram, et istam terram non accipiam neque redimam nisi sine fructu, sicuti modo est, et in antea caucio ista firma permaneat, cum stipulatione subnixa. S. Grimoldi et uxoris sue Ermengardis, qui caucione ista fieri et firmare rogaverunt.

50.

LXXIII. CARTA DE BRUALIAS[3] ET DE LIMONADAS.

1010 circa. Noticia vuirpitionis quam Girinus de Darzilliaco fecit Sancto Mar-

[1] Vel *Magincraco*. — [2] Cod. *sublanstia*. Secundam, prius omissam, litteram *s* supra *n* postea scripsit incaute amanuensis. — [3] Vide cart. 87 subseq.

tino Athanacensi monachisque inibi Deo militantibus, in pręsentia domni Wdulbaldi, ejusdem loci abbatis, de cadam[1] terra quam ipse Girinus [vuirpivit] Sancto Martino, pręfatisque monachis. Est autem ipsa terra sita in loco qui vocatur Bruialias. Hanc dedit pręfatæ æcclesiæ, sed pro sua molaria accepit a monachis aliquid terrę, videlicet unam vineam et terram arabilem cum silva et saliceto : quę res site sunt in villa que vocatur Limonadas. Hec convenientia facta est ea ratione ut, quandiu vixerit, ipse Girinus teneat; post suum discessum, ad monachos perveniat. Dat ipse et sua uxor Dumesia, in altero loco, particulam vineę quę sita est in villa de Marcileiaco; ea ratione ut, quandiu Girinus vixerit, teneat, annisque singulis, in vestituram, unum sextarium vini persolvat; et post suum discessum in potestate monachorum sit. Accipit vero pro supradicta convenientia xvi soldos. Et ut hæc convenientia ab hinc et deinceps firma sit, manu propria, ipse et sua uxor Dumesia [firmavit], et firmari rogavit. S. Aalonis. S. Fulcherii. S. Benedicti. S. Agglerii.

51.

LXXIIII. CARTA AREMBERTI.

Domno fratribus Aremberti et uxorę sua Adaleldis, Nos quidem Rotbertus et uxor mea Nonia[2], donatores[3], donamus vobis aliquid de rebus nostris : hoc est unus curtilus, de ipso curtilo la una medietate. Est autem situs in pago Lugdunensis, in agro Monte Auriacense, in villa que dicitur Albigniaco. Terminat jam dicta medietas de ipso curtilo a mane via publica, a medio die terra Sancti Stephani, a sero terra de ipsa hęreditate, a circio terra Sancti Stephani. Infra hos fines vel terminationes de jam dicto curtilo la una medietatę vobis donamus ad faciendum quod facere volueritis, et donamus vobis in alio loco, in ipso pago, vel in ipso agro, petiola de terra qui terminat a mane terra Sancti Stephani, a medium die et a sero terra Sancti Petri, a cercio terra Sancti Stephani. Infra hos fines vel terminationes jam dicta

Mart. 980.

---

[1] Pro *quadam*. — [2] Inter lineas addidit amanuensis *a* ante hoc nomen. Forte legendum est *Anonia*, sed *Nonia* inferius reperitur. — [3] Scribitur *donatorum* inter lineas.

petiola de terra vobis donamus, pro eo quod nos bene servitis, vel in antea melius facere promitis, pro ipsa amore tam vos quam eres vestri liberam et firmissimam in omnibus abeatis potestatem, ad faciendum quod volueritis, id est habendi, vendendi, tenendi, donandi, sed ut liceat comutandi; et si nos ipsi au[t] ullus homo sit de eredibus nostris qui donacionem istam inferre aut inquietare voluerit, non valeat vindicare quod petit, sed conponat tantum et aliut tantum quantum ipsas res eo tempore[1] melioratas, et in antea hęc donatio ista firma et stabilis permaneat, cum stipulatione subnixa. S. Rotberto, cum uxore sua Nonia, qui donacionem istam fieri et firmare in pręsente rogaverunt. S. Rotbol. S. Yoanno cum filio suo Cristiano. S. alio Yohanno[2] cum sorore sua Emma. [S.] Folcardo. S. Girardo. Data per manu Ocdiloni[3] presbiteri, sub die Mercoris, in mense Marcio, annos xxxx, regnante Condrado, rege Jurensis in Gallia.

52.

LXXV. CARTA STEPHANI.

980-990 ?

Sacrosanctę Dei æcclesiæ que est constructa [in] insula que Athanacus vocatur, et in honore Sancti Martini dicata, ubi domnus Asterius abba pręesse videtur. Ego, in Dei nomine, Stephanus dono jam dictę æcclesiæ et monachis ibidem servientes, pro remedium animæ meę vel pro remedium consanguineorum meorum, aliquid de rebus meis que mihi legitime obvenerunt vel obvenire debent : hoc sunt villis cum mancipiis, et vineis, et campis, et silvis, et pratis, et salicetis, et molendinis, et is[4] et regressis, una villa [quæ] vocatur Proliacus, cum ęcclesiæ que est constructa in honore sancti Bartolomei, et in alio loco Beraldo, cum omne ministerium suum : hoc sunt ville cum ęcclesia quę est constructa in honore Ferreoli, et omne ministerium Ottoni, et quicquid in Monte Aureo vel in fines ipsius montis mihi legitime obvenerunt vel obvenire debent. Sunt ipse res in pago Lugdunensi; ea tenore [ut] dum vivimus, ego et mater mea teneamus

---

[1] Duo ultima iteravit verba incautus amanuensis. — [2] Littera *h* addita inter lineas. — [3] Littera *c* addita. — [4] Pro *et ex iis*.

et possideamus. Post nostrorum quoque amborum discessum, prędicte res ad monasterium supra memorati sine ulla tarditate perveniant, ut faciant monachi quicquid pro utilitate ipsius loci facere voluerint. Sane si ego au[t] ullus homo au[t] ullus de eredibus meis qui hanc benivolam elemosinariam inquietare voluerit, non judicare quod repetit valeat, sed cui litem intulerit auri libras xx componat, et insuper iram Dei incurrat, et cum Datan et Abiron sotietatem percipiat, et sit anatema maranata, et in antea firma et stabilis permaneat, cum stipulatione subnixa. S. Stephani, qui donacione ista fieri jussit et firmare rogavit. S. Giro sacerdos. S. Eldrado. S. Addraldo. S. Berchari. S. Amaldrico. S. Raynaldo. S. Vadoni. Raynaldus scripsit.

53.

LXXVI[1]. [CARTA BRACDENCI CANONICI.]

Sacrosanctę Dei æcclesie que est constructa in insula quę Athanacus vocatur, et in honore sancti Martini dicata, ubi domnus Raynaldus abbas pręesse videtur. Ego, in Dei nomine, Bracdencus, canonicus almi Stephani, protomartiris Christi, cogitans casum humane fragilitatis, et ut interventu beati Martini, confessoris Christi, merear eripi ab incomoditatibus universis, necnon pro remedio animę meę omniumque propinquorum meorum, cedo jam pręnominate casę Dei rectoribusque ejusdem vineolam unam quam adquisivi de Evrardo et sorore ipsius, nomine Thedeldis; quę vinea sita est in pago Lugdunensi, in agro Monte Auriacense, in villa de Cosone, et in loco qui dicitur Vals, terminaturque ex omni parte terra Sancti Stephani. Infra hos fines vel terminationes, hanc prefatam vineolam dono prelibatę ęcclesię et monachis ipsius loci, ea scilicet ratione ut quamdiu nepos meus Adraldus et consanguineus ejus Heldulfus vixerint, teneant, annisque singulis, vindemiali tempore, v sextarios vini in vestitura persolvant. Post illorum equidem discessum, absque ulla mora, ad mensam monachorum Sancti Martini Athanacensis hęc vineola

1000 circa.

---

[1] Hanc chartam edidit Menestrier, *Hist. consul. de Lyon*, pr. p. xx.

perveniat. Si quis vero contra hanc benivolam donationem quippiam calumpnię inferre temptaverit, nullatenus evindicet quod repetit, sed sit anatematizatus, et pereat cum Juda, proditore Christi, et cum impiis Judeis, necnon cum Pilato, et cæteris dampnatis qui Dominum condempnaverunt morte, et insuper persolvat illis quibus litem intulerit auri libras II; et in antea hęc donatio firma et stabilis permaneat, cum stipulatione subnixa. S. Bragdenchi, canonici Sancti Stephani, qui donationem fecit et scribere jussit, necnon firmari rogavit. S. Stephani canonici. S. Poncii canonici. S. Euvrardi canonici.

54.

LXXVIII. CARTA HYCTERII PRO SEPULTURA FILII SUI STEPHANI.

990-992?

Sacrosanctę Dei ęcclesię que est constructa in insula quę Athanacus vocatur, et in honore sancti Martini dicata, ubi domnus Raynaldus abbas pręesse videtur. Nos quidem, in Dei nomine, Hycterius et uxor mea Ginbergia, pro remedio animę filii nostri Stephani et loco ejus sepulturę, qua apud Casetum, in Beati Petri jacet cimiterio, cedimus jam dictę æcclesię et monachis ibidem Christo militantibus, aliquid ex rebus nostris: hoc est curtilem unum, cum mansione, et orto, et vircaria, et arboribus, et vinea; et est situs in pago Lugdunense, in agro Monte Aureacense, in villa Lisciaco, et terminat a mane aqua volvente, a medio die et a circio terra Sancti Stephani, a sero terra Vuldrane. Infra hos fines seu terminaciones, prędictum curtilum pręnominatę æcclesię monachis cædimus ex integro, pro sepultura filii nostri Stephani, ut ab hac die liberam et firmissimam, in Dei nomine, habeant potestatem ipsas res ad habendi, vendendi, donandi, perdonandi, seu liceat commutandi, vel quicquid justę helegerint faciendi; ea vero ratione ut si istas res non potuerimus vobis quietas facere tenere, quietas et securas res atque liberas inter Sivriaco et Marcilliaco, aliud tantum vobis reddamus. Si quis vero contra hanc benivolam donationem aliquam calumniam inferre voluerit atque temptaverit, nullatenus evindicet quod repetit, sed componat quibus litem intulerit auri libras duas, et in antea donatio hęc firma et stabilis permaneat, cum stipulatione subnixa. S. Hycterii et uxoris suę Ginbergane, qui donationem istam fieri et firmari rogaverunt. S. Girardi. S. Milonis. S. Ingelbergane. S. Beroldi. S. Ricardi. S. Girini. S. Hycterii. S. Fulcherii. S. Girardi. S. alii Fulcherii. S. Adalonis. Data manu Walcherii, indigni sacerdotis et monachi, mense Maio, Dominica die, anno LII, Chuonrado regnante.

55.

LXXVIIII. DESCRIPTIO TERRE ET NOMINA MANSORUM QUÆ AGNO, FILIUS ROLLANNI ET FULCRENDIS, DEDIT SANCTO MARTINO ATHANACENSI.

Est una capella dicata in honore sancti Sulpicii citra Ararim, in loco qui Aqua Sparsa vocatur, cum tribus mansibus et omnibus apendiciis suis inprimis in circuitu æcclesię pręfatę; est terra cum uno manso, videlicet pratus unus et unum curtile, quem quędam femina nomine Gentilez excolit, et in alio loco alium mansum quem Costancius tenet, qui dicitur a[d] Sanctum Ylarium; reddit autem in servicium VIII denarios in carne, aut valente, et IIII panes, et III sextarios vini, et unum cartale de cibaria. Et in alio loco qui Calliscus vocatur, sunt tria curtilia : primus, quod Amalbertus possidet, reddit in servicium IIII denarios in carne, et III panes, et vini duos sextarios, et unum cartale cybarię; secundum curtile, quod Martinus tenet, reddit in servicium unam coxiam de carne, aut valente, et IIII panes, vinique III sextarios, et in vircaria IIII, et dimidium vini, et unum cartale cybarię; tercium autem curtile, quod Andreas possidet, reddit eundem servicium et taschias, de uno campo. Et in Mainciaco tria curtilia : unum quod Vuidbaldus tenet, reddit in servicium unam coxicam de carne aut unum porcum, et quatuor panes, vinique III sextarios, et cibariæ unum[1] cartale; secundum autem, quod quidam homunculus tenet, reddit in servicium IIII denarios carnis, et IIII panes, et vini unum sextarium, et I cartale cibarię; tercium vero curtile, in quo nullus homo habitat, debet reddere simile servicium. In franchiciam vero unum curtile est quod Arbrannus tenet, et reddit VIIII dena-

1000 circa.

[1] Vox *unum* duplicatur incaute.

rios in carne, aut valente, et vi panes, et vini iii sextarios, et eminam cibariæ. Homisimus autem unum curtile pertinens ad tria superiora curtilia, quod Costantinus presbiter excolit, quod reddit in servicium iiii denarios carnis, et iiii panes, et vini unum sextarium, et cibarię unum cartale, et in monte Piulerio unus curtilis, quem Andreas Pelliciarius tenet : reddit servicium iiii denarios de carne, et quatuor panes, vinique duos sextarios, et unum cartale cibaria.

56.

LXXX. CARTA ADALBURNI.

Sept. 990.

Sacrosanctę æcclesiæ que est constructa in insula quę Athanacus vocatur, et in honore Sancti Martini dicata, ubi domnus Asterius abba pręesse videtur. Ego quidem Adalburnus, venditor, vendo jamdictæ æcclesiæ aliquid de res meas proprias : qui sunt ipse ręs site in pago Lugdunense, in agro Monte Auriacense, in villa que dicitur Braxiaco, in loco que nuncupatur........ : hoc sunt petiole ii de terra arabile, sicut inter nos placuit adque[1] convenit pro solidos iii S.[2] qui terminat i petiola a mane rivulum percurrente, a medio die terra Sancti Martini, a sero terra Sancti Petri, a circio rivulum percurrente. Terminat alia petiola a mane via publica, ad medio die terra Sancti Petri, a sero similiter, a circio terra Sancti Martini. Infra istas terminaciones totum ad integrum vendo jam dictę æcclesię, ut faciant monachi ibidem Deo servientibus ab ac die et deinceps quicquid facere voluerint, id est habendi, vendendi, perdonandi seu liceat commutandi. Si quis vero, si ego ipse aut ullus homo, aut ullus ex ęredibus meis, qui contra hanc vendicionem aliquam calumniam inferre voluerit, nullatenus vindicet, sed componat auri libra i, et in antea firma et stabilis permaneat, cum stipulatione subnixa. S. Adalburni, qui hanc vendicione fieri et firmare rogavit. S. Silvestri. S. Duranni. S. Constancii. Data per manum Benemari, indigni sacerdotis et monachi, mense Septembro, anno l Conradi regis.

---

[1] Pro *atque*. — [2] Pro *et semi*, vel pro *scilicet*, vel pro verbo *solidis* iterato incaute.

57.

LXXXI. CARTA DE CASLECH.

Sacrosanctę Dei æcclesiæ quæ est constructa in insula quę Athana- 1017.
cus vocatur, et in honore sancti Martini dicata, ubi domnus Arnulfus
abbas pręesse videtur. Ego, in Dei nomine, Girbaldus, pro sepultura
fratris mei Folcradi et pro sepultura mea, dono Deo et Sancto Martino
et monachis Athanacensibus unum campum de terra arabile; quę
terra sita est in pago Lugdunense, in agro Monte Aureacense, in villa
de Caslech, et terminatur his terminis : a mane, et a media die, et
a circio via publica, a sero de ipsa hæreditate. Infra hos fines vel terminationes, prędictas res dono Deo et Sancto Martino prędictam terram pro me et fratre meo, ea ratione ut medietatem terræ pro sepultura fratris mei m[odo]¹ reddam, alteram medietatem quamdiu
vixero teneam. Post meum vero discessum monachi sine ulla mora recipiant, sicque hoc firmum et stabile ab hinc et deinceps. S. Girbaldi,
qui hoc donum fecit et firmavit. S. Aygonis. S. Petri. S. Bernardi.
S. Rotgardis. S. Vuandalberge. Data manu Gausmari, indigni sacerdotis et monachi, anno XX, regnante Rodulfo rege.

58.

LXXXII. [CARTA COSTANTINI PRESBYTERI.]

Sacrosanctę Dei ęcclesię quę est constructa in insula quę Athana- 4 Mai. 1022.
cus vocatur, et in honore sancti Martini dicata, ubi domnus Arnulfus
abbas pręesse videtur, Ego, in Dei nomine, Costantinus presbiter,
dono Deo et Sancto Martino et monachis Athanacensibus meam partem de bosco, quę est in villa Maienciaco, quantum me legibus advenire debet, usque in exquisitum, vel in adquirendum, totum dono
Deo et Sancto Martino; et terminatur ex omni parte de ipsa hęreditate
et terra Sancti Martini. Infra hos fines vel terminationes, prędictas res
dono Deo et Sancto Martino pro remedium anime meę. Si quis vero

---

¹ Vox incerta in codice est : littera *m* legitur sola, cui superponenda erat arctationis
nota.

qui contra hanc donationem aliqui dixerit, non valeat, set sit habitacio ejus cum Datan et Abiron, et cum Juda traditore. S. Costantini presbiteri, qui hanc donationem jussit fieri, et firmare in presente rogavit. S. Ranulfi. S. Petri. S. Costantini pueri. S. Otelmi. Data per manum Romani, indigni sacerdoti, feria VI, IIII nonas Maii, anno XXVIIII, regnante Rodulfo rege in Gallia feliciter.

59.

LXXXIII. [CARTA BENEDICTI ET FILIORUM EJUS.]

Mart. 1015.

Sacrosanctę Dei æcclesiæ que est constructa in insula que Athanacus vocatur, et in honore sancti Martini dicata, ubi domnus Arnulfus abba preesse videtur. Ego, in Dei nomine, Benedictus et filii mei his nominibus Æribertus et Golia, donamus omnipotenti Deo et Sancto Martino medietatem unius molendinarii et omnem medietatem edificii quod ibi ædificari potuerit, et duas cartalatas de terra arabili, quę terminant a mane via publica, a medio die de ipsa hæreditate, a sero rivulo volvente, a cyrcio.......... Infra hos fines vel terminaciones predictum molendinarium cum terra arabili dono Deo et Sancto Martino, ea racione ut ab hac die et deinceps faciant quicquid facere voluerint, et in antea hæc donacio firma permaneat, cum stipulacione subnixa. S. Benedicti et filii sui Æriberti et filie Goliæ, qui donacionem istam fecerunt et firmari rogaverunt. S. Giraldi. S. Rayne, uxoris ejus. Gausbertus monachus hanc cartulam scripsit sub die Veneris, in mense Martio, Rodulfo rege regnante anno XXII.

60.

LXXXIIII. [CARTA DROGBERTI ET UXORIS EJUS ROTHLENDIS.]

Jan. 1000.

Sacrosancte Dei æcclesię quę est constructa in insula quę Athanacus vocatur, et in honore sancti Martini dicata, ubi domnus Raynaldus abba preesse videtur. Ego quidem, in Dei nomine, Drogbertus et uxor mea, nomine Rothlendis, venditores, vendimus nos vobis, scilicet Beato Martino et monachis ibidem Christo militantibus, campum unum de terra arabili pro solidos II; qui campus situs est in pago Lugdunense, in agro Monte Auriacense, in villa que vocatur Brualias, et terminat a mane, et a medio die, et a sero, et a circio terra ipsius Sancti Martini Athanacensis. Infra hos fines vel terminationes prędictum campum vobis vendo, trasfundo pro solidos II, sicut supra dictum est, ut ab hac die et deinceps faciatis quicquid facere volueritis, id est habendi, donandi, vendendi seu liceat commutandi. Si quis vero contra hanc vendicionem aliquam calumpniam inferre voluerit, nullatenus evindicet quod repetit, sed componat cui litem intulerit auri uncias II, et in antea hec vendicionis cartula firma permaneat, cum stipulatione subnixa. S. Drogberti et uxoris sue Rothlendis, qui vendicionis hujus cartulam fieri et firmari in pręsenti rogaverunt. S. Arnulfi. S. Costantini. S. Duranni. S. Barnuini. S. Azzoni. S. Othberti. S. Sufisię. Data manu Gauberti, indigni sacerdotis et monachi, in mense Januario, feria V, anno VII, regnante Rodulfo rege feliciter.

61.

LXXXV. NOTICIA EST QUE FUIT FACTA ROLANNI ET UXOR SUA RAINGART.

Ego Grimaldus et mulier sua Ermingart, inpignoramus vobis de res proprias nostras qui sunt sitas in pago Lugdunensi, in agro Monte Auriacense, in villa que dicitur Monte Lisinnio, hoc est terra arabile et pratis; inpignoro vobis pro solidos V; [terminatur] ex omni parte de ipsa hæreditate. Tantum tenet Rollannus istam caucionem usque persolutum sit ipsa pecunia. S. Grimaldi. S. Odierio. S. Oddo.

1000 circa.

62.

LXXXVI. [CARTA GAUTZOLDI ET HELDESENDIS.]

Domino fratribus Vuarengaudo et uxore ejus Raimborge, Ego, in Dei nomine, Gautzoldus [et uxor] mea Heldesendis inpignoramus vobis algia una de vinea qui est sita in pago Lugdunensi, in agro Monte Auriacensi, in villa Calmillis; et terminat a mane terra Sancti Stephani, a medio die via publica, a sero terra Sancti Stephani, a

1000 circa.

circio terra de ipsa hęreditate. Infra istas terminaciones ipsam algiam vobis inpignoramus pro solidos vi infra annos iii; eo tenore ut dum expleti fuerint, si ipsos solidos vobis reddimus, ipsam vineam recipiamus, etsi non pro ipso conventu stet; quod fieri minime credimus, si nos aut hullus homo hanc cautionem infrangere voluerit, auri uncia una componat, et in antea firma et stabilis permaneat cum stipulatione subnixa. S. Gautzaldo. S. Heldesende, qui fieri et firmare rogaverunt. S. Teodoino. S. Ansberto. S. Martino. S. Cristiane quę consentit. S. Giroino. S. Ainoldo.

63.

LXXXVII. CARTA NOTARDI CA[NO]NICI SANCTI STEPHANI [1].

Oct. 997.

Sacrosanctę Dei æcclesiæ quę est constructa in insula quę Athanacus vocatur, et in honore sancti Martini dicata, ubi domnus Raynaldus abba pręesse videtur. Ego, in Dei nomine, Notardus, canonicus Sancti Stephani proto martyris, pro remedio animę meę, et pro remedio omnium parentum meorum, cedo jam dicte æcclesię et monachis inibi Christo militantibus aliquid ex rebus meis que mihi jure hęreditario a parentibus devenerunt sive etiam quę ex conquisto adquisivi : hoc est terra arabilis et silva, et sunt ipse res sitę in pago Lugdunense, in agro Monte Auriacense, in locis quę his nominibus nuncupa[n]tur : hoc est in Vedrerias et in Bruillia, cum silva supra nominata, et in Arfolia, quicquid visus sum habere vel possidere in supradictis locis, ex paterno vel ex materno, sive ex conquisto, totum ex integro dono Sancto Martino et monachis supranominatis, ut ab hac die, in Dei nomine, liberam et firmissimam abeant potestatem, et faciant ex ipsis rebus quicquid facere voluerint, id est habendi, vendendi, donandi, seu liceat commutandi. Si quis vero contra hanc benivolam donationem aliquam calumpniam inferre temptaverit, nullatenus evindicet quod repetit, sed componat cui litem intulerit auri libras iiii, et in antea hęc conscriptio donationis firma et

[1] Vide chart. 66.

stabilis permaneat, cum stipulatione subnixa. S. Notardi canonici, qui donationem istam fieri et firmari in presenti rogavit. S. Pontionis. S. Arnulfi. S. Ariperti sacerdotis. S. Rotberti sacerdotis. S. Fredoldi canonici. S. Ebrardi[1]. S. Costancii. Data manu Gausberti, indigni levite et monachi, mense Octobris, die Veneris, regnante Rodulfo, rege Jurensium, anno IIII.

64.

LXXXVIII. CONQUISTUS GIRINI, DE TERRA SILVAGNEA.

Domno fratri Girini et uxori sue nomine Nonia, emtores, Nos quidem, in Dei nomine, Rotbertus et Aymo et Ingelbertus, venditores, vendimus vobis curtilos, et campis, et silvis, et salicetis. Qui sunt ipse res site in pago Lugdunensi, in agro Monte Auriacense, in villa qui vocatur Selvinaci; qui terminant ipse res a mane terra Bernardi, a medio die terra Sancti Pauli, a sero similiter, a circio similiter et via publica. Infra hos fines et terminos, predictas res vobis vendimus, et accepimus de vos precium[2], sicut inter nos placuit atque convenit, in argento soldos XVI, et nos in pro ipsa precia[3] res denominatas de nostro jure et dominacionem in vestram revoco potestatem, ad faciendum quicquid facere volueritis, id est habendi, vendendi, seu liceat commutandi. Si quis vero, quod minime credimus, si nos ipsi aut ullus de eredibus nostris qui contra hanc vendicionem aliquam calumniam inferre voluerit, nullatenus vindicet, sed componat illis [quibus litem intulerit] auri libras II, et in antea vendicio ista firma permaneat, cum stipulatione subnixa. S. Rotberti, Aimoni, Ingelbert, qui vendicione ista fieri et firmare rogaverunt.

1000 circa.

65.

LXXXVIIII. [CARTA MARTINI ET ADALTRUDIS.]

Domino fratri Sanson et uxor sua Revica, Ego Martinus et uxor mea Adaltrudi, nos vendimus vobis una algia de vinea; et est sita in

Ante 993.

---

[1] Hic vocem *canonici* delevit amanuensis. — [2] Cod. p̄ciū. — [3] Cod. p̄cia. Forte legendum est *pecunia*. Item in ch. 117 posterius.

pago Lugdunensi, in agro Monte Aureocense, in loco qui dicitur Vitriaco; terminat a mane terra Sancti Stephani, a medio die terra de ipsa hęreditate, a sero terra Sancti Stephani et terra Ebreorum, a circio terra Ebreorum et de ipsa hęreditatę. Infra hos fines vel terminaciones vobis vendimus pro solidos XIIII, tradimus atque transfundimus. Post hodiernum diem, licentiam habeatis ad faciendi quicquid facere volueritis : hoc est habendi, vendendi, seu liceat commutandi. Ego Martinus et uxor mea Adaltrudis, qui hanc incartacionem fieri et firmare ante pręsenciam cunctis hominibus rogaverunt. S. Briconi. S. Usanna et filii eorum. Sig. alia Usanna. S. Lugduni. S. Dominico. Sig. Joahnno. S. alio Jhoanno. Ego Desiderius sacerdotis scripsi et datavi die Veneris, regnante Gonrado rege.

66.

XC [1]. CARTA NOTARDI.

Oct. 1000.

Sacrosanctę Dei æcclesię que est constructa in insula quę Athanacus vocatur, et in honore sancti Martini dicata, ubi domnus Raynaldus abbas pręesse videtur. Ego, in Dei nomine, Notardus, canonicus Sancti Stephani, pro remedio animę meę omniumque parentum meorum, cędo jamdictę æcclesię monachisque ejusdem loci aliquit ex rebus meis quę mihi jure hęreditario a parentibus advenerunt, sive etiam que ex conquisto adquisivi : hoc est terra arabilis cum silvis; quę res sitę sunt in pago Lugdunensi, in agro Monte Auriacensi; et in his locis, hoc est in [*Vedrerias, est terra arabili*], cum silvula; quę res his concluduntur terminis : a mane terra Sancti Romani, a media die terra Sancti Romani et sagnia Vuinerii atque rivulus siccans, a sero terra hęreditariorum de Sculgliaco[2], a circio terra Sancti Justi, et ad pręfatos hęreditarios. Et in alio loco, in Bruialia, est terra arabilis cum silva; quę res terminatę sunt his terminis : a mane molaris finalis et silva Sancti Martini insule Barbarensis, a media die

[1] Hanc chartam partim edidit Menestrier, *Hist. consul. de Lyon*, pr. p. VII, col. 2. Admodum similis est instrumento supra, n. 63, transcripto; illud repetit, ut videtur.

[2] Cod. *desculgliaco*.

terra Sancti Justi, a sero et a circio terra Sancti Martini Athanacensis, et est juxta prescriptam silvam campus unus, quem dono Asterio, ea tenore ut quamdiu vixerit eum teneat. Post suum discessum, ad Sanctum Martinum de Athanaco veniat. Est et in alio loco, in Arfolia, terra arabilis cum silvula quę ab his cingitur terminis : a mane terra comitalis et terra Freoldi, a media die via publica, et a sero similiter, a circio finalis molaris. Infra hos fines vel terminaciones, sive etiam in supradictis locis, quicquid visus sum habere vel possidere, totum ad integrum usque in exquisitum dono Deo et Sancto Martino Athanacensis rectoribusque ipsius loci, ea scilicet racione ut ab hac die in potestate monachorum sit facere de his rebus quicquid eis placuerit, id est habeant potestatem tenendi, donandi, vendendi, seu liceat commutandi. Si quis vero contra hanc benivolam donationem quippiam calumpnię inferre temptaverit, nullatenus evindicet quod repetit, set persolvat illis quibus litem intulerit auri libras VIII, et in antea hęc donatio firma et stabilis permaneat, cum stipulacione subnixa. S. Nothardi canonici, qui donacionem hanc fecit et firmari rogavit. Sig. Pontionis. S. Arnulfi. S. Ariperti sacerdotis. S. Rodberti presbiteri. S. Fredoldi canonici. S. Ebrardi. S. Costancii. Data manu Gausberti, indigni levitę et monachi, mense Octobri, die Veneris, regnante Radulfo, rege Jurensium, anno VII.

67.

XCI. [CARTA FRANBERGÆ.]

Sacrosanctę Dei æcclesię quę est constructa in insula quę Athanacus vocatur, et in honore sancti Martini dicata, ubi frater Arnulfus affore[1] habet sub regimine domni Burchardi archipręsulis. Ego, in Dei nomine, Franberga dono Deo et Sancto Martino ac monachis algias II vineę, que sunt sitę in pago Lugdunensi, in agro Monte Aureacensi, in villa Calciensi, et terminatur a mane terra Sancti Stephani, a media die terra Sancti Pauli, a sero terra Sancti Stephani,

1015 circa.

---

[1] Pro *affare*? Vide Cangii Glossarium, verbo *Affare*.

a circio terra Sancti Justi. Infra hos fines vel terminationes dono Sancto Martino et monachis prefatam rem, ea ratione ut quamdiu vixerim teneam, reddamque in vestitura IIII sextarios vini ac duos frumenti. Post meam mortem in potestate monachorum [*veniat, ea ratione*] ut Radulfus senior meus particeps sit [*helemosinarie,*] et habeat sepulturam cum parte sui census, sitque hoc donum firmum ac inconvulsum ab hinc et deinceps. S. Franbergę, quę hoc donum fecit. S. Radulfi, viri sui. S. Duranni. S. Raimburge. S. Adraldi. S. Rotberti. Sig. Costancii. S. Landoini.

68.

XCII. CONQUISTUS BENAMARI.

Jun. 976 ?

Dilecto in Christo fratri nomine Benæmari sacerdoti, emptori. Ego quidem, in Dei nomine, Rimigius sacerdos, venditor, vendo tibi vineam sitam in pago Lugdunensi, in agro Monte Aureocensi, in villa Darciliaco, in loco qui dicitur Paciangas, et terminat a mane terra Sanctę Marię, a medio die terra Sancti Stephani, a sero terra Ermingerane, a circio terra Sancti Andreę. Infra hos fines vel terminos, sicut de Ariau et uxore sua Petronilla adquisivi, tibi vendo pro solid. III, ut facias ab hac die et deinceps quicquid volueris. Si quis vero contra hanc cartam aliquam calumpniam inferre voluerit, nullatenus vindicet, set inferat cui litem intulerit tantum et aliud tantum quantum prędictę res eo tempore emeliorate valuerint, et in antea firma et stabilis permaneat, cum stipulatione subnixa. Sig. Remigii presbiteri, qui hanc cartam fieri et firmare rogavit. Sig. Flodaldi. S. Folcardi. Sig. Teutardi sacerdotis. Datum feria II, mense Junio, anno XXXVI, regnante Chonrado rege.

69.

XCIII. CARTA GRIMALDI.

1001.

In Christi nomine, Ego Raynaldus, humilis Athanacensium abbas, et cuncta congregatio ejusdem loci, notum esse volumus omnibus tam presentibus quam futuris qualiter quidam homo Grimaldus nomine, nostram advenit presenciam, proclamans se de quadam portione terrę que ad villam Broialiam pertinet, quam nos tenemus, in qua ipse habere se rationem dicebat. Nobis vero respondentibus non ita esse ut ipse dicebat, noluit credere nobis quoad usque fecimus ei et cunctis heredibus ipsius sacramentum cum testibus, et ostendimus injustam querelam illorum. Ast ubi ipse Grimaldus cognovit se injuste contristatos fuisse monachos, et injuste tenuisse hereditatem ipsorum necnon hereditatem Sancti Martini, ut peccatum hujus in justicię Deus ei dimiteret, dedit Sancto Martino rectoribus[que] ejusdem æcclesię II sextariadas Lugdunenses de terra arabili. Est autem ipsa terra sita in pago Lugdunensi, in agro Monte Auriacense, et in fine de villa Manciaco, et terminat ipsa terra a mane via publica, a media die et a sero terra Sancti Stephani, a circio de ipsa hereditatę. Hanc autem scriptionem curtile hujusque de prefata vuirpicione facta est, ipse Grimaldus precepit fieri et ipse uxorque ejus manibus suis firmaverunt, necnon testibus adduxerunt qui eam firmarent, quorum nomina hæc sunt : Grimaldus et uxor ejus nomine Ermengardis. S. Beraldi, et Beraldi sacerdotis. Nos vero rectores hujus æcclesiæ dedimus supradicto Grimaldo, pro bona voluntate, et ut melius faceret in antea rectoribus nostris, aliquid rerum nostrarum, VI soldos videlicet de denariis. Indiculum hoc exaratum est manu Arnulfi, indigni monachi, anno VIII, regnante Radulfo rege.

70.

XCIIII. CARTA ADCILINI.

Sacrosanctę Dei æcclesię quę est constructa in insula quę Athanacus vocatur, et in honore sancti Martini dicata, ubi frater Arnulfus abbas preesse videtur. Ego Adcilinus, pro remedio animę meę, dono Sancto Martino et monachis silvulam unam quę est sita in pago Lugdunensi, in agro Monte Aureocensi, in loco qui vocatur Filis Volp, et terminatur a mane, a meridie et a sero terra Sancti Stephani, a circio terra infantum Eymini. Infra hos fines vel terminaciones prelibatam silvam dono Sancto Martino et monachis de Athanaco, ea ra-

1015 circa.

cione ut ab hac die in jure monachorum sit facere quicquid eis placuerit. Sitque hoc donum ab hinc et deinceps firmum et stabile inconvulse. S. Adcilini, qui hoc donum fecit et firmavit. Sig. Bosonis. S. Agmoini. S. Arulfi. S. Bertelmi. Sig. Costantini presbiteri. Hoc indiculum doni exaratum est manibus fratris Arnulfi, die Jovis, III idus Maii, regnante Radulfo, rege Jurensium.

71.

XCV. [CARTA ARBRANNI ET GOLIÆ.]

1032 circa.

Sacrosanctę æcclesię que est constructa in insula quę Athanacus vocatur, et in honore sancti Martini dicata, ubi domnus Geraldus abba pręesse videtur. Ego, in Dei nomine, Arbrannus et uxor mea Golia donamus pręfatę æcclesię almi Martini et ęcclesię Sancti Petri quę est dicata in loco quod vocatur Casetum aliquid ex rebus nostris, videlicet unum campum de terra arabili; sunt autem ipse res sitę in pago Lugdunense, in agro Monte Aureacense, in villa de Brulliaco, et terminat ipsa terra a medio die terra Sancti Martini, et a circio terra Sancti Stephani, et nos donamus totum ad integrum ad pręfatis locis et monachis inibi Deo militantibus, usque in exquisitum; ea racione ut ab hac die et deinceps abeant supra dicti monachi licenciam quicquid voluerint fecere. Si quis vero contra hanc benivolam donationem aliquam calumpniam generare pręsumpserit, sit particeps cum Datan et Abiron, et insuper componat quibus litem intulerit tantum et aliud tantum quantum ipse res eo tempore moliorate valuerint. Sig. Arbranni et uxoris suę Golia, qui hanc cartam fecerunt [et] fieri rogaverunt. S. Rollanni. Sig. Costantini.

72.

XCVI. KARTA ROTBALDI.

Ante 993.

Sacrosanctę Dei æcclesię que est constructa in insula quę Athanacus vocatur, et in honore sancti Martini dicata, ubi domnus Durannus abbas pręesse videtur. Ego quidem Rotbaldus et uxor mea nomine Ginbergia cedimus jam dicte æcclesię aliquid ex rebus nostris. Hoc est curtilem unum, cum vinea, et mansione, et orto, et vircaria, et silva, et terra arabili, et quicquid in Silvaniaco villa visi sumus habere; et in alio loco qui vocatur Brugalias, quicquid visi sumus habere; et in alio loco qui nuncupatur Vedrerias, similiter quicquid visi sumus habere. Sunt autem ipse res site in pago Lugdunense, in agro Monte Auriacense, in supra dictis locis; sicut supra scriptum est, donamus prefate ęcclesię pro animarum nostrarum remedio vel parentum nostrorum et pro loco sepulture nostrę, ea videlicet ratione ut quandiu vixerimus, usum et fructum inde percipiamus, annisque singulis sestarios IIII inter panem et vinum monachis prescriptę ęcclesię in vestituram persolvamus, et quisquis ex nobis duobus primus obierit, unam medietatem predicti monachi ex supra scriptis rebus recipiant. Post amborum quoque discessu, sine ulla tarditatę, totum ad integrum teneant et possideant, et faciant quicquid ex eis elegerint juste faciendi. Si quis vero contra hanc benivolam donationem aliquam calumpniam generare presumpserit, nullatenus vindicet, sed iram Dei incurrat, et componat quibus litem intulerit auri libras duas, et in antea hęc donacio firma et stabilis permaneat cum stipulatione subnixa. S. Rotbaldi et uxoris suę Ginbergię, qui donatione ista fieri et firmare in presenti rogaverunt. Sig. Gotafredi. Sig. Otgerii. Sig. Rostagni. Sig. Ragimundi. Sig. Odonis. Data per manu Rodulfi monachi, feria VI, nonas Septembris, regnante Chuonrado rege in Gallia.

73.

XCVII. CARTA OTBERTI, DE DARZILLIACO.

Sacrosanctę Dei ęcclesię quę est constructa in insula quę Athanacus vocatur, et in honore sancti Martini dicata, ubi domnus Geraldus abbas presse videtur. Ego, in Dei nomine, Otbertus, pro remedio animę meę omniumque parentum meorum, cedo jam dictę ęcclesię et monachis ibidem Deo servientibus, aliquid ex rebus meis : hoc est algia una de vinea in pago Lugdunense, in agro Monte Aureacense, in villa Darzilliaco, et terminatur a mane terra Sancti Martini,

9 Dec. 1023.

a medio die de ipsa hereditate, ad sero via publica, a circio terra Sancti Martini. Infra hos fines et terminationes, dono Deo et Sancto Martino de Athanaco et supra dictę æcclesię fratribus, ea verǫ ratione ut ab hac die et deinceps in potestatę sit monachorum, et faciant monachi quicquid eis placuerit. Si quis vero qui contra hanc cartam aliquam calumpniam inferre temptaverit, nullatenus evindicet quod repetit, sed iram Dei omnipotentis incurrat maledictioni perpetue, et componat insuper quibus litem intulerit auri libras IIII; hęc donatio firma et stabilis permaneat, cum stipulatione subnixa. S. Otberti, qui hanc donationis cartam jussit et firmare rogavit. Sig. Raynaldi. Sig. Girberga. S. Adalberti. Sig. Airbaldi. S. Aymoni pueri. Data manu Romani, indigni sacerdotis et monachi, v idus Decembris, feria II, annos XXX, regnante Rodulfo rege in Gallia[1].

74.

XCVIII. CARTA RANNULFI.

1008? Sacrosanctę Dei æcclesię quę est constructa in insula que Athanacus vocatur, et in honore sancti Martini dicata, ubi domnus Arnulfus abbas preesse videtur. Ego, in Dei nomine, Ranulfus et uxor mea Agdeborz, et filius noster Ilio, donamus Deo et Sancto Martino et monachis ibidem Deo militantibus, aliquid rerum nostrarum, videlicet curtilia duo, quę sunt sita in pago Lugdunensi, in agro Monte Aureacense, in villa quę dicitur Cacelliacus, et unum curtilem majus. Terminat a mane terra Sancti Stephani et Rodberti, a medio die terra Vualdrade, a sero terra Sancti Stephani, a circio via publica; et aliud curtile, cum vircaria, et prato, et saliceto; terminatur a mane terra Ranulli, a medio die terra Agne, a sero [terra] Sancti Pauli, a circio [terra] Sancti Stephani. Et donant tercium curtile de medio planto quod fecit Antelmus presbiter in villa de Losanna; et terminatur a mane terra Sancti Stephani, a medio die rivulo Aselgo, a sero

[1] Hic occurrunt litteræ *fflbecbetfr*, quarum insolitum coagmentum quam accuratissime potui transcripsi. In ima parte paginæ ponitur ænigma hoc, et chirographum archetypi forte est, quod nequiverat legere amanuensis.

via publica, a circio terra Fulcherii. Infra hos fines vel terminationes, donamus Deo et Sancto Martino ac monachis, pro remedio animarum nostrarum omniumque parentum nostrorum, has prędictas res, ea scilicet ratione ut monachi teneant unum curtile, cum vircaria, et prato, et saliceto, et medietatem alterius curtilis de Cacelliaco ab hac die; alteram medietatem teneat Rannulfus et uxor ejus. Post discessum eorum omnia hęc sine ulla mora ad pręlibatam Dei casam perveniant, set Ilio tantum teneat medium plantum de Losanna in vita sua; post mortem ejus habeantque monachi potestatem habendi, vendendi, donandi, seu liceat commutandi. Si quis vero contra hanc benivolam donationem aliquam calumpniam inferre voluerit, non vendicet, set componat ei cui litem intulerit auri libras x, sitque excommunicatus cum Dathan et Abyron, et cum perfidis Judeis, et cum omnibus dampnatis in inferno, sitque hoc donum firmum et stabile ab hac die et deinceps. Signum Rannulfi et uxoris suę Agdeborz, et filii eorum Ilionis, qui donationem istam fecerunt et firmare rogaverunt. S. Antelmi presbiteri. S. Gerardi. S. Fulcherii. S. Geraldi presbiteri. S. Constantini presbiteri. S. Eldeberti. S. Otgerii. S. Aiglerii. S. Gerardi. Data per manum Gausmari, indigni sacerdotis et monachi, anno xv, regnante Roudulfo rege.

75.

XCVIIII. CARTA [AGNONIS], DE CAPELLA SANCTI SULPICII.

Sacrosanctę Dei æcclesię quę est constructa in insula quę Athanacus vocatur, et in honore sancti Martini dicata, ubi domnus Arnulfus abbas preesse videtur. Ego, in Dei nomine, Agno, pro remedio animę meę omniumque parentum meorum, dono supradicto Sancto Martino et monachis Athanacensibus capellam Sancti Sulpicii et hęreditatem ejus, videlicet vineolam unam, cum vircaria, et unum pratum, et terram arabilem, usque in exquisitum; que res sitę sunt in pago Lugdunensi, in agro Monte Auriacense. As predictas res, scilicet capellam de Sancto Sulpicio, et totam hęreditatem Sancti Sulpitii, usque in exquisitum, dono Deo Sanctoque Martino, et monachis Atha-

1020 circa.

nacensibus, ea ratione ut ab hac die et deinceps in potestate monachorum sit facere quicquid eis placuerit. Si quis vero contra hanc benivolam donationem aliquid calumpnię inferre temptaverit, nullatenus evindicet quod repetit, sed componat auri libras xx, et insuper sit excommunicatus ex parte om[n]ipotentis Dei, et cum Datan et Abiron habeat societatem, et in inferno sit sepultus cum divite quem Dominus in Evangelio testatur. Et ut hæc scriptio firma sit, manu propria firmavi et firmari rogavit. S. Agnoni, qui hoc donum fecit. Fulcherius, indignus monachus, hanc cartam scripsit, in die Jovis, mense Februario, xiiii kal. Martii, regnante Rodulfo rege in Gallias.

76.

G. CARTA TEUTARDI.

Aug. 966.

Sacrosancta æcclesia hac venerabilis quę est in[s]tructa in honore beati Martini confessoris, inter duos fluvios Rodano et Segonna, in loco ubi dicitur Aynnaco, ubi domnus Amblardus harchiepiscopus presul esse videtur, et Ayelbertus abba, Ego quidem Tyætardus et uxor mea nomine Lietgardis, consentiente seniore nostrorum Arnulfo, propter remedium anime meę vel pro sepultura corporis mei, dono ad ipsius monasterio aliquid de rebus meis : hoc est algia una de vinea, qui est sita in pago Lugdunensis, in agro Monte Auriacense, in villa que dicitur Pauliniaco; terminat predicta algia a mane via publica, a medium die terra Sancti Girvacii, et beneficius Arnulfo, a sero terra Sancti Victori et terra Silvestri, a circio de ipsa hereditate. Infra hos fines vel terminaciones predicta vinea donamus ad ipsius monasterio; ea vero ratione ut pro ipsa vinea conponatis ad meis demptoribus in argento solidos xx, et pro ipsam nominatam causam ipsam vineam ad ipsius æcclesię tradimus potestatem et dominationem, ad faciendum quicquid fratribus ipsius ęcclesię facere voluerint, et si nos ipsi au[t] ullus homo sit de heredibus nostris qui donatione ista inferre aut inquietare voluerit, non valeat vindicare quod petit, sed componat tantum et aliud tantum quantum predicta algia eo tempore meliorate valuerint, et in antea hec donatio ista firma permaneat, cum stipulatione subnixa. Sig. Tietardus do cui elemosina datur vel Arulfo subcessore suo qui consensit, vel ipsius uxori Lietgardi, qui donationem istam fieri et firmare rogaverunt. Sig. Amoloni. Sig. Aygoni. Sig. Adalelmo. S. Grimoldo. Sig. Tietberto. Data per manu Odiloni Sancti Yermani presbiteri, sub die Sabbati, in mense Augusti, anno xxvi, regnante Gondrado rege.

77.

CI. CARTA RADOLDI MONACHI.

Sacrosanctę Dei ęcclesię quę est constructa in insula quę Athanacus vocatur, et in honore sancti Martini dicata, ubi domnus Durannus abbas pręesse videtur. Ego, in Dei nomine, Radoldus, et uxor mea nomine Ingelberga, cedimus jam dicte ęcclesię aliquid de res nostras quas ex medio planto adquisivimus : hoc sunt petiole due de vinea; et terminat una petiola a mane via publica, a medio die terra Sancti Petri, a sero terra Sancti Stephani, a circio via publica; alia autem terminat a mane terra Sancti Martini, a medio die et a sero terra Sancti Pauli, a circio terra Sancti Stephani. Sunt autem pręscriptę res site in pago Lugdunense, in agro Floriacense, in villa Salvaniaco. Sicut supra dictum est donamus prescriptę ęcclesię et monachis ibidem Deo degentibus; ea tenore ut ab hac die liberam ac firmissimam habeant potestatem quicquid juste elegerint faciendi. Si quis vero contra hanc benivolam donationem aliquam calumpniam generare pręsumpserit, nullatenus vindicet, sed iram Dei incurrat, et componat quibus litem intulerit tantum et aliut tantum quantum pręditę res eo tempore emeliorate valuerint, et in antea hęc donatio firma et stabilis permaneat, cum stipulatione subnixa. Sig. Radoldi, qui donatione ista fieri fecit. Sig. Ingelbergane, uxoris suę, qui consensit. Sig. Johannis, filii eorum. Sig. Odrici. S. Girberti. S. Adalberti. Data manu Radulfi, indigni sacerdotis et monachi, die Sabbati, anno L, regnante Gondrado rege.

990.

78.

CII. CARTA ELDOARDI.

1000 circa. Indicio cujusdam convenienciæ, quam Aldoardus et uxor sua Raina fecerunt Sancto Martino Athanacensi, et rectoribus prelibatę æcclesię, quibus domnus Raynaldus abbas pręest, accipientes ab eo quandam domum sitam Caseto, valente soldos x; in cujus reconpensatione isti pręfati homines donaverunt unum curtile cum mansione et orto, et IIII quartalatas terrę arabili : quod curtile cum terra situm est in pago Lugdunensc, in agro Monte Aureocense, in villa Varennas; concluditurque his terminis : a mane et a media die terra Girini, a circio terra Siebodi, a sero terra Sancti Stephani. Infra hos fines et terminationes, Aldoardus et uxor sua, in recompensatione descripte domus quam debent ipsi et unus legalis heres eorum tenere, donamus memoratis monachis[1] denominatam terram; ea scilicet ratione ut ab hac die in jure illorum sit sine contradictione alicujus. S. Aldoardi et uxoris suę Raynę, qui actores hujus regi[2] parent. Sig. Girini. Sig. Dumesię. Sig. Aschirici.

79.

CIII. VENDICIO TEUTARNUS ET GILMARUS.

Ante 993. Dilectis in Christo fratribus monachis Athanacensis monasterii entoribus. Nos quoque Teudarnus et Gilmarus, venditores, vendimus vobis aliquid ex rebus nostris : hoc est algia una de vinea et terra arabili sextarias III. Sunt autem ipse res in pago Lugdunense, in agro Valle Assense, in villa Saviniaco, et abent as terminationes : vinea terminat a mane et de ipsa hęreditate, a medio die, et a sero, et a circio via publica; et terra arabilis terminat a mane terra Sancti Stephani, a medio die terra Arnulfi, a sero terra Sancti Stephani, a circio similiter. Infra hos fines vel terminationes, sicut pręscriptum est, totum ad integrum vobis vendimus adque transfundimus, et de nostro jure in vestram revocamus potestatem, et accipimus a vobis

---

[1] Hic duo verba quæ eadem repetunt omitto : *denominatis monachis*. — [2] Pro *rei*?

precium, sicut placet inter nos atque convenit : hoc sunt solidi XIII; ea tenore ut ab hac die et deinceps liberam et firmissimam habeatis potestatem quicquid juste elegerint faciendi. Si quis vero contra hanc vendicionem aliquam calumniam inferre voluerit, nullatenus vindicet, sed componat quibus litem intulerit auri libras duas, et in antea hęc vendicio firma et stabilis permaneat, cum stipulacione subnixa. Sig. Teudarni et Gilmari, qui vendicione ista fieri et firmare rogaverunt. Sig. Abundo. Sig. Aalgardi. Sig. Iterii. Sig. Beraldi. S. Aalonis. S. Vantelmi. S. Vuinieri. Raynaldus scripsit et datavit, VI feria, in mense Aprili, regnante Gonrado rege.

80.

CIIII. CARTA ASCHIRICI.

Sacrosanctę Dei ęcclesię quę est constructa in insula que Athanacus vocatur, et in honore sancti Martini dicata, ubi domnus Geraldus abbas pręesse videtur. Ego Aschiricus, pro animę meę remedio atque sepultura, Sancto Martino Athanacensi monachisque ibi manentibus dono aliquid meę hęreditatis, videlicet unum curtile, cum vinea, et vircaria, et mansione, et terminatur a mane terra Bernardi, a medio die et a circio via publica, a sero terra Agglerii et suę matris; et in alio loco dat terram arabilem ad ipsum curtile pertinentem. Est autem ipsa hęreditas in pago Lugdunense, in agro Monte Aureacense, in villa de Losanna. Infra hos fines vel terminationes, dono Deo et Sancto Martino monachisque Athanacensibus quicquid habere visus sum, ut ab hoc die et deinceps supra dicti monachi firmissimam et liberam potestatem habeant quicquid voluerint faciendi, excepto quod ad beneficium nulli hominum detur, sed semper sit in mensa fratrum. Si quis vero huic dono resistere voluerit, cui litem intulerit auri libras VII componat, sitque excommunicatus ex parte Dei et omnium sanctorum Dei, et particeps Jude traditoris, et in antea hoc donum firmum et stabile permaneat. S. Aschirici et uxoris ejus Aremburgis, qui hoc donum fecerunt et firmaverunt. S. Domisię, matris Aschirici. Sig. Molonis. S. Agglerii. Sig. Arrichi. Sig. Dulcissimę. Data manu Martini, die Sabbati.

81.

CV. DE CLIPIACO CARTA.

Mai. 1011.

Sacrosanctę Dei ęcclesię que est constructa in insula quę Athanacus vocatur, et in honore sancti Martini dicata, ubi domnus Arnulfus abbas pręesse videtur. Ego Eldearde, venditor, vendimus vobis de hęreditate mea qui me legibus hoc venit : hoc est vinea cammeras II, et de terra arabile cartalada I, qui sunt scite in pago Lugdunensi, in agro Valliaccense, in villa qui dicitur Clipiaco, et concluditur istis terminis : a mane terra Tioteldi, a meridie terra Ranulfi, a sero de ipsa hęreditate, a circio similiter. Infra istas terminationes, sicut terminatum est vendimus, et accepimus de vobis precium, sicut me cum et vobis placuit solidos II. Si quis vero qui contra hanc cartulam istam vendicionem inquietare voluerit, aut ullus homo aut ulla persona, non valeat set componat tantum et aliut tantum quantum ipsas res eo tempore emeliorantę voluerint[1], et post ab hac die faciatis quicquid volueris, habere, tenere, donare, set ut liceat commutare, et in antea firma et stabilis permaneat, cum stipulatione subnixa. Sig. Eldegarde, qui ista carta fecerit, et firmare rogavit. S. Costancius. S. Arnulfi. Sig. Stephani. S. Ricardi. Data per manu Antelmi presbiteri, feria II, in mense Maio, annos XVIII regnante Rodulfo rege.

82.

CVI. CARTA ADALBERTI.

Sept. 990.

In nomine Dei summę et individue Trinitatis, Ego Adalbertus dono Deo et æcclesię Sancti Petri apostoli, quę est constructa in loco quod vocatur Casetum, sub regimine domni Duranni abbatis, et monachis At[h]anacensis monasterii, pro animę meę remedio vel parentum meorum, algiam unam de vinea, cum mansione et orto, sitam in pago Lugdunense, in agro Monte Auriacense, in villa Losanna, et terminat a mane terra de ipsa hęreditate, a medio die aqua volvente, a sero via publica, a circio terra Fulcherii et Hicterii. Infra hos fines

[1] Sic in cod. pro *valuerint*.

et terminaciones, prescriptam algiam vineę jam dictę ęcclesię et prefatis monachis dono, ea tenore ut quamdiu vixero usu fructuario eam possideam, annisque singulis, tempore vindemiali, sextarios quatuor vini in vestituram persolvam; [*et post meum disces*]sum, sine ulla tarditate, ad prelibatam ęcclesiam perveniat; et in antea hęc donacio firma et stabilis permaneat, cum stipulacione subnixa. Si quis vero contra hanc donationem aliquam calumpniam inferre voluerit, nullatenus vindicet, sed componat quibus litem intulerit auri libram unam, et in antea donacio ista firma permaneat, cum stipulacione subnixa. S. Adalberti, qui donatione ista fieri jussit et firmare in presenti rogavit. Sig. Ermengardis, sororis sue, qui consensit. Sig. Antelmi presbiteri. S. Martini. Sig. Johanni. S. Ardenci. S. Poncioni. Data per manu Abboni, indigni monachi, feria VI, mense septimo, anno L, regnante Chuonrado rege in Gallia.

83.

CVII. [CARTA GERARDI ET SACIÆ.]

Sacrosanctę Dei æcclesię que est constructa in insula quę Athanacus vocatur, et in honore sancti Martini dicata, quę sub regimine domni Burchardi archiepiscopi constare dinoscitur. Ego, in Dei nomine, Gerardus, laudante uxore mea, nomine Sacia, dono prelibatę basilicę et monachis ibidem Deo militantibus, pro sepultura mea, curtile unum, cum mansione, et vircaria, et orto, et vinea. Quę res sitę sunt in pago Lugdunensi, in agro Monte Aureacensi, in villa de Sivriaco, et concluduntur his terminis : a mane terra Sancti Stephani, a media die et a circio [..............] et de ipsa hereditate, a sero rivulo volvente. Infra hos fines vel terminationes, dono Deo et Sancto Martino, monachis necne, prefatas res, ea ratione ut ab hac die in jure eorum sit facere quicquid eis placuerit. Si quis vero contra hanc benivolam donationem quippiam calumpnię inferre temptaverit, nullatenus evindicet quod repetit, sed componat auri libras IIII, et in antea hęc donatio firma et stabilis permaneat sicut scriptum est, memoriale Gerardi, qui hoc donum fecit et scribere

13 Maii 1010.

jussit. Sig. uxoris suę, nomine Sacia, quę hoc laudavit, et scribere jussit, et firmavit manu propria ac firmare rogavit. S. Hugonis militis. Sig. Adalonis. S. Stephani, filii Gerardi et Sacię, uxoris ejus. Sig. Fulcherii. Sig. alii Fulcherii. Sig. Arnulfi. Sig. Benedicti. S. Otgerii. Data manu Arnulfi, indigni monachi ac sacerdotis, die Sabbati, III idus Maii, XVIII anno, regnante Radulfo rege.

84.

CVIII. CARTA ARENCI ET AMBLARDI ET UGONIS, DE TERRA DE CLIPPIACO.

1022-1032.

Arencus et Amblardus et Ugo, illustres fratres, pro suarum animarum redemptione et suorum fratris Arnulfi sepultura, donant Sancto Martino et monachis At[h]anacensibus [*unam medietatem*] curtilis quę est sita in pago Lugdunensi, in [*agro Val*]lacensi, in villa quę Clipiacus dicitur. Hanc autem medietatem curtilis Athanacenses monachi et abbas Geraldus dant loco beneficii Arenco, ut quamdiu vixerit, teneat et utatur ea. Ipse vero Arencus, pro anime suę et suę uxoris Dumesię, Amblardique et Ugonis fratrum sui, et omnium propinquorum suorum remedio, et patris et matris, dat Sancto Martino Athanacensi monachisque ipsius loci alteram medietatem hujus curtilis, cum terra arabili, ut post sui mortem ad supra dictos monachos sine querela ullius hominis veniat. Terminatur autem a mane via publica, a medio die similiter et terra Duranni Fusta[1], a sero et a circio terra de ipsa hęreditate. Pręfatus vero Amblardus in vestitura, omni anno quandiu vixerit, dat Sancto Martino II sextarios vini. Infra hos fines vel terminaciones, supra nominati fratres quicquid habere visi sunt Sancto Martino monachisque Athanacensibus dant, tali tenore ut post discessum Arenci semper hoc donum in mensa sit monachorum, et nullo hominum ad beneficium detur. Quod si aliquis inquisitor in posterum hoc donum [*contraire temptaverit*] nullo modo evindicet quod [*petierit*], sed insuper cui litem intulerit auri libras componat X, et in antea hoc donum firmum maneat, cum stipulatione subnixa. Vult etiam Arencus pręfatus ut pro hoc sepeliatur. S. Arenci, et Amblardi,

---

[1] Prius *frusta* scriptum fuerat; sed *r* delevit amanuensis.

et Ugonis, fratrum, et Poncię, uxoris Arnulfi, et Dumesię, uxoris[1] Arenci, qui hoc donum fecerunt et firmaverunt. S. Girardi. Sig. Eilmodis.

85.
CVIIII. [CARTA ARENCI.]

Donum Arenci pro suo nepote Girardo, quem una cum genitore Amblardo obtulit Deo et Sancto Marti[no] Athanacensi, ut sub habitu monachali omnipotenti Deo pro suis, suorumque parentum ac propinquorum, peccatis suę vitę omni tempore supplicet : videlicet una vinea quę est sita in villa de Clipiaco, et terminatur a mane terra Adalgardis, a medio die vinea Amblardi, a sero et circio terra de ipsa hereditate, set[2] a circio Ugonis. Ipse vero Arencus una cum sua uxore Dumesia, circa pręfatos terminos, quicquid habet, totum ex integro dat Deo et Sancto Martino pro oblatione hujus pueri Girardi, sui nepotis, et ut ab histo[3] die in mensa monachorum Athanacensium semper sit. S. Arenci et suę uxoris Dumesię, qui hoc donum fecerunt. S. Amblardi et Ugonis fratrum. S. Girardi. S. Eilmodis.

1020 circa.

86.
CX. [CARTA AMBLARDI ET ALECTRUDIS.]

Quidam [miles] Amblardus, pro animę suę [et uxoris suæ], omniumque propinquorum redemptione, Deo et Sancto Martino Athanacensi monachisque ejusdem loci [offert] quendam sui filium Girardum nomine, ut sub monachatus abitu quandiu anima corpori juncta fuerit, Deo, pro peccatis suorum parentum, secundum regulam beati Benedicti serviat, et pro ejus oblatione suaque sepultura dat supra dictis monachis quandam vineam que est sita in villa de Clipiaco, tali ratione ut, quandiu vixerit, eam teneat; post sui vero discessum ad monachos Athanacenses sine ullius contradictione perveniat; persolvit etiam in vestitura omni anno pędictis monachis II sextarios vini pro

1031.

---

[1] Hic in cod. litt. S. (signum), quam ut inutile omitto.
[2] Pro *et etiam a circio terra Ugonis*.
[3] Littera *h* addita est inter lineas.

retencione hujus vinee. Sunt etiam termini hujus vinee hii : a mane terra filiorum Arnulfi, a medio die et a sero terra de ipsa hereditate, a circio vinea quam Arencus pro suo nepote Girardo dat Sancto Martino. Si quis vero hoc donum monachis prędictis tollere vel contrariari voluerit, nullomodo possit superare quod querit, sed insuper ex omnium auctoritate sit excommunicatus et anamathematizatus[1]; et in antea firmum et stabile permaneat, et semper post sui obitum sit in mensa fratrum. S. Amblardi et suę uxoris Alectrudis. S. Arenci et suę uxoris Dumesię. Sig. Ugonis. Sig. Aymonis et Ugonis [. . . . .] Data manu Martini, die [*Sabbatti*], anno xxxviii Rodulfi regis.

87.

CXI. [CARTA GIRINI ET DUMESIÆ.]

8 April. 1010.

Sacrosanctę Dei ęcclesię que est constructa in insula quę Athanacus vocatur, et in honore sancti Martini dicata, ubi domnus Raynaldus abbas pręesse videtur. Ego, in Dei nomine, Girinus uxorque mea nomine Dumesia, pro remedio animarum nostrarum omniumque propinquorum nostrorum, donamus benignissimo Salvatori nostro Deo ac Sancto Martino Athanacensi, monachis necnon ipsius loci, aliquid rerum nostrarum : curtilem videlicet unum cum terra arabili et silvula ; quem curtilem Arnulfus Faber nunc excolit; terminaturque curtilis iste cum supradicta terra et silva a mane via publica, a media die terra Sancti Martini Athanacensis, a sero terra Sancti Stephani, a circio terra Sancti Martini et terra comitalis. Et in eadem villa, in alio loco, donamus campum unum quem adquisivimus de Asterio, ipso videlicet Asterio donante illo filiolo suo, cujus genitores nos pro certo sumus; concludiíurque ab his terminis : a mane molaris finalis unus, a media die et a sero terra Sancti Martini pręscripti loci, a circio terra Freoldi. Est autem situs pręfatarum rerum in pago Lugdunensi, in agro Monte Auriacensi, in villa Bruialias. Infra hos fines vel terminaciones, [*sicut* . . . .] scriptum est, donamus

---

[1] Sic pro *anathematizatus*. Tertia syllaba inter lineas posterius scripta fuit.

Deo atque Sancto Martino Athanacensi, quin et rectoribus ejusdem æcclesię; ea scilicet ratione ut ab hac die in potestate eorum sit facere de his rebus quicquid libitum fuerit; illis idem potestatem habeant possidendi, vendendi, donandi, seu liceat commutandi. Si quis vero heredum nostrorum vel quislibet homo quippiam calumpnię inferre temptaverit, nullatenus evindicet quod repetit, sed sit excomunicatus ex parte omnipotentis Dei et omnium sanctorum, persolvatque illis quibus litem intulerit auri libras VII; et in antea hęc donatio firma et stabilis permaneat, cum stipulatione subnixa. Sig. Girini ac uxoris ejus nomine Dumesia, qui hanc donationem fecerunt, et firmari rogaverunt, necnon scribere jusserunt. S. Adalonni. Sig. Beroldi. Sig. Aschirici. Data manu Arnulfi, indigni levitę et monachi, die Sabbati, VI idus Aprilis, anno VIIII regnante Radulfo rege.

88.

CXII. KARTA ARDENCHO.

Sacrosanctę Dei ęcclesię quę est constructa in insula quę Athanacus vocatur, et in honore sancti Martini dicata, ubi domnus Durannus abbas pręesse videtur. Ego quidem Ardencus, pro animę meę [*remedio et pro anima parentum*] meorum, cedo jam dictę ęcclesię et monachis inibi Deo militantibus, aliquid de res meas : hoc sunt algię due de vinea. Sunt autem sitę in pago Lugdunense, in agro Valle Asense, in villa Losanna superiore, et concluduntur his finibus : a mane terra de ipsa hęreditate, a medio die terra Sancti Stephani, a sero terra de ipsa hereditate, a circio terra Sancti Martini. Infra hos fines vel terminaciones jam dictas res dono pręlibate ęcclesiæ, ea tenore ut, quamdiu vixero, usum et fructum inde percipiam, annisque singulis, tempore vindemiali, pręscriptis monachis IIII sextarios vini in vestituram persolvam. Post meum quoque discessum, sine ulla tarditate, ad supra scriptam ecclesiam perveniant. Si quis vero contra hanc benivolam donationem aliquam calumpniam generare pręsumpserit, nullatenus vindicet, sed componat quibus litem intulerit tantum et aliud tantum quantum pręfictę res eo tempore emeliorate valuerint;

Ante 993.

et in antea hęc donacio firma et stabilis permaneat, cum stipulatione subnixa. Sig. Ardencho, qui donatione ista fieri et firmare rogavit. S. Petroni. S. Silvestri. S. Eimini. S. Ingelani. S. Arboldi. S. Otberti. S. Eldierii. Data per manum Adalardi [..................] IIII non. Januarii, anno [?] regnante Gonrado rex.

89.
CXIII. CARTA AYMONI PRESBITERI.

14 Febr. 1003.

Sacrosanctę Dei ęcclesię quę est constructa in insula quę Athanacus vocatur, et in honore sancti Martini dicata, ubi domnus Raynaldus abbas pręesse videtur. Ego, in Dei nomine, Aymo sacerdos, pro remedio animę meę et omnium parentum meorum, dono omnipotenti Deo et Sancto Martino aliquid rerum mearum : vineam scilicet quandam quę sita est in pago Maticonense, in agro Salorniacense, in villa Siniciaco; concludi14urque his terminis : a mane via publica, a media die, a sero et a circio de ipsa hęreditate. Adquisivi vero hanc de medio planto quem feci in terra Wichardi. Infra hos fines vel terminaciones, pręscriptam vineam dono memoratę æcclesię rectoribusque ipsius, ea videli[cet] ratione ut ahbac[1] die agant de ea quicquid facere voluerint. Idem habeant potestatem tenendi, donandi, vendendi, commutandi ipsam vineam. Si quis vero contra hanc benivolam donationem quippiam calumpnię inferre temptaverit, nullatenus evindicet quod repetit, sed sit anatematizatus et dampdatus[2] cum Datan et Abiron, et cum Juda proditore, cum ipsisque qui dixerunt Deo domino, « Recede a nobis; » et insuper [*solvat cui litem intulerit*] auri libras II, et in antea hęc donacio firma et stabilis permaneat, cum stipulacione subnixa. S. Aymoni sacerdotis, qui donationem hanc fecit, et scribere fecit, firmarique rogavit. Sig. Aymoni presbiteri. S. Duranni. S. Rotberti. Sig. Erchineldis feminę. Sig. Duranni. S. Ragnoardi. S. Benedicti. Data manu Arnulfi, indigni monachi et levitę, die Dominico, XVI kal. Martis, anno VI regnante Rotberto, rege Francorum.

---

[1] Leg. *ab hac*.   [2] Sic pro *dampnatus*.

90.

CXIIII. [CARTA ADALENDIS ET FILIORUM EJUS.]

Dilectis in Christo fratribus Otgerio et uxore sua nomine Adalgardis, emptores, Nos quidem, in Dei nomine, Adalendis et filius meus Costancius, et Arnulfus, venditores, [vendimus] aliquid vineę : hoc sunt camire tres; et sunt site ipse res in pago Lugdunensi, in agro Clippiacensi, in ipsa villa Clippiaco; et concluditur his terminis : a mane de ipsa hęreditate, a medio die terra Arnulfi, a sero de ipsa hęreditate, a circio similiter. Infra hos fines vel terminationes vendimus vobis, et accipimus a vobis precium sicut inter nos et vos convenit : hoc sunt solidi IIII et unum receptum; ea tenore ut ab hac die faciatis quicquid facere volueritis. Si quis vero contra hanc vendicionem aliquam calumniam inferre aut [*præsumere tentaverit*], non valeat quod petierit, sed componat auri libra I[1], et in antea vendicio ista firma permaneat, cum stipulatione subnixa. Sig. Adalendi et infantibus suis, qui vendicione ista fieri et firmare rogaverunt. Data manu Abboni presbiteri, feria V, mense Maio, anno XV regnante Rodulfo rege.

Mai. 1012.

91.

CXV. [CARTA OTGERII ET UXORIS EJUS.]

Domino magnifico fratribus, Arenc et Josbertus[2], Anna et Adeburgi, venditores, vendimus, Otgerio et uxor sua Adalgardi, soror illorum, de hereditate nostra quę ad divisio nostram advenire debet de patre vel de matre nostra : hoc sunt curtilis tres, gressis et regressis, et quantum ad ipsos curtilos aspicit; et accipimus de vobis precium sicut inter nos et vobis placuit, pro solidos C triginta, et receptus multus; et sunt in pago Lugdunense, in agro ....., in villa qui dicitur Clipiaco, et terminant a mane terra ad infantibus Girart, a medium die terra Girart, a sero terra Poncioni et Liotardo,

1027.

---

[1] Hæc littera admodum similis est litteræ *l*; sed vox *libra*, quæ ante est, litteram *i* postulat; alioquin legere L *libras* oporteret, quod videtur pecunia ingens. — [2] Prius scripserat amanuensis *Gaubertus*.

a circio terra Duranni. Infra fines vel istas terminaciones, sicut terminatum est, vendimus in[1] ea racione : si redimere possint per ipsa precia, faciant illis, et si facere non possint, faciatis quicquid volueris, abere, tenere, vendere, donare, sed ut liceat [*commutare. Si quis vero*] contra hanc cartulam istam vendicionem[2] inferre voluerit, aut ullus homo, aut ulla persona, non valeat, sed componat tantum et aliud tantum quantum ipsas res emeliorate valuerint, et in antea firma et stabilis permaneat, cum stipulacione subnixa. S. Arencus et Josbert, Anna et Adeburgi, qui vendicione ista fieri jussit et firmare in presenti rogabant. Ego Antelmus levita scripsit, datavit, feria IIII, in mense Junio, annos XXX regnante Radulfo rege.

92.

CXVI. [CARTA UGONIS.]

1032.

Sacrosanctę Dei ęcclesię quę est constructa in insula quę Athanacus vocatur, et in honore sancti Martini dicata, ubi domnus Geraldus abba pręesse videtur. Ego, in Dei nomine, Ugo, pro animę meę remedio, et anime patris vel matris, dono prefate æcclesię almi Martini et ęcclesię Sancti Petri, que est dicata in loco qui vocatur Casetum, aliquid ex rebus meis quas ex conquisto adquisivimus, ego et genitores mei : quandam partem vineę; quę vinea juxta ipsas vineas ipsorum est, et eisdem vineis terminatur ab occidente et ab oriente, ab aquilone vero et meridie terra ipsius Ugoni. Infra hos fines et terminos, prędictam vineam, cum terra arabili qui eidem vineę adjacet, et exis, et regressis, dono Deo et Sancto Martino. Sunt autem ipse res sitę in pago Lugdunense, in agro [. . . . .], in villa de Clipiaco : quicquid ibi visus sum habere, totum ad integrum dono ad prefatis locis et monachis inibi Deo militantibus, usque in exquisitum, ea ratione ut ab hac die et deinceps prelibati monachi et successores eorum liberam et firmissimam habeant potestatem quicquid pro utilitate monasterii derreverint faciendi, id est habendi, vendendi seu

---

[1] Prius scripserat amanuensis *ina*, sed addidit *e* supra *in*. — [2] Pro *vindicationem*.

liceat commutandi. Si quis vero contra hanc benivolænciam donationem aliquam calumpniam generare presumpserit, nullatenus vendicet, sed particeps sit Datan et Abiron in inferno, et insuper quibus litem intulerit ponat tantum et aliud tantum quantum ipsę res eo tempore meliorate valuerit, et in antea hęc donacio firma et stabilis permaneat, cum stipulacione subnixa. S. Ugoni, qui hanc fecit, et firmare rogavit. S. Amblardi. S. Arenco. Data per manum Bosonis, indigni monachi, in mense Julio, Dominico Die, regnante Rodulfo rege.

93.

CXVII. [CONVENIENTIA INTER CANONICOS SANCTI PAULI ET RAYNALDUM, ABBATEM SANCTI MARTINI ATHANACENSIS.]

In Christi nomine, placuit atque convenit inter canonicos Sancti Pauli et domnum Raynaldum, abbatem Sancti Martini Athanacensis monasterii, et monachis inibi Deo militantibus, quatinus inter se pro communi utilitate quasdam paginolas terras incongruis locis invicæm commutari deberent. [. . . . .] dederunt supra dicti canonici domni supra dicti[1] abbati et monachis curtilem unum qui est situs in Darzilliaco, cum vinea et mansione et orto; et concluditur his terminis : a mane via publica, a medio die terra Rotberti, a sero Ermengardis feminę, a circio via publica; et domnus Raynaldus abba et monachi donant supra dictis canonicis, ex rebus Sancti Martini, hoc est vinea una cum partem[2] terre sibi adjacenti; et terminat a mane via publica, a medio die vinea Sancti Pauli de ipsa hęreditate et terra Sancti Stephani, a sero guttula currens, a circio vinea Sancti Pauli. Sunt iste res site in pago Lugdunense, in agro Monte Auriacense, in supra scriptis villis. Infra supra scripti[s] terminis, prefate congregaciones vicissim inter se commutaverunt; ea scilicet ratione ut ab hac die alternatim licenciam habeant donandi, vendendi, commutandi, et quicquid juste elegerint faciendi. Si quis vero contra has commutaciones aliquid vim inferre aut inquietare

1000 circa.

---

[1] Leg. *domno supradicto*.   [2] Leg. *parte*.

voluerit, nullatenus vindicet quod repetit, set componat in vinculo auri libras ii, et in antea commutacione[s] istę firmę permaneant, cum stipulacione subnixa. S. Benzoni et Vuicardi, fratrorum[1]. S. alius Vuicardus presbiter. S. Fuur̄td.[2] presbiter. S. Vuifredus presbiter. SS. Bernardus presbiter. S. Agmoni diaconi. S. Josberti diaconi. S. Gerlandi. S. alio Benzoni. S. Jhoanni.

94.

[CXVIII.] CARTA ERMENGARDIS, ET ANTELMI [ET FULCHERII, FILIORUM EJUS].

Ante 993.

In nomine Dei, summę et individuę Trinitatis, Ego quidem Ermengardis et filius meus Nantelmus donamus Deo et ecclesię sancti Petri apostoli, que est constructa in loco quod vocatur Casetum, sub regimine domni Duranni abbatis, et monachis At[h]anacensis monasterii, pro animarum nostrarum remedio vel parentum nostrorum, algiam unam de vinea, cum mansione et orto, sitam in pago Lugdunense, in agro Monte Auriacense, in villa Losanna, et terminat a mane via publica, a medio die similiter, et Aselgus currit, a sero de ipsa hereditate, a circio via publica et de ipsa hereditate. Infra hos fines et terminationes, pręscriptam algiam vineę jam dicte ecclesię et pręfatis monachis donamus, ea tenore ut, quamdiu ego Ermengardis vixero, usu fructuario eam possideam, annisque singulis, tempore vindemiali, modium vini in vestituram persolvam. Post meum quoque discessum, sine ulla tarditate ad pręlibatam ecclesiam perveniat. Si quis vero contra hanc donationem aliquam calumpniam inferre voluerit, nullatenus vindicet, sed componat quibus litem intulerit auri libram unam, et in antea hec donatio firma et stabilis permaneat, cum stipulatione subnixa. Signum Ermengardi, qui donatione ista fieri et firmari rogavit. S. Antelmi et Fulcherii, filius[3] ejus, qui consenserunt. S. Constantie. S. Fulcherii. S. Iterii. [. . . . . *manum*] Gausberti monachi, viiii [*mensię Julii*], regnante Guonrado rege in Gallias.

---

[1] In cod. *frb.* (*fratribus*). — [2] Sic in cod. — [3] Lege *filiorum*.

95.

CXVIIII. [CARTA GAUSMARI.]

Quidam miles Gausmarus nomine, frater Suivini monachi, pro remedio animę suę et suorum propinquorum, et pro suo filio Vinfredo, quem obtulit Deo et sancto Benedicto, donat Sancto Martino Athanacensi aliquid suę hereditatis : hoc est medietatem colonie de Salvangis. Si quis vero hoc benivolum donum contrariare voluerit, non adipiscatur quod usurpat, sed potius nunc et deinceps firmum et stabile permaneat, cum stipulatione subnixa. S. Gausmari et ejus uxoris nomine Galburgis. S. Suivini monachi, fratris ejus. S. Arnulfi de Monte Calvo. S. Duranni Vituli. Data per manu Uperti monachi, VII idus Janoarii, regnante Aeinrico principe.

Post 1032.

96.

CXX. CARTA DE SOLARIO.

Sacrosanctę Dei ęcclesię que est constructa in insula que Athanacus vocatur, et in honore sancti Martini dicata, ubi domnus Arnulfus abbas pręesse videtur. Ego, in Dei nomine, Rotlannus et uxor mea nomine Aluis, et genitrix mea nomine Aremburgis, donamus omnipotenti Deo et Sancto Martino medium plantum quem Gondoinus in ipsa mea hereditate edificavit, ad medium plantum : est autem ipsum medium plantum situm in pago Lugdunense, in agro Boziacense, in villa que vocatur ad Solarium, et terminatur a mane, et a medio die, et a sero, et a circio terra de ipsa hereditate. Infra hos fines vel terminationes, pręedictum medium plantum donamus omnipotenti Deo et Sancto Martino, ea ratione ut ab hac die et deinceps faciant quicquid facere voluerint supradicti monachi, [*et insuper hæc do*]natio firma permaneat, cum stipulatione subnixa. Signum Rotlanni et uxoris suę Aluis, et genitricis nomine Aremburgis, qui hoc donum fecerunt et firmari rogaverunt. S. Nantelmi sacerdotis. S. Arnulfi. S. Girini. S. Gerardi. S. Rostagni sacerdotis. Data manu Gausberti, indigni sacerdotis et monachi, in mense Febr. VI feria, anno XXII Rodulfi regis.

Febr. 1019.

97.

CXXI. CARTA DE LOSANNA.

1030? Quędam domina nomine Ailiburgis et filius ejus Ilio, pro remedio animę et pro sepultura sui fratris Giraldi, donant Deo et Sancto Martino Athanacensi, ipsiusque loci habitatoribus, et in presencia domni Geraldi abbatis, unum mansum : est autem ipse mansus in pago Lugdunensi, in agro Tarnantis, in villa Losannę; et terminatur a mane et a sero terra Agnonis, a circio terra Ilionis, a medio die via publica, et est maceria in circuitu de Buxo. Infra hos fines, prędicta domna Ailiburgis et filius ejus Ilio donant istum mansum, cum curtili, et vinea, et vircaria, et quicquid ad ipsum mansum et curtile pertinet, et sicut Lanbertus tenet, qui hunc mansum excolit; ita hęc omnia donant Sancto Martino Athanacensi eo conventu, ut ad beneficium non detur ulli homini, sed semper sit in dominio et in mensa monachorum Athanacensium. Si quis vero hoc donum contrariare in posterum voluerit, non vindicet quod voluerit, sed sit excomunicatus, et in antea hoc donum firmum permaneat. Signum domine Ailiburgis. S. Ilio, filius ejus. S. Gauceranni [. . . . . . .] nepotum Ilionis et sue matris. S. Eldegardę, sororis Ilionis. S. Agnonis. S. Gauceranni. S. Agglerii, et sui fratris Arrici. S. Milonis. S. Nothardi. S. Aremburgis, neptis Ilionis.

98.

CXXII. NOTITIA CONVENIENTIE QUAM DOMNUS GERALDUS ABBAS ET PREDICTUS ILIO HABUERUNT.

1030? Iste Ilio contendebat unum mansum Sanctum Martinum, et pro Dei amore wirpivit eum prędicto abbati et Athanacensibus monachis. Quapropter prefatus abbas, cum consilio suorum fidelium, dedit hunc mansum jam dicto Ilioni et suę matri Ailiburgi ad beneficium, ea convenientia ut, quandiu vixerint, teneant in suo dominio, et post illorum obitum, ad Athanacenses monachos, sinu[1] ullius hominis contradictione et inquietudine, perveniat. Denique is abbas, ut cercior

---

[1] Lege *sine*.

et securior esset, accipit ab eis fidejussores, scilicet Agglerium, ex parte hujus domnę, et, ex parte Ilionis, Notardum; ut hunc mansum non donent ad beneficium ulli hominum, neque impediant ut monachi Athanacenses eum perdant, et dampnum habeant. Est autem ipse mansus in pago Lugdunensi, in parechia de Ihacelliaco, et in villa de Ihales. S. Ailiburgis. Signum Ilionis. S. Agnonis. Signum Gauceranni. S. Agglerii. S. Nothardi.

99.

CXXIII. CARTA ROTLANNI ET UXOR SUA RAINGARDA.

Domno magnifico fratribus Rotlanno et uxor sua Raingardi. Ego Girardus, et Bertelimus, et uxor sua Engenberga, venditores, vendimus nos vobis, de hereditate nostra qui nos legibus hoc venit : hoc est terra arabile cartaladas III [..................... vo]bis precium sicut inter nos placuit pro solidos v et dimidium; et sita est [terra ista] in pago Lugdunense, in agro Monte Auriacense, in villa qui dicitur Amachinio, et terminat a mane de ipsa hereditate via publica, a medio die terra Sancti Stephani, a sero terra Rolanno et Grimaldo, a circio terra Sancti Stephani. Infra fines vel terminationes, sicut terminatum est, vendimus, et post die presente facere quicquid facere volueris. Si quis vero contra hanc cartulam istam venditionem[1] inferre voluerit, autlus omo, autla persona[2], non valeat, sed componat auri libra una. S. Rolanno et uxor sua Raingart, qui rogabant scribere, et firmare in presenti rogabant. S. Girbolt. S. Grimaldo. S. Girardo. S. Engelbergi. S. Aschirici. S. Rolent. S. Amalbergi. Ego Antelmus levita scripsit, datavit die Mercoris, in mense Marcio, annos XXX regnante Radulfo rege.

Mart. 1027.

100.

CXXIIII. CARTA GERARDI, DE RUSTIACO.

Sacrosanctę Dei ecclesię quę est constructa in insula quę Athanacus vocatur, et in honore sancti Martini dicata, ubi domnus Geraldus

1022-1032.

---

[1] Leg. *vindicationem*. — [2] Leg. *aut ullus homo, aut ulla persona*, hic et infra.

abbas pręesse videtur. Ego, in Dei nomine, Gerardus cedo jam dictę ęcclesię aliquid ex rebus meis pro animę meę remedio vel parentum meorum, et pro loco sepulturę meę : hoc sunt curtili duo cum duabus vineis et vircariis, et quatuor petiolas de terra arabili in aliis locis. Sunt autem prędicte res in pago Lugdunense, in agro de Buysanta, in villa de Rustiaco. Sunt autem termini : a mane terra Adalardi et Ugoni, a medio die terra Adalardi, [a sero..........
...........] terra Ugoni. Infra hos fines [vel terminationes], dono pręfatę ęcclesię et monachis ibidem Deo servientibus; et in loco qui vocatur Paniacus, meam partem de campo et de saliceto dono pręfatę ęcclesię et monachis ibidem Deo servientibus, ea tenore ut ab hac die pręscripti monachi habeant, teneant, possideant; vendendi vero et donandi potestatem omnino non habeant. Feci enim hoc donum in pręsentia fratris mei Adalardi et sororis meę Istiburgę. Si quis vero contra hanc benivolam donationem aliquam calumniam inferre voluerit, nullatenus vindicet quod repetit, sed componat quibus litem intulerit tantum et aliut tantum, et in antea hoc donum firmum et stabile permaneat, cum stipulatione subnixa. S. Gerardi, qui hoc donum fecit et firmare rogavit. S. Adalardi *Rufi* [1], fratris mei. S. Istiburge, sororis meę. S. Agnoni de Sancto Marcello. S. Aymoni *de Sancto Marcello*. S. Girini *de Vetulas Casas*. Data manu Stephani, indigni sacerdotis et monachi, fratris mei.

101.

CXXV. CARTA PONTIONIS.

Sacrosanctę Dei ęcclesię quę est constructa in insula quę Athanacus vocatur, et in honore sancti Martini dicata, ubi domnus Rainaldus abbas pręesse videtur. Ego, in Dei nomine, Pontius dono Sancto Martino et monachis aliquid rerum mearum, vineam scilicet unam quę est sita in pago Lugdunensi, in agro Valle Asensi, in villa de Saviniaco, et terminatur a mane terra Agnonis, a media die, a sero

---

[1] Cognomen *Rufi* nomini *Adalardi* imposuit amanuensis, ut mos erat : unde gallice *surnom*. Eodem modo scripta sunt inferius verba *de Sancto Marcello* et *de Vetulas Casas*.

et a circio terra de ipsa hereditate. Infra hos fines vel terminationes, dono prefatam vineam, et quantum ibi in antea adquisiero, Sancto Martino et predictis monachis, ea scilicet ratione ut, quandiu vixero, teneam, et annis singulis duos sextarios vini in vestitura persolvam. Post meum vero discessum ipsa vinea, cum omni adquisitione, ad prefatam Dei casam veniat, pro remedio anime mee et parentum meorum : sit equidem ab hinc et deinceps hec [, etc.]. S. Duranti. S. Otbert. S. Ilionis. S. Alboini. S. Otgerii. Sig. Saiferii. S. Lant. S. Ardenci. Data manu Arnulfi, indigni monachi et sacerdotis, die Dominica, anno xv regnante Radulfo rege.

102.

CXXVI. CARTA DE TRES CANOS.

Sacrosancte Dei ecclesie que est constructa in insula que Athana- *12 April. 1031.* cus vocatur, et in honore sancti Martini dicata, ubi domnus Geraldus abbas preesse videtur. Ego, in Dei nomine, Arnulfus et uxor mea Sacia donamus omnipotenti Deo et Sancto Martino aliquid de nostra hereditate que est sita in pago Lugdunense, in agro Buziacense, in villa que vocatur Tres Canos : hoc est unum mansum, cum vinea, et terra arabilis, et salicetum; et terminatur a mane terra Vuilenc, ad medium diem via publica, ad sero terra Aymonis, a circio terra Wicart. Infra hos fines vel terminationes, predictum mansum donamus omnipotenti Deo et Sancto Martino, et monachis de Athanaco i sextarium frumenti et vini duos. Post meum quoque discessum, sine mora Sancto Martino de Athanaco perveniat, et monachis ibidem Deo militantibus; et faciant monachi quicquid facere voluerint. Si quis vero qui contra hanc cartam aliquid dixerit, non valeat, sed componat auri libras xx, et sit excummunicatus ex parte Dei omnipotenti, et sit dampnatus cum Datan et Abiron, et cum Juda traditore. S. Arnulfi et uxoris sue Sacia, qui hanc cartam jusserunt fieri, et firmare in presente rogaverunt. S. Arnulfi. S. Etelino. S. Aimoni. S. Rollanni. S. Ugoni. Data manu [*Romani*], indigni sacerdoti, feria vi, iiii non. Aprilis, annos xl regnante Rodulfo rege in Gallia feliciter.

103.

CXXVII. CARTA RENCHONI.

Ante 993? Dicatę in sancti Martini honore, sacrosanctę Dei ęcclesię in insula quę Athanacus vocatur constructæ, ubi, sub domni regimine archipręsulis Buhorchardi, domnus dinoscitur Asterius abbas pręesse. Ego, in Christi nomine, Renco et uxor mea Emma, pro remedio animarum nostrarum, proque remedio animarum parentum nostrorum, cedimus aliquid de rebus nostris jam dictę ecclesię hac[1] monachis Christo inibi servientibus : hoc est curtilem I, cum vinea, et horto, et vircaria, et quicquid ad ipsum aspicit. Est autem situs in pago Lugdunense, in agro Vallasense, in villa que vocatur Rubeola; et conquisivimus hanc terram de Vulterio et Adalgiso filio suo. Quicquid ibidem de illis adquisivimus, totum ad integrum donamus jamfatę[2] ęcclesię et monachis inibi Deo militantibus, usque in exquisitum; ea scilicet tenore ut ab hac die habeant potestatem, in Dei nomine, donandi eam seu vendendi, vel commutandi; et quicquid justę helegerint faciendi. Si quis vero contra hanc benivolam donationem aliquam calumpniam generare temptaverit, nullatenus vindicet, sed componat quibus litem intulerit auri libras II, et in antea donatio ista firma et stabilis permaneat, cum stipulatione subnixa. Sig. Renchoni et uxoris suę Emmę, qui donationem istam fieri et firmari rogaverunt. S. . . . . S. . . . . S. . . . . Data manu Vualcherii, indigni monachi, Aprili mense, Jovis die, regnante in Gallia Gondrado serenissimo rege.

104.

CXXVIII. CARTA MILONI, DE SYVRIAQUO.

April. 1012. Sacrosancta hac[3] venerabilis ecclesia quę est constructa in insula quę Athanacus vocatur, in honore sancti Martini dicata, ubi domnus Rainaldus abbas pręesse videtur. Ego, in Dei nomine, Milo et uxor mea nomine Eldegardis, donatores. Ego Milo dono prędicte ęcclesię et monachis inibi Deo militantibus aliquid ex rebus hereditatis meę :

---

[1] Pro *ac*. — [2] Id est *præfatæ*. — [3] Leg. *ac*.

hoc sunt curtili duo, cum mansionibus, et vineis, et vircariis, et ortis, et sunt siti in pago Lugdunensi, in agro Monte Auriacense, in villa Sivriaco; et concluduntur his terminis : unus curtilis terminat a mane terra Sancti Stephani, a medio die de ipsa hereditate, a sero similiter [et] rivulus volvens, a circio terra Sancti Stephani; et alius curtilis terminat a mane via publica, a medio die terra de ipsa hereditate; et silvam, a sero rivulus volvens et terra Aalonis[1], a circio fons et rivulus volvens. Et post obitum filię mee nomine Ginbergia, mansum unum de hereditate quę mihi legibus evenit. Istas res supra nominatas dono prędicte ęcclesię pro remedium animę meę et locum sepulture meę, ea tenore ut ab hac die faciant monachi quicquid elegerint faciendo. Si quis vero contra hanc donationem aliquam calumpniam inferre aut inquietare voluerint, nullatenus evindicet quod petierit, sed componat auri libras III, et in antea hęc donatio ista firma et stabilis permaneat, cum stipulatione subnixa. S. Miloni et uxoris suę Eldegardis, qui donatione ista fieri et firmare rogaverunt. [S.] Girardi. S. Sazię feminę. S. Ugoni. S. Aaloni. S. Girini. S. Valterii. Data manu Obboni monachi, feria VII, mense Aprili, XV anno regnante Rodulfo rege.

105.

CXXVIIII. KARTA OTBERTI ET GONTELDIS, DE SAVINIACO.

Sacrosanctę Dei ęcclesię quę est constructa in insula quę Athanacus nuncupatur, et in honore sancti Martini dicata, ubi domnus Rainaldus abbas pręesse videtur. Ego, in Dei nomine, Otbertus et uxor mea Gonteldis cedimus jam dictę ęcclesię et monachis ibidem Deo servientibus aliquid ex rebus nostris pro remedio animarum nostrarum et parentum nostrorum : hoc sunt vineę duę : una autem ex ipsis

7 April. 969[2].

---

[1] In cod. *áálonis*, hic et infra.

[2] Annus quem adscripsi huic instrumento maxime litigiosus est. Datum fuit anno LXVIII regnante Conrado, secundum codicem. Conradus autem LVI annos solum regnavit, regno ejus quoque ab anno 937 supputato, quod non vulgo fit. Conradi ideo morti proximum selegi annum, qui Dominicam diem in septimam iduum Aprilis incidentem exhibet.

est in villa Saviniaco, cum mansione, et orto, et vircaria; et habet hos terminos : a mane terra Sancti Martini et terra Eldegardę, a medio die, et a sero, et a circio via publica; alia vero est in villa Treddo, et terminat a mane terra Justi[1], a medio die terra de ipsa hereditate, a sero et a circio similiter. Sunt autem ipse res sitę in pago Lugdunense, in agro Monte Aureacense, in supra dictis villis. Infra istas terminationes, sicut supra scriptum est, donamus prefatę ęcclesię et jam dictis monachis, ea ratione ut, quandiu simul vixerimus, usum et fructum inde percipiamus, annisque singulis, modium vini prefatis monachis in vestituram persolvamus; et si quis ex nobis primus obierit, prelibati monachi harum rerum medietatem recipiant. Post amborum quoquę discessum, sine ulla tarditate teneant et possideant, et quicquid pro utilitate monasterii facere decreverint, liberam et firmissimam habeant potestatem. Si quis vero contra hanc [*benevolam donationem ali*]quam calumpniam inferre voluerit, nultenus vindicet, set componat quibus litem intulerit auri libras III, et in antea hęc donatio firma et stabilis permaneat, cum stipulatione subnixa. S. Otberti et uxoris suę Gonteldis, qui donationem istam fieri et firmare in pręsenti rogaverunt. S. Antelmi presbiter. S. Adalfredi. S. Stephani. S. Constancie. S. Gudine. S. Fecinie[2]. S. Adrevoldi. Data per manum Rodulfi, indigni monachi, VII idus Aprilis, in prima feria, anno LXVIII regnante Chuonrado serenissimo rege in Gallia.

106.

[C]XXX. [CARTA ARDENCI.]

1000 circa.

Sacrosancta hac[3] venerabilis ęcclesia quę est constructa in insula quę Athanacus vocatur, in honore sancti Martini dicata, ubi domnus Raynaldus abbas pręesse videtur. Ego, in Dei nomine, Ardencus dono predictę ęcclesię et monachis inibi Deo militantibus aliquid ex rebus meis : hoc est curtilis unus qui est situs in pago Lugdunensi, in agro Monte Auriacense, in villa quę vocatur Losanna, et concluditur his terminis : a mane et a medio die, a sero et a circio de ipsa hereditate.

[1] *Sancti Justi?* — [2] Vel *Fecme.* — [3] Leg. *ac.*

Infra has fines vel terminationes, dono prędictum curtilem, cum mansione et orto, ęcclesię supra memorate, ea tenore ut, quandiu vixsero, usum et fructum inde percipiam, singulisque annis, [in] festivitate sancti Martini, tres sextarios in vestituram persolvam. Si quis vero contra hanc donationem aliquam calumpniam inferre aut inquietare voluerit, non valeat quod petierit, sed componat auri libras. II, et in antea donatio ista firma permaneat, cum stipulatione subnixa. S. Ardenci, qui donatione ista jussit fieri, et firmare in pręsente rogavit.

107.

[C]XXXI. CARTA REMIGIUS[1] ET UXORIS SUE PETRONILLE.

[*Domino in Christo fratri Rem*]igio, Sancti Stephani sacerdoti, emptori. Nos quidem [*Auriādis*[2]] et uxor mea Petronilla, venditores, vendimus tibi aliquid ex rebus nostris : hoc est vineola una quam Durantus, maritus pręnominate Petronille, per medium plantum, secundum hujus pagi consuetudinem, adquisivit de Sancti Pauli terra, quę est e ratione abbatis. Est autem ipsa vineola sita in pago Lugdunensi, in agro Monte Aureocensi, in villa Darciliaco, in loco qui dicitur Paciangas, et terminat a mane terra Sanctę Marię, a medio die terra Sancti Stephani, a sero Ermingerane, a circio terra Sancti Andree. Infra hos fines vel terminos, quicquid nobis legaliter advenire dicendum est, totum tibi vendimus pro tribus soldis, ut facias ab ac die et deinceps quicquid volueris, tam tu quam tuus heres. Si quis vero contra hanc vendicionem aliquam calumpniam inferre voluerit, nullatenus vindicet, sed inferat cui litem intulerit tantum et aliud tantum quantum pręuictę res eo tempore emeliorate valuerint, et in antea firma et stabilis permaneat, cum stipulatione subnixa. S. Arnulfi

Jun. 976.

[1] Mendosus est iste titulus. Quamvis mutilum, nos tamen certiores facit instrumentum Petronillam uxorem esse (nuptiis secundis) Auriandis vel Ariandis, donatoris, et quod Remigius, donatarius, presbiter esset, atque ideo non matrimonio junctus. Vide ch. 68.

[2] Restitutionem vocis istius pene omnino deletæ non certam habeo; sed meam lectionem existimo veram. Notabitur hoc nomen parum differre ab illo quod in inferiore parte instrumenti legitur, *Ariandis*, prius *Auriandis* scriptum.

abbatis. S. Ariandis[1] et uxoris suę Petronille, qui hanc cartam fieri et firmare rogaverunt. S. Foldaldi. S. Folcardi. S. Teutardi sacerdotis. Datum feria II, in mense Jun. anno XXXVI regnante Chonrado rege.

108.

CXXXII. CARTA ALDOARDI.

1000 circa. Sacrosanctę Dei ęcclesię quę est constructa in insula quę Athanacus vocatur. Ego, in Dei nomine, Aldoardus uxorque mea Raina, pro remedio animarum nostrarum, parentumque nostrorum, donamus Deo Sanctoque Martino, necne monachis ibidem Deo militantibus, sub regimine domni Rainaldi abbatis, aliquid rerum nostrarum : terram videlicet arabilem, cum pratis atque salicetis. Hę autem res sitę sunt in pago Lugdunensi, in agro Monte Aureocense, in villa Darziliaco, in loco qui dicitur Vuarennheas, terminaturque his terminis : [*a mane terra Sanctæ Mariæ, a me*]dia die terra comitalis, a sero ejusdem Sanctę Marię, ab aquilone terra G[. . . . . . .]. Infra hos fines vel terminationes, donamus Deo et Sancto Martino quicquid visi sumus habere.

109.

CXXXIII. CARTA DE SAVINIACO.

23 Dec. 1008 Sacrosanctę Dei ęcclesię quę est constructa in insula que Athanacus vocatur, et in honore sancti Martini dicata, ubi domnus Rainaldus abbas pręesse videtur. Ego, in Dei nomine, Rainboldus et uxor mea Arluis donamus Sancto Martino et monachis Athanacensibus, pro remedio animarum nostrarum, de vinea algias II, quę sita est in pago Lugdunensi, in agro Monte Aureocense, in villa de Saviniaco, et terminatur a mane et a sero de ipsa hereditate, a media die terra Otgerii, a circio via publica. Infra hos fines vel terminationes, donamus Sancto Martino et pręlibatis monachis istam vineam, ea scilicet ratione ut, quandiu ego Raiboldus vixero, usum et fructum habeam, et annis

---

[1] Est ibi *Auriandis*, sed puncta conjiciuntur in *u*.

singulis duos sextarios vini in vestitura persolvam. Post meum vero discessum, ad supra dictos monachos, absque ulla mora, perveniat; et si quis ei contrarius fuerit, componat auri libras tres illis, et deinceps hoc donum firmum sit. S. Roibaldi et uxoris sue Arluis, qui hoc donum fecerunt et firmaverunt. S. Sambadini. S. Atbranni. Sig. Aintrudis. Data manu Arnulfi monachi, die Jovis x kal. Jan. regnante Radulfo rege anno xv.

110.

CXXXIIII. [CARTA LUGDUNI.]

Sacrosanctę Dei ęcclesię quę est constructa in insula quę Athanacus vocatur, in honore sancti Martini dicata, ubi domnus Asterius abbas pręesse videtur. Ego, in Dei nomine, Lucdunus, donator, dono Sancti Martini [ecclesiæ] aliquid de res meas : hoc est vinea una cum mansione, et est sita in pago [*Lugdunensi, in agro*] Monte Aureacense, in villa Losonna, et terminatur a mane terra Ardenc, a medio die via publica, a sero similiter, a circio rivulus volvens. Infra has fines vel terminationes, dono jam dictę ęcclesię et monachis ibidem Deo militantibus, ea tenore [ut], quandiu vixero, usum et fructum inde percipiam, singulisque annis, tempore vindemie, dimidium modium in vestituram persolvam, et in antea donatio ista firma et stabilis permaneat, cum stipulatione subnixa. S. Lugduni, qui fieri jussit, et firmare in presente rogavit.

980-990?

111.

CXXXV. [CARTA AINULFI.]

Sacrosanctę Dei ęcclesię que est constructa in insula quę Athanacus vocatur, et in honore sancti Martini dicata, ubi domnus Rainaldus abbas pręesse videtur. Ego, in Dei nomine, Ainulfus, cogitans casum humanę [fragilitatis], ut interventu beati Martini merear eripi ab incomoditatibus pręsentis futurique seculi universis, necnon pro remedio animę meę, animarumque parentum meorum, dono Deo Sanctoque Martino Athanacensi, ac monachis ipsius loci, aliquid rerum mearum, curtile

1000 circa.

videlicet unum, cum vinea, et vircaria, et orto; quod situm est in pago Lugdunensi, in agro Monte Aureocense, in villa quę Darciliacus nuncupatur, et in loco quem incole Lud vocant; concludunturque hae res ab his terminis : a mane terra Rodlanni et Arrici, a meridie terra Sancti Martini insulę Barbarensis, a sero terra comitalis et via publica, a circio terra Sancti Stephani et via publica. Infra hos fines vel terminationes, medietatem prędicti curtilis dono Deo Sanctoque Martino Athanacensi, monachis necne ibidem pro posse Deo militantibus; ea scilicet ratione facio hanc donationem, ut quandiu vixerimus ego Ainulfus et uxor mea nomine [.....................] pręscriptum medi[e]tatem. Pos[t] nostrum quoque amborum obitum, ad [*præfatum monasterium*] sine ulla mora perveniat; ita ut quicumque de nobis duobus prius mortuus fuerit, statim monachi pręscripti loci suam medietatem accipiant, subsequens vero suam medietatem teneat dum vixerit. Post mortem autem illius, medietatem illam monachi pręfati in suo jure ponant. Inpignoro etiam et memoratis rectoribus alteram medietatem descripti curtilis pro soldis xii, pro quibus omni anno, tempore vindemiali, tres modios vini pro lucro debeo solvere. Ea siquidem ratione inpignoro eis medietatem pręfati curtilis pro supra dicto pretio, ut, quandiu vixerimus, ego et uxor mea jam superius denominata teneamus et possideamus; et si legalis heres de nostro corpore amborum natus fuerit, ipse teneat unum solummodo, scilicet quandiu vixerit. Post mortem autem illius, ad pręfatam Dei casam sine ulla mora perveniat. Si vero sine legali herede qui de corpore nostro amborum non sit discesserimus, hęc hereditas, pro remedio animarum nostrarum, sine aliqua mora ad denominatos rectores casę Dei perveniat. Ut vero hęc donatio ac impignoratio ab hin[c] et deinceps firma et stabilis consistat, manu propria firmo hanc cartulam. Quod si aliquis contra hanc benivolam donationem gratumque inpignorationem quippiam calumpnię inferre temptaverit monachis memorate basilicę deputatis, nullatenus evindicet quod repetit, sed componat his quibus litem intulerit auri libras xii, et in antea hęc donatio inpignoratioque firma et stabilis consistat. Signum

Ainulfi, qui hanc donationem inpignorationemque fecit et scribere jussit, manuque propria firmavit ac firmari rogavit.

112.
CXXXVI. CARTA DE LOSANNA.

[*Sacrosanctæ Dei ecclesiæ quæ est*] constructa in insula quę Athanacus vocatur, et in honore sancti Martini dicata, ubi domnus Geraldus abbas pręesse videtur. Ego, in Dei nomine, Alboara, pro remedio animę meę omniumque parentorum meorum, cedo jam dictę ęcclesię, et monachis ibidem Deo servientibus, aliquid ex rebus meis : hęc sunt algias duas de vinea et vircaria simul tenente, in pago Lugdunense, in agro Monte Aureacense, in villa Losanna; et terminatur a mane terra Alexandrane, a medio die Aselgus rivulus volvit, a sero via publica, a circio de ipsa hereditate. Infra hos fines vel terminationes, pręditas res dono Deo et Sancto Martino, ea ratione ut, quandiu vixero, teneam et possideam, annisque singulis duos sextarios de vini in vestitura persolvam. Post meum vero discessum, sine mora Sancti Martini [ecclesiæ] perveniat, et omni anno franchiciam de illas duas algias quam dedi Sancto Martino perquirite in Bralliaco in tres algias quę ibi habeo; qui illas tenuerit, istam franchiciam persolvat, hoc est unum semodium de vini. Si quis vero qui contra hanc cartam aliquid dixerit, non valeat, set iram Dei omnipotenti incurrat super illum, et cum Datan et Abiron et cum Juda traditore sit maledictus, et componat auri liberas decem. Signum Alboarę *femine,* et fratris sui Antelmi, qui hanc cartam jusserunt fieri, et firmare in pręsente rogaverunt. S. Antelmi, fratris sui. S. Aldejarde *femine.* S. Duranni. S. Adalfreido. S. Ermingart. S. Warnerii. S. Anonda. S. Emma. S. alia Ermingart. Data manus Romanus sacerdos, feria v, VIIII kal. Aprilis, regnante Radulfo rege.

24 Mart. 1026.

113.
CXXXVII. [CARTA ANTELMI.]

Domnis in Christo patribus Raynaldo abbati, necnon et reliquis fra-.

Ante 977.

tribus Athanacenses cęnobii. Ego, in Christi nomine, Antelmus sacerdos, impignorator, impignoro vobis curtilem unum, cum mansione [........ *in pago*] Lugdunense, in agro Monte Aureacense, in villa [*Sivria*]co; et terminat a mane via publica et terra Sancti Martini Athanacensis, a medio die, et a sero, et a circio terra Sancti Stephani. Infra hos fines sive terminationes, pręedictum curtilem vobis impignoro pro solidis xv, ea tenore ut tandiu pręedictę ęcclesię monachi ipsum curtilum teneant, donec ipsum debitum persolutum sit; ita tamen ut singulis annis tres modios et dimidium de vino eis reddatur, et si in ipsa vinea tantum non habuerit, ex meo alio tantum persolvam usque dum tres modii et dimidium habeant, et in antea firma et stabilis hęc inpignoratio permaneat, sine ulla alicujus contradictione, cum stipulatione subnixa. S. Antelmi sacerdotis, qui impignorationem istam fieri et firmari rogavit. S. Fulcherii, fratris ejus, qui consensit. S. Adalonis. S. Aschirici. S. Girini. S. *alii* Fulcherii. Data manu Walcherii, indigni sacerdotis et monachi, in mense Septembris, feria vi, anno xl Chuonrado rege regnante.

114.

CXXXVIII. CARTA ASTERII.

1005.

Sacrosanctę Dei ęcclesię quę est constructa in insula quę Athanacus vocatur, et in honore sancti Martini dicata, ubi domnus Raynaldus abbas pręesse videtur. Ego, in Dei nomine, Asterius, cum meo fratre Nicetho, pro remedio animarum nostrarum, omniumque parentum nostrorum, cedo jam dictę æcclesiæ et monachis ibidem Deo servientibus aliquid ex rebus meis : hoc est curtilum i, cum vinea, et mansione, et horto, et vircaria, in pago Lugdunense, in agro Monte Aureacense, in villa Darziliaco, et terminatur a mane terra Sancti Petri, a medio die de ipsa hereditate, a sero [....................] Infra fines et terminationes pręedic[*tos*........................] dicte æcclesię fratribus, ea ratione, ut quandiu vixero, teneam et possideam, annisque singulis, ad festivitatem ipsius sancti Martini, iiii denarios valente de cera, in vestituram, persolvam. Post meum vero discessum, in potestatem prefatę æcclesiæ fratrum ex integro perveniant. Si quis vero contra hanc benivolam donationem aliquam calumpniam inferre temptaverit, nullatenus evindicet quod repetit, set iram Dei omnipotentis incurrat maledictioni perpetue, et anhatemati subditus, et componat insuper quibus litem intulerit auri libras III, atque in posterum hęc donatio firma et stabilis permaneat, cum stipulatione subnixa. Sig. Asterii, qui hanc donationis cartam fieri jussit et firmari rogavit. Sig. Nicetii, fratris sui. S. Flooldi. S. Freoldi. S. Siebodi. Data manu Vualcherii, indigni sacerdotis et monachi, anno XII regnante Radulfo rege.

115.

CXXXVIIII. CARTA DOMNE SAZIE, FILIIQUE EJUS STEPHANI NIGELLI.

Quidam miles Stephanus nomine ejusque mater Sazia, correcti, et ut interventu beatę Dei genitricis Marię, omniumque Christi fidelium ab infernalibus pęnis mereantur eripi, angelicisque ulnis ad celestem gloriam subvehi, donant Sancto Martino Athanacensi, ejusque loci habitatoribus, quibus domnus Geraldus nunc pręesse videtur, quiddam suę hereditatis : omnem videlicet quę habent in villa de Sivriaco. Est autem hęc terra sita in pago Lugdunensi, in agro . . . . . .[1] et in prędicta villa; terminatur etiam his terminis : a mane terra Sancti Stephani, a medio die [terra] Sancti Martini Athanacensis, a sero hereditas cujusdam feminę nomine Gitbergę, a circio via publica [. . . . .] prędictus miles et ejus genitrix dant monasterio Athanacensi quicquid habere ipso die videbantur, pro eorum animabus et sepultura, tali tenore ut, quandiu hęc domna Sazia vixęrit, teneat hanc terram, excepto uno manso quem in presentiarum reddit in vestitura, quem Stephanus ipso tempore excolebat. Post mortem vero ejus, ad Athanacenses monachos omnia quę infra istos terminos comprehensa sunt, absque contradictione et inquietudine ullius hominis, veniant. S. domni[2] Stephani Nigelli et ejus genitricis

1030 circa.

---

[1] Sic in cod. — [2] Mendose est ibi S. Doñi. S. Stephani.

Sazie, qui hoc donum fecerunt et firmari rogaverunt. S. domni Aimonis, mariti hujus dominę. S. Arnulfi et Aimonis S. Agglerii. S. Milonis. S. Arrici. S. Duranni. S. Ilii. Data Martini manu, Rodulfo rege regnante in Gallias.

116.

CXL. [CARTA AGMINI.]

Feb. 989?

Domino fratribus[1] Ingeneeldi. Ego Agminus, sponsus tuus, pro amore et bona voluntate que circa te habeo, dono tibi aliquid de res meas proprias, qui sunt sitas in pago Lugdunense, in agro Monte Aureacense, in villa Maginciaco : hoc est vinea algias tres, et una petiola de campo, ea tenore, quomodo vivus usum et fructum possideas; post tuum quoque discessum, ad meos propinquos perveniat. Et terminant istas res a mane de ipsa hereditate, a medium die rivulus volvens, a sero et a circio terra de ipsa hereditate. Infra hos fines vel terminationes, totum et integrum tibi dono, et si nullus homo, nulla persona, qui ista donatione, ista incartatione infrangere voluerit, non licet aut quod repetit, set componat tantum et aliud tantum quantum istas res eo tempore [*emelioratæ fuerant*], et in antea firma et stabilis [permaneat], cum stipulatione subnixa. S. Aymino, qui ista donatione, ista incartatione fieri jussit, et firmare in presente rogavit. S. Silvestri. S. Ihoanni. S. Otberti. S. Arnulfi. S. Grimaldi. S. Gacelmi. [Data] die Sabati, in mense Febr. anno XLVIIII regnante Gonrado rege Jurensi.

117.

CXLI. CARTA DE DARZILLIACO.

1000 circa.

Domino fratribus Remigii presbiteri. Ego quidem, in Dei nomine, Adalardus, venditor, vendo tibi aliquid de rebus meis : hoc est vinea cum vircaria; que sunt sitas [res] ipsas in pago Lugdunensi, in agro Monte Aureacense, in villa Darzilliaco; cui termini sunt : a mane via

---

[1] Vox omnimodo impropria, etenim ad unam personam pertinet, et ista persona mulier est, ut patet a phrasi consequenti.

publica, a medio die terra Christiani, a sero terra Ugoni et Costancioni, a circio vinea domni Hectori Sanctę Marię episcopi[1]. Infra hos fines vel terminos, prędicta vinea, cum vircaria, ad integrum tibi vendo, unde accepi a te precium, sicut inter nos placuit atque convenit : hoc sunt solidi XIIII; et ego pro ipsa precia jam dicta vinea, cum vircaria, ad integrum tibi vendo, trado atque transfundo, hac de meo jure in tuam revoco potestatem et dominacionem, ad abendi, vendendi, perdonandi, seu liceat commutandi. Si autem, quod futurum evenire minime credo, si ego ipse aut ullus homo contra hanc cartulam venditionis aliquam calumpniam inferre aut inquietare voluerit, nullatenus vendicet, set componat auri libras II, et deinceps hinc vendicio ista firma et stabilis permaneat, cum stipulatione subnixa. S. Aarardi, qui hanc vendicione ista fieri [jussit] et firmare in pręsente. [*S. Folconi*..............] S. Ugoni. S. Costancioni. Data per manum Ziętar[*is*..................]

118.

CXLII. CARTA ASCHIRICI.

Sacrosancta hac venerabilis æcclesia quę est constructa in insula quæ Athanacus vocatur, in honore sancti Martini dicata, ubi domnus Raynaldus abba pręesse videtur. Ego, in Dei nomine, Aschiricus dono prędictę ęcclesię et monachis inibi Deo militantibus, aliquid ex rebus quę mihi ęreditarie eveniunt : hoc est terra arabili et vinea, cum saliceto et silva; et sunt sitę ipse res in pago Lugdunensi, in agro Monte Aureacensi, in villa Marcilliaco, in loco qui vocatur Castaineriis, et boscii qui est in Sivriaco, mea parte quę mihi legibus evenit; et concluditur his terminis illa hereditas de Castanerias ex omni parte terra Sancti Stephani; et boscum finitur his terminis : a mane terra Sancti Martini, et a medio die terra Vuicardi, a sero et a circio terra

Feb. 996.

[1] Nullum exhibens indicium chronologicum præter Hectoris episcopi præsentiam, ista poterat charta ad primam decimi seculi partem deferri. Facit enim *Gallia christiana* mentionem episcopi cujusdam sic nominati, qui circa annum 928 diœcesi Podiensi præerat, cujus cathedralis ecclesia sanctæ Mariæ, vulgo *Notre-Dame*, dicata est.

Sancti Stephani, et in Darcilliaco curtilem unum quem Dominicus possidet, et unam algiam; est ipse curtilis, cum mansione, et vinea, et vircaria, et orto; et concluditur his terminis : a mane, et a medio die, et a circio de ipsa hęreditatę, a sero terra Sancti Martini. Infra has fines vel terminationes, dono prędictę æcclesię et monachis inibi Deo militantibus, ea tenore [ut], quandiu vixero, usum et fructum inde percipiam. Post meum quoque discessum prędictę ęcclesię sine aliqua tarditate perveniat, excepto supra dictum curtilum quem debet tenere Ermingaldis, uxor mea, quandiu vixerit. Post suum quoque discessum prędictę ęcclesię perveniat. Et in alio loco, in ipsa villa Darcilliaco, vircharia unam legalem [. . . . .] calumpniam inferre aut inquietare tentaverit, nullatenus evindicet, sed componat auri libras tres, et in antea donatio ista firma et stabilis permaneat, cum stipulatione subnixa. S. Aschirici, qui fieri jussit, et firmare in pręsente rogavit. S. Ermingardis, uxoris suę. S. Fulcherii. S. Beraldi. Data manu Abboni monachi, feria II, mense Febroario, anno III regnante Rodulfo rege.

119.

CXLIII. [CARTA ARENCI ET FRATRUM EJUS.]

1022-1032.   Sacrosanctę Dei æcclesię quę est constructa in insula quę Athanacus vocatur, et in honore sancti Martini dicata, ubi domnus Geraldus abbas pręesse videtur. Ego, in Dei nomine, Arencus et fratres mei Saiferius et Ugo, cedimus domino Deo omnipotenti, et Sancto Martino, et monachis, pro anima fratris nostri Arnulfi, unam petiolam de vinea, id est duas algias; et est hoc situm in pago Lugdunense, in agro Vala Anse, in villa de Clipiaco; et terminatur a mane de ipsa hereditate et via publica, a medio die, a sero et a circio similiter. Ego Geraldus abbas et monachi, donamus per pręcariam Arenco illas II algias supra dictas, ea convenientia ut illa vinea et illos campos quod ipse nobis de ipsa hereditate ostensos habet, infra hos fines vel terminationes, ut quandiu vixerit teneat et possideat, salvamento Sancto Martino et monachis, et post suum discessum, omnia ex integro hęc ad prefatam Dei casam sine ulla mora perveniant. Si quis vero contra hanc benivolam donationem quippiam calumpnię inferre atemptaverit, nullatenus evindicet quod repetit, set sit anatematizatus et dampnatus cum Datan et Abiron, et cum Juda, traditore Domini, et insuper persolvat ei cui litem intulerit auri libras v, et in antea hęc donatio firma et stabilis [*permaneat, cum stipulatio*]ne subnixa. S. Arenci. S. Saiferii et Ugonis, [*qui hanc donati*]onem fecerunt scribere, firmarique rogaverunt.

120.

CXLIIII. CARTA EYMINI ET ENGENELDIS.

Sacrosanctæ Dei ęcclesię que est constructa in insula quę Athanacus vocatur, et in honore sancti Martini dicata, ubi domnus Udulbaldus abbas preęsse videtur. Ego, in Dei nomine, Eyminus et uxor mea nomine Engeneldis, donamus omnipotenti Deo et Sancto Martino, monachis necne Athanacensibus, vineam I, cum vircaria et torculari, quæ sita est in pago Lugdunensi, in agro Monte Aureacensi, in villa de Mainciaco; et terminatur a mane de ipsa hereditate, a media die gutta siccanti, a sero terra Sancti Martini insule Barbarensis, a circio via publica, et in altero loco terram arabilem, duos videlicet campos terminantes a mane terra domnę Waldradę et Agnonis, a media die terra Sancti Stephani, a sero rivulo Aselga, a circio terra Sancti Stephani. Infra hos fines vel terminationes, prefatas res donamus prelibatę basilicæ et habitatoribus, ea ratione ut, quandiu vixerimus, teneamus, annisque singulis IIII sextarios vini et duos cartallos frumenti in vestitura persolvamus, et qualiscumque ex nobis primus mortuus fuerit, suam medietatem de hereditate prescripta et medietatem de precaria secum ferat reddendo monachis, una cum sua parte de censu; sequens vero moriens, totam partem hereditatis et precarię et censs, sine aliqua mora, predictis rectoribus dimittat. Sitque deinceps in jure monachorum facere quicquid ei placuerit. Inserti vero monachi loco pręcarię dant nobis curtile I, cum vinea et mansione [. . . . .] situm est in pago inscripto

1010 circa.

[. . . . .] agro hac in villa Bruialias. Hac ratione hęc convenientia peracta est, ut propter hanc pręcariam, propterque helemosinam sepulturamque, ut inscriptum est, ratum solidumque permaneat ab hinc et deinceps. Si quis autem hoc donum pręcariamque inquietare voluerit, sit excomunicatus. S. Eymini et uxoris sụę Engeneldis, qui hoc donum fecerunt et firmaverunt, et scribere jusserunt. S. Joanni. S. Ilię. S. Costantini presbiteri. S. Grimaldi. S. Otgerii.

121.

CXLV. CARTA COSTANTII.

12 Nov. 1012. Sacrosanctæ Dei ęcclesię quę est constructa in insula quę Athanacus vocatur, et in honore sancti Martini dicata, ubi domnus Raynaldus abbas pręesse videtur. Ego, in Dei nomine, Costantius et uxor mea Berta, pro remedio animarum nostrarum, donamus Deo Sanctoque Martino, necnon rectoribus ejusdem æcclesiæ, aliquid rerum nostrarum, curtilem videlicet I, cum vinea, et vircaria, et orto, qui situs est in pago Lugdunensi, in agro Monte Auriacense, in villa de Treddo; dividiturque ab his terminis : a mane terra Ilionis et Amaldrici, a media die terra Sancti Martini Athanacensis, a sero terra Ugonis, a circio via publica. Infra hos fines vel terminationes, has predictas res donamus Deo et Sancto Martino Athanacensis ęcclesię monachisque ipsius loci; ea scilicet racione ut, quandiu ego Costantius vixero, teneam et possideam, annisque singulis in vestituram IIII sextarios vini persolvam. Post meum quoque discessum, sine ulla mora, ad supra dictam Dei casam et ad rectores ejusdem loci perveniant omnia hęc, ut faciant de hac re quicquid facere voluerint, id est habeant potestatem tenendi, donandi, vendendi, seu [*liceat commutandi. Si quis vero*] hanc benivolam donationem quippiam calumpniam [*inferre tempta*]verit, nullatenus evindicet quod repetit, set insuper persolvat tantum et aliud tantum quantum hęc res emeliorata valuerit, et in antea hęc donatio firma et stabilis permaneat, cum stipulatione subnixa. S. Costantii et uxoris ejus nomine Berta, qui hanc donationem fece-

runt et firmare rogaverunt, necnon scribere jusserunt. Sig. Leutardi, filii illorum. S. Vidalis. S. Girardi. S. Ugonis. S. Arberti. Data manu Arnulfi, indigni[1] monachi et levite, x kal. Decembris, die Lunis, anno xviiii regnante Radulfo rege in Gallia.

122.

CXLVI. [CARTA ARNULFI, SANCTI PAULI ABBATIS.]

Dilectis in Christo fratribus Durantum et uxorem ejus Petronillam, petitoribus. Ego quidem, in Dei nomine, Arnulfus abba et cuncta congregatio Sancti Pauli cedimus vobis aliquid terrule ex ratione Sancti Pauli ad medium plantum, et est in pago Lugdunensi, in agro Monte Aureocense, in villa Darzilliaco, in loco qui dicitur Paciangas, et terminat a mane terra Sanctę Marię, a media die terra Sancti Stephani, a sero terra Ermengerane, a circio terra Sancti Andrę̨e. Infra hos fines vel terminos, pręedicta terrula ad integrum vobis cedimus ad medium plantum, usque ad annos v, eo tenore ut, infra annos v, eam in vineam edificare studeatis, et cum ad annos prędictos pervenerimus, æqua divisione dividite, et faciat unusquisque ex sua quicquid voluerit; tamen, si vendere volueritis, rectores hujus æcclesiæ tribus vicibus admoneatis, ut juxto emant precio, si autem hoc facere voluerint : faciatis postea quicquid volueritis, id est habendi, [*donandi, vendendi, seu liceat com*]mutandi. Si quis vero contra [*hanc cartam aliquam*] calumpniam inferre voluerit, nullatenus [*evindicet, set inferat*] cui litem intulerit tantum et aliud tantum quantum pręedicte res eo tempore emeliorate valuerint, et in antea firma et stabilis permaneat, cum stipulatione subnixa. S. Arnulfus abba. S. Benzo *presbiter*[2]. S. Wicardus. S. Teudinus *levita*. SS. Eldradus *sacerdos*. S. Bermundus *sacerdos*. S. Girardus *sacerdos*. S. Asterius *sacerdos*. ✠ Teutardus sacerdos. Feria II, in mense Februarii, anno xxx regnante Gonrado rege.

970 circa.

---

[1] Hæc vox ambigue scripta est.

[2] Verba litteris inferius impressa italicis inter lineas in cod. inscripta sunt.

123.

CXLVII. [CARTA EMELDIS ET FILII EJUS.]

31 Dec. 1020? Sacrosancte æcclesiæ quę est constructa in insula quę Athanacus vocatur, et in honore sancti Martini dicata, ubi domnus Arnulfus abbas pręesse videtur. Ego, in Dei nomine, Emeldis et filius meus Siebodus, donamus Sancto Martino et monachis Athanacensibus, pro sepultura Radulfi, filii mei, curtile uno, cum mansione, et orto, et vinea, quo structum est in pago Lugdunense, et in agro Monte Aureacense, in villa Sevriaco; et terminatur a mane terra Sancti Cirici, a medio die et a sero de ipsa hereditate, a cercio via publica. Infra hos fines vel terminationes, donamus Sancto Martino et prędictis monachis pręfatum curtile cum appendiciis scriptis; ea vero ratione ut ab ac die et deinceps in jure monachorum sit facere quicquid eis placuerit. Sitque hoc donum ab inc et deinceps firma et stabilis. S. Emeldis et Siebodus, filius suus, qui hoc donum fecerunt. S. Miloni. S. Antelmi *presbiteri*. Data manus Romani, indigni sacerdotis et monachis, II kal. Januarii, feria VII, annos XXV[1] regnante Rodulfo rege in Gallia.

124.

CXLVIII. CARTA DE SAVINIACO.

Jun. 1023. Domno magnifico fratribus Otgerio et uxor sua Adalgardi. Ego Arbrannius et mater sua Agroeldi, cum infantibus suis, vendimus vobis de ehreditate [....................] vineola cameras III pro solidos XXIIII [*et unum........ et sunt*] in pago Lugdunense, in villa que dicitur Saviniaco, et terminatur a mane terra Stephani, a medium die terra Otgerio, a sero rivulus de Fontana currit, a circio via publica. Infra [hos] fines vel terminationes, sicut terminatum est, vendimus, et post die pręsenti faciatis quicquid volueris. Abere[2]

---

[1] Annus quem adscripsi controversiis obnoxius est. Namque annus Rodolfi XXV ad annum 1018 exigue respondet, sed feria septima (Sabbatum) circa illa tempora in annos 1015 vel 1020 incidere potest duntaxat.

[2] Hic legendum est, haud dubie, *Si quis*.

venditionem istam infrangere voluerit autlus homo autla[1] persona, non valeat, set componat auri libras III, et in antea firma et stabilis permaneant, cum stipulatione subnixa. Ego Antelmus levita scripsit, datavit, feria IIII, in mense Junio, annos XXX regnante Rodulfo rege.

125.

CXLVIIII. CARTA DE LOSANNA.

Sacrosanctę Dei æcclesiæ quę est constructa in insula quę Athanacus vocatur, et in honore sancti Martini dicata, ubi domnus Arnulfus abbas pręesse videtur. Ego, in Dei nomine, Antelmus presbiter, dono Sancto Petro de Caseto, pro anima fratris mei Fulcherii, algiam unam de vinea, quę est in villa de Losanna, et terminatur ex omni parte terra Sancti Martini. Hanc [algiam] dono Sancto Petro et monachis Athanacensibus, ea ratione ut ab hac die in jure monachorum sit facere quicquid eis placuerit. S. Antelmi presbiteri, qui hoc donum fecit et scribere jussit. Hoc indiculum doni exaratum est manibus Costantini presbiteri, die Jovis, VIIII kal. Febr.

1020 circa.

126.

CL. CARTA AALON IN SIVRIACO.

Sacrosanctę Dei æcclesiæ, quę est constructa in insula que Athanacus vocatur, et in honore sancti Martini dicata, ubi domnus Raynaldus abba pręesse videtur. Ego, in Dei nomine, Aalon mitto pręfate æcclesiæ in cautionem curtilem unum qui est in Sivriaco, cum vinea, et saliceto, et orto, et vircaria, et excolit ipsum curtilum homo [. . . . .] in alio loco silvam de Sivriaco, cum terra quę [meæ partis] esse videtur, pro solidis XX, ea scilicet ratione ut tandiu pręfati rectores ęcclesię eandem terram teneant et possideant, quousque supra scriptum precium persolvam simul et conquistum. S. Nantelmi sacerdotis. S. Thedberti. Data manu Gausberti, indigni sacerdotis et monachi, III kal. Martii, feria VI, Rodulfum regem regnantem in Gallias.

999-1013.

---

[1] Vide ch. 99, n. 2.

127.

CLI. [CARTA ERMENGARDIS.]

Febr. 1013. Domno fratribus Ingelardi. Ego Ermengardis, uxor tua, pro amore et bona voluntate que contra te abeo, et pro quo mihi benefecisti, et in antea melius cupidisti facere, dono tibi de res meas qui sunt site in pago Lugdunensi, in agro Monte Aureacense, in villa qui dicitur Losanna : hoc sunt cameras III de vinea qui terminant a mane terra Sancti Martini, a medium die similiter, a sero via publica, a circio Beroldi. Infra istas fines vel terminationes, totum tibi dono, in ea tenore [ut] quandiu vivit Ingelardus teneatur; post suum discessum, [ecclesiæ] Sancti Martini de Athanaco pro sepultura pervenit; et si ego aullus[1] homo est qui donatione ista inquietare voluerit, auri libra I componat, et in antea firma permaneat, cum stipulatione subnixa. S. Ermengardi, qui donatione ista fieri et firmare rogavit. S. Antelmo. S. Duranno. S. Duranno et uxore sua Eldegardi. S. Crissincio et uxore sua Alboara. Arbertus scripsit et datavit, feria II, in mense Febr. annos XX regnante Rodulfo rege.

128.

CLII. CARTA DE SYVRIACO.

28 April. 1002. Sacrosanctę Dei æcclesiæ quę est constructa in insula quę Athanacus vocatur, et in honore sancti Martini dicata, ubi domnus Raynaldus abba pręesse videtur. Ego, in Dei nomine, [*Fulcherius, pro remedio*] animę meę, omniumque parentum meorum, et pro sepultura [*mea et*] uxori meę nomine Emeldis, dono memorate æcclesiæ, rectoribusque ejusdem loci aliquid rerum mearum : hoc est campum I qui terminat a mane terra Sancti Stephani, a medio die via publica, a sero terra Sancti Petri, a sertio terra Sancti Stephani; et dono meam partem silve de Sivriaco. Sunt autem supra scripte res site in pago Lugdunense, in agro Monte Auriacense, in finibus de Sivriaco. Infra hos fines vel terminationes, pręscriptas res pręscriptę ęcclesię, rectoribus-

---

[1] Leg. *aut ullus.*

que ejusdem loci [dono], ea scilicet ratione ut ab hac die teneant et possideant, et faciant quicquid voluerint. Ego Fulcherius accipio a supra dictis monachis xxxiii soldos pro convenientia, in ipso campo, x soldos pro sepultura matris meę. Si quis vero contra hanc benivolam donationem et venditionem quippiam calumpnie inferre temptaverit, nullatenus evindicet sibi, set sit anathematizatus et dampnatus, et componat cui litem intulerit auri libras vi, et in antea hęc donatio et vendicio firma et stabilis permaneat, cum stipulatione subnixa. S. Fulcherii et uxoris ejus nomine Emeldis, qui donationem et venditionem hanc fecerunt et scribere pręceperunt, necnon firmari rogaverunt. S. Sedibodis. S. Rodulfi. S. Anne. S. Gerardi. S. Aaloni. S. Fulcherii. S. Pontioni. S. Miloni. S. Bernardi. Data manu Goceranni, haud digni monachi et levite, die Martis, iiii kal. Maii, anno viiii regnante Rodulfo rege.

129.

CLIII. MEDIUM PLANTUM RADOLDI.

In Christi nomine, Arnulfus abba, non enim incognitum esse volo qualiter vestra, id est Raduldus et uxor [..................... .....*Jho*]annis ad nos fuit peticio [.............] voluntas ut ipsas res Sancti Pauli, quem ego teneo [.............] vobis benificiare volo; sicuti et feci : hoc est unus campus situs in pago Lugdunense, in agro Monte Auriacense, in villa Selvaniaco; et terminat a mane terra Sancti Stephani et terra Vuarenbert, a medio die et a sero terra Sancti Stephani, a circio terra Vuarenbert et via publica. Infra hos fines vel terminos, ad integrum ego vobis dono ad medium plantum, quantum edificare potueritis usque ad annos iii, et cum ad annos iii pervenerit, una medietas ad me perveniat, et de alia medietate quicquid facere volueritis faciatis, ea tamen ratione, si vobis necessitas evenerit a vendere, me vel subcessore meo iii vices submoneatis a justa precia, et si nos facere noluerimus, quicquid facere volueritis faciatis. Si quis vero, quod in futurum evenire minime credimus, si ego ipse, vel ullus homo qui contra hanc cartulam aliquam

26 April. 970.

calumpniam inferre voluerit, nullo modo evindicere valeat, set sit culpabilis, et impleturus tantum et aliut tantum quantum prędictę rebus[1] eo tempore emeliorate valuerint, et deinceps firma et stabilis permaneat, cum stipulatione subnixa. S. Arnulfus abbas. S. Eldradus *sacerdos*. S. Benzoni *presbiteri*. S. Emmo *sacerdos*. S. Girart. S. Asterius *sacerdos*. Ebbo sacerdos scripsit, datavit die Sabbati, vi kal. Maii, annos xxviiii regnante Gonradi[2] regis.

130.

CLIIII. CARTA MARTINI.

984-990.   Sacrosanctæ Dei æcclesię quę est constructa in insula que Athanacus vocatur, et in honore sancti Martini dicata, ubi domnus Durannus abbas pręesse videtur. Ego quidem Martinus cedo jam dicte æcclesię aliquid de res meas pro animę meę remedio [. . . . . *di*]midium curtile, cum mansione, et orto, [*et terra* . . . . *sunt*] autem ipse res site in pago Lugdunensi, in agro Biliniacense, in ipsa villa Biliniaco; et terminat a mane terra Sancti Stephani et Sancti Martini, a medio die via publica, a sero terra Sancti Martini, a circio terra Sancti Stephani. Infra istas terminationes, sicut pręedictum est, dono pręfate æcclesię et monachis ibidem Deo militantibus, ea ratione ut ab hac die et deinceps liberam et firmissimam habeant potestatem. Et in alio loco dono ii campos, unam medietatem; et terminat i campus a mane Ararim fluvium, a medio die terra Sancti Stephani, a sero terra Sancti Romani, a circio terra Ysingerii. Alius autem campus terminat a mane via publica, a medio die terra Bilinei, a sero terra de ipsa hereditate, a circio terra Bernulfi. Infra hos fines, sicut pręscriptum est, cedo jam dictis monachis, ea tenore ut ab hodierno die firmam et liberam abheant potestatem. Si quis vero contra hanc donationem aliquam calumpniam inferre voluerit, nullatenus vindicet, set componat quibus

---

[1] Prius scripserat amanuensis *res*.

[2] Pluribus ista subscriptio difficultatibus subjicitur, quarum prima nomen est regis, qui forte erat Rodolfus, non vero Conradus. Cæterum dies mensis ad annum in utroque regno non quadrat.

litem intulerit auri libras II, et in antea hęc donatio firma et stabilis permaneat, cum stipulatione subnixa. S. Martini, qui donatione ista fieri et firmare rogavit. S. Godanę. S. Benedicti. S. Maynardi. S. Jhoanni. S. Stephani. Data per manu Rodulfi *monachi*, die Sabbati, mense Octob. VIII kal. Novemb. regnante Gonrado rege in Gallias.

131.
CLV. CARTA OTGERII ET FRATRIS SUI FULCHERII.

Sacrosanctę Dei æcclesię quę est constructa in insula que Athanacus vocatur, et in honore sancti Martini dicata, ubi domnus Arnulfus [*abbas pręesse videtur. Ego Otgerius, ad remedium*] animę meę et fratris [*mei Fulcherii, dono Deo et*] Sancto Martino et monachis aliquid de terra arabili et de silva; quod situm est in pago Lugdunensi, et terminatur a mane et a circio terra Sancti Stephani, a medio die via publica, a sero terra heredum Siebodi. Infra hos fines vel terminationes, pręfatam terram et silvam dono Deo et Sancto Martino, aut monachis, ea scilicet ratione ut ab hac die in jure monacorum sit facere quicquid eis placuerit. Sitque hoc donum ab hinc et deinceps firmum et stabile. S. Otgerii, qui hoc donum fecit et firmare jussit. S. Fulcherii. S. Eldoardi. S. Rolanni. S. Otgerii. S. Emmena. S. Iodza. S. Agglerii. Data per manu Antelmi *presbiteri*, in mense Septemb. annos XXII regnante Rodulfo rege.

Sept. 1015.

132.
CLVI. [CARTA YLIONIS.]

Sacrosanctæ Dei ęcclesię, quę est constructa in insula quę Athanacus vocatur, et in honore sancti Martini dicata, ubi domnus Geraldus pręesse videtur. Ego, in Dei nomine, Ylio, cogitans casu humane fragilitatis, dono Deo et supra dicti Beati Martini, et abbati loci illius vel congregationi ibi degentem, aliquid de mea hereditate, pro remedio animę meę vel pro sepultura mea, ut Dominus in die judicii mereatur me liberare a gehennalibus flammis: hoc est unum clausum de vinea qui erat ante me et fratrem meum Gerardum. Ipse au-

1022-1032.

tem Gerardus, quando venit ad obitum suum, dedit suam medietatem pro sepultura sua vel pro anima sua. Similiter, ego Ylio[1] aliam medietatem meam dono Deo et Sancto Martino Athanacensi pro anima mea vel parentorum meorum, et pro sepultura mea. Est autem ista vinea sita in pago Lugdunensi, in agro Tarnantis, in villa Losanna, et terminatur a mane [.............................] via publica, et est macheria[2] in circuitu [de........ *Si quis vero*] contra hanc donationem ingratus extiterit vel aliquid [*calumpniave-*] rit, non vindicet quod repetit, set iram Dei omnipotenti incurrat super eum, et sit dampnatus cum Datan et Abiron, et cum Juda, traditore Domini. S. Ylioni, qui hanc donationem fecit et scribere jussit. S. Thecia, uxore sua. S. Isilidiardi[3], filii Ilionis. S. Rannulfi, nepotum Ilionis. S. Eldegarde, soror Ilionis. S. Arenburgis, neptis Yli[4].

133.

CLVII. [CARTA ELDEVERTI.]

Mai. 1009.

Sacrosancta ac venerabilis æcclesia quę est constructa in insula quę Athanacus vocatur, et in honore sancti Martini dicata, sub regimine domni Buhorcardi archipręsulis. Ego, in Dei nomine, Eldevertus, dono prędictę æcclesię et monachis inibi militantibus aliquid ex hereditate mea : hoc est algia I de vinea quę est sita in pago Lugdunensi, in agro Monte Auriacensi, in villa Sivriaco; et terminat a mane rivulus volvens, a medio die terra Udulgardi et Fulcherii, a sero via publica, a circio de ipsa hereditate. Infra hos fines vel terminationes, dono prędicte æcclesię, pro remedium animę mee et locum sepulturę, ea tenore [ut], quandiu vixero, usum et fructum inde percipiam; post meum quoque discessum, sine aliqua tarditate supra dicte æcclesię perveniat. Si quis vero contra hanc donationem aliquam calumniam inferre aut inquietare voluerit, [non vindicet] quod petierit, set componat auri libras II, et in antea donatio ista firma permaneat, cum stipulatione [*subnixa. S. Eldeverti, qui hanc donationem fecit*] et

---

[1] Prius scripserat amanuensis *ilio*.
[2] Littera *h* inter lineas addita.
[3] Vel *Isidiardi*.
[4] Leg. *Ylionis*.

firmare rogavit [. . . . . *Tiet*]grimi. S. Erluisse *femine*. Data manu Ab[. . . . . *feriă IIII*], mense Maio, anno XVI regnante Rodulfo rege.

134.
CLVIII. [CARTA BENIGNI ET EMMÆ.]

Domno fratri Aschirici. Ego, in Dei nomine, Benignus et uxor mea nomine Emma, venditores, vendimus vobis aliquid de nostra hereditate, quę est scita in pago Lugdunense, in agro Monte Aureacense, in villa quę vocatur Fossadas : hoc est terra arabilis yminada una; et terminatur a mane via publica, ad medium diem ad ipsum emptorem Aschirici, ad sero terra Sancta Maria, a circio terra Sancti Pauli. Infra as fines vel terminationes, vobis vendimus et tra[ns]fundimus, et accipimus de te precium, sicut inter nos et te complacuit atque convenit : hoc sunt denarii XII. Si quis vero qui contra hanc cartam aliquid dixerit, non valeat, set componat auri libras III, et in antea hęc carta firma permaneat, cum stipulatione subnixa. S. Benigni et uxore sua Emma, venditores, qui hanc vendicionem fecerunt, et firmare in pręsente rogaverunt. S. Aya, *filia Benigni*. S. Ginbergia. S. Otbergia : istas tres firmatores sunt filię Benigni et uxoris ejus Emma. S. Rotbaldi. S. Benedicti. S. Aldoardi. Data manu Romani monachi, indigni sacerdoti, IIII id. Aprilis, II feria, annos XXVIIII regnante Rodulfo rege.

10 April. 1031.

135.
CLVIIII. CARTA DE LOSANNA.

In Christi nomine, Ego Fulcherius, cogitans casu humane fragilitatis, ac memor pręceptorum Dei, maxime in eo loco ubi pręcipit suis subditis : « Date helemosinam, et omnia vobis sunt munda; » et in alio loco Scriptura sub infert : « Redemptio animę viri proprię sunt divicie. » His et aliis pręceptis Domini memor, cupio aliquid ex meis propriis diviciis redimi animam meam et animam uxoris meę Annę. Pro redemptione ergo animę uxoris meę, dono Deo et Sancto Martino

1020 circa.

atque monachis [*inibi Deo militantibus*............] de vinea que sita est in villa quę vocabulo *Losanna*............] ut ab hac die et deinceps faciant ipsi monachi quicquid [*eis visum est fieri, et*] habeant potestatem donandi sive vendendi aut commutandi. His vero terminis circumcingitur : a mane terra Sancti Martini, a media die rivo volvente, a sero et a circio terra Sancti Stephani. Si quis autem calumpniam aut litem intulerit monachis, non vindicet, set componat auri untias III. S. Fulcherii, qui hanc cartulam fieri jussit. S. Blismodis. S. Duranti. S. Wigoni. Fulcherius, indignus cenobitas, hanc cartulam exaravit, regnante Rodulfo rege in Gallia.

136.

CLX. CARTA ERBRANNI.

980-990 ? Sacrosanctę Dei æcclesię quę est constructa in insula que Athanacus vocatur, et in honore sancti Martini dicata, ubi domnus Asterius abba pręesse videtur. Ego, in Dei nomine, Eribrannus cedo jam dicte ęcclesię aliquid ex rebus meis pro animę meę remedio, vel parentum meorum, et pro loco sepulture meę et uxoris meę defuncte : hoc est curtilus I, cum vinea, et mansione, et orto, et vircaria. Est autem ipse curtilus situs in pago Lugdunense, in agro Valle Ansense, in villa Lucennaco; et terminat a mane et a medio die via publica et terra de ipsa hereditate, a sero et a circio terra Sancti Stephani. Infra istas terminationes, sicut supra scriptum est, dono prefatę ęcclesię et monachis ibidem Deo servientibus, ea tenore ut ab hac die pręscripti monachi faciant de una medietate quicquid facere voluerint; aliam medietatem teneam ego quandiu vixero : post meum quoque discessum, sine ulla tarditate recipiant et possideant. [*Si quis contra hæc don*]atione aliquam calumpniam [*inferre temptaverit*], nullatenus vindicet; set componat quibus litem intulerit tantum et aliut tantum quantum predicte res eo tempore emeliorate valuerint, et insuper cum Datan et Abiron in inferno dampnetur; et in antea hęc donatio firma et stabilis permaneat, cum stipulatione subnixa. S. Eribranni, qui donatione ista fieri et firmare rogavit. S. Stephani. S. Girbaldi. S. Gainaldi. S. Leutardi. S. Antelmi *presbiteri*. Data per manu Rodulfi monachi, in prima feria, x kal. Julii, regnante domno Chuonrado rege in Gallia.

137.

CLXI. CARTA BURCHARDI ARCHIPRÆSULIS, DE CAPELLA SANCTE CRUCIS DE SALVINICO.

Dum ego Burchardus archipręsul in sanctę Lugdunensi residens sede cogitarem qualiter ejusdem ęcclesię utilitatibus providerem, adiit presentiam nostram quidam reverendus nobisque fidelissimus Athanacensis abbas Raynaldus, cum suis monachis, et cum consilio nostrorum fidelium Fulcherii, videlicet decani, Dodonisque clerici, et aliorum nostrorum fidelium, postulans ut sibi licentiam daremus in quodam sui cenobii rure æcclesiam edificaret, ipsamque noviciam capellam novis ejusdem ęcclesię terris noviter exartatis, novellis decimis ditaremus; quorum tam rationabilem petitionem perpendentes quę in omnibus prodesse deberet, et nulli omnino noceret, assentum libenter eis prębuimus. Est igitur eadem terra atque capella infra fines de Silvaniaco, terminisque his concluditur : a mane via que dicitur Francisca, a medio die terra Sancti Stephani, a sero terra Sancti Stephani et ad heredes Girberti et Odrici, tenditque [*gutta*. . . . .] a circio via publica et terra Sancti Stephani [. . . . . *Infra*] hos fines denominatos, donamus atque confirmamus supra [*nomina*]te æcclesię et monachis omnem decimam de exartariis suis, [*honoramus*] eandem novam capellam novis offerendis atque sepultura de ipsa terra, nostraque hoc pontificali decernimus atque statuimus auctorita[te], ut nullus omnino a pręsenti die et in posterum huic nostro dono atque decreto audeat resistere et contradicere. Quod si quis pręsumpserit omnino mortalium dilapidator æcclesiarum habitus, separetur ad totius sanctę æcclesię societate, vinctusque excommunicatis et abominatis, componat quibus litem intulerit auri libras xx, et in posterum hęc nostra largitio per succedentia tempora sit firma et rata ac inconvulsa. Ego Burchardus, archipręsul dignus Lugdunensis æcclesie, manu propria

993-1013 ?

firmavi. S. Fulcherii *decani*[1]. S. Dodonis *clerici*. S. Duranni, abbatis Saviniacensis. S. Bernardi, abbatis insulę Barbarensi. S. Girini *militis*. S. Artaldi *militis*. S. Adalardi *militis*. S. Arrigii *militis*. Data per manum Amblardi, indigni levite ac monachi, in mense Martio, regnante Rodulfo rege in Gallia.

138.

CLXII. CARTA DE CAMPANIA.

901-928.

Domno magnifico fratribus Leotardo et uxor sua Gotlendis, emitores. Igitur quidem Martinus et uxor sua Leoteldis, et Alboinus pariter, venditores, vendidimus nos vobis aliquit ex rebus juris propriis nostris : hoc sunt vineas quę sunt sitas in pago Lugdunense, in agro Monte Auriacense, in villa quę vocatur Campania ; qui terminat I vinea a mane vinea ad ipsius emitores et pertica et ped. VI et recalco, a medium die similiter ad ipsius emitores et pertica XVI, a sero [. . . . .] curtilo cum vinea Fredoldi [. . . . .] vinea de Sera ; in alio loco, a mane [*terra Sancti*] Stephani et pertica III, et ped. V, a medium die vinea ad ipsius emitores et pertica XI, a sero similiter et pertica II et ped. V, a circio similiter et Martino, et pertica XI. Infra istas terminationes, seu perticationes, una cum exio et arbores, totum ad integrum nos vobis vendimus, tradimus atque transfundimus, unde haccepimus nos de vobis precium inconvalentum solid. V et dimidio, et nos pro ipsa precia data vobis vendimus, tradimus atque transfundimus abendi, vendendi, donandi, seu liceat commutandi. Si quis vero, quod fieri minime credimus, si nos ipsi, aut ullus homo, aut ullus de [2] heredibus nostris, qui contra hanc vendicione ista in vos facta contradicere voluerit, tantum et aliud tantum persolvat, et insuper auro uncia I vendicione ista in vos facta firma permaneat, cum stipulatione subnixa. S. Martino. S. Leoteldi. S. Alboyno, qui fieri et firmare rogaverunt. S. Saloardo. S. Saiferio. S. Rettardo[3]. S. Bodo. S. Uteldrico. S. Be-

---

[1] Omnes tituli litteris impressi italicis inter lineas in cod. scripti sunt.

[2] Hic omitto *nostris*.

[3] Vel *Tettardo?*

nedicto. S. Lanterius. Roitus datavit die Sabato in mense Maio secundo, regnante domno Ludovico imperatore[1], qui fuit filius Bosoni rege.

139.

CLXIII. CARTA DE SAVONAS.

Sancta hac venerabilis ęcclesia constructa in insula quę Athanacus vocatur, in honore sancti Martini dicata, ubi domnus Rainaldus abba magis prodesse quam pręesse videtur. Ego, in Dei nomine, Arbertus *presbiter* dono predicte ęcclesiæ et monachis inibi Deo militantibus aliquid ex rebus meis : hoc sunt campi arabiles, rivi et pascue, et aliquid silve egressi et regressi. Sunt autem ipse res site in pago [*Lugdunensi, in agro,* .... *in villa de*] Savonatis, et concluditur his terminis : a mane [..........] et Sancti Stephani, a medio die via publica et terra de ipsa hereditate, a sero similiter, a circio silva et guttam currentem. Infra hos fines vel terminationes, dono predicte æcclesię, ea videlicet ratione [ut], si istam terram tenere volueritis, teneatis, et si non vultis tenere, rationale scambium accipiatis a parentibus meis, et si ita non vultis tenere, solidos xx accipiatis. Ea tenore facio donationem istam [ut], quandiu vixero, teneam et possideam; post meum quoque discessum, sine aliqua tarditate ad supra dicte ęcclesię et monachis inibi commorantibus perveniat. Si quis vero contra hanc donationem aliquam calumpniam inferre aut inquietare voluerit, nullatenus evindicet quod petierit, set componat auri libras III, et computetur pars ejus cum Datan et Abiron, qui perierunt in seditione Chore, et cum Juda proditore, et cum eis qui dixerunt domno Deo, « Recede a nobis; » et in antea donatio ista firma permaneat, cum stipulatione subnixa. S. Arperti *presbiteri,* qui donatione ista fieri et firmare in pręsente rogavit. S. Dulcissime, matris ejus. S. Domesie. S. Arnulfi. S. Aschirici. Data manu Abboni monachi, mense Aprili, feria VII, regnante Rodulfo rege.

April.
993-1013.

---

[1] Forte legendum est : « Roitus datavit die Sabato, in mense Maio, [anno] secundo, regnante Ludovico imperatore, etc. (Mai. 902).

140.

CLXIIII. KARTA MARTINI.

990 circa.

Sacrosanctę Dei ęcclesię quę est constructa in insula quę Athanacus vocatur, et in honore sancti Martini dicata, ubi domnus Durannus abbas pręesse videtur. Ego quidem Martinus cedo jam dicte ęcclesię aliquid de res meas pro animę mee remedio vel parentum meorum : hoc sunt petiole duę [*de terra; una petiola terminatur*] a mane terra Sancti Stephani, [*a medio die* ....] a sero terra Otgerii et Mainardi, a circio terra Sancti Stephani et Gausfredi; alia autem petiola terminat a mane terra Sancti Romani, a medio die terra Gudalberti, a sero terra de ipsa hereditate, a circio similiter; et dono similiter tres petiolas de prato; et terminat I petiola a mane terra Ugonis, a medio die terra Sancti Jhoannis, a sero via publica, a circio terra Leutfredi; alia autem terminat a mane terra Hugonis, a medio die terra Otberti, a sero terra Plectrudis, a circio terra Sancti Stephani; tercia vero terminat a mane via publica, a medio die terra Flotdrici, a sero terra Vitalis, a circio terra Gausfredi. Infra istas terminationes, sicut supra scriptum est, dono pręfate ęcclesię et monachis ibidem Deo degentibus[1], ea ratione ut ab hac die et deinceps liberam et firmissimam habeant potestatem ex omnibus, excepto I petiolam terrę arabili quam supra nominavimus : ipsa teneat uxor mea Goda quandiu vixerit; post suum quoque discessum, sine ulla tarditate ad supra scriptam[2] ęcclesiam perveniat. Sunt autem ipse res site in pago Lugdunense, in agro Biliniacense, in ipsa villa Biliniaco. Si quis vero contra hanc donationem aliquam calumpniam inferre voluerit, nullatenus vindicet, set componat quibus litem intulerit tantum et aliud tantum quantum pręedicte res eo tempore emeliorate valuerint, et in antea hęc donatio firma et stabilis permaneat, cum stipulatione subnixa. S. Martini, qui donatione ista fieri et firmare rogavi[t]. Sig. Goda. S. Benedicti. S. Mainardi. S. Stephani. Data per manu Adalardi, ad vicem Ra[.......... *Chon*]rado rex[3].

[1] Primodum servientibus. — [2] Cod. *scriptum*. — [3] Primitus erat scriptum *rege*.

141.

CLXV. [CARTA VIRPITIONIS A PONTIONE FACTÆ.]

Noticiam virpicionis qualiter veniens Potius[1] ad convenientia ante domnum Rainaldum abbatem et monachos Athanacensis de terra quę vocatur Vinolas, et in Iciaco necnon in Pauliaco, et in finibus quicquid visus est habere, quem debebat tenere in vita sua, et tunc virpivit molariam suam, et accepit ab eis solidos xv, et facta est ista conveniencia in villa Casetum ante Aalon et Girinum et multis aliis, in mense Novimbrio, feria I, die natalis sancti Eucherii, xx anno regnante Rodulfo rege. S. Pontionis, et uxoris suę nomine Gotholendis. S. Adalonis. S. Arnulfi. S. Fulcherii. S. Walterii.

16 Nov. 1012.

142.

CLXVI. [CARTA FRANBERGÆ ET COSTANTII FILII EJUS.]

Domno magnifico fratribus Fulcherio et uxor sua Anna. Ego Franberga et filius suus Costancius, venditores, vendimus vobis de hereditate sua : hoc est viniola cameras quatuor, pro bona voluntate et quod bene me fecisti, et accepimus precium de vobis in argente, aut in valente solidos quatuor; et est situm in pago Lugdunense, in agro Monte Auriacense, in villa qui dicitur Losanna, et terminat a mane vinea Sancti Martini, a medium die Aselge volvit, a sero terra Sancti Martini, a circio terra Sancti Valburgis, et concluditur istis terminis; et post die pręsente faciatis quicquid facere volueris[2], vendere, donare, perdonare, set ut liceat commutare. Si quis vero qui contra hanc cartulam istam vendicionem infrangere voluerit, autlus homo, autla[3] persona, non valeat, set componat auri libras quatuor, et in antea facta firma et stabilis perma[neat, cum stipulatione subnixa]. S. Fulcherii et uxor sua Anna, [qui hanc cartam] firmare in pręsenti rogabant. S. Aaloni. [S. Udalberti.] S. Androlt. S. Franberga. S. Costancius, filius suus, et soror sua Eldeart. S. Pontione. Ego Antelmus

Jan. 1023.

---

[1] Legendum est *Pontius* vel *Pontio* ut infra. — [2] Primodum *legeritis* — [3] Leg. *aut ullus homo, aut ulla persona.*

levita scripsit, datavit die Jovis, in mense Jan., annos xxx regnante Rodulfo rege.

143.

CLXVII. CARTA BERALDI, DE SILVA DE SYVRIACO ET DE LOSANNA.

28 April. 1003. Sacrosanctę Dei ęcclesię quę est constructa in insula quę Athanacus vocatur, et in honore sancti Martini dicata, ubi domnus Rainaldus abbas pręesse videtur. Ego, in Dei nomine, Beraldus, pro remedio animę meę, omniumque parentum meorum, et pro sepultura mea, dono memorate æcclesię rectoribusque ejusdem loci aliquid rerum mearum : algias videlicet II de vinea, et meam partem silvę de Syvriaco. Sunt autem pręscriptę res sitę in pago Lugdunense, in agro Monte Auriacense, in villa Losanna. Terminat autem I algia de istis duabus a mane et a sero terra Sancti Martini, a media die Aselgus currit, a circio via publica. Hanc algiam supra terminatam modo accipiant et habeant potestatem tenendi eam. Altera algia concluditur his terminis : a mane terra Fulcherii, a media die Aselgus, a sero terra Agnonis et Grimardi, a circio via publica. Infra hos fines vel terminationes, pręscriptas res pręscriptę æcclesię rectoribusque ejusdem loci dono, ea scilicet ratione ut una ex duabus algiis, ea videlicet quę supra terminata est, in illorum potestate ab hac die permaneat; altera vero et silva quandiu vixero teneam et possideam. Post meum quoque discessum, sine ulla mora, omnia supra memorata ad supra dictam æcclesiam et ad rectores ipsius loci perveniant. Ego autem Beraldus [. . . . .] conveniencia LX solidos. Si quis vero contra hanc benivolam [. . . . . *ven*]dicionem quippiam calumpnię inferre temptaverit, nullatenus evindicet sibi, set sit anathematizatus et damnatus, et componat cui litem intulerit auri libras VI, et in antea hęc donatio et vendicio firma et stabilis permaneat, cum stipulatione subnixa. S. Beraldi et uxoris ejus nomine Emeldis, qui donationem et vendicionem hanc fecerunt et scribere pręceperunt, necnon firmari rogaverunt. S. Adalonni. Sig. Milonis. S. Girini. S. Agglerii. S. Fulgerii. S. *alii* Fulcherii. Data manu Arnulfi,

indigni monachi et levite, die Mercoris, iiii kal. Mai, anno viiii, regnante Radulfo rege.

144.
CLXVIII. CARTA UGONI, DE TREDO.

Sacrosancta hac venerabilis æcclesia quę est constructa in [i]nsula quę Athanacus vocatur, et in honore sancti Martini dicata, ubi domnus Rainaldus abba pręesse videtur. Ego, in Dei nomine, Ugo dono prędictę æcclesię et monachis inibi Deo militantibus, algias ii de vinea, quę sunt site in pago Lugdunense, in agro Valle Asense, in villa quę vocatur Treddo, et concluditur his terminis : a mane, et a medio die, et a circio terra de ipsa hereditate, a sero terra Gerardi. Infra hos fines vel terminationes, dono prędicte æcclesię, ea tenore ut, quandiu vixero, usum et fructum inde percipiam, et singulis annis sextarium vini in vestituram persolvam. Post meum quoque discessum, supra dictę ęcclesię et monachis sine aliqua contradictione eveniat. Si quis vero contra hanc donationem aliquam calumpniam inferre voluerit, non valeat quod petierit impetrare, set componat auri libras iii, et in antea donatio ista firma permaneat, cum stipulatione subnixa. S. Ugoni, qui donationem istam fieri et firmare rogavit.

1000 circa.

145.
CLXVIIII. CARTA HUGONIS.

[*Sacrosanctæ Dei ecclesiæ*] que est constructa in insula [*quæ vocatur Athanacus,*] et in honore sancti Martini dicata, ubi domnus Rainaldus abba pręesse videtur. Ego, in Dei nomine, Ugo dono prędicte ecclesię et monachis inibi Deo militantibus, curtilem i, cum mansione, et orto, et vinea; et est situs in pago Lugdunensi, in agro Valle Ansensi, in loco qui vocatur Mons Sancti Jhoannis, et concluditur his terminis : a mane et a medio die terra Sancti Stephani, a sero Ugoni et fratribus ejus, a circio terra Sanctę Marię. Infra has fines vel[1] termina-

25 Dec. 1009.

---

[1] Vox ista, hic et in aliis pluribus locis, unica littera *l* linea secata figuratur.

tiones, [eas res dono] prędicte ęcclesię, ea tenore [ut], quandiu vixero, usum et fructum inde percipiam, et tempore vendemie duos sextarios de vino supradictis monachis persolvam. Si quis vero contra hanc donationem aliquam calumpniam inferre aut inquietare voluerit, nullatenus evindicet quod petierit, set componat auri libras II, et in antea donatio ista firma permaneat, cum stipulatione subnixa. S. Ugo, qui donatione ista fieri jussit et firmare rogavit. S. Pontionis. S. Volfenc. Sig. Duranti. S. Otberti. S. Ilionis. S. Alboini. Data manu Abbonis, indigni monachi et sacerdotis, die Dominico, VIII id. Jan. anno XV regnante Radulfo rege.

146.

CLXX. [CARTA UGONIS ET GAUSMARI FRATRUM.]

1020 circa. Sacrosanctę Dei ęcclesię quę est constructa in insula que Athanacus vocatur, et in honore sancti Martini dicata, ubi domnus Arnulfus abba pręesse videtur. Ego, in Dei nomine, Ugo et frater meus Gausmarus donamus Deo et Sancto Martino Athanacensi, et monachis ibi manentibus, pro quodam puero fratre nostro Suivino, quem mittimus in monasterio ad monachalem habitum, curtile I, cum mansione, et orto, et vinea, et pratum, cum saliceto, et quatuor petiolas de terra arabili. Sunt autem ipse res site in pago Lugdunensi, in agro de Valle Brevonna, [*in villa*........................] curtile, cum vinea, et orto, et una petiola de terra [*quæ terminatur a mane terra Sancti Mar*]tini Sapiniacensi, a media die terra Adalardi et vinea [*Arnaldi*], a circio et a sero via publica. Pratum vero cum uno campo terminat a mane terra Amaldrici, a media die terra ad infantes Gerardi, a sero et a circio via publica; tercius campus terminatur a mane terra Poncionis et Duranti, a media die molari terminali, a sero..... a circio foveta cum saliceto..............................
Donamus etiam in alio loco terram arabilem et silvulam quę vocatur Faihel, quantum ibi habemus et in antea habebimus per hereditatem. Infra hos fines vel terminationes, omnia supra scripta donamus Deo et Sancto Martino, et monachis Athanacensibus, ea ratione ut

ab hac die et deinceps in jure eorum sit, ut faciant quicquid eis libuerit. Si quis vero contra hanc benivolam donatione quippiam calumpnię inferre voluerit, nullatenus evindicet quod repetit, set componat his quibus litem intulerit auri uncias III, et in antea hoc donum firmum et stabile sit. S. Ugonis et fratri sui Gausmari. S. Agglerii. S. Larieri. S. Amaldrici. S. Ursi. S. Duranti. Fulcherius, indignus monachus, hanc cartulam fecit, in mense Aug. in die Sabb., regnante Rodulfo rege in Gallia.

147.

CLXXI. CARTA THEUDBERGE COMITISSE.

Sacrosanctę Dei ęcclesię quæ est constructa in insula que Athanacus vocatur, et in honore sancti Martini dicata, ubi domnus Raynaldus abbas sub regimine domni archipręsulis Burcardi pręesse videtur. Ego, in Dei nomine, Theutberga, humilis comitissa, cogitans casum humanę fragilitatis, ut beati ipsius sancti Martini interventu merear eripi [............................ ac] incommoditatibus animę [..................] propitio frui digna efficiar omnibus bo[nis, pro remedio] etiam animę senioris mei Arthaldi, omnium[que] parentum meorum, dono jam dictę ęcclesię et monachis ibidem Deo servientibus, hoc est Athanacensis cęnobii fratribus, aliquid ex rebus meis : hęc sunt curtili cum mansionibus, et hortis, et vircariis, et vineis, et terris arabilibus, et pascuis ac silvis, exisque et regressis, et aquis, decursibusque aquarum, sicut jure hereditario Hugonis fuit, et ego in ipsa villula visa sum habere vel possidere, totum ad integrum supra scriptę æcclesiæ ejusque filiis dono, ea ratione ut ab hac pręsenti die liberam et firmissimam, in Dei nomine, habeant potestatem ipsas res habendi, vendendi, donandi seu libeat commutandi, aut quicquid juste pro utilitate ipsius æcclesię helegerint faciendi. Si quis vero contra hanc benivolæ donationis cartulam aliquam calumpniam inferre temptaverit, nullatenus evindicet quod repetit, set iram Dei omnipotentis maledictioni perpetuę et anathemati subditus incurrat, sitque a bonorum omnium societate separatus, et Jude traditoris ac

13 April. 1013.

sociorum ejus suppliciis mancipatus, componatque quibus litem intulerit auri libras x. Sunt denique ipse res unde est hęc dona[tio] seu scriptio in pago Lugdunensi, in agro Tarnatensi, in villa Cerviaco. Omniumque itaque mearum, usque in exquisitum, in ipsa villula et ejus finibus rerum pręsens donatio hujusque cartę conscriptio obto et volo ac testor, ut in posterum firma et stabilis permaneat, cum stipulatione subnixa. Sig. Teutbergę comitissę, quę hanc donationis cartam scribi jussit et firmari rogavit. S. Rothildis, *filie sue.* S. Ugonis. S. Rollanni. S. Arnulfi. S. Fulcherii. S. Renconis. S. Lanberti. S. Duranni. Actum Lugduni publicę, festivitate sanctę Paschę, pontificante domno B[*enedicto, regnante Rodulfo,*] anno regni ejus VII[1]. Notante indigno sacerdote et monacho [..........]

148.

CLXXII. [CONVENIENTIA INTER JOHANNEM ET GERALDUM, ABBATEM ATHANACENSEM, ET GIRINUM, PRÆPOSITUM DE CASETO.]

1022-1032.   Notum sit omnibus tam fidelibus quam infidelibus convenientiam habuisse cuidam homini nomine Johanni cum abbate Geraldo de Athanaco, et cum Girino monacho, pręposito de Caseto, et cum aliis monachis, et donat supradictus abbas et Girinus monachus ad ipsum hominem nomine Jhoanni quatuor cartaladas de terra arabili ad medium plantum, ea videlicet ratione ut si ipse suam partem vendere voluerit, non liceat ei vendere nisi per tres terminos abbatem de Athanaco et prępositum de Caseto ammonuerit; et si ipsi emere noluerint ipsam vineam, ipse cum eorum consilio faciat voluntatem

---

[1] Annus iste ad annum 1000 responderet; sed hic errorem inesse puto. Nam etsi nomen papæ, ut illud indico uncis, partim ex oculis abiverit, indubia est restitutio, quandoquidem littera prior, id est B, remaneat clare visibilis. Porro hæc majuscula soli Benedicto VIII illis in temporibus convenire potest; quod confirmat cæterum nomen donatricis Teutbergæ, Artaldo comiti sponso superstitis circa 1010. Alia indicia instrumentum istud anno 1013 infigunt. Benedictus enim VIII electus solummodo fuit 6 Julii 1012, atque Rainaldus, abbas Athanacensis, defunctus est sub anno 1013, ad quem fere revehitur regimen Artaldi III, filii Teutbergæ.

suam. Est autem ipsa terra in pago Lugdunense, in agro de Buissanta, et in ipsa villa de Buissanta, et terminatur a mane terra Sancti Juliani, a medio die via publica, a sero et a circio terra dom. [1]; reddet autem omni anno in servicio VI denarios pro carne, sextarios II vini, panes quatuor. Si quis contra istam cartam aliquam calumpniam inferre voluerit, nullatenus vindicet quod repetit, set multatus pœna dampnationis cum Datan et Abiron, et cum Juda traditore Domini, et in antea firma et stabilis permaneat, cum stipulatione subnixa. S. Geraldi *abbatis*. S. Girini *monachi*. S. Duranni *monachi*. S. Annoni *presbiteri*. Data per manu Stephani, indigni monachi.

149.
CLXXIII. ALIA. [CARTA ELDEARDÆ.]

In Christi nomine, dilecto seniore meo nomine Duranno. Ego quidem, in Dei nomine, Eldearde, mulier mea, qui donat me de res proprias meas qui me legibus evenit [2], hoc est vinea cameras quatuor et petiola de terra arabile, et facio tibi pro amor et bona voluntate quę contra te habeo; et sunt istas res in pago Lugdunense, in agro Monte Auriacense, in villa [............ *et terminatur hæc vinea*] a mane vinea Adalberti [*a meridie.......et via*] publica et Aselgo volvit, et a sero vinea [*Ermingart*], et a circio via publica. Infra fines et terminationes, sicut terminatum est, ego tibi dono in ea tenore [ut], quandiu nos vivimus, usum et fructum [habeamus]; post nostrum discessum, ad infantes nostros, qui de nos exierint, et si eres non exierit, ad propincos pervenit. Si quis vero qui, contra hanc cartulam, istam donationem infrangere voluerit aullus omo, autla [3] persona, non valeat, set componat auri libras quatuor, et in antea firma et stabilis permaneat, cum stipulatione subnixa. S. Eldeart et matre sua, qui rogabat scribere, et firmare rogaverunt. S. Adalbert. S. Duranno. S. Antelmo. S. Ingelardo. Ego Rainardus fecit, datavit, die Luno, in mense Jan. annos sexaginta [4] regnante Conrado rege.

Ante 994.

---

[1] *Terra dominicata?*
[2] Voces *hoc venit* hic omitto.
[3] Leg. *aut ullus... aut ulla...*
[4] Conradus 56 ann. tantum regnavit.

150.

CLXXIIII. CARTA ENGELRICI.

Jun. 1005.

Sacrosanctę Dei æcclesię quę est constructa in insula que Athanacus vocatur, et in honore sancti Martini dicata, ubi domnus Raynaldus abba pręesse videtur. Ego, in Dei nomine, Elgilricus dono Sancto Martino et monachis inibi Deo militantibus curtilum I, cum mansione, et orto, et vinea, et vircaria; et concluditur his terminis : a mane terra Sancti Stephani, a medio die terra Costancii, a sero terra Sancte Marię et terra Agnoni, a circio via publica et terra de ipsa hereditate, et est situs in pago Lugdunense, in agro Valle Asense. Ea tenore dono ęcclesię et monachis supra dictis ut, quandiu mater mea vixerit, teneat et possideat, annisque [singulis], tempore vindemię, semodium vini persolvat. Si quis vero contra hanc donationem aliquam calumpniam inferre aut inquietare voluerit, non valeat quod petierit, set componat qui[1] litem intulerit auri libras quatuor, et in antea donatio ista firma permaneat; et post obitum [. . . . .] ditate supra dictę ęcclesię et monachis perveniat, [*et deinceps ista carta*] rata et corroborata permaneat, cum stipulatione subnixa. S. Engilrici, qui donatione ista fieri jussit et firmare rogavit. S. Ginbergię, matris ejus. S. Bernardi. S. Arberti. S. Martini. S. Stephani. S. Fulcherii. S. Rostagni. S. Pontioni. S. Rollanni. Data manu Gauceranni diaconi et monachi, mense Jun., feria VII, anno XII regnante Radulfo rege.

151.

CLXXV. CARTA RAIMBALDUS ET UXOR SUA ARLUISIS, DE SIVRIACO.

Jan. 1005.

Sacrosanctę Dei ęcclesię quę est constructa in insula quę At[h]anacus vocatur, in honore sancti Martini dicata, ubi domnus Raynaldus abba pręesse videtur. Ego, in Dei nomine, Raimbaldus et uxor[2] mea Arluysis, donatores, donamus prędicte ęcclesię et monachis inibi

---

[1] Leg. *cui.*   [2] In cod. *uxasor?*

Deo militantibus aliquid ex res nostras : hoc est curtilis I qui est situs in pago Lugdunense, in agro Monte Aureacense, in villa quę vocatur Sivriacus; et concluditur his terminis : a mane rivulo volvente, a medio [die] de ipsa hereditate, a sero via publica, a circio terra Sancti Cirici. Donamus prędictum curtilem cum vinea : hoc sunt due algie, et mansione, et orto, prędictę ęcclesię, ea tenore ut, quandiu ego Arluisis vixero, teneam; post meum quoque discessum una algia pręfatę ęcclesię perveniat; alia algia Raimbaldus vir meus teneat quandiu vixerit; post suum quoque discessum supra dicta omnia pręfatę ęcclesię perveniant, et in annis singulis tres [....................] persolvamus. Si quis vero contra hanc [*cartam donationis*] aliquam calumpniam inferre voluerit, non valeat vindicare quod repetit, set componat auri libras III, et in antea donatio ista firma permaneat, cum stipulatione subnixa. S. Raymbaldi et uxoris ejus, qui fieri jusserunt, et firmare rogaverunt. S. Geraldi *presbiteri*. S. Stephani. S. Duranni. S. Duranni, *fratris Arluysis*. Data manu Gauceranni, indigni monachi et levite, anno XII regnante Rodulfo rege, mense Jan., feria V.

152.

CLXXVI. CARTA DE LOSANNA.

Domno in Christo fratri Rotbertus. Ego Liegardis et filiis suis Constantinus[1] et Otbertus, inpignatores, inpignoro tibi, pro solidos X, quod a vobis accipimus, aliquid rerum nostrarum, algias II et duas cameras de vinea quę sita est in pago Lugdunense, in agro Monte Auriacense, in villa que dicitur Losanna, et terminat a mane et a medio die terra Sancti Stephani, a sero et a circio de ipsa hereditate. Infra hos fines vel terminationes, pręscriptam terram pro supra dicto precio tibi inpignoramus, ea scilicet ratione ut, tandiu teneatis hanc supra scriptam vineam, quandiu reddamus hoc memoratum precium, et in ipso anno quę hęc vinea non reddiderit duos modios et dimidium de vini, nos persolvamus tibi. Hęc equidem inpignoratio dein-

Jan. 1013.

---

[1] Nomen istud scriptum est c̄stantinus : forsan legendum est *Costantinus*, ut in fine chartæ.

ceps inconcussa consistit, cum stipulatione subnixa. S. Liegardis et filiis suis Costantinus et Otbertus, qui hanc incaucionem fecerunt, et firmare rogaverunt. S. Rotlanni. S. Otberti. Data manu Constantini[1] *presbiteri,* feria III, in mense Jan. annos xx regnante Radulfo rege.

153.
[CARTA ARENCI.]

1000 circa. Sacrosancta Dei ecclesia, quę est constructa in honore sancti Petri, in castro Monte Malardi. Ego Arencus cogitavi de Dei misericordia; pro remedium animę meę, in pro ipsa amore [..............] de res meas que est in pago Lugdunense, [*in agro Cogniacensi, in villa*] Joelia, in loco qui vocant Foiestella : hoc est vinea et campus insimul tenente; et terminat a mane de ipsa hereditate, a meridie gutula percurente, a sero terra Semon, a circio via publica. Infra istas terminationes, totum ad istam ęcclesiam dono, et ad sacerdote qui ad isto altario deservit; et si quis vero qui elemosina ista destruere voluerit, non valeat quod repetit, set ira Dei incurrat super illum, et cum Datan et Abiron clautra[2] permaneat, et postea firma permaneat, cum stipulatione subnixa. S. Arenco[3], qui fieri et firmare rogavit.

154.
[CARTA DURANNI ET AIENI.]

1000 circa. Domno fratribus Costantio sacerdote, entores; enim Durannus et Aienus et uxores eorum Eldeart et Adaltrud, isti sunt venditores. Vendimus nos tibi aliquid de res meas quę sunt in pago Lugdunensi, in agro Cogniacensi, in villa Joelia, in loco que vocant Foiestella : hoc est vinea qui terminat a mane terra Pontiano,............. a meridie rivulo volvente, a sero terra Vendrado et Seimoni, a circio via publica. Infra istas terminationes, nos tibi vendimus, inde accepimus precium solidos duos et dimidio : in pro ista precia nos tibi vendimus.

[1] Cod. c̄stantini. — [2] Primitus scripserat amanuensis *claustra.* — [3] Ista vox locum tenet vocis primitus scriptæ *Arencco.*

155.

CLXXVII. CARTA EYMINI ET SILVESTRI.

Sacrosancta ac venerabilis ęcclesia quę est constructa in insula quę Athanacus vocatur, in honore sancti Martini dicata, ubi domnus Asterius abbas pręesse videtur. Nos duo fratres Eyminus et Silvester donamus pręcictę ęcclesię, pro animabus nostris, ut Dominus misereatur nostri in die judicii, aligas duas, cum curtili; et concluditur his terminis : a mane et a circio terra Sancti Stephani, a medio die terra Silvoni, a sero terra [.... *a circio...... Infra istas termi*]nationes donamus pręcicte [*res supra dictæ ecclesiæ et monachis inibi Deo*] militantibus, ea tenore ut ab hac die licenciam habeant quicquid juste elegerint faciendi. Si quis vero contra hanc donationem aliquam calumpniam inferre aut inquietare voluerit, nullatenus vindicet, sét componat auri libras duas, et in antea donatio ista firma permaneat cum stipulatione subnixa. S. Eimini et fratri sui Silvestri, qui fieri et firmare in pręsente rogaverunt. S. Otbert. S. Arnoldi. S. Ingelane. S. Gelbergię. S. Aribaldi. Data per manu Abboni, indigni monachi, feria VI, mense Decimbrio, anno XL regnante Ghuonrado rege.

Dec. 980?

156.

CLXXVIII. [CARTA UMBERTI.]

Ego Umbertus, propter facinora que innumerabilia semper gero, et ut interventu sanctorum omnium, precipue quoque beati Martini, a penis merear eripi inferni et vitam adipisci paradisi, monasterio Athanacensi, cui nunc Geraldus abbas pręest, cunctisque monachis ibi manentibus et post futuris, dono aliquid meę hereditatis, quę ex patris et matris parte et fratrum divisione mihi jure advenit, scilicet I condamenam quę est juxta boscum de Cadrona, et hanc in pręsentiarum do pręcictis monachis in vestitura. Post discessum vero meum do ipsis Delfingum, qui habitat in Ronencs, et omnem suum tenorem; Leuthardum etiam et Benedictum, qui degunt in villa Delfingis, et omnem illorum tenorem; Martinum quoque meum bovarium, et

1022-1032.

cunctam suam progeniem, et omnes meas bovarias. Ipsum autem piscatorem qui ad meam partem deveniet, post fratrum divisionem, similiter illis do; insuper curtile quod Arbertus *presbiter* tenet. Hęc autem sunt sita in pago Lugdunensi, [*in villa qui dicitur Del-*] fingis. S. Umberti, qui hunc donum fecit et [............ *firmare*] rogavit. S. Aymonis. S. Umberti Caro Salita. S. Wigonis. S. Arberti *presbiteri*. S. Eldradi. S. Ugonis, fratris Umberti. S. Otgerii *Descola*[1]. S. Ugonis *Cosonis*. S. Raybaldi.

157.

CLXXVIIII. CARTA DE SAVINIACO.

1011 circa. Sacrosanctę Dei ęcclesiæ quę est constructa in insula que Atha[na]cus vocatur, et in honore sancti Martini dicata, ubi domnus Udulbaldus abbas pręesse videtur. Ego, in Dei nomine, Othgerius et uxor mea Adalgardis donamus Deo et Sancto Martino, et monachis ibidem Deo militantibus, vineam unam quę est sita in pago Lugdunensi, in agro Monte Aureocensi, in villa de Saviniaco; et concluditur his terminis : a mane terra [Sancti] Stephani, a media die terra Sancti Martini, a sero terra Arbranni et fratrum ejus, a circio via publica. Infra hos fines vel terminationes, donamus ipsam prefatam vineam Deo et pręlibate æcclesię, ea ratione ut, quandiu vixerimus, teneamus, et qualis primus obierit, suam partem Sancto Martino mox dimittat; sitque in jure monachorum facere quicquid placuerit. Si quis vero hanc donationem inquietaverit, sit excommunicatus ex parte Dei et omnium sanctorum, et insuper componat auri libras x, et in antea hoc donum firmum et stabile sit. S. Othgerii et uxoris ejus Adalgardis, qui hoc donum fecerunt et firmaverunt.

158.

CXC. CARTA BERNARDI.

1013. Sacrosanctę Dei ęcclesię que est constructa in insula quę Athana-

---

[1] Duæ ultimæ litteræ verbi istius, supra præcedens inter lineas scripti, parum certæ sunt. Forte legendum est *d'Escola* vel *de Scola*.

cus vocatur, et in honore sancti Martini dicata, ubi domnus Arnulfus abbas preesse videtur. Ego, in Dei nomine, Bernardus, accipiens [........................], omnem portionem meam de [*silva*] de Sivriaco, et omnem terram qaum ibi habeo, dono Deo et Sancto Martino, seu vendo monachis Athanacensibus [1], ea ratione ut ab hac die in jure monachorum consistat facere quicquid eis placuerit; sitque ab hinc et deinceps hoc donum vel vendicio firmum et stabile. S. Bernardi, qui hoc donum fecit pro sepultura sui [2], necne pro supra dicto precio. S. Aalonis. S. Rodulfi. S. Miloni. S. Otdo. S. Eldegardis. Data manu Gausmari, indigni sacerdotis et monachi, anno xx regnante Rodulfo rege.

159.

CXCI. CARTA DE CLIPIACO.

Sacrosanctę Dei æcclesiæ quę est constructa in insula quę Athanacus vocatur, et in honore sancti Martini dicata, ubi domnus Raynaldus abbas preesse videtur. Ego, in Dei nomine, Rannulfus et uxor mea nomine Aglenburgis, pro remedio animarum nostrarum omniumque parentum nostrorum, ac pro sepultura patris mei, et ut interventu beati Martini mereamur eripi ab incomoditatibus cunctis, donamus omnipotenti Deo et Sancto Martino, monachisque ipsius loci, aliquid rerum nostrarum, vineam scilicet i et aliquid de terra arabili. Sunt autem hæ prescriptę res site in pago Lugdunensi, in agro Monte Auriacense, et in villa de Clipiaco; concluduntur vero ab his terminis : a mane terra Milonis, a media die via publica, a sero similiter, a circio terra Milonis. Isti termini sunt de vinea et de curtile; terra vero arabilis hos habet terminos : a mane et a sero via publica, a media die et a circio terra Agnonis. Infra hos fines vel terminationes, has prędictas res Deo Sanctoque Martino, necnon rectoribus ęcclesię Atha[na]censis donamus, ea siquidem ratione ut ab hac die in potestate illorum sit facere de his rebus quicquid facere voluerint; id est

12 Dec. 1001.

---

[1] Voces *ut ab hac* hic omitto. — [2] Primitus *sua* scriptum fuerat; sed ultimam hujus vocis litteram emendavit amanuensis.

habeant potestatem [. . . . .] possidendi, commutandi, donandi, seu [*liceat vendendi. Si quis*] etenim contra hanc benivolam donationem quippiam calumpnie inferre temptaverit, nullatenus evindicet quod repetit, set insuper persolvat illis quibus litem intulerit auri libras v, et in antea hęc donatio firma et stabilis permaneat, cum stipulatione subnixa. S. Rannulfi et uxoris ejus nomine Alinburgis[1], qui donationem hanc fecerunt et scribere jusserunt, necnon firmari rogaverunt. S. Agnonis. Sig. Poncii. S. Gerardi. S. Beroldi. S. Adaloni. S. Arcperti. Data manu Arnulfi, indigni levite et monachi, ii id. Decemb. die Veneris, anno viiii regnante Radulfo rege in Gallia.

160.

CXCII. CARTA ASTERII.

30 Mart. 990? In nomine Dei summę et individue Trinitatis. Ego Asterius sacerdos dono Deo et Sancti Martini Athanacensis cęnobii, et monachi[s] inibi Deo degentibus sub regimine domni Duranni abbatis, aliquid ex rebus meis : hoc est mansum i, cum tres vineis, et tres mansionibus, et vircariis, et ortis, et salicetis, et terra arabili, et quicquid ad ipsum mansum aspicit; et dono ibidem silvam quam de Sigberto et matre sua et fratribus suis adquisivi. Sunt autem ipse res site in pago Lugdunense, in agro Gofiacense, in villa quę vocitatur Tous. Terminat autem prędictus mansus a mane fine de Caranciaco, a medio die terra Rodulfi et terra Agnoni, a sero rivulus siccans, a circio terra Sancti Petri et fine de Taraviaco. Pręscripta autem silva terminat a mane[2]. Infra istas terminationes, sicut supra dictum [est], cedo pręlibatę æcclesię et prefatis monachis, ea scilicet ratione ut ab hodierno et deinceps liberam habeant potestatem quicquid juste elegerint faciendi. Si quis vero contra hanc donationem aliquid inferre voluerit, non vindicet [. . . . . *quod*. . . . .] repetit, sed iram Dei incurrat super

---

[1] Forsan legendum est *Alhinburgis*, vel *Ahinburgis*, vel *Ahlinburgis*: litteram *h* amanuensis supra *l* scripsit inter lineas. Cæterum, ii modi orthographici omnes a modo in exordio chartæ collato ad nomen uxoris Rannulfi, quod *Aglenburgis* scriptum est, differunt.

[2] Amanuensis omisit descriptionem.

[. . . . .] excommunicatus et anatematizatus cum Datan et Abiron in profundum inferni, et insuper auri libras componat, et ista donatio firma permaneat. S. Asterii sacerdos, qui donatione ista fecit, et manu mee firmo. S. Almanni. S. Vuarnerii *canonici*[1]. S. Josberti *de Sancta Consortia*. S. Emardi. S. Vigoni. S. Rotberti *de Monte Auro*. Data per manu Radulfi, indigni monachi, tercio kal. April. anno L regnante Vuonrado rex[2].

161.

CXCIII. CARTA DE BAGNIACO.

Dilectis in Christo fratribus domno Geraldo abbate Athanacensis monasterii, monachisque sub eo degentibus. Ego Aimo, pro remedio animę [meę] omniumque parentum meorum, dono Deo et Sancto Martino aliquid hereditatis meę : hoc est I vinea sita in pago Lugdunensi, in agro Tarnatensi, in villa Bagniaco. . . . . Terminatur autem ex omni parte de ipsa hereditate. Infra hos fines vel terminationes, prescriptam vineam dono Deo et Sancto Martino, monachisque Athanacensibus, eo tenore ut habeant potestatem habendi, vendendi, donandi, seu liceat commutandi, vel quicquid juste elegerint faciendi. Si quis autem huic benivolo dono contrarius existere voluerit, nullatenus evindicet quod repetit, set insuper iram Dei omnipotentis incurrat, et sit excomunicatus ex parte Dei omnique Sanctorum. S. Aimonis, qui hoc donum fecit. S. Agglerii. S. Geraldi. Data manus Romani monachi, feria IIII, annos XXX regnante Rodulfo rege in Gallia feliciter.

1023.

162.

CXCIIII. [CARTA ELDEGARDIS.]

Sacrosanctę Dei ęcclesię quę est constructa in insula quę Athanacus vocatur, ubi domnus Geraldus abbas pręesse videtur. Ego, in

1022-1032.

---

[1] Vox *canonici* scripta est inter lineas supra *Vuarnerii*, et voces *de Sancta Consortia* supra *de Josberti* : forte legendum est S. *Vuarnerii, canonici de Sancta Consortia. S. Josberti.*

[2] *Rex* in loco verbi *rege* prius scripti.

Dei nomine, Eldegardis [. . . . . . *dono Deo Sanctoque Martino et monachis inibi Deo mi*]litantibus una algia de vinea [*in agro Monte Aureacensi, in villa*] quę Losanna dicitur, et terminatur a mane terra Ugonis *presbiteri* [*et*. . . . .]ni fratris ejus, a medio die terra Sancti Martini, a sero terra de ipsa hereditate, a circio Curva fons. Infra hos fines vel terminationes dono prędictis, pro sepultura filii mei Duranni. Si quis istam cartam infrangere aut inquietare voluerit, componat tantum et iterum tantum. S. Eldegardis, qui hanc cartam fieri jussit et firmare rogavit. S. Geraldi. S. Ugoni. Fidejussores de ista vinea : Martinus Bonum, Ayminus *de Montem Siccum*, Rotlannus *Juvenis*, Vuicardus *Raspa*, Bernardus Coind. . .

163.

CXCV. CARTA DE CLIPIACO.

1000 circa. Domino magnifico fratribus Costantio, hemptore. Ego quidem, in Dei nomine, Oruci, vendetrix, vendo tibi petiola de vinea et petiola de terra; et sunt istas res in pago Lugdunensi, in agro Monte Auriacense, in villa quę dicitur Clipiaco, et terminat a mane terra Miloni, et a medio die via publica, a sero et a circio de ipsa hereditate. Infra fines et terminationes, sicut terminatum est, ego tibi vendo pro solidos II et tres denarios, trado atque transfundo, et nostro jure in vestro revoco dominationem, et habeas post die pręsente potestate id est habere, vendere, perdonare, vel quicquid facere volueris faciendi. Si quis vero qui contra istam venditionem infrangere voluerit nullus homo, nulla persona non valeat, set componat auri libra I, et in antea firma et stabilis permaneat, cum stipulatione subnixa. S. Oruci, qui rogabat scribere et firmare in pręsenti rogavit. S. Eldefredi. S. Berot. S. *alii* Berot. Ego Vualdradus fecit, datavit die Marci, in mense Febr. regnante Radulfo rege.

164.

[CXCVI. CARTA HYLII ET ERMENGARDIS.]

1020 circa. [*Sacrosanctæ Dei ecclesiæ quæ est*] constructa in insula quę Athanacus vocatur, et in honore sancti Martini dicata, ubi domnus Arnulfus abbas preesse videtur. Ego, in Christi nomine, Hylius et uxor mea Ermengardis donamus Deo et Sancto Martino, atque monachis ibi manentibus, aliquid ex hereditate quę nobis jure propinquitatis evenit : hoc est curtile unum, cum mansione, et orto, et vircaria, simul et vinea, cum torculari; que videlicet res sitę sunt [in pago] Lugdunensi, in agro Monte Auriacensi, in villa quę vocatur Campania, et terminatur ipsa hereditas a mane via publica, a media die de ipsa hereditate, a sero terra Costancii, a circio terra filiorum Raynaldi. Ea ratione do supradictam terram monachis, ut quandiu vixero teneam; post meum vero discessum, ad supradictos monachos redeat, et omni anno persolvam in vestituram monachis unam calgadam de vino, ita ut uxor mea teneat medietatem. Post finem vero amborum, omnia ad monachos redeat. S. Ilioni et uxori suę Ermengarde, qui hanc donationem fecerunt.

165.

CXCVII. CARTA DE CLIPIACO.

Sacrosanctę Dei ęcclesię quę est constructa in insula quę Athanacus vocatur, et in honore sancti Martini dicata, ubi domnus Raynaldus abbas preesse videtur. Ego Constancius, pro remedio animę meę, dono memorate ęcclesię et monachis inibi Deo militantibus, vineolam unam et aliquid de terra arabili; quę res sitę sunt in pago Lugdunensi, in agro Monte Aureacensi, in villa de Clipiaco, terminanturque his terminis : a mane terra Sancti Martini, a media die via publica et terra Sancti Martini, a sero via publica, a circio de ipsa hereditate. Infra hos fines vel terminationes ad supradictis monachis [dono], ea ratione ut hab ac die in eorum jure consistat facere quicquid eis placuerit, id est habendi, vendendi, donandi, tenendi, commutandi. Hęc vero donatio ab[*hinc firma et stabilis permaneat. S. Constancii, qui hoc do*]num fecit et firmavit. S. Arnulfi, *fratris ejus*. S. Constan[*tini*. S. . . . .] ejus. S. Girini. Data manu Arnulfi, indigni monachi, VI kal. Maii, regnante Radulfo rege.

1000 circa.

166.

CX[CVIII]. CARTA DE CLIPIACO.

1020 circa. Sacrosanctę Dei æcclesię quę est constructa in insula quę Athanacus vocatur, et in honore sancti Martini dicata, ubi domnus Arnulfus abbas pręesse videtur. Ego Otgerius et uxor mea Adalgardis donamus Sancto Martino et monachis, pro animabus nostris et parentum nostrorum, curtile unum, cum mansione, et vircaria, et orto, et vinea, et silva unde edificetur. Et est hoc situm in pago Lugdunensi, in agro Monte Auriacensi, in villa de Clipiaco, et terminatur a mane de ipsa hereditate Girardi, a sero terra Francorum, a circio terra Duranti. Infra [hos] fines vel terminationes, prędictum curtile donamus Sancto Martino, [ea ratione] ut quandiu vixerimus teneamus, et singulis annis quatuor sextarios vini in vestituram persolvamus; et si quis ex nobis primus obierit, aut istum curtile aut alteram vineam quam donavimus dimittat. Post amborum discessum, omnia ex integro hęc ad Dei casam, sine ulla mora, perveniant. S. Otgerii et uxoris suę Adalgardis, qui hoc donum fecerunt. S. Fulcherii. S. *alii* Fulcherii. S. Arnulfi. S. Amblardi.

167.

CX[C]VIIII. CARTA DE CAMPANIA.

1000 circa. In nomine Dei summę et individue Trinitatis. Nos vuadiarii Ardencus presbiter[1], Justus, Odbertus quoque et Desiderius, laici, ipso pręcipiente Ardenco, propria hereditate Sancto Petro ad locum qui vocatur Casetum, quod positum est sub regimine monachorum Atha-[na]censium ibi Deo militancium, [donamus] quandam vineolam quę concluditur his terminis : a sero via publica et terra Sancti Nicetii, a circio terra Leutardi, [*a mane*.............] Sancti Petri de Caseto, et medio die [...........]. Sunt autem ipse res site in pago Lugdunensi, in agro Monte Auriacense, in villa de Campania. Hoc enim totum et integrum quod supra scriptum est donamus pręfatę

---

[1] Legendum est *Ardenci presbiteri.*

ecclesię; ea ratione ut jam dicti monachi liberam et firmissimam habeant potestatem quicquid juste elegerint in faciendi. Si quis vero contra hanc benivolam donationem litem inferre presumpserit, nullatenus vindicet, set iram Dei incurrat, et in antea donatio firma et stabilis permaneat, cum stipulatione subnixa. S. Otberti et Desiderii, vuadiariis prędicti defuncti Ardenci, qui firmari rogaverunt. S. Adalberti. S. Rotberti. Data per manu Rodulfi monachi, feria VI mense Setemb. regnante................

168.

CC. [CARTA GODALBOLDI ET UXORIS EJUS NARNUINÆ.]

Domino fratribus Elperico et uxor sua Ostasia, emptores. Ego Godalboldus et uxor sua Narnuina inpignoravimus tibi aliquid de res nostras; qui sunt ipsas res sitas in pago Lugdunensi, in agro Monte Auriacense, in villa quę dicitur Sivriacus; et terminat ipsa vinea a mane terra de ipsa hereditate, et a medium die similiter, et a sero terra Subodi, et a circio similiter. Infra hos fines vel terminationes, sicut terminatum est, totum ad integrum de mea porcione qui me advenerit, totum ad integrum usque in exquisitum ego tibi inpignoravimus vinea in hoc lo[co] Sunio[1], foro una camera, et accepimus de vobis precium in convalente aut in argente, sicut inter nos placuit, solidos VII, et facies de ista vinea quid de fructum exierit quicquid facere volueris usque in tercio anno, et si a tercio anno non potest adinplere ipsum precium in ipsa convencione, ipsa vinea permaneat [sicut] locutum est, et si necessitas illum advenerit, nec vendere nec ociosunare[2], nec in alias manus non pot[....................] quicquid facere volueris adhabere [*tenere*....................] re; et si ullus homo de eredibus nostris, aut alius homo, ista cartula voluit frangere, aut inquietare, aut increpare voluerit [nullatenus vindicet quod petierit], set persolvat tantum et aliut tantum quantum ista vinea eo tempore meliorata valuerit, et in antea facta firma per-

Jan. 963?

---

[1] Forte legendum est *in hoc Losunio.*
[2] In cod. *ociosu.nare*, in duabus lineis

Forte legendum est *ocio sunare.* Vid. Gloss. Cang. verbo *Sonare.*

maneat, cum stipulatione subnixa. S. Godalbodus et uxor sua Narduina, qui istam cartulam rogaverunt scribere, et firmare in pręsente rogaverunt. S. Ardenco. S. Poncius. S. Evrat. S. *alio* Ardenco. S. Antelmo *levita*. Ego Ainardus presbiter. Roitus[1] scripsit, datavit die Jovis, in mense Jan. anno XXIII regnante Conrado rex.

169.
CCI. CARTA DE CAMPANIA.

Maii 902.

In Christo domino fratribus Leotardo et uxor sua Gotlen, emptores. Igitur quidem Petrus, venditor, vendidi ego vobis aliquid ex rebus juris propriis nostri, hoc est curtilem arabilem qui est situs in pago Lugdunensi, in agro Monte Auriacense, in villa qui vocatur Campania, qui terminat a mane terra ad ipsius emptores, a medium die similiter, a sero via publica, a circio terra ad ipsius emptores. Infra istas terminationes, ipso curtilo, una cum exio vel omnes atienciis earum quę insuper sunt, totum ad integrum nos vobis vendimus, unde accepimus nos de vobis precium in convalente solido 1; propterea pro ipsa precia vobis vendimus, tradimus, atque transfundimus [potestatem h]abendi, vendendi, donandi, seu liceat commutandi. Si quis vero, quod fieri minime credimus, si nos ipsi, aut ullus homo, aut ullus de nostris heredibus, qui contra hanc, [etc.] vendicione ista firma permaneat, cum stipulatione subnixa. S. Petrono, qui fieri et firmare rogavit. S. Leutardo. S. Fredeiso. S. Uteldrico. S. Aienolfo[2]. S. Benedicto. S..... Lanterius datavit, die Mercoris, in mense Maio, anno VII regnante domino Luivico regem, anno primo imperium ejus.

170.
[CCII. CARTA ARTALDI ET UXORIS] SUE HYLIE IN SISLIACO.

1020 circa.

[*Sacrosanctæ Dei ecclesiæ*] quę est constructa in insula quę Athanacus vocatur, et in honore sancti Martini dicata, ubi domnus Arnulfus abba pręesse videtur. Ego, in Dei nomine, Artaldus et uxor mea Ilya,

---

[1] Cod. : « Ego Ainardus presbiter Roitus..... »

[2] Littera *e* supra *i* inter lineas posita, forte legendum est *Ænolfo*.

et filii ipsius et Agnonis, Gerardus scilicet et Agno, donamus Deo et Sancto Martino, et monachis in prefata æcclesia Deo militantibus, pro remedio animę domni Agnonis, aliquid rerum nostrarum, id est medium plantum et terra sicuti Agno et Ilia donaverunt Nadali et nepotum ejus; et terminatur hoc medium plantum et terra, a mane, et a media die, et a circio via publica, a sero terra Unfredi. Infra hos terminos vel terminationes, donamus Deo et Sancto Martino prefatas res, ea scilicet ratione ut ab hac die et deinceps in jure monachorum sit, ut quicquid eis placuerit faciant. Si quis vero contra hanc donationem contrarius existerit, [etc.]; sitque [ex]communicatus ex parte Dei omnipotentis et omnium sanctorum. S. Ilyę, *femine* et filiis ejus. S. Gerardo scilicet et Agnoni. S. Varnerii *presbiteri*. S. Bernardi. S. Girini. S. Petri. S. Rollanni. S. Valterii. S. Berardi. S. Bonitti Rainfredi [1]. Data manu Aymonis, indigni levitę, die Sabbati, regnante Radulfo rege in Gallias.

171.

CCIII. [CARTA ACHARDI.]

Sacrosanctę Dei æcclesię quę est constructa in insula quę Athanacus vocatur, et in honore sancti Martini dicata, ubi domnus Geraldus pręesse videtur. Ego, in Dei nomine, Achardus, cogitans casu humanę fragilitatis, dono Deo, et supra dicti Beati Martini, et abbati loci illius vel congregationi ibi degentem, aliquid de mea hereditate, pro remedio animę meę vel parentorum [2] meorum, ut Dominus in die judicii mereatur nos liberare a geennalibus flammis : hoc est unum campum, et est ipsa terra in circuitu terra Agnonis; et in alio loco [.........................] aliquid de sua hereditate : hoc est silva quę est [........]tum ibi habetur ipse, et est ipsa terra in episcopatu Lugdunensi, in agro Tharnacenses, in villa de Silliaco : hoc est campus quę vocatur Boitus [3]. Si quis autem contra hanc donationem ingratus extiterit, vel aliquam litem intulerit,

---

[1] Forte leg. est *S. Bonitti. S. Rainfredi.*
[2] Sic, pro *parentum.*
[3] Vox ista dissonat : forte legendum est *Bouus* (bovus) pro *Bobus.*

non vindicet quod repetit, set iram Dei omnipotentis incurrat super eum, et sit dampnatus cum Datan et Abiron, et cum Juda traditore Domini. S. Achardi, qui hanc donationem fecit, et scribere jussit. S. Umfredi. S. Ascirici. S. Alairi. S. Engelborgis. S. Adalgardis. S. alterius[1] Adalgardis.

172.

CCIIII. [CARTA DE VINEA OSICHEISA.]

1000 circa.

Quidam homines Teothardus et frater suus Stephanus nomine vendiderunt Athanacensibus[2], Tarnatensi, in villa de Laviaco; vocatur autem hęc vinea Osicheisa; terminatur autem a mane et a medio die terra Berardi de Ichonio, a circio terra Gausmari de Maximiaco, a sero de ipsa hereditate. Accipiunt vero hi fratres duo a predictis monachis sex solidos in vendicione; Teotardus scilicet III solidos et dimidium, et Stephanus, ejus frater, duos soldos et dimidium. Pro hac conveniencia dederunt Deo et Sancto Martino Athanacensi quicquid in ipsa vinea videbantur habere. Idcirco ipsi duo fratres hanc cartam firmant et suis filiis firmare fecerunt. S. Stephani. S. Duranni, S. Rodulfi, S. Stephani, filiorum Stephani. S. Blismodis, suę filię. S. Archinardi, *mariti sui*. S. Teothardi. S. Gislę, S. Satię, S. Pontię, filiarum Teothardi. S. Stephani, mariti Gislę[3]. Iste etiam Stephanus, frater Teothardi, donat prędictis monachis suam partem et suum malum tractum de medio planto cujusdam vinęe quod fecit in terra Sancti Martini, pro remedio scilicet sue animę. Hoc denique benivolum donum firmat ipse Stephanus [................ ....] et firmant hoc donum et hanc venditionis cartam.

173.

CCV. [CARTA VUINIARDIS.]

Febr. 994.

Sacrosanctę Dei ęcclesię quę est constructa in insula que Athanacus vocatur, et in honore sancti Martini dicata, ubi domnus Raynal-

---

[1] Hic S. omitto. — [2] In hoc loco haud dubie supplendum est : *monachis, vineam quæ est sita in pago Lugdunensi, in agro....* — [3] Hic etiam S. omitto.

dus abbas pręesse videtur. Ego, in Dei nomine, Vuiniardis et filii mei Beroldus et Berno, pro remedio animarum nostrarum et omnium parentum nostrorum, cedimus jam dicte æcclesię aliquid ex rebus nostris : hoc est curtilem unum, cum mansione, et orto, et vircaria; et terminat a mane terra Pontionis, a medio die terra Sancti Martini et Ingelburgis, a sero via publica, a circio de ipsa hereditate; et in alio loco, in ipsa villa de Artis, campum unum qui terminat a mane via publica, a medio die terra Vuicardi, a sero terra Eteleni [et] terra Vuicardi. Sunt autem[1] Aynimiacense. In alio loco, in villa Crisciaco, vircariam unam quę est ad medium plantum, et terra arabile qui terminat a mane de ipsa hereditate, a medio die similiter, a sero et a circio via publica, et est in agro Perciacense. Infra hos fines vel terminationes, prędictas res donamus omnipotenti Deo et Sancto Martino, monachisque inibi Deo militantibus, ea scilicet ratione ut, quandiu ego Vuiniardis et filius Beroldus vixerimus, teneamus; et quis ex nobis primus obierit, medietas illius ad pręfatam ęcclesiam perveniat. Post nostrum vero amborum obitum, prędictę res sine aliqua contradictione ad prędictam æcclesiam et ad pręfatos monachos perveniant. Si quis vero contra hanc benivolam donationem aliquam calumpniam inferre temptaverit, nullatenus evindicet quod repetit, set insuper persolvat cui litem intulerit [............ *et insuper*] hęc donatio firma et stabilis permaneat, cum stipulatione subnixa. S. Vuiniardis. S. Beroldi. S. Bernonis. S. Raynaldi. S. Aasonis. S. Bertranni. S. Beroldi. S. Larlanni. Data manu W. feria v, mense Febr. anno I Rodulfi regis.

174.
CCVI. [CARTA ITERII.]

Sacrosanctę Dei æcclesię quę est constructa in insula que Athanacus vocatur, et in honore sancti Martini dicata, ubi domnus Arnulfus abbas pręesse videtur. Ego, in Dei nomine, Iterius dono Deo et Sancto

25 Sept. 1018.

---

[1] Amanuensem hic omisisse puto : *ipsæ res in pago Lugdunensi, in agro....*

Martino, et monachis Athanacensibus, pro sepultura mea, duas algias de vinea, quo structum est in pago Lugdunensi, et in agro Quoniacense[1], in villa Sisliaco, et terminatur a mane et a medio die de ipsa hereditate, a sero terra Sansoni, a circio de ipsa hereditate. Infra hos fines vel terminationes, dono Sancto Martino et prędictis monachis, ea vero ratione ut ab hac die et deinceps in jure monachorum sit facere quicquid eis placuerit; sitque hoc donum abhinc et deinceps firma et stabilis. S. Iterii, qui hoc donum fecit. S. Warnerii *presbiteri.* S. Officii Meliori feminę. S. Walterii. S. Iterii. S. Achardi. S. Lanberti. Data per manu Romani, indigni monachi *et sacerdotis,* feria v, vii kal. Oct. annos xxv regnante Rodulfo rege in Gallia.

175.

CCVII. [CARTA PONCII.]

5 Oct. 1022.

Sacrosanctę Dei æcclesię quę est constructa in insula quę Athanacus vocatur, et in honore sancti Martini dicata, ubi domnus Arnulfus abba pręesse videtur. Ego quidem, in Dei nomine, Poncius dono Deo et Sancto Martino, pro remedium animę meę et omnium parentorum meorum, de hereditate mea quę est sita in pago Lugdunense, in agro Tarnatense, in villa Sisliaco, hoc sunt vineis, campis, silvis, usque in exquisitum vel ad inquiren[*dum*.................] et monachis Athanacensibus, quantum [*mihi legibus evenire debet*] ea ratione ut ab hac die et deinceps in jure monachorum [sit], et faciant monachi quicquid eis placuerit. [S.] Poncioni, *et fratres ejus* Widoni, et Otgerii, et Fulcherii, qui hanc cartam jusserunt fieri, et firmare in pręsente rogaverunt. Si quis vero qui contra hanc cartam aliquid dixerit, non valeat, set componat tantum et aliut tantum quantum ipsa hereditas valuerit, et postea firma permaneat, cum stipulatione subnixa. S. Arenco. S. Amblat *Saiferii.* S. Arnulfi. S. Ugonis. S. Gerart. S. Ailmodis. Data manus Romani, indigni sacerdotis, iii non. Oct. feria vi, annos xxx regnante Rodulfo rege.

---

[1] Lege *Cogniacense.*

176.

CCVIII. [CARTA ROTGARDIS.]

Sacrosanctę Dei ęcclesię quę est constructa in insula quę Athana-   1070 circa. cus vocatur, et in honore sancti Martini dicata, ubi domnus Wicardus abbas pręesse videtur. Ego, in Dei nomine, Rotgardis dono Deo et Sancto Martino, et monachis Athanacensibus, pro sepultura mea, una vercaria : hoc sunt tres cartalate; in uno loco que vocatur Admuros, duas et dimidias cartaladas. Dividitur hęc terra a mane terra Gauceranni, a sero terra Wilencii. Infra [has] fines vel terminationes, dono Deo et Sancto Martino, et prędictis monachis, ea ratione ut ab hac die et deinceps in jure monachorum sit [facere] quicquid eis placuerit. S. Ugoni. S. Vilelmi. S. Iterii. S. Vigoni.

177.

CCVIIII. [COMMUTATIO RERUM INTER ETHERIUM, MONACHUM SANCTI MARTINI ATHANACENSIS, ET SALICONEM LAICUM.]

In Christi nomine, convenientie atque commutationes terrarum quę   Jan. 1001? facte sunt inter Etherium, monachum[1] Sancti Martini Athanacensis, et Saliconem *laicum*. Donat Etherius monachus partibus Saliconis et uxoris sue nomine Aye curtilem unum qui dicitur Alamura, que antiquitus in honore sancti Michaelis vocatur, et omnia que ad ipsum [*curtilem pertinet. Terminat ipse curtilis*] a mane terra ad heredibus suorum, a medio die via publica et gutta sicca, a circio similiter ad heredibus suorum. Donat et Salico[2] partibus Sancti Martini vel Etherio monacho salicetum unum qui est situs in agro Tarnantense, in villa quę dicitur Caponcrias, subtus fontem de Folcom, et conquisivit ipsum salicetum de Gausberto, et de Drogberto, et de heredibus illorum; et terminat a mane sæmitarium vicinabile, a medio die terra Natalis, a sero rivulus de ipso fonte, a cyrcio terra comitalis. Ea vero ratione donat Etherius monachus curtilum pręfatum

---

[1] Littera *h* scripta est incaute supra *o*. — [2] Primitus *saliceto* scriptum fuerat incaute.

Saliconi et uxoris sue nomine Aye, ut quandiu vixerint teneant et possideant. Quod si sine legali herede filii ipsius Saliconis, quos genuit de ipsa muliere Agya[1], defuncti fuerint, Sancto Martino perveniat; et Salico, quandiu vixerit, salicetum teneat et possideat, annisque singulis semodium vini in vestituram persolvat. Et post suum discessum ad heredes suos perveniat, videlicet Fulcherio monacho, et Raynaldo laico. S. Saliconi, qui hanc commutationem fecit, et firmare rogavit. S. Raynaldi, filii sui. S. Duranni. S. Raymundi. S. Jarentoni. Data manu Gausberti monachi, in mense Jan. die Sabb. Rodulfo rege regnante anno VIII.

178.

CCX. CARTA DE TREVOS [2].

28 April. 1010. Sacrosanctę Dei ęcclesię quę est constructa in insula quę Athanacus vocatur, et in honore sancti Martini dicata, sub regimine domni Burcardi archiepiscopi constare dinoscitur. Ego, in Dei nomine, Costantius, pro remedio animę meę et animę uxoris meę, nomine[3] [. . . . .], cedo jam dicte ęcclesię [*et monachis inibi Deo militantibus*] aliquid terre arabilis, unum curtilem, cum mansione, et orto, et vircaria, et vinea. Quę res site sunt in pago Lugdunensi, in agro Janiacensi, in villa Invilvoos[4]; et terminatur terra arabilis a mane, a sero et a circio terra Sancti Marcelli, a medio die fluvio Sagonna; et curtile terminatur a mane et a circio terra Sancti Marcelli, a media die fluvio Segonna, et a sero terra jam pręnominati Sancti Marcelli. Infra hos fines vel terminationes, dono Deo et Sancto Martino, monachis necne Athanacensibus, prędictas res; ea ratione ut, quandiu vixero, teneam et possideam, annisque singulis quatuor annone, et unum semodium vini in vestitura persolvam. Post meum vero discessum,

---

[1] Littera *g* inter lineas addita est.

[2] Iste titulus instrumento quod sequitur minime convenit, nisi vox *Trevos*, Trevoltii priscum nomen Gallicum, nomen insolitum villæ inferius scriptæ in melius flectat.

[3] Nomen amanuensis omisit.

[4] Cod. *inuiluoos*, vocibus *in villa* inter lineas additis. Forte, hoc spreto amanuensis additamento, legendum est *in vil*[la Tre]*voos*, vel *in III* (tres) *voos*, littera *l* superabundante.

prelibatę res ad casam Dei et ad prefatos monachos, sine ulla mora, perveniant, et habeant jus possidendi, donandi, vendendi, seu commutandi, vel faciendi quicquid eis placuerit. Si quis vero contra hanc benivolam donationem inferre litem voluerit, nullatenus evindicet quod repetit, sed componat auri libras VI, et in antea hęc donatio firma et stabilis permaneat. S. Constancionis, qui hanc donationem fecit et scribere jussit, necnon firmare rogavit. Data manu Duranti, indigni monachi ac diaconi, die Veneris, IIII kal. Maii, anno vicesimo [1] regnante Radulfo rege.

179.

CCXI. CARTA DE VINEOLAS.

22 Aug. 978.

In Christi nomine, dilecto fratri Notardi levita, Sancti Stephani canonaci[2]. Ego quidem Nantelmus dono tibi terras arabiles cum exis his et regressibus, et silvas, et pratis quę domno Ugoni et sue uxori Adelmodis excommutavi, et sunt sitas res in pago Lugdunensi, in agro Gagniacense, in villa que vocant Vineolas; et terminant ipsas res simul [*a mane*............ *Sancti Ferre*]oli et ipsum Nantelmi, a medio die terra [*Sancti Ferreoli et*] via publica, a sero terra Girico et Amblardi et Sancti Ferreoli, a circio terra ipsius Nantelmi et Sancti Ferreoli; et dono tibi in alio loco terram et silvis simul tenente, et terminat a mane terra Sancti Ferreoli, a medio die via publica, a sero terra Nantelmi, a circio bosco Franchorum; et dono tibi in alio loco, vel in ipsa villa Vineolas, unum campum quę vocant Marsiliensi, et terminat a mane terra Sancti Ferreoli, a medio die terra Amblardi, a sero terra Ansuso et Vicardi et pratulum, a circio via publica et terra Girico; et dono tibi subtus Poliaco villa, in loco quę vocant Linirico, duos campos, quę terminant a mane via publica, a medio die terra Sancti Ferreoli, a sero terra Amblardi et Nantelmi, a circio via publica. Infra hos fines vel terminos supradictos[3], quantum

---

[1] Annus XX Rodolfi congruit anno 1013; sed nota diei ad annum 1010 retroire cogit.

[2] Pro *canonici*.

[3] Primo scripserat amanuensis *terminationes*.

visus sum habere aut possidere, tibi cedo, ea ratione [ut], dummodo vivo, usum et fructum possideo; post meum discessum, sine ulla ad te perveniat tarditate, ut facias exinde quicquid facere volueris. Si quis vero, quod futurum esse minime credo, si ego aut ullus homo surrexit, aut ulla emissa persona, qui contra hanc cartulam infrangere conaverit, auri libra I componat, et in antea firma et stabilis permaneat, cum stipulatione[1] subnixa. S. Nantelmo et sue uxore Eldegarde, qui fieri et firmari rogaverunt. S. Amblardi. S. Girici. S. Asterii. Data per manu Valdrici *presbiteri*, sub die Jovis, in mense Aug. XI kal. Sept. anno XXXVIII regnante Cuonrado rege.

180.
[CCXII. CARTA FULCHERII.]

31 Maii 1022.

[*Sacrosanctæ Dei ecclesiæ quæ est const*]ructa in insula quę Athanacus vocatur, et in honore sancti Martini dicata, ubi domnus Arnulfus abbas pręesse videtur. Ego, in Dei nomine, Fulcherius, pro remedio animę meę, cedo jam dictę ęcclesię, et monachis ibidem Deo militantibus, aliquid ex rebus meis : hoc est tres iminadas de terra arabili, et sunt duas petiolas. Una petiola terminat a mane Sansoni terra, ad medium de ipsa hereditate, ad sero Agnoni, a circio similiter; alia petiola terminat a mane Engeldrico, ad medium diem Agnoni, ad sero et a circio Sansoni. Infra hos fines vel terminationes, predictam terram dono pręfatis monachis, ut ab hac die liberam et firmissimam habeant potestatem quicquid juste elegerint faciendi. Est autem ipsa terra in pago Lugdunense, in agro Tarnatense, in villa quę dicitur Sisliaco. Si quis vero qui contra hanc benivolam donationem, [etc.] non valeat, set componat tantum et aliud tantum quantum ipsa hereditas eo tempore emeliorate valuerit, et in antea hęc donatio firma et stabilis permaneat, cum stipulatione subnixa. S. Fulcherii, qui hanc donationem jussit fieri et firmare rogavit. S. Rollanni. S. Umfredo. S. Aymoni. S. Eufemię. S. Adalgardis. S. Aschirici. S. Achardi.

---

[1] Cod. *stapulatione*.

S. Poncioni. Data manus Romani, indigni monachi, II kal. Junii, feria V, annos XXVIIII regnante Rodulfo rege.

181.

CCXIII. CARTA WITBERTI, DE ANIMIACO.

Sacrosanctæ Dei æcclesię quę est constructa in insula quę Athanacus vocatur, et in honore sancti Martini dicata, ubi domnus Raynaldus abbas, sub regimine domni archipręsulis Buhorcardi, pręesse videtur. Ego, in Dei nomine, Witbertus sacerdos, pro remedio animę meę et pro remedio animarum parentum meorum, dono aliquid de rebus meis jam dicte æcclesię et monachis ibidem Deo servientibus : hoc est curtilem unum, cum vinea, et orto, et vircharia. Sunt autem ipsę res sitę in pago Lugdunense, in agro Animiacense, in villa quę vocatur Artis, et terminat curtilum ipse a mane terra Sanctę Marię, a medio die terra Sancti Martini, a sero via publica, a circio terra Sancti Martini. Dono quoque campum unum in ipsa villa situm, qui ad ipsum curtilem aspicit, et terminat a mane terra Raulfi, a medio die terra de ipsa hereditate, a sero via publica, a circio terra Sancti Marcelli. Infra hos fines vel terminationes, prędictas res dono pręfate æcclesię et monachis Deo inibi militantibus; et in alio loco dono quoque campum unum, et terminat a mane terra Amalado, a medio die via publica, a sero terra Tetbolt, a circio de ipsa hereditate; et in alio loco, hoc est campum unum in ipsa villa : terminat a mane de ipsa hereditate, a medio die Fraedeberto, a sero Atcelino, a circio terra Ermingart; et in alio loco, in ipsa villa, dono quoque unum campum : terminat a mane terra Sairono, a medio die molaro finale, a sero terra Tetbolt, a circio terra Ermingart; et in alio loco dono quoque de unum campum la una medietate : et terminat a mane Frigido, a medio die de ipsa hereditate, a sero Tetbolt, a circio senderio[1] vicinale; et in ipsa villa unum mulnarium quod est super aqua Folmoda volventem, et quicquid mihi legibus advenit vel obvenire

980 circa.

---

[1] Primitus scriptum fuerat *sendale*.

debeat, prefatis monachis ipse res ex integro perveniant. Si quis vero contra benivolam donationem aliquam calumpniam inferre voluerit, nullatenus evindicet quod repetit, set componat quibus litem intulerit auri libras duas, et in antea hæc donatio [*firma et stabilis permaneat*], cum stipulatione subnixa. S. Witberti sacerdotis, qui donationem istam fieri et firmare rogavit. S. Saironi. S. Duranti. S. Adzo. S. Braidencus. S. Anserio. S. Felicio. S. Wilenci. S. Nartolt. S. Tetbolt. S. Ardrado. S. Sthefani. S. Ebbonis. Sthefanus sacerdos scripsit, die Mercoris, in mense Oct. annos xxx[1] regnante Gonrado rege.

182.

CCXIIII. CARTA DE RARIACO.

Jun. 980.

Sacrosancta hac venerabilis æcclesia quę est constructa in insula quę Athanacus vocatur, in honore sancti Martini dicata, ubi domnus Raynaldus abbas preesse videtur. Ego, in Dei nomine, Nantelmus cedo jam dicte ęcclesię, et monachis inibi Deo militantibus, aliquid ex rebus propriis, quas, Deo largiente, possideo : hoc est curtilem unum, cum mansione, et vinea, et saliceto, et vircaria, et situs [est] in pago Lugdunensi, in agro Parciacense, in villa Rariaco, et concluditur his terminis : a mane terra Fulcherii et rivulus volvens, a medio die similiter, a sero terra Sancti Martini et Sancti Gregorii, a circio via publica; et in villa quę vocatur Vineolas, campum unum qui vocatur Linirilis, et concluditur his terminis : a mane terra Elfredi, a medio die, et a sero, et a circio terra de ipsa hereditate. Infra has [fines] vel terminationes, dono jam dictę æcclesię, pro remedium animę meę, ea tenore [ut], quandiu vixero, usum et fructum inde percipiam, per singulos annos, in festivitate sancti Martini, sextarios VI inter panem et vinum loci hujus persolvam, et deinceps donatio ista firma et stabilis permaneat, cum stipulatione subnixa. S. Nantelmi, qui fieri jussit et firmare rogavit. Data per manu Abboni, indigni monachi, feria II, mense Junio, XL anno regni Guonradi regis.

[1] Mendum ibi est : neque enim Rainaldus abbas, neque episcopus Burchardus munere suo fungebantur anno 970. Absque dubio legendum est xxxx.

183.

CCXV. CARTA WICHARDI....

Sacrosanctę Dei æcclesię quę est constructa in insula quę Athana- 980-990 ?
cus vocatur, et in honore sancti Martini dicata, ubi domnus Asterius
abbas pręesse videtur. Ego quidem Vuichardus et uxor mea Egilmodis, pro remedium animarum nostrarum et pro remedio animarum
Hugonis, et Bermundi, et Stephani, et Berardi, et Stephani, [et] Vuandalmodis, et Ermingardis, atque ceterorum omnium parentum meorum, cedo jam dicte æcclesie, et monachis ibidem Deo servientibus,
aliquid de rebus nostris : hoc sunt tres villule quę [h]is nominibus nuncupa[n]tur : una Selvaniacus, alia Muriacus et tercia Cerviacus, cum
ortis et vircaria, campis et pratis, vineis et silvis, exis et regressis,
aquis aquarumque decursibus, et quicquid in ipsis villis aspicit wel
aspicere videtur, totum ad integrum donamus supra memorate ęcclesię,
ut faciant monachi de ipsius loci quicquid pro utilitate ęcclesię elegerint faciendi, eo tenore ut, quandiu vixerimus, teneamus et possideamus, et unumquemque anno duos modios, unum de vino et alium
de annona, in vestituram persolvamus. Post nostrorum quoque amborum discessum, sine ulla tarditate supra nominate res jam dictę
ęcclesię perveniant. Sunt autem tres ipse [villulę] in pago Lugdunense,
in agro Monte Aureacense. Si quis vero hanc benivolam elemosinariam
inquietare voluerit, nullatenus vin[di]cet quod repetit, set iram Dei
omnipotentis incurrat, et componat quibus litem intulerit auri libras
x, et in antea hęc donatio firma et stabilis permaneat, cum stipulatione subnixa. S. Wichardi et Egilmodis, uxoris suę, [*qui hanc cartam firmaverunt et firmari rogaverunt.*] S. Miloni. S. Ag[.........
....] S. Fulcherii. S. Gausmari. S. Berardi. S. Gerardi. S.......
S. Duranni. Data per manu Rainaldi, indigni monachi.

184.

CCXVI. CARTA AGNONIS ET UXORIS SUE HYLIE, DE CAPELLA DE SISLIACO.

Sacrosanctę Dei æcclesię quę est constructa in insula quę Athanacus   Mai. 1015?

vocatur, et in honore sancti Martini dicata, ubi domnus Arnulfus abbas preesse videtur. Ego, in Dei nomine, Agno, cogitans casum humane fragilitatis, necnon duo fratres Walterius et Fulcherius, verentes interitum mortis, pro remedio animarum nostrarum et parentum nostrorum, cedimus jam dicte æcclesię, et monachis inibi Deo militantibus, aliquid rerum nostrarum, capellam videlicet de Sisliaco, cum terra quę ibi adjacet, et cum silva; quam terra[m] et silvam in commune tenemus; quę capella cum supra dictis adjacentiis sitam est in pago Lugdunensi, in agro Tarnatensi. Hanc supra dictam capellam, cum supra dictis rebus, donamus Deo omnipotenti et Sancto Martino Athanacensi, et monachis ibidem Deo militantibus, ea ratione ut ab hac die et deinceps in jure monachorum consistat facere quicquid eis placuerit : id est habeant potestatem possidendi, vel in omnibus quęcumque voluerint agendi. Si quis vero contra hanc benivolam donationem quippiam calumpnię inferre temptaverit, nullatenus evindicet quod repetit, set ex parte omnipotentis Dei et omnium sanctorum sit excommunicatus, et segregatus a consorcio omnium christianorum, et pereat cum Datan et Abiron, et cum impiis Judeis qui Dominum suum tradiderunt; et insuper componat illis quibus litem intulerit auri libras L, et in antea hęc donatio firma et stabilis inconvulse permaneat. S. Agnonis et uxoris ejus Hylie, necne et Vualterii et uxoris ejus nomine Sulpitia, atque Fulcherii et uxoris ejus [. . . . .
. . . . *qui manibus*] propriis firmaverunt, ac firmari rogaverunt. S. Ge-[*rardi*. . . . . *S.*] Duranni *clerici*. S. Achardi. S. Rollanni. S. Umfredi, [*filiorum*] Fulcherii. S. Pontionis. S. Hilarie. S. Engelburgis. S. Adalgardis. S. Stephani. S. Gotafredi. S. Icterii et Agnonis. S. Rotgardis. Data manu Gausmari, indigni sacerdotis et monachi, mense Maio, feria VI, anno XXII regnante Rodulfo rege in Gallia.

185.

CCXVII. CARTA WALTERII IN SISLIACO.

1000 circa.

Sacrosanctę Dei æcclesię quę est constructa in insula quę Athanacus vocatur, et in honore sancti Martini dicata, ubi domnus Rainaldus

abbas preesse videtur. Ego, in Dei nomine, Walterius et uxor mea nomine Sulpicia, donamus omnipotenti Deo et Sancto Martino, monachis necne in eodem monasterio Athanacensi Deo militantibus, aliquid rerum nostrarum, campum scilicet unum de terra arabili, qui situs est in pago Lugdunensi, in agro Tarnatense, in villa de Sisliaco; concluditurque his terminis : a mane et a sero terra de ipsa hereditate, a circio capella una de ipsa hereditate, a media die terra memoratę basilicę Sancti Martini, videlicet Athanacensis. Infra hos fines vel terminaciones, ego Walterius et uxor mea Sulpicia donamus omnipotenti Deo Sanctoque Martino Athanacensi, hac monachis inibi Deo militantibus, prędictam terram, ea scilicet ratione ut ab hac die in jure monachorum ipsius loci consistat facere de illa terra quicquid sibi placuerit, id est habeant potestatem possidendi, donandi, vendendi seu liceat commutandi. Si quis vero contra hanc benivolam donationem quippiam calumpnię inferre temptaverit, nullatenus evindicet quod repetit, set componat his quibus litem intulerit auri libras III, sitque excommunicatus ex parte omnipotentis Dei et beati Petri, principis apostolorum, omniumque sanctorum, [...............
...........] in inferno emindaverint [..................]
sicut supradictum est. S. Walterii et uxoris suę nomine Sulpicia, qui hanc donationem fecerunt, et propriis manibus firmaverunt. S. Erminfredi. S. Nadali. S. Achardi. S. Pontionis. S. Ilarię. S. Engelburgis. S. Adalgardis.

186.

CCXVIII. CARTA JOHANNIS IN FINIBUS DE VENDONESSA VILLA, IN AGRO INIMIACENSE.

Sacrosanctę Dei ęcclesię quę est constructa in insula quę Athanacus vocatur, et in honore sancti Martini dicata, ubi domnus Udulbaldus abbas preesse videbatur. Nos, in Dei nomine, Eldinus, frater Johannis defuncti, et Costantius, vuadiarii ejusdem defuncti Johannis, pro remedio animę ejus, loco etiam sepulturo ejus, donamus Deo et Sancto Martino, hac monachis ejusdem loci, sicut ipse Johannes ad obitum suum destinavit, VI sestariadas de terra arabili; et terminat a mane terra de ipsa hereditate, a medio die terra Sancti Marcelli, a sero terra Ugoni, a circio terra Vuidoni *de Molon*[1]; et in alio loco III eminadas de terra arabili, et terminat a mane, et a medio die, et a circio terra Adalardi, a sero terra Sancti Marcelli; et in alio loco V sestariadas similiter de terra arabili, et terminat a mane terra Ugoni, a medio die Jocendane, a sero via publica, a circio via publica. Est autem supra dicta terra, videlicet omnes tres petiole, in agro Inimiacense, in villa quę dicitur Vendonessa. Infra hos fines vel terminationes, prędictam terram donamus Deo et Sancto Martino hac sibi servientibus, ut hab ac die et deinceps faciant supra dicti monachi quicquid facere voluerint, id est habendi, vendendi, donandi, seu liceat commutandi. Si quis vero contra hanc benivolam donationem aliquid calumpnię [*inferre temptaverit, non evindicet quod petierit,*] set componat cui litem intulerit auri [*libras........ et in antea*] hęc donatio firma permaneat, cum stipulatione subnixa. S. Eldini et Costancii, wadiari supra nominati Johannis defuncti, qui donationem istam laudaverunt, hac scribere jusserunt. S. Ugoni *sacerdotis.* S. Bernardi *sacerdotis.* S. Duranni. S. Gerardi. Data manu Gausberti, indigni *sacerdotis* [et] *monachi,* sub die Veneris, anno XVIII[2] Rodulfo rege regnante.

187.

CCXVIIII. CARTA MARCIA ET ERMINGARDIS, FILIA SUA, DE MONTE CUCH.

Mai. 1006.

Dominis fratribusque in Christo Rainaldo, abbas Athanacensis monasterii, et domno Udulbaldo, monacho ejusdem loci, necnon monachis aliis qui in eodem monasterio manent manebuntque. Nos, in Dei nomine, Ego videlicet Martia et filia mea nomine Ermingardis, venditrices, vendimus vobis aliquid rerum nostrarum : quinque sextariadas de terra arabili, accipientes a vobis precium tale quale convenit inter nos, v scilicet soldos denariorum. Est autem pręfata terra sita in pago Lugdunense, in agro Maximiacense, in villa quę nomina-

---

[1] Hoc nomen, sicuti omnia fere alia, inter lineas scriptum est.

[2] Forsan legendum est XIII, ut in charta quæ sequitur.

tur Mons Cuch; terminatque his terminis : a mane terra heredum Rainfredi, a media die terra Sancti Stephani, a sero terra Sancti Martini Athanacensis, a circio terra Constabilis. Infra hos fines vel terminationes, prefatam terram, accipientes a vobis prenominatum precium, vobis vendimus, ea scilicet ratione ut ab hac die et deinceps in potestate rectorum prescripti loci consistat facere de hac terra quicquid sibi placuerit, id est habeant potestatem possidendi, donandi, vendendi, seu etiam commutandi. Si quis vero contra hanc vendicionem quantulumcumque calumpnię inferre molitus fuerit, nullatenus sibi adquirat quod repetit, set componat his [*quibus litem intulerit libram unam*], et in antea hęc venditio firma permaneat, sicut supra dictum est. S. Archimbodi. S. Bernardi. S. Constancii. S. Quidgerii. S. Johanni. S. Duranni. Data per manum Arnulfi monachi atque presbiteri, feria v, mense Mai, anno xiii regnante Rodulfo rege.

188.

CCXX. [MUTATIO TERRARUM INTER ABBATEM MONASTERII CLUNIACENSIS ET ABBATEM MONASTERII ATHANACENSIS.]

Anno ab incarnatione Domini nostri Jesu Christi millesimo xxiiii, acta est mutatio quedam terrarum inter domnum abbatem Odilonem Cluniensesque monachos, et pręcipue Bernardum, decanum oboedientię Sancti Victoris, atque domnum Geraldum, patrem monasterii Athanacensis, monachos etiam sub eo miliciam bajulantibus Christi. Convenerunt inter se de terris mixtis invicem amici utrorum fidelissimi, querentes et petentes domnum Geraldum abbatem ut largiretur prefato abbati Odiloni ipsiusque monachis aliquid terrę causa mutuationis. Quibus fidelisme annuens, dedit supra dictis Deo dilectis monachis, juxta consilium amborum fidelium, unum curtile, cum appendiciis suis, situm in pago Lugdunensi, in agro Tarnatensi, in villa Maaliaco. Accipit autem prefatus domnus abbas Geraldus ab eis xii solidos, et unum curtile situm in pago Lugdunensi, in agro Tarnatensi, in villa de Tuilliaco, et terminatur a mane et a sero, a medio die et a circio viis publicis; et in alio loco, in monte Jarunco, mo-

1 Dec. 1024.

dicum vineę : terminatur autem ex omni parte terra Sancti Martini. Pręfatum autem curtile, quod causa mutuationis domni monachi Deoque dilecti Clunienses accipiunt a pręnominatis Athanacensibus, terminatur ex cunctis partibus mundi terra Sancti Petri. Hanc autem ulli homini mutuationem domnus abbas Geraldus assentiret nequaquam, in solum domnis Cluniensibus, causa firmande societatis; quam, si libitum est animo, omni conamine petit firmare. S. [*domni Odilonis abbatis* . . . . *S.*] Rotbaldi. S. Peronni[1] Warnerii [*decani*[2].] S. Genesii. S. L[. . . . .] S. domni Geraldi *abbatis*. S. Raynadi *decani*. S. Asterii. S. Duranni. S. Romani. S. Petri. S. Bosonis. S. Duranti, indigni monachi *et sacerdotis*. Asterii manu exarata, die Martis et kal. Decemb. Rodulfo rege regnante anno XXXIIII[3].

189.

CCXXI. CARTA RAGENOLDI.

937-993.

Dilectos infantes meos Rotlan et Germanos suos Raunold, et Folcherio, et Otgerio, et sorores eorum Aleria et Vuidbergia. Ego, in Dei nomine, Erminfredi genitores, in pro amore et bona voluntate quę contra vos habeo, in pro ipso amore dono vobis donatum de res meas : hoc sunt curtiferis cum edificiis, hoc sunt vineis, silvis, pratis, omnia ex omnia quant; et sunt ipse res siti in pago Lugdunensi, in agro Tarnatensi, in villas vel in fines nuncupatas[4] [. . . . .]; quantum ego visus sum adhabere, sive de mea parte, sive de matre vestra, exterius illo curtilo indominicato de Caponerias, dis lo senterio quę pergit ab Asolia invers Sancti Laurenti, mihi reservo, et de illo medio planto quę ad Jerardo abeo, factam de la mea medietate la parte, ad matrem vestram foris mitto, et in fin de Folco cambono quem de Sanson conquisivimus, et in fin de Faido campo mihi reservo,

---

[1] Legendum est absque dubio *S. Peronni. S. Warnerii.*

[2] Forte decanus ecclesiæ Lugdunensis, Warnerius, ut fateor, non invenitur in catalogo decanorum Lugd. apud *Gall. christ.* vulgato; sed iste catalogus maxime est incompletus.

[3] Mendum ibi est. Lege XXXI.

[4] Amanuensis omisit nomina.

et in fin de Vals vinea quę de Ardart conquisivimus foris mitto, et in fin de Petra Ficta cabannaria una mihi reservo, quę de infantes conquisivimus. Aliud vero quantum ego visus sum abere, totum ad integrum vobis dono, ea tenore dummodo vivus sum [usum] et fructum [possideo], et qualis de nos sine ere lægale mortuus fuerit, ab ipso qui supra vixerit ab illo perveniat; et si vos toti sine ere legale mortui fueritis, ad propincos vestros perveniat, et de vos unus non possit vendere [...
facere voluero] faciam, et si mihi invita mea necessitas venerit, succurrere me possim. Si quis vero, quod fieri minime credo, si ego aut ullus homo incartatione ista inquietare voluerit, non valeat quod repetit, set componat auro uncia una, et in antea incartatio ista firma permaneat, cum stipulatione subnixa. S. Erminfredo, qui fieri jussit, et firmare rogavit. Amalgerius datavit die Mercoris, mense Junio, annos[1] [.....] Gonrado rege.

190.

CCXXII. CARTA DE VEISA[2].

Hal.[3] indignus episcopus, dominis Lugdunensibus canonicis orationum suffragium. Vestre fraternitati fiat notum me carnis ergastulo exuendum in proximo. Quapropter absentialiter pręsens solotenus supplico communiter miserando indulgeatis quicquid negligentię in vobis contraxi. Namque si Dominus, quod facere potens est, pręsentem mihi vitam concesserit, omne mei studium vestro profectui assidue invigilabit; ad hęc de substituendo mihi pastore fidele do vobis consilium : nolite deinceps sicut actenus hac de causa diversa et extera perlustrare loca, sed pręmissis precibus atque jejuniis Omnipotentis clementiam deposcite, ut qui potens est suscitare filios Abrahę ex

1050?

---

[1] Amanuensis omisit numerum.

[2] In *Gallia christiana*, t. IV, pr. col. 8, et in *Hist. consul. de Lyon*, p. xix probationum, autore Menestrier, hæc charta inserta est. Tempore istius scriptoris, defectiones jam erant in cod.; qui illas restituere tentavit, graviora quoque menda commisit.

[3] Halinardus, archiepiscopus Lugdunensis jam in anno 1041. Vide *Gall. christ.* t. IV, col. 84 et seqq.

vobis se dignum pręficiat pręlatum. Huic autem officio, secundum hujus temporis qualitatem, idoneus esse videtur Um.[1] prępositus. Quem si ad id pręlaturę, ut spero, non potueritis flectere, sum enim ....s[2] suę [*consciencię*....................] hortor mihi succedere. Tandem omnia vero [........] velle et disponere. Ad hęc tibi, karissime Ponci senescalce, omnigena supplico[3] prece quatenus bonorum meorum partem Beato Stephano, partem vero Athanacensi monasterio, pro mee anime salute, tribuas; sum enim illis multum debitor. Porro ecclesiam de Veisa omnibus modis interdico, ut nemo ibi habitet vel laboret, aut divinum opus faciat, præter Athanacenses, donec eandem aecclesiam et terras quiete possideant, sicut Rotbertus[4] illis convenit. Deinde ipsi R., per fidem quam mihi spopondit, mando quatenus VIII unctiarum auri medietatem, quarum mihi obnoxius est, Beato S[tephano], et alteram Athanacensibus, pro mea redemptione, sua gratia offerat. Interdico etiam et anatematizo, auctoritate Dei patris omnipotentis et beati Petri, omniumque sanctorum, necnon mea, ut nemo contrarius existat Athanacensibus, propter pecuniam Judeorum ibidem dudum interfectorum. Valete.

191.

CCXXIII. [CARTA GIRBERTI VEL VANDRANI.]

Maii 1012?

Sacrosanctę Dei aecclesię que est constructa in insula que Athanacus vocatur, et in honore sancti Martini dicata, ubi domnus Arnulfus abba pręesse videtur. Ego, in Dei nomine, Girbertus vel Vandranus dono Deo omnipotenti et Sancto Martino Athanacensi, et monachis ipsius loci, vineam unam quam adquisivi extra Sancti Gregorii [........ *in pago Lugdanense, in agro*.....] vocatur [..... *sita supra ecclesiam*] Sancti Gregorii, et terminat a mane terra Sancti Stephani et una [via] publica, a medio die et a sero terra de ipsa hereditate

---

[1] *Umbertus.* In manuscripto nomen istud numerus VIII esse videtur; sed legendum est *Vm.*

[2] Scribit Menestrier *mentis,* sed *Gallia christiana,* quod mihi videtur melius, *testis.*

[3] Cod. *supplicio.*

[4] In cod. hoc verbum breviatum est; quod male reddit *Roibus* Menestrier.

et via publica, a circio terra Sancti Pauli. Infra hos fines vel terminaciones, prędicte vineę medietatem quam modo vissus sum possidere et in ante ibi habuero, videlicet ipsam partem qui mihi debet advenire, vobis dono, ea ratione ut, qua[n]diu vixerit, medietatem hujus doni teneat et possideat, usum et fructum inde percipiam, et si uxorem accepero, et ipsa quandiu vixerit; et post meum vel suum discessum, Sancto Martino et monachis ejusdem loci perveniat, et persolvemus in vestituram omni anno unum asinum honeratum de vino. Si quis vero qui contra hanc donacionis cartulam aliquid calumpnie inferre voluerit, nullatenus evindicet, sed componat cui litem intulerit auri libras v, et in antea hęc donacio firma permaneat, cum stipulacione subnixa. S. Girberti vel Vendranni, qui donacionem istam fieri jussit, et firmare rogavit. S. Thedberge comitisse. S. Artaldi, filii sui. S. Geraldi filii sui. S. Rainfredi. Data manu Gausberti, indigni sacerdotis et monachi, in mense Maii, VII feria, anno XVIIII Rodulfo rege regnante.

192.

CCXXIIII. ITEM ALIA.

Dilectis in Christo fratribus Eldeverto et uxore sua Grima, donatores, donamus filiolo nostro Adalberto nomine, pro amore et bona voluntate quę contra illum habemus, aliquid terre que est foras muros Lugduni civitate, in valle [quæ vocatur..... et terminat his terminis : a mane] terra Sancti Baudelii et [Ararim] currens, [a medio die terra] Sancti Petri et rivulus currens qui vocatur Scaraveus, a sero terra Sancti Georgii, a circio terra Sancti Petri et via publica. Infra istas terminaciones, dono tibi, eo tenore ut ab hac die facias quicquid facere volueris, id est habendi, donandi seu liceat commutandi. Si quis vero contra hanc donacionem aliquam calumpniam inferre aut inquietare voluerit, nullatenus evindicet quod repetit, sed componat cui litem intulerit tantum et aliud tantum quantum ipse rei eo tempore emeliorate valuerint, et in antea donacio ista firma permaneat, cum stipulacione subnixa. Sign. Eldeverti et uxoris sue Grime, qui

954?

donacionem istam fieri et firmari rogaverunt. Sg. Amblardi, archiepiscopi. Sg. Berardi. Sg. Bosoni. Sg. Aynoldi. Sg. Amiconi. Sg. Prumi. Sg. Vurberti[1]. Data manu Theduini diaconi, me[n]se Aprili, feria tertia, xiiii anno regnante Guondrado rege in Gallias.

193.

CARTA DE MOLENDINO.

978 circa.

Sacrosancte Dei ęcclesię que est constructa in insula que Athanacus vocatur, et in honore sancti Martini dicata, ubi domnus Eilbertus abbas pręesse videtur. Ego quidem Abbo presbiter, pro anime mee remedio vel parentum meorum, cedo jam dictę ęcclesię curtilem unum, cum vinea, et mansione, et orto, et puteo, situm in Lugduno civitate, in loco qui dicitur [............................] terra Sancti [................] terra ...., a sero mons, a circio via publica; et in loco qui dicitur Bellus Mons, foras muros s[upra dictæ civitatis] vineolam unam, qui hos habet terminos : a mane et a medio die terra ad filios Duranni, a sero terra una Rengaudi, a circio terra Beraldi; et in vicinio Sancti Petri molendinum qui terminatur a mane terra Sancti Petri, a medio die rivulum percurrentem, a sero via publica, a circio terra Sancti Gervasii. Infra istas terminaciones dono jam dicte ęcclesie supra dictas res; ea racione ut ab hac die monachi supra scripte ecclesie curtilem teneant, et vineolam et molendinum mater mea, quandiu vixerit, teneat, sicut pater meus pręcepit; post suum quoque discessum monachi pręfate ęcclesię sine ulla contraditione recipiant. S. Abbonis presbiteri, qui fieri jussit et firmare rogavit. S. Rocstagni. S. Girbergie. S. Bertelmi[2].

194.

CARTA ARRICI PUERI.

1100 circa.

Quidam puer Arricus nomine, vicinus morti factus, dedit Deo et

---

[1] Forte legendum est *Gurberti*.

[2] Quæ sequitur charta ad caudam istius scripta est in codice, sine ulla distinctione præter scripturam, quam manus exaravit alia. Legitur in margine titulus quem hic adscripsimus.

æcclesie Caseti quandam terram in parrochia de Sivriaco sitam, a plaga meridiana que Frumentalis vocatur, quam ipse Arricus a priore ejusdem æcclesie Caseti Gauceranno pro fedo habebat. Dedit etiam Sancto Martino quandam petiolam terre in parrochia de Marciliaco. Cujus donationis testes sunt Gaucerannus[1] *prior,* Anastasius *monachus,* Durannus *de Rambariaco* presbiter, Stephanus Armannus[2] *clericus,* Aschericus, *maritus* matri[s] sue, Stephana quoque *mater ejus,* Vilelmus *de Ulmis,* Anxedus vicarius.....

195.

[DONATIO JARENTONIS.]

1120 circa.

. . . .
..[Jarento.... *et Arnulfo laudante fratre ejus*......] alodium hoc modo, ut si quis pro fedo vel pro vadimonio [.....] aliquid haberet, Sancti Martini esset. Dedit etiam in villa de Sivriaco tenamentum Andreę, predicto Arnulfo laudante, tali pacto ut, si quis ex illis de quibus prefatus Jarento eandem terram pro fedo habebat, Sancto Martino calumniam inferre voluerit, centum solidos priori de Caseto reddat. Hoc testamentum factum est per manum Utbaldi, Lugdunensis archiepiscopi, qui eundem Jarentonem pro monaco benedixit. Testes sunt : Dalmacius de Iconio, Vicardus de Marziaco, Arnulfus, ejusdem Jarentonis frater, Artaldus de Caarnaco, Rollannus de Moranciaco, et Berardus prior, in cujus manu hec donacio facta est, et Ugo capellanus, domno Poncio habbate æcclesiam Athanacensem tunc regente[3].

196.

CARTA DE POLIACO.

Manifestum esse volumus quod quidam cannonicus, nomine Stephanus de Lissiaco, petierit a Berardo, priore Caseti, ut de terris

1115 circa.

---

[1] Sunt inter lineas in codice verba quæ sequuntur litteris italicis impressa.

[2] Forte leg. est *Stephanus, Armannus.*

[3] Chartæ subsequentes quæque sunt alia manu exaratæ.

de Poliaco ei pro beneficio daret. Cui prędictus prior eandem terram tali pacto dedit, ut de ea taschiam redderet. Ipse vero Stephanus dedit Deo et Sancto Martino Athanacensi, in manu domni Poncii abbatis, et Berardi, prioris Caseti, medietatem cujusdam prati quod Pratum Vetus vocatur, in quo domus Caseti aliam medietatem habebat, et [..
.... *alia terra quæ sita est in ipsa villa*........]nus priorem ei dedisse ex parte occidentis in qua domus Caseti terciam partem habebat, et ipse du[*as has terras*], scilicet dimidium pratum et duas partes prefate terre, pro franco alodio Sancto Martino dedit. Hoc autem ipsum donum, quod ipse Sancto Martino dederat, accepit prędictus Stephanus a domno Poncio abbate, pro fedo, ut, quandiu viveret, prędictas res possideret; post mortem vero ejus eas domus Caseti libere haberet. Quod si quis ex heredibus ejus, eo defuncto, Sancto Martino aliquam inferre calumpniam pro prędictis rebus voluerit, eum hereditate reliqua indignum judicavit. Constituit etiam censum tam pro terra a priore sibi data quam pro illa quam supra diximus eum Sancto Martino dedisse, ut uno anno, scilicet quando terra a fructu vacaret, XII denarios, quando vero fructificaret, duos solidos redderet. Hujus rei testes sunt : Dalmacius de Yconio, Gaucerannus frater ejus, Rollannus de Moranciaco, Bernardus de Costa, Ugo capellanus, Robet, Rotgerius, Vicardus de Rariaco, Stephanus filius ejus, et Vicardus frater ejus, Petrus vicarius, et Petrus filius Vicardi de Rariaco.

197.

[CARTA GUIGONIS INCATENATI.]

1110 circa. Quidam nobilis miles nomine Guigo, cognomento Incatenatus, misit Berardo, priori de Caseto[1], [........................]

[1] Hæc carta, in margine cujus quidpiam deletum fuisse videtur, præcedentem consequitur sine titulo neque numero ordinis. Duas tantum habemus priores lineas, quæ finem paginæ occupant, cæteris ad folium alterum rejectis, e codice discissum atque amissum.

198.

[CARTA GYBOINI, ARCHIPRÆSULIS LUGDUNENSIS.]

Athanacensi ecclesię, in honore [*sanctæ Elisabeth, geni*]tricis Marię et XLVIII marti[*rium, et sancti*] pręsulis Martini dicate. Venerabilis archipręsul domnus Gyboinus donavit ecclesiam Sancti Cirici de Sivriaco in manu Gauceranni monachi, cum appendiciis suis, interventu quorumdam seniorum ecclesie, Bladini scilicet decani, Theutardi, Bertranni, Stephani archipresbiteri, et aliorum quam plurium. Huic benivole largicioni pręsens consensit vir nobilis Girinus canonicus, cognomine Calvus, ejusque pater, eodem nomine, scilicet Girinus Calvus vocatus, cum uxore sua Girunda. Hii namque prędictam ecclesiam de archiepiscopo Lugdunensi pro fedo habebant. De eorum quoque beneficio quidam potentes viri, Vuillelmus videlicet de Chel, et Ugo, frater ejus, paterna successione hanc pręfatam ecclesiam actenus possidere videbantur, qui jussis domni archiepiscopi obtemperantes volenti animo, cum matre sua Ginbergia nomine, pro salute et remedio animarum suarum et patris atque omnium antecessorum, sive eorum de quorum largicione[m] illam tenuerant. Hoc donum laudaverunt et quibuscumque modis donare seu affirmare poterant corroboraverunt [............................ *et Gui*............]
Aymo Arnaldus, Guillelmus Ray[*nerii*]. Si quis igitur huic donacioni contraire pręsumpserit, beati protomartyris Stephani, quem advocatum habemus, defensione repulsus, anathematis vinculo donec resipiscat teneatur adstrictus.

1080 circa.

199.

[CONVENIENTIA INTER GAUCERANNUM RUFUM DE LISSIACO ET ABBATEM ATHANACENSEM.]

Gaucerannus Rufus de Lissiaco calumpniabatur æcclesię de Caseto terram de Frumentali que est in Sivriaco; que calumpnia eo usque deducta est ut Ugo, Atahnacencis abbas, qui tunc domum Caseti regebat, et prędictus Gaucerannus in manu Constantini archi-

1135 circa.

presbiteri per obsides firmarent, quatinus alter alteri inde rectum exsequeretur; quod et factum est : nam jam dictus abbas quatuor testes produxit, qui jurejurando firmaverunt quod medietas predicte terre sui juris esset, et aliam medietatem Gaucerannus de domo Caseti pro fedo haberet. Idem Gaucerannus in campo Sancti Cyrici gaaneriam querebat, set sepe dictus abbas G^{no} dimidiam marcam argenti dedit, et sic utraque calumpnia sopita est; firmavit etiam in manu abbatis, quod si quisquam calumpniam istam suscitare voluerit, G. pro posse suo domum Caseti defendat. Testes sunt : Constantinus archipresbiter, qui hujus placiti actor extitit, Milo *de Caarnaco*[1], et Guigardus de Costa [..]
S. Ayglerii [............................]veranni qui xii d. habuit. S. Poncii *de Cacellis* presbiter [......................]
Rotgerii et Johannis de Tavareu et Arici clerici [..............]
monis clerici, et Gaufredi clerici, et Oddo prior. S. Evrardus et Guigo *Autanens,* et Elldinus Morellus.

200.

[CONVENIENTIA INTER YTERIUM DE LA TORRETA ET PRIOREM DE CASETO.]

1150 circa.

Tenpore prioratus Ugonis Guichardi domus de Caseto, Yterius de la Torreta ei multas injurias in pluribus locis faciebat. Castigatus itaque ab amicis suis, ab injuriis cessavit, et juravit in manu prioris se amplius non infestare domum, neque in sepulturis antecessorum suorum, neque in aliis rebus ad ecclesiam pertinentibus. Pro quo predictus prior dedit ei xx solidos Lugdunensis monete. Testes sunt : ipse prior, Petrus sacrista, Stephanus capellanus, Aymo claviger, Stephanus Taschetus, Stephanus de Viget, Ayglerius, Bernardus de Canale.

201.

[NOTICIA SERVITIORUM MONASTERIO ATHANACENSI APUD ANSAM DEBITORUM.]

1200 circa.

Apud Ansam, Petrus de Chalens, xviii d. et quartum; Stephanus

[1] *Verba litteris italicis impressa inter lineas scripta sunt in manuscripto.*

Corderius, xiiii d. et quartum; Maienci, vi d. et ob.; Aimo Savinus, xiii d. et quartum; Petrus d'Aguils, iii d. et quartum; Johannes de Sonvila, iii d. et quartum; Pecco, x d. et quartum; Hugo Barbatus, xiiii d., i sext. vini, i m. frumenti, i cart. avene, i cap.; Durannus Olerius, i m. avene, i sext. vini, xiiii d.; Alsarembers, viii d.; Odo Lambertus, i m. frumenti, i sext. vini, iiii d.; Durannus de Graves, i m. fru., xii d. i sext. vini; Durannus de Graves, i d. i eminam vini

. . . .

[Sequuntur plures lineæ quæ legi non possunt.]

FINIS CHARTULARII ATHANACENSIS.

INDICES

SAVINIACENSIS ET ATHANACENSIS

CHARTULARIORUM.

INDEX CHRONOLOGICUS CHARTARUM.

(Numerus ad ordinem chartarum sese refert.)

1° CHARTULARIUM SAVINIACENSE.

825? 11 Jan. Præstaria rerum in villa de Sabonaco dominis fratribus Alexandro et Laydingo a Justo abbate facta, 16.
832, Jul. Donatio rerum in villa de Tasiaco Astero abbati a Georgio presbytero facta, 18.
852, 12 Sept. Decretum Lotharii imperatoris, quo monasterium Saviniacense Lugdunensi ecclesiæ subjicitur, 960.
856, Oct. Donatio curtili et mansi in Villanova Christophoro abbati a Martino facta, 24.
857, Febr. Venditio rerum in villa de Celsiaco Davidi abbati a Bosone et uxore ejus facta, 19.
857, 1 Jun. Præstaria rerum in villa de Cliviaco Richardo et uxori ejus a Davide abbate facta, 23.
858, April. Præstaria in Cercennatis villa Vuilicherio et uxori ejus a Christophoro abbate facta, 25.
858, 19 Mai. Donatio rerum in Tasiaco villa dominis fratribus Justo et Hererico a Davide abbate facta, 20.
883? Oct. Præstaria de Grisiniaco domino Constantio ab Anasteo abbate facta, 2.
888, April. Præstaria rerum in locis de Sancta Maria et de Corziaco domino Andefredo a Davide abbate facta, 21.
889? 9 Mart. Præstaria de Cliviaco domino Iterio a Segefrido abbate facta, 3.
889? Mart. Commutatio inter Segefridum abbatem et Iterium rerum in villis de Cliviaco et de Tolon, 4.
889, 6 Mai. Præstaria Vuandalberti in Charpenello villa ab Adalberto abbate facta, 1.
895, Mai. Donatio rerum de Seziaco villa Adalberto abbati ab Andefredo et uxore ejus facta, 26.

INDEX CHRONOLOGICUS

899, 10 Mai. Donatio vineæ in Flaccgo villa monasterio Saviniacensi ab Aymone et uxore ejus facta, 27.

908, 6 April. Privilegium Haluvalæ archiepiscopi, quo monasterio Saviniacensi suas possessiones in villa de Mornanco confirmat, et raptores excommunicat, 30.

908, 24 April. Donatio rerum in Castaneto et Pradelis cuidam viro Rachenoldo ab Austerio abbate facta, 15.

911, 25 Mai. Præstaria rerum in loco dicto Cuniculus, ex ratione Sancti Martini Saviniacensis monasterii, ab Haluvala, sanctæ Lugdunensis ecclesiæ archiepiscopo, Bernardo facta, 29.

913, 18 Aug. Præstaria duorum camporum in Cabannetis villa Arrico et uxori ejus a Davide abbate facta, 22.

915, 15 April. Præstaria rerum de Monasteriolo Adalborno clerico a Stephano abbate facta, 17.

918, Jun. Donatio ecclesiæ de Alta Rivoria Arnulpho abbati a Landrico et uxore ejus facta, 5.

919, Sept. Præstaria ecclesiæ Sancti Joannis de Exartopetro domino Vuichardo et uxori ejus ab Arnulfo abbate facta, 6.

919, 30 Nov. Donatio mansorum in villa Vallis et in Cliviaco ab Iterio facta filio suo Attoni, eo modo ut post ejus decessum ad ecclesiam Sancti Martini Saviniacensis redeant, 28.

920 circa. Donatio rerum in villa de Ulzonetis domino Ethenulfo et uxori ejus a Farnulfo sacerdote facta, consentiente domno Arnulfo abbate, 9.

921, 1 Mai. Præstaria rerum in Nugeriosi villa et in Dommariaco domino Bladino et uxori ejus ab Arnulfo abbate facta, consentiente Vuillelmo comite, 12.

925, 27 Aug. Præstaria ecclesiæ de Corziaco domino Andefredo et uxori ejus ab Arnulfo abbate facta, 7.

926, 20 Mai. Venditio terræ in villa Merdaci domino Salaconi et uxori ejus ab Arnulfo abbate facta, 13.

927, April. Præstaria ecclesiæ de Chevennaco domino Anfredo et uxori ejus ab Arnulfo abbate facta, 8.

927, Jul. Præstaria rerum in locis dictis Sedenulphus et Sepziacus domino Landrico et uxori ejus ab Arnulfo abbate facta, 11.

927 circa. Commutatio rerum in villa de Lozanna inter Gundunum et Arnulfum abbatem, 10.

928? April. Donatio rerum in villa de Cassaniaco ab Otbardo et Bernardo et uxoribus eorum venerabili viro Ingelardo abbati facta, 14.

928. Donatio rerum in villa de Liviaco Benedicto abbati a Vuidone facta, 35.

928? Donatio curtili in villa Arciaco Benedicto abbati a Vuifredo facta, 37.

929, 12 Sept. Præstaria rerum in loco dicto Longavilla Landrico et uxori ejus a congregatione Sancti Martini Saviniacensis monasterii facta, 31.

930, Aug. Donatio diversarum rerum in villis de Poliaco et de Sclareias Benedicto abbati a Leodegario, et uxore et filio ejus, facta, 36.

930 circa. Donatio rerum in Liviaco villa Benedicto abbati a Silvio presbytero facta, 34.

937, 3 Jan. Donatio vinearum in villa Adenna de Randans domino Badino abbati ab Autardo et uxore ejus facta, 68.

937-993. Donatio rerum in Solniaco, Costatitiaco et Oriaco, monasterio Saviniacensi ab Humberto facta, 61.

937-993. Donatio vineæ in villa de Malavabra monasterio Saviniacensi a Notardo, etc. præcipiente Rotberto, facta, 76.

937-993. Donatio cabannariæ in Marcennago villa ecclesiæ Sancti Martini Saviniacensis ab Umberto et uxore ejus facta, 118.

937-993. Donatio trium curtilorum in villis Nuiliaco et Poliaco cœnobio qui vocatur Saviniacus a Guidranno sacerdote facta, 123.

942, 8 Dec. Donatio mansi et rerum in villa Flovogio ecclesiæ Sancti Martini Saviniacensis a Pontio facta, 33.

942, 8 Dec. Donatio mansi in Flonogio (vel Flovogio) villa monasterio Saviniacensi a Pontio facta, 100.

944? Mai. Præstaria rerum de Mortario Ermentario et uxori ejus a Badino abbate facta, 51.

944 circa. Donatio curtili in Draciaco villa Sancto Martino Saviniacensi ab Arlabaldo et uxore ejus facta, 420.

945? 7 Mart. Donatio rerum in villis Gratiaco et Suciaco pro Dalmatio monacho a Raingundi matre ejus Badino abbati facta, 45.

945, Aug. Præstaria rerum infra fines de Azola Deodato et uxori ejus a Badino abbate facta, 46.

945, Nov. Donatio vineæ in Usouro villa ecclesiæ de Randanis ab Estavolo et uxore ejus facta, 74.

945 circa. Donatio rerum in Draciaco villa ab Arlabaldo et uxore ejus altario Sancti Martini Saviniacensis facta, pro ecclesia Sancti Petri in colonica de Draciaco constructa, 32.

945-990. Donatio curtili et horti in villa Bretonica Sancto Martino Saviniacensi ab Ademmaro facta, 104.

947? Jul. Donatio ecclesiæ Sancti Petri de Draciaco domno Badino abbati ab Arlabaldo, et uxore et filio ejus, facta, 40.

947, Jul. Convenientia inter Teotgrinum et Badinum abbatem cæteramque congregationem Sancti Martini Saviniacensis de rebus in Paludis et Trimoliis villis, 65.

947, Jul. Convenientia inter Teotgrinum et Badinum abbatem de rebus in villis Paludis, etc. 66.

947, 20 Dec. Præstaria rerum in villis Pugniaco et Samarciaco domino Annoni a Badino abbate facta, 55.

948, Aug. Donatio curtili in Flaciaco villa domno Badino abbati ab Alexandro et uxore ejus facta, 62.

949, 7 April. Donatio rerum in villis de Regniaco et Noaliaco domno Badino abbati ab Arnulfo et uxore ejus facta, 69.

949, April. Venditio vineæ in Adenago villa domno Badino abbati a Richardo et uxore ejus facta, 70.

949, 5 Jun. Incautionatio terræ in Luirciaco villa pro triginta solidis ad annos tres Badino abbati ab Agnirico et uxore ejus facta, 57.

949? 15 Aug. Privilegium domini Burchardi, Lugdunensis archiepiscopi, Badino abbati et monasterio ejus concessum, quo possessiones eorum confirmat, 38.

950, Mai. Donatio vineæ apud Chivinnacum Badino abbati a Teotgrino et uxore ejus facta, 67.

950. Donatio campi in Polosiaco monasterio Sancti Martini de Saviniaco ab Ayanno facta, 367.

950 circa. Donatio ecclesiæ Sancti Martini de Periculis et ecclesiæ Sancti Clementis Badino abbati a Silvestro sacerdote facta, 39.

950 circa. Præstaria ecclesiæ Sanctæ Mariæ de Libertis dilecto Severo a Badino abbate facta, 41.

950 circa. Præstaria mansi in villa quæ dicitur Radilleu domino Rotbaldo a Badino vocato abbate facta, 42.

950 circa. Præstaria rerum de Mussiaco dilecto Beraldo a Badino abbate facta, 44.

950 circa. Donatio rerum in villa Felice Vulpe Badino abbati a Severo, Sancti Stephani diacono, facta, 47.

950 circa. Oblatio Agenaldi, pro se et nepote suo Gotefredo, monasterio Saviniacensi, Badino abbate gubernante, facta, 48.

950 circa. Præstaria rerum de Rossaterra domino Aglaldo et uxori ejus a Badino abbate facta, 52.

950 circa. Donum vineæ in Chivinnaco et prati in loco dicto Pervallis domno Badino abbati a Leitrude fœmina et filiis ejus factum, 54.

950 circa. Donatio mansi in Massili loco monasterio Saviniacensi, Badino abbate gubernante, a Vuilinco facta, 56.

950 circa. Donatio mansorum in Fontanis, in Valnera et in Tanaru, Badino abbati ab Aledone facta, 58.

950 circa. Præstaria terræ in Taxelanno domino Stephano et uxori ejus a Badino abbate facta, 59.

950 circa. Donatio vinearum et vircariarum in Fluriaco villa domno Badino abbati ab Ethenulfo facta, 60.

950 circa. Donatio mansi inter Forum et Randans, de rebus Girardi rogantis, domno Badino abbati a Folcherio facta, 71.

950. circa. Præstaria rerum in Domariaco, Noaliaco et la Varenna, domino Hugoni et uxori ejus a Badino abbate facta, 73.

951, Jun. Donatio chavannariæ in Stabulis villa monasterio Saviniacensi ab Amarico facta, 81.

952, Jan. Donatio curtili in villa de Bastarciaco domno Badino abbati a Silvio facta, 64.

952? Nov. Præstaria rerum in villa quæ dicitur Rasalmorem domino Girardo a Badino abbate facta, 63.

953? 30 Nov. Donatio mansorum et curtilorum in burgo Forensi, etc. Badino abbati a Girino et filio ejus facta, 72.

954? Jan. Præstaria rerum in Calme villa Teutbranno et uxori ejus a Badino abbate facta, 43.

954, April. Donatio mansi in Taradra villa Sancto Martino Saviniacensi ab Areia facta, 368.

954, 5 Jun. Donatio mansi in Casaleursi domno Gausmaro abbati ab Adeborge facta, 243.

954. Donatio curtili in Savoniaco villa Beato Martino Saviniacensi a Girberto facta, 369.

954-987. Donatio tertiæ partis villæ de Conca domno Gausmaro abbati a vuadiariis Rotlanni facta, 238.

955, 24 Jan. Donatio ecclesiæ Sancti Stephani de Morterio, etc. domno Gausmaro abbati a Bladino facta, 140.

955, Jan. Donatio mansi in Longa Sagnia domno Gausmaro abbati a fratribus Unfredi, pro ejus anima, facta, 242.

955, Febr. Donatio campi in Mornanto villa ecclesiæ ejusdem villæ ab Amalfredo et uxore ejus facta, 342.

955-986. Donatio mansi in Novianti villa domno Gausmaro abbati a Rotelde fœmina facta, 236.

956, 24 April. Donatio vinearum in Bisboch villa et curtili in Escariaco villa domno Gausmaro abbati a Landredo et uxore ejus facta, 167.

956? 1 Jul. Concambium rerum de Ginimiaco et Balbeio inter monachos Sancti Martini Saviniacensis et Durantum et uxorem ejus, 125.

956, Jul. Donatio ecclesiæ Sancti Germani in pago Matisconensi, cum presbyteratu et omnibus adjacentiis suis, Saviniacensi monasterio ab Acberto facta, 142.

956. Donatio campi in Feneriis villa domno Gausmaro abbati ab Agenulfo facta, 307.

956. Donatio mansi in Roofango villa domno Gausmaro abbati a Josberto et uxore ejus facta, 308.

956. Donatio curtili in Stabulis villa domno Gausmaro abbati ab Aguiriaco facta, 309.

956. Donatio curtili in Cabannetis villa domno Gausmaro abbati a Raimbotdo et uxore ejus facta, 310.

956. Donatio curtili in Addennaco villa domno Gausmaro abbati a Theobaldo sacerdote facta, 311.

957, 7 Febr. Donatio curtili in fine de Pisicidio ecclesiæ Sancti Martini Saviniacensis ab Eldoardo presbytero facta, 111.

957? Mai. Donatio campi in villa de Sarsay domno Gausmaro abbati ab Eymino et uxore ejus facta, 230.

958, Nov. Donatio mansi in Magneivilla domno Gausmaro abbati a Braidenco et uxore ejus facta, 239.

958. Donatio vineæ in Angiriaco villa domno Gausmaro abbati a Beninimi facta, 305.

959, 18 Mart. Donatio rerum in Pissedicio domno Gausmaro abbati a Vualdemaro facta, 297.

959, 18 Oct. Donatio ecclesiæ Sancti Petri de Noaliaco domno Gausmaro abbati ab Hugone et uxore ejus facta, 130.

959, 18 Oct. Donatio villarum Campaniaci et Arciaci domno Gausmaro abbati ab Emmena facta, 131.

959? 25 Nov. Donatio vineæ in Adennaco villa monasterio Saviniacensi ab Emina et filio ejus facta, 99.

959, 30 Nov. Donum mansi in Costarciaco et Corcelliaco domno Badino abbati a Girino factum, 53.

959. Donatio curtili in Cavannetis villa domno Gausmaro abbati a Gotaberge facta, 321.

960, 7 Jan. Donatio curtili in Tasliaco villa domno Gausmaro abbati a Leutberto facta, 173.

960? Febr. Confirmatio electionis Gausmari abbatis a Borchardo, Lugdunensi archiepiscopo, data, 126.

960, Febr. Donatio vineæ in villa de Classo ecclesiæ Beati Petri de Mornanto a Seyardo facta, 343.

960? 10 Mart. Donatio vineæ in Apiniaco villa domno Badino abbati a Gimbergia facta, 50.

960, 30 April. Donatio ecclesiæ Sanctæ Mariæ de Brolio domno Gausmaro abbati a Raimundo et uxore ejus facta, 135.

960, Jun. Donatio mansorum undecim in multis locis sitorum domno Gausmaro abbati a Berardo et uxore ejus facta, 244.

960, Jun. Donatio mansi in Pexolio villa domno Gausmaro abbati a Pontio facta, 281.

960? 2 Juil. Præstaria rerum de Pinedo domino Bermundo a Badino abbate facta, et donatio diversarum rerum ab eodem Bermundo, in loco de Senaruva, 49.

960, Oct. Donatio campi et vineæ in Villabona villa domno Gausmaro abbati a Bladino et Bosone facta, 156.

960. Donatio mansi in Pulliaco villa domno Gausmaro abbati a Rainaldo facta, 258.

960. Donatio campi ad Duas Olchas domno Gausmaro abbati a Vuitaldo et uxore ejus facta, 306.

960. Donatio rerum in villa Despusolis Beato Martino Saviniacensi ab Emina fœmina facta, 370.

960. Donatio curtili in fine de Casellis Sancto Martino de Saviniaco ab Arumbuoda facta, 371.

960. Donatio vineæ in fine de Billiaco Sancto Martino Saviniacensi ab Alberico et uxore ejus facta, 372.

960. Donatio curtilorum et mansorum in fine de Avalgo Sancto Martino Saviniacensi a Leotherio facta, 373.

960. Donatio ecclesiæ Sancti Petri de Bicalona, in comitatu Tolornensi, monasterio Saviniacensi a Rodulfo sacerdote facta, 374.

CHARTARUM SAVINIACENSIUM. 713

960. Donatio rerum in fine de Polosiaco monasterio Saviniacensi ab Agnone facta, 381.
960 circa. Donatio curtili in Aginiaco villa domno Gausmaro abbati a Gerotdo facta, 302.
960 circa. Donatio curtili in Linirolis villa domno Gausmaro abbati a Vuindrado facta, 168.
960 circa. Donatio curtili in Appinaco villa domno Gausmaro abbati a Deodato et uxore ejus facta, 191.
960 circa. Donatio duorum curtilorum in Gausiaco villa domno Gausmaro abbati ab Alberico sacerdote facta, 231.
960 circa. Donatio rerum in Conziaco villa domno Gausmaro abbati ab Arlulfo facta, 232.
960 circa. Donatio trium curtilorum in Apiniaco villa domno Gausmaro abbati ab Arlulfo et uxore ejus facta, 233.
960 circa. Donatio curtili in Flaciaco villa domno Gausmaro abbati a Lamberto et uxore ejus facta, 234.
960 circa. Donatio rerum in Rozeriis villa domno Gausmaro abbati a Gerardo et uxore ejus facta, 237.
960 circa. Donatio mansi in Cavannis villa domno Gausmaro abbati a Vuilisio facta, 245.
960 circa. Donatio mansi in Azola villa domno Gausmaro abbati a vuadiariis et de rebus Sigiburgis facta, 246.
960 circa. Donatio campi in vico qui vocatur Forus domno Gausmaro abbati a Sobone cognomento Vuinemano facta, 247.
960 circa. Donatio curtili in villa de Stabulo domno Gausmaro abbati ab Agnerico et uxore ejus facta, 282.
960 circa. Donatio curtili in Unisiaco villa domno Gausmaro abbati a Gimbergia fœmina facta, 283.
960 circa. Donatio vineæ in Tromniaco villa domno Gausmaro abbati a Fulcherio et uxore ejus facta, 298.
960 circa. Donatio rerum in Pissedicio et Agnogelti villis domno Gausmaro abbati ab Eldoardo presbytero facta, 299.
960 circa. Donatio campi in Sivriaco villa domno Gausmaro abbati ab Abelona fœmina et filio ejus facta, 300.
960 circa. Donatio vineæ in agro Solobrensi domno Gausmaro abbati ab Arielde fœmina facta, 301.
960 circa. Donatio rerum in comitatu Turornensi et in aliis locis, in pago Alvernensi, monasterio Saviniacensi a Radulfo sacerdote facta, 396.
960-978. Excommunicatio contra eos qui decimas ecclesiæ Sancti Petri Mornacensis retinent, ab Amblardo, Lugdunensi archiepiscopo, deprecante Gausmaro abbate, lata, 129.
961, 10 Dec. Præceptum regis Lotharii, quo confirmat donationem ecclesiæ de Noaliaco, etc. Saviniacensi monasterio ab Emena factam, 132.

961. Donatio rerum in villa de Brenaco Gausmaro abbati a Lucia, Stephano, Lamberto, Dadone, Eudefredo, Arnoldo et Agnino facta, 146.
962, Oct. Donatio prati in Appinnaco villa domno Gausmaro abbati a Deodato facta, 255.
965, Jan. Donatio duorum camporum in Feneriis villa domno Gausmaro abbati ab Elissende, Constantio et Seguino facta, 313.
965, April. Donatio curtili in villa Sancti Baudelii domno Gausmaro abbati ab Evrardo decano, Anscherico et Costabili presbyteris, vuadiatoribus Desiderii, facta, 200.
965, Nov. Donatio mansorum in Monasteriolo domno Gausmaro abbati ab Adalgarde facta, 235.
965. Donatio mansi in fine del Mont domno Gausmaro abbati ab Agna fœmina facta, 312.
965. Donatio duorum curtilorum in Cambechono villa domno Gausmaro abbati ab Arbaldo et aliis facta, 314.
965. Donatio mansi in Besen villa domno Gausmaro abbati a Vuidone facta, 315.
965. Donatio curtili in Avalesia villa domno Gausmaro abbati a Foldrado et uxore ejus facta, 316.
966, Nov. Donatio curtili in villa de Nulico Benedicto sacerdoti a Dumesia facta, ea convenientia ut post obitum dicti Benedicti ad Sanctum Martinum perveniat, 115.
967, 16 Febr. Donatio rerum in villis Fluriaco et Moriaco domno Gausmaro abbati a Maginsedi facta, 188.
967, Mart. Donatio mansorum in villa Lanzolaria domno Gausmaro abbati a Maginsindi facta, 197.
967, Mai. Donatio rerum in Cassaniis et Bisbocho villis domno Gausmaro abbati a Stephano facta, 196.
967, 3 Sept. Donatio medietatis ecclesiæ Sancti Lupi domno Gausmaro abbati ab Arnulfo et uxore ejus facta, 133.
967. Donatio curtili in Vitcellis villa domno Gausmaro abbati a Rotardo sacerdote facta, 304.
968, 11 April. Donatio dimidiæ ecclesiæ Sancti Martini de Chassiaco domno Gausmaro abbati ab Aroldo et uxore ejus facta, 136.
968, 7 Nov. Vuirpitio rerum Sancto Martino ab Orieldi devota facta, 116.
968? Donatio curtili in Gradiniaco villa et terræ in silva Concisa Saviniacensi cœnobio a Rotardo facta, 101.
969, Jun. Donatio rerum in villa quæ dicitur Mons domno Gausmaro abbati ab Adeburge facta, 223.
969, 1 Oct. Donatio vineæ in Villabona villa Gausmaro abbati a Bladino et Bosone facta, 152.
969, 18 Nov. Donatio villæ et ecclesiæ Sancti Michaelis de Chazellis, etc. Gausmaro abbati a Dalmatio presbytero facta, 144.
969. Donatio mansi in villa Maceriis domno Gausmaro abbati a Fulcherio et uxore ejus facta, 263.

970, 16 Jan. Donatio campi in Feneriis villa monasterio Saviniacensi ab Arrico et uxore ejus facta, 98.

970, Jan. Donatio campi et prati in finibus Vircei villæ monasterio Saviniacensi a Ranulfo et aliis facta, 82.

970? Jan. Donatio curtili in Flacheriis villa Sancto Martino Saviniacensi a Dotdone et uxore ejus facta, 110.

970, Febr. Donatio curtili in villa de Noaliaco ecclesiæ de Randanis ab Arrico et uxore ejus facta, 75.

970, Febr. Donatio duorum curtilorum super rivulum Scaravacum domno Gausmaro abbati a Leugarde fœmina et filio ejus facta, 166.

970? Febr. Acquisitio quarumdam terrarum cum dimidia capella in villa Aqua Docta, de Aledone levita, a Gausmaro abbate facta, 143.

970, April. Donatio duorum mansorum apud Duas Olchas monasterio Saviniacensi a Landrico et uxore ejus facta, 77.

970, Sept. Donatio rerum in Longavilla (seu Monte Verduno) Sancto Martino Saviniacensi a Bernardo, Jarentone et Ermengardi facta, 105.

970. Venditio prati in Tadrarella villa domno Gausmaro abbati a Costabili et sorore ejus facta, 224.

970. Donatio campi in Montaniaco villa domno Gausmaro abbati a Chrestina et filiis ejus facta, 317.

970. Donatio curtili ad Duas Olchas domno Gausmaro abbati ab Orsione presbytero facta, 318.

970. Donatio campi ad Duas Olchas domno Gausmaro abbati a Vuitaldo et uxore ejus facta, 319.

970. Venditio campi in Sarmenna villa domno Gausmaro abbati a Benedicto facta, 320.

970. Donatio campi in Nerecio villa domno Gausmaro abbati ab Eldeverto et aliis facta, 322.

970. Donatio molendini de Flecteriis villa domno Gausmaro abbati ab Ingelberto et uxore ejus facta, 323.

970. Donatio vineæ in Angirsio villa domno Gausmaro abbati a Flavardo et uxore ejus facta, 324.

970. Donatio vineæ in Usouro villa domno Gausmaro abbati ab Almando et aliis facta, 325.

970. Donatio campi in Albrio villa domno Gausmaro abbati a Leotgarde fœmina facta, 326.

970. Donatio curtili in Montcello villa domno Gausmaro abbati ab Arico et uxore et filio ejus facta, 327.

970. Donatio campi juxta Forum domno Gausmaro abbati ab Adalende facta, 328.

970. Donatio campi in fine Ninci villæ domno Gausmaro abbati a Dotdone facta, 329.

970. Donatio vineæ in Monte Verduno domno Gausmaro abbati ab Amaldrico presbytero facta, 330.

970. Donatio campi ad Duas Olchas domno Gausmaro abbati a Vuitaldo et uxore ejus facta, 331.
970. Donatio prati in Cambetdono villa domno Gausmaro abbati ab Arbaldo et uxore ejus facta, 332.
970. Donatio vinearum in Prato Longo villa domno Gausmaro abbati ab Arbaldo facta, 334.
970. Donatio rerum in Tauriniaco villa monasterio Saviniacensi a Gerbergia facta, 375.
970. Donatio terræ in fine Grisseleii monasterio Saviniacensi a Foldrado facta, 376.
970 circa. Donatio terræ in Marcilliego villa monasterio Saviniacensi a Grimelde facta, 78.
970 circa. Donatio campi in Magnico villa ecclesiæ Sancti Martini Randanensis a Maria facta, 79.
970 circa. Donatio terræ in Villanova villa ecclesiæ Beati Joannis Baptistæ de Randanis a Salomone facta, 80.
970 circa. Donatio mansi in Magniaco villa monasterio Saviniacensi a Bladino et uxore ejus facta, 83.
970 circa. Donatio cabannariæ in villa de Raveriis monasterio Saviniacensi a Duranto facta, 84.
970 circa. Donatio curtili ecclesiæ de Randanis a Sazia facta, 85.
970 circa. Donatio curtili et vineæ in agro Solovrensi monasterio Saviniacensi a Focardo facta, 87.
970 circa. Donatio molendini in villa de Campanego monasterio Saviniacensi ab Arrico facta, 88.
970 circa. Donatio vineæ in villa de Trelins ecclesiæ de Randanis a Duranto facta, 89.
970 circa. Donatio vineæ in finibus Aciaci monasterio Saviniacensi a Sazia facta, 91.
970 circa. Donatio curtili in Taissoneriis villa monasterio Saviniacensi ab Arnulfo et uxore ejus facta, 92.
970 circa. Donatio terræ in villa de Stabulis Nerciaco ecclesiæ de Randanis ab Ermengarde facta, 93.
970 circa. Præstaria medietatis ecclesiæ Sancti Lupi Hugoni et Unfredo a Gausmaro abbate facta, ea ratione ut aliam medietatem ad ipsos pertinentem monasterio Saviniacensi condonarent, 134.
970 circa. Donatio medietatis ecclesiæ Sancti Martini de Chassiaco domno Gausmaro abbati a Girardo et uxore et filiis ejus facta, 137.
970 circa. Dotalitium ecclesiæ de Azola a Gausmaro abbate et monachis Saviniacensibus constitutum, 145.
970 circa. Donum curtili in villa de Alta Villa domno Gausmaro abbati ab Ingeltrude et filiis ejus factum, 147.
970 circa. Donum campi in Talliaco villa Gausmaro abbati ab Arnoldo factum, 148.
970 circa. Donatio rerum infra fines Casæ Fabrivillæ domno Gausmaro abbati a Godaltrude fœmina et filiis ejus facta, 153.

970 circa. Donatio vineæ in Bisboch villa ecclesiæ Sancti Martini Saviniacensis ab Icterio facta, 154.
970 circa. Donatio mansi in villa de Celsiaco Gausmaro abbati a Gauzeranno facta, 155.
970 circa. Commutatio rerum in valle Bevronensi sitarum inter abbatem Gausmarum et Gerardum, 158.
970 circa. Donatio vineæ in Bisboch villa domno Gausmaro abbati a Theutbodo et uxore ejus facta, 159.
970 circa. Donatio vircariæ in Bisboch villa, et prati in loco qui dicitur Pitavallis, domno Gausmaro abbati ab Almanno et Alberico facta, 161.
970 circa. Commutationes rerum inter Gausmarum, abbatem Saviniaci, et Hildebertum, abbatem insulæ Barbaræ, 174.
970 circa. Donatio campi in Marciaco villa domno Gausmaro abbati a Gauceranno facta, 175.
970 circa. Donatio curtili in Craponica villa domno Gausmaro abbati a Fulcherio facta, 190.
970 circa. Donatio vineæ in Fluriaco villa domno Gausmaro abbati ab Asterio sacerdote facta, 192.
970 circa. Donatio prati in Fluriaco villa domno Gausmaro abbati ab Adalardo facta, 193.
970 circa. Donatio duorum curtilorum in Fluriaco villa domno Gausmaro abbati a Gauseranno facta, 194.
970 circa. Donatio vineæ in Liviaco villa domno Gausmaro abbati ab Ethenulfo et uxore ejus facta, 195.
970 circa. Convenientia inter domnum Gausmarum abbatem et quosdam viros Adalbertum et Gauzelinum de terra Sancti Martini quæ est in Monte Aureo, 198.
970 circa. Venditio curtili in Lescheriis villa domno Gausmaro abbati a Desiderio et Ademaro facta, 199.
970 circa. Venditio curtili in villa Sancti Baudelii domno Gausmaro abbati a Benedicta fœmina facta, 201.
970 circa. Venditio vineæ in villa Sancti Baudelii domno Gausmaro abbati a Raculfo et uxore ejus facta, 202.
970 circa. Donatio rerum in Lescheriis villa et in aliis locis Saviniacensi monasterio a Badulfo sacerdote facta, 203.
970 circa. Donatio vineæ in Ruinangiis domno Gausmaro abbati a Theotlando et uxore ejus facta, 262.
970 circa. Donatio curtili in Montaniaco monasterio Saviniacensi a Berteleno et uxore ejus facta, 264.
970 circa. Donatio duorum curtilorum in agro Nirniacensi domno Gausmaro abbati a Vualone et uxore ejus facta, 265.
970 circa. Donatio trium curtilorum in Binniaco villa domno Gausmaro abbati ab Adalardo et uxore ejus facta, 266.

970 circa. Donatio curtili in fine Banneriarum villæ domno Gausmaro abbati a Rotlando et uxore ejus facta, 267.

970 circa. Donatio duorum mansorum in Gramiaco villa domno Gausmaro abbati ab Iterio facta, 284.

970 circa. Donatio rerum in variis villis domno Gausmaro abbati ab Arielde fœmina facta, 285.

970 circa. Donatio dimidii mansi ad Fossadum domno Gausmaro abbati ab Anna fœmina, et Hugone et Arnulfo, filiis Vuilenci, facta, 286.

970 circa. Donatio curtili in Isiouro villa domno Gausmaro abbati ab Adaltrude fœmina facta, 303.

970 circa. Donatio curtili in Brionna villa monasterio Saviniacensi ab Engenlanno facta, 379.

970 circa. Donatio curtilorum in villis Donsiaco et Sonlodro monasterio Saviniacensi a Theudeno presbytero facta, 380.

970 circa. Donatio duarum vinearum in Villari villa monasterio Saviniacensi a Leutardo sacerdote facta, 382.

970 circa. Donatio conquisti Bozonis a Bladino, fratre ejusdem Bozonis, Sancto Martino de Felice Vulpe facta, 408.

974, Jan. Donatio curtili in fine Nizeci Sancto Martino Saviniacensi ab Ermengarde facta, 109.

974, 9 April. Donatio ecclesiæ Sancti Petri de Aveziis, cum parrochia et presbyteratu, Gausmaro abbati a Rotberto et uxore ejus facta, 139.

974, Oct. Donatio rerum in villa quæ dicitur Mornant domno Gausmaro abbati ab Heldeverto facta, 128.

975, 15 Mart. Donatio capellæ Sancti Benigni de Monte, etc. Gausmaro abbati ab Arnulfo facta, 141.

975, 15 Mart. Donatio mansi in loco qui dicitur Ciriacus domno Gausmaro abbati a Vuatburge fœmina facta, 163.

975, 5 Jul. Donatio curtili in Lentiliaco villa domno Gausmaro abbati a Maynardo et Amalgerio presbytero, de hæreditate Gunduini fratris eorum, facta, 181.

975 circa. Donatio rerum in villis Estrada et Madis domno Gausmaro abbati a Madalgaudo et uxore ejus facta, 182.

976, 22 Mart. Donatio curtili in villa de Limans domno Gausmaro abbati ab Unfredo facta, 252.

976, Mai. Donatio campi in villa quæ vocatur ad Tres Canes domno Gausmaro abbati a Gauzone facta, 183.

976, 30 Aug. Vuirpitio terræ Sancti Baudelii domno Gausmaro abbati a Matfredo et Silvio fratribus facta, 256.

976, 16 Sept. Donum terræ in Fluriaco villa domno Gausmaro abbati a Drocteldi fœmina factum, 189.

976, 7 Oct. Decretum seu præceptum domini Conradi regis monasterio Saviniacensi concessum, Amblardo, Lugdunensi archiepiscopo, supplice, 127.

976. Donatio rerum in Liviaco villa monasterio Saviniacensi a Rostagno presbytero facta, 377.
976. Donatio vineæ et campi in valle Bevronica monasterio Saviniacensi ab Acberto et uxore ejus facta, 378.
977, 23 Jan. Donum duorum curtilorum in villa Varennis domno Gausmaro abbati ab Amalgerio sacerdote factum, 228.
977, Mart. Donatio mansi in Celsiaco villa domno Gausmaro abbati ab Ayglaldo facta, 187.
977, Mart. Donatio cabannariarum in Chrontilliaco villa domno Gausmaro abbati a Folcholdo facta, 268.
977, April. Donatio curtilorum et aliarum rerum in Luirciaco villa Gausmaro abbati ab Alberico, Folcherio et Emmanueli, fratribus Aymonis, de hereditate ipsius, facta, 164.
977, April. Donatio mansi in villa quæ dicitur ad Tres Canes domno Gausmaro abbati ab Erpino et uxore ejus facta, 184.
977, April. Donatio mansi in villa quæ dicitur Mons domno Gausmaro abbati ab Arenco facta, 205.
977, April. Donatio mansi in Tresdovulp domno Gausmaro abbati a Sigibaldo facta, 248.
977, April. Impignoratio mansi de Scannatis villa domno Gausmaro abbati ab Ermengarde facta, 250.
977, Dec. Donatio quinque curtilorum ad Pratum Menulti, in pago Matisconensi, domno Gausmaro abbati ab Adalgarde facta, 249.
977 circa. Donatio curtili in Sivriaco villa domno Gausmaro abbati a Rotboldo et Icterio, parentibus Aroldi, facta, 251.
979, Sept. Donatio rerum in Saliceto villa et in aliis locis domno Gausmaro abbati a Lienardo et aliis, vuadiatoribus Bernonis, sicut ipse Berno præceperat, facta, 162.
979, Oct. Donatio rerum in villa quæ dicitur Calme domno Gausmaro abbati a Bosone facta, 149.
979, Nov. Donatio duorum mansorum in villa de Esclareis domno Gausmaro abbati a Girardo, fratre Arnulfi, de hereditate ejusdem Arnulfi, facta, 206.
979, Nov. Donatio trium curtilorum in Sarsagico villa domno Gausmaro abbati a Milone et uxore ejus facta, 217.
980, 2 Jan. Donatio molendini in villa de Brolio domno Gausmaro abbati ab Arrio presbytero facta, 207.
980, Mart. Donatio mansi in villa Truncido Gausmaro abbati ab Aynardo facta, 160.
980, April. Donatio vineæ in villa Fluriacensi domno Gausmaro abbati a Gerardo et uxore ejus facta, 185.
980, April. Donatio vineæ in Saynati villa ecclesiæ Sancti Petri de Mornanto a Leotberto et uxore ejus facta, 344.
980, April. Donatio prati in fine Folvodis villæ Sancto Martino Saviniacensi a Joanne presbytero facta, 567.

720 INDEX CHRONOLOGICUS

980, Mai. Donatio vineæ in villa de Toroniaco domno Gausmaro abbati ab Adelelmo, fratre suo Adalgerio consentiente, facta, 179.

980, Sept. Donum campi in Rengoni villa ecclesiæ de Randanis a Guarnenco et uxore et filio ejus facta, 117.

980, Oct. Donatio vineæ in Trenau villa ecclesiæ de Randanis ab Adalardo et uxore ejus facta, 103.

980, Oct. Donatio vineæ in Trenau villa Sancto Martino Saviniacensi et Sancto Joanni Randanensi ab Autberto et uxore ejus facta, 107.

980, Oct. Donatio curtili et horti in Burbuniaco villa Sancto Martino apud Randanum a Gausmaro presbytero facta, 108.

980, Oct. Donatio curtilorum in Excoliaco villa domno Gausmaro abbati a Vuidone, cognomento Bodone, facta, 186.

980, Oct. Venditio curtili in Cliviaco villa domno Gausmaro abbati a Raganfredo et uxore ejus facta, 208.

980, Oct. Venditio campi in villa de Cliviaco domno Gausmaro abbati a Bono et uxore ejus facta, 209.

980, Nov. Donatio curtili in Cassiaco villa domno Gausmaro abbati ab Adalgarde facta, 204.

980. Donatio campi in Sarmonaco villa domno Gausmaro abbati a Volberta fœmina et filiis ejus facta, 333.

980 circa. Donatio mansi in villa Bruciaco Gausmaro abbati ab Anna facta, 150.

980 circa. Donatio rerum in Chrisigniaco villa Gausmaro abbati ab Aschirico facta, 151.

980 circa. Donatio rerum in Luirciaco villa Gausmaro abbati a Fulcherio et Emmanueli, fratribus Alberici, de hereditate ipsius, facta, 157.

980 circa. Donatio vineæ in Arciaco villa domno Gausmaro abbati a Gauzone facta, 170.

980 circa. Donatio curtili in villa de Mortario domno Gausmaro abbate a Gerardo facta, 171.

980 circa. Prestaria campi in Bisboch villa Laydredo presbytero a domno Gausmaro abbate facta, 172.

980 circa. Donatio terrarum in agro Cogniacensi domno Gausmaro abbati ab Avæa facta, 177.

980 circa. Donatio curtili in villa de Toroniaco domno Gausmaro abbati a Gauzone facta, 180.

980 circa. Donatio curtili in Magniaco villa domno Gausmaro abbati ab Adalgarde et filio ejus, vuadiariis Rotlanni, de hereditate ejusdem Rotlanni, facta, 211.

980 circa. Donatio mansi in Escanatis villa domno Gausmaro abbati ab Ermengarde et filio ejus facta, 212.

980 circa. Donatio mansi in Exsarniaco villa domno Gausmaro abbati a Pontio et Liberto fratribus facta, 214.

980 circa. Venditio terrarum in Pradellis villa domno Gausmaro abbati a Milone et Emmone facta, 215.

CHARTARUM SAVINIACENSIUM. 721

980 circa. Donatio curtili in villa de Brolio domno Gausmaro abbati a Raymundo et uxore ejus facta, 216.

980 circa. Donatio duarum mansionum in Passiliaco villa domno Gausmaro abbati a Milone facta, 219.

980 circa. Donatio curtili in villa Boynaco domno Gausmaro abbati a Vuillelmo, de rebus Affredi, facta, 220.

980 circa. Donatio vineæ in villa Noreredis domno Gausmaro abbati a Constantio et uxore ejus facta, 221.

980 circa. Donatio curtili in villa Noreredis domno Gausmaro abbati ab Amalgerio sacerdote facta, 222.

980 circa. Donum vineæ in Flaciaco villa domno Gausmaro abbati a Ragimundo et uxore ejus factum, 225.

980 circa. Donatio rerum in Teledaco villa domno Gausmaro abbati ab Amblardo et uxore ejus facta, 226.

980 circa. Donatio duorum curtilorum in fine Conlidii domno Gausmaro abbati ab Otgerio facta, 227.

980 circa. Donum mansi in agro Tarnantensi domno Gausmaro abbati ab Aymino et uxore ejus factum, 229.

980 circa. Donatio mansi in villa quæ dicitur Loctanges domno Gausmaro abbati ab Adalgerio facta, 240.

980 circa. Impignoratio mansi in villa Scannatis domno Gausmaro abbati ab Ermengarde fœmina facta, 253.

980 circa. Donatio curtili in Appinaco villa domno Gausmaro abbati a Giroldo facta, 254.

980 circa. Donatio duorum curtilorum domno Gausmaro abbati a Droctelde fœmina facta, 257.

980 circa. Donatio campi in Pulisiaco villa domno Gausmaro abbati a Censorio et uxore ejus facta, 260.

980 circa. Donatio quinque curtilorum in villis Anisiaco et Espartiaco domno Gausmaro abbati ab Arulfo et uxore ejus facta, 261.

980 circa. Donatio mansorum in Magniaco villa domno Gausmaro abbati a Braydenco facta, 270.

980 circa. Donatio campi in Stabulis villa domno Gausmaro abbati ab Arnulfo facta, 271.

980 circa. Donatio mansi in Valleliis villa domno Gausmaro abbati ab Aschirico et uxore ejus facta, 272.

980 circa. Donatio mansorum in villis Gradiniaco et Serris domno Gausmaro abbati a Sigiburge et filio ejus facta, 273.

980 circa. Donatio mansi in Lodenis villa domno Gausmaro abbati ab Amblardo et uxore ejus facta, 274.

980 circa. Donum rerum in Pomedio villa domno Gausmaro abbati a Vuigone levita factum, 275.

980 circa. Donatio campi in Stabulis villa domno Gausmaro abbati a Vera facta, 276.

980 circa. Donatio vinearum in Liviniaco villa domno Gausmaro abbati ab Ansberto facta, 277.

980 circa. Donatio vinearum in Aynnaco villa domno Gausmaro abbati a Theotardo et uxore ejus facta, 278.

980 circa. Donatio curtili in Cambetdono villa domno Gausmaro abbati ab Arboldo et fratre ejus facta, 279.

980 circa. Donatio duorum curtilorum in Nulliaco villa domno Gausmaro abbati a Pontio facta, 280.

980 circa. Donatio vineæ in Lannech villa domno Gausmaro abbati a Ratburno et uxore ejus facta, 287.

980 circa. Donatio quinque curtilorum in Foro villa domno Gausmaro abbati a Gosberto facta, 288.

980 circa. Donatio vineæ in Valesia villa domno Gausmaro abbati ab Adalberto et filio ejus facta, 289.

980 circa. Donatio mansi in Moncello domno Gausmaro abbati a Girardo et uxore ejus facta, 290.

980 circa. Donatio curtili in Accingis villa domno Gausmaro abbati a Dumesia fœmina facta, 291.

980 circa. Donatio vineæ in Civileto loco domno Gausmaro abbati a Vuandalmode et uxore ejus facta, 292.

980 circa. Donatio mansi in loco Pinatii domno Gausmaro abbati a Girardo facta, 293.

980 circa. Emptio vinearum in villa Ademniaco a domno Gausmaro abbati facta, Artoldo et uxore ejus venditoribus, 294.

980 circa. Donatio vinearum, camporum et pratorum in Maceriis villa domno Gausmaro abbati ab Acglerio facta, 295.

980 circa. Donatio dimidii mansi in Accingia villa domno Gausmaro abbati a Vualone facta, 296.

980 circa. Donatio curtili in Monte Calvo villa domno Gausmaro abbati ab Hugone et aliis, de hereditate Adaltrudinis fœmina, facta, 336.

980 circa. Donatio curtili in Lodisco villa domno Gausmaro abbati a Dudranno facta, 337.

980 circa. Impignoratio vineæ in villa Mornantensi domno Gausmaro abbati ab Eldeverto facta, 338.

980 circa. Donatio vineæ in Corcennato villa monasterio Saviniacensi a Gausberto facta, 339.

980 circa. Donum vineæ in Dagnino villa ecclesiæ Mornantensi a Rodoardo et uxore ejus factum, 340.

980 circa. Donatio duorum curtilorum in Casenica villa ecclesiæ Mornantensi a Rotberto facta, 341.

980 circa. Donum curtili, vircariæ et prati, monasterio Saviniacensi a Theotgrino et Hugone fratribus factum, 383.

980 circa. Donatio campi in villa de Alta Villa monasterio Saviniacensi ab Ingelbergia et filio ejus facta, 384.
980 circa. Donatio mansi in Casocco villa et curtili in Cogniaco villa monasterio Saviniacensi a Berardo et filio ejus facta, 385.
980 circa. Donatio mansorum, etc. in Pradellis villa Sancto Martino Saviniacensi a Bragdinco et uxore ejus facta, 386.
980 circa. Donatio curtili in Appenniaco villa Sancto Martino Saviniacensi ab Aimone presbytero facta, 387.
981, 27 Febr. Donatio curtili in villa de Casellis domno Gausmaro abbati a Leotherio facta, 210.
981, Sept. Donatio ecclesiæ Sancti Petri de Palus Gausmaro abbati ab Emeltrude, uxore Gauzeranni, et filio eorum Amalrico, facta, 138.
981, 2 Nov. Donatio vineæ et terræ in Brionna villa Gausmaro abbati ab Ingela, Narduino, Rotbaldo et Iterio facta, 176.
982, Febr. Donatio curtili in villa Sarsaico domno Gausmaro abbati ab Ermengarde, uxore Alarici, de hereditate ejusdem Alarici, facta, 213.
982, 1 April. Donatio prati in Marangiis villa domno Gausmaro abbati ab Unfredo, Fulcherio et Stephano facta, 241.
982, Jun. Donatio curtili in Cassiaco villa domno Gausmaro abbati ab Arrico, Francone et Etherio, vuadiariis Godaldrici, de rebus ejusdem Godaldrici, facta, 218.
982, Aug. Donatio rerum in villa de Luirciaco domno Gausmaro abbati ab Emmanuele, fratre Folcherii, de hereditate dicti Folcherii, facta, 169.
983, Mart. Donatio rerum in Libertis villa Gausmaro abbati a Livone et Ermengarde conjugibus facta, 165.
983, 1 April. Donatio curtili in Calviaco villa domno Gausmaro abbati a Dominico facta, 259.
983, 7 April. Donatio curtili in Toroniaco villa domno Gausmaro abbati a Volberto et uxore ejus facta, 178.
983, Oct. Donatio vineæ in Lannech villa domno Gausmaro abbati a Stephano sacerdote facta, 269.
984, 22 Febr. Donum mercati de Mornanto villa domno Gausmaro abbati a Stephano factum, 335.
984. Confirmatio electionis Hugonis, abbatis Saviniacensis, a Borchardo, Lugdunensis ecclesiæ præsuli, data, 427.
984-993. Donatio curtili in Taninaco loco domno Hugoni abbati ab Unfredo facta, 445.
984-993. Donatio quinque camerarum in villa quæ vocatur Pontus domno Hugoni abbati a Costabile et Archimberto facta, 446.
984-993. Donatio dimidii curtili in Chaornis villa domno Hugoni abbati ab Aroardo, fratre Girardo, de possessione dicti Girardi, facta, 447.
984-993. Donatio curtili in Villaboni villa domno Hugoni abbati a Vualdrada fœmina facta, 449.

984-993. Donatio rerum in villis quæ dicuntur Avalgias, Prades et Cambariacus, domno Hugoni abbati ab Aledone sacerdote facta, 450.

984-983. Donatio campi in Casis Varennis villa domno Hugoni abbati ab Ingelberto et uxore ejus facta, 451.

984-993. Donatio duorum curtilorum in Brolio villa domno Hugoni abbati a Bergunde, sanctimoniali fœmina, facta, 452.

984-993. Donatio curtili in Fluriaco villa domno Hugoni abbati a Caballario et uxore ejus facta, 453.

984-993. Dona varia in Crissiniaco et Mortario villis domno Hugoni abbati a Vuichardo et uxore ejus facta, 454.

984-993. Donatio mansi in Crionensi villa domno Hugoni abbati a Giraldo facta, 455.

984-993. Donatio vineæ, curtili et vircariarum in Liviaco villa, domno Hugoni abbati ab Ingelberto facta, 456.

984-993. Donatio curtili in Sclareis villa domno Hugoni abbati a Raginaldo sacerdote et Agidrado, vuadiariis Raginerii, de rebus ejusdem Raginerii facta, 457.

984-993. Donatio duarum vircariarum in Monte Romani domno Hugoni abbati a vuadiariis Constantionis presbyteri facta, 458.

984-993. Donum in Griviliaco domno Hugoni abbati ab Ayglaldo et uxore ejus factum, 459.

984-993. Donatio mansi in Buxeriis villa domno Hugoni abbati ab Aymone facta, 460.

984-993. Recuperatio terrarum in agro Rodonensi, scilicet in villis Arciaco et Campaniaco, ab Hugone abbate facta, 461.

984-993. Donatio rerum in Arciaco villa domno Hugoni abbati a Stephano levita facta, 462.

984-993. Donatio vineæ, etc. in Crusillia villa, domno Hugoni abbati ab Iterio, Silvio, Bernardo et Amblardo facta, 469.

984-993. Donatio camporum et vinearum in Caornis villa domno Hugoni abbati ab Aroardo facta, 496.

984-993. Donatio rerum in Avelga villa domno Hugoni abbati a Leutgarde fœmina facta, 576.

984-993. Donatio vinearum in Torinniaco villa domno Hugoni abbati a Bernardo, Almanno, Alberico, Adalgerio et Eldegarde, uxore Arnoldi, de rebus ejusdem Arnoldi, facta, 577.

985 circa. Commutatio rerum inter Hugonem, Saviniacensem abbatem, et Hildebertum, insulæ Barbaricæ abbatem, 540.

986, Mart. Donatio mansi in Campaniaco villa domno Hugoni abbati a Bladino et uxore ejus facta, 440.

986? April. Venditio campi in Nercieo villa domno Hugoni abbati a Vuarnono et Ermensende facta, 561.

986? Mai. Donatio campi in fine villæ de Cavannetis Sancto Joanni de Randanis et Sancto Martino Saviniacensi, ubi præest abbas Hugo, a Benedicta, Abraham sacerdote, Pontio et Rotbaldo sacerdote facta, 563.

988, 16 Febr. Dona rerum in Frasneto villa domno Hugoni abbati a Fulcherio facta, 439.
989, Febr. Donatio ecclesiæ Sancti Nicetii, etc. viro nobili Hugoni abbati a Salicone sacerdote facta, 431.
990. Donatio vineæ in Bisboch villa domno Hugoni abbati a Bernardo facta, 579.
991 ? 20 Sept. Donatio campi in Nerciaco villa monasterio Saviniacensi a Girina facta, 96.
992, 11 Jul. Vuirpitio hereditatis in villis Arciaco et Campaniaco sitæ, domno Hugoni abbati ab Artaldo facta, 533.
993, Febr. Donatio silvæ Montis Mediani domno Hugoni abbati ab Audacre facta, 442.
993, April. Donatio mansi indominicati in villa quæ dicitur Andres domno Hugoni abbati ab Audacre facta, 444.
993 ? April. Donatio campi in Lodisco villa ecclesiæ Sancti Petri de Mornanto a Justo facta, 345.
993 ? Mai. Donatio curtili in villa quæ dicitur Pontus domno Hugoni abbati a Machario facta, 443.
993, 30 Aug. Donatio curtili in Cavennaco villa domno Hugoni abbati a Bernardo facta, 448.
993. Donatio mansi in villa de Pomariolis et cavanariæ juxta Randanum domno Hugoni abbati ab Arrico et filio ejus facta, 441.
993-1032. Donatio terræ in villa de Taissoneriis ecclesiæ de Randanis a Girberto facta, 90.
994 (ante). Charta Artaldi comitis, qua domno Hugoni abbati res diversas in Toriniaco villa et in aliis locis sitas tribuit, 437.
994. Donatio vineæ in Brinniaco villa et cabannariæ in loco dicto Ponteuls domno Hugoni abbati a Rotlanno facta, 468.
994. Donatio mansi in Bessennaco villa domno Hugoni abbati a Duranto et Suadulfo, marito Agnæ, facta, 481.
994. Donatio mansi in Tilliaco villa domno Hugoni abbati ab Ascherico et uxore ejus facta, 482.
994. Donatio rerum in Periculis villa domno Hugoni abbati ab Artaldo et uxore ejus facta, 483.
994-1032. Donatio campi Vuandalfredi ecclesiæ Sancti Petri de Mornanto a Rotlanno facta, 346.
995. Donatio rerum in loco qui dicitur Villa domno Hugoni abbati ab Almanno et uxore ejus facta, 484.
995. Donatio curtili in villa Fluriaco domno Hugoni abbati a Midalgaudo et uxore ejus facta, 485.
997. Donatio rerum in Fontanis villa domno Hugoni abbati ab Uperto et uxore ejus facta, 486.
997, Nov. Donum ecclesiæ Sancti Marcelli de Goelis domno Hugoni abbati ab Aymone sacerdote factum, 433.
997 circa. Unde supra, 434.

998, Jan. Vuirpitio ecclesiæ Sancti Cipriani, Hugone abbate gubernante, a Rencone et uxore ejus facta, 470.

998, April. Donatio mansorum in villis Longa Calma, Radice, Valle et in aliis locis, domno Hugoni abbati a Vuandalmode et filiis ejus facta, 477.

999, Nov. Donatio vineæ in fine villæ de Escalatis ecclesiæ Sancti Martini Saviniacensis domno ab Iterio sacerdote facta, 347.

999, Nov. Donatio curtili in Saynato villa domno Hugoni abbati ab Otgerio sacerdote facta, 549.

1000, Mart. Privilegium Burchardi, archiepiscopi Lugdunensis, quo, domno Hugone abbate petente, Ledaycum montem ad victum fratrum concedit, 438.

1000, 1 Aug. Donatio ecclesiæ Sancti Laurentii domno Hugoni abbati a Fredelando et uxore ejus facta, 435.

1000 circa. Donatio curtili et vineæ in villa de Aciaco ecclesiæ de Randanis a Stephano de Marciliaco facta, 95.

1000 circa. Donatio vineæ in villa de Verderiis ecclesiæ de Randanis a Suscifera facta, 102.

1000 circa. Donatio vircariæ in villa de Novaliaco ecclesiæ Beati Joannis Randanensis a Girino facta, 106.

1000 circa. Donatio vineæ in loco qui vocatur Litgiacus ecclesiæ Sancti Joannis Randani a Beraldo facta, 113.

1000 circa. Donatio curtili in Surgio villa ecclesiæ Sancti Martini Saviniacensis a Girerde fœmina facta, 119.

1000 circa. Donatio curtili in villa quæ dicitur Farges Asterio a Girino, fratre suo, facta, ea ratione ut post decessum dicti Asterii ad monasterium Sancti Martini Saviniacensis perveniat, 120.

1000 circa. Præstaria mansi de Fossato Pontioni Angereu et Petro, filio ejus, ab Hismidone, Randanensis obedientiæ præposito, facta, 124.

1000 circa. Donatio vineæ in villa quæ dicitur Scelatis ecclesiæ de Mornanto ab Arberto facta, 356.

1000 circa. Donatio terræ in Matusatis villa ecclesiæ de Mornanto a Giroldo facta, 357.

1000 circa. Donatio vineæ in Maiernatis villa ecclesiæ de Mornanto a Stephano facta, 359.

1000 circa. Donatio curtili in Marciolatis villa ecclesiæ de Mornanto a Petro facta, 360.

1000 circa. Donatio vineæ in Classo villa ecclesiæ de Mornanto a Gausmaro facta, 361.

1000 circa. Donatio curtili in Lodisco villa ecclesiæ de Mornanto ab Ingelberga fœmina facta, 362.

1000 circa. Donatio terræ in Mornanto sita ecclesiæ ejusdem Mornanti a Bladino et uxore ejus facta, 363.

1000 circa. Donatio vineæ in Musciliaco villa Sancto Martino de Saviniaco a Gonterio et uxore ejus facta, 364.

1000 circa. Sponsalitium ecclesiæ Sancti Petri de Mornanto ab Eldeverto constitutum, 365.

CHARTARUM SAVINIACENSIUM.

1000 circa. Acquisitiones rerum sive donationes partium ecclesiis Saviniacensis monasterii et Mornantensis factæ, 366.

1000 circa. Donatio curtili in Bisboch villa Sancto Martino Saviniacensi ab Adalardo presbytero facta, 388.

1000 circa. Donatio curtili in Mollisolea villa Sancto Martino Saviniacensi a Vuilisio facta, 389.

1000 circa. Donatio curtili in Colligio villa Sancto Martino Saviniacensi ab Ayminelde facta, 390.

1000 circa. Donatio curtili in Pragnolis villa Sancto Martino Saviniacensi ab Aynone facta, 391.

1000 circa. Donatio vineæ in Fluriaco villa Sancto Martino Saviniacensi ab Hilaria facta, 392.

1000 circa. Donatio vineæ et vircariæ in Celsiaco villa Sancto Martino Saviniacensi ab Agnone presbytero facta, 393.

1000 circa. Donatio curtili in Luirciaco villa Sancto Martino Saviniacensi a Bernone facta, 394.

1000 circa. Donatio campi in Avalgiis villa, et partis prati in Chambariaco, Sancto Martino Saviniacensi a Costabile et uxore ejus facta, 395.

1000 circa. Donatio prati in valle de Orval, in pago Matisconensi, ecclesiæ Sancti Nicetii [de Azelgo] ab Umberto et Eldearde uxore ejus facta, 397.

1000 circa. Donatio vineæ in Gimilangis villa Sancto Nicetio [de Azelgo] a Rotgarde facta, 398.

1000 circa. Donatio vineæ inter Iconium et Thasiacum Sancto Martino Saviniacensi a Girardo facta, 399.

1000 circa. Donatio mansi in Solerios Sancto Martino Saviniacensi ab Affizia facta, 400.

1000 circa. Donatio rerum in Bisboch villa Sancto Martino Saviniacensi a Gausberto et uxore ejus facta, 401.

1000 circa. Donatio rerum in Toroniaco villa Sancto Martino Saviniacensi ab Almanno facta, 402.

1000 circa. Donatio curtili in Olzoneto villa Sancto Martino Saviniacensi a Silvione et Agna, uxore ejus, pro anima et de rebus Bernonis, fratris dicti Silvionis, facta, 403.

1000 circa. Donatio ecclesiæ de Velchi Sancto Martino Saviniacensi ab Hugone Carpinelli facta, 404.

1000 circa. Donatio vineæ in Calesci villa Sancto Martino Saviniacensi a Pontio facta, 405.

1000 circa. Donatio rerum in villis Buxilia et Praynaz Sancto Martino de Saviniaco a Duranto et Vuilenco fratribus facta, 406.

1000 circa. Donatio silvæ de Belna Sancto Martino Saviniacensi a Rotlanno facta, 407.

1000 circa. Donatio vineæ in Taxilanco villa Sancto Martino Saviniacensi a Duranto Tornavent facta, 409.

1000 circa. Donatio rerum prope rivulum qui Coltressa vocatur, in loco dicto Sagiforana, Sancto Martino de Saviniaco a Pontione et uxore ejus facta, 410.

1000 circa. Donatio vineæ et cambonis in parrochia Sancti Laurentii Sancto Martino de Saviniaco a Duranto facta, 411.

1000 circa. Donatio curtili Varennis Sancto Martino Saviniacensi ab Aymone facta, 412.

1000 circa. Donatio curtilorum in loco qui dicitur Vallis Nigra Sancto Martino Saviniacensi a Dulcisma facta, 413.

1000 circa. Donatio rerum in Liviaco villa Sancto Martino Saviniacensi a Jarentone et filiis ejus facta, 414.

1000 circa. Donatio villæ et capellæ de Valle, etc. Sancto Martino de Saviniaco a quodam viro nobili facta, 415.

1000 circa. Donatio curtili in Flunis villa et in aliis locis Sancto Martino Saviniacensi a Berardo facta, 416.

1000 circa. Donatio curtili in Brinnaco villa Sancto Martino Saviniacensi ab Auffredo et uxore ejus facta, 417.

1000 circa. Donatio vinearum in Colovraci villa, et curtili in Jussiaco villa, Sancto Martino Saviniacensi a Gauzeranno et uxore ejus facta, 418.

1000 circa. Donatio mansi in Fargiis villa Sancto Martino Saviniacensi ab Otgerio et Gerardo facta, 419.

1000 circa. Donatio curtili in Donciaco villa Sancto Martino Saviniacensi a Theudeno presbytero facta, 421.

1000 circa. Donatio vineæ in Drasiaco villa Sancto Martino Saviniacensi a Theodino sacerdote facta, 422.

1000 circa. Donatio vineæ et campi in Arciaco villa Sancto Martino Saviniacensi a Bernardo facta, 423.

1000 circa. Donatio dimidiæ ecclesiæ Longæ Sagnæ Sancto Martino Saviniacensi a Gauzeranno facta, 424.

1000 circa. Donum rerum Sancto Martino Saviniacensi a Godalvino et uxore ejus factum, 425.

1000 circa. Donatio mansi qui vocatur Bizi, etc. Sancto Martino Saviniacensi a Theotgrino facta, 426.

1000 circa. Notitia sive vuirpitio quæ convenit inter Burchardum pontificem, Conradi regis filium, et Sancti Martini Saviniacensis cœnobii congregationem, de certis terris cuidam Sigiberto Calvo datis, 428.

1000 circa. Notitia sive vuirpitio quæ olim convenit inter Borchardum pontificem, Conradi regis filium, et Sancti Martini Saviniacensis cœnobii congregationem, de locis diversis a malis pastoribus dilaniatis, 429.

1000 circa. Notitia constructionis castelli in parrochia Sancti Martini de Periculis ad munimentum monasterii Saviniacensis, tempore Hugonis abbatis, 430.

1000 circa. Donatio ecclesiæ de Bisboch domno Hugoni abbati a Laydredo presbytero facta, 432.

1000 circa. Donatio ecclesiæ Sancti Stephani [de Luanis] domno Hugoni abbati ab Aroldo facta, 436.

1000 circa. Donatio vineæ in Ulcineto villa domno Hugoni abbati a Desiderio et uxore ejus facta, 463.

1000 circa. Donatio rerum in villis Masliaco, Carpaneto et Prunaco, domno Hugoni abbati ab Ermenfredi fœmina facta, 465.

1000 circa. Donatio curtili in villa de Montsendolf, et quatuor sextariadarum terræ in villa de Dracciaco, domno Hugoni abbati ab Adalachiz facta, 467.

1000 circa. Donatio Montis Algaudii Sancto Martino Saviniacensi ab Ademaro, Sancti Justi abbate, facta, 472.

1000 circa. Donatio rerum in Casutiis villa domno Hugoni abbati a Vuandalmode facta, 473.

1000 circa. Donatio curtili in Marciaco villa domno Hugoni abbati ab Arperto et Bladino facta, 474.

1000 circa. Donatio curtili in Buxo loco domno Hugoni abbati ab Heldino et uxore ejus facta, 475.

1000 circa. Donatio curtili in Babech villa domno Hugoni abbati a Domesia facta, 476.

1000 circa. Donatio molendini in Ripa de Gerio, et rerum aliarum in Ambroniaco villa, domno Hugoni abbati a domina, cui nomen Regis, facta, 478.

1000 circa. Donatio rerum in Regeretio monte domno Hugoni abbati ab Agna facta, 480.

1000 circa. Donatio rerum in Fenestra villa et in villa quæ dicitur ad Montem ecclesiæ Sancti Martini Saviniacensis ab Arrico facta, 491.

1000 circa. Donatio curtili in Versennaco villa ecclesiæ Beati Martini Saviniacensis a Bello Homine et filio ejus facta, 492.

1000 circa. Donatio duorum curtilorum in Fragneto villa ecclesiæ Sancti Martini Saviniacensis a Duranto facta, 493.

1000 circa. Donatio rerum in villis Calviaco et Vindriaco domno Hugoni abbati a Theotgrino et uxore ejus facta, 494.

1000 circa. Donatio curtili in Varciago villa domno Hugoni abbati a Duranto et uxore ejus facta, 495.

1000 circa. Donatio medietatis villæ quæ dicitur Fontanis domno Hugoni abbati ab Uperto et Bernone facta, 497.

1000 circa. Donatio curtili in Villanova villa Hugoni abbati ab Agnone facta, 498.

1000 circa. Donatio campi in Paxileto loco domno Hugoni abbati a vuadiatoribus Adaloldi facta, 499.

1000 circa. Donatio curtili in Bisboch villa domno Hugoni abbati a Bernardo clerico facta, 500.

1000 circa. Donatio rerum in villis Montaniaco, Leviaco, Ulmis et Tassiaco, domno Hugoni abbati ab Unfrodo et uxore ejus facta, 501.

1000 circa. Donatio mansi in villa quæ dicitur ad Fenestras domno Hugoni abbati ab Arrico facta, 502.

1000 circa. Donatio curtili in villa quæ dicitur Vallis domno Hugoni abbati ab Hugone et uxore ejus facta, 503.

1000 circa. Donatio mansi et curtili in villa Madisio domno Hugoni abbati a Madalgaudo facta, 504.

1000 circa. Donatio vineæ in Milliaco villa domno Hugoni abbati a Vualterio, vuadiatore Rotlanni, facta, 505.

1000 circa. Donatio vineæ et campi in Pontis villa domno Hugoni abbati ab Ermendrado et uxore ejus facta, 506.

1000 circa. Donatio terræ in monte Magniaco domno Hugoni abbati a Bonone facta, 507.

1000 circa. Venditio vineæ in Chivennaco villa domno Hugoni abbati ab Aalanno facta, 508.

1000 circa. Donatio curtili in loco qui dicitur Villa domno Hugoni abbati ab Archrino facta, 509.

1000 circa. Donatio rerum in villis Polomiaco et Adolsconeto domno Hugoni abbati a Teudegrino et uxore ejus facta, 510.

1000 circa. Donatio duorum campellorum in Liviaco villa domno Hugoni abbati a Caballario facta, 511.

1000 circa. Venditio vineæ in Celsiaco villa domno Hugoni abbati ab Uberto et uxore ejus Gula facta, 512.

1000 circa. Donatio clausi in Prevencheriis villa domno Hugoni abbati a Justo, Rotlanno et Amalfredo, vuadiariis Duranti, facta, 513.

1000 circa. Donatio trium curtilorum in Rossonte villa domno Hugoni abbati a Bladino et Bozone facta, 514.

1000 circa. Donatio dimidii mansi in Lestrada villa domno Hugoni abbati a Gauzeranno facta, 515.

1000 circa. Donatio rerum in agro Bessennacensi domno Hugoni abbati a Teudogrino facta, 516.

1000 circa. Donatio vineæ et campi in Prato Longo villa domno Hugoni abbati a Duranto facta, 317.

1000 circa. Donatio curtili et mansorum in Puteo, Gincennaco, Cusiaco, Choons, Brugillolis, Boscalatis et Santilliaco villis, domno Hugoni abbati a Girino et matre ejus facta, 518.

1000 circa. Donatio rerum in Sarsayco villa domno Hugoni abbati ab Unfredo et uxore ejus facta, 519.

1000 circa. Donatio vineæ et cambonis in Brulliolis villa domno Hugoni abbati a Stephano et uxore ejus facta, 520.

1000 circa. Donatio medietatis capellæ Sanctæ Mariæ de Bisboch domno Hugoni abbati a Gerardo presbytero facta, 521.

1000 circa. Donatio medietatis ecclesiæ de Bisboch domno Hugoni abbati a Laydredo presbytero, consentientibus fratribus suis, facta, 522.

1000 circa. Donatio franchisiæ in villa de Sarsayo domno Hugoni abbati ab Unfredo et uxore ejus facta, 523.

1000 circa. Donatio ecclesiæ de Cambosco domno Hugoni abbati a Vuichardo et uxore ejus facta, 524.

1000 circa. Donatio duorum curtilorum in Saugnatis villa domno Hugoni abbati ab Amaldrico facta, 525.

1000 circa. Donatio rerum in Milliaco villa domno Hugoni abbati a Pontio et uxore ejus facta, 526.

1000 circa. Vuirpitio terræ in villis Arciaco et Campaniaco domno Hugoni abbati a Richoara, uxore Gauzeranni, fratris dicti Hugonis, facta, 527.

1000 circa. Donatio vineæ et campi in Liviaco villa domno Hugoni abbati ab Engelberto facta, 528.

1000 circa. Donatio curtili in Magniaco villa domno Hugoni abbati ab Udulrico facta, 529.

1000 circa. Donatio vineæ in Bisboch villa domno Hugoni abbati a Duranto et uxore ejus facta, 530.

1000 circa. Donatio vineæ in Liviaco villa domno Hugoni abbati ab Ingelberto facta, 531.

1000 circa. Donatio camporum et pratorum in Oriaco villa domno Hugoni abbati ab Engela facta, 532.

1000 circa. Donatio rerum in Andario Monte domno Hugoni abbati ab Udulrico presbytero facta, 534.

1000 circa. Donatio cabannariæ in Columbario villa domno Hugoni abbati a Volvardo et uxore ejus facta, 535.

1000 circa. Donatio curtili in Versennaco villa domno Hugoni abbati a Pontio et uxore ejus facta, 536.

1000 circa. Donatio curtili in Chivinnaco villa domno Hugoni abbati ab Hugone et uxore ejus facta, 537.

1000 circa. Donatio vineæ in Celsiaco villa domno Hugoni abbati ab Annone presbytero facta, 538.

1000 circa. Donatio curtilorum in Avelgo villa, et vineæ in Villabona, domno Hugoni abbati ab Hugone facta, 539.

1000 circa. Donatio rerum in Marliaco villa domno Hugoni abbati ab Itberto facta, 541.

1000 circa. Donatio dimidii mansi et curtili in Cavaneroso villa domno Hugoni abbati a Jarontono facta, 542.

1000 circa. Donatio rerum in Baleusa villa domno Hugoni abbati ab Otberto facta, 543.

1000 circa. Donatio campi in Solobrensi agro domno Hugoni abbati a Grimardo facta, 544.

1000 circa. Donatio rerum in Monte Polino domno Hugoni abbati a Daniele levita facta, 545.

1000 circa. Charta qua Teutardus clericus, procurator juris proprii monasterii Tirniacensis [in pago Alvernensi], eumdem monasterium Sancto Martino Saviniacensi adnectit, domno Hugone abbate, 546.

1000 circa. Donatio vineæ et terræ in Curciaco villa domno Hugoni abbati a Firmino et uxore ejus facta, 547.

1000 circa. Donatio vineæ et terræ in Bidino villa domno Hugoni abbati a Berengario Sene facta, 548.

1000 circa. Donatio curtili in Versennaco villa, et vineæ in Appinnaco, domno Hugoni abbati ab Uperto et uxore ejus facta, 550.

1000 circa. Donatio curtili in Soziaco villa domno Hugoni abbati a Gotafredo presbytero facta, 551.

1000 circa. Venditio vineæ in Bedina villa domno Hugoni abbati a Sifredo et uxore ejus facta, 552.

1000 circa. Donatio vinearum, etc. in Lodisco et Curciaco villis domno Hugoni abbati a Bladino facta, 553.

1000 circa. Donatio rerum in Fisco et Argenteria villis domno Hugoni abbati a Rotlanno facta, 554.

1000 circa. Donatio duorum curtilorum in Lucioni villa domno Hugoni abbati a Girberto presbytero facta, 555.

1000 circa. Donatio campi in villa de Duabus Olchis domno Hugoni abbati a Barnoeno facta, 557.

1000 circa. Donatio prati in Cambetdoni villa domno Hugoni abbati ab Arbaldo et uxore ejus facta, 558.

1000 circa. Donatio campi et vineæ in Casellis villa domno Hugoni abbati ab Ayndrico facta, 559.

1000 circa. Donatio campi in villa de Duabus Olchis domno Hugoni abbati a Pontio facta, 560.

1000 circa. Donatio vinearum in Spelevo villa domno Hugoni abbati ab Arnulfo facta, 562.

1000 circa. Donatio curtili in Masziriaco villa domno Hugoni abbati a Sigeverto facta, 564.

1000 circa. Donatio vineæ in Lannech villa Sancto Joanni de Randanis a Constantio facta, 565.

1000 circa. Donatio campi in Folvodi villa domno Hugoni abbati a Christiana et filio ejus facta, 566.

1000 circa. Donatio terræ in Maseriis villa domno Hugoni abbati a Girardo facta, 568.

1000 circa. Donatio rerum in fine de Ruiniaco villa domno Hugoni abbati ab Asterio facta, 569.

1000 circa. Donatio vinearum in Lannech et Usouro villis domno Hugoni abbati a Girardo, filio Aboloniæ, facta, 570.

1000 circa. Donatio vineæ in Marcennaco villa domno Hugoni abbati ab Eldesende facta, 571.

1000 circa. Donatio rerum in Runnei villa domno Hugoni abbati ab Adalardo et Amaldrico facta, 572.

1000 circa. Donatio mansi in villa de Duerna domno Hugoni abbati ab Agna, uxore Arberti, facta, 573.

1000 circa. Donatio rerum in Arciaco et Savonatis villis domno Hugoni abbati a Stephano clerico facta, 574.
1000 circa. Emptio vineæ in Celsiaco villa a domno Hugone abbate facta, 575.
1000 circa. Donatio curtili in Ciriaco sive Colna villa domno Hugoni abbati ab Eltrude et seniore ejus Archrimo, facta, 578.
1000 circa. Donatio vineæ in Lischaria villa domno Hugoni abbati ab Asterio levita facta, 580.
1001? 11 Jun. Donatio trium algarum et campi in villa de Onisiaco Sancto Martino de Randanis a Bernone facta, 122.
1001. Donatio curtili in Chivinnaco villa domno Hugoni abbati ab Hugone et uxore ejus facta, 487.
1001. Donatio rerum in Lagniaco villa domno Hugoni abbati a Teuza et filio ejus facta, 488.
1002. Mart. Donatio vineæ in Colovratis villa ecclesiæ Mornanti a Jarentone facta, 348.
1002, 30 Nov. Donatio rerum in Montaniaco, Frasneto et Cavaneroso villis, domno Hugoni abbati a Sieverto et Duranto facta, 556.
1002. Donatio ecclesiæ in Cliviaco villa ecclesiæ Sancti Martini Saviniacensis ab Ermessende fœmina facta, 489.
1003. Mart. Donatio mansi in loco qui dicitur Fera Sancto Martino Saviniacensi ab Albuino et uxore ejus facta, 349.
1003. Donatio rerum in Loctangis villa domno Hugoni abbati a Raginsende facta, 466.
1003. Donatio curtili in Crisciliaco villa ecclesiæ Sancti Martini Saviniacensis a Silvio facta, 490.
1004, Mart. Donatio vineæ ecclesiæ Beati Petri de Mornanto a Gausmaro et uxore ejus facta, 350.
1004, 9 Mai. Donatio villæ Massonnelis monasterio Saviniacensi a Narduno facta, 97.
1005. April. Donatio vineæ in Colungis villa ecclesiæ Sancti Petri de Mornanto a Stephano facta, 351.
1005. Donatio rerum in Noaliaco villa domno Hugoni abbati a Domesia facta, 464.
1005. Donatio vineæ in Lamaco villa domno Hugoni abbati a Teuza facta, 479.
1005? Donum diversarum rerum in Fraxino villa domno Hugoni abbati a Mainardo factum, 471.
1007, 25 Febr. Donatio curtili in Sociaco villa ecclesiæ Beati Martini Saviniacensis a Godefredo sacerdote facta, 352.
1007. Confirmatio electionis Duranti abbatis a Burchardo, Lugdunensi archiepiscopo, data, 581.
1010, 28 Jun. Donatio rerum in Varziaco villa domno Duranto abbati a Pontio et uxore ejus facta, 587.
1010? 29 Jun. Donatio ecclesiæ Sancti Verani Erbini in agro Savogensi domno Duranto abbati ab Evrardo, episcopo Murianæ, facta, 582.

1010, 21 Sept. Donatio decem curtilorum in villa quæ vocatur Mantiniacus domno Duranto abbati a Stephano clerico facta, 603.

1010, 21 Sept. Præstaria septem curtilorum in Chassiaco villa Stephano clerico a Duranto abbate facta, 604.

1010 circa. Donatio curtili in Savonatis villa, et vuirpitio ecclesiæ Sancti Marcelli de Frasneto, domno Duranto abbati ab Amblardo et uxore ejus facta, 584.

1010 circa. Donatio duorum mansorum in Biciaco villa domno Duranto abbati ab Agnone facta, 588.

1010 circa. Donatio terræ in fine qui vocatur el Mont de Brolio domno Duranto abbati ab Adalelmo facta, 589.

1010 circa. Donatio terræ in Flaciaco villa domno Duranto abbati a Berta facta, 590.

1010 circa. Donatio rerum in Versennaco villa domno Duranto abbati a Jarentone facta, 591.

1010 circa. Donatio curtili in Lozanna villa domno Duranto abbati ab Agnone facta, 592.

1010 circa. Donatio silvæ in Profunda Valle domno Duranto abbati a Rotberto facta, 593.

1010 circa. Donatio terræ in Acercennaco villa domno Duranto abbati a Blismode facta, 594.

1010 circa. Donatio vineæ in Liverti villa domno Duranto abbati ab Aymone presbytero facta, 595.

1010 circa. Donatio rerum in Chivennaco villa domno Duranto abbati ab Ariperto et fratribus ejus facta, 596.

1010 circa. Donatio curtili in Castanneto villa domno Duranto abbati ab Ermengarde fœmina facta, 597.

1010 circa. Donatio curtili in Bruciaco villa domno Duranto abbati a Stephano et uxore ejus facta, 598.

1010 circa. Donatio rerum in villa de Crisciliaco domno Duranto abbati ab Olmaro et uxore ejus facta, 599.

1010 circa. Donatio curtili in Haaracti villa, franchisiæ in Celsiaco, et alodi et franchisiarum in Olzoneto, domno Duranto abbati ab Iterio facta, 600.

1010 circa. Donatio rerum in Liviaco villa domno Duranto abbati ab Ingelberto et uxore ejus facta, 605.

1010 circa. Donatio medietatis vineæ in Luirciaco villa domno Duranto abbati a Silvio facta, 606.

1010 circa. Notitia commutationis inter Durantum abbatem et quamdam fœminam nobilem, nomine Arciam, de molendino quod monachi jusserunt fieri in Longavilla, 607.

1010 circa. Emptio rerum in Saviniseto villa a Duranto abbate facta, 608.

1010 circa. Donatio curtili in Varenna villa domno Duranto abbati a Milone facta, 609.

1010 circa. Donatio vineæ in villa quæ dicitur Villabo domno Duranto abbati a Girino facta, 610.

1010 circa. Donatio curtili in Liviaco villa domno Duranto abbati ab Ingelberto facta 611.

1010 circa. Donatio medietatis curtili in villa quæ dicitur Longavilla domno Duranto abbati a Girino facta, 612.

1010 circa. Donatio campi in Tassonneriis villa domno Duranto abbati a Girberto et uxore ejus facta, 613.

1010 circa. Donatio vineæ in loco de Marciliaco domno Duranto abbati ab Umberto facta, 614.

1010 circa. Donatio vircariæ in villa de Lannech domno Duranto abbati a Stephano presbytero facta, 415.

1010 circa. Donatio terræ in fine de Combis domno Duranto abbati ab Adalende facta, 616.

1010 circa. Donatio mansi in Bietheiis villa domno Duranto abbati ab Aymino facta, 617.

1010 circa. Donatio vineæ in monte qui vocatur Yzourus domno Duranto abbati a Rotrude facta, 618.

1010 circa. Donatio curtili in villa quæ dicitur Chavannis domno Duranto abbati a Pontio facta, 619.

1010 circa. Donatio campi in fine de Cavannetis domno Duranto abbati a Pontio presbytero facta, 620.

1010 circa. Donatio medietatis campi in villa de Cavannetis Sancto Martino Saviniacensi a Duranto facta, 621.

1010 circa. Donatio tertiæ partis campi qui vocatur Bernardiscus, in villa de Duabus Olchis, domno Duranto abbati ab Abone et Urso facta, 622.

1010 circa. Donatio tertiæ partis hereditatis Azonis in villa de Duabus Olchis ab eodem Azone domno Duranto abbati facta, 623.

1010 circa. Præstaria mansi in Noaliaco villa Azoni et uxori ejus a Duranto abbate facta, 624.

1010 circa. Donatio curtili in Flaciaco villa domno Duranto abbati ab Unfredo et uxore ejus facta, 625.

1010 circa. Donatio curtili in Falcono villa domno Duranto abbati a Gislamaro facta, 626.

1010 circa. Præstaria planterii in parrochia Sancti Laurentii, juxta castrum quod vocatur Iconium, Rotlanno a Duranto abbate facta, 627.

1010 circa. Donatio mansi in Bedociaco villa domno Duranto abbati a Silvio et uxore ejus facta, 628.

1010 circa. Redditio ecclesiæ de Valle domno Duranto abbati a Renconi et filiis ejus facta, 629.

1010 circa. Donatio ecclesiæ Sancti Petri de Boennaco domno Duranto abbati a Berardo et Otgerio fratribus facta, 630.

1010 circa. Donatio capellæ in Monte Verduno domno Duranto abbati ab Umberto et uxore ejus facta, 631.

1012? 14 Febr. Donatio ecclesiæ Sancti Marcelli in Fracsneto domno Duranto abbati ab Agnone et Arnulſo facta, 583.

1013, 2 April. Donatio rerum in villa de Celsiaco Sancto Martino Saviniacensi ab Iterio et uxore filiisque eorum facta, 685.

1013, April. Donatio prati in Montcello villa domno Duranto abbati ab Udulgrino facta, 585.

1013. Donatio rerum in Arnaco villa, et cambonis juxta Mortario villa, domno Duranto abbati ab Arnulſo et uxore ejus facta, 586.

1013. Donatio silvæ quæ dicitur Cyriacus domno Duranto abbati a Vuidaldo et filio ejus facta, 601.

1014, Mai. Donatio vineæ in Baledono villa ecclesiæ Beati Petri de Mornanto a Gausberto et uxore ejus facta, 353.

1014. Oct. Donatio vineæ in villa quæ dicitur Colungis ecclesiæ de Mornanto a Fulcherio facta, 354.

1016-1024. Donatio ecclesiæ Trelini monasterio Saviniacensi a Beliarde fœmina facta, 86.

1017. Mart. Donatio vineæ et terræ in villa de Capoleco ecclesiæ Beati Petri de Mornanto a Domesia facta, 355.

1017 circa. Donatio montis qui dicitur Ledaycus domno Duranto abbati a Girardo comite facta, 602.

1018, 15 Maii. Donatio dimidii mansi in villa de Avesiis ecclesiæ Sancti Juliani [de Sal] a Jarentone facta, 714.

1018. Donatio ecclesiæ Sancti Juliani de Sal domno Iterio abbati a Girino facta, 652.

1018 (post). Supplementum donationi a supradicto Girino factæ, in quo donat aliquid Girino, nepoti suo, ut ille det quartam partem ecclesiæ Sancti Juliani de Sal a se possessam, 654.

1018 (post). Supplementum alterum eidem donationi, in quo notum est quartam partem dictæ ecclesiæ, Girino avunculo suadente, a Girino nepote, possessore, datam esse; adduntur etiam alia dona ab ipso et Jarentone, fratre ejus, facta; atque convenientia qua Arnulfus et uxor ejus Gottolendis quasdam res relinquunt, 653.

1018 (post). Donatio quartæ partis ecclesiæ Sancti Juliani de Sal a Girino nepote facta, 657.

1018 (post). Charta qua ambo Girini, avunculus et nepos, ecclesiam Sancti Juliani de Sal, quisque pro eo quod in ea possident, Iterio abbati dant, 658.

1081 (post). Donatio et vuirpitio ab Aremburge, uxore Girini nepotis, facta, de quarta parte ecclesiæ Sancti Juliani, quam Girinus, avunculus suus, dedit Sancto Martino Saviniacensi, 655.

1018 (post). Donatio partium ecclesiæ Sancti Juliani, ab Hugone, fratre Aremburgis, Sancto Martino Saviniacensi facta, 656.

1019. Donatio duarum vinearum in loco qui Ænnacus vocatur domno Iterio abbati a Bernardo et uxore ejus facta, 720.

1020. Donatio rerum in villis de Sedziaco, de Cerveseria, de Fridgeriis et de Novals, domno Iterio abbati a Girardo Rumphatore facta, 682.

1020 circa. Donatio et convenientia qua convenerunt Hismido et cæteri monachi de Randanis cum Girino de Pineto et uxore ejus Sulpitia, et filio eorum Bertranno, de terris quæ continentur in Villanova, 94.

1020 circa. Donatio vineæ in Mercurio villa ecclesiæ Sancti Martini et Sancti Joannis de Randanis a Dumesia facta, 114.

1020 circa. Donatio partis ecclesiæ Sancti Mauritii de Trislins et mansi in Torenchi villa domno Iterio abbati a Bernardo Rumphatore facta, 659.

1020 circa. Donatio ecclesiæ Sancti Petri de Monte Verduno domno Iterio abbati ab Umberto et uxore ejus facta, 663.

1020 circa. Convenientia inter domnum Iterium abbatem et monachos de Saviniaco, ex una parte, et Girinum et Arnulfum Calvum, ex altera, de ecclesia de Fornels, 664.

1020 circa. Donatio vineæ in villa de Altavilla domno Iterio abbati ab Asterio et matre ejus facta, 665.

1020 circa. Donatio mansi in Fontanillis villa domno Iterio abbati a Fulcherio facta, 666.

1020 circa. Donatio vinearum in villa nomine Villabona domno Iterio abbati a Girino facta, 667.

1020 circa. Donatio duorum curtilorum in villa quæ vocatur Villabona domno Iterio abbati a Milone facta, 668.

1020 circa. Donatio mansi in villa de Arciaco domno Iterio abbati a Milone et Berardo, jubente Agnone fratre eorum, facta, 670.

1020 circa. Donatio curtili, etc. in villa de Sedziaco domno Iterio abbati a Vuichardo Rumphatore facta, 683.

1020 circa. Donatio medietatis mansi in villa de Trunci, et aliarum rerum in terra de Malaval, Sancto Martino Saviniacensi a Raginaldo facta, 684.

1020 circa. Donatio quartæ partis villæ de Boyaco domno Iterio abbati a Girardo clerico facta, 686.

1020 circa. Donatio rerum in villa de Boyaco domno Iterio abbati ab Agnone facta, 687.

1020 circa. Donatio rerum in villa de Boyaco domno Iterio abbati a Rotlanno facta, 688.

1020 circa. Donatio rerum in villa de Boyaco domno Iterio abbati ab Arnulfo facta, 689.

1020 circa. Donatio campi in villa de Sancto Nicetio, in pago Matisconensi, domno Iterio abbati a Misimbria facta, 690.

1020 circa. Donatio dimidii mansi, etc. in villa de Cambedono domno Iterio abbati ab Aquino facta, 721.

1020 circa. Donatio mansi in villa de Nerciaco domno Iterio abbati a Girardo facta, 722.

1020 circa. Donatio mansi in Monte Aculfi domno Iterio abbati ab Hilaria cognomento Bona Filia facta, 723.

1020 circa. Donatio medietatis mansi in villa de Loya domno Iterio abbati a Bergone et uxore ejus facta, 724.

1020-1037. Donatio terræ quæ pertinet ad locum qui vulgo dicitur Vuilbaenchies domno Iterio abbati a variis personis facta, 681.

1021. Donatio partis ecclesiæ de Trislin et curtili qui vocatur ad Pirarum domno Iterio abbati ab Agnone facta, 661.

1021. Donatio curtili in villa de Arciaco domno Iterio abbati a Duranno facta, 669.

1021. Donatio mansi et vircariæ in villa Chaarnaco domno Iterio abbati ab Agnone facta, 692.

1022. Donatio partis ecclesiæ Sancti Mauritii Trislinensis, etc. ecclesiæ Sancti Martini Saviniacensis et ecclesiæ Sancti Joannis Randanensis, Iterio abbate præsidente, a Girino et uxore filiisque ejus facta, 660.

1022 circa. Vuirpitio partis ecclesiæ de Trislins et decimationis alodi Sancti Martini et de Grangico villa monachis Sancti Martini Randanensis a Stephano fratre Agnonis facta, 662.

1023. Donum terræ in Diauro villa ecclesiis Sancti Martini Saviniacensis et Sancti Joannis Randanensis ab Alectrude factum, 112.

1023. Donatio curtili, etc. in villis de Buscis et de Bruciaco domno Iterio abbati a Silvio et uxore ejus facta, 674.

1023. Donatio duorum curtilorum in villa de Raveriis domno Iterio abbati a Rotberto et uxore ejus facta, 715.

1023? Donatio rerum in Monte Raverensi Sancto Martino Saviniacensi a Rotberto et uxore ejus facta, 121.

1024, 3o Jun. Donatio rerum in villa de Pugniaco domno Iterio abbati ab Arria facta, 671.

1024. Donatio mansi in villa de Mairangis domno Iterio abbati a Sigaldus et uxore ejus facta, 719.

1024 circa. Donatio rerum in villa de Prainaz domno Iterio abbati a Laydredo facta, 672.

1024 circa. Donatio medietatis curtili in villa de Longavilla domno Iterio abbati ab Arrico facta, 673.

1024 circa. Donatio curtili in Cahorci villa domno Iterio abbati a Rotlende et filia ejus facta, 675.

1024 circa. Donatio curtili in Moisiaco villa domno Iterio abbati ab Iterio et uxore ejus facta, 676.

1024 circa. Donatio rerum in villa de Calviaco domno Iterio abbati ab Ardrado facta, 677.

1024 circa. Donatio campi ad Theriam domno Iterio abbati ab Adalsende facta, 678.

1024 circa. Vuirpitio Vuichardi Romphatoris domno abbati Iterio de omnibus consuetudinibus quas accipiebat in monasterii Saviniacensis terras, 679.

1024 circa. Vuirpitio quam fecit Fulcherius domno Iterio abbati de terra quam Gimbergia donavit Sancto Martino Saviniacensi, 680.

1025, 21 Mart. Donatio rerum in villa de Calziaco domno Iterio abbati a Gauberto facta, 717.

CHARTARUM SAVINIACENSIUM.

1025, 21 Mart. Donatio mansi in villa de Lannech domno Iterio abbati a Berengerio et Eldino fratribus facta, 718.

1025. Donatio rerum in comitatibus Vualdense, Augustodunense, Valense et Vuarasco, monasterio Sancti Martini Saviniacensi ab Anselmo, præsente regina Ermengarde, facta, 641.

1025 circa. Donatio vineæ et franchisiæ in villa de Trilins domno Iterio abbati a Fulcherio facta, 725.

1025 circa. Donatio campi in villa de Taxoneriis domno Iterio abbati ab Ingela facta, 726.

1025 circa. Donatio curtili in villa de Columbaris Iterio abbati a Rostagno facta, 727.

1025 circa. Donatio mansi in villa de Nerciaco domno Iterio abbati a Girardo facta, 728.

1025 circa. Donatio dimidii mansi in villa de Buxiliis domno Iterio abbati a Girino et Artaldo fratribus facta, 729.

1028 (ante). Donatio ecclesiæ Sancti Pauli de Botavilla in Sanctonensi territorio domno Iterio abbati primo a Gaufredo, comitis Engolismensis filio, et cum consensu ejusdem comitis, facta, 633.

1028 circa. Confirmatio electionis abbatis Iterii primi a Burchardo, Lugdunensi archiepiscopo, facta, 632.

1029, 30 Jan. Donatio mansi in villa de Celsihiaco domno Iterio abbati ab Arberto et uxore ejus facta, 705.

1029. Confirmatio donationis ecclesiæ Sancti Pauli de Botavilla domno Iterio abbati primo, et sponsalitium ejusdem ecclesiæ a Gaufredo donatore facta, 634.

1030 circa. Donatio omnium partium quas habet Adalgardus clericus in ecclesiis Sanctæ Mariæ Lovaniaci et Beati Georii, in episcopatu Genevensi, domno Iterio abbati primo Sancti Martini Saviniacensi, ab eodem Adalgardo facta, 640.

1030 circa. Donatio ecclesiæ Sancti Philiberti de Ulmis domno Iterio abbati a Magnone facta, 642.

1030 circa. Donatio tertiæ partis ecclesiæ Sancti Lupi domno Iterio abbati a Pontione facta, 643.

1030 circa. Donatio ecclesiæ Sancti Saturnini de Arnaco domno Iterio abbati ab Hugone et Bernardo facta, 644.

1030 circa. Confirmatio ejusdem donationis ab Adzelena abbatissa, sorore Hugonis et Bernardi, facta, 645.

1030 circa. Convenientia de donatione inter monachos Saviniacenses et donatores Hugonem et Berardum facta, 646.

1030 circa. Venditio ecclesiæ Sancti Petri de Mauriaco domno Iterio abbati a Stephano cognomine Mauriaco facta, 649.

1030 circa. Donatio sextæ partis ecclesiæ Sancti Laurentii domno Iterio abbati a Gausmaro Romphatore facta, 650.

1030 circa. Donatio quartæ partis ecclesiæ Sanctæ Mariæ de Altarivoria domno Iterio abbati ab Hugone et Gausmaro de Turoniaco fratribus facta, 651.

1030 circa. Donatio curtili et vineæ in villa de Esclareis domno Iterio abbati ab Arnulfo facta, 693.

1030 circa. Donatio dimidii mansi in villa de Apinnaco domno Iterio abbati ab Archodo facta, 694.

1030 circa. Donatio curtili in villa de Combecies domno Iterio abbati a Sulicia facta, 695.

1030 circa. Donatio curtili in valle Tararensi domno Iterio abbati ab Agnone facta, 696.

1030 circa. Donatio curtili in villa de Griorgiis domno Iterio abbati a Reginaldo facta, 697.

1030 circa. Donatio curtili in villa de Fargis domno Iterio abbati ab Othone facta, 698.

1030 circa. Donatio terræ in villa de Sarsaico domno Iterio abbati a Nectardo facta, 699.

1030 circa. Donatio vineæ et terræ in villa de Caponeriis domno Iterio abbati a Duranto cognomento Saxone facta, 700.

1030 circa. Donatio campi in monte Crussiaco domno Iterio abbati a Vuialdo facta, 701.

1030 circa. Donatio mansi qui vocatur ad Coloniam domno Iterio abbati ab Agnone facta, 702.

1030 circa. Donatio curtili in villa quæ dicitur Garrias domno Iterio abbati a Pontio et Adalardo fratribus facta, 703.

1030 circa. Donatio rerum in loco qui dicitur Viveris domno Iterio abbati ab Otgerio et Arulfo facta, 704.

1030 circa. Donatio diversarum rerum in villa quæ dicitur Gimelangis domno Iterio abbati ab Ermengaudo et uxore ejus facta, 706.

1030 circa. Donatio duorum curtilorum in villa de Montelg domno Iterio abbati ab Agnone facta, 707.

1030 circa. Donatio terræ de Polliaco domno Iterio abbati a Milone de Columbello facta, 708.

1030 circa. Donatio vineæ in villa de Campaniaco domno Iterio abbati a Girardo sacerdote facta, 709.

1030 circa. Donatio dimidii mansi in villa quæ dicitur Truncus domno Iterio abbati ab Arrico facta, 710.

1030 circa. Donum duarum piscatoriarum in Rodonensi domno Iterio abbati a Duranno, decano Sancti Stephani ecclesiæ, factum, 711.

1030 circa. Donum Fulcherii domno Iterio abbati, 712.

1030 circa. Donatio curtili in villa de Maiernaco domno Iterio abbati a Linilede et filio ejus facta, 713.

1030 circa. Donatio terrarum in Vernedo, Brugeria, Sivriaco et Arcoliaco villis, domno Iterio abbati a Stephano clerico facta, 716.

1031? April. Donatio decimæ villæ Sancti Maximi, in episcopatu Diensi, ecclesiæ Sancti Sabini de Burdellis a Donfredo et uxore ejus facta, 637.

1031. Donatio trium curtilorum in villa de Cassiaco domno Iterio abbati a Gauzeranno facta, 691.

1031 circa. Donatio ecclesiæ Sanctæ Trinitatis juxta castrum Merpini, in Sanctonensi territorio, domno Iterio abbati primo a Folcardo, cum consensu Gaufredi, Engolismensis comitis, facta, 635.

1032, 7 Jul. Donatio ecclesiæ Sancti Sabini de Burdellis, in comitatu Diensi, Sancto Martino Saviniacensi a Guntardo et filiis ejus facta, 636.

1032 circa. Præceptum Rodulfi regis quo villam de Talluieriis, in pago Albanense, monasterio Saviniacensi donat, 638.

1033, 26 Oct. Donatio vineæ in territorio Mornantis ecclesiæ ejusdem Mornantis a Bernardo clerico facta, 358.

1033. Notitia vuirpitionis quæ fuit inter Iterium abbatem et monachos Saviniacenses, ex una parte, et Vuidonem de Bellomonte et uxorem ejus, ex altera, de ecclesia Sancti Saturnini de Arnaco, 647.

1033 circa. Notitia vuirpitionis quæ fuit inter Iterium, abbatem Saviniacensem, et Astrudem abbatissam, de ecclesia Sancti Saturnini de Arnaco, 648.

1037. Charta qua Ermengardis, domini Rodulfi regis conjux, ecclesiam in honore Sanctæ Mariæ, ad usum monachorum Sancti Martini Saviniacensis, in villa de Talueriis construi jubet, et eam ditat, 639.

1046, 10 April. Donatio ecclesiæ Sanctæ Mariæ et Sancti Baldomeri de Buxi domno Duranto abbati ab Aschirico, facta, 731.

1046. Donatio ecclesiarum Sancti Joannis Baptistæ de Tarnanto et Sancti Victoris domno Duranto abbati a Gauzeranno et uxore filiorumque ejus facta, 730.

1050 circa. Donatio vineæ in villa de Caballio domno Duranto abbati ab Alberico et uxore ejus facta, 732.

1050 circa. Donatio vinearum, etc. in villa de Celsiaco domno Duranto abbati a Duranno facta, 733.

1050 circa. Donatio terræ in Liverti villa domno Duranno abbati ab Agnone presbytero et sorore ejus facta, 734.

1050 circa. Donatio campi super Turdinam domno Duranto abbati a Gimbergia et filiis ejus facta, 735.

1050 circa. Emptio curtili in villa quæ dicitur ad Tres Canes a Duranno abbate, Arnoldo venditore, facta, 736.

1050 circa. Donatio campi et mansi in villa de Rivoria domno Duranno abbati a Rotlanno facta, 738.

1050 circa. Donatio terræ domno Duranno abbati a Bernardo de Trunci facta, 739.

1060 circa. Donatio silvæ in villa de Casuciis domno Duranno abbati ab Eldegarde facta, 737.

1060 circa. Donatio terræ de Richosens domno Duranno abbati a Duranto facta, 740.

1060 circa. Donatio curtili de Casalis, etc. domno Duranno abbati a Girino de Mornent et fratribus ejus facta, 741.

1060 circa. Donatio dimidii mansi in villa de Loiso domno Duranno abbati ab Ermengarde facta, 742.

1060 circa. Donatio vineæ in villa de Colouratis Duranto abbati a Folcaldo facta, 743.

1060 circa. Donatio curtili et horti in villa de Monte domno Duranto abbati ab Hamiono facta, 744.

1060 circa. Donatio curtili in villa de Noalliaco domno Duranto abbati a Girino facta, 745.

1060 circa. Donatio mansi in villa de Magniaco domno Duranto abbati a Gauzeranno facta, 746.

1060 circa. Donatio rerum in villa de Luiniaco domno Duranto abbati ab Aalsende facta, 747.

1060 circa. Donatio mansi de Sala Sancto Juliano de Sal ab Hugone Crasso et aliis facta, 748.

1060 circa. Donatio curtili ad Morvent domno Duranno abbati ab Elisiardo facta, 749.

1060 circa. Excommunicatio personarum quæ bona Sancti Martini Saviniacensis rapuerant, 750.

1060 circa. Donatio ecclesiæ Sancti Mauritii de Chassennatis domno Dalmacio abbati a Gauzeranno facta, 759.

1064, 19 Sept. Donatio ecclesiæ Sancti Boniti in Marciaco villa domno Dalmacio abbati a Falcone et uxore ejus facta, 753.

1066, 6 Oct. Donatio curtili in loco qui vocatur Litiay domno Dalmacio abbati a Duranto del Pux et fratre ejus facta, 796.

1066 (post). Lucra telonariorum in mercato Sambeelli a domno Dalmacio abbate et congregatione ejus statuta, 805.

1068, April. Donatio terræ in Savonatis villa domno Dalmacio abbati ab Amblardo facta, 771.

1068, April. Donatio mansi in Threri villa domno Dalmacio abbati a Stephano de Varenna facta, 772.

1068 circa. Donatio duarum vinearum sitarum ad castellum de Yonio domno Dalmacio abbati a Martino de Yonio et Duranto Camba, avunculo ejus, facta, 773.

1070, Jan. Donatio dimidii mansi in loco de Garda domno Dalmacio abbati a Gerunda fœmina et filiis ejus facta, 776.

1070 circa. Donatio ecclesiæ Sancti Thomæ Cosnaci, in pago Sanctonensi, domno Dalmacio abbati ab Amblardo Malaterra facta, 751.

1070 circa. Donatio medietatis ecclesiæ Sancti Mauritii de Chassennatis Sancto Petro de Mornanto a Gauzeranno facta, 760.

1070 circa. Donatio mansi in Monte Ustulato domno Dalmacio abbati a Dumesia facta, 797.

1070 circa. Donatio vineæ in villa de Musciliaco domno Dalmacio abbati a Gonterio de Praels et uxore ejus facta, 798.

1070 circa. Donatio terræ in villa de Biinis domno Dalmacio abbati a Petro facta, 799.

1070 circa. Donatio medietatis mansi in villa de Maiernaco domno Dalmacio abbati a Rencone facta, 800.

1070 circa. Convenientia placiti quæ fuit inter Dalmacium abbatem et Fulconem de Yconio, 801.

CHARTARUM SAVINIACENSIUM. 743

1070 circa. Pacis firmitas inter Dalmacium abbatem et Aymonem de Lay, 802.

1070 circa. Vuirpitiones rerum domno Dalmacio abbati a Girardo, ministro de Taratro, factæ, 803.

1070 circa. Placiti descriptio quod fuit inter domnum abbatem Dalmacium et Iterium de Bulliaco de villa quæ dicitur Apinnacus, 804.

1075 circa. Donatio medietatis ecclesiæ de Duerna domno Dalmacio abbati ab Ermengarde facta, 761.

1075 circa. Donatio medietatis ecclesiæ de Duerna domno Dalmacio abbati ab Ardrado de Barbares et uxore ejus facta, 762.

1075 circa. Donatio quartæ partis ecclesiæ de Duerna domno Dalmacio abbati ab Ardrado [de Barbares] et uxore ejus facta, 763.

1075 circa. Donatio tertiæ partis ecclesiæ Sancti Marcelli Sancto Martino Saviniacensi ab Artaldo et Agnone fratribus facta, 764.

1078? 14 Mai. Donatio ecclesiæ Sanctæ Paulæ Sancto Martino Saviniacensi, Dalmacio abbate, a Videlino, comite Foresii, consentiente patre ejus Artaldo, facta, 758.

1079, 6 Dec. Donatio ecclesiarum de Yconio, de Buxo et de Layniaco Sancto Martino Saviniacensi a Falcone de Yconio et filiis ejus, comite Forense laudante, facta, 757.

1080 circa. Donationes variæ ad Sanctum Ciricum spectantes, 765.

1080 circa. Donatio domus infra muros claustri ecclesiæ Sancti Stephani Lugdunensis domno Dalmacio abbati et conventui Sancti Martini Saviniacensis a Bovone, canonico ejusdem ecclesiæ, facta, 766.

1080 circa. Donatio terræ in villa de Ulmo domno Dalmacio abbati a Pontio Morello facta, 767.

1080 circa. Notitia donationis dimidii mansi in villa de Canziaco Sancto Martino Saviniacensi a Berardo de Castro Yonii facta, 768.

1080 circa. Donatio vineæ in Esparciaco villa domno Dalmacio abbati a Falcone facta, 769.

1080 circa. Donatio duorum mansorum in villa de Amploputeo domno Dalmatio abbati a Berardo Fredelanni filio facta, 770.

1080 circa. Donatio curtili de Combecis monachis Saviniacensibus a Pontio et uxore ejus facta, 774.

1080 circa. Donatio vinearum in costa quæ vocatur Belveder domno Dalmacio abbati a Milone facta, 775.

1080 circa. Notitia vuirpitionis quam fecerunt Adalardus et uxor ejus Sancto Martino Saviniacensi ecclesiarum et majoriæ de Chevennaco, 777.

1080 circa. Donatio mansi juxta villam de Sal ecclesiæ Sancti Juliani ejusdem villæ a Rotlanno Crasso facta, Dalmacio abbate, 778.

1080 circa. Donatio curtili in Mantaniaco ecclesiæ Sancti Juliani de Sal ab Aymino et Narduino de Suzione, et Girino de Monte, facta, Dalmacio abbate, 779.

1080 circa. Donatio mansi ante villam de Sal ecclesiæ Sancti Juliani ejusdem villæ a Gotolende facta, 780.

1080 circa. Donatio curtili qui dicitur Comba Fragney Sancto Juliano de Sal a Gozina et filiis ejus facta, 781.

1080 circa. Donatio curtili de Avcisis et prati ecclesiæ Sancti Juliani de Sal a Jarentone et Gausberto facta, 782.

1080 circa. Donatio curtili in loco qui vocatur Litiay domno Dalmacio abbati et Sancto Joanni de Randanis a Fulcherio facta, 783.

1080 circa. Donatio terræ in villa de Valleriis domno Dalmacio abbati ab Hugone Cunctos facta, 784.

1080 circa. Donatio curtili Sancto Joanni Randanensi, domno Dalmacio abbate, ab Ermengarde facta, 785.

1080 circa. Donatio dimidii mansi in villa de Sancta Agatha domno Dalmacio abbati ab Arberto de Torenchia facta, 786.

1080 circa. Donatio curtili de Buxo domno Dalmacio abbati a Berardo facta, 787.

1080 circa. Donatio vineæ in villa de Trislins domno Dalmacio abbati a Vuillelmo de Serra facta, 788.

1080 circa. Donatio curtili in villa de Taissonneriis domno Dalmacio abbati a Pontio facta, 789.

1080 circa. Donatio mansi in loco de Salamare Sancto Joanni Randanensi, domno Dalmacio abbate, a Richoara et filio ejus facta, 790.

1080 circa. Donatio duorum camporum in villa de Stabulis Sancto Joanni Randanensi, domno Dalmacio abbate, ab Hugone facta, 791.

1080 circa. Convenientia inter Dalmacium abbatem et Girinum et Ayminum, filios Girardi de Valeilliis, de quodam manso in villa de Magniaco, 792.

1080 circa. Donatio campi in villa de Villanova Dalmacio abbati a Goffredo facta, 793.

1080 circa. Donatio curtili in villa de Cyvent domno Dalmacio abbati a Gauzeranno et uxore ejus facta, 794.

1080 circa. Donatio mansi in villa de Femurio domno Dalmacio abbati ab Adalende et filia ejus facta, 795.

1081, 1 Aug. Donatio ecclesiæ Sancti Petri in Monte Melardi domno Dalmacio abbati ab Umberto de Bellojoco facta, 754.

1082-1090 circa. Donatio ecclesiarum de Jo et de Violetto domno Iterio abbati secundo a Gibuino, Lugdunensi archiepiscopo, facta, 818.

1083? Donatio ecclesiæ Sancti Sebastiani Mirabelli in pago Sanctonensi domno Dalmacio abbati ab Artaldo facta, 752.

1084 circa. Convenientia inter domnum Berardum abbatem et quemdam militem Bernardum de Aselgo, 806.

1084 circa. Vuirpitio a Girardo et Joanne, filiis Bernardi presbyteri, facta, domno Berardo abbate, 897.

1085 circa. Donatio ecclesiæ Sancti Cirici Sancto Martino Saviniacensi a Nazarea, filia domini Berardi Rodonensis, et filiis ejus facta, 755.

1086, Mart. Donatio ecclesiæ Sanctæ Mariæ de Amploputeo domno Dalmacio abbati ab Hugone Fredelanno facta, 756.

CHARTARUM SAVINIACENSIUM. 745

1086, 15 April. Donatio curtili in parrochia Sancti Verani monasterio Saviniacensi a Rotlanno de la Marchi facta, 887.

1086, 30 April. Donatio ecclesiæ de Aulliaco domno Iterio abbati secundo ab Umberto [de Bellojoco] facta, 826.

1086, 15 Jun. Donatio vineæ et campi in villa de Talliaco monasterio Saviniacensi a Blismode fœmina facta, 888.

1086 circa. Donatio ecclesiæ de Darasiaco Sancto Martino Saviniacensi a Girino Blanco et uxore ejus facta, 828.

1087, Febr. Donatio ecclesiæ de Diniciaco domno Iterio abbati secundo ab Umberto [de Bellojoco] facta, 827.

1087, 6 Mai. Donatio ecclesiæ de Ronno domno Iterio abbati secundo ab Oliverio et Gunzelino fratribus facta, 825.

1087, 7 Jun. Donatio medietatis ecclesiæ de Duerna Sancto Martino Saviniacensi ab Agna et filiis ejus facta, 822.

1087? Jun. Donatio medietatis ecclesiæ de Grasiaco domno Iterio abbati secundo ab Ermengarde Bona facta, 823.

1087. Donatio quartæ partis ecclesiæ de Grasiaco domno Iterio abbati secundo a Gausmaro de Varenna et aliis facta, 824.

1087 circa. Donatio medietatis ecclesiæ de Duerna domno Iterio abbati secundo ab Ardrado de Barbareis et aliis facta, 821.

1088, 13 Sept. Præceptum Henrici imperatoris de recuperatione Lustriaci a monasterio Saviniacensi, 809.

1088. Donatio vineæ in villa de Brolio domno Iterio abbati secundo ab Agnone, laudante fratre suo, facta, 854.

1088 circa. Donatio fœminæ et filiorum filiarumque ejus, in perpetuo, monasterio Sancti Martini Saviniacensis, domno Iterio abbate secundo gubernante, a Burchardo, episcopo Lausanensi, facta, 810.

1090 circa. Donatio capellæ Sancti Albani in Donziaco castro monasterio Saviniacensi ab Arnulfo Calvo, laudante Hugone, archiepiscopo Lugdunensi, facta, 829.

1090 circa. Vuirpitio decem solidorum in ecclesia Sancti Albani de Dunzeu monasterio Saviniacensi a Girino Calvo decano facta, 830.

1090 circa. Donatio quartæ partis ecclesiæ de Savisinet domno Iterio abbati secundo a Vuidone de Charleu facta, 831.

1090 circa. Donatio quartæ partis ecclesiæ de Savisinet domno Iterio abbati secundo a Stephano de Salamare facta, 832.

1090 circa. Donatio quartæ partis ecclesiæ de Savisinet domno Iterio abbati secundo a Gauberto de Balbineu facta, 833.

1090 circa. Confirmatio donationum partium supradictarum ecclesiæ de Savisinet ab Hugone, Lugdunensi archiepiscopo, data, 834.

1090 circa. Donatio ecclesiæ Sancti Mauricii domno Iterio abbati secundo ab Addone milite facta, 835.

1090 circa. Donatio quartæ partis ecclesiæ de Longisagni, et dimidiæ partis ecclesiæ de Affo, monasterio Saviniacensi a Vuillelmo facta, 836.

1090 circa. Convenientia inter Iterium abbatem secundum et fratres monasterii Saviniacensis de ecclesia Sancti Andreæ de Taratro, 837.

1093. Donatio ecclesiæ Sancti Martini de Niorto, in Sanctonensi pago, ecclesiæ Sancti Martini de Saviniaco a Vuillelmo Achardi facta, 812.

1096? 17 Jul. Donatio partis ecclesiæ Sancti Martini de Bessennaco domno Iterio abbati secundo a Milone et uxore ejus facta, 816.

1096. Charta qua Bernardus de Azelgo monasterio Saviniacensi hæreditatem suam dat, præsente domno Iterio abbate secundo, 807.

1096 circa. Donatio ecclesiæ Sancti Laurentii de Camopseto, et capellæ Sancti Petri ejusdem loci, domno Iterio abbati secundo ab Hugone, Lugdunensi archiepiscopo, facta, 817.

1097. Donatio ecclesiæ Sancti Martini de Niorto, in Sanctonensi pago, domno Iterio abbati secundo a Rannulfo, Sanctonensi episcopo, facta, 811.

1100 circa. Donatio ecclesiarum Sancti Romani et de Anciaco Sancto Martino Saviniacensi ab Hugone, Lugdunensis ecclesiæ archiepiscopo, facta, Vuillelmo, comite Forensi, consentiente, 813.

1100 circa. Donatio ecclesiæ de Bessennaco domno Iterio abbati secundo ab Hugone, Lugdunensi archiepiscopo, facta, 814.

1100 circa. Donatio ecclesiæ Sancti Joannis de Bruilliolis domno Iterio abbati secundo ab Hugone, Lugdunensi archiepiscopo, facta, 815.

1100 circa. Donatio ecclesiæ de Buliaco domno Iterio abbati secundo ab Hugone, Lugdunensi archiepiscopo, facta, 820.

1100 circa. Donatio mansi de Solomiaco, et recepti de Roseriis, domno Iterio abbati secundo a Girino de Sena facta, 839.

1100 circa. Donatio vineæ ad Chaors domno Iterio abbati secundo ab Uncrino facta, 840.

1100 circa. Placitum inter obedientiales monasterii Saviniacensis et vicarios eorum, de consuetudinibus in terris noviter acquisitis, 841.

1100 circa. Convenientia inter quemdam Ethenulfum militem et Iterium abbatem secundum, de quadam terra juxta rivulum qui vocatur Scarabeus, 843.

1100 circa. Donatio vineæ in villa de Vuaura domno Iterio abbati secundo ab Hugone et uxore ejus facta, 844.

1100 circa. Donatio vineæ in loco qui dicitur Fontanillias domno Iterio abbati secundo a Duranto et Vuillelmo facta, 845.

1100 circa. Donatio rerum in villa quæ dicitur Vallis et in villa de Diniciaco domno Iterio abbati secundo ab Alexandra fœmina facta, 846.

1100 circa. Donatio mansi et cambonis juxta Taratrum domno Iterio abbati secundo ab Asterio Loverio et Silvione, patre ejus, facta, 847.

1100 circa. Vuirpitio terræ prope castrum Monsmalati, quam fecit quidam nobilis homo Hugo Sancto Martino Saviniacensi et abbati Iterio secundo, 848.

CHARTARUM SAVINIACENSIUM. 747

1100 circa. Donatio planterii in villa de Taliaco domno Iterio abbati secundo a Leotardo Baltio facta, 849.

1100 circa. Donatio vineæ in Monte Ruillaco domno Iterio abbati secundo a Constantio facta, 850.

1100 circa. Donatio vineæ in villa de Villabona domno Iterio abbati secundo a Silvio et uxore ejus facta, 851.

1100 circa. Donatio duorum curtilorum in villa de Bruillolis domno Iterio abbati secundo a Duranto Rege facta, 852.

1100 circa. Donatio mansi in loco de Provincheriis domno Iterio abbati secundo a Bernardo facta, 853.

1100 circa. Donatio vineæ et campi in villa de Noaliaco domno Iterio abbati secundo a Gotolende facta, 855.

1100 circa. Donatio curtili in villa de Tasiaco domno Iterio abbati secundo a Girardo facta, 856.

1100 circa. Donatio vineæ in villa de Flaciaco domno Iterio abbati secundo a Girberto Fabro et uxore ejus facta, 857.

1100 circa. Donatio rerum in villis de Griorgiis et de Apinnaco domno Iterio abbati secundo a Vuigone et fratre ejus facta, 858.

1100 circa. Donatio mansi in villa dicta ad Septem Follos domno Iterio abbati secundo a Bernardo et Duranto fratribus facta, 859.

1100 circa. Donatio vineæ in villa de Luans domno Iterio abbati secundo a Girardo facta, 860.

1100 circa. Convenientia inter Ermengardem de Mussiaco et filios fratresque ejus, ex una parte, et monachos Saviniacenses, ex altera, de manso in parrochia de Essartinis, 861.

1100 circa. Donatio curtili in villa de Meleiruls domno Iterio abbati secundo a Duranto et matre ejus facta, 862.

1100 circa. Donatio rerum in Monte Ruilliaco domno Iterio abbati secundo ab Otgerio Esparos et uxore ejus facta, 863.

1100 circa. Donatio curtili et vineæ in villa de Musciaco domno Iterio abbati secundo a Ficia facta, 864.

1100 circa. Donatio terræ et prati in loco de Calviaco domno Iterio abbati secundo ab Adalardo facta, 866.

1100 circa. Charta qua Chatardus, volens ire Hierusalem, domno Itorio abbati secundo, pro ducentis quinquaginta solidis, hæreditatem suam dat, 867.

1100 circa. Donatio molendini de Francolino domno Iterio abbati secundo a Vuilenco Longo facta, 868.

1100 circa. Venditio terræ in villa de Morterio monasterio Saviniacensi a Pontio de Piennaco et aliis facta, 869.

1100 circa. Litteræ Hugonis, Lugdunensis archiepiscopi, Iomidoni, Diensi episcopo, quibus disserit de discordia inter Crudatenses et Bordellenses monachos pro ecclesia in valle Guzantium sita, 870.

INDEX CHRONOLOGICUS

1100 circa. Donatio vineæ in loco qui vocatur Montlucion Iterio abbati secundo a Laidreo facta, 872.

1100 circa. Donatio rerum in villa de Luiniaco domno Iterio abbati secundo ab Artaldo facta, 873.

1100 circa. Donatio rerum in villa de Civent et ad Chanassum domno Iterio abbati ab Amico et Artaldo fratribus facta, 874.

1100 circa. Donatio mansi juxta ecclesiam Sancti Petri de Roseriis domno Iterio abbati a Girino facta, 875.

1100 circa. Donatio vineæ in villa de Curiolo ecclesiæ Randanensi, domno Iterio abbate, a Rotlanno facta, 876.

1100 circa. Donatio curtili juxta Civent ecclesiæ Randanensi, domno Iterio abbate, ab Amelio facta, 877.

1100 circa. Donatio vineæ in villa quæ dicitur Celles domno Iterio abbati ab Arberto de Rochifort facta, 878.

1100 circa. Donatio terræ in fine de Villanova ecclesiæ Randanensi, domno Iterio abbate, a Rotbaldo facta, 879.

1100 circa. Donatio vineæ in villa de Valeisia monasterio Randanensi, sub regimine domni abbatis Iterii, a Rotlanno facta, 880.

1100 circa. Donatio curtili in villa quæ dicitur Chaselles domno Iterio abbati a Gotlende facta, 881.

1100 circa. Donatio mansi in villa de Zoteriis domno Iterio abbati secundo ab Eldegarde facta, 882.

1100 circa. Donatio vineæ in villa de Aciaco domno Iterio abbati ab Hilario et filio ejus facta, 883.

1100 circa. Charta qua fit mentio placiti in quo Hugo Dalmacius vuerpivit ecclesias Randani et Fori quas monasterio Saviniacensi calumniaverat, 884.

1100 circa. Sacramentum Arnulfi Calvi quod forfactum non faciet in villa de Sal, 885.

1100 circa. Notitia chartæ qua dominus Islo, Xanctonensis episcopus, paradum et synodum concessit ecclesiæ Botavillæ, 889.

1100 circa. Donatio curtili in loco de Gutta domno Iterio abbati a Gozma et filiis ejus facta, 890.

1100 circa. Donatio vircariæ juxta ecclesiam de Sal domno Iterio abbati a Girino facta, 891.

1100 circa. Donatio curtili juxta ecclesiam de Madis Sancto Juliano de Sal a Duranto [de] Chastel Milan facta, 892.

1100 circa. Donatio dimidii mansi in villa de Rengon Sancto Juliano de Sal a Rotelde fœmina facta, 893.

1100 circa. Donatio curtili qui dicitur Adavesiis Sancto Juliano de Sal a Pontio de Pipiaco et Notardo, fratre ejus, facta, 894.

1100 circa. Donatio curtili in villa de Surione Sancto Juliano de Sal a Vualdemaro et Vuigone, filio ejus, et Hugone Flamens, facta, 895.

CHARTARUM SAVINIACENSIUM.   749

1100 circa. Donatio quartæ partis mansi in villa quæ dicitur Algeriis Sancto Juliano de Sal ab Umberto de Foro facta, 896.

1101, 13 Mart. Donatio ecclesiæ Beatæ Mariæ de Foro Sancto Martino Saviniacensi ab Hugone, archiepiscopo Lugdunensi, facta, 819.

1101? 6 Mai. Donatio mansi in villa de Planiola monasterio Saviniacensi, domno Iterio abbate secundo gubernante, a Vuarino et uxore ejus facta, 871.

1101, 14 Oct. Vuirpitio quarumdam rerum monasterio Saviniacensi a Vuichardo de Monte Aureo, præsente domno Iterio abbate secundo, facta, 842.

1102-1112. Convenientia inter Iterium abbatem secundum et fratres monasterii Saviniacensis, qua ecclesia de Vetula Caneva datur priori de Castro in usu et sumptu, 838.

1103-1113. Donatio vineæ de Arciaco et clausi de Celsiaco villa domno Iterio abbati secundo ab uxore Vuidonis Cordelli facta, 886.

1107, 4 Febr. Privilegium papæ Pascalis II, quo possessiones monasterii Saviniacensis confirmantur, 808.

1108? 29 April. Donatio curtili de Rocha domno Iterio abbati secundo ab Eldegarde facta, 865.

1111, 13 Dec. Convenientia inter Geraldum, episcopum Lausanensem, et Pontium, abbatem Saviniacensem, de possessionibus Lustriacensis ecclesiæ, 939.

1115 circa. Charta qua notum fit Pontium abbatem jus suum atque ecclesiæ Saviniacensis persequi contra Stephanum de Varennis, qui abstulerat supradictæ ecclesiæ donum quod Iterius de Bulliaco fecerat antea in præsentia domni Iterii abbatis, et iteraverat postea et confirmaverat Vuillelmus, filius ejus, 903.

1115 circa. Charta in qua narrantur ab origine varii casus disputationis inter Stephanum de Varennis et Pontium abbatem de dono Iterii de Bulliaco, 904.

1115 circa. Judicium in causa inter Pontium abbatem et Stephanum de Varennis, 905.

1115? 9 Dec. Decretum Paschalis papæ ad disputationem inter fratres Saviniacenses et Stephanum de Varennis spectans, 900.

1117, Dec. Confirmatio donationis ecclesiæ de Auliaco Sancto Martino Saviniacensi a Gauzeranno, archiepiscopo Lugdunensi, data, 898.

1117 circa. Donatio trium curtilorum in villa de Calme Sancto Juliano de Sal ab Eldegarde de Calme facta, 899.

1118 circa. Donatio feodi in ecclesia de Donziaco Sancto Juliano de Sal a Vuillelmo cognomento Barbato facta, 919.

1121-1124, 19 Febr. Privilegium Calixti papæ II, quo immunitates monasterii Saviniacensis confirmat, Pontio abbate gubernante, 902.

1121 circa. Vuirpitio de malis consuetudinibus in terra Sancti Juliani de Sal a Bovone milite de Sancto Baldomero facta, 920.

1121. Definitio discordiæ inter Pontium, Saviniacensem abbatem, et Hugonem de Bellojoco, abbatem de Sancto Justo, existentis, ecclesiæ de Duerna causa, 907.

1121 circa. Placitum inter domnum Pontium, Saviniacensem abbatem, et proceres de Dunziaco castro, qui Calvi nuncupantur, de injustis consuetudinibus quas isti in honore de Randanis imposuerant, 906.

1121 circa. Donum terræ in Marciaco Sancto Martino Saviniacensi a Berardo de Yconio factum, 908.
1121 circa. Donatio ecclesiæ Sancti Germani de Gemois Iterio, priori de Merpins, a Petro, Sanctonensi episcopo, facta, 909.
1121 circa. Judicium in synodo Gebenensi de querimonia inter monachos Talluerenses et Uldricum presbyterum causa ecclesiæ Taunii, 910.
1121 circa. Charta qua Pontius, Saviniacensis abbas, ea quæ Hugo Rumfator, prior obedientiæ de Mornanto, Stephano celerario dederat, alicui hominum dare interdixit, 911.
1121 circa. Vuirpitio de malis consuetudinibus de Jo in manu Pontii, abbatis Saviniacensis, ab Aymone de Lay, fratre ejus, facta, 912.
1121 circa. Donatio ecclesiæ de Griviliaco domno abbati Pontio ab Otmaro de la Turreta facta, 921.
1121 circa. Donatio curtili in villa de Surion domno abbati Pontio a Dumesia fœmina facta, 922.
1121 circa. De manso apud Sal, quod quædam matrona Gotolendis nomine dedit Sancto Martino Saviniacensi, 923.
1121 circa. Vuirpitio de malis consuetudinibus in villa de Sal a Vuillelmo Calvo facta, 924.
1121 circa. Donatio terræ de Lista Sancto Juliano de Sal a Petro Lombardi facta, 925.
1121 circa. Donatio curtili apud Sal ecclesiæ Sancti Juliani ejusdem loci a Girino Rufo facta, 926.
1121 circa. Donatio sextæ partis ecclesiæ de Griviliaco domno Pontio abbati ab Otmaro Turricula facta, 927.
1121 circa. Donatio terræ juxta mansum de la Garda ab Elisende et Pontia, filia ejus, facta, 928.
1121 circa. Donatio rerum in villis Surium et de Bezoles Sancto Juliano de Sal ab Æburge facta, 929.
1121 circa. Donatio terræ et cambonis Sancto Juliano de Sal a Duranto de la Chap facta, 930.
1121 circa. Donatio rerum in Villanova Sancto Juliano de Sal a Stephano et aliis facta, 931.
1121. Confirmatio donationis ecclesiæ Sancti Dizentii, Sanctonensis diœcesis, monasterio Saviniacensi a Petro, ejusdem diœcesis episcopo, facta, 932.
1123, 17 Febr. Privilegium Calixti papæ II, quo possessiones monasterii Saviniacensis confirmat, 901.
1124. Donatio ecclesiæ Sancti Amandi super fluvium Charentam monasterio Saviniacensi, in manu Pontii abbatis, a Girardo, Engolismensi episcopo, facta, 933.
1124 circa. Recuperatio mansi de Salseto quam injuste auferebat Sancto Martino Saviniacensi Hugo de Grantmont, tempore domni Pontii abbatis, 934.
1124 circa. Placitum de multis querelis inter abbatem Pontium et vicarios ejus Chivennaci, de chazipoleria dicti loci, 935.

1125 circa. Donatio partis castelli de Camopseto domno Pontio abbati a Bernardo Gaudemari facta, 936.
1127, 4 Aug. Definitio placiti inter Dalmacium, priorem de Castello, et Stephanum, vicarium de Sancto Joanne, de variis rebus, 916.
1128, 15 Mart. Charta qua Aymo de Lay domno Pontio, fratri ejus, abbati Saviniacensi, villam de Vindreu, pro pretio duorum millium solidorum, vendit, 913.
1128 circa. Donatio ecclesiæ Sancti Cirici de Marceliaco domno Pontio abbati a Pontio Lieras et uxore filiisque ejus facta, 914.
1128 circa. Donatio terræ et villæ de Sancto Laurentio domno Pontio abbati a Gauzeranno milite, cognomento Bers de Sepmuro, facta, 915.
1128 circa. Donum terræ in villa de Noalliaco Sancto Juliano de Sal ab Aymino de la Rivieri facta, 917.
1128. circa. Donatio curtili subtus ecclesiam Sancti Genesii Sancto Juliano de Sal a Rotlende fœmina facta, 918.
1134, 11 Mart. Donatio alodii in castello de Camopseto Pontio abbati a domino Brianto facta, 938.
1135 circa. Definitio querimoniæ inter Vuidonem, Lausanensem episcopum, et ecclesiam Sancti Martini de Lustriaco, facta Viennæ, per manum domini Petri, Lugdunensis archiepiscopi, 940.
1137, 1 Dec. Venditio rerum in villa de Apinnaco domno Pontio abbati a Bernardo et Umberto de Marzeu, fratribus, Hierusalem profecturis, facta, 937.
1140 circa. Notitia acquisitionum ab Hugone Rainerio, Saviniacensi clavigero, factarum, 941.
1140 circa. Acquisitio terræ in territorio quod Mercorleis appellatur a celerario Hugone facta, 942.
1140 circa. Acquisitio decimæ in Ampliputeo ab Hugone celerario facta, 943.
1150 circa. Convenientia inter Joannem, procuratorem obedientiæ Vindriaci, et Stephanum de Bevro, in præsentia Odilonis abbatis, facta, 950.
1161. Charta qua domnus Milo, abbas Saviniacensis, lucra telonariorum de Sambael ad pristinum, fratrum scilicet refectionem, revertere statum, jubet, 944.
1173. Venditio rerum in Arbrella ecclesiæ Saviniacensi a Petro des Estols facta, 946.
1173? Venditio feudi in Vinziaco monasterio Saviniacensi a Stephano Guillens facta, 945.
1194. Donatio ecclesiæ Sancti Georgii prope Conacum, Sanctonensis diœcesis, priori Sancti Thomæ de Conaco, ejusdem diœcesis, ex monasterio Saviniacensi dependentis, ab Henrico, Sanctonensi episcopo, facta, 947.
1197. Placitum querimoniæ inter Joannem d'Espeisse, obedientiarium de Mombloy, et Petrum Arnoldi, vicarium ejus, vicariæ causa, 948.
1200. Placitum querimoniæ inter Petrum de Chavannis, camerarium Saviniacensis monasterii, et Stephanum de Varennis, cujusdam peæ causa, 949.
1250, Mart. Associatio abbatum et fratrum Sancti Illidii Claromontensis et Sancti Martini Saviniacensis, 953.

1257, 1 Mart. Associatio abbatum et fratrum Lirinensis et Saviniacensis monasteriorum, 954.
1274, 12 Nov. Litteræ Aymari, Lugdunensis archiepiscopi, quibus notum fit Amedeum, abbatem Saviniacensem, necessitatibus ejusdem Aymari, fratris sui, ex mera gratia, subvenisse, 956.
1277, 19 Aug. Litteræ Aymari, Lugdunensis archiepiscopi, quibus notum fit Stephanum, abbatem Saviniacensem, adjutorium eidem Aymaro, contra dominum de Villariis, ex mera gratia, impendere, 957.
1286, Jan. Institutio sacristiæ beatæ Mariæ Saviniacensis a Girino de Masso, priore Montistroterii, consentiente Stephano abbate, facta, 958.
1298, 2 Nov. Associatio abbatum et fratrum Saviniacensis et Mausiacensis monasteriorum, 955.
1311, 3 Jul. Charta qua Guigo de Buzolio, decanus Lugdunensis, notum facit se recepisse a domno Stephano, abbate Saviniacensi, ad firmam seu censum, sub modis et oneribus inscriptis, domum infra claustrum suum Lugduni sitam, 951.
1320 circa. Publicum scriptum de fundatione ecclesiæ Lugdunensis : ordinem hierarchicum ejusdem ecclesiæ describit, numerum capellanorum, custodum, militum jurisperitorum, canonicorum aliorum, quorum dat nomina, exhibet; modum a sanctis patribus statutum serviendi in divino officio recordatur; jura, munera, atque officia uniuscujusque determinat, etc. 959.
1351, 9 Jun. Reformatio monasterii Saviniacensis a Bertholo de Civino, abbate monasterii Athanacensis, et Guillelmo de Tureyo, decano Lugdunensi, facta, jubente Henrico de Villars, archiepiscopo Lugdunensi, 952.

2° CHARTULARIUM ATHANACENSE.

901-928. Venditio vinearum in villa quæ vocatur Campania Leotardo et uxori ejus a Martino et aliis facta, 138.
902, Mai. Venditio curtili in villa quæ vocatur Campania domino Leotardo et uxori ejus a Petro facta, 169.
932, 20 Febr. Venditio vineæ in villa Caseti domno Rainaldo abbati a Sanbadino facta, 2.
937-993. Fragmentum donationis monasterio Athanacensi ab Arnulfo et uxore ejus facta, 1.
937-993. Venditio campi in loco qui dicitur Cresciacus Desiderio diacono a Genesio et uxore ejus facta, 34.

CHARTARUM ATHANACENSIUM. 753

937-993. Venditio terræ in finibus de Lissiaco sive de Mainciaco villa monachis Athanacensibus a Warengaudo et uxore ejus facta, 48.

937-993. Donatio curtiferi cum ædificiis in agro Tarnatensi ab Erminfredo infantibus suis Rotlan, Raunold et aliis facta, 189.

954? Donatio terræ extra muros Lugduni civitatis ab Eldeverto filiolo suo Adalberto facta, 192.

963? Jan. Impignoratio vineæ in villa quæ dicitur Sivriacus domno Elperico et uxori ejus a Godalboldo et uxore ejus facta, 168.

966, Aug. Donatio vineæ in villa Pauliniaco domno Ayelberto abbati a Tyætardo et uxore ejus facta, 76.

967, 9 Nov. Donatio rerum in villa Lissiaco domno Eylberto abbati ab Ingelardo diacono facta, 31.

968, Febr. Donatio rerum in villa Lissiaco domno Ægilberto abbati ab Arnulfo et uxore ejus facta, 30.

969, 30 Maii. Donatio vineæ, curtili et mansionis in villa de Marciliaco domno Egilberto abbati ab Antelmo levita facta, 4.

970, 26 April. Charta qua Arnulfus abbas, de rebus Sancti Pauli, campum unum situm in villa Selvaniaco Radulfo et uxori ejus in beneficium dat, 129.

970 circa. Impignoratio curtili et mansionis in villa Sivriaco domno Rainaldo abbati ab Antelmo sacerdote facta, 113.

970 circa. Donatio terrulæ in villa Darzilliaco Duranto et uxori ejus Petronillæ ab Arnulfo abbate et congregatione Sancti Pauli facta, 122.

976, Jun. Venditio vineolæ, de rebus Sancti Pauli, in villa Darciliaco, Remigio, Sancti Stephani sacerdoti, ab Auriande et uxore ejus facta, 107.

976? Jun. Venditio vineæ in villa Darciliaco domino Benæmaro sacerdoti a Rimigio sacerdote facta, 68.

978, 1 Febr. Donatio duarum petiolarum terræ in villa de Cacelliaco domno Rainaldo abbati a Bosone facta, 24.

978? Mai. Donatio rerum in villa quæ dicitur Brucalias domno Eilberto abbati ab Ansterio, Sancti Stephani sacerdote, facta, 28.

978, 22 Aug. Escambium inter Notardum levitam, Sancti Stephani canonicum, et Nantelmum et uxorem ejus, 179.

978 circa. Donatio usus fructuarii vineæ in Marcilliaco villa domno Eilberto abbati a Duranno et uxore ejus facta, 3.

978 circa. Donatio rerum in Lugduno civitate, et in loco qui dicitur Bellus Mons, extra muros supradictæ civitatis, domno Eilberto abbati ab Abbone presbytero facta, 193.

980, Jan. Donatio rerum in villa Marcilliaco ab Arnulfo et uxore ejus filiolo suo nomine Stephano facta, 18.

980, Mart. Donatio curtili in villa Albigniaco Aremberto et uxori ejus a Rotberto et uxore ejus facta, 51.

980, Jun. Donatio rerum in villa Rariaco domno Raynaldo abbati a Nantelmo facta, 182.

980? Dec. Donatio duarum algiarum [terræ] cum curtilo domno Asterio abbati ab Eymino et Silvestro fratribus facta, 155.

980 circa. Donatio campi in villa de Marcelliaco domno Asterio abbati a Gerardo et uxore ejus facta, 20.

980 circa. Donatio rerum in villa quæ vocatur Artis domno Raynaldo abbati a Witberto sacerdote facta, 181.

980-990. Donatio plantatæ quam Gislanus ædificavit in villa nuncupata Lissiacus domno Asterio abbati ab Arnulfo et filia ejus facta, 23.

980-990. Præcaria rerum in villa de Talantiaco Andreæ, præposito Lugdunensis ecclesiæ, a Duranno abbate facta, 38.

980-990. Donatio vineæ in villa de Cacellaco domno Duranno abbati ab Ansuso et uxore ejus facta, 39.

980-990. Donatio rerum in variis locis domno Asterio abbati a Stephano facta, 52.

980-990. Donatio vineæ cum mansione in villa Losonna domno Asterio abbati a Lucduno facta, 110

980-990? Donatio rerum in villa Lucennaco domno Asterio abbati ab Eribranno facta, 136.

980-990. Donatio trium villarum, Selvaniaci scilicet, Muriaci et Cerviaci, cum appenditiis earum, monasterio Athanacensi, domno Asterio abbate, a Wichardo et uxore ejus facta, 183.

984-990. Donatio rerum in villa Biliniaco domno Duranno abbati a Martino facta, 130.

986? Sept. Donatio rerum in villa de Cacellario, domno Asterio abbate, Sancto Petro de Caseto ab Engela facta, 26.

987-990. Donatio curtili in villa Marcilico, et prati in villa quæ dicitur Liscarias, domno Raynaldo abbati a Constantino et uxore ejus facta, 21.

989? Febr. Donatio vineæ in villa Maginciaco dominæ Ingeneeldi ab Agmino, marito suo, facta, 116.

989, 7 April. Donatio vinearum in villis Saviniaco et Treddo domno Rainaldo abbati ab Otberto et uxore ejus facta, 105.

990? 30 Mart. Donatio mansi, etc. in villa quæ vocatur Tous, domno Duranno abbati ab Asterio sacerdote facta, 160.

990, Sept. Venditio terræ arabilis in villa Braxiaco domno Asterio abbati ab Adalburno facta, 56.

990, Sept. Donatio vineæ cum mansione et orto in villa Losanna domno Duranno abbati ab Adalberto facta, 82.

990. Donatio vinearum in villa Salvaniaco domno Duranno abbati a Radoldo et uxore ejus facta, 77.

990? Donatio curtili et terræ in villa Albiniaco domno Duranno abbati ab Aremberto et uxore ejus facta, 33.

990? Donatio tertiæ partis vineæ in villa quæ vocatur Mons Lysinius domno Duranno abbati ab Ayrboldo facta, 37.

990 circa. Donatio vineæ in villa de Poloniaco domno Duranno abbati ab Odilone et uxore ejus facta, 27.

990 circa. Donatio duarum petiolarum terræ in villa Biliniaco domno Duranno abbati a Martino facta, 140.

990-992. Donatio rerum in villa de Lisciaco domno Rainaldo abbati ab Hycterio et uxore ejus facta, 47.

990-992. Donatio rerum in villa de Lisciaco domno Raynaldo abbati ab Hycterio et uxore ejus facta, 54.

993 (ante). Venditio vineæ in loco Vitriaco domino Sanson et uxori ejus a Martino et uxore ejus facta, 65.

993 (ante). Donatio rerum in variis locis domno Duranno abbati a Rotbaldo et uxore ejus facta, 72.

993 (ante). Venditio vineæ et terræ in villa Saviniaco monachis Athanacensis monasterii a Teudarno et Gilmaro facta, 79.

993 (ante). Donatio vineæ in villa Losanna domno Duranno abbati ab Ardenco facta, 88.

993 (ante). Donatio vineæ in villa Losanna domno Duranno abbati ab Ermengarde et filiis ejus facta, 94.

993 (ante). Donatio curtili, etc. in villa quæ vocatur Rubeola, domno Asterio abbati a Remo et uxore ejus facta, 103.

993-1013. Donatio capellæ Sanctæ Crucis de Silvaniaco domno Raynaldo abbati a Burchardo, archipræsule Lugdunensi, facta, 137.

993-1013. Donatio rerum in villa de Savonatis domno Rainaldo abbati ab Arberto presbytero facta, 139.

993-1032. Venditio vineæ in Monte Sicco domino Sanbadino a Ginbergie, Lanberto et Arberto facta, 40.

994 (ante). Donatio vineæ et terræ in agro Monte Auriacense ab Eldearde fœmina Duranno seniori ejus facta, 149.

994, Febr. Donatio rerum in villa de Artis domno Raynaldo abbati a Vuiniarde et filiis ejus facta, 173.

994, Mai. Donatio petiolæ terræ in finibus villæ de Marcilliaco domno Raynaldo abbati a Girardo facta, 7.

996, Feb. Donatio vineæ in villa quæ dicitur Marcelliaco domno Raynaldo abbati ab Engelsenda fœmina et filio ejus Grimoldo facta, 6.

996, Febr. Donatio rerum in villa Marcilliaco domno Raynaldo abbati ab Aschirico facta, 118.

997, Oct. Donatio terræ et silvæ in Vedrerias et in Bruillia domno Raynaldo abbati a Notardo, canonico Sancti Stephani, facta, 63.

999-1013 Charta qua Aalon Sancto Martino varias res in Sivriaco pro solidis xx in cautionem mittit, 126.

1000, Jan. Donatio vineæ in villa quæ vocatur Mons Siccus domno Raynaldo abbati ab Aloardo et uxore ejus facta, 10.

1000, Jan. Venditio campi et terræ in villa quæ vocatur Brualias domno Raynaldo abbati a Drogberto et uxore ejus facta, 60.

1000, Oct. Donatio terræ et silvæ domno Raynaldo abbati a Notardo, canonico Sancti Stephani, facta, 66.

1000? Venditio vineæ in villa quæ Mons Siccus dicitur cuidam homini nomine Stephano a Silvestro et uxore ejus facta, 9.

1000 circa. Impignoratio campi in villa Maginciaco Bercherio et uxori ejus a Grimaldo et uxore ejus facta, 49.

1000 circa. Donatio vineolæ in villa de Cosone domno Raynaldo abbati a Bracdenco, canonico Sancti Stephani Lugdunensis, facta, 53.

1000 circa. Descriptio terræ et nomina mansorum quæ Agno, filius Rollanni et Fulcrendis, dedit Sancto Martino Athanacensi, 55.

1000 circa. Impignoratio terræ et prati in villa Monte Lisinnio monasterio Athanacensi a Grimaldo et uxore ejus facta, 61.

1000 circa. Impignoratio vineæ in villa Calmillis Vuarengaudo et uxori ejus a Gautzoldo et uxore ejus facta, 62.

1000 circa. Venditio rerum in villa quæ vocatur Selviniac Girino et uxori ejus a Rotberto, Aymone et Ingelberto facta, 64.

1000 circa. Commutatio rerum in villis de Caseto et de Varennis inter Raynaldum abbatem et Aldoardum et uxorem ejus facta, 78.

1000 circa. Commutatio rerum inter canonicos Sancti Pauli et Raynaldum, abbatem sancti Martini Athanacensis, 93.

1000 circa. Donatio curtili in villa quæ vocatur Losanna domno Raynaldo abbati ab Ardenco facta, 106.

1000 circa. Donatio terræ, etc. in villa Darziliaco, domno Rainaldo abbati ab Aldoardo et uxore ejus facta, 108.

1000 circa. Donatio rerum in villa quæ Darciliacus nuncupatur domno Rainaldo abbati ab Ainulfo facta, 111.

1000 circa. Venditio vineæ cum vircaria in villa Darzilliaco domino Remigio presbytero ab Adalardo facta, 117.

1000 circa. Donatio vineæ in villa quæ vocatur Treddo domno Rainaldo abbati ab Hugone facta, 144.

1000 circa. Donatio vineæ et campi in villa Joelia ecclesiæ Sancti Petri in Monte Melardi ab Arenco facta, 153.

1000 circa. Venditio vineæ in villa Joelia domno Costantio sacerdoti a Duranno et Aieno uxoribusque eorum facta, 154.

1000 circa. Venditio vineæ et terræ in villa de Clipiaco domino Costantio ab Oruci facta, 163.

1000 circa. Donatio vineæ et terræ in villa de Clipiaco domno Raynaldo abbati a Constancio facta, 165.

1000 circa. Donatio vineolæ in villa de Campania ecclesiæ Sancti Petri de Caseto a vuadiariis Ardenci presbyteri facta, 167.

1000 circa. Notitia venditionis vineæ quæ vocatur Osicheisa in villa de Laviaco monachis Athanacensibus a Theothardo et Stephano fratribus factæ, 172.

1000 circa. Donatio campi in villa de Sisliaco domno Raynaldo abbati a Walterio et uxore ejus facta, 185.

XI sæcul. Donatio vineæ in villa de Marcilliaco monasterio Athanacensi a Widone facta, 12.

XI sæcul. Convenientia inter monachos Athanacenses et Geraldum, de quadam sclosa posita in Aselga, 13.

1001 ? Jan. Commutatio rerum inter Etherium, monachum Sancti Martini Athanacensis, et Saliconem laicum, 177.

1001, 12 Dec. Donatio vineæ et terræ in villa de Clipiaco domno Raynaldo abbati a Rannulfo et uxore ejus facta, 159.

1001. Vuirpitio terræ in fine villæ de Manciaco domno Raynaldo abbati a Grimaldo facta, 69.

1002, 28 April. Donatio seu venditio rerum in finibus Sivriaci domno Raynaldo abbati a Fulcherio facta, 128.

1002, 9 Aug. Donatio vineæ et campi in agro Monte Auriacensi domno Raynaldo abbati ab Adalburno et uxore ejus facta, 32.

1002, 12 Aug. Impignoratio terræ arabilis in terminis Mainciaci domno Raynaldo abbati a Grimaldo et uxore ejus facta, 43.

1003, 14 Febr. Donatio vineæ in villa Siniciaco, in pago Matisconensi, domno Raynaldo ab Aymone sacerdote facta, 89.

1003, 28 April. Donatio vineæ et silvæ in villa Losanna domno Rainaldo abbati a Beraldo facta, 143.

1003. Donatio terræ in villa de Marciliaco domno Raynaldo abbati a Benedicto et uxore ejus facta, 19.

1003. Donatio curtili et vineæ in villa quæ vocatur Calliscus domno Rainaldo abbati ab Adalardo et uxore ejus facta, 29.

1004, 21 Mai. Præcaria rerum in villis de Sancto Cirico, de Coloniis et de Talentiaco, Adalburno et uxori ejus a Rainaldo abbate facta, 36.

1005, Jan. Donatio curtili in villa quæ vocatur Sivriacus domno Raynaldo abbati a Raimboldo et uxore ejus facta, 151.

1005, Jun. Donatio rerum in agro Valle Asense domno Raynaldo abbati ab Elgilrico facta, 150.

1005. Donatio rerum in villa Darziliaco domno Raynaldo abbati ab Asterio et fratre ejus Nicetho facta, 114.

1006, Mai. Venditio terræ in villa quæ nominatur Mons Cuch domnis Rainaldo abbati et monacho, a Martia et filia ejus facta, 187.

1007. Donatio medii planti in loco qui Mons Lisinius vocatur domno Arnulfo abbati a Verano et uxore ejus facta, 25.

1007. Præcaria trium curtilorum et duorum camporum in villis quæ vocantur Bruialias et Calliscus Adalardo et uxori ejus a Rainaldo abbate facta, 35.

INDEX CHRONOLOGICUS

1008, Mai. Donatio rerum in villa de Manciaco domno Arnulfo abbati a Rollanno et uxore ejus facta, 41.

1008, Sept. Donatio rerum in villa Marcilliaco domno Raynaldo abbati ab Adalfredo et uxore ejus facta, 11.

1008, 23 Dec. Donatio vineæ in villa de Saviniaco domno Rainaldo abbati a Raimboldo et uxore ejus facta, 109.

1008? Donatio rerum in villis de Carcelliaco et de Losanna domno Arnulfo abbati a Ranulfo et uxore ejus facta, 74.

1009, Mai. Donatio vineæ in villa Sivriaco monasterio Athanacensi ab Eldeverto facta, 133.

1009, 25 Dec. Donatio rerum in loco qui vocatur Mons Sancti Jhoannis domno Rainaldo abbati ab Ugone facta, 145.

1010, 8 April. Donatio curtili, etc. in villa quæ dicitur Bruialias domno Raynaldo abbati a Girino et uxore ejus facta, 87.

1010, 28 April. Donatio rerum in villa de Trevos monasterio Athanacensi a Costantio facta, 178.

1010, 13 Mai. Donatio rerum in villa de Sivriaco monasterio Athanacensi a Gerardo et uxore ejus facta, 83.

1010 circa. Donatio vineæ in villa Marcilliaco domno Udulbaldo abbati a Geraldo sacerdote et Otgerio, fratre ejus, facta, 5.

1010 circa. Vuirpitio terræ in loco qui vocatur Bruialias, in præsentia domni Vudulbaldi abbatis, monachis Athanacensibus a Girino de Darziliaco facta, 50.

1010 circa. Donatio vineæ, cum vircaria et torculari, in villa de Mainciaco, domno Udulbaldo abbati ab Eymino et uxore ejus facta, 120.

1011, Mai. Venditio vineæ et terræ in villa de Clipiaco domno Arnulfo abbati ab Eldearde facta, 81.

1011 circa. Donatio vineæ in villa de Saviniaco domno Udulbaldo abbati ab Othgerio et uxore ejus facta, 157.

1011? Donatio terrarum in villa quæ dicitur Vendonessa domno Udulbaldo abbati ab Eldino et fratre ejus facta, 186.

1012, April. Donatio vineæ in villa quæ dicitur Taxonerias domno Arnulfo abbati ab Andrea et uxore ejus facta, 44.

1012, April. Donatio rerum in villa Sivriaco domno Rainaldo abbati a Milone et uxore ejus facta, 104.

1012, Mai. Venditio vineæ in villa de Clippiaco Otgerio et uxori ejus ab Adalende facta, 90.

1012? Mai. Donatio vineæ prope ecclesiam Sancti Gregorii domno Arnulfo abbati a Girberto et Vandrano facta, 191.

1012, 12 Nov. Donatio rerum in villa de Treddo domno Raynaldo abbati a Costantio et uxore ejus facta, 121.

1012, 16 Nov. Notitia vuirpitionis terræ quæ vocatur Vinolas domno Rainaldo et monachis ejus a Pontione facta, 141.

1012. Donatio vineæ in villa de Saviniaco domno Rainaldo abbati a Pontio facta, 101.
1013, Jan. Impignoratio vineæ in villa Losanna Rotberto a Lietgarde et filiis ejus Constantino et Otberto facta, 152.
1013, Febr. Donatio vinearum et campi in variis locis domno Arnulfo abbati a Geraldo et uxore ejus facta, 8.
1013, Febr. Donatio vineæ in villa de Losanna ab Ermengarde marito suo Ingelardo facta, 127.
1013, 13 April. Donatio rerum in villa Cerviaco monasterio Athanacensi, domno Raynaldo abbate, a Theutberga, vidua Artaldi, comitis Lugdunensis, pro anima dicti Artaldi, facta, 147.
1013. Donatio portionis silvæ de Sivriaco domno Arnulfo abbati a Bernardo facta, 158.
1015, Mart. Donatio rerum domno Arnulfo abbati a Benedicto et filiis ejus facta, 59.
1015, Mai. Donatio capellæ de Sisliaco, cum adjacentiis, domno Arnulfo abbati ab Agnone et fratribus ejus facta, 184.
1015, Sept. Donatio vineæ et silvæ in pago Lugdunensi domno Arnulfo abbati ab Otgerio facta, 131.
1015 circa. Donatio terræ arabilis in finibus Mainciacæ villæ domno Arnulfo abbati a Constantino presbytero et fratre ejus facta, 42.
1015 circa. Donatio vineæ in villa Calciensi monasterio Athanacensi, Arnulfo abbate, a Franberga facta, 67.
1015 circa. Donatio silvulæ in loco qui vocatur Filis Volp domno Arnulfo abbati ab Adcilino facta, 70.
1016, Febr. Donatio rerum in Monte Aureo, loco beneficii, Grimaldo et uxori ejus a domno Arnulfo abbate facta, 45.
1017. Donatio campi in villa de Caslech domno Arnulfo abbati a Girbaldo facta, 57.
1018, 25 Sept. Donatio vineæ in villa de Sisliaco domno Arnulfo abbati ab Iterio facta, 174.
1018. Donatio vineæ in villa de Cacellaco domno Arnulfo abbati ab Engelberto et uxore ejus facta, 46.
1019, Febr. Donatio medii planti in villa quæ vocatur ad Solarium domno Arnulfo abbati a Rotlanno et uxore ejus facta, 96.
1020? 31 Dec. Donatio rerum in villa Sevriaco domno Arnulfo abbati ab Emeldi et filio ejus Siebodo facta, 123.
1020 circa. Donatio rerum in agro Monte Auriacense domno Arnulfo abbati ab Agnone facta, 75.
1020 circa. Donatio vineæ in villa de Clipiaco monasterio Athanacensi ab Arenco, pro nepote suo Girardo, facta, 85.
1020 circa. Donatio vineæ in villa de Losanna Sancto Petro de Caseto, domno Arnulfo abbate, ab Antelmo presbytero facta, 125.
1020 circa. Donatio vineæ in villa de Losanna monasterio Athanacensi a Fulcherio facta, 135.

INDEX CHRONOLOGICUS

1020 circa. Donatio rerum in agro de Valle Brevonna domno Arnulfo abbati ab Ugone et fratre ejus Gausmaro facta, 146.

1020 circa. Donatio rerum in villa quæ vocatur Campania domno Arnulfo abbati ab Ilione et uxore ejus facta, 164.

1020 circa. Donatio rerum in villa de Clipiaco domno Arnulfo abbati ab Otgerio et uxore ejus facta, 166.

1020 circa. Donatio medii planti et terræ domno Arnulfo abbati ab Artaldo et uxore ejus filiisque eorum facta, 170.

1022, 4 Maii. Donatio partis bosci in villa Maienciaco domno Arnulfo abbati a Constantino presbytero facta, 58.

1022, 31 Maii. Donatio terræ in villa quæ dicitur Sisliaco domno Arnulfo abbati a Fulcherio facta, 180.

1022, 5 Oct. Donatio rerum in villa quæ dicitur Sisliaco domno Arnulfo abbati a Poncio facta, 175.

1022-1032. Donatio vineæ in villa de Burziaco domno Geraldo abbati a Duranno et uxore ejus facta, 16.

1022-1032. Donatio partis ecclesiæ de Burziaco domno Geraldo, abbati Athanacensi, ab Adalardo, abbate Sancti Nicetii, facta, 17.

1022-1032. Donatio rerum in villa de Losanna domno Geraldo abbati ab Aschirico facta, 80.

1022-1032. Donatio curtili in villa quæ Clipiacus dicitur monasterio Athanacensi ab Arenco, Amblardo et Ugone, illustribus fratribus, facta, 84.

1022-1032. Donatio rerum in villa de Rustiaco domno Geraldo abbati a Gerardo facta, 100.

1022-1032. Donatio vineæ in villa de Clipiaco domno Geraldo abbati ab Arenco et fratribus ejus Saiferio et Ugone facta, 119.

1022-1032. Donatio clausi vineæ in villa de Losanna domno Geraldo abbati ab Ylione et Gerardo fratribus facta, 132.

1022-1032. Convenientia inter Johannem, ex una parte, et Geraldum, abbatem Athanacensem, et Girinum, præpositum de Caseto, ex altera, de terra in villa de Buissanta, 148.

1022-1032. Donatio condaminæ juxta boscum de Cadrona domno Geraldo abbati ab Umberto facta, 156.

1022-1032. Donatio vineæ in villa quæ Losanna dicitur domno Geraldo abbati ab Eldegarde facta, 162.

1022-1032. Donatio campi in villa de Silliaco domno Geraldo abbati ab Achardo facta, 171.

1023, Jan. Venditio vineolæ in villa de Losanna Fulcherio et uxori ejus a Franberga et filio ejus facta, 142.

1023, 12 Febr. Donatio ecclesiæ de Burziaco cum appendiciis domno Arnulfo abbati a Girino et uxore ejus facta, 14.

1023, 16 Mart. Donatio partis ecclesiæ de Burziaco domno Arnulfo abbati a Vuidone et fratribus ejus facta, 15.

CHARTARUM ATHANACENSIUM. 761

1023, Jun. Venditio vineolæ in villa Saviniaco Otgerio et uxori ejus Adalgardi ab Arbrannio et matre infantibusque ejus facta, 124.

1023, 9 Dec. Donatio vineæ in villa de Darzilliaco domno Geraldo abbati ab Otberto facta, 73.

1023. Donatio vineæ in villa Bagniaco domno Geraldo abbati ab Aimone facta, 161.

1024, 1 Dec. Commutatio terrarum inter abbatem monasterii Cluniacensis et abbatem monasterii Athanacensis, 188.

1026, 24 Mart. Donatio vineæ et vircariæ in villa de Losanna domno Geraldo abbati ab Alboara facta, 112.

1027, Mart. Venditio terræ in villa Amachinio domno Rotlanno et uxori ejus a Girardo et Bertelimo facta, 99.

1027. Venditio curtilorum in villa Clipiaco Arenco et Josberto ab Otgerio et uxore ejus facta, 91.

1030? Donatio mansi in villa de Losanna domno Geraldo abbati ab Ailiburge et filio ejus Ilione facta, 97.

1030? Convenientia quam domnus Geraldus abbas et Ilio, filius Ailiburgis, habuerunt de manso supradicto, 98.

1030 circa. Donatio terræ in pago Lugdunensi domno Geraldo abbati a Stephano milite et matre ejus facta, 115.

1031, 10 April. Venditio terræ in villa quæ vocatur Fossadas domno Aschirico a Benigno et uxore ejus facta, 134.

1031, 12 April. Donatio mansi in villa quæ vocatur Tres Canos domno Geraldo abbati ab Arnulfo et uxore ejus facta, 102.

1031. Donatio vineæ in villa de Clipiaco monasterio Athanacensi ab Amblardo milite facta, 86.

1032. Donatio vineæ in villa de Clipiaco domno Geraldo abbati ab Ugone facta, 92.

1032 circa. Donatio terræ in villa de Brulliaco domno Geraldo abbati ab Arbranno et uxore ejus facta, 71.

1032 (post). Donatio coloniæ de Salvangis monasterio Athanacensi a Gausmaro milite, fratre Suivini monachi, facta, 95.

1034? Donatio rerum in villa de Marcilliaco et aliis locis domno Geraldo abbati a quodam homine nobili nomine Wilenco et uxore ejus facta, 22.

1050 circa. Epistola Hal[inardi], Lugdunensis archiepiscopi, canonicis ejusdem ecclesiæ, qua rogat eos et hortatur ut Umbertum præpositum ad ipsi succedendum eligant, 190.

1070 circa. Donatio vercariæ in loco qui vocatur Admuros domno Vuicardo abbati a Rotgarde facta, 176.

1080 circa. Notitia donationis ecclesiæ Sancti Cirici de Sivriaco factæ monasterio Athanacensi a domino Gyboino, archipræsule Lugdunensi, 198.

1100 circa. Donatio terrarum in parrochiis de Sivriaco et de Marciliaco ecclesiæ Caseti, domno Gauceranno priore, ab Arrico puero facta, 194.

1110 circa. Fragmentum chartæ in qua tantum denominati sunt Guigo, cognomine Incatenatus, miles, et Berardus, prior Caseti, 197.

1115 circa. Charta qua manifestum est quod Berardus, prior Caseti, terram de Poliaco Stephano de Lissiaco petenti pro beneficio dederit, Poncio abbate, 196.

1120 circa. Donatio rerum in villa de Sivriaco ecclesiæ Caseti a Jarentone, laudante fratre ejus Arnulfo, facta, 195.

1135 circa. Convenientia inter Gaucerannum Rufum de Lissiaco et Ugonem, abbatem Athanacensem, de quadam terra in villa Sivriaco sita, 199.

1150 circa. Convenientia inter Yterium de la Torreta et Ugonem Guichardi, priorem domus de Caseto, 200.

1200 circa. Notitia servitiorum monasterio Athanacensi apud Ansam debitorum, 201.

INDEX GENERALIS

NOMINUM ET RERUM

IN CHARTULARIIS SAVINIACENSI ET ATHANACENSI

CONTENTORUM.

(Numerus ad ordinem chartarum sese refert, locis non multis exceptis, ubi mittit ad paginam, typis inclinatis hoc in casu impressam. — Asteriscus * designat chartas Athanacenses. — De nominibus vero locorum, quæ intra uncos gallice restituuntur, vide *Dictionnaire géographique*.)

A

Aacro, testis, 449.
Aadalendis, 795. Vide *Adalendis*.
Aalannus, donator, 508.
*Aalardi terra, 48.
Aalardus vel Alardus, donator, 349.
Aalbrada, testis, 356.
Aalerius, frater Arberti, 356.
*Aalgardus, testis, 79.
Aalgerius, testis, 200. Vide *Adalgerius*.
*Aalo, testis, 5, 6, 23, 50, 79, 104, 142, 158.
*Aalo vel Aalonus, testis, 128.
*Aalo vel Aaso, testis, 173.
*Aalon, donator, 126.
*Aalon, 141.
*Aalonis terra, in villa Marcilliaci, 5.
*Aalonnus, testis, 11.
*Aalonus, frater Beraldi, testis, 20.
*Aalonus, testis, 1.
Aalsendis, donatrix, 747.
*Aarardus vel Adalardus, 117.

Aarencus, 793. Vide *Arencus*.
Aaso, testis, 173.
*Ab..., scrip. 133.
Abbas, abbatia, abbatissa. Vide *Athanacensis, Barbara insula, Cluniacensis, S. Illidii Claromontensis, S. Justi Lugdunensis, Lirinense, Mausiacensis, S. Nicetii Lugdunensis, Pelogiis, S. Theuderii, Saviniacensis*, abbatiæ. — *Adalardus, Arnulfus, Hiccor, Richardus, Vuigo*, abbates.
*Abbo monachus et sacerdos, scrip. 145.
*Abbo presbyter, donator, 193.
*Abbo presbyter, scrip. 90.
*Abbo monachus, scrip. 11, 118, 139.
*Abbo monachus, testis, 38.
Abbo, filius Raingundis, 45.
Abbo, testis, 441, 608.
*Abbo, testis, 36.
*Abbonus monachus, scrip. 24, 82, 155, 182.
Abbonus venditor, 123.

INDEX GENERALIS

ABELLONA, uxor Ademmari, 104.
ABELLONIA, uxor Belli Hominis, 492.
ABELONA et filius ejus, Sevinnus levita, donatores, 300.
ABELONIA, mater Girardi, Hugonis et Vuilentii, 570.
ABESSUM (Emergere in), 889.
ABIRON. Vide *Datan*.
ABO vel AZO, frater Ursi et Rothaldi presb. 622.
ABO, testis, 5.
ABO, testis, 236, 298, 306, 318, 319, 327, 331, 355, 441, 560.
ABOSCUM, 285. Vide *Alboscum*.
ABRAHAM sacerdos, donator, 563.
ABUNDA. Vide *Habunda*.
ABUNDANTIUS, 67.
*ABUNDUS, testis, 79.
ACATAMENTUM, 673.
ACBERTUS et uxor ejus Ermengardis, donatores, 378.
ACBERTUS vel ALBERTUS, donator, 142.
ACBERTUS, testis, 18, 62, 126, 159, 285, 376, 384.
ACBURGIS vel ÆBURGIS, donatrix, 929.
ACCINGIA vel ACCENGIA villa, in agro Forensi, 291, 296.
ACCRESSEMENTUM vel ACGRESSIMENTUM, 496.
ACDEBERTUS, 636. Vide *Aldebertus*.
ACERCENNACUS vel CERCENNACUS villa, in agro Forensi, 594. Vide *Corcennatis*.
ACFREDUS, testis, 140, 149, 161, 164, 167, 173, 194, 203, 242, 243, 250, 252, 253, 374, 386, 425, 442, 529, 550.
ACGLERIUS, donator, 295.
ACHARDI (Vuillelmus), miles, 811, 812.
ACHARDI vel ARCHARDI (Vuillelmus), monachus, testis, 947. Vide *Archardi*.
ACHARDUS [de Bulliaco], 820; filius Iterii, 903. Vide *Bulliaco*.
ACHARDUS vel ARCHARDUS, testis, 501.
*ACHARDUS, donator, 171.
ACHARDUS, testis, 229, 462, 548.
*ACHARDUS, testis, 174, 180, 184, 185.
ACHARIAS de Cosanno, 884. Vide *Cosanno*.
ACHARIAS de Fontaneis, 907, 935. Vide *Fontaneis*.
ACHODI terra, 185.
ACIACUS villa, in agro Forensi, 95; in confinio agri Solobrensis, 91; in parrochia S. Mauritii Trilinensis, 883. (ASSIEUX.)
ACILINA, soror Arnulfi, 678.

ACINDUS vel AUNDUS, testis, 589.
ACLARDUS, testis, 286.
ACLINDRADA vel ARCLINDRADA, uxor Arlabaldi, 32.
ACMINUS vel ACUINUS, testis, 281.
ACMO presbyter, testis, 552.
ACMO, testis, 555.
ACMO vel AGMO, testis, 361.
ACOLITUS, 34.
ACQUINUS, 146. Vide *Aquinus*.
ACQUISITIONES a conjugibus communiter factæ, 93.
ACROARDUS, testis, 547.
ACUIMUS vel ACMINUS, testis, 281.
ACULFI MONS, 723. Vide *Mons Aculfi*.
ADAGALDIS, testis, 881. Vide *Adalgardis*.
ADAGALDUS clericus, 640. Vide *Adalgaldus*.
ADALAA, uxor Gontardi, 636.
ADALACHIZ, uxor Vualdrici, et filius ejus Ornadus, donatores, 467.
ADALAMUS vel ADALANNUS, testis, 27.
ADALANNUS, 624.
*ADALARDI terra, 100, 146, 186.
ADALARDI : Eldinus, 112; Aiminus, filius ejus, 112; Raimundus, 751; Vuillelmus, 751, 752.
ADALARDUS abbas, 730.
*ADALARDUS, abbas Sancti Nicetii, donator, 17.
ADALARDUS presbyter, donator, 388.
ADALARDUS presbyter, testis, 382, 422.
ADALARDUS levita, scrip. 643, 704, 857.
*ADALARDUS et uxor ejus Eldegardis, donatores, 29; postulatores, 35.
*ADALARDUS scrip. ad vicem Ra...... 140.
*ADALARDUS, scrip. 88.
*ADALARDUS vel AARARDUS, venditor, 117.
*ADALARDUS miles, testis, 137.
ADALARDUS rusticus, 693.
ADALARDUS, pater Jarentonis, 777.
ADALARDUS, pater Lamberti, donator, 193.
ADALARDUS, filius Archrimi et Eltrudis, factus monachus, 578.
ADALARDUS, filius Maynardi et Ingelbergiæ, 384.
ADALARDUS et Amaldricus, donatores, 572.
ADALARDUS, frater Constabilis, et pater Bertranni, 866.
ADALARDUS, frater Pontii, 703.
ADALARDUS et uxor ejus Dulcisina, donatores, 266.
ADALARDUS et uxor ejus Roteldis, donatores, 103.

ADALARDUS Adulter, 777. Vide *Adalter.*
ADALARDUS [Guius?], 869. Vide *Gaius.*
ADALARDUS, 74, 143, 189, 226; testis, 107, 112, 152, 156, 196, 248, 258, 259, 266, 283, 326, 426, 444, 466, 474, 520, 576, 607, 615, 618, 669, 683, 695, 843, 866.
ADALASIA, mater Anselmi et Gunfredi, 641.
ADALASIA, uxor Falconis, 753.
ADALASIA vel ADALISIA, uxor Gauzeranni, 730.
ADALAUDUS vel ADALANDUS, 264.
ADALBALDUS, 186.
ADALBERNUS monachus, testis, 59.
*ADALBERT, testis, 149. Vide *Adalbertus.*
ADALBERTUS [I], abbas Saviniac. pag. *2,* c. 1.
ADALBERTUS [II], abbas Saviniac. pag. *2,* c. 26.
ADALBERTUS presbyter, testis, 382.
ADALBERTUS, scrip. 358, 467.
ADALBERTUS, pater Constantii, donator, 289.
*ADALBERTUS, filius Eldeverti et Grimæ, 192.
*ADALBERTUS, frater Ermengardis, donator, 82.
ADALBERTUS et Gauzelinus, donatores, 198.
ADALBERTUS [frater Gausmari?], 350.
ADALBERTUS, testis, 28, 108, 193, 202, 331, 361, 503, 563, 582, 845.
*ADALBERTUS, testis, 73, 77, 167.
ADALBODUS, frater Lamberti, 234.
ADALBORGIS, uxor Mainardi, 471.
ADALBORNUS clericus et frater ejus Severus, petitores, 17.
ADALBORNUS rusticus, 106.
ADALBORNUS, filius Chrestianæ, 317.
ADALBORNUS, testis, 40, 126, 145, 325, 328, 482, 566, 567, 795.
*ADALBURNI terra, 29.
*ADALBURNUS et uxor ejus Sulpicia, donatores, 32; postulatores, 36.
*ADALBURNUS, venditor, 56.
*ADALBURNUS, 45.
ADALDRADUS, 670.
*ADALELDIS, uxor Aremberti, 33, 51.
ADALELDIS, uxor Ingelberti, 605.
ADALELDIS, uxor Justi, 345.
*ADALELMI terra, 27.
ADALELMUS monachus, scrip. 302.
ADALELMUS, donator, 589.
ADALELMUS, testis, 863.
*ADALELMUS, testis, 76.
ADALENDA, uxor Ganzeranni, 794.
ADALENDIS, mater Aremburgis, donatrix, 616.
ADALENDIS, mater Duranti, donatrix, 328.

ADALENDIS, filia Azonis et Rotrudis, uxor Duranti Balbi, 795.
ADALENDIS, uxor Gauzonis, 170.
*ADALENDIS et filii sui, venditores, 90.
*ADALFREDUS et uxor ejus Udulgardis, donatores, 11.
*ADALFREDUS, testis, 105.
ADALFREDUS testis, 28, 185, 192, 258, 260, 367, 372, 381.
*ADALFREIDUS, testis, 112.
ADALFRUDIS, uxor Landrici, 77. Vide *Adaltrudis.*
ADALGALDUS vel ADAGALDUS clericus, et fratres ejus, filii Chononis, donatores, 640.
ADALGARDIS, mater Fulcherii, 211; donatrix, 249.
ADALGARDIS, filia Arrici et Garlendis, 98.
ADALGARDIS, uxor Gerardi Rumphatoris, 683.
ADALGARDIS [uxor Iterii?], testis, 469.
ADALGARDIS, uxor Landrici, 5.
*ADALGARDIS, uxor Otgerii, 90, 91, 124, 157, 166; soror Arenci, 91.
ADALGARDIS, uxor Pontii, et mater Iterii, 536.
ADALGARDIS, uxor Ratbodi et mater Vuilusi, donatrix, 204.
ADALGARDIS, donatrix, 235.
ADALGARDIS, 25.
ADALGARDIS, testis, 881.
*ADALGARDIS, testis, 171, 180, 184, 185.
*ADALGARDIS terra, 85.
ADALGARIUS, pater Duranti et Rainsendis, donator, 240.
ADALGARIUS, testis, 174.
ADALGAUDUS, hæres (filius?) Stephani et Teutzendanæ, 59.
ADALGERIUS, frater Adalelmi, 179.
ADALGERIUS [vuadiator Arnoldi], 577.
ADALGERIUS, testis, 149, 178, 200, 340, 377, 608.
ADALGIAS curtilus, in villa Tasiaco, 856.
ADALGIS, 62. Vide *Agdalgis.*
ADALGISUS, 62.
*ADALGISUS, filius Vulterii, 103.
ADALGISUS, testis, 109.
ADALGUDIS vel ADALGIDIS, uxor Eymini, 230.
ADALMANNUS, testis, 521.
*ADALMANNUS, testis, 27.
*ADALO, testis, 47, 54, 83, 113, 141.
ADALOLDUS, donator per vuadiatores, 499.
*ADALONNUS, testis, 19, 87, 143.
*ADALONUS, testis, 26, 27, 159.

ADALRAMUS, 474. Vide *Adalrannus*.
ADALRANNUS, testis, 165, 474.
ADALSENDA, uxor Uperti, 486. Vide *Adalsendis*.
ADALSENDIS, uxor Arnulfi, 678.
ADALSENDIS vel ADELSENDIS, uxor Sigaldi, 719.
ADALSENDIS, uxor Uperti, 550. Vide *Adalsenda*.
ADALSENDIS, uxor Vuilenci Longi, 868.
ADALSENDIS, testis, 873.
*ADALTRUD, uxor Aieni, 154.
ADALTRUDIS, donatrix per vuadiarios, 336.
ADALTRUDIS [mater Vuidonis?], 275.
*ADALTRUDIS, uxor Constantini, 21.
*ADALTRUDIS, uxor Martini, 65.
ADALTRUDIS, ADALDRUDIS, ALTRUDIS, uxor Rodoardi, 340.
ADALTRUDIS, uxor Vuitaldi, 306, 319, 331.
ADALTRUDIS, donatrix, 303.
ADALTRUDIS, testis, 125.
ADARALDUS, testis, 520. Vide *Adelardus*.
ADAVESIIS curtilus, 894. Vide *Avesis*.
ADBOLTUS, testis, 40.
*ADCILINUS, donator, 70.
ADDENAGUS vel ADENAGUS villa, in agro Solobrensi, 70. Vide *Adennacus*.
ADDO, miles nobilissimus, donator, 835.
*ADDRALDUS, testis, 52.
ADEBERTUS, testis, 276, 636.
ADEBORGIS, uxor Udulardi et mater Asterii, donatrix, 243.
*ADEBURGIS, soror Arenci, 91.
ADEBURGIS, donatrix, 223.
*ADELARDUS, frater Widonis, 15.
ADELBORNUS, testis, 182.
ADELEDA, 139. Vide *Adeleldis*.
ADELELDIS, uxor Ingelberti, 611.
ADELELDIS, ADELERDIS, ADELEDA, uxor Rotberti, 139.
ADELELMI COMBA, silva, 803. Vide *Combæ*.
ADELELMUS presbyter, testis, 142.
ADELELMUS monachus, testis, 69.
ADELELMUS monachus, scrip. 49, 50, 53, 57, 72, 173, 177, 282, 291, 294, 298, 299, 300, 301, 303.
ADELELMUS, scrip. 295, 296, 297.
ADELELMUS, frater Adalgerii, donator, 179.
ADELELMUS, testis, 126, 263.
ADELERDIS, 139. Vide *Adeleldis*.
ADELMANDIUS monachus, scrip. 292.
ADELMANNUS monachus, scrip. 293.
*ADELMODIS, uxor Ugonis, 179.
ADELMODIS, 882. Vide *Pagani*.

ADELO, testis, 126. Vide *Aledo*.
ADELSENDIS, 719. Vide *Adalsendis*.
ADELTRUDIS, uxor Duranti, 530.
ADEMARUS, comes [Diensis?], 637.
ADEMARUS, abbas Sancti Justi [Lugd.], 472.
ADEMARUS vel ADEMMARUS et uxor ejus Abellona, donatores, 104.
ADEMARUS, filius Petri et Domesiæ, 476.
ADEMARUS et Desiderius [fratres?], venditores, 199.
ADEMARUS Cornelii, 869. Vide *Cornelii*.
ADEMARUS de Madernatis, 129. Vide *Madernatis*.
ADEMARUS de Montfol, 907. Vide *Montfol*.
ADEMARUS, testis, 336, 422, 547, 633, 659, 691, 800.
ADEMNIACUS villa, in agro Forensi, 294. Vide *Adennacus*.
ADENIS vel AD ENES, 32.
ADENNA villa, in fine agri Forensis, 68.
ADENNACUS villa, in agro Forensi, in fine Solobrensi, 99.
ADENNACUS, ADDENNACUS, ADDENNAVUS villa, in agro Solobrensi, 311. Vide *Addenagus*.
ADFOSSADUM, ADFOSSADUS, ADFOSSADOS, 286. Vide *Fossadum*.
ADLUTIONIS. Vide *Alutio*.
ADMOCELLUM, 288, 290. Vide *Mocellum (Ad)*, et *Moncellam (Ad)*.
*ADMUROS (vel AD MUROS) locus, 176.
ADOLARDUS, 113. Vide *Adalardus*.
ADOLSASIA, filia Eymini et Adalgardis, 230.
ADOLSCONETUS villa, in valle Bevronica, 510.
ADOSIA, rivulus, 891. Vide *Adoysi*.
ADOYSI, ADOISII fluvius, 652, 658. Vide *Adosia*. (L'OISE.)
ADPIGO vel AD PIGO, locus in villa Tasiaco, 18. (PIGOTIÈRE?)
ADRABALDUS, scrip. 18.
ADRADUS vel ARDRADUS, maritus Magisendis, et pater Aroldi, 436.
ADRADUS vel ARDRADUS, testis, 10.
ADRADUS vel ADRARDUS, testis, 146.
ADRADUS, 156; testis, 152, 358.
ADRALDUS, vicarius, testis, 549.
*ADRALDUS, consanguineus Heldulfi et nepos Bracdenci canonici, 53.
ADRALDUS, pater Hugonis, 347.
ADRALDUS, 277; testis, 79, 363, 545.
*ADRALDUS, testis, 67.
ADREBOLDUS, testis, 142.

NOMINUM ET RERUM.

*ADREVOLDUS, testis, 105.
ADRINDANA vel ARDINDRANA, uxor Arlabaldi, 420.
ADSIGNATOR, 748.
ADSO monachus, scrip. 150, 190, 201.
ADSO, testis, 654, 657.
ADSTIPULATOR, 806.
ADULTER (Adalardus), 777.
ADVOCATUS, gubernator vel rex, 26; advocatus ecclesiæ vel monasterii, 641.
ADZELINA vel ADZELENA vel ADZOLENA, filia Fredelanni, abbatissa [monasterii de Pelogiis prope Arnacum], 644, 645, 646, 647, 648.
ADZO monachus, testis, 427.
ADZO, testis, 119.
ADZO, testis, 847.
*ADZO, testis, 181.
ÆBURGIS vel ACBURGIS, donatrix, 929.
*ÆGILBERTUS, abbas Athanacensis, 30.
*AEINRICO principe regnante, 95.
ÆMENA, uxor Iterii, 685. Vide *Armena*.
ÆNNACUS, mons et locus, in agro Forensi, 720.
*ÆRIBERTUS, filius Benedicti, 59.
AFFICIA, uxor Hugonis, 844. Vide *Officia*.
AFFIZIA, donatrix, 400.
AFFO vel APHOU (Eccl. de), 430, 836. (AFFOUX.)
AFFOSADUS villa, 286. Vide *Fossadum (Ad)*.
AFFREDUS, donator, 220.
AFLAAZ, FLAAZ (Ad), ALFAAZ villa, in pago Sanctonensi, 634, 635. Vide *Flaaz*. (AFFODE.)
*AG...... testis, 183.
AGATHÆ (S.) ecclesia, 884. Vide *S. Agathæ*. (S. AGATHE-LA-BOUTERESSE.)
AGDALGIS vel ADALGIS, testis, 62.
*AGDEBORZ, uxor Ranulfi, 74.
AGELMODUS, testis, 220, 519.
AGENALDUS diaconus, scrip. 254. Vide *Agenoldus*.
AGENALDUS levita, scrip. 168.
AGENALDUS scrip. 215.
AGENALDUS et nepos ejus Gotefredus, donatores, 48.
AGENARDUS diaconus, scrip. 287. Vide *Agenaldus*.
AGENARDUS, testis, 287.
AGENDRICUS, testis, 313, 316.
AGENO, testis, 615.
AGENOLDUS diaconus, scrip. 216. V. *Agenaldus*.
AGENOLDUS, testis, 126.
AGENULFUS vel ARNULFUS, donator, 307.

AGENULFUS, testis, 367.
AGENUS, scrip. 343.
AGER, districtus, pars pagi, 1, 2, 3, etc. Vide *Alduniacensis, Animiacensis. Ansensis vel Vallis Asensis, Argentarius vel Argenterius, Bebronensis, Biliniacensis, Boziacensis, Broliacensis, Bruillolis, Baissanta vel Buysanta, Bussiacensis vel Buziacensis, Clipiacensis, Cogniacensis vel Coniacensis, Cosniacensis, Diniacensis, Fluriacensis, Forensis, Gagniacensis, Gerensis, Gofiucensis, Grassiacensis, Inimiacensis, Janiacensis, Jarensis, Juriacensis, Marciniacensis, Maximiacensis, Mons Aureacensis, Mornantensis, Neriacensis, Nirniacensis, Parciacensis, Perciacensis, Rodanensis, Salorniacensis, Saviniacensis, Savogensis, Solobrensis, Taradrensis, Tarnantensis, Tecommensis, Tolveonensis, Turiacensis, Valansis, Vallis Bevronensis, Vallis Colnensis, Vallis Muriacensis, Vallis Nuriacensis, Vendonensis, Vesiacensis, Vuarennensis*.
*AGGLERII terra, 80.
*AGGLERIUS, frater Arrici, 97, 98.
*AGGLERIUS, testis, 50, 80, 115, 131, 143, 146, 161.
AGIDRADUS, vuadiarius Raginerii, 457.
AGINALDUS monachus, scrip. 123.
AGINDRADUS, testis, 219.
AGINDRICUS monachus, scrip. 245.
AGINIACUS villa, in agro Forensi, 302.
AGININUS, testis, 97.
AGINO vel AGNIO, testis, 702.
AGIRALDUS monachus, scrip. 396.
AGLALDUS et uxor ejus Alexandra, petitores, 52.
*AGLENBURGIS vel ALINBURGIS, uxor Rannulfi, 159.
AGLERIUS vel ALGERIUS presbyter, testis, 261.
*AGLERIUS, testis, 11, 16.
AGLODUS vel AGLOLDUS, testis, 166, 229.
*AGMINUS et Odabonus, filii Bosonis, 24.
*AGMINUS vel AYMINUS, sponsus Ingeneeldis, 116.
AGMINUS, testis, 286, 312.
AGMO, testis, 361. Vide *Acmo*.
AGMO vel AGNO, testis, 457.
*AGMOINUS, testis, 70.
*AGMONUS diaconus, testis, 93.
AGNA, donatrix, 302, 480.
AGNA vel ANNA, donatrix, 914.
AGNA, mater Stephani de Randanis, 762, 821. Vide *Randanis*.

INDEX GENERALIS

AGNA, mater Vuillelmi, Renconis et Bernardi Ruffi, 822. Vide *Ruffus*.
AGNA, soror Girardi et uxor Arberti, donatrix, 573.
AGNA, uxor Asterii [de Mornent?], 741.
AGNA, uxor Bernonis, 403.
AGNA, uxor Braidenci, 239.
AGNA, uxor Bragdenci (forte Braydenci), 386.
AGNA, uxor Suadulfii, 481.
AGNA, uxor Vuillelmi, 731.
*AGNÆ terra, 74.
AGNARDUS vel AYNARDUS, testis, 177.
AGNARICUS, testis, 74.
AGNERICUS et uxor ejus Domesia, donatores, 282. Vide *Agniricus*.
AGNETIS, testis, 934.
AGNIMUS [de Valeilliis], 792. Vide *Ayminus*.
AGNINII terra, 90.
AGNINUS vel ACQUINUS, donator, 146.
AGNINUS vel AQUINUS, testis, 579.
AGNIARIACUS vel AGNIARICUS. Vide *Aguiriacus*.
AGNIRICUS et uxor ejus Domesia, donatores, 57.
AGNIS, uxor Iterii Regis, donatrix, 765.
AGNO (Pecunia solvenda pro), 861.
AGNO presbyter, 466.
AGNO presbyter, donator, 393.
AGNO presbyter et soror ejus Ermengardis, donatores, 734.
AGNO, prior Randanis, 906. Vide *Agno Calvus*.
AGNO clericus, donator, 696.
AGNO clericus, testis, 706.
*AGNO, donator, 75.
AGNO, donator, 381, 498, 592, 687.
AGNO, excommunicatus, 750.
*AGNO, filius Agnonis et Ilyæ, 170.
AGNO [filius Benedictæ?], 201.
AGNO vel AGO [filius Berardi?], 385.
AGNO, filius Gauzeranni et Adalasiæ, 730.
AGNO, filius Girardi et Leutgardis, 137.
AGNO, filius Leutgardis, 166.
AGNO, filius Ogdilæ, et maritus Vuandalmodis, donator, 707.
*AGNO, filius Rollanni et Fulcrendis, donator, 55.
AGNO, pater Saliconis sacerdotis, 431.
AGNO, frater Arnulfi, donator, 583.
AGNO, frater Artaldi, donator, 764.
AGNO, frater Duranti et Stephani, donator, 661.
AGNO, frater Gaufredi, 826, 827.

AGNO, frater Gauzeranni, donator, 702.
AGNO, frater Girardi, donator, 692.
AGNO, frater Milonis et Berardi, donator, 670.
AGNO sive Artaldus, frater Teotgrini, donator, 758.
AGNO, frater Vuillelmi, donator, 854.
AGNO, maritus Iliæ, donator, 588.
*AGNO, et uxor ejus Hylia, donatores, 184.
*AGNO, maritus primus Ilyæ, 170.
*AGNO [maritus Vualdradæ], 120.
*AGNO, minor, testis, 22.
AGNO, nepos Pontii, 643.
AGNO [de] Batalleu, 825. Vide *Batalleu*.
AGNO Brunus, testis, 790. Vide *Brunus*.
AGNO Calvus, monachus, prior de Randanis, filius Gerundæ, 829 [906?]. Vide *Calvus*.
AGNO Catolla, 813, 887. Vide *Catolla*.
AGNO Catoli, vicarius comitis, 864. Vide *Catoli*.
AGNO Gauzeranni, 748. Vide *Gauzeranni*.
AGNO de Magniaco, 764. Vide *Magniaco*.
AGNO de Monte, 748. Vide *Monte*.
AGNO de Ychonio, 915. Vide *Yconio*.
AGNO vel AIGNO, testis, 333.
AGNO vel AGMO, testis, 457.
AGNO, testis, 35, 138, 170, 204, 220, 221, 377, 386, 396, 409, 451, 589, 645, 646, 677, 771, 778, 826, 827, 856.
*AGNO, testis, 1, 23, 97, 98, 159, 184.
AGNOGELTUS villa, in agro Forensi, 299.
*AGNONI terra, 24, 150, 180.
AGNONIS terra, 742.
*AGNONIS terra, 41, 97, 101, 143, 160, 171.
AGO. Vide *Aigno*.
*AGROELDIS, mater Arbrannii, 124.
AGUARUNDA vel AQUARUNDA (Vuido DE), scrip. 934.
*AGUILS (Petrus D'), 201.
AGUIRIACUS vel AGNIARIACUS, donator, 309.
*AGYA, 177. Vide *Aya*.
AGYNUS, testis, 269.
AHIPELS (Andreas), 915.
*AIA, genitrix Widonis, 15.
*AICLERIUS, testis, 5.
*AIENOLFUS, testis, 169.
*AIENSIA pro AISANCIA, 169.
*AIENUS et uxor ejus Adaltrus, venditores, 154.
AIFARDUS, testis, 221.
*AIGLERIUS, testis, 74.
AIGLOHDUS, 17.

NOMINUM ET RERUM.

Aigloldus, testis, 583.
Aigno, testis, 333.
Aigonis terra, 24.
Ailbertus levita, testis, 38.
*Ailiburgis et filius ejus Ilio, 97, 98.
Ailoeni mons. Vide *Monte Aloeni*.
Aimendricus, scrip. 378.
Aimendricus, testis, 378.
Aimenricus vel Aimeuricus, scrip. 377.
Aimericus, testis, 925.
Aimino, filius Arnulfi et Ginbergiæ, 92.
Aiminus vel Ayminus Adalardi, filius Alectrudis, 112. Vide *Adalardi*.
Aiminus de Regardi, 929. Vide *Regardi*.
Aiminus, 52.
Aiminus, testis, 92.
Aimo, prior S. Thomæ, 932. Vide *Aymo*.
*Aimo claviger (Caseti?), 200.
Aimo presbyter, donator, 387.
Aimo monachus, testis, 7, 17, 22.
Aimo levita, testis, 38.
*Aimo Savinus, 201. Vide *Savinus*.
*Aimo, donator, 161.
*Aimo, testis, 102, 115.
*Aimoldis, testis, 175.
*Aimonus, maritus [secundus?] Saziæ, 115.
*Aimoynus presbyter, scrip. 30.
Ainaldus monachus, scrip. 135.
*Ainardus presbyter, 168.
Aindraldus, testis, 391.
Aindricus monachus, scrip. 136.
Ainimus Fers, 94. Vide *Fers*.
Ainoldus, testis, 126.
*Ainoldus, testis, 62.
Aintrudis, testis, 109.
*Ainulfus, donator, 111.
Airaldus vel Ayraldus Senex, 815. Vide *Senex*.
Airardus, 222.
*Airbaldus, testis, 73.
Airicus, 44. Vide *Aricus*.
Airoardus vel Ayroardus, testis, 222, 370.
Alabaldus, 420. Vide *Arlabaldus*.
Alado, testis, 299.
*Alairius, testis, 171.
Alamania, *pag. 540*. Vide *Alemania*.
Alamanni vel Almanni terra, 178. Vide *Almanni*.
*Alamura, curtilis, antiquitus in honore Sancti Michaelis vocatur, 177.
Alardus, testis, 298. Vide *Aalardus*.
Alaricus, maritus Ermengardis, 213.

Alaricus, testis, 138, 206, 207, 208, 209, 252.
Alarvergæ. Vide *Arlavergis*.
Alaval, locus ubi ecclesia in honore S. Cipriani, 470. (Alaval.)
Alavergis. Vide *Arlavergis*.
Albanensis pagus, 638, 639. (Albanais.)
Albani (S.) capella in Donziaco castro, 829, 830. Vide *Donziacus*.
Albapinu (Hugo de), prior claustralis, *pag. 524, 529*. (Aubépin.)
Albarun (Durantus), 823.
Albendraa, Albrendaa, Albredaa, uxor Arlaboldi, 40.
*Alberici terra, 44.
Albericus, decanus [Genevensis ecclesiæ], 910.
Albericus vel Amblardus sacerdos, 231.
Albericus minister, 805.
Albericus monachus, vicecancellarius, 819.
Albericus monachus, scrip. 753, 761, 762, 771, 772, 776, 854.
Albericus monachus, 818.
Albericus [vuadiarius Arnoldi], 577.
Albericus, filius Romestagni et Godaltrudis, 153.
Albericus et Almannus [fratres?], 161.
Albericus, frater Aymonis, donator, 164.
Albericus, frater Emmanuelis et Fulcherii, 157.
Albericus et uxor ejus Gisla, donatores, 575.
Albericus et uxor ejus Othelda, donatores, 372.
Albericus et uxor ejus Suzanna, donatores, 732.
Albericus, testis, 135, 164, 179, 181, 207, 216, 250, 367, 371, 381, 425, 485, 486, 867.
Albertus, præpositus [Caseti], 838.
Albertus, 142. Vide *Acbertus*.
Albertus, 146, 151, 705. Vide *Arbertus*.
Albia vel Alliga, uxor Volvardi, 535.
*Albigniacus vel Albiniacus, villa, in agro Monte Aureacense, 33, 51. (Albigny.)
Albiniacus mansus, 424. (Albigny, ch.)
Albo, qui tenet mansum juxta latus montis Candeduni, 73.
Albo, testis, 75, 281.
Alboara, uxor Leotberti, 344.
*Alboara, soror Antelmi, donatrix, 112.
*Alboara, uxor Crissincii, 127.

ALBOARANNUS, testis, 288.
*ALBOINUS, venditor, 138.
ALBOINUS, testis, 107, 317.
*ALBOINUS, testis, 101, 145.
ALBOIRON, testis, 789.
ALBOSCUM (forte AL BOSCUM), locus in agro Forensi, 285.
ALBREDAA vel ALBRENDAA. Vide *Albendraa*.
ALBRICUS, maritus Enimæ, 58.
ALBRIUS villa, in agro Forensi, 326.
ALBUCENNACUS villa [in agro Forensi], 237.
ALBUINUS et uxor ejus Blismodis, donatores, 349.
ALBUINUS, testis, 435.
ALBUS locus, in villa Lagniaco, in agro Tarnantensi, 488.
ALBUS (Milo), testis, 650.
ALBUS (Stephanus) monachus, scrip. 649, 844, 856, 863.
ALCHERIUS, scrip. 472.
ALCHERIUS, testis, 847.
ALCHRIMUS, 578. Vide *Archrimus*.
ALCOLACUS (ALCO LACUS?), prope Randans, 728.
ALDEBERTUS vel ACDEBERTUS monachus, scrip. 636.
ALDEBERTUS vel ELDEBERTUS, testis, 15.
ALDEBRANNUS, testis, 277.
*ALDEJARDA, testis, 112.
*ALDO, scrip. 19.
ALDO, testis, 110.
*ALDOARDUS vel ELDOARDUS et uxor ejus Raina, 78, 108.
*ALDOARDUS, testis, 134.
ALDOINUS, testis, 324.
*ALDONO, testis, 4.
ALDRACO, testis, 5.
ALDUINUS, 633. Vide *Elduinus*.
ALDUNIACENSIS ager, 498.
ALEA de vinea, 44, 192.
ALEADIS, 795. Vide *Adalendis*.
*ALECTRUDIS, uxor Amblardi, et mater Girardi, 86.
ALECTRUDIS, uxor Arnulfi vel Arusi, 69.
ALECTRUDIS, uxor Eldini, et mater Aimini, 112.
ALECTRUDIS terra, 44.
ALEDIS, 795. Vide *Adalendis*.
ALEDO sacerdos, donator, 450.
ALEDO levita, donator, 143.
ALEDO, filius Albrici et Enimæ, donator, 58.
ALEDO, testis, 48, 126, 223

ALEDUS, 111.
ALEMANIA, ALLEMANIA, ALEMANNIA, ALAMANIA, 907, *pag. 540*. (ALLEMAGNE.)
*ALERIA, filia Ermenfredi, 189.
ALERICUS, testis, 217, 230.
ALESUITIS mansus, in agro Forensi, 244.
ALEXANDER et Laydingus, fratres, petitores, 16.
ALEXANDER et uxor ejus Dominica, donatores, 62.
ALEXANDRA, mater Stephani, donatrix, 846.
ALEXANDRA, uxor Aglaldi, 52.
ALEXANDRA, uxor Arberti de Rochifort, 878. Vide *Rochifort*.
ALEXANDRA, uxor Rotlanni, 614, 880.
ALEXANDRA, testis, 876.
*ALEXANDRANÆ terra, 112.
ALFAAZ villa, 634. Vide *Flaaz*.
ALGA, ALGIA, ALICA, ALIGA, mensura agraria, 67, 122, 171, 195, 340, 344, 361, 366, 419, 506, 545, 548.
ALGAUDIUS vel ALGAUDI mons, 472. Vide *Mons Algaudi*.
ALGERIAS villa, 896.
ALGERIUS presbyter, testis, 261. Vide *Aglerias*.
ALGEROLIS vel ALGIROLIS (DE): Arpertus, 664; Pontius et Vuillelmus, fratres, 815; Rotlannus, 907; Vuillelmus, 792. Vide *Augeroles*.
*ALGIA, ALIGA, 5, 10, 21, 40, 44, 62, 65, 67, 73, etc.
ALGLODUS, testis, 229.
ALI (Girinus DE), 941. (ALIX.)
ALIDO, 653.
ALINBURGIS. Vide *Aglenburgis*.
ALIRICUS, testis, 215.
ALISCODUS, 143.
ALLICA vel ALBIA, uxor Volvardi, 535.
ALLO rusticus, 675.
ALLOLDUS vel ALOLDUS, testis, 639.
ALMAFREDUS, 513. Vide *Amalfredus*.
ALMAFREDUS, testis, 338.
ALMANDRICUS, testis, 335.
ALMANDUS [filius Vuarborgi], 325.
ALMANDUS, testis, 164, 182, 247, 261, 273, 315.
ALMANNI curtilus, 180.
ALMANNI, ALAMANNI, ALMANDI terra, 178, 182.
ALMANNI Caballarii terra, 366. Vide *Caballarii*.
ALMANNUS, donator, 402.
ALMANNUS monachus, scrip. 634, 635, 700.
ALMANNUS levita, scrip. 695.
ALMANNUS, filius Ermengardis, 212, 253.

NOMINUM ET RERUM. 771

Almannus et Albericus [fratres?], 161.
Almannus, frater Livonis de Sancto Simphoriano, 710. Vide *S. Simphoriano.*
Almannus, frater Raginaldi, factus monachus, 684.
Almannus [frater Sieverti et Duranti?], 556.
Almannus et uxor ejus Gotholendis, donatores, 484.
Almannus [vuadiarius Arnoldi], 577.
Almannus, testis, 57, 181, 252, 253, 348, 375, 386, 387, 432, 439, 442, 445, 464, 468, 476, 485, 486, 494, 550, 583.
*Almannus, testis, 160.
Almaris mansus, in agro Forensi, 244.
Almarus, testis, 654.
Alnaldus levita, scrip. 352.
*Aloardus vel Eldoardus, et uxor ejus Rotrudis, donatores, 10.
Aloarius, 834.
Alodium, allodium, 85, 869, 883, 937; ex alodio paterno, 27; francum alodium, *196.
Alodi locus, 758.
Aloeni mons. Vide *Monte Ailœni.*
Aloperosam, 467. Vide *Loperosam (Ad).*
Alpasia, uxor Umberti, 663.
*Alsarembers, 201.
Altardus, 540, 751, 752, 757, 758. Vide *Artaldus.*
Alta Rivoria villa, in agro Forensi, 5; parrochia, 430; ecclesia in honore S. Mariæ, 5, 651. (Haute-Rivoire.)
Alta Villa in pago Lugdunensi, 384. (Saint-Georges-Haute-Ville?)
Alta Villa, in valle Bebronnensi, 147; in valle Bevronica, in agro Bessenacensi, 665. (Haute-Ville?)
Altrudis, mater Asterii, 665.
Altrudis, uxor Arici, 327.
Altrudis, 340. Vide *Adaltrudis.*
Altrudis, 648. Vide *Astrudis.*
*Aluis, uxor Rotlanni, 96.
Alunarus, donator, 366.
Alutio, Alutionus, Adlutionus locus, in agro Gofiacensi, 354.
Aluvala, Lugdun. archiepiscopus. Vide *Haluvala.*
Alverii (Curiolus) villa, 877. Vide *Curiolus.*
Alvernensis pagus [374], 396, 426 n., 546. Vide *Claromontensis.* (Auvergne.)
*Amachinio villa, in agro Monte Auriacense, 99. (Machy?)

*Amalado terra, 181.
*Amalbergis, testis, 99.
Amalbertus, maritus Ingelbergæ, 366.
*Amalbertus, 55.
*Amaldrici terra, 121, 146.
Amaldricus presbyter, donator, 330.
Amaldricus sacerdos, testis, 572.
Amaldricus levita, 438.
Amaldricus monachus, 627.
Amaldricus, pater Vuigonis, 777.
Amaldricus, filius Guarnenci et Leotgardis, maritus Ermengardæ, 117.
Amaldricus et Adalardus [fratres?], donatores, 572.
Amaldricus, frater uxoris Bernardi, donator, 853.
Amaldricus, maritus Dulcismæ, donator, 525.
Amaldricus Gauceranni rusticus, 935. Vide *Gauceranni.*
Amaldricus Pugneu, 938. Vide *Pugneu.*
Amaldricus, testis, 354, 471, 939.
*Amaldricus, testis, 32, 52, 146.
Amalfredus vel Almafredus, vuadiarius Duranti, 513.
Amalfredus, filius Rodoardi et Adaltrudis, 340; maritus Rotrudis, 342.
Amalfredus, 128.
*Amalgericus, scrip. 189.
Amalgerius sacerdos, donator, 222, 228.
Amalgerius sacerdos, frater Gunduini, 181.
Amalgerius, scrip. 221, 222.
Amalgisus, testis, 545.
Amalricus, testis, 203, 396, 431, 444, 483, 665, 855.
Amalricus, filius Gauzeranni et Emeltrudis, 138.
Amaluinus, archidiaconus [Sanctonensis?], 909, 932.
Amanciacus, ubi ecclesia in honore S. Vualburgis, *pag. 387.* (Amancy.)
Amantiniacus vel Mantiniacus villa, in agro Tarnantensi, 438, 602, 603. (Mantigny.)
Amanziaco (Joannes de) junior, canonicus Lugdunensis, *pag. 540.* Vide *Amanciacus.*
Amari (Petrus), presbyter de Arcs, 909.
Amaricus, donator, 81.
Amato archiepiscopatum regente in urbe Burdegalia, 811, 812.
Amblardus, sanctæ Lugdunensis ecclesiæ præsul, 127, 129, 133; episcopus (id est archiepiscopus) Lugd. 197, *76, *192.

97.

772 INDEX GENERALIS

AMBLARDUS vel ALBERICUS presbyter, 231.
*AMBLARDUS, levita et monachus, scrip. 5, 137.
AMBLARDUS monachus, 948.
AMBLARDUS, filius Iterii Regis et Agnis, 765.
*AMBLARDUS, frater Arenci, 84; pater Girardi, 85, 86; maritus Alectrudis, 86.
AMBLARDUS [frater Iterii?], donator, 469.
AMBLARDUS, frater Laydradi, 672.
AMBLARDUS, frater Sirverti, 242.
AMBLARDUS, maritus Dumesiæ, 797.
AMBLARDUS et uxor ejus Ermengardis, genitores Vuichardi, donatores, 584.
AMBLARDUS et uxor ejus Vualburgis, donatores, 226, 274.
AMBLARDUS [Baltius], 843. Vide *Baltius.*
AMBLARDUS de Castello, 861. Vide *Castello.*
AMBLARDUS Collini, 818, 820. Vide *Collini.*
AMBLARDUS Collun, 764. Vide *Collun.*
AMBLARDUS de Duerna presbyter, 907. Vide *Duerna.*
AMBLARDUS Euvrardi, donator, 681. Vide *Euvrardi.*
AMBLARDUS de Monte, 679. Vide *Monte.*
AMBLARDUS Longus, 804, 814, 869, 897. Vide *Longus.*
AMBLARDUS Malaterra, 751, 752. Vide *Malaterra.*
AMBLARDUS, filius Amblardi Malaterra, canonicus Sancti Petri Sanctonensis, 751, 752.
AMBLARDUS Poisati, 815. Vide *Poisati.*
AMBLARDUS de Rosselun, 813. Vide *Rosselun.*
AMBLARDUS, donator, 771.
*AMBLARDUS, 179.
*AMBLARDUS, testis, 35, 36, 92, 186.
AMBLARDUS, testis, 50, 105, 167, 194, 231, 254, 266, 287, 336, 345, 386, 394, 426, 545, 591, 649, 650, 666, 670, 675, 680, 843.
*AMBLAT Saiferius, 175. Vide *Saiferius.*
AMBRAUDUS vel AMBRANDUS, testis, 384.
AMBRONIACO (Vuichardus DE), 869.
AMBRONIACUS villa, in ripa de Gerio, 478. (AMBRONIACUS.)
AMEDEUS, filius Humberti, comitis [Bellicensis?], 681.
AMEDEUS, abbas Saviniacensis, 956.
AMEDEUS, frater comitis Genevensis, canonicus Lugdunensis, *pag. 540.*
AMELI (Vuigo), 916.
AMELINA de Monte Rotrudo, 941, 943. Vide *Monte Rotundo.*

AMELIUS, frater Estorghi, donator, 877.
AMERICUS vel ANNERICUS, scrip. 33.
AMICA [filia Pontiæ?], testis, 642.
AMICO, Bellicensis episcopus, 910.
AMICO, donator, 681.
*AMICO vel AMICONUS, testis, 192.
AMICUS, filius Gauzeranni et Adalendæ, 794.
AMICUS, frater Artardus, pater Girini et Artaldi, 874.
AMICUS, frater Bladini, 839.
AMIONUS, donator, 744. Vide *Hamionus.*
AMOLDUS, testis, 335.
*AMOLO, testis, 76.
AMPHUSUS, *pag. 541.* Vide *Alphonsus.*
AMPLUS PUTEUS villa, in pago Rodanensi, ubi ecclesia in honore B. Mariæ, 756; in pago Lugdunensi, 770, 825; pagus, ubi præpositus, 941. (AMPLEPUIS.)
AMURICUS, 678.
*ANASTASIA, testis, 10.
ANASTASIUS, 147, 651; testis, 269, 287.
*ANASTASIUS monachus, testis, 194.
ANASTEUS, abbas Saviniac. *pag. 2.*
ANASTEUS monachus, testis, 1.
ANCEDUNUS, testis, 254.
ANCHRA, testis, 353.
ANCIACO (Ecclesia de), 813. (ANCY.)
ANCILLA, 203.
ANDACIUS, diaconus, scrip. 29. Vide *Audacius.*
ANDALANNUS, 646.
ANDANZ, mensura agraria, 467.
ANDARIUS vel ANDARIACUS, in agro Tarnantensi, 534.
ANDEBURGIS, uxor Olmari, 599.
ANDEFREDUS vel AUDEFREDUS, donator, 21.
ANDEFREDUS, pater Adalbonis clerici, 17.
ANDEFREDUS et uxor ejus Rarborgis, 26.
ANDEFREDUS et uxor ejus Richborgis, donatores, 7.
ANDEFREDUS, testis, 156.
ANDELLA (Comes de), 945.
ANDRADANÆ terra, 14.
ANDREÆ (S.) capellanus, 948.
ANDREÆ (S.) Saviniaci ecclesia, 958.
ANDREÆ (S.) Taratri ecclesia, 750, 837.
ANDREAS, præpositus ecclesiæ Lugd. 38, 256, *28, *31, *38.
ANDREAS, prior de Sal, 920, 921.
ANDREAS monachus, testis, 388.
*ANDREAS monachus, testis, 38.
ANDREAS monachus, scrip. 488.

NOMINUM ET RERUM. 773

ANDREAS, scrip. 487, 504.
ANDREAS, pater Costabilis et Archimberti, 446.
*ANDREAS et uxor ejus Constantia, donatores, 44.
ANDREAS, filius Ariheldis, 285.
ANDREAS Ahipels vel Aypels, 915. Vide *Ahipels.*
ANDREAS Jocularis, 803. Vide *Jocularis.*
*ANDREAS Pelliciarius, 55.
ANDREAS Retgol vel Rutgol, 906. Vide *Retgol.*
ANDREAS Rotiol, 917, 931. Vide *Rotiol.*
*ANDREAS, 55, 195.
ANDREAS, 64; testis, 26, 341, 479, 481, 488, 501, 544, 595, 627, 677, 734.
ANDRES villa, in valle Bevronica, 444.
*ANDROLT, testis, 142.
ANFREDUS et uxor ejus Richborga, donatores, 8.
ANFREDUS, 876.
ANGELA, 532. Vide *Engela.*
ANGELBERTUS, 528, 531. Vide *Engelbertus* et *Ingelbertus.*
ANGERANUS, testis, 24.
ANGEREU (Pontius), pater Petri, 124.
ANGERIACUS, ANGIRIACUS, ANGERICUS villa, in agro Solobrensi, 305. Vide *Angirsius.* (ANGERIEUX.)
ANGIRSIUS vel ANGIRSIACUS villa, in agro Solobrensi, 324. Vide *Angeriacus.*
ANGLERIUS, testis, 330.
ANGLIÆ regnum, 947. (ANGLETERRE.)
ANGUSTA (Joannes DE), et filius ejus, canonicus Lugdunensis, *pag. 541.*
*ANIMIACENSIS, AYNIMIACENSIS, INIMIACENSIS ager, 173, 181, 186.
*ANIMIACUS, 181. Vide *Animiacensis.*
ANISIACUS villa, in agro Forensi, 261.
*ANNA, soror Arenci, 91.
ANNA, filia Bertæ, 590.
ANNA [uxor vel filia Vuilenci?], 286.
ANNA, uxor primo Bernardi, deinde Braidendi, donatrix, 150.
ANNA, uxor Braydenci, 270.
*ANNA, uxor Fulcherii, 135, 142.
ANNA, uxor Girini de Nerviaco, 106.
ANNA, uxor Renconis, 800.
*ANNA, testis, 128.
ANNA, testis, 665.
ANNADESIA vel AUVEDESIA villa, 428.
ANNASSEU (Ecclesia de), in episcopatu Genevensi, 808. (ANNECY.)

ANNERICUS vel AMERICUS, testis, 33.
ANNERICUS, testis, 325.
ANNILIACUS. Vide *Auviliacus.*
ANNO diaconus, testis, 38.
ANNO presbyter, donator, 538.
ANNO, petitor, 55.
ANNONA, 83, 122, 232, etc.
*ANNONUS presbyter, testis, 148.
ANNUALE, 556.
ANNULFUS, 279. Vide *Rennulfus.*
ANNULUS de auro, 748.
*ANONDA, testis, 112.
ANONDRANI vel AVONDRANI terra, 1.
*ANONICA, 51. Vide *Nonia.*
ANSA, *201; castrum, 806. — Ansensis vallis, 176, 379; ager, 753. — Valasensis, Valansis, Valansensis, Valensensis ager, 252, 644. — *Vala Ansis ager, 119. — *Valansis ager, 88, 101, 103, 119, 136, 144, 145, 150. — *Vallacensis ager, 84. — *Vallasensis ager, 103. — *Valliaccensis ager, 81. — *Vallis Ansensis ager, 136, 145. — *Vallis Asensis ager, 88, 101, 144, 150. — *Vallis Assensis ager, 79. (ANSE.)
ANSBERTUS vel AUSBERTUS, donator, 277.
*ANSBERTUS, testis, 62.
ANSCHERICUS presbyter, testis, 38.
ANSCHERICUS sacerdos, vuadiator et suffragator Desiderii, 200.
ANSCHERICUS, filius Arlobaldi et Albendraæ, 40.
ANSCHERIUS, unus ex filiis Unfredi, 134.
ANSCHIRICUS, testis, 210.
*ANSCLERICUS, testis, 18.
ANSEGISUS, testis, 333.
ANSELMUS presbyter, scrip. 237.
ANSELMUS, filius Adalasiæ, donator, 641.
ANSELMUS, cognatus Anselmi, filii Adalasiæ, atque advocatus [Lustriaci?], 641.
ANSELMUS, testis, 19.
*ANSELMUS, testis, 35, 36.
ANSENSIS vallis, 176, 379; ager, 753. Vide *Ansa.*
ANSERANNUS, testis, 135.
ANSERANTUS vel AUSERANTIS, testis, 258, 260.
*ANSERIUS, testis, 181.
ANSERUM præstationes, 931, 948.
ANSEVERTUS, testis, 636.
ANSFREDUS vel ANFFREDUS, 251.
ANSFREDUS, 417. Vide *Auffredus.*
*ANSII terra, 39.

ANSTERIUS, 15. Vide *Austerius abbas.*
*ANSTERIUS. Sancti Stephani sacerdos vel presbyter, donator, 28.
*ANSUSUS, 179.
*ANSUSUS et uxor sua ..... donatores, 39.
ANTEDINUS (Fulcherius), 827.
ANTELMIUS presbyter, 598. Vide *Atelmus.*
*ANTELMIUS, frater Alboaræ, 112.
*ANTELMIUS, frater Fulcherii, 94; sacerdos, impignorator, 113; presbyter, donator, 125. Vide *Nantelmus.*
*ANTELMUS vel NANTELMUS, filius Ermengardis, 94.
*ANTELMIUS presbyter (in villa Losanna), testis, 8, 74, 82, 105, 123, 136.
*ANTELMIUS presbyter, scrip. 81, 131.
*ANTELMIUS levita, scrip. 91, 99, 124, 142.
*ANTELMUS levita, testis, 168.
*ANTELMUS, clericus, donator, 4.
ANTELMUS, testis, 920.
*ANTELMUS, testis, 20, 127.
*ANTELMUS, 3.
ANTHONIA vel ANTONIA, filia Azonis et Rotrudis, et uxor Artaldi de Civen, 795.
ANTIS locus, 408.
*ANXEDUS vicarius, testis, 194.
APALSIA, uxor Umberti, 621.
APHOU, 430. Vide *Affo.*
APPENNIACUS, APINIACUS, APINNIACUS, APPINIACUS, APPINNIACUS, APINACUS villa, 50, 254, 255, 550, 804; in agro Floriacensi, 191, 540; in agro Tarnantensi, 233, 387, 438, 602, 694, 858; vicus, 937. (APINOST.)
APPREHENSIO, 776.
AQUADOCTA villa, in agro Rodanensi, 143.
AQUABANDA (Vuido DE), scrip. 934.
*AQUA SPARSA, locus citra Ararim, ubi capella in honore S. Sulpitii, 55.
AQUINUS, venditor, 343.
AQUINUS, filius Duranii et Ingelæ, 726.
AQUINUS vel AGUINUS, frater Fulcherii, nepos Rannulfi, donator, 721.
AQUINUS de Tuvireu, 888. Vide *Tuvireu.*
AQUINUS, testis, 616, 657, 745.
AQUINUS vel AGNINUS, testis, 579.
AQUINUS vel AGUINUS, testis, 654, 720, 726.
AQUITANIA, ducatus et duces, 811, 932, 947. (AQUITAINE.)
AQUITANORUM rex. Vide *Lotharius.*
AQUITANORUM dux, 932.

ARACTUS villa. Vide *Haractus.*
ARALDUS, filius Araldi et Ermengardis, 742.
ARALDUS, filius Araldi et Ingelæ, 176.
ARALDUS et uxor ejus Ermengardis, genitores Araldi, Ugonis et Rostagni clerici, 742.
ARALDUS, maritus Ingelæ, 176.
ARALDUS, testis, 871.
ARAMBODA vel ARUMBUODA, donatrix, 371.
ARAR fluvius, 45, 385, 437, 903, *130, *192. Vide *Sagonna.* (LA SAÔNE.)
ARATORIA terra, 48, 58.
ARBALDUS sacerdos, vuadiarius Rannulfi, 314.
ARBALDUS vel ARBOLDUS, donator, 334.
ARBALDUS et uxor ejus Ingelbergia, donatores, 332, 558.
*ARBALDUS vel AYRBOLDUS, frater Eymini et Silvestri, donator, 37.
ARBALDUS, testis, 304, 327.
ARBARDUS, testis, 313.
ARBERTUS archidiaconus [Lugd.], 813, 817.
ARBERTUS archipresbyter, 817.
ARBERTUS presbyter, testis, 409, 436.
*ARBERTUS presbyter, testis, 156.
*ARBERTUS vel ARPERTUS presbyter, donator, 239.
*ARBERTUS presbyter, 156.
ARBERTUS, dapifer [Lugd. eccl.], 907.
ARBERTUS, filius Aalerii, donator, 356.
ARBERTUS, filius Gimbergiæ, 735.
*ARBERTUS, frater Lanberti, 40.
ARBERTUS, maritus Agnæ, 573.
ARBERTUS et uxor ejus Isengardis, donatores, 705.
ARBERTUS vel ARBERTUS Esuelicus, testis, 404. Vide *Esuelicus.*
ARBERTUS Rex, 852. Vide *Rex.*
ARBERTUS de Rochifort, 878. Vide *Rochifort.*
ARBERTUS Rufus, 817. Vide *Rufus.*
ARBERTUS de Torenchia, 786. Vide *Torenchia.*
*ARBERTUS, scrip. 127.
ARBERTUS, testis, 75, 98, 141, 146, 151, 163, 248, 262, 285, 296, 324, 345, 349, 462, 582, 766.
*ARBERTUS, testis, 121, 150.
*ARBO, testis, 35.
ARBOLDUS et frater ejus Rennulfus, donatores, 279.
ARBOLDUS, 334. Vide *Arbaldus.*
ARBOLDUS, testis, 282, 291, 293, 303.
*ARBOLDUS, testis, 88.
*ARBRANNI et fratris ejus terra, 157.

NOMINUM ET RERUM.

*Arbrannius et mater ejus Agroeldis, venditores, 124.
*Arbrannus et uxor ejus Golia, donatores, 71.
*Arbrannus, 55.
Arbranus, testis, 361.
Arbravilla, 946. Vide *Arbrella*.
Arbrel, vel Arbrell (Girinus) monachus, 916, 935. Vide *Arbroel*.
Arbrella vel Arbravilla, villa in pago Lugd. *pag. 292*, ch. 946; castrum in Arbrella villa ædificatum, *pag. 387*. (Arbresle.)
Arbroel (Girinus), 912. Vide *Arbrel*.
Arbulfus, testis, 534.
Arcaldus, testis, 309.
Arcbertus vel Acbertus, testis, 62.
Archardi (Ayno), 942.
Archardi. Vide *Achardi*.
Archardus, testis, 501. Vide *Achardus*.
Archenulfus, filius Bernardi et Magnetrudis, 29.
Archiaco (Aymarus de), 812.
Archicancellarius eccl. Lugd. Filmarus, 38. Vide *Cancellarius*.
Archiclavis eccl. Lugd. 438.
Archidiaconi officium in eccl. Lugd. 959. Vide *Engolismiensis, Lugdunensis, Matisconensis, Sanctonensis*.
Archiepiscopatus et archiepiscopus. Vide *Episcopatus* et *Episcopus*.
*Archiepiscopium pro archiepiscopatus, 17.
Archimbaudus, filius Arnulfi, 562.
Archimbertus presbyter, testis, 783, 796.
Archimbertus, filius Andreæ, donator, 446.
Archimbertus, testis, 876.
Archimbodus, testis, 269.
*Archimbodus, testis, 187.
Archimboldus, testis, 168.
*Archimboldus, testis, 7.
Archimonasterium, 581, 632.
*Archinardus, maritus Blismodis, 172.
Archinardus, 673; testis, 225, 482.
Archipresbyter, 811, 813, 814, 817, 909, 912, 913, 932, 940, 946, 947, *198, *199.
Archisterium, 632.
Archodus et Isdrahel, parentes Aymonis sacerdotis, 434.
Archodus vel Arcodus, donator, 694.
Archodus, testis, 858.
Archrimus vel Alchrimus et uxor ejus Eltrudis, donatores, 578.

Archrinus vel Archrimus, pater Arnoldi, donator, 509.
Archuodus, testis, 272.
Arcia vel Marcia fœmina, 607.
Arciacus villa, 389, 423, 428, 886.
Arciacus villa, in agro Bevronensi, 37; in valle Bevron. 170; in agro Fluriacensi, 462, 574; in agro Saviniacensi, 669, 670. (Ressy, 1.)
Arciacus villa, in pago Rodanensi, 131, 132, 461; in comitatu Rodan. 527, 533. (Ressy, 2.)
Arclindrada. Vide *Aclindrada*.
Arcodus, 694. Vide *Archodus*.
Arcodus, testis, 583, 687, 688.
Arcoldus, testis, 54.
Arcoliacus villa, in agro Forensi, 716.
*Arcpertus, testis, 159.
Arcrinus vel Averinus, testis, 386.
Arcs (Parrochia de) [in episcopatu Sanctonensi?], 909. (Ars.)
*Ardart, 189.
*Ardenc terra, 110.
*Ardenchi terra, 48.
*Ardenchus, donator, 88, 106.
*Ardencus presbyter, 167.
*Ardencus, testis, 82, 101, 168.
Ardenna silva, 603, 753.
Ardoenus vel Odoenus, testis, 446.
Ardoinus monachus, testis, 1.
Ardradi vel Adradi vinea, 152.
Ardradus de Barbares, 761, 762, 763. Vide *Barbares*.
Ardradus de Barbareis, 821. Vide *Barbareis*.
Ardradus, 436. Vide *Adradus*.
Ardradus, donator, 677.
Ardradus, Cavillonensis episcopus, testis, 30.
*Ardradus [monachus?], testis, 38.
*Ardradus, frater Widonis, 15.
Ardradus, pater Hugonis, testis, 549.
Ardradus, 10. Vide *Adradus*.
Ardradus vel Adradus, testis, 14, 26, 156, 472.
*Ardradus, testis, 181.
Ardreu (Bertrannus), 919.
Arduinus presbyter, 906.
Arebaldus monachus, testis, 470.
Aregia, uxor Landrici, 11, 31.
Aregius, testis, 453.
Areia vel Arcia, mater Grauzoranni, 368.
[Arelatensis] archiepiscopus, 38.
*Arembert, uxor Hicterii, mater Arnulfi, 30.

AREMBERTUS presbyter, vuadiarius Adaltrudinis, 336.
AREMBERTUS, maritus Drocteldis, 189.
*AREMBERTUS et uxor ejus Adaleldis, 51.
*AREMBERTUS Monachus et uxor ejus Adaleldis, donatores, 33. Vide *Monachus.*
*AREMBERTUS monachus, testis, 38.
AREMBERTUS, scrip. 174.
AREMBERTUS, testis, 540.
AREMBURGIS, soror Hugonis [de Sal?], 656.
AREMBURGIS, avia Hugonis [forte uxor Girini], 656.
*AREMBURGIS, mater Rotlanni, 96.
AREMBURGIS, uxor Arnulfi, 271.
*AREMBURGIS, uxor Aschirici, 80.
AREMBURGIS, uxor Bladini, 12. Vide *Haremburgis.*
AREMBURGIS, uxor Fulcherii, 666.
AREMBURGIS, uxor Girini (de Sal?), nepos alterius Girini, et mater Pontii, 655 ; avia Hugonis, 656.
AREMBURGIS, uxor Gunduini, 181.
AREMBURGIS, uxor Stephani, 598.
AREMBURGIS, uxor Vuilinci, 56.
AREMBURGIS, filia Adalendis, 616.
*AREMBURGIS, neptis Ilionis, 97, 132.
ARENCIUS, testis, 124.
ARENCIUS vel TRENCIUS, testis, 158.
*ARENCUS et uxor ejus Dumesia, et illustres fratres ejus, donatores, 84, 85, 86.
*ARENCUS et fratres et sorores ejus, venditores, 91.
*ARENCUS et fratres ejus Saiferius et Ugo, donatores, 119.
ARENCUS, filius Ermengardis, 212, 250.
ARENCUS, vuadiarius Adaltrudinis, 336.
ARENCUS, donator, 205.
*ARENCUS, donator, 153.
ARENCUS, testis, 385, 520, 793.
*ARENCUS, testis, 92, 175.
ARENES vel ARENCS (Stephanus), 906.
ARENGARDIS, uxor Artoldi, 294.
ARENTO, testis, 800.
ARESTAGNUS, testis, 341, 352.
ARESTANICUS, testis, 440.
ARESTERIUS vel ARESTIUS monachus, testis, 20.
*ARFOLIA [villa?], in agro Monte Auriacensi, 63, 66.
ARFONDUS, testis, 261.
ARFONSUS, 228.
ARGENTARIENSIS ager, 723. Vide *Argenteria.*

ARGENTERIA villa, 554, 873. (ARGENTIÈRE.)
ARGENTERIA vallis et ager, 140; vallis, 659, 674, 853; Argenterius ager, 710; Argenteriensis ager, 723. Vide *Argenteria villa.*
ARGERICUS villa, 305. Vide *Angeriacus.*
ARGEROLIS (Vuillelmus D'), 815. Vide *Algerolis.*
ARGRUNUS, Lingonensis episcopus, testis, 30.
*ARIANDIS vel AURIANDIS, maritus secundus Petronillæ, 107.
*ARIAU et uxor ejus Petronilla, 68.
ARIBALDUS monachus, scrip. 218, 219, 220, 240, 241.
ARIBALDUS monachus, scrip. 519.
ARIBALDUS, scrip. 261.
ARIBALDUS, scrip. 473, 482, 494, 495, 550, 577.
ARIBALDUS, 76, 627, 721.
*ARIBALDUS, testis, 155.
*ARIBERTUS presbyter, testis, 7.
ARIBERTUS, 18, 118; testis, 189.
ARIBOLDUS, 99.
ARICUS et uxor ejus Altrudis, cum Duranto filio eorum, donatores, 327.
*ARICUS clericus, testis, 199.
ARICUS, 44, 315.
ARIELDIS, donatrix, 301.
ARIELDIS vel ARIHELDIS, mater Andreæ, donatrix, 285.
ARIMANDUS, 146.
ARIMANNUS, 301.
ARINBALDUS presbyter, scrip. 118.
ARINCUS vel ARNICUS sacerdos, 76.
*ARIODI terra, 32.
ARIPERTUS, Vualterius et Rotbertus, filii Hugonis, donatores, 596.
*ARIPERTUS sacerdos, testis, 63, 66.
ARIPERTUS, testis, 487.
ARIVUS, 276.
ARJENTARIA, ARJENTERIA. Vide *Argentaria.*
ARLABALDUS vel ARLABARDUS et uxor ejus Aclindrada, donatores, 32.
ARLABALDUS vel ALABALDUS et uxor ejus Adrindana, donatores, 420.
ARLABOLDUS et uxor ejus Albendraa, donatores, 40.
ARLAVERGIS, uxor Constantii, 2.
ARLEBODUS, testis, 237.
ARLEFREDUS, testis, 173.
ARLUFFUS vel ARLULFUS diaconus, testis, 30.
*ARLUIS, uxor Rainboldi, 109.
*ARLUISIS vel ARLUYSIS, uxor Raimbaldi, 151.

NOMINUM ET RERUM. 777

ARLULFUS sacerdos, 571.
ARLULFUS, donator, 232.
ARLULFUS et uxor ejus Eldegardis, donatores, 233.
ARLULFUS, testis, 188, 202, 346, 447, 461, 486, 501, 544, 558, 735.
*ARMANNUS (Stephanus), clericus, testis, 194.
ARMENA, uxor Iterii, 685. Vide Æmena.
ARMISUS, 282.
ARMUS de vacca (Vinea pro qua præstatur unus), 743.
ARNACUS villa, in agro Tarnantensi, 586. (ARNAS, 1.)
ARNACUS villa, 848; ubi ecclesia in honore S. Saturnini; 647, 648, 826; in agro Valansi, 644. (ARNAS, 2.)
ARNALDI (Petrus), 949; vicarius de Mombloy, 948.
*ARNALDI vinea, 146.
ARNALDUS, Petragoricensis episcopus, 634, 889.
ARNALDUS levita, scrip. 471, 551.
ARNALDUS monachus, testis, 470.
*ARNALDUS monachus, testis, 38.
ARNALDUS monachus, 776.
ARNALDUS, venditor, 736.
ARNALDUS et Petrus, donatores, 765.
ARNALDUS, filius Laidredi, 872.
ARNALDUS, filius Renconis, 629.
ARNALDUS, frater Vuigonis, 858.
ARNALDUS Calvus, 897, 921. Vide Calvus.
ARNALDUS de Cluireu, testis, 795. Vide Cluireu.
ARNALDUS Curnil, 817. Vide Curnil.
ARNALDUS de Torreta, 921. Vide Torreta.
ARNALDUS [de Turricula], frater Iterii, 924. Vide Turricula.
ARNALDUS [de Turricula], 927. Vide Turricula.
*ARNALDUS (Aymo), 198.
ARNALDUS, testis, 110, 147, 170, 184, 185, 192, 316, 394, 558, 571, 637, 831.
*ARNALDUS, testis, 32.
ARNARDUS, testis, 226, 618.
ARNICUS sacerdos, 76. Vide Arincus.
ARNICUS, testis, 66.
ARNOLDUS vel ARNODUS, donator, 146, 148.
ARNOLDUS, maritus Eldegardis, 577.
ARNOLDUS, filius Archrini, 509.
ARNOLDUS, filius Mainardi et Adalborgis, 471.
ARNOLDUS, testis, 53, 64, 153, 164, 170, 203, 288, 340, 355, 368, 396, 504.
*ARNOLDUS, testis, 155.

*ARNULFI terra, 79, 90.
*ARNULFI terra, in villa Marcilliaci, 6, 20.
ARNULFUS, abbas Athanacensium, 632.
*ARNULFUS, abbas Athanacensis, 8, 14, 15, 25, 41, 42, 44, 45, 46, 57, 58, 59, 67, 70, 74, 75, 81, 96, 123, 125, 131, 146, 158, 164, 166, 174, 175, 180, 184, 191.
ARNULFUS vel ARNULPHUS, abbas Saviniacensis, pag. 2, ch. 6, 7, 8, 9, 10, 11, 12, 13.
*ARNULFUS, abbas [S. Pauli?], 122, 129.
ARNULFUS, celerarius Saviniac. 933.
ARNULFUS sacerdos, testis, 30.
ARNULFUS diaconus, testis, 38.
*ARNULFUS monachus et sacerdos, scrip. 2, 83, 101.
*ARNULFUS monachus et presbyter, scrip. 187.
ARNULFUS levita, scrip. 687.
*ARNULFUS levita et monachus, scrip. 19, 29, 35, 36, 43, 87, 89, 121, 143, 159.
*ARNULFUS monachus, scrip. 69, 70, 165.
*ARNULFUS levita et monachus, testis, 32.
ARNULFUS monachus, testis, 15.
ARNULFUS monachus, testis, 427, 470.
ARNULFUS monachus, scrip. 474, 697, 745.
ARNULFUS, scrip. 227.
ARNULFUS, scrip. 693, 699.
*ARNULFUS, scrip. 42.
ARNULFUS, donator, 307.
ARNULFUS, donator, 689.
ARNULFUS, pater Archimbaudi, Stephani et Hugonis, donator, 562.
ARNULFUS, pater Arnulfi, donator, 141.
ARNULFUS, filius Arnulfi, 141.
*ARNULFUS [filius Adalendis?], 90.
ARNULFUS, filius Arnulfi Calvi et Gotolendis, 891. Vide Calvus.
ARNULFUS, filius Eminæ, 99.
ARNULFUS, filius Gauberti et Ermengardis, 717.
ARNULFUS, filius Gerundæ, 776.
ARNULFUS, filius Gozinæ, 781, 890.
ARNULFUS, filius Iterii de Turricula, 923. Vide Turricula.
ARNULFUS, filius Jarentonis, 414.
ARNULFUS, filius Vuilenci, 286.
ARNULFUS, frater Agnonis, donator, 583.
*ARNULFUS, frater Arenci, 119; maritus Ponciæ, 84, 86.
ARNULFUS, frater Bladini, 140.
*ARNULFUS, frater Constancii, 165.
ARNULFUS, frater Ethenulfi militis, 843.

ARNULFUS, frater Girardi, et maritus Ingelburgis, 206.
*ARNULFUS, frater Jarentonis, 195.
ARNULFUS, frater Laydradi, 522.
ARNULFUS, frater Maioli, Duranti, Berardi et Acilinæ, maritus Adalsendis, 678.
ARNULFUS vel ARUSUS et uxor ejus Alectrudis, donatores, 69.
ARNULFUS, maritus Aremburgis, donator, 271.
*ARNULFUS et uxor ejus Eldeburga, donatores, 1, 18, 30.
ARNULFUS et uxor ejus Ginbergia, donatores, 92.
ARNULFUS, maritus Gottolendis, 653.
*ARNULFUS, senior Teutardi, 76. Vide *Arulfas subcessor*.
ARNULFUS et uxor ejus Radingardis, donatores, 586.
*ARNULFUS et uxor ejus Sacia, donatores, 102.
ARNULFUS, maritus Vualburgis, 163.
*ARNULFUS et filia ejus Vuldrada, donatores, 23.
ARNULFUS Blancus, 112. Vide *Blancus*.
ARNULFUS Calvus, frater Girini, maritus Gotolendis, 664. Vide *Calvus*.
ARNULFUS Calvus, excommunicatus, 750. Vide *Calvus*.
ARNULFUS Calvus, filius Gerundæ, 829. Vide *Calvus*.
ARNULFUS Calvus, 882, 885, 891. Vide *Calvus*.
ARNULFUS de Colongis, 871. Vide *Colongis*.
*ARNULFUS Faber, 87. Vide *Faber*.
ARNULFUS Govins monachus, 907, 916. Vide *Govins*.
ARNULFUS Gugio, maritus Pontiæ, 758. Vide *Gugio*.
ARNULFUS [de Piennaco], 869. Vide *Piennaco*.
ARNULFUS Raibi vel Raimbi, 813, 817 n. Vide *Raibi*.
ARNULFUS [de Talaru?], 821 Vide *Talaru*.
ARNULFUS [de Valelles?], 923. Vide *Valelles*.
*ARNULFUS monachus, testis, 109.
ARNULFUS, 42; testis, 121, 145, 163, 166, 178, 187, 242, 272, 295, 296, 301, 305, 312, 376, 385, 426, 432, 464, 480, 504, 521, 612, 622, 637, 687, 710, 715, 720, 838, 855, 856, 867, 876.
*ARNULFUS, testis, 4, 27, 35, 36, 60, 63, 66, 81, 83, 102, 115, 116, 139, 141, 147, 166, 175.
ARNULPHUS. Vide *Arnulfus*.

AROARDUS, donator, 496.
AROARDUS, frater Girardi, donator, 447.
AROARDUS, testis, 497.
AROLDI (Durantus), 938.
AROLDI vel ARALDI terra, 122.
AROLDUS, pater alterius Aroldi, 251.
AROLDUS, filius Adradi et Magisendis, donator, 436.
AROLDUS et uxor ejus Engela, donatores, 136.
*AROLDUS, senior Engelæ, 26.
AROLDUS, testis, 191, 342, 704.
ARPANS, piscatoria subtus castellum Sancti Mauritii, 711.
ARPERTUS presbyter, testis, 733.
ARPERTUS presbyter, filius Dulcismæ, donator, 458.
ARPERTUS clericus, testis, 125.
ARPERTUS levita, testis, 77.
ARPERTUS et Bladinus, donatores, 474.
ARPERTUS de Algirolis, 664. Vide *Algirolis*.
ARPERTUS vel APERTUS, 656.
ARPERTUS, testis, 240, 509, 876.
*ARPERTUS, 139. Vide *Arbertus*.
ARRADI (Petrus), testis, 812.
ARRIA, mater Arrici et Leotardi, donatrix, 671.
*ARRICHUS, testis, 80.
*ARRICI terra, 111.
ARRICI (Fulcherius), 920.
ARRICI (Joannes), minister crucis, *pag. 523, 524, 526*.
ARRICUS presbyter, testis, 519.
*ARRICUS puer, donator, 194.
ARRICUS, donator, 88.
ARRICUS, donator, 491, 502.
ARRICUS, donator, 710.
ARRICUS, vuadiarius Godaldrici, 218.
ARRICUS, filius Arriæ, 671.
ARRICUS, filius Bladini et Vualburgis, 765.
ARRICUS [filius Gausberti?], et uxor ejus Ermengardis, genitores Fulcherii, 673.
*ARRICUS, frater Agglerii, 97.
ARRICUS, frater Girini et Artaldi, 729.
ARRICUS, frater Pontii, 536.
ARRICUS et Dulcissima uxor ejus, et Durantus, filius eorum, donatores, 441.
ARRICUS, maritus Ermengardis, et pater alterius Ermengardis, 597.
ARRICUS et uxor ejus Garlendis, donatores, 75, 98.
ARRICUS et uxor ejus Heriascendis, donatores, 22.

ARRICUS, testis, 57, 141, 168, 217, 290, 308, 315, 349, 352, 445, 466, 476, 478, 501, 502, 510, 656, 729.
*ARRICUS, testis, 115.
*ARRIGIUS miles, testis, 137.
ARRINUS, testis, 279.
ARRIUS presbyter, 206.
ARRIUS presbyter, filius Sansonis, donator, 207.
ARRIUS, testis, 163, 211, 214.
ARRULFUS, testis, 519.
ARSENDIS, uxor Hugonis, 134.
ARSO monachus, scrip. 288, 289.
ARTALDUS, comes [Lugdunensis], filius Gerardi et Gimbergiæ, maritus Theodebergiæ, 437, 602, *147.
ARTALDUS, filius Artaldi comitis et Theodebergiæ, 602, *191.
ARTALDUS, Forisiensis comes, pater Vuillelmi, 757, 758, 762, 802.
ARTALDUS, cellararius (id est cellerarius) monasterii Saviniacensis, 948.
ARTALDUS clericus, frater Amici, 874.
*ARTALDUS miles, testis, 137.
ARTALDUS, filius Hugonis et Emmenæ, donator, 532.
ARTALDUS, filius Amici, 874.
ARTALDUS, filius Bladini, 839.
ARTALDUS, filius Gauzeranni et Richoaræ, et nepos Hugonis abbatis, 527.
ARTALDUS, filius Gauzeranni et Adalendæ, 794.
ARTALDUS, filius Gerundæ, 776.
ARTALDUS, filius Gotholendis, 930.
ARTALDUS, frater Adalgaldi, 640.
ARTALDUS, frater Agnonis, donator, 764.
ARTALDUS, frater Gauberti de Balbineu, 833, 834. Vide *Balbineu.*
ARTALDUS, frater Girini et Arrici, 729.
ARTALDUS, frater Teotgrini, donator, 758.
*ARTALDUS et uxor ejus Ilya, donatores, 170.
ARTALDUS et uxor ejus Rotburgia, donatores, 483.
ARTALDUS, nepos Gausberti, frater Stephani, 873.
ARTALDUS Bardonus, testis, 570. Vide *Bardonus.*
ARTALDUS de Batalleu, 756. Vide *Batalleu.*
*ARTALDUS de Caarnaco, 195. Vide *Caarnaco.*
ARTALDUS Calvus, 842, 884, 894, 899, 906; filius Gerundæ, 829, 830; frater Jarentonis, 923. Vide *Calvus.*
ARTALDUS de Civen, 795. Vide *Civen.*

ARTALDUS de Curent, 789. Vide *Curent.*
ARTALDUS et Vuillelmus Elia [fratres?], seniores castelli de Cosnaco, 751, 752. Vide *Elia.*
ARTALDUS de Monte, 790. Vide *Monte.*
ARTALDUS de Musciaco, 903. Vide *Musciaco.*
ARTALDUS Senex, 815. Vide *Airaldus.*
ARTALDUS de Suireu, 934. Vide *Suireu.*
ARTALDUS de Teiri miles, 938. Vide *Teiri.*
ARTALDUS vel ARTALDUS Juridis, 124. Vide *Juridis.*
ARTALDUS, testis, 66, 76, 186, 435, 500, 540, 583, 702, 703, 885.
*ARTALDUS, testis, 22.
ARTEDUNDUS vel ARTEDUM [villa, in agro Forensi?], 791. (ARTHUN.)
*ARTIS villa, in agro Animiacense, 173, 181.
ARTO monachus, testis, 8.
ARTOLDUS, filius Raingundis, 45.
ARTOLDUS et uxor ejus Arengardis, donatores, 294.
ARTOLDUS, testis, 45.
ARTUNDRADA, 103.
ARUICUS, scrip. 590.
ARULDIS vel ARIELDIS, donatrix, 301. Vide *Arieldis.*
ARULFUS, donator, 693.
*ARULFUS, subcessor Tietardi, 76. Vide *Arnulfus, senior Teutardi.*
ARULFUS, filius Vualburgis, 590, 704.
ARULFUS et uxor ejus Gotolendis, donatores, 261.
ARULFUS et uxor ejus Suaneburgis, donatores, 133, 134.
ARULFUS, testis, 126, 286, 700, 712.
*ARULFUS, testis, 70.
ARUMBUODA vel ARAMBODA, donatrix, 371.
ARUSUS vel ARNULFUS, et uxor ejus Alectrudis, 69.
ASCENSA (pro ASCENSU), 27.
ASCHERICUS vel ASCIRICUS, filius Eldini, 718.
ASCHERICUS vel ASCHIRICUS et uxor ejus Gibergia, donatores, 482.
*ASCHERICUS, maritus secundus Stephanæ, 194.
ASCHERICUS vel ASCIRICUS, testis, 138.
ASCHERICUS, testis, 227, 247, 296, 711.
ASCHERII terra, 186.
ASCHERIUS presbyter, testis, 377.
ASCHERIUS, testis, 766.
ASCHIRICUS sacerdos, scrip. 152.
ASCHIRICUS sacerdos, filius Omberti, 151.

*Aschiricus sacerdos et monachus, donator, 7; testis, 40.
Aschiricus monachus, testis, 427, 470.
Aschiricus, donator in Valenchiis, 750.
*Aschiricus, emptor, 134.
Aschiricus vel Asciricus, frater Vuillelmi, Dalmacii et Nazareæ, donator, 731.
*Aschiricus et uxor ejus Aremburgis, donatores, 80.
Aschiricus et uxor ejus Ava, donatores, 272.
*Aschiricus et uxor ejus Ermingardis, 118.
Aschiricus, testis, 197, 248, 577, 594, 656, 711, 766.
*Aschiricus, testis, 1, 16, 17, 23, 26, 35, 36, 47, 78, 87, 99, 113, 139, 180.
Asciricus monachus, scrip. 156.
Asciricus, 731. Vide *Aschiricus.*
*Asciricus, testis, 171.
Asciricus, 138, 718. Vide *Aschericus.*
Aselga, Aselgus, Azelgus, rivulus, 438, 905; aqua, 207, 216; flumen, 235; riveria, 807.
*Aselga vel Aselgus, fluvius, aqua, rivus, rivulus, 13, 22, 74, 94, 112, 120, 142, 149. (Asergues.)
Aselga vallis, 806.
Aselgo vel Azelgo (Bernardus de), 806, 807.
Aselinus, testis, 656.
*Asensis vallis ager, 88, 101, 144, 150. Vide *Ansa.*
Asinata de fœno, 897; vini, 943.
Asini (Pondus unius), 612.
Asinus oneratus de vino, 798, *191.
*Asolia (forte Aserga) aqua, 189.
Asparciacus villa. Vide *Esparciacus.*
Aspertus levita, 77. Vide *Arpertus.*
Asteriumus, Sancti Stephani canonicus, 256.
Asterius vel Asterus, abbas Saviniacensis, pag. 2, ch. 18.
*Asterius, abbas Athanacensis, 20, 23, 26, 52, 56, 103, 110, 136, 155, 183.
Asterius presbyter, testis, 511, 760.
Asterius sacerdos, frater Rainardi, donator, 192.
*Asterius sacerdos, testis, 122, 129.
*Asterius sacerdos, donator, 160.
*Asterius subdiaconus, testis, 28.
Asterius, sacrista de Sancto Justo, 907.
Asterius levita, donator, 580.
Asterius monachus, testis, 25.
*Asterius, venditor, 87.
*Asterius, scrip. 188.

Asterius, pater Hugonis et Vualdomari, 655, 657.
Asterius, filius Leotardi et Altrudis, 665.
Asterius, filius [Udulardi et] Adeborgis, 243.
Asterius, filius Vuigonis, donator, 569.
Asterius, frater Girini, 120.
*Asterius et frater ejus Nicethus, donatores, 114.
Asterius, maritus Engelæ, 532.
Asterius Loverius, 847. Vide *Loverius.*
Asterius [de Mornent?] et uxor ejus Agna, 741. Vide *Mornent.*
Asterius, testis, 53, 72, 79, 150, 170, 185, 256, 266, 270, 297, 298, 330, 354, 652, 654, 664, 680, 691, 704, 712, 781, 872, 891, 919.
*Asterius, testis, 179, 188.
*Asterius, 66.
Astrudis vel Altrudis monacha, abbatissa [de Pelogiis], 646, 648; soror Umberti præpositi et amita Ilionis, 648.
Atambors (Petrus), testis, 940.
*Atbrannus, testis, 109.
*Atcelino [terra?], 181.
Atelmus vel Antelmus presbyter, testis, 598.
Atfredus sacerdos, scrip. 104.
*Athanacense monasterium, 190.
Athanacenses vel Athanatenses abbates. Vide *Ægilbertus, Arnulfus, Asterius, Ayelbertus, Bertholas de Civino, Durannus, Egilbertus, Eilbertus, Geraldus, Heldebertus, Poncius, Rainaldus, Udulbaldus, Ugo, Vuichardus, Vuigo* [?].
*Athanacensis ecclesia in honore S. Elisabeth, genitricis Mariæ Virginis, et XLVIII martyrum, et sancti præsulis Martini dicata, 198.
Athanalphus, abbas Savin. 953.
Athenulfus [de Talaru], filius Hugonis vetuli, 817. Vide *Talaru.*
Athenulfus, testis, 765.
Atso monachus, scrip. 290.
Atso, testis, 162.
Attalus monachus, testis, 8, 31.
Attalus, testis, 45.
Atto monachus, testis, 41.
Atto miles, 624. Vide *Azo.*
Atto, filius Ermenfredis, 465.
Atto, filius Iterii [et Hermensendis], 28.
Attolo, testis, 135.
Atzio, testis, 344, 361.

NOMINUM ET RERUM. 781

Atzo, 226, 297.
Audabertus, 582. Vide *Adalbertus*.
Audacius diaconus, scrip. 30. Vide *Andacius*.
Audacres, donator, 442, 444.
Audacrus, testis, 238.
Audefredus, 21. Vide *Andefredus*.
Auffredus vel Ansfredus et uxor ejus Christina, donatores, 417.
Augeroles (Berardus d'), monachus, *pag. 524*. Vide *Algirolis*.
Augustodunensis comitatus, 641. (Autun.)
Aula Saviniensis, 841.
Aulliacus, Auliacus, Auviliacus villa, in pago Lugdunensi, ubi ecclesia in honore S. Mariæ, 648, 826, 898. (Ouilly.)
Aunericus, scrip. 68, 99.
Aunericus presbyter, scrip. 100.
Auraminus, testis, 173.
Aurannus sacerdos, testis, 560.
Aurantus levita, testis, 318.
Auranus, testis, 254.
Aureus vel Aureacensis mons. Vide *Mons Aureacensis*.
Auriaco (Silva de), in loco qui dicitur Villa, in agro Tarnantensi, 484. Vide *Villa*.
*Auriandis vel Ariandis et uxor ejus Petronilla, venditores, 107.
*Auribertus presbyter, 7.
Aurilis, uxor Aymonis de Lay, 913. Vide *Ficia*.
Ausbertus, 277. Vide *Ansbertus*.
Auseicus, testis, 706.
Auserantus vel Anserantus, testis, 258, 260.
Ausone (Petrus Eymarus de), Gasco, canonicus Lugdunensis, *pag. 541*.
Austatis (Austatus, a, um?), 273.
Austerius vel Ansterius, abbas Saviniac. 15.
Austerius [filius Arabaldi?], 32.
Austerius, testis, 49.
*Autanens (Evrardus et Guigo), testes, 199.
Autardus et uxor ejus Odila vel Edila, 68.
Autbertus et uxor ejus Vuarangardis, donatores, 107.
Autbertus, testis, 326.
Autcarius, canonicus et presbyter Sancti Petri de Mornanto, 30.
Auterius monachus, testis, 427.
Auvedesia vel Annadesia villa, 428.
Auviliacus villa, 648. Vide *Aulliacus*.
Ava, uxor Aschirici, 272.
Ava, uxor Theotardi, 278.

Avæa vel Avana, Deo dicata, donatrix, 177.
Avalesia, locus in agro Forensi, 285; in fine agri Solobrensis, 316.
Avalga villa, 450.
Avalgiis locus, in agro Tarnantensi, 395. Vide *Avalgo* et *Avelgus*. (Avauges.)
Avalgo (In fine de), 373. Vide *Avalga*, *Avalgiis* et *Avelgus*.
*Avana et Catbergia [sorores?], venditrices, 28.
Avelgus, Avelga villa, in agro Vallis Bevronicæ, 539; in Valle Bevronica, infra fines de Liniroleas, 576. Vide *Avalga*, *Avalgiis*, et *Avalgo*. (Avergues.)
Avenionensis episcopus, Fulcherius, 38. (Avignon.)
Avens (Aymo), 930.
Avent, testis, 863.
Averinus vel Arcrimus, testis, 386.
Avernidus, locus [in agro Forensi?], 288. Vide *Vernedus villa*.
Avesa mansus, in agro Forensi, 244.
Avesiæ villa, in agro Forensi, 714. (Avet?)
Avesias villa, in agro Grassiacensi, ubi ecclesia in honore S. Petri, 139. (Aveise.)
Avesiis (Gislamarus de), 866.
Avesis, curtilus, 782. Vide *Adavesiis*.
Avez (Renco et Berardus de), testes, 94.
Avidus, testis, 636.
Aviertus, testis, 636.
Avitus, testis, 705.
Avodantius, testis, 373.
*Avolorgus mons, in agro Monte Aureacensi, 8. (Avolorgue.)
*Avonda, uxor Silvestri, 9.
Avondrani terra. Vide *Anondrani*.
*Avundi terra, 40.
Aya, uxor Brianti [de Lavieu], 938.
*Aya, filia Benigni, 134.
*Aya vel Agya, uxor Saliconis, 177.
Ayanus vel Ayannus, donator, 367.
Aychinus, testis, 766.
Aydencus, testis, 367.
Aydulfus, testis, 139.
*Ayelbertus, abbas Athanacensium, 76. Vide *Eilbertus*.
Ayglaldus et uxor ejus Aymendrada, donatores, 459.
Ayglaldus, maritus Elisondiæ, donator, 189.
*Ayglerius, testis, 14, 199, 200.
Aygno, filius Gerundæ, factus monachus, 776.

*Aygo, testis, 57, 76.
Aymanus vel Ayminus Muscionis, 366. Vide *Muscionis*.
Aymardus, testis, 633.
Aymarus, Lugdunensis archiepiscopus, 956, 957.
Aymarus de Archiaco, 812. Vide *Archiaco*.
Aymeldis vel Aymelsendis, uxor Hugonis, 759.
Aymendrada, uxor Ayglaldi, 458.
Aymendrada, uxor Madalgaudi, 182.
Aymendrada, uxor Midalgaudi, 485.
Aymenricus presbyter, scrip. 189.
Ayminoldis, donatrix, 390.
Ayminus presbyter, vuadiator Bernonis, 162.
Ayminus monachus, testis, 778, 794.
Ayminus, donator, 617.
Ayminus, filius Eldini, 718.
Ayminus, filius Ermengardis, 785.
Ayminus, filius Richoaræ, 790.
Ayminus vel Ayminius, filius Rigaldi, 499.
Ayminus, filius Vucrini et Galiciæ, 840.
Ayminus [frater Petri?], donator, 765.
Ayminus vel Eiminus et uxor ejus Pontia, donatores, 229.
Ayminus vel Aymo de la Rivieri, 917, 931. Vide *Rivieri*.
Ayminus Carbonels, 919. Vide *Carbonels*.
*Ayminus de Montem Siccum, 162. Vide *Monte Sicco*.
Ayminus vel Aynianus Muscionis, 366. Vide *Muscionis*.
Ayminus [de Surione?], donator, 779. Vide *Surione*.
Ayminus vel Agnimus [de Valeilliis], 792. Vide *Valeilliis*.
Ayminus de Valleles, 831. Vide *Valleles*.
Ayminus de Valellis, 894. Vide *Valellis*.
Ayminus, 112. Vide *Aiminus*.
*Ayminus vel Agminus, 116.
Ayminus, testis, 160, 165, 439, 444, 495, 542, 652, 657, 721, 778, 786, 828, 840.
*Ayminus, testis, 30.
Aymiricus, testis, 930.
Aymo, Belicensis episcopus, 681.
Aymo, præpositus [Gebennensis ecclesiæ], 910.
Aymo, prior de Botavilla, 812.
Aymo vel Aimo, prior S. Thomæ de Cosniaco, 932.
Aymo presbyter, donator, 366.

Aymo presbyter, frater Ermengardis, 595, 734. Vide *Agno*.
Aymo presbyter, testis, 455, 459.
*Aymo presbyter vel sacerdos, donator, 89.
Aymo sacerdos, donator, 433; filius Blitgardis, 434.
*Aymo levita, scrip. 170.
Aymo, donator, 412, 460.
*Aymo vel Aimo, venditor, 64.
Aymo, filius Gauzeranni et Adalendæ, 794.
Aymo, filius Gozinæ, 781, 890.
Aymo, filius Jarentonis, 414.
Aymo, filius Romestagni et Godaltrudis, 153.
Aymo, frater Alberici, Folcherii et Emmanuelis, 164.
Aymo et uxor ejus Mainborgis, donatores, 27.
*Aymo Arnaldus, 198. Vide *Arnaldus*.
Aymo Avens, 930. Vide *Avens*.
Aymo de Casalis, 835. Vide *Casalis*.
Aymo Gaignart, 821. Vide *Gaignart*.
Aymo Garcini, 730. Vide *Garcini*.
Aymo de Glori, 887. Vide *Glori*.
Aymo Jarolli, 730. Vide *Jarolli*.
Aymo [de Lay], 802; filius Pontii, 818. Vide *Lay*.
Aymo de Lay, 912, 913; maritus Ficiæ cognomento Aurilis, 913. Vide *Lay*.
Aymo de Pineto, 653. Vide *Pineto*.
Aymo de Pitavalle, 869. Vide *Pitavalle*.
Aymo de Rivoiri, 938. Vide *Rivoiri*.
Aymo Rivori, 915, 923. Vide *Rivori*.
Aymo de Sancto Juliano, 938. Vide *S. Juliano*.
Aymo Sancti Simphoriani, 821, 823; miles, 935. Vide *S. Simphoriani*.
Aymo de Sancto Simphoriano, 906, 907, 916, 938. Vide *S. Simphoriano*.
Aymo de Varennis, canonicus, 938. Vide *Varennis*.
Aymo, testis, 104, 187, 260, 320, 340, 360, 403, 442, 452, 459, 462, 480, 519, 533, 547, 588, 592, 633, 697, 707, 762, 770, 779.
*Aymo, testis, 35, 36, 86, 156.
Aymodis, 524. Vide *Eymodis*.
*Aymonis terra, 102.
*Aymonus [Aymo?], monachus et levita, scrip. 25.
*Aymonus puer, testis, 73.
*Aymonus, testis, 180.
*Aymoynus presbyter, scrip. 18.

AYNALDUS, scrip. 285, 374.
AYNALDUS diaconus, scrip. 229, 284.
AYNALDUS subdiaconus, scrip. 133, 188, 197.
AYNALDUS monachus, scrip. 137, 203, 286.
AYNARDUS, filius Ermengardis, donator, 160, 212.
AYNARDUS, testis, 177, 208, 209, 250.
AYNDEFREDUS, testis, 152.
AYNDRADUS, testis, 224.
AYNDRICUS sacerdos, scrip. 263.
AYNDRICUS monachus, scrip. 705.
AYNDRICUS, pater Gosberti et Eldini, donator, 559.
*AYNIMIACENSIS [ager?], 173. Vide *Animiacensis*.
AYNNACUS villa, in agro Forensi, 278.
*AYNNACUS, 76. Vide *Athanacensis*.
AYNO et uxor ejus Sulpicia, donatores, 391.
*AYNOLDUS, testis, 192.
AYNORS, uxor Folcardi, 635.
AYNRICUS monachus, scrip. 143.
AYNRICUS, scrip. 244.
AYNULFUS, testis, 119, 276.
AYNUS, testis, 503.
AYPELS, 915. Vide *Ahipels*.

AYRALDUS Senex, 815. Vide *Airaldus*.
*AYRBALDUS monachus, testis, 38.
*AYRBOLDUS, 37. Vide *Arbaldus*.
AYROARDUS, testis, 222, 370. Vide *Airoardus*.
AYZO, maritus Girbergiæ, 635.
AZELGO, 807. Vide *Aselgo*.
AZELINUS, frater Laydradi, 522.
AZELINUS, testis, 166, 432.
AZERGA vel AZERGUS. Vide *Aselga*.
AZILINUS, testis, 203, 396.
AZO, donator, 366.
AZO vel ATTO miles, maritus Rotrudis, 624; pater Adalendis et Anthonia, 795.
AZO, frater Notardi, testis, 616.
AZO vel ABO, frater Ursionis, 623.
AZO, 119; testis, 663, 745.
AZOLA Mons, ubi ecclesia in honore S. Laurentii, 145.
AZOLA villa, in agro Forensi, 46, 246.
AZOLA vel AZOLUS villa, in vicaria Sancti Joannis, 63; ecclesia de Azola dependens vicariæ Sancti Joannis, 916.
AZOLETTES (Vuigo DE), 924. (AZOLETTES.)
AZOLUS villa. Vide *Azola*.
*AZZONUS, testis, 60.

B

BABECH villa, in valle Bevronica, 476.
BABOSUN, 823. Vide *Valbosun*.
BADINUS, abbas Saviniacensis, *pag.* 2, ch. 38, 39, 40, 41, 42, 43, 44, 45, 46, 47, 48, 49, 50, 51, 52, 53, 54, 55, 56, 57, 58, 59, 60, 62, 63, 64, 65, 66, 67, 68, 69, 70, 71, 72, 73.
BAGNERIAS (Curtili ad), 72.
*BAGNIACUS villa, in agro Tarnantensi, 161. (BAGNY, 1.)
BAGNIOLIS [in valle Bevrona?], 12, 428. (BAGNY, 2.)
BAÏERIIS vel BAVERIIS (Locus de) [prope Sai?], 653.
BALADINIS villa, 428.
BALADUSUS villa [in agro Tarnantensi?], 224.
BALBIACUS villa, in confinio vici Fori, in agro Forensi, 247, 896. (BALBIGNY.)
BALBIACUS villa, in agro Savogensi, 582.
BALBIEO (Finis de), in agro Forensi, 125. (BALBIGNY?)

BALBINEU (DE): Gaubertus, Artaldus et Girardus, fratres, 833, 834. (BALBIGNY.)
BALBUS (Durantus), canonicus, donator, 366.
BALBUS (Durannus), 748.
BALBUS (Durantus), maritus Adalendis, 795.
BALDOMERI (Ecclesia S. Mariæ et S.), 731. Vide *Buxeti*.
BALDOMERUS (S.) requiescit in ecclesia Sancti Martini Saviniacensis, 64.
BALDOMERUS (S.) castellum. Vide *S. Baldomerus*.
BALDRANUS, testis, 356.
BALEDU vel BALEDUNUS villa, in agro Gonacensi, 353.
BALENSA, in agro Tarnantensi, 543.
BALISTARII, 904.
BALMA (DE): Stephanus, decanus Lugdunensis, *pag. 540.* — Gaufridus, canonicus Lugdunensis, *pag. 540.*
BALNEUM, 758.
BALTIUS (Leotardus et Amblardus), fratres, 849.
BANACIACO (Finis de). Vide *Baniaco*.

BANCEL mansus, prope villam Truncidum, 160.
BANDELII (S.), 200. Vide *Baudelii*.
BANIACO, BANIACIACO, BANACIACO (Finis de), in agro Forensi, 6.
BANNERIIS villa (Finis de), in agro Forensi, 267.
BANNI, 940, 948.
BANNUM de vino, 916.
BARATERIUS, 906.
BARBA Puneta, 803. Vide *Puneta*.
BARBAZ (Vuillelmus), 830.
BARBARA vel BARBARICA insula, ubi monasterium in honore S. Martini, 165, 174, 192, 266, 290, 540, 581, 632. — Abbates S. Martini insulæ Barbaræ. Vide *Hildebertus, Bernardus*. (ÎLE BARBE.)
*BARBARENSIS insula et ecclesia Sancti Martini, 32, 66, 111, 120, 137. Vide *Barbara*. (ÎLE BARBE.)
BARBARES (Ardradus), vel BARBAREIS (Ardradus DE), maritus Constantiæ, et pater Bladini, 761, 762, 763, 821.
BARBARISCUS, antecessor Silvestri, 39.
BARBATUS (Vuillelmus), de castello Sancti Valdomeri, 919.
*BARBATUS (Hugo), 201.
BARDINE (LA), 924.
BARDONUS (Artaldus), testis, 570.
BARERIIS vel BARRERIIS (Vincæ de), 664.
BARNIGERIUS rusticus, 160.
BARNOENI franchisia et hæres, 617.
BARNOENUS, donator, 557.
BARNOENUS, testis, 122.
BARNONICUS, testis, 239.
BARNONIUS, BARNOINUS, BERNOINUS, testis, 304.
BARNONUS, BARNUINUS, BARONUS archipresbyter, 813, 814.
*BARNUINUS, testis, 60.
*BARTHOLOMEI (S.) ecclesia, in villa Proliaco, 52.
BARTHOLOMEUS (S.). Vide *S. Bartholomæus*.
BARTHOLOMEUS, testis, 548.
BASILII (Stephanus) [monachus Savin.], 945.
BASTARCIACUS villa, in valle Bevronica, 64.
BATALIACO (Humbertus DE), 941.
BATALLEU (Agno), 825.
BATALLEU (DE): Hugo, Artaldus et Humbertus, 756; Hugo, testis, 770.
BATALLEU vel BATAILLIEU (DE): Humbertus, 806, 807; Bertilo, frater ejus, 806. (BATAILLY.)

BATIUS. Vide *Baltius*.
BATO, testis, 103.
BAUCEVRO vel BAUZCEVRO (Joannes DE), hostelarius, *pag. 524, 529*.
BAUDELII (S.) martyris ecclesia, 200; in agro Montis Aureacensis, 202.
*BAUDELII (S.) ecclesia prope muros Lugd. civit. 192.
BAUDELII (S.) ecclesia, in agro Forensi, in confinio vici Fori et Balbiaci villæ, 247. Vide *S. Baudelii villa*.
BAYERIIS, 653. Vide *Baïeriis*.
BEAUCEVRO. Vide *Baucevro*.
BEBRONENSIS, BEBRONNENSIS, BEBRONICA, BEBRONNICA, BEBRONNA vallis, 7, 147, 388, 598, 610, 668, 674, 684, 732, 733, 849, 852, 855, 859. Vide *Bevrona*.
BEBRONENSIS ager, 436, 673, 676; vallis et ager, 138, 599. Vide *Bevrona, Bevronica, Bevronensis, Vallis Bebronensis*.
BEBRONNA rivulus, 597. Vide *Bevrona*.
BEDINA vel BIDINUS villa, in agro Gofiacensi, 548, 552. (BADAN.)
BEDOCIACUS villa, in agro Rodanensi, 628.
BEGO, testis, 572.
BELIARDIS, mater Renconis et Vuichardi, 86.
BELIARDIS, uxor Gauzonis, 183.
BELICENSIS vel BELLICENSIS [comes, 681], episcopus, 681, 910, 940. (BELLEY.)
BELLA campalia, 835.
BELLIJOCI (Humbertus), princeps, 941, 943; comitissa conjux ejus, 941. Vide *Bellojoco (de)*.
BELLIJOCO (DE). Vide *Bellojoco*.
BELLOJOCO (DE): Umbertus, 819, 820; Humbertus, 841, 944; Umbertus, filius Richoaræ, et maritus Ulisiæ, 826, 827; Umbertus, Vuichardus, Dalmacius et Hugo, filii Richoaræ, 754; Vuichardus, 802, 900; Vuichardus et frater ejus Hugo, abbas de Sancto Justo, 907; Vuichardus, 912, 913; Humbertus, canonicus Lugdunensis, *pag. 540*; Guillelmus, præpositus Forverii, *pag. 540*. (BEAUJEU.)
BELLOMONTE (Vuido DE), et uxor ejus Raimunda, donatores, 647. (BELMONT.)
BELLUS Homo, testis, 501.
BELLUS HOMO, maritus Abelloniæ et filius ejus Mayolus, donatores, 492.
BELLUS JOCUS. Vide *Bellojoco*.

NOMINUM ET RERUM.

*Bellus Mons, locus, 193.
Belna silva, 407.
Belveder vel *Belveer,* in parrochia de Vals, 775. (Beauregard?)
Belveder (Bernardus de), 775.
*Benamarus sacerdos, emptor, 68. Vide *Benemarus.*
Benedicta, venditrix, 201.
Benedicta, donatrix pro Rotbaldo, 563.
*Benedicta, uxor Duranni, donatrix, 3.
Benedicta, soror Costabilis, 224.
Benedicti (S.) regula, 38, 121.
B[enedictus] papa [VIII], 147.
Benedictus, abbas Saviniacensis monasterii, *pag.* 2, ch. 34, 35, 36, 37.
Benedictus sacerdos, 115.
Benedictus sacerdos, vuadiarius Rannulfi, 314.
Benedictus monachus, testis, 126.
Benedictus monachus, testis, 427.
*Benedictus, degens in villa Delfingis, 156.
*Benedictus et filii ejus Æribertus et Golia, donatores, 59.
Benedictus et Leotardus, 341.
*Benedictus et uxor ejus Fecema, donatores, 19.
Benedictus, donator, 320.
Benedictus rusticus, 861.
Benedictus, filius Salomonis, 80.
Benedictus, filius Ingeldrici et frater Eldeverti, 322.
Benedictus, frater Otgerii et Gerardi, 419.
Benedictus, nepos Otgerii presbyteri, 549.
Benedictus Comes, 915. Vide *Comes.*
Benedictus Paltieri, 869. Vide *Paltieri.*
Benedictus, 94, 196, 292, 311, 499, 540, 653, 664.
*Benedictus, testis, 2, 11, 50, 83, 89, 130, 134, 138, 140.
*Benedictus, 13, 169.
Benedictus mons, prope ecclesiam Sancti Verani Erbini, 582. (Arbin.)
Benefacere, 1, 2, 3, 6, 7, 8, 11, 12, 17, 20, 21, 25, etc.
Beneficiare, 1, 29, 31, 41.
Beneficium, 40, 634, 644, 653, 664, 665, 693, 711, 712, 723, 745, 802, 806.
*Beneficium, 45, 76, 80, 97, 98, 196.
*Benemarus, monachus et sacerdos, scrip. 23, 56. Vide *Benamarus.*
Benigni (S.) capella, in loco qui dicitur Mons, 141. Vide *Mons locus.*

*Benignus et uxor ejus Emma, venditores, 134.
Benignus, 81, 96, 276, 309.
Beniminius vel Beniminuis, donator, 305.
Benininius, testis, 81.
Beno, testis, 229.
*Benzo presbyter, testis, 122.
*Benzo vel Benzonus presbyter, testis, 129.
*Benzonus, 93.
*Benzonus, frater Vuicardi, testis, 93.
*Beraldi terra, 193.
Beraldus monachus, testis, 1.
Beraldus, petitor, 44.
Beraldus, maritus Rotrudis et pater Duranti, donator, 113.
*Beraldus, frater Aaloni, testis, 20.
*Beraldus, maritus Emeldis, donator, 143.
*Beraldus [locus?] cum ministerio, 52.
Beraldus, testis, 22, 32, 52.
Beraldus, testis, 437, 442, 461, 725.
*Beraldus, testis, 1, 23, 47, 118.
Berardus, Matisconensis episcopus, 819, 842.
Berardus, abbas Saviniac. *pag.* 2, ch. 806, 897.
*Berardus, prior Caseti, 195, 196, 197.
Berardus, scrip. 116.
Berardus, filius Fredelanni, 644, 645, 646.
Berardus, filius Gauzeranni et Adelendæ, 794.
Berardus, filius Gunduini et Saziæ, donator, 416.
Berardus, filius Hugonis Fredelanni, 770. Vide *Fredelannus.*
Berardus, frater Agnonis, 670.
Berardus, frater Arnulfi, 678.
Berardus, frater Milonis, 816.
*Berardus et frater ejus Milo, testes, 22.
Berardus et frater ejus Otgerius, donatores, 630.
Berardus, frater Rotbaldi, donator, 758.
Berardus pater Stephani clerici, testis, 137.
Berardus et filius ejus Vuichardus, donatores, 385.
Berardus, propinquus Rotlanni, 880.
*Berardus [consanguineus Wichardi], 183.
Berardus et uxor ejus Vuandalmodis, donatores, 244.
Berardus vel Bernardus, frater Falconis de Yconio, 757, 758. Vide *Yconio.*
Berardus [de] Darasiaco, 818. Vide *Darasiaco.*
Berardus vel Beraldus de Curent, 789. Vide *Curent.*

*BERARDUS de Ichonio, 172. Vide *Ichonio*.
BERARDUS de Iconio, 754. Vide *Iconio*.
BERARDUS Jarolla, 818. Vide *Jarolla*.
BERARDUS Rodonensis, 755. Vide *Rodonensis*.
BERARDUS Ursel, 815. Vide *Ursel*.
BERARDUS de Castro Yonii, pater Vuichardi, 768. Vide *Yonii*.
BERARDUS [de Yconio?], 900. Vide *Yconio*.
BERARDUS de Yconio monachus, 908. Vide *Yconio*.
BERARDUS de Yonio, 814. Vide *Yonio*.
BERARDUS, 730.
BERARDUS, testis, 61, 133, 136, 158, 220, 223, 420, 437, 454, 461, 602, 706, 761, 800, 856, 880.
*BERARDUS, testis, 17, 170, 183, 193.
BERAUDUS, capellanus Petri, episcopi Sanctonensis, 932.
*BERCHARUS, testis, 52.
*BERCHERIUS et uxor ejus Ingela, 49.
BERENGARIUS diaconus, testis, 472.
BERENGARIUS Bufart, 934. Vide *Bufart*.
BERENGARIUS Senex, donator, 548. Vide *Senex*.
BERENGARIUS, testis, 66, 90, 566, 567, 731.
BERENGERIUS, filius Chrestianæ, 317.
BERENGERIUS [filius Vuarborgi?], 325.
BERENGERIUS et frater ejus Eldinus, donatores, 718.
BERENGERIUS, maritus Ermengardis, 315.
BERENGERIUS, 74, 185; testis, 287, 294, 313, 349, 633, 693, 880.
BERFREDUS, testis, 323.
BERGO et uxor ejus Etcola, donatores, 724.
BERGONIS terra, 225.
BERGUNDA vel BERGONDA, testis, 519.
BERGUNDIS, sanctimonialis fœmina, donatrix, 452.
BERLIO, Belicensis episcopus, 940.
BERLIO archidiaconus [Lugd.], nepos Umberti archiepiscopi, 762.
BERMUNDI vel VERMUNDI terra, 13.
BERMUNDUS, petitor, 49.
*BERMUNDUS sacerdos, testis, 122.
*BERMUNDUS [consanguineus Wichardi], 183.
BERMUNDUS, testis, 61, 361, 645, 646, 872.
BERNARD Turumbertus, testis, 940. Vide *Turumbertus*.
*BERNARDI terra, 46, 64, 80.
BERNARDI silva, 28.
BERNARDI (Hugo), 938.

BERNARDISCUS campus, in villa de Duabus Olchis, 622.
BERNARDUS, rector insulæ Barbaræ, 581; abbas insulæ Barbaræ, 632.
*BERNARDUS, abbas Insulæ Barbarensis, 137.
BERNARDUS, abbas monasterii Lirinensis, 954.
BERNARDUS, abbas Saviniacensis, 944, 945.
BERNARDUS, prior major [Sav.], defuncto abbate, affirmat excommunicationem contra telonarios, 944.
BERNARDUS, prior de Caseto, 923.
BERNARDUS, Randanensis præpositus(vel prior), 884.
BERNARDUS archipresbyter, 932.
*BERNARDUS, decanus obedientiæ Sancti Victoris, 188.
BERNARDUS presbyter, testis, 228.
*BERNARDUS sacerdos, testis, 186.
*BERNARDUS presbyter, testis, 93.
*BERNARDUS monachus, testis, 38.
BERNARDUS monachus, 818, 819, 820.
BERNARDUS clericus, testis, 363.
BERNARDUS clericus, donator, 500.
BERNARDUS clericus, testis, 650.
BERNARDUS clericus atque R. pater ejus, 764.
BERNARDUS villicus, pater Richardi, 755.
BERNARDUS, donator, 579.
BERNARDUS, donator, 787.
BERNARDUS, vuadiarius Adaltrudinis, 336.
BERNARDUS [vuadiarius Arnaldi], 577.
BERNARDUS, vuadiarius Rotlandi, 238.
BERNARDUS, scrip. 70, 74, 75, 79, 82, 98, 103, 105, 107, 108, 110, 115, 117, 125, 144, 239, 304, 305, 306, 307, 308, 309, 310, 311, 312, 313, 314, 315, 316, 317, 318, 320, 322, 323, 324, 325, 326, 327, 328, 329, 330, 331, 332, 333, 334, 376.
BERNARDUS, scrip. 558, 561, 563, 567, 571, 572.
BERNARDUS, filius Bernardi et pater Folcherii, 448.
BERNARDUS, filius Duranti et frater alterius Duranti, donator, 859.
BERNARDUS clericus, filius Lotrardæ, donator, 358.
BERNARDUS, filius Stephani, testis, 706.
BERNARDUS [filius Vuarborgi?], 325.
BERNARDUS, frater Bladini, 839.
BERNARDUS [frater Iterii?], donator, 469.
BERNARDUS et Jarento, donatores, 105.
BERNARDUS, maritus primus Annæ, 150.

NOMINUM ET RERUM.

BERNARDUS et uxor ejus Bona Filia, donatores, 720.
BERNARDUS, maritus Emmæ, 533.
BERNARDUS, maritus Hilariæ, 721.
BERNARDUS et uxor ejus Magnetrudis, donatores, 14; petitores, 29.
BERNARDUS, pater Folcherii et Bernardi, donator, 448.
BERNARDUS presbyter, pater Girardi et Joannis, 897.
BERNARDUS, pater Milonis, donator, 423.
BERNARDUS, pater Stephani, donator, 853.
BERNARDUS, donator, 158.
BERNARDUS de Aselgo, 806, 807. Vide *Aselgo.*
BERNARDUS de Avez, 94. Vide *Avez.*
BERNARDUS de Belveder, 775. Vide *Belveder.*
BERNARDUS Bonifaci, 833. Vide *Bonifaci.*
BERNARDUS Bonifaci monachus, 907, 912, 913, 916. Vide *Bonifaci.*
BERNARDUS de Camopseto, excommunicatus, 750. Vide *Camopseto.*
*BERNARDUS de Canale, 200. Vide *Canale.*
BERNARDUS de Castelunculo, 766. Vide *Castelunculo.*
BERNARDUS de Corcellis, 807. Vide *Corcellis.*
*BERNARDUS de Costa, 196. Vide *Costa.*
*BERNARDUS Coind....., 162. Vide *Coind.....*
BERNARDUS Crassus, filius Helisiardi, 748. Vide *Crassus.*
BERNARDUS de Flaac, archipresbyter, 909. Vide *Flaac.*
BERNARDUS Galdemarus, 817. Vide *Galdemarus.*
BERNARDUS Garcini, 730. Vide *Garcini.*
BERNARDUS Gaudemari, 936. Vide *Gaudemari.*
BERNARDUS Gionensis, 755. Vide *Gionensis.*
BERNARDUS Grennone, 835. Vide *Grennone.*
BERNARDUS Macibo, 730. Vide *Macibo.*
BERNARDUS de Manso, 776. Vide *Manso.*
BERNARDUS de Marciaco, filius Vuichardi, 754. Vide *Marciaco.*
BERNARDUS de Marzeu, 937. Vide *Marzeu.*
BERNARDUS de Marziaco, 806. Vide *Marziaco.*
BERNARDUS Marzio, 753. Vide *Marzio.*
BERNARDUS de Naus, 762, 821. Vide *Naus.*
BERNARDUS Ruffus, filius Agniæ, 822. Vide *Ruffus.*
BERNARDUS Rumphator, 659, 817. Vide *Ramphator.*
BERNARDUS de Trunci, donator, 739. Vide *Trunci.*

BERNARDUS Turumbertus, 940. Vide *Turumbertus.*
BERNARDUS Ursels, 813. Vide *Ursels.*
BERNARDUS (Hugo), rusticus, 935.
BERNARDUS, 157. Vide *Berardus.*
BERNARDUS, testis, 48, 69, 121, 126, 133, 136, 137, 141, 143, 144, 157, 163, 165, 168, 174, 184, 205, 215, 226, 231, 237, 244, 256, 290, 342, 355, 385, 409, 435, 371, 472, 492, 545, 558, 564, 594, 596, 601, 608, 617, 618, 622, 623, 650, 677, 711, 715, 716, 718, 723, 732, 800, 817, 820, 873, 886.
*BERNARDUS, testis, 8, 57, 128, 150, 170, 187.
BERNERIUS, testis, 175, 548.
BERNO monachus, testis, 8, 11, 31.
BERNO, donator, 394.
BERNO, donator per vuadiarios, 162.
BERNO, vuadiarius Rannulfi, 314.
BERNO, filius Pontionis, et uxor ejus Lozoara, donatores, 497.
BERNO, filius Raingundis, 45.
BERNO, filius Rotboldi, donator, 122.
BERNO [filius Vuarborgi?], 325.
*BERNO, filius Vuiniardis, 173.
BERNO, frater Aledonis, 58.
BERNO, frater Silvii et maritus Agnæ, 403.
BERNO [Cornelii], 869. Vide *Cornelii.*
BERNO, 66; testis, 150, 151, 157, 169, 216, 372, 403, 431, 550, 666, 695, 855.
BERNOINUS vel BARNONIUS, 304. Vide *Barnonius.*
BERNOINUS, testis, 270, 319, 327, 332, 563.
*BERNULFI terra, 130.
BERNULFUS, testis, 433, 451.
*BEROLDI terra, 127.
BEROLDUS monachus, testis, 1, 2, 6, 17.
BEROLDUS venditor, 111.
*BEROLDUS, filius Vuiniardis, 173.
BEROLDUS, testis, 111, 130, 131, 299, 372, 449.
*BEROLDUS, testis, 26, 54, 87, 159, 173.
*BEROLT, testis, 6.
*BEROT, testis, 163.
BERS (Gauzerannus) de Sepmuro, pater Dalmatii, 915.
BERTA, mater Girini, Annæ et Restavilliæ, donatrix, 590.
BERTA [uxor Gausmari?], testis, 361.
*BERTA, Deo devota, testis, 30, 31.

*BERTA, uxor Costantii, 121.
BERTA, testis, 387.
BERTEJARDIS, uxor Ermengaudi, 706.
BERTELEMUS vel BERTELENUS et uxor ejus Teotberga, donatores, 264.
*BERTELIMUS et uxor ejus Engenberga, 99.
*BERTELMUS, testis, 70, 193.
BERTILO de Batalleu, 806. Vide *Batalleu.*
BERTINUS, consanguineus Otgerii presbyteri, 549.
BERTRANNUS minister, 819.
BERTRANNUS presbyter, 765.
BERTRANNUS monachus, scrip. 751, 754, 773, 785.
BERTRANNUS, filius Adalardi, 866.
BERTRANNUS, filius Beraldi et Rotrudis, 113.
BERTRANNUS, pater Pontii, testis, 783.
BERTRANNUS, nepos Vuilisii, 389.
BERTRANNUS Ardreu, 119. Vide *Ardreu.*
BERTRANNUS Faber, 926. Vide *Faber.*
BERTRANNUS Flamens, 924. Vide *Flamens.*
BERTRANNUS Lieratus, 765. Vide *Lieratus.*
BERTRANNUS de Noaliaco, 818. Vide *Noaliaco.*
BERTRANNUS de Piennacho, 869. Vide *Piennacho.*
BERTRANNUS de Quarels, 938. Vide *Quarels.*
BERTRANNUS de Taratro, 730. Vide *Taratro.*
BERTRANNUS [de Verneto], filius Girini de Pineto et Sulpitiæ, 94.
BERTRANNUS, testis, 18, 388, 704, 765, 838, 920.
*BERTRANNUS, testis, 173.
*BERTRANNUS, 198.
BERTRARDUS presbyter, testis, 225.
BESAIL (Nemus de), in villa Sancti Clementis Vallis Longæ, *pag. 229 n.* (BISAIL.)
BESALDUNUS, ubi ecclesia in honore S. Michaelis, in comitatu Diensi, 636. (BÉSAUDUN.)
BESEN villa, in agro Forensi, 315.
BESSENACENSIS ager, 1, 31, 148, 489, 490, 516, 665. Vide *Bessenacus.*
BESSENACUS vel BESSENNACUS villa, in valle Bevronica, 481, 750; ubi ecclesia, 814, in honore S. Martini, 816. (BESSENAY.)
BESSENAY, parrochia, 958. Vide *Bessenacus.*
BEULFREDUS, testis, 126. Vide *Utulfredus.*
BEURERIA villa, in vicaria Libratensi, 396. (BEURIÈRE.)
BEVRO (Stephanus), vicarius obedientiæ de Vindriaco, 950.
BEVRONA, BEVRONNA, BEVRONNICUS, BEBRONNA, fluvius vel rivulus, 5, 26, 47, 597. (BREVENNE.)
BEVRONA, BEVRONNA, BEBRONENSIS vallis, 12, 147, 167, 667. Vide *Bebronensis.*
BEVRONENSIS ager, 37, 150, 153; vicaria, 187; vallis, 146, 158, 159, 170, 513, 577, 606, 683. Vide *Bebronensis.*
BEVRONICA, BEVRONENSIS vallis, 1, 7, 8, 11, 15, 19, 26, 39, 47, 57, 64, 65, 66, 146, 152, 155, 156, 168, 171, 203, 375, 378, 428, 432, 444, 447, 448, 449, 454, 458, 468, 469, 476, 481, 483, 487, 496, 500, 504, 505, 510, 514, 520, 526, 530, 537, 576, 579, 665. Vide *Bebronica* et *Vallis Bevronica.*
*BEVRONNÆ (Ager Vallis), 146. Vide *Bevronica.*
BEZI (Mansus del), 802. Vide *Bici.*
BEZOLES villa, 929.
BEZOLIO. Vide *Buzolio.*
BIBOSCHUS, 196. Vide *Bisbochus.*
BICALONA villa, in valle Valonica, in comitatu Tolornensi, ubi ecclesia in honore S. Petri, 374. (BICHALONNE.)
BICI mansus, juxta ecclesiam S. Petri Paludis, 426.
BICIACUS vel BISSIACUS villa, in agro Tarnantensi, super rivulum Scaravacum, 588.
BIDINUS villa, in agro Gofiacensi. Vide *Bedina.*
BIETHEIS, BIETEHIS (Villa de), in agro Forensi, 617.
BIINES villa, in agro Gofiacensi, 799.
BILIARDA, uxor Gauzeranni, 418.
BILIARDIS vel BILIARDA, uxor Gauzeranni, 691.
*BILINEI terra, 130.
*BILINIACENSIS ager, 130, 140. Vide *Biliniacus villa.*
*BILINIACUS villa, 130, 140.
BILLIACUS (villa?), in agro Tarnantensi, 372. (BILLY.)
BILLINUS, testis, 712.
BINNIACUS vel BRINNIACUS villa, in agro Forensi, 266. (BIGNY.)
BISBOCH, BISBOC, BISBOCUS villa, 161, 196, 401, 417, 521, 522; in valle Bevronica, 167, 159, 432, 500, 530, 579, 651; in agro Vallis Bevronicæ, 154; et in agro Bessenacensi, 1; in agro Saviniacensi, 172, 388. Vide *Taliacus.* (BIBOST.)
BISI (Fons de), 597. Vide *Fontem de Bisi (Ad).*
BISSIACUS villa. Vide *Biciacus.*
BIZUNTINUS archiepiscopus, 940. (BESANÇON.)

NOMINUM ET RERUM. 789

BLADINUS, decanus Lugd. ecclesiæ, 762, 827, *198.
BLADINUS, donator, 553.
BLADINUS, filius Amalberti et Ingelbergiæ, 366.
BLADINUS, filius Ardradi de Barbareis, 821. Vide *Barbareis*.
BLADINUS, filius Bladini et Vualburgis, 765.
BLADINUS, filius Ingeltrudis, 147.
BLADINUS, frater Arnulfi, donator, 140.
BLADINUS et Arpertus [fratres?], donatores, 474.
BLADINUS, frater Bernardi, Amici et Artaldi, 839.
BLADINUS et Boso [fratres?], donatores, 152, 156, 408.
BLADINUS et Bozo [fratres?], donatores pro Rotberto et Silvio, nepotibus eorum, 514.
BLADINUS et uxor ejus Aremburgis, donatores, 12.
BLADINUS et uxor ejus Elisendis, donatores, 83.
BLADINUS et uxor ejus Elisendis, donatores, 792.
BLADINUS et [uxor ejus] Haremburgis, 73.
BLADINUS et uxor ejus Leotgardis, donatores, 363.
BLADINUS et uxor ejus Theoderisma, genitores Girini, donatores, 440.
BLADINUS et uxor ejus Vualburgis, genitores Bladini et Arrici, donatores, 765.
BLADINUS, pater Dumesiæ, 114.
BLADINUS [consanguineus Braydenci?], 270.
BLADINUS [de Barbares], 761, 762, 763. Vide *Barbares*.
BLADINUS de Corziaco, 861. Vide *Corziaco*.
BLADINUS [Guius], 869. Vide *Guius*.
BLADINUS [de Mornent?], 741. Vide *Mornent*.
BLADINUS de Morvent, 792, 829. Vide *Morvent*.
BLADINUS de Valelliis, 869. Vide *Valelliis*.
BLADINUS, testis, 182, 242, 344, 447, 462, 476, 485, 486, 550, 610, 665.
*BLADINUS, testis, 28.
BLADUNUS monachus, filius Lotrardæ, 358.
BLAINUS de Cosant, pater alterius Blaini, 914.
BLANC : Hugo et Durantus, fratres, 821, 822.
BLANCUS (Arnulfus), 112.
BLANCUS (Girinus), pater Vuichardi, 828.
BLANS (Petrus), rusticus, 935.
BLISMODIS, donatrix, 888.

BLISMODIS, uxor Albuini, 349.
BLISMODIS [uxor Fulcherii], 354.
BLISMODIS, uxor Theotgrini, 426.
BLISMODIS, mater Theotdegrini, donatoris, 594.
*BLISMODIS, filia Stephani, uxor Archinardi, 172.
BLISMODIS, testis, 328.
*BLISMODIS, testis, 135.
BLITGARDIS, uxor Girberti Fabri, 857.
BLITGARDIS, mater Aymonis sacerdotis, 434.
BLITGARIUS monachus, scrip. 2.
BLOCCUS, 428. Vide *Mons Bloccus*.
BLUFIACUS vel BULFIACUS [villa, in pago Albanensi], ubi ecclesia, 639. (BLUFFY.)
BLUGARIUS, 25. Vide *Bulgarius*.
BOARA, uxor Josberti, 308.
BOCI (Hugo), 916.
BOCZONELLO (Humbertus DE), canonicus Lugdunensis, *pag. 540.*
BODINA, 1, 4, 18, 25, 27.
BODO (Vuido), et uxor ejus Rotildis, donatores, 186.
BODO, testis, 190, 277, 295.
*BODUS, testis, 138.
BOEN [in agro Forensi?], 717. (BOËN.)
BOENNACUS villa, ubi ecclesia in honore S. Petri, in agro Tarnantensi, 630, 648. (BOENNACUS.)
BOERIA (Mansus de), prope Sal, 780.
BOIZUSELLO. Vide *Boczonello*.
BOLNOLDI (Udulardus), donator, 681.
BOMPAR Calvus, 913. Vide *Calvus*.
BONA (Ermengardis), 817 n.
BONA (Ermengardis), mater Gauzeranni et Vuillelmi, 823.
BONA FILIA (Hilaria), donatrix, 723.
BONA FILIA, uxor Bernardi, 720.
BONAFONS silva [in agro Tarnantensi?], 603.
BONIFACI (Bernardus), 833.
BONIFACI (Bernardus) monachus, 907, 912, 913, 916.
BONI HOMINES, 634.
BONITI (S.) ecclesia, in villa Marciaco, 753.
*BONITTUS, testis, 170.
BONO, frater Lindeverti, donator, 507.
BONO, testis, 463.
BONO FONTE (Hugo DE), celerarius major Sav. *pag. 522, 525.*
BONUS et uxor ejus Eltrudis, venditores, 809.
*BONUS (Martinus), fidejussor, 162.
BONUS FILIUS, 540.

Bonuspar, Ampli Putei præpositus, 941.
Bonuspar et Girinus filius ejus, testis, 943.
Bonusparus de Mirebello (forte monachus de Mirebello), 812.
Borchardus (I), archiepiscopus Lugdunensium, 126. Vide *Burchardus I*.
Borchardus [II], Lugdunensis præsul, 427; pontifex, 428, 429; archiepiscopus, 438. Vide *Burchardus II*.
Bordaria, 635.
Bordel, Burdellis, Burdegalis vallis, in comitatu Diensi, ubi ecclesia in honore S. Michaelis, S. Petri ap. et S. Sabini mart. 636; in honore S. Michaelis, et SS. apostol. Petri et Pauli, sanctique Sabini mart. 637; ubi monasterium in honore S. Sabini, 901. Vide *Burdegallensis*. (Bourdeaux.)
Bordellenses, Burdellenses (id est S. Sabini de Burdel) monachi, 870.
Borgus pro burgus, 653.
Borrellus, testis, 281.
Bonsusello. Vide *Boczonello*.
Boscalatis, Boschalactis, Boschalastis villa, 518, 761. (Bouchalat.)
Bosco (Hugo de), pater Hugonis, 834.
Bosco (Hugo de) monachus, 935.
Bosculus, 416.
Boscum (Al.). Vide *Alboscum*.
Boscus, 285, 737, *156, *179.
Bosi (Theotgrinus), 815.
Boso, Tarentasensis archiepiscopus, 910.
Boso, Sanctonensis episcopus, 751, 752.
*Boso monachus, scrip. 92.
Boso, donator, 149.
*Boso, donator, 24.
Boso, filius Hilariæ, 392.
Boso, filius Ingeltrudis, 147.
Boso, frater Bladini [pater Geraldi?], 152, 156, 408.
Boso et uxor ejus Gaila, venditores, 19.
Boso, testis, 26, 77, 80, 159, 229, 265, 269, 375, 663, 725.
*Boso, testis, 70, 188.
*Boso vel Bosonus, testis, 192.
*Bosonus [Boso?], testis, 25, 46.
Botavilla locus, in vicaria Cristiolensi, in territorio Sanctonensi, 633; in episcopatu Sanctonensi, 633, 634, 808, 812, 889, 901; castrum, 633, 634; ecclesia in honore S. Pauli, 633, 634, 808, 889; prioratus, 812, 901; *pag. 523, 526, 527*. (Bouteville.)

*Bovaria, bovarium, bovarius, 156.
Bovo, donator, 766.
Bovo de Sancto Baldomero, miles, 920. Vide *S. Baldomerus*.
Bovo de Foro, 926. Vide *Foro*.
Boyacus villa, in agro Tarnantensi, 686, 687, 688, 689. (Boyeux?)
Boynacus villa, in agro Tarnantensi, 220. Vide *Boyacus*.
*Boziacensis ager, 96. Vide *Buziacensis*.
Bozo et Bladinus [fratres?] donatores pro Rotberto et Silvio, nepotibus eorum, 514. Vide *Boso*.
Bracdenca, frater Vuilisii, 631.
*Bracdencus, canonicus de Sancto Stephano, donator, 53.
Bracdencus, testis, 273, 336.
Bracdincus levita, testis, 449.
Braidencus et uxor ejus Agna, donatores, 239, 386. Vide *Braydencus*.
*Braidencus, testis, 181.
Braidendus, maritus secundus Annæ, 150.
Braidinci [terra?], 48.
*Bralliacus [villa in agro Monte Aureacensi], 112. Vide *Brulliacus*.
Brardincus, testis, 46.
Braydencus, maritus Annæ, donator, 270. Vide *Braidencus*.
Braydencus, filius Umberti et Alpasiæ, 663.
*Braxiacus villa, in agro Monte Aureacensi, 56.
Brenacus vel Brennacus villa, in valle Bevronensi, 39, 146, 428. (Barnay?)
Bressent, Breisent, Breissent (Stephanus), 921, 928.
Bretonica villa, in agro Saviniacensi, 104.
Breviarum, *pag. 388*.
Briantus [de Lavieu], frater Vuillelmi, maritus Ayæ et pater Girini, 938. Vide *Lavieu*.
Briccio, testis, 704.
Bricco vel Briccio, testis, 55.
*Briconus, maritus Ursandæ, testis, 65.
Brinnacus villa, 417.
Brinniacus villa, 266. Vide *Binniacus*.
Brinniacus villa, in valle Bevronica, 468.
Brionna villa, in valle Ansensi, 176, 379, 750, 806. (Brienne.)
Briverias (Ad), locus in villa Fenestra, 491. (Brière?)
Broci vel Brossi (Stephanus), 818.
Brocia, in valle Bevronica, 64. (Brosse.)

NOMINUM ET RERUM.

BROGIACO (A) mansus [in agro Forensi], 244.
BROGIACUS locus, 5.
*BROIALIA, BRUALIA, BRUALIAS, BRUCALIAS, BRUGALIAS, BRUIALIA, BRUIALIAS, BRUILLIA.
BROLIACENSIS vel BROLLIACENSIS ager, 196; vicaria, 197. Vide *Broliacus.*
BROLIACUS, BROLIUS, BROLLIUS villa, in agro Tarnantensi, 207, 216, 452, 854; ubi ecclesia in honore S. Mariæ, 135, *pag. 387;* parrochia, 958. (BREUIL.)
BROLIUM indominicatum, 274.
BROLIUS mons, in agro Tarnantensi, 589. Vide *Broliacus.*
BRUCIACUS, BRUSCIACUS, BRUSSIACUS villa, in agro Bevronensi, 150, 158, 162, 598, 674. (BRUSSIEUX.)
BRUERIA (Mansus de), 415. (BRUYÈRE.)
BRUGERIA villa, in agro Forensi, 716. (BRUYÈRE.)
BRUGIALIAS locus (in agro Floriacensi vel Forensi?), 141.
BRUGILLOLIS villa [in agro Forensi], 518. (BRULIOLE.)
BRUGILOLIS villa, in vicaria vallis Bevronensis, 187. Vide *Bruillolis.*
*BRUILLIA, locus, 63. Vide *Broialia.*
BRUILLOLIS, BRUILOLLIS, BRULIOLLIS villa, in valle Bevronica, 520; ubi ecclesia in honore S. Joannis, 815; in agro Bebronensi, 852. (BRULLIOLES.)
BRUILLOLIS ager, 675.
*BRULLIACUS villa, in agro Monte Auriacensi, 71. Vide *Broialia.*
BRULLIACUS villa, in agro Monte Auriacensi, 28, 35, 50, 60, 63, 66, 69, 71, 72, 87, 120. (BRUILLE?)
BRUNACUM (Curtili ad), 72.
BRUNENCUS, testis, 283.
BRUNUS, BRUNI, BRUN (Agno), testis, 790.
BRUNUS (Girardus), 435.
BRUNUS (Otbertus), testis, 94.
BRUNUS (Vuigo), canonicus de Sancto Justo, 907.
BRUOLLII (Hugo), 846.
BRURONICA aqua, 11. Vide *Bevronica.*
BRURONNA vel BRURONICA vallis; 47. Vide *Bevronica.*
BRUSSIACUS. Vide *Bruciacus.*
BRUTINELLUS (Constancius), 121. Vide *Butinels.*
BUFART (Berengarius), 934.
*BUHORCARDUS, archipræsul [Lugd.], 21, 133, 181. Vide *Burchardus.*

*BUHORCHARDUS, archipræsul Lugdun. 103. Vide *Burchardus.*
*BUISSANTA vel BUYSANTA villa (Ager DE), 100, 148. (BUISANTE.)
BULFIACUS villa, 639. Vide *Blufiacus.*
BULFREDUS, testis, 690.
BULGARIUS vel BLUGARIUS monachus, scrip. 25.
BULIACUS vel BULLIACUS villa, 6, 540, 708; ubi ecclesia in honore S. Polycarpi, 820; cimiterius de Bulliaco, 900, 904, 905. (BULLY.)
BULICUS vel BULLICUS. Vide *Balliacus.*
BULLEU (Iterius DE), 753, 754, 897.
BULLIACO (Petrus DE), capellanus, 903.
BULLIACO (Iterius DE), 801, 804, 903, 904; pater Achardi, Vuillelmi, Hugonis et Vuigonis, 820, 903.
BURBUNIACO (Finis de), in agro Saviniacensi, 108.
*BURCARDUS, archipræsul. Ludg. 147, 178. Vide *Burchardus.*
BURCHARDUS [I], archiepiscopus Lugdunensis, 38, 126.
BURCHARDUS [II], pontifex, filius Conradi, regis, donator, 428, 429; frater Rodulfi regis, 638; archiepiscopus Lugdunensis, 438, 581, 632, 647 [648], 750. Vide *Borchardus.*
*BURCHARDUS, BURCARDUS, BUHORCHARDUS, BUHORGARDUS, archipræsul Lugdunensis, 21, 47, 67, 83, 103, 133, 137, 147, 178, 181.
BURCHARDUS, Lausanensis episcopus, cancellarius Italiæ, 809, 810.
BURCHARDUS, Viennensis archiepiscopus, 638.
BURCHARDUS, testis, 640, 939.
BURDEGALA vel BURDEGALIA, 811, 812.
BURDEGALENSIS archiepiscopatus et archiepiscopus, 634, 811, 812, 889. (BORDEAUX.)
BURDEGALENSIS vel BURDELLENSIS (S. Savini) ecclesia, in episcopatu Diensi, 808. Vide *Bordel.*
BURDEGALLIS vel BURDEGALIS, 636. Vide *Bordel.*
BURGULINUS monachus, testis, 16.
BURGUNDIA, 731. Vide *Henricus imperator vel rex.* (BOURGOGNE.)
BURGO (Ecclesia de), in episcopatu Sanctonensi, 808. (BOURG-SUR-CHARENTE.)
*BURZIACUS villa, ubi ecclesia in honore S. Leodegarii, in agro Monte Aureacensi, 14, 15, 16, 17.
BUSCIACENSIS ager. Vide *Bussiacensis.*

Buscicius villa, 5.
Buscis villa in valle Bebronna vel Argenteria, 674.
Bussiacensis, Busciacensis, Bussiascensis ager, in quo Draciacus villa, 32, 40, 420. (Bussy.)
Butinels (Constancius), 715. Vide *Bratinellus*.
Buxerias villa, in agro Forensi, 460. (Bussières.)
Buxeroloas, in comitatu Matisconensi, 302. (Busseroles.)
Buxeti vel Buxi castrum, in quo duæ ecclesiæ, prior in honore S. Martini, altera in honore S. Mariæ et S. Baldomeri, 731; castrum, in pago Forensi, 867. (Bussy-Albieux.)
Buxilia villa, 406.
Buxitus villa, in pago Lugd. 374. (Boisy?)
Buxo (Curtilus de), in pago Lugdunensi, 787.
Buxo (Hugo de), sacerdos, 941.
Buxus, *97; parrochia, 412; ecclesia, 757. (Bois-d'Oingt.)
Buxus, locus in villa Victriaci, 475.
*Buysanta (Ager de), 100. Vide *Baissanta*.
*Buziacensis ager, 102. Vide *Boziacensis*.
Buzolio (Guido de), decanus Lugdunensis, 951.

C

*Caarnaco (de) Artaldus, testis, 195; Milo, testis, 199. Vide *Chaarnacus*.
Caballarii (Almanni) terra, 366. Vide *Almanni*.
Caballarius et uxor ejus Ramberta, donatores, 453.
Caballarius, donator, 511.
Caballarius, testis, 456. Vide *Cavallarius*.
Caballius, Caballins, Caballis villa, in valle Bebronensi, 732. (Chevalin?)
Caballus mons, in valle Bebronensi, 66. Vide *Caballius*.
Cabanaria, cabannaria, cabanneria, 12, 51, 62, 84, 118, 121, 246, 274, etc.
*Cabannaria, 189.
*Cabannas, locus in villa Poloniaco, 27.
Cabannetæ villa, in agro Forensi, 22, 310. Vide *Cavannetis*.
Cabilonensis. Vide *Cavillonensis*.
Cablinatis (Poncius de), 129. Vide *Cablionatis*.
Cablionatis, locus in parrochia Mornanti, 30. (Chablenas.)
*Cacellacus prope Brucalias, 28; in agro Monte Auriacensi, 23, 39, 46. Vide *Cacelliacus*. (Chasselay.)
*Cacellarius villa, in agro Monte Aureacensi, 26. Vide *Cacellacus*.
*Cacelliacus villa, in agro Monte Aureacensi, 24, 26, 74. Vide *Cacellacus*.
*Cacelliacus curtilis, 74.
*Cacellis (Pontius de), presbyter, 199.
*Cadrona (Boscus de), 156.
Cahors villa, 675. Vide *Caorcus*.

Calce (30 sextarios de), 748.
*Calciensis villa, in agro Monte Auriacensi, 67. (La Chaux.)
Calescus villa, in agro Tarnantensi, 405.
*Calgada vini, 164.
Calgata de vino, 114, 686.
Caligæ rubeæ, 869.
Calix argenteus, *pag. 87*.
Calixtus papa, 901, 902, 932.
*Callech villa, 46. (Chalay?)
Calliacus, in valle Bevronica, 64.
*Calliscus villa, in agro Monte Aureacensi, 29, 35. Vide *Caslech*.
Calme (Eldegardis de), mater Stephanæ, donatrix, 899.
Calme villa, in agro Saviniacensi, 43.
Calme villa, in agro Vallis Bevronicæ, 149.
Calme vel Longa Calme villa, in agro Tarnantensi, 477.
*Calmillis villa, in agro Monte Auriacensi, 62.
Calmis villa, in parrochia Sancti Joannis de Exarpetra, 899.
Calverius : Jocerannus, 941; Stephanus, 941.
Calvi. Vide *Calvus*.
Calviacus villa, 259; in agro Forensi, 494; in Montanea, 677; locus, 866.
Calvonacus villa [in pago Albanensi?], 639. (Charvonai).
Calvus mons, 336. Vide *Mons Calvus*.
Calvus : Arnaldus, 897; Arnulfus, 750, 885; Arnulfus, maritus Gotolendis, et pater Arnulfi et Girini, 891; Artaldus, 842, 884, 899; Bompar, 913; Gerento, 937; Girinus,

815, 817, 919; Girinus, nepos Girini et Jarentonis, 653; Girinus et Jarento, filii Hugonis, donatores, 652, 653, 654; Girinus clericus, 813; Girinus decanus, 819, 830, 834, 898; Girinus filius Gotolendis, 780; Girinus, filius Gotholendis [et pater Jarentonis et Artaldi], 923; Hugo, testis, 570; Jarento, 916, 924, 926, 931; Sigibertus, 428; Vuillelmus, 921; Vuillelmus, pater Girini et Rotlanni, 924; Arnulfus, pater Girini; Girinus canonicus, Rotlannus, Artaldus, Vuillelmus, Jarento et Geraldus, et Agno monachus, prior de Randanis, 829; Arnulfus et Rotlannus, fratres, 882; Artaldus, Jarento, Vuillelmus, Jarento, Gerardus [fratres], 894; Artaldus et Jarento, fratres [filii Girini?], 923; Artaldus et Vuillelmus, fratres, proceres de Dunziaco castro, 906; filii Girini et nepotes alii Girini de Sal, 906; Girinus et Arnulfus, fratres, 663; Iterius, Arnaldus et Vucrinus vel Uncrinus, filii Otmari de Turreta vel Turricula et Vacheriæ, 921, 927; Jarento, Vuillelmus, Pontius, 927. Vide *Sal, Torreta, Turreta, Turricula*.

*Calvus (Girinus) et uxor ejus Girunda, genitores alterius Girini Calvi canonici, 198.

Calziacus villa, in agro Forensi, 717. (Chanzieu.)

Camararius. Vide *Camerarius*.

Camba (Durantus), avunculus Martini de Yonio, 773. Vide *Yonio*.

Cambariacus vel Chambariacus locus, in villa Sarsaico, 212, 395, 450.

Cambeidonus, Cambedonus, Cambechonus, Chambechonus villa, in agro Forensi, 279, 314, 332, 558, 721. (Chambéon.)

Cambitio, 66.

Cambo, 411, 450, 468, 520, 736, 782, 847, 930; cambones qui sunt in ripa Aselgi, 807.

*Cambono, 189.

Camboscus villa. Vide *Chamboscus*.

Cambra, mensura, 845. Vide *Camera*.

Camera, mensura, 34, 192, 221, 305, 354, 359, 392, 399, 422, 446, 528, 577, 850.

*Camera, 81, 127, 142, 168.

Camera (Filius domini de), canonicus Lugdunensis, *pag. 541*.

Camerarii officium, in eccl. Lugd. 959.

Camerarius : Lugdunensis eccles. 766, 819, 842, 843, 898, 907, *pag. 524, 529, 540*; Savin. monast. 785, 820, 916, 935, 937, 949.

*Camira, 90. Vide *Camera*.

Camopseto (de): Bernardus et Iterius, fratres, 750; Iterius, 941. Vide *Chamosset*.

Camopsetus villa, ubi ecclesia in honore S. Laurentii, et capella S. Petri, 817; castellum Camopseti, 936. (Chamousset.)

Campanegus villa, prope Cosiam aquam, 88.

*Campanensis. Vide *Oddo*.

*Campania villa, in agro Monte Auriacensi, 138, 164, 167, 169. (Champagne.)

Campaniacus villa, in agro Forensi, 440, 709. (Champagny, 1.)

Campaniacus villa, in pago Rodonensi, 131, 132, 461; in comitatu Rodonensi, 527, 533. (Champagny, 2.)

Campannes (Uldricus de), testis, 940.

Campellus, 10, 13, 511.

*Canale (Bernardus de), testis, 200.

*Canalium finalis, 15, 17.

Cancellarii : cancellarius Italiæ, Burchardus, episc. Lausanensis, 809; — Loth. imperat. Hilduinus, 960; Loth. reg. Rorico, 132; Conrad. reg. Vincentius, 127; Rodulf. reg. Pandulfus, 641; Henr. imp. Ermenfredus, 809. — Ecclesiarum : Lugd. eccl. (vel Athan. mon.) Ra....., *140; (vel Sav. mon.) Rainardus et Vuitbertus, 757; Sanctonensis eccl. Vuillelmus Giraudi, 909, 932. Vide *Vicecancellarii*.

Candedunus mons, in agro Forensi, 73.

Candiaco (de) : Umbertus, testis, 94, 789; Jacobus, canonicus Lugdunensis, *pag. 540*. (Chandieu.)

Candida, testis, 238.

Canis (Petrus), 868; frater Vuichardi, 824, 868.

Cano vel Cono, rex in Gallia, 754 et *n*.

Cantor, 907, *pag. 540*.

Cantoris officium in eccl. Lugd. 959.

Canziacus villa, in agro Tarnantensi, in parrochia S. Lupi, 768. (Chanzé.)

Caorcus, Cahors, Chaors villa, in agro Bruillolis, 675, 840. Vide *Caornis*.

Caornis, Cahornis, Chaornis villa, in valle Bevronica, 447, 496. Vide *Caorcus*.

Capel : Hugo et Vuillelmus, fratres, 914.

Capella, 140, 141, 143, 415, etc.

*Capella, 55, 75, 137, 184.

Capellæ in chartulariis denominatæ, Vide *Ecclesiæ*.

794 INDEX GENERALIS

CAPELLANI, 811, 813, 815, 817, 834, 903, 909, 919, 932, 947, 948, *195, *196, *200.

CAPELLANI PERPETUI eccles. Lugd. quorum primus est archiepiscopus, 959.

CAPISCOLLUS, id est magister scholarum, pag. 524.

CAPONERIAS vel CAPPONERIAS villa, 806; in agro Tarnantensi, 700, *177.

*CAPONERIAS (Curtilus de) [in agro Tarnantensi?], 189.

CAPONS vel CAPPONS villa [in agro Gofiacensi?], 799.

CAPONUM præstatio, 94, 760, 776, 779, 874, 929.

CAPPUM vel CAPPUN (pro *capon*), 749.

CAPRARIUS mons, in vicaria Sancti Joannis, 63, 916. (MONT-CHERVET.)

CAPRASII (S.) ecclesia in episcopatu Sanctonensi, 950. (S. CAPRAIS.)

CAPTURÆ, 916.

*CARANCIACUS [villa, in agro Gofiacensi?], 160.

CARBENTONGIAS vel CARENTONGIAS villa, in ripa Rodani, 203.

CARBONELS (Ayminus), 919.

CARCIATIS, locus in parrochia Mornanti, 30.

CARENTOGIAS. Vide *Carbentongias*.

CARMEN FONS, 39. (CHARFONTAN.)

CARNIS : pro carne, vino, pane et ubliis pecunia reddenda, 749, 861.

*CARNIS præstatio, 55, 148.

CARNISSALADA vel CARNISALADA (Durantus), testis, 754. Vide *Caro Salita*.

CAROLUS imperator : anno IIII° post obitum Caroli Magni regis, 1.

CAROLUS imperator : anno VI post obitum Caroli imperatoris, 2; anno XII, 3, 4.

CAROLUS rex : anno II regni ejus, 19; anno III, 20, 25; anno primo post obitum Lotharii, 24.

CAROLUS imperator : regni ejus anno primo, 27.

*CARO SALITA (Umbertus DE), testis, 156. Vide *Carnissalada*.

CARPANETUS villa, in agro et pago Rodanæ, 465.

CARPENETUS locus [in agro Tarnantensi?], 229. (CHARPENAY?)

CARPINEDUS, 49. Vide *Pinedus*.

CARPINEL (Hugo), testis, 762.

CARPINELLUS (Hugo), donator, 404.

CARTADUS, 815. Vide *Catardus*.

CARTALATA de terra, 80, 90.

*CARTALATA, 59, 99.

*CARTALE, CARTALLUM, 8, 55.

CARTALUM ordei, 94; terra capiens sementis cartalos tres, 193.

CARTERIA vel TERRA CARTERIA, 493.

CASA, 18, 153, 764; indominicata, 1, 135.

CASA DEI, id est ecclesia vel monasterium, 14, 19, 26, etc.

CASÆNOVÆ vel CAZÆ NOVÆ (Vuillelmus), 835.

CASÆ VARENNÆ villa, in pago Forensi, 451.

CASA FABRIVILLÆ (Fines de), in agro Bevronensi, 153.

CASALE, 940.

CASALEURSI (Fines de), in agro Forensi, 243.

CASALIS vel CASALUT (Aymo DE), 835.

CASALIS (Pontius), testis, 730.

CASALIS vel CASALIBUS (Curtilus de), 741.

CASCEDO vel CASEDO (DE) : Girardus et Milo, fratres, 750.

CASELLÆ vel CHASELLES villa, in agro Forensi, 6, 559. Vide *Chazelliis*.

CASELLAS vel CHASELLAS villa, in agro Tarnantensi, 210, 371.

CASENICA villa, in agro Gofiacensi, 341.

CASETO (Rotgerius DE), 923.

CASETO (Prioratus de), 923.

*CASETUM vel CASETUS, villa vel locus, 2, 26, 78, 141; ecclesia Caseti, 194, 199, dedicata in honore S. Petri, 37, 71, 82, 92, 94, 167; subjecta monasterio Athanacensi, 125. — Cimiterium Sancti Petri, 54. — Domus de Caseto, 200; priores, 194, 195, 197, 199; Berardus, 196; Gaucerannus, 194. (CHAZAY.)

CASEUS, 942, 952.

*CASLECH vel CALECH villa, in agro Monte Aureacense, 57. (CALLAIS.)

CASOCCUS villa, prope Ararim, 385; in agro Cogniacensi, 437.

CASSANETA (Curtilus de), 803.

CASSANEUS vel CASSANEIS, locus in agro Vallis Neriacensis, 29.

CASSANIAS, CASSANIACUS, CASSINIACUS villa, in agro Tarnantensi, 14; prope Cliviacum, 208.

CASSANIAS vel CHASSANIAS villa, in agro Broliacensi, 196.

CASSIACUS, terra in loco qui dicitur Esparciacus, 769. (CHASSIN.)

CASSIACUS, CHASSIACUS, CHESSIACUS villa, 604; in agro Tarnantensi, 204, 218, 691, 865;

NOMINUM ET RERUM.

ubi ecclesia in honore S. Martini, 136, 137, *pag. 387*. Vide *Cheyssieu*. (CHESSY.)
*CASTAINERIÆ, in villa Marcilliaco, 118.
CASTANETUS vel CASTANNETUS locus (sive ad Pradellas), in valle Bevronica, 15; silva, 426; villa, prope rivulum Bebronnæ, 597.
CASTELIOLO vel CASTELIOSO (Vuillelmus Rainerii DE), 903. (CHÂTILLON?)
CASTELLARIO (Joannes DE), canonicus Lugdunensis, *pag. 540*. (CHÂTELARD.)
CASTELLI constructio ad quod pertinent 12 ecclesiæ parrochiales, 430.
CASTELLO (Amblardus DE), 861.
CASTELLOS. Vide *Chastellos*.
CASTELLUM munitum, 904, 905; destructum, 900. Vide *Camopsetus, Castellum, Cosnacus, Lay, Sal, S. Baldomerus, Varennis*.
CASTELLUM constructum in parrochia Sancti Martini de Periculis, 430; ubi prioratus qui vocatur Castellum vel Montroter, 916, 933. (MONTROTIER.)
CASTELLUM NOVUM, pars villæ Randanis, 906.
CASTELUNCULO (DE) : Stephanus et Bernardus, fratres, 766.
CASTO, testis, 295.
CASTRO NOVO (Amedeus DE), communarius, *pag. 524.*
CASTRUM ædificatum, *pag. 387 et 480*; destructum, 802. Vide *Ansa, Buxi, Castrum, Cosant, Donziacus, Iconium, Irignis, Marcilliacus, Merpini, Miribelli, Mons Melardi, Mons Roterius, Periculis, Petra Scissa, Randans, S. Mauritius*, etc.
CASUTIAS villa, in agro Tarnantensi, 234, 473; ubi boscum, 737.
CATARDUS vel CARTADUS, 815. Vide *Chatardus*.
*CATBERGIA et Avana, venditrices, 18.
CATELLA. Vide *Catolla*.
CATHELLUS, antecessor Silvestri, 39.
CATOLI : Agno, vicarius comitis, et Milo et Pontius, fratres ejus, 864. Vide *Ficia* et *Catolla*.
CATOLLA (Agno), 813, 887. Vide *Catoli*.
*CAUCIO, 49, 61.
*CAUSATIONE (Vinea de), 23.
CAVALLARIUS, testis, 189. Vide *Caballarius*.
CAVANEROSUS villa, in pago Lugdunensi, 542, 556.
CAVANNARIA, 56, 216, 229, 441, 906. Vide *Cabanaria*.
CAVANNÆ villa, in agro Forensi, 245. Vide *Chavannes*.

CAVANNETIS (Villa de), 621.
CAVANNETIS vel CAVANETIS (Finis de) villa, in agro Forensi, 321, 563, 620.
CAVANNETIS (Terra de), in agro Forensi, in villa de Nerciaco, juxta Randans, 728. Vide *Cabannetæ*.
CAVANNIS (Finis de), in vicaria Sancti Joannis, 63. (CHAVANNES.)
CAVENNACUS villa, in valle Bevronica, 448. (CHAVANNE.)
CAVILLONENSIS episcopus, Ardradus, 30, [38]. (CHÂLON.)
CAVORNI terra, in villa Marini, 582. (CHAVORD.)
CAZÆ NOVÆ (Vuillelmus), 835. Vide *Casænovæ*.
CAZEDO. Vide *Cascedo*.
CECLADIS villa, in comitatu Turornensi, 396. Vide *Cercladis*.
CELERARIUS archiepisc. Lugd. 884.
CELERARIUS vel CELLERARIUS Savin. monast. : Stephanus, 911, 930; Arnulfus, 933; Hugo, 942, 943; Artaldus, 948; celerarius major, Hugo de Bono Fonte, *pag. 522, 525*; celerarius minor, Johannes de Lustriaco, *pag. 525*; celerarius Sancti Laurentii, *pag. 522.*
CELESTINUS III papa, 947.
CELLES villa, in agro Forensi, 878. (CELLE?)
CELSIACUS villa, ubi ecclesia in honore S. Genesii, 9; in valle Bevronica, 19, 155, 600, 733; in agro Floriacensi, 187, 393, 512, 538, 575; in agro Saviniacensi, 685; clausum de Celsiaco villa, 886. (SOURCIEUX.)
CELSIHIACUS villa, in agro Jarense, 705.
CENEVIACUS villa, 428.
CENSERIUS vel CENSURIUS, donator, 20.
CENSORIUS et uxor ejus Dominica, donatores, 260.
CENSORIUS, testis, 381.
CENSUS, 2, 3, etc.
*CEPPÆ noieriarum, 15, 17.
CERÆ denarata, 2, 14, 17, 21, etc.
CERCENNACUS. Vide *Acercennacus*.
CERCENNATIS villa, in agro Tarnantensi, 25. Vide *Corcennatis*.
CERCIUS, pro CIRCIUS, 1, 2, 4.
CERCLADIS vel CECLADIS villa, in comitatu Turornensi, 396.
CERSURIOS, locus ultra Aselgum, in agro Tarnantensi, 235.
CERVARIUS vel CERVARII mons, 6, 916. (MONTSERVIE.)

CERVESERIA vel CERNESERIA villa [prope Sedziacum], 682.
*CERVIACUS villa, in agro Tarnatensi, 147.
*CERVIACUS villula, in Monte Aureacensi, 183.
CHA. (Vuillelmus DE), 754.
CHAARNACUS villa, in agro Tarnantensi, 692. Vide *Caarnaco.*
CHABUT, locus [in agro Forensi?], 724.
CHADAFALS, 906.
*CHALENS (Petrus DE), 201.
CHAMBARIACUS. Vide *Cambariacus.*
CHAMBECHONUS villa. Vide *Cambetdonus.*
CHAMBOSCUS vel CAMBOSCUS villa, in agro Exartipetracensis, ubi ecclesia in honore S. Mauricii, 524, 750. (CHAMBOST.)
CHAMOSSET (Hugo DE), 914. Vide *Camopseto.*
CHANASSON rivulus, 794. (CHANASSON.)
CHANASSUM (Ad), curtilus, 874.
CHANEVA vel CANABA VETULA, 430. Vide *Vetula Chaneva.*
CHAORNIS villa, in valle Bevronica. Vide *Caornis.*
CHAORS vel CHAORT villa. Vide *Caorcus.*
CHAP. (Durantus DE LA), 899, 930.
CHAPICOLLUS (id est capiscollus seu magister scholarum). Vide *Capiscollas.*
CHARBONELLUS, testis, 93.
CHARBUNS (Giroldus), testis, 940.
CHARENTA fluvius, 933. (CHARENTE.)
CHARLEU : Vuido, donator, 831, 834 ; Hugo, frater ejus, 834. (CHARLIEU.)
CHARMEL vel CHARMIL (Stephanus), 912, 913, 916, 935, 937, 938.
CHARPENELLUS, locus in villa Noallico, in agro Bessenacensi, 1.
CHARPINELUS : Gualdemarus et Pontius Berardus, fratres, 835; Hugo monachus, præpositus S. Mauritii, 835.
CHASALS (Terra de), 916.
CHASELLES, 210. Vide *Casellas.*
CHASELLES, CHASSELS villa, in agro Forensi, 6. Vide *Casellæ.*
CHASSAGNIACO (Ecclesia parrochialis de), pertinens ad obedientiam de Mornanco, 129. (CHASSAGNY.)
CHASSANIAS, 196. Vide *Cassanias.*
CHASSENNATIS villa, ubi ecclesia in honore S. Mauritii, 759, 760. Vide *Mauritii (S.) eccles. 3.* (CHAUSSAN.)
CHASSIACUS villa. Vide *Cassiacus.*

CHASTELLOS, CHASTEILLOS (Bernardus DE), testis, 948.
CHASTEL MILAN, CHASTEL MILLAN, CHASTELMILAN (DE) : Durantus, maritus Ermengardis, et pater Olmari et Duranti, 892; Stephanus, 921.
CHATARDUS, donator, 867.
CHAVANNARIA, 81. Vide *Cabanaria.*
CHAVANNES (Les), 924. Vide *Cavannæ.*
CHAVANNIS villa, in agro Forensi, 619. Vide *Chavannes.*
CHAVANNIS (Petrus DE), camerarius Sav. 949.
CHAZELLIS (Villa de), ubi ecclesia in honore S. Michaelis, 144, 750 n. Vide *Casellæ.* (CHAZELLES.)
CHAZIPOL, 935.
CHAZIPOLERIA vel CHAZEPOLERIA, 935.
*CHEL (DE) : ... et uxor ejus Ginbergia, genitores Vuillelmi et Ugonis, 198.
CHERIA silva [in pago Albanense?], 639.
CHESSIACUS, 204. Vide *Cassiacus.*
CHEVENNACUS. Vide *Chivinnacus.*
CHEYSSIACO (Humbertus DE), celerarius Sancti Laurentii, *pag. 522.* (CHESSY.)
CHEYSSIEU, parrochia, 958. Vide *Cassiacus.*
CHILDEBODUS, episcopus [Cabilonensis?], testis, 38.
CHIROBLES (Robertus DE), testis, 946. (CHIROUBLES.)
CHIVINEY parrochia, 958. Vide *Chivinnacus.*
CHIVINNACUS, CHIVENNACUS, CHEVENNACUS, villa, 8, 67; in agro Saviniacensi, 54, 596; in valle Bevronica, 66, 487, 508, 537; majoria Chevennaci, 777; chazipolleria Chivinniaci, 935. (CHEVINAY.)
CHOLEY (Petrus), 906.
CHONO, pater Chononis, Roberti, Vuidonis, Artaldi et Lento, 640.
CHONO, filius Chononis, 640.
CHONO, testis, 640.
CHONRADUS, rex, 127. Vide *Conradus.*
CHOONS villa [in agro Forensi?], 518.
CHORE. Hoc nomen invenitur in quibusdam formulis. Vide 839, etc.
CHRESTINA, mater Adalborni, Berengerii et Emeltrudis, 317.
CHRISIGNIACUS villa, in agro Saviniacensi, 151. Vide *Grisiniacus.*
CHRISTIANA, mater Girardi, 522.
CHRISTIANA et filius ejus Joannes, presbyter, donatores, 565.

CHRISTIANA, testis, 464, 521.
*CHRISTIANI terra, 117.
CHRISTIANUS sacerdos et monachus, scrip. 63.
*CHRISTIANUS, filius Yoanni, testis, 51.
CHRISTINA, uxor Auffredi, 417.
CHRISTINUS, testis, 369.
CHRISTIOLENSIS vicaria. Vide *Cristiolensis*.
CHRISTOPHORI (S.) de Mercurio parrochia, 114. Vide *Mercurius*.
*CHRISTOPHORI (S.) terra, in villa Lissiaco, 30.
CHRISTOPHORUS, abbas Sav. *pag. 2,* ch. 24, 25.
CHRISTOPHORUS, scrip. 341.
CHRISTOPHORUS, testis, 18.
CHRONTILLIACUS villa, in agro Forensi, 268. (CRAINTILLEUX.)
*CHUNDRADUS rex. Vide *Conradus.*
CHUONRADUS rex. Vide *Conradus.*
*CHUONRADUS rex. Vide *Conradus.*
CIBARIA, 924, 916; quartata, 803; debita ob usus in forestis, 897.
*CIBARIA, 55.
CIBARIÆ quartallum, 804; emina, 839, 861.
CIMENTIS vel CUNENTIS mansus [in agro Forensi], 244.
CIMITERIUS, 836, 904, *54.
CIMMENA, 131. Vide *Emmena*.
CIMZIACUS villa, 750. Vide *Cingiacus*.
CINCILIACUM (Ad) [villa?], 366.
CINGIACUS vel CIMZIACUS villa, 750.
CIPRIANI (S.) ecclesia, in loco qui vocatur Alaval, 470. Vide *Alaval*.
CIRIACUS vel CYRIACUS, locus cum silva in Longavilla vel Provencherias, et in agro Vallis Bevronensis, 163, 601.
CIRIACUS sive COLNA, locus in agro Vallis Bevronensis, ubi silva, 578. Vide *Colna*.
CIRICI (S.) ecclesia, in villa de Marcilliaco, 914.
CIRICI (S.) vel S. CIRIACI ecclesia, 755, 765. (S. CYR.)
*CIRICI (S.) ecclesia, in villa Sivriaco, 198. Vide *Sivriacus*.
*CIRICI (S.) terra, 123.
CIVEN (Artaldus DE), maritus Anthoniæ, 795.
CIVENT (Gauzerannus DE), 748.
CIVENT, CIVEN, CYVENT villa, in agro Forensi, 794, 874, 877. (CIVENS.)
CIVILETO, locus in villa Mascerias, 292.
CIVINO (Bertholdus DE), gallice *de Civins,* abbas Athanatensis, reformator monasterii Saviniacensis, 952.

*CIVITAS Lugd. 200.
CLAROMONTE (Guillelmus DE), decanus Viennensis, canonicus Lugdunensis, *pag. 540.*
CLAROMONTENSIS episcopatus, 901, (Clarmontensis) 953. Vide *Alvernensis.* (CLERMONT.)
CLASSUS villa, in agro Gofiacensi, 343, 361.
CLAUSULA villæ, 660.
CLAUSUM de vinea, 95.
CLAUSURA villæ, 600.
CLAVIGER Sav. monast. 941, 942, 943, 946; Caseti prioratus, *200.
CLEMENS, filius Alexandri et Dominicæ, 62.
CLEMENTIS (S.) ecclesia, 39. Vide *S. Clemens*.
CLEMENTIS (S.) ecclesia, in agro Tarnantensi, 400. (S. CLÉMENT-DE-VALSONNE.)
CLEOTHEDRUM, 428, 429.
CLERIONIS vel CLEIONIS terra, 27.
CLIENTES, 885.
*CLIPIACENSIS vel CLIPPIACENSIS ager, 90.
*CLIPIACUS villa, 85, 86; in agro....., 91, 92; in agro Clippiacensi, 90; in agro Monte Auriacense, 159, 163, 165, 166; in agro [Val]lacensi, 84; in agro Vala Ansi, 119; in agro Valliacensi, 81.
CLIVIACUS villa, 3, 4, 28, 803; in agro Tarnantensi, 23, 208, 209, 701. (CLÉVY.)
CLIVIACUS villa, ubi ecclesia, in agro Bessenacensi, 489.
CLODOSOLICAS villa, in agro Forensi, 285.
CLOTARIUS rex, 289. Vide *Lotharius*.
CLUIREU vel CLUIREN (Arnaldus DE), testis, 795. (CLURIEUX.)
CLUNIACENSIS vel CLUNIENSIS abbas, 581, 632, *188. Vide *Odilo*. Cluniacenses monachi, *188.
CLUNIACUM, 808. (CLUNY.)
CLUYLESIOLIS, CUYLISIOLIS, CUILESIOLIS, CURLESIOLIS villa, ubi ecclesia in honore S. Mariæ, in pago Matisconensi, in agro Tolvedunensi, 431. (CLAVEISOLLES.)
Coccus (Lombardus), rusticus, 935; pater Joannis, 937.
COCOLLIONEM vel COCELLIONEM (Ad), in pago Sanctonensi, 635. (COCULET.)
COEPISCOPUS, 88.
COGEZ (Const.), 94. Vide *Cogoz*.
COGNIACENSIS, CONIACENSIS, CUNIACENSIS ager, 48, 177, 398, 437, 465, 706, 845.
*COGNIACENSIS vel QUONIACENSIS ager [133?], 154, 174.
COGNIACUS vel CONIACUS villa, 385, 696; ubi

ecclesia in honore S. Germani, 827. Vide *Cogniacensis.* (Cogny.)

Cognomina gallice expressa, 94, etc.

*Cognus, 14.

Cogon (H.), *pag. 532.*

Cogoz vel Cogez (Constantius), testis, 94.

*Coind... (Bernardus), fidejussor, 162.

Colinus (Fulcherius), testis, 753. Vide *Collum Collini et Coluns.*

Colligius villa, 390.

Collini (Amblardus), 818, 820. Vide *Colinus, Collun et Coluns.*

Collum vel Collun (Amblardus), testis, 764. Vide *Colinus, Collini et Coluns.*

Colna locus in valle Bevronica, 468.

Colna sive Ciriacus, in agro vallis Bevronensis, ubi silva, 578. Vide *Ciriacus.*

Colnensis Vallis ager, 678. Vide *Vallis Colnensis.*

Colobratis, locus in parrochia Mornanti, 30. Vide *Colouratia.*

Colobrius (Fulcherius), testis, 801.

Colombelli (Hugo). Vide *Columbelli.*

Colongis (de) : Hugo et Arnulfus, 871.

Coloni abbatiæ, 904.

Colonia, 540, 750, *95.

*Colonia, locus in villa Cacellaco, 46.

Colonica, 29; ecclesia.... constructa in colonica de Draciaco, 32.

Colonicam (Ad), mansus in agro Forensi, 702.

Colonicas villa, in valle Bevronica, 203.

*Colonicus villa, in agro Monte Aureacensi, 36.

Colouracia, Colouratis villa, in agro Gofiacensi, 348; in agro Mornantensi, 418, 743. Vide *Colobratis.*

Coltressa rivulus, 886. Vide *Cultressa.*

Columbaris vel Columberius villa, in agro Forensi, 535, 727.

Columbatis (In), 765, in fine.

Columbelli (Hugo), 823.

Columbello (Milo de), donator, 708.

Columnæ pratum [prope Taratrum?], 803.

Colungis (In), in agro Gofiacensi, 351, 354.

Coluns vel Colons (Fulcherius), testis, 804. Vide *Colinus et Collun.*

Comba vel Cumba, locus in agro Forensi, 616.

Comba (vel Cumba) Fragney curtilus, 781. (Franier.)

Combæ Adelelmi silva, prope Taratrum, 803. (Combe.)

Combeces vel Combecis curtilus, 774.

Combecies villa, in agro Tarnantensi, 695.

Comes (Benedictus), 915.

Comes, comitissa, comitatus. Vide *Andella, Augustodunensis, Bellicensis, Bellijoci vel de Bellojoco, Diensis, Engolismensis, Forensis, Genevensis, Lugdunensis, Matisconensis, Rodanensis, Tolornensis, Valensis, Vualdensis, Vuarascus.*

Comitalis terra, 720; hereditas, 872.

*Comitalis terra, 66, 87, 111.

Comitissa Bellijoci, 941.

Commenda ecclesiæ, 491.

Commendæ S. Johannis de Exartipetri, 653.

Communarius Sav. monast. 952, *pag. 254.*

*Commune (Tenere in), 184.

*Communis terra, 14, 15, 17.

Commutatio, 158, 174, etc.

Conacus. Vide *Cosnacus.*

Conca argentea, 775.

Conca vel Concas villa, in agro Forensi, 238. (S. Laurent-la-Conche.)

Concambium, 125.

Concha (Petrus de), 930.

Conciliacus, locus in parrochia Mornanti, 30.

Concisa silva (in agro Solobrensi?), 101. (Concizon.)

Concubitus viarum, 202.

*Condamena, 156.

Condamina, 27, 40, 649.

Condradus rex. Vide *Conradus.*

Coniacensis ager. Vide *Cogniacensis ager.*

Coniacus villa, 827. Vide *Cogniacus.*

Conlidio villa (In fine de), in agro Tarnantensi, 227. (Colliard?)

Cono, 640. Vide *Chono.*

Cono rex, 754. Vide *Cano.*

Conquistus legalis, 131; hereditate sive conquesto, 162; tam de hereditate quam de conquisto, 213.

Conradus, filius Rodulfi, 61; rex, 54, 56, 59, 118, 127, 150, 151, 153, 158, 159, 168, 170, 175, 177, 182, 190, 195, 199, 201, 202, 211, 212, 215, 216, 219, 221, 222, 225, 226, 227, 229, 231, 233, 236, 237, 240, 245, 246, 247, 254, 270, 271, 272, 274, 275, 280, 282, 283, 284, 285, 286, 287, 288, 290, 291, 292, 293, 294, 295, 296, 337, 338, 340, 341, 379, 380, 382, 383, 384, 385, 386, 387, 427, 437, 445, 446, 447, 448, 449, 450, 451, 452, 453,

454, 455, 456, 457, 458, 459, 460, 461, 462, 469, 496, 576, 577, 582, 593, n.; rex Jurensis, 38, 101, 104, 123, 125, 131, 135, 167, 191, 203, 260; rex in Burgundia, 96; in Gallia, 174, 261; in Galliis, 61, 146, 147; Galliarum, 152; regni ejus anno v, 45; vi, 46; vii, 40, 55, 65; viii, 62; ix, 57; x, 67, 367; xi, 64, 81; xiv, 38, 368, 369; xv, 43, 63, 74, 140, 167, 242, 243, 342; xvi, 125, 307, 308, 309, 310, 311; xvii, 230; xviii, 239, 305; xviiii, 53, 72; xx, 49, 50, 99, 126, 130, 131, 135, 156, 244, 258, 306, 343, 370, 371, 372, 373, 374, 381; xxii, 255; xxv, 200, 235, 312, 313, 314, 315, 316; xxvii, 133, 188, 196, 197; xxviii, 101, 439; xxix, 152, 223, 263, 281; xxx, 75, 77, 79, 82, 98, 105, 110, 136, 143, 166, 224, 317, 318, 319, 320, 322, 323, 324, 325, 326, 327, 328, 329, 330, 331, 332, 334, 375, 376; xxxiii, 141; xxxv, 163; xxxvi, 127, 183, 189, 252, 256, 377, 378, xxxvii, 184, 187, 205, 248, 249, 250, 268; xxxix, 149, 162, 206, 207, 217; xl, 103, 107, 108, 117, 160, 179, 185, 186, 204, 208, 209, 220, 228, 259, 333, 335, 344, 561, 567; xli, 138, 176, 219; xlii, 169, 210, 218, 241; xliii, 165, 178, 269, 441; xlvi, 440; l, 579; liii, 442; lvii, 443; lviii, 444; anno Domini *964*, 128; *971*, 146; *973*, 139; *976*, 127; regni domini xx, 173; xl vel l, 345; anno.., vii, 238.

*Conradus, Chunradus, Chuonradus, Gondradus, Gonradus, Guonradus, Guhonradus, Vuonradus rex, 1, 4, 18, 20, 23, 24, 26, 27, 28, 30, 31, 34, 38, 47, 48, 51, 54, 56, 65, 68, 72, 76, 77, 79, 82, 88, 94, 103, 105, 107, 113, 116, 122, 129, 130, 136, 140, 149, 155, 160, 168, 179, 181, 182, 189, 192; rex Jurensis, 20, 23, 30, 116; rex Jurensis in Gallia, 51; rex in Gallia, 1, 38, 47, 72, 82, 103, 105, 136; rex in Gallias, 48, 94, 130, 192; regni ejus anno xiiii, 192; xxiii, 168; xxvii, 31; xxviiii, 129; xxx, 4, 30, 122, 181; xxxvi, 68; xxxviii, 179; xxxx, 51; xl, 18, 24, 28, 113, 155, 182; xlvi, 26; xlviiii, 116; l, 56, 77, 82, 160; lii, 47, 52; lx, 149; lxviii (?), 105.

Conradus, filius Henrici tertii (IV) imperatoris, 809.

Conradus, episcopus Murianæ ecclesiæ, 582. Vide *Evrardus*.

Consiliatores, id est tutores, 748.
Consortorum silva, in agro Busciacensi, 32.
*Constabili terra, in Monte Sicco, 8.
*Constabilis terra, 187.
Constabilis, frater Adalardi, 866.
Constabilis, testis, 845.
Constabulis vinea, 27.
Constabulus vel Costabulus, testis, 49.
Constabulus, testis, 5.
Constabulus, testis, 608.
Constancia, uxor Ermentarii, 51.
*Constancia, testis, 105.
*Constancii terra, 164.
*Constancio, 178. Vide *Costantius*.
Constancis (Pontius de), 921.
Constancius presbyter, 544.
Constancius Brutinellus, 121. Vide *Brutinellas*.
*Constancius, filius Franbergæ, 142.
*Constancius, frater Arnulfi et Consta..... donator, 165.
Constancius, testis, 117, 121, 179, 227.
*Constancius, testis, 187.
*Constantia, uxor Andreæ, 44.
Constantia, uxor Ardradi de Barbares, 761, 762, 763, 821. Vide *Barbares* et *Barbareis*.
Constantia, uxor Duranni, 733.
Constantia, uxor Gonterii, 364.
Constantia, uxor Gonterii de Praels, 798.
Constantia, uxor Lamberti, 234.
Constantia [uxor Rumphatoris?], 650.
Constantia, uxor Stephani Mauriaci, 649.
Constantia, filia Soziæ, 91.
*Constantia, testis, 94.
Constantia, testis, 669.
*Constantii terra, 150.
*Constantinus archipresbyter, 199.
Constantinus presbyter, testis, 8, 24, 70, 120.
*Constantinus presbyter et frater ejus Richardus, donatores, 42.
*Constantinus presbyter, testis, 41, 74.
*Constantinus, filius Liegardis, 152.
*Constantinus et uxor ejus Adaltrudis, donatores, 21.
Constantinus, donator, 366.
*Constantinus puer, testis, 58.
Constantinus, testis, 210.
Constantinus, testis, 262.
*Constantinus, testis, 27.

CONSTANTIO presbyter, donator per vuadiarios, 458.
CONSTANTIO, testis, 143, 228, 301, 369, 498, 701, 745.
CONSTANTIUS, capellanus S. Petri Sanctonensis, 811.
CONSTANTIUS presbyter, testis, 159, 397, 467, 731.
CONSTANTIUS monachus, testis, 11, 13.
CONSTANTIUS, donator, 565.
CONSTANTIUS, donator, 850.
CONSTANTIUS, filius Adalberti, 289.
CONSTANTIUS [filius Rotbaldi et Elissendis?], 313.
CONSTANTIUS, frater Duranti, testis, 397.
CONSTANTIUS, frater Fulcherii, 725.
CONSTANTIUS, frater Jonæ, 802.
CONSTANTIUS et uxor ejus Arlavergis, petitores, 2.
CONSTANTIUS et uxor ejus Ermengardis, donatores, 221.
CONSTANTIUS, vuadiarius Rotlandi, 238.
CONSTANTIUS Butinels, 715. Vide *Butinels*.
CONSTANTIUS Cogoz, 94. Vide *Cogoz*.
CONSTANTIUS, testis, 51, 76, 91, 128, 150, 186, 224, 240, 258, 260, 269, 301, 334, 337, 338, 377, 451, 467, 534, 547, 555, 615, 620, 641, 660, 663, 670, 863, 883.
*CONSTANTIUS, testis, 56.
CONSTATITIACUS villa. Vide *Costarciacus*.
CONSUETUDINES malæ, 664, 777, 799, 802, 803, 848, 884, 906, 912, 924, 915, 916.
*CONSUETUDO pagi Lugdunensis, 107.
*CONTAMINA, 14.
CONTESTARI (legare), 128.
CONVADIUM, 250, 251.
CONZIACUS villa, in agro Tarnantensi, 232, 438, 602. (CONZY.)
COORSANGIAS vinea, in loco Marciliaco, 614.
COORUN (Joannes DE), 945.
COPALECUS villa, in agro Gosiacensi, 355.
COR. 921. Lege *Tor.* et vide *Torreta*.
CORCELLIACUS villa, 53. (CORCELLES?)
CORCELLIS (Bernardus DE), 807.
CORCENATIS, CORCENNATIS, CORCINATIS villa, in parrochia Mornanti, 30, 366; in agro Gosiacensi, 339.
CORCENATO (Girinus DE), clericus, 871.
CORCENNATIS (DE) : [Girinus, Rostagnus], Romestagnus et alii duo, 129. Vide *Cercennatis*.

CORCIACUS villa, ubi ecclesia in honore S. Desiderii, in valle Bebronensi, 7. Vide *Corziacus et Croziacus*. (COURZIEU.)
CORCINATIS villa. Vide *Corcenatis*.
CORDEL (Gauzerannus), 804.
CORDELLI (Vuido), 886.
*CORDERIUS (Stephanus), 201.
CORGEALIUS, 254.
CORGENON (Hugo DE), canonicus Lugdunensis, *pag. 540*.
CORNACO (Ecclesia de), in honore S. Martini, pertinens ad obedientiam de Mornanco, 129. (CORNAS.)
CORNELII : Berno et Ademarus, fratres, 869.
CORONA in ecclesia Savin. dependens, *pag. 87*.
CORZIACO (Bladinus DE), 861.
CORZIACUS villa, 128, 743. Vide *Croziacus* et *Corciacus*.
COSANNO (Acharias DE), 884.
COSANS, COSANT, COZANS, castrum, 884, 914. (COUZAN.)
COSANT (Blainus DE), 914. Vide *Blainus*.
COSIA aqua, 88. (COISE.)
COSMÆ (S.) ecclesia, 949.
COSNACO (Petrus DE), monachus, 812.
COSNACUS vel COSNIACUS castellum, in pago Sanctonensi, 751; vicus in episcopatu Sanctonensi, ubi ecclesia in honore S. Thomæ, 751, 808; ubi prioratus in honore S. Thomæ, 812; vicus, 901, 932, 947. (CONAC.)
COSNIACENSIS pagus vel ager, in episcopatu Sanctonensi, 932. Vide *Cosnacus*.
*COSON villa, in agro Monte Auriacense, 53. (COUZON.)
*COSONIS (Ugo), testis, 156.
COSSENAY (Humbertus DE), canonicus Lugdunensis, *pag. 540*.
COST. (Vuillelmus), archipresbyter, 947.
COSTA, 775.
COSTA villa, 366.
COSTA montis Ennaci, 720.
COSTA [villa in agro Forensi?], 717. (LA CÔTE-EN-COUZAN.)
*COSTA (DE) : Bernardus, 196; Guigardus, 199.
COSTABILIS terra, 192.
COSTABILIS sacerdos, vuadiator et suffragator Desiderii, 200.
COSTABILIS, piscator, 467.
COSTABILIS, filius Andreæ, donator, 446.
COSTABILIS et soror ejus Benedicta, donatores, 224.

COSTABILIS vel COSTABILUS et uxor ejus Ermengardis, 395.
COSTABILIS testis, 196, 484.
COSTABILUS, 395. Vide *Costabilis*.
COSTABILUS, testis, 126.
COSTABULUS, 49. Vide *Constabulus*.
COSTABULUS, testis, 320, 373.
*COSTANCIO, testis, 117.
*COSTANCIUS, tenens mansum ad Sanctum Hilarium, 55.
*COSTANCIUS, filius Adalendis, 90.
*COSTANCIUS, vuadiarius Johannis, 186.
*COSTANCIUS, testis, 63, 66, 67, 81.
*COSTANTINUS presbyter, 55.
*COSTANTINUS presbyter, scrip. 125, 152.
*COSTANTINUS presbyter, donator, 58.
*COSTANTINUS, testis, 60, 71.
*COSTANTIUS sacerdos, 154.
*COSTANTIUS et uxor ejus Berta, donatores, 121.
*COSTANTIUS vel CONSTANTIO, donator, 178.
*COSTANTIUS, emptor, 163.
COSTARCIACUS villa, 53, 61.
COSTONULUS, locus in villa Vindriaco, 494.
*COXIA et COXICA de carne, 55.
COZANS castrum, 884. Vide *Cosans*.
CRAPONICA villa, in agro Neriacensi, 190. (CRAPONNE.)
CRASSUS : Girinus et Girardus, 653; Hugo, Helisiardus et Rotlannus, fratres, 748; Bernardus, filius Elisiardi, 748; Rotlannus et Girinus, propinquus suus, 778.
*CRESCIACUS locus, in agro Monte Auriacensi, 34. (CRÉCY, 1.)
CRESTA de Monte, 68, 70.
CRESTANUS vel CRISTANUS sacerdos et monachus, scrip. 38.
CREUZIEU, *pag. 292 n.* Vide *Croziacus*.
CRICEU (Girinus DE), 935. Vide *Criciacus*.
CRICIACUS vel CRISIACUS villa, 12, 935. (CRÉCY, 2.)
CRIENENSIS villa, 433, 434.
CRIMELDIS, 78. Vide *Grimeldis*.
CRIMEU (Pontius DE), canonicus de Sancto Justo, 907.
CRIONENSIS vel CRIONUS villa, in agro Forensi, 455.
CRIPIES (Ecclesia de), in episcopatu Diensi, 808. (CRUPIES.)
*CRISCIACUS villa, in agro Perciacensi, 173.
CRISCILIACUS villa, in agro Bessenacensi, 490;
in agro vallis Bebronnæ, 599. Vide *Trischiliaco*. (CRESSILIEU.)
CRISIACO (Finis de), in valle Bevrona, 12. Vide *Criciacus*.
CRISSILIACO, 11. Vide *Trischiliaco*.
CRISSILIACUS terra, 51.
CRISSILIACUS villa, 665. Vide *Crisciliacus*.
*CRISSINCIUS, maritus Alboaræ, 127.
CRISSINIACUS villa, in valle Bevronica, 454. Vide *Grisiniacus*.
*CRISTIANA, testis, 62.
*CRISTIANUS, testis, 34.
CRISTIOLENSIS vel CHRISTIOLENSIS vicaria, in pago Sanctonensi, 634. (CRITEUIL.)
CROSETO (Petrus DE), canonicus et officialis Lugdun. *pag. 530*.
CROSI locus, in fine villæ Bisboch, 159.
CROTA terra, in valle Bevronensi, 156.
CROZIACUS, decanatus in honore B. Mariæ, *pag. 292 n.* Vide *Corciacus*.
CROZIEU, decanatus. Vide *Croziacus*.
CRUCEM (Locus qui dicitur ad) [prope Bisboch villam?], 161.
CRUCH (Ad) villa, in pago Sanctonensi, 635. (CROUIN.)
CRUCIS minister. Vide *Minister crucis*.
CRUCIS (S.) ecclesia Lugdunensis, 959.
*CRUCIS (S.) capellæ apud Salvinicum ædificatio, 137.
CRUDATENSES monachi, 870. (CRUAS.)
CRUSILIA villa, in valle Bevronica, 469.
CRUSSIACUS vel CRUSCIACUS mons, in agro Tarnantensi, in villa Cliviaco, 701. (CRUSSIACUS.)
CRUX argentea reliquiis repleta, *pag. 87.*
CUBELET (Joannes DE), 923.
CUBET (Vuillelmus DE), testis, 754.
CUEL (Petro DE), testis, 754.
CUILESIOLIS vel CUILISIOLIS, 431. Vide *Cuylesiolis*.
CUIZILIACUS villa, 129.
CULINI (Vuillelmus), 833.
CULNIS vel CULMIS (Vicaria de), in episcopatu Diensi, 637. Vide *Culs*.
CULS (Ecclesia de), in episcopatu Diensi, 808. Vide *Culnis*.
CULTRESSA, CULOTRESSA, CULTROSSA, COLTRESSA, rivulus, aqua, guttula, in agro Saviniacensi, 19, 410, 685, 733, 886.
*CUMBA, 14. Vide *Comba*.
CUMBIS (In fine de), in agro Forensi, 616.

CUNCTOS vel CUMTOS (Hugo), donator, 784.
CUNIACENSIS ager, 398. Vide *Cogniacensis.*
CUNICULUS, locus in agro Vallis Neriacensis, 29. (CUNIEUX?)
CUPÆ argenteæ, 533.
CURARDI terra, 60. Vide *Evrardi.*
CURARDUS, testis, 117.
CURCETEDRANICA villa, in comitatu Matisconensi, 302.
CURCIACUS villa, in agro Gofiacensi, 547, 553. (SOURZY?)
CUREL, locus, 216.
CURENT (DE): Bernardus et Artaldus, 789. Vide *Civen* et *Monte.*
CURERIA vel CURRERIA aqua, prope Exartopetrum, 6. (CURERIA.)
CURIA Lugdunensis, 842; S. Nicecii [Lugd.], 818.
CURIOLUS ALVERII villa, in agro Forensi, juxta Civent, 876, 877.
CURLESIOLIS. Vide *Cluylesiolis.*
CURNIL: Arnaldus et fratres ejus Stephanus de Varenna, et Hugo, 817.
CURTICULUS, 72.

CURTIFER, 5, 50, 69, 203, 297, *189.
CURTIFICIUM, 18.
CURTILE, 2, 389, *55.
*CURTILIS, 11, 17.
CURTILUM, 3; cum manso et vinea, 23; indominicatum, 57, 140, 173, 211, 252, 310.
CURTILUS, 1, 7, 9, 14, etc. cum vinea et orto, 21; idem ac mansus, 166.
*CURTILUS, 4.
*CURVA FONS, 162.
CUSIACUS villa [in agro Forensi?], 518, 920. (CUSIEUX.)
CUSLEN (Ecclesia de), pertinens ad monasterium Lustriacense, 940. (CUILLY?)
CUSTODUM officium in eccl. Lugd. 959; custos, *pag. 540.*
CUVIREU. Vide *Tuvireu.*
CYPHI de argento, 649.
CYRIACUS vel CIRIACUS silva, in agro Bebronnensi, in loco qui dicitur Longa Villa, 601. Vide *Ciriacus.*
CYRICI (S.) campus, 199. Vide *Cirici.*
CYVENT villa, 794. Vide *Civent.*

D

DACBERGIA, testis, 747.
DADO vel VADO, donator, 146.
DADO, maritus Ingeltrudis, 147.
DADO, testis, 77, 148, 368.
DAGNEIAS, locus in agro Tarnantensi, 235.
DAGNINUS villa, in agro Gofiacensi, 340. (AGNY.)
DALBERGIA, DAGBERGA, DABERGA, testis, 873.
DALMACIUS de Bellojoco, 754. Vide *Bellojoco.*
*DALMACIUS de Iconio, 195. Vide *Iconio.*
DALMACIUS, testis, 793.
DALMATIUS vel DALMACIUS, abbas Sav. 751, 752, 753, 754, 756, 757, 758, 759, 760, 761, 762, 763, 765, 766, 767, 769, 770, 771, 772, 773, 775, 776, 777, 778, 779, 783, 784, 785, 786, 787, 788, 789, 790, 791, 792, 793, 794, 795, 796, 797, 798, 799, 800, 801, 802, 803, 804, 805, 905, 945.
DALMATIUS, prior de Castello, 916, 933.
DALMATIUS presbyter, donator, 144.
DALMATIUS levita, scrip. 126.
DALMATIUS, donator, 750 n.

DALMATIUS, filius Gaufredi, nepos Stephani clerici, 716.
DALMATIUS, filius Gauzeranni Bers, 915. Vide *Bers.*
DALMATIUS, filius Raingundis, 45.
DALMATIUS, frater Aschirici, donator, 731.
DALMATIUS Lasnay monachus, 912, 913. Vide *Lasnay.*
DALMATIUS de Sancto Simphoriano, 938. Vide *S. Simphoriano.*
DALMATIUS de Yconio, 923. Vide *Yconio.*
DALMATIUS (Hugo), 884. Vide *Cosanno.*
DALMATIUS, 881, 886.
DALVINUS, scrip. 367, 370, 371, 372, 373, 381.
DAMA (Duo filii domini de), canonici Lugdunenses, *pag. 540.*
DANIBELIS, testis, 42.
DANIEL monachus, testis, 59.
DANIEL monachus, testis, 145.
DANIEL, consanguineus Otgerii presbyteri, 549.
DANIEL levita, donator, 545.

NOMINUM ET RERUM. 803

DANIEL, testis, 126, 174, 263, 287, 470, 571, 614.
DANIELIS terra, 230.
DANIELTUS, testis, 156.
DAPIFER Lugd. eccl. 898, 907.
DAPIFERI cognomen, vel forte officium, 940. Vide *Vuillelmus* et *Ludovicus Dapiferi*.
DARASCI (Durantus), præpositus, 896. Vide *Darasiaco*.
DARASIACO (DE) : Berardus, testis, 818; Girinus, cognomine Blancus, 828. Vide *Blancas*.
DARASIACUS (Durantus), monachus, 906. Vide *Darasiaco* et *Drasiaco*.
DARASIACUS villa, in agro Tarnantensi, 707; 828. (DAREIZÉ.)
*DARZILIACO (Girinus DE), 50.
*DARZILLIACUS, DARZILIACUS, DARCILIACUS, DARCILLIACUS villa, in agro Monte Aureacense, 73, 93, 107, 108, 111, 114, 117, 118, 122. (DARDILLY.)
DATAN et ABIRON, etc. Hæc formula fere in omnibus chartis Athanac. invenitur; rarius vero in Saviniacensi chartulario. Vide 71, 94, 130, 139, 635, 645, 708, 839.
DATBERGIA, uxor Rotberti, 121, 715.
DAVID, abbas Saviniac. *pag. 2*, ch. 19, 20, 21, 22, 23.
DAVID monachus, testis, 3, 15, 17.
DAVID, scrip. 235.
DAVID (Vuillelmus), testis, 751.
DAVID, testis, 397, 463, 540.
*DAVIT, testis, 25.
*DE....., testis, 188.
DECANI officium in eccl. Lugd. 959.
DECANUS Lugd. eccl. Vide *Lugdunensis decanus*.
— Genevensis eccles. 910; Lausannensis, 939; Viennensis, *pag. 540*.
DECANUS et DECANATUS ruralis. Vide *Corsiacus, Telan, S. Victoris*, etc.
DECH. vel DE CHA. (Vuillelmus), testis, 754.
DECIMA, 27, 30, 40, 86, 129, 134.
DECIMATIO, 661, 662.
DECRETA pontificum, *pag. 388*.
DEIDONUS monachus, scrip. 61.
DELBEZI. Vide BEZI.
*DELFINGIS villa, 156. (DELPHINGUE.)
*DELFINGUS habitans in Ronencs, 156.
DELMAS (Durantus), 926.
DEMENCHIATA de terra arabili, 799.
DEMORANS (*demeurant*), 668.
DENARATA vel DENERATA ceræ, 2, 14, 17, 21, etc.

DENARII de pratis, 897.
DENICIACUS villa, 827. Vide *Diniciacus*.
DEODATUS, filius Vuichardi et Vuandalmodis, 6.
DEODATUS et uxor ejus Volfeldis, petitores, 46; donatores, 191, 255.
DEODATUS vel DEODADUS, testis, 233.
*DEO DEVOTA, 30, 31, 116, etc.
DESCOLA vel DE SCOLA (Otgerius), testis, 156.
DESIDERII (S.) ecclesia, in Corciaco, 7.
DESIDERII (S.) parrochia, in Monte Aureo, 198. (S. DIDIER-AU-MONT-D'OR.)
*DESIDERIUS sacerdos, scrip. 65.
*DESIDERIUS diaconus, emptor, 34.
DESIDERIUS, filius Evrardi episcopi, 582.
DESIDERIUS et Ademarus, venditores, 199.
DESIDERIUS, frater Girberni, 684.
DESIDERIUS et uxor ejus Leogardis, donat. 463.
*DESIDERIUS laicus, 167.
DESIDERIUS, 200.
DESIDERIUS, testis, 580, 582.
*DESIDERIUS, testis, 34.
DESPUSOLIS villa, in agro Forensi, 370.
DESSON (Vuillelmus), 874.
DESTINAMENTUM, 653.
DEVESTITURA, 776.
DEVOTA, 116. Vide *Deo devota*.
DIA, amita Amblardi Malaterra, 751.
DIAURUS villa, in agro Solobrensi, 112.
DIENSIS comes, 637; comitatus, 636, 637.
DIENSIS episcopus, 38, 870; episcopatus, 637, 808, 870, 901. (DIE.)
DIGNERTUS, DIGIVERTUS, DIGUIERTUS, filius Hugonis, 539.
DINIACENSIS ager, 754. Vide *Diniciacus*.
DINIACICUS villa, 846. Vide *Diniciacus*.
DINIGENSIS parrochia, 846. Vide *Diniciacus*.
DINIGIACUS, DENICIACUS villa, ubi ecclesia in honore S. Mariæ, 827, 846. (DENICÉ.)
DISDERIUS vel DESIDERIUS, testis, 636.
DISENTII vel DIZENTII (S.) ecclesia, juxta Paludem, in agro Cosniacensi, 932. (S. DIZANT-DU-GUA.)
DOCTRILDIS vel DOCTRILIS rustica, 653.
DODO, canonicus [eccl. Lugd.], 438.
*DODO clericus, 137.
DODO, 143, 378, 557.
DODOLDUS vel DOTDOLDUS, scrip. 344.
DOMANIES, 921.
DOMARIACUS vel DOMMARIACUS villa, 12; in agro Saviniacensi, 73.
DOMASIACUS de Lodisco, 129. Vide *Lodisco*.

101.

DOMENGIANA, uxor Gerardi, 171.
DOMERICUS, scrip. 24.
DOMESIA, donatrix, 355, 464.
DOMESIA, uxor Agnirici, 57.
DOMESIA, uxor Agnerici, 282.
DOMESIA, uxor Odilonis, 115.
DOMESIA, uxor Petri et mater Ademari et Duranti, donatrix, 476.
*DOMESIA, testis, 139.
DOMESIUS, testis, 81.
DOMFREDUS. Vide *Donfredus.*
DOMINICA, uxor Censorii, 260.
DOMINICA, uxor Girberti, 613.
DOMINICA, uxor Rotlandi, 267.
*DOMINICA contamina, 14.
DOMINICATUM (Mansus in) rediens, 83, 916.
DOMINICATUS (ûs), 89, 102.
DOMINICUS, maritus Ermendradæ, donator, 259.
DOMINICUS de Monte, rusticus [frater Girini de Monte], 779.
*DOMINICUS, 118.
DOMINICUS, testis, 126, 143, 255, 271, 323, 329, 369.
*DOMINICUS, testis, 48, 65.
DOMINIUM, 178, 204.
DOMINUS vel DOMNUS, nomen, 776.
*DOMISIA, mater Aschirici, testis, 80.
DOMZELS vel DONZELS (Durantus), 659.
DONARI (Res quæ non possunt), 254, 258.
DONATUS (Rannulfus), testis, 752.
DONCIACUS, DONSIACUS, DONZIACUS, villa, in agro Rodanensi, 380, 421. (DONZY, 2.)
DONFREDUS vel DOMFREDUS et uxor ejus Gotlennis, donatores, 637.
DONSIACUS vel DONZIACUS, villa, in agro Rodanensi. Vide *Donciacus.*
DONZEU. Vide *Donziacus.*
DONZIACUS, DUNZIACUS, DONZEU, DUNZIEU, castrum [in agro Forensi], 415, 885, 906; ubi ecclesia, 919; ubi capella in honore S. Albani, 829, 830. (DONZY, 1.)
DORIMBELTUS vel DORIMBERTUS, 195. Vide *Tornabeltus.*
DOROSA vel DOROSO, rivulus, 798. (DOROSA.)
Dos ecclesiæ, 634.
DOSSENNA vel DOZENNA (Girinus), 874.
DOTALICIUM ecclesiæ, 145, 640.
DOTDO et uxor ejus Ermengardis, donatores, 329.
DOTDO et uxor ejus Fredeburgis, donatores, 110.
DOTDO testis, 323, 329.

DOTDOLDUS. Vide *Dodoldus.*
DOTGRANNUS, testis, 771.
DOUZELS (Durantus), 659. Vide *Domzels.*
DOZENNA. Vide *Dossenna.*
DRACIACUS, DRACCIACUS, DRASIACUS, DRASSIACUS, colonica, 32; villa, in agro Bussiacensi, 40, 420, 422, 467; ubi ecclesia in honore S. Petri, 32, 648; ubi locus de Pudiniaco, 40. (DRACÉ-LE-PANOUX.)
DRADANNUS, testis, 338.
DRASIACO (Durantus DE), testis, 933. Vide *Darasiaco.*
DROCTELDIS, donatrix, 257.
DROCTELDIS, uxor Aremberti, donatrix, 189.
DROCTELDIS. Vide *Doctrildis.*
*DROGBERTUS et uxor ejus Rothlendis, venditores, 60.
*DROGBERTUS, 177.
DROTHILDIS, uxor Rathfredi, 1.
DROYBERTUS, testis, 295.
DRUCTEDUS, testis, 122.
DRUERIA, 948.
DUÆ OLCHÆ villa, in agro Forensi, 77, 306, 318, 319, 331, 557, 560, 622, 623. (DISOUCHE.)
DUCATUS, DUCES. Vide *Aquitania* vel *Aquitanorum,* et *Suavia.*
DUDINUS monachus, testis, 1.
DUDRANNUS, donator, 337.
DUELLUM campale, 906.
DUELLUM. Vide *Bella.*
DUERNA villa, ubi ecclesia parrochialis in honore S. Johannis Baptistæ necnon evangelistæ, pertinens ad obedientiam de Mornanco, 129, 907; in agro Forensi, 573; in pago Lugd. 761, 762, 763, 821, 822. (DUERNE.)
DUERNA (Amblardus DE), presbyter, 907.
DUGNENSIS ecclesia in honore S. Georii, in episcopatu Gebennensi, 808. (DUING.)
DULCISMA, 441. Vide *Dulcissima.*
DULCISMA, mater Arperti presbyteri, 458.
DULCISMA, uxor Adalardi, 266.
DULCISMA, uxor Amaldrici, 524.
DULCISMA, uxor Fulcherii, donatrix, 413.
DULCISSIMA vel DULCISMA, uxor Arrici, 441.
*DULCISSIMA, mater Arberti, 139.
*DULCISSIMA, testis, 80.
DULSAS [villa in Albanensi pago?], ubi ecclesia, 639; pertinens ad monasterium de Talueres, 901. (DOUSSARD.)

DUMENSIS. Vide *Dunensis*.
DUMESIA, donatrix, 291.
DUMESIA, donatrix, 922.
DUMESIA, uxor Amblardi, donatrix, 797.
*DUMESIA, uxor Arenci, 84, 85, 86.
DUMESIA, filia Bladini et uxor Eldini, 114.
*DUMESIA, uxor Girini de Darziliaco, 50.
*DUMESIA, uxor Girini, 87.
DUMESIA, uxor Volberti, 177.
*DUMESIA, testis, 78.
DUNENSIS vel DUMENSIS, villa ubi ecclesia et monasterium in honore S. Petri, 401 *n*.
DUNNESIANA vel DUNESIANA, filia Ingeltrudis, 147.
DUNZEU, DUNZIACUS, 830. Vide *Donziacus*.
*DURANDUS, testis, 35.
*DURANNI vinea, in loco qui dicitur Mons Siccus, 12.
*DURANNI terra, 9, 29, 44, 91.
*DURANNI filii, 193.
DURANNUS (I), abbas Savin. 613. Vide *Durantus I*.
DURANNUS (II), abbas Sav. Vide *Durantus II*.
*DURANNUS, abbas Saviniacensis, 137. Vide *Darantus* (II).
*DURANNUS, abbas Athanacensis, 27, 33, 37, 38, 39, 72, 77, 88, 94, 130, 140, 160.
DURANNUS, decanus et clericus Sancti Stephani [Lugd.], frater Theotardi, donator, 711.
DURANNUS vel DURANTUS, præpositus, 831, 833.
DURANNUS, prior de Sal, 834.
DURANNUS monachus, scrip. 610.
DURANNUS monachus [Sav.], 748.
*DURANNUS monachus, testis, 38, 148.
*DURANNUS clericus, testis, 184.
DURANNUS, filius Gimbergiæ, 735.
*DURANNUS, filius Stephani, 172.
*DURANNUS, frater Arluisis, 151.
*DURANNUS et Benedicta, uxor ejus, donatores, 3.
DURANNUS, maritus Constantiæ, 733.
*DURANNUS, maritus Eldeardæ, 149.
*DURANNUS et uxor ejus Eldeart, venditores, 154.
*DURANNUS, maritus Eldegardis, 127.
DURANNUS, maritus Enimæ, donator, 669.
*DURANNUS, filius Eldegardis, 162.
*DURANNUS et uxor ejus Sarra, donatores, 16.
DURANNUS Balbus, 748. Vide *Balbus*.
*DURANNUS Fusta, 84. Vide *Fusta*.
*DURANNUS de Graves, 201. Vide *Graves*.

DURANNUS Monaior, 758. Vide *Monaior*.
*DURANNUS Olerius, 201. Vide *Olerius*.
*DURANNUS de Rambariaco, 194. Vide *Rambariaco*.
DURANNUS Varennarum, 758. Vide *Varennarum*.
DURANNUS, testis, 733.
*DURANNUS, testis, 9, 12, 14, 17, 40, 44, 56, 60, 67, 89, 112, 115, 127, 147, 149, 151, 177, 183, 186, 187, 188.
DURANTI terra, 71.
*DURANTI terra, 146, 166.
DURANTUS vel DURANNUS (I), abbas Saviniacensis, *pag.* 2, ch. 581, 582, 583, 584, 585, 586, 587, 588, 589, 590, 591, 592, 593, 594, 595, 596, 597, 598, 599, 600, 601, 602, 603, 604, 605, 606, 607, 608, 609, 610, 611, 612, 613, 614, 615, 616, 617, 618, 619, 620, 622, 623, 624, 625, 626, 627, 628, 629, 630, 631.
DURANTUS vel DURANNUS (II), abbas Saviniac. *pag.* 2, ch. 730, 731, 732, 733, 734, 735, 736, 737, 738, 739, 740, 741, 742, 743, 744, 745, 746, 747, 748, 749, *137.
DURANTUS prior, 937.
DURANTUS magister [scholarum?], monachus, 935, 937.
*DURANTUS monachus et sacerdos, testis, 188.
*DURANTUS monachus et diaconus, scrip. 178.
DURANTUS sacerdos, testis, 108.
DURANTUS sacerdos, scrip. 600.
DURANTUS presbyter, 480, 631, 827.
DURANTUS monachus, testis, 427, 470.
DURANTUS monachus, 649, 832.
DURANTUS monachus, scrip. 90.
DURANTUS monachus, scrip. 592, 593, 612, 617, 625, 626, 627, 629, 633, 701, 723, 852, 879.
DURANTUS, scrip. 87.
DURANTUS, scrip. 398.
DURANTUS, scrip. 583, 588, 872.
DURANTUS, donator, 481.
DURANTUS, donator, 493.
DURANTUS, donator, 517.
DURANTUS, donator, 740.
DURANTUS, donator per vuadiarios, 513.
DURANTUS rusticus, 92.
DURANTUS, pater Bernardi et Duranti, 859.
DURANTUS, pater Pontii, donator, 89.
DURANTUS, filius Adalendis, 328.
DURANTUS, filius Adalgerii, 240.
DURANTUS, filius Arici et Altrudis, 327.

DURANTUS, filius Arrici et Dulcissima, 441.
DURANTUS, filius Beraldi et Rotrudis, 113.
DURANTUS, filius alii Duranti et frater Bernardi, donator, 859.
DURANTUS, filius Duranti et Ingelæ, 726.
DURANTUS, filius Duranti Chastel Milan, et Ermengardis, 892. Vide *Chastel Milan.*
DURANTUS, filius Duranti Saxo et Pontiæ, 700.
DURANTUS, filius Erpini et Hilariæ, 184.
DURANTUS, filius Fulcherii, et maritus Ildinæ, donator, 862.
DURANTUS, filius Giroldi, 357.
DURANTUS, filius Guidonis, 412.
DURANTUS, filius Leodegarii et Ingelburgis, 36.
DURANTUS, filius Petri et Domesiæ, 476.
DURANTUS, filius Rotlanni, 882.
DURANTUS, filius Unfredi et Offeciæ, monachus, 501.
DURANTUS et Vuillelmus, filii Stephani, donatores, 845.
DURANTUS, filius Udulrici et Elisendis, 529.
DURANTUS, filius Uperti et Adalsendis, factus monachus, 550.
DURANTUS, filius Vuialdi, 701.
DURANTUS, filius Vuidaldi et Istiburgis, 601.
DURANTUS, frater Agnonis, 661.
DURANTUS, frater Arnulfi, 678.
DURANTUS, frater Constancii, testis, 397.
DURANTUS, frater Fulcherii, 725.
DURANTUS, frater Hugonis Blanc, 821, 822. Vide *Blanc.*
DURANTUS, frater Pontii presbyteri, 620, 621.
DURANTUS et Sievertus [fratres Almanni?], donatores, 556.
DURANTUS, frater Stephani, 931.
DURANTUS, frater Vagonis, 410.
DURANTUS et Vuilencus, filii Yliciæ, donatores, 406.
DURANTUS et uxor ejus Adeltrudis, donatores, 530.
DURANTUS et uxor ejus Girbergia, et filius eorum Pontius, donatores, 495.
DURANTUS et uxor ejus Ingela, genitores Aquini et Duranti, donatores, 726.
*DURANTUS, maritus primus Petronillæ, 107.
*DURANTUS et uxor ejus Petronilla, petitores, 122.
DURANTUS et uxor ejus Ragensendis, donatores, 411.
DURANTUS, maritus Saziantæ, donator, 84.

DURANTUS et uxor ejus Vualburgis, donatores, 125.
DURANTUS Albarun, 823. Vide *Albarun.*
DURANTUS Darasci, 896. Vide *Darasci.*
DURANTUS Aroldi, 938. Vide *Aroldi.*
DURANTUS Balbus, 795. Vide *Balbus.*
DURANTUS Balbus canonicus, 366. Vide *Balbus.*
DURANTUS Camba, avunculus Martini de Yonio, 773. Vide *Camba.*
DURANTUS Carnisalada, 754. Vide *Carnisalada.*
DURANTUS de la Chap, 899, 930. Vide *Chap.*
DURANTUS Chastel Milan, 892. Vide *Chastel Milan.*
DURANTUS Delmas, 926. Vide *Delmas.*
DURANTUS de Darasiaco, 906. Vide *Darasiaco.*
DURANTUS de Drasiaco, 933. Vide *Drasiaco.*
DURANTUS Douzels, 659. Vide *Douzels.*
DURANTUS Duret, 884. Vide *Duret.*
DURANTUS de la Fai (vel Fay), 918, 921. Vide *Fai.*
DURANTUS de Fonte, 914. Vide *Fonte.*
DURANTUS de Fracca, 660. Vide *Fracca.*
DURANTUS de Insula, 906. Vide *Insula.*
DURANTUS de Marziaco, 869. Vide *Marziaco.*
DURANTUS de Mons, 774. Vide *Mons.*
DURANTUS Petrals, 937. Vide *Petrals.*
DURANTUS Pictavinus monachus, 935, 948. Vide *Pictavinus.*
DURANTUS Popuns rusticus, 935. Vide *Popuns.*
DURANTUS del Pux, 796. Vide *Pux.*
DURANTUS Regis, 650, 679, 817. Vide *Regis.*
DURANTUS Rex, donator, 852. Vide *Rex.*
DURANTUS de Sancto Juliano, 913, 916, 938. Vide *S. Juliano.*
DURANTUS cognomento Saxo, 700. Vide *Saxo.*
DURANTUS de Solario, 818. Vide *Solario.*
DURANTUS de Talaru, 800. Vide *Talaru.*
DURANTUS [de Talaru], filius Hugonis vetuli, 817. Vide *Talaru.*
DURANTUS de Tiliz, 653. Vide *Tiliz.*
DURANTUS Tornavent, donator, 409. Vide *Tornavent.*
DURANTUS Ultramarinus, testis, 80.
DURANTUS, testis, 75, 90, 93, 98, 115, 178, 187, 194, 126, 229, 240, 241, 246, 261, 325, 327, 333, 342, 348, 355, 369, 375, 388, 391, 398, 405, 407, 435, 452, 455, 459, 473, 492, 504, 510, 521, 529, 533, 540, 558, 579, 589, 599, 643, 649, 651, 653, 661, 665, 670, 682, 683, 691, 695, 699, 704, 706, 716, 728, 747, 765, 779,

781, 783, 791, 794, 845, 866, 872, 881, 920.
*Durantus, testis, 36, 101, 135, 145, 146, 181.

Durata Lingua (Petrus), testis, 762.
Duret (Durantus), minister Bernardi, Randanensis prioris, 884.
Duret, testis, 934.

E

Ebalus, testis, 633.
*Ebbo sacerdos, scrip. 129.
*Ebbo, testis, 181.
Ebrardus vel Erbrardus, rusticus, 692.
*Ebrardus, testis, 32, 63, 66.
*Ebreorum terra. Vide *Hebreorum*.
Ecclesia Savign. ædificata, *pag. 387*.
Ecclesiæ et capellæ in chartulariis denominatæ : de Affo, *S. Agathæ*, *S. Albani* in Donziaco castro, de Anciaco, *S. Andreæ (?)*, — Saviniaci, — Taratri, de Azola, *S. Bartholomæi* de Proliaco, *S. Baudelii* in agro Monte Aureacensi, — prope Lugd. — prope Forum, *S. Benigni* de Monte, de Blufiaco, *S. Boniti* de Marciaco, de Buxo, *S. Caprasii* in episc. Sanctonensi, de Chassagniaco, *S. Christophori* de Lissiaco, — de Mercurio, *S. Cipriani* de Alaval, *S. Cirici*, — de Marciliaco, — de Sivriaco, *S. Clementis*, — in agro Tarnantensi, — Vallis Longæ, de Cliviaco, *S. Cosmæ*, de Cripies in episc. Diensi, *S. Crucis* Lugdunensis, — de Salvinico (*Salvagny*), de Culs in episcopatu Diensi, *S. Desiderii* in Corciaco (parr.), — in Monte Aureo, *S. Disentii* juxta Paludem, de Dulsas, *S. Egidii* de Limans, — in Occitania, *S. Eugendi (?)*, *S. Ferreoli*, — (*S. Forgeux*), *S. Genesii (?)*, — de Celsiaco, — de Savisineto, *S. Georgii* prope Cosnacum, — (in agro Vesiacensi?), *S. Germani* super Arbrellam, de Cogniaco, — de Gemois, — in agro Tecommensi, *S. Gervasii* (in civitate vel prope civit. Lugdun.), *S. Gregorii (idem)*, de Guzantio in episc. Diensi, *S. Illidii* Claromontensis, *S. Jacobus* in Gallicia, *S. Joannis (?)*, — de Bruillolis, — de Duerna, — de Exartopetra, — Lugdunensis, — Murianæ, — de Tarnanto, *SS. Joannis et Michaelis* Randanensis, *S. Jorii* Dugnensis in episc. Genevensi, *S. Juliani* de Bibost, — de Sal, *S. Justi* Lugdunensis, Laisiacensis, *S. Laurentii* in Monte de Azola, — de Camopseto, — de Ivinnellis, *S. Leodegarii* [Saviniacensis?], — de Burziaco, Longæ Sagnæ, *S. Lupi*, *S. Marcelli* [de Felines], — de Fracsneto, — de Goëlis, *S. Margaretæ* de Novals, *S. Mariæ* [Podiensis], — de Amploputeo, — de Alta Rivoria, — de Aulliaco, — de Bisboch, — de Brolio, — de Cluylesiolis in pago Matisc. — de Corciaco (monas), — de Deniciaco, — de Essartines, — de Foro, — de Griviliaco, — de Jo, — de Lausanna, — de Libertis, — Lovaniaci in episc. Genevensi, — de Pineto, — Miribelli in pago Sanctonensi, — Romæ, — Saviniacensis, — de Talueriis in episc. Genevensi, — de Vetula Caneva, *S. Mariæ et S. Baldomeri* Buxeti, *S. Mariæ Magdalenæ* [Lorettæ], *S. Martini* insulæ Barbaricæ, — de Bessennaco, — Buxeti, — de Chassiaco, — de Cornaco, — Felicis Vulpis, — de Lestrada, — — Lustriaci in episc. Lausannensi, de Mornanto, — de Mura, — de Niorto, in episc. Sanctonensi, — de Periculis (*Montrotier*), — de Randanis, — de Ronno, — de Sarsaico, — Saviniacensis, *S. Mauricii* (de Chassenatis), — de Chambosco, — de Trislins, *S. Michaelis* de Besalduno in episc. Diensi, — de Chazellis, — de Fornels, *SS. Michaelis et Martini* Saviniacensis, *SS. Michaelis, Petri et Sabini* Burdellensis in episc. Diensi, Montismelardi capella, *S. Nazarii (?)*, *S. Nicetii* de Aselgo, — Lugdunensis, — de Paterniaco, *S. Paulæ* (de Iconio), *S. Pauli* Botavillæ, — Lugdunensis, — secus lacum Lemani, *S. Petri (?)*, — de Avesiis, — de Bicalona, — de Boennaco, — de Camopseto, — de Caseto, — de Draciaco, — Dunensis, — Lugdunensis, — de Mauriaco, — de Monte Melardi, — de Mornant, — de Monte Verduno, — de Mornanco, — de Noalliaco, — de Palude, — d'Azergues, — de Randans, — de Roseriis, — Sanctonensis, — de Saviniaco (id est S. Petrus Vinearum), — de Velchi, *S. Philiberti* de Ulmis, *S. Policarpi* de Bulliaco, *S. Ragneberti*, *SS. Remigii et Abundi* de Merpins,

S. *Romani (?)* — (de Popès), S. *Sabini* Burdellensis, S. *Salvatoris* Tirniacensis, S. *Saturnini*, — de Arnaco, S. *Sebastiani* Miribelli, S. *Simphoriani* Miribelli, S. *Stephani* Lugd. — de Luans, — de Morterio, S. *Sulpicii* de Aqua Sparsa (?), — in Monte Aureacensi (?), S. *Thomæ* de Cosnac, — Forverii, S. *Verani*, — de Grasiaco, — in villa Erbini, S. *Vualburgis* Amanciaci, de Yconio (capella).

ECLARENS. Vide *Esclarens*.

EDELGARDIS, 577. Vide *Eldegardis*.

EDILA, 68. Vide *Odila*.

EDOLFUS vel ELDOLFUS, testis, 324.

EDOLGRUS, testis, 222. Vide *Odotgrus*.

EDOLO, testis, 291. Vide *Odolo*.

EDULFUS, rusticus, 713.

EDULFUS vel ELDULFUS, parens Arnulfi, 133.

EDUORUM vel HEDUORUM episcopus, 30. (AUTUN.)

EGIDII (S.) de Limans ecclesia, 826.

EGIDII (S.) ecclesia [in Occitania], 731. (S. GILLES.)

EGIL monachus, scrip. 4.

*EGILBERTUS, abbas monasterii Athanacensis, 4.

*EGILMODIS, uxor Wichardi, 183.

*EILBERTUS, EYLBERTUS, EGILBERTUS, ÆGILBERTUS, AYELBERTUS, abbas monasterii Athanacensis, 3, 4, 28, 30, 31, 76, 193.

*EILMODIS, testis, 84, 85.

*EIMINI terra, 40.

EIMINUS, 229. Vide *Ayminus*.

*EIMINUS vel EYMINUS et frater ejus Silvester, donatores, 155.

*EIMINUS, testis, 88.

ELBERTUS mons, in agro Forensi, 6.

*ELDEARDA, uxor Duranni, donatrix, 149.

ELDEARDIS, uxor Umberti, 397.

*ELDEARDUS vel ELDEGARDIS, 81.

*ELDEART, soror Constancii, 142.

*ELDEART, uxor Duranni, 154.

ELDEBERTUS, 35. Vide *Aldebertus*.

*ELDEBERTUS, frater Constantini presbyteri, 42.

ELDEBERTUS, testis, 312, 635.

*ELDEBERTUS, testis, 35, 36, 74.

*ELDEBURGA, uxor Arnulfi, donatrix, 1.

*ELDEBURGA, uxor Arnulfi, 30.

ELDEFENDIS. Vide *Heldefendis*.

ELDEFREDUS vel ELFREDUS, testis, 323, 360.

*ELDEFREDUS, testis, 163.

*ELDEGARDA, soror Ilionis, 97, 132.

*ELDEGARDA, uxor Nantelmi, 179.

*ELDEGARDÆ terra, 105.

ELDEGARDIS, uxor Arlulfi, 233.

*ELDEGARDIS, mater Duranni, donatrix, 162.

*ELDEGARDIS, mater Ermengardis et Emmæ, testis, 9.

*ELDEGARDIS, uxor Adalardi, 29, 35.

ELDEGARDIS vel EDELGARDIS, uxor Arnoldi, 577.

*ELDEGARDIS, uxor Duranni, 127.

ELDEGARDIS, uxor Emmardi, 128.

ELDEGARDIS, uxor Geraldi, donatrix, 865, 882; mater Sigeberti et Hugonis, 737.

ELDEGARDIS de Calme, 899. Vide *Calme*.

ELDEGARDIS [de Nerviaco], 106. Vide *Nerviaco*.

ELDEGARDIS, testis, 617.

*ELDEGARDIS, testis, 158.

*ELDEGARDIS, 81. Vide *Eldeardus*.

*ELDEGARIUS, filius Rollanni et Raingardis, 41.

ELDEODUS, testis, 5, 123.

ELDEOTUS, testis, 203.

*ELDESENDIS, testis, 10.

ELDESENDIS, donatrix, 571.

ELDEVERCUS, maritus Girinæ, 96.

ELDEVERTUS, donator, 338.

ELDEVERTUS, donator, 365.

ELDEVERTUS et fratres ejus Rainulfus, Rotlandus et Benedictus, filii Ingeldrici, donatores, 322.

*ELDEVERTUS et uxor ejus Grima, donatores, 192.

*ELDEVERTUS, donator, 133.

ELDEVERTUS, testis, 182, 199, 213, 239, 256, 305, 321, 322, 337, 342, 344.

ELDIADIS monialis, 682.

*ELDIARDIS, testis, 10.

*ELDIERIUS, testis, 88.

ELDINUS, minister Sancti Laurentii, 773.

ELDINUS, filius Ayndrici, 559.

ELDINUS, frater Berengerii, et pater Vuillelmi, Aymini, Gauzeranni et Ascherici, 718.

*ELDINUS, frater Johannis, 186.

ELDINUS, maritus Dumesiæ, 114.

ELDINUS, maritus Ermengardis, 93.

ELDINUS Adalardi, maritus Alectrudis, 112. Vide *Adalardi*.

*ELDINUS Morellus, 199. Vide *Morellus*.

ELDINUS, testis, 87, 247, 614, 881.

ELDIVERTUS, testis, 252.

ELDO, testis, 76.

ELDOARDUS presbyter, donator, 111, 299.
*ELDOARDUS, testis, 131.
ELDOARDUS, 10. Vide *Aloardus*.
*ELDOARDUS, 78. Vide *Aldoardus*.
ELDOLFUS vel EDOLFUS, testis, 324.
*ELDRADUS sacerdos, testis, 122, 129.
ELDRADUS rusticus, 707.
ELDRADUS, testis, 137, 139, 335, 350, 677.
*ELDRADUS, testis, 52, 156.
ELDRANDUS, testis, 311, 324.
*ELDRANNI vinea, in villa Marcilliaci, 6.
ELDRANNUS, testis, 278.
ELDUINUS, EDUINUS, ALDUINUS, filius Vuillelmi, comitis Engolismensis, 633.
ELDULFUS, 133. Vide *Edulfus*.
ELEASAR, Sanctonensis ecclesiæ archidiaconus, 751.
ELECTIO abbatis, 38, 126, 127, 427, 581, 632.
*ELFREDI terra, 182.
ELFREDUS vel ELDEFREDUS, testis, 323.
ELFREDUS, 360. Vide *Eldefredus*.
ELGIL monachus, scrip. 3.
ELGIRICUS vel ENGILRICUS, filius Ginbergiæ, donator, 150.
ELIA : Artaldus et Vuillelmus [fratres?], seniores castelli Cosnaci, 751, 752; Vuillelmus genitor Seguini, Richardi et Rotberti, 751.
*ELIONUS (Elio?), testis, 30.
ELISENDIS, uxor Bladini, 792.
ELISENDIS, uxor Girardi, 728.
ELISENDIS, mater Girini de Pineto, 762, 821. Vide *Pineto*.
ELISENDIS, uxor Aygladi, 187.
ELISENDIS, uxor Jarentonis de la Turreta, 921, 928.
ELISENDIS, uxor Udulrici, 529.
ELISIARDUS, nepos Girini, frater Iterii, Olmari et Jarentonis, et pater Pontionis, 749. Vide *Helisiardis*.
ELISSENDIS, uxor Bladini, 83. Vide *Elisendis*.
ELISSENDIS, uxor Rotbaldi [mater Constantii et Siguini], 313.
ELMONT vel EL MONT DE BROLIO, 589. Vide *Brolius mons*.
*ELPERICUS et uxor ejus Ostasia, emptores, 168.
*ELPERICUS, testis, 4.
ELTRUDIS, uxor Archrimi, donatrix, 578.
ELTRUDIS, uxor Boni, 209.
ELTRUDIS, uxor fratris Gauzeranni, 730.

EMANUEL. Vide *Emmanuel*.
*EMARDUS, testis, 160.
EMBERTUS, 151. Vide *Ombertus*.
*EMELDIS, uxor Beraldi, 143.
*EMELDIS, uxor Fulcherii, 128.
*EMELDIS et filius ejus Siebodus, donatores, 123.
EMELDIS vel EMELDRIS, soror Gonterii, 364.
EMELINA, uxor Girini Blanci, 828.
EMELIORATUS, 6.
EMELTRUDIS, filia Chrestianiæ, 317.
EMELTRUDIS, uxor Gauzeranni et mater Amalrici, 138.
EMELTRUDIS, uxor Raculfi, 202.
EMENO. Vide *Eyminus*.
EMINA vel ENIMA, donatrix, 370.
EMINA vel ENIMA et filius ejus Arnulfus, donatores, 99.
EMINA, EMMA, ENIMA, uxor Teutbranni, 43.
EMINA, uxor Unfredi, 252.
EMINA, 124; mellis, 906; olei, 921, 927.
*EMINA, 22, 201.
EMINADA, 182, 357, 496; de campo, 78, 331.
EMINATA de terra, 93, 366.
EMMA. Vide *Emina*.
EMMA vel ENIMA [soror Ingelbergæ?], 362.
*EMMA, uxor Benigni, 134.
*EMMA, uxor Renconis, 103.
*EMMA, filia Eldegardis, 9.
*EMMA, soror Johanni, 51.
*EMMA, testis, 12.
*EMMA, testis, 112.
*EMMANA fœmina, testis, 7.
EMMANUEL, filius Romestagni et Godaltrudis, 153.
EMMANUEL, frater Aymonis, donator, 164.
EMMANUEL, frater Fulcherii et Alberici, 157.
EMMANUEL, frater Folcherii, donator, 169.
EMMARDUS, maritus Eldegardis, genitores Eideverti, 128.
EMMELDIS, testis, 642.
EMMENA, donatrix, 461. Vide *Vuichardus*.
EMMENA, uxor primo Bernardi, deinde Hugonis, mater Artaldi, 533.
EMMENA, uxor Hugonis, 130, 131, 132.
EMMENA, uxor Iterii, 600. Vide *Armena*.
EMMENA, uxor Pontii, 587.
EMMENA, mater [forte uxor?] Bernardi Rumphatoris, 659.
EMMENA, testis, 682, 800.
*EMMENA, testis, 131.

EMMENANA vel EMMENA, mater Rostagni, 727.
EMMENANA, testis, 642.
*EMMENANA vel EMMENANTA, testis, 10.
EMMERAUDUS, testis, 940.
EMMO, Tarentasis episcopus, 639.
EMMO monachus, testis, 1, 2.
EMMO et Milo, venditores, 215.
*EMMO sacerdos, testis, 129.
EMODUS, ENURDUS, EVURDUS, EUVRURDUS, monachus, testis, 470.
ENES (AD). Vide *Adenis*.
ENGELA, uxor Aroldi, 136.
ENGELA vel ANGELA, uxor Asterii, donatrix, 532.
ENGELA [de Serra], 788. Vide *Serra*.
*ENGELA, mater Stephani et Aroldi, donatrix, 26.
ENGELANNUS vel ENGENLANNUS, pater Mainsendi, donator, 379.
*ENGELART, germanus Arnulfi, 30.
*ENGELBERGIS, testis, 99.
*ENGELBERTUS et uxor ejus Ermengardis, donatores, 46.
ENGELBERTUS vel ANGELBERTUS, donator, 528.
ENGELBERTUS, vuadiarius Constantionis, 458.
ENGELBERTUS, 140.
ENGELBERTUS, 704.
*ENGELBERTUS, testis, 25.
*ENGELBORGIS, testis, 171.
ENGELBURGIA, uxor Hugonis, 848.
ENGELBURGIS, testis, 642.
*ENGELBURGIS, testis, 184, 185.
ENGELDRICUS, testis, 235.
*ENGELDRICUS, 180.
*ENGELSENDA fœmina et Grimoldus, filius ejus, donatores, 6.
*ENGENBERGA, uxor Bertelimi, 99.
*ENGENELDIS, uxor Eymini, 120.
*ENGILRICUS, 150. Vide *Elgiricus*.
ENGOLISMENSIS pagus, 635. (ANGOULÊME.)
ENGOLISMENSIS vel ENGOLISMENSIUM episcopus, 634, 889, 933; archidiaconus, 933.
ENGOLISMENSIS comes, 633, 634.
ENGOLISMENSIS moneta, 909.
ENIMA, uxor ALBRICI, 58.
ENIMA, uxor Duranni, 669.
ENIMA, uxor Renconis, 470.
ENIMA, 43. Vide *Emina*.
ENIMA vel ENYMA [soror Ingelbergæ?], 362. Vide *Emma*.
ENIMA, 370. Vide *Emina*.

ENIMA, testis, 45.
ENNOGIUS, vuadiarius Sigiburgis, 246.
ENURDUS, 470. Vide *Emodus*.
ENYMA. Vide *Enima*.
EPEYSSI vel ESEPEISI (Guichardus DE), 943. Vide *Espeisse*.
EPISCOPATUS, EPISCOPUS et ARCHIEPISCOPUS. Vide *Arelatensis, Avenionensis, Bellicensis, Bizuntinensis, Burdegalensis, Cavillonensis, Claromontensis, Diensis, Engolismensis, Genevensis, Gratianopolitensis, Heduorum, Lausanensis, Lingonensis, Lugdunensis, Matisconensis, Murianæ, Petragoricensis, Sanctonensis, Tarentasis, Valentinensis, Viennensis;—S. Mariæ (?), Isardus, Rorico, Walchaudi, Warnerius*.
ERALI terra, 20.
ERACLEUS, Lugdunensis archiepiscopus, 944.
ERBERTILENTIS, testis, 29.
ERBERTUS, 260. Vide *Otbertus*.
ERBINUS vel ERBINS villa, juxta ripam Isaræ, in agro Savogensi, ubi ecclesia in honore S. Verani, 582. (ARBIN.)
ERBRARDUS, 692. Vide *Ebrardus*.
*ERCHINALDIS, testis, 89.
ERCLINUS, 437. Vide *Etelinus*.
ERDEVERTUS, testis, 561.
ERDOLFUS, testis, 334.
ERIBALDUS, testis, 504.
ERIBALDUS, 721.
ERIBALDUS monachus, scrip. 217.
ERIBERTUS diaconus, testis, 38.
ERIBERTUS, testis, 138, 190, 210, 270.
*ERIBRANNUS, donator, 136.
ERIELDIS, 116. Vide *Orieldis*.
ERIMANNUS, testis, 150, 214, 270.
*ERIMBERTUS, testis, 25.
ERINENBERTUS, testis, 46.
ERISIUS, testis, 249.
ERIUS sacerdos, testis, 228.
*ERLUISSA, testis, 133.
ERLULFI terra, 255.
ERLULFUS, peccator, testis, 38.
ERLULFUS vel ERLUFFUS, testis, 29.
ERLULFUS, 47. Vide *Erulfus*.
ERLULFUS, testis, 213.
ERMENBERTUS monachus, testis, 25.
ERMENDRADA, uxor Dominici, 259.
ERMENDRANNUS, 653, 664.
ERMENDRADUS monachus, testis, 9.
ERMENDRADUS et uxor ejus Theotbergia, donatores, 506.

ERMENFREDIS, mater Attonis, donatrix, 465.
ERMENFREDIS, testis, 249.
ERMENFREDUS, cancellarius imperatoris, 809.
*ERMENFREDUS et uxor ejus... genitores Rotianni, etc. 289.
*ERMENFREDUS, testis, 185.
ERMENFREDUS, testis, 211, 228, 235.
ERMENGARDA, amita Pontii et Rodulfi, 405.
ERMENGARDA, uxor Amaldrici, 117.
ERMENGARDA, testis, 353.
ERMENGARDIS, donatrix, 105.
ERMENGARDIS, donatrix, 109.
ERMENGARDIS, mater Arenci, donatrix, 250.
ERMENGARDIS, mater Aymini, donatrix, 785.
ERMENGARDIS, mater Aynardi, 160.
ERMENGARDIS, mater Aynardi, Arenci et Almanni, 212.
ERMENGARDIS, mater Eynardi et Almanni, donatrix, 253.
ERMENGARDIS, mater Fulcherii, 666.
ERMENGARDIS, mater Girardi, 722.
ERMENGARDIS, mater Hugonis, donatrix, 761.
ERMENGARDIS, filia Arrici et Ermengardis, 597.
ERMENGARDIS, filia Rotlendis, 675.
ERMENGARDIS, uxor Acherti, 378.
ERMENGARDIS, uxor Alarici, 213.
ERMENGARDIS, uxor Amblardi, 584.
ERMENGARDIS [uxor Amblardi], testis, 469.
ERMENGARDIS, uxor Araldi, 742.
ERMENGARDIS, uxor Arrici, mater Ermengardis, donatrix, 597.
ERMENGARDIS, uxor Berengerii, 315.
ERMENGARDIS [uxor Bernardi], testis, 469.
ERMENGARDIS, uxor Constantii, 221.
ERMENGARDIS, uxor Costabili, 395.
ERMENGARDIS, uxor Dotdonis, 329.
ERMENGARDIS, uxor Duranti Chastel Milan, 892.
ERMENGARDIS, uxor Eldini, 93.
*ERMENGARDIS, uxor Engelberti, 46.
*ERMENGARDIS vel ERMENGARDA, uxor Hylii, 164.
ERMENGARDIS, uxor Fulcherii, 190, 263, 298.
ERMENGARDIS, uxor Gauberti, 717.
ERMENGARDIS, uxor Gauzeranni, 759.
ERMENGARDIS, uxor Gerardi, 158.
ERMENGARDIS, uxor Gibuini, 869.
*ERMENGARDIS, uxor Grimaldi, 43, 49, 61, 69.
*ERMENGARDIS, uxor Ingelardi, 127.
ERMENGARDIS, uxor Iterii, 676.
ERMENGARDIS, uxor Livonis, 165.

ERMENGARDIS, IRMENGARDIS, IRMINGARDIS, uxor Rodulfi regis, 638, 639, 641.
ERMENGARDIS, uxor Sigerverti, 564.
ERMENGARDIS, uxor Stephani, 662.
ERMENGARDIS, uxor Umberti, 614.
ERMENGARDIS, uxor Vualonis, 264.
ERMENGARDIS, uxor Vuidonis, 891.
ERMENGARDIS, soror Agnonis presbyter, 734.
ERMENGARDIS, soror Aymonis, presbyter, 595.
ERMENGARDIS, soror Aroldi, 436.
*ERMENGARDIS et filius ejus Antelmus, vel Nantelmus, donatores, 94.
*ERMENGARDIS, filia Eldegardis, 9.
*ERMENGARDIS, filia Marciæ, 187.
*ERMENGARDIS, soror Adalberti, 82.
*ERMENGARDIS [consanguinea Wichardi?], 183.
ERMENGARDIS Bona, 817 n., 823. Vide Bona.
ERMENGARDIS de Musseu, 861. Vide Musseu.
ERMENGARDIS Rufa, filia Bernardi Rumphatoris, 817.
ERMENGARDIS hæreditas, 366.
*ERMENGARDIS terra, 93.
ERMENGARDUS, testis, 500.
ERMENGAUDUS, et uxor ejus Bertejardis, genitores Otberti, donatores, 706.
*ERMENGERANÆ terra, 122.
ERMENSENDA, testis, 385.
ERMENSENDIS [uxor Vuarnoni?], 561.
ERMENSENDIS, mater Pontii et Liberti, 214.
ERMENTARIUS et uxor ejus Constancia, petitores, 51.
*ERMENTRUDIS, uxor Warengaudi, 48.
ERMESSENDIS, donatrix, 489.
*ERMINGALDIS vel ERMINGARDI, uxor Aschirici, 118.
*ERMINGART, testis, 112.
*ERMINGART, uxor Grimaldi, 61. Vide Ermengardi.
*ERMINGART terra, 181.
*ERMINGART vinea, 149.
*ERMINGERANÆ terra, 68.
ERMOINUS, testis, 337.
ERNICUS [filius Arulfi?], 133.
EROLDUS, testis, 465, 489.
EROTBERTUS, monachus, 23.
ERPINI terra, 165, 185.
ERPINUS et uxor ejus Hilaria, donatores, 184.
ERPINUS, testis, 153, 158, 167, 250.
ERTELONIS terra. Vide Etelonis.
ERULFUS vel ERLULFUS, frater Severi, 47.
ESARTIRIIS, 426. Vide Sartiriis.

102.

ESCALATUS villa, in agro Jarense, 347. (ÉCHAL-LAS.)
ESCALUINA vel ESCALUMA (Mansus de) [in pago Albanensi?], 639. (ESCHAROINE.)
ESCANATIS vel ESCANNATIS villa, in agro Tarnantensi, 212. (CHANA?)
ESCARIACO villa (Finis de) [in valle Bevronica?], 167.
ESCLAREIAS, SCLAREIAS villa, in agro Tarnantensi, 36, 206, 457, 693. (ÉCLAIRÉ.)
ESCLARENS vel ECLARENS mansus, 802.
*ESCOLA (Otgarius D'), testis, 156.
ESCOTAY (Gunzelinus D'), 936. (ÉCOTAY.)
ESEPEISI (Guichardus DE). Vide *Epeyssi*.
ESPARCIACUS vel ASPARCIACUS locus, 769. (ÉPARCIEU.)
ESPAROS (Otgerius), maritus Sigiburgis, 862.
ESPARTIACUS villa, in agro Forensi, 261. (ÉPERCIEUX.)
ESPEISSE (Joannes), obedientiarius de Mombloy, 948. Vide *Epeyssi*.
ESPEROLIS villa, in agro Forensi, 6.
ESSARTINES (Parrochia de), ubi ecclesia in honore S. Mariæ, 861. Vide *Exartinis*.
ESTABULUS vel ESTABULIS villa, in agro Forensi, 282. Vide *Stabulis*.
ESTAVOLUS et uxor ejus Gontara, donatores, 74.
ESTOLS (Petrus DE), venditor, consentiente uxore ejus, 946. (ÉTOUX.)
ESTORGHUS, frater Amelii, 877.
ESTRADA, locus in villa de Floriaco, 182.
ESTRADERIUS, testis, 378.
ESVELICHUS vel Arbertus ESVELICHUS, testis, 404.
ETBERTUS, 543. Vide *Otbertus*.
ETCOLA, uxor Bergonis, 724.
*ETELENI terra, 173.
ETELINUS, testis, 437.
*ETELINUS, testis, 102.
ETELONIS vel ERTELONIS terra, 44.
ETENOLFUS vel ETHENOLFUS, testis, 126.
ETERIUS, testis, 217.
*ETERIUS, testis, 35, 36.
ETHELENUS, frater Aledonis, 58.
ETHELINUS, testis, 334.
ETHENOLFUS, 126. Vide *Etenolfus*.
ETHENULFUS monachus [Saviniac.], 174.
ETHENULFUS, vuadiarius Rotlandi, 238.
ETHENULFUS miles, frater Arnulfi, donator, 843.

ETHENULFUS, filius Raindrici et Justæ, donator, 60.
ETHENULFUS et uxor ejus Gallia, donatores, 195.
ETHENULFUS et uxor ejus Heldefendis, donatores, 9.
ETHENULFUS, testis, 232, 273, 659.
ETHERIUS, vuadiarius Godaldrici, 218.
*ETHERIUS, monachus Sancti Martini Athanacensis, 177.
ETILIUS, testis, 290.
ETNIMA, 252. Vide *Emina*.
ETSINDA, 135. Vide *Otsinda*.
EUDEFREDUS vel GUDEFREDUS, donator, 146.
*EUDO vel FUDO, testis, 35.
*EUDO, testis, 36.
EUDONIS terra, 104.
EUFEMIA, uxor Salaconis, 13.
*EUFEMIA, testis, 180.
EUGENDI (S.) terra, 27.
EUGENDUS clericus, donator, 470.
EUGENDUS levita, testis, 38.
EUGENDUS levita, testis, 186.
EUGENDUS levita, vuadiarius Sigiburgis, 246.
EUGENDUS, filius Sigiburgis, 273.
EUGENDUS vel EUGENDIUS, donator, 750.
EUGENDUS, filius Gimbergiæ, 284.
EUGENDUS, testis, 285.
EUREGARDIS, uxor Foldradi, 316.
EUREMARUS [filius Benedictæ?], 201.
EURIGERIUS et uxor ejus Fridana, 1.
EUSTORGIUS scrip. 236, 262, 277, 278. Vide *Heustorgius*.
EUVRARDI (Amblardus), 681.
EUVRARDUS vel EVRARDUS, testis, 321.
*EUVRARDUS canonicus, testis, 53.
EVRARDI vel CURARDI terra, 60.
EVRARDUS, episcopus Murianæ ecclesiæ, frater Franconis et Desiderii, 582.
EVRARDUS decanus, vuadiator et suffragator Desiderii, 200.
*EVRARDUS sacerdos, testis, 21.
EVRARDUS sacerdos, testis, 332.
EVRARDUS diaconus, testis, 47.
EVRARDUS vel EVRALDUS subdiaconus, scrip. 202.
*EVRARDUS Autanens, 199. Vide *Autanens*.
*EVRARDUS et uxor ejus Thedeldis, venditores, 53.
EVRARDUS, 77; testis, 139, 248, 405, 411, 433, 506.

NOMINUM ET RERUM.

*Evrardus, testis, 40.
Evrardus vel Euvrardus, testis, 321.
*Evrat, testis, 168.
Exarpetra villa et ecclesia. Vide *Exartopetras.*
*Exartaria (æ), 14.
*Exartatæ terræ, 137.
Exarterium vel exartirium, 407, 628, 644, 716, 897.
Exartinis, Exertinis, Essartines, ubi capella vel ecclesia in honore S. Mariæ, 6; in agro Forensi, 248; parrochia, 430, 861. (Essertines.)
Exartipetracensis vel Exartipetriacensis ager, 524.
Exartipetrus, Exartopetrus, Exartuspetri, Exarpetra villa, 6, 750; ubi ecclesia et commenda in honore S. Johannis, 430, 653, 899. (Panissières.)
Exartis, locus in agro Tarnantensi, 207; in villa de Brolio, 452. Vide *Sartiriis.*

Excoliaco villa (In fine de), in agro Neriacensi, 186. (Éculy.)
Excommunicantur decimarum retentores, 129, 750.
Exertinis. Vide *Exartinis.*
Exitus communis, 109, 228.
Exium, 5.
Exquisitum pro acquisitum, 63, 84.
Exsarniacus villa, in agro Tarnantensi, 214.
*Eylbertus, abbas Athanacensis, 31.
*Eymini (Terra infantum), 70.
Eyminus vel Emeno et uxor ejus Adalgudis, et filii eorum Ingelbertus, Flama et Adolsasia, donatores, 230.
*Eyminus, frater Arbaldi, 37.
*Eyminus et uxor ejus Engeneldis, donatores, 120.
*Eyminus, 155. Vide *Eiminus.*
Eymo, testis, 199.
Eymodis vel Aymodis, uxor Vuichardi, 524.
Eynardus, filius Ermengardis, 253.

F

Faber : Arnulfus, 87; Bertrannus, 926; Girbertus, maritus Blitgardis, pater Lugduni, 857.
*Faber (Stephanus), 16.
Fabis (Quartallum de), 931.
Fabri (Jacobus), legum doctor, canonicus Sancti Justi, pag. 530.
Fabrivilla, 153. Vide *Casa Fabrivillæ.*
Fai vel Fay (Durantus de la), 918, 921.
*Faido (Finis de), 189.
*Faihel silvula, 146.
Falco, donator, 769.
Falco, filius Gaufredi, filii Vuillelmi, comitis Engolismensis, 633.
Falco et uxor ejus Adalasia, donatores, 753.
Falco [de Castro Yconii], 768. Vide *Yconii.*
Falco de Yconio, 757, 758, 801. Vide *Yconio.*
Falco de Iconio, 915. Vide *Iconio.*
Falco, testis, 754.
Falcoardus, testis, 420.
Falcono vel Falchono (Curtilus ad), in agro Tarnantensi, 626. (Fachon.)
Farges villa, in agro Forensi, 120. (Farges, 1.)
Fargias villa, in agro Tarnantensi, 419, 698. (Farges, 2.)

Fargis locus [in agro Forensi?], 439. (Farges, 3.)
Farinareus (um), 61.
Farinarius (um), 12.
Farnulfi vel Farulfi terra, 14.
Farnulfus vel Farulfus sacerdos, 14.
Farnulfus vel Farulfus monachus, testis, 6, 8, 12, 13, 17.
Favergiis (Sofredus de), prior Sancti Clementis, pag. 524.
Fay (Durantus de la). Vide *Fai.*
Faydredus, 522. Vide *Laydredus.*
Feale, 836.
*Fecema, uxor Benedicti, 19.
*Fecinia, testis, 105.
*Fedum vadimonio oppositum, 195.
Felgeriis vel Felgeris (Letardus de), testis, 946.
*Felicius, testis, 181.
Felix Vulpes mansus [in agro Forensi?], 244.
Felix Vulpes villa, in valle Bevronica, 7, 26, 47; ubi ecclesia in honore S. Martini, 408. Vide *Seziacus villa et Filis Volp.* (Sudieu.)
Femurius villa, in pago Forensi, 795.
Feneriis vel Ferreriis (Villa de), in agro

Forensi, prope Randanum, 98, 307, 309, 313.
FENESTRA villa, in agro Forensi, 491, 502. (FENÊTRES.)
FEODALE, 921.
FEODUM sacerdotale, 764.
FERA, locus vel mansus in agro Gofiacensi, 349.
FERA (Joannes), presbyter, 129.
FERLIACUS vel FERLAICUS monachus, testis, 12.
FERLO, testis, 815.
*FERREOLI (S.) ecclesia, 52.
FERREOLI (S.) parrochia, 921, 927; ecclesia, *179. (S. FORGEUX.)
FERRERIIS (Villa de), in agro Forensi, prope Randanum, 98. Vide *Feneriis*.
FERS (Animus), testis, 94.
FERUS (Hugo), miles, 906.
FESSORATA, FESSORADA. Vide *Fossorada*.
FEUDUM, 802, 835.
FEUONES, 817.
FICIA, cognomento Aurilis, uxor Aymonis de Lay, 913.
FICIA vel FISCIA, et nepotes ejus Agno Catoli, Milo et Pontius, 864.
FICIA, uxor Stephani de Varenna, 772.
FIDEJUSSORES, 646, 650, 679, 777, 806, 861, 887, 921, 941; fidejussores tollere, 127.
*FILIOLUS, 18, 87.
*FILIS VOLP, locus in agro Monte Aureacensi, 70. Vide *Felix Vulpes*.
FILLIARDUS (Vuillelmus), capellanus S. Thomæ de Cosniaco, 932.
FILMARUS archicancellarius, 38.
FINALES silvæ, 122.
*FINALIS, 14; canalium, 15, 17. Vide *Molare*.
FIRMA, 950.
FIRMATOR chartæ, 753.
FIRMINUS et uxor ejus Maria, donatores, 547.
FISCALIS terra, 21, 104.
FISCALITER, 752.
FISCIA, 864. Vide *Ficia*.
FISCUS, 5, 18; sanctissimus fiscus, 19; regalis, 762, 822.
FISCUS villa, in agro Forensi, 554.
FLAAC (Bernardus DE), archipresbyter, 909.
FLAAZ (Ad) villa, in pago Sanctonensi, 634, 635.
FLACEGUS villa, in agro Tarnantensi, 27.
FLACHERIIS (Villa de), in agro Forensi, 110.
FLACHIA mansus, 824.

FLACIACUS villa, in agro Tarnantensi, 62, 225, 234, 590, 625, 693, 857.
FLAMA vel FLAVIA, filia Eymini et Adalgudis, 230.
FLAMEN (Girinus), 899.
FLAMENS (Bertrannus), 924.
FLAMENS vel FLAMENT (Hugo), donator, 895.
FLAVARDUS et uxor ejus Nema, donatores, 324.
FLAVIA, 230. Vide *Flama*.
FLECTERIIS (Villa de), in agro Forensi, 323.
*FLODALDUS, testis, 68.
FLODARDUS vel FLORARDUS, testis, 446.
FLODOARANA, uxor Romestanni, 19.
FLOIACUS. Vide *Floriacus*.
FLONOGIUS villa, in agro Forensi, 100. Vide *Flovogius*.
*FLOODUS, testis, 114.
FLORARDUS. Vide *Flodardus*.
FLORENTINIANUS locus, in agro Gofiacensi, 554. Vide *Florentinus*.
FLORENTINUS, locus in parrochia Mornanti, 30; villa, prope villam quæ dicitur Sainatis, 366.
FLORIACENSIS vel FLORIASCENSIS villa, 60, 182, 185, 189, 191, 192, 193; ager, 60, 141, 181, 182, 183, 184, 185, 187, 188, 191, 192, 193, 195, *77; vicaria, 188. Vide *Fluriacensis ager*.
FLORIACUS vel FLURIACUS villa, 174, 188, 189, 192, 392, 453, 485; ager, 9. Vide *Fluriacus*.
FLORIACUS vel FLOIACUS villa, in pago Sanctonensi, 635. (FLOIRAC.)
FLOTBERTANÆ terra, 18.
*FLOTDRICI terra, 140.
FLOVOGIUS villa, in agro Forensi, 33. Vide *Flonogius*.
FLUIRE (Martinus DE), testis, 946.
FLUNIS (Villa de), in agro Tarnantensi, prope rivulum Merlonis, 416.
FLURIACENSIS vel FLURIASCENSIS ager, 34, 35, 377, 392, 393, 453, 456, 462, 485, 511, 512, 525, 528, 531, 536, 538, 540, 574, 575, 611. Vide *Floriacus*, *Floriacensis*.
FLURIACUS villa, in agro Fluriacensi. Vide *Floriacus*. (FLEURIEUX.)
FLURIACUS villa, in agro Forensi, 295.
FOCALDUS testis, 364.
FOCHARDUS subdiaconus, scrip. in vice Pandulfi, 641.
FOEMINA data monasterio Saviniacensi, 809.
*FOIESTELLA locus, in villa Joelia, 153, 154.

FOLCALDUS, maritus Petronillæ, pater Fulcherii, donator, 743.
FOLCARDUS vel FOLCALDUS, filius Girbergiæ, et uxor ejus Aynors, donatores, 635.
FOLCARDUS, testis, 46.
*FOLCARDUS, testis, 29, 51, 68.
FOLCHARDUS vel FOLCHALDUS, testis, 659.
FOLCHERII vinea, 39.
FOLCHERIUS, donator, 71.
FOLCHERIUS, frater Aymonis, donator, 164.
FOLCHERIUS, filius Bernardi, et frater alterius Bernardi, 448.
FOLCHERIUS, frater Emmanuelis, 169.
*FOLCHERIUS, filius Ermenfredi, 189.
FOLCHERIUS, testis, 48, 227, 272, 315, 324, 332.
FOLCHOLDUS, frater Milonis, donator, 268.
*FOLCHOLDUS, monachus, testis, 38.
FOLCHOLDUS, testis, 269.
*FOLCO (Finis de), 189.
*FOLCOLDUS, testis, 34.
*FOLCOM fons, in villa Caponerias, 177.
*FOLCRADUS, frater Girbaldi, 57.
FOLDRADUS, donator, 376.
FOLDRADUS et uxor ejus Euregardis, donatores, 316.
FOLDRADUS, testis, 308, 313.
*FOLDRADUS, testis, 35, 36.
FOLERADUS, scrip. 27.
FOLIACI (Hugo), 846. Vide *Poliaci.*
*FOLMODA aqua, 181.
FOLRADUS, testis, 288.
FOLVODUS villa, in agro Forensi, 566, 567.
FONS villa, in agro Neriacensi, 186.
*FONTANA (Rivulus de), prope Saviniacum villam, 124.
FONTANEIS (Acharius DE), 907, 935.
FONTANEIS (Girbertus DE), 834. Vide *Fontaneto.* (FONTANÈS.)
FONTANETO (Girbertus DE), 941.
FONTANETO (Iterius DE), testis, 766.
FONTANILLIAS locus, in agro Cogniacensi, 845. (FONTENAILLES.)
FONTANILLIS (Villa de), in agro Saviniacensi, 666.
FONTANIS villa, 58, 497; in agro Forensi, 143, 486. (FONTANE.)
FONTE (Durantus DE), 914.
FONTE GRIMALDI (Curtilus de), 803.
FONTEM DE BISI (Ad), locus, 597.
FORENSE territorium, 71. Vide *Forum.* (FOREZ.)

FORENSES comites et comitissæ. Vide *Artaldus, Gerardus, Vuidelinus Vuillelmus; Gimbergia, Theodbergia; Forensis* et *Lugdanensis comitatus,* et *pag. 511* et *540.*
FORENSIS comitatus, 784. Vide *Forenses comites.*
FORENSIS pagus, 31, 48, 441, 451, 719, 731, 795, 867, 880. Vide *Forensis ager* et *Comitatus.*
FORENSIS ager, 5, 6, 12, 22, 33, 46, 68, 69, 73, 75, 77, 80, 81, 82, 83, 86, 89, 90, 92, 95, 96, 98, 99, 100, 105, 109, 110, 113, 115, 117, 118, 119, 120, 121, 122, 123, 125, [141?], 143, 162, 218, 237, 238, 239, 240, 241, 242, 243, 244, 245, 246, 247, 248, 261, 262, 263, 264, 266, 267, 268, 270, 271, 272, 274, 275, 276, 277, 278, 279, 280, 281, 282, 283, 284, 285, 286, 288, 289, 290, 291, 292, 294, 295, 296, 297, 299, 302, 303, 306, 307, 309 310, 312, 313, 314, 315, 317, 318, 319, 320, 321, 322, 323, 325, 326, 327, 328, 329 [330?], 331, 332, 333, 370, 439, 440, 455, 460, 466, 471, 482, 486, 491, 494 502, 515, 517, 518, 532, 535, 554, 556, 557, 558, 559, 560, 561, 562, 563, 564, 565, 566, 567, 573, 594, 613, 615, 616, 617, 618, 619, 620, 622, 623, 631, 651, 652, 654, 659, 661, 663, 702, 709, 714, 716, 717, 718, 720, 721, 722, 723, 724, 725, 726, 727, 728, 745, 746, 747, 778, 780, 783, 786, 790, 791, 793, 794, 873, 874, 875, 876, 877, 878, 879, 881, 882, 883, 890, 893, 899.
FORENSIS burgus, 72. Vide *Forum.*
FORESTA (Usus in), 757, 800, 836, 897.
FORMICARIUS mons, in agro Vallis Neriacensi, 29.
FORNELS (Ecclesia de), in honore S. Michaelis, 653, 664. (FOURNEAUX.)
FORO (Bovo DE), 926.
FORO (Umbertus DE), 896; et filius ejus Rotlannus, 791, 793.
FORONICUM vel FORUM, 71. Vide *Forum.*
FORUM, 71, 72, 309, 328; portus et burgus, 72; ubi ecclesia in honore S. Mariæ, 819, 884. Vide *Forus, Forensis comitatus, — comes, — pagus, — ager, — territorium.* (FEURS.)
FORUS vicus, 247; villa, 288. Vide *Forum.*
FORVERII præpositura, *pag. 540* et *549.* (FOURVIÈRE.)
FOSCARDUS, donator, 87.

FOSCHARDUS vel FOSCARDUS, testis, 881.
*FOSSADAS villa, in agro Monte Auriacensi, 134.
FOSSADUM (Ad) vel AFFOSADUS villa, in agro Forensi, 286. (FOSSAT?)
FOSSATIS villa, in pago Sanctonensi, 634.
FOSSATO (Mansus DE), 124.
FOSSORADA, FOSSORATA, FESSORATA, 358, 364, 743, 798, 799, 851, 872.
FOSSORIATA vineæ, 95, 409.
FOSUARDUS, testis, 103.
FOUZ (Franciscus), prior major Sav. *pag. 524.*
*FOVETA, 146.
FRACCA (Durantus DE), testis, 660.
FRACSNETUS vel FRAGNETUS villa, ubi ecclesia in honore S. Marcelli, in agro Tarnantensi, 493, 583, 584. (FRANIER.)
*FRÆDEBERTI [terra?], 181.
FRAGNEY (Comba), 781. Vide *Comba Fragney.*
*FRANBERGA et filius ejus Constancius, venditores, 142.
*FRANBERGA, uxor Radulfi, donatrix, 67.
*FRANBERGIA, testis, 44.
FRANCHANA (Hilaria), testis, 721.
FRANCHELEINS (Guillelmus vel Guido DE), canonicus Lugdunensis, *pag. 540.* (FRANCHELEINS.)
FRANCHIA, soror Hilariæ, 883.
*FRANCHICIA, 55, 112.
FRANCHISIA, 36, 214, 272, 415, 454, 518, 519, 523, 624, 677, 685, 706, 708, 725, 732, 769, 777, 929; mansus cum franchisia, 494; alodum et franchisias, 600; franchisias quas debent Rotbaldus, etc. 617.
*FRANCHORUM boscus, 179.
FRANCIA. Vide *Robertus, Philippus* et *Ludovicus, reges.*
*FRANCISCA via, prope Silvaniacum, 137.
FRANCO, Genevensis episcopus, testis, 30.
FRANCO, vuadiarius Godaldrici, 218.
FRANCO, filius Evrardi episcopi, 582.
FRANCO, testis, 219, 465, 489.
FRANCOLINO (Molendinus de), super rivulum Tardinæ, 868.
FRANCORUM rex, 932, 933. Vide *Ludovicus* et *Philippus, reges.*
FRANCORUM rex seu Aquitanorum, 236. Vide *Lotharius rex.*
*FRANCORUM terra, 166.
FRANCUS, 882.
FRASNETUS villa, in agro Forensi, 439, 556. (FRENAY?)

FRATERNITAS, confraternitas, 549.
FRATERNITAS, pars fratrum, 683.
*FRAXINUS locus, 14, 17.
FRAXINUS villa, in agro Forensi, 471. (FRENAY?)
FREDÆNUS, testis, 343.
FREDALDUS sacerdos, 438.
FREDALDUS, testis, 766.
FREDEBURGIS, uxor Dotdonis, 110.
*FREDEISUS, testis, 169.
FREDELANDUS (id est Fredericus), imperator in Italia, 944. Vide *Fredericus imperator.*
FREDELANDUS, frater Gauzeranni, et uxor ejus Richoara, donatores, 435. Vide *Fredelannus.*
FREDELANDUS vel FREDELANNUS, pater Hugonis, Berardi, Rotbaldi, Raimundi, Adzelinæ et Raimundi, 644, 645, 647, 648.
FREDELANNUS vel FREDENLANUS (Hugo), maritus Tadalmodis, 756; pater Berardi, 770.
FREDELANNUS, testis, 437.
FREDELO, testis, 374, 467.
FREDERICUS, Genavensis episcopus, 639, 640.
FREDERICUS monachus, testis, 12.
FREDERICUS sacerdos, 14.
FREDERICUS, scrip. 14, 31.
FREDERICUS, scrip. 465, 477.
*FREDOLDI vinea, 138.
*FREDOLDUS canonicus, testis, 63, 66.
FREDORUM exactio, 127.
FREDRICUS vel FREDERICUS, scrip. 489, 490. Vide *Fredericus.*
FREDUSUS monachus, testis, 12.
FREELANDUS, 122.
*FREOLDI terra, 32, 87.
*FREOLDUS, testis, 114.
FRIDANA, uxor Eurigerii, 1.
FRIDERICUS monachus, scrip. 9. Vide *Fredericus.*
FRIDRICUS. Vide *Fredericus.*
FRIGDERIAS villa, 682. (FRIDIÈRE.)
*FRIGIDO [terra], 181.
FRIGIDO FONTE (Girbertus DE), 787.
FRIGIDUM FONTEM (Ad) curtilus, 416. (FONTFROIDE.)
FRIGIDUS FONS locus prope Vuilbaenchies, 681.
FROTBALDUS monachus, testis, 25.
FROTERIUS, testis, 55.
*FRUMENTALIS plaga, in parrochia Sivriaco, 194; frumentalis terra, 199.
FRUONES, 813, 820. Vide *Feuones.*

NOMINUM ET RERUM. 817

FULCALDUS, testis, 145.
FULCHERII terra, 39.
*FULCHERII terra, 74, 82, 133, 182.
FULCHERIUS, decanus [eccl. Lugd.], 438, *32, *137.
FULCHERIUS, canonicus [Lugdunensis], scrip. 647.
*FULCHERIUS monachus, hæres Saliconis, 177.
*FULCHERIUS monachus, scrip. 75, 146.
*FULCHERIUS cœnobita, scrip. 135.
FULCHERIUS, donator, 439, 680, 712, 719.
FULCHERIUS, vuadiarius Alarici, 213.
FULCHERIUS, filius Adalgardis, 211, 248.
FULCHERIUS, filius Arrici et Ermengardis, 673.
FULCHERIUS, filius Ermengardis, et maritus Aremburgis, 666.
FULCHERIUS, filius Folcaldi et Petronillæ, 743.
FULCHERIUS, filius Fulcherii, 783.
FULCHERIUS, filius Girardi et Vuandalmodis, 660.
FULCHERIUS, filius Gozindæ, 781, 890.
FULCHERIUS, filius Jarentonis, 414.
FULCHERIUS, filius Pontii et Nazariæ, 789.
FULCHERIUS, filius Romestagni et Godaltrudis, 153.
FULCHERIUS, filius Vuillelmi et Liniledis, donator, 713.
*FULCHERIUS, frater Agnonis, 184.
*FULCHERIUS, frater Antelmi, 94, 113, 125.
FULCHERIUS, frater Aquini, nepos Rannulfi, 721.
FULCHERIUS, frater Emmanuelis et Alberici, donator, 157.
FULCHERIUS et fratres ejus Constantius, Durantus et Girardus, nepotes Girardi, donatores, 725.
*FULCHERIUS, frater Otgerii, 130.
*FULCHERIUS, frater Poncioni, 175.
FULCHERIUS [frater Rotrudis?], 113.
FULCHERIUS [frater Unfredi?], donator, 241.
FULCHERIUS, pater Duranti, 862.
FULCHERIUS, pater Fulcherii, donator, 783.
*FULCHERIUS, maritus Annæ, donator, 135, 142.

FULCHERIUS [maritus Blismodis?], donator, 354.
FULCHERIUS, maritus Dulcismæ, 413.
*FULCHERIUS et uxor ejus Emeldis, donatores, 128.
FULCHERIUS et uxor ejus Ermengardis, donatores, 190, 263, 298.
FULCHERIUS (Ranulfus), testis, 752.
FULCHERIUS Antedinus, 827. Vide *Antedinus*.
FULCHERIUS Arrici, 920. Vide *Arrici*.
*FULCHERIUS, donator, 180.
FULCHERIUS [Calvus], 931. Vide *Calvus*.
FULCHERIUS Colobrius, 801. Vide *Colobrius*.
FULCHERIUS Colinus, 753. Vide *Colinus*.
FULCHERIUS Coluns, 804. Vide *Coluns*.
FULCHERIUS Monfol, 821. Vide *Monfol*.
FULCHERIUS de Monte Aureo, 842. Vide *Monte Aureo*.
FULCHERIUS de Nigromonte, 765, 813. Vide *Nigromonte*.
FULCHERIUS Rufus, 913, 915. Vide *Rufus*.
FULCHERIUS Ruil, 886. Vide *Rail*.
FULCHERIUS [de Serra], 788. Vide *Serra*.
FULCHERIUS Tedinus, 762. Vide *Tedinus*.
FULCHERIUS Vetulæ Curtis. Vide *Vetulæ Curtis*.
FULCHERIUS de Vulpeta, 757. Vide *Vulpeta*.
FULCHERIUS, testis, 92, 138, 175, 194, 215, 226, 247, 253, 261, 273, 296, 352, 464, 470, 476, 478, 639, 661, 662, 700, 702, 705, 766, 778, 800.
*FULCHERIUS, testis, 11, 35, 36, 50, 54, 74, 83, 94, 113, 118, 128, 141, 143, 147, 150, 166, 183.
FULCOARDUS, testis, 32.
FULGULFI enes (vel ad enes), 32.
*FULGERIUS, testis, 20, 143.
FURCIS (Fines de), 4; (mansus de), 748. (FOURCHES.)
FURES, 948.
FURNUM (Curtilus ad), apud Sal, 926.
*FUSTA (Durannus), 84.
*FUURTD. (?) presbyter, testis, 93.

G

G. abbas de Tenall. 947.
*GAANERIA, 199.
GAARDA, 806, 913.
GACELMUS, testis, 116.

GADALFREDUS, 653. Vide *Godalfredus*.
GAGNART, Aymo et Pontius, filius ejus, 821.
GAGNIACENSIS ager, 179. Vide *Janiacensis*.
GAILA, GALLIANA, VAILA, uxor Bosonis, 19.

103

*GAINALDUS, testis, 136.
GALANUS, testis, 262.
*GALBURGIS, uxor Gausmari militis, 95.
GALDAFREDUS, 653. Vide *Godalfredus.*
GALDEMARUS (Bernardus), pater Arberti Rufi, 817.
GALDEMARUS, testis, 766.
GALDRICUS, testis, 276.
GALICIA, uxor Uncrini, 840.
GALICIA, testis, 669.
GALLA, testis, 238.
*GALLENDIS, testis, 10.
GALLERIUS, testis, 938.
GALLIA, uxor Ethenulfi, 195.
*GALLIA. Vide *Conradus* et *Rodulfus*, reges.
GALLIA. Vide *Conradus, Philippus* et *Rodulfus*, reges.
*GALLIÆ regnum, 22. (GAULE.)
GALLIANA. Vide *Gaila.*
GALLINARUM præstationes, 789, 929, 942.
*GALLISCUS, locus, 55.
GANBERTUS, 729. Vide *Gunbertus.*
GANDELICIODIS, testis, 731.
*GARBALDUS, testis, 136.
GARCINI : Bernardus et Aymo, fratres, 730.
GARDA, *pag. 229, not. 4.*
GARDA vel GUARDA, locus prope Saï, 776.
GARDA vel GUARDA (Mansus de la), 921, 927, 928. (GARDE?)
GARENTO. Vide *Jarento.*
GARIFREDUS monachus, testis, 20.
GARLENDIS, uxor Arrici, 75.
GARRIAS villa, in pago Lugdunensi, 703.
GASCONS (Stephanus), archipresbyter, 946.
GASFERIUS et Mainardus [fratres?], 634.
*GASMARUS, testis, 46.
GAUBERTUS vel GAUTERIUS monachus, 663.
GAUBERTUS et uxor ejus Ermengardis, genitores Arnulfi, donatores, 717.
GAUBERTUS de Balbineu, donator, 833, 834. Vide *Balbineu.*
GAUBERTUS, testis, 387.
*GAUBERTUS, testis, 35.
GAUBERTUS, 721, 878. Vide *Gausbertus.*
GAUCELINUS, testis, 208, 209, 215.
GAUCERANDI (Vuillelmus), testis, 946.
GAUCERANNI (Stephanus), testis, 938. Vide *Gaucerannus.*
*GAUCERANNI terra, 176.
*GAUCERANNUS, prior ecclesiæ Caseti, 194.
GAUCERANNUS, donator, 175.

GAUCERANNUS, scrip. 346.
GAUCERANNUS levita, scrip. 363.
*GAUCERANNUS monachus [Ath.], 198.
GAUCERANNUS monachus, scrip. 651.
*GAUCERANNUS diaconus et monachus, scrip. 150.
*GAUCERANNUS monachus et levita, scrip. 151.
*GAUCERANNUS et soror ejus Raimodis, testes, 14.
*GAUCERANNUS, pater Dalmacii de Iconio, 196. Vide *Iconio.*
GAUCERANNUS de Lavieu, frater Guillermi, 817 n. Vide *Lavieu.*
*GAUCERANNUS Rufus de Lissiaco, 199. Vide *Lissiaco* et *Rufus.*
GAUCERANNUS, vel GAUCERANNUS Trossa, testis, 404. Vide *Trossa.*
GAUCERANNUS : Petrus, Amaldricus et Stephanus, fratres, rustici, 935; Stephanus, 938. Vide *Gauzeranni.*
GAUCERANNUS, testis, 174.
GAUCERANNUS, testis, 886.
*GAUCERANNUS, testis, 35, 36, 97, 98.
GAUCERANNUS. Vide *Gauzerannus.*
GAUDEMARI (Bernardus), donator, 936.
GAUDUINUS, testis, 568.
*GAUFFREDI terra, 140.
GAUFFREDUS. Vide *Gaufredus.*
*GAUFREDUS clericus, testis, 199.
GAUFREDUS, filius Gauzeranni, 826, 827.
GAUFREDUS, filius Gauzeranni et Adalasiæ, 730.
GAUFREDUS, filius Richoaræ et pater Dalmatii, 716.
GAUFREDUS vel GAUSFREDUS, filius Vuillelmi, comitis Engolismensis, et uxor ejus Petronilla, genitores Falconis et Vuillelmi, donatores, 633; comes Engolismensis, 634, 635.
GAUFREDUS de Yonio, 813. Vide *Yonio.*
GAULDEMARUS, 835. Vide *Gualdemarus.*
GAUREZ, Lugdunensis archiepiscopus, 919. Vide *Gauzerannus.*
*GAUSBERGA, testis, 46.
*GAUSBERTUS, sacerdos et monachus, scrip. 10, 44, 60, 96, 126, 186, 191.
GAUSBERTUS presbyter, testis, 228.
GAUSBERTUS presbyter, testis, 796.
*GAUSBERTUS, levita et monachus, scrip. 63, 66.
*GAUSBERTUS monachus, scrip. 48, 59, 94, 77.
GAUSBERTUS, donator, 339.

GAUSBERTUS, vuadiarius Constantionis, 458.
GAUSBERTUS, filius Silvii, 765.
GAUSBERTUS, frater Jarentonis, 714.
GAUSBERTUS, frater Umberti, donator, 782.
GAUSBERTUS [pater Arrici?], 673.
GAUSBERTUS, pater Saziæ, 85.
GAUSBERTUS vel GAUSPERTUS et uxor ejus Ermendrada, donatores, 353.
GAUSBERTUS et uxor ejus Habunda, donatores, 401.
GAUSBERTUS, avunculus Artaldi, 873.
GAUSBERTUS de Mont, 795. Vide *Mont.*
GAUSBERTUS Pinsaz, 831. Vide *Pinsaz.*
GAUSBERTUS [de Rochifort], 878. Vide *Rochifort.*
GAUSBERTUS, 55, 87; testis, 191, 221, 247, 272, 374.
GAUSBERTUS, testis, 715, 871, 876.
*GAUSBERTUS, testis, 35, 36.
*GAUSBERTUS, 177.
GAUSERANNUS monachus, scrip. 86.
GAUSERANNUS. Vide *Gauzerannus.*
GAUSERANNUS, testis, 54, 65, 92, 93.
*GAUSFREDI terra, 140.
GAUSFREDUS donator. Vide *Gaufredus.*
GAUSIACUS villa, in agro Tarnantensi, 231.
GAUSMARUS, abbas Savin. p. *2, 87, 229,* ch. 126, 127, 128, 129, 130, 131, 133, 134, 135, 136, 137, 138, 139, 140, 141, 143, 144, 145, 146, 147, 148, 149, 150, 151, 152, 153, 155, 156, 157, 158, 159, 160, 161, 162, 163, 164, 165, 166, 167, 168, 169, 170, 171, 172, 173, 174, 175, 176, 177, 178, 179, 180, 181, 182, 183, 184, 185, 186, 187, 188, 189, 190, 191, 192, 193, 194, 195, 196, 197, 198, 199, 200, 201, 202, 203, 204, 205, 206, 207, 208, 209, 210, 211, 212, 213, 214, 215, 216, 217, 218, 219, 220, 221, 222, 223, 224, 225, 226, 227, 228, 229, 230, 231, 232, 233, 234, 235, 236, 237, 238, 239, 240, 241, 242, 243, 244, 245, 246, 247, 248, 249, 250, 251, 252, 253, 254, 255, 256, 257, 258, 259, 260, 261, 262, 263, 264, 266, 267, 268, 269, 270, 271, 272, 273, 274, 283, 276, 277, 278, 279, 280, 281, 282, 275, 284, 285, 286, 287, 288, 289, 290, 291, 292, 293, 294, 295, 296, 297, 298, 299, 300, 301, 302, 303, 304, 305, 306, 307, 308, 309, 310, 311, 312, 313, 314, 315, 316, 317, 318, 319, 320, 321, 322, 323, 324, 325, 326, 327, 328, 329, 330, 331, 332, 333, 334, 335, 336, 337, 338, 427, 593 *n.*
*GAUSMARUS, sacerdos et monachus, scrip. 8, 41, 46, 57, 74, 158.
GAUSMARUS presbyter, testis, 228.
GAUSMARUS presbyter, testis, 431.
GAUSMARUS presbyter, donator, 108.
GAUSMARUS levita, scrip. 476, 491.
*GAUSMARUS monachus, testis, 38.
GAUSMARUS levita, scrip. 598.
GAUSMARUS levita, scrip. 709.
GAUSMARUS monachus [Sav.], 748.
GAUSMARUS monachus, testis, 59.
GAUSMARUS monachus, 653.
GAUSMARUS, scrip. 493.
GAUSMARUS monachus, scrip. 597, 645, 654, 656, 657, 692, 707, 714, 722, 728, 891.
*GAUSMARUS, miles, frater Suivini, donator, 95.
GAUSMARUS, donator, 361.
GAUSMARUS, scrip. 390.
GAUSMARUS, scrip. 492, 589, 665, 682, 684, 689.
GAUSMARUS rusticus, 250.
GAUSMARUS, filius Pontiæ, 682.
GAUSMARUS, filius Silvii et Pontiæ, 628.
GAUSMARUS [frater Adalberti?], et uxor ejus Maria, donatores, 350.
GAUSMARUS, frater Rotberti, donator, 194.
*GAUSMARUS, frater Ugonis, 146.
*GAUSMARUS de Maximiaco, 172. Vide *Maximiaco.*
GAUSMARUS Romphator, 650. Vide *Romphator.*
GAUSMARUS Rumphator, 817. Vide *Rumphator.*
GAUSMARUS de Turoniaco, 651. Vide *Turoniaco.*
GAUSMARUS de Varenna, 824. Vide *Varenna.*
GAUSMARUS [de Varennis], pater Stephani de Varennis, 905. Vide *Varennis.*
GAUSMARUS, testis, 43, 220, 379, 426, 454, 494, 539, 601, 703, 757, 772.
GAUSMARUS, testis, 35, 36.
*GAUSMARUS, testis, 183.
GAUSO, testis, 69.
GAUSPERTUS. Vide *Gausbertus.*
GAUSSO, testis, 231.
GAUTERIUS monachus. Vide *Gaubertus.*
*GAUTZOLDUS vel GAUTZALDUS, et uxor ejus Heldesendis, impignoratores, 62.
GAUZCHERIUS, testis, 126.
GAUZELINUS, 198.

GAUZELINUS, testis, 118, 208. Vide *Gaucelinus*.
GAUZERANNI vel GAUZERANNUS : Agno, 748; Stephanus, 916, 938; Petrus frater Stephani, 939. Vide *Gauceranni*.
GAUZERANNUS, GAUCERANNUS, GAUREZ, Lugdunensis archiepiscopus, 898, 919.
GAUZERANNUS diaconus, testis, 472.
GAUZERANNUS præpositus [Sav.], 748.
GAUZERANNUS vicarius, 794.
GAUZERANNUS monachus, testis, 9.
GAUZERANNUS monachus, 748.
GAUZERANNUS monachus, scrip. 102, 112, 114.
GAUZERANNUS monachus, scrip. 389, 405, 413, 416, 621, 661, 671, 672, 673, 680, 715, 729, 858, 882.
GAUZERANNUS, donator, 155.
GAUZERANNUS vel GAUCERANNUS, donator, 424.
GAUZERANNUS, donator, 515.
GAUZERANNUS, donator, 746.
GAUZERANNUS, scrip. 666, 717, 718.
GAUZERANNUS vel GAUCERANNUS, excommunicatus, 750.
GAUZERANNUS, filius Areiæ, donator, 368.
GAUZERANNUS, filius Eldini, 718.
GAUZERANNUS, filius Ermengardis Bonæ, 823. Vide *Bona*.
GAUZERANNUS, frater Fredelandi, 435.
GAUZERANNUS, filius Gauzeranni et Biliardæ, 418.
GAUZERANNUS, filius Girini de Sena et Istoriæ, 839.
GAUZERANNUS, filius Rotlanni, 468.
GAUZERANNUS, frater Agnonis, 702.
GAUZERANNUS, frater Gauzeranni, et maritus Eltrudis, 730.
GAUZERANNUS, frater Hugonis, abbatis Saviniacensis; maritus Richoaræ, et pater Artaldi, 527.
GAUZERANNUS vel GAUCERANNUS, frater Hugonis, maritus Ermengardis, 759; filius Hugonis Titionis, 760. Vide *Titio*.
GAUZERANNUS vel GAUSERANNUS, pater Gaufredi et Agnonis, 826.
GAUZERANNUS vel GAUSERANNUS, et uxor ejus Adalasiæ, genitores Gaufredi et Agnonis, 730.
GAUZERANNUS et uxor ejus Adalenda, genitores Aymonis, Berardi, Artaldi et Amici, donatores, 794.
GAUZERANNUS et uxor ejus Biliarda, genitores Gauzeranni, donatores, 418.

GAUZERANNUS et uxor ejus Biliardis, genitores Jarentonis, donatores, 691.
GAUZERANNUS vel GAUCERANNUS, maritus Emeltrudis, 138.
GAUZERANNUS vel GAUCERANNUS cognomento Bers de Sepmuro, 915. Vide *Bers*.
GAUZERANNUS de Civent, 748. Vide *Civent*.
GAUZERANNUS Cordel, 804. Vide *Cordel*.
GAUZERANNUS de Laviaco, 836. Vide *Laviaco*.
GAUZERANNUS Nepos, vel nepos Dalmatii de Yonio, 923. Vide *Nepos*.
GAUZERANNUS Porcoz, 94. Vide *Porcoz*.
GAUZERANNUS, testis, 612, 675, 731, 786, 789, 838, 840, 876.
GAUZFREDUS, testis, 435.
GAUZO, donator, 180.
GAUZO, maritus Adalendis, donator, 170.
GAUZO, maritus Beliardis, donator, 183.
GAUZO, testis, 195, 393, 538.
GAYET (Vuillelmus), 949.
GEBENENSIS. Vide *Genevensis*.
GEBUINUS, Lugd. archiep. 758. Vide *Gibuinus*.
GEILMUS, 158.
GEIRVOLTI vinea, 27.
GEMBERTANA [filia Benedictæ?], 201.
GEMOIS, ubi ecclesia in honore S. Germani, in episcopatu Sanctonensi, 909. (GIMEUX.)
GENAVENSIS. Vide *Genevensis*.
GENBERTUS vel GONBERTUS levita, scrip. 46, 51.
GENBERTUS, scrip. 59.
GENBERTUS, scrip. 368.
GENERALIA, *pag. 526*.
GENESII (S.) ecclesia, 918.
GENESII (S.) ecclesia in villa Celsiaci, 9.
GENESII (S.) ecclesia de Savisineto, 831, 832, 833, 834. Vide *Savisinetus*.
*GENESIUS et uxor ejus Ingeldrada, venditores, 34.
GENESIUS (Petrus), 821, 822.
*GENESIUS, testis, 188.
GENEVA, locus in agro Tarnantensi, 477. (GENEVET?)
GENEVENSIS, GENAVENSIS, GEBENENSIS, GEBENNENSIS episcopus, 30, 639, 640, 910; episcopatus, 638, 639, 640, 808, 901, 910; synodus, 910; decanus, 910; præpositus, 910; comes [639?], *pag. 540*. (GENÈVE.)
GENEVESII (S.) ecclesia, 831. Vide *S. Genesii*.
GENEVREDUS, campus [in agro Fluriacensi?], 536.
*GENEVRETA locus, in villa Talantiaco, 38.

NOMINUM ET RERUM. 821

GENFREDUS vel GEUFREDUS, 446.
GENTEN mansus [prope Floriacum?], 635. (GENTÉ.)
*GENTILEZ fœmina, 55.
GENTIONIS vel GENTONIS terra, 218.
GENTO terra, 204.
GEODADUS, 233. Vide *Deodatus*.
GEORGII (S.) ecclesia prope Cosnacum, in Sanctonensi diœcesi, 946. (S. GEORGES-DES-AGOUTS.)
GEORGII (S.) terra [in agro Vesiacensi?], 201, *192.
GEORGIUS presbyter, donator, 18.
GEORII (S.) ecclesia. Vide *Jorii (S.)*.
GERALDUS, comes [Lugd.], 645 [646?]. Vide *Gerardus*.
GERALDUS, Matisconensis episcopus, testis, 30.
GERALDUS vel GIRALDUS, Lausanensis episcopus, 939, 940.
*GERALDUS, abbas Athanacensis vel Athanacensium, 16, 17, 22, 71, 73, 80, 84, 92, 97, 100, 102, 112, 115, 119, 132, 148, 156, 161, 162, 171, (pater Athanacensis) 188.
*GERALDUS sacerdos, frater Otgerii, donator, 5.
*GERALDUS sacerdos, testis, 19, 29.
*GERALDUS presbyter, testis, 8, 42, 74, 151.
*GERALDUS laicus, testis, 19.
GERALDUS, venditor, 434.
*GERALDUS, filius comitissæ Thedbergæ, 191.
*GERALDUS, parens Benedicti et uxoris suæ Fecemæ, 19.
GERALDUS [filius Bosonis], nepos Bladini, 408.
GERALDUS, filius Gerundæ, 776.
*GERALDUS, filius Girini et Letuis, 14.
GERALDUS, maritus Eldegardis, et pater Sigiberti, Hugonis et Girbergiæ, 865, 882.
GERALDUS, maritus Ermengardis, 158.
*GERALDUS et uxor ejus Rayna, donatores, 8.
GERALDUS nepos Gauzeranni, mariti Biliardæ, 691.
GERALDUS vel GERARDUS Calvus, filius Gerundæ, 829. Vide *Calvus*.
GERALDUS et Aalardus, donatores, 349.
GERALDUS, testis, 184, 260, 691.
*GERALDUS, testis, 1, 20, 29, 42, 48, 161, 162.
*GERALDUS, GERAUDUS, GERAULDUS, 13.
*GERARDI terra, 146.
GERARDUS, comes [Lugdunensis], et Gimbergia, genitores Artaldi, 437.

GERARDUS comes [Lugd.], filius Artaldi comes et Theodbergiæ, 602, 645 [646?], 730, *147.
GERARDUS presbyter et monachus, donator, 521.
*GERARDUS, filius Agnonis et Ilyæ, 170.
GERARDUS, filius Gontardi et Adalaæ, 636.
GERARDUS vel GIRARDUS, filius Iterii et Armenæ, 685.
GERARDUS, GERALDUS, GIRALDUS, maritus Domengianæ, donator, 171.
GERARDUS et uxor ejus Gimbergia, donatores, 237.
GERARDUS et uxor ejus Hilaria, donatores, 185.
GERARDUS vel GIRARDUS, maritus Legerdis, petitor, 63.
*GERARDUS et uxor ejus Sacia, donatores, 83.
*GERARDUS et uxor ejus Tivergia, donatores, 20.
*GERARDUS, frater Adalardi Rufi, donator, 100.
GERARDUS et Otgerius, fratres Benedicti, 419.
*GERARDUS, frater Ylionis, 132.
GERARDUS Calvus, 894. Vide *Calvus*.
GERARDUS [Tornavent], donator, 409. Vide *Tornavent*.
GERARDUS, testis, 14, 65, 130, 131, 136, 181, 195, 199, 337, 346, 602, 655, 657, 885.
*GERARDUS, testis, 22, 26, 35, 36, 74, 128, 159, 183, 184, 186.
*GERART, testis, 175.
GERBERGANA, uxor Martini, 1.
GERBERGIA, donatrix, 375.
GERBERGIA, uxor Theutbodi, 159.
*GERBERGIA, testis, 155.
*GERBERNUS, scrip. 454.
GERBERNUS monachus, scrip. 128, 139, 141, 149, 157, 158, 159, 160, 162, 163, 164, 165, 175, 176, 178, 179, 181, 182, 183, 184, 185, 186, 187, 198, 199, 204, 205, 206, 207, 208, 209, 210, 211, 212, 213, 214, 246, 247, 248, 249, 250, 251, 252, 268, 269, 270, 271, 272, 273, 274, 275, 337, 338, 340, 345, 347, 349, 427, 431, 437, 440, 441, 442, 443, 444, 446, 470, 485, 545, 549, 580.
GERBERTUS archipresbyter, 912. Vide *Girbertus archipresbyter*.
GERBERTUS monachus, scrip. 238, 336.
GERBERTUS, testis, 566, 567.
GERENSIS [ager vel vallis], 203. Vide *Jarensis ager*. (JAREZ.)

GERENTO Calvus, 937. Vide *Calvus.*
GERINUS, testis, 343.
GERIUS fluvius, 478. (GIER.)
*GERLANDUS, testis, 93.
GERLANI terra, 30.
*GERLENDA, testis, 12.
GERMANI (S.) [super Arbrellam] ecclesia, *pag. 387*; parrochia, 958. (S. GERMAIN-SUR-L'ARBRESLE.)
*GERMANI (S.) parrochia, 76. Vide *Yermani (S.)*
GERMANI (S.) ecclesia in villa de Cogniaco, 827.
GERMANI (S.) de Gemois ecclesia, in episcopatu Sanctonensi, 909. Vide *Gemois.*
GERMANI (S.) ecclesia, in agro Tecommensi, 142. (S. GERMAIN-LA-MONTAGNE.)
GERMANUS sacerdos, scrip. 101.
*GEROARDUS, testis, 48.
GEROLDUS presbyter, testis, 449.
GEROTDUS, donator, 302.
GERRIIS (Finis de), in agro Forensi, 6.
GERUNDA, mater Arnulfi, Rotlanni, Girini, Artaldi, Jarentonis, Vuillelmi, Geraldi et Aygonis, 776.
*GERVACII (S.) terra, 76.
*GERVASII (S.) ecclesia, in civitate vel prope civit. Lugdun. 193.
GEUFREDUS, 446. Vide *Genfredus.*
GEZO, notarius [Lotharii regis], 132.
GIBERGIA vel GIRBERGIA, uxor Aschirici, 482.
GIBERTUS, 68. Vide *Girbertus.*
GIBUINUS, GEBUINUS, GYBOINUS, Lugd. archiep. 757, 758, 818, 822, 823, 827, * 198.
GIBUINUS vel GIRBUINUS, maritus Ermengardis, 869.
GILBARDUS, 818. Vide *Girbaldus.*
GILBERTUS, scrip. 43.
GILINUS, testis, 57.
GILINUS vel GILMUS, 641. Vide *Girinus.*
*GILMARUS et Teudarnus, venditores, 79.
GIMBERGIA, donatrix, 50.
GIMBERGIA, donatrix, 680.
GIMBERGIA et filii sui Arbertus et Durannus, donatores, 735.
GIMBERGIA, filia Geraldi et Eldegardis, 882.
GIMBERGIA, mater Leotardi, donatrix, 283.
GIMBERGIA, uxor Gerardi, 237.
GIMBERGIA vel GINBURGIA, uxor Gerardi comitis [Lugdunensis], 437.
GIMBERGIA, uxor Girini, 891.

GIMBERGIA, testis, 787, 879.
GIMBERTUS presbyter, scrip. 64.
GIMELANGIAS vel GIMILANGIÆ villa, in agro Cuniacensi, 398, 706.
GIMINIACUS, 125. Vide *Ginimiacus.*
GIMO vel SIMO [consanguineus vel filius Vuilenci?], 286.
GINBERGIA, uxor Arnulfi, 92.
*GINBERGIA, filia Benigni et Emmæ, 134.
*GINBERGIA, uxor.... de Chel, mater Vuillelmi et Ugonis [de Chel], 198.
*GINBERGIA, mater Engilrici, 150.
*GINBERGIA, filia Girardi, 7.
*GINBERGIA et Lanbertus, 40.
*GINBERGIA, uxor Hycterii, 47, 54.
*GINBERGIA, filia Milonis et Eldegardis, 104.
*GINBERGIA, uxor Rotbaldi, 72.
GINCENNACUS villa [in agro Forensi?], 518.
GINIMIACUS villa, in agro Forensi, 71, 125.
GIONENSIS (Vuichardus) et uxor ejus Nazarea, genitores Berardi, Umberti et Vuichardi, 755.
GIRAIRDUS vel GIROARDUS, testis, 222.
GIRALDUS comes, 602. Vide *Girardus.*
GIRALDUS, donator, 455.
*GIRALDUS et uxor ejus Rayna, testes, 59.
*GIRALDUS, frater Ailiburgis, 97.
GIRALDUS de Valbosun, 906. Vide *Valbosan.*
GIRALDUS, testis, 54.
*GIRALDUS, testis, 29, 84, 85.
*GIRARDI terra, in villa Marcilliaci, 7, 29, 144.
*GIRARDI hæreditas, 166.
GIRARDUS, GIRALDUS, GERALDUS comes, filius Artaldi comitis et Theotbergiæ, 602, 645, [646?], 730, * 191. Vide *Gerardus.*
GIRARDUS, Engolismensis episcopus, sanctæ ecclesiæ Romanæ legatus, 933.
GIRARDUS prior, 903.
GIRARDUS presbyter, 830.
GIRARDUS presbyter, 920.
GIRARDUS sacerdos, donator, 709.
GIRARDUS, minister de Taratro, 803.
*GIRARDUS sacerdos, testis, 122.
GIRARDUS clericus, 686, 687.
GIRARDUS monachus, scrip. 816.
GIRARDUS, donator, 293.
GIRARDUS, donator, 568.
GIRARDUS, donator, 856.
GIRARDUS, scrip. 111.
GIRARDUS rusticus, testis, 791.

GIRARDUS, filius Abeloniæ, donator, 570.
*GIRARDUS, filius Amblardi et Alectrudis, nepos Arenci, 85, 86.
GIRARDUS, filius Bernardi presbyteri, 897.
GIRARDUS, filius Christianæ, 522.
GIRARDUS, filius Ermengardis, donator, 722.
GIRARDUS, filius Girini de Sena et Istoriæ, 839.
GIRARDUS, filius Marensendis, donator, 860.
GIRARDUS, filius Rostagni, 71.
GIRARDUS, filius Silvii et Leutgardis, 674.
GIRARDUS, filius Stephani et Aremburgis, 598.
GIRARDUS, frater Agnæ, donator, 573.
GIRARDUS, frater Agnonis, 692.
GIRARDUS [frater Ansberti?], 277.
GIRARDUS, frater Arnulfi, 206.
GIRARDUS, frater Aroardi, 447.
GIRARDUS, frater Belli Hominis, 492.
*GIRARDUS et Bertelimus, venditores, 99.
GIRARDUS, frater Fulcherii, 725.
GIRARDUS, frater Gauberti de Balbineu, 8, 33, 834. Vide *Balbineu.*
GIRARDUS, filius Iterii et Emmenæ, 600.
GIRARDUS, maritus Elisendis, donator, 728.
GIRARDUS et uxor ejus Hylia, venditores, 726.
GIRARDUS et uxor ejus Leutgardis, cum filiis eorum Pontio et Agnone, donatores, 137.
GIRARDUS et uxor ejus Richuara, donatores, 290.
GIRARDUS et uxor ejus Vuandalmodis, genitores Fulcherii et Pontii, 660.
*GIRARDUS, pater Ginbergiæ, donator, 7.
GIRARDUS, avunculus Fulcherii, 725.
GIRARDUS, propinquus Aledonis, testis, 58.
GIRARDUS Brunus, 435. Vide *Brunus.*
GIRARDUS de Cascedo, excommunicatus, 750. Vide *Cascedo.*
GIRARDUS Crassus, 653. Vide *Crassus.*
GIRARDUS [de les Granges], 938. Vide *Granges.*
GIRARDUS Grassus, 790. Vide *Grassus.*
GIRARDUS de Interaquis, 918. Vide *Interaquis.*
GIRARDUS de Mabono Fonte, 836. Vide *Mabono Fonte.*
GIRARDUS Pellerin, 899. Vide *Pellerin.*
GIRARDUS Poisat, 598. Vide *Poisat.*
GIRARDUS Rumphator, 682, 683. Vide *Rumphator.*
GIRARDUS de Valeilliis, 792. Vide *Valeilliis.*
GIRARDUS de Valle Bosonis, 836. Vide *Valle Bosonis.*
GIRARDUS [de Varenna], frater Stephani, 772. Vide *Varenna.*

GIRARDUS. Vide *Gerardus.*
GIRARDUS, testis, 14, 74, 90, 133, 165, 187, 188, 242, 259, 266, 279, 291, 302, 328, 329, 351, 379, 387, 390, 426, 458, 485, 545, 566, 567, 592, 599, 617, 637, 650, 653, 660, 661, 699, 714, 794, 836, 840, 850.
*GIRARDUS, testis, 47, 51, 54, 99, 104, 121.
*GIRART infantes, 91.
*GIRART, testis, 129.
GIRAUDI vel GIRARDI (Vuillelmus), cancellarius Petri, episcopi Sanctonensis, 909, 932.
GIRBAUDUS, abbas Saviniacensis. Vide *Girbaudus.*
GIRBALDUS monachus, 818, 819, 820, 846.
GIRBALDUS, scrip. 364.
*GIRBALDUS, frater Folcradi, donator, 57.
*GIRBALDUS, testis, 24, 136.
GIRBAUDUS vel GIRBALDUS, abbas Saviniac. pag. 2, ch. 818, 820, [836] 898, 903.
*GIRBERGA, testis, 73.
GIRBERGIA vel GINBERGIA, filia Geraldi et Ermengardis, 865.
GIRBERGIA vel GIBERGIA, uxor Ascherici, 482.
GIRBERGIA, uxor Duranti, 495.
GIRBERGIA, uxor Stephani, mater Humberti, 520.
GIRBERGIA vel GIRBERGA, uxor Vuillelmi, comitis Engolismensis, 633.
GIRBERGIA vel GIRBERGA, uxor Aysonis, et mater Folcardi et Oddonis, 635.
GIRBERGIA, 482. Vide *Gibergia.*
*GIRBERGIA, testis, 193.
GIRBERNUS monachus, scrip. 138.
GIRBERNUS, frater Desiderii, 684.
GIRBERTUS Faber, 857. Vide *Faber.*
GIRBERTUS archipresbyter, 913, 940. Vide *Gerbertus archipresbyter.*
GIRBERTUS presbyter, donator, 555.
GIRBERTUS monachus, scrip. 151, 153.
GIRBERTUS, donator, 90.
GIRBERTUS, donator, 369.
GIRBERTUS, scrip. 230.
GIRBERTUS puer, testis, 595.
GIRBERTUS habens mansum ad la Varennam, 73.
GIRBERTUS, filius Hilariæ, 883.
GIRBERTUS [frater Ansberti?], 277.
GIRBERTUS et uxor ejus Dominica, 613.
GIRBERTUS de Fontaneis, 834. Vide *Fontaneis.*
GIRBERTUS de Frigido Fonte, 787. Vide *Frigido Fonte.*

GIRBERTUS de Ligneu, 913. Vide *Ligneu.*
GIRBERTUS de Sivrac, 751. Vide *Sivrac.*
*GIRBERTUS vel VANDRANUS, donator, 191.
GIRBERTUS, 68; testis, 142, 309, 350, 473, 487, 566, 920.
*GIRBERTUS, testis, 77.
*GIRBERTUS, 137.
*GIRBOL, testis, 6.
GIRBOLDUS, testis, 300.
GIRBOLDUS, testis, 677.
*GIRBOLDUS, testis, 48.
*GIRBOLT, testis, 99.
GIRBUINUS, 869. Vide *Gibuinus.*
GIRELDIS, testis, 436.
*GIRELMIUS monachus, testis, 38.
GIRERDIS fœmina, donatrix, 119.
GIREU (Pontius), 913.
GIRIBALDUS, 818. Vide *Girbaldus.*
*GIRICUS, 179.
GIRINA, uxor Eldeverci, donatrix, 96.
GIRINA fœmina, 617.
*GIRINI terra, 78.
GIRINUS decanus [eccl. Lugd.], 842, 907, 919, 939. Vide *Girinus Calvus.*
GIRINUS capellanus, 813, 815, 817, 834, 919.
GIRINUS, prior de Sal, 923, 924, 925, 929, 931.
GIRINUS, prior de Castro, 838.
*GIRINUS monachus, præpositus de Caseto, 148.
GIRINUS presbyter, 835.
GIRINUS presbyter, 871.
GIRINUS dapifer, 898.
GIRINUS pœnitentiarius, 948.
GIRINUS monachus, scrip. 755.
GIRINUS monachus, 807.
GIRINUS monachus, 825.
GIRINUS monachus, 913.
*GIRINUS miles, testis, 137.
GIRINUS, frater abbatis Sav. 946.
GIRINUS, donator, 53.
GIRINUS, donator, 667.
GIRINUS, donator, 745.
GIRINUS, donator, 875.
GIRINUS, habens terram prope ecclesiam S. Petri de Roseriis, 874.
GIRINUS, filius Amici, 874.
GIRINUS, filius Bertæ, 590.
GIRINUS, filius Bladini et Theoderismæ, 440.
GIRINUS, filius Gerundæ, 776.
GIRINUS, filius Ingelæ, donator, 518.

GIRINUS, filius Renconis, 697.
GIRINUS, filius Stephani et Ermengardis, 662.
GIRINUS, frater Artaldi et Arrici, donator, 729.
GIRINUS, frater Asterii, 120.
GIRINUS, frater Asterii, 665.
GIRINUS et Jarento fratres, excommunicati, 750.
GIRINUS, frater Humberti, donator, 612.
GIRINUS, frater Poncii, donator, 610.
GIRINUS, maritus Ginbergiæ, 891.
GIRINUS et filius ejus Jarento, donatores, 72.
*GIRINUS et uxor ejus Dumesia, donatores, 87.
*GIRINUS et uxor ejus Letuis, donatores, 14, 15, 17.
*GIRINUS et uxor ejus Nonia, emptores, 64.
GIRINUS, avunculus Helisiardi, 749.
GIRINUS Arbroel, 912. Vide *Arbroel.*
GIRINUS Arbrel, 916. Vide *Arbrel.*
GIRINUS Arbrell. monachus, 935. Vide *Arbrell.*
GIRINUS Calvus decanus, 819, 830, 834, 898. Vide *Calvus* et *Girinus.*
GIRINUS Calvus, canonicus, filius Gerundæ, 829, 830. Vide *Calvus.*
GIRINUS Calvus, 813, 815, 817, 819. Vide *Calvus.*
GIRINUS Calvus, 924. Vide *Calvus.*
GIRINUS, filius Arnulfi Calvi, 829. Vide *Calvus.*
GIRINUS, filius Arnulfi Calvi et Gotolendis, 891. Vide *Calvus.*
GIRINUS Calvus, filius Gotholendis, 923. Vide *Calvus.*
GIRINUS Calvus, frater Arnulfi Calvi, 664. Vide *Calvus.*
GIRINUS Calvus, pater Artaldi et Vuillelmi Calvi, 906. Vide *Calvus.*
*GIRINUS cognomine Calvus, 198. Vide *Calvus.*
GIRINUS de Corcenato, 871. Vide *Corcenato.*
GIRINUS [Crassus], 653. Vide *Crassus.*
GIRINUS Crassus, propinquus Rotlanni, 778. Vide *Crassus.*
GIRINUS de Criceu, 935. Vide *Criceu.*
GIRINUS de Darasiaco, cognomine Blancus, maritus Emelinæ, et pater Vuichardi, 828. Vide *Darasiaco* et *Blancus.*
*GIRINUS de Darziliaco et Dumesia uxor ejus, donatores, 50. Vide *Darziliaco.*
GIRINUS Dossenna, 874. Vide *Dossenna.*
GIRINUS Flamen, 899. Vide *Flamen.*
GIRINUS de Lacal, 829. Vide *Lacal.*
GIRINUS, filius Brianti [de Lavieu] et Ayæ, factus monachus, 938. Vide *Lavieu.*

NOMINUM ET RERUM. 825

GIRINUS de Mercol, 765. Vide *Mercol.*
GIRINUS de Monte, 779. Vide *Monte.*
GIRINUS de Mornent, et avunculus ejus Girinus, 741. Vide *Mornent.*
GIRINUS de Nerviaco, 106. Vide *Nerviaco.*
GIRINUS de Pineto, 94, 653. Vide *Pineto.*
GIRINUS de Pineto, 762, 776, 821. Vide *Pineto.*
GIRINUS de Pineto, 938. Vide *Pineto.*
GIRINUS Pinetus, 819. Vide *Pinetus.*
GIRINUS de Pino, 886. Vide *Pino.*
GIRINUS de Rosset, 938. Vide *Rosset.*
GIRINUS Rostagnus vel de Corcennatis, 129. Vide *Rostagnus* et *Corcennatis.*
GIRINUS Ruffus, 829, 830, 833. Vide *Ruffus.*
GIRINUS Rufus, 896, 926. Vide *Rufus.*
GIRINUS Rufus, miles, 906. Vide *Rufus.*
GIRINUS, frater Jarentonis, donator, 652; avus alterius Girini, 653, 654, 657, 668; maritus Petronillæ, 654; filius Hugonis, 654; cognomen accepit Vetulus, 656. Vide *Sal.*
GIRINUS, nepos Girini et Jarentonis, 653, 654, 657, 658; maritus Aremburgis, et pater Pontii, 655; frater Hugonis et Rotlanni, 657; avunculus Hugonis, 656. Vide *Sal.*
GIRINUS [de Sal?], filius Gotolendis, 780. Vide *Sal.*
GIRINUS de Sal, pater Girini Calvi, et avus Artaldi et Vuillelmi, 906. Vide *Calvus.*
GIRINUS de Salvito, 798. Vide *Salvito.*
GIRINUS de Sanas, 835. Vide *Sanas.*
GIRINUS de Sena, 839. Vide *Sena.*
GIRINUS de Senati, 785. Vide *Senati.*
GIRINUS de Sennatis, 748. Vide *Sennatis.*
GIRINUS, filius Girini de Sena et Istoriæ, 839.
GIRINUS [de Valelles?], 923. Vide *Valelles.*
GIRINUS [de Valeilliis], 792. Vide *Valeilliis.*
GIRINUS, testis, 97, 115, 126, 168, 246, 348, 354, 356, 542, 552, 555, 615, 618, 641, 662, 663, 665, 700, 704, 709, 779, 781, 782.
*GIRINUS, testis, 26, 47, 54, 78, 96, 104, 113, 143, 165, 170, 199.
*GIRINUS, 141.
*GIROARDI terra, 35.
GIROARDUS, testis, 222. Vide *Girairdus.*
*GIROINUS, testis, 62.
GIROLDI terra, 109, 295.
*GIROLDI terra, in villa Marcilliaci, 7.
*GIROLDUS sacerdos, testis, 7.
GIROLDUS monachus, testis, 174.
*GIROLDUS laicus, testis, 7.

GIROLDUS, maritus Eldegardis, 726.
GIROLDUS, donator, 254.
GIROLDUS vel GIRALDUS, pater Duranti, donator, 357.
GIROLDUS, testis, 329. Vide *Girardus.*
GIROLDUS, testis, 344.
*GIROLDUS, testis, 30.
*GIROLT sacerdos, testis, 6.
GIRPERTUS, testis, 265.
GIRUNDA, mater Calvorum, 829. Vide *Calvus.*
*GIRUNDA, uxor Girini Calvi, 198.
*GIRUS sacerdos, testis, 52.
GIRVALLUS [de Balbineu], 834. Vide *Girardus de Balbineu.*
GISBERTUS, testis, 74.
GISELA, fœmina data Saviniacensi monasterio, 809.
GISLA, uxor Alberici, 575.
*GISLA, filia Theothardi, 172.
*GISLABERTI (Terra ad infantes), 19.
GISLABERTUS, testis, 251.
*GISLABERTUS, testis, 30, 31.
GISLAMARI terra, 60.
GISLAMARUS presbyter, scrip. 130, 131.
GISLAMARUS monachus, scrip. 191.
GISLAMARUS monachus, scrip. 260.
GISLAMARUS, scrip. 231.
GISLAMARUS de Avesiis, 866. Vide *Avesiis.*
GISLAMARUS, testis, 135.
GISLAMUNDUS, testis, 593.
*GISLANDI terra, 19.
*GISLANNI mansio, in villa Burziaci, 15.
*GISLANUS, 23.
GISLARDUS, testis, 32.
GISLEBERTUS, testis, 204.
GISLEBERTUS, testis, 696.
*GISLEBERTUS, testis, 27.
GISLEMARUS monachus, scrip. 258.
GISLEMARUS monachus, scrip. 620.
GISLEMARUS, donator, 626.
GISMALARUS, testis, 130, 131.
*GITBERGA fœmina, 115.
*GITRARDUS, testis, 18.
GLORI (AYMO DE), frater Petri de Rancu, 887.
GOALBOLDUS, testis, 457.
GOALVINUS, testis, 699.
GOBERTUS, testis, 203, 396.
*GOCERANNUS monachus et levita, scrip. 128. Vide *Gauserannus.*
GODA, uxor Ratburni, 287.
*GODA, uxor Martini, 140.

* GODALBOLDUS vel GODALBODUS et uxor ejus Narnuina, impignoratores, 168.
GODALDRICUS, 218.
GODALFREDUS, 653.
GODALTRUDIS, uxor Romestagni, et filii eorum, Albericus, Aymo, Fulcherius et Emmanuel, donatores, 153.
GODALVINUS et uxor ejus Nicetia, donatores, 425.
* GODANA, testis, 130.
GODEFREDUS vel GOTEFREDUS sacerdos, donator, 352.
GODO, testis, 5, 148.
GODOLARDUS, testis, 433.
GODOLRICUS, testis, 268.
* GODONI terra, 21.
GOELIS ecclesia, in honore S. Marcelli, 433, 434. (GOËLLE?)
GOFFREDUS, frater Yliæ, maritus Stephanæ, et pater Stephani, 793.
GOFFREDUS, testis, 431.
GOFIACENSIS, GOFFIACENSIS, GOPHIACENSIS ager, 128, 335, 336, 337, 338, 339, 340, 341, 342, 343, 344, 345, 348, 349, 351, 352, 353, 354, 355, 357, 359, 361, 362, 518, 547, 548, 549, 550, 551, 552, 553, 554, 555, 742, 799, 872, *160.
GOFIACUS villa, in agro Gofiacensi, 342. (GOIF-FIEUX.)
GOLFERII (Vuichardus), 823.
* GOLIA, uxor Arbranni, 71.
* GOLIA, filia Benedicti, 59.
GOLTRANNUS, 752. Vide Gontrannus.
GOMBALDUS Vitalis, testis, 811. Vide Vitalis.
GOMBERGIA, mater Otgerii et Stephani sacerdotes, 549.
GOMBERGIA, uxor Layterii, 608.
GOMBERTUS de Luisco, 366. Vide Luisco.
GONBERTUS levita, scrip. 46. Vide Genbertus.
GONDO, testis, 65.
* GONDOINUS, 96.
GONDOLTUS, testis, 27.
* GONDRADUS rex. Vide Conradus.
GONDRANNUS, testis, 467.
* GONDULFUS rethor, testis, 32.
GONFREDUS, 641. Vide Gunfredus.
GONFREDUS, testis, 201, 202.
* GONRADUS rex. Vide Cunradus.
GONTARA, uxor Estavoli, 74.
GONTARDUS, 636. Vide Guntardus.
GONTARIUS, testis, 442.

* GONTELDIS, uxor Otberti, 105.
GONTELMUS, scrip. 369.
GONTERIUS sacerdos, scrip. 568, 616.
GONTERIUS et uxor ejus Constantia, 364.
GONTERIUS de Praels, 798. Vide Praels.
GONTRANNUS levita, testis, 38.
GONTRANNUS vel GOLTRANNUS (Vuillelmus), testis, 752.
GONZELINUS d'Escotay, 936. Vide Escotay.
GOSBERTUS, donator, 288.
GOSBERTUS, filius Ayndrici, 559.
GOSBERTUS, testis, 53.
GOSBERTUS, testis, 576.
GOSMARUS, testis, 42.
GOTABERGIS vel GOTHABERGIS, donatrix, 321.
GOTAFREDUS vel GOTASFREDUS, Burdegalensis archiepiscopus, 634, 889.
GOTAFREDUS presbyter, donator, 551.
GOTAFREDUS, testis, 194.
* GOTAFREDUS, testis, 72.
* GOTAFREDUS, testis, 184.
GOTAFRIDUS, testis, 271.
GOTBERTUS, testis, 123.
GOTDO, testis, 307.
GOTEFREDUS. Vide Godefredus.
GOTEFREDUS, nepos Agenaldi, 48.
GOTELENDIS, 644. Vide Gotelenda.
GOTELENNIS, 637. Vide Gotlennis.
GOTESMANNUS sacerdos, scrip. 77.
GOTESMANNUS presbyter, scrip. 147, 195, 196, 223, 224, 225.
GOTESMANNUS monachus, testis, 427.
GOTESMANNUS monachus, scrip. 146, 379, 453, 456, 478, 524.
GOTESMANNUS, scrip. 226, 280, 281, 283, 380, 382, 384, 385, 386, 387, 395, 460.
GOTESMANNUS, testis, 126.
GOTFREDUS monachus, testis, 16.
GOTHABERGIS. Vide Gotabergis.
GOTHALBERTUS, testis, 470.
GOTHLEMIS, 637. Vide Gotlennis.
GOTHOLENDIS, mater Girini Calvi, donatrix, 922. Vide Calvus.
GOTHOLENDIS, mater Rotlanni et Artaldi, 930.
GOTHOLENDIS, uxor Almanni, 484.
* GOTHOLENDIS, uxor Pontionis, 141.
GOTHOLENTUS vel GOTTOLENTUS, 271.
GOTISCALCUS, episcopus [Diensis?], testis, 38.
* GOTLEN, uxor Leotardi, 169.
GOTLENDIS, donatrix, 881.
* GOTLENDIS, uxor Leotardi, 138.

GOTLENNIS, GOTELENNIS, GOTHLEMIS, uxor Donfredi, 637.
GOTOLENDA vel GOTOLENDIS, filia Jarentonis, uxor Arnulfi Calvi, 664.
GOTOLENDA, testis, 552.
GOTOLENDIS, uxor Arulfi, 261.
GOTOLENDIS, uxor Arnulfi Calvi, 891.
GOTOLENDIS, mater Girini [de Sal], donatrix, 780.
GOTOLENDIS, mater Rotlanni, donatrix, 855.
GOTOLENDIS, testis, 749.
GOTOLENS, uxor Hugonis, 73.
GOTTESMANNUS monachus, scrip. 166. Vide *Gotesmannus*.
GOTTOLENDIS, filia Jarentonis (Calvus), uxor Arnulfi.
GOTTOLENDUS, 271. Vide *Gotholentus*.
GOVINS (Arnulfus), monachus, 907, 916.
GOYS (Guillelmus), donator, *pag. 229 n*.
GOZINA, GOZMA, GOZIMA, mater Arnulfi, Aymonis, Fulcherii et Pontionis, donatrix, 781, 890.
GRACINOPOLIS, 582. Vide *Gratianopolis*.
GRADINIACUS villa, in agro Solobrensi, 101, 273.
GRAIGICUS VILLA, 662. Vide *Grangico Villa*.
GRAISIACUS villa, 823. Vide *Grasiacus*.
GRAMIACUS villa, in agro Forensi, 284.
GRAMZIM, 940. Vide *Granzun*.
GRANGES (DE LES): Ismido et Girardus, fratres, 938.
GRANGICO VILLA vel GRAIGICO VILLA (Decimatio de), quæ ad ecclesiam Trislini aspicit, 662.
GRANTMONT (Hugo DE), 934.
GRANZUN vel GRAMZIM (Ludovicus DE), testis, 940.
GRASIACUS, GRATIACUS, GRAZIACUS, GRAISIACUS, villa, 45; ubi ecclesia in honore S. Verani, 823, 824. (GRÉZIEUX-LE-MARCHÉ.)
GRASSIACENSIS ager, 139. Vide *Grasiacus*.
GRASSUS: Girardus et Ysiliardus [fratres?], testes, 790. Vide *Crassus*.
GRATIACUS vel GREIZIACUS villa. Vide *Grasiacus*.
GRATIANOPOLITENSIS vel GRACINOPOLIS pagus, 582; episcopus, 648 [?]. (GRENOBLE.)
*GRAVES (Durannus DE), 201.
*GREGORII (S.) ecclesia, 191.
GREISIACUS, 45. Vide *Grasiacus*.
GRENNONE (Bernardus DE), 835.
GRIGNEU (Matheus), sacrista major, *pag. 524*.

GRILINUS, filius Vuandalmodis, donator, 477.
*GRIMA, uxor Eldeverti, 192.
GRIMALDUS presbyter, testis, 382.
GRIMALDUS presbyter, testis, 598.
*GRIMALDUS vel GRIMOLDUS, maritus Ermengardis, donator, 43, 49, 61, 69.
*GRIMALDUS et uxor ejus Siineldis, donatores, 45.
GRIMALDUS Vilano, 835. Vide *Vilano*.
GRIMALDUS, testis, 285, 301, 567.
*GRIMALDUS, testis, 25, 36, 41, 99, 116, 120.
GRIMALTUS, 67.
*GRIMARDI terra, 143.
GRIMARDUS, donator, 544.
GRIMARDUS, scrip. 439.
GRIMARDUS, testis, 230, 254, 301, 372. Vide *Grimaldus*.
GRIMELDIS vel CRIMELDIS, donatrix, 78.
GRIMO, testis, 234.
GRIMOARDUS, donator, 366.
*GRIMOLDI terra, 29.
*GRIMOLDUS, filius Engelsendæ, donator, 6.
*GRIMOLDUS et uxor ejus Ermengardis, impignoratores, 49. Vide *Grimaldus*.
*GRIMOLDUS, testis, 76.
GRIORGIIS villa, in agro Tarnantensi, 697, 858.
GRIPIRE (guerpire), 949.
GRISINIACUS, in agro Saviniacensi, 2; in villa Bevronica, 171. (GRESIGNY.)
GRISSELEICUS [villa?], in agro Saviniacensi, 376.
GRIVILIACUS villa, in agro Tarnantensi, 459; in parrochia Sancti Ferreoli, ubi ecclesia in honore S. Mariæ, 921, 927. (GRIVILLY.)
GROLEA (Guido DE), frater Drodonis de Vallibus, *pag. 540*.
GROS (Stephanus), 832.
GUALANNUS, testis, 144.
GUALANUS, testis, 118.
GUALDEMARUS cognomento Charpinellus, 835. Vide *Charpinellus*.
GUANDALGISUS, testis, 111.
GUARDA, 776. Vide *Garda*.
GUARDRADI (Petrus), testis, 812.
GUARDRADI (Vuillelmus), miles, 811.
GUARDUS, testis, 335.
GUARNENCUS et uxor ejus Leotgardis, donatores, 117.
GUARRENBOLTUS, venditor, 111.
GUBENUS, testis, 65.

828 INDEX GENERALIS

*GUDALBERTI terra, 140.
GUDEFREDUS, 146. Vide *Eudefredus*.
*GUDINA, testis, 105.
GUEYTAN (Franciscus), canonicus Lugdunensis, *pag. 541*.
GUGRO (Arnulfus), maritus Pontiæ, 758.
*GUHONRADUS rex. Vide *Conradus*.
GUIBERTUS, scrip. 65.
GUICHARDUS, Lugdun. archiepiscopus, apostolicæ sedis legatus, 946.
*GUICHARDUS (Ugo), prior domus de Caseto, 200.
GUICHARDUS presbyter, 832.
GUIDO, archiep. Lugd. Vide *Vuido*.
GUIDO, pater Duranti et Vuichardi, testis, 412.
GUIDRANNUS sacerdos, frater Heldini, donator, 123.
GUIGO de Castro Yconii, 768. Vide *Yconii*.
*GUIGO, cognomento Incatenatus, 197. Vide *Incatenatus*.
*GUIGO Autanens, testis, 199.
*GUIGARDUS de Costa, 199. Vide *Costa*.
GUILLELMUS [de Tureyo], Lugdunensis archiepiscopus, *pag. 531*.
GUILLELMUS, comes Forensis, 426 *n.* Vide *Vuillelmus*.
GUILLELMUS Giraudi, cancellarius Petri, episcopi Sanctonensis, 909. Vide *Giraudi*.
*GUILLELMUS Ray[nerius], 198. Vide *Raynerius*.
GUILLELMUS, testis, 716.
GUILLENS (Vuillelma), mater Stephani, Vuillelmi et Petri, 945; Stephanus, frater, Vuillelmi et Petri; miles de castello de Montrotier, maritus Milonæ, donator, 945.
GUILLERMUS de Lavieu, frater Gauceranni, 817 *n.* Vide *Lavieu*.
GUILLERMUS, testis, 358, 454, 716.
GUILLERMUS. Vide *Guillelmus* et *Willelmus*.
GUILTRANNUS, testis, 78.
GUIO vel QUIO, testis, 844, 863.
GUITBOLDUS, testis, 111.
GUIUS : Petrus, Stephanus, Bladinus, Adalardus, fratres, 869.

GUMBALDUS de Podio, testis, 812. Vide *Podio*.
GUMBERTI terra, 52.
GUMBERTUS, scrip. 54.
GUMBERTUS, scrip. 255.
GUMBERTUS levita, scrip. 66.
GUMBERTUS, testis, 345, 376.
GUNBERTUS, GANBERTUS, GAUBERTUS, testis, 729.
GUNDELDUS, testis, 279.
GUNDINUS, 10. Vide *Gandunus*.
GUNDRADUS, 869.
GUNDUINUS, frater [Maynardi et] Amalgerii, maritus Aremburgis, 181.
GUNDUINUS et uxor ejus Saziæ, genitores Berardi, 416.
GUNDUINUS, testis, 503.
GUNDULFUS, testis, 540.
GUNDUNUS vel GUNDINUS, donator, 10.
GUNFREDUS vel GONFREDUS, filius Adalasiæ, 641.
GUNTARA vel GUNCTARA, uxor Rotbaldi, 42.
GUNTARDI vinea, 20.
GUNTARDUS vel GONTARDUS, maritus Adalæ, et filii sui Pontius, Gerardus, Petrus, Lambertus, donatores, 636.
GUNTERIUS, scrip. 623.
GUNTERIUS sacerdos, scrip. 78.
GUNTRANNUS levita, testis, 38. Vide *Gontrannus*.
GUNZELINUS, frater Oliverii, donator, 825.
GUNZELINUS vel GONZELINUS d'Escotay, 936. Vide *Escotay*.
*GUONRADUS rex. Vide *Conradus*.
GUOTBALDUS, testis, 104.
*GURBERTUS, testis, 192.
GURGES, 791.
*GURGUS rivulus, 29.
GURIFREDUS monachus, testis, 23.
GUSANCIO (Ecclesia de), in episcopatu Diensi, 808, 870. (GUZAN.)
*GUTTA, 15, 17, etc.
GUTTA vel GUTA, locus in agro Forensi, 890.
GUTTULA, GUTULA (rivulus), 1, 2, 4, 5, etc.
GUZANTINUS vallis, 870. Vide *Gusancio*.
*GYBOINUS, archipræsul Lugd. 198. Vide *Gibuinus*.

H

HABERE (Terra et), 802.
HABUNDA vel ABUNDA, uxor Gausberti, 401.
*HADALUS, testis, 185.

*HAL. (Halinardus), episcopus (archiepiscopus) Lugd. 190.
HALUVALA [archiepiscopus Lugd.], 29, 30.

HAMIONUS vel AMIONUS, donator, 744.
HARACTI vel HAARACTI villa, in valle Bebronensi, 600.
HARDRAGENARDUS, testis, 24.
HARDUINUS, 176. Vide *Narduinus*.
HAREMBURGIS [uxor Bladini?], 73. Vide *Aremburgis*.
HARENTO. Vide *Jarento*.
*HEBREORUM terra, in villa Marcilliaci, 7, 65.
HECCOR abbas. Vide *Hiccor*.
*HECTOR Sanctæ Mariæ episcopus, 117.
HECTOR presbyter, testis, 30.
*HEDIS pro ÆDES, 13.
*HEDULFUS, consanguineus Adraldis, 53.
HEDUORUM episcopus, Vualo, 30. (AUTUN.)
HELDEBERTUS vel HILDEBERTUS, abbas Sancti Martini insulæ Barbaræ, 174, 427, 540.
HELDEFENDIS vel ELDEFENDIS, uxor Ethenulfi, 9.
HELDEODUS, testis, 374.
*HELDESENDIS, uxor Gautzoldi, 62.
HELDEVERTUS, filius Emmardi et Eldegardis, et maritus Rotlendis, 128.
HELDRINUS, rusticus, 669.
HELDINUS, filius Arberti de Rochifort et Alexandræ, 878. Vide *Rochifort*.
HELDINUS, frater Guidranni, 123.
HELDINUS et uxor ejus Maimburgis, donatores, 475.
HELDOARDUS, testis, 80.
HELDRADUS, testis, 139. Vide *Eldradus*.
HELERA, testis, 641.
HELESIARDIS, 749. Vide *Elisiardus*.
HELIA, testis, 126, 179.
*HELIA, testis, 1.
HELIAS, scrip. 40.
HELIAS levita, scrip. 45, 55.
HELISIARDUS vel HELISIARDIS, 749. Vide *Elisiardus*.
HELISIARDUS Crassus, pater Bernardi, 748. Vide *Crassus*.
HENDRADANA, uxor Vuandalberti, 1.
HENRICUS [III] imperator, 738, 739, 743.
HENRICUS [IV] imperator, 752, 765, 809, 871; augustus, 758.
HENRICUS [V] imperator in Alemania, 907.
HENRICUS imperans in Burgundia, 865.
HENRICUS regnans, 756, 757, 759, 796.
HENRICUS regnans in Burgundia, 731, 807, 819, 822, 823, 824, 825, 826, 827, 834, 882.
HENRICUS, Sanctonensis episcopus, 946.

HENRICUS, testis, 175.
HERBERTUS diaconus, testis, 47.
HERRRICUS et Justus fratres, petitores, 20.
HEREDITAS : divisio paternæ hereditatis, 640; hereditas morientium sine herede, 948; quæ prope extra propinquos advenit, 442; tertia pars servata pro herede, 285; hereditas paterna aut materna, 45. Vide *Alodium*.
HERIASCENDIS, uxor Arrici, 22.
HERMENSENDIS, uxor Icterii, 28.
HEUSTORGIUS vel EUSTORGIUS levita, scrip. 276, 277, 278, 279. Vide *Eustorgius*.
HICCOR vel HECCOR abbas, propinquus Alcdonis, testis, 58.
*HICTERII terra, 21, 82.
*HICTERIUS, pater Arnulfi, maritus Arembertæ, 30.
*HICTERIUS, testis, 1, 31.
HIEROSOLIMA, HIERUSALEM, IERUSALEM, 748, 819, 867, 903, 921, 937, 941. (JÉRUSALEM.)
HILARIA, mater Bosonis, donatrix, 392.
HILARIA vel ILARIA, mater Girberti, donatrix, 883.
HILARIA, uxor Bernardi, 721.
HILARIA, uxor Erpini, 184.
HILARIA, uxor Gerardi, 185.
HILARIA, uxor Silvii, 490.
HILARIA, cognomento Bona Filia, donatrix, 723. Vide *Bona Filia*.
HILARIA Franchana, 721. Vide *Franchana*.
*HILARIA, testis, 184.
*HILARIUS (S.) (mansus ad Sanctum Ylarium), 55. (S. HILAIRE?)
HILDEBERTUS, abbas. Vide *Heldebertus*.
HILDEBERTUS, testis, 186.
HILDEBRANNUS papa, 758.
HILDERICUS monachus, testis, 2.
HILDRICUS monachus, testis, 6, 15, 17.
HILDRICUS, testis, 766.
HILDUINUS, cancellarius Lotharii imperatoris, 960.
HIOTELINUS, testis, 234.
HIRMIDO, monachus Randanis, 94.
HIRMUNDUS vel HIRDMUNDUS notarius, ad vicem Hilduini, scrip. 960.
HISLA mansus, in villa Randanis, 631.
HISMIDO vel HISINIDO, Randanensis obedientiæ præpositus, 124. Vide *Ismido*.
HISPANIA (Alphunsus vel Amphulsus DE), canonicus Lugdunensis, *pag. 541*.
HOMO abbatiæ, 664.

830 INDEX GENERALIS

Honor (*fief*), 906.
Honoratus presbyter, testis, 94.
Honoratus presbyter, 794, 795.
Honoratus vel Horcoratus presbyter, testis, 80.
Hornatus decanus, testis, 38.
Hostelarius vel ostalarius, 948, *pag. 524, 529.*
*Hotbertus testis, 21.
Hugo, rex Francorum, 533.
Hugo, Diensis episcopus, 870; deinde Lugdunensis archiepiscopus, 813, 814, 815, 817, 818, 819, 820, 829, 834, 864, 884.
Hugo, S. Romanæ eccl. subdiaconus, 901.
Hugo, vicecancellarius, 826.
Hugo, abbas Saviniac. *pag. 2*, ch. 427, 428, 430, 431, 432, 433, 434, 435, 436, 437, 438, 439, 440, 441, 442, 443, 444, 445, 446, 447, 448, 449, 450, 451, 452, 453, 454, 455, 456, 457, 458, 459, 460, 461, 462, 463, 464, 465, 466, 467, 468, 469, 470, 471, 473, 474, 475, 476, 477, 479, 480, 481, 482, 483, 484, 485, 486, 487, 488, 494, 495, 496, 497, 498, 499, 500, 501, 502, 503, 504, 505, 506, 507, 508, 509, 510, 511, 512, 513, 514, 515, 516, 517, 518, 519, 520, 521, 522, 523, 524, 525, 526, 527, 528, 529, 530, 531, 532, 533, 534, 535, 536, 537, 538, 539, 540, 541, 542, 543, 544, 545, 546, 548, 549, 550, 551, 552, 553, 554, 555, 556, 557, 558, 559, 560, 561, 562, 563, 564, 566, 567, 568, 569, 570, 571, 572, 573, 574, 576, 577, 578, 580, 859.
Hugo, decanus Lausanensis ecclesiæ, 939.
Hugo sacerdos, testis, 360.
Hugo, vicarius Girini de Darasiaco, 828.
Hugo, celerarius Saviniacensis, id est claviger, 942, 943. Vide *Rainerius.*
Hugo, sacrista [Sav.], 945.
Hugo monachus, scrip. 752.
Hugo, donator, 791.
Hugo, fidejussor, 646.
Hugo, filius Abeloniæ, 570.
*Hugo miles, testis, 83.
Hugo, filius Adraldi, testis, 347.
Hugo, filius Adrardi, testis, 549.
Hugo, filius Arnulfi, 562.
Hugo, filius Asterii, 655.
Hugo, filius Ermengardæ, donator, 761, 762.
Hugo, filius Fredelanni, donator, 644, 645, 646.

Hugo, filius Geraldi et Eldegardis, 737, 882.
Hugo, filius Geraldi et Ermengardis, 865.
Hugo, filius Hugonis de Bosco, monachus, 834. Vide *Bosco.*
Hugo, filius Pontii et Pontiæ, 765.
Hugo, filius Vuilenci, 286.
Hugo [frater Arulfi?], 133.
Hugo, frater Gauzeranni, maritus Aymeldis, donator, 759.
Hugo, frater Girini, nepotis Girini [de Sal?], 657; pater Hugonis, 656.
Hugo, frater Stephani Vuilenci, 814. Vide *Vuilencus.*
Hugo, frater Stephani, 931.
Hugo, frater Theotgrini, 383.
Hugo, frater Vuidonis, 315.
Hugo, pater Ariperti, Vualterii, Rotberti et Ranconis, 596.
Hugo, pater Dignerti, donator, 539.
Hugo, pater Sigiberti, excommunicatus, 750.
Hugo, pater Stephani, 750.
Hugo et uxor ejus Emmena, donatores, 130, 131.
Hugo, maritus Emmenæ, pater Artaldi, 533.
Hugo, maritus Engelburgiæ, donator, 848.
Hugo et uxor ejus Girbergia, donatores, 503.
Hugo et uxor ejus Gotolens, 73.
Hugo et uxor ejus Officia, donatores, 844.
Hugo et Pontia ejus uxor, genitores Renconis, Milonis et Stephani, 787.
Hugo vel Ugo et uxor ejus Vualburgis, donatores, 487, 537.
Hugo, maritus primus matris uxoris Stephani de Varennis, 905.
Hugo, avunculus Milonis, 609.
*Hugo [consanguineus Wichardi?], 183.
Hugo, vuadiarius Adaltrudinis, 336.
*Hugo Barbatus, 201. Vide *Barbatus.*
Hugo de Batalleu, 756, 770. Vide *Batalleu.*
Hugo de Bellojoco, 754. Vide *Bellojoco.*
Hugo de Bellojoco, abbas de Sancto Justo, 907. Vide *Bellojoco.*
Hugo Bernard rusticus, 935. Vide *Bernard.*
Hugo Bernardi, 938. Vide *Bernardi.*
Hugo Blanc, 821, 822. Vide *Blanc.*
Hugo Boci, 916. Vide *Boci.*
Hugo de Bosco, 834. Vide *Bosco.*
Hugo de Bosco monachus, 935. Vide *Bosco.*
Hugo Bruollii, 846. Vide *Bruollii.*
Hugo [de Bulliaco], 820. Vide *Bulliaco.*

Hugo [de Bulliaco], filius Iterii, 903. Vide *Bulliaco.*
Hugo Calvus, testis, 570. Vide *Calvus.*
Hugo Capel, 914. Vide *Capel.*
Hugo Carpinellus, 404. Vide *Carpinellus.*
Hugo Carpinel, 762. Vide *Carpinel.*
Hugo de Chamosset, 914. Vide *Chamosset.*
Hugo cognomine Charpinellus, monachus et præpositus Sancti Mauritii, 835. Vide *Charpinellus.*
Hugo [de Charleu], 834. Vide *Charleu.*
Hugo de Colongis, 871. Vide *Colongis.*
Hugo Columbelli, 823. Vide *Columbelli.*
Hugo Crassus, donator, 748. Vide *Crassus.*
Hugo Cunctos, 784. Vide *Cunctos.*
Hugo Curnil, 817. Vide *Curnil.*
Hugo Dalmatius, 884. Vide *Dalmatius.*
Hugo Ferus miles, 906. Vide *Ferus.*
Hugo Flamens, 895. Vide *Flamens.*
Hugo Fredelannus, 756. Vide *Fredelannus.*
Hugo Fredelannus, pater Bernardi, 770. Vide *Fredelannus.*
Hugo de Grantmont, 934. Vide *Grantmont.*
Hugo de Lanay, 804. Vide *Lasnay.*
Hugo de Laney, 754. Vide *Lasnay.*
Hugo de Lasnaco, 836. Vide *Lasnay.*
Hugo de Lasnay, 814, 820, 824, 828, 897, 938. Vide *Lasnay.*
Hugo de Marceliaco monachus, 935. Vide *Marceliaco.*
Hugo Marchant, 813. Vide *Marchant.*
Hugo de Miolans, 801. Vide *Miolans.*
Hugo de Modi, 754. Vide *Modi.*
Hugo de Montanieu, 913. Vide *Montanieu.*
Hugo [de Monte Aureo], 842. Vide *Monte Aureo.*
Hugo [de Mornent?], 741. Vide *Mornent.*
Hugo de Mornent, 776. Vide *Mornent.*
Hugo Musseu, 826. Vide *Musseu.*
Hugo Musseu miles, 935. Vide *Musseu.*
Hugo Pellum, 880. Vide *Pellum.*
Hugo Pictavinus rusticus, 935. Vide *Pictavinus.*
Hugo Poliaci vel Foliaci, 846. Vide *Poliaci* et *Foliaci.*
Hugo Rabiosus, 766. Vide *Rabiosus.*
Hugo [Rex?], 852. Vide *Rex.*
Hugo Rootier, 938. Vide *Rootier.*
Hugo Rufus miles, 935. Vide *Rufus.*
Hugo Rumfator, 831. Vide *Rumfator.*
Hugo Rumphator, 871. Vide *Rumphator.*

Hugo Rumphator, prior de Mornanto, 911. Vide *Rumphator.*
Hugo [de Sal?], pater Girini et Jarentonis, 654; nepos Girini, nepotis Girini vetuli, frater Aremburgis, filius Hugonis, 656. Vide *Sal.*
Hugo de Sancto Juliano, 938. Vide *S. Juliano.*
Hugo Sarracenus, 765. Vide *Sarracenus.*
Hugo de Talaru vetulus, 817. Vide *Talaru.*
Hugo [de Talaru], filius Hugonis vetuli, 817. Vide *Talaru.*
Hugo Talaru, 821. Vide *Talaru.*
Hugo Titio, 760. Vide *Titio.*
Hugo vel Hucho de Turoniaco, 651. Vide *Turoniaco.*
Hugo de Vago, 915. Vide *Vago.*
Hugo, testis, 53, 72, 78, 128, 187, 211, 274, 297, 316, 328, 336, 341, 390, 435, 439, 478, 483, 494, 510, 571, 580, 591, 641, 659, 670, 691, 695, 712, 716, 749, 757, 761, 765, 772, 778, 779, 782, 787, 826, 855, 920.
*Hugo, 145. Vide *Ugo.*
*Hugo, 147.
Hugonis terra, 48, 220.
*Hugonis terra, 22, 140.
Hugonis (Chabetus), legum doctor, *pag. 530.*
Humbaldus, Lugd. archiep. 913. Vide *Umbaldus.*
Humbertus, Lugd. archiep. 965. Vide *Umbertus.*
Humbertus presbyter, testis, 87.
Humbertus vel Umbertus, scrip. 601.
Humbertus vel Umbertus, filius Stephani et Girbergiæ, factus monachus, 520.
Humbertus, frater Girini, 602.
Humbertus, frater Vuigonis, qui seipsum donat in servum monasterio Saviniacensi, 61.
Humbertus de Batalleu, 806, 807. Vide *Batalleu.*
Humbertus de Lasnay, 938. Vide *Lasnay.*
Humbertus. Vide *Umbertus.*
Humbertus, testis, 139, 186, 275, 580.
Hunni vel Hungri: irruptio Hunnorum in pago Lugdunensi; vastant monasterium Saviniacense, *pag. 1, 2,* ch. 38.
Hunoldus, 100.
Hupertus vel Upertus et Berno, donatores, 497.
Hupertus, testis, 141, 162, 165, 185, 186.

HUTPERTUS, testis, 251.
*HYCTERIUS et uxor ejus Ginbergia, donatores, 47, 54.
*HYCTERIUS, testis, 54.
HYLDEBERTUS, abbas Athanac. Vide *Hildebertus*.

HYLIA, uxor Girardi, 726.
*HYLIA, 170, 184. Vide *Ilya*.
*HYLIUS vel ILIO et uxor ejus Ermengardis, donatores, 164.
HYSLA mansus, 631. Vide *Hisla*.

I

ICBERTUS, testis, 385.
*ICHONIO (Berardus DE), 172. Vide *Yconio*.
*ICIACUS (forte NICIACUS) villa, 141. (NIZY?)
ICMONDUS (forte REMONDUS), testis, 130.
ICONIO (DE) : Berardus et Umbertus, fratres, 754; Vuichardus, pater Falconis, avus Rotberlus, 915; Dalmacius, *195. Vide *Yonii*.
ICONIUM, castrum. Vide *Yconium*.
ICTERIUS vel ITERIUS, archiepiscopus [Arelatensis?], 38.
ICTERIUS, abbas Sav. 632. Vide *Iterius*.
ICTERIUS monachus, 663. Vide *Iterius*.
ICTERIUS, donator, 154.
ICTERIUS (Rotboldus et), donatores, 251.
ICTERIUS, 176. Vide *Iterius*.
ICTERIUS, 149; testis, 159, 179, 188, 207, 212, 233, 248.
*ICTERIUS, testis, 23, 26, 30, 184.
ICTERIUS. Vide *Iterius*.
IERUSALEM. Vide *Hierusalem*.
IFINIDO yel IFUNDO, 765. Vide *Ismido*.
*IHACELLIACUS parechia, 98.
*IHALES villa in parechia de Ihacelliaco, 98.
IHERIA vel ITHERIA silva, 639. Vide *Cheria*.
ILARIA, 883. Vide *Hilaria*.
*ILARIA, testis, 185.
ILDINA, uxor Duranti, 862.
ILIA, soror Goffredi, 793. Vide *Ylia*.
ILIA, uxor Agnonis, 588.
*ILIA, testis, 120.
ILIANA, testis, 879.
ILICIA. Vide *Ylicia*.
ILIO, nepos Astrudis et Umberti, 648.
*ILIO, filius Ailiburgis, 97, 98.
*ILIO, filius Rannulfi et Agdeborz, 74.
*ILIO, testis, 101, 145.
*ILIO vel YLIO, frater Eldegardæ, 97, 132.
*ILIO, 164. Vide *Hylius*.
*ILIONIS terra, 121.
ILISIARDUS, testis, 617.
*ILIUS, testis, 115.

ILLIDII (S.) Claromontensis monasterium, 953. (S. ALLIGRE.)
ILLINS vel YLLINS (Aymo DE), filius Petri de Moiriaco, canonicus Lugdunensis, *pag. 540*.
ILLIO vel ILIO, testis, 711.
*ILYA vel HYLIA, uxor Agnonis primo, Artaldi secundo, 170, 184.
*IMINADA, 180.
IMMO, testis, 633.
IMMUNITAS, 127.
IMPERATOR. Vide *Carolus, Conradus, Henricus, Lotharius, Ludovicus*.
IMPIGNORARE vel IMPIGNERARE, 156, 250, 253, 338.
*IMPIGNORARE, 43, 49, 61, 62, 111, 113, 152, 168.
IMPOPEG, vox linguæ rusticæ, 250.
INCARTATIO, 155.
*INCATENATUS (Guigo), 197.
*INCAUCIO, 152.
INCAUCIONARE, 57, 156.
INDOMINICATA casa, 1, 135; sala, 296.
INDOMINICATUM curtilum, 57, 140, 173, 211, 252, 310; pratum, 182; brolium, 274; quicquid habemus indominicatum in manso de Fera, 349.
*INDOMINICATUS curtilus, 189.
INDRANNUS, 428. Vide *Mons Indrannus*.
INFREDI terra, 52.
INFREDUS, testis, 370.
INGELA, mater Girini, donatrix, 518.
INGELA, uxor Araldi, et mater Stephani et Araldi, 176.
*INGELA, uxor Bercherii, 49.
INGELA, uxor Duranti, 726.
*INGELANA, testis, 155.
*INGELANUS, testis, 88.
INGELARDI vinea, 228.
INGELARDUS, abbas Saviniac. 14. Vide *Ingeraldus*.
INGELARDUS levita, testis, 38.
*INGELARDUS diaconus, donator, 31.

NOMINUM ET RERUM.

*INGELARDUS, maritus Ermengardis, 127.
INGELARDUS, testis, 68.
*INGELARDUS, testis, 149.
INGELBERGA [soror Emmæ?], donatrix, 162.
INGELBERGA, uxor Amalberti, 366.
*INGELBERGA vel INGELBERGANA, uxor Radoldi, 77.
*INGELBERGANA, testis, 54.
INGELBERGIA vel INGELBERGA, uxor Arbaldi, 332, 558.
INGELBERGIA, uxor Meynardi, et filius ejus Adalardus, donatores, 384.
INGELBERGIA vel INGELVERGIA, uxor Pontii, 526.
INGELBERTUS, maritus Adeleldis, donator, 611.
INGELBERTUS et uxor ejus Adaleldis, donatores, 605.
INGELBERTUS, donator, 456.
INGELBERTUS vel ANGELBERTUS, donator, 531.
INGELBERTUS, filius Eymini et Adalgudis, 230.
INGELBERTUS et uxor ejus Isengardis, donatores, 323.
INGELBERTUS et uxor ejus Maria, donatores, 451.
*INGELBERTUS, venditor, 64.
INGELBERTUS, testis, 195, 219, 254, 305, 393, 538.
INGELBURGIS, uxor Arnulfi, 206.
INGELBURGIS, uxor Leodegarii, 36.
INGELBURGIS, uxor Pontii, 773.
*INGELBURGIS terra, 173.
*INGELDRADA, uxor Genesii, 34.
INGELDRADUS, testis, 278, 311.
INGELDRANNUS, testis, 224.
INGELDRICUS, pater Eldeverti, Rainulfi, Rotlandi et Benedicti, 322.
INGELLUS, 814. Vide *Nigellus*.
INGELMARUS, testis, 453.
INGELRANNUS, testis, 368.
INGELRICUS, testis, 211.
INGELSOENDIS, uxor Umberti, 118.
INGELTRUDIS, uxor Dadonis, et filii ejus Bladinus et Boso, donatores, 147.
INGELVERGIA, 526. Vide *Ingelbergia*.
*INGENEELDIS, sponsa Agmini vel Aymini, 116.
INGENUI homines, 127.
INGERALDUS vel INGELARDUS, abbas Saviniac. *pag. 2, ch. 14.*
INGERALDUS monachus, testis, 2, 4.
INICUM. Vide *Ivicum*.
*INIMIACENSIS ager, 186. Vide *Animiacensis*.
ININA. Vide *Iva*.

INPIGNORARE, INPIGNORATIO. Vide *Impignorare*.
INQUISITUM pro ACQUISITUM, 61, 69.
INSULA. Vide *Martini (S.) ecclesia et Barbara insula*.
INSULA (Durantus DE), baraterius, 906.
INTERAQUIS (DE) : Girardus, 918; Rotlannus, miles, 906.
INVESTITURA, 34, 434.
INVESTITURÆ mansorum, 916.
*INVILVOOS villa, in agro Janiacensi, 178.
*IODZA, testis, 131.
IONII castrum. Vide *Yconii*.
*IOZOLDUS, testis, 34.
IRENEI (S.) terra, 24.
IRER villa, in pago Engolismensi, 635.
IRIGNIS (Castrum de), *pag. 521.* (IRIGNY.)
IRMENGARDIS vel IRMINGARDIS, uxor Rodulfi regis. Vide *Ermengardis*.
IRMENGARDIS, uxor Stephani, 719.
ISAAC, testis, 872.
ISAACH terra, 366.
ISARDUS episcopus, testis, 38.
ISARUS, testis, 636.
ISCARDUS, testis, 776.
ISCHIRIACUS villa, in agro Saviniacensi, 174.
ISDRAEL rusticus, 878.
ISDRAHEL vel ISDRAEL [uxor Archodi?], 434. Vide *Archodus*.
ISDREL, testis, 338.
ISEMBARDUS presbyter, testis, 151.
ISEMBARDUS presbyter, testis, 255.
ISEMBARDUS presbyter, scrip. 637.
ISEMBARDUS, testis, 10, 64.
ISEMBARTUS presbyter, 189.
ISENGARDIS, uxor Arberti, 705.
ISENGARDIS, uxor Ingelberti, 323.
ISILIARDUS, testis, 636, 778.
*ISILIDIARDUS vel ISIDIARDUS, filius Ylionis vel Ilionis, 132.
ISIMBARDUS, 666.
ISIOURUS vel YSOURUS villa. Vide *Usourus*.
ISLA (Stephanus DE), testis, 791.
ISLO vel ISLUS, Sanctonensis episcopus, 633, 634, 635, 889.
ISMIDO, Diensis episcopus, 870.
ISMIDO præpositus, testis, 80.
ISMIDO (male Ifinido vel Ifundo), Randanensis præpositus, 765, 780, 785. Vide *Hismido*.
ISMIDO, Taluernensis prior, 910.
ISMIDO monachus, 794; scrip. 795, 796.
ISMIDO de les Granges, 938. Vide *Granges*.

ISOARD terra, 890.
ISOARDUS [de Mornent?], 741. Vide *Mornent*.
ISOARDUS, testis, 244.
*ISTIBURGA, soror Gerardi, 100.
ISTIBURGIS, uxor Vuidaldi, 601.
ISTORIA, uxor Girini de Sena, 839.
ISUNBARDUS, testis, 143.
ITALIA (Imperator in), 944; cancellarius Italiæ, 809. (ITALIE.)
ITBERTUS, donator, 541.
ITBERTUS, 214. Vide *Libertus*.
ITERIUS vel ICTERIUS [I], abbas Sav. *pag. 2*, ch. 632, 633, 634, 635, 638, 639, 640, 642, 643, 644, 646, 647, 648, 649, 650, 651, 652, 653, 654, 655, 656, 657, 658, 659, 660, 661, 663, 664, 665, 666, 667, 668, 669, 670, 671, 672, 673, 675, 676, 677, 678, 679, 680, 681, 682, 683, 686, 687, 688, 689, 690, 691, 692, 693, 694, 695, 696, 697, 698, 699, 700, 701, 702, 703, 704, 705, 706, 707, 708, 709, 710, 711, 712, 713, 714, 715, 716, 717, 718, 719, 720, 721, 722, 723, 724, 725, 726, 727, 728, 729.
ITERIUS (II), filius Hugonis de Talaru, 817; monachus, 818; abbas Saviniacensis, *pag. 2*, ch. 765, 807, 808, 810, 811, 813, 814, 815, 816, 817, 818, 819, 820, 821, 823, 824, 825, 826, 827, 828, 831, 832, 833, 834, 835, 837, 838, 839, 840, 841, 842, 843, 844, 845, 846, 847, 848, 849, 850, 851, 852, 853, 854, 855, 856, 857, 858, 859, 860, 862, 863, 865, 866, 867, 868, 871, 872, 873, 874, 875, 876, 877, 878, 879, 880, 881, 882, 883, 884, 886, 890, 891, 903.
ITERIUS, prior S. Remigii de Merpins, 909.
ITERIUS presbyter, 633.
ITERIUS sacerdos vel presbyter, donator, 347.
ITERIUS levita, scrip. 505.
ITERIUS monachus, testis, 427, 470.
ITERIUS vel ICTERIUS monachus, 663.
ITERIUS monachus, scrip. 97, 119, 122.
ITERIUS monachus, scrip. 542, 556, 562, 564, 570, 591, 596, 604, 719, 720, 725.
ITERIUS, magister scholarum, 932.
ITERIUS, scrip. 557.
ITERIUS, petitor, 3.
ITERIUS, donator, 4.

ITERIUS vel ICTERIUS [filius Ingelæ?], 176.
ITERIUS, filius Pontii et Adalgardis, factus monachus, 536.
ITERIUS, filius Renconis, 629.
ITERIUS, filius Rotlendis, 675.
ITERIUS, filius Simburgæ, donator, 284.
ITERIUS, frater Helisiardi, 749.
ITERIUS, frater Pontionis, maritus Ermengardis, 676.
ITERIUS, frater Richurgis, donator, 505.
ITERIUS, Silvius, Bernardus et Amblardus [fratres], donatores, 469.
ITERIUS et Armena, genitores Gerardi et Vuichardi, donatores, 685.
ITERIUS et uxor ejus Emmenæ, et filii eorum Girardi et Vuichardi, donatores, 600.
ITERIUS et uxor ejus Hermensendis, donator, 28.
ITERIUS Bulleu, 753, 754. Vide *Bulleu*.
ITERIUS de Bulleu, 897. Vide *Bulleu*.
ITERIUS de Bulliaco, 801, 804, 820. Vide *Bulliaco*.
ITERIUS de Bulliaco, 903, 904, maritus secundus matris uxoris Stephani de Varennis, 905. Vide *Bulliaco*.
ITERIUS Calvus, 921, 927. Vide *Calvus*.
ITERIUS de Camopseto, 750. Vide *Camopseto*.
ITERIUS de Fontaneto, 766. Vide *Fontaneto*.
ITERIUS Lasnay, 820. Vide *Lasnay*.
ITERIUS Rex, 765. Vide *Rex*.
ITERIUS de la Torreta, 814; de Torreta, 830. Vide *Torreta*.
ITERIUS de Turre, 780. Vide *Turre*.
ITERIUS Turretæ, 829. Vide *Turretæ*.
ITERIUS Turricula vel de Turricula, 927; pater Jarentonis et Arnulfi, 923; frater Arnaldi, 924. Vide *Turricula*.
ITERIUS, 38. Vide *Icterius*.
ITERIUS vel ICTERIUS, testis, 33, 711.
*ITERIUS, donator, 174.
ITERIUS, testis, 100, 136, 158, 215, 238, 293, 342, 435, 483, 625, 633, 650, 695, 761, 817, 836, 892.
*ITERIUS, testis, 27, 79, 94, 176.
IVA vel ININA (aqua?), 19.
IVICUM, INICUM, JUICUM (Terra de), 930.
IVINNELLIS, JUINIELLIS, JUJUNELLIS, IVIUNELLIS, villa, ubi ecclesia in honore S. Laurentii, in agro Vendonensi, 650.

NOMINUM ET RERUM. 835

J

JAAS villa, 830 [834, male *Laas?*]. (JAS.)
JACOBUS (S.), ecclesia [in Gallicia], 731. (S. JACQUES-DE-COMPOSTELLE.)
JAI (Pontius), 861.
JAIS (Joannes) rusticus, 935.
*JANIACENSIS ager, 178. Vide *Gagniacensis*.
JARENSIS ager, 347, 705. Vide *Gerensis*.
*JARENTO monachus, frater Arnulfi, donator, 195.
JARENTO miles, 785.
JARENTO, donator, 348.
JARENTO, donator, 542.
JARENTO, donator, 591.
JARENTO, donator, 782.
JARENTO et Ermengardis, donatores, 105.
JARENTO, filius Adalardi, 777.
JARENTO, filius Gauzeranni et Biliardæ, 691.
JARENTO, filius Gerundæ, 776.
JARENTO, filius Girini, 72.
JARENTO, filius Iterii de Turricula, 923. Vide *Turricula*.
JARENTO, filius Iterii Regis et Agnis, 765.
JARENTO, filius Amari et Andeburgis, 599.
JARENTO et filii ejus Aymo et Fulcherius, donatores, 414.
JARENTO, frater Girini, excommunicatus, 750.
JARENTO, frater Helisiardi, 749.
JARENTO, frater Otmari, 894.
JARENTO, frater Umberti et Gausberti, 714.
JARENTO, pater Gotolendis, uxoris Arnulfi Calvi, 664.
JARENTO, maritus Roteldis, 893.
JARENTO Calvus, 894, 916, 924, 925, 927, 931. Vide *Calvus*.
JARENTO Calvus, filius Gerundæ, 829. Vide *Calvus*.
JARENTO Calvus, frater Artaldi, 923. Vide *Calvus*.
JARENTO Liera, 914. Vide *Liras*.
JARENTO Mau., 754. Vide *Mau*.
JARENTO Morant, 824, 897. Vide *Morant*.
JARENTO Morens, 804. Vide *Morens*.
JARENTO Otmarus, 829. Vide *Otmarus*.
JARENTO [Rex?], 852. Vide *Rex*.
JARENTO Rufus, 801. Vide *Rufus*.
JARENTO Torreta, 831. Vide *Torreta*.
JARENTO, frater Girini, donator, 652, 653,
654; pater Gottolendis, 653; filius Hugonis, 654; avunculus Girini, 657. Vide *Sal*.
JARENTO, testis, 97, 100, 105, 128, 217, 263, 292, 347, 426, 441, 462, 542, 602, 652, 657, 757, 765, 770, 776, 781, 794, 795, 885, 892.
JARENTO de la Turreta, maritus Elisendis, 921, 928. Vide *Turreta*.
JARENTO, GARENTO, HARENTO, testis, 33.
*JARENTO, testis, 177.
JAROLLA : Berardus et Vuichardus, fratres, 818.
JAROLLI (Aymo), testis, 730.
JARSENTUS, testis, 369.
*JARUNCUS mons [in agro Tarnantensi?], 188.
JASSIACUS villa, 418. Vide *Jassiacus*.
JEJUNIA Septembris, 764.
JEMONDUS, 130. Vide *Icmundus*.
*JERARDUS, 189.
JEROSOLOMIS. Vide *Hierosolima*.
*JHOANNES [filius Raduldi?], 129.
*JHOANNES, testis, 21, 93, 113, 130.
Jo (Ecclesia de), in honore S. Mariæ, 818; vallis de Jo, 912. (JOUX.)
*JOAHNNUS, testis, 65.
JOANNES, sanctæ Romanæ ecclesiæ diaconus, cardinalis et bibliothecarius, 808.
JOANNES, procurator obedientiæ de Vindriaco, 950.
JOANNES diaconus, testis, 38.
JOANNES scrip. 450, 451, 452, 455, 483, 484, 501, 502.
JOANNES levita, scrip. 259, 383, 391, 392, 393.
JOANNES monachus, testis, 427.
JOANNES monachus, testis, 462.
JOANNES monachus, scrip. 96, 433, 445, 448, 459, 461, 463, 480, 486, 499, 500, 521, 533, 538, 618.
JOANNES rusticus, 727.
JOANNES, filius Bernardi presbyteri, 897.
JOANNES presbyter, filius Christianæ, 566, 567.
JOANNES, filius Laidredi, 872.
JOANNES, filius Leotberti et Alboaræ, 344.
JOANNES, filius Lombardi Cocci, 937. Vide *Coccus*.
JOANNES, filius Udulgrini, 585.

105.

JOANNES de Cubelet, 923. Vide *Cabelet.*
JOANNES de Fera, presbyter, 129.
JOANNES Jais, rusticus, 935. Vide *Jais.*
JOANNES de la Viri, 830, 925. Vide *Viri.*
JOANNES Tricum presbyter, 938. Vide *Tricum.*
JOANNES, 88; testis, 122, 174, 200, 202, 230, 265, 276, 305, 307, 337, 367, 509, 544, 701, 872.
*JOANNES, testis, 120.
JOANNIS (Terra filiorum), 59.
JOANNIS (S.) terra, 44, 718.
JOANNIS (S.) terra, in agro Busciacensi, 32. (S. JEAN-D'ARDIÈRES?)
JOANNIS (S.) [ecclesia?], 444.
JOANNIS (S.) ecclesia, in villa de Bruillolis, 815.
JOANNIS (S.) Baptistæ et Evangelistæ ecclesia de Ducrna, 129, 761, 762, 763, 821, 822.
JOANNIS (S.) ecclesia, in villa Exartopetri, 6, 430, 653, 750, 899.
JOANNIS Baptistæ (S.) ecclesia Lugdun. 959.
JOANNIS (S.) ecclesia in loco qui dicitur Randanis, 80, 84, 563, 565, 614, 615, 618, 621, 660, 661, 663, 715, 719, 720, 721, 725, 744, 745, 746, 747, 783, 784, 785, 788, 789, 790, 791, 795, 796, 877, 879. Vide *Randans.*
JOANNIS (S.) ecclesia, in villa de Tarnanto, 730.
JOANNIS (Petrus), 938.
JOAUT vel TOAUT terra, 52.
*JOGENDANA, 186.
JOCERANNUS, testis, 237.
JOCULARIS (Andreas), 803.
JOCUS villa [in agro Tarnantensi?], 232.
*JOELIA villa in agro Cogniacensi, 153, 154.
JOERIUS (Silvius), testis, 730.
JOFFREDI terra, 122.
JOHANNES levita, scrip. 169, 192.
JOHANNES monachus, scrip. 170.
*JOHANNES, donator, 186.
*JOHANNES vel JHOANNES, donator, 148.
*JOHANNES de Sonvila, 201. Vide *Sonvila.*
*JOHANNES, filius Radoldi et Ingelberganæ, 77.
*JOHANNES et Rotgerius de Tavareu, 199. Vide *Tavareu.*
*JOHANNES, testis, 82, 187.
JOHANNES, JOHANNIS. Vide *Joannes, Joannis.*
JONAS, frater Constantii, 802.
JONO, testis, 227.
JORII vel GEORII (S.) ecclesia in macello Dugnensis villæ, in episcopatu Gebenensi, 640,
808; villa et monasterium, 901. (S. JORIOZ.)
JORNALATA vineæ, 784; duas jornalatas in fossione, 880.
JORNET, pater Sigiberti, 679.
JORNO (Richardus DE), 835.
JOSBERTI terra, 108.
JOSBERTUS, prior Sancti Victoris, 941.
JOSBERTUS et uxor ejus Boara, donatores, 308.
*JOSBERTUS diaconus, testis, 93.
*JOSBERTUS de Sancta Consortia, 160. Vide *Sancta Consortia.*
*JOSBERTUS, frater Arenci, 91.
JOSBERTUS, testis, 121, 128, 243, 439, 571.
JOSCELINUS, testis, 568.
JOSSERANNUS, testis, 140.
JOZELINUS, testis, 122.
JUDA traditor, etc. Hoc nomen invenitur in quibusdam formulis. Vide 817, 839, 889, 893, etc.
JUDEX, 653; publicus, 127.
JUDEX (Artaldus judicis?), 124. Vide *Juridis.*
JUDICIUM LEGALE, 24.
JUICUM, 930. Vide *Ivicam.*
JUINIELLIS villa. 650. Vide *Ivinnellis.*
JULIANI (S.) ecclesia in villa quæ dicitur Sal, 652, 653, 654, 655, 656, 657, 664, 748, 749, 776, 778, 779, 780, 781, 782, 832, 833, 890, 891, 893, 894, 896, 899, 917, 918, 919, 920, 921, 922, 923, 924, 925, 926, 927, 929, 930, 931.
JULIANI (S.) parrochia, 430; ecclesia, in loco qui adjacet monasterio Sav. 714; de Biboc parrochia, 958. (S. JULIEN-SUR-BIBOST.)
JUNANDUS sacerdos, scrip. 76.
JUNCTUM, 635.
JUNIVELLIS villa, 650. Vide *Ivinellis.*
*JURENSIS [Burgundia]. Vide *Conradus* et *Rodulfus* reges. (JURA.)
JURIACENSIS ager, 369. Vide *Turiasensis.*
JURIDIS vel JUDICIS (Artaldus), testis, 124.
JURISPERITI milites, 959.
JURNIACO vel JURVIACO (Terra de), 708.
JUSEUS vel JUSÆUS, donator, 174.
JUSSIACUS vel JASSIACUS villa, 418. (JUSSIEUX.)
JUSTA, uxor Raindrici, 60.
JUSTI (S.) abbatia Lugdunensis, 472, 907, 959; ecclesia collegiata, *pag.* 544; abbates, vide *Ademarus, Hugo de Bellojoco;* sacrista, vide *Asterius;* canonici, 907.
JUSTI (S.) terra, 175, 186.
*JUSTI terra, 105.

JUSTINUS, testis, 372.
JUSTO, testis, 54, 146, 378.
JUSTONIS terra, 2.
JUSTUS, abbas Saviniac. *pag. 2,* ch. 16.
JUSTUS, vuadiarius Duranti, 513.
JUSTUS, maritus Adaleldis, donator, 345.
JUSTUS et Herericus, fratres, petitores, 20.
JUSTUS de Saniaco, laicus, 129. Vide *Saniaco*.
JUSTUS, 55.
*JUSTUS laicus, 167.
*JUSTUS, testis, 44.
*JUVENIS (Rotlannus), fidejussor, 162.

K

KUIRONELLA vel ZUIRONELLA silva, prope Sanctam Paulam de Yconio, 758.

L

LAAS, locus, 834. Vide *Jaas*.
LABARDINE, 924. Vide *Bardine (la)*.
LABORIACUS villa, in agro Tarnantensi, 716.
LACAL (Girinus DE), 829.
LADANETH vel LADAVETH (In fine de), prope Exartopetrum, 6.
LADANIACUM (Mansus ad), 72.
LADAVALLE vel LADAVALETH, in agro Forensi, 6.
LADAVETH. Vide *Ladaneth*.
LADOYS (Vinea de), 416.
LADREDUS, testis, 123, 178, 203, 374.
LAGNIACUS vel LAYNIACUS villa, 6, 757; in agro Tarnantensi, 18, 488; Layniacensis ecclesia, 757. (LÉGNY.)
LAIDREDUS vel LAIDREUS, pater Arnaldi et Joannis, donator, 872.
LAIDREDUS, testis, 128, 173, 184, 231, 240, 338. Vide *Ladredus* et *Laydredus*.
LAISIACENSIS parrochia, ubi villa Vallis, 846. (GLAIZÉ.)
LAMACUS vel LANNIACUS villa, in agro Tarnantensi, 479. Vide *Laziacus*.
LAMBERTI terra, 207.
LAMBERTUS, donator, 146.
LAMBERTUS, mercator, 67.
LAMBERTUS, archidiaconus Sanctonensis, 889.
LAMBERTUS, filius Adalardi, 193.
LAMBERTUS, filius Gontardi et Adalaæ, 636.
LAMBERTUS, frater Adalbodi et maritus Constantiæ, donator, 234.
LAMBERTUS, testis, 135, 216, 453.
LAMBODUS, testis, 18.
LANAY (Stephanus DE), notarius, *pag. 532.* Vide *Lasnay*.
*LANBERTUS, frater Arberti, 40.
*LANBERTUS, testis, 147, 174.

*LANBERTUS, 97.
*LANDOINUS, testis, 67.
LANDREDUS et uxor ejus Rotlendis, donatores, 167.
LANDRICUS, Matisconensis episcopus, 827.
LANDRICUS, filius Vualdradæ, 449.
LANDRICUS et uxor ejus Adalgardis, donatores, 5.
LANDRICUS et uxor ejus Adalfrudis, donatores, 77.
LANDRICUS et uxor ejus Aregia, donatores, 11, 31.
LANDRICUS, testis, 146, 490.
LANDULFUS, testis, 580.
LANECH vel LANNECH villa, 121, 286; in agro Solobrensi, 269, 570, 715; in agris Solobrensi et Forensi, 565; in agro Forensi, 615, 718.
LANNIACUS villa, 479. Vide *Lamacus*.
*LANT, testis, 101.
*LANTERIUS, scrip. 169.
*LANTERIUS, testis, 138.
LANZOLARIAS villa, in vicaria Brolliacensi, 197.
LAODICENSIS ecclesia. Vide *Leodicensis*.
*LAPRAELLA. Vide *Praella (la)*.
LARFINGUS, testis, 420.
*LARIERUS, testis, 146.
LARLAICO (Terra de), 750. Vide *Ledaycus*.
*LARLANNUS, testis, 173.
LASNACO (DE). Vide *Lasnay*.
LASNAY, LASNEY, LANEY, LANAY, LASNACO (DE): Dalmatius, monachus, 912, 913; Hugo, 754, 804, 820, 824, 828, 836, 897, 938; Humbertus, frater Hugonis, 938; Iterius, 820; Milo, 826; Robertus, 938; Stephanus, *pag. 532;* Theotgrinus, 754, 804, 836. (LANEY.)

LASORIAS vel LOSARIAS (Mansus in), 750.
LATERANNUS, 900, 901, 902. Vide *Roma.*
LAUDES et venditiones, 948.
LAURENTII (S.) ecclesia, in monte qui vocatur Azola, 145.
LAURENTII (S.) ecclesia, in villa de Camopseto, 817.
LAURENTII (S.) ecclesia, in villa Ivinnellis, 650.
LAURENTIUS monachus, scrip. 758.
LAURENTIUS, testis, 838.
LAUSANENSIS vel LAUSANNENSIS episcopatus [641], 808 [809, 810], 901 [939, 940]; episcopus [38], 809, 810, 939, 940; decanus, 939.
LAUSANNA vel LAUZANNA [ubi ecclesia in honore S. Mariæ], 641, 939. (LAUSANNE.)
LAUZONNA, 641. Vide *Lausanna.*
LAVAL (A), locus. Vide *Alaval.*
LAVALLAA. Vide *Vallaa.*
LAVARENNA, 73. Vide *Varenna.*
LAVIACO (Gauzerannus DE), 836. Vide *Lavieu.*
*LAVIACUS (forte Laniacus) villa [in agro Tarnantensi?], 172. Vide *Lamacus.*
LAVIEU (DE): Vuillelmus, 813; Gaucerannus et Guillermus, fratres, 817 *n.*; Briantus, maritus Ayæ, pater Girini, et Vuillelmus, frater ejus, 938. Vide *Laviaco.* (LAVIEU.)
LAY (Castellum de), 802, 913. (LAY.)
LAY (DE): Aymo, 802; Pontius, pater Aymonis, domini de Lay, et Pontii, abbatis Saviniacensis, 818; frater Pontii, abbatis Saviniacensis, 912, 913. De Pontio, vide *Pontius, abbas Sav.*
LAY (Joannes DE), legum doctor, *pag. 530.*
LAYA (Philippus DE), canonicus Lugdunensis, *pag. 540.*
LAYDINGUS, frater Alexandri, 16.
LAYDREDUS presbyter, 172.
LAYDREDUS vel LAYFREDUS presbyter, 432.
LAYDREDUS presbyter, frater Rostagni, Arnulfi et Azelini, donator, 522.
LAYDREDUS, frater Amblardi et Rotlandis, maritus Teziæ, 672.
LAYDREDUS vel LAYDRADUS, testis, 530.
LAYDREDUS, testis, 184, 212, 240, 552, 675.
LAYFREDUS, 432. Vide *Laydredus.*
LAYNIACUS, LAYNIACENSIS. Vide *Lagniacus.*
LAYTERIUS vel LEYTERIUS et uxor ejus Gombergia, donatores, 608.
*LE....., testis, 188.

LECBERTUS, testis, 126.
LECTRUDIS vel LEUTRUDIS, uxor Teutgrini, donatrix, 54. Vide *Leitrudis.*
LEDAICO vel LARLAICO (Terra de), 750. Vide *Ledaycus.*
LEDAYCUS mons, 438, 602. (LEDAYCUS.)
LEDMANDUS, 76.
LEGALIS donatio, 48, 58, 61; conquistus, 131; mansus, 251.
LEGALITER emendare, 49, 52; legem exsolvere, 137.
LEGATUS, 933, 940; jurare per legatum, 653.
LEGERDIS, uxor Gerardi, 63.
LEGES (id est emendæ), 835, 906, 948.
LEIDINNUS, testis, 104.
LEIDRADUS, testis, 188, 555.
LEITO monachus, scrip. 683.
LEITRUDIS vel LEUTRUDIS, uxor Teotgrini, 67. Vide *Lectrudis.*
LEMANUS vel LEMANNUS lacus, 808, 901. Vide *Lausanensis episcopatus.* (LÉMAN.)
LENTILIACUS villa, in agro Floriacensi, 181. (LENTILLY.)
LENTO, abbas Saviniac. *pag. 2*, ch. 729.
LENTO monachus, 708. Vide *Lento.*
LENTO vel LEUTO monachus, scrip. 708.
LENTO, filius Chononis, factus monachus, 640.
LEO monachus, testis, 6.
LEO, testis, 361.
LEOBARDUS, testis, 26.
LEOBERTUS, testis, 126.
LEODEGARII (S.) [capella, in abbatia Savin.?], 946.
*LEODEGARII (S.) ecclesia de Burziaco, 14, 15.
LEODEGARIUS, Viennensis archiepiscopus, 639.
LEODEGARIUS monachus, testis, 1, 2, 3.
LEODEGARIUS et uxor ejus Ingelburgis, don. 36.
LEODICENSIS ecclesia, *pag. 540.* (LIÉGE.)
LEODONUS vel LEODOMUS, testis, 221, 222.
LEOGARDIS, uxor Desiderii, 463. Vide *Leotgardis.*
LEOTARDA, 358. Vide *Lotrarda.*
LEOTARDUS monachus, testis, 7, 11.
LEOTARDUS monachus, scrip. 587, 660.
LEOTARDUS et Benedictus, 341.
LEOTARDUS, filius Arriæ, 671.
LEOTARDUS, filius Gimbergiæ, 283.
LEOTARDUS, maritus Altrudis, 665.
*LEOTARDUS et uxor ejus Gotlendis, emitores, 138.
*LEOTARDUS et uxor ejus Gotlen, emptores, 169.

LEOTARDUS Baltius, 849. Vide *Baltius.*
LEOTARDUS, testis, 28, 162, 212, 310, 325, 341, 376, 540, 563, 568, 673, 680, 703.
LEOTBARDUS vel LEOTBALDUS presbyter, testis, 455.
LEOTBERTUS, scrip. 342.
LEOTBERTUS, uxor ejus Alboara, et filius eorum Joannes, donatores, 344.
LEOTBERTUS, testis, 128, 199, 338, 337, 348.
LEOTELDIS, uxor Siffredi, 552.
*LEOTELDIS, uxor Martini, 138.
LEOTERIUS, testis, 242, 274.
LEOTGARDIS, donatrix, 326.
LEOTGARDIS, uxor Bladini, 363.
LEOTGARDIS, uxor Guarnenci, 117.
LEOTHARDUS, præpositus [ecclesiæ Murianæ], 582.
LEOTHARDUS, pater Udalrici, 210.
LEOTHERIUS, donator, 373.
LEOTHERIUS, pater Raginaldi, 210. Vide *Odo.*
LEOTHERIUS vel LOTHERIUS, testis, 425.
LESCHERIA vel LISCHERIA, LISCARIAS, LISCHARIA villa, in agro Montis Aureacensis, 199, 203, 580, *21. (LESCHÈRES.)
LESCHERIAS (Pratum in), qui terminat a sero silva Consortorum [in agro Busciacensi?], 32, 40.
LESTRADA villa [in agro Forensi?], 494; Sanctus Martinus ad Lestrada, in agro Forensi, 515. (S. MARTIN-LESTRA.)
*LETUIS vel LETUHIS, uxor Girini, 14, 15, 17.
*LETUIS, uxor Ugonis, 30.
LEUDEGARIUS vel LEODEGARIUS, testis, 437.
LEUDOYNI terra, 13.
LEUDRIS, 67. Vide *Leitrudis.*
LEUGA, mensura itineraria, 904.
LEUGARDIS, 166. Vide *Leutgardis.*
LEUNARDUS, testis, 246, 271.
*LEUTARDI terra, 167.
LEUTARDUS sacerdos, donator, 382.
LEUTARDUS monachus, scrip. 36.
*LEUTARDUS, filius Constantii et Bertæ, 121.
LEUTARDUS, testis, 137, 191, 287, 303, 384.
*LEUTARDUS, testis, 1, 136, 169.
LEUTBERTUS, donator, 173.
LEUTERIUS, testis, 641.
*LEUTFREDI terra, 140.
LEUTGARDI terra, 14.
LEUTGARDIS, donatrix, 576.
LEUTGARDIS, uxor Girardi, 137.
LEUTGARDIS, uxor Silvii, 674.
LEUTGARDIS vel LEUGARDIS, mater Agnonis et Pontii, donatrix, 166.
LEUTGARDIS, testis, 176.
LEUTGARDIS, testis, 617, 733.
*LEUTHARDUS monachus, 38.
*LEUTHARDUS, degens in villa Delfingis, 156.
LEUTHERIUS, testis, 534.
LEUTHERIUS, testis, 229.
LEUTHERIUS, testis, 234.
LEUTO levita, scrip. 659. Vide *Lento.*
LEUTRUDIS, 54. Vide *Lectrudis.*
LEUTRUDIS, 67. Vide *Leitrudis.*
LEUVARDUS, testis, 47, 271.
LEVARE chartam de terra, 641.
LEVIACUS villa. Vide *Liviacus.*
*LEVIARDA, testis, 25.
LEVOLTUS, testis, 5.
LEX : jure legis, 128, 146, 170, 217, 519; legibus, 133, 135, 141, 143, 157; legitime, 135; res quæ de paterna et materna lege obvenerunt, 144; hereditate et legibus, 155; ex paterna vel materna hereditate sive conquesto legibus advenit, 162; hereditas legibus debita, 164, 169; stare in lege, 136; convictus lege judiciaria, 162; quæ mihi legibus obvenerunt et quæ conquisivi, 196; quantum me legibus advenit, *58.
LIBER miles abbatiæ Saviniacensis, 641.
LIBERTIS villa, in valle Bevronica, ubi ecclesia in honore S. Mariæ, 8, 41, 165. Vide *Liverti villa.* (LIBERTIS.)
LIBERTUS vel IIBERTUS, frater Pontii, 214.
LIBRATENSIS vicaria, in comitatu Turonensi, 396. (LIVRADOIS.)
LIBRI ab abbate Dalmacio compositi, *pag. 388.*
LIENARDUS, maritus Rotbertæ, vuadiator Bernonis, 162.
LIERATUS : Pontius, 765; Bertrannus, 765. Vide *Liras.*
*LIETGARDIS et filii ejus Constantinus et Otbertus, impignatores, 152.
LIGER fluvius, 45, 71, 290, 728, 903, 931. (LA LOIRE.)
LIGNEU (Gisbertus DE), 913.
LIGNONUS aqua, 78. (LE LIGNON.)
LIMANS villa, in agro Valansensi, 252; ubi ecclesia in honore S. Egidii, 826. (LIMANS.)
LIMANS (Stephanus DE), 940.
*LIMONADAS villa, 50. (LIMONEST.)
LINARIS villa, in agro Forensi, 6.
LINDEVERTUS, frater Bononis, 507.

LINGONENSIS episcopus, Argrunus, 30. (LAN-GRES.)
LINGUA rustica, 250.
LINILEDIS, uxor Vuillelmi, donatrix, 713.
*LINIRICUS locus, in villa Poliaco, 179.
*LINIRILIS campus, in villa Vineolas, 182.
LINIROLÆ, LINIROLEÆ, LINIREOLÆ villa, in valle Bevronica, 168; prope Avelgam villam, 576.
LINO Sancti Nicetii, 758. Vide *Livo.*
LINTO vel LITUO monachus, scrip. 669. Vide *Lento.*
LINTO vel LUITO monachus, scrip. 691. Vide *Lento.*
LINTO monachus, testis, 670.
LINTO vel LYNTONIS monachus, scrip. 703. Vide *Lento.*
*LIOTARDI terra, 91.
LIRAS, LIERAS, LIERA, HIERAS: Pontius, Jarento, 914. Vide *Lieratus.*
LIRINENSE vel LIRICENSE monasterium, 954. (LÉRINS.)
LIRYNENSIS. Vide *Lirinense.*
LIS portus, in pago Sanctonensi, 635.
LISCHARIA, LISCARIAS villa. Vide *Lescheria.*
*LISCIACUS villa. Vide *Lissiacus.*
LISINANGUS vel LUSINANGUS, locus in pago Lugdunensi, 48. Vide *Lusinangus.*
*LISINUS mons. Vide *Mons Lisinus.*
LISSIACO (Stephanus DE), canonicus de Sancto Justo Lugd. 907, *196.
*LISSIACO (Gaucerannus Rufus DE), 199.
*LISSIACUS vel LISCIACUS villa, in agro Monte Aureacensi, 23, 30, 31, 47, 54; prope Brucalias, 28. (LISSIEUX.)
LISTA, terra ad Ulmum Truncum, 925.
LISTA de vinea, 76, 104, 262, 305.
LITGIACUS, locus in agro Forensi, 113.
LITIAY, locus in agro Forensi, 783, 796.
LITICUS vel LICTICUS. Vide *Luticus.*
LITUO monachus, scrip. 669. Vide *Linto.*
LIVERTI villa, in pago Lugdunensi, 595, 734. Vide *Libertis villa.*
LIVIACUS vel LEVIACUS villa, 414, 605; in agro Fluriascensi, 33, 35, 189, 195, 377, 456, 511, 528, 531, 611. (LÉVY.)
LIVINIACUS vel LUVINIACUS villa, in agro Forensi, 277.
LIVIRCIACUS villa. Vide *Lurciacus.*
LIVO et Ermengardis, conjuges, 165.
LIVO de Sancto Nicetio, 758, 806, 807. Vide *Sancto Nicetio.*

LIVO de Sancto Simphoriano, 710. Vide *S. Simphoriano.*
LOAGNEU (Villa de), ubi monasterium in honore S. Mariæ, in episcopatu Gebenensi, 901. Vide *Lovaniacus* et *Lovaniensis.*
LOBO, testis, 18.
LOCTANGIS, LOCTANGES, LOCTANGIES, LOETANGIS villa, in agro Forensi, 240, 466.
LODENAS villa, in agro Forensi, 274.
LODISCO (DE): Domasiacus et Rostagnus, 129.
LODISCUS villa, 366; in parrochia Mornanti, 30; in agro Goffiacensi, 337, 345, 362, 553. (LOT?)
LOETANGIS villa. Vide *Loctangis.*
*LŒVIS. Vide *Letuis.*
LOISUS vel LOISCUS villa, in agro Goffiacensi, 742. (LUET?)
LOMBARDI vel LUMBARDI (Petrus), pater Stephani, 925, 929.
LOMBARDUS Coccus, rusticus, 935; pater Joannis, 937. Vide *Coccus.*
LOMINCUS, locus prope Rodanum fluvium, 203.
LONGA vel LONGA CALME villa, in agro Tarnantensi, 477.
LONGA SAGNA vel LONGUS SAGNUS villa, in fine agri Forensis, 242; parrochia, 430; ecclesia, 424, 836. (LONGESAIGNE.)
LONGAVILLA vel NOVAVILLA, 607.
LONGAVILLA vel MONS VERDUNUS, in agro Forensi, 105. Vide *Mons Verdunus.*
LONGAVILLA, locus in agro Bessenacensi, 31.
LONGAVILLA villa, in agro Saviniacensi, 612.
LONGAVILLA villa, quæ alio nomine vocatur Provencherias, in agro Vallis Bevronensis, 163; in agro Bevronensi, 601, 673.
LONGUS: Amblardus, 804, 814, 869, 897; Vuigo, 814.
LONGUS vel LONGO (Vuilencus), maritus Adalsendis, donator, 868.
LOPEROSAM (Ad), locus, 467.
LORGO (DE): Guido, *pag. 524, 529;* Joannes, canonicus Lugdunensis, *pag. 540.*
LOSANNA. Vide *Lausanna* et *Lozanna.*
*LOSANNA villa, 74, 125, 135; in agro Tarnantis, 97, 132; in agro Monte Aureacensi, 80, 82, 94, 106, 110, 112, 127, 142, 143, 152. Vide *Lozanna.*
*LOSANNA superior villa, in agro Valle Asensi, 88. Vide *Losanna.*
LOSARIAS, 750. Vide *Lasorias.*
*LOSONNA, 110. Vide *Losanna.*

NOMINUM ET RERUM.

*Losunio. Vide *Sunio (Io)*.
Lotharius imperator, 23, 960.
Lotharius rex, 262, 279, 298, 299, 300, 301, 302, 303; rex Francorum, 116, 144, 278; rex Francorum vel Aquitanorum, 236, 277; anno regni ejus II, 142; III, 111; V, 297; VII, 132; XII, 115; XIII, 304; XV, 116; XVI, 144; XX, 109. Vide *Clotarius*.
Lotherius vel Leotherius, testis, 425.
Lotrarda vel Leotiarda, mater Bernardi clerici et Bladuni monachi, 358.
Lovaniacus, ubi ecclesia in honore S. Mariæ, in episcopatu Gebenensi, 640. Vide *Loagneu* et *Lovaniensis*. (LOVAGNY.)
Lovaniensis ecclesia, in honore S. Mariæ; in episcopatu Gebenensi, 808. Vide *Lovaniacus* et *Loagneu*.
Loverius (Silvio vel Silvius), pater Asterii, 847.
Loviacus vel Pomacus [in pago Albanensi?], 639. Vide *Pomacus*.
Loya villa, in agro Forensi, 724.
Lozanna, Lauzanna, Losanna villa, 10, 750; in agro Montis Aurei, 592. Vide *Losanna*. (LOSANNE.)
Lozoara, uxor Bernonis, 497.
Luans vel Luanis villa, ubi ecclesia in honore S. Stephani, in agro Bebronensi, 436; in agro Saviniacensi, 722; in agro Tarnantensi, 860. (LOUANS.)
*Luc, locus in villa Darciliaco, 111.
*Lucdunus vel Lugdunus, donator, 110.
*Lucennacus villa, in agro Valle Ausensi, 136. (LUCENAY.)
Lucia, donatrix, 146.
Lucionis villa, in agro Gofiacensi, 555; mons, in agro Gofiac. prope eccl. S. Saturnini, 872.
Ludovicus imperator, ann. XI, 16, 22; XVII, 28; XVIII, 18.
Ludovicus imperator, filius regis Bosonis, anno V, 26.
*Ludovicus imperator, filius Bosonis, regis, 138. Vide *Luivicus rex*.
Ludovicus imperator, ann. VI, 15, 30; IX, 29; XIII, 17; XVII, 6; XVIIII, 12; XXIII, 7; XXIIII, 13; XXVII, 8; XXVIII, 5, 10, 11; XXVIIII, 14.
Ludovicus [IV], rex Francorum, quando cepit regnare, 68; eo regnante, 9, 32; regni ejus anno VI, 33; XX, 69, 70.
Ludovicus [VI], rex in Francia, 907; rex Francorum, 932, 933.

Ludovicus [VII], rex in Francia, 913, 916; rex Francorum, 944, 946.
Ludovicus dapifer (vel Dapifer nomine), 940. Vide *Dapifer*.
Ludovicus de Granzun, 940. Vide *Granzun*.
Ludradus, testis, 348.
Lugdunense capitulum, 730, 951, 959.
Lugdunenses archidiaconi, 762, 813, 817, 819, 834, 898, 940, *pag. 530, 540*. — De officio eorum, vide *pag. 541-42*.
*Lugdunenses archiepiscopi: metropolitanus et primatus, 898; pontifex, 428, 429, 960; præsul, 127, 129, 133, 427; archipræsul, *21, *47, *67, *83, *103, *133, *137, *147, *178, *181, *198; episcopus, 197, *76, *190, *192; archiepiscopus, 7, 29, 38, 126, 129, 429, 438, 581, 638, 647, 948, 730, 731, 750, 757, 758, 762, 765, 813, 814, 815, 817, 818, 819, 820, 822, 823, 827, 829, 834, 864, 884, 898, 901, 907, 913, 919, 940, 944, 946, 948, 949, 952, 956, 957, 960, *pag. 531*, ch. *195. Vide *Amblardus, Aymarus, Burchardus* (I et II)*, Gauzerannus, Gebuinus, Guichardus, Guillelmus, Halinardus, Halavala, Henricus de Villars, Heraclius, Hugo, Petrus, Rainaldus, Remigius* (I et II)*, Umbaldus, Umbertus*.
Lugdunenses comites et comitissæ. Vide *Artaldus, Gerardus, Vuidelinus, Vuillelmus*; — *Gimbergia, Theodbergia*; — *Forenses comites*.
Lugdunenses decani, 438, 762, 819, 820, 827, 834, 842, 898, 907, 919, 939, 951, *pag. 520, 540*, ch. *32, *137, *188, *198. Vide *Durannus, Evrardus, Fulcherius, Girinus, Girinus Calvus, Guillelmus de Turcyo,* [*Hornatus*]*, Guigo de Buzolio, Raynaldus, Stephanus de Balma* [*Warnerius*]. — De officio eorum, vide *pag. 541*.
Lugdunenses ecclesiæ collegiatæ. Vide *Forverii, Joannis (S.), Justi (S.), Nicetii (S.), Pauli (S.), Stephani (S.)*.
Lugdunenses officiarii alii, vide *Capellani perpetui, Archiclavis, Camerarius, Cancellarius, Cantor, Celerarius, Custos, Dapifer, Præcentor, Præpositus, Sacrista, Senescallus, Thesaurarius, Vicecancellarius*.
Lugdunensis campus, 52, 98.
Lugdunensis civitas, 200.
Lugdunensis comitatus, 130, 131, 182, 461.
Lugdunensis ecclesia, 766, 898, 900, 907,

960; (fundatio ejus), 959, parrochia (diœcesis), 808, 901, 902 ; curia, 842.

*LUGDUNENSIS episcopatus, 171.

LUGDUNENSIS pagus, 1, 2, 3, 5, 6, 7, 8, 9, 10, 11, 12, 13, 14, 15, 17, 18, 19, 20, 21, 22, 23, 24, 25, 26, 27, 28, 29, 31, 33, 34, 35, 36, 37, 39, 40, 41, 42, 43, 44, 46, 47, 48, 49, 50, 51, 54, 55, 56, 57, 59, 60, 62, 64, 65, 66, 68, 69, 70, 73, 74, 75, 76, 77, 78, 80, 81, 82, 83, 84, 86, 89, 92, 95, 96, 99, 100, 101, 103, 104, 105, 107, 108, 109, 110, 112, 113, 115, 117, 118, 119, 120, 121, 122, 123, 125, 128, 135, 136, 137, 138, 139, 140, 141, 143, 146, 147, 148, 149, 150, 151, 152, 153, 154, 155, 156, 157, 158, 159, 160, 161, 162, 163, 164, 165, 167, 168, 169, 170, 171, 172, 173, 174, 175, 176, 177, 178, 179, 181, 182, 183, 184, 185, 186, 187, 188, 189, 190, 191, 192, 193, 195, 196, 197, 199, 201, 202, 203, 204, 205, 206, 207, 208, 209, 210, 211, 212, 213, 214, 215, 216, 217, 218, 219, 220, 221, 222, 223, 224, 225, 226, 227, 228, 229, 230, 231, 232, 233, 234, 235, 236, 237, 238, 239, 240, 241, 242, 243, 244, 245, 246, 247, 248, 252, 261, 262, 263, 264, 265, 266, 267, 268, 269, 270, 271, 272, 273, 274, 275, 276, 277, 278, 279, 280, 281, 282, 283, 284, 285, 286, 288, 289, 290, 291, 292, 293, 294, 295, 296, 297, 298, 299, 300, 301, 302, 303, 304, 305, 306, 307, 308, 309, 310, 311, 312, 313, 314, 315, 316, 317, 318, 319, 320, 321, 322, 323, 324, 325, 326, 327, 328, 329, 330, 331, 332, 333, 334, 335, 336, 337, 338, 339, 340, 341, 342, 343, 344, 345, 347, 348, 349, 351, 352, 353, 354, 355, 357, 359, 361, 362, 367, 369, 370, 371, 372, 374, 375, 376, 377, 378, 379, 380, 381, 382, 384, 385, 386, 387, 388, 390, 392, 393, 395, 398, 399, 400, 402, 403, 416, 419, 420, 421, 426, 432, 435, 436, 437, 438, 439, 441, 442, 443, 444, 445, 446, 447, 450, 452, 453, 454, 457, 458, 459, 461, 462, 465, 466, 468, 471, 473, 474, 475, 476, 477, 478, 480, 482, 483, 484, 485, 486, 487, 488, 489, 490, 491, 493, 494, 495, 496, 498, 499, 500, 502, 503, 504, 505, 506, 507, 508, 509, 510, 511, 513, 514, 515, 516, 517, 518, 519, 520, 524, 526, 528, 529, 530, 532, 533, 534, 536, 540, 542, 543, 544, 547, 554, 555, 556, 557, 558, 561, 562, 563, 566, 569, 572, 573, 574, 575, 577, 580, 583, 585, 587, 592, 594, 595, 596, 597, 602, 603, 605, 608, 609, 615, 619, 620, 622, 623, 625, 626, 627, 628, 630, 631, 644, 649, 650, 651, 652, 654, 659, 661, 663, 665, 666, 667, 668, 669, 670, 671, 673, 674, 675, 676, 677, 678, 683, 684, 685, 686, 687, 691, 692, 693, 694, 695, 697, 698, 699, 700, 701, 702, 703, 704, 705, 706, 707, 708, 709, 710, 713, 714, 715, 716, 722, 723, 727, 730, 732, 733, 735, 736, 737, 742, 745, 746, 753, 754, 761, 768, 771, 772, 786, 787, 799, 800, 821, 822, 823, 824, 825, 826, 846, 859, 890, 892, 893.

*LUGDUNENSIS pagus, 4, 5, 6, 8, 9, 10, 11, 12, 14, 15, 17, 18, 19, 20, 21, 22, 23, 24, [pagus Lugdunensium] 25, 26, 27, 28, 29, 30, 32, 33, 34, 35, 36, 37, 38, 39, 41, 42, 43, 44, 45, 46, 47, 48, 49, 51, 52, 53, 54, 56, 57, 60, 61, 62, 63, 64, 65, 66, 67, 68, 69, 70, 71, 73, 74, 75, 76, 77, 78, 79, 80, 81, 82, 83, 84, 87, 88, 90, 91, 92, 93, 94, 96, 97, 98, 99, 100, 101, 102, 103, 104, 105, 106, 107, 108, 109, 110, 111, 112, 113, 114, 115, 116, 117, 118, 119, 120, 121, 122, 123, 124, 127, 128, 129, 130, 131, 132, 133, 134, 136, 138, 140, 142, 143, 144, 145, 146, 147, 148, 149, 150, 151, 152, 153, 154, 156, 157, 159, 160, 161, 163, 164, 165, 166, 167, 168, 169, 174, 175, 178, 179, 180, 181, 182, 183, 184, 185, 187, 188, 189, 191.

LUGDUNENSIS moneta, 946.

LUGDUNENSIUM pagus, 25.

LUGDUNUM, 127, 256, 438, 766, 818, 822, 823, 824, 829, 898, 907, 956.

*LUGDUNUM, 147; civitas, 192, 193. (LYON.)

*LUGDUNUS sacerdos, testis, 21.

LUGDUNUS, filius Girberti Fabri, 857.

*LUGDUNUS, testis, 17, 65.

*LUGDUNUS vel LUCDUNUS, donator, 110.

LUINIACUS villa, in agro Forensi, subtus castrum Marcilliaci, 747, 873. (LUGNEUX.)

LUIRCIACUS villa. Vide *Lurciacus*.

LUISCO (Gombertus DE), 366.

LUITO monachus, 691. Vide *Linto*.

*LUIVICUS rex, anno primo imperii ejus, 169. Vide *Ludovicus imperator*.

LUMBARDI (Stephanus), 949. Vide *Lombardi.*
LUNACUS villa, 456. Vide *Liviacus.*
LUPI (S.) ecclesia, 133, 134, 643; [in agro Tarnantensi] 768, 802; villa, 913. (S. LOUP.)
LUPUS, frater Aledonis, 58.
LUPUS, testis, 45.
*LUPUS, testis, 30.
LURCIACUS vel LUIRCIACUS villa, 394; in valle Bevronica, 57; in agro Vallis Bevronicæ, 157, 164, 169, 606. (LURCIEUX.)
LUSINANGUS, LUSIMANGUS, LISINANGUS, locus in pago Lugd. 48.
LUSTRIACENSE monast. 940. Vide *Lustriacus.*
LUSTRIACENSIS ecclesia, parrochia in honore S. Martini, in episcopatu Lausanensi. Vide *Lustriacus.*

LUSTRIACI prior, *pag. 523, 526, 527.*
LUSTRIACO (Joannes DE), celerarius Sancti Laurentii, *pag. 522, 525.*
LUSTRIACUS villa, ubi ecclesia in honore S. Martini [in episcopatu Lausannensi?], 641, 808, 909; ubi monasterium, 901, 939, 940. (LUTRY.)
LUTICUS mons, prope Vuilbaenchias, 681. (ROCHE ROUSSE.)
LUVACUS villa, 456. Vide *Liviacus.*
LUVILIS vel STUVILIS, testis, 126.
LUVINIACUS, 277. Vide *Liviniacus.*
LYNTO vel LYUTO, monachus, scrip. 676. Vide *Linto.*
LYNTO monachus, 703. Vide *Linto.*
LYRINENSIS. Vide *Lirinensis.*

M

*M. [Milo?], scrip. 22.
*MAALIACUS villa, in agro Tarnantensi, 188. (MAILLETTES?)
MABONO FONTE (Girardus DE), 836.
MACERIAS, MASCERIAS, MASCHERIAS, in agro Forensi, 263, 292, 295, 303.
MACHARIUS, donator, 443.
MACHARIUS, testis, 446.
MACHARIUS vel MARCARIUS, testis, 506.
MACIBO (Bernardus), testis, 730.
MACIESIS vel MACIENSIS monachus, 806.
MADALBERTI vinea, 122.
MADALBERTUS, donator, 504.
MADALBERTUS monachus, testis, 427, 470.
MADALBERTUS, testis, 343.
MADALGAUDI terra, 189.
MADALGAUDUS, donator, 504.
MADALGAUDUS et uxor ejus Aymendrada, 132.
MADALGAUDUS, testis, 160, 169, 178, 444, 482.
*MADALGERIUS, testis, 38.
MADALULFUS, testis, 249.
MADERNATIS (Ademarus DE), 129.
MADGAUDUS, 482. Vide *Madalgaudus.*
MADIS villa, in agro Forensi, 182; ecclesia de Madis, 892. Vide *Madisus.* (MEYS.)
MADISECH, locus in villa Madis, 182. Vide *Madis.*
MADISIUS villa, in valle Bevronica, 504.
MADISUS villa, in agro Forensi, 12. Vide *Madis.*
MAFREDUS, 255. Vide *Matfredus.*

MAGERNATIS. Vide *Margenatis.*
*MAGINCIACUS vel MAGINCRACUS villa, in agro Monte Aureacensi, 116. Vide *Mainciacus.*
MAGINSEDIS, soror Vuillenchi, donatrix, 188.
MAGINSINDIS, donatrix, 197.
MAGISENDIS, uxor Adradi et mater Aroldi, 436.
MAGISTER operis eccl. Lugd. 951.
MAGISTER scholarum, 932, 935, 937.
MAGNEIS villa, in agro Forensi, 239. Vide *Magniacus.*
MAGNETRUDIS, uxor Bernardi, 14, 29.
MAGNIACO vel MAIGNACO (Agno DE), testis, 764.
MAGNIACUS villa, in agro Tarnantensi, 211, 507, 529. (MAGNY.)
MAGNIACUS vel MANNIACUS villa, 79; in agro Forensi, 83, 270, 746, 792. (MAGNEUX.)
MAGNO, filius Pontiæ, donator, 642.
MAGNO, filius Duranti Saxo et Pontiæ, 700.
MAIEN (Vuillelmus DE), scrip. 934. (MAYEN?)
*MAIENCIACUS villa, 58.
*MAIENCUS, 201.
MAIERNACUS villa, in agro Mornantensi, 713, 800. Vide *Margenatis.*
MAIERNATIS villa, in agro Gofiacensi, 359, 550.
MAIFINUS et uxor sua...., donatores, 16.
MAIGNACO. Vide *Magniaco.*
MAILLIARD (Benedictus), 1 *n.* 426 *n.*
MAIMBODUS, episcopus [Matisconensis?], testis, 38.
MAIMBURGIS, uxor Heldini, 475.
MAINARDI terra, 189.

*MAINARDI terra, 140.
MAINARDUS et Gasferius [fratres?], 634.
MAINARDUS et uxor ejus Adalborgis, et filii eorum Arnoldus et Milo, donatores, 471.
MAINARDUS Gasferius, 634. Vide *Mainardus et Gasferius.*
MAINARDUS, testis, 126, 191.
*MAINARDUS, testis, 140.
MAINBORGIS vel MANUBORGIS, 27.
*MAINCIACUS, MAINCIACA, MANCIACUS villa, prope Brucalias, 28; in agro Monte Aureacensi, 41, 42, 43, 48, 55, 69. (MAINCIACUS.)
MAINFREDUS, testis, 126.
MAINSEDUS vel MANSEDIA, testis, 265.
MAINSENDUS, filius Engenlanni, 379.
MAINUS, testis, 320.
MAIOLUS, frater Arnulfi, 678.
MAIRANGIAS vel MAYRANGIAS villa, in agro Solobrensi et in pago Forensi, 719. Vide *Maraagias.*
MAISUNS vel MOISUNS villa, 935.
MAJORIA, 777.
MALATERRA vel MALLATERRA (Amblardus), frater Diæ et pater alterius Amblardi, canonici S. Petri Sanctonensis, et Richardi, 751.
MALAVABRA villa, in fine Saviniacensi, 76.
MALAZ (Ad) villa, in pago Sanctonensi, 635. (MALAVILLE.)
MALDOSON. Vide *Valboson.*
*MALE EXARTUM, locus in villa Cacellario, 26. Vide *Malexardis.*
MALEVAL, terra prope villam Truncis, 684.
MALEVICINUS (Petrus), testis, 124.
*MALEXARDIS (finis), 32; locus prope rivulum Gurgum, 29. Vide *Male Exartum.*
MALLENUS, episcopus [Gratianopol.], 648.
MALUS (Pontius), 897.
MAMMO, 653.
MAMUS (?), 913.
MANASSES subdiaconus, testis, 38.
MANCIACUS. Vide *Mainciacus.*
MANCIPIA, 132.
MANDA, 654.
MANDATUM, 952.
MANDRINCARUS sive MUSSIACUS villa, 44. Vide *Massiacus.*
MANNIACUS villa, 83. Vide *Magniacus.*
MANNO vel MANNONUS, testis, 130, 131.
MANSEDIA, testis, 265. Vide *Mainsedus.*
MANSIO, 22, 39, 44, 219, 803.

*MANSIO, 4, 11, 18, 55.
MANSIONATICA, 655.
MANSIONATICI illiciti, 38.
MANSIONATICORUM exactio, 127.
MANSIONES cum mansis, 12; mansiones exigere, 127.
MANSIONES (Ad), in pago Sanctonensi, 635.
MANSO (Bernardus DE), 776.
MANSONELIS, 97. Vide *Massonelis villa.*
MANSUS, 3, 6, 8, 10, 12, 15, 28, etc.; vestitus, 916; dominicatus, 803; legalis, 251; dimidius mansus, 11, 53; campi et prati valentes dimidium mansum, 532; curtile cum mansis, 2; curtilum cum vinea et manso, 3; campus cum manso, 4; vinea cum manso, 4; vercaria cum mansis duobus, 4.
MANSUS (circ. a. 1070), 803, (circ. a. 1075) 761, 764, (circ. a. 1080) 765, 780, 786, 790, (circ. a. 1084) 806, (a. 1096) 807, (circ. a. 1100) 839, 847, 853, 859, (circ. a. 1121) 906, (circ. a. 1124) 934, (a. 1127) 916.
MANSUS contra Forum, in agro Forensi, 328.
MANSUS GUICHARDI, in villa Cavannis, 245.
MANTANIACO (Curtilus de), 779. Vide *Montaniaco.*
MANTINIACUS vel AMANTINIACUS villa, in agro Tarnantensi, 603. Vide *Amantiniacus.*
MANUBORGIS, 27. Vide *Mainborgis.*
MARANGIAS villa, in agro Forensi, 241. Vide *Mairangias.* (MARINGES.)
*MARCA, 199.
MARCELIACO (DE): Pontius, 765; Hugo monachus, 935. Vide *Marcillieu.*
*MARCELIACUS, 21. Vide *Marcilliacus.*
MARCELINUS, 360.
MARCELLATIS, locus in parrochia Mornanti, 30. Vide *Marciolatis.*
MARCELLI (S.) terra, in agro Busciacensi, 32.
MARCELLI (S.) parrochia, 430; ecclesia, 764. (S. MARCEL-DE-FÉLINES.)
MARCELLI (S.) ecclesia, in villa Fracsneto, 583, 584.
MARCELLI (S.) ecclesia quæ dicitur Goelis, 433, 434.
*MARCELLIACUS villa. Vide *Marcilliacus.*
MARCENNACUS vel MARSENNACUS villa, in agro Solobrensi, 571. (MARCENET?)
MARCENNAGUS villa, in agro Forensi, 118.
MARCHA argenti, 937, 943; argenti purissimi, 941.

MARCHANT (Odo DE), 941. (MARCHANT.)
MARCHANT (Hugo), 813.
MARCHARIUS, 506. Vide *Macharius*.
MARCHI (Rotlannus DE LA), 887.
MARCIA, 607. Vide *Arcia*.
*MARCIA vel MARTIA et filia ejus Ermengardis, venditrices, 187.
MARCIACO (DE) : Vuichardus et Bernardus. Vide *Marziaco*.
MARCIACUS villa, in agro Vallis Neriacensis, 175. (MARCY-LE-LOUP.)
MARCIACUS vel MARSIACUS villa, 908; in pago Lugd. 474; in agro Ansensis, ubi ecclesia in honore S. Boniti, 753. (MARCY-SUR-ANSE.)
*MARCILEIACUS. Vide *Marcilliacus*.
MARCILIACO (Stephanus DE), donator, 95. Vide *Marcilleu*.
MARCILIEGO (Finis de), 78. Vide *Marcilliacus*, 1.
MARCILLEU (Stephanus DE), 830, 922. Vide *Marceliaco (de)*.
MARCILLIACUS, MARCILLIEGUS, MARCILIACUS, MARCELIACUS villa, 78; in agro Forensi, 614; ubi ecclesia in honore S. Cirici, 914 ; castrum de Marcilliaco, in agro Forensi, 631, 747, 873. (MARCILLY-LE-CHÂTEL.)
*MARCILLIACUS, MARCILIACUS, MARCELLIACUS, MARCELIACUS villa, 50; in agro Monte Aureacensi, 3, 4, 5, 6, 7, 11, 12, 18, 19, 20, 21, 22, 118; parrochia, 194; prope Siviacum, 54; prope Brucalias, 28. (MARCILLY-SUR-L'AZERGUE.)
MARCINIACENSIS ager, 382.
MARCIOLATIS villa [in agro Goffiacensi?], 360. Vide *Marcellatis*. (MARSOLLA.)
MARCO, testis, 320.
MARENSENDIS, mater Girardi, 860.
MARESCOZ (Joannes), testis, 946.
MARFASIACUS, 639. Vide *Marsaciacus*.
MARGARITA, vinea in villa Fluriaco, 194, 485.
MARGARITÆ vel MARGARETÆ (S.) eccl. in villa Novals, 682. (S. MARGUERITE-DE-NAUX.)
MARGUNATIS vel MAGERNATIS, locus in parrochia Mornanti, 30. Vide *Maiernacus*.
MARHERIUS, testis, 294, 304, 310.
MARIA, donatrix, 79.
MARIA, uxor Firmini, 547.
MARIA, uxor Gausmari, 350.
MARIA, uxor Ingelberti, 451.
*MARIA, uxor Verani, 25.
*MARIÆ (S.) episcopus, Hector, 117. (NOTRE-DAME-DU-PUY?)

*MARIÆ (S.) terra, 108.
*MARIÆ (S.) terra, in villa Marcilliaci, 4.
MARIÆ (S.) de Alta Rivoria ecclesia, 5 ; in agro Forensi, 651.
MARIÆ (S.) ecclesia de Amplo Puteo, 756, 770, 825.
MARIÆ (S.) ecclesia, in villa de Aulliaco, 648, 826.
MARIÆ (B.) ecclesia, in villa Bisboch, 172, 432, 521, 522.
MARIÆ (S.) ecclesia, in villa de Brolio, 135, *pag. 387*.
MARIÆ (S.) et S. Baldomeri [de Buxi] ecclesia, in pago Forensi, 731. Vide *Buxi*.
MARIÆ (S.) ecclesia Cluylesiolis, 431.
MARIÆ (S.) ecclesia, in villa de Deniciaco, 827.
MARIÆ (S.) parrochia de Essartines, 6, 248, 861.
MARIÆ (S.) de Foro ecclesia, 819.
MARIÆ (S.) de Griviliaco, in parrochia S. Ferreoli, 921, 927.
MARIÆ (S.) ecclesia in villa de Jo, 818.
MARIÆ (S.) ecclesia [de Lausanna], 939.
MARIÆ (S.) ecclesia in villa Libertis, 8, 41.
MARIÆ (S.) Lovaniaci ecclesia, in episcopatu Gebenensi, 640, 808; monasterium, 901.
MARIÆ (S.) ecclesia in villa quæ vocatur Piñetus, 31.
MARIÆ (S.) capella, juxta munitionem Miribelli castri, in parrochia S. Martini, 811. Vide *Miribelli*.
MARIÆ (S.) ecclesia [Romæ], 731.
MARIÆ (S.) ecclesia [Sav.], *pag. 387*.
MARIÆ (S.) ecclesia, in villa Talueriis, 638, 639; in episcopatu Gebenensi, 808; monasterium, 901.
MARIÆ (S.) ecclesia de Vetula Caneva, 6, 838.
MARIÆ MAGDALENÆ (S.) ecclesia [Lorettæ?], 868.
MARINACUM cultura, in pago Sanctonensi vel Engolismensi, 634.
MARINATIS villa, in pago Sanctonensi vel Engolismensi, 634.
*MARINI terra, 40.
MARINIS villa, prope ecclesiam Sancti Verani Erbini, in agro Savogensi, 582. (MARINIS.)
MARINUS, testis, 259. Vide *Martinus*.
MARNERIUS, testis, 110.
MARLENS, MARLENSIS, MARLENTIS, MARLENDIS [villa, in pago Albanensi?], ubi ecclesia.

639; pertinens ad monasterium de Talueres, 901.

MARLIACUS villa, 541. (MERLIEU?)

MAROCHIA aqua, in agro Neriacensi, 186.

MARSACIACUS vel MARFASIACUS [villa, in pago Albanensi?], 639.

MARSELIACUS, 747. Vide *Marcilliacus*.

MARSENNACUS villa, 571. Vide *Marcennacus*.

MARSILIACO, 873. Vide *Marciliaco*.

*MARSILIENSIS campus, in villa Vineolas, 179.

*MARTIA, 187. Vide *Marcia*.

*MARTINI (S.) terra, 2, 5, 7, 11.

*MARTINI (S.) terra, in villa Burziaci, 16.

* MARTINI (S.) terra, in villa Marcilliaci, 10, 22.

* MARTINI (S.) terra, in Monte Sicco, 8.

MARTINI (S.) alodum, qui ad ecclesiam Tristini aspicit, 662.

*MARTINI (S.) Athanacensis terra, in villa Talenciaco, 32.

MARTINI (S.) ecclesia insulæ Barbaricæ, 174, 185, 540.

*MARTINI (S.) Barbarensis terra, in villa Talenciaco, 32.

*MARTINI (S.) insulæ Barbarensis, 111.

MARTINI (S.) de Bessennaco ecclesia, 816.

MARTINI (S.) ecclesia intra castrum Buxeti, 731. Vide *Buxeti castrum*.

MARTINI (S.) ecclesia, in villa Chassiaco, 136, 137, *pag. 387*.

MARTINI (S.) ecclesia parrochialis de Cornaco, 129.

MARTINI (S.) ecclesia Felicis Vulpis, 408.

MARTINI (S.) ecclesia in Lustriaco villa [in episcopatu Lausannensi), 641, 808, 901, 940.

MARTINI ET PETRI (SS.) ecclesia, in villa de Mornanto, 340, 341. Vide *Petri (S.)*.

MARTINI (S.) vicaria quæ dicitur Mura, in pago Matisconensi, 249.

MARTINI (S.) ecclesia parrochialis in vico de Niorto, prope castrum Miribelli, sub qua plures aliæ parrochiales ecclesiæ, 811, 812.

MARTINI (S.) monasterium, in loco de Niort, 901. Vide *Niort*.

MARTINI (S.) ecclesia, in villa de Periculis, 39, 430.

MARTINI (S.) ecclesia de Randanis, 79, 108, 122, 660, 662, 727.

MARTINI (S.) ecclesia, in villa de Ronno, 825.

MARTINI (S.) ecclesia, in villa de Sarsaico, 708, *pag. 387*.

MARTINI (S.) ecclesia Saviniacens. ædificata, *page 387*.

MARTINUS presbyter, testis, 461.

MARTINUS monachus, scrip. 394.

MARTINUS monachus, scrip. 738.

*MARTINUS monachus, scrip. 15.

*MARTINUS natinneus atque monachus, scrip. 45.

MARTINUS, donator, 24.

*MARTINUS, donator, 130.

*MARTINUS, scrip. 17, 80, 115.

*MARTINUS et uxor ejus Adaltrudis, venditores, 65.

MARTINUS et uxor ejus Gerbergana, venditores, 1.

*MARTINUS, maritus Godæ, donator, 140.

*MARTINUS et uxor ejus Leoteldis, venditores, 138.

*MARTINUS Bonus, 162. Vide *Bonus*.

MARTINUS (Radulfus), testis, 946.

MARTINUS de Yonio, nepos Duranti Camba, donator, 773. Vide *Yonio*.

*MARTINUS, bovarius Umberti, 156.

MARTINUS, 607; testis, 259, 305, 345, 506, 664, 785, 878.

*MARTINUS, testis, 29, 62, 82, 150.

*MARTINUS, 55.

MARZEU (DE): Bernardus et Umbertus fratres, 937.

MARZIACO vel MARCIACO (DE): Vuichardus et Bernardus filius ejus, 754; Bernardus, 806; Durantus, 869; Hugo, canonicus Lugdunensis, *pag. 540*; Joannes, senior, idem, *pag. 540*.

*MARZIACO (Vicardus DE), testis, 195. (MARZÉ.)

MARZIO (Bernardus), testis, 753.

MASCERIAS vel MASCHERIAS villa. Vide *Macerias*.

MASERIÆ vel MAZERIÆ (Finis), in agro Solobrensi, 568.

MASLIACENSIS villa, in agro Cogniacensi, 465.

MASLIACUS mansus, in Randani finibus, 765, 817.

MASRELS, piscatoria subtus castellum Sancti Mauritii, 711.

MASSENNACUS locus in fine de Marciaco villa, 175. (MASSENOT.)

MASSILLIS locus, 56.

MASSO (Girinus DE), prior Montistroterii, 958.

MASSONELIS vel MANSONELIS villa, 97.

MASZIRIACUS villa, in agro Forensi, 564.

MATDALDUS, testis, 239.

MATFREDUS vel MAFREDUS, frater Silini, 256.
MATISCONENSIS pagus, 142, 249, 397 [398], 431, 690; comitatus, 302; episcopatus, [806, 807], 901, *89. (MÂCON.)
MATISCONENSIS episcopus, 30 [38], 819, 827, 842, 900, 901; archidiaconus, 900.
MATUSATIS villa, in agro Gofiacensi, 357. (MALOUZA.)
MAU. (Jarento), testis, 754.
MAUMBURGI, 475. Vide *Maimburgis*.
MAURANÆ terra, 20.
MAURIACUS vel MURIACUS, villa vel villula, ubi ecclesia vel capella in honore S. Petri, in agro Saviniacensi, 649. Vide *Moriacus*. (MOIRÉ.)
MAURIACUS vel MURIACUS (Stephanus) et uxor ejus Constantia, genitores Milonis, 649.
MAURICII, MAURICIUS. Vide *Mauritius*, *Mauritii*.
MAURICIUS, testis, 329.
MAURITII (S.) ecclesia, parrochialis, pertinens ad obedientiam de Mornanco, 129; ubi præpositus, 835. Vide *Chassenatis*.
MAURITII (S.) ecclesia in villa de Chambosco, 524.
MAURITII (S.) ecclesia, in villa de Chassenatis, 759, 760. (CHAUSSAN.)
MAURITII (S.) eccl. de Trislins, 659, 660, 883.
MAUSIACENSIS abbas, Mausiaci monasterium, 955. Vide MAUSIACUS.
MAUSIACUS, MAUZIACUS, MAUZIACENSIS. Vide *Maasiacensis*. (MAUZIAC.)
*MAXIMIACENSIS ager, 187.
*MAXIMIACO (Gausmarus DE), 172.
MAYMBODUS. Vide *Maimbodus*.
MAYNARDUS [frater Gunduini?], 181.
MAYNARDUS, maritus Ingelbergiæ, 384.
*MAYNARDUS, testis, 130.
MAYOLUS, filius Belli Hominis et Abelloniæ, 492.
MAYRANGIAS, 719. Vide *Mairangias*.
MAZERIÆ vel MASERIÆ (Finis), in agro Solobrensi, 568.
MEDIANUS mons, 442. Vide *Mons Medianus*.
MEDIANUS podius. Vide *Podium Medianum*.
MEDIETAS, 594; terra concessa ad medietatem, 198.
MEDIUM plantum, 627, 696, 843.
*MEDIUM plantum, 25, 74, 77, 89, 96, 107, 122, 129, 148, 170, 173, 189; vinea adquisita ex medio planto, 2, 39; ad medium plantum, 16.

MEL coctum, 837; mellis emina, 906.
MELAIRUELZ vel MELEIRULS villa, 741, 862.
MELARADA villa, 428. Forte *Melardi*. Vide *Mons Melardi*.
MELARDI mons, 754. Vide *Mons Melardi*.
MELEDI (Mansus qui vocatur), 145.
MELIORAMENTUM (Possidere ad), 87; vinea data in melioramentum, 788.
*MELIOR FEMINA (Officius), testis, 174.
*MENAIO vel MENARO (Milo), miles, 906.
MENAIO (Pontius), testis, 412.
MENSA fratrum, 524, 584.
MERCATUM, 128, 335, 750, 805, 823, 824.
MERCOL (Girinus DE), 765. Vide *Mercurius*.
MERCORLEIS vel MERCOLEYS territorium, 942.
MERCURIUS villa, ubi ecclesia in honore S. Christophori, 114. (MARCOUX.)
MERDACUS villa, in agro Tarnantensi, 13. (MERDUEL.)
MERLO, rivulus, in villa de Flunis, 416.
MERPINI castrum, in Sanctonensi territorio, prope ecclesiam in honore S. Trinitatis, S. Mariæ, S. Petri, S. Abundi martiris et omnium sanctorum, 635; monasterium in honore S. Remigii, 808, 901, 909. (MERPIN.)
MESEMBRIA, uxor Milonis, 217.
MESSEYRUS vel MESSEIRUS villa, 935.
MESTIVA, 909.
*MICHAELIS (S.) curtilus. Vide *Alamura*.
MICHAELIS (S.) de Besalduno, in comitatu Diensi, 636.
MICHAELIS (S.) ecclesia, in villa Burdegalensis, in comitatu Diensi, 636.
MICHAELIS (S.) ecclesia, in villa de Chazellis, 144, 750 n.
MICHAELIS (S.) ecclesia de Fornels, 653.
MICHAELIS (S.) et S. Martini ecclesia Saviniacensis, 446. Vide *Martini (S). eccl.*
MIDALGAUDUS et uxor ejus Aymandrada, donatores, 485.
MILES Ilber, 641; miles Girini, 780.
MILIACO (Silvius DE), 679.
MILIUM quartatum, 803.
MILITES de Saviniaco, 804; jurisperiti, 959.
MILLETI (Alexander), clericus publicus, *pag.* 528.
MILLIACUS villa, in valle Bevronensi, 505, 526. (MILLY.)
MILO (leg. ODILO), abbas Cluniac. 581.
MILO, Saviniacensis abbas, 944.

Milo diaconus, testis, 38.
Milo, donator, 219.
Milo, donator, 668.
Milo, donator, 775.
Milo, filius Bernardi, 423.
Milo, filius Hugonis et Pontiæ, 787.
Milo, filius Mainardi et Adalborgis, 471.
Milo, filius Milonis et Mysembriæ, 603.
Milo, filius Stephani Mauriaci et Constantiæ, 649.
Milo, frater Agnonis, 670.
Milo, frater Berardi, maritus Officiæ, et pater Theotgrini, Vuilenci et Vuichardi, 816.
*Milo et frater ejus Berardus, testes, 22.
Milo et Emmo, donatores, 215.
Milo, frater Folcholdi, 268.
Milo, frater Sigibaldi, 248.
Milo, frater Teotgrini, donator, 758.
*Milo et uxor ejus Eldegardis, donatores, 104.
Milo et uxor ejus Mesembria, donatores, 217.
Milo et Mysembria, uxor ejus, genitores Stephani clerici, Milonis, et Vuilenci, 603.
Milo, nepos Hugonis, donator, 609.
Milo Albus, testis, 650. Vide *Albus*.
*Milo de Caarnaco, 199. Vide *Caarnaco*.
Milo de Cascedo, excommunicatus, 750. Vide *Cascedo*.
Milo [Catoli], 864. Vide *Catoli*.
Milo de Columbello, 708. Vide *Columbello*.
Milo de Lasnay, 826, 827. Vide *Lasnay*.
Milo Menaio, 906. Vide *Menaio*.
Milo Nugo, 818. Vide *Nugo*.
Milo Orsellus 753 [754?]. Vide *Orsellus*.
Milo [de Talaru], filius Hugonis vetuli, 817. Vide *Talaru*.
Milo [de] Talaru, 821. Vide *Talaru*.
Milo, testis, 244, 370, 437, 503, 510, 524, 645, 656, 666, 684, 695, 765.
*Milo, testis, 22, 47, 80, 97, 115, 123, 143, 158.
*Milo (vel Milonus), testis, 183.
Milona, uxor Stephani Guillens, 945.
*Milonis terra, 159, 163.
*Milonius, testis, 54.
Minister S. Laurentii, 773; de Taratro, 803; in mercato Sambeelli, 805; minister (crucis), 819; minister prioris, 884.
Minister crucis, 952, *pag. 523, 524, 526*.
*Ministerium, 52.
Miolans (Hugo de), testis, 801.

Mirabello (Pontius de), miles, 811.
Mirebelli castrum. Vide *Miribelli*.
Mirebello (Bonusparus de), vel forte prioratus, 812.
Mirebello vel Mirabello (Vuido de), 842.
Miribelli, Mirebelli, Mirabelli castrum, in vico qui nuncupatur Niortus, in episcopatu Sanctonensi, 752, 808, 811, 812, 901. (Mirambeau.)
Mirniciacus villa, 265. Vide *Nirniacus*.
Miseriacus, 437. (Mizérieux.)
Misimbria, mater Umberti, donatrix, 690. Vide *Mysembria*.
Mobiles res, 175.
Mocellum (Ad), locus [in agro Forensi?], 288, 290. Vide *Moncellum*.
Modi (Hugo de), testis, 754.
*Modius, 16, 35.
Modius vini, 122, 130; annonæ, 130.
Moiriaco (Petrus de), pater Aymonis de Illins, *page 540*. (Moiré.)
Moisiacus vel Moysiacus villa, in agro Bebronensi, 676. (Mazieu?)
Moisuns. Vide *Maisuns*.
Molare 1; finale, 27, 46, 62, 67, 68, 81, 82, 103, 108, 110, 177, 210, etc.
*Molare terminale, 146.
Molari alto finali, 99.
*Molaria, 50.
*Molaris finalis, 66, 87.
Molarum, 6.
*Molarum finale, 181.
Molarus vel Mollarius, mansus prope ecclesiam S. Agathæ, 884. (S. Étienne-le-Molard.)
*Molatum finale, 30.
Molendinarius, 386, *59.
Molendino (de): Petrus et filius ejus Rotlandus, 941.
*Molendinum, 193.
Molendinum cum mulinario sibi super posito, 207.
Molinare, 136.
Molixarium, 249.
Mollisolea curtilus, in villa de Arciaco, 389.
Molmenz mansus [in agro Forensi], 244. (Montmain?)
*Molon (Wido de), 186.
Mombloy (Obedientiaria de), 948.
Mon. (Petronus de), testis, 754.
Monachus, confessor, 653.

NOMINUM ET RERUM. 849

*Monachus (Arembertus), et uxor ejus Adaleldis, donatores, 33.
Monaior (Durannus), donator, 758.
Monardus, testis, 465.
Monasteria. Vide *Bordellensis, S. Illidii, Lirinensis, Loagnieu, Lustriacensis, S. Martini Niort., Merpini, S. Nicetii d'Azergues, Paterniacensis, Randans, S. Pauli Bott.villæ, S. Sebastiani Miribell., Talayerensis, Tirniacensis.*
Monasteriolus villa, 428; in agro Saviniacensi, 17; in fine agri Tarnantensi, 235. (Monestreuil.)
Monbloy. Vide *Mombloy*.
Monceaux (Jacqueminus de), chapicollus, *pag. 524.*
Moncedus [villa?], ubi silva, in agro Neriacensi, 443.
Moncel (Stephanus del), testis, 796.
Monceldi terra, 222.
Moncellis mansus [in agro Forensi], 244.
Moncellum (Ad), locus in agro Forensi, 290.
Mongels (Ad), 877. (Monceau.)
Moneta probata et publica, 932.
Moneta Engolismensis, 909.
*Moneta Lugdunensis, 22, 200.
Moneta : solidi fortioris monetæ, 941, 943; libræ fortis monetæ Lugdun. 946.
Moneta Pictavensis, 754.
Moneta Viennensis, 959; 50 libræ bonæ Viennenses, 951.
Monfol (Fulcherius), 821. Vide *Montfol*.
Monoardus, testis, 489.
Monosteriolus. Vide *Monasteriolas*.
Mons villa, 246, 744.
Mons villa, in agro Tarnantensi, 205, 223.
Mons locus, in fine de Versenaico villa, in agro Floriacensi, ubi capella in honore S. Benigni, 141, 143. (Mont.)
Mons (Durantus de), 774.
Mons, locus, 779. Vide *Monte*.
Mons Adulfi, in agris Forensi et Argenteriensi, 723.
Mons Algaudi, 472.
Mons Andariacus. Vide *Andariacus*.
Mons Aureus, 198, 545; *52. Vide *Mons Aureacensis*.
Mons Aureacensis vel Montis Aureacensis ager, 199, 202, 203, 580.
*Mons Auriacensis, Aureacensis, Aureocensis ager, 4, 5, 6, 7, 8, 9, 10, 11, 12, 13, 14, 15, 17, 18, 19, 20, 21, 22, 23, 24, 26, 27, 28, 29, 30, 31, 32, 33, 34, 35, 36, 37, 38, 39, 41, 42, 43, 44, 45, 46, 47, 48, 49, 51, 53, 54, 56, 57, 60, 61, 62, 63, 64, 65, 66, 67, 68, 69, 70, 71, 72, 73, 74, 75, 76, 78, 80, 82, 83, 87, 93, 94, 99, 104, 105, 106, 107, 108, 109, 110, 111, 112, 113, 114, 116, 117, 118, 120, 121, 122, 123, 127, 128, 129, 133, 134, 138, 142, 143, 149, 151, 152, 157, 159 [162], 163, 164, 165, 166, 167, 168, 169, 183. Vide *Mons Aureus*. (Mont-d'Or.)
Mons Bloccus villa, 428.
Mons Calvus villa, in agro Gofiacensi, 336.
Mons Caprarius. Vide *Caprarius Mons*.
Monscorpinus villa, 144. (Montcorin?)
*Mons Cuch villa, in agro Maximiacensi, 117.
Mons Indrannus villa, 428.
*Mons Lisinus, locus, 25.
*Mons Lisinnius vel Lysinus, in agro Monte Auriacensi, 37, 61. (Montluzin.)
Mons Lucion vel Mont Lucion. Vide *Lucionis*.
*Mons Malardi castrum, in quo ecclesia in honore S. Petri, 153. Vide *Mons Melardi*.
Monsmalatus castellum, 848.
Mons Medianus locus et silva, in agro vallis Bevronicæ, 442.
Mons Melardi vel Mons Malardus villa, ubi ecclesia in honore S. Petri, in agro Diniacensi, 754; capella de Monte Melardo, 827. Vide *Monsmalatus castellum, Mons Melardi castrum*. (Montmelas.)
Monsmolatus. Vide *Monsmalatus*.
Mons Pethenis, in villa Chivinnaco, 596.
*Mons Petrosus, in villa Lissiaco, 30.
*Mons Piolerii, vel Mons Piulerius, in villa Cacellaco, 23. (Mont-Piolier.)
Mons Polinus locus, in Monte Aureo, 545.
*Mons Sancti Joannis, in agro Valle Ansensi, 145.
Mons Ratbergianæ locus, in agro Forensi, 162.
Mons Romanus villa, in valle Bevronica, 458. (Montroman.)
Mons Rotundus, locus in parrochia Mornanti, 30.
Mons Ruillacus vel *Montruil*, 850, 863.
Mons Savonerius villa, 428.
*Mons Siccus villa, in agro Monte Auriacensi, 8, 9, 10, 12, 40.
Mons Theobaldi [in valle Bebronensi?], 852.

Mons Ustulatus, 797.
Mons Verdunus, in agro Forensi, 330; ubi Longavilla villa, 105; ubi capella in honore S. Petri, 631, 663. (Montverdun.)
Mont (In fine del), in agro Forensi, 312.
Mont (Gausbertus de), testis, 795.
Montagney vel Montaney villa, 806, 807. Vide *Montanensis villa*.
Montagniaco (Guifredus de), canonicus Lugdunensis, *pag. 540*.
Montagnieu (Hugo de), 913.
Montanea (Terra Sancti Martini in), 664.
Montanea (In), ubi villa de Calviaco, 677.
Montanea, ubi locus qui dicitur Vallis Nigra, 413. (S. Germain-la-Montagne?)
Montanensis villa [in agro Tolvedunensi?], 431. Vide *Montagney*.
Montaniaco vel Mantaniaco (Curtilus de), 779. Vide *Mantaniaco*.
Montaniacus villa, 501.
Montaniacus villa, in agro Forensi, 164, 317, 556.
Montbloy. Vide *Mombloy*.
Montcellus villa, in agro Forensi, 327. Vide *Moncellum (Ad)*. (Monceau?)
Montcellum (Ad) villa, in agro Tarnantensi, 585. (Moncet?)
Monte (Cresta de), in agro Forensi, 68; in agro Solobrensi, 70.
Monte (de): Agno, 748; Amblardus et Pontius, frater ejus, 679; Artaldus, testis, 790; Girinus, 779.
Monte Aloeni vel Ailoeni (In fine de), in valle Bevronica, 12.
Monte Aureo (de): Fulcherius, Vuichardus, Stephanus canonicus, Hugo, 842; Rotbertus, *160. Vide *Mons Aureus*.
Montebello (Filius domini de), canonicus Lugdunensis, *pag. 540*.
*Monte Calvo (Arnulfus de), testis, 95.
Montefalconis (de): Pontius, 804; Vuillelmus, 903.
Monte Faventio (Bertrandus de), cardinalis, *pag. 540*.
Montelg villa, in agro Vuarennensi, 707.
Montellier vel Montelleir, 916.
Montels vel Montelet (Fines de), 3.
Monte Lupello (Humbertus de), custos Lugdunensis ecclesiæ capituli, *pag. 540*. (Montluel.)
Montem (Ad) terra, 740.

Montem (Villa quæ dicitur ad), in agro Forensi, 491.
Monte Rotrudo (de): Amelina tradit se Sancto Martino, 941; Vuillelmus, filius ejus, adiit Hierusalem, 941; Petrus, frater Vuillelmi, benefactor Saviniac. monast. 943.
*Monte Sicco (Ayminus de), fidejussor, 162.
Montfalcon, vide *Montefalcone*.
Montfol (Ademarus de), 907. Vide *Monfol*.
Montistroterii prioratus, 958. Vide *Montrotier*.
Montrotier vel Montroter (Castellum de), 945. (Montrotier.)
Montruil vel Mons Ruilliacus, 850.
Montsendolf vel Montsendoolf villa, 467.
*Moranciaco (Rollannus de), testis, 195, 196. (Morancé.)
Morans, Morant, Morens (Jarento), 804, 824, 897.
Morellus (Pontius), pater Rotbaldi, 767.
*Morellus (Eldinus), testis, 199.
Morgona, rivulus, 437. (Morgon.)
Morcellum vel Motcellum, 585. Vide *Montcellum*.
Moriacus villa, in agro Floriacensi, 181, 188. Vide *Mauriacus*. (Moiré?)
Mornant, Mornantus, Mornancus, Mornantensis villa, 30, 128, 129, 335, 338, 341, 342, 343, 344, 345, 346, 348, 349, 350, 351, 353, 354, 355, 356, 357, 358, 359, 360, 361, 362, 363, 365, 366, 418, 713, 743, 750, 798, 799, 835, 871, 872, 911; ubi ecclesia in honore S. Petri, 30, etc.; in honore SS. Martini et Petri, 340, 341; in agro Gofiacensi, 128, 335, 338, 341, 342, 343; in agro Mornantis, 418, 713. (Mornant.)
Mornantensis ager, 418, 713.
Mornantensis vel Mornacensis ecclesia, in honore S. Petri, 129, 743, 798, 799, 911; obedientia, 129, 911. Vide *Mornant*.
Mornent (de): Asterius et Agna, genitores Girini, Hugonis, Vualdemari, Bladini, Isoardi; Girinus, frater Asterii, 741; Hugo, 776. Vide *Morvent*.
Mortarius villa, 51, 586; in valle Bevronica, 171, 454. (Mortier.)
Mortarius (Otgerius), 825.
Mortariolis villa (Finis de), in valle Bevronica, 12.
Morterius locus, in agro et valle Argenteria,

NOMINUM ET RERUM. 851

prope guttulam Scaravagium, ubi capella sive ecclesia in honore S. Stephani, et est ei super positum nomen Prevencherias, 140, 869. (PROVENCHÈRE.)
MORVENT villa, 749.
MORVENT (DE) : Bladinus, 792, 829; Robertus, 918. Vide *Mornent*.
MOSHONS (Petrus), canonicus Lugdunensis, *pag. 540*.
MOSIACI. Vide *Mausiaci*.
MOSOBRO vel MOSOURO (Finis de), 19. (MOSOEUVRE.)
MOTA, 437. (MOTE.)
MOYRIACO. Vide *Moiriaco*.
MOYSIACUS villa, 676. Vide *Moisiacus*.
MULA optima, 656.
MULINARIUM, 337.
MULNARE, 660.
*MULNARIUM, 181.
MULUS valens 50 sol. 748.
MULUS finalis, 19; antiquus, 19, 20.
MUNDI meta ineunte, 633; terminus, etc. 639, 643; finis mundi, etc. 641.
*MUNDI terminus appropinquans, 15.
MURA antiqua dedicata in honore S. Martini, et a paganis destructa diebus antiquis, 21.
MURA, vicaria Sancti Martini, 249; parrochia, 431. (LA MURE.)
*MURA, 177. Vide *Alamura*.
MURÆ vetustæ, 652.

MURAVALLEL, terra, 921.
MURIACENSIS ager vel MURIACENSIS VALLIS ager, 506. Vide *Vallis Muriacensis*.
*MURIACUS villula, in Monte Aureacensi, 183.
MURIACUS, 649. Vide *Mauriacus*.
MURIANA ecclesia, ubi altar in honore S. Johannis, 582. (MAURIENNE.)
MUROS (AD). Vide *Admuros*.
MUSCIACO vel MUSSIACO (Artaldus DE), 903. Vide *Mussiaco*.
MUSCIACUS villa, 864. Vide *Mussiacus*.
MUSCILIACUS vel MUSSILIACUS villa, 364, 798. (MISSILIEU.)
MUSCIO vel MUSCIONIS (Aynimus vel Aynianus), 366.
MUSCULUS (Pontius), testis, 766.
MUSIDIA villa, 218. Vide *Nusidia*.
MUSSEU (DE) : Ermengardis, mater Pontii, Stephani et Vuigonis, 861; Hugo, 826; Hugo, miles, 935. Vide *Mussiaco*.
MUSSIACO vel MUSCIACO (DE) : Pontius, testis, 765; Artaldus, 903.
MUSSIACUS vel MUSCIACUS villa, 428, 864. (MUSSY.)
MUSSIACUS villa vel MANDRINCARUS villa, 44.
MUSSIEU (Vuillelmus DE), 820. Vide *Mussiaco*.
MUSSITIACUS villa. Vide *Muscilliacus*.
MUSTUM, 154, 223.
MYSEMBRIA, MISYMBRIA, MISEMBRIA, uxor Milonis, 603. Vide *Misimbria*.

N

N. monachus, scrip. anno II Loth. reg. 142.
*NADALI terra, 40. Vide *Natalis*.
NADALIS, testis, 725.
*NADALUS, 170.
NANS (DE) : Bernardus, 761; pater Vuillelmi, 821.
*NANTELMUS sacerdos, testis, 96, 126.
*NANTELMUS, maritus Eldegardæ, donator, 179.
*NANTELMUS, donator, 182.
*NANTELMUS, 84. Vide *Antelmus*.
NANTH (Pontius DE), 907.
NANZIACENSIS vicaria, 635. Vide *Nauziacensis*.
NARDUINUS vel HARDUINUS [filius Ingelæ?], 176.
NARDUINUS de Surione, donator, 779. Vide *Surione*.
NARDUINUS, testis, 166, 204.

NARDUNUS, donator, 97.
*NARNUINA, uxor Godalboldi, 168.
*NARTOLT, testis, 181.
*NATALIS terra, 177. Vide *Nadali*.
NATARDUS, testis, 160.
*NATINNEUS, 45.
NAUS vel NANS (Bernardus DE), 762. Vide *Nans*.
NAUZIACENSIS vel NANZIACENSIS vicaria, in pago Engolismensi, 635.
NAZAREA, filia Berardi Rodonensis, uxor Vuichardi Gionensis, et mater Berardi, Umberti et Vuichardi, 755. Vide *Gionensis et Rodonensis*.
NAZAREA, soror Aschirici, 731.
NAZAREUS, testis, 787.
NAZARIA, uxor Pontii, 789.

NAZARIA, testis, 879.
NAZARII (S.) ecclesia parrochialis, pertinens ad obedientiam de Mornanco, 129.
NECTARDUS, donator, 699.
NEMA, uxor Flavardi, 324.
NEORTUS vicus. Vide *Niort.*
NEPOS (Gauzerannus), 923.
NERCIACUS (STABULIS) villa. Vide *Stabulis.*
NERCIACUS villa, in agro Forensi, 96, 722; juxta Randans, 728.
NERCICUS villa, 722. Vide *Nerciacus.*
NERCIEUS vel NERCIEIUS villa, in agro Forensi, 561.
NERECIUS villa, in agro Forensi, 322.
NERIACENSIS ager, 186, 190, 443; Vallis Neriacensis ager, 29, 175. (VAUGNEREY.)
NERVIACO (Girinus DE), maritus Annæ, pater Vuigonis, Eldegardis et Petronillæ, 106.
NERVIACUS villa, 428.
NESVANS vel NEYVANS (Raimbertus DE), 717.
NICETIA, uxor Godalvini, 425.
NICETII (S.) abbatia Lugd.* 17; curia, 818; ecclesia collegiata, *pag. 540;* abbas, vide *Adalardus.*
NICETII (S.) de Aselgo monasterium, in episcopatu Matisconensi, 901. Vide *S. Nicetius villa.*
NICETIUS vel NICETHUS, frater Asterii, 114.
NICORBINI villa, 259.
NIDOCORVINUS, antecessor Silvestri, 39.
NIGELLUS vel INGELLUS (Stephanus), pater Vuillelmi et Stephani, 814.
*NIGELLUS (Stephanus), miles, filius Saziæ, donator, 115.
NIGRA VALLIS, in Montanea, 413. Vide *Montanea.*
NIGROMONTE (Fulcherius DE), 765, 813.
NIOLIO (Diaconus de), 811. (NEUIL-LE-VIROUIL..)
NIORT, NIORTUS, NYORTUS vicus, ubi monasterium in honore S. Martini, in episcopatu Sanctonensi, 808, 811, 812, 901. (NIORT.)
NIRNIACENSIS ager, 265.
NIRNIACUS, NIRNICIACUS, villa, 265.
NISECO vel NIZECO (In fine de), in agro Forensi, 109.
NITHARDUS diaconus, testis, 38.
NIZECO, 109. Vide *Niseco.*
NIZEIUS villa, in agro Forensi, 329. (NIZEYS?)
NOAILLIACUS. Vide *Noallicus.*
NOALIACO vel NOALLIACO (DE) : Bertrannus, 818; Petrus monachus, 830, 896; Rotlannus, 673. Vide *Noalliaco.*
NOALIACUS villa, 464.
NOALIACUS vel NOALLICUS villa, in agro Bessenacensi, 1; in valle Bebronensi, 855.
NOALIACUS vel NOALLIACUS villa, in pago Rodonensi, 130, 132, 628. (NOAILLY-EN-ROANNAIS.)
NOALIACUS vel NOALLIACUS villa, in agro Forensi, 69, 73, 75, 745; in parrochia Sancti Juliani de Sal, 624, 931. (NOAILLY, 2.)
NOALLIACUS villa, in parrochia Sancti Joannis, 917. (NOAILLY, 3.)
NOALLIACUS vel NOVALIACUS villa, ad meridianam plagam de Randanis, 106.
NOELLIS (Præpositus de), 946. (NUELLES.)
NOELLIS (Ran. DE), testis, 947.
*NOIERIARIUM ceppæ, 15, 17. Vide *Nucerius.*
NOLIACUS, villa, 132, in pago Rodanensi, 130. Vide *Noaliaco.*
NONÆ, 2, 3, 7, 16, 20, 23, 25, 27, 31, 32, 40, 41, etc.
*NONIA, vel ANONIA, uxor Rotberti, 51.
*NONIA, uxor Girini, 64.
NORBERTUS, testis, 40.
NOREREDIS villa, in agro Tarnantensi, 221; (In fine de), 222.
*NOTANTE (notare chartam), 147.
*NOTARDUS, canonicus Sancti Stephani, donator, 63, 66.
*NOTARDUS levita, Sancti Stephani canonicus, 179.
NOTARDUS, frater Azonis, testis, 616.
NOTARDUS [de Pipiaco], 894. Vide *Pipiaco.*
NOTARDUS, 76; testis, 36.
NOTARIUS : Rotbaldus, 766, *pag. 532.* Vide *Vicecancellarius.*
*NOTHARDUS, 97, 98.
NOVALIACUS villa, 106. Vide *Noalliacus.*
NOVALIACUS mansus, 244. Vide *Noalliacus.*
NOVALS villa, in pago Rodanensi, 682. (NAUX.)
NOVA VILLA [in agro Tolvedunensi?], 431.
NOVA VILLA vel LONGAVILLA, 607.
*NOVELLÆ, 137.
NOVIANTUS villa, in agro Rodanensi, 236.
*NUCERIUS, 22.
NUGERIOLIS vel NUGERIOSIS villa, in agro Forensi, 12. (NEYRIEUX.)
NUGO (Milo), 818.

NUILIACUS villa, in agro Forensi, 123.
NUILIACUS villa, in pago Rodanensi, 130. Vide *Noalliacus*.
*NUIZ villa, 38.
NULICO vel NULIEO (In fine de), in agro Forensi, 115.
NULLIACUS villa, 134.
NULLIACUS superior et subterior villæ, in agro Forensi, 280.
NURIACENSIS VALLIS ager, 446. Vide *Vallis Nuriacensis*.
NUSIDIA vel MUSIDIA villa, in agro Forensi, 218.
NYORTUS. Vide *Niort*.

O

*OBBO, monachus, scrip. 104.
OBEDIENTIÆ, 387. Vide *Arnacus, Casetum, Mombloy, Mornancus, Randans, S. Victor, Vindriacus*.
OBEDIENTIALES monachi, 841.
OBEDIENTIARIUS, 948.
OBLATIONES, 731.
OBLIQUICOLLI (Stephanus), 766. Vide *Torticol*.
*OBOL, 201.
OBSIDES, 900, 904, 941, *199.
*OCDILONUS presbyter, scrip. 51.
*ODBERTUS laicus, 167.
ODDO vel ODO, filius Girbergiæ, 635.
*ODDO prior [?], testis, 199.
*ODDO Campanensis regnum Galliæ summis juribus sibi vindicat, 22.
*ODDO, testis, 61.
*ODEBONUS et Agminus, filii Bosonis, 24.
*ODIERIUS, testis, 61.
ODILA vel EDILA, uxor Autardi, 68.
ODILO, abbas Cluniacensis, 581, 632, *188.
ODILO, abbas Saviniacensis, 941, 944, 950.
*ODILO, Sancti Germani presbyter, scrip. 76.
ODILO, maritus Dumesiæ, 115.
*ODILO et uxor ejus Rofeldis, donatores, 27.
ODO presbyter, testis, 29, 30.
ODO vel ELDONUS, gener Leotherii, 210.
ODO vel ODDO, 635.
ODO, testis, 160.
ODO, testis, 459.
*ODO, testis, 72.
ODOENUS, 446. Vide *Ardoenus, testis*.
ODOLGRUS vel EDOLGRUS, testis, 222.
ODOLO vel EDOLO, testis, 291.
ODRICUS, testis, 175.
*ODRICUS, testis, 77.
*ODRICUS, 137.
OFFECIA, 816. Vide *Officia*.
OFFECIA, uxor Theotgrini, 494.
OFFECIA vel OFFEZIA, uxor Unfredi, 501, 519, 523, 625.
OFFICIA vel AFFICIA, uxor Hugonis, 844.
OFFICIA vel OFFECIA, uxor Milonis, 816.
OFFICIALIS, 959, *pag. 530*.
*OFFICIUS Melior Femina, 174. Vide *Melior Femina*.
OGDELA, uxor Vuidonis, 35.
OGDILA, mater Agnonis, 707.
OGGANNI vel OGANNI terra, 98.
*OLERIUS (Durannus), 201.
OLEUM, 952; olei emina, 921, 927.
OLFACIA [uxor Silvii?], testis, 469.
OLIVERIUS, frater Gunzelini, donator, 825.
OLIVERIUS, testis, 388.
OLMARUS Juvenis, testis, 714.
OLMARUS, filius Duranti Chastel Milan et Ermengardis, 892. Vide *Chastel Milan*.
OLMARUS, frater Elisiardi, 749.
OLMARUS et uxor ejus Andeburgis, genitores Jarentonis, donatores, 599.
OLMARUS, testis, 435, 652, 781.
OLZONETUS villa, in pago Lugd. 403, 600.
OMBERTUS vel EMBERTUS, pater Aschirici, 151. Vide *Umbertus*.
ONDRADUS, testis, 243.
ONISIACUS villa, in agro Forensi, 122.
OPERATA de vinea, 366.
OPERIS ecclesiæ Lugdun. (Magister), 951.
ORDO, testis, 167.
ORGERIUS, testis, 126, 588.
ORIACUS villa, 61; in agro Forensi, 532.
ORIACUS silva [in agro Tarnantensi?], 736.
ORIELDIS vel ERIELDIS devota, donatrix, 116.
ORIELDIS, testis, 612.
ORNADUS, filius Vualdrici et Adalachiz, 467.
ORNADUS, testis, 465, 489.
ORODLLUS (Milo), testis, 753.
ORSIO, ORSIONUS, ORSONIUS presbyter, frater Pontionis, donator, 318.

854   INDEX GENERALIS

Orsio, testis, 319, 331.
Orso vel Oso, testis, 306.
*Oruci, venditrix, 163.
Orval vallis, in agro Tolveoensi, 397. (Orval.)
*Osicheisa vinea, in villa de Laviaco, 172.
Oso vel Orso, testis, 306.
*Ostasia, uxor Elperici, 168.
Ostolarius pro hostelarius, 948.
Otbardus et uxor ejus Vuandigarda, donatores, 14.
*Otbergia, filia Benigni et Emmæ, 134.
Otbergia, uxor Theotlandi, 262.
Otberti terra, 193.
*Otberti terra, 40, 48, 140.
Otbertus monachus, scrip. 13.
Otbertus vel Etbertus, donator, 543.
Otbertus, filius Ermengaudi et Pertejardis, 704.
*Otbertus, filius Liogardis, 152.
*Otbertus et uxor sua Gonteldis, donatores, 105.
Otbertus Brunus, 94. Vide *Branas*.
Otbertus vel Erbertus, testis, 260.
*Otbertus, donator, 73.
Otbertus, testis, 103, 151, 196.
*Otbertus, testis, 35, 36, 88, 101, 116, 145, 152, 155.
Otcenda, uxor Raymundi, 216.
Otcenda, uxor Ragimundi, 225.
Otdo, testis, 226.
*Otdo, testis, 158.
*Otelmi terra, 48.
*Otelmus, testis, 14, 58.
*Otgerii terra, 109, 140.
Otgerius sacerdos, donator, 227.
Otgerius sacerdos, filius Gombergiæ, et frater ejus Stephanus, presbyter, donatores, 549.
Otgerius presbyter, testis, 347.
Otgerius presbyter, testis, 548.
Otgerius presbyter, 709.
Otgerius presbyter, 828.
Otgerius presbyter [ecclesiæ Mornantensis?], 350.

Otgerius presbyter, scrip. 348, 350, 351, 353, 354, 355.
Otgerius, scrip. 547, 548, 552, 555.
*Otgerius, filius Ermenfredi, 189.
Otgerius, filius Teuzæ, 479, 488.
Otgerius, filius Vualburgis, 590.
Otgerius vel Othgerius, et Arulfus, filii Vualburgis, donatores, 704.
Otgerius, frater Berardi, donator, 630.
Otgerius et Gerardus, fratres Benedicti, donatores, 419.
*Otgerius, frater Constantini presbyteri, 42.
*Otgerius, frater Fulcherii, 131.
*Otgerius, frater Geraldi, sacerdotis, 5.
*Otgerius, frater Poncioni, 175.
*Otgerius et uxor ejus Adalgardis, emptores, 90, 91, 124; donatores, 117, 166. Vide *Othgerius*.
*Otgerius Descola, 156. Vide *Descola*.
Otgerius Esparos, 863. Vide *Esparos*.
Otgerius Mortarius, 825. Vide *Mortarius*.
Otgerius, testis, 48, 136, 455, 460, 502, 588, 592, 633, 850.
*Otgerius, testis, 8, 17, 19, 41, 42, 48, 72, 74, 83, 101, 120, 131.
Otgerus, testis, 48.
Otharius monachus, testis, 23.
Othbaldus, 6.
*Othbertus, testis, 60.
Othelda, uxor Alberici, 372.
*Othgerius et uxor ejus Adalgardis, donatores, 157. Vide *Otgerius*.
Othgerius, 48, 702. Vide *Otgerius*.
Otho, donator, 698.
Othulfus, testis, 218.
Otmarus, frater Jarentonis, 894.
Otmarus de la Toretta, 917, 921. Vide *Toretta*.
Otmarus Turricula, 927, 931. Vide *Turricula*.
Otmarus (Jarento), 829.
Otmarus, testis, 569.
Otsinda vel Otsindis, uxor Raimundi, 135.
*Ottoni ministerium, 52.
Otzenda, testis, 669.
Ovis vescuntur monachi, 942, 952.

P

*Paciangas, locus in villa Darcilliaco, 107, 122; in agro Monte Auriacensi, 68.
Pagani (Adelmodis), 882.

*Pagani (Raoart), testis, 14.
Paganus, donator, 681.
Paganus, frater Renconis, testis, 865.

NOMINUM ET RERUM. 855

PAGANUS de Sancto Petro miles, 935. Vide *S. Petro.*
*PAGINOLA, 93.
PAGINOLUS, testis, 691.
PAGUS, burgus, 941.
PAGUS, territorium. Vide *Albanensis, Alvernensis, Cosniacensis, Engolismensis, Forensis, Gerensis, Gratianopolitensis, Lugdunensis, Matisconensis, Rodanensis, Sanctonensis.*
PAISSELLEIS vel PEISSELLEIS villa, in agro Taradrensi, 847. Vide *Passilliacus.*
PALATIEUS, 921. Lege *Palatinus.*
PALATINUS : Petrus et Poncius, fratres, 921.
PALTAVERIUS vel PALTANERIUS. Vide *Viridis.*
PALTIERI vel PALTRERII (Benedictus), 869.
PALU (LA). Vide *S. Petrus la Palu.*
PALUDE (Percevallis DE), canonicus Lugdunensis, *pag. 540.*
PALUS villa, in valle Bevronica, 65, 66; in agro Vallis Bebronensis, ubi ecclesia in honore S. Petri, 138, 426. (S. PIERRE-LA-PALUD.)
PALUS, in pago Cosniacensi, 932.
PANDULFUS, cancellarius Rodulfi regis, 641.
*PANIACUS, locus [in villa de Rustiaco?], 100.
PANIS ab obedientiis persolvendus, *pag. 387.*
PANIS : inter panem et vinum modium unum, 130, 133; curtili ad panem et vinum, 707. Vide *Carnis.*
*PANIS (id est bladum), 35, 72, 182; panum præstationes, 55, 148.
PAPA. Vide *Benedictus, Calixtus, Celestinus, Hildebrannus, Pascalis.*
PARADA, 889.
PARANIACO. Vide *Pariniaco.*
PARASCEVE die, 599.
PARATA, 30, 127.
*PARCIACENSIS ager, 182. (PARCIEUX.)
PARECHIA, 98. Vide *Parrochia.*
PARENTIS (Girinus), canon. Lugd. *pag. 540.*
PARINIACO (Vuillelmus DE), testis, 947. (PARIGNY.)
PARROCHIA, 7, 8, 30, 41, 114, 129, 130, 135, 139, 198, 374, 411, 412, 430, 433, etc.; parrochialis ecclesia, 129, 430, 431, 648.
*PARROCHIA, 194.
PASCALIS papa (II), 808, 900.
PASCALIS, testis, 26.
PASCUA et impascua, 136.
PASNATIO, 757.
PASSILLIACUS vel PASSILIACUS villa, in agro Tarnantensi, 218. Vide *Paisselleis.* (PESSELEY.)

PATERNIACENSIS prior, 940. (PAYERNE.)
PATRINUS, 747.
PAULÆ (S.) ecclesia, in parrochia Sancti Laurentii, 758. (SAINTE-PAULE.)
*PAULI (S.) terra, in villa Lissiaco, 30.
PAULI (S.) Lugdunensis ecclesia, *pag. 540.*
*PAULI (S.) [abbas, 122]; canonici, 93; congregatio, 122; res, 129.
PAULI (S.) ecclesia et monasterium subter castrum quod vocatur Botavilla, in Sanctonensi territorio, 633, 634; in episcopatu Sanctonensi, 808, 901.
PAULI (S.) ecclesia secus lacum Lemani, in episcopatu Gebennensi, 808; super lacum Lemanum, 901. (S. PAUL-EN-CHABLAIS.)
*PAULIACUS [villa?], 141.
*PAULINIACUS villa, in Monte Auriacensi, 76.
PAUPERUM (Pecunia ab ecclesiis soluta episcopo ad opus), 909; erogationes pauperibus faciendæ, 952, 953, 954.
PAXICIDUM vel PAXILLICIDUM vinea in loco qui dicitur Ænnacus, 720.
PAXILETUS, locus in agro Tarnantensi, 499.
PEA, 765, 949. Vide *Peda.*
*PECCO, 201.
PECIOLA, 350, 351, 353, 354.
PEDA ubi mansionem faciam, 660.
PEDAGIUM, 905.
PEDRIERIAS. Vide *Perdrierias.*
PEISSELLEIS villa, 847. Vide *Paisselleis.*
PELLERIN (Girardus), prior de Sal, 899.
PELLICIA, 869.
*PELLICIARIUS (Andreas), 55.
PELLUM vel PELLUN (Hugo), 880.
PELOGIIS (Monasterium de), *pag. 324 n.* [ch. 644-48].
PELOTARIUS (Stephanus), testis, 765.
*PERCIACENSIS ager, 173. (PERCIEUX.)
PERCIDEM locus, in villa Crisciliaco, 599. (PERRET.)
PERDRIERIAS vel PEDRIERIAS, in parrochia Sancti Cristophori de Mercurio, 114.
PEREGRINATIO ad Romam, 731, 878; ad S. Mariam Magdalenam, 868; ad Jerusalem, 819, 867, 921, 937, 941.
PEREGRINATIONES, 732; ad Jerusalem, 748.
PEREGRINI, 731, 940.
PEREREZ (Ad furnum), 741.
PERICULIS villa, ubi ecclesia in honore S. Martini, 39, 428, 430; in valle Bevronica, 483. (PERICULIS.)

856   INDEX GENERALIS

*Peronnus, 188. Vide *Warnerius*.
Pertica, 21.
*Perticha, 34, 138.
Pervallis locus [in agro Saviniacensi?], 54.
Pervencheriæ. Vide *Prevencheriæ*.
*Pes, 34, 138.
Pethenis mons, 596. Vide *Mons Pethenis*.
Petitor (is cui præstatur beneficium), 1, 2, 3, 6, 7, etc.
*Petoleia fons, juxta plantatam Burziaci, 15, 17.
Petra (Mansiones de), in villa Taratro, 803.
*Petra Ficta (Finis de), 189. (Pierrefitte.)
Petra Scissa, castrum prope Lugdunum, *pag*. 530, 532. (Pierre-Scise.)
Petragoricensis episcopus, 634, 889. (Périgueux.)
Petrals (Durantus et Stephanus), 937.
Petretus vinea [in villa Brennaco], 39.
Petri (S.) ad Paludes capellanus, 948.
Petri (S.) allodum, 583.
Petri (S.) capella, in Monte Verduno, 105, 631, 663.
Petri (S.) capella, in villa de Camopseto, 817.
Petri (S.) ecclesia [?], 280.
Petri (S.) ecclesia parrochialis in villa Avesias, 139.
Petri (S.) ecclesia, in villa Bicalona, 374.
Petri (S.) ecclesia, in villa Boennaco, 630, 648. Vide *Boennaco*.
*Petri (S.) ecclesia, in loco Caseto, 26, 37, 71, 82; cimiterium, 54. Vide *Casetum*.
Petri (S.) ecclesia, de Draciaco, 32, 648.
*Petri (S.) ecclesia, in civitate Lugduno, 193.
Petri (S.) de Mauriaco villa, 649. Vide *Mauriacus*.
Petri (S.) ecclesia, in Monte Melardi, 754.
*Petri (S.), ecclesia in castro Montis Malardi, 153. Vide *Mons Malardi*.
Petri (S.) ecclesia de Mornanco, 30, 129, 340, 342, 343, 344, 345, 346, 348, 349, 350, 351, 353, 354, 355, 356, 357, 358, 359, 360, 361, 362, 363, 365, 366, 553, 713, 743, 759, 760, 798, 799, 835, 871, 872, etc. Vide *Mornant*.
Petri (S.) ecclesia, in villa de Noalliaco, 130, 132.
Petri (S.) ecclesia, in villa Paludis, 138, 426.
Petri (S.) ecclesia, id est Sancti Nicetii d'Azergues parrochia, 431.

Petri (S.) ecclesia, in villa Randanis, 74, 75.
Petri (S.) ecclesia Romæ, 139, 731, 901.
Petri (S.) ecclesia, in Roseriis villa vel Ad Roserias, 491, 875.
Petri (S.) ecclesia [Sanctonensis], 252, 751, 811.
Petri (S.) de Saviniaco parrochia (id est Sanctus Petrus Vinearum), 958.
Petri (S.) ecclesia de Velchi, 404.
*Petroni terra, in villa Lissiaco, 30.
*Petronilla, uxor Ariau, 68.
*Petronilla, uxor Auriandis vel Ariandis, 107.
*Petronilla, uxor Duranti, 122.
Petronilla, uxor Folcaldi, 743.
Petronilla, uxor Gaufredi, 633, 634, 635.
Petronilla, uxor Girini [de Sal?], 654.
Petronilla de Nerviaco, 106.
*Petronus, 169. Vide *Petrus*.
Petronus, testis, 409.
*Petronus, testis, 88.
Petronus de Mon. 754. Vide *Mon*.
*Petrosus mons. Vide *Mons Petrosus*.
Petrus, Lugdunensis archiepiscopus, 940.
Petrus, Sanctonensis episcopus, 909, 932.
Petrus, archidiaconus [Sanctonensis eccl.?], scrip. 811.
Petrus, Mausiacensis abbas, 954.
Petrus, prior Sancti Juliani de Sal, 770.
*Petrus, sacrista [Caseti?], 200.
*Petrus vicarius, testis, 196.
Petrus presbyter, 94.
Petrus presbyter, 747.
Petrus presbyter, testis, 791, 793.
Petrus clericus, testis, 360.
Petrus clericus, 919.
Petrus monachus, 835, 921, 922, 928, 929.
Petrus monachus, scrip. 776.
Petrus monachus, scrip. 899.
Petrus, donator, 799.
Petrus, donator, 360.
*Petrus, vel Petronus, venditor, 169.
Petrus et Arnaldus, donatores, 765.
Petrus, filius Gontardi et Adalaæ, 636.
*Petrus, filius Vicardi de Rariaco, 196. Vide *Rariaco*.
Petrus, pater Saturninæ [et frater Aymini?], 765.
*Petrus, frater Geraldi et Otgerii, 5.
Petrus, frater Stephani, vicarius de Chivinnaco, et chazipol Achariæ de Fontaneis, 935.

NOMINUM ET RERUM. 857

PETRUS, maritus Domesiæ, 476.
PETRUS, nepos Vuichardi de Torognieu, 906. Vide *Torognieu.*
*PETRUS d'Aguils, 201. Vide *Aguils.*
PETRUS Amari, 909. Vide *Amari.*
PETRUS (Angereu?), 124. Vide *Angereu.*
PETRUS Arradi, testis, 812. Vide *Arradi.*
PETRUS Blans rusticus, 935. Vide *Blans.*
PETRUS de Bulliaco capellanus, 903. Vide *Bulliaco.*
PETRUS Canis, 824, 868, 888. Vide *Canis.*
*PETRUS de Chalens, 201. Vide *Chalens.*
PETRUS de Choley, 906. Vide *Choley.*
PETRUS de Concha, 930. Vide *Concha.*
PETRUS de Cosnaco monachus, 812. Vide *Cosnaco.*
PETRUS de Cuel, 754. Vide *Cuel.*
PETRUS de Noaliaco, 830, 896. Vide *Noaliaco.*
PETRUS de Pugniaco, 869. Vide *Pugniaco.*
PETRUS de Tarnac, 950. Vide *Tarnac.*
PETRUS de Vitaterna monachus, 812. Vide *Vitaterna.*
PETRUS Durata Lingua, 762. Vide *Durata Lingua.*
PETRUS Gaucerannus rusticus, 935. Vide *Gaucerannas.*
PETRUS Gauzerannus, 939. Vide *Gauzerannus.*
PETRUS Genesius, 821, 822. Vide *Genesius.*
PETRUS Guardradi, testis, 812.
PETRUS Guius, 869. Vide *Guias.*
PETRUS Joannis, 938. Vide *Joannis.*
PETRUS Lombardi, pater Stephani, 925, 929. Vide *Lombardi.*
PETRUS Malevicinus, 124. Vide *Malevicinus.*
PETRUS Palatinus, 921. Vide *Palatinus.*
PETRUS Picardi, 921. Vide *Picardi.*
PETRUS Pitit de Sancta Fide, 938. Vide *Pitit.*
PETRUS Rancu, 887. Vide *Rancu.*
PETRUS Riverii, 918. Vide *Riverii.*
PETRUS Rotiol, 917, 931. Vide *Rotiol.*
PETRUS Subiciasensis, archidiaconus [811]. Vide 932. *Subiciasensis.*
PETRUS Toron, 916. Vide *Toron.*
PETRUS Vicarius, 823. Vide *Vicarius.*
PETRUS, testis, 84, 114, 731.
*PETRUS, testis, 57, 58, 170, 188.
PEXOLIUS villa, in agro Forensi, 281.
PHETRERIUS vel PHLETRERIUS, locus juxta castellum quod vocatur Mons Mulatus, 848.
PHILIBERTI (S.) de Ulmis ecclesia, 642.
PHILIPPUS (I), rex in Gallia, 751, 752; in Francia, 807, 811, 812, 819, 822, 823, 824, 834, 836.
PHILIPPUS (II), rex Francorum, 947.
PHLETRERIUS, locus. Vide *Phetrerius.*
PICARDI (Petrus), 921.
PICTAVENSES solidi, 754.
PICTAVINI : Umbertus et Hugo fratres, rustici, 935.
PICTAVINI vel PICTAVINUS : Durantus, monachus, 935, 948.
PIDANCIA, 952.
PIENNACHO vel PIENACHO (DE) : Pontius, Arnulfus, Bertrannus, fratres, 869.
PIGMENTUM, 837.
PIGO (AD). Vide *Adpigo.*
PINATIUS, locus in agro Saviniacensi, 293.
PINCERNA (Giroldus), sic appellatus forte ex officio suo, 940.
PINEDUS vel CARPINEDUS, locus in agro Coniacensi, 49.
PINETI vel PINEI (Rotbertus DE), canonicus, 830.
PINETO (Girinus DE), uxor ejus Sulpitia, et filius eorum Bertrannus, 94.
PINETO (Girinus DE), 776, 938; frater Elisendis, 762, 821; frater Aymonis, 653.
PINETUM, 6, 242.
PINETUS villa, ubi ecclesia in honore S. Mariæ, in pago Forensi, 31; parrochia, 430. (PINET.)
PINETUS (Girinus), 819.
PINIACO (Rotbertus DE), 676.
PINIT (Petrus). Vide *Pitit.*
PINO (Girinus DE), 886.
PINSAZ (Gausbertus), 831.
PIPERUM, 837.
PIPIACO (DE) : Stephanus monachus, 807; Pontius et Notardus, fratres, nepotes Vuillelmi, 891.
PIPIACUS (Pontius), testis, 730.
PIRARUS vel PIRARIUS, 661.
PISCATOR, 467, *156.
PISCATORIÆ, 711.
PISEIS (Berardus DE), 940.
PISEYS vel PISEIS (Gaucerannus DE), testis, 946. (PIZAY.)
PISICIDIO (In fine de), 111.
PISSEDICIUS villa, in agro Forensi, 297, 299.
PITAVALLE (Aymo DE), 869.
PITAVALLIS [Pratum], in Bisboch villa, 161. (PITAVAL.)

858   INDEX GENERALIS

PITAVALLIS, in confinio villæ de Floriaco, 194. (PITAVAU.)
PITIT (Petrus), de Sancta Fide, 938.
*PIULERIUS mons, 55. Vide Mons Piulerii.
PLACITUM, 256, 762, 804, 841, 884, 906, 907, 909, 914, 916, 948, 934, 950.
PLADANEDUS silva [in valle Bevronica?], 448.
PLANCIACUS vel PLANNACUS locus, 659; villa, 761.
PLANILIS mansus, in Lodenis villa, 274.
PLANIOLA villa, 871.
PLANTARIUM vel PLANTERIUM, 540, 691, 849.
*PLANTATA, 15, 17, 23.
PLANTUM. Vide Medium plantum.
PLATANETUS locus, 66. (LE PLAT?)
PLATEARUM, 430. Vide S. Clemens.
PLATUM (AD), vinea, in villa Alta Villa, 665.
PLECTRUDIS, mater Arulfi, 133.
*PLECTRUDIS terra, 140.
PLECTRUDIS vinea, 27.
PLENA SERRA villa, in agro Forensi, 6.
PODIO (Gumbaldus DE), testis, 812.
PODIUM, 631.
PODIUM MEDIANUM (AD), in pago Sanctonensi, 635.
PŒNITENTIALIS, 762.
PŒNITENTIARIUS, 948.
POISAT (Girardus), 598.
POISATI (Amblardus vel Theotgrinus), 825.
POLIACI vel FOLIACI (Hugo), 846.
POLIACUS villa. Vide Polliacus.
*POLIACUS, 196. (POUILLY, 1.)
*POLIACUS villa, 176. (POUILLY, 2.)
POLICARPI (S.) de Buliaco ecclesia, 820.
POLINUS mons, 545. Vide Mons Polinus.
POLLIACUS villa [in agro Forensi?], 72, 123. (POUILLY, 3.)
POLLIACUS vel POLIACUS villa, in agro Tarnatensi, 36; in vicinio de ecclesia S. Martini de Sarsaico, 708. (POUILLY, 2.)
POLOMIACUS villa, in agro Tarnantensi, 510.
*POLONIACUS villa, in agro Monte Aureacensi, 27.
POLOSIACUS, in agro Tarnantensi, 367, 381.
POMACUS (forte PONIACUS), in pago Albanensi, 639. (PONEY?)
POMARIOLIS (Franchisia de), 415.
POMARIOLIS villa, in agro vallis Bevronicæ, 441, 442. (POMERIEUX?)
POMARIUM, 69.
POMEDIUS villa, in agro Forensi, 275.
*PONCIA, uxor Arnulfi, 84.

PONCII terra, 79.
*PONCIO terra, 146.
*PONCIONI terra, 91.
*PONCIONUS, testis, 180.
*PONCIUS, abbas Athanacensis, 195, 196.
*PONCIUS canonicus, testis, 53.
*PONCIUS, senescalcus (ecclesiæ Lugd.), 190.
*PONCIUS vel PONCIONUS, frater Widonis, etc. donator, 175.
PONCIUS de Cablinatis, 129. Vide Cablinatis.
*PONCIUS de Cacellis, 199. Vide Cacellis.
PONCIUS Quet, 868. Vide Quet.
*PONCIUS, testis, 168.
PONT (Petrus DE), testis, 940.
PONT vel PONTE (Rotlannus DE), 920, 925.
PONTEULS, locus [in valle Bevronica?], 468.
*PONTIA, filia Andreæ et Constantiæ, 44.
PONTIA, filia Jarentonis de la Turreta et Elisendis, 921, 928.
*PONTIA, filia Teothardi, uxor Stephani, 172.
PONTIA, uxor Arnulfi Gugionis, 758.
PONTIA, uxor Aymini vel Eimini, 229.
PONTIA, uxor Duranti Saxo, 700.
PONTIA, uxor Hugonis, 787.
PONTIA, uxor Pontii, 410.
PONTIA, uxor Pontii, 765.
PONTIA, uxor Silvii, 628.
PONTIA, uxor Silvii, 851.
PONTIA, uxor Vuillelmi [de Pipiaco?], 894.
PONTIA, mater Gausmari, 682.
PONTIA, mater Magnonis et Solemnæ, 642.
PONTIANÆ terra, 222.
*PONTIANO (sic) terra, 154.
PONTIANUS, testis, 560.
PONTII terra, 103.
PONTIO clericus, 398, 649.
PONTIO, filius Gozinæ, 781, 890.
PONTIO, filius Helisiardi, 749.
PONTIO, filius Rotlanni, 468.
PONTIO, frater Iterii, 676.
PONTIO, frater Orsioni, 318.
PONTIO, pater Bernonis, 497.
*PONTIO et uxor ejus Gotholendis, 141.
PONTIO, propinquus Aledonis, testis, 58.
PONTIO. Vide Pontius.
*PONTIO vel PONTIONUS, testis, 128.
PONTIO, testis, 14, 241, 352, 353, 385, 433, 483, 503, 504, 602, 622, 623, 625, 659, 682, 683, 690, 701, 702, 781.
*PONTIO, testis, 10, 63, 66, 142, 145, 150, 184, 185.

NOMINUM ET RERUM. 859

*Pontionis terra, 173.
Pontionus, testis, 290.
*Pontionus [Pontio?], testis, 30, 82.
Pontis villa, in agro Vallis Muriacensis, 506.
Pontis vel Pontus villa, in agro Neriacensis, 443. (Ponce?)
Pontius, Valentinensis episcopus, 639.
Pontius, filius Pontii de Lay et frater Aymonis, factus monachus, 818; abbas Saviniacensis, *pag. 2,* ch. 901, 903, 904, 905, 906, 907, 911, 912, 913, 914, 915, 916, 921, 922, 923, 927, 932, 933, 934, 935, 936, 937, 938, 939, 940, 945. Vide *Lay.*
Pontius, ostolarius (id est hostellarius) monasterii Saviniacensis, 948.
Pontius, camerarius [Lugd. eccl.], 766.
Pontius canonicus, 914.
Pontius, celerarius Hugonis archiepiscopi, 884.
Pontius clericus, testis, 764.
Pontius clericus, scrip. 871.
*Pontius monachus, testis, 38.
Pontius presbyter, 776.
Pontius presbyter, frater Duranti, 620, 621.
Pontius sacerdos, testis, 243.
Pontius vel Pontio, donator, 33.
Pontius, donator, 101.
Pontius, donator, 280.
Pontius, donator, 281.
Pontius, donator, 560.
Pontius, donator, 563.
*Pontius, donator, 101.
Pontius vel Pontio, donator, 619.
*Pontius, filius Adalfredi et Udulgardis, 11.
Pontius, filius Aglaldi et Alexandræ, 52.
Pontius, filius Belli Hominis et Abelloniæ, 492.
Pontius, filius Beraldi et Rotrudis, 113.
Pontius, filius Duranti, 89.
Pontius vel Pontio, filius Duranti et Girbergiæ, 495.
Pontius, filius Duranti Saxo et Pontiæ, 700.
Pontius et Libertus, filii Ermensendis, donatores, 214.
Pontius, filius Gerardi et Legerdis, 63.
Pontius, filius Girardi et Leutgardis, 137.
Pontius, filius Girardi et Vuandalmodis, 660.
Pontius, filius Gontardi et Adalaæ, 636.
Pontius, filius Leutgardis, 166.
Pontius et Adalardus, fratres, donatores, 703.
Pontius, frater Bertranni, testis, 783.

Pontius, frater Duranti Saxo, 700.
Pontius, frater Girini, 610.
Pontius, frater Rodulfi et nepos Ermengardæ, donator, 405.
Pontius, frater Vualterii, vuadiatoris Rotlanni, 505.
Pontius et uxor ejus Adalgardis, genitores Iterii, donatores, 536.
Pontius et uxor ejus Emmena, donatores, 587.
Pontius et uxor ejus Ingelbergia, donatores, 526.
Pontius et uxor ejus Ingelburgis, donatores, 774.
Pontius et uxor ejus Nazaria, genitores Fulcherii, donatores, 789.
Pontius et uxor ejus Pontia, donatores, 410.
Pontius et uxor ejus Pontia, genitores Hugonis, donatores, 765.
Pontius vel Pontio, et nepos ejus Agno, donatores, 643.
Pontius d'Algerolis, 815. Vide *Algerolis.*
Pontius Angereu, 124. Vide *Angereu.*
Pontius [Calvus], 927. Vide *Calvus.*
Pontius Casatis, 730. Vide *Casatis.*
Pontius [Catoli], 864. Vide *Catoli.*
Pontius Berardi, frater Gualdemari Charpinelli, 835. Vide *Charpinellus.*
Pontius de Constantis, 921. Vide *Constantis.*
Pontius de Crimeu, canonicus de Sancto Justo, 907. Vide *Crimeu.*
Pontius [Gaignart], 821. Vide *Gaignart.*
Pontius de Gireu, 913. Vide *Gireu.*
Pontius de Lay, pater alterius Pontii, abbatis Saviniacensis, 818. Vide *Lay.*
Pontius Jai, 821. Vide *Jai.*
Pontius Lieratus, 765. Vide *Lieratus.*
Pontius Liras, 914. Vide *Liras.*
Pontius Malus, 897. Vide *Malus.*
Pontius de Marceliaco, 765. Vide *Marceliaco.*
Pontius Menaio, testis, 412.
Pontius de Mirabello, miles, 811.
Pontius [de Monte], frater Amblardi, 679. Vide *Monte.*
Pontius de Montefalconis, 804. Vide *Montefalconis.*
Pontius Morellus, pater Rotbaldi, 767. Vide *Morellus.*
Pontius Musculus, 766. Vide *Musculus.*
Pontius [de Musseu], 861. Vide *Musseu.*
Pontius de Mussiaco, 765. Vide *Mussiaco.*

Pontius de Nans, 821. Vide *Nans.*
Pontius de Nanth, 907. Vide *Nanth.*
Pontius [Palatinus], frater Petri, 921. Vide *Palatinus.*
Pontius de Piennaco, 869. Vide *Piennaco.*
Pontius Pipiacus, 730. Vide *Pipiacus.*
Pontius de Pipiaco, 894. Vide *Pipiaco.*
Pontius [del Pux], 796. Vide *Pux.*
Pontius [de Sal?], filius Girini et Aremburgis, 655.
Pontius de Vallelliis, 896. Vide *Vallelliis.*
Pontius de Valclles, 921, 923, 927. Vide *Valelles.*
Pontius de Valleres, 832. Vide *Valleres.*
Pontius Vers, 914. Vide *Vers.*
Pontius [de] Talaru, 916. Vide *Talaru.*
Pontius de Talaru, prior de Randanis, 934. Vide *Talara.*
Pontius, 42, testis, 114, 186, 187, 223, 236, 403, 441, 445, 452, 636, 655, 657, 661, 665, 695, 765, 749.
*Pontius, testis, 159.
Pontus villa, in agro Vallis Nuriacensis, 446. Vide *Pontis.*
Pontus villa, 443. Vide *Pontis.*
Popus (Durantus), rusticus, 935.
Porci, 836, 916; porcorum præstationes, 624.
Porco (Umbertus de), 748.
Porcoz vel Porcos (Gauserannus), testis, 94.
*Porcus, 55.
Porsiati, 815. Vide *Poisati.*
Porta, vinea in pago Lugdunensi, 787.
Portum vel Portam (Vinea ad), in villa de Flunis, 416.
Portus [Fori?], 72.
Portus, 290, 437, 635.
Posolis (Ad) mansus [in agro Forensi], 244. (Pouzol?)
Postaimeu (Ad) mansus, juxta villam quæ vocatur Sancta Agatha, 786.
Postello (Stephanus), 835.
Potagium, 952.
Potestas, 639.
Pradellas, in valle Bevronica, 15. Vide *Castanetas.*
Pradellis villa, in agro Tarnantensi, 215, 386. (Pradel.)
Prades, locus, 45c.
*Præcaria, 35, 36, 120, etc.
Præcentor, 438, *pag. 540,* *32.
Præcentoris officium in eccl. Lugd. 959.

Præpositi officium in eccl. Lugd. 959.
Præpositus : Genevensis episcopat. 910; Murianensis eccl. 582; Lugd. eccl. 32, 38, 256, 438, 648, 730, 871, *28, *31, *32, *38, *190; Forverii, *pag. 540 et 542;* Ampliputei, 941; Caseti, *148; S. Mauritii, 835; Mornantensis, 871; Muriacensis, 582; Noellis, 946; Randanensis, 80, 124, 191, 765, 780, 785, 884; de Sal, 917, 918, 919, 921, etc.; Saviniacensis, 748, 831, 833, 836, 838, etc.
Præstaria, 1, 2, 3, 6, 7, 8, 12, 16, 17, 21, 23, 25, 29, 31, 39, 41, 42, etc. (circ. a. 1030) 708; donator interdicit ne terra data in præstariam mittatur, 58.
*Præstaria, 38.
*Praella (La) locus, 15, 17.
Praels (Gonterius de) et ejus uxor Constantia, donatores, 798.
Pragnolis villa, in vicaria Tarnantensi, 391.
Prainaz, Prainas, Praynaz villa, 672.
Pratis (Mansum de), 666.
*Pratum Vetus, pratum, 196. (Pré-Vieux.)
Pratus villa, in agro Tarnantensi, 477.
Pratus Longus villa, in fine agri Solobrensis, 334; in agro Forensi, 517. (Pralong.)
Pratus Longus locus, in villa Savisineto, 608.
Pratus Menulfi villa, in pago Matiscon. in vicaria Sancti Martini quæ dicitur Mura, 249; in agro Tolvedunensi, 431. (Pramenou.)
Praynaz villa, 406. Vide *Prainaz.*
Prejesti (S.) terra, 88. (S. Priest.)
Presbyteratus, 5, 6, 7, 30, 41, 86, 129, 130, 133, 134, 135, 139, 140, 142, 374, 660.
Prevenchariæ locus, in valle Bevronica, 378, 513 [in agro Vallis Bevronensis], 578. Vide *Provencheriæ.*
Prevencheriæ, in agro et valle Argenteria, 140. Vide *Morterius et Provincariæ.* (Provenchère.)
Primas, Lugd. (id est archiep.) 898.
Princeps, id est rex, *95.
Princeps, id est dominus vel comes, 941.
Prior et prioratus. Vide *Bottavilla, Casetum, Castellum, Castrum, Montistroterii, Mornant, Randans, S. Remigii de Merpins, Sal, Taluerensis, S. Thomæ de Cosnaco, S. Victoris, Vitaterna.*
Priores Saviniacenses : prior, 903, 937; prior major, 944, *pag. 524, 529;* prior claustralis, *pag. 524, 529;* prior S. Clementis, *pag. 524.*

NOMINUM ET RERUM. 861

*Priva terra, 15.
Privatus extraneo oppositus, 948.
Proclamator, 256.
Procurator monasterii, 546; obedientiæ, 950, *pag. 546.*
Profundæ Aquæ seu Croziacus, 593 n. (Eaux-Profondes.)
Profunda Vallis, 593. Vide *Profundæ Aquæ.*
*Proliacus villa, in qua ecclesia in honore S. Bartholomei, 52.
Propelates, *pag. 542.*
Properiis (Ludovicus de), canonicus Lugdunensis, *pag. 540.* (Propières.)
Provencheriæ vel Provencheria villa, alio nomine Longavilla, in agro Vallis Bevronensis, 163.
Provincariæ vel Previncheriæ villa, ubi ecclesia in honore S. Stephani, 853. Vide *Provencheriæ.*
*Prumus, testis, 192.
Prunacus villa, in agro Tarnantensi, 465. Vide *Prainaz.* (Progny?)
Prunius, testis, 169.
Pruvencherias, 163. Vide *Provencheriæ.*
Publicam (Ad), vinea, juxta Flaciacum villam, 693.
Publicetum, 778.
Pudiniacus, in villa Draciaco, ubi ecclesia in honore S. Petri, 40. Vide *Draciacus.* (Panoux.)
Puer, donator, *194; testis, 595, *58, *173; ecclesiæ oblatus, 418, 494, 501, 520, 536.
Pugneu : Amaldricus et Stephanus [fratres?], 938.
Pugneu (Hugo de), monachus, 948.
Pugneu (Molendinus de), 948.
Pugniaco (Petrus de), 869.
Pugniacus villa, in agro Saviniacensi, 55, 671. (Pugny.)
Pulisiacus villa, 260.
Pulliacus villa, 258. Vide *Polliacas.*
Pullorum præstationes, 942.
Punacum (Curtilus ad), 72.
Puneta (Barba), 803.
Puteis (Finis de), prope Exartopetrum, 6. (Le Puits.)
*Puteus, 193.
Puteus villa, in agro Forensi, 518. (Le Puits.)
Pux (del) : Durantus et Pontius, fratres, donatores, 796.

Q

*Quant (Omnia ex omnia), 189.
Quarels (Bertrannus de), 938.
Quarta de melle, 837.
Quartalada, quartaladus de campo, 306, 317.
Quartalata, 363, 366, 589.
Quartallum cibariæ, 804; de fabis, 931.
Quartallus sementis, 548.
Quartata cibaria, 803.
Quartoria terra, 803.
Quartum de vineis, 806.
*Quartum (*le quart*), 201.
Quet (Poncius), 868.
*Quidgerius, testis, 187.
Quiltranni terra, 78. Vide *Guiltranni.*
Quio vel Guio, testis, 844, 863.
*Quoniacensis ager. Vide *Cogniacensis.*

R

R. archidiaconus Sanctonensis, 947.
*Ra..... [cancellarius Conradi regis], 140.
Rabi. Vide *Raibi.*
Rabiosus (Hugo), testis, 766. Vide *Raibi* et *Raybiaco.*
Racborgis, 26. Vide *Ratborgis.*
Rachenoldus vel Rachelnodus, 15.
Raculfus et uxor ejus Emeltrudis, venditores, 202.
Raculfus, testis, 245.
Radilleu villa, 42.
Radingardis, uxor Arnulfi, 586.
Radix villa, in agro Tarnantensi, 477. (Radix.)
Radnulfus, testis, 288.
*Radoldus et uxor ejus Ingelberga, donatores, 77.
*Raduldus et uxor ejus..... donatores, 129.
*Radulfus rex. Vide *Rodalfus.*

RADULFUS sacerdos, donator, 203.
RADULFUS sacerdos, donator, 396.
*RADULFUS sacerdos et monachus, scrip. 77.
*RADULFUS monachus, scrip. 160.
*RADULFUS, filius Emeldis, 123.
*RADULFUS, maritus Franbergæ, 67.
*RADULFUS, testis, 35, 36.
RADULFUS, 374. Vide *Rodulfus*.
RADULFUS, testis, 145, 871.
*RAGANALDUS, testis, 35.
RAGANFREDUS vel RANGAFREDUS, 39.
RAGANFREDUS et uxor ejus Ragina, venditores, 208.
RAGANFREDUS, testis, 205, 209.
RAGEMBERTUS, testis, 49.
RAGEMUNDUS, frater Sansonis, testis, 234.
RAGEMUNDUS, testis, 214.
RAGENOLDUS vel RAGENALDUS sacerdos, scrip. 228.
RAGENOLDUS, testis, 156.
*RAGENOLDUS, 189. Vide *Raunold*.
RAGENOLTUS, testis, 78.
RAGENSENDIS vel RAGENDENSIS, uxor Duranti, 411. Vide *Raginsendis*.
RAGENSENDANA, uxor Richardi, 23.
RAGERETIUS mons, 480. Vide *Regeretius*.
RAGIBOLDUS, testis, 109.
*RAGIMODIS, testis, 12.
RAGIMUNDUS et uxor ejus Otcenda, donatores, 225. Vide *Raymundus*.
*RAGIMUNDUS, testis, 72.
RAGINA, uxor Raganfredi, 208.
RAGINALDUS sacerdos, vuadiarius Raginerii, 457.
RAGINALDUS, capellanus [ecclesiæ de Gemois?], 909.
RAGINALDUS, filius Leotherii, 210.
RAGINALDUS, filius Renconis, donator, 697.
RAGINALDUS, frater Almanni, donator, 684.
RAGINALDUS, testis, 293, 394, 487, 838.
RAGINALDUS Vicarius, testis, 770. Vide *Vicarius*.
RAGINARDUS monachus, 897.
RAGINARDUS [consanguineus vel filius Vuilenci?], 286.
RAGINARDUS, testis, 133.
RAGINERIUS, donator per vuadiarios, 457.
RAGINOLDUS, testis, 147, 282.
RAGINSENDIS, donatrix, 466. Vide *Ragensendis*.
RAGINULFUS, testis, 216, 234.

RAGINULFUS vel RAGNULFUS, 717.
RAGNALDUS, filius Theudegrini et Radissendis, monachus Sav. 510.
RAGNALDUS, 806.
RAGNARDUS, testis, 622.
RAGNEBERTI (S.) terra, prope Appinnacum villam, 255.
RAGNERIUS, testis, 533.
RAGNIBERTUS, testis, 96.
*RAGNOARDUS, testis, 89.
*RAGNOLDUS levita, testis, 18.
RAGNUARDUS, 460. Vide *Ragunardus*.
RAGNULDUS, 734.
RAGNULFUS vel RAGINULFUS, 717.
RAGUNARDUS vel RAGNARDUS, testis, 460.
RAIBI, RABI, RAIMBI (Arnulfus), 813, 817 n. Vide *Rabiosus* et *Raybiaco*.
*RAIMBALDUS et uxor ejus Arluisis, donatores, 151.
RAIMBERTUS vel RAMBERTUS de Nesvans, 717. Vide *Nesvans*.
RAIMBERTUS, testis, 270, 322, 331, 373, 561, 876.
RAIMBI, 813. Vide *Raibi*.
*RAIMBORGA, uxor Vuarangaudi, 62.
RAIMBOTDUS vel RANUTBODUS et uxor ejus Rotlendis, donatores, 310.
RAIMBOTDUS vel RANUTBODUS, testis, 563.
*RAIMBURGA, testis, 67.
RAIMMONDIS, 647. Vide *Raimundis*.
RAIMODIS, testis, 770.
*RAIMODIS, soror Gauceranni, 14.
RAIMUNDA vel RAIMMONDIS, filia Fredelanni et uxor Vuidonis de Bellomonte, 647.
RAIMUNDI vel RAYMUNDI (Girinus), testis, 946.
RAIMUNDUS, filius Fredelanni, 645, 646.
RAIMUNDUS et uxor ejus Otsinda, 135.
RAIMUNDUS, testis, 371, 540.
*RAINA vel RAYNA, uxor Aldoardi, 78, 108.
RAINALDUS vel RAINOLDUS comes (lege *Artaldus*), 802.
RAINALDUS, filius comitis Forensis, canonicus Lugdunensis, *pag. 540*.
RAINALDUS, Lugdunensis archiepiscopus, 948, 949.
RAINALDUS, abbas Athanacensis, 581.
*RAINALDUS vel RAYNALDUS, abbas monasterii Athanacensis, 2, 6, 7, 10, 11, 19, 21, 24, 29, 32, 35, 36, 43, 47, 53, 54, 60, 63, 66, 69, 78, 87, 89, 93, 101, 104, 105, 106, 108, 109, 111, 113, 114, 118, 121, 126,

128, 137, 139, 141, 143, 144, 147, 150, 151, 159, 165, 173, 181, 182, 185, 187.
RAINALDUS, donator, 258.
RAINALDUS, donator, 366.
*RAINALDUS monachus, scrip. 183.
RAINALDUS monachus, testis, 51.
*RAINALDUS [monachus?], testis, 38.
*RAINALDUS presbyter, scrip. 4.
RAINALDUS, testis, 116, 278, 308, 309, 328, 886.
*RAINALDUS, testis, 36.
RAINARDUS, cancellarius [eccl. Lugd.?], 757.
RAINARDUS, frater Asterii, 192.
RAINARDUS monachus, 828.
*RAINARDUS, scrip. 149.
RAINARDUS, testis, 189, 207, 480, 745.
*RAINBOLDUS vel ROIBOLDUS et uxor ejus Arluis, donatores, 109.
RAINDRICUS et uxor ejus Justa, 60.
RAINERII (Vuillelmus), 903.
RAINERIUS et [uxor ejus Valentia?], donat. 366.
RAINERIUS Viridis Paltaverius, 913. Vide *Viridis* et *Paltaverius*.
RAINERIUS (Hugo), Saviniacensis claviger, 941.
RAINERIUS, testis, 391.
*RAINFREDI terra, 187.
*RAINFREDUS, testis, 170, 191.
RAINGARDIS vel RANGARDIS, uxor Unfredi, 134.
*RAINGARDIS vel RAINGART, uxor Rollanni, 41, 61, 99.
RAINGUNDIS fœmina et filii ejus Abbo, Artoldus, et Berno, donatores, 45.
RAINNULFUS, testis, 561.
RAINOLDUS, testis, 5, 224, 302, 412, 447.
RAINSEDIS vel RAINSENDIS, filia Adalgerii, 240.
RAINTEI terra, 60.
RAINULFUS, filius Ingeldrici et frater Eldeverti, 322.
RAINULFUS, testis, 633.
RAITNOLDUS, testis, 302. Vide *Rainoldus*.
*RAMBARIACO (Durannus DE) presbyter, testis, 194.
RAMBERTA, uxor Caballarii, 453.
RAMBERTUS, testis, 79, 125, 150, 265.
RAMERIUS, testis, 555.
RAMOLDUS, filius Vuandalmodis, donator, 477.
RAMPONETUS mansus, [in pago Albanensi], 639. (RAMPONEY).
RAN. de Noellis, 956. Vide *Noellis*.
RANCU (Petrus), frater Aymonis de Glori, 887.

RANDANIS (Stephanus DE), filius Agnæ, 762, 821.
RANDANS, 68. Vide *Adenna*.
RANDANS vel RANDANIS villa, 98, 313, 631, 817; in agro Forensi, 441; castrum, 71; honor, 906; obedientia, 124; cella, 748, 829; monasterium, 94, 95, 878, 880, 884; prioratus, 765, 829, 934; ecclesia, 124, 721, 795, 877, 884; ubi ecclesiæ in honore Beati Petri, 74, 75; in honore Sancti Martini, 79, 122; in honore Sancti Joannis Baptistæ et Sancti Michaelis archangeli, 85, 89, 103; 113, 723; in honore Sancti Joannis, 80, 84, 90, 93, 95, 102, 106, 112, 114, 614, 615, 618, 621, 660, 661, 662, 663, 715, 719, 720, 721, 725, 727, 728, 744, 745, 746, 747, 783, 784, 785, 788, 789, 790, 791, 792, 796, 879, 881. (RANDAN.)
RANEU. Vide *Rancu*.
RANGAFREDUS. Vide *Raganfredus*.
RANGARDIS, 134. Vide *Raingardis*.
RANGON villa, 893. Vide *Rengon*.
*RANNULFI terra, in Avolorgo Monte, 8.
*RANNULFI terra, 24.
RANNULFUS vel RANULFUS, Sanctonensis episcopus, 811, 932.
RANNULFUS religiosus, diaconus de Niolio, 811.
RANNULFUS, donator, 314.
RANNULFUS, avunculus Aquini et Fulcherii, 721.
RANNULFUS Donatus, testis, 752. Vide *Donatus*.
*RANNULFUS et uxor ejus Aglenburgis, donatores, 159.
*RANNULFUS, nepos Ylionis, 132.
*RANNULFUS, testis, 42.
*RANNULFUS, 74. Vide *Ranulfus*.
RANNULFUS, testis, 291, 292, 321, 326, 371, 625.
RANOLFUS, testis, 115.
*RANULFI terra, 81.
RANULFUS et RATBERTUS, donatores, 82.
*RANULFUS vel RANNULFUS et uxor ejus Agdeborz, donatores, 74.
RANULFUS Fulcherius, testis, 752. Vide *Fulcherius*.
RANULFUS, testis, 116, 233, 285, 287, 304, 306.
*RANULFUS, testis, 58.
*RANULLI terra, 74.
RANUTBODUS, 310, 563. Vide *Raimbotdus*.

RANZUN vel RAUZINUS rivulus, 756. (RANZUN.)
*RAOART Pagani, testis, 14. Vide *Pagani*.
RARBORGIS, 26. Vide *Ratborgis*.
*RARIACO (Vicardus DE), testis, et filii ejus Stephanus, Vicardus, Petrus, 196.
*RARIACUS villa, in agro Parciacense, 182. (REYRIEUX.)
RASA, 1.
RASALMOREM villa, in comitatu Rodonensi, in vicaria Sancti Joannis, 63.
*RASPA (Vuicardus), fidejussor, 162.
RATBERGIANÆ mons, 162. Vide *Mons Ratbergianæ*.
RATBERTI terra, 4.
RATBERTUS, 88, 277, 557.
RATBERTUS monachus, testis, 13.
RATBERTUS monachus, scrip. 6, 7, 8.
RATBERTUS sacerdos, testis, 22.
RATBERTUS sacerdos, scrip. 12, 15.
RATBERTUS, donator, 82.
RATBERTUS, scrip. 10, 17, 28.
RATBODUS, maritus Adalgardis et pater Vuilusi, 204.
RATBODUS, testis, 71, 204.
RATBOLDUS, testis, 119, 136, 302, 310, 693.
RATBORGIS, RACBORGIS, RARBORGIS, uxor Andefredi, 26.
RATBORNUS, 76, 136.
RATBORNUS vel RATBURNUS, 137.
RATBURNUS, 101, 252.
RATBURNUS presbyter, scrip. 167, 233, 242, 243, 375.
RATBURNUS, scrip. 140.
RATBURNUS et uxor ejus Goda, donatores, 287.
RATBURNUS, 137. Vide *Ratbornus*.
RATDULFUS, testis, 235.
RATFREDUS, testis, 19.
RATHFREDUS et uxor ejus Drothildis, 1.
RATIO : res ex ratione S. Martini, 17, 29, 49, 134 ; ad rationem ecclesiæ, 431.
RATULFUS, testis, 10.
RAUCICULUS (Stephanus), testis, 766.
RAUFUS, testis, 457.
*RAULFI terra, 181.
*RAUNOLD vel RAGENOLDUS, filius Ermenfredi, 189.
RAUZINUS rivulus, 756. Vide *Ranzun*.
RAVARENSIS vel RAVERENSIS mons, in agro Forensi, 121 ; in agro Solobrensi, 715.
RAVERLÆ villa, in agro Forensi, 121 ; in agro Solobrensi, 84, 715.

*RAYBALDUS, testis, 156.
RAYBIACO (Allo DE), 941. Vide *Raibi* et *Rabiosus*.
*RAYMODIS, uxor Widonis, 15.
RAYMUNDI (Girinus), 945.
RAYMUNDUS et uxor ejus Otcenda, donatores, 215.
RAYMUNDUS Adalardi, 751. Vide *Adalardi*.
RAYMUNDUS Vicarius, 756. Vide *Vicarius*.
RAYMUNDUS, testis, 245.
*RAYMUNDUS, testis, 177.
*RAYNA, uxor Geraldi, 8, 58.
*RAYNA, 78. Vide *Raina*.
*RAYNALDA, decanus, 188.
*RAYNALDI filii, 164.
*RAYNALDUS, abbas Athanacensis. Vide *Rainaldus*.
*RAYNALDUS diaconus, testis, 23.
*RAYNALDUS laicus, filius Saliconis et Ayæ, 177.
*RAYNALDUS levita, testis, 20.
*RAYNALDUS, scrip. 52, 79.
RAYNALDUS, testis, 300, 610.
*RAYNALDUS, testis, 35, 52, 73.
RAYNARDUS Vicarius, 756. Vide *Vicarius*.
RAYNARDUS, testis, 189.
RAYNERIUS, testis, 484.
*RAY[NERIUS] (Guillelmus), 198.
RAYNULFUS, testis, 559.
*RECALCO, 138.
RECEPTUS, id est procuratio, 803, 839.
RECORDATIO placiti, 950.
RECOU (Curtilus de), 803.
RECTOR (abbas), 581.
REFECTORIUM Savign. institutum, *pag. 387*.
REGARDI (Aiminus DE), 929.
REGERETIUS vel RAGERETIUS mons, in agro Tarnantensi, 480.
REGIMUNDUS, 246. Vide *Reymundus*.
REGINALDUS capellanus, 909. Vide *Raginaldus*.
REGIS domina, donatrix, 478.
REGIS (Durantus), 650, 817 ; et filius ejus Vualdemarus, 679. Vide *Rex*.
REGNACUS, 69. Vide *Rigniacus*.
REGRAIN (Joannes), prior major, *pag. 529*.
REGTAYN, REGTAIN. Vide *Regrain*.
REIMUNDUS vel REGIMUNDUS, vuadiarius Sigiburgis, 246.
RELIQUIÆ a Hierosolimis delatæ, *pag. 87*.
REMEFREDUS, testis, 19.
REMESTAGNUS, 196. Vide *Romestagnus*.

REMESTANNUS monachus, testis, 6.
REMESTANNUS monachus, testis, 51.
REMIGII et Abundi (SS.) de Merpins ecclesia et monasterium, in episcopatu Sanctonensi, 808, 901, 909. Vide *Merpins*.
REMIGIUS, archiepiscopus [Lugdunensis], 7; pontifex Lugdunensis ecclesiæ, 960.
*REMIGIUS, Sancti Stephani sacerdos, emptor, 107.
REMIGIUS diaconus, testis, 30.
REMIGIUS monachus, testis, 7.
*REMIGIUS presbyter, 68, 117.
REMIGIUS, scrip. 32.
REMIGIUS, testis, 14, 29.
REMONDUS, LEMONDUS, ICMONDUS, 131.
*RENCCONUS, testis, 14.
*RENCHONUS, testis, 22.
RENCO diaconus, testis, 38.
RENCO vel RINCO clericus, filius Renconis et Enimæ, donator, 470.
RENCO miles, testis, 793.
RENCO, præpositus et archiclavis [eccl. Lugd.], 438.
*RENCO præpositus, testis, 32.
RENCO vel RENCHO, filius Agnæ, monachus, 822. Vide *Ruffus*.
RENCO, filius Beliardis, 86.
RENCO, filius Hugonis, factus monachus, 596.
RENCO, filius Hugonis et Pontiæ, 787.
RENCO, filius Vuillelmi et Liniledis, 713.
RENCO, frater Pagani, 865.
RENCO et filii ejus Iterius et Arnaldus, donatores, 629.
RENCO, pater Raginaldi et Girini, 697.
RENCO, maritus Annæ et pater Vuillelmi, facit semet monachum, 800.
*RENCO vel RENCHO, et uxor ejus Emma, donatores, 103.
RENCO et uxor ejus Enima, et filius eorum Renco, donatores, 470.
RENCO de Avez, 94. Vide *Avez*.
RENCO [Tedinus], 762. Vide *Tedinus*.
RENCO, testis, 455, 460, 478, 540, 580, 882.
*RENCO, testis, 147.
*RENGAUDI terra, 193.
RENGO vel RENGON villa, in agro Forensi, 117, 893. (RANGON?)
RENNULFUS vel ANNULFUS, frater Arboldi, 279.
RENTRUDIS terra, 122.
REPLATO (Vinea de), in villa de Liviaco, 35.
RESTAVILLIA, filia Bertæ, 590.

RETGOL vel RUTGOL (Andreas) senex, 906.
*RETHOR, 32.
RETINIMENTUM, 920.
*RETTARDUS (Ritcardus?), testis, 138.
*REVICA, uxor Sansonis, 65.
REVOYES (Hugo), canonicus Lugd. *pag. 540.*
REX. Vide *Aeinricus, Cano, Carolus, Clotarius, Condradus, Henricus, Hugo, Lotharius, Ludovicus, Philippus, Richardus, Robertus, Rodulfus.*
REX (Iterius) et uxor ejus Agnis, genitores Amblardi, Teotgrini, Jarentonis et Vuillelmi, 765.
REX (Durantus) [et filii ejus Vualdemarus, Unfredus, Hugo, Arbertus, Jarentonis?], 852. Vide *Regis*.
RIALIACUS villa, in pago Lugdunensi, 540.
RICARDUS, abbas Sav. Vide *Richardus*.
RICARDUS, donator, 70. Vide *Richardus*.
*RICARDUS, testis, 54, 81.
RICBURGIS, soror Iterii, donatrix, 505.
RICFREDUS vel RUFREDUS, testis, 368.
RICHARDUS, rex Angliæ et dux Aquitaniæ, 947.
RICHARDUS, abbas Saviniacensis, 948, 949.
RICHARDUS, abbas, 681.
RICHARDUS, Engolismensis archidiaconus, 933.
RICHARDUS, prior S. Thomæ de Cosnaco, 947.
RICHARDUS levita, monachus, scrip. 435.
RICHARDUS monachus, scrip. 479.
RICHARDUS, filius Amblardi Malaterra, 751 [752].
RICHARDUS, filius Bernardi villici, 755.
RICHARDUS et uxor ejus Ragensindana, petitores, 23.
RICHARDUS et uxor ejus Rotberga, venditores, 70.
*RICHARDUS, frater Constantini presbyteri, 42.
RICHARDUS de Jorno, 835. Vide *Jorno*.
RICHARDUS, 751. Vide *Elia*.
RICHARDUS, testis, 166, 269, 509.
RICHBORGA, uxor Anfredi, 8.
RICHBORGIS vel RICORGIS, uxor Andefredi, 7.
RICHELMUS monachus, 831.
RICHICARA, 290. Vide *Richvara*.
RICHO, decanus [Lugd.], 765.
RICHO vel RIECO, diaconus [eccl. Lugd.], 438.
RICHOARA, uxor Fredelandi, 435.
RICHOARA, uxor Gauzeranni, fratris abbatis Hugonis, 527.
RICHOARA vel RICOARA, mater Rotlanni, Aymini et Vuillelmi, 790.

RICHOARA vel ROCHOARA, mater Stephani clerici et Gaufredi, 716.
RICHOARA, mater Umberti, Vuichardi, Dalmacii et Hugonis de Bellojoco, 754, 826, 827. Vide *Bellojoco.*
RICHOSENS vel RICOSENS (Terra de), 740.
RICHVARA vel RICHICARA, uxor Girardi, 290.
RICO, testis, 730.
RICOARA, 790. Vide *Richoara.*
*RICOLFUS, testis, 8.
RICORGIS, 7. Vide *Richborgis.*
RICULFUS, 202. Vide *Raculfus.*
RICULFUS, testis, 582.
RIGALDUS et filius ejus Ayminius, vuadiatores Adaloldi, 499.
RIGALDUS, testis, 114, 230.
RIGNIACO (DE), 802. Vide *Riniaco.*
RIGNIACUS villa, in agro Forensi, 69. (RIGNY?)
*RIMIGIUS sacerdos vel presbyter, venditor, 68.
RINCO, 470. Vide *Renco.*
RINEU (Girbertus DE), 943.
RINIACO vel RIGNIACO (Umbertus DE), 802. (REGNY.)
RIPA DE GERIO, 478. (RIVE-DE-GIER.)
RIPARIA (B. DE), pag. 532.
RITBOLDUS, 760.
RIVARIUS vel RIVATIUS villa, in agro Forensi, 81.
RIVERIA (*rivière*), 807.
RIVERII (Petrus), 918.
RIVIERI (Ayminus vel Aymo DE LA), 917, 931.
RIVOIRI (Aymo), 938.
RIVORI (Aymo), 923.
RIVORIA villa, in valle Taradrensi, in agro Tarnantensi, 738. (RIVOIRE?)
ROBERTI mura, 39.
ROBERTUS, rex in Francia, 633, 634, 635. Vide *Rotbertus.*
ROBERTUS, abbas Saviniacensis, 954.
ROBERTUS, abbas Sancti Illidii Claromontensis, 953.
ROBERTUS, donator, 366.
ROBERTUS Lasney, 938. Vide *Lasney.*
ROBERTUS monachus, script. 733.
ROBERTUS Morvent, 918. Vide *Morvent.*
ROBERTUS Ruil, 913. Vide *Ruil.*
ROBERTUS, testis, 188, 350. Vide *Rotbertus.*
*ROBET, testis, 196.
ROBO, Engolismensium episcopus, 889. Vide *Roho.*
ROCHA, locus in parrochia S. Mariæ de Essartines, 861. (ROCHE-SUR-MONTBRISON.)

ROCHA curtilus, in villa de Chassiaco, 865.
ROCHA (Vuillelmus DE), testis, 812.
ROCHIFORT vel ROCHEFORT (DE): Arbertus, maritus Alexandræ; Gausbertus, frater Arberti; Heldinus, filius Arberti, 878. (ROCHEFORT.)
ROCHOARA, 716. Vide *Richoara.*
*ROCSTAGNUS, testis, 193.
RODANA, RODANÆ pagus et ager, 465.
RODANENSIS vel RODONENSIS comitatus, 63, 527, (in pago Lugdunensi) 533; pagus 682, 756, (in comitatu Lugdun.) 130, 131; ager, (in pago Lugd.) 143, 236, 308, 380, 421, 628, (in comitatu Lugd.) 461, (in pago Rodanæ) 465. (ROANNE.)
RODANENSIS vel RODONENSIS, 711, 750. (LE ROANNAIS.)
RODANNUS, maritus Saziæ, 85.
RODANUS fluvius, 203, *76.
RODARDI vel RODOARDI terra, 446.
RODARDUS, presbyter de villa Cuiziliaco, 129.
RODARDUS, testis, 481.
*RODBERTI terra, 74.
*RODLANNI terra, 111.
RODOARDI terra, 446. Vide *Rodardi.*
RODOARDUS et uxor ejus Adaltrudis, donatores, 340.
RODONENSIS (Berardus), pater Nazareæ, 755.
RODONENSIS comitatus, pagus, ager, vallis. Vide *Rodanensis.*
RODRADI terra, 1.
RODRADUS vel RODRARDUS, testis, 24.
*RODULFI terra, 160.
RODULFUS vel RODULPHUS (II) rex, 36, 61, 90; regni ejus anno XV, 35, 37.
RODULFUS vel RADULFUS (III), filius Conradi regis, 38; rex, 346, 463, 465, 467, 472, 473, 474, 475, 476, 478, 480, 491, 492, 493, 494, 495, 497, 498, 499, 500, 501, 502, 503, 504, 549, 550, 551, 553, 568, 570, 581, 583, 587, 588, 589, 590, 591, 592, 593, 594, 595, 596, 597, 598, 599, 600, 614, 615, 618, 622, 623, 627, 633, 636, 637, 641, 643, 651, 654, 657, 659, 660, 666, 669, 670, 671, 673, 674, 676, 680, 682, 683, 684, 685, 687, 689, 690, 691, 692, 695, 696, 699, 700, 704, 705, 708, 709, 710, 714, 719, 727, 728, 729, 730; rex in Gallia, 633, 643, 659, 671, 708; maritus Ermengardis, 638, 639; regni ejus anno I, 468, 481, 482, 483; II, 484, 485; III, 580; IV, 433, 486; V, 470,

NOMINUM ET RERUM.

477; VI, 347; VII, 435, 438; VIII, 348, 487, 488; IX, 349, 489; X, 350, 466, 490; XII, 351, 464, 479; XIV, 352; XVI, 471; XVII, 582; XX, 585, 586, 601; XXI, 353, 354; XXIII, 355.

*RODULFUS, RADULFUS, ROADULFUS rex, 2, 6, 7, 8, 10, 11, 14, 15, 19, 25, 29, 32, 35, 36, 40, 41, 43, 44, 45, 46, 58, 59, 60, 63, 66, 69, 70. 73, 74, 75, 81, 83, 86, 87, 90, 91, 92, 96, 99, 101, 102, 104, 109, 112, 114, 115, 118, 121, 123, 124, 126, 127, 128, 131, 133, 134, 135, 137, 139, 141, 142, 143, 145, 146, 150, 151, 152, 158, 159, 161, 163, 165, 170, 173, 174, 175, 177, 178, 180, 184, 186, 187, 188, 191; rex Jurensium, 7, 40, 63, 70; Galliarum, 19; in Gallia, 15, 43, 58, 73, 102, 121, 123, 135, 137, 146, 159, 161, 174, 184; in Gallias, 75, 115, 126, 170; regni ejus anno 1, 173; III, 6, 118; IIII, 63; VII, 10, 60, 66; VIII, 69, 177; VIIII, 32, 43, 87, 128, 143, 159; X, 19, 29, 35, 36; XII, 114, 150, 151; XIII, 187; XIIII, 25; XV, 11, 41, 74, 90, 101, 104, 109, 145; XVI, 133; XVIII, 81, 83, 186; XVIIII, 44, 121, 191; XX, 2, 8, 127, 141, 152, 158, 178; XXII, 59, 96, 131, 184; XXIII, 45; XXV, 46, 123, 174; XXVIII, 58, 134, 180; XXX, 14, 73, 91, 124, 142, 161, 175, 188; XXXIIII, 188; XXXVIII, 86; XL, 102.

RODULFUS, dux [Suaviæ], 758.
*RODULFUS sacerdos et monachus, scrip. 20.
RODULFUS vel RADULFUS sacerdos, donator, 374.
*RODULFUS, monachus Sancti Martini, scrip. 27.
RODULFUS monachus, scrip. 356.
*RODULFUS monachus, scrip. 1, 26, 28, 38, 72, 105, 130, 136, 167.
RODULFUS monachus, testis, 794.
*RODULFUS monachus, testis, 38.
RODULFUS, filius Sigerverti et Ermengardis, 564.
*RODULFUS, filius Stephani, 172.
RODULFUS, frater Pontii et nepos Ermengardæ, 405.
RODULFUS de Sancto Sulpitio, donator, 681. Vide S. *Sulpitio.*
RODULFUS, testis, 346, 499, 625, 838.
*RODULFUS, testis, 7, 28, 128, 158.
RODULPHUS rex. Vide *Rodulfus.*
ROERTUS, 706. Vide *Rotbertus.*

*ROFELDIS, uxor Odilonis, 27.
ROGERII (Guido), decanus de Telan, *pag.* 522. 525.
ROGODO, testis, 173.
ROGTAYN. Vide *Regrain.*
ROHIGIRBOLT [terra?], 216.
ROHO vel ROBO, episcopus Engolismensis, 634. Vide *Robo.*
*ROIBOLDUS, 109. Vide *Rainboldus.*
*ROITUS, scrip. 138, 168.
*ROLANNUS et uxor ejus Raingart, 61. Vide *Rollannus.*
*ROLENT, testis, 99.
ROLLANDUS, testis, 207.
*ROLLANNI terra, 42, 46.
*ROLLANNUS, testis, 131.
*ROLLANNUS præcentor, testis, 32.
*ROLLANNUS et uxor ejus Fulcrendis, 55.
*ROLLANNUS et uxor ejus Raingardis, donatores, 41, 61, 99.
*ROLLANNUS [filius Fulcherii?], 184.
ROLLANNUS, filius Gotolendis, 855. Vide *Rotlannus.*
*ROLLANNUS de Moranciaco, 195. Vide *Moranciaco.*
*ROLLANNUS, testis, 71, 102, 150, 170, 180.
*ROLLANNUS, testis, 147.
*ROLLENDIS, testis, 46.
ROMA, sedis beati Petri apostoli, 139, 901. 'Vide *Laterannus, Mariæ (S.), Mariæ Magd. (S.), Petri (S.)* eccl. (ROME.)
ROMANA ecclesia, 766, 808, 901, 933.
ROMANÆ ecclesiæ census debitus, 139.
ROMANI (S.) terra, in agro Busciacensi, 32.
ROMANI (S.) terra, in agro Cogniacensi, 177.
ROMANI (S.) capellanus, 948.
ROMANI (S.) ecclesia, 813. (S. ROMAIN-DE-POPEZ.)
*ROMANUS monachus, scrip. 161.
*ROMANUS sacerdos, scrip. 58, 102, 112, 175.
*ROMANUS sacerdos et monachus, scrip. 14, 73, 123, 134, 174.
*ROMANUS, testis, 188.
ROMEI peregrini, 731.
ROMESTAGNUS monachus, testis, 31. Vide *Romestannus.*
ROMESTAGNUS, maritus Godaltrudis, 153.
ROMESTAGNUS vel ROMESTAGNUS de Corcennatis, 129. Vide *Corcennatis.*
ROMESTAGNUS, testis, 196, 317.
ROMESTANNUS monachus, testis, 8.

ROMESTANNUS monachus, testis, 41.
ROMESTANNUS et uxor ejus Flodoarana, genitores Bosonis, mariti Gailæ, 19.
ROMFATOR, ROMPHATOR, RONPHATOR. Vide *Rumfator*.
*RONENCS [villa], 156. Vide *Ronnenchus*.
RONNENCHUS vel RONNENCUS [villa], 437. Vide *Ronencs*. (RONNEINS.)
RONNERICUS. Vide *Ronnenchus*.
RONNO villa, ubi ecclesia in honore S. Martini, 825. (RONNO.)
ROOFANGUS villa, in agro Rodanensi, 308. (RONFINS.)
ROOTIER vel ROORTEIR (Hugo), 938.
RORDANDUS, testis, 304.
RORGAUDUS, testis, 326.
RORHARDUS vel RORTHARDUS. Vide *Rotardus*.
RORICO, episcopus [cancellarius Lotharii regis], 132.
RORLANDUS, 572. Vide *Rotlandus*.
RORODUS, testis, 796. Vide *Rotardus*.
ROSERIÆ vel ROZERIÆ villa, in agro Forensi, 237; ecclesia de Roseriis, 430, 839; in honore S. Petri, 491, 875. (ROSIERS.)
ROSSATERRA villa, in agro Tarnantensi, 52, 493.
ROSSELUN, ROSSELON, ROSCELUN (Amblardus DE), 813.
ROSSET (Girinus DE), 938.
ROSSILIONE (Guillelmus DE), canonicus Lugdunensis, *pag. 540*.
ROSSONTIS, ROSSONTE, ROSSONIS villa, in valle Bevronica, 514.
ROSTAGNI terra, 195, 890.
ROSTAGNUS, archidiaconus Lugd. ecclesiæ, 819, 834, 898.
ROSTAGNUS presbyter, testis, 225.
ROSTAGNUS sacerdos, testis, 157.
*ROSTAGNUS sacerdos, testis, 96.
ROSTAGNUS presbyter, donator, 377.
ROSTAGNUS monachus, testis, 801.
ROSTAGNUS, scrip. 759.
ROSTAGNUS, filius Araldi et Ermengardis, 742.
ROSTAGNUS, filius Emmenanæ, donator, 727.
ROSTAGNUS, frater Laydradi, 522.
ROSTAGNUS, pater Girardi, 71.
ROSTAGNUS de Lodisco, 129. Vide *Lodisco*.
ROSTAGNUS (Girinus), vel ROSTAGNUS de Corcennatis, 129. Vide *Corcennatis*.
ROSTAGNUS, testis, 65, 69, 72, 143, 149, 170, 178, 179, 183, 199, 211, 231, 263, 274, 316, 360, 373, 375, 393, 456, 468, 490, 500, 530, 538, 577, 623, 636, 637.
*ROSTAGNUS, testis, 72, 150.
ROSTANNUS monachus, testis, 1.
ROSTANNUS, testis, 815, 817.
ROTARDUS, RORHARDUS, RORTHARDUS sacerdos, donator, 304.
ROTARDUS vel ROTTARDUS, 101.
ROTARDUS, testis, 545, 796.
ROTBADUS vel ROTBALDUS, testis, 214.
ROTBALDI terra, 88.
ROTBALDUS monachus, testis, 427.
ROTBALDUS, donator, 879.
ROTBALDUS presbyter, testis, 382.
ROTBALDUS presbyter, frater Abonis et Ursi, 622.
ROTBALDUS sacerdos, testis, 318, 319, 327, 331, 332.
ROTBALDUS sacerdos, testis, 560, 561.
ROTBALDUS sacerdos, donator, 563.
ROTBALDUS sacerdos, vuadiarius Rannulfi, 314.
ROTBALDUS notarius, 766.
ROTBALDUS, filius Fredelanni, 645.
ROTBALDUS [filius Ingelæ?], 176.
ROTBALDUS, frater Berardi, donator, 758.
ROTBALDUS et Thedaldus [fratres?], 617.
ROTBALDUS, maritus Elisendis [et pater Constantii et Siguini], 313.
*ROTBALDUS et uxor ejus Ginbergia, donatores, 72.
ROTBALDUS et uxor ejus Guntara, petitores, 42.
ROTBALDUS [maritus Solemnæ?], 642.
ROTBALDUS [Morellus], 767. Vide *Morellus*.
ROTBALDUS, 94, 153; testis, 116, 197, 204, 239, 271, 306, 308, 317, 320, 322, 353, 433, 460, 540, 563, 564, 720, 850.
ROTBALDUS, testis, 134, 186.
ROTBERGA, uxor Richardi, 70.
ROTBERTA, uxor Lienardi, 162.
ROTBERTA, 76. Vide *Rotbertus*.
ROTBERTI terra, 879.
*ROTBERTI terra, 93.
ROTBERTUS, capellanus de Merpins, 909.
ROTBERTUS diaconus, scrip. 594.
ROTBERTUS, donator, 341.
ROTBERTUS, donator, 593.
ROTBERTUS, 751. Vide *Elia*.
ROTBERTUS levita, scrip. 35.
ROTBERTUS levita, scrip. 464.
ROTBERTUS, levita et monachus, scrip. 37.
ROTBERTUS, monachus Sav. 627.

NOMINUM ET RERUM. 869

Rotbertus monachus, scrip. 466, 595, 599, 608, 614, 674, 696, 706.
*Rotbertus, rex Francorum, ann. vi, 89. Vide *Robertas*.
Rotbertus presbyter, testis, 490.
Rotbertus sacerdos, 76.
*Rotbertus presbyter vel sacerdos, testis, 19, 63, 66.
Rotbertus, scrip. 586.
Rotbertus, filius Hugonis, donator, 596.
Rotbertus, frater Adalgaldi, 640.
Rotbertus, frater Gausmari, 194.
Rotbertus et Silvius, nepotes Bladini et Bozonis, 514.
Rotbertus et uxor ejus Adeleldis, donatores, 139.
Rotbertus et uxor ejus Datbergia, donatores, 121, 715.
*Rotbertus et uxor ejus Nonia, donatores, 51.
Rotbertus de Iconio, 915. Vide *Iconio*.
*Rotbertus de Monte Aureo, 160. Vide *Monte Aureo*.
Rotbertus de Pineti, 830. Vide *Pineti*.
Rotbertus de Piniaco, 766. Vide *Piniaco*.
Rotbertus Ru., 754. Vide *Ru*.
*Rotbertus, venditor, 64.
Rotbertus, 76, 88; testis, 108, 148, 165, 168, 169, 201, 232, 233, 311, 341, 356, 377, 383, 422, 456, 487, 506, 545, 548, 552, 568, 720, 850.
*Rotbertus, testis, 44, 67, 89, 152, 167.
Rotbertus, 751. Vide *Elia*.
*Rotbertus, 190.
*Rotbol, testis, 51.
Rotboldus, pater Bernonis, 122.
Rotboldus pœnitentialis, 762.
Rotboldus presbyter, 301.
Rotboldus presbyter, testis, 544.
Rotboldus et Icterius, parentes Aroldi, donatores, 251.
Rotboldus, testis, 27, 130, 131, 223, 235, 251, 282, 292, 299, 303, 370.
Rotbornus venditor, 111.
Rotbornus, testis, 301, 544.
Rotburgia, uxor Artaldi, 483.
Rotdardus, testis, 572.
Roteldis, uxor Adalardi, 103.
Roteldis vel Rotildis, uxor Bodonis, 186.
Roteldis, uxor Jarentonis, donatrix, 893.
Roteldis, uxor Rotlandi, donatrix, 236.
Rotfredus, donator, 681.

Rotgardis, donatrix, 398.
*Rotgardis, donatrix, 176.
*Rotgardis, testis, 57, 184.
Rotgardis, uxor Vuillelmi, 845.
Rotgerius monachus, scrip. 907, 912, 913, 914, 915, 916.
Rotgerius, scrip. 937, 938.
Rotgerius de Caseto, 923. Vide *Caseto*.
*Rotgerius de Tavareu, 199. Vide *Tavareu*.
Rotgerius, testis, 240, 461.
*Rotgerius, testis, 2, 196.
Rotgodus, testis, 294.
Rothardus vel Rotardus, 304. Vide *Rotardus*.
*Rothbertus, 45.
Rotheldis, testis, 116.
*Rothildis, filia Theutbergæ comitissæ, 147.
Rothlannus, testis, 159.
*Rothlendis, uxor Drogberti, 60.
Rotiol : Andreas et Petrus [fratres], 917, 931.
*Rotlan, filius Ermenfredi, 189.
*Rotlan, testis, 6.
Rotlandi terra, 103.
Rotlandus, donator per vuadiarios, 238.
Rotlandus, filius Ingelrici et frater Eldeverti, 322.
Rotlandus et uxor ejus Dominica, donatores, 267.
Rotlandus, maritus Roteldis, 236.
Rotlandus, testis, 265, 298, 317, 333, 572.
Rotlannus, donator, 346.
Rotlannus, donator, 407.
Rotlannus, donator per vuadiatores, 505.
Rotlannus, tradens se ipsum in servitium Dei, donator, 554.
Rotlannus, donator, 688.
Rotlannus, donator, 738.
Rotlannus, donator, 876.
Rotlannus, præcentor [eccl. Lugd.], 438.
Rotlannus, venditor, 111.
Rotlannus, vuadiarius Duranti, 513.
Rotlannus [filius Adalgardis?], 211.
Rotlannus, filius Gerundæ, 776.
Rotlannus, filius Gotholendis, 930.
Rotlannus, filius Gotolendis, 855.
Rotlannus, filius Richoaræ, 790.
Rotlannus, filius Stephani, 196.
Rotlannus, frater Girini, nepotis Girini [de Sal?], 657.
Rotlannus, frater Vulgrini, propinquus Berardi, maritus Alexandræ, 880.

ROTLANNUS, maritus Alexandræ, testis, 614.
*ROTLANNUS et uxor ejus Aluis, donatores, 96.
ROTLANNUS, pater Duranti et Silvii, 882.
*ROTLANNUS et uxor ejus Raingardis, 99.
ROTLANNUS, pater Pontionis et Gauzeranni, donator, 468.
ROTLANNUS de Algiroles, 907. Vide *Algiroles*.
ROTLANNUS Calvus, filius Gerundæ, 829. Vide *Calvus*.
ROTLANNUS Calvus, 882, 924. Vide *Calvus*.
ROTLANNUS Crassus, donator, 748. Vide *Crassus*.
ROTLANNUS Crassus, propinquus Girini Crassi, 778. Vide *Crassus*.
ROTLANNUS [de Foro], 791, 793. Vide *Foro*.
*ROTLANNUS Juvenis, 162. Vide *Juvenis*.
ROTLANNUS de Interaquis, 906. Vide *Interaquis*.
ROTLANNUS de Noalliaco, 673. Vide *Noalliaco*.
ROTLANNUS de la Marchi, 887. Vide *Marchi*.
ROTLANNUS de Ponte, 920, 925. Vide *Ponte*.
ROTLANNUS Ruffus, 833. Vide *Ruffus*.
ROTLANNUS vel ROTLANDUS [Sarracenus], 765. Vide *Sarracenus*.
ROTLANNUS, testis, 189, 190, 214, 235, 249, 253, 272, 274, 282, 346, 354, 390, 393, 439, 445, 462, 464, 490, 521, 538, 557, 596, 627, 662, 663, 673, 687, 703, 721, 726, 765, 794, 806, 872, 876, 885, 893.
*ROTLANNUS, testis, 152.
*ROTLANUS, testis, 6.
ROTLENDIS, donatrix, 918.
ROTLENDIS, mater Ermengardis et Iterii, 675.
ROTLENDIS, soror Laydredi, 672.
ROTLENDIS, uxor Heldefredi, 128.
ROTLENDIS, uxor Landredi, 167.
ROTLENDIS, uxor Ranutbodi, 310.
ROTLENDIS, testis, 375.
ROTRUDIS, uxor Amalfredi, 342.
*ROTRUDIS, uxor Aloardi, 10.
ROTRUDIS, uxor Atsonis, donatrix, 618.
ROTRUDIS, uxor Azonis, 624, 795.
ROTRUDIS, uxor Beraldi, 113.
ROTRUDIS, 721, 876.
ROTVALDUS, 563. Vide *Rotbaldus*.
*ROUDULFUS. Vide *Rodulfus rex*.

ROZIERS vel ROSERS parrochia. Vide *Roseriæ*.
RU. (Rotbertus), testis, 754.
RUA, locus in villa Arciaco, 669.
*RUBEOLA villa, in agro Vallasense, 103.
RUDMUNDUS, cancellarius Lotharii, 960.
RUFA (Ermengardis), filia Bernardi, Rumphatoris [forte uxor Arberti Rufi], 817.
RUFFUS (Bernardus), filius Agnæ, frater Vuillelmi et Renconis, 822; Girinus, 829, 830, 833; Rotlannus, 833. Vide *Rufus*.
RUFFREDUS vel RICFREDUS, testis, 368.
RUFUS : Girinus, 896, 926; Girinus miles, 906; Hugo miles, 935.
RUFUS : Arbertus, filius Bernardi Galdemari [forte maritus Ermengardis Rufæ], 817; Jarento, 801; Fulcherius, 913, 915. Vide *Ruil*.
*RUFUS (Adalardus), frater Gerardi, 100.
*RUFUS (Gaucerannus) de Lissiaco, 199.
RUGNIACUS vallis, 696.
RUIL : Fulcherius, 886; Robertus, 913; Vuillelmus miles, 935. Vide *Rufus*.
RUILLAGUS, RUILLIACUS Mons. Vide *Mons Ruilliacus et Montrail*.
RUILS (Falco), testis, 946.
RUINANGIIS, locus in agro Forensi, 262.
RUINIACUS villa, in agro Solobrensi, 569. (RUGNEUX?)
RUMFATOR, RUMPHATOR, RUNFATOR, RUNPHATOR, ROMFATOR, ROMPHATOR, RONFATOR, RONPHATOR : Bernardus, 659, 817; Gausmarus, 650, 817; Girardus, maritus Adalgardis, 682, 683; Hugo, 831, 941; Hugo, præpositus vel prior de Mornanto, 871, 911; Vuichardus, 682, 683, 679, 823.
RUNEUS vel RUNNEUS villa, in agro Solobrensi, 572. Vide *Ruinacus*.
RUPEFORTI (Henricus DE), canonicus Lugdunensis, *pag. 540*.
*RUSTIACUS villa, in agro de Buysanta, 100.
RUSTICUS, 84, 92, 106, 112, 160, 250, 653, 669, 675, 692, 693, 707, 711, 713, 727, 779, 791, 842, 861, 878; testes rustici, id est non nobiles, 935; rustica, 653.
RUSTIEU villa, 42.
RUTGERIUS, testis, 84.
RUTGOL (Andreas), 906. Vide *Retgol*.

S

S. AGATHA villa, in agro Forensi, 786. Vide *Agathæ (S.)* (Ste AGATHE-LA-BOUTERESSE.)
S. AMANDUS super Charentam, 933. (S. AMAND.)
S. ANNEMUNDO vel S. ENNEMUNDO (Vuigo DE), 835. (S. CHAMOND.)
S. BALDOMERUS vel VALDOMERUS castellum, 919, 920. (S. GALMIER.)
S. BARTHOLOMEUM, 20, 924. (S. BARTHÉLEMY-L'ESTRA.)
S. BAUDELII villa, in agro Vesiacensi, 201, 256. Vide *Baudelii (S.)* eccl. (S. BAUDÈLE.)
S. BEEL, *pag. 387.* Vide *Sambael.*
S. BELLUS, 805. Vide *Sambael.*
S. BONETUS [locus in valle Bevronica], 8; in silva, 897. (S. BONNET.)
S. CAPRASIO (Vuillelmus DE), capellanus ipsius ecclesiæ (S. Caprasii?), 947.
*S. CIRICUS villa, in agro Monte Aureacensi, 36. (S. CYR-AU-MONT-D'OR.)
S. CLEMENS Vallis Longæ, *pag. 229,* ch. 901. (S. CLÉMENT-DE-VALORGUE.)
S. CLEMENS vel S. CLEMENS PLATEARUM ecclesia, 39; parrochia, 430. (S. CLÉMENT-LES-PLACES.)
*S. CONSORTIA (Josbertus DE), testis, 160. (Ste CONSORCE.)
S. ENNEMUNDO, 825. Vide *S. Annemundo.*
S. FIDES, 938. (S^{te} FOY-L'ARGENTIÈRE.)
*S. HILARIUM (Mansus qui dicitur ad Sanctum Ylarium), 55.
S. JOANNE (Stephanus DE), miles, 906, 907, 912, 913, 916, 938.
S. JOANNIS vicaria, in comitatu Rodonensi, 63.
S. JOANNIS vicaria et villa, 916; parrochia, ubi Noalliacus villa, 917. (PANISSIÈRES.)
*S. JOHANNIS MONS, 145. Vide *Mons Sancti Johannis.*
S. JOANNIS MURIANÆ ecclesia, 582. (S. JEAN-DE-MAURIENNE.)
S. JULIANO (Durantus DE), 913, 916; [frater Aymonis et Hugonis ?] 938.
S. LAURENTII [de Yconio] villa, 13, 915, *189; ecclesia, 411, 627, 773; parrochia, 864; in agro Tarnantensi, 435. Vide *Yconium.* (S. LAURENT-D'OINGT.)
S. LAURENTIO (Ludovicus DE), canonicus Lugdunensis, *pag. 540.*

*S. MARCELLO (Agno et Aimonus DE), testis, 100.
S. MARIA : locus qui dicitur ad Sanctam Mariam sive ad Sanctum Mauritium, in valle Bevronica, 21.
S. MARIÆ (Hector, episcopus), 117. (LE PUY?)
S. MARTINI silva, in valle Bevrona, 12.
S. MARTINO (DE) : Thomas et Durantus, fratres, 947.
S. MARTINUS AD LESTRADA villa, in agro Forensi. Vide *Lestrada.*
S. MAURICII castellum, in agro Rodanensi, 711. (S. MAURICE-EN-ROANNAIS.)
S. MAURITIUS, locus in valle Bevronica, 21. Vide *S. Maria.*
S. MAXIMUS, villa in vicaria de Culnis vel Culmis, 637.
S. NICETIO (DE) vel S. NICETII : Livo, 758, 806, 807.
S. NICETIUS villa, 806, 807; ubi ecclesia in honore SS. Martini, Johannis Baptistæ, Petri et Nicetii, 397, 398; in pago Matisconensi, in agro Tolvedunensi, 431, 690. (S. NIZIER-D'AZERGUES.)
S. PETRO (Paganus DE), miles, 935.
S. PETRUS LA PALU, parrochia, 958. (S. PIERRE-LA-PALUD.)
S. SATURNINO (Bernardus DE), 943.
S. SIMPHORIANI : Aimo et Vuichardi [fratres?], 821.
S. SIMPHORIANI (Aymo), miles, 935.
S. SIMPHORIANO (DE) : Livo, maritus Vualburgis, et Almannus (frater ejus?), 710; Aymo, miles, 906, 907, 916, 938; Dalmatius, 938.
S. SIMPHORIANO (Petrus DE), canonicus Lugdunensis, *pag. 540.*
S. SULPITIO (Rodulfus DE), donator, 681.
S. THEODORO (Hugo DE), cardinalis et legatus in Alemania, *pag. 540.* Vide *Theuderii (S.)* abb.
SABAUDIA (DE) : Aymo et Thomas, canonici, Lugdunensis eccl. *pag. 540.* (SAVOIE.)
SABIGNIACENSIS ecclesia, *pag. 89 n.* Vide *Saviniacensis.*
SABINI vel SAVINI (S.) Burdellensis ecclesia, in episcopatu Diensi, 636, 808; monasterium, in loco de Bordel, 901. (S. SAVIN.)

SABINIACUS, SABINIACENSE monasterium, 127, 682 n. Vide *Saviniacus.*
SABONACUS vel SAVONACUS villa, 16.
SACELDUS vel SACERDUS, testis, 286.
*SACIA, uxor Gerardi, 83.
*SACRAMENTUM, 69.
SACRISTA Lugd. eccl. *pag. 540,* S. Justi Lugd. 907; Caseti, *200; Saviniacensis, 945, 947; Sacrista major Sav. *pag. 524.*
SACRISTÆ officium in eccl. Lugd. 959.
SACRISTIA B. Mariæ Savin. instituta, 958.
SADERESLEUVARDUS, 47. Vide *Leavardus.*
SAGIFORANA locus, 410.
*SAGNA, 66.
*SAGNIACUS locus, in villa Ulciaci, 21.
*SAGONNA, SEGONNA fluvius, 76, 178. Vide *Arar.* (LA SAÔNE.)
*SAIFERIUS, frater Arenci, 119.
*SAIFERIUS (Amblat), testis, 175.
*SAIFERIUS, testis, 101, 138.
SAINATI (Girini DE), testis, 785.
SAINATIS, SAINIATIS, SAYNATIS, SAIVATIS, locus in parrochia Mornanti, 30, 366; in agro Gofiacensi, 344, 549.
*SAIRONUS, testis, 181.
SAIVATIS. Vide *Sainatis.*
SAL castellum, 654; villa vel burgus, in agro Forensi, ubi ecclesia in honore S. Juliani, 652, 653, 654, 655, 656, 657, 664, 748, 776, 778, 779, 780, 781, 782, 792, 832, 833, 834, 835, 890, 891, 893, 894, 896, 899, 917, 918, 919, 920, 921, 922, 923, 924, 925, 926, 927, 929, 930, 931; in honore SS. Martini et Juliani, 830; prioratus, 826, 834. (SAIL-EN-DONZY.)
SAL (Girinus DE), 652; avus alterius Girini, 653, 654, 657, 658; maritus Petronillæ, 654; filius Hugonis, 654; cognomine Vetulus, 656.
SAL (Girinus DE), pater Girini Calvi, 906. Vide *Calvus.*
SALA indominicata, 296.
SALA villa [in agro Forensi?], 874.
SALA vel SAL (Mansus de), 748.
SALACONIS et uxor ejus Eufemia, emptores, 13.
SALAMARE, locus in agro Forensi, 790.
SALAMARE (Stephanus DE), donator, 831, 834.
SALECO, testis, 47.
SALICES, 111, 113.
SALICETUM vel SALZETUM, 1, 34, 35, 66, 88, 101, 141, 146, 156, 161.

*SALICETUM, 14, 15, 17, etc.
SALICETUS villa, in agro Vallis Bevronicæ, 162.
SALICO sacerdos, pater Agnonis, donator, 431.
SALICO, donator, 366.
*SALICO laicus, maritus Ayæ, 177.
SALICO, testis, 197, 249, 312, 343, 371, 524.
SALIERIUS, testis, 641.
SALMO, 711.
*SALOARDUS, testis, 138.
*SALOMO acolitus, scrip. 34.
SALOMO, testis, 879.
SALOMON, pater Benedicti, donator, 80.
SALORNAY (Petrus DE), canonicus Lugdunensis, *pag. 540.*
*SALORNIACENSIS ager, in pago Matisconensi, 89. (SALORNAI.)
*SALVANGIS colonia, 95.
*SALVANIACUS villa, in agro Monte Auriacensi, 72. Vide *Salvinacus, Salvinicus, Selvaniacus, Silvagnea* et *Silvaniacus.* (SALVAGNY.)
*SALVINICUS vel SILVINICUS, cœnobium rurale, ubi capella in honore S. Crucis ædificata est, 137. Vide *Salvaniacus.*
SALVITO (Girinus DE), testis, 798.
SALZETUS, mansus, 934.
SAMARCIATUS vel SAMARIACUS villa [in agro Saviniacensi?], 55.
*SAMBADINUS, testis, 109.
SAMBAEL, SAMBEELLUS, SENBEL, SANCTUS BELLUS, 805, 944, 958. (SAINBEL.)
SANAS vel SAVAZ (Girinus DE), 835. Vide *Sena.*
*SANBADINUS, venditor, 2.
*SANBADINUS, emptor, 40.
SANCTIMONIALI fœmina (Donatio facta a), 452.
SANCTONENSE territorium, 633, 635.
SANCTONENSES episcopi, 633, 634, 635, 751, 752, 811, 812, 889, 909, 932, 946, 947; archidiaconi, 751, 811, 889, 909, 932, 947; canonici, 751, 752, 811, 932.
SANCTONENSIS pagus, 634, 751, 752; episcopatus, 808, 901, 946. (SAINTES.)
SANCTUM (AD) [?], 644.
SANIACO (Justus DE), laicus, 129.
SANSO, pater Arrii presbyteri, 207.
SANSO, frater Ragemundi, testis, 234.
SANSO, testis, 46, 194, 216, 232, 245, 247.
*SANSON, 189.
*SANSON et uxor ejus Revica, emptores, 65.
*SANSONI terra, 174.
SANTILLIACUS villa, in agro Gofiacensi, 518.
SANTONENSIS, etc. Vide *Sanctonensis,* etc.

NOMINUM ET RERUM. 873

SAODOLFUS, testis, 447.
*SAPINIACENSIS (Sancti Martini) terra, 146. Vide *Saviniacensis.*
SAPINIACUS, SAPINIACENSE monasterium, *pag. 1,* ch. 682 *n.* Vide *Saviniacus, Saviniacense.*
SARCINA trium equorum de vino, 941.
SARGIA villa, in pago Sanctonensi, 635.
SARMENNA vel SARMONACUS villa, in agro Forensi, 320, 333.
*SARRA, uxor Duranni, 16.
SARRACENUS : Hugo et Rotlannus, fratres, 765.
SARRAVALLE (DE) : Guillelmus, canonicus Lugdunensis, *pag. 540;* Aymo, idem, *pag. 540.*
SARSAICUS, SARSAYCUS, SARSAY villa, in agro Tarnantensi, 213, 217, 230, 519, 523, 699; ubi ecclesia in honore S. Martini, 708, *pag. 387.* (SARCEY.)
SARTIRIUM, 426.
SASARDUS, testis, 422.
SASCERDUS, 286. Vide *Saceldus.*
*SATIA, filia Teothardi, 172.
SATURNINA, filia Petri, 765.
SATURNINI (S.) ecclesia, prope Montem Lucionem, in agro Gofiacensi, 872. (S. SORLIN.)
SATURNINI (S.) ecclesia, in villa Arnaco, 644, 647, 648, 826.
SATURNINUS, frater Stephani, 931.
SATURNINUS, testis, 822.
SAUGNATIS villa, in agro Fluriacensi, 525. (SONNAY?)
SAVAZ, 835. Vide *Sanas.*
SAVIACO (de). Vide *Saniaco.*
SAVIGNIACUS. Vide *Saviniacus.*
SAVINIACENSE cœnobium, capitulum, monasterium, S. Martino dedicatum, 123, 126, 127, 730, 757, 760, 764, 813, 823, 824, 825, 826, 827, 838, 887, 901, 937, 938, 943, 952, 960. (SAVIGNY, l'abbaye.)
SAVINIACENSES abbates. Vide *Adalbertus, Amedeus, Anasteus, Arnulfus, Asterius, Athanalphus, Austerius, Badinus, Benedictus, Berardus, Bernardus, Christophorus, Dalmatius, David, Durannus, Durantus, Gausmarus, Girbaudus, Hugo, Ingeraldus, Iterius, Justus, Lento, Milo, Odilo, Pontius, Richardus, Robertus, Segefridus, Stephanus, Vuido,* et *pag. 2 et 422,* et ch. 946.
SAVINIACENSES priores : Prior, 903, 937; prior major, 944, *pag. 524, 529;* prior S. Clementis, *pag. 524.*
SAVINIACENSES officiarii alii. Vide *Camerius, Capiscollus, Celerarius, Claviger, Communarius, Hostelarius, Magister scholarum, Minister crucis, Pœnitentiarius, Præpositus, Sacrista, Sutuarii, Vicarii.*
*SAVINIACENSIS abbas, Durannus, 137.
SAVINIACENSIS ager, 2, 17, 43, 47, 54, 55, 59, 73, 76, 104, 108, 151, 172, 173, 174, 178, 293, 304, 376, 388, 402, 596, 608, 612, 649, 666, 667, 669, 670, 671, 685, 722.
SAVINIACENSIS congregatio, 428, 540, 604, 607, 627, 792; ecclesia in honore SS. Michaelis et Martini, 446; — S. Mariæ, 751; — S. Leodegarii, 946; ubi S. Baldomerus quiescit, 64. Vide *Martini (S.), Mariæ (S.), S. Leodegarii,* eccl.
SAVINIACETUS. Vide *Savisinetus.*
SAVINIACUS, SAVIGNIACUS, SABINIACUS villa, 57, 127, 593 *n.* 739, 753, 804, 854, 916, 937, 949, 951; ubi ecclesiæ in honore S. Andreæ et S. Petri, 958. (SAVIGNY, le bourg.)
*SAVINIACUS villa, quæ terminatur a sero rivulo de Fontana, 124.
*SAVINIACUS villa, in agro Monte Aureacensi, 105, 109, 157. (SALVAGNY?)
*SAVINIACUS villa, in agro Valle Asensi, 79, 101. (SAVIGNY, 2.)
SAVINICETUS, SAVINISETUS, SAVINIACETUS, SAVISINETUS villa, in agro Saviniacensi, 608.
SAVINIENSIS pro *Saviniacensis.*
*SAVINUS (Aimo), 201.
SAVISINETUS vel SAVINISETUS, locus ubi ecclesia in honore S. Genesii martiris, 831, 832, 833, 834. (SALVISINET.)
SAVISINETUS, villa, 608. Vide *Savinicetus.*
SAVOGENSIS ager, in pago Gratianopolitensi, 582.
SAVONACUS villa, 16. Vide *Sabonacus.*
*SAVONAS villa, in agro....., 139.
SAVONATIS villa, 584, 771; in valle Bevronica, 510; in agro Fluriacensi, 574.
SAVONERIA, vicus in parrochia Ampliputei, 941.
SAVONERIUS, 428. Vide *Mons Savonerius.*
SAVONIACUS villa, in agro Juriacensi, 369.
SAXO (Durantus), frater Pontii, maritus Pontiæ, et pater Duranti, Pontii et Magnonis, 700.
SAYARDUS vel SEYARDUS, donator, 343.
SAYNATIS villa. Vide *Sainatis.*
SAZIA, uxor Gunduini, 416.
SAZIA, uxor Rodanni, 85.

SAZIA, mater Constantiæ, donatrix, 91.
*SAZIA et filius ejus Stephanus Nigellus, donatores, 115.
*SAZIA, testis, 104.
SAZIANTA, uxor Duranti, 84.
SCAHAREVACUS vel SCHAREVACUS rivulus, in agro Saviniacensi, 685.
SCANNATIS villa, 250, 253.
SCARABEUS rivulus, 843.
SCARAVACUS rivulus, 166.
SCARAVACUS rivulus, in agro Tarnantensi, 588.
SCARAVAGIUS guttula vel rivulus prope Morterium, 140.
*SCARAVEUS rivulus, 192.
SCELATIS villa, 356.
SCHAREVACUS rivulus, 685. Vide *Scaharevacus*.
SCLAREIAS villa. Vide *Esclareias*.
*SCLOSA, 13.
SCOTAY (Gunzelinus DE), 936. Vide *Escotay*.
*SCULGLIACO (Terra hereditariorum de), 66.
SEBASTIANI (S.) ecclesia et monasterium, extra vallum castri Miribelli, in parrochia S. Martini, 752, 811, 901. Vide *Miribel*.
SEDENULFUS, SEDENENULFUS, SENEDULFUS, locus in valle Bevronica, 11.
*SEDIBODIS, testis, 128.
SEDZIACUS, SEPZIACUS, SEZIACUS villa, 11, 26; in valle Bebronensi, 682, 683. (SUDIEU.)
SEGEBODUS vel SEGEBOTDUS, testis, 311.
SEGEFRIDUS, abbas Saviniacensis, *pag. 2*, ch. 3, 4, 30.
SEGERANNUS, 653.
SEGIBODUS vel SEGIBOLDUS, testis, 278.
*SEGONNA fluvius, 76. Vide *Sagonna*.
SEGUINUS, 751, 752. Vide *Elia*.
SEGUINUS (Vuillelmus), testis, 752.
SEGUINUS vel SIGUINUS, 553.
SEIBODUS, testis, 99, 354.
*SEIMONI terra, 154.
SELLIO de vinea, 112, 121.
*SELVANIACUS villa vel villula, in agro Monte Auriacensi, 129, 183. Vide *Salvaniacus*.
*SELVINIAC. Vide *Silvagnea*.
SEMENA, uxor Vuarini, 871.
SEMI MODIUS, 265.
*SEMITARIUM, 27, 30.
SEMITERIUM, 1. Vide *Senderium*.
*SEMODIUS, 33.
*SEMODIUM, 150. Vide *Semi modius*.
*SEMON terra, 153.
SENA (Girinus DE), maritus Istoriæ, et pater Gauzeranni, Girini, Girardi et Vuillelmi, 839. Vide *Sanas*.
SENARUNA, locus in agro Coniacensi, 48.
SENBEL, parrochia, 958. Vide *Sambael*.
*SENDERIUM vicinale, 181.
SENEDULFUS, 11. Vide *Sedenulfus*.
*SENESCALCUS eccl. Lugd. 190.
SENEX (Airaldus), 815; Berengarius, 548.
SENIOR maritus : 236, 243, 578; vicecomes, 645; dominus, 751, 884; major natus, *pag. 540;* quid? *76.
SENIORES de Saviniaco, id est monachi, 897.
SENNATIS (Girinus DE), 748. Vide *Sena*.
SENNOVILLA vel SENON villa, in pago Engolismensi, 635.
*SENTERIUS, 189.
SENTFREDUS monachus, testis, 16.
SEPMURO (Gauzerannus Bers de), 915. (SEMUR?)
SEPTEM FOLLI vel SET FOLZ villa, in valle Bebronensi, 859.
SEPTENARIUS, *pag. 535*.
SEPULTURA, 434.
SEPZIACUS villa, in agro sive valle Bevronica, 11. Vide *Sedziacus*.
*SERA (Vinea de), 138.
SERRA (DE) : Vuillelmus et Fulcherius, fratres, et Engola, soror eorum, 788.
SERRIS villa, 415; in agro Solobrensi, 273.
SERVARIUS MONS. Vide *Cervarius*.
SERVUS, 45, 127, 131, 145, 403, 437, 641, 755, 939; Humbertus se servum constituit, 61; item, 101; cf. 374 et 380.
SET FOLZ villa. Vide *Septem Folli*.
SEU, locus in villa quæ vocatur Sala, 874.
SEVERUS, Sancti Stephani diaconus, frater Erulfi, donator, 47.
SEVERUS vel SEVERIUS clericus, filius Andefredi et Richborgis, 7.
SEVERUS, petitor, 41.
SEVERUS, frater Adalborni, 17.
SEVIERTUS, testis, 33.
SEVINNUS levita, filius Abelonæ, 300.
*SEVRIACUS villa, in agro Monte Aureacensi, 123. Vide *Sivriacus*.
SEXTARADA vircariæ, 321; campus capiens sextarium 1 de annona, 345; cf. 383.
SEXTARIA de musto, 154.
SEXTARIA terræ arabilis, 2.
SEXTARIADA, 209.
*SEXTARIADA, 43, 69.

NOMINUM ET RERUM.

SEXTARIATA, 2, 109, 319, 405; campellus continens sementis dimidium sextarium, 170.
SEXTARIUS, 64, 83, 122; vini, 128.
*SEXTARIUS, 4, 27.
SEYARDUS, 343. Vide *Sayardus*.
SEZIACUS villa, sive Felix Vulpes. Vide *Sedziacus*.
SIBERTUS, 733.
SICBERGANA, uxor Vuilicherii, 25.
*SICCUS MONS. Vide *Mons Siccus*.
SICHERIUS, testis, 350.
*SIEBODI terra, 78.
*SIEBODUS, filius Emeldis, 123.
*SIEBODUS, testis, 114.
*SIEBOLDI terra, 131.
SIERVERTUS, testis, 293.
SIEVERTUS [frater Almanni?], donator, 556.
SIFFREDUS et uxor ejus Leoteldis, venditores, 552.
SIGALDUS et uxor ejus Adalsendis, donatores, 719.
*SIGBERTUS, 160.
SIGERELDUS, testis, 379.
SIGERVERTUS et uxor ejus Ermengardis, genitores Rodulfi, donatores, 564.
SIGEVERTUS vel SIGEBERTUS, testis, 133.
SIGIBALDUS clericus, propinquus Aledonis, testis, 58.
SIGIBALDUS vel SIGIBADUS, frater Milonis, donator, 248.
SIGIBERTUS, filius Geraldi et Eldegardis, 737, 882.
SIGIBERTUS, filius Geraldi et Ermengardis, 865.
SIGIBERTUS, filius Hugonis, 750.
SIGIBERTUS, filius Jorneti, 679.
SIGIBERTUS Calvus, 428. Vide *Calvus*.
SIGIBODUS, testis, 639.
SIGIBURGIS, donatrix per vuadiarios, 246.
SIGIBURGIS, mater Eugendi, donatrix, 273.
SIGINERCI silva, 182.
SIGINUS, testis, 179.
SIGIRAUDUS, 664.
SIGISBODUS, testis, 712.
SIGISMONDUS vel SISIMUNDUS, testis, 205.
SIGISMUNDI terra, 146.
SIGIVERDUS, testis, 286.
SIGIVERTI terra, 206.
SIGIVERTUS, SIGUIERTUS, SIGNIERTUS, testis, 281.
SIGNUM in sole..... signum magnum in sole, 358.

SIGUINUS [filius Rotbaldi et Elissendis], 313
SIGUINUS, testis, 91, 290.
SIGUINUS vel SEGUINUS, 553.
*SIINELDIS, uxor Grimaldi, 45.
*SILLIACUS villa, in agro Tarnantensi, 171. Vide *Sisliacus*.
*SILVAGNEA vel SELVINIAC villa, in agro Monte Auriacensi, 64. Vide *Salvaniacus*.
*SILVANIACUS villa, in agro Floriacensi, 77. Vide *Salvaniacus*.
*SILVANIACUS, 137. Vide *Salviniacus*.
SILVANICUS mansus, 65.
SILVESTER sacerdos, donator, 39.
*SILVESTER, frater Arbaldi, 37.
*SILVESTER, frater Eymini, 155.
*SILVESTER et uxor ejus Avonda, venditores, 9.
SILVESTER, testis, 259, 457, 708.
*SILVESTER, testis, 4, 34, 56, 88, 114.
*SILVESTRI vinea, in loco qui dicitur Mons Siccus, 12.
*SILVESTRI terra, 76.
SILVIO presbyter, testis, 35.
SILVIO vel SILIVO, donator, 64.
SILVIO vel SILVIUS, frater Malfredi, 256.
SILVIO vel SILVIUS et uxor ejus Leutgardis, et filius eorum Girardus, donatores, 674.
SILVIO vel SILVIUS Loverius, 847. Vide *Loverius*.
SILVIO, testis, 135, 188, 224, 239, 277, 334, 368, 602, 625, 666.
SILVIONIS et nepotum ejus terra, 11.
SILVIUS presbyter, donator, 34.
SILVIUS, excommunicatus, 750.
SILVIUS, filius Duranti, 882.
SILVIUS, frater Bernonis, donatores, 403.
SILVIUS [frater Iterii?], donator, 469.
SILVIUS, frater Pontii, et pater Gumberti, 765.
SILVIUS et Robertus, nepotes Bladini et Bozonis, 514.
SILVIUS, maritus Hilariæ, donator, 490.
SILVIUS et uxor ejus Pontia, donatores, 851.
SILVIUS et uxor ejus Pontia, genitores Vuichardi et Gausmari, donatores, 628.
SILVIUS, maritus Suliciæ, 695.
SILVIUS Joerius, 730. Vide *Joerius*.
SILVIUS de Miliaco, 679. Vide *Miliaco*.
SILVIUS de la Vulpilli, 730. Vide *Vulpilli*.
SILVIUS, testis, 158, 213, 425, 483, 502, 539, 602.
*SILVONI terra, 155.
SILVUS, testis, 349.

876   INDEX GENERALIS

*SIMBERTUS, testis, 4.
SIMBURGA vel SIMBURGIS, mater Iterii et Eugendi, 284.
SIMBURGIS, testis, 281.
SIMO, 286. Vide *Gimo*.
SIMPHORIANI (S.) de Mirabelli ecclesia, in episcopatu Sanctonensi, 808.
*SINICIACUS villa, in agro Salorniacensi, 89.
SIQUIERCUS, testis, 197.
SIRBODUS, testis, 68.
SIRVERTUS vel SIRBERTUS, Amblardus et Theotgrinus, fratres Unfredi, donatores, 242.
SIRVERTUS, 293.
SISBERTUS, 70; testis, 342.
SISIMUNDIS, 205. Vide *Sigismondis*.
SISLANDUS rusticus, 84.
*SISLIACUS villa, in agro Cogniacensi, 174.
*SISLIACUS villa, in agro Tarnantensi, 175, 180, 184, 185. Vide *Silliacus*.
SISOALDI terra, 366.
SISPERTUS, testis, 343.
SIUVILIS, 126. Vide *Luvilis*.
SIVERIACO (Stephanus DE), 936.
SIVERTUS, 242. Vide *Sirvertus*.
SIVRAC (Girbertus DE), testis, 751.
SIVRIACO vel SUIRIACO (Joannes DE), canonicus Lugdunensis, *pag.* 540.
SIVRIAGUS villa, 251.
SIVRIACUS villa, in agro Forensi, 716.
SIVRIACUS villa, in agro Solobrensi, 300.
*SIVRIACUS, 126, 199; prope Lisciacum, 47; prope Marcilliacum, 54; in agro Monte Aureacensi, 83, 104, 113, 115, 118, 133, 151, 168; villa, 195; parrochia, 194; ubi ecclesia in honore S. Cirici, 198; silva de Sivriaco, 126, 128, 143, 158. (CIVRIEUX.)
*SIVUINUS monachus, testis, 38.
*SIYVERDI terra, 19.
SOANERTUS, 100. Vide *Somertus*.
SOANNA vel SOANA fluvius, 25. (LA SOUANE.)
SOBO, 283.
SOBO cognomento Vuinemannus, donator, 247. Vide *Vuinemannus*.
SOBO, filius Gauceranni [et Emeltrudis?], 138.
SOBONIS vinea, 54.
SOCIACUS vel SOZIACUS villa, in agro Gofiacensi, 352, 551.
SOCIETATES monasticæ, 953, 954, 955.
*SOFFREDUS, frater Widonis, 15.
SOLARIO (Durantus DE), 818.

*SOLARIUS villa, in agro Boziacense, 96.
*SOLDUS, 2; soldi Lugdunensis monetæ, 22.
SOLEMNA, filia Pontiæ, 642.
SOLEPNIACUS, mansus prope Amplumputeum, 770.
SOLERIOS (AD) villa, in agro Tarnantensi, prope ecclesiam Sancti Clementis, 400. (SOLY?)
SOLIDATA ceræ, 582.
SOLIGNIACO (Lothardus vel Rotardus), canonicus Lugdunensis, *pag.* 540.
SOLNIACUS villa, 61.
SOLOBRENSIS vel SOLOVRENSIS ager, in pago Lugdunensi, 70, 74, 84, 87, 91, 99, 101, 103, 107, 112, 269, 273, 298, 300, 301, 305, 311, 316, 324, 326, [330], 334, 544, 565, 568, 569, 570, 571, 572, 715; in pago Forensi, 719, 880. (SOLORE.)
SOLOMIACUS mansus, 839.
SOLOVRENSIS vel SOULOURENSIS. Vide *Solobrensis*.
SOMERTUS vel SOANERTUS, testis, 100.
SONLODRUS vel SOULODRUS villa [in agro Rodanensi?], 380.
*SONSONI terra, 180.
*SONVILLA (Johannes DE), 201. (SANVILLE.)
SOULODRUS villa. Vide *Sonlodrus*.
SOZIACUS. Vide *Sociacus*.
SPATA, 801.
SPECULATOR villæ, 906.
SPELEVIS fons, in agro Forensi, 562.
SPERATI (Altare S.), in ecclesia Lugdunensi, *pag.* 542.
SPONSALITIUM, 171, 489; ecclesiæ, 365.
SPONSARE ecclesiam, 634.
STABULIS vel STABULIS NERCIACO (Villa de), 93.
STABULIS, STABULUS, ESTABULIS, ESTABULUS villa, in agro Forensi, 81, 271, 276, 282, 309, 791.
STEPHANA, uxor Goffredi, 793.
STEPHANA, filia Eldegardis de Calme, 899.
*STEPHANA, uxor Ascherici et mater Arrici, 194.
STEPHANI terra, 52.
*STEPHANI terra, 124.
STEPHANI (S.) terra, in villa Cambetdono, 279.
*STEPHANI (S.) terra, in villa Marcilliaci, 4, 5, 11, 18, 21, 51; in Monte Sicco, 8; in villa Monte Sicco, 9; in villa Cacelliaco, 24.
STEPHANI (S.) Lugd. ecclesia, 47, 200, 256, 366, 581, 711, 959.
*STEPHANI (S.) ecclesia metropolis Lugdun.

NOMINUM ET RERUM.

190; in urbe Lugd. 28, 53, 63, 66, 107, 179, 191.
STEPHANI (S) ecclesia, in villa de Luanis, 436. Vide *Luans*.
STEPHANI (S.) ecclesia, in loco Morterio sive Prevencherias, in agro et valle Argenteria, 140; ecclesia, 853. Vide *Morterius*.
STEPHANUS, vice cancellarius, scrip. 730, 825, 827, 846.
STEPHANUS (I), abbas Saviniacensis, 17.
STEPHANUS (II), abbas Saviniacensis, 955, 957, 958.
STEPHANUS (III), abbas Saviniacensis, 951.
STEPHANUS, Lugdunensis archidiaconus, 940.
*STEPHANUS archipresbyter, 198.
STEPHANUS camerarius, 785, 916, 935, 937.
STEPHANUS, celerarius [Sav.], 911, 930.
*STEPHANUS, capellanus [Caseti?], 200.
STEPHANUS, prior de Sal, 829.
STEPHANUS præpositus, 836.
*STEPHANUS canonicus, testis, 53.
*STEPHANUS sacerdos et monachus, frater Gerardi [Rufi?], scrip. 100.
STEPHANUS sacerdos, donator, 269.
STEPHANUS presbyter, 129.
STEPHANUS presbyter, 703.
STEPHANUS presbyter, 833.
STEPHANUS presbyter, 880.
STEPHANUS presbyter, 921, 922, 928.
STEPHANUS presbyter, testis, 36.
STEPHANUS presbyter, testis, 480, 484.
STEPHANUS presbyter, testis, 585.
STEPHANUS presbyter, testis, 614, 615.
*STEPHANUS sacerdos, testis, 16.
*STEPHANUS sacerdos, scrip. 181.
*STEPHANUS presbyter, testis, 16.
STEPHANUS presbyter, donator, 615.
STEPHANUS, vicarius Saviniaci, 804.
STEPHANUS levita, donator, 462.
STEPHANUS clericus, filius Berardi, testis, 137.
STEPHANUS clericus, donator, 574.
STEPHANUS clericus, filius Richoaræ, 716.
STEPHANUS clericus, scrip. 742.
*STEPHANUS monachus, scrip. 148.
STEPHANUS monachus, testis, 9.
STEPHANUS monachus, testis, 427.
*STEPHANUS monachus, testis, 16.
STEPHANUS monachus, scrip. 739, 743, 843, 850.
STEPHANUS monachus, 850.
STEPHANUS monachus, 897.

STEPHANUS, donator, 146.
STEPHANUS, donator, 335.
STEPHANUS, donator, 351.
STEPHANUS, donator, 359.
STEPHANUS et fratres ejus, donatores, 931.
STEPHANUS miles, 939.
STEPHANUS servus, 145.
STEPHANUS, fidejussor, 646.
STEPHANUS, filius Alexandræ, 846.
STEPHANUS, filius Araldi et Ingelæ, 176.
STEPHANUS, filius Arnulfi, 562.
STEPHANUS, filius Bernardi, monachus, 853.
*STEPHANUS et Aroldus, filii Engelæ, 26.
*STEPHANUS, filius Gerardi et Saciæ, testis, 83.
*STEPHANUS, filius Girini et Letuis, 14.
*STEPHANUS, filius Stephani, 172.
*STEPHANUS, maritus Gislæ, 172.
STEPHANUS, filius Goffredi et Stephanæ, 793.
STEPHANUS presbyter, filius Gombergiæ, 549.
STEPHANUS, filius Hugonis, donator, 750.
*STEPHANUS, filius Hycterii et Ginbergiæ, 54.
STEPHANUS, filius Milonis et Mysembriæ, clericus, 603, 604.
STEPHANUS, filius Renconis et Pontiæ, 787.
STEPHANUS, filius Stephani Nigelli, 814. Vide *Nigelli*.
STEPHANUS, filius Unfredi, 445.
*STEPHANUS, filius Vicardi de Rariaco, 196. Vide *Rariaco*.
*STEPHANUS et Teothardus frater ejus, venditores, 172.
STEPHANUS, pater Bernardi, testis, 706.
STEPHANUS, pater Duranti et Vuillelmi, 845.
STEPHANUS, pater Rotlanni, donator, 196.
STEPHANUS, frater Agnonis, maritus Ermengardis, pater Girini, 662.
STEPHANUS, frater Artaldi, 873.
STEPHANUS, frater Petri, vicarius de Chivinnaco, et chazipol Achariæ de Fontaneis, 935.
STEPHANUS [frater Unfredi?], donator, 241.
STEPHANUS, frater Vuichardi, 524.
STEPHANUS et uxor ejus Aremburgis, et filius eorum Girardus, donatores, 598.
STEPHANUS et uxor ejus Girbergia, donatores, 520.
STEPHANUS et uxor ejus Irmengardis, donatores, 719.
STEPHANUS et uxor ejus Teutzendana, petitores, 59.
*STEPHANUS, filiolus Arnulfi, mariti Eldeburgæ, 18.

*Stephanus, parens Vuichardi, 183.
Stephanus Albus monachus, 649, 844, 856, 863. Vide *Albus.*
Stephanus Arenes, 906. Vide *Arenes.*
*Stephanus Armannus, 194. Vide *Armannus.*
Stephanus Bressent, 921. Vide *Bressent.*
Stephanus Broci, 818. Vide *Broci.*
Stephanus de Castelunculo, 766. Vide *Castelunculo.*
Stephanus Charmel, miles, 912, 913, 916, 935, 937, 938. Vide *Charmel.*
Stephanus de Chastelmilan, 921. Vide *Chastelmilan.*
*Stephanus Corderius, 201. Vide *Corderius.*
*Stephanus Faber, testis, 16. Vide *Faber.*
Stephanus Gauceranni vel Gauzeranni, rusticus, 916, 935, 938, 939. Vide *Gauceranni.*
Stephanus Gros, 832. Vide *Gros.*
Stephanus Guius, 869. Vide *Guius.*
Stephanus de Isla, 791. Vide *Isla.*
Stephanus de Lissiaco, canonicus de Sancto Justo, 907. Vide *Lissiaco.*
*Stephanus de Lissiaco, 196. Vide *Lissiaco.*
Stephanus [Lombardi], monachus, 925. Vide *Lombardi.*
Stephanus de Marciliaco, 95. Vide *Marciliaco.*
Stephanus de Marcilleu, 830, 922. Vide *Marcillea.*
Stephanus de Mauriaco, 649. Vide *Mauriaco.*
Stephanus del Moncel, 796. Vide *Moncel.*
Stephanus [de Monte Aureo], canonicus, 842. Vide *Monte Aureo.*
Stephanus [de Musseu], 861. Vide *Musseu.*
Stephanus Nigellus, 814. Vide *Nigellus.*
*Stephanus Nigellus, 115. Vide *Nigellus.*
Stephanus Obliquicolli, 766. Vide *Obliquicolli.*
Stephanus Pelotarius, 765. Vide *Pelotarius.*
Stephanus Petrals, 937. Vide *Petrals.*
Stephanus de Pipiaco, 807. Vide *Pipiaco.*
Stephanus Postello, 835. Vide *Postello.*
Stephanus Pugneu, 938. Vide *Pugneu.*
Stephanus de Randanis, 762, 821. Vide *Randanis.*
Stephanus Rauciculus, 766. Vide *Rauciculus.*
Stephanus de Sal presbyter, 899.
Stephanus de Salamare, donator, 831, 834. Vide *Salamare.*
Stephanus de Sancto Joanne, 906, 907, 912, 913, 938; vicarius, 916. Vide *Sancto Joanne.*
Stephanus de Siveriaco, 936. Vide *Siveriaco.*

*Stephanus Taschetus, 200. Vide *Taschetus.*
Stephanus Tedinus, 730. Vide *Tedinus.*
Stephanus Torticol, 730, 762. Vide *Torticol.*
Stephanus Trevennacus [monachus?], 937.
Stephanus Trus monachus, 756. Vide *Trus.*
Stephanus de Varenna et uxor ejus Ficia, donatores, 772. Vide *Varenna.*
Stephanus de Varenna, 817. Vide *Varenna.*
Stephanus de Varennis, 813, 900, 903. Vide *Varennis.*
Stephanus de Verneto, 756. Vide *Verneto.*
Stephanus Vicarius, 823. Vide *Vicarius.*
*Stephanus de Viget, 200. Vide *Viget.*
Stephanus [de la Viri], 830. Vide *Viri.*
Stephanus Vuilencus, 814. Vide *Vuilencus.*
*Stephanus, donator, 52.
*Stephanus, emptor, 9.
Stephanus, testis, 47, 84, 87, 109, 114, 117, 119, 121, 125, 128, 148, 158, 173, 177, 190, 275, 312, 329, 342, 344, 353, 378, 398, 519, 608, 615, 622, 623, 656, 664, 693, 696, 715, 717, 720, 721, 734, 776, 779, 822, 844, 855, 876, 881, 918.
*Stephanus, testis, 35, 36, 47, 81, 105, 130, 136, 140, 150, 151, 181, 184.
*Sthefanus, testis, 181. Vide *Stephanus.*
Stipulatio subnixa, 73, 138, 139, 141, 149, 171, 640, 650, 762, 821, 822, 898.
*Stipulatio subnixa, 3, 5, 6, 7, etc.
Strata publica, 42.
Stulfredus, 126. Vide *Utalfredus.*
Stuvilis, 126. Vide *Luvilis.*
Suadulfus, maritus Agnæ, donator, 481.
Suaneburgis, uxor Arulfi, 133.
[Suavia], 758.
Subbo, 123.
*Subcessor, 76.
Subiciacensis vel Sulbisiacensis (Petrus), archidiaconus, [811], 932.
*Subodus, 168.
Subsidium archiepiscopo præstitum, 956, 957.
Suburbio (In) Lugd. civitatis, 200.
Suciacus villa, 45. (Souzy.)
Suffragator, id est vuadiator, 200.
*Sufisia, testis, 60.
Suireu (Artaldus de), 934.
Suiriaco. Vide *Sivriaco.*
*Suivinus monach. frater Gausmari militis, 95.
Sulbiziacensi. Vide *Subiciacensis.*
Sulcifera, 134. Vide *Suscifera.*
Sulicia, uxor Silvii, donatrix, 695.

NOMINUM ET RERUM. 879

SULPICIA, uxor Aynonis, 391.
*SULPICIA, uxor Adalburni, 32, 36.
*SULPICII (S.) capella citra Ararim, in loco qui vocatur Aqua Sparsa, 55.
*SULPICII (S.) capella, in agro Monte Auriacensi, 75.
*SULPICIUS, testis, 21.
SULPITIA, uxor Girini de Pineto, 94.
*SULPITIA, uxor Walterii, 185.
*SUNIO (Vinea in lo) [in agro Monte Aureacensi?], 168.
SUNNUS, testis, 197.
SUPERPRISIÆ, 777.
SURA (Guillelmus DE), cantor Lugdunensis capituli, *pag. 540.*

SURGIUS villa, in agro Forensi, 119.
SURION, SURIUM, SURIUN villa, 922, 929.
SURION (Vuigo), 922. Vide *Surione.*
SURIONE (DE) : Narduinus [et Ayminus frater ejus?], 779; Vuigo, 895, 922.
SUSCIFERA, uxor Umberti, 102.
SUSCIFERA vel SUSCIFERANA, mater Unfredi, 134.
SUTBODUS, testis, 70.
SUTUARII et alii officiales qui faciunt vestes, frocos, etc. *pag. 523.*
SUZANNA vel SUSANNA, uxor Alberici, 732.
SYNODUS episcopo debitus, 633, 889.
*SYVRIACUS, SYVRIAQUUS. Vide *Sivriacus.*

T

TABLIDINA villa, ubi datum fuit præceptum Lotharii regis, 132.
TABULÆ argenteæ, *pag. 87.*
TACHIA, 897. Vide *Taschia.*
TADALMODIS, uxor Hugonis Fredelanni, 756.
TADRABELLUS villa, in agro Tarnantensi, 224.
TAISSONERIIS (Villa de). Vide *Teissoneriis.*
TALARU (DE) : Hugo vetulus, pater Iterii, abbatis Savin. Athenulfi, Hugonis, Milonis, atque Duranti, 817; Iterius, abbas Saviniacensis, vide *Iterius II;* Durantus, 800; Hugo, 821; Milo, 821; Pontius, 934; Pontius monachus, 916; Upertus, prior de Sal, 830; Ugo, 946; Guido, 948.
TALARUDIS villa, 540. (TALARU?)
*TALENTIACUS villa, in agro Monte Aureacensi, 32, 36, 38.
TALIACUS, TALLIACUS, TASLIACUS villa, 888; sive Bisbocus, 15; in valle Bevronica, 64, 849; in agro Bessenacensi, 148; in agro Saviniacensi, 173. (TALLOT?)
TALUERIARUM prior, 523, 526, 527, 910.
TALUERIENSES, TALLUERENSES, TALLERUENSES monachi, 901, 910, 945. Vide *Talueriis.*
TALUERIIS, TALLUERIIS, TALUIERIIS, TALUVERIIS (Villa de), ubi ecclesia in honore S. Mariæ, S. Petri et S. Mauricii, in pago Albanensi, 638, 639; in episcopatu Gebennensi, 808; ubi monasterium in honore S. Mariæ, 901, 910. (TALLOIRES.)
TANARU, TANARUDIS, TANERUDIS villa, 58, 143.
TANINACUS locus, in villa Tasiaco, 445.

TARADRA villa, 368. Vide *Taratrum.*
TARADRENSIS ager, 847. Vide *Taratrum.*
TARADRENSIS ecclesia, in honore S. Andreæ, 750; vallis, in agro Tarnantensi, 738. Vide *Taratrum.*
TARANTESIS. Vide *Tarentesis.*
TARARENSIS vallis, in agro Tarnantensi, 696. Vide *Taratrum.*
TARATRO (DE) : Bertrannus et Villelmus, fratres, 730; Villelmus, 915; Hugo, *pag. 529.*
TARATRUM, 802, 803, 941; in valle Taradrensi, 738; ubi ecclesia in honore S. Andreæ, 837; in agro Tarnantensi, 738; burgus, in agro Taradrensi, 847. Vide *Tararensis, Taradrensis, Taradra.* (TARARE.)
*TARAVIACUS [villa in agro Gofiacensi?], 160. (TARAVET?)
TAREMBERTUS, testis, 141, 153, 163, 238, 268, 383, 485, 486. Vide *Thurumbertus* et *Tarumbertus.*
TARENTASIS, TARANTASIS, TARENTASENSIS archiepiscopus, 639, 910.
TARNAC (Petrus DE), testis, 947.
TARNANTENSE territorium, 767.
TARNANTENSIS, TARNATENSIS, TERNANTENSIS ager, 3, 13, 14, 18, 20, 23, 24, 25, 27, 36, 52, 62, 135, 136, 137, 204, 205, 206, 207, 208, 209, 210, 211, 212, 213, 214, 215, 216, 217, 218, 219, 220, 221, 222, 223, 224, 225, 226, 227, 228, 229, 230, 231, 232, 233, 234, 235, 367, 371, 372, 381, 386, 387, 395, 399, 400, 405, 416, 419, 435, 438,

445, 452, 457, 459, 465, 473, 475, 477, 479, 480, 484, 488, 493, 495, 499, 503, 507, 509, 510, 519, 529, 534, 543, 583, 585, 586, 587, 588, 589, 590, 591, 602, 603, 625, 626, 627, 630, 686, 687, 691, 692, 693, 694, 695, 696, 697, 698, 699, 700, 701, 707, 708, 716, 735, 736, 737, 738, 768, 858, 860, 865.

TARNANTENSIS vicaria, 391.

*TARNANTIS, TARNANTENSIS, TARNATENSIS, THARNACENSIS ager, 97, 132, 147, 161, 171, 172, 175, 177, 180, 184, 185, 188, 189.

TARNANTUS villa, ubi ecclesia in honore S. Joannis Baptistæ, 730. (TERNAND.)

TASCHA, 260.

*TASCHETUS (Stephanus), testis, 200.

*TASCHIA, 55, 196.

TASIACUS, TASSIACUS, THASIACUS, TAZIACUS villa, in agro Tarnantensi, 18, 20, 399, 445, 501, 856. (THEISÉ.)

TASLIACUS. Vide *Taliacus.*

TASNAS (Mansus ad), 72.

TASSIACUS. Vide *Tasiacus.*

TASSONERIIS vel TAXONERIIS (Villa de). Vide *Teissoneriis.*

TAUNII ecclesia [in episcopatu Gebenensi], 910. (TANNÉ.)

TAURINIACUS villa, in valle Bevronica, 375.

*TAVAREU (Rotgerius et Johannes DE), testes, 199.

TAXELANNUS vel TAYELANNUS villa, in agro Saviniacensi, 59. (TEYLAN.)

TAXILANCUS villa, 409.

TAXILANUS villa, 428. Forte legendum est *Taxelannus* vel *Taxilancus.*

*TAXONERIAS villa, in agro Monte Auriacensi, 44.

TAXONERIIS (Villa de). Vide *Teissoneriis.*

TAYELANNUS, 59. Vide *Taxelannus.*

TAZIACUS villa. Vide *Tasiacus.*

TAZINS villa, 762. (TAZIN.)

TECBERCUS, testis, 225.

TECOMMENSIS ager, in pago Matisconensi, 142.

TECTO (Vinea de), 416.

TEDINUS : Stephanus, monachus, scrip. 730; Fulcherius, 762; Renco, frater ejus, 762.

TEGRINI terra, 226.

*TEHTGRIMUS, testis, 10.

TEIRI (Artaldus DE), miles, 938.

TEISSONERIIS, TAISSONERIIS, TASSONERIIS, TAXONERIIS (Villa de), 789; in agro Forensi, 90, 92, 613, 726.

TELAN, decanatus ruralis, *pag.* 522. Vide *Taxelannus.*

TELEDACUS villa, in agro Tarnantensi, 226.

TENALL. abbatia, 947. (TENAILLE.)

*TENOR (*tenure*), 156.

TENSA, 642.

*TEODOINUS, testis, 62.

TEOTARDUS vel THEOTARDUS, camerarius Lugd. eccl. 819, 842, 843, 898, 907. Vide *Camerarius.*

TEOTARDUS vel THEOTARDUS archidiaconus, 907.

*TEOTARDUS, 172. Vide *Teothardus.*

TEOTBERGA, uxor Bertelemi, 264.

TEOTGERIUS vel THEOTGERIUS, testis, 126.

TEOTGERIUS, testis, 40.

*TEOTGRIMMUS, testis, 5.

TEOTGRINUS, 242. Vide *Theotgrinus.*

TEOTGRINUS, frater Milonis et Artaldi donator, 758.

TEOTGRINUS, donator, 65, 66; maritus Leutrudis, 67.

TEOTGRINUS, filius Iterii Regis et Agnis, 765.

TEOTGRINUS de Laney, 754. Vide *Lasnay.*

TEOTGRINUS, testis, 163, 209, 217, 274, 436, 468, 472, 770.

*TEOTGRINUS, testis, 22.

*TEOTHARDUS vel TEOTARDUS et frater ejus Stephanus, venditores, 172.

TERMINUS mansus, infra fines de Azzola, 46.

TERNATENSIS, TERNANTENSIS. Vide *Tarnantensis.*

TERRA PETRA, locus prope Vuilbacnchies, 681.

TERRITORIUM, 71, 733, 735, 767, 901, 942.

TESTAMENTUM, 435, 905, 946.

*TESTAMENTUM, 195.

TESTES legales, 908, 910; testibus approbatis stare in lege, 136.

TETBALDUS, testis, 212.

TETBERTUS, testis, 540.

*.TETBOLT, testis, 181.

TETGERIUS, testis, 55.

TEUCHARDUS, testis, 187.

TEUDALDUS presbyter, testis, 142.

*TEUDARNUS vel TEUTARNUS et Gilmarus, venditores, 79.

TEUDEGRINUS vel THEUDEGRINUS et uxor ejus Radissendis, donatores pro filio eorum Ragnaldo, 510.

TEUDEGRINUS, testis, 510.

NOMINUM ET RERUM. 881

TEUDENUS, testis, 451.
TEUDERII (S.), pag. 287. Vide Theuderii (S.).
TEUDINI terra, 255.
*TEUDINUS levita, testis, 122.
TEUDO, testis, 255.
TEUDOGRINUS, donator, 516.
TEUDOINUS vel THEUDOINUS presbyter, testis, 347.
*TEUDOLDUS, testis, 30.
TEUDRADI terra, 20.
TEUTARDUS vel THEUTARDUS clericus, procurator monasterii Tirniacensis, 546.
*TEUTARDUS sacerdos, testis, 31.
*TEUTARDUS sacerdos, testis, 68.
*TEUTARDUS sacerdos, 122.
*TEUTARDUS, TIETARDUS, TYÆTARDUS, et uxor ejus Lietgardis, donatores, 76.
*TEUTARDUS, testis, 36.
*TEUTARNUS. Vide Teudarnus.
TEUTBERGA comitissa. Vide Theutberga.
TEUTBERTUS, testis, 177.
TEUTBODUS, testis, 99.
TEUTBOLDUS sacerdos, testis, 68.
*TEUTBOLDUS, testis, 48.
TEUTBRANNUS et uxor ejus Emina, petitores, 43.
*TEUTCRIMUS, testis, 48.
TEUTGARDIS, uxor Vuandalmodis, 292.
TEUTGERIUS, 351. Vide Theutderius.
TEUTGRIMMUS, 54. Vide Teutgrinus.
*TEUTGRIMUS, 26.
TEUTGRINUS vel TEUTGRIMMUS, maritus Leitrudis, 54.
TEUTGRINUS, testis, 159, 335, 534.
*TEUTHARDUS, testis, 35.
TEUTZENDANA, uxor Stephani, 59.
TEUZA, mater Otgerii, donatrix, 479, 488.
TEZIA vel THESIA, uxor Laydredi, 672.
*THARNACENSIS ager, in episcopatu Lugdunensi, 171. Vide Tarnantensis ager.
THASIACUS. Vide Tasiacus.
*THECIA, uxor Ylionis, 132.
THEDALDUS et Rotbaldus [fratres], 617.
*THEDBERGA vel THEUTBERGA, comitissa [Lugdun.], 147, 191. Vide Theodebergia.
*THEDBERTUS, testis, 126.
*THEDELDIS, soror Evrardi, 53.
*THEDUINI diaconi, 192.
THEIGRINUS, THEYGRINUS, testis, 253.
THELIS (Guillelmus DE), canonicus Lugdunensis, pag. 540. (THÉLIS.)

THELONARII, 805, 944.
THEOBALDUS vel THEOTBALDUS sacerdos, donator, 311.
THEODEBERGIA, uxor Artaldi, comitis Lugdunensis, 437; mater Girardi, 602; mater Rothildis, *147; mater Artaldi et Girardi, *191. Vide Thedberga, Theotbergia, Theudberga, Theutberga.
THEODERISMA, uxor Bladini, 440.
THEODFREDUS, testis et scrip. 5.
THEODINUS sacerdos, donator, 422.
THEODO, testis, 351.
THEODONUS, testis, 766.
THEODRADUS vel THEODRATUS petitor, 2.
THEODRANNUS, testis, 557.
THEOTARDUS camerarius. Vide Teotardus.
THEOTARDUS, frater Duranni decani, 711.
THEOTARDUS et uxor ejus Ava, donatores, 278.
THEOTBALDUS sacerdos. Vide Theobaldus.
THEOTBERGIA, uxor Artaldi comitis et mater Girardi et Artaldi, 602. Vide Theodebergia.
THEOTBODUS, testis, 70.
THEOTDEGRINUS, filius Blismodis, 594.
THEOTDRANDUS vel THEOTBRANDUS, testis, 561.
THEOTGERIUS vel TEOTGERIUS, testis, 126.
THEOTGRINUS monachus, scrip. 726.
THEOTGRINUS, excommunicatus, 750.
THEOTGRINUS, filius Milonis et Officiæ, 816.
THEOTGRINUS et frater ejus Hugo, donatores, 383.
THEOTGRINUS vel TEOTGRINUS, frater Sirverti, 242.
THEOTGRINUS et uxor ejus Blismodis, donatores, 426.
THEOTGRINUS et uxor ejus Offecia, donatores, 494.
THEOTGRINUS vel TEOTGRINUS [de Lanay], 804, 828, 836. Vide Lasnay et Lasnaco.
THEOTGRINUS (Poisati vel Bosi), 815. Vide Poisati et Bosi.
THEOTGRINUS, testis, 139, 141, 160, 208.
THEOTGRINUS, testis, 435, 444, 472, 494, 500, 539, 601, 757. Vide Teotgrinus.
THEOTLANDUS et uxor ejus Otbergia, donatores, 262.
THERIAM (AD) [villa?], in agro Vallis Colnensis, 678.
THESAURARIUS Lugd. eccl. 907.
THESIA, 672. Vide Tezia.
*THEUDBERGA comitissa, 147. Vide Theodebergia.

882 INDEX GENERALIS

THEUDBOLDUS, 67. Vide *Teutbodus.*
THEUDEGRINUS, 510. Vide *Theudegrinus.*
THEUDENUS presbyter, donator, 380.
THEUDENUS presbyter, donator, 421.
THEUDERICUS presbyter, testis, 382.
THEUDERII vel TEUDERII (S.) abbatia (vulgo S. *Chef*), 581. (S. CHEF.)
THEUDO, THEUDOINUS. Vide *Teud.....*
THEUTARDUS, 546. Vide *Teutardus.*
THEUTARDUS vel THEUDARDUS, Sancti Stephani diaconus, scrip. 200.
*THEUTARDUS, 198.
*THEUTBERGA vel THEUDBERGA, comitissa [Lugdun.], 147. Vide *Theodebergia.*
THEUTBODUS, maritus Gerbergiæ, 159.
THEUTDERIUS vel TEUTGERIUS, testis, 351.
THIEBALDUS, testis, 160.
THOMÆ (S.) ecclesia collegiata Forverii, *pag.* 543, 545. Vide *Forverii præpositura.*
THOMÆ (S.) monasterium, in vico de Cosnac, prope castellum, 901. Vide *Cosnacus.*
THORGNEU. Vide *Thorogneu.*
THORINIACUS villa, 437. Vide *Toriniacus.*
THOROGNEU vel THOROGNIACO. Vide *Torognieu* et *Taroniaco.*
THORONIACO (DE), 651. Vide *Turoniaco.*
THORONIACUS, 178. Vide *Toroniacus.*
THRERIS villa, in pago Lugd. 772.
THURUMBERTI (Vuldricus et Unfredus), 681. Vide *Tarembertus.*
*TIDDARDUS, testis, 4.
TIDEUS, testis, 205.
TIECHSEDIS, testis, 590.
*TIETARDUS, 76. Vide *Teutardus.*
*TIETBERTUS, testis, 76.
TIETGRIMUS, testis, 133.
TILIZ (Durantus DE), 653. Vide *Thelis.*
TILLIACUS villa, in agro Forensi, 482.
*TIOTELDI terra, 81.
TIRNIACENSE monasterium, constructum in honore Domini Salvatoris et S. Simphoriani, 546. (THIERS.)
TISIACUS villa, 453.
TITIO (Hugo), pater Gauzeranni et Hugonis, 760.
TOAUT. Vide *Joant.*
TOERIA PETRA, forte *lo Tria petra,* locus prope Vuilbaenchies, 681. Vide *Terra Petra.* (TROIS-PIERRES?)
TOLON villa [in agro Tarnatensi?], 3, 4.
TOLORNENSIS, TORLONENSIS, TURORNENSIS comitatus, 374; in pago Alvernensi, 396. (TURLURON.)
TOLTA, 776.
TOLVEDUNENSIS, TOLVEOENSIS, TOLVECENSIS ager, in pago Matisconensi, 397, 431, 690. (TURVÉON.)
TORCHIÆ, 952.
TORCULAR, 218, 706.
*TORCULAR, 120, 164.
TORENCHIA vel TORENGIA (Arbertus DE), donator, 786.
TORENCHIS villa, in valle Argenteria, 659. (TORANCHE.)
TORINCUS vel TORNICUS villa, 761. (THURINS?)
TORINIACUS, TORIGNIACUS vel THORINIACUS villa, 179; super fluvium Ararim, in agro Cogniacensi, 437, 848.
TORINNIACUS vel TORRINIACUS villa, in valle Bevronensi, 577. Vide *Toroniacus.* (THORIGNY?)
TORLONENSIS comitatus. Vide *Tolornensis.*
TORNAVENT (Durantus et Gerardus), fratres, donatores, 409.
TORNICA villa, in agro Forensi, 12.
TORNUBELTUS vel DORIMBELTUS, testis, 195.
TOROGINACUS villa, 848. Vide *Torigniaco.*
TOROGNIEU vel THOROGNEU (Vuichardus DE), miles, avunculus Petri, 906.
TORON. (Petrus), 916.
TORONIACO (Vuichardus DE), 936.
TORONIACUS villa, 179, 180; in agro Saviniacensi, 178, 402. Vide *Toriniacus.*
TORRETA (Jarento), 831.
TORRETA (DE LA) Iterius, 814, *200; Otmarus, 917, 921; maritus Vacheriæ, 921. Vide *Turretæ.*
TORTICOL vel TORTICOLLUS Stephanus, testis, 730, 762; A., pater B. 760. V. *Obliquicolli.*
TORTUS, TORTITUDO (*tort*), 919, 937.
TOTGRINI pratum, 208. Vide *Theotgrinus.*
*TOUS villa, in agro Gofiacensi, 160.
*TREDDO villa, in agro Monte Aureacensi, 105, 121; in agro Valle Asensi, 144. (TRÉDO.)
TREENCS. Vide *Trunes.*
TRELINENSIS ecclesia in honore S. Martini, 883. Vide *Trelins.*
TRELINS, TRESLINS, TRILINS, TRISLINS, TRISLINUS, TRELINUS villa, in agro Forensi, 86, 89; ubi ecclesia in honore S. Mauritii, 659, 660, 661, 662, 725, 788, 883. (TRELINS.)

NOMINUM ET RERUM. 883

Trellons (Hugo), testis, 948.
Trenau villa, in agro Solobrensi, 103, 107. Vide *Trevanus*.
Trencius, 158. Vide *Arencius*.
Tres Canes (Ad) villa, in agro Floriacensi, 183, 184, 736.
*Tres Canos villa, in agro Buziacensi, 102.
Treschins [villa?], in agro Saviniacensi, 685.
Tresdovulp, locus in vicinio ecclesiæ S. Mariæ de Exartiniis, 248.
Treslins, 659. Vide *Trelins*.
*Tres Petræ, locus vicinus Fraxini, 14, 17; in villa Burziaci, 15.
Treugæ, 905.
Trevanus villa, in agro Solobrensi, 326.
Trevedus vel Trevedis villa, in [agro] Gerensi, 203. (Trèves.)
Trevennaco (Fines de), 4.
Trevennacus (Stephanus), 937.
Trevenno (Arnaldus), monachus et capellanus, 945.
*Trevos villa, in agro Janiacensi, 178. (Trévoux?)
Tribus Messellis vel Mesellis villa (Finis de), in agro Forensi, 12.
Tributorum exactio, 127.
Tricenarius vel Tricennarius, pag. 533.
Tricum (Joannis), presbyter, 938.
Trilins vel Trislins. Vide *Trelins*.
Trimoliis curtilus, 65.
Trischiliaco, Trisciliaco, Crisciliaco (Fines de), 11. Vide *Crisciliacus*.
Trislins, Trislinus, Trislinensis parrochia, 660, 661. Vide *Trelins*.
Trislis villa, in pago Sanctonensi, 634.
Tritbertus cantor, 907.
Triticeæ sationi mons utilis, 438, 602.
Trommiacus villa, in agro Solobrensi, 298.
Trossa, testis, 404.
Trotbertus vel Erotbertus monach. testis, 23.
Truannus, 770.
Trucannus, 937.
*Truccus arboris, 22.
Trucius, testis, 505.

Trudhelus vel Trudeldus, hæres (filius?) Stephani et Teutzendanæ, 59.
Trunci (Bernardus de), donator, 739. (S. Bonnet-de-Tronci.)
Truncidus villa, in agro vallis Bevronicæ, 160.
Truncis villa, in agro Argenterio, 710.
Truncis villa, in valle Bebronna, 684.
Trunes mons, prope Vuilbaenchies, 681. (Montagne-Noire?)
Trunolius, 65. Vide *Trimoliis*.
Trus (Stephanus) monachus, 756.
Trussæ fœni, 916.
Trutmundus, testis, 636.
Truvolius vel Truvoliis. Vide *Trimoliis*.
*Tuilliacus villa, in agro Tarnantensi, 188.
Turdina aqua vel rivulus, 4, 680, 868; in agro Tarnantensi, 210, 213, 735; [in agro Fluriacensi?] 540; in agro Saviniacensi, 666. (Turdine.)
Tureyo (Guillelmus de), decanus Lugdunensis, reformator monasterii Saviniac. 952; archiepisc. Lugd. pag. *531*.
Turiacensis ager, 369. Vide *Juriacensis*.
Turimbertus, testis, 534. Vide *Tarembertus*.
Turoniaco, Turionaco, Thoroniaco (de) : Hugo et Gausmarus, fratres, donatores, 651. Vide *Torogniaco*.
Turornensis comitatus, in pago Alvernensi, 396. Vide *Tolornensis*.
Turre (Iterius de), miles Girini [de Sal?], 780.
Turres ligneæ, 904.
Turretæ vel Torreta (de) : Iterius, 829, 830; Jarento, maritus Elisendis, et pater Pontiæ, 921, 928; Arnaldus et Uncrinus, fratres, 921. Vide *Torreta*, *Turricula*.
Turricula (de) : Iterius, pater Jarentonis et Arnulfi, 923; pater Arnaldi, 924. V. *Turreta*.
Turricula (Otmarus de), maritus Vaheriæ, pater Iterii, Arnaldi, Uncrini, 927, 931. Vide *Calvus* et *Torreta*.
Turumbertus, testis, 939, 940.
Tutores, 748.
Tuvireu (Aquinus de), 888.
*Tyætardus, 76. Vide *Teutardus*.

U

Ubertus, præpositus [Lugd. eccl.], 730.
Ubertus et uxor ejus Gala, venditores, 512.

Ubliæ, 749.
Udalricus presbyter, filius Leothardi, 210.

UDELRICUS, testis, 71.
UDULARDUS, donator, 770.
UDULARDUS, maritus Adeborgis, 243.
UDULARDUS Bolvoldi, donator, 681. Vide *Bolvoldi*.
*UDULBALDUS, abbas Athanacensis, 5, 50, 120, 157, 186, 187.
*UDULBALDUS, testis, 36.
*[UDULBERTUS], testis, 142.
*UDULGARDI terra, 133.
*UDULGARDIS, uxor Adalfredi, 11.
UDULGRINUS, pater Joannis, donator, 585.
UDULRICUS vel ULDRICUS archiepisc. [Lugd.], 730, 731.
UDULRICUS presbyter, donator, 534.
UDULRICUS, maritus Elisendis et pater Duranti, donator, 529.
UDULRICUS, pater Girini et Asterii, 120.
UDULRICUS, 77; testis, 230, 352.
UDULRICUS (Vuillelmus), testis, 940.
*Ugo, abbas Athanacensis, 199.
*Ugo capellanus, testis, 195, 196.
*Ugo presbyter, 162.
*Ugo sacerdos, testis, 186.
Ugo, donator, 366.
Ugo, filius Araldi et Ermengardis, 742.
Ugo, filius Ethenulfi et Galliæ, 195.
*Ugo et uxor ejus Adelmodis, 179.
Ugo et uxor ejus Arsendis, 134.
*Ugo, frater Arenci, 84, 85, 86, 119.
*Ugo, frater Gausmari, 146.
*Ugo, frater Vuillelmi de Chel, 198. V. *Chel*.
*Ugo et uxor ejus Letuis, testes, 30.
*Ugo, frater Umberti, 156.
*Ugo, donator, 144.
*Ugo, donator, 92.
*Ugo vel Hugo, donator, 145.
*Ugo Cosonis, 156. Vide *Cosonis*.
*Ugo Guichardus, 200. Vide *Guichardus*.
Ugo Urserii, 938. Vide *Urserii*.
*Ugo, testis, 18, 86, 102, 104, 117, 121, 147, 162, 175, 176.
Ugo, testis, 237, 300, 316, 614, 617, 702, 731.
*Ugo, 186.
*Ugonis terra, 100, 121, 140.
Uho, testis, 220.
*Ulciacus villa, 21.
Ulcinetis villa, 463. Vide *Ulzonetis*.
Uldricus archiepiscopus [Lugd.], 731. Vide *Udulricus*.

Uldricus presbyter, 910.
Uldricus de Campannes, 940. Vide *Campannes*.
Ulisia vel Usilia, uxor Umberti de Bellojoco, 826, 827. Vide *Bellojoco*.
Ullo vel Ullom, petitor, 2.
Ulmi villa, 501; ubi ecclesia in honore S. Philiberti, 642; in territorio Tarnantensi, 767. (Les Olmes.)
Ulmis (Ugo de), monachus, 958.
*Ulmis (Villelmus de), testis, 194.
Ulmus Truncus, locus, 925.
Ultramarinus (Durantus), testis, 80.
Ulzonetis villa, in agro Floriaco, 9.
*Um. præpositus [eccles. Lugd.], 190. Vide *Umbertus*.
Umbaldus, Humbaldus, Utbaldus, Lugd. archiepiscopus, 907, 913, *195.
Umberti terra, 279.
Umbertus, comes [Genevensis?], 639.
Umbertus, comes [Belicensis?], pater Amedei, 681.
Umbertus vel Humbertus, archiep. Lugd. 762, 765; avunculus Berlionis, 762.
Umbertus, Bizuntini archiepiscopus, 940.
Umbertus camerarius, 820.
Umbertus præpositus [Lugd.], frater Astrudis abbatissæ, et [pater vel] avus Ilionis, 648. Vide *Um*.
Umbertus presbyter, 881.
Umbertus presbyter, scrip. 690.
Umbertus, scrip. 585, 601. Vide *Humbertus*.
Umbertus, legatus Arnulfi, 653.
Umbertus, homo abbatiæ, 664.
Umbertus, possessor molendini, 366.
Umbertus, filius Misembriæ, 690.
Umbertus, frater Gausberti, 782.
Umbertus, frater Jarentonis, 714.
*Umbertus, frater Ugonis, donator, 156.
Umbertus vel Humbertus et uxor ejus Apalsia, donatores, 631; genitores Vuilisi et Braydenci, 663.
Umbertus et uxor ejus Eldeardis, donatores, 397.
Umbertus et uxor ejus Ermengardis, donatores, 614.
Umbertus et uxor ejus Ingelsoendis, donatores, 118.
Umbertus, maritus Susciferæ, 102.
Umbertus de Batalleu, 756. Vide *Batalleu*.
Umbertus de Bellojoco, 819, 820, 841; filius

Richoaræ, 754; maritus Ulisiæ, 826, 827. Vide *Bellojoco.*
UMBERTUS de Candiaco, 94. Vide *Candiaco.*
UMBERTUS de Candiaco, 789. Vide *Candiaco.*
*UMBERTUS de Caro Salita, 156. Vide *Caro Salita.*
UMBERTUS de Foro, 791, 793, 896. Vide *Foro.*
UMBERTUS Gionensis, 755. Vide *Gionensis.*
UMBERTUS de Iconio, 754. Vide *Iconio.*
UMBERTUS de Marzeu, 937. Vide *Marzeu.*
UMBERTUS Pictavinus rusticus, 935. Vide *Pictavinus.*
UMBERTUS de Porco, 748. Vide *Porco.*
UMBERTUS de Riniaco, 802. Vide *Riniaco.*
UMBERTUS de Verneto. Vide *Verneto.*
UMBERTUS Vicarius, 748. Vide *Vicarius.*
UMBERTUS, frater Falconis de Yconio, 757, 758, 768. Vide *Yconio.*
UMBERTUS, testis, 126, 236, 273, 288, 294, 306, 307, 316, 330, 335, 415, 454, 481, 580, 608, 631, 705, 845, 879.
*UMBERTUS, testis, 32, 35.
UMBERTUS. Vide *Hambertus.*
*UMFREDUS [filius Fulcherii?], 184.
*UMFREDUS, testis, 171, 180.
UMFREDUS, testis, 345, 383.
UMTBERTUS, Lugdunensis archiepiscopus. Vide *Umbertus.*
UNCHRINUS, testis, 662.
*UNCIA auri, 60, etc.
UNCRINUS et uxor ejus Galicia, genitores Aymini, donatores, 840.
UNCRINUS, testis, 682.
UNCRINUS de Torreta vel Turreta, 921, 927, 931. Vide *Turreta.*
UNDULFUS, scrip. 256.
*UNFREDI terra, 170.
UNFREDUS, Fulcherius et Stephanus [fratres], donatores, 241.
UNFREDUS, pater Stephani, donator, 445.
UNFREDUS, maritus Eminæ, donator, 252.
UNFREDUS et uxor ejus Offecia, donatores, 501, 519, 523; genitores Vuichardi, 625.
UNFREDUS et uxor ejus Raingardis, 134.
UNFREDUS, frater Sirvertus, 242.
UNFREDUS [Rex?], 852. Vide *Rex.*
UNFREDUS Thurumberti, donator, 681. Vide *Thurumberti.*
UNFREDUS [de Yconio?], avus Falconis de Yconio, 757. Vide *Yconio.*

UNFREDUS, testis, 135, 136, 170, 220, 234, 237, 244, 268, 272, 452, 454, 457, 503, 550, 577, 588, 592, 599, 612, 696.
UNGRINUS, excommunicatus, 750.
UNGRINUS, testis, 569, 599, 720.
UNISIACUS villa, in agro Forensi, 283. (UNIAS.)
UPERTUS, præpositus vel prior de Sal, 917, 918, 919, 921, 922, 927, 928.
UPERTUS, donator, 497. Vide *Hupertus.*
*UPERTUS monachus, scrip. 95.
UPERTUS et uxor ejus Adalsenda, donatores, 486.
UPERTUS et uxor ejus Adalsendis, genitores Duranti, donatores, 550.
UPERTUS Talaru, 830. Vide *Talaru.*
UPERTUS, testis, 143, 461, 539, 772.
URGERIUS vel UTGERIUS, scrip. 335.
URSEL (Berardus), 815.
URSELS (Bernardus), clericus, 813.
UNSERII (Ugo), 938.
*URSILLIACUS locus, 22.
URSINUS monachus, scrip. 1.
URSO, testis, 91, 618, 723.
URSUS vel URSIO, frater Rotbaldi presbyteri, 622, 623.
URSUS, testis, 441, 720, 726, 883.
*URSUS, testis, 146.
*USANNA, 65.
*USANNA, uxor Briconi, testis, 65.
USILIA vel ULISIA, uxor Umberti de Bellojoco, 827. Vide *Ulisia.*
USOURUS vel ISIOURUS mons, 618; villa, in agro Solobrensi, 74, 570; in agro Forensi, 303, 325. (UZORE.)
USTULATUS mons, 797. Vide *Mons Ustalatus.*
USUARIE possidere, 47.
USUARIUM, 859.
Usus fructuarius, 122, 128, 537, *3.
Usus et fructus, 1, 2, 6, 7, 8, etc. *16.
Usus fructus mulierum, 240, 266, 270.
*UTBALDUS, Lugdunensis archiepiscopus, 195. Vide *Umbaldus.*
*UTELDRICUS, testis, 138, 169.
UTGERIUS vel URGERIUS, scrip. 335.
UTGERIUS, testis, 770.
UTPERTUS, testis, 233.
UTULDRICUS, testis, 227.
UTULFREDUS, testis, 126. Vide *Beulfredus.*
UTULFREDUS, testis, 263.
UTULRICUS, testis, 245.

V

VACHERI (Vuillelmus DE LA), monachus, 948.
VACHERIA vel VAHERIA, uxor Otmari de Turricula, 927.
VADIMONIUM, 884, 887, 888, 917, 921, *195.
VADIUM (Dare ad), 664; habere in vadio, 931.
VADO, 146. Vide *Dado*.
*VADO, testis, 52.
VAGO (Hugo DE), 915.
VAGO vel VUAGO, frater Duranti, 410.
VAHERIA. Vide *Vacheria*.
VAILA. Vide *Gaila*.
*VALA ANSIS ager, 119. Vide *Ansa*.
*VALANSIS ager, 79, 81, 84, 88, 101, 103, 136, 144, 145, 150. Vide *Ansa*.
VALASENSIS, VALANSIS, VALANSENSIS, VALENSENSIS ager, 252, 644. Vide *Ansa*.
VALBOSUM vel VALBOSON (Vuillelmus), 815, 823.
VALBOSUN (Girardus DE), miles, 906. Vide *Valle Bosonis*.
VALBURGIS vel VUALBURGIS, fœmina, 669.
VALBURGIS (S.) terra, 142. Vide *Vualburgis (S.)*.
VALCIAGUS villa, in agro Tarnantensi, 495. Vide *Varciagus*.
VALDEMARUS vel VUALDEMARUS, donator, 297.
VALDOMERUS (Sanctus), castellum. Vide *S. Baldomerus*.
*VALDRADA, sancta monialis fœmina, 14.
VALDRICUS monachus, testis, 7. Vide *Vualdricus*.
*VALDRICUS presbyter, scrip. 179.
VALEDUSA mansus [in agro Forensi?], 244.
VALEILLIIS, VALELLES, VALLELES, VALLERES, VALLELLIIS (DE) : Girardus et filii ejus Girinus et Ayminus, 792; Aiminus, 831, 849; Arnulfus, 923; Bladinus, 869; Girinus, 923; Pontius, 896, 921, 923, 927; Vuillelmus, 923. (VALEILLES.)
VALEISIA vel VALLESIA villa, in agro Solobrensi, 880. Vide *Valesia*.
VALENCHIIS (Jn), 750.
VALENCIA, *pag. 531.* (VALENCE.)
VALENSENSIS, 252. Vide *Ansa*.
VALENSIS comitatus, 641. (VALAIS.)
VALENTIA et [maritus ejus] Rainerius, donatores, 366.
VALENTINENSIS episc. Pontius, 639. (VALENCE.)

VALESIA villa, in agro Forensi, 289. Vide *Valeisia*.
VALFOL, 750. Vide *Vallefolis*.
VALLAA, LAVALLAA, VALLE, mansus, 806, 807.
*[VAL]LACENSIS ager, 84. Vide *Ansa*.
*VALLASENSIS ager, 103. Vide *Ansa*.
*VALLE BEVRONNA (Ager de). Vide *Bevronnæ*.
VALLE BOSONIS (DE) : Girardus, pater Vuillelmi, 836. Vide *Valboson*.
VALLEFOLIS (Silva de) [in agro Rodonensi?], 461. Vide *Valfol*.
VALLELIAS villa, in agro Forensi, 272. (VALEILLES.)
VALLELLIAS locus, in villa Pontis, in agro Neriacensi, 443.
VALLELLIIS. Vide *Valeilliis*.
VALLERES. Vide *Valeilliis*.
VALLERIIS villa, in comitatu Forensi, 784.
*VALLIACCENSIS ager, 81. Vide *Ansa*.
VALLIBUS (Drodo DE), frater Guidonis de Grolea, canonicus Lugdunensis, *pag. 540*.
*VALLIS ANSENSIS ager, 136, 145. Vide *Ansa*.
*VALLIS ASENSIS ager, 88, 101, 144, 150. Vide *Ansa*.
*VALLIS ASSENSIS ager, 79. Vide *Ansa*.
VALLIS BEBRONENSIS ager, 138, 600, 601. Vide *Bebronensis*.
VALLIS BEVRONENSIS ager, 163, 164, 169, 539, 578. Vide *Bevronensis*.
VALLIS BEVRONICA ager, 149, 154, 157, 160, 162, 441, 442, 559, 576. Vide *Bevronica*.
VALLIS COLNENSIS ager, 678.
VALLIS LONGA vel VALLIS ORGANA (Territorium dictum), in episcopatu Claromontensi, ubi ecclesia in honore S. Clementis, *pag. 229, n. 4*, ch. 901. (VALORGUE.)
VALLIS MURIACENSIS ager, 506.
VALLIS NERIACENSIS ager. Vide *Neriacensis*.
VALLIS NIGRA. Vide *Nigra Vallis*.
VALLIS NURIACENSIS ager, 446. Vide *Neriacensis*.
VALLIS ORGANA. Vide *Vallis Longa*.
VALLIS PROFUNDA, vel PROFUNDA VALLIS, 593 et *n*. (VALPROFONDE.)
VALLIS villa, in parrochia ecclesiæ Laisiacensis, 846.
VALLIS villa, 415, 503, 629; in pago Lugdu-

nensi, 28; in agro Tarnantensi, 3, 399, 477.
VALNERA vel VALNETA [villa?], 58.
VALO, Heduorum episc. 30. Vide *Vualo.*
VALONICA vallis, in comitatu Tolornensi, 374. (VALETTE.)
VALS parrochia, in pago Lugdunensi, 775. (S. GENIS-LAVAL?)
*VALS, locus in villa de Cosone, 53.
*VALS (Finis de), 189.
VALTERIUS monachus, scrip. 731.
VALTERIUS, 505. Vide *Vualterius.*
*VALTERIUS, testis, 104, 170.
*VANDRANUS vel VENDRANNUS, 191. Vide *Girbertus.*
*VANTELMUS, testis, 79.
VARCIAGUS vel VARSIAGUS villa, in agro Tarnantensi, 495.
VARENNA (LA), in agro Forensi, 73.
VARENNA villa, in agro Tarnantensi, 228, 609.
VARENNA (Mansus de), prope Sal, in agro Forensi, 780.
VARENNA (DE): Stephanus, maritus Ficiæ, et Girardus, frater ejus, 772; Gausmarus, Vuichardus et Vuigo, fratres, 824.
VARENNA (Stephanus DE), frater Arnaldi Curnil, 817.
VARENNÆ (CASÆ). Vide *Casæ Varennæ.*
VARENNARUM (Durannus), donator, 758.
*VARENNAS villa, in agro Monte Aureacensi, 78.
VARENNIS (Castellum de) constructum, 904, 905; destructum, 900, 904, 905. (VARENNES.)
VARENNIS (Curtilus de), in parrochia de Buxo, 412.
VARENNIS (Aymo DE), canonicus, 938, 940.
VARENNIS (Stephanus DE), 813, 900, 903; maritus filiæ Iterii de Bulliaco, 904, 905; filius Gausmari, 905.
VARENNIS (Vuilencus DE), 938.
VARENNIS (Petrus DE), 949.
VARENNIS (Joannes DE), præcentor Lugdunensis capituli, *pag. 540.*
VAREY (Steph. DE), camerarius, *pag. 524, 529.*
VARINUS, 871. Vide *Vuarinus.*
*VARNERIUS presbyter, testis, 170.
VARNO, 558. Vide *Vuarno.*
VARSIACUO villa, in agro Tarnantensi, 587.
VASSALIACO vel VASSALLIACO (DE): Theobaldus, archidiaconus Lugdunensis, *pag. 540;* Ludovicus, sacrista Lugdunensis capituli, *pag. 540;* Guillelmus, canonicus ejusdem capituli, *pag. 540.* (VASSALIEU.)
VAURA [locus] in agro Vallis Neriacensi, 29.
VAURA vel VUAURA villa, 844. Vide *Vuaura.*
VAURA (Joannes DE), testis, 948.
VEBRONNA, VEBRONNENSIS. Vide *Bebronensis.*
*VEDRERIAS, locus in agro Monte Auriacensi, 63, 66, 72. (VERRIÈRES?)
VEDRERIIS, 102. Vide *Verderiis.*
VEDULARDUS, testis, 72.
VEGO vel VEGA (Petrus DE), 941.
*VEISA (Ecclesia de), 190. (VAISE.)
VELCHI villa, ubi ecclesia in honore S. Petri, 404. (VEAUCHE.)
VENDITIO, 208, 209, 224, 294, 320, 333.
VENDITIONES, 803.
VENDONENSIS ager, 650.
*VENDONESSA villa, in agro Inimiacense, 186.
*VENDRADO (*sic*) terra, 154.
VENDRANNUS, testis, 337.
VENDRANUS, testis, 122.
VENORIUS, filius Vualburgis, 590.
VERA, donatrix, 276.
VERANI (S.) parrochia, 887. (S. VÉRAN.)
VERANI (S.) ecclesia, in villa de Grasiaco, 823, 824.
VERANI (S.) ecclesia, in villa Erbini, 582.
*VERANUS et uxor ejus Maria, donatores, 25.
VERCARIA, 4, 6, 42, etc.
*VERCARIA, 16, 18, etc.
VERCEIUS villa, in agro Forensi, 82.
VERDERIIS vel VEDRERIIS (Villa de), 102.
VERDUNUS mons. Vide *Mons Verdunus.*
VERELLI [villa, in pago Albanensi?], 639. (VÉREL.)
VERMIONUS locus, in pago Forensi, 48.
VERMUNDI terra. Vide *Bermundi.*
VERNEA, 758.
VERNEDUS villa, in agro Forensi, 716. Vide *Avernedus.*
VERNEDUM mansum [ad portum Fori?], 72.
VERNETO (Umbertus DE), 89.
VERNETO (Stephanus DE), 756.
VERNETO (DE), miles, 801.
VERNETUM, 11, 364, 415, 585.
VERNETUS, 756. (VERNAY.)
VERNEY (Humbertus DE), 945.
VERNEY, VERNEI, VERNAY (Humbertus et Hugo DE), testes, 946.
VERNEY (Umbertus DE), monachus, 948.

Verniacus silva, 800.
Verniacus villa, in agro Tarnatensi, 286.
Vernoilli (Girinus de), miles, 945.
Vers (Pontius), 914. Vide *Viridis*.
Versenaicus, Versenaycus, Versennacus villa, 143; in agro Floriacensi, 141, 536, 540.
Versennacus villa, 438, 602; in agro Tarnantensi, 591.
Versennas vel Versennacus, in pago Lugdunensi, 492, 550.
Vesiacensis ager, 201. Vide *Veisa*.
Vesona [villa, in pago Albanensi?], 639. (Vesone.)
Vestiarium, 612.
Vestimentum ad missam cantandam, 533.
Vestitura, 44, 64, 80, 83, 94, 112, 119, 122, 128, 138, 152, 217, 431, 624, 776, 803.
*Vestitura, 4, 8, 16, 25, 27, 28.
*Vestiturum, 22.
Vestitus mansus, 916.
Veteri Chanaba. Vide *Vetula Caneva*.
Veteris Canabe. Vide *Vetula Caneva*.
Vetula Caneva, Canabe, Chaneva villa, 6; parrochia, 430; ubi ecclesia in honore S. Mariæ, 838, 916. (Vieille-Chenève.)
Vetulæ Curtis (Fulcherius), 821.
*Vetulas Casas (Girinus de), testis, 100.
Via. Hæc vox fere in omnibus chartis apparet, sed absque specificatione ulla, *via francisca* excepta, *137.
Vialonis (Petrus), gallice *Vialon*, de Valencia, notarius, *pag. 530, 531*.
*Vicardus de Marziaco, 195. Vide *Marziaco*.
*Vicardus de Rariaco, 196. Vide *Rariaco*.
*Vicardus, 179.
Vicaria, districtus pagi, 187, 188, etc. Vide *Bevronensis, Broliacensis, Cristiolensis, Culnis, Fluriacensis, Libratensis, Nauziacensis, S. Johannis, Tarnantensis, Vallis Bebronensis*.
Vicaria, districtus agri, 136. Vide *Ager*.
Vicaria (*chapelle*), 136, 249.
Vicarii monachorum obedientialium, 841, 948, 950.
Vicarii officium, 549, 794, *194, *196; vicarius Saviniaci, 804; Pontii abbatis, 935; Girini de Darasiaco, 828; Petri Arnaldi, 948; vicarius de Affo, 836; de Longi Sagni, 836; de Sancto Johanne, 916. Vide *Vicarius* cognomen.
Vicarius comitis, 864.

Vicarius : Raginaldus, testis, 770; Raynardus et Raymundus, fratres, 756; Petrus et Stephanus, fratres, 823; Umbertus, 748.
Vicecancellarii imp. et reg. : Hirmundus, ad vicem Hilduini, 960; Gezo, ad vicem Roriconis, 132; Fochardus vel Frehardus subdiac. scripsit in vice Pandulfi, 766; — ecclesiarum : Lugd. eccles. Cristanus sacerdos et mon. 38; (vel Athan. monast.), Adalardus, *140; (vel Sav. mon.) Stephanus, 730, 825, 827, 846; Vuitbertus, 822, 823, 824; Albericus, 819; Hugo, 826. Vide *Cancellarii*.
Vicecomes [645?], 648.
Viciacus villa. Vide *Biciacus*.
Vicinabilis via, 67, 151.
Victoris (S.) ecclesia, in monte de Tarnanto, 730. Vide *S. Victor*.
Victoris (S.) obedientia, *188; prioratus, 941. (S. Victor-sur-Rhin.)
Victoris (S.) terra, 186.
*Victoris (S.) terra, 76.
Victriacus villa, in agro Tarnantensi, 475.
*Vidal, testis, 121.
Videlinus vel Vuidelinus, comes Foresii, 758.
Vienna, 940. (Vienne.)
Viennensis archiepiscopus, 638, 639, 648, 910; decanus, *pag. 540*.
Viennensis moneta, 951, *pag. 541, 542, 543, 544*.
*Viget (Stephanus de), testis, 200.
Vigo, testis, 87, 569.
*Vigo, testis, 160.
*Vigonus (Vigo?), testis, 176.
Vilano (Grimaldus de), 835.
Vilaris. Vide *Villariis*.
*Vilelmus de Ulmis, 194. Vide *Ulmis*.
*Vilelmus, testis, 176.
Vileta (Ecclesia de), pertinens ad monasterium Lustriacense, 940. (Vilette.)
Viletis (forte Violetis), dependens vicariæ Sancti Joannis, 916.
Villa locus, in agro Tarnantensi, 3, 484, 509. (Ville-sur-Jarniost.)
Villabo villa, in valle Bebronnæ, 610.
Villabona, Villaboni, Villabone, Villabono villa, in valle Bevronica, 152, 156, 449, 539, 667, 668, 851.
Villabona (Aymarus de), 956.
Villanova, 94, 624.
Villanova villa, in agro Alduniacensi, 498.

VILLANOVA villa, in agro Forensi, 80, 793, 879; in pago Forensi, 795.
VILLANOVA juxta Ligerim, 931. (VILLENEUVE.)
VILLANOVA, locus in agro Tarnantensi, 24.
VILLARIIS (Dominum de), 957.
VILLARIIS (Joannes DE), camerarius Lugdunensis capituli, *pag. 540.*
VILLARIS villa, in agro Marciniacensi, 382.
VILLARS (Henricus DE), archiep. Lugd. 952.
VILLARS (Ludovicus DE), archidiaconus Lugdunensis, *pag. 530.*
VILLICATIO, 755.
VILLICUS, 755, 904, 950.
VINARIUS vel VIVARIUS mons, prope castrum Yconii, 773.
VINCENTIUS [cancellarius Conradi regis], 127.
VINCLERIUS, testis, 490.
VINCRINUS vel UNCRINUS, testis, 596.
VINDREU villa, 913. (VINDRY.)
VINDRIACUS, VRINDRIACUS villa [in agro Forensi?], 494.
VINDRIACUS, obedientia, 950. Vide *Vindreu.*
VINEÆ plantatio, 165.
VINEOLA, 402, 715.
*VINEOLA, 53, etc.
*VINEOLAS terra, 141.
*VINEOLAS villa, 182. (VIGNOLES.)
*VINEOLAS villa, in agro Gagniacensi, 179.
VINERUNNUS levita, testis, 379.
*VINFREDUS, filius Gausmari, militis, 95.
VINZIACO (Feudum de), 945.
VIOLETUS parrochia, 430, 818. Vide *Viletis.* (VIOLET.)
VIRCARIA, 33, 34, 35, 36, 39, 40, 41, 55, 60, etc.; vircariæ sextarada, 321; vircaria quæ modo est vinea, 653; in vircaria sunt modo mansiones quatuor, 653.
*VIRCARIA, 11, 27, etc.
VIRI (DE LA) : Joannes, 830, 925; Stephanus, frater ejus, 830.
VIRIDIS (Rainerius) Paltaverius, 913.
VISITATIO abbatiæ, 952.
VITALIS (Gombaldus), testis, 811.
*VITALIS, 140.
VITARINUS levita, 685. Vide *Vuarinus.*
VITATERNA (Petrus DE), monachus, 812.
VITATERNA, prioratus [in episcopatu Sanctonensi?], 812. (VITATERNE.)
VITCELLIS villa, in agro Saviniacensi, 304.
*VITRIACUS, locus in agro Monte Aureocense, 65.

*VITULUS (Durannus), testis, 95.
*VIULUSI terra, in villa Marcilliaci, 11.
VIVARIUS mons, 773. Vide *Vinarius.*
VIVERIS, locus in pago Lugdunensi, 704.
VIVIS, locus ubi datum fuit præceptum Henrici IV, 809. (VEVEY.)
VOCATUS abbas, 42.
VOELFREDUS, testis, 42.
VOFIACUS, locus in parrochia Mornanti, 30.
VOLBERTA et filii ejus, donatores, 333.
VOLBERTI terra, 60, 159.
VOLBERTUS et uxor ejus Dumesia, donatores, 178.
VOLFARDUS, testis, 191, 452.
VOLFEDIS, VOLFELDIS, VOLFILDIS, VOLFIDIS, VUOLFLEDIS, uxor Deodati, 46, 191, 255.
VOLFELDIS, testis, 431.
*VOLFENC, testis, 145.
VOLVARDUS vel VOTVARDUS, et uxor ejus Allica, donatores, 535.
VOLVENS aqua, 128, 436, etc.
VOTA (In terra, in)..., 434; in vota et in sepultura... 434.
VRINDRIACUS villa, 494. Vide *Vindriacus.*
*VU. scrip. 173.
VUABORGUS, 325. Vide *Vaarborgus.*
VUADELMODIS, filia Gerardi et Legerdis, 63.
VUADIARIUS, 211, 213, 218, 238, 246, 457, 458, 513.
VUADIATOR, 162, 200, 499, 505.
VUADIUM, 238.
VUAGO vel VAGO, frater Duranti, 410.
VUAGO, vuadiarius Constantionis, 458.
VUALANUS vel VUALLANUS, testis, 277, 285, 295, 303, 309.
VUALBERTI terra, 74.
VUALBURGIS (S.) Amanciaci ecclesia, *pag. 387.*
VUALBURGIS, uxor Amblaldi, 226, 274.
VUALBURGIS, uxor Bladini, 765.
VUALBURGIS, uxor Duranti, 125.
VUALBURGIS, uxor Hugonis, 487, 537.
VUALBURGIS, uxor Livonis de Sancto Simphoriano, 710.
VUALBURGIS, mater Otgerii, Arulfi et Venorii, 590, 704.
VUALBURGIS, testis, 384, 625, 940.
VUALCHAUDUS episcopus, testis, 38.
*VUALCHERIUS sacerdos et monachus, scrip. 47, 54, 113, 114.
*VUALCHERIUS levita et monachus, scrip. 21.
*VUALCHERIUS monachus, scrip. 103.

*Vualcherius monachus, testis, 38.
*Vualcherius, testis, 35, 36.
Vualdemarus, filius Duranti Regis, 679. Vide *Regis*.
Vualdemarus, pater Vuidonis, donator, 895.
Vualdemarus [de Mornent?], 741. Vide *Mornent*.
Vualdemarus [Rex?], 852. Vide *Rex*.
Vualdemarus, 296. Vide *Valdemarus*.
Vualdemarus, testis, 71, 137, 297, 650, 865, 922.
*Vualdemarus, testis, 31.
Vualdensis comitatus, 641. (Vaud.)
Vualdinus, testis, 540.
Vualdo, testis, 440.
Vualdomarus, filius Asterii, 655.
*Vualdrada, Deo devota, testis, 30.
Vualdrada, mater Landrici, donatrix, 449.
*Vualdrada [uxor Agnonis?], 120.
*Vualdradæ terra in Monte Sicco, 8, 74.
*Vualdradæ terra, 29.
*Vualdradanæ terra, 47.
Vualdradus, 444.
*Vualdradus sacerdos, scrip. 6.
*Vualdradus, scrip. 163.
Vuldranni terra, 18.
Vualdricus, maritus Adalachiz, 467.
Vualdricus monachus, testis, 4, 7, 17.
Vualdricus, testis, 98, 307.
Vuallanus, testis, 285.
*Vualnerius, testis, 35.
Vualo vel Valo, Eduorum episcopus, testis, 30.
Vualo, donator, 296.
Vualo et uxor ejus Ermengardis, donatores, 264.
Vualo, testis, 282, 302, 440.
Vualtarius, testis, 29.
Vualteldis, testis, 699.
Vualtepius, testis, 212.
Vualterius sacerdos, testis, 157.
Vualterius levita, scrip. 449, 469, 579.
Vualterius monachus, scrip. 388, 438.
Vualterius monachus, scrip. 859, 883.
Vualterius, scrip. 447, 458, 481, 496, 497, 498, 576.
Vualterius, scrip. 847, 880.
Vualterius vel Valterius, vuadiator Rotlanni, 505.
Vualterius, filius Hugonis, donator, 596.
Vualterius, frater Stephani, 931.

*Vualterius, maritus Sulpitiæ, 184, 185.
Vualterius, testis, 164, 300, 394, 468, 487.
*Vualterius, testis, 11.
*Vualterius, testis, 141, 174.
*Vuandalberga, testis, 57.
Vuandalbertus et uxor ejus Hendradana, donatores, 1.
Vuandalbertus, testis, 28, 117.
Vuandaldradus, testis, 222.
Vuandalfredus, campum, 346.
Vuandalfredus, testis, 258, 664.
Vuandalgisus, testis, 299.
*Vuandalmarus, testis, 40.
Vuandalmodis, donatrix, 473.
Vuandalmodis, uxor Agnonis, donatrix, 707.
Vuandalmodis, uxor Berardi, 244.
Vuandalmodis, uxor Girardi, 660.
Vuandalmodis, uxor Vuichardi, 6.
Vuandalmodis et filii ejus Ramoldus et Grilinus, donatores, 477.
*Vuandalmodis, parens Vuichardi, 183.
Vuandalmodis terra, 207.
Vuandalmodis, testis, 294.
Vuandalmodis vel Vuandalmodus et uxor ejus Teutgardis, donatores, 292.
Vuandigarda, uxor Otbardi, 14.
Vuanerius presbyter, testis, 36.
Vuarangardis, uxor Autberti, 107.
Vuarangaudus, testis, 330.
Vuarascus comitatus, 641. (Varais.)
Vuarborgus vel Vuaborgus [pater Almandi, Bernonis, Berengerii et Bernardi?], 325.
*Vuaremberti terra, 21.
*Vuarenbert terra, 129.
*Vuarengaudus et uxor ejus Ermentrudis, venditores, 48.
*Vuarengaudus et uxor ejus Raimborga, 62.
Vuarennensis ager, 707.
*Vuarennhas, locus in villa Darziliaco, 108.
Vuargingus monachus, testis, 20, 23.
*Vuargisus, testis, 14.
Vuarinus vel Vitarinus levita, scrip. 685.
Vuarinus, maritus Semenæ, donator, 871.
Vuarinus, testis, 221, 387.
*Vuarinus, testis, 4.
Vuarnencus, testis, 310.
Vuarnerius, Avenionensis episcopus, testis, 38.
*Vuarnerius [decanus], 188.
*Vuarnerius canonicus, testis, 160.
*Vuarnerius levita, testis, 31.
*Vuarnerius presbyter, testis, 174.

NOMINUM ET RERUM. 891

Vuarnerius, testis, 70, 99, 278, 325, 465, 489, 540, 580.
*Vuarnerius, testis, 28, 36.
*Vuarnerius, testis, 112.
Vuarnetus vel Vuarnerius, testis, 325.
Vuarno vel Varno, testis, 558.
Vuarnonus et [uxor ejus] Ermensendis, venditores, 561.
Vuarrionis terra, 96.
Vuatberti vinea, 17.
Vuatburgis, uxor Arnulfi, donatrix, 163.
Vuaura vel Vaura villa, 844.
Vucrinus vel Uncrinus de Torreta, 921. Vide *Torreta.*
Vucrinus [Turricula], 927. Vide *Turricula.*
Vucrinus vel Uncrinus Calvus, 921. V. *Calvus.*
*Vudulbaldus, abbas Athan. 50. Vide *Udulbaldus.*
*Vudulbaldus, testis, 35.
Vuedulardus, testis, 72. Vide *Vedulardus.*
Vuesterius, 487. Vide *Vualterius.*
Vuialdus, pater Duranti, donator, 701.
Vuiaranus, testis, 76.
*Vuicardi terra, in villa quæ Mons Siccus dicitur, 9.
*Vuicardi terra, 118, 173.
*Vuicardus, abbas Ath. 176.
Vuicardus, filius Theotgrini et Offeciæ, 494.
*Vuicardus presbyter, testis, 93.
*Vuicardus, frater Benzoni, testis, 93.
*Vuicardus Raspa, 162. Vide *Raspa.*
*Vuicardus, testis, 9.
*Vuicardus, testis, 122.
*Vuicardus, 183.
*Vuicart terra, 102.
Vuichardi vel Guichardi mansus, in villa quæ dicitur Cavannas, 245.
*Vuichardi casamentum, 21.
Vuichardi terra, 115.
*Vuichardi terra, 89.
Vuichardus, abbas Athan. Vide *Vuicardus.*
Vuichardus, canonicus S. Petri [Sanctonensis], 811.
Vuichardus vel Guichardus presbyter, 831, 832, 833.
Vuichardus presbyter, 918.
Vuichardus monachus, scrip. 615
Vuichardus, nobilis vir, 461.
Vuichardus, donator, 750.
Vuichardus, filius Amblardi et Ermengardis, 584.

Vuichardus, filius Beliardis, 86.
Vuichardus, filius Berardi, 385.
Vuichardus, filius Berardi de Castro Yonii, 768. Vide *Yonii.*
Vuichardus, filius Girini Blanci et Emelinæ, 828. Vide *Blancus.*
Vuichardus, filius Guidonis, 412.
Vuichardus, filius Iterii et Emmenæ, 600.
Vuichardus, filius Iterii et Armenæ, 685.
Vuichardus, filius Milonis et Officiæ, 816.
Vuichardus, filius Silvii et Pontiæ, 628.
Vuichardus, filius Unfredi et Offeciæ, 625.
Vuichardus, frater Stephani et maritus Eymodis, donator, 524.
Vuichardus et uxor ejus Egilmodis, donatores, 454.
*Vuichardus vel Vuicardus, et uxor ejus Egilmodis, donatores, 183.
Vuichardus et uxor ejus Vuandalmodis, donatores, 6.
Vuichardus, propinquus Bernardi Rumphatoris, 659.
Vuichardus de Ambroniaco, 869. Vide *Ambroniaco.*
Vuichardus de Bellojoco, 754. Vide *Bellojoco.*
Vuichardus de Bellojoco, testis, 802. Vide *Bellojoco.*
Vuichardus de Bellojoco, 900. Vide *Bellojoco.*
Vuichardus de Bellojoco, 907, 912, 913. Vide *Bellojoco.*
Vuichardus Canis, 824, 888. Vide *Canis.*
Vuichardus [de Castro Yconii], 768. Vide *Yconii.*
Vuichardus Gionensis, maritus Nazareæ et pater alterius Vuichardi, 755. Vide *Gionensis.*
Vuichardus Golferii, 823. Vide *Golferii.*
Vuichardus de Iconio, 915. Vide *Iconio.*
Vuichardus Jarolla, 818. Vide *Jarolla.*
Vuichardus de Marciaco, pater Bernardi, 754. Vide *Marciaco.*
Vuichardus [de Monte Aureo], 842. Vide *Monte Aureo.*
Vuichardus Rumphator, 679, 682, 683, 823. Vide *Rumphator.*
Vuichardus Sancti Simphoriani, 821. Vide *S. Simphoriani.*
Vuichardus de Torognieu, 906. Vide *Torognieu.*
Vuichardus de Toroniaco, 936. Vide *Toroniaco.*
Vuichardus [de Varenna], 824. Vide *Varenna.*

INDEX GENERALIS

VUICHARDUS, frater Falconis de Yconio, 757, 758. Vide *Yconio*.

VUICHARDUS, testis, 62, 225, 244, 268, 383, 389, 437, 592, 650, 666, 730, 762, 856, 863, 929.

*VUICHARDUS, testis, 22, 35, 36.

VUIDALDUS monachus, testis, 174.

VUIDALDUS, filius Costabilis, 395.

VUIDALDUS, VUIDOLDUS, VUIVOLDUS, maritus Istiburgis, et filius ejus Durantus, donatores, 601.

VUIDALDUS, vuadiarius Alarici, 213.

VUIDALDUS vel VUINALDUS, testis, 594.

VUIDALDUS, testis, 218, 310, 494, 519, 620.

VUIDALNUS, 206. Vide *Vuildanus*.

VUIDARDUS, testis, 208.

*VUIDBERGIA, filia Ermenfredi, 189.

VUIDELINUS, 758. Vide *Videlinus*.

VUIDO, Lugdunensis archiepiscopus, prædecessor Burchardi, 38.

VUIDO, Gebenensis episcopus, 910.

VUIDO, Lausanensis episcopus, 940.

VUIDO, abbas Saviniacensis, *pag. 2, 422*.

VUIDO, abbas Sancti Theuderii, 581.

VUIDO archipresbyter, 813.

VUIDO vel VUIGO levita [filius Adaltrudis?], donator, 275.

VUIDO monachus, scrip. 42, 52, 58.

*VUIDO, donator, 12.

VUIDO, scrip. 48, 56, 71.

VUIDO, filius Ethenulfi et Galliæ, 195.

*VUIDO, frater Ardradi, Adelardi et Soffredi, donator, 15.

VUIDO, frater Hugonis, donator, 315.

*VUIDO, frater Poncioni, 175.

VUIDO, maritus Ermengardis, 891.

VUIDO et uxor ejus Ogdela, donatores, 35.

VUIDO de Aguaranda, scrip. 934. Vide *Aguaranda*.

VUIDO de Bellomonte, et uxor ejus Raimunda, donatores, 647. Vide *Bellomonte*.

VUIDO, cognomento Bodo, 186. Vide *Bodo*.

VUIDO [de Bulliaco], filius Iterii et frater Vuillelmi, monachus, 903.

VUIDO de Charleu, donator, 831, 834. Vide *Charleu*.

VUIDO Cordelli, 886. Vide *Cordelli*.

VUIDO de Miribello, 842. Vide *Miribello*.

*VUIDO (vel WIDONUS) de Molon, 186. Vide *Molon*.

VUIDO, testis, 81, 142, 144, 174, 219, 238, 246, 255, 265, 285, 293, 296, 302, 303, 308, 309, 313, 335, 376, 391, 471, 664, 705.

VUIDOLDUS, 601. Vide *Vuidaldus*.

VUIDOLDUS, testis, 373, 560.

VUIDOLTUS, 67.

*VUIFREDUS presbyter, testis, 93.

VUIFREDUS, donator, 37.

VUIGO senior [vicecomes Lugd.?], 645; vicecomes, 648.

VUIGO, abbas [insulæ Barbaræ], frater Hugonis archiepiscopi Lugd. 817.

VUIGO, Paterniacensis prior, 940.

VUIGO miles, 939.

VUIGO levita, 275. Vide *Vuido*.

VUIGO, filius Amaldrici, testis, 777.

VUIGO, filius Vualdemari, donator, 895.

VUIGO, frater Adalgaldi, 640.

VUIGO, frater Arnaldi, donator, 858.

VUIGO sive GIRINUS, frater Asterii, 665.

VUIGO, frater Humberti, 61.

VUIGO, pater Asterii, 569.

VUIGO Ameli, 916. Vide *Ameli*.

VUIGO de Azolettes, 924. Vide *Azolettes*.

VUIGO Brunus, canonicus de Sancto Justo, 907. Vide *Brunus*.

VUIGO [de Bulliaco], clericus, factus est monachus, 820. Vide *Bulliaco*.

VUIGO vel HUGO de Chamosset. Vide *Chamosset*.

VUIGO Longus, 814. Vide *Longus*.

VUIGO [de Musseu], 861. Vide *Musseu*.

VUIGO [de Nerviaco], filius Girini de Nerviaco, 106. Vide *Nerviaco*.

VUIGO de Sancto Annemundo, 835. Vide *Sancto Annemundo*.

VUIGO de Surione, 895. Vide *Surione*.

VUIGO Surion, 922. Vide *Surion*.

VUIGO [de Varenna], 824. Vide *Varenna*.

VUIGO vel VUIDO de Yonio, 813, 817. Vide *Yonio*.

VUIGO de Yconio, 900. Vide *Yconio*.

VUIGO, testis, 49, 50, 118, 139, 236, 243, 255, 298, 349, 390, 403, 500, 524, 533, 603, 636, 652, 697, 779, 876, 881.

*VUIGO, testis, 1, 20, 23, 135, 156.

*VUIGONUS (Vuigo?), testis, 26, 28.

VUIJARDUS, testis, 637.

VUILBAENCHIES, 681. (BURBANCHE.)

*VUILBALDUS, 55.

VUILDANUS vel VUIDALNUS, testis, 206.

*VUILENC terra, 102.

NOMINUM ET RERUM. 893

Vuilencus et Durantus, filii Yliciæ, donatores, 406.
Vuilencus : Stephanus et Hugo, fratres, 814.
Vuilencus, filius Milonis et Mysembriæ, 603.
Vuilencus, filius Milonis et Officiæ, 816.
Vuilencus, pater Hugonis et Arnulfi, 286.
*Vuilencus et uxor ejus Rotcenda, donatores, 22.
Vuilencus, propinquus Aledonis, testis, 58.
Vuilencus Longus, 814, 868. Vide *Longus*.
Vuilencus de Varennis, 938. Vide *Varennis*.
Vuilencus, testis, 370, 640, 651.
*Vuilencus, testis, 22, 181.
Vuilentius, filius Abeloniæ, 570.
Vuilicherius et uxor ejus Sicbergana, petitores, 25.
Vuilincus, maritus Aremburgis, donator, 56.
Vuilisius, donator, 245.
Vuilisius, donator, 389.
Vuilisius, filius Humberti, 631.
Vuilisius, testis, 126, 133, 670, 865.
Vuilisus, filius Umberti et Alpasiæ, 663.
Vuillelma Guillens, 945. Vide *Guillens*.
Vuillelmus, dux in Aquitania, 811 ; dux Aquitanorum, 932.
Vuillelmus vel Guillermus, comes [Lugdunensis], 7, 12, 426 n.
Vuillelmus comes, filius Artaldi, Forisiensis comitis, 757.
Vuillelmus vel Vuillermus, Forensium comes, 813.
Vuillelmus, comes Engolismensis, maritus Girbergiæ et pater Gaufredi et Elduini, 633.
Vuillelmus, senior castelli Cosnaci, pater Seguini, Richardi et Rotberti, 751, 752.
Vuillelmus, cancellarius Petri, Sanctonensis episcopi, 932. Vide *Giraudi*.
Vuillelmus archipresbyter [Sanctonensis?], 811.
Vuillelmus, canonicus S. Petri [Sanctonensis], 811.
Vuillelmus, capellanus Cosniacensis castri, 932.
Vuillelmus, Vuilhelmus, Wuillehelmus, liber miles monasterii Saviniacensis, 641.
Vuillelmus thesaurarius, 907.
Vuillelmus dapifer (vel Dapifer nomine), 940. Vide *Dapiferi*.
Vuillelmus, donator, 836.
Vuillelmus, donator pro Affredo, 220.
Vuillelmus, filius Agnæ, 822. Vide *Ruffus*.

Vuillelmus, filius Bernardi de Nans, 821. Vide *Nans*.
Vuillelmus, filius Eldini, 718.
Vuillelmus, filius Ermengardis Bonæ, 823. Vide *Bona*.
Vuillelmus, filius Gaufredi, filii Vuillelmi, comitis Engolismensis, 633.
Vuillelmus, filius Gerundæ, 776.
Vuillelmus, filius Girini de Sena et Istoriæ, 839.
Vuillelmus, filius Iterii Regis et Agnis, 765. Vide *Rex*.
Vuillelmus, filius Renconis et Annæ, 800.
Vuillelmus, filius Richoaræ, 790.
Vuillelmus, filius Stephani et maritus Rotgardis, donator, 845.
Vuillelmus, filius Stephani Nigelli, 814. Vide *Nigellus*.
Vuillelmus, frater Agnonis, 854.
Vuillelmus, frater Aschirici, et uxor ejus Agna, donatores, 731.
Vuillelmus et uxor ejus Liniledis, genitores Fulcherii et Renconis, 713.
Vuillelmus, Achardi miles, 811, 812, 950. Vide *Achardi*.
Vuillelmus Adalardi, 751, 752. Vide *Adalardi*.
Vuillelmus de Algirolis, 792. Vide *Algirolis*.
Vuillelmus d'Algerolis, 815. Vide *Algerolis*.
Vuillelmus cognomine Barbatus, de castello Sancti Valdomeri, 919. Vide *Barbatus*.
Vuillelmus Barbaz, 830. Vide *Barbaz*.
Vuillelmus [de Bulliaco], 820. Vide *Bulliaco*.
Vuillelmus vel Guillelmus [de Bulliaco], filius Iterii, 903, 905. Vide *Bulliaco*.
Vuillelmus Calvus, filius Gerundæ, 829. Vide *Calvus*.
Vuillelmus Calvus, pater Girini et Rotlanni, 924. Vide *Calvus*.
Vuillelmus Calvus, 894, 905, 906, 921, 927. Vide *Calvus*.
Vuillelmus [Capel], 914. Vide *Capel*.
Vuillelmus Casæ Novæ, 835. Vide *Casæ Novæ*.
Vuillelmus de Cha. 754. Vide *Cha*.
*Vuillelmus de Chel, 198. Vide *Chel*.
Vuillelmus Cost., 950. Vide *Cost*.
Vuillelmus de Cubet, 754. Vide *Cubet*.
Vuillelmus Culini, 833. Vide *Culini*.
Vuillelmus David, 751. Vide *David*.
Vuillelmus Desson, 874. Vide *Desson*.
Vuillelmus Elia, 751. Vide *Elia*.

VUILLELMUS Filliardus, 932. Vide *Filliardus*.
VUILLELMUS Giraudi. Vide *Giraudi*.
VUILLELMUS Gontrannus, testis, 752. Vide *Gontrannus*.
VUILLELMUS Guardradi, miles, 811. Vide *Guardradi*.
VUILLELMUS de Lavieu, 813, 817. Vide *Lavieu*.
VUILLELMUS de Lavieu, frater Brianti, 938. Vide *Lavieu*.
VUILLELMUS Longus, 814. Vide *Longus*.
VUILLELMUS de Maien, scrip. 934. Vide *Maien*.
VUILLELMUS de Montfalcon, 903. Vide *Montfalcon*.
VUILLELMUS de Mussieu, 820. Vide *Mussieu*.
VUILLELMUS de Pariniaco, 950. Vide *Pariniaco*.
VUILLELMUS [de Pipiaco?], avunculus Pontii et Notardi de Pipiaco, maritus Pontiæ, 894. Vide *Pipiaco*.
VUILLELMUS Rainerii, 903. Vide *Rainerii*.
VUILLELMUS de Rocha, testis, 812. Vide *Rocha*.
VUILLELMUS Ruils miles, 935. Vide *Ruils*.
VUILLELMUS de Sancto Caprasio, 950. Vide *S. Caprasio*.
VUILLELMUS Seguinus, testis, 752. Vide *Seguinus*.
VUILLELMUS de Serra, 788. Vide *Serra*.
VUILLELMUS de Taratro, 730, 915. Vide *Taratro*.
VUILLELMUS de Valboson, 815; de Valbosun, 823; de Valle Bosonis, 836. Vide *Valboson, Valbosun, Valle Bosonis*.
VUILLELMUS [de Valelles?], 923. Vide *Valelles*.
VUILLELMUS, testis, 363, 390, 633, 635, 640, 688, 702, 716, 731, 749, 771, 840, 845, 867, 871, 885, 921.
VUILLENCHUS, frater Maginsedis, 188.
VUILLERMUS, Forensium comes, 813. Vide *Vuillelmus*.
VUILLERMUS, testis, 454. Vide *Vuillelmus*.
VUILUSUS, filius Ratbodi et Adalgardis, 204.
VUINALDUS, testis, 594. Vide *Vuidaldus*.
VUINDRADUS, donator, 168.
VUINEMANNUS (Sobo), 247.
*VUINERII sagnia, 66.

VUINERIUS, testis, 480.
VUINGAUDUS, testis, 18.
*VUINIARDIS vel VUINIARDUS et filii ejus Beroldus et Berno, donatores, 173.
*VUINIERUS, testis, 79.
VUINIFUS vel VUINLIFUS, presbyter, 1.
VUINIGISUS vel VUINGISUS sacerdos, scrip. 62, 67.
VUINUSIUS monachus, testis, 41.
VUIRPIRE, 116.
VUIRPITIO, 172, 256, 270, 428, 429, 470, 527, 533.
*VUIRPITIO, 50, 141.
VUITALDI terra, 117.
VUITALDUS et uxor ejus Adaltrudis, 306, 319, 331.
VUITARDI terra, 39.
VUITBALDUS, testis, 431.
VUITBERTUS cancellarius, scrip. 757.
VUITBERTUS presbyter, vicecancellarius, 822, 823, 824.
*VUITBERTUS sacerdos, donator, 181.
VUITBERTUS levita, scrip. 406.
VUITBERTUS, testis, 540, 545.
VUITBOLDUS, testis, 299.
VUITCARDUS, testis, 297.
VUITGERIUS, testis, 939.
VUITZO levita, testis, 38.
VUIVOLDUS, 601. Vide *Vuidaldus*.
VULARDUS, testis, 639.
VULBURGIS, 729. Vide *Vualburgis*.
*VULDRADA, filia Arnulfi, 23.
*VULDRANÆ terra, 54.
VULDRICUS Thurumberti, donator, 681. Vide *Thurumberti*.
VULFERII terra, 27.
VULFREDUS, testis, 43.
VULGRINUS, frater Rotlanni, 880.
VULGRINUS, testis, 190, 292, 725.
VULPETA (Fulcherius), 757.
VULPILLI (Silvius DE), testis, 730.
*VULTERIUS et Adalgisus filius ejus, 103.
VUOLBERTUS, testis, 167.
*VUONRADUS rex, 160. Vide *Conradus rex*.
*VURBERTUS, testis, 192.

W

(De nominibus a littera duplici V (W) incipientibus, vide *Vu*....)

NOMINUM ET RERUM.

X

XANCTONENSIS episcopus. Vide *Sanctonensis*.

Y

YAMALBERTUS, testis, 177.
YCHA [mater Burchardi II, Lugd. archiepiscopi], 429.
YCHONIO, 915. Vide *Yconio*.
YCONIO (DE) : Unfredus, avus Falconis, Berardi, Umberti, Vuichardi, 757, 758; Falco, 801; Vuigo, 900; Berardus monachus, 908; Agno, 915, Dalmatius, 923. Vide *Yonii*.
*YCONIO, ICONIO vel ICHONIO (DE) : Berardus, 172; Dalmacius, 195, 196; Gaucerannus, 196.
YCONIUM, YONIUM, ICONIUM, IONIUM villa, in agro Tarnantensi, 399, 627; castrum, 411, 757, 773, 915; capella, 757. (OINGT.)
*YDBERTUS, testis, 35, 36.
*YERMANI (S.) parrochia, ubi Odilo presbyter, 76. Vide *Germani (S.)*.
*YLARIUM (S.). Vide *Hilarium (S.)*.
YLIA, soror Goffredi, 793.
YLICIA vel ILICIA, mater Duranti et Vuilenci, 406.
*YLIO, frater Eldegardæ. Vide *Ilio*.

*YLIO, maritus Theciæ et frater Girardi, 132.
YLLINS. Vide *Illins*.
*YOANNUS (Johannes?) et filius ejus Cristianus, testis, 51.
*YOHANNUS (Johannes?), et soror ejus Emma, testes, 51.
YONII (DE CASTRO) : Berardus et filii ejus Vuichardus et Guigo, et fratres ejus Falco, Umbertus atque Vuichardus, 768; Martinus, nepos Duranti Camba, 773; Vuigo, 817; Vuigo vel Vuido, et Gaufredus [fratres], 813; Berardus, 814. Vide *Yconio*.
YOPSELMUS, testis, 177.
YSARA vel YSERA flumen, 582. (ISÈRE.)
YSEMBARDUS, testis, 232.
YSILIARDUS Grassus, 790. Vide *Grassus*.
*YSINGERII terra, 130.
YSMIDO, præpositus Randanensis, 791. Vide *Ismido*.
YSMIDO, testis, 838.
YSOURUS mons, in agro Forensi. Vide *Usourus*.
*YTERIUS de la Torreta, 200. Vide *Torreta*.

Z

ZACARIAS, testis, 920.
*ZIETARIS, scrip. 117.

ZOTERIA villa, in agro Forensi, 882.
ZUINORELLA silva, 758. Vide *Kuironella*.

FINIS INDICUM.

APPENDICES

AUX CARTULAIRES DE SAVIGNY ET D'AINAY.

I.

POUILLÉ

DU DIOCÈSE DE LYON AU XIIIE SIÈCLE.

Le précieux monument historique qui est imprimé ici pour la première fois se compose de deux cahiers in-folio de parchemin, composés eux-mêmes chacun de quatre feuilles ou huit feuillets, en tout trente-deux pages d'écriture. Il est sans titre, et commence immédiatement par la ligne : « In archipresbyteratu de Jaresio. » Lyon ni les suburbes ne figurent pas ici, sans doute parce qu'il n'y avait pas d'archiprêtre pour cette portion du diocèse, qui d'ailleurs était alors fort réduite, et qui ressortissait directement à l'administration métropolitaine. Les deux cahiers composant ce pouillé sont cousus dans une feuille de parchemin sur laquelle se trouve un acte de 1340, et au dos de laquelle on lit : *Poletus ecclesie Lugdunensis*. Ces mots sont en grosse gothique allongée des xive ou xve siècles. On a écrit postérieurement : « Cayer contenant seize feuillets, qui est un rolle ou pancarte des droits synnodaux, qui consistent en redevances de cire et encens. Sans date. » Enfin une note plus moderne encore nous apprend que c'est un « pouillé pour les droits de parée (*paratæ*), de cens (*census*) et concens (*concensus*) dus à l'archevêque. »

Ce document, qui était naguère encore dans les archives de la ville de Lyon, où il avait été déposé ainsi que quelques autres papiers trouvés chez l'abbé Sudan, archiviste de la ville, lorsqu'il mourut, a été réintégré depuis aux archives générales du département du Rhône, d'où il avait été distrait. Il provient originairement des anciennes archives de l'archevêché de Lyon, et porte le caractère d'une pièce officielle. Il doit être de la fin du xiiie siècle, et non pas de *1240 environ*, comme l'a écrit un archiviste sur la couverture. La date que nous avons adoptée ressort à la fois de la forme de l'écriture, qui est celle en usage dans le Lyonnais à la fin du xiiie siècle et au commencement du xive, et d'une correction faite dans la colonne des patrons, qui limite cet intervalle : en effet, dans plusieurs endroits on a substitué le *chapitre de Saint-Nizier* à l'*archevêque*; or on sait que le chapitre de Saint-Nizier fut fondé en 1305 par l'archevêque Henri de

APPENDICES AUX CARTULAIRES

Villars, qui lui céda à cette occasion quelques-uns de ses patronages. La mention de l'archevêque comme patron de ces paroisses indique donc que le pouillé était antérieur à 1305. D'autres indices viennent corroborer ceux-là; mais ils sont moins précis. Nous les signalons à l'occasion.

Pour que le travail soit plus clair, nous lui avons donné la forme de tableau. Les lettres *pa.* (*patronus*) qui précèdent la mention de chaque patron devenaient inutiles avec l'en-tête que nous avons mis à cette colonne; nous les avons supprimées.

Nous avons mis à la ligne, mais entre parenthèses, certaines indications placées en interligne, telles que *pri.*, *ca.*, *p. p.*, *pr. p.*, *par. p.*, etc. La première veut dire *prioratus*, la seconde *capella*. Les trois autres ont un sens moins positif, sauf la dernière toutefois, qui semble signifier *parochia prima* ou *principalis*. Les deux autres ont sans doute un sens analogue, et en effet ces lettres se trouvent toujours accolées à la première de deux paroisses fort voisines dont elles semblent ainsi constater la liaison.

Un copiste du XIVe siècle a ajouté en marge des paroisses le chiffre du revenu destiné à fixer celui de la dîme. Comme ce document, qui se trouve plus complet dans les pièces suivantes, était fort incomplet dans celle-ci, nous l'avons retranché. Nous avons retranché également quelques autres additions d'une époque évidemment postérieure, afin de laisser au document son unité. Nous avons ajouté au contraire un numéro d'ordre à chaque paroisse, pour faciliter les recherches.

Nous avons mis entre crochets les mots que nous avons cru devoir ajouter pour la clarté du texte, et particulièrement la restitution en français des noms de lieux. Cette restitution est d'ailleurs imprimée en italique, pour plus de régularité.

Afin d'économiser l'espace, et pour rendre les calculs plus faciles, nous avons mis en chiffres arabes toutes les sommes, qui sont naturellement en chiffres romains dans le manuscrit.

Nous avons déjà dit qu'on ne trouvait pas ici l'archiprêtré des suburbes, mais qu'il devait être fort réduit alors. En effet, nous voyons d'une part l'archiprêtré de Jarez s'étendre jusqu'à Écully, comprenant, avec cette paroisse, Sainte-Foy, Tassin, Grézieux, Charbonnières; l'archiprêtré de Sainbel comprendre Marcy-les-Loups et Sainte-Consorce; l'archiprêtré d'Anse : Saint-Didier, Colonge, Saint-Rambert et Limonest. Il ne restait donc aux suburbes que quelques paroisses du Mont-d'Or, telles que Couzon, Albigny, Poleymieux, Dardilly, Saint-Cyr, Saint-Germain, Saint-Romain et Vaise. Peut-être même le territoire de quelques-unes de ces paroisses faisait-il partie des archiprêtrés que nous venons de nommer. On verra, du reste, que les paroisses voisines de Lyon et faisant partie de l'archiprêtré de Jarez s'étaient déjà détachées de ce dernier, et ne lui appartenaient plus que nominalement au XIIIe siècle, étant *exemptes*, c'est-à-dire ne répondant plus à l'archiprêtre, « ainsi qu'elles auraient dû le faire[1], » dit le document. Cette affaire fut réglée au XIVe siècle, comme le constate le pouillé n° 2 qui suit celui-ci.

---

[1] «Cum deberent.» (P. 904.)

NOMINA ECCLESIARUM.	PARATE IN SYNODIS.	NOMINA PATRONORUM.
In archipresbyterata de Jaresio.		
1. Eccl. de Franchavilla[1] [*Francheville*]	2 s. et 12 d.[2]	S. Justus.
2. —— de Chaponno [*Chaponost*]...	4 s. 6 d. et 2 s. 3 d.	S. Hyrene.
3. —— de Valnerey [*Vaugneray*]....	2 s. 6 d. et 13 d. ob.	Eccl. Lugdun.
4. —— de Briendas [*Brindas*]......	Nichil.	
5. —— et de Maximiaco [*Messimy*].		
6. —— de Turins (pri.) [*Thurin*]...	//	Eccl. insul. Barb.
7. —— de Rochifort (ca.) [*Rochefort*].	Nichil.	S. Justus.
8. —— S. Martini de Noals[3] [*S. Martin-Annaux*].	//	Eccl. Lugdun.
9. —— de Rantalons [*Rantalon*].....	//	
10. —— de Sociaco [*Soucieux*]......	2 s. 3 d. 13 d. ob.	
11. —— de Brignayes [*Brignais*]....	Nichil.	S. Justus.
12. —— de Aullins [*Oullins*]........	Nichil.	Dom. archiepiscopus.
13. —— S. Genesii en Laval [*S. Genis-Laval*].	Nichil.	Eccl. Lugdun.
14. —— de Yriguins [*Irigny*]........	Nichil.	Dom. archiepiscopus.
15. —— de Verneysons (par. p.) [*Vernaisons*].		Eccl. Atthan.
16. —— de Charleu [*Charly*]........	18 d.	//
17. —— d'Orlenas (pri.) [*Orliénas*]...	2 s. 3 d. et 13 d. et ob.	
18. —— de Daygnins[4] [*Agny*]......	Nichil.	S. Justus.
19. —— S. Laurentii [*S. Laur.-d'Agny*].	Nichil.	S. Renebertus in Forisio.
20. —— de Taluyers [*Talayer*]......	Nichil.	Eccl. Cluniac.
21. —— de Montaigneu [*Montagny*]...	Nichil.	
22. —— de Millereu [*Millery*].......	Nichil.	Eccl. Lugdun.
23. —— de Grinuaco [*Grigny*]......	4 s. 6 d. et 2 s. 3 d.	Eccl. Atthan. T[5].
24. —— de Gyvoro [*Givors*]........		
25. —— de Baon [*Bans*]...........	9 d. et 5 s. et 9 d.	Archiepiscopus[6].
26. —— d'Eschalas [*Eschalas*]......	2 s. 3 d. et 13 d. et ob.	
27. —— S. Romani en Gier [*S. Romain-en-Gier*].	13 d. //	Eccl. Cluniac. T.
28. —— S. Nazarii[7]. (Vacat.)........	//	
29. —— de Cornas [*Cornas*[8]].......	Nichil.	
30. —— de Chassaigneu [*Chassagny*]..	5 s. //	Eccl. Saviniac.
31. —— de Mornant [*Mornant*]......	4 s. 6 d. et 2 s. 3 d.	

[1] On avait écrit par erreur, en omettant le premier mot qui se trouve à toutes les autres lignes, *de Villafrancha*, mais cette erreur a été rectifiée par le copiste lui-même.

[2] Il n'y avait que deux synodes dans l'archiprêtré de Jarez : celui de la Saint-Luc et celui du mois de mai (*in synodo S. Luce et in Maio*). Les deux sommes portées dans cette colonne correspondent aux deux synodes.

[3] Ce nom est écrit ordinairement en latin *S. Martinus Annalium*, et rendu en français par Saint-Martin-Annaux (ou mal Saint-Martin-en-Haut). Il se pourrait que le nom primitif de la localité fût *Noals*, qu'on aurait traduit par *Annalium*.

[4] C'est ce qu'on appelle aujourd'hui Saint-Vincent-d'Agny : c'était alors, comme on voit, la mère église de Saint-Laurent-d'Agny; ce n'est plus aujourd'hui qu'un hameau de la commune qui porte ce dernier nom.

[5] J'ignore ce que signifie cette lettre, qui ne paraît au reste que trois fois dans les premières pages du pouillé. Peut-être signifie-t-elle que le patron était *taxé* pour ces paroisses.

[6] Ce mot a été remplacé par «Capitulum S. Nicetii.» (Voyez ce qui est dit à ce sujet dans le préambule.)

[7] J'ignore où était située cette paroisse, qui figure dans la charte 129 de Savigny, datée du xe siècle. Elle était déjà abandonnée au XIIIe siècle, comme on voit, et ne reparaît plus dans aucun pouillé. Elle devait être aux environs de Mornant.

[8] Aujourd'hui *Saint-Martin-de-Cornas*, du nom de l'église.

NOMINA ECCLESIARUM.	PARATE IN SYNODIS.	NOMINA PATRONORUM.
32. Eccl. de Chauczans [*Chaussan*[1]]...	2 s. et 12 d.	S. Justus.
33. —— S. Andree la Costa [*S. André-la-Côte*].	Nichil.	
34. —— S. Saturnini [*S. Sorlin*]....	Nichil.	Eccl. Lugdun.
35. —— S. Andeoli [*S. Andéol-le-Château*].	*"*	
36. —— de Longes [*Longes*]........	*"*	
37. —— de Trevies[2] [*Trèves*].......	Nichil.	Eccl. Cluniac. T.
38. —— de Tartaras (p. p.) [*Tartaras*].	Nichil.	Insula Barbara.
39. —— de Dalgoyria [*Dargoire*]....	Nichil.	S. Justus.
40. —— S. Johannis Attolas[3] [*S. Jean-de-Toulas*].	*"*	
41. —— S. Mauricii [*S. Maurice-sur-Dargoire*].	4 s. 6 d. et 2 s. 3 d.	Eccl. Saviniac.
42. —— S. Desiderii [*S. Didier-sous-Riverie*].	4 s. 6 d. et 2 s. 3 d.	S. Paulus.
43. —— de Riveria[4] [*Riverie*].......		
44. —— [et] Vallis Florida [*Valfleuri*].............	Nichil.	
45. —— S. Romani in Jareisio (p. p.) [*S. Romain-en-Jarez*].	4 s. 6 d. et 2 s. 3 d.	Insula Barbara.
46. —— S. Martini de Planicie[5] [*S. Martin-la-Plaine*].	*"*	Eccl. Lugdun.
47. —— de Castro Novo [*Châteauneuf*].	12 d. *"*	
48. —— de Riva de Gier [*Rive-de-Gier*].		
49. —— de Giureu [*Jurieux?*]......	Nichil.	Dom. archiepiscopus.
50. —— de Plavaisins [*Pavesin*].....	Nichil.	S. Petrus Vienn.
51. —— de Farnay [*Farnay*]........	*"*	Eccl. Lugdun.
52. —— S. Pauli in Jareysio [*S. Paul-en-Jarez*].	*"*	
53. —— de Doayseu [*Doisieux*[6]]....	1 asinat. mell. *"*	Dom. archiepiscopus.
54. —— S. Justi [*S. Just*[7]].........	*"*	
55. —— S. Andeoli in Vallibus [*La Valla*].	18 d. et 9 d.	Eccl. Lugdun.
56. —— S. Martini Acoailleu [*S. Martin-Aquailieu*[8]].	2 s. 3 d. et 12 d. ob.	Eccl. Aniciensis.
57. —— de Ysiaco (pri. p.) [*Isieux*]..	*"*	S. Petrus puellaris [9].
58. —— de Rocataillia [*Rochetaillée*]..	*"*	S. Justus.

[1] Aujourd'hui *Saint-Jean-de-Chaussan*, du nom de l'église.

[2] On pourrait lire *Trèves*, mais il s'agit bien ici de *Trèves*; il est donc plus naturel de lire *Treuies*.

[3] On peut lire également *Attolas* ou *Accolas*; mais le nom français actuel me porte à adopter de préférence la première forme. Ce nom de *Toulas* ou *Attolas* doit être le nom ancien de la localité.

[4] Ms. *Rusia* ou mieux *Riuia*, avec une espèce d'apostrophe sur l'*a*. Il s'agit évidemment de Riverie, dont le chapitre de Saint-Paul était en effet patron. Quant aux mots *Vallis Florida*, qui suivent dans la même ligne, ils sont sans doute destinés à réparer une omission ; mais ils ne devraient pas être placés là, puisque Valfleuri dépendait de Savigneux-lez-Montbrison et non de Saint-Paul, du moins au XVIe siècle.

[5] Ce mot, qui est écrit de différentes manières dans les pouillés, était sans doute le nom primitif de la localité.

[6] On dit aussi *Doisieux-les-Farnanches*. J'ignore d'où vient ce surnom ; je ne connais aucune localité qui le porte.

[7] Il s'agit ici d'une localité voisine de Doisieux, dans la commune du même nom.

[8] Ce surnom est écrit de diverses manières : je crois celle que j'ai adoptée la meilleure, comme traduisant les mots *aquai locus* ou *aqualis*, nom donné à ce lieu parce qu'il était le point de départ du grand aquéduc de Lyon. (Voyez mon Mémoire sur les origines du Lyonnais, p. 72.)

[9] Le monastère des religieuses de Saint-Pierre de Lyon.

NOMINA ECCLESIARUM.	PARATÆ IN SYNODIS.	NOMINA PATRONORUM.
59. Eccl. S. Annemundi castri dominorum [*S. Chamond*].	"	S. Justus.
60. —— Majoris castri[1].	Nichil.	
61. —— S. Juliani [*Saint-Julien-lez-S. Chamond*].	2 s. 3 d. et 13 d. ob.	Eccl. Atthan.
62. —— de Selleu [*Cellieu*].	"	
63. —— S. Genesii in Terra Nigra [*S. Genis-Terre-Noire*].	Nichil.	Eccl. Lugdun.
64. —— de Chaignon [*Chagnon*].	Nichil.	
65. —— S. Christofori (pri.) [*S. Christo*].	2 s. 3 d. et 13 d. ob.	Eccl. Atthan.
66. —— de l'Albespin (pri.) [*Laubépin*].	"	
67. —— de Piseiz [*Pisey*[2]].	"	
68. —— de la Rajasci [*La Rajasse*].	"	Eccl. S. Pauli.
69. —— de Chastelluz [*Châtelus*].	"	
70. —— de Chavreres [*Chevrières*].	"	Eccl. S. Reneberti[3].
71. —— de S. Medardo (p. p.) [*S. Méd.*] [et] S. Dionisii [*S. Denis-sur-Coise*].	"	
72.	"	Eccl. Casæ Dei.
73. —— de Vaisseu [*Aveyzieux*].	"	
74. —— de Grantmont [*Grammont*].	"	
75. —— de Fontaneto [*Fontanès*].	"	Eccl. Lugdun.[4]
76. —— de Sorbers [*Sorbiers*].	"	Eccl. S. Justi.
77. —— de Bonofonte [*Bonnefond*].	"	Eccl. Lugdun.
78. —— de Turre [*La Tour-en-Jarez*].	"	Eccl. S. Reneberti.
79. —— S. Prejecti [*S.-Priest-en-Jarez*].	Nichil.	Dominus loci.
80. —— de Vilars [*Villars*].	"	Eccl. Lugdun.
81. —— S. Stephani Affurans [*Saint-Étienne-de-Furan*].	"	Dominus S. Prejecti[5].
82. —— S. Genesii Lerm [*S. Genis-l'Erme*[6]].	"	Eccl. Lugdun.
83. —— de Rochi la Moleri [*Roche-la-Molière*].	"	
84. —— S. Clementis [*S. Clément-du-Chambon*[7]].	"	Eccl. Atthan.

[1] C'est une église ancienne de Saint-Chamond, qu'on appelait Saint-Ennemond de Château-Major, car il y avait deux châteaux dans cette localité, qui joua un certain rôle au moyen âge.

[2] C'est sans doute la petite église de Saint-Pierre de Pisey, située sur une haute montagne près de Laubépin.

[3] Un trait de plume incertain semble rattacher *Châtelus* à l'avant-dernier patron; mais c'est sans doute par erreur.

[4] Le ms. semble indiquer pour patron de l'église de Grammont l'abbaye de la Chaise-Dieu (*Casa Dei*); mais c'est une erreur.

[5] Il y a ici dans le ms. une certaine confusion: Saint-Priest, Villars et Saint-Étienne-de-Furan semblent avoir pour patron l'église de Lyon, tandis qu'on lit à l'article de Saint-Genis: « Pa. Jaceranus Durgelz hereditario [jure]; post ipsum, de compositione, debet redire ad «dominum archiepiscopum.» Cette note ne peut se rapporter qu'à Saint-Étienne ou à Saint-Priest, car Villars et Saint-Genis ont toujours eu pour patron l'église de Lyon. Quant à la composition dont parle la note latine, et qui devait assurer le patronage de Saint-Étienne à l'archevêque de Lyon après la mort de Jocerand Durgel (ou d'Urgel), seigneur de Saint-Priest, elle n'a pas eu d'effet, car les successeurs de Jocerand ont joui de ce patronage jusqu'à la Révolution. La confusion faite par le scribe provient sans doute de ce que les quatre paroisses de Saint-Priest, Villars, Saint-Étienne et Saint-Genis faisaient partie de la baronnie de Jocerand d'Urgel. Il reste à expliquer de quel Jocerand le rédacteur du pouillé a voulu parler, car il y en a deux, l'un vers la fin du XIIe siècle, l'autre au commencement du XIVe. Les observations consignées dans le préambule de ce pouillé prouvent qu'il s'agit du premier.

[6] Ce surnom de Saint-Genis ou Saint-Genes est écrit de différentes manières, mais celle-ci est la meilleure. L'Erme signifie *désert*, *lieu inhabité* (*eremus*). Nous le verrons employé fort souvent plus loin dans ce sens.

[7] De la Mure, dans le pouillé qu'il a publié au XVIIe siècle, écrit: *eccl. S. Clementis de Chambosco*, et traduit:

NOMINA ECCLESIARUM.	PARATE IN SYNODIS.	NOMINA PATRONORUM.
85. Eccl. de Firminiaco (p. p.) [Firminy].		Eccl. insul. Barb.
86. —— S. Justi en Velley [S. Just-en-Velay].	"	"
87. —— de Miliſau [Malifaux].	"	Eccl. S. Thome.
88. —— S. Romani Alsatryes [S. Romain-les-Atheux].	"	Eccl. S. Salvatoris.
89. —— de Cornillon [Cornillon].	"	Eccl. Atthan.
90. —— S. Pauli (p. p.) [S. Paul-en-Cornillon].	"	"
91. —— S. Victoris [S. Vict.-sur-Loire] [et] Grangen capella [Grangen].	"	Insula Barb.
93. —— S. Justi supra Ligerim [S. Just-sur-Loire].	"	Monast. S^{tæ} Fidis.
94. —— de la Follousa [La Fouillouse].	"	Eccl. S. Reneberti.
95. —— S. Eugendi [S. Héand].	"	Eccl. Lugdun.
96. —— S. Boniti [S. Bonnet-les-Oules].	"	"
97. —— de Botheone [Bouthéon].	"	Eccl. S. Reneberti.
98. —— de Velchia (p. p.) [Veauche].	"	Eccl. Atthan.
99. —— de Rivaz (pri.) [Rivas].	"	"
100. —— de Cuisiaco (pri.) [Cusieu].	"	"
101. —— S. Baldomeri [S. Galmier].	"	Eccl. S. Hyrenei.
102. —— de Chambosc [Chambœuf].	"	"
103. Monast. de Jurceu [Jourcé, O. F.].	"	Eccl. S. Justi.
104. —— Vallis Benedicte (abbatia Cisterc.) [Valbenotte].	"	Eccl. Atthan.

Iste sequentes exempte, id est non respondentes archipresbytero cum deberent ?

105. Eccl. S^{tæ} Fidis [Ste Foy-lez-Lyon].	"	"
106. —— d'Escuilleu [Écully].	"	"
107. —— de Tacins [Tassin].	"	"

---

¹ Saint-Clément-de-Chambosc ou Saint-Clément-les-Places. Il donne à cette église l'abbé d'Ainay pour patron, comme dans notre pouillé. Il a évidemment commis une erreur, d'abord parce que Saint-Clément-les-Places n'était pas dans la circonscription de l'archiprêtré de Jarez, mais dans celle de l'archiprêtré de Saint-bel ou Courzieux; ensuite parce que cette église ne pouvait dépendre de l'abbaye d'Ainay, mais dépendait réellement de celle de Savigny, ou, pour mieux dire, du prieuré de Montrotier. (Voy. la ch. 450 de Savigny.) Il s'agit bien certainement ici du Chambon d'abord simple annexe de Firminy, et qui en dépendait encore au xviiie siècle. Aujourd'hui Saint-Genes-Malifaux, du nom de l'église. Ou mieux Saint-Romain-les-Atheux, cette localité tirant son nom du village des Atheux, situé dans la commune de Saint-Romain.

² Grangen est une localité voisine de Saint-Victor, sur le bord de la Loire, et où existent encore une haute tour et une chapelle dédiée à Notre-Dame.

³ Ce mot est écrit à la suite de Jourcé et dans la même ligne ; le copiste a sans doute voulu réparer une omission ; mais Chambosc n'est pas dans la circonscription de l'archiprêtré de Jarez. Il se trouve dans celle de l'archiprêtré de Néronde. C'est évidemment de Chambœuf qu'il s'agit ici. Il y avait en effet jadis un prieuré dans cette localité. Il était en ruines en 1468. (Voy. la visite dioc. de cette année et le pouillé qui suit.)

⁴ et ⁵ Ces indications sont inexactes ; Jourcé et Valbenoîte ne pouvaient dépendre de Saint-Just et d'Ainay, qui étaient d'ordres différents. Peut-être l'un de ces deux patrons, le dernier, devrait-il être placé vis-à-vis de Chambosc. Chambœuf dépendait en effet de l'abbé d'Ainay au xviiie siècle.

Comme on l'a vu dans le préambule de ce pouillé, les cinq paroisses qui suivent ont fait partie plus tard de l'archiprêtré des suburbes ; le détachement dont parle le rédacteur de ce document était donc un acheminement à la formation de l'archiprêtré des suburbes, s'il n'existait déjà.

NOMINA ECCLESIARUM.	PARATE IN SYNODIS.	NOMINA PATRONORUM.
108. Eccl. de Graysiaco [*Grézieux-la-Varenne*].	//	//
109. —— de Charbonneires [*Charbonnières*].	//	//

Summa ecclesiarum, 92 [1].
Summa in synodo S. Luce, 62 s. 1 d.
Summa in Mayo, 25 s. 4 d. ob. [2]

De archipresbyteratu Forisii [3].

1. Eccl. de Castellet [4] (pri.) [*le Châtelet*].	//	Monast. de Conchis.
2. —— S. Mauritii [*S. Maurice-en-Gourgois*].	3 s. et 13 d. ob. [5]	
3. —— de Parigneu [*Périgneux*]....	4 s. et 2 s.	Jacerannus [6] de Sancto Bonito pro capitulo Lugd.
4. —— S. Marcellini [*S. Marcellin*]..	//	
5. Chambla [*Chambles*]............	//	
6. Eccl. S. Boniti capella [7] [*S. Bonnet-le-Château*].	5 s. et 6 s.	Prior. S. Reneberti.
7. —— de Bonczo [*Bonson*]........	//	
8. —— de Marclop [*Marclop*]......	3 s. et 13 d. ob.	
9. —— de la Torreta (pri.) [*la Tourrette*].	//	Prior de la Torreta.
10. —— S. Nicetii (pri.) [*S. Nizier-de-Fornas*].	3 s. et 13 d. ob.	
11. —— de Bossel [*Boisset-Saint-Priest*].	//	
12. —— S. Prejecti [*S. Priest-en-Roussel*]	3 s. et 13 d. ob.	
13. —— S. Martini [*S. Martin de S. Romain-le-Puy* [8]].	4 s. 6 d. et 2 s. 3 d.	Prior S. Romani.
14. —— S. Petri [*S. Pierre de S. Romain-le-Puy*].	//	
15. —— de Preysseu [*Prétieux*]......	4 s. 6 d. et 2 s. 3 d.	
16. —— de Lisineu [*Lésigneux*]......	12 d. et 12 d.	
17. —— de Alta Villa [*Haute-Ville* [9]]..	12 d. et 12 d.	

[1] Dans ce total n'est pas compris *Chambosc*, qu'on avait oublié, ainsi que je l'ai dit à la note 4 de la page précédente.

[2] Je trouve en additionnant 63 s. 10 d.
et 23 s. 13 d. ob.
Les erreurs se compensant, le total donne..... 87 s. 11 d. ob.
au lieu de 87 s. 5 d. ob. que donnerait le ms. Nous ne relèverons pas les totaux des autres archiprêtrés, dont les additions n'ont pas été faites, parce que cela est sans importance pour nous.

[3] Au-dessus de ce mot, qui, comme le reste de la ligne, est en rouge dans le manuscrit, on lit, en noir, mais de la même temps à peu près, le mot *Montisbrisonis*; c'est donc au xive siècle que cet archiprêtré a changé de nom, mais non pas d'une façon absolue, car nous retrouvons parfois l'ancienne dénomination jusque dans le xvie.

[4] Le *Châtelet* est une localité située sur la rive gauche de la Loire. Il y avait autrefois un prieuré; c'est aujourd'hui un simple hameau de la commune de Chambles.

[5] Il n'y avait que deux synodes dans l'archiprêtré de Forez comme dans celui de Jarez, à la Saint-Luc et au mois de mai (*in synodo S. Luce et in Maio*).

[6] C'est sans doute comme chanoine de l'église cathédrale que Jocerand, sur lequel je n'ai trouvé aucun renseignement, possédait le patronage de ces trois cures, qui ressortissaient en effet au chapitre de Lyon. On ne possède presque rien sur la famille de Saint-Bonnet. (Voy. J. M. de la Mure, *Hist. du Forez*, p. 296, et le Laboureur, *Mazures de l'île Barbe*, t. II, p. 255.)

[7] Il est assez étrange que Saint-Bonnet, qui était déjà alors une petite ville, et qui possède une assez belle église, ne soit porté ici que comme chapelle. Sans doute la construction de son église est postérieure à notre document.

[8] On voit qu'il y avait alors dans la paroisse de Saint-Romain-le-Puy deux églises paroissiales: Saint-Martin et Saint-Pierre, outre celle du prieuré, dédiée à Saint-Romain, et qui a laissé son nom à la localité. L'église de Saint-Martin sert seule au culte aujourd'hui.

[9] Actuellement *Saint-Georges-Haute-Ville*, du nom de l'église.

NOMINA ECCLESIARUM.	PARATE IN SYNODIS.	NOMINA PATRONORUM.
18. Eccl. de Chaselles [*Chazelles-sur-Lavieu*].	*"* et 7 d.[1]	
19. —— de Soloymeu [*Soleymieux*]...	5 s. *"*	Prior S. Romani.
20. —— S. Thome (pri.) [*S. Thomas-les-Nonnains*].	*"*	
21. —— de Lavieu [*Lavieu*].........	*"*	
22. —— de Reneberti [*S. Rambert*]...	4 s. 6 d. et 2 s. 3 d.	Abbas insule Barbare.
23. —— S. Cypriani [*S. Cyprien*].....	3 s. et 13 d. ob.	Eccl. Lugdun.
24. —— de Syureu (pri.) [*Sury-le-Comtal*].	2 s. 3 d. et 9 s. 3 d.	Prior de Syureu lo Contal.
25. —— de Luireu [*Luriec*].........	5 s. et 13 d. ob.	
26. —— de Marol [*Marol*]..........	18 d. *"*	Obedientiarius S. Justi.
27. —— de Chanaleles [*Chenereilles*]..	*"*	
28. —— de Gumeres (pri.) [*Gumières*].	12 d. et 12 d.	Prior de Gumeres.
29. —— de Bar (pri.) [*Bard*]........	*"*	Prior de Bar.
30. —— d'Escotay capella [*Écotay*]...	4 s. *"*	
31. —— de Vereires [*Verrières*]......	2 s. 3 d. et 13 d. ob.	Capitul. Lugdun.
32. —— de Castro Novo [*Châtelneuf*]..	*"*	
33. —— de Lirigneu [*Lérigneux*].....	12 d. *"*	
34. —— de Cosant [*Cousan*]........	*"*	
35. —— de Rochi [*Roche*].........	3 s. 6 d. et 2 s. 3 d.	Prior de Sal.
36. —— de Sal (pri.) [*Sail-sous-Couzan*].	*"*	
37. —— de Boen [*Boën*]...........	7 s. et 2 s. 3 d.	
38. —— de la Botaresci [*la Bouteresse*].	2 s. *"*	
39. —— de Sartines [*Essertines*].....	*"*	
40. —— de Prato Longo [*Pralon*]....	*"*	Prior de Chandieu.
41. —— de Chandieu (pri.) [*Chandieu*].	4 s. 4 d. et 2 s. 3 d.	
42. —— de Unitate [*Unias*].........	3 s. et 13 d. ob.	Capitul. Lugdun.
43. —— de Saviniaco [*Savigneux-lez-Montbrison*].	4 s. 6 d. et 2 s. 3 d.	
44. —— S. Andree [*S. André de Montbrison*].	*"*	
45. —— S. Petri Montisbrisonis [*S. P. de Montbrison*].	2 s. 6 d. *"*	Prior Saviniaci [*Savigneux-lez-Montbrison*].
46. —— S. Marie Magdalene[2] [*la Madelaine de Montbrison*].	*"*	
47. —— de Modonio [*Moind*].......	12 d. et 2 s. 6 d.	
48. —— de Chalang lo Contal [*Chalain-le-Comtal*].	3 s. et 13 d. ob.	
49. —— de Boisset [*Boisset-lez-Montrond*].	3 s. et 13 d. ob.	
50. —— de Marcilleu (pri.) [*Marcilly*].	3 s. et 13 d. ob.	Prior S. Cirici.
51. —— S. Clementis [*S. Clément-sur-Lignon*].	4 s. 6 d. et 2 s. 3 d.	Prior Montisverduni.

[1] Je pense que les deux nombres, 5 s. et 7 d., devraient être en face l'un de l'autre, soit sur la ligne de Chazelles, soit sur celle de Soleymieu.

[2] On lit dans la même ligne, et comme pour réparer un oubli : «Eccl. canonicorum : patronus, comes.» Il s'agit ici de l'église collégiale de Notre-Dame-d'Espérance de Montbrison, dont les comtes étaient patrons en qualité de fondateurs. Cette église ne figure pas dans la nomenclature, parce qu'elle n'était pas paroissiale. Comme on vient de le voir, il y avait trois autres églises à Montbrison ayant titre de paroisse : Saint-André, Saint-Pierre et la Madelaine, auxquelles on peut joindre encore celle de Savigneux (n° 43), qui avait le pas sur ces dernières dans les processions de la ville.

DE SAVIGNY ET D'AINAY.

NOMINA ECCLESIARUM.	PARATE IN SYNODIS.	NOMINA PATRONORUM.
52. Eccl. Montisverduni (pri.) [*Montverdun*].	"	
53. —— Ste Agathe [*Ste Agathe-la-Bouteresse*].	18 d. et 9 d.	Prior Montisverduni.
54. —— S. Pauli [*S. Paul-d'Uzore*]...	3 s. et 13 d. ob.	
55. —— de Poloigneu [*Palognieux*]...	"	Aymarus de Mais et G. d'Angireu [pro capit. S. Justi]¹.
56. —— S. Justi [*S. Just-en-Bas*].....	2 s. et 13 d. ob.	
57. —— de Chalmazel [*Chalmazel*]...	12 d.	
58. —— S. Georgii [*S. Georges-sur-Couzan*].	4 s. 6 d. et 2 s. 3 d. et 18 s. de censu semel in anno.	
59. —— de Salvaing [*Sauvain*].......	3 s. et 13 d. ob.	Dom. archiepiscopus.
60. —— S. Boniti de Carreuz [*S. Bonnet-le-Carreau*].	"	
61. —— de Chalang in Ysoure [*Chalain-d'Uzore*].	7 s. et 2 s. 3 d.	
62. —— de Mercor [*Marcoux*].......	3 s. et 13 d. ob.	Dalmatius Morelz pro capitulo Lugdun.
63. —— de Poncins [*Poncin*]........	4 s. 6 d. et 2 s. 3 d.	
64. —— de Chambeo [*Chambéon*]...	3 s. et 13 d. ob.	
65. —— de Viladeu [*Villedieu*²]....	"	
66. —— de Mailliaco [*Meylieu-Montrond*].	3 s. et 13 d. ob.	Prior de Farges.
67. —— de Laigneu (pri.) [*Leigneux*].	"	Sanctimonial. de Laigneu.
68. —— S. Laurencii de Conchi [*S. Laurent-la-Conche*].	3 s. et 13 d. ob.	Capitul. Lugdun.
69. —— de Foro [*Feurs*]...........	9 s. 6 d. et 2 s. 3 d.	Prior de Randans.
70. —— de Randans (pri.) [*Randan*]..	"	Abbas de Siviniaco.
71. —— de Magneu [*Magneu-H^{te}-Rive*].	"	Prior de Magneu.
72. —— de Campis [*Champ*].......	3 s. et 13 d. ob.	Prior de la Bolena.
73. —— de Mornant [*Mornant*].....	"	
74. —— S. Laurencii in Solodro [*S. Laurent-en-Solore*].	7 s. et 3 s. 6 d.	
75. —— Hospitalis (pri.) [*l'Hôpital-sous-Rochefort*].	"	Prior Hospit. de Rochifort.
76. —— de Rochifort [*Rochefort*].....	"	
77. —— de la Cella [*la Celle-de-l'Orme*³].	"	Prior de Claypiaco.

Summa ecclesiarum, 68⁴.
Summa in synodo S. Luce, 8 l. 20 d.
Summa in synodo Maii, 74 s. 7 d.
Summa per totum annum, 14 l. 13 s. 1 d.
Et pro ecclesia S. Georgii, 17 s.⁵

---

¹ Les mots que j'ajoute entre crochets me semblent nécessaires, les personnes nommées ici n'étant probablement que les représentants du chapitre de Saint-Just, comme Jocerand de Saint-Bonnet, cité à la page 905, l'était du chapitre de Lyon.

² Villedieu est aujourd'hui un simple hameau de la commune de Sainte-Foy-en-Bussy, canton de Boën.

³ Aujourd'hui simple hameau de la commune de Cleppé, sous le nom de l'*Orme*.

⁴ Ce chiffre, comme les suivants, est fort erroné, car la nomenclature qui précède renferme 77 églises paroissiales et une collégiale, celle de Montbrison, en tout 78. Le rédacteur du pouillé s'est trompé d'un x.

⁵ A la suite de ces chiffres on lit, d'une écriture du

NOMINA ECCLESIARUM.	PARATE IN SYNODIS.	NOMINA PATRONORUM.

Archipresbyteratus de Neyronda.

1. Eccl. de Neyrunda [*Néronde*]...... // ⎫
2. —— de Balbigneu [*Balbigny*].... // ⎬ Prior de Poylleu.
3. —— S. Pauli [*S. Paul-d'Épercieux*]. // ⎪
4. —— de Poylleu (pri.) [*Pouilly-lez-Feurs*]. 2 s. et 2 s. [1] ⎭
5. —— S. Marcelli [*S. M.-de-Felines*]. 4 s. et 4 s.
6. —— de Sartines [*Essertines-en-Donzy*]. 2 s. //
7. —— de Piney [*Pinay*]......... //
8. —— de Veillicheneva [*Villechenève*]. 2 s. et 2 s. Prior de Montroter.
9. —— d'Afou[2] [*Affoux*]......... //
10. —— S. Johannis[3] [*S. Jean-de-Panissières*]. 4 s. et 4 s.
11. —— de Rosers [*Rozier-en-Donzy*].. 12 d. //
12. —— de Chambosc [*Chambost*].... 5 s. // Prior de Cuyseu.
13. —— de Jaas [*Jas*]............. // Dalmatius Morelz pro cap. Lugd.
14. —— de Donzeu [*Donzy*]........ //
15. —— de la Val[4]................ // Prior de Sal.
16. —— de Saviniset [*Salvisinet*]..... //
17. —— de Constances [*Cottance*].... 2 s. et 2 s. ⎫ Prior de Claypiaco.
18. —— de Civent [*Civens*]......... // ⎭
19. —— S. Justi la Pendua [*S. Just-la-Pendue*]. 2 s. et 2 s. Dominus archiepiscopus.
20. —— Ste Columbe [*Ste Colombe*]... 2 s. et 2 s. Prior de Chasei.
21. —— de Buisseires [*Bussières*].... 2 s. et 2 s. ⎫ Prior S. Albini.
22. —— de Mont Chal [*Montchal*].... // ⎭
23. —— d'Esparceu [*Épercieux*]..... 2 s. et 2 s. Prior de Randans.
24. —— S. Cyrici [*S. Cyr-de-Valorges*]. // Prior Magni Rivi.
25. —— S. Albi. [*S. Albin*[5]], patronus[6] ejusdem loci pro domo S. Hyrenei.

Summa ecclesiarum, 24[7].
Summa in synodo S. Luce, 24 s.
Summa in Maio, 24 s.

XIVe siècle : « Sequuntur ecclesie quas inveni in alio libro ; non erant in isto. » Puis viennent les noms de cinq paroisses, dont deux au moins figurent déjà dans la nomenclature précédente. Comme cette addition et quelques autres du même genre se rapportent à une époque postérieure, nous les retranchons ici, avec d'autant moins de regret qu'elles semblent empruntées au document qui suit celui-ci et ne sont pas faites avec soin.

[1] Il n'y avait que deux synodes dans l'archiprêtré de Néronde, comme dans les précédents, à la Saint-Luc et au mois de mai.

[2] Une main moins ancienne a ajouté *et de Vyoleis*.

[3] Une autre main a ajouté *de Panccieres*.

[4] Il s'agit sans doute de Lavalette, dont l'église avait encore le titre d'annexe de Salvisinet avant la Révolution. C'est aujourd'hui un simple hameau de la commune du même nom.

[5] Ancien prieuré, aujourd'hui simple hameau de la commune de Bussières-lez-Néronde.

[6] Il manque ici quelque chose, probablement le mot *prior*. Du reste, cette ligne incomplète est inscrite après les totaux dans le manuscrit.

[7] Cette ligne, écrite d'une autre main, et la dernière de toutes dans le manuscrit, ne comprend cependant pas l'église de Saint-Albin, ajoutée ici par le premier scribe, ni celle de Violet (note 2), qui semble de l'écriture même de celui qui a fait l'addition des églises.

DE SAVIGNY ET D'AINAY.

NOMINA ECCLESIARUM.	PARATE IN SYNODIS.	NOMINA PATRONORUM.
Archipresbyteratus de Pomeriis.		
1. Eccl. de Julleu [*Jullieu*]..........		
2. [et] S. Stephani [*S. Ét.-le-Molard*]............	3 s. 4 d. ob. *"* [1]	Prior de Montverdun.
3. —— de Nerveu [*Nervieux*]......	3 s. 4 d. ob. et 2 s.	
4. —— de Sesel [*Cesay*]...........	3 s. 4 d. ob. et 4 s.	Garinus Senescalcus [pro capitulo Lugdun. [3]].
5. [et] d'Ailleu [*Ailleu*]....		
6. —— S. Martini de Strata [2] [*S. Martin-la-Sauveté*].	18 s. *"*	
7. —— de Sautreignon [*Souternon*]..	*"*	
8. —— de Pomers (pri.) [*Pomiers*]...	5 s. *"*	
9. —— de Buyssi [*Bussy-Albieux*]....	6 s. 6 d. *"*	
10. —— de Barolli [*Baroille* [4]].......	Nichil.	
11. —— de Graysoles [*Grezolles*].....	3 s. 4 d. ob. *"*	Prior de Pomers.
12. —— de Giureu (pri.) [*Juré*].....	3 s. 3 d. *"*	
13. —— de S. Marcello [*S. Marcel-sous-Urfé*].	3 s. *"*	
14. —— de Noailleu [*Nollieux*]......	2 s. 3 d. *"*	
15. —— de S. Desiderio [*S. Didier-sous-Rochefort*].	18 s. *"*	Prior de l'Ospital.
16. —— de Claypeu (pri.) [*Cleppé*]...	*"*	
17. —— de Sᵗᵉ Fidis [*Sᵗᵉ Foy-en-Bussy*].	4 s. *"*	Prior de Claypeu.
18. —— de Maysereu [*Mizérieux*]....	3 s. 4 d. ob. *"*	
19. —— de S. Germano [*S. Germain-Laval*].	6 s. 6 d. *"*	Prior de Pomers et prior de Claypeu.
20. —— de la Prugni (pri.) [5] [*la Prugne*].	Nichil.	Abbas de la Clusa.
21. —— S. Justi (pri.) [*S. Just-en-Chevalet*].	12 s. 6 d. *"*	Prior S. Justi.
22. —— de S. Romani [*S. Romain-d'Urfé*].	6 s. 6 d. *"*	Dominus archiepiscopus.
23. —— d'Arteun [*Arthun*].........	Nichil.	Prior de Poylleu.
24. —— S. Sulpicii [*S. Sulpice-en-Bussy*].	In Maio 2 s. et in Adventu 4 s. in Februario 18 d. [6]	*"*
25. —— S. Sixti [*S. Sixte*].........	In Maio 2 s. et in Adventu 4 s. 6 d. in Februario 18 d. [7]	*"*

[1] Il n'y avait que deux synodes dans l'archiprêtré de Pommiers, comme dans les précédents, à la Saint-Luc et au mois de mai.

[2] Le mot de *Strata* est écrit sans doute par erreur pour *Salvetate* : Saint-Martin-l'Estra est dans l'archiprêtré de *Sainbel* ou *Courzieu*, comme on le verra plus loin.

[3] Les mots que j'ajoute entre crochets me semblent nécessaires : Garin Sénéschal n'était que le représentant du chapitre, comme Dalmace Morel, mentionné dans les deux archiprêtrés précédents et dans celui-ci même (voy. le n° 26).

[4] Aujourd'hui *Saint-Georges-de-Baroilles*, du nom de l'église.

[5] C'est *la Prugne*, commune du département de l'Allier, que la carte diocésaine de 1769 semble, par son silence, placer dans le diocèse de Clermont, mais qui faisait bien certainement partie de celui de Lyon, car cette localité figure dans les pouillés de ce diocèse jusqu'au xviiiᵉ siècle. L'un d'eux nous apprend même que l'église de la Prugne était sous le vocable de saint Just.

[6] Ces indications, qui sont en dehors des dispositions générales, occupent la place du nom du patron de cette église, qui a par suite été omis, mais peut-être celui de Dalmace Morel, qui vient plus has, l'embrasse-t-il également, ce qu'un trait de plume semble indiquer.

[7] Même observation qu'à la note précédente.

NOMINA ECCLESIARUM.	PARATE IN SYNODIS.	NOMINA PATRONORUM.
26. Eccl. S. Prejecti [*S. Priest*[1]]......	"	Dalmacius Morelz
27. —— S. Johannis [*S. Jean-la-Vestre*].	"	[pro capitulo Lugdun.[2]].
28. Capella d'Ulpheu [*Urfé*].........	12 d.[3] in unaquaque syn.	
29. —— de Cerveiri [*Cervières*]....	12 d. quaque synodo.	Archipresbyter.
30. Eccl. de Salis [*les Salles*].......	6 s. 6 d. "	
31. —— de Champului [*Champoli*]...	3 s. 4 d. ob. "	[Prior] de Nigro
32. —— S. Juliani de Lavaistres [*S. Julien-la-Vestre*].	4 s. 3 d. "	Stabulo.
33. —— d'Amionz [*Amions*][4].......	3 s. 4 d. ob. "	Ecclesia Aniciensis.
34. —— S. Juliani d'Odes [*S. Julien-d'Odes*].		
35. —— de la Berichi[5].		
36. Hospitale de Vereires [*Verrières-lez-S.-Germain*].		
37. Capella de la Chamba [*la Chamba*].		
38. ——Montis Lune[6].		

[7] Summa ecclesiarum, 31,
    Et 4 chapeles,
    Et 1 ospital.[8]

Archipresbyteratus de Arbrella.

1. Eccl. de Lentilleu [*Lentilly*]......	Nichil.	Willelmus de Marzeu[9].
2. —— de Floireu [*Fleurieux*]......	12 d. qualibet synodo[10].	Abbas insule [Barbare].
3. —— den[11] Serceu [*Sourcieux*]....	2 s. qualibet synodo.	Sacrista Savigniaci.
4. —— Arbrelle (pri.) [*l'Arbréle*]....		
5. —— [et] S. Germain [*S. Germain-sur-l'Arbréle*].......	16 d. qualibet synodo.	Abbas Savigniaci.
6. —— de Bulleu [*Bully*].........	2 s. qualibet synodo.	
7. —— de Ulmis [*les Olmes*]......	3 d. qualibet synodo.	Claviger Savigniaci.
8. —— d'Araiscu [*Daraisé*].......	6 d. qualibet synodo.	
9. —— S. Lupi [*S. Loup*]........	In prima syn. 13 d. ob. in sec. 18 d. in tercia 4 s.	Abbas Savigniaci.
10. —— de S. Ferreolo [*S. Forgeux*]..	4 s. qualibet synodo.	Humbertus, can. S. Justi.

[1] S'agit-il ici de Saint-Priest-la-Vestre ou de Saint-Priest-la-Prugne ? C'est ce qu'il est impossible de dire d'une manière positive. Le nom du patron semble désigner Saint-Priest-la-Vestre, que les pouillés postérieurs placent sous le patronage du chapitre de Lyon; mais cette localité ne figure que fort tard sur les pouillés, et comme annexe de Saint-Jean-la-Vestre, tandis que Saint-Priest-la-Prugne figure comme paroisse sur le pouillé du xve siècle.

[2] Voyez les notes 3 et 6 de la page précédente.

[3] Au-dessus du chiffre xii, est écrit en interligne le mot *archipresbytero*, ce qui semble indiquer que cette somme de 12 deniers était affectée spécialement à l'archiprêtre, patron de la chapelle d'Urfé.

[4] Les cinq lignes qui suivent sont écrites après un blanc, et semblent une addition faite après coup, mais par la même main qui a copié le reste du manuscrit.

[5] Nous verrons plus loin ce nom écrit *Benchi*. Je n'ai pu retrouver la situation de cette localité ni sous l'une ni sous l'autre forme.

[6] Le seul nom qui ait aujourd'hui quelque rapport avec celui-ci est celui d'un hameau de la commune de Saint-Just-en-Chevalet, appelé *Montlou*; mais je n'ose affirmer que ce soit là notre *Mons Lune*.

[7] D'une main plus moderne.

[8] Ce total est exact, mais on n'a pas fait l'addition des revenus ici non plus qu'aux archiprêtrés suivants.

[9] Il faut probablement ajouter ici : « pro capitulo Lugd. » (Voyez la note 3 de la page précédente.)

[10] Il y avait au moins trois synodes dans l'archiprêtré de l'Arbresle; mais les dates n'en sont pas indiquées. Le manuscrit porte seulement *parate in synodis*.

[11] Ainsi dans le manuscrit.

NOMINA ECCLESIARUM.	PARATE IN SYNODIS.	NOMINA PATRONORUM.
11. Eccl. de Tarare (pri.) [*Tarare*]....	In prim. syn. 13 d. ob. in sec. 18 d. in tercia 4 s.	Prior ejusdem loci.
12. —— S. Verani [*S. Veran*].......	2 s. 6 d. qualibet synodo.	Prior de Tiseu.
13. —— S. Clementis [*S. Clément-de-Valsonne*].	2 s. qualibet synodo.	Sacrista S. Justi.
14. —— de Valle Soenne [*Valsonne*]..	2 s. qualibet synodo.	
15. —— S. Appollinaris [*S. Appolinaire*].	2 s. qualibet synodo.	
16. —— S. Justi d'Avrei [*S. J. d'Avray*].	6 d. qualibet synodo.	Soffredus, can. S. Justi.
17. —— de Chambosc [*Chambost-sur-Chamelet*].	Nichil.	Pontius de Quinceu.
18. —— de Chamelet [*Chamelet*].....	2 s. qualibet synodo.	Soffredus, can. S. Justi.
19. —— de Strata [*l'Étra*]..........	2 s. qualibet synodo.	
20. —— de Ternant (pri.) [*Ternant*]..	2 s. qualibet synodo.	Prior ejusdem ville.
21. —— S. Laurencii [*S. L. d'Oingt*]..	4 s. qualibet synodo.	Claviger Savigniaci.
22. —— del Bois [*le Bois-d'Oingt*]....	12 d. qualibet synodo.	
23. —— de Yconio [*Oingt*].........	Nichil.	Dominus archiepiscopus.
24. —— de Frontanas (pri.)[1] [*Frontenas*].	2 d.	''
25. —— de Tayseu [*Theisé*]........	Nichil.	Abbas Savigniaci[2].
26. —— de Baigneulz [*Bagnols*].....	12 d. qualibet synodo.	Dominus archiepiscopus.
27. —— del Bruel [*Le Breuil*].......		Abbas Savigniaci.
28. —— de Chaisseu [*Chessy*][3].....	12 d. qualibet synodo.	
29. —— de Jo [*Joux-sur-Tarare*]....	6 d.	'' Hostalarius Savigniaci.
30. —— de Sarsay[4] [*Sarsay*].......	2 s. qualibet synodo.	Abbas Savigniaci.
31. —— S. Andree de Savigniaco[5] [*S. André-de-Savigny*].	Nichil.	
32. —— d'Ioing [*Oingt*]..........	12 den. censuales.	
33. —— del Bois [*le Bois-d'Oingt*]....	7 s.	Dominus archiepiscopus.
34. —— de Bannuels [*Bagnols*]......	Medietatem proventuum.	
35. —— de Noelles (pri.) [*Nuelles*]...	2 d. qualibet synodo.	Petrus de Boteone.
36. —— Ste Galbore [*Ste Valburge d'Amancy*[6]].	4 d. qualibet synodo.	Claviger Savigniacensis.

Summa ecclesiarum, 33[7].

---

[1] Dans le manuscrit, le nom de cette paroisse est écrit à la suite de celui de la précédente, et dans la même ligne.

[2] Ces mots ont été écrits en surcharge, à une époque plus moderne et d'une autre main. On ne peut lire ce qu'il y avait auparavant.

[3] Cette paroisse est inscrite à la suite de la précédente, et dans la même ligne : le chiffre et le nom du patron s'appliquent évidemment aux deux.

[4] Une main plus moderne a écrit en interligne : « alias Salvagny. » On ne comprend pas le motif de cette addition, car Sarsay et Salvagny n'ont aucun rapport l'un avec l'autre. Peut-être cette note s'applique-t-elle à la ligne suivante.

[5] Il est assez étrange que l'église paroissiale de Savigny (qui était dédiée à saint André) soit mentionnée dans l'archiprêtré de l'Arbrêle, tandis que celle de l'abbaye est portée dans celui de Sainbel. (Voyez le n° 6 de l'archiprêtré qui suit.)

[6] Amancy, Amanzé ou Amancey est aujourd'hui un petit hameau réuni à la commune de Châtillon, mais qui a eu rang de paroisse jusqu'au XVII° siècle. L'église, qui existe encore, et qui est située un peu au nord du hameau, est dédiée à sainte Valburge. Près de là se trouvait l'ancien prieuré de Dorieu, autrement dit *de Duabas Rivis*, nom qu'il tirait de la situation au confluent de deux rivières, la Bravenne et l'Azergue. Son église était dédiée aux SS. Jacques et Philippe. Le nom de Dorieu est resté à un petit village qui fait aussi partie de la commune de Châtillon.

[7] Cette ligne est d'une écriture moins ancienne. Le chiffre qu'elle porte est exact si on ne compte que les lignes du manuscrit, mais il ne l'est pas si on compte toutes les églises mentionnées, parce que plusieurs se trouvent confondues avec d'autres sur une même ligne. On trouve en tout 36 noms; mais quelques-unes, à la vérité, font double emploi : ce sont les n°° 22-33, 28-32, 26-34. En résumé, les erreurs se compensant, nous ne trouvons réellement que 33 paroisses.

De archipresbyteratu de Sambeel[1].

NOMINA ECCLESIARUM.	PARATE IN SYNODIS.	NOMINA PATRONORUM.
1. Eccl. de Marceu [*Marcy-les-Loups*].		
2. —— et de Sta Consorcia [*Ste Consorce*].	13 d. qualibet synodo [2].	Obedientiarius S. Justi.
3. —— de Pollenay [*Pollionay*].	Nichil.	Capitulum Lugdunense.
4. —— S. Petri apud Paludem [*S. Pierre-la-Palud*].	10 d. qualibet synodo.	Abbas Savigniaci.
5. —— de Sambeel [*Sainbel*].	Nichil.	
6. —— de Savigniaco (abbatia [3]) [*l'abbaye de Savigny*].	2 s. 3 d. et 13 d. ob.	
7. —— S. Romani [*S. Rom.-de-Popès*].	4 s. 6 d. et 2 s. 3 d.	Abbas Savigniaci [4].
8. —— de Corzeu [5] (pri.) [*Courzieu*].	2 s. 3 d. et 13 d. ob.	
9. —— de Bessennay [*Bessenay*].	4 s. 6 d. et 2 s. 3 d.	Prior de Corzeu.
10. —— S. Juliani [*S. Julien-sur-Bibost*]	8 d. et 4 d.	
11. —— S. Laurencii [*S. Laurent-de-Chamousset*].	2 s. 3 d. et 13 d. ob.	Abbas Savigniaci.
12. —— de Brulloles [*Brullioles*].	4 s. 6 d. et 2 s. 3 d.	
13. —— de Montetroterio (pri.) [*Montrotier*].	2 s. 3 d. et 13 d. ob.	
14. —— de Longi Saigni [*Longes-Saignes*].	"	Prior [de Montetroterio].
15. —— et de S. Clemente [*S. Clément-des-Places*].	8 d. in qualibet synodo.	
16. —— S. Bartolomei [6] [*S. Barthélemy-l'Estra*].	Semel in anno 6 d.	Canonici S. Justi.
17. —— S. Martini [7] [*S. Martin-l'Estra*].	2 s. 3 d. et 13 d. ob.	Capitul. Lugdun. [8]
18. —— de Alta Revoiri [*Haute-Rivoire*]	4 s. 6 d. et 2 s. 3 d.	Prior de Montroter.
19. —— de Sal (pri.) [*Sail-en-Donzy*].	Semel in anno 4 d.	Prior [loci].
20. —— de Valleles [*Valleilles*].	2 s. 3 d. et 13 de ob.	Capitulum Lugdun.
21. —— S. Cirici [*S.-Cyr-les-Vignes*].	2. s. 3 d. et 13 d. ob.	
22. —— de Farges (pri.) [*les Farges*].	4 s. et 3 s.	
23. —— S. Andree [9] [*S. André-le-Puy*].	Nichil.	Prior [de Farges].
24. —— de Viricella [*Viricelle*].	Semel in anno ...	
25. —— de Maringes [*Maringes*].	Semel in anno 6 d.	Capitulum S. Justi.
26. —— de Virigneu [*Virigneux*].	Semel in anno 6 d.	Prior de Poylleu.

---

[1] Une main plus moderne a écrit en noir, au-dessus de ce mot, qui est en rouge comme le reste de la ligne, *seu Corziaci*. (Voyez la note 3 de la page 905.)

[2] Il n'y avait que deux synodes dans l'archiprêtré de Sainbel : celui de la Saint-Luc et celui du mois de mai (*in synodo S. Luce et in Maio*).

[3] Voir la note 5 de la page précédente. La principale église de l'abbaye de Savigny était dédiée à saint Martin ; mais il y avait dans le monastère deux autres églises ou chapelles, l'une dédiée à la Vierge, l'autre à saint Léger, outre l'église paroissiale de Saint-André, située dans le village.

[4] Une main plus moderne a ajouté sur la ligne de *Corzeu* : « prior ejusdem loci. » Peut-être l'abbé de Savigny était-il alors patron de la paroisse de Courzieu comme il l'était du prieuré.

[5] On a ajouté postérieurement un i dans ce mot (Corzieu).

[6] Une main plus moderne a ajouté ici le mot *Lestra*, et dans la colonne des patrons : « Canonici S. Justi Lugd. »

[7] Une main plus moderne a ajouté ici le mot *Lestra*, et dans la colonne des patrons : « Capitulum Lugdun. »

[8] Comme on vient de le voir (notes 6 et 7), cette ligne et la précédente sont d'une écriture moins ancienne.

[9] Une main plus moderne a ajouté ici *lo puey* (Saint-André-le-Puy). J'ignore d'où vient ce surnom de Puy ; le petit hameau qui porte le nom de Puy, et qui l'a imposé à la paroisse, n'est pas du tout sur un *pay* (montagne) ; peut-être faudrait-il lire *lo puits*.

NOMINA ECCLESIARUM.	PARATE IN SYNODIS.	NOMINA PATRONORUM.
27. Eccl. de Mais [*Meis*]............	2 s. 3 d. et 13 d. ob.	S. Justus.
28. ——— S. Romani Veteris (?)......	2 s. 3 d. et 13 d. ob.	Eccl. insule Barbare.
29. ——— de Grayseu [*Grézieux-le-Marché*].	2 s. 3 d. et 13 d. ob.	Eccl. Savigniac.
30. ——— de Aveyses [*Aveise*]........	2 s. 3 d. et 13 d. ob.	Hostalarius Savigniac.
31. ——— de Duerna [*Duerne*]........	2 s. 3 d. et 13 d. ob.	Prior de Mornant.
32. ——— S. Symphoriani [*S. Simphorien-le-Châtel*].	Nichil.	Capitulum Lugdun.
33. ——— de Coisi [*Coise*]...........	Nichil.	
34. ——— Capelle [*la Chapelle-en-Vaudragon*].	Nichil.	S. Justus.
35. ——— de Pomei [*Pomeis*]........	"	Capitulum Lugdun.
36. ——— Yseronis [*Iseron*]..........	Semel in anno 6 d.	Prior Castri Veteris.
37. ——— Ste Fidis [*S. Foy-l'Argentière*]		
38. ——— et S. Genesii [*S. Genis-l'Argentière*]............	Semel in anno 8 d.	Capitulum Lugdun.
39. ——— Montis-Romani [*Mont-Roman*].	"	
40. ——— S. Luce [1]...............	78 s. 3 d. "	
41. ——— S. Romani [2].............	De concensu 7 s. semel in anno.	Isti concensus sunt domini archiepiscopi.
42. ——— de Brulloles [*Brullioles*]....	5 s.	
43. ——— de Chamosset [*Chamousset*]..	5 s.	
44. ——— Castri Veteris (pri.) [*Château-Vieux*].	Debet dom. archiepiscopo semel in anno 10 s. de censu, et de paratis 6 s. 8 d. qualibet synodo.	
45. Hospitale de Chasaleto [*Chazelles-sur-Lyon*].		

[3] Summa ecclesiarum, 39 [4], et 1 ospitale.

De archipresbyteratu de Roaneis.

1. Eccl. de Salvages [*les Sauvages*]...	Debet unaquaq. syn...	Dom. archiepiscopus.
2. ——— de Amplo Putheo [*Amplepuis*].	Unaquaque synodo 3 s.	Abbas Savigniac.
3. ——— de Ronno [*Ronno*].........	Qualibet synodo 12 d.	
4. ——— de Fornelz [*Fourneaux*].....	Nichil.	Dom. archiepiscopus.
5. ——— de Maschasal [*Maschezal*]...	Qualibet synodo 2 s.	Dom. archiep. et prior de Tyseu.
6. ——— de Lay [*Lay*].............	Qualibet synodo 8 s.	
7. ——— de Nualz [*Nuoux*]..........	In una syn. 12 d. in alia 6 s.	Prior de Rigneu.
8. ——— de Parigneu [*Parigny*]......	Semel in anno 2 s.	
9. ——— S. Prejecti [*S. Priest-la-Roche*].	Qualibet synodo 2 s. [5]	Archipresbyter.

---

[1] Le chiffre attribué à cette paroisse (78 s. 3 d.) me porte à croire qu'il faudrait lire ici : *Summa in syn. S. Luce*, et mettre cette ligne après le total des églises.

[2] Dans le manuscrit, ce nom et les trois suivants sont inscrits à la suite l'un de l'autre, ce qui explique l'erreur faite dans l'addition.

[3] Cette addition est plus moderne.

[4] On trouve 41 églises, ou même 44, en comptant les annexes, mais quelques-unes font double emploi : tels sont les n°s 41, 42, 43.

[5] Le ms. ajoute : *III s. pa. archip.* Peut-être sont-ce 3 sous qui étaient dus au patron en particulier.

NOMINA ECCLESIARUM.	PARATE IN SYNODIS.	NOMINA PATRONORUM.
10. Eccl. S. Cirici [*S. Cyr-de-Favières*].	Qualibet synodo 2 s.[1]	Abbas Atthan.
11. —— de Comelles [*Commelles*]....	Semel in anno 9 d.	Capitul. Lugd. et prior S. Johannis[2].
12. —— de Cordella [*Cordelles*]......	Qualibet synodo 4 s.	Prior S. Johannis.
13. —— de Vernei [*Vernay*].........	Semel in anno 9 d.	Prior de Vilareis.
14. —— de Nulisia [*Nulise*].........	Qualibet synodo 4 s.	Dom. archiepiscopus.
15. —— de Veindranges [*Vandranges*].	Nichil.	Capitul. Lugdunense.
16. —— de Luireu [*Luré*]..........	In una syn. 6 s. in alia 12 d.	Archipresbyter[3].
17. —— de Cromelz (pri.) [*Cremeaux*].	Qualibet synodo 4 s.	Abbas Casc Dei.
18. —— de Chareyes [*Chérier*]......	Qualibet synodo 5 s.	Capitul. Lugdunense.
19. —— [de] Danceu [*Dancé*]......	Qualibet synodo 12 d.	Capitul. Anniciense.
20. —— S. Mauricii [*S. Maurice-sur-Loire*]................	Nichil.	Dom. archiepiscopus.
21. —— [et] S. Johannis (pri.) [*S. Jean-sur-S.-Maurice*].		
22. —— de Sant Polgo [*Saint-Polgue*].	Qualibet synodo 6 d.	Prior S. Johannis.
23. —— de Bulleu [*Bally*].........	Nichil.	
24. —— de Lentigneu [*Lentigny*]....	Nichil.	Capitul. Lugdunense.
25. —— de Villa Monteis [*Villemontais*].	Nichil.	
26. —— de Vilareis (pri.) [*Villerest*]..	Qualibet synodo 12 d.	Prior ejusdem loci.
27. —— S. Sulpicii [*S. Sulpice-lez-Villerest*].	Semel in anno 9 d.	Prior de Vilareis.
28. —— S. Andree [*S. André-d'Apchon*[4]].	Qualibet synodo 4 s.	
29. —— de Ronneisons (pri.) [*Renaison*].	Qualibet synodo 4 s.	Prior Amberte.
30. —— S. Habundii [*S. Haon-le-Châtel*]	Nichil.	
31. —— S. Habundii Veteris [*S. Haon-le-Vieux*].	Nichil.	
32. —— Amberte [*Ambierle*]........	Nichil.	[Prior Amberte.]
33. —— de Poilliaco [*Pouilly-les-Nonnains, prieuré*].	Nichil.	Monache ejusdem loci.
34. —— de Riorges [*Riorges, prieuré*].	Semel in anno 3 s.	Prior ejusdem loci.
35. —— S. Leodegarii [*S. Léger*]....	Semel in anno 3 s.	Prior de Riorges.
36. —— de Rodenna [*Roanne*].......	Qualibet synodo 4 s.	Dom. archiepiscopus[5].
37. —— de Boysseu (pri.)[6].........	Nichil.	Prior loci.
38. —— S. Romain [*S. Romain-la-Mothe*].	Qualibet synodo 2 s.	Conventus Marciniaci.
39. —— de Mableu [*Mably*]........	Qualibet synodo 2 s. et in Purificatione 2 s. 6 d.	Prior Amberte.
40. —— S. Germani [*S. Germain-l'Espinasse*].	Qualibet synodo 4 s.	
41. —— de Briannon (pri.) [*Briennon*].	Qualibet synodo 4 s.	Prior loci.
42. —— de Lespinaci [*l'Espinasse*[7]]...	Nichil.	Prior Amberte.
43. —— S. Ferreoli [*S. Forgeux-l'Espinasse*].	Semel in anno 9 d.	

[1] Même observation qu'à la note précédente.
[2] Ces noms de patrons sont écrits en surcharge.
[3] Ce mot en remplace un autre qu'on ne peut lire.
[4] Ou *Saint-André-de-Renaison*.
[5] On a écrit à la place de ce mot : « Cap. S. Nicetii Lugd. »
[6] Peut-être *Boisy*? Des pouillés postérieurs placent l'église de cette paroisse, dont le nom est écrit *Busseu* et *Boyssico*, sous le patronage du prieur d'Ambierle.
[7] C'est aujourd'hui un simple hameau de la commune de Saint-Forgeux-l'Espinasse.

NOMINA ECCLESIARUM.	PARATE IN SYNODIS.	NOMINA PATRONORUM.
44. Eccl. de Nuailleu (pri.) [*Noailly*]..	Qualibet synodo 9 s.	Prior loci.
45. —— de Meley [*Melay*].........	Qualibet synodo 4 s.	Prior S. Rigaudi et prior Denzia[1].
46. —— de Sant Jaudart [*S. Jodart*]..	Nichil.	Capit. S. Justi.
47. —— S. Rivoriani [*S. Riran*]......	Nichil.	Prior Amberte.
48. —— S. Pauli [*S. Paul-de-Veselin*]..	4 s. "	Archipresbyter.
49. —— Belli loci[2] monialium (pri.)[3] [*Beaulieu*].		

Ecclesie que sequuntur sunt domini archiepiscopi.

50. Eccl. de Salvatges, eccl. de Fornelz, eccl. de Chasalsymont[4], eccl. de Nuelisia, eccl. S. Mauricii, eccl. de Rodenna.

Summa S. Luce, 4 l. 12 s.
Summa in Maio, 4 l. 5 s. 6 d.

Archipresbyteratus de Ansa.

1. Eccl. de Traceu [*Dracé*].........	In syn. S. Luce 5 s. 2 d. min. et in Maio 3 s. 2 d. min.[5]	Prior d'Arna.
2. —— de Charentay [*Charentay*]....	In qualibet syn. 12 d. f.	Capitul. Bellijoci[6].
3. —— de Corcelles [*Corcelles*]....	In synodo beati Luce 5 s. 2 d. min. et in Maio 3 s. 2 d. min. et de censu 3 s. f.	Prior S. Joh. de Arderia.
4. —— de Celsie (pri.) [*Cercié*]....	Qualibet synodo 8 d. f.	Prior d'Alio.
5. —— S. Leodegarii [*S. Lager*]....	Qualibet synodo 2 s. 6 d.	Capitul. S. Pauli.
6. —— d'Audona [*Odonas*].........	Qualibet synodo 2 s. 6 d. f.	
7. —— d'Albuczona (pri.) [*Arbussona*]	Qualibet synodo 6 d. f.	Prior ejusdem loci.
8. —— S. Johannis de Arderia [*S. Jehan-d'Ardière, prieuré*]...	Qualibet trium syn. 18 d. f. in quarta syn. 8 s.[7]	Prior ejusdem ecclesie.
9. —— de Quinceyo (pri.) [*Quincié*]..	Qualibet trium syn. 3 s. f. in quarta syn. 8 s. et de censu 7 s. 6 d. f. in qualibet synodo.	Prior S. Nicetii.
10. —— de Vallibus [*Vaux*].........	In 4ᵃ synodo 5 s. f.	Sacrista Cluniacensis.
11. —— de Poilliaci Monialis (pri.) [*Pouilly-le-Monial*].	Qualibet trium syn. 4 d. f. in quarta syn. 2 s. f.	Prior ejusdem ville.
12. —— de Liergos [*Liergues*]......	Qualibet [trium] syn. 2 s. in quarta syn. 4 s. f.	Prior de Frontana.
13. —— de Layseu (pri.) [*Glézé*]....	Qualibet synodo 4 d. f.	Abbas S. Andree Vienn.

---

[1] Il faut lire *Donsiaci*.
[2] Le ms. porte par erreur *Bellijoci*. Il s'agit de Beaulieu près de Roanne. (Voyez note 6.)
[3] Cette ligne, qui avait été omise, sans doute par inadvertance, est placée après les totaux.
[4] Aujourd'hui *Chirassimont*. Cette église ne figure pas dans la nomenclature qui précède; mais toutes les autres s'y trouvent.

[5] On a ajouté plus tard ici le mot *fort.* qui semble contredit par celui écrit d'abord (*min.*).
[6] Le ms. porte ici *Belliloci*, ce qui est une erreur évidente, car il s'agit du chapitre de Beaujeu. Beaulieu n'avait pas de chapitre. (Voyez ci-dessus la note 2.)
[7] On voit qu'il y avait quatre synodes dans l'archiprêtré d'Anse; mais le manuscrit n'en indique pas les termes.

NOMINA ECCLESIARUM.	PARATE IN SYNODIS.	NOMINA PATRONORUM.
14. Eccl. de Coigneu [*Cogny*]........	In prima syn. 2. s. in sec. 4 s. in tercia 8 s. in quarta 5 s. f.	Prior de Daniceu [*Denicé*].
15. —— de Villa [*Ville-sur-Jarniost*]..	In prima synodo 2 s. in secunda 4 s. in tercia 8 s. f.	Prior de Chaseto.
16. —— Villefranche [*Villefranche*]...	"	Prior Gravis Longe [*Grelonge*].
17. —— de Balligneu [*Beligny*]......	Qualibet synodo 6 d. f.	Obedienciarii Anse.
18. —— de Moranceu (pri.) [*Morancé*].	Qualibet synodo 18 d. f.	Abbat. S. Petri Puellaris.
19. —— de Chasei[1] (pri.) [*Chazay*]..	Qualibet synodo 6 d. f.	Prior de Chaseto.
20. —— de Carniaco [*Charnay*]......	In prima syn. 2 s. in secunda 4 s. in tertia 8 s. f.	Eccl. Lugdunensis.
21. —— de Castellione [*Châtillon*]....	Qualibet synodo 6 d. f.	Willelmus de Riveria, pro eccl. S. Pauli.
22. —— de Lucennay [*Lucenay*].....	"	Obedienciarius Anse.
23. —— de Syvreu [*Civrieux*].......	18 d. f. de censu 18 d. f.[2]	Prior de Chaseto.
24. —— de Quinceu [*Quincieux*].....	"	Sacrista S. Justi.
25. —— de Marcilleu [*Marcilly-d'Azergues*].	Qualibet synodo 4 s. f.	Prior de Chaseto.
26. —— de Lisseu [*Lissieux*]........	Qualibet synodo 4 d. f.	Prior de Sales.
27. —— de Limonas [*Limonest*].....	"	Dom. archiepiscopus.
28. —— S. Desiderii (pri.) [*S. Didier-au-Mont-d'Or*].	Qualibet trium syn. 20 d. in quarta 4 s. 10 d. f.	Abbas Savigniac.
29. —— Ronnens [*S. Georges-de-Ronneins*].	In unaquaque trium syn. 18 d. in quarta syn. 8 s. f.	Prior d'Arpaie.
30. —— Arnas (pri.) [*Arnas*].......	In unaquaque [trium] syn. 18 d. in quarta syn. 4 s. f.	Prior de Arna.
31. Ad Auliacum [*Ouilly*]..........	In unaquaque syn. 4 d. de servicio 3 s. 6 d. f.	Prior de Arna.
32. Ad Poilliacum Castrum [*Pouilly-le-Châtel*][3].	In unaquaque syn. 4 d. f.	Prior de Lymanz.
33. Ad Montem Malst[m][4] [*Montmelas*].	In singulis synodis 18 d.	Prior Deniciaci[5].
34. Ad S. Julianum [*S. Julien-sous-Montmelas*].	In qualibet synodo 4 d.	Prior de Limanz.
35. Eccl. de Naisteu (pri.) [*Néty*[6]].		
36. —— de S. Stephani de la Varenna [*S. Étienne-la-Varenne*].		
37. —— S. Saturnini (pri.) [*S. Sorlin-le-Puy*].		
38. Templum Belle Ville [*le Temple de Belleville*].		

[1] Le copiste avait écrit, par inadvertance sans doute, *Chacellai*; mais il a écrit en interligne Chasei. *Chacellai* se trouve en effet plus loin. (Voyez n° 54.)
[2] Ainsi au manuscrit.
[3] Les six articles qui suivent, jusques et y compris *Templum Belleville*, ou au moins les deux premiers, sont une intercalation indiquée par un renvoi, à la suite des premiers totaux. On a même inscrit les six derniers totaux en regard des quatre derniers articles. C'est pourquoi, faute de place, ces articles n'ont point ici de patrons.
[4] Sans doute *Montem Malastum*.
[5] Mal écrit *de Niciaci*.
[6] *Néty*, aujourd'hui simple hameau de la commune de Saint-Étienne-la-Varenne.

NOMINA ECCLESIARUM.	PARATE IN SYNODIS.	NOMINA PATRONORUM.
39. Ad Blaceu [Blacé]..............	Qualibet synodo 6 d. f.	Prior de Sales.
40. Ad Sales (pri.) [Salles].........	"	Prior ejusdem loci.
41. Ad Denice (pri.)[1] [Denicé]......	Qualibet synodo 18 d. et de censu 6 s. f.	Prior ejusdem loci.
42. Cum cap. de Cheneves [Chevenes].	4 s. f.	"
43. Ad Limanz (pri.) [Limans]......	Qualibet synodo 8 d. f.	Prior ejusdem loci.
44. Ad Chalvinges [Chervinges]......	"	Prior de Limanz.
45. De Lacennaa [Lacenas].........	Qualibet trium syn. 20 d. in quarta 3 s. f.	Prior de Sales.
46. Eccl. de Pomers (pri.) [Pommiers].	Qualibet trium syn. 4 d.	Prior de Pomers.
47. Cum cap. S. Cypriani [S. Cyprien].	in quarta[2] syn. 2 s. f.	
48. Eccl. de Marceu (pri.) [Marcy-sur-Anse].	Qualibet synodo 4 s. f.	Abbas Savigniaci.
49. —— de Chassannia [La Chassagne].	Qualibet synodo 4 d. f.	Prior de Tarnant.
50. —— Anse [Anse].............	"	Obedienciarii Anse.
51. —— de Ambariaco [Ambérieux]...	4 d. f. de censu, 5 s. 6 d. f. qualibet synodo.	Dom. archiepiscopus.
52. —— de Colunges [Colonges].....	"	
53. —— S. Reneberti insule Barbare [S. Rambert de l'île Barbe].	Qualibet trium syn. 20 d. f. in quarta 4 s. 10 d. f.	Abbas insule Barbare.
54. —— de Chacellay[3] [Chasselay]...	6 s. f.	
55. —— de Ambariaco [Ambérieux]...	2 s. 6 d.	
56. —— de Syvriaco [Civrieux]......	18 d.	Isti census debentur et redduntur in unaquaque synodo.
57. —— de Cuneus [Cogny?]........	5 s.	
58. —— de Daniceus [Denicé?]......	5 s.	
59. —— de Quinceus [Quincieux?]...	7 s. 6 d.	
60. —— de Corcelles [Corcelles]......	3 s.	
61. —— de Aolens[4]...............	3 s. 6 d.	
62. —— de Belmonz (pri.)[5] [Belmont].		

Summa de synodis, 11 l. 2 s. 6 d.

Summa census, 38 s.

Summa cujusque synodi parrochialis, 40 s. 8 d.

Summa synodi S. Luce, ultra 15 s. 8 d.

In Maio, ultra 17 s. 8 d.

In tercia syn. 24 s.

In quarta syn. 54 s. 8 d.

Summa census, 33 s.[6]

---

[1] Dans le ms. la ligne suivante est écrite à la suite de ce nom.

[2] On lit seulement in II^a; mais on aperçoit encore la trace de deux autres traits (IIII^a), et je pense qu'il faut lire ici comme aux lignes précédentes, quarta.

[3] Le mot census est écrit ici en interligne, et s'applique aux sommes qui suivent, attribuées à des localités qui, la plupart, ont déjà figuré dans la nomenclature des paroisses. Ces neuf noms sont, du reste, écrits les uns à la suite des autres.

[4] Serait-ce Alix?

[5] Cette ligne a été ajoutée après coup, comme le mot census indiqué dans la note précédente.

[6] Les six sommes qui précèdent sont inscrites d'une manière fort irrégulière à la page précédente dans le manuscrit : la première en face de Néty, la seconde en face de Saint-Étienne-la-Varenne, la troisième en face de Saint-Caturinin, la quatrième en face de l'empte de Belleville, et les deux dernières ne correspondent à rien. J'ai cru devoir les reporter toutes à la suite des autres totaux, dont elles ne sont séparées, du reste, que par suite de l'addition de quelques noms de paroisses.

NOMINA ECCLESIARUM.	PARATE IN SYNODIS.	NOMINA PATRONORUM.
[1] *Archipresbyteratus de Maysiaco.*		
1. Eccl. de Becchivellen[2] [*Bechevelin*].		Abbas Atthan. et abbatissa S. Petri contendunt de patronatu.
2. — de Sancto Prejecto (pri.) [*S. Priest*]............	Nichil.	
3. — de Chavorlay (pri.)[3]........	Nichil.	Abbatissa S. Petri.
4. — de Alo[4]	Nichil.	Abbas Atthanacensis.
5. — et de Manisseu [*Manissieu*].		
6. — de Dissines [*Dessines*]......	2 d. in quarta syn. 22. d.	
7. Chaceus [*Chassieux*] est capella de Dissines.	In unaquaque syn. 10 s. de censu dom. archiep.	Dom. archiepiscopus[5].
8. Eccl. de Charpeu (pri.) [*Charpieu*].	Unaquaque synodo 6 d.	Priorissa [ejusdem loci].
9. — de Joanages [*Jonage*]......	Nichil.	Prior de Chavanno.
10. — de Chaucioigni[6] [*Chaussagne*].	Nichil.	
11. — de Villa Urbana [*Villeurbanne*].		Archiepiscopus.
12. — de Ayreu (pri.) [*Heirieux*]...	Unaquaque [trium] syn. 6 d. in quarta syn. 3 s.	Abbas Ambroniaci.
13. — de Ragia [*Rageat*][7]........	Nichil.	
14. — de Venicies (pri.) [*Venissieux*].	Nichil.	Priorissa [de Venicies].
15. — de Corbai [*Corbas*][8]........	Nichil.	
16. — S. Petri de Chandiaco (pri.) [*S. Pierre-de-Chandieu*].	Unaquaque [trium] syn. 18 d. in quart. syn. 10 s.	Prior [S. Petri de Chandiaco].
17. — de Chandiaco [*Chandieu*]....	Nichil.	
18. — de Broen [*Bron*]...........	Nichil.	Prior de Maladeria[9].
19. — de Vilcta [*Villette-d'Anthon*]..	3 d. quarta syn. 18 d. f.	
20. — de Mons [*Mons*][10]...........	3 d. in duabus synod. et in tercia 18 d.	Prior de Chavanno.
21. — et de Asinariis [*Anières*][11] similiter...........		
22. — de Gions [*Jons*]...........	Nichil.	
23. — de Jonas [*Genas*]..........	Unaquaq. [trium] syn. 6 d. in quarta synod. 3 s.	Archidiac. Lugdun.[13]
24. Azeus, capella de Jonas [*Azin*[12]]...		

[1] Une main plus moderne a écrit ici *pro parte imperii.* Toute la portion du pouillé qui suit appartenait en effet à l'empire au XIV° siècle, la France étant limitée alors par la Saône et le Rhône. C'est ce qu'on verra dans la pièce suivante, à laquelle la note ci-dessus paraît empruntée.

[2] Bechevelin, dont le nom ne paraît plus sur aucune carte, était un château ou plutôt une châtellenie dont le chef-lieu était situé sur les bords du Rhône, au-dessous de la Guillotière, à l'endroit où on a construit une vitriolerie.

[3] Serait-ce Chavanos?

[4] La situation précise d'*Alo* n'est pas connue; mais on voit que ce lieu était voisin de Manissieu ou Manicieu, qui lui-même est un hameau de la commune de Saint-Priest. Peut-être est-ce *Aillon*, non porté sur la carte du Dépôt, mais que celle de Cassini place dans la commune de Chaponnay, près de la chapelle de Notre-Dame-sous-Vignes. Nous trouvons en effet sur le pouillé suivant une localité portant le nom de *grange d'Aillon*, et qui paraît être notre *Alo*. (Voyez page 944, note 11.)

[5] Dans le ms. le nom de l'archevêque de Lyon est seulement placé à *Chaceus*, après quoi on lit : «cui debet in unaquaque synodo x s. de censu.»

[6] Cette localité, dont le nom paraît encore, quoique fort altéré, sur la carte du Dépôt de la guerre, est située sur les confins de la commune de la Guillotière, entre Saint-Alban et Montchat. Quoique mentionnée sur les pouillés jusqu'au XVII° siècle, elle ne figure pas sur la carte de Cassini, tant elle était déjà déchue au XVIII° siècle.

[7] Village de la commune de Chandieu, près d'Heirieux.

[8] Village à une demi-lieue au midi de Venissieux.

[9] Une main plus moderne a écrit : «Abbas Alte Combe.»

[10] Et non pas *Mona*, comme on a écrit sur la carte du Dépôt.

[11] *Mons* et *Anières* sont deux villages de la commune de Villette-d'Anthon.

[12] *Azin*, hameau de la commune de Genas, est porté seulement sur la carte du Dépôt; il ne se trouve pas sur celle de Cassini.

[13] On a écrit au-dessus, d'une main plus moderne : «Capitulum S. Nicetii.»

NOMINA ECCLESIARUM.	PARATE IN SYNODIS.	NOMINA PATRONORUM.
25. Eccl. de Celusia [*Soleize*]........	Nichil.	Canonici S. Justi[1].
26. ——— S. Simphoriani (pri.) [*S. Symphorien-d'Ozon*].	Unaquaq. [3] synod. 18 d. in quarta synodo 10 s.	Prior ejusdem loci.
27. ——— de Toceu [*Toussieux*]........	Unaquaq. [3] synod. 6 d. in quarta synodo 3 s.	Prior S. Simphoriani.
28. ——— de Meons [*Mions*].........	Unaquaq. [3] synod. 6 d. in quarta synodo 3 s.	Canonici S. Justi[2].
29. ——— de Pusigniaco [*Pasignan*]....	Nichil.	
30. ——— de Malatrait [*Malatrait*].....	Unaquaq. [3] synod. 6 d. in quarta synodo 18 d.	Prior de Chavanosc.
31. ——— des Chaletes[3]............	Nichil.	Prior S. Pet. de Chandiac.
32. ——— de Faysins [*Faisin*]........	Nichil.	Archiep. Viennensis.
33. ——— de Vallibus [*Vaux-en-Vélin*]..	Nichil.	Prior de Plateria.
34. ——— S. Laurentii [*S. Laurent-de-Mure*].	Qualibet [3] synod. 6 d. et in quarta synodo 3 s.	
35. ——— de Paolleu (pri.) [*Pouillen*[4]]..	Nichil.	
36. ——— S. Boniti [*S. Bonnet-de-Mure*].	Qualibet [3] synod. 6 d. in quarta synodo 3 s.	Prior de Paolleu.
37. ——— de Griennay [*Grenay*]......	Qualibet [3] synod. 6 d. in quarta synodo 3 s.	
38. ——— de Arceu[5]	Qualibet [3] synod. 6 d. in quarta synodo 3 s.	
39. ——— de Maysiaco [*Meysieux*]....	Nichil.	Elemosinarius Atthan.

Summa eccl. 37.   Summa census, 20 s. fort.
Summa synodorum, 54 s. 1 d.   Summa unius synodi, 8 s. 3 d. ob.
Summa quarte synodi, 50 s. 4 d.[6]   Summa census, 20 s.

De archipresbyteratu de Morestel.

1. Eccl. de Dolomeu (pri.) [*Dolomieux*]	Nichil.[7]	Priorissa de Dolomeu.
2. ——— de Morestel [*Morestel*]......	In alter syn. S. Luce 13 d. et in Maio 7 d.	Prior de Veseronci.
3. ——— d'Arandon (pri.) [*Arandon*]..	2 s. 1 d. et 4 s. 1 d. et 2 s. 1 d.	Priorissa d'Arandon.
4. ——— S. Victoris [*S. Victor*].......	17 d. et 2 s. 1 d. et 17 d.	Priorissa de Dolomeu.
5. ——— de Brengo [*Brangues*].......	4 d. et 4 d. et 4 d.	
6. ——— de Crep [*Crepts*]..........	17 d. et 2 s. 1 d. et 18 d.	Prior S. Albani.
7. ——— de Maipeu [*Mépieux*].......	Nichil.	Prior de Valz.
8. ——— de Quireu [*Quirieu*]........	Nichil.	Prior S. Albani.
9. ——— de Boveci [*Bouvesse*].......	10 d. et 19 d. et 13 d.	Prior S. Saturnini.

---

[1] On avait d'abord écrit *Caras*. (Voir la note suivante.)

[2] On avait écrit d'abord *Soffredus Caras;* mais ces deux mots ont été effacés. Au reste, Soffredus était chanoine de Saint-Just.

[3] Ce nom, qui peut se lire de diverses manières (d'Eschaletes, Deschaletes), ne se trouve pas sur les cartes.

[4] Cassini : *Pouilleu;* Dépôt: *Pouillon.* C'est un village de la commune de Saint-Laurent-de-Mure.

[5] Le document qui suit ce pouillé indique *Arceu* comme mère-église de Colombier. On ne trouve plus aujourd'hui que cette dernière localité sur les cartes.

[6] Le ms. porte : « L. s. IIII. s. » Il faudrait peut-être lire LIIII s. comme au premier total.

[7] Il y avait quatre synodes dans l'archiprêtré de Morestel ; voici ce qu'on lit en tête de la colonne dans le ms. : « In synodo S. Luce et in Maio, in synodo S. Luce et in altera synodo S. Luce. »

NOMINA ECCLESIARUM.	PARATE IN SYNODIS.	NOMINA PATRONORUM.
10. Eccl. de Verceu [*Vercieux*]......	7 d. et 13 d et 7 d.	Soffredus, canon. S. Justi.
11. —— de Vaceu [*Vassieux*].......	10 d. et 19 d. et 13 d.	Prior S. Albani.
12. —— d'Amblayneu [*Amblagneux*]..	10 d. et 19 d. et 13 d.	Abbas Ambroniaci.
13. —— de la Balma [*la Balme*].....	17 d. et 2 s. 1 d. et 19 d.	Prior de Chavano.
14. —— de Palmilleu [*Parmillieux*]..	Nichil.	Prior de Valz.
15. —— de Marigneu [*Marignieu*[1]]...	5 d. et 13 d. et 7 d.	Prior S. Albani.
16. —— S. Bauderio [*S. Baudèle*]....	5 d. et 13 d. et 7 d.	Abbas S. Theuderii[2].
17. —— de Charaita [*Charrettes*]....	Nichil.	Prior de Valz.
18. —— de Autevo [*Optevos*].......	17 d. et 2 s. 1 d. et 19 d.	Abbas S. Theuderii.
19. —— de Siceu [*Sissieux*]........	3 ob. et 3 ob. et 3 ob.	Prior S. Ypoliti.
20. —— de Pravieux[3]............	5 d. et 13 d. et 7 d. et 5 s. qualibet synodo.	Abbas S. Theuderii.
21. —— de Tret. [*Trept*]..........	7 d. et 13 d. et 7 d.	Priorissa de Doloymeu.
22. —— de Cariseu [*Carisieux*].....	5 d. et 13 d. et 7 d.	(Absit a pastore.)
23. —— de Salmaireu [*Sermerieu*]....	17 d. et 2 s. 1 d. et 19 d.	Prior de Veseronci.
24. —— de Pacins [*Passins*]........	17 d. et 2 s. 1 d. et 19 d.	Prior S. Albani.
25. —— de Cortenay [*Courtenay*]....	Nichil.	Abbas[4] S. Theuderii.
26. —— de Chacins [*Chassin*]......	In unaquaque synodo 1 ob.	Prior de Veseronci.
27. —— de Soloymeu [*Soleymieux*]...	5 d. et 13 d. et 7 d.	Abbas de insula [Barbara].
28. S. Albanus (pri.) [*S. Alban*[5]]....	2 s. 4 d.[6]	
29. Templum de Treuz [*le Temple-de-Tirieu*].		

Summa ecclesiarum, 27[7].

Summa, 75 s.

Summa trium synodorum, 4 l.

De archipresbyteratu de Chalamont.

1. Eccl. S. Martini de Miribel [*S. Martin-de-Miribel*].	9 d.	G. de Vassailleu [pro cap. Lugd.].
2. —— S. Mauricii de Miribel [*S. Maurice-de-Miribel*[8]].	9 d. et de censu quaque syn. 12 s.	Archiepiscopus.
3. —— de Bayno [*Beynost*]......	9 d.	Prior S. Rom. de Miribel.
4. —— de Tremoies [*Tramoyé*]....	9 d.	Prior S. Germ. de Bayno.
5. —— S. Germani de Baino (pri.)[9] [*S. Germain-de-Beynost*].	4 d. ob.	Prior ejusdem loci.

[1] Voyez le pouillé du xvie siècle, à ce nom.

[2] Ce mot est écrit d'une main plus moderne. On ne peut lire ce qu'il y avait avant.

[3] Les pouillés des xive et xvie siècles portent *Praynea*. On ne trouve plus cette localité sur les cartes, ni sous l'un ni sous l'autre nom.

[4] Le mot *abbas* a été plus tard effacé et remplacé par celui de *Camerarius*.

[5] Sur les bords du Rhône, près de Mépieux.

[6] Ces 2 s. 4 d. sont en face de S. Alban, mais appartiennent peut-être à la troisième ligne des *sommes*.

[7] Ce chiffre est exact si on retranche de la nomenclature les deux derniers noms inscrits parmi les totaux. On a ajouté plus tard deux paroisses : « eccl. de Lonna, patr. prior S. Albani, » et « eccl. de Tors, patr. priorissa de Tors. » La dernière localité m'est tout à fait inconnue. (Voyez le pouillé du xviiie siècle, archiprêtré de Meyzieu, n° 10, note, où il est question d'un prieuré de Tours.)

[8] C'est ce qu'on appelle aujourd'hui *Saint-Maurice-de-Beynost*. Miribel proprement dit avait deux églises paroissiales, celle du prieuré de Saint-Romain (n° 14), et celle de Saint-Martin (n° 1).

[9] Cette église, qui ne reparaît sur aucun pouillé comme paroisse, est portée sur la carte du diocèse de 1769.

DE SAVIGNY ET D'AINAY.

NOMINA ECCLESIARUM.	PARATE IN SYNODIS.	NOMINA PATRONORUM.
6. Eccl. de Buxa (pri.) [*la Boesse*], cum duabus capellis appendentibus, scilicet Montislupelli [*Montluel*] et Giriaci [1]...	Debet 9 d. in unaquaque synodo.	[Prior de Buxa.]
7. —— de Montloel (cap.) [*Montluel*].	Nichil.	Prior ejusdem loci.
8. —— de Peroges [2] [*Pérouges*].....	"	"
9. —— Monial. de Pelotens [3] [*Pelotens*]	"	"
10. —— de Jailleu [*Jailleux*].......	Nichil.	Prior ejusdem loci [4].
11. —— de Pisiz [*Pisay*]..........	Nichil.	
12. —— de Romaneschi [*Romanèche*].	Nichil.	" [5]
13. —— de Biligneu [*Bilinieux*].....	In unaquaq. syn. 4 d. ob.	Willelmus de Vassailleu [6].
14. —— S. Romani de Miribel (pri.) [*S. Romain-de-Miribel.*]	Nichil.	Prior ejusdem loci.
15. —— de Maximiaco (pri.) juxta Peroges [*Meximieux*].	15 d.	Abbas Ambroniaci.
16. —— de Breissola [*Bressoles*].....	9 d.	Prior de Bireu.
17. —— de Nevro [*Nièvre*].........	Nichil.	Drodo de Belvert et Hugo de Taney.
18. —— de Montellier [*Montelier*]....	9 d. et de censu 12 s. 6 d. quaque synodo.	Archiepiscopus [7].
19. —— de Burc [*Bourg-S.-Christophe*].	Nichil.	Abbas S. Reneberti.
20. —— de Charnauz [*Charnoz*].....	3 d. ob.	Abbas Ambroniaci.
21. —— de Balaont [*Balan*]........	Nichil.	Drodo de Belveer.
22. —— de Noyosc (pri.) [*Niost*].....	6 d. in unaquaque syn.	Prior ejusdem loci.
23. —— S. Mauricii de Anthonc (pri.) [*S. Maurice-d'Anthon* [8]].	Nichil.	Prior ejusdem loci.
24. —— S[te] Crucis [*S[ta] Croix*].......	In quaque synodo 7 s. 6 d. de censu dom. archiep.	Archiepiscopus [9].
25. —— de Corzcu [*Cordieu*]........	Nichil.	Prior de Bireu.
26. —— de Bireu (pri.) [*Birieu*].....	Nichil.	Prior ejusdem loci.
27. —— de Charnauz [10] [*Charnoz*]....	In unaquaq. syn. 4 d. ob.	Abbas Ambroniaci.
28. —— de Balaont [11] [*Balan*].......	Nichil.	Drodo de Belveer et Hugo de Tanei.
29. —— de Vialleu (pri.) [*Villieu*]...	Nichil.	Prior ejusdem loci.
30. [de] Danneu [*Dagneu*]......	Quaque synodo 2 s. 6 d. et 5 s. in Adventu.	G. de Silva [12].
31. —— de Vilars [*Villars*]..........	In unaquaque synodo 2 s.	Obedienciarius S. Justi.
32. —— S. Desiderii de Ruennon [13] [*S. Didier-de-Renom*].	In Maio 3 s.	Prior de Montbertout.
33. —— de Vassailleu [*Versailleux*].	In Maio 3 s.	G. de Selva et G. de Vassailleu.

[1] L'emplacement de cette chapelle n'est plus indiqué que par un moulin qui porte encore le nom de *Givry*, près de Montluel.

[2] Ce nom étant écrit dans la même ligne que ceux qui précèdent, le scribe a oublié d'y joindre les autres indications ordinaires.

[3] Même observation qu'à la note précédente. Au reste, cette intercalation semble faire double emploi avec le n° 53 ci-après, qui est aussi peu détaillé.

[4] On a écrit plus tard « videlicet de Neosco. »

[5] On lit ici le mot *patrono*, mais le nom du patron est resté en blanc. Cela vient sans doute de ce que Romanèche était déjà uni à Cordieu, ou Corzeu, suivant l'orthographe de ce pouillé. (Voyez le n° 25.)

[6] Voyez le n° 1.

[7] Ce mot a été remplacé par « Capitulum S. Nicetii. »

[8] Aujourd'hui Saint-Maurice-de-Gourdan.

[9] Ce mot a été remplacé par « Capitulum S. Nicetii. »

[10] Cette paroisse est déjà inscrite au n° 20.

[11] Cette paroisse est déjà inscrite au n° 21.

[12] On a écrit plus tard : « Camerar. seu capit. S. Pauli. »

[13] Aujourd'hui le *Plantey*.

NOMINA ECCLESIARUM.	PARATE IN SYNODIS.	NOMINA PATRONORUM.
34. Eccl. de Varambon [*Varambon*]...	3 d.	(Capella est spectans a Prioi.)
35. —— de Prioi (pri.) [*Priay*]......	Nichil.	
36. —— de Vilete (pri.) [*Villette-de-Loyes*].	Nichil.	Prior de Vileta.
37. —— de Chatellon [*Châtillon-la-Palad*].	21 d.	
38. [et] Boblan (cap.)[1] [*Bublanne*].	"	
39. —— de Molun (pri.) [*Molon*]....	Nichil.	Prior ejusdem loci.
40. —— de Rigneu [*Rigneu-le-Franc*]..	Nichil.	Cap. S. Pauli Lugd.
41. —— de Donno Petro [*Dompierre*]..	Nichil.	Abbas Ambroniaci.
42. —— de Chastaney [*Châtenay-lez-Dombes*].	12 d.	Prior S. Martini de Chalamont.
43. —— de Runzuel [*Ronzuel*].......	Nichil.	Cap. S. Pauli Lugd.
44. —— S. Martini (pri.) [*S. Martin de Chalamont*].	Nichil.	Prior ejusdem loci.
45. —— Ste Marie de Chalamont [*Notre-Dame de Chalamont*][2] (capella cum cura).	In Maio 3 s.	Prior de Montfavrey et prior S. Martini.
46. —— S. Mammetis (erma est)....		
47. —— de Thaneyes (erma est).	4 d. ob.	
48. —— de Crant [*Cran*]. (Dirute sunt tres iste[3].)		
49. —— de Joieu [*Joyeux*]..........	9 d. et 10 s. de censu patrono.	Archiepiscopus[4].
50. —— Ste Eulalie [*S. Eloy*] (erma).	15 d.	Drodo de Belveer et Hugo de Taney.
51. —— de Til [*Thil*].............	4 d. ob.	G. de Vassailleu [pro] cap. S. Pauli.
52. —— de Pharamanz [*Faraman*]...	9 d.	Prior Burgi S. Christofori.
53. —— de Peloteus (pri.) [*Pelotens*].		
54. Hospitale de les Follies (?)......		
55. Cotous hospital (?).............		

Summa ecclesiarum, 50[5].
Summa, 35 s. 3 ob. de synodis.
Summa census, 25 s.
Summa cujusque synodi, 21 s. 3 ob.
Summa census, 34 s. 6 d.

---

[1] Cette chapelle est inscrite seulement dans la colonne des patrons, en face de *Châtillon*.

[2] L'église mère de Chalamont était celle de l'ancien prieuré de Saint-Martin, situé à un quart de lieue de la ville; mais on avait construit, dans l'enceinte même de cette dernière, une église dédiée à Notre-Dame, pour suppléer à l'église mère. C'est celle qui est indiquée ici sous le nom de *capella cum cura*. Cette chapelle existait déjà en 1132. (Voyez la *Bibl. Clun.* col. 1395.)

[3] De ces trois églises qui sont dites ruinées dès le XIIIe siècle, celles de Saint-Mamert, de Thaneyes et de Cran, une seule a été rétablie, c'est la dernière. La situation des deux autres m'est tout à fait inconnue. Il y a bien un bois de Tanay, près de Romans, mais ce bois devait se trouver dans l'archiprêtré de Sandrans, et non dans celui de Chalamont.

[4] On a effacé ce mot pour y substituer : « Capitulum S. Nicetii. »

[5] Le scribe a sans doute compris dans ce chiffre les nos 7 et 9, qui n'étaient pas inscrits régulièrement dans la nomenclature; mais il a omis le n° 53, qui se trouve inscrit parmi les totaux, et les deux chapelles (nos 7 et 38). Son chiffre reste exact si on retire les deux paroisses qui ont été répétées (nos 27 et 28).

DE SAVIGNY ET D'AINAY.

NOMINA ECCLESIARUM.	PARATE IN SYNODIS.	NOMINA PATRONORUM.
De archipresbyteratu de Sandrens.		
1. Eccl. de Corzeu [*Corcy*].........	3 d.	Prior Platerie.
2. —— de Condoisias (pri.) [*Condeyssiat*].	6 d.	
3. —— de Buligneu [*Bouligneux*]....	4 d. ob.	
4. —— de Sandrens [*Sandrans*].....	6 d. et de censu 2 s. 6 d.	Capitul. Lugdun.
5. —— de Bulineuz [1].............	5 d.	
6. —— de Lent [*Lent*].............	6 d.	
7. —— de Novilla (pri.) [*Neuville-les-Moines* [2]].	6 d.	Prior Noville.
8. —— de Perrosa [*la Pérouse*].....	6 d. et de censu 12 d.	
9. —— de Peresc [*Pérex*].........	6 d. et 2 s. 6 d.	
10. —— S. Cirici prope Baugiacum. [*S. Cyr-sur-Menthon*].	6 d.	Cap. S. Vincentii [Matiscon.].
11. —— de Montefalconis [*Montfalcon*].	3 d.	
12. —— S. Genesii [*S. Genis-sur-Menthon*].	5 d. et de concensu 12 d.	Prior de Valens.
13. —— de Graysiaco [*Greziat*]......	4 d.	Prior Baugiaci.
14. —— S. Cyrici prope Sandrens [*S. Cyr-près-Sandrans*].	4 d.	Prior de Antanens.
15. —— Castilionis [*Châtillon-lez-Dombes*].	//	
16. —— de Vonna [*Vonnas*].........	9 d.	
17. —— de Loponas [*Luponas*]......	4 d.	
18. —— S. Juliani [*S. Julien-sur-Veyle*].	6 d.	Archiepiscopus [3] Lugd.
19. —— de Chasno [*Chano*] (herma).	6 d.	
20. —— de Marin [*Marlieu?*].......	6 d.	
21. —— de Monteuc [*Monthieu*].....	6 d.	Abbatissa S. Petri.
22. —— Budelle (pri.) [*Buelle*]......	6 d.	
23. —— de Bisias (pri.) [*Bisiat*].....	6 d.	
24. —— de Monceut [*Montcel*]......	4 d.	Abbas Trenorcii.
25. —— S. Andree lo Panos [4] [*S. André-le-Panoux*].	6 s.	
26. —— Montis Racol [*Montracol*] (hermos.)	//	
27. —— de Suligniaco [*Sullignat*] (hermos.)	6 d.	Prior de Montbertout.
28. —— S. Germani [*S Germain - de - Renom*] (hermos).	//	

[1] Ce nom semble une répétition du n° 3.
[2] On dit aujourd'hui Neuville-les-Dames (*Novilla Monialium*), mais le véritable nom est Neuville-les-Moines, emprunté à deux prieurés, l'un de religieux, l'autre de religieuses dépendant de l'abbaye de Saint-Claude. « Maintenant, écrivait Camille de Neuville en 1654, dans sa visite diocésaine, il y a seulement un couvent de religieuses.....; il n'y a plus de religieux; mais seulement un prieur commendataire. » C'est la persistance du prieuré de femmes qui lui a valu son nom actuel de Neuville-les-Dames.

[3] Le scribe a écrit d'abord *archipresbyter*, puis à la suite *archiepiscopus*, et a oublié d'effacer le premier mot, qui était une erreur.

[4] Cette paroisse est inscrite dans la même ligne que la précédente.

NOMINA ECCLESIARUM.	PARATE IN SYNODIS.	NOMINA PATRONORUM.
29. Eccl. S. Pauli de Varas [*S. Paul-de-Varax*].	6 d. et de consensu 5 s.	Cap. S. Pauli [Lugd.].
30. —— de Chavairiaco (pri.) [*Chaveyriat*].	9 d.	
31. —— de Vandens [*Vandeins*].....	6 d. et de consensu 2 s. 6 d.	Prior de Chavairiaco [1].
32. —— de Medietate de Mesiriaco [*Mezeriat*] [2].	6 d. et de censu 3 s 6 d.	
33. —— de Romans [*Romans*]......	Nichil.	Archipresbyter.
34. —— de S. Andrea lo Boschos [*S. André-le-Bouchoux* [3]].	4 d.	
35. —— de Lu (hermos)...........	//	Archiepiscopus.
36. —— de S. Georgio [*S. Georges-de-Renom*] (hermos).	//	
37. —— S. Longi Campi [*Lonchamp*]..	4 d.	Prior Longi Campi.
38. —— de Silva [*Serva*]...........	4 d. et de censu 12 d.	Abbas S. Eugendi.
39. —— S. Remigii [*S. Remi*]......	6 d.	
40. —— de Capella (pri.) [*la Chapelle-du-Châtelard*].		
41. —— de Buennens [*Buenens* [4]].		
42. —— Mailliaci [5].		
43. —— S. Nicetii [*S. Nizier-le-Désert*].		
44. —— S. Christoforus [*S. Christophe*].		
45. Templum de Vilariis [6].		

Summa synod. [7] 13 s. 3 d. ob.

Summa census, 19 s. [8]

Summa [9] cujusque synodi, 14 s. 6 d.

Summa census, 18 s. et

plus de 10 s. in quaque synodo pro Monceuz.

Summa ecclesiarum, 36 [10].

De archipresbyteratu de Treffort.

1. Eccl. Giniaci (pri.) [*Gigny*]......	Nichil [11].	Prior Giniaci.
2. Villa Chantria [*Villechantria*].....	2 s. et in quarta syn. 8 s.	

---

[1] Il y a, entre cette ligne et la précédente, les mots « Templum de Vilariis, » destinés sans doute à suppléer à une omission. On trouvera cette addition à la suite des autres du même archiprêtré.

[2] Les paroisses qui suivent sont ajoutées par un renvoi dans la nomenclature, et sont écrites de la même main que le reste du manuscrit, du moins les huit premières.

[3] Aujourd'hui *le Bouchoux* ou *Saint-André-le-Désert*.

[4] Ce mot est écrit *Buenant* dans Cassini ; il ne paraît pas sur la carte du Dépôt de la guerre. C'était, à ce que l'on croit, la mère-église de Châtillon-lez-Dombes, qui a fini par l'absorber.

[5] Peut-être faut-il lire *Mailhac*. Le scribe a sans doute voulu suppléer l'omission de *Marlieu*, qu'il n'avait pu reconnaître sous l'orthographe du n° 20.

[6] Voyez la note 1.

[7] Comme on l'a vu à la note 2, ces totaux se trouvent placés avant les douze paroisses précédentes.

[8] Je supprime ici une ligne destinée d'abord à suppléer aux omissions indiquées à la note 2, et qui ne renferme que six noms : « Silva, Sanctus Andreas, Romans, Sanctus Christoforus, Buenens, S. Remis (*sic*). »

[9] Je supprime ici les lettres *pa*, qui me semblent n'avoir aucun sens.

[10] Ce chiffre ne se rapporte qu'au premier nombre, y compris les six paroisses portées à la note 8, après lequel venait l'addition.

[11] Il y avait synodes et *concens* dans l'archiprêtré de Treffort (*parate in synodis et concensus*).

NOMINA ECCLESIARUM.	PARATE IN SYNODIS.	NOMINA PATRONORUM.
3. Germaniacus [*Germagna*]........	4 d. ob et de censu 12 d.	
4. Cuisiacus [*Cuisiat*].............	3 d.	Prior Giniaci.
5. Preyssiacus [*Preissia*]..........	4 d. ob. et de censu 12 d.	
6. Drun [*Dron*]...................	6 d.	Abbas. S. Eugendi.
7. Buenc (pri.) [*Buenc*]..........	4 d. ob. et de censu 2 s.	Prior Nantuaci.
8. Chavannes (pri.) [*Chavannes*]....	Nichil.	
9. Villa Reversura [*Villeversure*]....	4 d. ob. et de censu 5 s.	Abbas Ambroniaci[1].
10. Buas [*Bohaz*].................	Nichil.	
11. S. Ymiterius [*S. Imitier*]........	6 s.	S. Vincentius Matiscon.
12. Arromas [*Aromas*].............	12 d.	
13. Hucies (pri.) [*Oussiat?*]........	3 ob.	Prior Giniaci.
14. Novilla [*Neuville-sur-Ain*]......	3 d.	Abbas S. Eugendi.
15. Vercles [*Vescles*]..............	4 d. ob.	Prior Nantuaci.
16. S. Martinus de Monte (pri.) [*S. Martin-du-Mont*].	9 d. et de censu 4 s.	Abbas Ambroniaci.
17. Viobles [*Vosbles*]..............	Nichil.	
18. Cornos [*Cornod*]..............	Nichil.	Prior Nantuaci.
19. Condes [*Conde*]...............	4 d. et ob.	Abbas S. Eugendi.
20. Lovena (pri.) [*Lovenne*]........	Nichil.	Prior Nantuaci.
21. Charnos [*Charnoz*]............	4 d. ob.	
22. Donsperos (?).................	4 d. ob.	Archiepiscopus.
23. Vileta [*Villette*]...............	4 d. ob.	Prior Nantuaci.
24. S. Mauricius [*S. Maurice-d'Echazéaux*].	4 d. ob. et de censu 12 d.	Abbas S. Eugendi.
25. Silinies [*Seligniat*].............	3 d.	
26. Polies [*Pouilla*]...............	3 d.	Episcopus Bellicensis.
27. Romaneschi [*Romanèche-la-Montagne*].	3 d. ob.	
28. Tocies [*Tossiat*]...............	4 d. ob.	
29. Revonas [*Revonas*]............	12 d.	Abbas Ambroniaci.
30. Saisiriacus (pri.) [*Ceyzeriat*].....	Nichil.	
31. Montannyes [*Montagna-en-Bresse*]..	18 d.	
32. Tassonas (pri.)[2]...............	"	
33. S. Julinus [*S. Julien*]..........	"	Abbas S. Eugendi.
34. Melonas (pri.) [*Melionas*].......	4 d. ob.	Prior S. Petri de Mascon.
35. Trefforz (pri.) [*Treffort*]........	"	Prior Nantuaci.
36. Essartines (pri.) [*Certines*]......	3 ob.	Priorissa ejusdem loci.
37. Rinna [*Rigna*]................	De mensa dom. archiepisc.	
38. et Mairia [*Meyria*]............		
39. Durlies [*Drullia*]..............	Nichil.	Abbas Ambroniaci.
40. Arnans [*Arnand*][3]............	Est de mensa dom. archiepiscopi.	
41. Vallis S. Martini...............	"	Cartusiensis ord.

---

[1] On lit à la suite de Buas une note d'une écriture plus moderne, dont tous les mots ne sont pas lisibles, mais qui semble revendiquer le patronage de cette église pour l'abbé de Saint-Claude (*abbas S. Eugendi*), ce qui s'accorde avec l'indication portée sur les autres pouillés.

[2] Cette localité, dont la première lettre pourrait être également un *i*, un *r* ou un *c*, est une addition interlinéaire, mais de la même main que le reste du manuscrit.

Il faut peut-être lire Jasscronas (Jasseron), en supposant l'omission du signe destiné à indiquer l'abréviation des lettres *er*. (Voyez le pouillé du xviiie siècle.)

[3] Les trois lignes qui suivent sont ajoutées parmi les sommes. Après le tout on lit, sans qu'on puisse deviner à quoi cela se rapporte : « De quibus supradictis reddit de para. iiii. s. et de censu viii. s. et in quarta synodo de parata xvi. s. »

NOMINA ECCLESIARUM.	PARATE IN SYNODIS.	NOMINA PATRONORUM.
42. Eccl. S. Laurentii de Crues (pri.). 43. Secies eccl. [*Cise*]. 44. Mons Fortis (pri.)[1] [*Montfort*].		

Summa ecclesiarum, 45[2].
Summa synod. sive paratarum, 17 s. 3 ob.
Summa census, 15 s. 6 d.
Summa cujusque synodi, 17 s. 3 d.
In quarta synodo, 8 s.
Et census per annum, 15 s. 6 d.[3]

De archipresbyteratu Dombarum.

1. Eccl. de Chillic [*Chillia*[4]].......	3 d.	Cap. Forverii[5].
2. —— de Laz[6]...............	6 d. qualibet synodo 2 s.	Prior d'Antanes.
3. —— de Cormarenchi (pri.) [*Cormoranche*].	3 d. et in utraque syn. 14 d.	Priorissa. de Cormarenchi[7].
4. —— de Bei [*Bey*]............	12 d.	Abbas insule Barbare.
5. —— de Mespillic [*Mespilliat*]....	3 d.	Abbat. S. Petri Puellaris.
6. —— de Cruisilles [*Crozilles*]....	12 d.	Prior S. Martini.
7. —— S. Andree [*S. André-d'Huria*].	6 d.	Prior ipsius loci.
8. —— d'Illie [*Illiat*]............	6 d.	Dom. archiep. [Lugd.] et episcopus Matiscon.
9. —— et capella [*S. Loup*].....	3 ob.	
10. —— S. Stephani de Chalaronna [*S. Étienne-de-Chalaronne*].	2 s.	
11. Capella de Chaselles[8] [*Chaselle*]...	Capellanus debet dom. archiepiscopo 5 s.	Dom. archiepiscopus[9].
12. Eccl. de Fiuire [*Fleurieu-en-Bresse*?]	6 d.	Capitul. S. Justi.
13. —— d'Antanes (pri.) [*Athaneins*][10].	6 d.	Prior d'Antanes.
14. —— de Valens (pri.) [*Valeins*]....	12 d. et de concensu 3 s.	Prior [loci].
15. —— de Donno Petro [*Dompierre-de-Chalaronne*].	6 d.	

---

[1] Ce nom est inscrit en addition en tête de l'archiprêtré, dans la colonne des patrons. L'église de Montfort, dédiée à Notre-Dame, était située sur une haute montagne voisine de Cuisiat, dont elle passait pour avoir été d'abord la mère-église, et dont la paroisse l'a absorbée ensuite. Il y avait encore un ermita au XVIIe siècle; mais Montfort ne figure sur aucun autre pouillé comme paroisse.

[2] Ce nombre, inscrit après l'église de *Sécies*, est erroné. Il n'y avait, en comptant même *Tassonas*, *Monsfortis*, *Vallis S. Martini* et *Mairia*, que 44 noms; mais il y en a près de 60 en comptant les additions du XIVe siècle, que je n'ai pas cru devoir relever, pour les raisons dites dans le préambule.

[3] C'est peut-être ici que devrait venir la phrase copiée plus haut, à la note 3 de la page précédente, et à la suite de laquelle se trouve une liste assez longue de paroisses ajoutées au XIVe siècle.

[4] C'est ce qu'on appelle aujourd'hui *Griéges*, près de Pont-de-Veyle.

[5] Ce dernier mot, d'une main plus moderne, est écrit en surcharge sur un autre qu'on ne peut plus lire.

[6] Je ne vois que *Lay*, près de Pont-de-Veyle, dont le nom ait quelque rapport avec celui-ci. Peut-être l'église de Lay fut-elle en effet, comme le croyait au XVIIe siècle l'archevêque Camille de Neuville, la mère-église de Pont-de-Veyle, qui ne paraît pas ici, et dont elle n'était plus que l'annexe au XVIIIe siècle.

[7] Une main plus moderne a écrit : « Abbatissa S. Andree Vienn. »

[8] Chaselle n'est plus qu'un hameau de la commune de Saint-Étienne-de-Chalaronne.

[9] Une main plus moderne a biffé cette ligne, et a écrit : « Capitulum S. Nicetii. »

[10] Voyez le pouillé du XVIIIe siècle.

NOMINA ECCLESIARUM.	PARATE IN SYNODIS.	NOMINA PATRONORUM.
16. Eccl. de Misireu [*Misérieux*]......	6 d.	Capitulum [eccl. Lugd.].
17. —— de Agninens [*Agnereins*].....	//	
18. —— de Syvreu [*Civrieux*]........	//	
19. —— d'Ars [*Ars*]...............	6 d. et de concensu 5 s.	Capitulum [eccl. Lugd.].
20. —— de Channes (pri.) [*Chaneins*].	4 d.	Prior [loci.]
21. —— S. Illidii [*Ste Olive*].........	2 s. 6 d.	Prior de Vilario.
22. —— de Lurce [*Lurcy*]..........	12 d.	Sacristia Cluniacensis.
23. —— de Genoilleu [*Genouilleux*]...	4 d.	Capit. S. Justi.
24. —— de Savigne [*Savigneux*]......	3 d.	
25. —— de Marens [*Amareins*].......	3 d.	Prior S. Triverii.
26. —— de Mouines [*Mogneneins*]....	6 d. et de concensu 3 s.	Dom. archiepiscopus.
27. —— d'Ambarreu [*Ambérieux*]....	12 d.	Prior Montis Bertoudi.
28. —— de Perceu [*Percieux*].......	//	Capit. S. Stephani [Lugd.].
29. —— de Montaigneu [*Montagneux*].	3 d.	Prior Montis Bertoudi.
30. —— de Moncelz [*Monceaux*].....	12 d.	
31. —— de Betenens [*Betheneins*][1]...	3 d.	Cap. S. Pauli.
32. —— de Franchinens (pri.) [*Francheleins*].	3 d.	Prior [loci].
33. —— S. Desiderii de Chalarona [*S. Didier-de-Chalaronne*].	2 s.	Archiepiscopus [2].
34. —— de Clemence [*Clementia*]....	6 d.	Prior Noveville.
35. —— S. Desiderii [de Rilliaco][3]...	3 s. 4 d.	Abbas insule Barbare.
36. —— de Satonay [*Sathonay*]......	Nichil.	
37. —— de Agatone [*Genay?*]......	2 s.	Cantor, pro capitulo [4].
38. —— de Maceu [*Massieu*]........	6 d.	Abbas Atthan.
39. —— de Rayreu [*Reyrieu*]........	//	Capit. S. Stephani.
40. —— de Toceu [*Toussieux*].......	12 d.	Archipresbyter.
41. —— de Bussiges [*Bussiges*]......	12 d.	Prior S. Germani.
42. —— de Turine [*Thurigneux*].....	18 d.	Capitulum Lugdun.
43. —— de Ranciaco [*Rancey*].......	//	
44. —— S. Bernerdi [*S. Bernard*]....	//	Capitulum de Romans.
45. —— de Vimies [*Vimy*, aujourd'hui Neaville].	2 s.	Abbas insule Barbare.
46. —— S. Desiderii de Reorter [*S. Didier-de-Fromens*].	6 d.	Capit. de Romans et eccl. Montis Bertoudi.
47. —— Ste Eufemie (pri.) [*Ste Eufémie*].	6 d.	Prior ipsius loci.
48. —— de Frenz [*Franz*]..........	//	Capitulum Lugdun.
49. —— de Farens [*Fareins*]........	12 d.	Eccl. Montis Bertoudi.
50. —— de Rochitaillia [*Rochetaillée*].	//	Abbas insule Barbare.
51. —— de Maximiaco [*Messimy*]....	12 d.	Prior de Vaut.
52. L'Albergement[5] [*l'Albergement*].		
53. Eccl. de Chalenz [*Chaleins*]......	8 d.	Capitulum Lugdun.
54. —— de Montemerulo [*Montmerle*].	6 d.	Prior Montis Bertoudi.
55. —— de Villanova [*Villeneuve*]....	4 d.	

[1] L'église de Betheneins existait encore au XVIIIe siècle, mais elle était alors réunie à la paroisse de Monceaux.
[2] Une main plus moderne a biffé ce mot et a écrit : « Capitulum S. Nicetii. »
[3] Ce qui est mis entre crochets semble d'une écriture plus moderne. On disait autrement *Saint-Didier-de-Miribel* ou *Néron*. Cette église, qui figure seule sur les pouillés jusqu'au XVIIe siècle, n'était plus qu'une annexe de Rillieu au XVIIIe siècle.
[4] Si la restitution proposée pour le mot *Agalone* est bonne, comme je le crois, il faut ajouter ici *Lugdunensi*. Genay avait, en effet, pour patron le chapitre de Lyon.
[5] Ce mot est écrit en interligne, mais de la même main que le reste du manuscrit.

NOMINA ECCLESIARUM.	PARATE IN SYNODIS.	NOMINA PATRONORUM.
56. Eccl. de Poylleu [*Pouilleux*]......	18 d.	Prior Montis Bertoudi.
57. —— de Rcorter [*Riotiers*]......	2 s. 6 d.	
58. —— de Payseu [*Peyzieux*]......	12 d.	Archiepiscopus.
59. —— S. Triverii (pri.) [*S. Trivier*].	Qualibet synodo 5 s.	Prior [loci].
60. —— de Trevos¹ [*Trévoux*]......	"	Archiepiscopus.

Summa ecclesiarum, 60².
Summa in synodis paratarum, 107 s. 6 d. ob.
Summa census, 21 s. 6 d.
Summa census, 5 s.
Summa cujusque synodi, 51 s. 7 d. ob.³

De archipresbyteratu Baugiaci.

1. Eccl. de Gorevot [*Gorrevod*]......	In unaquaque syn. 3 d.⁴ et de concensu 12 d.	
2. —— de Manzia [*Manziat*]........		
3. —— et de Marconai (pri.) [*Marsonnas*]..............	Totidem.	
4. —— de Replunjon [*Replonge*]....	6 d. et de concensu 12 d.	
5. —— de Bereyssia [*Berezia*]......	12 d.	
6. —— de S. Desiderio [*S. Didier-d'Oussia*].	9 d. et de concensu 12 d.	
7. —— S. Joannis (pri.) [*S. Jean-sur-Reissouse*].	2 s.	
8. —— de Jeya (pri.) [*Jaya*]......	6 d.	
9. —— S. Martini de Larona (pri.) [*Dommartin de Larenay*]...	6 d. et de concensu 18 d.	Prior S. Petri Matiscon.
10. —— de Felins (pri.) [*Faillens*]...	Nichil.	
11. —— S. Juliani (pri.) [*S. Julien-sur-Reissouse*].	Nichil.	
12. —— S. Martini Castri [*S. Martin-le-Châtel*].	10 s⁵.	
13. Circeus (pri.)⁶	12 d.	
14. Eccl. de Sornay [*Sornay*]........	6 d.	
15. —— de Monestruei [*Menetreuil*]...	3 d. et de concensu 6 d.	
16. —— de Bandenges⁷ [*Bantanges*]..	5 s. et de concensu 6 d.	
17. Sancta Tecla⁸ [*Chapelle-Tècle*]....	Nichil.	

---

[1] Ce nom est inscrit parmi les totaux, ayant probablement été oublié dans la nomenclature. A la suite vient une longue liste de paroisses ajoutées au xiv° siècle.

[2] Ce chiffre, qui se rapporte seulement à la nomenclature terminée par *Trevos*, est exact en comptant l'*Albergement*, écrit en interligne. Le copiste a écrit, par inadvertance, le mot *sous* (s.) après le nombre lx.

[3] A la suite des totaux on lit : «Eccl. de Fontanes, patr. capit. S Nicetii Lugd. » *Fontaines* est encore inscrit dans un autre endroit; mais ici et là d'une main plus moderne.

[4] Il y avait synode et *concens* dans l'archiprêtré de Bâgé. Le titre de cette colonne porte dans le manuscrit : « *Parate in synodis et concensus*. »

[5] La position du chiffre laisse douter s'il s'agit de synode ou de *concens*.

[6] Un petit signe abréviatif placé entre la 4° et la 5° lettre (*Circ'eus*) permet de lire *Circereus* ou *Cirterens*.

[7] Ici vient dans le ms. la mention de sept établissements religieux que nous avons placés à la fin de l'archiprêtré.

[8] On trouve ici dans le manuscrit original une longue addition de noms faite au xiv° siècle, et qu'il est inutile de reproduire.

DE SAVIGNY ET D'AINAY.

NOMINA ECCLESIARUM.	PARATE IN SYNODIS.	NOMINA PATRONORUM.
18. Eccl. de Peronai [*Peronnaz*]	6 d.	
19. Seisirens [*S. Denis-de-Saisiriat*]	Nichil.	
20. et Baugies (pri.) [*Bâgé-le-Châtel*[1]].		
21. Chivrons [*Chevroux*]	6 d.	
22. Sanz Berëiz [*Ste Benigne?*]	12 d.	Abbas Trenorciensis.
23. Li Ponz de Vauz [*Pont-de-Vaux*]	Nichil.	
24. Chavanes [*Chavanne-sur-Reissouse*]	12 d. et de conc. 2 s. 6 d.	
25. Veilies [*Veilly*[2]]	6 d. et de concensu 12 d.	
26. Briana (pri.) [*Brienne*]	Nichil.	
27. et Jovenczons [*Jouvençon*]		
28. Eccl. de Brou (pri.) [*Brou*[3]]	6 d. et de conc. 2 s. 6 d.	Abbas Ambroniaci.
29. Viries (pri.) [*Viria*]	15 d.	
30. Atinies [*Attigna*]	6 d.	Abbas S. Eugendi.
31. Flories [*Fleiria*]	Nichil.	
32. Poilies [*Polliat*]	Nichil.	
33. Sanctus Stephanus del Boschous [*S. Étienne-les-Bois*].	//	Capitul. Lugdun.
34. Sanz Trivers [*S. Trivier-de-Courtes*].	//	
35. Albinies [*Albigny*]		Eccl. S. Pauli.
36. et Salmoies [*Sermoyé*]	Nichil.	
37. et Crotez [*Crotet*]		
38. Cortos [*Courtes*]	3 d. [et] 6 d.	
39. Eccl. S. Stephani [*S. Étienne-sur-Reissouze*]	Nichil.	Dom. custodie (*sic*).
40. et eccl. de Baugia la Vila [*Bâgé-la-Ville*]		
41. —— de Romenai [*Romenay*]	4 s.	
42. —— de Monpon [*Monpont*]	6½ d. et de concensu 12 d.	Episcopus Matiscon.
43. —— de Chavenna [*S. Jean-sur-Veyle*].	Nichil.	Eccl. S. Vincentii Matiscon.
44. Corfrancons [*Confrancon*]	12 d. et de concensu 2 s.	
45. Eccl. de Cra [*Cras*]	4 d. ob.	
46. Beunis [*Beny*]	6 d.	Archiepiscopus [4].
47. Cortafonz [*Curtafon*]	Nichil.	
48. Eccl. d'Estres [*Étré-le-Bouchoux*]	Nichil.	
49. Marbos (pri.) [*Marboz*]	3 d. et de concensu 2 s.	
50. Eccl. de Foissia [*Foissia*]	9 d. et de concensu 12 d.	
51. —— S. Nicetii (pri.) [*S. Nizier-le-Bouchoux*].	12 d.	Prior Ginniaci.
52. Capella Audan. [*Chapelle-Naude*]	Nichil.	
53. Boisseis [*Boissey*]	3 d. et de concensu 6 d.	
54. Domus de Seillons[5] [*Seillons*]	//	Cartusiensis ordinis.
55. Domus Montismerule [*Montmerle*[6]].	//	

---

[1] Il paraît que l'église-mère de Bâgé-le-Châtel était celle de Saint-André, située un peu au sud de la ville de Bâgé; mais on lui substitua ensuite l'église de Notre-Dame construite à l'intérieur des murs, et Saint-André devint paroisse distincte ou plutôt annexe de Bâgé-le-Châtel.

[2] Le grand et le petit Veilly, hameaux de la commune de la Genête, arrondissement de Louhans (Saône-et-Loire).

[3] Bourg n'avait encore aucun rang dans la hiérarchie ecclésiastique.

[4] Ce mot a été remplacé par « Capitulum S. Nicetii. »

[5] Nous ajoutons ici sept noms qui dans le manuscrit original se trouvent placés ailleurs. (Voir la note 7 de la page précédente).

[6] Montmerle, chartreuse près de Saint-Julien-sur-Reissouse.

NOMINA ECCLESIARUM.	PARATE IN SYNODIS.	NOMINA PATRONORUM.
56. Hospitale de la Muci [*la Muce*].		
57. Espeyssia [*Espesses*].		
58. Escopais (?).		
59. Li Vaureta (?).		
60. Theilonges[1].		

[*De archipresbyteratu de*] *Colognia*[2].

1. S. Amor [*S. Amour*]............	4 s. in quacumque syn.	
2. S. Johannes [*S. Jean-des-Treux*]...	Nichil.	Capitulum Matiscon.
3. Andelos [*Andelot*].............	Nichil.	
4. Espis [*Epy*]...................	9 d. in quacumque syn.	Prior Ginniaci.
5. Li Mons de Sancto Remigio [*S. Remy-du-Mont*].	4 d. in quacumque syn.	
6. Coloniacum (pri.) [*Coligny*]......	2 s. in quacumque syn.	
7. Perojes [*Pirajoux*].............	4 d.	Abbas de S. Eugendo.
8. Villamotiers (pri.) [*Villemoutiers*]..	4 d.	
9. Cormangons [*Cormangon*]........	Nichil.	
10. S. Germanus (?)...............	4 d.	
11. Borsies [*Bourciu*]..............	Nichil, et est hermos.	Archiepiscopus[3].
12. Nantels [*Nantel*]..............	4 d.	
13. Verjons[4] [*Verjon*].............	4 d.	
14. Varies [*Veyriat*]..............	4 d.	Prior Ginniaci.
15. Donceres [*Donseurre*]..........	Nichil, et est hermos.	
16. Montanies [*Montagnia-le-Recondut*], prioratus; et non est ibi ecclesia parrochialis.		
17. Abbatia de Miratorio [*le Miroir*]...		Cisterciensis ordinis.

Summa ecclesiarum, 32[5].
Summa cujusque synodi, 24 s. 10 d.
Et de censu, 18 d.

---

[1] Il y a près de Bourg un bois appelé *Tessonges*, près duquel la carte de Cassini indique un prieuré de Sainte-Agathe. C'est peut-être ce prieuré qui est nommé ici *Theilonges*? — Dans le manuscrit original, l'archiprêtré de Bâgé se termine en bas d'une page, et celui de Coligny le suit immédiatement, sans que rien indique la séparation, que le mot *Colognia*, écrit longtemps après au haut de la page suivante. Un copiste du XIVe siècle a ajouté une longue liste de paroisses à l'archiprêtré de Bâgé.

[2] Comme on l'a vu à la fin de la note précédente, ce mot est écrit d'une main plus moderne.

[3] Ce nom de patron a été remplacé par deux autres : en face de *Borsies* on a écrit plus tard, « Capitulum S. Nicetii, » et en face de *Nantels* : « Archipresbyter Cologniaci. » Cette dernière indication est plus moderne encore que l'autre.

[4] Une indication semblerait devoir faire placer cette localité après *Sanctus Germanus* : on voit en marge de *Verjons* un *a* et au-dessous de *Sanctus Germanus* un *b* ; mais cela n'a pas d'importance ici.

[5] Ce chiffre est étrangement erroné, soit que le copiste ait confondu les deux archiprêtrés de Bâgé et de Coligny (voir la note 1), soit qu'il ait seulement additionné les églises de ce dernier archiprêtré. Dans le premier cas, on trouve plus de 60 églises ; dans le second cas, au contraire, on n'en trouve que 15. Du reste, on remarquera que les trois derniers archiprêtrés de ce pouillé sont transcrits d'une façon fort inexacte ; on n'y distingue pas les églises des chapelles, etc.

NOMINA ECCLESIARUM.	PARATE IN SYNODIS.	NOMINA PATRONORUM.
Archipresbyteratus Ambroniaci [1].		
1. Ciriacus (?)................	4 d. et ob.	
2. Dortemt (pri.) [*Dortan*]........	"	Abbas S. Eugendi [2].
3. Albeins [*Arbant*].............	4 d.	
4. Oenas [*Oyonnax*].............	4 d. et crescit in syn. S. Luce, et de censu 3 d.	Abbas S. Eugendi.
5. Samonies [*Samonia*]..........	"	Archiepiscopus.
6. S. Ciricus [3]................	"	
7. Centonas [*Santonax*]..........	4 d. ob. et crescit.	Prior Nantuaci.
8. Nat [*Napt*].................	"	Episcopus Bellicensis.
9. Mornais (pri.) [*Mornay*].......	"	Prior Nantuaci.
10. Jusireus [*Jujurieux*].........	4 d. ob. et crescit.	
11. Vuic de Varey [*Vic-sous-Varey* [4]]...	4 d. ob. et crescit.	
12. Ambronais [*Ambournais*]......	"	Abbas Ambroniaci.
13. Dolvres [*Douvres.*]...........	"	
14. Ambayreus [*Ambérieux*].......	31 s. in unaquaque syn.	
15. Langes (?).................	"	
16. Clayscu [*Clésieu*]...........	"	
17. S. Renebertus [*S. Rambert*], abbatia.	"	Abbas S. Ragneberti.
18. Vauz [*Vaux*]...............	"	
19. Poncins [*Poncins*]...........	4 d. ob. et crescit.	Abbas S. Eugendi.
20. Estroblos [*Étables*]..........	4 d. ob. et crescit.	Prior Nantuaci.
21. Volaniet [*Vologna*]..........	4 d. ob. et crescit.	Archiepiscopus.
22. Gevreset [*Gevreissia*]........	"	
23. Senosches [*Senoches*]........	"	Prior Nantuaci.
24. Nantoas (pri.) [*Nantua*]......	"	
25. S. Martinus de Fraxino [*S. Martin-du-Fresne*].	"	Archiepiscopus.
26. Vicus d'Isanava [*Vieux-d'Isenave*]...	10 s. in quaque syn.	Abbas Ambroniaci.
27. Lentenais [*Lentenay*].........	2 s. in syn. S. Luce.	
28. Arant [*Aran*]..............	3 s. 3 d. de parata, et cresc.	Cap. S. Pauli Lugd.
29. S. Ieronimus [*S. Jérôme*]......	4 d. et ob. quaque synodo, et crescit.	Abbas Ambroniaci.
30. Charis [*Charrix*]............	"	Prior Nantuaci.
31. Martinia [*Martignia*].........	4 d. et crescit, et 3 s. in synodo S. Luce de censu.	Abbas S. Eugendi.

---

[1] Cette ligne semble écrite un peu postérieurement; mais le mot *Ambroniacus*, écrit d'une manière bien apparente, en marge, signale le commencement de cet archiprêtré. Du reste, ce dernier est écrit fort négligemment. Les noms sont sur deux colonnes, et sans indication de patrons; on a ajouté ces derniers postérieurement. On dirait que le scribe, pressé de finir, et de finir sur le même cahier, dont il avait déjà atteint l'avant-dernier feuillet, n'a pas cru devoir s'astreindre à une grande exactitude pour le reste, pourvu que les chiffres des revenus fussent scrupuleusement consignés dans son travail.

[2] Nous donnons le nom des patrons inscrits dans le manuscrit, quoique écrits postérieurement, parce qu'ils l'ont été cependant à une époque fort ancienne, et qu'ils sont parfois différents de ceux des pouillés plus modernes.

[3] C'est sans doute ce que le pouillé du XVI° siècle nomme *Saint-Cyr-d'Ulliat*. J'ignore sa situation. La visite diocésaine de 1654 n'en fait pas mention.

[4] C'est sans doute ce qu'on a appelé depuis *Saint-Jean-le-Vieux*, paroisse dans laquelle se trouvait le château de Varey. Le surnom de cette dernière paroisse semble en effet rappeler le *vicus* du pouillé du XIII° siècle. C'est de la même manière qu'on dit le Vieux-d'Isenave pour *Vicus d'Isenava*, qui se trouve inscrit un peu plus bas, n° 26.

NOMINA ECCLESIARUM.	PARATE IN SYNODIS.	NOMINA PATRONORUM.
32. Leyssart [*Leyssart*]..............	3 d. et crescit.	
33. Monestrueil (pri.) [*Monestreuil*]...	"	Prior de Monestreuil.
34. Martigniacum[1]..................	"	
35. Lemenz (pri.) [*Leyment*].........	"	Prior loci.
36. Laigniacum [*Lagnieux*]...........	"	Abbas Ambroniaci.
37. Albenc (pri.) [*Arbant*[2]].........	"	
38. Marsilliacum (pri.) [*Marsillia*[3]]...	"	
39. S. Albanus (pri.) [*S. Alban*].....	"	Prior Nantuaci.
40. Sayssiacum (pri.) [*S. Benoît-de-Cessieux*].	"	
41. Eccl. de Cloyen. Monialium (pri.) (?).	"	
42. Laigneu [*Laigneu*[4]].............	6 s. in unaquaque syn.	
43. S. Saturninus (pri.) [*S. Sorlin-de-Crucheto*[5]].	"	Prior loci.
44. Chasey [*Chazay-sur-Ain*].........	"	Cap. S. Pauli Lugd.
45. [Eccl.] Sancti Julli [*Ste Julie*]....	"	Prior de Chavanno.
46. Sant Vulba [*S. Vulbas*]..........	"	Abbas S. Eugendi.
47. Loyetes (pri.) [*Loyette*].........	"	Prior loci.
48. Villabois Moniales (pri.) [*Villebois*].	"	
49. Serreres [*Serrières*].............	"	Prior S. Saturnini de Crucheto (?).
50. Sant Desiero [*S. Didier*[6]]........	"	Prior Ynimontis.
51. Briort [*Briord*].................	"	Episcopus Bellicensis.
52. Benonci [*Benonce*]..............	"	Abbas S. Ragneberti.
53. Sellonas [*Seillonas*].............	"	Prior Ynimontis.
54. Marchant [*Marchant*]...........	"	Abbas Athan. seu prior S. Benedicti.
55. Luyeis (pri.) [*Lhuis*]...........	"	Prior de Lueys.
56. Sayseu [*Cessieux*[7]]..............	"	Prior S. Ragneberti.
57. Eccl. de Blez Monialium (pri.) [*Blie*].	"	Moniales [ejusdem loci].
58. Domus Portarum [*les Portes*].....	"	Cartusiensis ordinis[8].
59. Domus de Mayriaco (?).........	"	

Summa ecclesiarum, 60[9].

Archipresbyter Baugiaci debet qualibet synodo 13 s. fort. pro paratis.
Item archipresbyter Coloigniaci debet qualibet synodo 6 s. fort. pro paratis.
Item archipresbyter Trefforcii debet qualibet synodo 4 s. fort. pro paratis.
In istis tribus archipresbyteratibus habet ecclesia S. Pauli Lugdunensis terciam partem in dictis paratis qualibet synodo.
Isti tres archipresbyteri supradicti debent quadruplum quarta synodo, ipsa synodo in qua solvit minime computata.

---

[1] C'est sans doute une répétition du n° 31.
[2] Répétition du n° 3.
[3] Voyez le pouillé du xiv° siècle, où l'on trouve un *prior de Marsillia*.
[4] Répétition du n° 36.
[5] Voyez le nom du patron du n° 49.
[6] Saint-Didier près de Serrières.
[7] Répétition du n° 40.

[8] Ces deux chartreuses sont confondues avec les églises.
[9] Il n'y a que 59 noms, y compris les deux chartreuses; mais le copiste a additionné le mot *Ambroniacus*, qui se trouve en tête de la nomenclature, dans l'original; or ce nom n'est là que comme titre. De plus, il faut retirer de la nomenclature quatre ou cinq articles répétés. Il est vrai que, par compensation, on a oublié Saint-Claude et plusieurs autres paroisses importantes.

Item archipresbyter de Chalamont debet qualibet synodo 8 s. fort. pro paratis.
Item archipresbyter Ambroniaci debet qualibet synodo 6 s. fort. pro paratis.
Isti duo ultimi archipresbyteri non debent quadruplum, et in istis duobus archipresbyteratibus habet ecclesia S. Pauli terciam partem.

De archipresbyteratu Forisii census in Febroario :

Eccl. S. Boniti.............		12 d.	Eccl. d'Escotai.............	4 s.
—— de Torreta...........		12 d.	—— de Modonio..........	7 s. 6 d.
—— de Luyriaco...........	2 s.		—— S. Boniti in Cadell.....	2 s. 6 d.
—— de Mariolo............		18 d.	—— de Salvaingno.........	17 s.
—— de Syuriaco...........	5 s.		—— S. Laurencii de Solodro..	2 s. 6 d.
—— de Soloymiaco.........	5 s.		—— de Boen..............	2 s. 6 d.
—— de Chasellis...........		12 d.	—— de Chalaingno in Ysouro.	2 s. 6 d.
—— de Gumeres...........		12 d.	—— de Foro..............	5 s.
—— de Unitate............		8 d.	—— S. Laurencii de Concha..	18 d.
—— S. Petri de Montebrisone...	2 s.	6 d.	Summa..........	65 s. 8 d.

In Sabbato sancto debent iste :

Eccl. de Foro et de Randans...	6 d.	Eccl. de Mornant............	4 d.
—— de Magneuo...........	6 d.	—— de Prato Longo.........	4 d.
—— d'Escotai.............	6 d.	Summa...........	2 s. 8 d.
—— de Laviaco............	6 d.		

II.

POUILLÉ

DU DIOCÈSE DE LYON AU XIVe SIÈCLE,

AVEC INDICATION

DU REVENU DES BÉNÉFICES,

POUR SERVIR A FIXER LE CHIFFRE DE LA DÎME LEUR INCOMBANT.

Ce pouillé se compose, comme le précédent, de deux cahiers en parchemin de huit feuillets ou trente-deux pages. Il n'a pas de couverture, aussi la première et la dernière page sont-elles en partie effacées. Ce que nous avons dit de la provenance du premier pouillé s'applique également au second. Nous n'avons, du reste, rien de particulier à dire ici sur ce document. C'est uniquement un livre de dîmes, comme l'indique le titre qu'on lit sur le premier feuillet, et qui est ainsi conçu : « Hic incipit liber debentium decimas in archiepiscopatu Lugdunensi. Et primo in regno. » Ce dernier membre de phrase se rapporte à une division particulière du diocèse qui subsista du XIVe au XVIe siècle. Durant toute cette période, le diocèse de Lyon fut politiquement divisé en deux portions, l'une ressortissant au royaume de France, l'autre ressortissant à l'Empire.

Nous mettrons entre crochets ce que nous croirons devoir ajouter pour l'intelligence du document.

On remarquera que l'ordre dans lequel sont rangés les archiprêtrés diffère considérablement de celui adopté dans le pouillé précédent. Le classement des paroisses ne diffère pas moins. Il est ici à peu près alphabétique.

Sur la dernière page, immédiatement à la suite de l'archiprêtré du Bâgé, on voit un relevé des revenus du diocèse, évalué en florins. Nous n'avons pas cru devoir nous en occuper, d'abord parce qu'il est d'une époque bien postérieure, et ensuite parce qu'il est illisible en quelques parties.

Nous n'avons pas jugé à propos de donner ici la restitution de tous les noms de lieux en français, parce qu'ils sont généralement écrits dans cette langue, ou, du moins, en patois du pays, qui naturellement a imposé ses habitudes. Nous indiquons seulement en note ceux des noms dont la forme diffère complétement de l'orthographe actuelle, et ceux qui ne figurent pas dans le pouillé précédent. Comme dans ce dernier, nous avons mis ici les sommes en chiffres arabes, afin d'économiser l'espace et de rendre les calculs plus faciles.

HIC INCIPIT LIBER DEBENTIUM DECIMAS

IN ARCHIEPISCOPATU LUGDUNENSI.

ET PRIMO IN REGNO.

[*In archipresbyteratu civitatis et suburbiorum* [1].]

1. Dominus archiep. Lugdunensis, ... [2] l.
2. Capitulum Lugdunense, 1,800 l.
3. Capitulum Sancti Justi, 500 l.
4. Capitulum Sancti Pauli, 220 l.
5. Abbas Atthanacensis, 20 l.
6. Prior major.
7. Prior claustrerius.
8. Sacrista.
9. Vestiarius.
10. Celerarius.
11. Cantor.
12. Elemosinarius.
13. Pictanciarius.
14. Infirmarius, 20 l.
15. Abbatissa Sancti Petri Monialium Lugdunensis, 230 l.
16. Sacrista.
17. Capitulum Forverii.
18. Prior Sancti Yrenei, 300 l.
19. Prior Sancti Albini [3].
20. Prior de Plateria, 20 l.
21. Capitulum Sancti Nycecii, 40 l.
22. Eccl. Sancti Michaelis.
23. —— Sancti Vincencii.
24. —— Sancti Saturnini.
25. Eccl. Sancti Yrenei.
26. —— Sancti Georgii.
27. —— Sancti Romani.
28. —— Sancti Justi.
29. —— de Plateria.
30. Domus Sancti Sybastiani.
31. —— Sancti Yrenei prope Rodanum [4].
32. Altare Sancti [5] ....
33. Eccl. Sancti Petri.
34. —— Sancti Comi.
35. Capella Turris [6] domini archiepiscopi.
36. Elemosinarius Sancti Yrenei.
37. Sacrista Sancti Yrenei.
38. Infirmarius Sancti Yrenei.
39. Camerarius Sancti Yrenei.
40. Eccl. Esculliaci [7].
41. —— Sancte Fidei [8].
42. —— de Polleymeu.
43. —— Darzilliaci, 10 l.
44. —— Sancti Cyrici [9], 25 l.
45. —— Sancti Germani [10], 20 l.
46. —— Sancti Romani [11].
47. —— Cosonis.
48. —— Arbigniaci, 20 l.
49. Domus de Tucres [12].

---

[1] Conférez cette nomenclature avec celle qui se trouve page 943.

[2] Il y avait ici une somme qu'on a effacée.

[3] Il s'agit sans doute ici du prieuré de Saint-Albin, archiprêtré de Néronde, dont le prieur de Saint-Irénée était patron.

[4] Ces deux derniers mots sont à peine lisibles; le mot qui terminait la ligne suivante ne l'est pas du tout.

[5] Le mot qu'il y avait ici est illisible. J'avais d'abord l'intention d'écrire *Sperati*, nom d'un autel célèbre dans l'église de Lyon (voyez page 542 de ce volume), mais les traces de lettres qui restent n'autorisent pas cette restitution.

[6] Le mot *Turris* est à peine lisible. Il s'agit sans doute ici de la chapelle du château de *Pierre-Seise*.

[7] *Ecully*, inscrit dans l'archiprêtré de Jarez sur le pouillé du XIIIe siècle.

[8] *Sainte-Foy-lez-Lyon* : même observation qu'à la note précédente.

[9] *Saint-Cyr au Mont-d'Or*.

[10] *Saint-Germain au Mont-d'Or*.

[11] *Saint-Romain-de-Couson*.

[12] Ou *Cueres*. Je ne sais ce que signifie ce mot, qui ne reparaît sur aucun autre pouillé. (Voyez page 943.)

50. Eccl. de Tacins¹.
51. ——— Sancti Genesii les Oleres.
52. ——— Sancti Pauli.
53. ——— Sancte Crucis.
54. ——— de Veysia.
55. Domus de Veysia.
56. Cellerarius Sancti Yrenei.
57. Correarius Sancti Yrenei.
58. Eccl. Greysiaci².

In archipresbyteratu Rodanne.

1. Eccl. Ambirliaci, 12 l.
2. ——— Ampli Putei, 35 l.
3. ——— de Briennon, 20 l.
4. ——— de Buyssia³, 50 s.
5. ——— de Buylleu, 25 l.
6. ——— de Chareys⁴, 30 l.
7. ——— de Cromels, 25 l.
8. ——— de Comelles, 4 l.
9. ——— de Cordella, 18 l.
10. ——— de Chasal Symont⁵, 12 l.
11. ——— de Danceu, 7 l.
12. ——— de Forneuz, 8 l.
13. ——— de Lespinaci, 8 l.
14. ——— de Lentigneu, 10 l.
15. ——— de Luyreu, 15 l.
16. ——— de Lay, 15 l.
17. ——— de Servaio⁶, 10 l.
18. ——— de Meleys, 40 l.
19. ——— de Mables, 18 l.
20. ——— de Noalleu, 18 l.
21. ——— de Nulleysi, 25 l.
22. ——— de Noaus, 15 l.
23. ——— de Oches⁷, 7 l.
24. ——— de Parigneu, 8 l.
25. ——— de Polleu, 15 l.
26. ——— de Reneysons, 16 l.
27. ——— de Riorges, 12 l.
28. ——— de Rodanne, 40 l.
29. ——— Sancti Reveriani, 6 l.
30. Eccl. de S. Jodart⁸, 100 s.
31. ——— Sancti Prejecti, 16 l.
32. ——— Sancti Cyrici, 18 l.
33. ——— Sancti Pauli, 9 l.
34. ——— de S. Polgo, 8 l.
35. ——— Sancti Mauricii⁹, 20 l.
36. ——— Sancti Supplicii, 4 l.
37. ——— Sancti Andree de Roneysons, 18 l.
38. ——— de Saint Legier, 7 l.
39. ——— Sancti Romani, 17 l.
40. ——— Sancti Eugendi Castri¹⁰, 23 l.
41. ——— de Seint Tant lo Viel¹¹, 20 l.
42. ——— de Seint Giudart¹², 6 l.
43. ——— Sancti Germani, 7 l.
44. ——— de Vendranges, 8 l.
45. ——— de Vernecon¹³, 8 l.
46. ——— de Vilareys, 13 l.
47. ——— de Villamonteys, 12 l.
48. Prior de Noalleu, 60 l.
49. ——— de Riorges, 100 l.
50. ——— Sancti Johannis in Reannesio, 200 l.
51. Domus de Cremelles, 50 l.
   *Clugn.*¹⁴
52. Prior Ambirliaci, 700 l.
53. ——— de Briennon, 160 l.
54. ——— de Vilareys, 100 l.
55. ——— Sancti Simphoriani de Lay, 20 l.
56. Abbas Benedictionis Dei¹⁵, ordinis Cisterciensis, 375 l. ¹⁶

---

¹ *Tassins* est inscrit dans l'archiprêtré de Jarez sur le pouillé du XIII° siècle.

² C'est *Grézieux-la-Varenne*, inscrit dans l'archiprêtré de Jarez sur le pouillé du XIII° siècle. Il y a ici dans le manuscrit original une note en partie effacée, et qui porte le chiffre total du revenu des bénéfices de cet archiprêtré à 3,025 livres. Le scribe s'est trompé, car je trouve 3,225 livres.

³ Voyez la note 6 de la page 914.

⁴ Ce nom et les trois suivants sont à peine lisibles ; mais leur restitution a été facile à l'aide du chiffre du revenu, qui se trouve dans le pouillé suivant.

⁵ Aujourd'hui *Chirassimont*.

⁶ Lisez *les Sauvages*.

⁷ *Ouches*, près de Roanne.

⁸ Ce nom me semble faire double emploi avec celui de *Seint-Giudart* qu'on lit plus loin (n° 42).

⁹ Voyez l'archiprêtré de Pommiers, à ce nom (n° 28).

¹⁰ *Saint-Haon-le-Châtel*.

¹¹ *Saint-Haon-le-Vieux*.

¹² Ou *Guidart*. (Voyez la note 8 qui précède.)

¹³ Lisez *Verneto* (*Vernai*).

¹⁴ Ce mot semble attribuer à l'abbaye de Cluny tous les bénéfices qui suivent ; mais il y a erreur, au moins pour le dernier.

¹⁵ *La Bénisson-Dieu*, abbaye dans la paroisse de Briennon.

¹⁶ Au-dessous de ce chiffre on lit celui de M. VIII° IIII^{xx} VI l., qui semble être un total, et cependant n'en est pas un, car je trouve, en additionnant le revenu, 2,442 livres 10 sous.

DE SAVIGNY ET D'AINAY.

In archipresbyteratu de Pomers.

1. Eccl. de Aylleu, 8 l.
2. —— de Arteon, 15 l.
3. —— de Amiens, 7 l.
4. —— de Baroylli, 8 l.
5. —— de Buyssia, 20 l.
6. —— de Chantpulli, 10 l.
7. —— de Cleypeu, 8 l.
8. —— de Graysoles, 30 l.
9. —— de Juyllieu, 25 l.
10. —— de Jureu, 6 l.
11. —— de la Prugni, 60 s.
12. —— de la Benchi[1], 60 s.
13. —— de Mayserui, 20 l.
14. —— de Nerveu, 30 l.
15. —— de Nohalleu, 15 l.
16. —— Sancti Juliani de Pomers, 12 l.
17. —— Sancti Juliani de Odes, 12 l.
18. —— Sancti Juliani de Levaytre, 20 l.
19. —— de Sales [et] de Servera, 40 l.
20. —— Sancti Johannis Lavaytre, 20 l.
21. —— Sancti Sixti, 20 l.
22. —— Sancti Supplicii, 15 l.
23. —— Sancti Romani, 16 l.
24. —— Sancti Justi, 30 l.
25. —— Sancti Germani Laval, 20 l.
26. Eccl. Sancti Marcelli subtus Nigram Undam[2], 20 l.
27. —— de Sautrenon, 12 l.
28. —— Sancti Mauricii[3], 7 l.
29. —— Sancte Fidei, 100 s.
30. —— Sancti Desiderii supra Rupem Fortem, 25 l.
31. —— Sancti Marcelli supra Ulfeu, 15 l.
32. —— Sancti Martini l'Estra[4], 30 l.
33. —— de Verreres, 7 l.
34. —— de Ulfeu, 6 l.
35. Obedienc. Sancte Fidei, 7 l. 10 s.
36. Domus hospitalis Sancti Johannis de Verreres, 50 l.
37. Prior de Cleypeu, 180 l.
38. —— Sancti Justi en Chavalet, 100 l.
39. —— de Buyssia, 30 l.
40. —— de la Prugni, 40 l.
41. Johannes, celerarius Savigniacensis[5].

Clugn.[6]

42. Prior de Pomers, 400 l.
43. Domus de Juyreu.
44. Prior de Juyreu.
45. Domus de Chasalez, 11 l.

In archipresbyteratu Nigre Unde.

1. Eccl. de Buysseres, 8 l.
2. —— de Barbigneu, 20 l.
3. —— de Crosers[7], 100 s.
4. —— de Sivans[8], 6 l.
5. —— de Costances, 25 l.
6. —— de Chambosco, 10 l.
7. —— Donziaci, 12 l.
8. —— d'Essertines, 6 l.
9. —— Nigre Unde, 15 l.
10. —— de Piney, 8 l.
11. —— de Poylleu, 10 l.
12. —— de Rosey, 11 l.
13. Eccl. Sancti Cirici, 100 s.
14. —— Sancte Colombe, 7 l.
15. —— Sancti Justi, 9 l.
16. —— Sancti Marcelli[9], 8 l.
17. —— Sancti Johannis de Paniceres, 30 l.
18. —— de Savignioset[10], 8 l.
19. —— de Esparceu, 8 l.
20. Vielli Cheneva.
21. Eccl. de Vyoleys, 20 l.
22. Prior Sancti Albini, 50 l.
23. —— de Poilleu, 160 l.

---

[1] Le pouillé du XIIIᵉ siècle porte *Berichi*. Ce lieu m'est inconnu sous l'une comme sous l'autre orthographe.

[2] Je ne m'explique pas pourquoi cette localité, qui se trouve dans la circonscription de l'archiprêtré de Néronde, figure ici. Elle se trouve aussi, mais avec un chiffre moindre, dans ce dernier archiprêtré.

[3] Est-ce Saint-Maurice-sur-Loire, de l'archiprêtré de Roanne, qui aurait été répété ici par erreur? (Voyez les pouillés des XVᵉ et XVIᵉ siècles.)

[4] Même observation qu'à la note 2 de la page 909.

[5] On ne voit pas pourquoi le célérier de Savigny figure ici. Il n'avait aucun patronage dans cet archiprêtré.

[6] Cette ligne ainsi placée indique sans doute que ce qui suit dépendait de Cluny. Toutefois, je crois qu'il faut en distraire la maison de *Chasalez*, inscrite postérieurement, et dont j'ignore, du reste, la situation.

[7] Lisez *Croiset*.

[8] Lisez *Civent*.

[9] Voyez le nᵒ 26 de l'archiprêtré de Pommiers et la note.

[10] Lisez *Salvisinet*.

APPENDICES AUX CARTULAIRES

In archipresbyteratu Montisbrisonis.

1. Eccl. Alte Ville, 70 l.
2. —— de Bays[1], 4 l.
3. —— de Boyson[2], 10 l.
4. —— de Buen, 9 l.
5. —— de Bonczons, 8 l.
6. —— de Boyset, 20 l.
7. —— de Chans, 7 l.
8. —— de Chandeu, 10 l.
9. —— de Chalens d'Isoro, 12 l.
10. —— de Cosant, 8 l.
11. —— de Chermasel, 10 l.
12. —— Castri Novi, 12 l.
13. —— de Chaselles, 30 l.
14. —— de Chananelles, 10 l.
15. —— de Chalein lo Contal, 20 l.
16. —— de Chambens[3], 35 l.
17. —— de Essertines, 15 l.
18. —— de Escotay, 100 s.
19. —— de Fuers, 40 l.
20. —— de Gomieres, 7 l.
21. Hospitalis Ruppis Fortis, 8 l. 10 s.
22. Eccl. de Luyreu, 15 l.
23. —— de Lisigneu, 20 l.
24. —— de Lirigneu, 14 l.
25. —— de Leyseuz[4], 10 l.
26. —— de Boterey[5], 7 l.
27. —— de Mornant, 9 l.
28. —— Magdalenæ Montisbrisonis, 20 l.
29. —— de Marsilleu, 16 l.
30. —— de Mercor, 16 l.
31. —— Montis Verdunis, 10 l.
32. —— de Moing, 30 l.
33. —— de Mares[6], 12 l.
34. —— de Magneu, 12 l.
35. —— Montis Rotundi, 10 l.
36. —— de Marclop, 18 l.
37. —— de Pancins[7], 20 l.
38. —— de Pralent[8], 9 l.
39. Eccl. de Polomeon[9], 7 l.
40. —— de Prisseu[10], 30 l.
41. —— de Parigneu, 35 l.
42. —— de Rondans[11], 12 l.
43. —— de Rochi, 16 l.
44. —— Ruppis Fortis, 6 l.
45. —— Sancti Laurencii la Conchi, 25 l.
46. —— de S. Crepin[12], 6 l.
47. —— Sancti Reneberti, 12 l.
48. —— de Seint Morise, 20 l.
49. —— Sancti Nycecii[13], 12 l.
50. —— Sancti Benedicti Castri[14].
51. —— Sancti Marcellini, 50 l.
52. —— Suiriaci comitalis, 25 l.
53. —— Sancti Petri de Sancto Romano, 10 l.
54. —— Sancti Prejecti de Rosset, 20 l.
55. —— de Soloymeu, 18 l.
56. —— Sancti Thome, 6 l.
57. —— de Seint Caliaus[15], 32 l.
58. —— de Salvaing, 18 l.
59. —— Sancti Justi in Basso, 25 l.
60. —— Sancti Georgii supra Cosant, 25 l.
61. —— Sancte Agnetis[16], 20 l.
62. —— Sancti Pauli d'Isoro.
63. —— Sancti Petri Montisbrisonis, 15 l.
64. —— Sancti Andree Montisbrisonis, 30 l.
65. —— Savigniaci Montisbrisonis, 50 l.
66. —— Sancti Martini de Sancto Romano, 20 l.
67. —— Sancti Benedicti[17] de Quareuz, 32 l.
68. —— de Torreta, 10 l.
69. —— de Trellins, 10 l.
70. —— de Unia, 15 l.
71. —— Villa Deuz[18], 6 l.
72. —— de Verreres, 20 l.
73. Prior Sancti Reneberti et sacrista.
74. —— de Castro[19], 50 l.
75. —— de Torreta, 25 l.

---

[1] Lisez *Bard*.
[2] Peut-être *Boisset-Saint-Priest*.
[3] Lisez *Chambéon*.
[4] Je ne vois que le nom de *Leynieu* ou celui de *Lavieu* qui puisse se rapporter à ce mot.
[5] *La Bouteresse*.
[6] Sans doute *Marols*.
[7] Lisez *Poncins*.
[8] Lisez *Pralong*.
[9] Lisez *Palognieux*.
[10] Lisez *Prétieux*.
[11] Lisez *Randans*.
[12] *C'pin* : Lisez *Saint-Cyprien*.
[13] *Saint-Nizier-de-Fornas*.
[14] Lisez *Sancti Boniti Castri* (*Saint-Bonnet-le-Châtel*).
[15] Serait-ce *Saint-Clément-sur-Lignon* ? Le chiffre élevé du revenu ne permet guère de le supposer. Je ne vois plus que *Sail-sous-Couzan* dont le nom ait quelque rapport avec celui-ci, ou *Craintilleux*, qui paraît sur le pouillé du xve siècle (archiprêtré de Montbrison).
[16] *Sainte-Agathe-la-Bouteresse* ?
[17] Lisez *Boniti* (*Saint-Bonnet-le-Coureau*).
[18] *Villedieu*.
[19] Lisez *Castelleto*. Il s'agit ici du prieuré du Châtelet,

76. Prior Suiriaci, 50 l.
77. ——— Sancti Romani lo Puey, 300 l.
78. Vestiarius Sancti Romani, 6 l.
79. Sacrista, 7 l.
80. Prior de Bar, 50 l.
81. ——— Savigniaci Montisbrisonis, 500 l.
82. ——— de Lanova [1] Montisbrisonis.
83. ——— Chandiaci....
84. Sacrista Chandiaci.. } 300 l.
85. Prior d'Essertines..
86. ——— Marsilliaci, 60 l.
87. Hospitalis Ruppis Fortis, 10 l.
88. Prior Montis Verdonis, 200 l.
89. ——— Maguiaci, 40 l.

90. Prior de Rondans, 60 l.
91. Celerarius Domus Dei [2], 150 l.
92. Redditus de Moing.
93. Sacrista Sancti Reneberti.
94. ——— Sancti Romani lo Puey.
95. Prior Saltus de Cosant, 60 l.
96. ——— de Gomeres.
97. Domus Sancti Johannis Montisbrisonis [3], 60 l.
98. Decanus Montisbrisonis [4].
99. Magister et correarius Montisbrisonis.
100. Cantor [5] Montisbrisonis.
101. Sacrista Montisbrisonis.

In archipresbyteratu Corziaci.

1. Eccl. de Alta Rivoyria, 25.
2. ——— de Aveyses, 15 l.
3. ——— de Bessennays, 10 l.
4. ——— de Bruylloles, 15 l.
5. ——— Corziaci, 16 l.
6. ——— de Chivennay [6], 10 l.
7. ——— de Chazelles.
8. ——— de Coysi, 11 l.
9. Capella [7], 8 l.
10. Eccl. de Duerna, 10 l.
11. ——— de Farges, 12 l.
12. ——— Greysiaci, 8 l.
13. ——— Yseronis in Castro Veteri, 9 l.
14. ——— de Longi Saigni, 30 l.
15. ——— Montis Romani, 15 l.
16. ——— de Mais, 20 l.
17. ——— de Marcignia [8], 8 l.
18. ——— de Montrotier, 45 l.
19. ——— de Polonay [9], 8 l.
20. ——— de Pomey, 8 l.
21. ——— de Sancta Consorcia, 10 l.
22. ——— Sancti Simphoriani castri, 30 l.
23. ——— Sancti Andree lo Puey, 10 l.
24. ——— Sancti Cyrici, 25 l.

25. Eccl. Saltus Donziaci, 15 l.
26. ——— Sancti Bartholomei Letra, 15 l.
27. ——— Sancti Martini Letra, 20 l.
28. ——— Sancti Stephani de Sauczi [10], 10 l.
29. ——— de Seint Genies, 12 l.
30. ——— Sancti Juliani, 10 l.
31. ——— Sancti Romani de Popes, 12 l.
32. ——— Savigniaci, 25 l.
33. ——— de Seint Bel, 8 l.
34. ——— Sancti Boniti Frigidis, 20 l.
35. ——— Sancti Laurencii de Chamosset, 16 l.
36. ——— de Virigneu, 16 l.
37. ——— de Viricella, 100 s.
38. ——— de Vallilies [11], 18 l.
39. Prior Montistroterii, 300 l.
40. ——— Castri Veteris, 30 l.
41. ——— Corziaci, 60 l.
42. ——— de Fabricis [12], 100 l.
43. Sacrista de Farges, 30 l.
44. Prior Saltus Donziaci, 60 l.

In abbatia Savigniaci :

45. Abbas Savigniaci, 560 l.
46. Camerarius, 30 l.

près de Saint-Rambert, qui figure comme paroisse dans le pouillé du XIIIe siècle.

[1] Faut-il lire *Lanona*, *la Nona*, *la Nova*, *la Vona*, *la Vova*? Je ne saurais me prononcer entre ces diverses orthographes, car j'ignore à quoi s'applique cette désignation. Il y avait alors à Montbrison plusieurs maisons religieuses, mais je n'en connais aucune à laquelle convienne ce nom.

[2] Il faut sans doute lire *Domus Dei Montisbrisonis* : c'est l'hôpital de Montbrison.

[3] C'est la commanderie *Saint-Jean-des-Prés* de Montbrison, dont l'église subsiste encore.

[4] Ce bénéfice et les suivants se rapportent à l'église collé-

giale, devenue aujourd'hui la première paroisse de Montbrison.

[5] Le manuscrit semble porter *canon.*, on pourrait donc lire *canonici* ; mais je pense qu'il faut lire *cantor*.

[6] Lisez *Chevinay*.

[7] *La Chapelle-en-Vaudragon*.

[8] C'est sans doute *Maringes*.

[9] Lisez *Pollenay*.

[10] *Souzy-l'Argentière*.

[11] Lisez *Valleilles*.

[12] C'est la traduction du nom de *Farges*, qui se lit en français au-dessous.

47. Minor celerarius, 40 l.
48. Major celerarius, 35 l.
49. Hostolarius, 60 l.
50. Communerius, 20 l.
51. Elemosinarius, 20 l.
52. Operarius, 30 l.
53. Infirmarius.

54. Prior major, 4 l.
55. Prior claustrerius.
56. Sacrista, 25 l.
57. Domus de Teylant, 50 l.
58. Ministrerius (sic) Crucis, 100 s.
59. Domus de Lanay, 30 l.

In archipresbyteratu Arbrelle.

1. Eccl. Arbrelle, 20 l.
2. ——— de Buylleu, 12 l.
3. ——— de Baigneu[1], 7 l.
4. ——— de Chambon[2], 7 l.
5. ——— de Chamellet, 10 l.
6. ——— Fluyriaci, 6 l.
7. ——— de Frontenas, 6 l.
8. ——— de Hyonigii[3], 10 l.
9. ——— de Jo, 15 l.
10. ——— del Boys, 15 l.
11. ——— de Letra, 11 l.
12. ——— de Brueil et de Chayseu[4], 25 l.
13. ——— de Lentilleu, 10 l.
14. ——— de Lisseu[5], 10 l.
15. ——— Sancti Luppi, 10 l.
16. ——— de Seint Ferruel, 18 l.
17. ——— de Saint Apolinart, 6 l.

18. Eccl. Sancti Justi d'Avrey, 15 l.
19. ——— Sancti Verani, 15 l.
20. ——— Sancti Laurencii cum capella[6], 17 l.
21. ——— de Saint Gaburt[7], 100 s.
22. ——— de Tayscu, 30 l.
23. ——— de Tarnant, 11 l.
24. ——— Taratri, 15 l.
25. ——— de Lormo[8], 20 l.
26. ——— de Valsoanna, 18 l.
27. ——— Sancti Clementis, 7 l. 10 s.
28. Prior de Noalle et Sancti Reneberti[9], 50 l.
29. ——— Taratri, 200 l.
30. ——— de Tarnant, 50 l.

Clugn.

31. Prior Sancti Verani pro domo.....
32. ——— de Frontenas, 120 l.

In archipresbyteratu Anse.

1. Eccl. Anse, 120 l.
2. ——— Ambayriaci, 12 l.
3. ——— de Aylleu[10], 10 l.
4. ——— d'Arnas, 12 l.
5. ——— d'Arbuczonas, 100 s.
6. ——— de Odennas, 12 l. (Abbas Belle Ville tenet locum dicti loci.)
7. ——— de Blaceu, 12 l.
8. ——— de Biligneu, 14 l.
9. ——— de Colonges, 25 l.
10. ——— de Chacellay, 15 l.
11. ——— de Chasey, 20 l.
12. ——— de Charnay, 8 l.
13. ——— Castellionis, 8 l.

14. Eccl. de Coigneu, 20 l.
15. ——— de Charentay, 15 l.
16. ——— de Corcelles, 9 l.
17. ——— de Denices, 10 l.
18. ——— de Draceu, 10 l.
19. ——— insule Barbare, 15 l.
20. ——— de Lacenas, 9 l.
21. ——— de Lorges[11], 9 l.
22. ——— de Layseu[12], 7 l.
23. ——— de Lymanz, 20 l.
24. ——— de Lucennay, 15 l.
25. ——— de Lisseu, 6 l.
26. ——— de Lymonees[13], 15 l.
27. ——— de Marsillieu, 6 l.

---

[1] Lisez *Bagnols*.
[2] Lisez *Chambost*.
[3] C'est *Oingt*.
[4] Lisez *Chessy*.
[5] Je ne m'explique pas la présence de ce nom dans l'archiprêtré de l'Arbrêle. *Lissieux* est dans l'archiprêtré d'Anse, où nous allons le voir reparaître, avec un chiffre moindre, il est vrai.
[6] *Saint-Laurent-d'Oingt* et la chapelle de *Sainte-Paule*.
[7] *Sainte-Valburge d'Amancy*.
[8] C'est sans doute *les Olmes*.
[9] *Nuelle* et *Saint-Rambert-de-Nuelle*.
[10] Lisez *Ouilly*.
[11] Lisez *Liergues*.
[12] Lisez *Glézé*.
[13] Lisez *Limonest*.

28. Eccl. de Montmalas, 60 s.
29. —— de Marceu supra Ansam, 16 l.
30. —— de Moranceu, 9.
31. —— de Noalleu[1], 11 l.
32. —— Poylliaci Monialis, 10 l.
33. —— de Pomers, 16 l.
34. —— Poilliaci Castri, 12 l.
35. —— de Quinceu juxta Bellum Jocum, 30 l.
36. —— Quinciaci juxta Ansam, 15 l.
37. —— Sancti Georgii de Rognens, 40 l.
38. —— de S. Legier, 10 l.
39. —— Sancti Desiderii in Monte Aureo, 25 l.
40. —— de Sercia[2], 10 l.
41. —— Sancti Juliani, 18 l.
42. —— Sancti Johannis d'Arderi, 12 l.
43. —— Sivriaci[3], 20 l.
44. —— Villefranche, 40 l.
45. —— de Vauz, 30 l.
46. —— de Villa, 15 l.
47. Prior Sancti Johannis d'Arderi, 120 l.
48. —— de Nayte[4] et Sancti Stephani la Varenna, 20 l.
49. —— d'Arbuczonas, 25 l.
50. —— de Pomeis supra Ansam, 80 l.
51. —— de Grantmont.
52. —— de Sencorum[5], 10 l.
53. —— de Denice, 70 l.
54. —— de Arna, 140 l.
55. —— Poylliaci Monialis, 60 l.
56. Prior[issa] de Moranceu, 60 l.
57. Prior Sancti Desiderii in Monte Aureo, 60 l.
58. —— de Marceu, 40 l.
59. —— Belli Montis, 70 l.
60. Domus de Chasey, 200 l.
61. Sacrista de Chasey.
62. Domus Quinciaci, 50 l.
63. —— de Villa supra Jarniout[6], 60 l.

In abbatia insule Barbare :

64. Abbas insule Barbare.
65. Prior major.
66. Celerarius.
67. Communcrius.
68. Elemosinarius.
69. Infirmarius.
70. Sacrista.
71. Camerarius.
72. Sacrista major, 20 l.
73. Obedienciarius Grangie de Lay.
74. —————— de Colonges.
75. Operarius.
76. Chambrerius.
77. Cantor.
78. Pictanciarius.
79. Abbas de Jo[7], 160 l.

In abbatia Belleville :

80. Abbas Belleville.
81. Prior.
82. Camerarius.

Isti sunt Clugn. :

83. Prior de Sales, 160 l.
84. —— Sancti Nycecii, 90 l.
85. —— Sancti Johannis de Castellione, 160 l.
86. —— de Sercia.
87. Decanus de Lymanz, 400 l.

In archipresbyteratu Jaresii.

1. Eccl. de Albaspinu, 6 l.
2. —— de Briandas et Maysimiaci, 14 l.
3. —— de Brignays, 25 l.
4. —— de Boteon, 18 l.
5. —— de Baon[8], 16 l.
6. —— de Castro[9], 100 s.
7. —— de Chaponno, 10 l.
8. Eccl. de Charleu et de Verneysons, 26 l.
9. —— de Chassagneu, 16 l.
10. —— de Cornillon, 100 s.
11. —— de Cuyseu et de Rivaz, 100 s.
12. —— de Chambos[10], 7 l.
13. —— de Chenius[11], 100 s.
14. —— de Chivreres[12], 19 l.

---

[1] Le pouillé du xve siècle porte *Malleu*, celui du xvie *Mallieu*. C'est peut-être ce qu'on appelle la *chapelle*, près de Morancé.
[2] Aujourd'hui *Cercié*.
[3] Aujourd'hui *Gleizeu*.
[4] Lisez *Néty*.
[5] Lisez *Sensorini*. C'est l'altération de *Sancti Saturnini* (Saint-Sorlin).
[6] *Ville-sur-Jarniost*, qui devint plus tard paroisse.
[7] Lisez *Jugo Dei* (Joug-Dieu), près de Villefranche.
[8] *Bans*, mère-église de Givors.
[9] Lisez *Castro Lucii* (Châtelus).
[10] *Chambœuf*. Il paraît qu'il y avait alors un prieuré dans cette paroisse. (Voyez le n° 95.)
[11] Lisez *Chaignon*.
[12] Lisez *Chevrières*.

15. Eccl. de Chauczons, 13 l.
16. —— de Duayseu[1], 10 l.
17. —— de Dargoria, 25 l.
18. —— de Eschalas, 50 l.
19. —— de Givort, 10 l.
20. —— Grandi montis et de Fontaneys, 10 l.
21. —— de Firmigneu.
22. —— Francheville, 100 s.
23. —— de Grigneu, 10 l.
24. —— Ysiaci[2], 15 l.
25. —— d'Irignins, 8 l.
26. —— de Longestrives[3], 9 l.
27. —— de la Foillousa, 30 l.
28. —— de la Rajaci, 20 l.
29. —— de Mirifort[4], 100 s.
30. —— de Merupia[5], 100 s.
31. —— de Montagniaci, 15 l.
32. —— de Mornant, 10 l.
33. —— Milleriaci, 16 l.
34. —— de Orlienas, 10 l.
35. —— de Paveysins, 15 l.
36. —— Ruppis Fortis, 100 s.
37. —— de Riva de Gier, 50 l.
38. —— de Rochitallia, 11 l.
39. —— Reveriaci, 10 l.
40. —— de Rantalon, 12 l.
41. —— de Soceu, 12 l.
42. —— Sancti Genesii Vallis, 15 l.
43. —— de Seint Manz[6], 25 l.
44. —— Sancti Dyonisii, 8 l.
45. —— de Saint Medart, 14 l.
46. —— de Saint Oyan[7], 50 l.
47. —— de Seilleu, 12 l.
48. —— Sancti Romani, 15 l.
49. —— de Saint Garmir[8], 50 l.
50. —— de Seint Bonet, 15 l.
51. —— Sancti Justi supra Leyri, 20 l.
52. —— de Seint Vitour, 10 l.
53. —— Sancti Clementis[9], 100 s.
54. —— Sancti Justi en Velay, 100 s.
55. —— Sancti Genesii Lerp, 20 l.
56. —— de Seint Prines[10], 6 l.
57. —— Sancti Stephani de Furans, 25 l.
58. Eccl. Sancti Johannis de Bonofonte, 30 l.
59. —— Sancti Andeoli Vallis, 20 l.
60. —— de Sorbiers, 14 l.
61. —— Sancti Christofori, 16 l.
62. —— Sancti Annemundi[11], 15 l.
63. —— Sancti Juliani, 16 l.
64. —— Sancti Pauli in Jaresio, 38 l.
65. —— Sancti Genesii in Terra Nigra, 18 l.
66. —— Sancti Martini la Plagni, 20 l.
67. —— Sancti Mauricii supra Dalgoriam, 10 l.
68. —— Sancti Desiderii subtus Riviriacum, 20 l.
69. —— Sancti Laurencii de Dagnins, 9 l.
70. —— Sancti Andeoli in Jaresio, 18 l.
71. —— Sancti Andree la Cota, 10 l.
72. —— Sancti Martini Acualleu, 15 l.
73. —— de Talues[12].
74. —— de Tartaras, 10 l.
75. —— Sancti Martini de Annualibus, 25 l.
76. —— de Turre, 15 l.
77. —— de Turins, 6 l.
78. —— de Velchi, 100 s.
79. —— de Villars, 100 s.
80. —— de Vaneyreu[13], 10 l.
81. Abbas Vallis Benedicte, 120 l.
82. Priorissa Ysiaci, 40 l.
83. Prior de Mornant, 100 s.
84. —— de Tartaras, 50 l.
85. —— Firmigniaci, 80 l.
86. —— de Albaspinu, 20 l.
87. —— Sancti Pauli de Cornillon, 30 l.
88. —— de Velchi, 80 l.
89. —— de Rivaz, 15 l.
90. —— de Cuyseu, 20 l.
91. —— de Orlenas, 60 l.
92. —— Sancti Romani in Jaresio, 100 s.
93. —— de Turins, 50 l.
94. Domus Sancti Christofori, 30 l.
95. Prior de Chambosco[14], 60 l.
96. —— Sancti Dyonisii, 30 l.
97. —— Vallis Floride, 15 l.
98. —— de Juyreu.
99. —— de Saint Miart[15], 200 l.

[1] Lisez *Doisieux*.
[2] On écrit aujourd'hui *Isieux*.
[3] Lisez *Longes et Trèves*.
[4] *Malifaux* ou *Saint-Genest-de-Malifaux*.
[5] Ce nom est l'altération de celui d'une église de Saint-Chamond appelée en latin *ecclesia Minoris Pedæ* ou *de Minori Peda*, par opposition à une autre appelée *ecclesia Majoris Pedæ*, que nous verrons paraître dans le pouillé suivant.
[6] Ou *Mariz*. Serait-ce *Saint-Romain-en-Gier*?
[7] Aujourd'hui *Saint-Héand*.
[8] Lisez *Saint-Galmier*.
[9] Voyez la note 7 de la page 903.
[10] *Saint-Priest-en-Jarez*.
[11] Aujourd'hui *Saint-Chamond*.
[12] Lisez *Taluyers*.
[13] Lisez *Vaugneray*.
[14] Voyez le n° 12 et la note.
[15] Corruption de *Saint-Médard*.

DE SAVIGNY ET D'AINAY.

100. Domus Sancti Anthonii[1], 50 l.
101. [Domus?] Sancti Annemundi.
102. Prior Sancti Juliani, 80 l.
103. —— de Talues, 75 l.
104. Prior Sancte Crucis, 30 l.
105. Domus hospitalis Sancti Johannis Montisbrisonis[2].

ISTI SUNT DE IMPERIO.

[In archipresbyteratu civitatis et suburbiorum[3].]

1. Primo dominus archiepiscopus.
2. Capitulum Lugdunense, 437 l. 10 s.
3. Decanus Lugdunensis.
4. Archidiaconus.
5. Magnus cantor.
6. Cantor.
7. Camerarius.
8. Custos Sancti Stephani.
9. Sacrista.
10. Prepositus Forverii.
11. Capitulum Sancti Pauli, 210 l.
12. Camerarius Sancti Pauli.
13. Cantor Sancti Pauli.
14. Sacrista Sancti Pauli.
15. Capitulum Sancti Justi, 61 l. 10 s.
16. Obedienciarius Sancti Justi.
17. Sacrista Sancti Justi.
18. Prepositus Sancti Justi.
19. Magister Sancti Justi.
20. Capitulum Forverii.
21. Capitulum Sancti Nycecii.
22. Prior Sancti Albani.
23. Domus Sancti Sybastiani.
24. Abbatissa Sancti Petri, 70 l.
25. Prior Sancti Yrenei, 60 l.
26. Domus de Tueres[4].
27. Prior de Plateria, 60 l.
28. Abbas Atthanacensis, 20 l.
29. Prior major Atthanacensis.
30. Prior claustrerius.
31. Sacrista.
32. Celerarius.
33. Cantor.
34. Elemosinarius.
35. Pictanciarius.
36. Infirmarius.
37. Vestiarius.

In archipresbyteratu Morestelli.

1. Eccl. de Amblaigneu, 9 l.
2. —— de Arandone, 9 l.
3. —— de Boveci, 15 l.
4. —— de Brengo, 13 l.
5. —— de Cariseu, 14 l.
6. —— de Chareyta, 15 l.
7. —— de Cortennay, 20 l.
8. —— de Crept, 12 l.
9. —— de Chaucins[5].
10. —— de Doleymieu, 7 l. 15 s.
11. —— de Eptevo[6], 7 l. 10 s.
12. —— de Lonna[7].
13. Eccl. de Balma, 20 l.
14. —— Morestelli, 30 l.
15. —— de Marigneu, 6 l.
16. —— de Maypeu, 13 l.
17. —— de Pacins, 7 l.
18. —— de Prayncu, 8 l.
19. —— de Parmilleu, 12 l.
20. —— Quiriaci, 13 l.
21. —— Sancti Victoris, 6 l.
22. —— de Seint Buel[8], 20 l.
23. —— de Syceu[9], 6 l.
24. —— de Soleymeu, 12 l. 10 s.

---

[1] L'hôpital de *Saint-Antoine* de Montbrison. (Voyez le dernier article de cet archiprêtré (n° 105), et la note suivante.)
[2] Je ne m'explique pas pourquoi l'hôpital de Saint-Jean-de-Jérusalem de Montbrison et l'hôpital de Saint-Antoine de la même ville se trouvent inscrits dans l'archiprêtré de Jarez.
[3] Comparez cette nomenclature avec celle de la page 935.
[4] Voyez ci-devant, page 935, note 12.
[5] Lisez *Chassin*. Au xv° siècle cette paroisse, dont le patron était saint Brice, fut réunie à celle de Passins.
[6] Lisez *Optevos*.
[7] *Lonne*, près d'Arandon.
[8] *Saint-Baudel* ou *Bodèle*.
[9] Lisez *Sissieux*.

25. Eccl. de Salmayreu[1], 50 s.
26. —— de Trevouz[2], 8 l.
27. —— de Vaceu, 7 l.
28. —— de Verceu, 15 l.
29. Prior Sancte Crucis (?).
30. Priorissa de Doleymeu, 50 l.
31. Prior de Vallibus (?), 20 l.
32. Priorissa de Arandone, 20 l.
33. Prior Sancti Albani, 10 l.
34. Camerarius de S. Chier[3], 50 l.

In archipresbyterata Maysiaci.

1. Eccl. de Ayreu[4], 6 l.
2. —— de Anthone, 13 l.
3. —— de Arceu[5] et de Colombier, 16 l.
4. Bechivilleynt.
5. Eccl. de Bron, 12 l.
6. —— de Chauciogni[6], 6 l.
7. —— de Celuysi[7], 13 l.
8. —— de Chandiaci, 7 l.
9. —— de Chavaigneu[8], 6 l.
10. —— de Charpeu.
11. —— de Chaceu et de Disines, 18 l.
12. —— de Faysins, 100 s.
13. —— de Gions, 8 l.
14. —— de Griennay, 100 s.
15. —— de Juhannages[9], 15 l.
16. —— de Genas, 40 l.
17. —— Maysiaci, 15 l.
18. —— de Moiffon[10], 13 l.
19. —— de Malatrait, 13 l.
20. Mons.
21. Eccl. de Meons, 7 l.
22. —— Sancti Simphoriani de Auzone, 30 l.
23. Eccl. Sancti Laurencii, 30 l.
24. —— Sancti Prejecti, 8 l.
25. —— Sancti Boneti, 6 l.
26. Grangia de Vignetes[11], 20 l.[12]
27. —— de Ayllion[13].
28. Redditus de P[ar]maigni.
29. Domus de Faysins.
30. Abbas Bone Vallis, pro domo de Chanos (?), 70 l.
31. Eccl. Sancti Petri de Chandiaco, 6 l.
32. —— de Toceu, 8 l.
33. —— de Villeta, 8 l.
34. —— de Venicies, 10 l.
35. —— de Vallibus, 100 s.
36. —— de Villa Urbana, 10 l.
37. Prior Sancti Simphoriani, 100 l.
38. —— de Ayreu, 70 l.
39. —— Polliaci, 50 l.
40. Redditus de Chapanro[14], 45 l.
41. Grangia Charpiaci[15].
42. Domus Templi de Trevoz[16].
43. Prior Sancti Petri de Chandiaco*.

In archipresbyteratu Chalomontis.

1. Eccl. de Bayno[17], 15 l.
2. —— de Balon[18], 7 l.
3. —— de Buyssia[19], 10 l.
4. Eccl. de Bireu, 100 s.
5. —— de Burgo Sancti Christofori, 10 l.
6. —— de Biligneu, 100 s.

---

[1] Lisez *Sermérieux*.

[2] *Trept* ou *Trenz*. Voyez le pouillé du XIII° siècle.

[3] *Saint-Chef*, près de Morestel, mais en dehors de l'archiprêtré et même du diocèse, car cette abbaye se trouvait dans l'archevêché de Vienne.

[4] Lisez *Eyrieux* ou *Heirieux*.

[5] Ce nom figure dans le pouillé précédent et dans le suivant, mais dans celui du XVI° siècle on lit *Arbox*. On ne trouve ni l'un ni l'autre sur les cartes.

[6] *Chaussagne*, aujourd'hui simple hameau de la commune de la Guillotière. (Voyez la note 6 de la page 918.)

[7] Lisez *Soleise*.

[8] Lisez *Chavagneux*.

[9] Lisez *Jonage*.

[10] Cette localité, indiquée comme mère-église de Pusignan dans le pouillé de XV° siècle, et comme annexe de la même église sur celui du XVI°, ne figure sur aucune carte. Peut-être se trouvait-elle au lieu où la carte du Dépôt indique *des ruines*, près de Pusignan.

[11] Serait-ce *Notre-Dame-sous-Vignes*, commune de Chaponnay, ou la *Grande-Grange*, commune de Mions, l'une et l'autre localité voisine d'Aillon (voyez p. 918, note 4), ou bien *Saint-André-en-Vignettes*, dont il est question dans la visite diocésaine de 1655? (Voyez le pouillé du XVIII° siècle, article de Soleise.)

[12] Il y a ici et dans quelques autres endroits une note ainsi conçue : *Debet pro decima annuatim....* Comme le chiffre n'est pas exprimé, j'ai cru pouvoir retrancher sans inconvénient cette indication. Je signalerai seulement par un astérisque (*) les autres noms qui sont accompagnés d'une note semblable.

[13] Lisez *Aillon*.

[14] Lisez *Chavanoz*.

[15] *Charpieux*, hameau de la commune de Dessines.

[16] Le pouillé précédent place avec raison ce bénéfice dans l'archiprêtré de Morestel, où nous trouvons en effet la paroisse de *Trevos*. (Voyez ci-dessus, n° 26.)

[17] Lisez *Beynost*.

[18] Lisez *Balan*.

[19] Lisez *la Boesse*.

DE SAVIGNY ET D'AINAY.

7. Eccl. de Brusola[1], 12 l.
8. —— de Charnaus, 13 l.
9. —— de Crant, 18 l.
10. —— de Castellione Paludis, 25 l.
11. —— de Chateney, 15 l.
12. —— Chalomontis, 14 l.
13. —— Corziaci Ville, 15 l.
14. —— de Daigneu, 30 l.
15. —— Donni Petri, 30 l.
16. —— de Faramanz, 15 l.
17. —— de Jaylleu, 10 l.
18. —— de Joiouz, 22 l.
19. —— de Montellier, 12 l. 10 s.
20. —— de Molun, 10 l.
21. —— de Mayssimeu[2], 25 l.
22. —— de Neyot, 20 l.
23. —— de Nevro, 12 l.
24. —— de Prioys, 15 l.
25. —— de Peroges, 14 l.
26. Prins[3].
27. Eccl. de Piseiz, 15 l.
28. —— de Romanechi, 7 l.
29. —— de Ronzuel, 10 l.
30. —— de Rigneu, 15 l.
31. —— Sancti Mauricii de Anthone, 15 l.
32. —— de Seint Mamès[4], 7 l.
33. —— de Saint Alay[5], 25 l.
34. —— Sancti Martini de Chalomonte, 20 l.
35. —— Sancti Desiderii de Renons, 12 l.
36. Eccl. Seint Muris de Bayno, 15 l.
37. —— Sancte Crucis, 18 l.
38. —— Sancti Bartholomei Montisluppelli, 7 l.
39. —— Sancti Martini de Miribello, 15 l.
40. —— Sancti Romani de Miribello, 12 l.
41. —— del Til, 4 l.
42. —— de Tramoyes, 8 l.
43. —— de Villeu et de Loyes, 25 l.
44. —— de Villeta, 12 l.
45. —— de Vassalieu[6], 15 l.
46. —— de Villars, 30 l.
47. Redditus Sancti Supplicii, 40 l. (Debet annuatim 4 l.)
48. Prior Sancti Romani de Miribello, 40 l.
49. —— de Buyssia, 100 l.*
50. —— Sancti Mauricii de Anthone, 100 l.
51. —— de Neosco, 100 l.
52. —— Mayssimiaci, 80 l.
53. —— de Villeu, 36 l.
54. —— Sancti Martini de Chalomonte, 60 l.
55. —— Biriaci, 50 l.
56. Obediencia de Jaylleu, 30 l.
57. Domus de Tyl.
58. —— de Molon.
59. Prior de Villeta.*
60. —— Sancti Germani.*
61. —— de Prins.
62. Abbas Chassagnie[7], 60 l.

In archipresbyteratu de Sandrens.

1. Eccl. de Bouligneu, 30 l.
2. —— de Buennens, 15 l.
3. —— de Bisia, 20 l.
4. —— de Buella, 10 l.
5. —— de Chavayria, 16 l.
6. —— de Condeyssia, 36 l.
7. —— de Chanos, 30 l.
8. Capella de Castellario, 15 l.
9. Eccl. Corsiaci Castri, 24 l.
10. —— de Graysies, 8 l.
11. Eccl. de Lent, 40 l.
12. —— de Longo Campo, 10 l.
13. —— de Lopona, 100 s.
14. —— de Montfalcon, 9 l.
15. —— Maysiriaci, 15 l.
16. —— Monracoz[8], 12 l.
17. —— de Marleu, 10 l.
18. —— de Monceaux[9], 13 l.
19. —— de Monteuz[10], 12 l.
20. —— de Novilla, 20 l.

---

[1] Lisez *Bressoles*.
[2] Lisez *Meximieux*.
[3] Ou *Prin*, à l'est de Dompierre. Cette paroisse, située dans les bois, exista de fait jusqu'au milieu du XVIIe siècle, époque où elle fut réunie à celle de Dompierre, sur la demande des habitants, fort mécontents de leur curé, dont la négligence et la rapacité étaient intolérables. Le prieur de Sales était patron temporel de cette paroisse, dont l'église était probablement la petite chapelle de la Madeleine qui existe près de Prin. (Voyez un acte de 1132 relatif à cette église dans la *Bibl. Clun.* col. 1394.)
[4] Le scribe semble avoir écrit *Manice*, copiant à peu près l'original sans s'inquiéter du sens; mais il s'agit évidemment de Saint-Mamès. Cette église était déjà abandonnée au XIIIe siècle. (Voy. le pouillé qui précède, p. 922, note 3.)
[5] C'est sans doute la paroisse que le pouillé précédent appelle *Thansyes*, et qu'il dit abandonnée.
[6] Lisez *Versaullieux*.
[7] L'abbé de la *Chassagne*.
[8] Lisez *Montracol*.
[9] Lisez *Montcel*.
[10] Lisez *Monthieux*.

21. Eccl. de la Perousa, 10 l.
22. —— de Peres, 10 l.
23. —— de Romans, 13 l.
24. —— de Sandrens, 20 l.
25. —— Sancti Nycecii, 25 l.
26. —— Sancti Pauli de Varas, 16 l.
27. —— de Serva, 10 l.
28. —— Sancti Andree lo Panous, 30 l.
29. —— Sancti Andree Nemorosi, 10 l.
30. —— Sancti Georgii, 10 l.
31. —— Sancti Germani, 16 l.
32. —— Sancti Andree (?), 30 l.
33. —— Sancti Christofori, 10 l.
34. —— Sancti Cyrici juxta Sandrens, 10 l.
35. —— de Sulignia, 10 l.
36. —— Sancti Juliani, 16 l.

37. Eccl. de Seint Rumy, 12 l.
38. —— de S. Genes, 12 l.
39. —— Sancti Cyrici juxta Baugiacum, 15 l.
40. —— de Vandens, 15 l.
41. —— de Vonna, 12 l.
42. Prior de Longo Campo.
43. —— de Capella.
44. —— de Monfavreys, 50 l.
45. —— Sancti Christofori, 30 l.
46. —— de Novilla.
47. —— de Chavayria.
48. —— de Bisia.*
49. —— de Buella.*
50. —— de Romans.
51. Domus Graysiaci.

In archipresbyteratu Dombarum.

1. Eccl. d'Ars[1], 18 l.
2. —— d'Antaigneu[2], 9 l.
3. —— d'Anygnens[3], 15 l.
4. —— d'Amaren.
5. —— Ambayriaci, 16 l.
6. —— de Bereyns[4], 12 l.
7. —— de Bey, 14 l.
8. —— de Buxiges, 13 l.
9. —— de Chanens, 15 l.
10. —— de Chalens, 30 l.
11. —— de Crusillies, 13 l.
12. —— de Cormaranchi, 16 l.
13. —— de Sycen[5].
14. —— de Clemencia, 10 l.
15. —— de Chillia, 25 l.
16. —— de Dompero, 9 l.
17. —— de Fluyriaci, 25 l.
18. —— de Farens, 17 l.
19. —— de Frens, 40 l.
20. Franchelens.
21. Eccl. de Fontanes[6], 20 l.
22. —— de Genoylleu, 18 l.
23. —— de Geynay, 25 l.

24. Eccl. de Guierrens[7].
25. —— de Yllia, 16 l.
26. —— de Viceu[8], 9 l.
27. —— de Montaigneu[9], 13 l.
28. —— de Misereu.
29. —— de Montagnia[10].
30. —— de Mayssimiaci, 20 l.
31. —— Montaigniaci et de Chantens, 15 l.
32. —— de Montaneys, 18 l.
33. —— de Monceuz, 18 l.
34. —— de Mespilleu.
35. —— de Maceu, 10 l.
36. —— de Montis Bertoudi[11], 15 l.
37. —— de Parceu, 9 l.
38. —— de Persieu[12], 15 l.
39. —— de Poilliaci, 10 l.
40. —— Pontis Vele[13], 16 l.
41. —— de Rancies, 13 l.
42. —— Ruppis Scisse[14], 11 l.
43. —— de Reyreu, 18 l.
44. —— de Riotiers.
45. —— de Magninens[15].
46. —— Sancti Desiderii de Chalarona, 26 l.

[1] Le manuscrit porte *de Dars*, mais l'ordre alphabétique qui est suivi ici prouve que c'est une erreur.
[2] Lisez *Athaneins*.
[3] Lisez *Agnereins*.
[4] Lisez *Bereins*.
[5] Lisez *Cesseins*.
[6] Lisez *Fontaines*.
[7] Lisez *Guerins*.
[8] On peut lire également *Uroeu* ou *Urteu*?
[9] C'est sans doute un double emploi du nom de *Monta-gneux*, qui figure plus bas avec son annexe Champtein (n° 31).
[10] C'est sans doute un double emploi du nom de *Montaneys*, qu'on lit trois lignes plus bas (n° 32).
[11] *Montberthoud*, ancien et célèbre doyenné, situé dans la commune de Savigneux-en-Dombes.
[12] Lisez *Peisieu* (Peyzieux).
[13] *Pont-de-Veyle*. (Voyez la note 6 de la page 926.)
[14] *Rochetaillée*.
[15] Lisez *Mogneneins*.

47. Eccl. Sancti Triverii, 9 l.
48. —— Sancti Desiderii de Miribello, 18 l.
49. —— Sancti Nycholai [1].
50. —— Sivriaci [2], 20 l.
51. —— de Satennay, 15 l.
52. —— Sancti Bernardi de Ansa, 10 l.
53. —— Sancti Stephani de Chalarona, 25 l.
54. —— de Saint Galmier (?).
55. —— Sancti Desiderii de Formans, 12 l.
56. —— Sancti Johannis de Turigneu, 18 l.
57. —— de S. Ylario (?).
58. —— Sancti Andree d'Uyria, 14 l.
59. —— Sancte Euphemie.
60. —— de Toceu.
61. —— de Trevos, 10 l.
62. —— de Vimies [3], 30 l.
63. —— de Villanova.
64. —— de Valens.
65. Prior Pontis Vele, 70 l.
66. —— de Cormarenchi.
67. —— Sancti Andree d'Uyria, 60 l.
68. Prior de Guirrens.
69. —— Sancti Triverii, 90 l.
70. —— de Ligneu (?), 100 l.
71. —— de Brueria.
72. —— Sancte Euphemie, 90 l.
73. Obediencia de Maceu.
74. Domus de Chanens.
75. Prior de Luriceu [4] et de Valens.
76. —— de Montmeleu.
77. —— Montis Bertoudi, 300 l. (Debet annuatim pro decima, 30 l.)
78. Castrum de Vimies, 150 l.
79. Decima de Francheleins [5], 35 l.
80. Sacrista de Romans, 50 s.
81. Capitulum de Romans, 60 s.
82. Vicarius de Romans, 14 s.
83. Redditus Sancti Bernardi.
84. Abbas Belle Ville.
85. —— de Jugo Dei.
86. Prior Belle Ville.
87. Sacrista.

In archipresbyterata Ambroniaci.

1. Eccl. de Aranc, 18 l.
2. —— Ambayriaci, 50 l.
3. —— Ambroniaci, 30 l.
4. —— de Albenco et Perronus [6], 15 l.
5. —— de Belignia, 9 l.
6. —— de Benonci, 25 l.
7. —— de Briort, 12 l.
8. —— de Cordon, 20 l.
9. —— de Charis.
10. —— de Cleyseu, 12 l.
11. —— de Chasey, 15 l.
12. —— de Dorten, 25 l.
13. —— d'Essertines, 25 l.
14. —— d'Etables, 8 l.
15. —— de Guyreysia [7], 10 l.
16. —— de Granges.
17. —— de Brenas (?).
18. Eccl. de Chaous [8].
19. —— de Juerro [9], 9 l.
20. —— de Ysernore, 18 l.
21. —— de Jusireu [10], 15 l.
22. —— de Leymentz, 7 l.
23. —— de Loyetes, 12 l.
24. —— de Lues, 20 l.
25. —— de Leysart et de Chapia [11].
26. —— de Laigneu, 18 l.
27. —— de Longo Camelo [12], 20 l.
28. —— de Lentenay, 25 l.
29. —— Sancti Martini de Monte [13].
30. —— de Marchanz, 18 l.
31. —— de Martignia, 20 l.
32. —— de Monceuz [14], 7 l. 10 s.
33. —— de Molenges, 15 l.
34. —— de Matafelon, 20 l.

[1] *Saint-Nicolas de Montmerle.*
[2] Aujourd'hui *Civrieux.*
[3] Le nom de cette paroisse est illisible, par suite d'une altération du parchemin; mais il ne peut y avoir que *Vimies* (*Vimy*), que réclame l'ordre alphabétique.
[4] Lisez *Lurcy.*
[5] Les bénéficiers qui suivent sont mentionnés ici pour les bénéfices qu'ils avaient dans l'archiprêtré des Dombes, et non pour leur bénéfice principal, situé hors de cet archiprêtré.
[6] Serait-ce l'*église ruinée* qui est portée sur la carte de Cassini au sud d'Arbent?

[7] Lisez *Gevroissia.*
[8] Lisez *Choux.*
[9] Lisez *Juerre.*
[10] Lisez *Jujurieux.*
[11] Lisez *Chapiat.*
[12] Aujourd'hui *Long-Chamois.*
[13] C'est sans doute par erreur que *Saint-Martin-du-Mont* est inscrit ici. Il se trouvait dans l'archiprêtré de *Treffort*, où on l'a répété.
[14] Il n'y avait point de localité de ce nom dans l'archiprêtré d'Ambournay. Il faut certainement lire : eccl. *de Septem Moncellis* (*Septmoncel*).

35. Eccl. de Montfavreys[1], 18 l.
36. ——— de Mornay.
37. Manigleria d'Ambutris.
38. ——————— de Viris.
39. Eccl. de Nantuas, 20 l.
40. ——— de Nat, 10 l.
41. ——— de Oyonas[2], 15 l.
42. ——— de Poncins et de Novilla, 25 l.
43. ——— Sancti Albani, 20 l.
44. ——— de Santonas, 8 l.
45. ——— de S. Monnia[3], 10 l.
46. ——— Sancti Eugendi[4], 20 l.
47. ——— de S. Serva (?), 9 l.
48. ——— de Senoches et Montis Regalis, 20 l.
49. ——— Sancti Martini lo Freno, 35 l.
50. ——— Sancti Martini de Monte[5].
51. ——— de S. Gerormo, 15 l.
52. ——— Sancti Germani de Bayart[6].
53. ——— Sancti Raneberti, 16 l.
54. ——— Sancti Saturnini, 20 l.
55. ——— de Seillonas, 17 l.
56. ——— Sancti Benedicti de Seysseu, 15 l.
57. ——— Sancti Desiderii, [10] l.
58. ——— de Serreres, 14 l.
59. ——— de Saint Vulbas, 25 l.
60. ——— Sancte Jullie, 20 l.
61. ——— Sancti Mauricii de Remenis, 10 l.
62. ——— de Torceu[7], 14 l.
63. ——— de Villaboys, 25 l.
64. ——— de Vauz d'Ambutris, 20 l.
65. ——— de Vic[8] d'Isenava, 30 l.
66. ——— de Viris, 8 l.
67. ——— de Veloignies, 15 l.
68. ——— de Vieu subtus Varey, 25 l.
69. Abbas Sancti Eugendi, 350 l.
70. Prior major et camerarius, 40 l.
71. Sacrista, 50 l.
72. Pictanciarius.
73. Grangerius de cultura, 50 l.
74. Elemosinarius, 40 l.
75. Cantor.
76. Infirmarius, 30 l.
77. Cellerarius, 20 l.
78. Abbas Ambroniaci, 600 l.

79. Prior major.
80. Camerarius, 60 l.
81. Elemosinarius, 60 l.
82. Sacrista.
83. Infirmarius, 10 l.
84. Pictanciarius, 15 l. ⎫ Non solvunt de-
85. Correarius, 40 l... ⎬ cimam, nec contri-
    ⎭ buunt in legatum.
86. Abbas Sancti Raneberti, 94 l. 5 s.
87. Prior major.
88. Sacrista, 30 l.
89. Cantor.
90. Camerarius.
91. Correarius.
92. Celerarius.
93. Infirmarius, 20 l.
94. Elemosinarius et prior de Rigneu, 55 l.
95. Prior de Longo Camelo, 80 l.
96. ——— de Albenco, 60 l.
97. ——— de Loyetes, 40 l.
98. ——— de Leyment, 120 l.
99. ——— de Lagneu. *
100. ——— Sancti Saturnini, 120 l.
101. ——— de Monestruel, 100 l.
102. ——— de Marsillia, 50 l.
103. ——— de Lues, 40 l.
104. ——— Sancti Benedicti de Seysseu, 150 l.
105. Priorissa de Villaboys, 20 l.
106. Prior de Remens, 20 l. ⎫ Non solvunt
107. Obedienciarius de Lu- ⎬ decimam, nec
     cennay (?), 30 l...... ⎭ contribuunt
108. Decanus de Marlant, 28 l. ⎭ in legatum.
109. Obedienciarius de Juyreu.
110. ——————— de Bennonci.
111. ——————— de Seneci Avelli[9].
112. Domus Insule subtus Quireu[10], 17 l.
113. ——— de Rigneu. *
114. ——— Sancti Geronimi.
115. Prior de Trancleria[11], 20 l. (Non solvit decimam, nec contribuit in legatum.)
116. ——— de Ysernorent[12], 75 l.
117. Decanus d'Amblaigneu.
118. Prior de Nantuas, 500 l.
119. Sacrista.

---

[1] *Montfavrey* était dans l'archiprêtré de Sandran, où le prieuré est inscrit, et non dans celui d'Ambournay. On trouvera quelques détails sur ce prieuré, page 998, note 4.

[2] Le manuscrit porte *Ayonas*, mais à tort, comme le prouve l'ordre alphabétique qui est suivi ici.

[3] C'est sans doute *Samognia*.

[4] Aujourd'hui *Saint-Claude*.

[5] Voyez la note 13 de la page précédente.

[6] C'est sans doute ce que la carte de Cassini nomme *Saint-Germain-de-Joux*, à l'est de Nantua.

[7] Lisez *Torcieux*.

[8] Ou *Vu*. Le mot est un peu effacé.

[9] *Sancti Avelli?*

[10] *Notre-Dame de l'Ile*, près de Serrières.

[11] Archiprêtré de Treffort.

[12] Sans doute *Isernore*.

120. Camerarius.
121. Infirmarius.
122. Cantor.
123. Prior de Mornay.
124. Prior Sancti Albani.
125. —— de Portes, 60 l.
126. Patronus de Vyu.
127. Prior de Meyria.

In archipresbyteratu Trefforcii.

1. Eccl. de Aranc[1], 8 l.
2. —— de Arroma, 20 l.
3. —— de Buenco[2], 20 l.
4. —— de Bua[3], 10 l.
5. —— de Cuysia, 10 l.
6. —— de Corent, 8 l.
7. —— de Cymandres[4], 18 l.
8. —— de Chavannes, 30 l.
9. —— de Charnos, 20 l.
10. —— de Durllies, 30 l.
11. —— de Drun, 15 l.
12. —— d'Essertines, 10 l.
13. —— de Gignia et[5] Vayres, 15 l.
14. —— de Germagnies [et] Tolongion, 20 l.
15. —— de Genos, 12 l.
16. —— de Jassaron, 20 l.
17. —— de Lenz, 15 l.
18. —— de Lovena, 13 l.
19. —— de Lay (?).
20. —— de Loyons[6], 12 l.
21. —— de Montagnies et li Temples[7].
22. Manigleria de Viegnes (?).
23. Eccl. Montis Floridi, 40 l.
24. —— de Mayria, 15 l.
25. —— de Mellona, 18 l.
26. —— de Montagnia, 7 l.
27. —— de Ocies[8], 20 l.
28. —— de Occia.
29. —— de Pollia, 15 l.
30. —— de Prissia, 9 l.
31. —— de Revuenas, 10 l. 10 s.
32. —— de Rignies, 8 l.
33. —— de Romanechi, 13 l.
34. Eccl. de Socies (?), 100 s.
35. —— Sancti Ymicterii, 30 l.
36. —— Sancti Mauricii, 20 l.
37. —— Sancti Juliani et de Villa Chantrian, 18 l.
38. —— de Sici[9], 8 l.
39. —— de Saysiria[10], 30 l.
40. —— de Trancleria, 10 l.
41. —— de Treffort, 30 l.
42. —— de Tocia, 20 l.
43. —— de Valufin, 25 l.
44. —— de Vyobles, 15 l.
45. —— de Vecles, 12 l.
46. —— de Valgriniousa, 18 l.
47. —— de Villa Reversura, 24 l.
48. —— Sancti Martini de Monte, 25 l.
49. Prior d'Essertines, 20 l.
50. —— de Viobles, 40 l.
51. Domus de Villa Reversura.
52. —— de Coysia.
53. Prior de la Tranchia. (Non solvit decimam, nec contribuit in legatum.)
54. Decima Saisiriaci et Sancti Martini de Monte, 70 l.
55. Prior de Frontenas.
56. —— de Ocies.
57. —— de Buent.
58. —— Trefforcii.*
59. —— de Levonna[11].*
60. —— Gigniaci.*
61. Elemosinarius.
62. Prior Montis Fortis[12].*
63. —— de Silignia, 60 l.

---

[1] Lisez *Arnand*. Aranc est dans l'archiprêtré d'Ambournay.
[2] Une main plus moderne a ajouté les mots : « alias de Alta Curia. »
[3] Lisez *Bohas*.
[4] Lisez *Simandre*.
[5] Le ms. porte à tort *de Vayres*.
[6] Lisez *Loyon*. L'église de cette paroisse, qui ne reparaît plus sur le pouillé du XVIe siècle, existait cependant encore en 1665. Elle était sous le vocable de la Décollation de saint Jean-Baptiste. Comme elle était tout à fait abandonnée alors, l'archevêque réunit cette paroisse à celle de Lovenne (n° 18), qui était la plus voisine.
[7] Lisez *Montagnat-le-Templier*.
[8] Ou *Otres*. Le pouillé du xve siècle porte : « Oncia, alias de Corcia. » Ce numéro fait sans doute double emploi avec le suivant.
[9] Lisez *Cise*.
[10] Lisez *Ceyzeriat*.
[11] Lisez *Lovena*, comme au n° 18.
[12] Voyez des détails sur Montfort, p. 926, note 1.

In archipresbyteratu Cologniaci.

1. Eccl. de Andelos, 20 l.
2. —— de Borseu, 22 l.
3. —— de Bruelli[1], 8 l.
4. —— de Conda, 12 l.
5. —— de Cormouz, 14 l.
6. —— de Cosanci, 14 l.
7. —— de Cuyselli[2], 50 l.
8. —— Colognaci, 25 l.
9. —— de Cormangon, 15 l.
10. —— de Champagnia, 15 l.
11. —— de Cuysia, 10 l.
12. —— Donni Martini, 6 l.
13. —— de Dignia, 15 l.
14. —— de Donczuerro, 9 l.
15. —— de Espi, 35 l.
16. —— de Frontena, 7 l.
17. —— de Jondes, 10 l.
18. —— de Mont Seint Remis, 20 l.
19. —— de Montagneu le Recondu, 10 l.
20. —— de Nianteuz, 6 l.
21. —— de Rosey.
22. Eccl. Sancti Johannis Destruouz[3], 15 l.
23. —— Sancti Supplicii.
24. —— Sancti Amoris, 50 l.
25. —— Sancte Crucis, 12 l.
26. —— Ville Monasterii, 15 l.
27. —— de Vergeone, 7 l.
28. —— de Varennes, 25 l.
29. —— de Vayria, 10 l.
30. Archipresbyteratus Cologniaci, 8 l.
31. Prior Cologniaci, 100 l.
32. —— Ville Monasterii, 100 l.
33. —— de Montagneu.
34. —— de [Telieres?].
35. —— de Monz.
36. —— de Champagnia.
37. —— de Frontenas.
38. —— de Longo Campo.*
39. —— de Jondes.
40. —— de Donczuerro.*
41. —— de Valclusa pro suo celerario Cuyselli.
42. Abbas Miratorii.*

In archipresbyteratu Baugiaci.

1. Eccl. d'Arbignia et de Sermoya, 20 l.
2. —— de Atignia, 15 l.
3. —— de Bandenches, 8 l.
4. —— de Brianna et de Jovenczon, 13 l.
5. —— de Boysie, 8 l.
6. —— de Bereysia, 13 l.
7. —— de Bennis, 22 l.
8. —— Baugiaci Castri, 12 l.
9. —— Baugiaci Ville, 26 l.
10. —— de Brou, 70 l.
11. —— de Cra, 26 l.
12. —— de Chavaigneu, 20 l.
13. —— de Croteil, 12 l.
14. —— de Confranczon, 10 l.
15. —— de Chivrous, 32 l.
16. —— de Curtafon, 18 l.
17. —— de Cuyel, 15 l.
18. —— de Chavannes, 15 l.
19. —— de Capelle Naude, 14 l.
20. —— de Curtia, 18 l.
21. Eccl. de Etres, 12 l.
22. —— de Cortoux, 8 l.
23. —— de Fluyria, 10 l.
24. —— Foyssiaci, 24 l.
25. —— de Felinz, 14 l.
26. —— de Gorrevout, 16 l.
27. —— de Jaya, 14 l.
28. —— de la Tecla, 10 l.
29. —— de Lescherous, 25 l.
30. —— de Montpon, 16 l.
31. —— Montis Firmitatis[4], 22 l.
32. —— de Marbo, 25 l.
33. —— de Manzia, 20 l.
34. —— de Marczona, 20 l.
35. —— de Monestruel, 10 l.
36. Prioratus[5] de Seint Rumie.
37. Eccl. de Pollia, 15 l.
38. —— de Perona, 12 l.
39. —— Pontis Vallium[6], 35 l.
40. —— de Romenay, 50 l.

---

[1] Lisez *Brouailles*.
[2] Aujourd'hui *Cuiszaux*.
[3] *Saint-Jean-des-Treux (de Torcularibus)*.
[4] Aujourd'hui *Malafretas*.
[5] Ce mot est surchargé. Peut-être faut-il lire *Domus*.
[6] *Pont-de-Vaux*.

DE SAVIGNY ET D'AINAY.

41. Eccl. de Rincies, 7 l.
42. —— de Replonjo, 18 l.
43. —— Saisiriaci in Breyssia, 10 l.
44. —— Sancti Johannis supra Reyssousam, 32 l.
45. —— Sancti Juliani supra Reyssousam, 12 l.
46. —— Sancti Stephani Nemorosi, 10 l.
47. —— Sancti Desiderii, 15 l.
48. —— Sancti Supplicii, 7 l.
49. —— Donni Martini de la Rena, 15 l.
50. —— Sancti Stephani supra Reyssousam, 10 l.
51. —— de Sulignia[1], 8 l.
52. —— Sancti Nycecii juxta Cortoux, 12 l.
53. —— de Sornay, 14 l.
54. —— Sancti Triverii, 13 l.
55. —— Sancti Martini Castri, 25 l.
56. —— de Viria, 18 l.
57. —— de Vescors, 9 l.
58. —— de Villanova, 13 l.
59. Prior de Vireu.
60. —— de Brou, 60 l.
61. Castrum de Romenay, 300 l.
62. Prior Sancti Petri Matisconensis, 310 l.
63. Camerarius.
64. Sacrista, 10 l.
65. [2] . . . .
66. . . . .
67. . . . .
68. . . . .
69. Prior Sancti Martini Castri.
70. —— de Curtia.
71. —— de Jaya.
72. —— Sancti Johannis supra Reyssousam.
73. —— de Marczonnas.
74. . . . .
75. Prior Baugiaci.*
76. —— de Brienna.*
77. —— de Marbo.*
78. —— Sancti Nycecii.
79. —— de Seillons.
80. —— Montismeruli.*
81. Decanus et capitul. Matiscon. pro imperio.
82. Cattelini[3] de Matiscone.

---

[1] Il faut sans doute lire ici *Servignia*, comme dans tous les pouillés d'une époque postérieure.

[2] Ce qui suit se trouve sur la dernière page du cahier, et est presque illisible. Je me suis efforcé d'en déchiffrer quelques lignes; mais il a pu se glisser des inexactitudes dans ma restitution.

[3] Voyez pour l'explication de ce mot le pouillé du diocèse de Mâcon, plus loin, pièce n° VI.

III.

POUILLÉ

DU DIOCÈSE DE LYON AU XVᴱ SIÈCLE,

AVEC INDICATION DU REVENU DES BÉNÉFICES

(POUR SERVIR À L'ÉTABLISSEMENT DE LA DÎME),

ET DU CHIFFRE DES *PROCURATIONES* QU'ILS AVAIENT A PAYER.

L'original de ce document se trouve dans les archives du Rhône, à Lyon. Il se compose de deux cahiers de papier détachés d'un plus gros volume, qui devait contenir tous les diocèses des provinces ecclésiastiques de *Lyon, Vienne, Besançon* et *Moutiers*. C'est du moins ce qu'il est permis de conclure d'une nomenclature des dix-huit diocèses composant ces provinces qui se trouve en tête du manuscrit. La pièce est de 1492, comme l'indique le chiffre inscrit par un ancien archiviste sur le second feuillet. Ce registre étant fait avec beaucoup de soin, nous n'avons eu que peu de notes à y joindre en outre de celles qu'il renfermait déjà, et que nous avons placées dans une colonne intitulée : *animadversiones*[1]. L'addition de ce mot est la seule que nous nous soyons permise dans l'en-tête de la pièce. Nous avons laissé dans cet en-tête le mot *decima*, quoique fort impropre, puisqu'il s'applique au revenu total des bénéfices, qui n'en devaient que la dixième partie pour la dîme. Le mot *procurationes* sert à désigner un impôt dû pour droit de visite, et dont il est question dans le Glossaire de Ducange (édition Didot, t. V, p. 466, 2ᵉ col.).

Comme dans les précédents pouillés, et pour les mêmes motifs, nous avons mis en chiffres arabes les sommes, qui sont naturellement en chiffres romains dans le manuscrit original.

---

[1] La première de ces *animadversiones* présente une difficulté. Je ne sais ce que signifie la lettre *g* qui suit le chiffre 300. Comme il ne s'agit pas ici d'une somme d'argent, ainsi que l'indique la fin de la note, j'ai cru devoir mettre cette note en dehors de la colonne des *procurationes*, dans laquelle elle se trouve inscrite. — On trouve une autre difficulté du même genre au n° 15 de l'archiprêtré de Lyon : le chiffre de la *procuration* est suivi des mots *valent 16 s.*, dont le sens m'échappe.

BENEFICIA
ET TAXATIONES EORUM AD DECIMAM,
IN CIVITATE ET DIOCESI LUGDUN.

PATRONI.	BENEFICIA.	DECIMA.	PROCURATIONES.	ANIMADVERSIONES.
		lib. sol.	lib. sol. d.	
	A PARTE REGNI.			
	In civitate et suburbio Lugdun.			
(Non sunt prebende distincte.)	1. Dom. Archiepiscopus.	1000		
	2. Capit. Lugd. (sunt 32 canonici).	1800	*a*	*a* 300 g. loco procurationis.
	3. —— S. Justi (sunt 25 canonici).	500	20 16 8	
	4. —— S. Pauli (sunt 20 canonici).	220	20 16 8	
	5. Abbas Acthanatensis.	20	20 16 8	
	6. Infirmarius........	20		
	7. Abbatissa S. Petri Monialium.	80	20 16 8	
	8. Prior S. Yrenei.....	300	20 16 8	
	9. —— de Plateria....	20	16	
(Prebende distincte, non taxate.)	10. Capit. S. Nicetii (sunt 18 canonici).	40	10	
Capitul. Lugdun......	11. —— Forverii*b*....	10	10	*b* Non taxatur ad decimam.
Idem..............	12. Eccl. S. Cirici......	25	45	
Idem..............	13. —— S. Germani...	20	40	
Idem..............	14. —— Albigniaci....	15	46	
Idem..............	15. —— de Poleymieu..	''*c*	42 *d*	*c* Non tenetur ad decim. *d* Valent 16 s.
Archiepiscop. Lugd....	16. —— Dardilliaci....	10	24	
Capit. Lugdun......	17. —— [de] Tacins....	27		
Capit. S. Justi........	18. —— [de] Greysieu..	18		
Capit. Lugdun........	19. —— S. Genesii les Oleres.	15		
Idem *e*............	20. —— S. Petri Monial.	(Non tax.)		*e* Ymo melius domina abbatissa.
Idem.............	21. —— Ste Fidis......	22		
Abbas Acthan........	22. —— S. Michaelis...	20		
Capit. S. Pauli.......	23. —— S. Vincencii...	10		
Prior. S. Johan. Iher. in Alvernia.	24. —— S. Georgii	4		
Abbas *f* Acthan.......	25. —— de Veysia.....	8		*f* Ymo infirmarius.
Archiepiscop. Lugdun..	26. —— S. Romani de Cosone.	36		
Capit. S. Justi	27. —— d'Escuilieu....	20		
Capit. Lugdun. *g*......	28. —— de Cosons....	15		*g* Pro obedientia de Gralonges (?).

PATRONI.	BENEFICIA.	DECIMA.	PROCURA-TIONES.	ANIMADVERSIONES.
		lib. sol.	lib. sol. d.	
	In archipresbyteratu Rodanne.			
Minor celler. Savign...	1. Eccl. de Amploputeo.	35	60	
Prior Marcign. mon....	2. —— de Briennon...	20	62	
Capit. Lugdun........	3. —— de Bullieu....	25	54	
Idem................	4. —— de Chares.....	30	58	
Prior Montis Verduni..	5. —— de Gromelles..	25	54	
Prior S. Rigaudi et prior Donziaci alternative.	6. —— de Melleys....	40	74	
Archiepiscop. Lugdun..	7. —— de Nulleysie...	25	58	
Capit. S. Nicecii	8. —— de Rodanna...	40	64	
Capit. Lugdun.[a]	9. —— S. Mauricii ...	20	38	[a] Pro obed. dicti loci.
Prior de Amberta	10. —— S. Habundi Castri.	23	52	
Idem................	11. —— S. Habundi Veteris.	20	38	
	12. Prior de Nuallieu (?)..	60	6	
Acthan..............	13. —— de Riorgiis.....	100	6	
S. Michaelis la Clusa...	14. —— S. Johannis in Roanesio.	200	8	
	15. Domin. de Cromelles[b]	40	6	[b] Exemptus est et Case Dei.
Cluniacensis	16. Prior de Amberta...	500	20 16 8	
Cisterciensis	17. Abbas Benedict. Dei.	375		
	Beneficia que non excedunt 15 libr. t.			
Prior loci, commensalis.	18. Eccl. de Amberta ...	12	28	
Prior de Amberta	19. —— de Buyssia	50	12	
Capit. Lugdun.[c]	20. —— de Comellis...	4	8	[c] Pro obed. de Nullisy.
Prior S. Joh. in Roanesio.	21. —— de Cordella....	18	42	
Archiepiscop. Lugd....	22. —— de Charassimont	10	28	
Capit. Aniciense	23. —— de Dancieu ...	7	14	
Prior de Amberta.....	24. —— de Espinacia ..	8	22	
Archiepiscop. Lugd....	25. —— de Fornellis...	7	20	
Capit. Lugdun.[d]	26. —— de Lentignieu..	10	28	[d] Pro obed. de Villamonteys.
Archipresb. Rodanne...	27. —— de Luyreu	16	32	
Prior de Rignieu......	28. —— de Lay	15	34	
Archiepiscop. Lugdun.	29. —— de Servagiis...	10	22	
Prior de Amberta	30. —— de Mabley	18	54	
Prior loci.............	31. —— de Nuallieu ...	18	40	
Prior de Rigneu.......	32. —— de Noyans, alias de Nualibus.	15	32	
Prior Cariloci.........	33. —— de Osches	7	22	
Sacrista Cluniac.......	34. —— de Parigneu...	8	14	
Priorissa loci..........	35. —— de Poillieu....	15	38	
Prior de Amberta......	36. —— de Roigneysons	16	40	
Prior loci.............	37. —— de Riorgiis....	12	22	
Prior de Amberta......	38. —— de S. Reveriano.	6	10	
Archipresb. Rodanne...	39. —— S. Prejecti	16	34	

PATRONI.	BENEFICIA.	DECIMA.	PROCURA-TIONES.	ANIMADVERSIONES.
		lib. sol.	lib. sol. d.	
Abbas Acthan.........	40. Eccl. S. Cirici de Faveriis.	18	15	
Archipresb. Rodanne...	41. —— S. Pauli de Visigne.	9	18	
Prior S. Joh. in Roanesio.	42. —— de S. Polgo ...	8	18	
Prior Marcigniaci......	43. —— S. Sulpicii....	4	16	
Prior de Amberta......	44. —— S. Andree de Roneysons.	18	40	
Prior de Riorgiis......	45. —— S. Leodegarii..	7	18	
Prior Marcigniaci......	46. —— S. Romani. ...	17	40	
Capit. S. Justi........	47. —— S. Joudaldi ...	5	18	
Prior de Amberta......	48. —— S. Germani...	7	18	
Capit. Lugdun.^a......	49. —— de Vandranges.	8	20	^a Pro obed. de Nullisy.
Prior Marcigniaci......	50. —— de Verneto....	8	16	
Idem..............	51. —— de Villareys ...	13	28	
Capit. Lugdun.^b	52. —— de Villamonteys	12	28	^b Pro dicta obed.

In archipresbyteratu de Pomiers.

Prior de Pomiers.......	1. Eccl. de Buxiaco....	20	27	
Idem.............	2. —— de Greysoles...	30	51	
Prior Montis Verduni...	3. —— de Jullieu	25	44	
Prior Cleypiaci.......	4. —— de Maysiriaco^c.	20	37	^c Non tenetur ad decimam.
Capit. Lugdun.^d.......	5. —— de Nervieu ...	30	50	^d Pro obed. de Sautrenon.
Prior Nigri Stabuli.....	6. —— S. Julliani la Veytre^e.	20	33	^e Non tenetur ad decimam.
Prior Nigri Stabuli et archipresbyter	7. —— de Sales..... 8. et de Cerveria....	40	56	
Capit. Lugdun.^f	9. —— S. Joh. la Vaytre.	20	32	^f Pro obed. de Sautrenon.
Capit. Lugdun.^g	10. —— S. Sixti......	20	37	^g Ut supra.
Prior loci...........	11. —— S. Justi	30	43	
Prior de Pomeris et prior Cleypiaci alternis vicibus	12. —— S. Germani Vallis.	20	33	
Prior Hospitalis.......	13. —— S. Desiderii supra Rupemfortem.	25	45	
Capit. Lugdun.^h	14. —— S. Martini de Servetate¹.	30	51	^h Ut supra.
	15. Domus S. Johan. de Vereresⁱ.	50		ⁱ Non tenetur ad decim. quia de ordin. S. Joh. Iher.
Insule Barbare........	16. Prior de Cleypieu ...	100	7	
Abbas S. Rigaudi......	17. —— S. Justi en Chevalet.	100	7	
	18. —— de Buxiaco....	30	5	
	19. —— S. Prejecti la Prugni.	40	40	

¹ On a ajouté ici, en abrégé, comme complément, le mot *Letra*, qui se trouve par erreur dans les précédents pouillés, mais qui ne paraît plus dans les suivants.

PATRONI.	BENEFICIA.	DECIMA.	PROCURA-TIONES.	ANIMADVERSIONES.
		lib. sol.	lib. sol. d.	
Archiepiscop. tenet [1]...	20. Prior S. Romani subtus Ulphiacum [a].	20		[a] Non tenetur ad decim. nec ad procur.
Cluniacens..........	21. —— de Pomiers...	400	20 16 8	

Beneficia que non excedunt 15 lib. t.

Capit. Lugdun. [b]......	22. Eccl. de Allieu.....	8	15	[b] Pro obed. de Sautrenon.
Decanus Polliaci [2].....	23. —— de Artheonnc..	15	37	
Prior de Pomiers.....	24. —— S. Marcelli....	15	32	
	25. Hospitale de Verereiis [c].	50		[c] Non calculatur ad decimam.
Capit. Aniciense.......	26. Eccl. de Amions, alias Mions.	7	17	
Capit. Lugdun. [d]......	27. —— de Campopolito	10	18	[d] Vel prior Nigristabuli.
Prior de Pomiers......	28. —— de Berriolly...	8	16	
Prior loci...........	29. —— de Cleypiaco..	8	16	
Prior de Pomiers.....	30. —— de Juyreu.....	6	16	
Prior loci...........	31. —— de la Prugne..	3		
Prior de Pomiers.....	32. —— de Nuallieu...	15	25	
Idem...............	33. —— S. Julliani de Pomiers.	12	25	
Capit. Lugdun. [e]......	34. —— S. Juliani d'Odes [3].	12	18	[e] Pro obed. de Sautrenon.
Idem...............	35. —— S. Sulpicii....	15	22	
Archiepiscop. Lugdun..	36. —— S. Romani....	16	25	
	37. —— S. Mauricii...	7		
Prior loci...........	38. —— S. Prejecti la Prugni.	7	16	
Prior de Cleypeu.....	39. —— Ste Fidis......	5	13	
Capit. Lugdun. [f]......	40. —— de Soutrenon..	12	32	[f] Pro dicta obed.
Ihierusalem.........	41. —— de Verrereiis...	7		
Archiepiscop. Lugdun..	42. —— de Ulpheu....	6		
Prior [loci].........	43. —— de Pomiers....		25	
Capit. Lugdun.......	44. Obedien. Ste Fidis...	7		
Ihierusalem..........	45. Domus de Chaselles.	11		

In archipresbyteratu Nigre Unde.

Prior Polliaci........	1. Eccl. de Barbigneu..	20	36	
Prior de Cleypeu.....	2. —— de Constances.	25	46	
Prior Montistroterii....	3. —— S. Johan. de Panicieres.	30	46	
Idem...............	4. —— de Viouleys...	20	45	
	5. Prior S. Albini.....	50	4	
	6. —— de Pollieu....	160	[g]	[g] Non tenetur ad procur. quia de mensa abbat. Clun.

[1] Ce mot, que nous retrouvons dans cinq ou six autres endroits, semble indiquer que le droit de l'archevêque n'était pas certain.
[2] Il y avait d'abord «Prior loci.»
[3] Le manuscrit porte à tort «de Dodos.»

PATRONI.	BENEFICIA.	DECIMA.	PROCURA-TIONES.	ANIMADVERSIONES.
		lib. sol.	lib. sol. d.	
	Beneficia que non excedunt 15 libr. t.			
Prior S. Albini........	7. Eccl. de Buxeriis....	8	21	
Abbas S. Rigaudi......	8. —— de Crosello....	5	18	
Prior de Cleypeu......	9. —— de Civens	6	18	
Prior de Cuyseu.......	10. —— de Chambosco.	10	28	
Prior loci............	11. —— de Donzeu....	12	28	
Prior Montistroterii....	12. —— de Essertines..	6	21	
Prior Polliaci	13. —— Nigre Unde ...	15	28	
Prior Montistroterii....	14. —— de Espiney....	8	36	
Decanus loci.........	15. —— de Polliaco....	10	28	
Prior Montistroterii....	16. —— de Rosey	11	36	
Prior Magni Rivi......	17. —— S. Cirici de Valorgue.	5	21	
Abbas Acthan	18. —— Ste Columbe...	7	28	
Archiepiscop. Lugdun..	19. —— S. Justi la Pendua.	9	28	
Prior Montistroterii....	20. —— S. Marcelli....	8	28	
Prior Saltus Donziaci...	21. —— de Savignoset..	8	28	
Prior de Randans......	22. —— d'Éperceu	8	28	
Archiepiscopus........	23. —— de Jays......	//	6	
Prior Montistroterii....	24. —— de Vetula Canaba.^{a}	10	28	^{a} Non tenetur ad decim.
	In archipresbyteratu Montisbrisonis.			
Prior S. Romani lo Puy.	1. Eccl. Alte Ville	70	74	
Prior Savign. Montisbr..	2. —— de Roysseto...	20	30	
Prior S. Romani lo Puy.	3. —— de Chaseles...	30	60	
Prior Savign. Montisbr..	4. —— de Chalaym lo Contal.	20	26	
Capit. Lugdun.^{b}	5. —— de Chamheone.	35	38	^{b} Pro obed. de Sautrenon.
Prior de Randans......	6. —— de Fuer......	40	70	
Prior S. Romani lo Puy.	7. —— de Lesigneu...	20	32	
Prior Savign. Montisbr..	8. —— de Modono....	30	50	
Idem...............	9. —— S. Magdal. Montisbrisonis.	20	36	
Capit. Lugdun.^{c}......	10. —— de Poncins....	20	38	^{c} Ut supra.
Prior S. Romani lo Puy.	11. —— de Pressien ...	30	40	
Capit. Lugdun.^{d}......	12. —— de Pyrigneu...	35	61	^{d} Pro obed. de Gorgoys.
Idem^e	13. —— S. Laurencii la Conchi.	25	48	^{e} Pro obed. S. Andeoli Vallis.
Idem^f.............	14. —— S. Mauricii....	20	40	^{f} Pro obed. de Gorgoys.
Prior S. Remberti.....	15. —— S. Boniti Castri^g	20	26	^{g} Habet litteras quod non tenetur ad decimam.
Capit. Lugdun.^{h}	16. —— S. Marcelini...	50	61	
Prior loci............	17. —— de Syuriaco comitalis.	25	31	^{h} Pro obed. de Gorgoys.
Prior S. Romani lo Puy.	18. —— S. Projecti de Rosset.	20	25	
Capit. S. Justi........	19. —— S. Justi in Basso.	25	40	

PATRONI.	BENEFICIA.	DECIMA.	PROCURA-TIONES.	ANIMADVERSIONES.
		lib. sol.	lib. sol. d.	
Capit. S. Nicecii.......	20. Eccl. S. Georgii supra Cosant.	25	52	
Prior Montis Verduni...	21. —— Ste Agathes....	20	48	
Prior Savign. [Montisbr.]	22. —— S. Andree Montisbrisonis.	30	50	
Prior loci, commensalis.	23. —— de Savigniaco^a.	50	50	^a Nichil, quia commensalis.
Prior S. Romani lo Puy.	24. —— S. Martini de S. Romano.	20	20	
Archiepiscop. Lugdun..	25. —— S. Boniti de Quadrellis^b.	32	58	^b Non tenetur ad dec.
Capit. Lugdun.^c.......	26. —— de Verreriis...	20	60	^c Pro obed. de Gorgoys.
	27. Capit. Montisbrison.^d	20	16 8	^d Non tenetur ad dec.
	28. Prior S. Reneberti...	600	20 16 8	
	29. —— de Castelleto ..	50	6	
	30. —— de Suyriaco ...	50	5	
	31. —— de Torreta....	25	60	
	32. —— S. Romani le Puys.	300	20 16 8	
	33. —— de Barro......	50	4	
Exemptus Case Dei....	34. —— de Savigniaco Montisbrisonis.	280	20 16 8	
	35. —— de Chandiaco Montisbrisonis.	300	20 16 8	
Cluniac.............	36. —— de Marcilliaco.	60	5	
Exemptus Case Dei....	37. —— de Hospitali Rupisfortis.	100	58	
Idem...............	38. —— de Monte Verduno.	200	20 16 8	
	39. —— de Maigneu...	40	60	
	40. —— de Randans...	60	52	
	41. Celerarius Domus Dei [Montisbr.].	150		
Cluniac.............	42. Prior Saltus de Cosant.	60	16 13 4	
De ordine S. Joh. Iher..	43. Domus S. Joh. Montisbrisonis.	60	(Non solvit.)	
	44. Prior de Gumieres ..	60	16 13 4	
Prior loci, commensalis.	45. Eccl. de Barro......	4	24^e	^e Nichil.
Prior S. Romani lo Puy.	46. —— de Boysson....	10	20	
Prior Saltus de Cosant..	47. —— de Buenco....	10	28	
Prior S. Reneberti.....	48. —— de Bonceu....	8	29	
Prior de la Bolana.....	49. —— de Campis....	8	15	
Prior loci, commensalis.	50. —— de Chandiaco..	10	20^f	^f Nichil.
Archiepiscop. Lugdun..	51. —— de Chalein d'Isore.	12	21	
Prior Saltus de Cosant..	52. —— de Cosant.....	8	12	
Capit. S. Justi........	53. —— de Charmasello	10	26	
Prior de Sal..........	54. —— de Castronovo .	12	24	
Capit. S. Justi........	55. —— de Chananilles .	10	24	
Prior Chandiaci.......	56. —— de Essertines. .	15	28	
Prior de Barro........	57. —— de Escotay....	5	10	

DE SAVIGNY ET D'AINAY.

PATRONI.	BENEFICIA.	DECIMA.	PROCURA-TIONES.	ANIMADVERSIONES.
		lib. sol.	lib. sol. d.	
Prior loci, commensalis.	58. Eccl. de Gumeres^a..	7	15	^a Nichil.
Prior Hospitalis.......	59. —— Hospitalis de Rupeforti^b.	8	10	^b Forte est Hospitale infra positum [n° 77].
Capit. S. Justi........	60. —— de Luyreu....	15	36	
Prior de Saltus	61. —— de Lirigneu...	14	29	
Prior Saltus de Cosant..	62. —— de Boterecia^c..	7		^c Annex. eccl. de Buenco.
Prior de la Boleyna....	63. —— de Mornant...	9	20	
Prior loci............	64. —— de Marcillieu..	16	26	
Capit. Lugdun.^d......	65. —— de Mercos	16	31	^d Pro obed. de Sautrenon.
Prior S. Reneberti.....	66. —— de Marclop....	18	15^e	^e Alias 31 s.
Prior loci, commensalis.	67. —— de Monte Verduno.	10	19	
Capit. S. Justi........	68. —— de Maros.....	12	32	
Prior loci............	69. —— de Magneu^f...	12	28	^f Commensalis.
Prior de Fabricis......	70. —— de Montriont..	10	25	
Prior Chandiaci.......	71. —— de Prato Longo^g	10	22	^g Commensalis.
Prior Montis Verduni ..	72. —— de Poloigneu..	7	16	
Prior loci, commensalis.	73. —— de Randans...	12	35	
Prior Hospitalis, commensalis..........	74. —— de Rupe......	16	35	
	75. —— de Rupeforti...	6	10	
Capit. Lugdun.^h......	76. —— S. Cipriani....	6	20	^h Pro obed. loci.
	77. Hospitale [vid. n° 59].		25	
Prior de Saltu........	78. Eccl. de Laviaco....	(Non tax.)	15	
	79. —— Castri novi....	"	24	
Prior Montis Verduni ..	80. —— de Crinsilliaco.	(Non tax.)	9	
Abbas insule Barbareⁱ..	81. —— S. Raneberti^j.	12	32	ⁱ Ymo prior loci.
Prior S. Romani lo Puy.	82. —— S. Nicecii.....	12	20	^j Commensalis.
Idem................	83. —— S. Petri de S. Romano^k.	10	15	^k Commensalis prior S. Romani.
Idem................	84. —— de Soleymieu..	18	36	
Idem................	85. —— S. Thome	6	14	
Archiepiscopus seu cap. S. Nicecii.	86. —— de Salvains....	18	44	
Prior Montis Verduni ..	87. —— S. Pauli d'Isore.	10	16	
Prior Savignaci Montisbrisonis.	88. —— S. Petri Montisbrisonis.	15	21	
Prior loci............	89. —— de Torreta....	10	10	
Capit. Lugdun.^l......	90. —— de Treyllins...	10	15	^l Pro obed. de Sautrenon.
Idem^m..............	91. —— de Unitate....	15	30	^m Pro obed. de Gorgoys.
Idemⁿ..............	92. —— de Villadei....	6	14	ⁿ Pro obed. de Sautrenon.
	93. Vestiarius S. Romani.	6		
	94. Sacrista S. Romani..	6	15	
In archipresbyteratu Corziaci.				
Prior Montistroterii....	1. Eccl. de Alta Ryvoria.	25	60	
Idem................	2. —— de Longi Saigny.	30	50	
Capit. S. Justi........	3. —— de Mays......	20	18	
Prior loci^o...........	4. —— de Montetrotrio.	45	60	^o Alias abbas Savign.

PATRONI.	BENEFICIA.	DECIMA.	PROCURA-TIONES.	ANIMADVERSIONES.
		lib. sol.	lib. sol. d.	
Capit. Lugd.ᵃ........	5. Eccl. S. Simphoriani Castri.	30	52	ᵃ Pro obed. dicti loc.
Idemᵇ............	6. —— S. Cirici de Vineys.	30	48	ᵇ Pro obed. S. Andeoli Vallis.
Idemᶜ............	7. —— S. Martini Lestrat.	20	46	ᶜ Pro obed. S. Cipriani.
Abbas Savigniaci.....	8. —— S. Andree de Savigniaco.			
Idem...............	9. —— S. Petri de Vineys.	25	30	
	10. Prior de Montetroterio.	300	8	
Abbas Acthanat. tenet..	11. —— de Castro Veteri	30	40	
	12. —— de Corsiaco...	60	40	
	13. —— de Fabricis....	100	8	
	14. —— Saltus Donziaci.	60	4	
	15. Abbas Savigniaci....	560	20 15 8	
	16. Camerarius Savign..	20		
	17. Minor celerarius....	60		
	18. Major celerarius....	35		
	19. Communerius......	20		
	20. Elemosinarius.....	20		
	21. Operarius.........	30		
	22. Sacrista..........	25		
	23. Domus de Lernay...	20		
	24. Hostelarius........	60		
	Beneficia que non excedunt 15 libr. t.			
Hostelarius Savigniaci..	25. Eccl. de Aveyses....	15	34	
Prior Corziaci........	26. —— de Bessennay..	10	25	
Abbas Savigniaci......	27. —— de Brullioles ..	15	30	
Prior loci............	28. —— Corziaci......	16	16	
Abbas Savigniaci	29. —— de Chivinnay.. 30. et S. Petri Paludis.	10	27	
Capit. S. Justi	31. —— de Coysi......	11	22	
Idem................	32. —— de Capella....	6	14	
Prior de Mornant.....	33. —— de Duerna....	10	32	
Prior loci............	34. —— de Fabricis ...	12	22	
Abbas Savigniaci......	35. —— de Greysiaco ..	8	22	
Capit. Lugdun.ᵈ......	36. —— de Monte Romano.	15	33	ᵈ Pro obed. Argenterie.
Capit. S. Justi	37. —— de Maringes...	8	11	
Capit. Lugdun.ᵉ......	38. —— de Pollennay..	8	14	ᵉ Per accord., dominus loci.
Idemᶠ...............	39. —— de Pomey.....	8	28	ᶠ Pro obed. S. Simph. Castri.
Capit. S. Justi	40. —— Stᵉ Consorcie..	10	36	
Prior loci............	41. —— Saltus Donziaci.	15	22	
Capit. S. Justi	42. —— S. Bartholomei.	15	32	
Prior Corziaci........	43. —— de Souzy.....	10	14	
Capit. Lugdun.ᵍ......	44. —— S. Genesii l'Argentiere.	12	30	ᵍ Pro obed. Argenterie.

PATRONI.	BENEFICIA.	DECIMA.	PROCURA-TIONES.	ANIMADVERSIONES.
		lib. sol.	lib. sol. d.	
Abbas Savigniaci	45. Eccl. S. Juliani	10	24	
Idem	46. — S. Romani de Popes.	16	40	
Idem	47. — de Sancto Bello.	8	14	
Idem	48. — S. Laurencii de Chamosset.	16	30	
Prior Polliaci	49. — de Virignieu	16	22	
Prior de Fabricis	50. — de Viricella	5	12	
Capit. S. Justi [a]	51. — de Valleles	18	38	[a] Capit. Lugdun. (pro obed. S. Andeoli vallis) ; melius quam S. Justi, quia nunquam gavisus fuit.
	52. Prior major Savignaci.	4		
	53. Minister crucis	5		
	54. Domus de Teylant	10		
Prior de Farges	55. Eccl. S. Andree le Puy	10	18	
Preceptor loci	56. — de Chaseleto	(Non tax.)	40	

In archipresbyteratu Arbrelle.

Abbas Savigniaci	1. Eccl. de Arbrella	20	49	
Idem	2. — de Brueyl.	25	50	
	3. et de Chessieu.			
Idem	4. — de Theysieu	30	60	
Cellerarius Savignaci	5. — de Ulmis [b]	20	35	[b] Non tenetur ad dec.
	6. Prior de Taratro	200	8	
	7. — de Ternant	50	5	

Beneficia que non excedunt 15 lib.

Abbas Savigniaci	8. Eccl. de Bullieu	12	50	
Archiepiscop. Lugd	9. — de Baignoux	6 10	24	
Capit. S. Justi	10. — de Chambosco.	6 10	14	
Idem	11. — de Chamelet	10	24	
Abbas insule Barbare	12. — de Fluyriaco	6	15	
Decanus loci	13. — de Frontenas	6	10	
Archiepisc. Lugd	14. — de Yconio	10	14	
Hostelarius Savignaci	15. — de Jo	15	34	
Archiepiscop. Lugd	16. — de Buxo	15	25	
Capit. S. Justi	17. — de Strata	10 10	24	
Capit. Lugdun	18. — de Lintilliaco.	10	20	
Cellerarius Savignaci	19. — de Circiaco	10	22	
Abbas Savigniaci	20. — S. Lupi	15	30	
Capit. S. Justi	21. — S. Ferreoli	18	36	
Idem	22. — Apolinaris	6	12	
Idem	23. — S. Justi Davreysius.	15	24	
Prior Burgi Tisiaci	24. — S. Verani	15	30	
Minor cellerarius Sav	25. — S. Laurencii	17	42	
	26. cum capella			
	27. — Ste Ginburgie	5		
Prior loci	28. — de Ternant	11	20	
Abbas Savigniaci	29. — de Taratro	15	45	
Capit. S. Justi	30. — de Valle Suanna	18	42	
Idem	31. — S. Clementis	7	23	

PATRONI.	BENEFICIA.	DECIMA.		PROCURA-TIONES.			ANIMADVERSIONES.
		lib.	sol.	lib.	sol.	d.	
	In archipresbyteratu Anse.						
	1. Abbas insule Barbare.	20		16	8		
Capit. Lugdun.......	2. Eccl. de Ansa......	120		5			
Abbas insule Barbare...	3. —— de Colungiis...	25			40		
Prior [de] Danicieu....	4. —— de Coigne	20			50		
Abbas vel decanus Clun.	5. —— de Limans....	20			40		
Prior S. Nicecii.......	6. —— de Quinciaco supra Bellijocum.	30			55		
Abbas Cluniac........	7. —— S. Georgii de Rogneins.	40			70		
Abbas Savigniaci......	8. —— S. Desiderii in Monte Aureo.	25			50		
Abbas Acthan........	9. —— de Suiriaco....	20			40		
Prior de Salis et de Grelonge.	10. —— de Villafrancha.	40			70		
Decanus de Limanz....	11. —— de Vallibus....	30			65		
	12. Prior S. Johannis de Arderia.	120		10			
	13. —— de Noyete..... 14. et S. Stephani de la Varenna.......	20			46		
	15. —— de Arbuzona...	25			40		
Abbas ins. Barbare tenet.	16. —— de Pomers....	80		8			
	17. —— de Denice.....	70		6			
	18. —— de Arna......	140		8			
	19. —— de Polliaco Mon.	60					
Acthan. abbas........	20. Eccl. de Chasey[a]....	20			37		[a] Commensalis, et non tenetur ad dec.
	21. Prioriss.de Morancieu	60		6			
	22. Prior de Marceu....	40		4			
	23. —— deBellomonte[b].	70		8			[b] Non tenetur ad procur. constat per publicum instrumentum.
	24. Domus de Chaseto...	250		7			
	25. Abbas de Jo........	170		20			
	26. Prior de Salis[c].....	160					[c] Exemptus est.
	27. Abbas Belleville	340		20			
	28. Prior S. Nicecii Letra.	96		8			
	29. Sacrista insule Barb.[d]	20					[d] Non tenetur hic ad dec.
	30. Prior de Lymans[e]...	90					[e] Exemptus est.
	Beneficia que non excedunt 15 lib.						
Archiepiscop. Lugd....	31. Eccl. de Amberiaco..	12			28		
Prior de Arna........	32. —— de Aylliaco....	10			30		
Idem................	33. —— de Arna......	12			27		
Prior loci............	34. —— de Arbuzona...	6			10		
Capit. S. Pauli........	35. —— de Odena.....	12			24		
Prior de Sales........	36. —— de Blaceu .... 37. et de Sales......	12			30		
Capit. Lugdun.[f].......	38. —— de Biligneu ...	14			40		[f] Pro obed. Anse.
Idem[g]..............	39. —— de Charnay ...	8			15		[g] Pro obed. dicti loci.

DE SAVIGNY ET D'AINAY.

PATRONI.	BENEFICIA.	DECIMA.	PROCURATIONES.	ANIMADVERSIONES.
		lib. sol.	lib. sol. d.	
Abbas Acthan............	40. Eccl. de Chacelay...	15	34	
Capit. S. Pauli........	41. —— de Castellione.	8	18	
Capit. Bellijoci........	42. —— de Charentay..	15	35	
Prior S. Joh. de Arderia.	43. —— de Corcelles...	9	20	
Prior loci.............	44. —— de Denice.....	10	20	
Prior de Arna........	45. —— de Drace	10	40	
Abbas loci	46. —— insule [Barbare]	15	15	
Prior de Sales	47. —— de Lacena....	9	15	
Decanus de Frontena...	48. —— de Liergues...	9	28	
Prior de Sales.........	49. —— de Lisseu.....	6	8	
Capit. Lugdun.*.......	50. —— de Lucennay..	5	30	*a* Pro obed. Anse.
Archiepiscop. Lugd....	51. —— de Limonnes..	15	30	
Abbas Acthan.........	52. —— de Marcilliaco .	6	18	
Prior de Danice.......	53. —— de Montmalas..	3	8	
Prior loci.............	54. —— de Marceu supra Ansam.	16	20	
Priorissa loci, vel tenens patronatum loci.....	55. —— de Morancieu..	9	16	
	56. —— de Malleu	11		
Prior Montis Verduni..	57. —— Polliaci Monial.*b*	10	16	*b* Commensalis.
Decanus de Limans....	58. —— de Poilliaco castri.	12	30	
Prior loci............	59. —— de Pomiers....	16	40	
Capit. S. Justi	60. —— de Quinciaco prope Ansam.....	15	38	
Capit. S. Pauli........	61. —— S. Leodegarii..	9	28	
Sacrista Clun.........	62. —— de Serciaco ...	10	40	
Decanus de Limans....	63. —— S. Juliani.....	8	24	
Prior loci............	64. —— S. Johannis de Arderia.	12	30	
Abbas Acthan.........	65. —— de Villa......	15	40	
	66. Prior S. Saturnini...	10	40	
	67. Eccl. S. Romani de Cosone*c*.			*c* Annex. archipresbyteratu Anse. Non tax. hic, sed in suburbio.
Prior S. Yrenei........	68. —— de Lissieu	6		
Prior de Ternant......	69. —— de Chassaigneu	"	20	*d* Commensalis : non tenetur.
Abbas loci...........	70. —— de Bella Villa*d*.	(Non tax.)	50	

In archipresbyteratu Jaresii.

Capit. S. Justi	1. Eccl. de Brignayes ..	25	57	
Abbas Acthan.........	2. —— de Charlieu....	26	56	
Archiepiscop. Lugd....	3. —— de Chevreres..	19	50	
Capit. S. Justi........	4. —— de Dargoria...	25	40	
Prior de Taluyes......	5. —— de Eschalas...	50	4 10	
Capit. S. Pauli........	6. —— de Rajacia	20	50	
Capit. Lugdun.*e*.......	7. —— de Ripa Gerii..	50	4 10	*e* Pro obed. dicti loci.
Idem *f*,...............	8. —— S. Engendi	50	5	*f* Pro obed. S. AuJeuil Vallis.
Capit. S. Justi *g*.......	9. —— S. Justi supra Leyri.	20	18	*g* Vel abbas insule Barbare.
Capit. Lugdun.*h*.......	10. —— S. Genesii Lerps	20	35	*h* Pro obed. de Sorbiers.

PATRONI.	BENEFICIA.	DECIMA.	PROCURATIONES.	ANIMADVERSIONES.
		lib. sol.	lib. sol. d.	
Dominus S. Prejecti....	11. Eccl. S. Stephani de Furans.	25	50	
Capit. Lugdun.[a].......	12. —— S. Johannis de Bonofonte.	30	60	[a] Pro obed. dicti loci.
Idem[b].............	13. —— S. Andeoli Vallis	20	40	[b] Pro dicta obed.
Idem[c].............	14. —— S. Pauli in Jaresio.	30	60	[c] Pro dicta obed.
Idem[d].............	15. —— S. Martini la Plaigni.	20	32	[d] Pro dicta obed. — Non tenetur ad decimam.
Capit. S. Justi........	16. —— S. Baldomerii..	50	4	
Capit. S. Pauli........	17. —— S. Desiderii subtus Riveriacum.	20	50	
Capit. Lugdun.[e]	18. —— S. Martini Annualium.	25	50	[e] Pro obed. loci.
	19. —— Abbas Vallis S[te] Benedicte[f].	62 10		[f] Cisterciensis est.
	20. Priorissa Ysiaci.....	40	5	
	21. Prior de Mornant...	100	8	
	22. —— de Tartaras....	50	60	
	23. —— de Firminiaco .	80	8	
Prior major Acthan. tenet ex unione.	24. —— de Albaspinu ..	20	20	
	25. —— Prior S. Pauli de Curnillion.	30	60	
	26. —— de Velchia....	40	6	
	27. —— de Cuyseu	20	50	
Abbas Acthan. tenet....	28. —— de Orlliennas..	60	5	
	29. —— S. Romani in Jaresio.	100	8	
	30. —— de Turins.....	50	5	
	31. —— de Chambosco.	60	6	
Exemptus Case Dei....	32. —— S. Medardi....	200	8	
Idem................	33. —— S. Dionisii....	30	4	
	34. —— S. Juliani.....	100	8	
	35. —— de Taluyes....	75	16 13 4	
	36. —— S[te] Crucis....	30		
Prior S. Reneberti.....	37. Eccl. de Foillosa....	30	44	
Abbas Acthan. prior loci.	38. —— de Albapinu...	6	18	
	39. —— de Briendas...			
Capit. Lugdun.[g].......	40. [et] de Meyssimieu.	14	25	[g] Pro dicta obed.
Prior S. Reneberti.....	41. —— de Botheon ...	18	42	
Capit. S. Nicecii.......	42. —— de Baone.....	16	55	
Prior S. Reneberti.....	43. —— de Chastelluz..	5	8	
Prior S. Yrenei........	44. —— de Chaponnoz..	10	26	
Prior de Mornant......	45. —— de Chassagneu.	16	40	
Prior loci.............	46. —— de Cornillion[h].	5	16	[h] Commensalis.
Prior loci[i]............	47. —— de Cuysieu....	5	20	[i] Primus 20 s. Ravatz [Rivas?] 35 s.
Prior loci.............	48. —— de Chambosco[j].	7	16	[j] Commensalis.
Abbas Acthan.........	49. —— de Chaignon...	5	8	
Capit. S. Justi	50. —— de Chauzans ..	14	16	
Abbas Acthan.........	51. —— de Gyvort.....	10	8	

DE SAVIGNY ET D'AINAY.

PATRONI.	BENEFICIA.	DECIMA.	PROCURA-TIONES.	ANIMADVERSIONES.
		lib. sol.	lib. sol. d.	
Capit. Lugdun.[a]	52. Eccl. de Gramont...	10	26	[a] Pro obed. loci. — Commensalis.
Prior loci	53. —— de Firmigneu[b].	12	35	
Abbas Acthan	54. —— de Grigneu....	10	20	[b] Commensalis.
Capit. S. Justi	55. —— Francheville..	5	8	
Priorissa loci	56. —— de Ysieu[c]	15	30	[c] Commensalis.
Archiepiscop. Lugdun..	57. —— de Yrignins...	8	25	
Capit. Lugdun[d]	58. —— de Longes.... 59. et de Treves....	9	21	[d] Pro obed. Condriaci.
[Prior] S. Salvatoris....	60. —— de Malifaut...	5	16	
Capit. S. Justi	61. —— de Minori peda.	5	20	
Prior de Taluyes	62. —— de Montaigneu.	15	35	
Prior loci	63. —— de Mornant[e]...	10	30	[e] Commensalis.
Capit. S. Nicecii	64. —— de Millierou...	16	35	
Abbas Acthan	65. —— de Orlliennas..	10	20	
Capit. S. Justi	66. —— Sancti Vincencii d'Aignins[f].	//	8	[f] Annex. cum S. Laurencio [infra n° 91].
Abbas S. Petri Forporta Vienn.	67. —— de Paveysins...	15	37	
Capit. S. Justi	68. —— de Rupeforti..	5	8	
Prior S. Reneberti	69. —— Rupiscisse....	11	22	
Capit. S. Pauli	70. —— Riveriaci.....	10	12	
Capit. Lugdun[g]	71. —— de Rantalone..	12	22	[g] Pro obed. Rupisfortis.
Idem[h]	72. —— de Socieu.....	12	30	[h] Pro dicta obed.
Idem[i]	73. —— S. Genesii Vallis	15	30	[i] Pro dicta obed.
Prior Montis Verduni...	74. —— S. Dyonisii[j]...	8	24	[j] Commensalis.
Prior Montis Romani...	75. —— S. Medardi[k]...	14	32	[k] Ut supra.
Capit. Lugdun.[l]	76. —— de Seilliaco...	12	30	[l] Pro obed. dicti loci.
Prior loci	77. —— S. Romani[m]...	15	56	[m] Commensalis.
Capit. Lugdun[n]	78. —— S. Boniti les Ollieres.	15	25	[n] Pro obed. S. Andeoli Vallis.
Abbas insule Barbare...	79. —— S. Victoris....	11	20	
Abbas Acthan	80. —— S. Clementis...	5	16	
Abbas insule Barbare...	81. —— S. Justi en Velay	5	16	
Prior S. Juliani	82. —— [S.] Romani les Estues.	6	16	
Dominus loci	83. —— S. Prejecti....	6	10	
Capit. S. Justi	84. —— de Sorbers....	14	26	
Prior S. Romani lo Puy.	85. —— S. Christofori..	16	30	
Capit. S. Justi	86. —— S. Annemundi[o]	15	20	[o] Supra est ubi de Minori peda [n° 41].
	87. —— Majoris pede[p]..	(Non tax.)	20	
Prior loci	88. —— S. Juliani[q]...	16	36	[p] Alias S. Petri Annemundi.
Capit. Lugdun.[r]	89. —— S. Genesii in Terra Nigra.	18	40	[q] Commensalis.
Capit. S. Justi	90. —— S. Mauricii supra Dargoriam.	10	20	[r] Pro dicta obed.
Idem	91. —— S. Laurencii de Daignins[s].	10	12	
Capit. Lugdun. (pro dicta obediencia).	92. —— S. Andeoli in Jaresio.	18	40	[s] Annex. est cum S. Vincencio de Daignins supra [n° 66].
	93. —— S. Andree la Costa.	10	16	

PATRONI.	BENEFICIA.	DECIMA.	PROCURATIONES.	ANIMADVERSIONES.
		lib. sol.	lib. sol. d.	
Capit. Aniciense[a]......	94. Eccl. Sancti Martini Acoallieu.	15	2 2	[a] Ymo dom. S. Annemundi.
Prior loci.............	95. —— de Taluyes[b]..	10	18	[b] Commensalis.
Abbas insule Barbare...	96. —— de Turins[c]...	6	20	[c] Ut supra.
Prior loci.............	97. —— de Tartaras[d]..	10	20	[d] Ut supra.
Prior S. Reneberti.....	98. —— de Turre....	15	20	
Prior loci.............	99. —— de Velchia[e]..	5	25	[e] Ut supra.
Capit. Lugdun.[f]......	100. —— de Vilars....	5	6	[f] Pro obed. de Sorbiers.
Idem[g]...............	101. —— de Vannereu..	10	25	[g] Pro obed. dicti loci.
Prior loci.............	102. —— de Rivaz[h]...	15	25	[h] Non est in procur.
Prior Savign. Mont. tenet	103. —— Vallis floride[i].	15	20	[i] Exempt. est a procur. Non est eccl. parroch.
Archiepiscop. Lugd....	104. —— Doysiaci.....	8	2 2	

Summa unius anni decime integre a parte regni. 1,879 liv. 15 s. 6 d. Vienn.

A PARTE IMPERII.

In civitate et suburbio Lugdun.

	1. Capit. Lugdun.....	438		
	2. —— S. Pauli......	210		
	3. —— S. Justi......	61 10		
	4. Abbat. S. Petri Mon..	150		
	5. Prior S. Yrenei.....	60		
	6. —— de Plateria....	60		
	7. Sacrista Acthan.....	20		

In archipresbyteratu Morestalli.

Abbas S. Theodori.....	1. Eccl. de Cortenay...	20	40	
Prior de Chavanno.....	2. —— de Balma.....	20	44	
Prior de Lesvenci [Veseronce?].	3. —— de Morestallo..	30	70	
Abbas S. Theodori.....	4. —— S. Bandolii ...	20	38	
	5. —— de S. Albano..	20	(N. solvit)	
	6. Priorissa de Doleymeu.	50	5	
	7. Prior de Vallibus ...	20	4	
	8. Priorissa de Arandone	20	60	
	9. Camer. S. Theuderii.	50		
Priorissa de Saletes tenet.	10. Prior de S[ta] Cruce...	25		

Beneficia 15 libr. et infra.

Abbas Ambrogniaci....	11. Eccl. de Amblaigneu.	9	28	
Priorissa loci..........	12. —— de Arandone..	9	2 2	
Abbas Ambrogniaci....	13. —— Boveti.......	15	36	
Abbatissa S. Petri Mon. Lugdun.	14. —— de Brengo....	13	32	

DE SAVIGNY ET D'AINAY. 967

PATRONI.	BENEFICIA.	DECIMA.		PROCURA-TIONES.			ANIMADVERSIONES.
		lib.	sol.	lib.	sol.	d.	
Capit. S. Justi........	15. Eccl. de Cariseu....	4			16		
Prior de Vallibus......	16. —— de Chareta....	15			30		
Prior S. Albani.......	17. —— de Crep......	12			32		
Abbatissa S. Petri mon. Lugdun.	18. —— de Doleymeu..	7	15		24		
Abbas[a] S. Theodori....	19. —— de Eptevo.....	7	10		38		[a] Seu camerarius.
	20. —— de Marigneu..	6					
Prior de Vallibus......	21. —— de Maipieu....	13			32		
Prior S. Albani.......	22. —— de Pacins.....	7			32		
Abbas S. Theodori.....	23. —— de Prayneu ...	8			14		
Prior de Vallibus......	24. —— de Parmilleu..	13			30		
Prior S. Albani........	25. —— de Quireu	13			26		
Abbatissa S. Petri Mon.	26. —— de S. Victore..	6			26		
Prior S. Ypoliti.......	27. —— de Siceu......	6			18		
Prior de Chevano.....	28. —— de Soleymeu..	12	10		34		
Prior de Boysenenci [Veseronce?]	29. —— de Salmayreu[b].		50		28		[b] Patr. cap. S. Justi.
Prior[issa] de Doleymieu.	30. —— de Trep......	8			22		
	31. —— de Vaceu.....	7			24		
Capit. S. Justi........	32. —— de Verceu	15			38		
	33. Prior de S. Albano ..	15		4			
Operarius S. Theodori..	34. Eccl. de Cosances...	(Non tax.)			24		

In archipresbyteratu Maysiaci.

PATRONI.	BENEFICIA.	DECIMA.		PROCURA-TIONES.			ANIMADVERSIONES.
Capit. S. Nicecii.......	1. Eccl. de Genas.....	40		4	10		
Prior loci............	2. —— S. Simphoriani de Ausone.	30			70		
Abbas Acthan.........	3. —— S. Laurencii ..	30			70		
	4. Prior S. Simphoriani predicti [de Ausone]	100		8			
	5. —— de Eyriaco....	70		8			
	6. —— de Poilliaco...	50		6			
	7. —— S. Petri Chandiaci.	80			40		
	8. —— de Chavanno ..	45					
	9. Tenentes Grangiam de Vignates.	20					
Abbas Ambrogniaci....	10. Eccl. de Eyreu.....	6			30		
Prior de Chavanno	11. —— de Anthone ...	13			45		
Abbas Acthan.........	12. —— de Arceu..... 13. et de Columberio..	16			45		
Abbas Alte Combe.....	14. —— de Bron......	12			28		
Archiepiscop. Lugdun..	15. —— de Choucioigni.	6			20		
Capit. S. Justi........	16. —— de Celuysia ...	13			34		
Prior loci............	17. —— de Chandiaco[c].	7			20		[c] Commensalis.
Archiepiscop. Lugdun...	18. —— de Chasseu.... 19. et Dessines........	18			12		
Archiepiscop. Vienn....	20. —— de Faysins....	5			20		
Prior de Chavanno.....	21. —— de Jons	8			24		
Abbas Acthan.........	22. —— de Griennay...	5			20		

PATRONI.	BENEFICIA.	DECIMA.	PROCURA-TIONES.	ANIMADVERSIONES.
		lib. sol.	lib. sol. d.	
Prior de Chavanno.....	23. Eccl. de Joannanges.	15	45	
Elemosinarius Acthan..	24. —— de Mayseu....	15	30 [a]	[a] Non solvit.
Elemosinarius Acthan. et prior de Chavanno...	25. —— de Moysone... 26. et de Pusignan....	14	50	
Prior de Chavanno.....	27. —— de Malatrait...	13	26	
Capit. S. Justi........	28. —— de Meons.....	7	20	
Abbas Acthan.[b]	29. —— S. Prejecti....	8	28	[b] Alias vestiarius et priorissa alterna vice.
Prior loci............	30. —— S. Petri Chand.	6	20	
Prior S. Simphoriani...	31. —— de Toceu.....	8	30	
Prior de Chavanno.....	32. —— de Villeta.....	8	20	
Abbatissa S. Petri mon..	33. —— de Venicies ...	10	20 [1]	
Prior de Plateria......	34. —— de Vallibus....	5	20	
Archiepiscop. Lugdun..	35. —— de Villaurbana.	10	32	
Abbas Acthan.........	36. —— S. Boneti.....	6	20	
Capit. S. Nicecii.......	37. —— de Chavaigneu.	6 10	20	[c] Scripta reperitur sed non re. [2] 30 s. non tax. [3]
	38. —— de Ciriaco[c].			

In archipresbyteratu Calomontis.

Prior de Villeta.......	1. Eccl. de Castellione Paludis.	25	64	
Capit. S. Pauli........	2. —— de Daigneu....	30	65	
Abbas Ambroniaci.....	3. —— de Dompero ..	30	52	
Prior de Neosto.......	4. —— de Gordans.... 5. et de Niesto	20	50	
Capit. S. Nicecii.......	6. —— de Joyaco.....	25	50	
Abbas Ambrogniaci....	7. —— de Maysimiaco.	25	34	
Capit. S. Pauli........	8. —— Ste Eulalie....	25	41	
Abbas Ambrogniaci....	9. —— S. Martini Chalomontis.	20	28	
Abbas S. Reneberti....	10. —— de Villiaco.... 11. et de Loyes.......	25	40	
Capit. S. Justi	12. —— de Villars.....	30	54	
	13. Prior S. Romani de Miribello.	60	50	
	14. Eccl. de Bussia.....	100	7	
	15. Prior S. Mauricii de Anthone.	100	7	
	16. —— de Neosto.....	100	7	
	17. —— de Mayssimiaco.	80	6	
	18. —— S. Martini Chalomontis.	60	60	
	19. —— de Biriaco	50	4	
	20. Obedienc. de Jaylliaco.	30		
	21. Abbas Chassaignie...	60		
	22. Prior de Villeta.....	80	8	
	23. —— S. Germani ...	(Non tax.)	24 4	

[1] Ce chiffre a été écrit postérieurement et en dehors de la colonne.
[2] Ainsi au manuscrit.

[c] On ne trouve en effet cette localité que sur un seul autre pouillé, celui du xvie siècle. J'ignore où elle était située.

DE SAVIGNY ET D'AINAY.

PATRONI.	BENEFICIA.	DECIMA.		PROCURA-TIONES.			ANIMADVERSIONES.
		lib.	sol.	lib.	sol.	d.	
	Beneficia 15 libr. et infra.						
Archiepiscop. Lugdun..	24. Eccl. S. Mauricii de Bayno.	15[a]		29			[a] Non calculatur in decima.
Prior S. Romani de Miribello.	25. —— de Bayno.....	15		44			
Capit. Lugdun.[b].......	26. —— de Balone....	7		22			[b] Pro dicta obed.
Prior loci...........	27. —— de Buyssia....	9		40			
Prior loci...........	28. —— Biriaci.......	5		14			
Abbas S. Regneberti...	29. —— de Burgo S. Christofori.	10		23			
Capit. S. Pauli.......	30. —— de Belligneu..	5		28			
Prior Biriaci.........	31. —— de Breyssolla..	12		30			
Abbas Ambrogniaci....	32. —— de Charnoux..	13		34			
Idem................	33. —— de Crant.....	18		32			
Idem................	34. —— de Chatenay...	15		28			
Idem................	35. —— capelle Chalamontis.	14		26			
Prior Biriaci.........	36. —— de Corziaco Ville	15		35			
Abbas S. Regneberti...	37. —— de Faramans..	15		20			
Prior de Neosto.......	38. —— de Jaillieu....	10		20			
Capit. S. Nicecii......	39. —— de Monteiller..	12	10	30			
Abbas Ambrogniaci....	40. —— de Molone....	10		24			
Capit. Lugdun.[c].......	41. —— de Nievro....	12		34			[c] Pro obed. de Balone.
Prior de Villeta.......	42. —— de Prioy......	15		36			
Decanus de Chaveriaco.	43. —— de Perogiis....	14		33			
Prior de Neosto.......	44. —— de Piseys.....	15		20			
(Vacat.).............	45. —— de Romanechi.	7		7			
Camerarius S. Pauli....	46. —— de Ronzuel....	10		12			
Capit. S. Pauli.......	47. —— de Rigneu....	15		20			
Prior loci...........	48. —— S. Mauricii de Anthone.	15		35			
	49. —— de Mares.....	7		(Non est.)			
Prior Montis Berthoudi.	50. —— S. Desiderii de Renons.	12	10	40			
Capit. S. Nicecii......	51. —— Ste Crucis.....	18		30			
Prior de la Boysse.....	52. —— S. Bartholomei Montis Lupelli.	7		12			
Capit. S. Pauli........	53. —— S. Martini de Miribello.	16		48			
Prior loci...........	54. —— S. Romani de Miribello.	12		30			
Capit. S. Pauli[d].......	55. —— de Til.......	4		10			[d] Ymo infirm. Acthan.
Camerar. ins. Barbare[e].	56. —— de Tramoyes..	8		12			[e] Ymo prior S. Germani.
Prior loci...........	57. —— de Villeta.....	12		43			
Capit. S. Pauli.......	58. —— de Vassailleu..	15		34			
Prior de Montfavreys..	59. —— de Simans....	//		10			
	60. —— de Prieux.....	//		10			

PATRONI.	BENEFICIA.	DECIMA.	PROCURA-TIONES.	ANIMADVERSIONES.
		lib. sol.	lib. sol. d.	
	In archipresbyteratu de Sandrens.			
Capit. Lugdun.	1. Eccl. de Bulligniaco.	30	40	
Abbas Acthan	2. —— de Bisia	20	40	
Prior de Plateria	3. —— de Condeyssia	36	46	
Archiepiscop. Lugdun..	4. —— de Chano	30	36	
Prior de Plateria	5. —— de Gorziaco Castri.	24	48	
Capit. Lugdun.	6. —— de Lent	40	48	
Prior loci	7. —— de Novilla	20	34	
Prior de Montfavrey	8. —— S. Nicecii	25	40	
Capit. Lugdun	9. —— de Sandrens	15	40	
Abbas Trenorchiensis	10. —— S. Andree le Panous.	30	40	
Archiepiscop. Lugd	11. —— de Vanna	22	36	
	12. Prior de Montfavreys.	50	(Non solv.)	
	13. —— de Bisiaco	80	8	
	14. —— de Buella	80	7	
	15. —— S. Christofori	30	4	
	16. —— de Chaveyriaco.	80	(Non solv.)	
	Beneficia que non excedunt 15 libr. et infra.			
Capit. Lugdun	17. Eccl. de Buennens	15	32	
Abbas Trenorchiensis	18. —— de Buella	10	32	
Abbas Cluniacensis	19. —— de Chervaysia	16	36	
Prior Pontis Vele	20. —— de Capella	15	30	
Abbas Trenorchiensis	21. —— de Greysieu	8	18	
Prior S. Petri Matiscon.	22. —— de Longo Camp°	10	20	
Archiepiscop. Lugd	23. —— de Lopona	5	10	
Capit. Matiscon	24. —— de Montfalcon	9	14	
Abbatissa S. Petri Mon.	25. —— de Monteux	12	20	
Archiepiscopus et archipresbyter alternative.	26. —— de Meyseria	15	34	
Abbas Trenorchiensis	27. —— de Montracoul	12	32	
Abbatissa S. Petri Mon.	28. —— de Mailliaco	10	40	
Abbas Trenorchiensis	29. —— de Moncellis	13	26	
Prior Noville	30. —— de Petrosa	10	26	
Capit. Matiscon	31. —— de Perees	10	32	
Prior de Sales	32. —— de Romanis	13	30	
Capit. S. Pauli	33. —— S. Pauli de Varas.	16	48	
Prior S. Petri Matiscon	34. —— de Serva	10	24	
Archipresbyter	35. —— S. Georgii	10	24	
Prior Montis Berthoudi	36. —— S. Germani	16	40	
Archipresb. de Sendrens.	37. —— S. Andree Nemorosi.	10	26	
Prior loci	38. —— S. Christofori	10	20	
Prior Pontis Vele	39. —— S. Cirici prope Sandrens.	10	20	

PATRONI.	BENEFICIA.	DECIMA.	PROCURA-TIONES.	ANIMADVERSIONES.
		lib. sol.	lib. sol. d.	
Prior Montis Berthoudi.	40. Eccl. de Suligniaco..	10	30	
Archiepiscop. et archipr.	41. —— S. Juliani.....	16	36	
Abbas S. Eugendi Jur..	42. —— S. Remigii....	12	20	
Prior de Valens.......	43. —— S. Genesii....	12	32	
Capit. Matiscon.......	44. —— S. Cirici prope Baugiacum.	15	24	
Decanus Chaveriaci....	45. —— de Vandens...	15	34	

In archipresbyteratu Dombarum.

Capit. Lugdun.......	1. Eccl. de Chalens....	30	54	
Capit. Forverii.......	2. —— de Chillia.....	30	60	
Capit. S. Justi.......	3. —— de Fluyreu....	25	60	
Capit. Lugdun.......	4. —— de Frens.....	40	40	
Capit. S. Nicecii.....	5. —— de Fontanis...	20	48	
Capit. Lugdun.......	6. —— de Geynay....	25	54	
Prior de Vallibus.....	7. —— de Mayssimiaco	20	30	
Capit. S. Nicecii.....	8. —— S. Desiderii de Chalarona.	26	67 [a]	[a] Vel 52 s.
Idem...............	9. —— S. Stephani de Chalarona.	25	67	
Capit. Lugdun.......	10. —— de Syuriaco...	20	38	
Abbas insule Barbare...	11. —— de Vimies	30	56	
	12. Prior S. Andree d'Uyria.	60	5	
	13. —— Pontis Vele ...	70	5	
	14. —— S. Triverii....	90		
	15. —— de Ligneu	100		
	16. —— Ste Euphemie..	90	7	
	17. Abbas ins. Barbare[b]..	150		[b] Pro castro suo Vimiaci.
	18. Obed. de Macieu....	30		
	19. Decima de Franchelens.	25		
	20. Abbas Belleville	60		
	21. Prior Montis Berthoudi.	300		
	22. Domus de Poleteins..	40		

Beneficia parve taxe.

Prior Pontis Vele et loci.	23. Eccl. de Anthanains.	9	24	
Decanus Montis Berthodi	24. —— de Aignineins..	15	40	
Idem...............	25. —— de Ambayreu..	16	29	
Capit. Lugdun.......	26. —— de Ars......	18	36	
Archiepiscop. Lugdun..	27. —— de Becons	12	29	
Prior S. Andree d'Uria..	28. —— de Bay.......	14	38	
Prior S. Germani......	29. —— de Buxiges....	14	30	
Prior de Novilla.	30. —— de Channens.	15	27	
Prior S. Martini.......	31. —— de Crusilles...	13	38	
Abbat. S. Andree Vienn.	32. —— de Cormarenchi	16	44	
Prior Noville.........	33. —— de Clemencia..	10	28	

PATRONI.	BENEFICIA.	DECIMA.	PROCURA-TIONES.	ANIMADVERSIONES.
		lib. sol.	lib. sol. d.	
Capit. Lugdun........	34. Eccl. de Dompero...	9	20	
Decanus Montis Bertodi.	35. —— de Farens.....	17	38	
Capit. S. Justi........	36. —— de Genolleu...	18	36	
Archiepiscep. Lugdun..	37. —— de Illiaco.....	16	16	
	38. —— de Lanceu....	9		
Prior Montis Bertodi...	39. —— de Montagneu . 40. et de Chatens....	15	38 6	
Abbas insule Barbare...	41. —— de Montaneys..	18	33	
Prior Montis Bertodi...	42. —— de Moncelz...	18	36	
Abbas Acthan.........	43. —— de Maceu.....	10	20	
Prior loci............	44. —— de Monte Bertoudi.	15	30	
Capit. Lugdun........	45. —— de Parceu	9	33	
Archiepiscop. Lugdun..	46. —— de Paysieu....	15	33	
Prior Montis Bertodi. ./.	47. —— de Poilleu	10	20	
Prior loci............	48. —— de Pontis Velle.	16	28	
Capit. Lugdun.[a]......	49. —— de Rancies....	13	31	[a] Pro obed. S. Johann. Turign.
Idem[b].............	50. —— de Rupescissa .	11	27	[b] Patron. abbas insule Barbare.
Idem[c].............	51. —— de Rayreu	18	40	[c] Pro dicta obed.
Archiepiscop. Lugdun..	52. —— de Mogninens .	17 10	32	
Prior loci............	53. —— S. Triverii....	9	20	
Abbas insule Barbare...	54. —— S. Desiderii Miribelli.	18	36	
Idem................	55. —— de Satonnay...	15	25	
Capit. de Romanis.....	56. —— S. Bernardi de Ansa.	10	18	
Capit. de Romanis et decanus Montis Berthodi alternis vicibus.	57. —— S. Desiderii de Faramans.	12	36	
Capit. Lugdun........	58. —— S. Johannis de Turigneu.	18	40	
Prior loci............	59. —— S. Andree d'Uyria.	14	32	
Decanus Montis Bertodi.	60. —— de Trevos	10	24	
	61. Abbas de Jugo Dei...	100		
	62. Sacrista maj. insule Barbare.	10		
Abbas insule Barbare...	63. Eccl. S. Garmerii ...	"	27	
Abbatissa S. Petri Mon. Lugdun.	64. —— de Mionnay...	"	20	
Capit. Lugdun........	65. —— de Misirieu ...	"	21	
Prior loci............	66. —— Ste Euphemie..	"	8	
Decanus Montis Bertodi.	67. —— de Riortiers...	"	8	
Prior Montis Bertodi...	68. —— de Villanova...	"	15	
Decanus Montis Bertodi.	69. —— S. Nicolay	"	16	
Prior S. Triverii......	70. —— de Amarains...	"	13	
Priorissa loci.........	71. —— de Francheleins	"	22	
Prior de Villario......	72. —— de Illidii	"	20	
Archiepiscop. Lugdun..	73. —— de Tocieu....	"	16	
Prior loci............	74. —— de Valans.....	"	27 4	
Priorissa	75. —— de Guierrans..	"	21	

DE SAVIGNY ET D'AINAY.

PATRONI.	BENEFICIA.	DECIMA.	PROCURA-TIONES.	ANIMADVERSIONES.
		lib. sol.	lib. sol. d.	
Priorissa de Moranceu..	76. Eccl. de Mespillieu..	*u*	15	
Decanus de Limanz....	77. —— de Lurcieu....	*u*	20	
Archiepiscop. Lugdun..	78. —— de Cicens.....	*u*	16	
	In archipresbyterata Ambroniaci.			
Abbas Ambroniaci.....	1. Eccl. de Ambeyriaco.	50	62	
Idem..............	2. —— de Ambroniaco.	30	30	
Abbas S. Reneberti....	3. —— de Benonci[1]...	25	38	
Dominus de Vilars.....	4. —— de Cerdone ...	20	52	
Abbas S. Eugendi Jur..	5. —— de Dortenco...	25	57	
Abbas S. Regneberti...	6. —— de Lues......	20	38	
Prior de Nantuas......	7. —— de Lessart....	25	60	
Abbas S. Eugendi.....	8. —— de Longo Camelo.	20	35	
Abbas Ambroniaci.....	9. —— de Lentenay...	25	32	
Abbas S. Eugendi.....	10. —— de Martignya..	20	34	
Archiepiscop. Lugdun..	11. —— de Matafelon ..	20	25	
Prior loci............	12. —— de Nantuas....	20	32	
Abbas S. Eugendi.....	13. —— de Poncins....	25	44	
Prior Nantuaci........	14. —— de S. Albano..	20	56	
Abbas loci...........	15. —— S. Eugendi....	20	32	
Prior Nantuaci........	16. —— de Senoches... 17. et de Monte Regali.	20	32	
Idem..............	18. —— S. Martini de Fraxino.	35	60	
Abbas Ambroniaci.....	19. —— S. Saturnini...	20	30	
Idem..............	20. —— S. Ulbandi....	25	42	
Priorissa loci.........	21. —— de Villaboys...	25	52	
	22. —— de Vallibus ...	20	25	
Dom. [archiep.] Lugdun.	23. —— de Vico d'Isinava.	30	60	
Abbas Ambroniaci.....	24. —— de Vico subtus Varey.	25	44	
Prior de Chavane......	25. —— Ste Julite[a]....	20	14	[a] Non, q. vacat hic, quia non tax. nisi 10 l. pro decima et 14 s. pro procur.[2]
	26. Abbas S. Eugendi Jur.	350	20 16 8	
	27. Prior major et camer.	40		
	28. Sacrista S. Eugendi..	50		
	29. Grangerius de Cultura	50		
	30. Infirmar. S. Eugendi.	30		
	31. Abbas Ambroniaci...	600	20 16 8	
	32. Elemos. Ambroniaci.	60		
	33. Camerarius Ambron.	60		
	34. Abbas S. Reneberti..	294 5	20 16 8	
	35. Prior de Arbenco ...	60	6	
	36. —— de Loyetes....	40	5	
	37. —— S. Saturnini...	120	8	

[1] Le copiste avait écrit *Revona*; mais on a rectifié son erreur.

[2] C'est en effet un double emploi. (Voyez le n° 83, où l'on trouve les chiffres portés dans cette note.)

PATRONI.	BENEFICIA.	DECIMA.	PROCURA-TIONES.	ANIMADVERSIONES.
		lib. sol.	lib. sol. d.	
	38. Prior de Monestruel.	100	6	
	39. —— de Marcilliaco.	50	5	
	40. —— de Lues.	40	60	
	41. —— S. Benedicti de Seyssieu.	150	7	
	42. —— de Rigniaco...	40		
	43. —— de Mayriaco...	60		
Cluniacens.	44. —— de Nantuaco...	500		
	45. Camerar. de Nantuaco.	30		
	46. Sacrista de Nantuaco.	30		
	47. Infirmar. de Nantuaco	20		
	48. Prior de Portes.	60		
	Beneficia 15 libr. [et infra.]			
Capit. S. Pauli.	49. Eccl. de Arenc.	18	34	
Abbas Ambroniaci.	50. —— de Arbenco...	15	24	
Dom. [archiep.] Lugd.	51. —— de Chau.	12		
Idem.	52. —— de Charis.	35		
Idem.	53. —— de Siliniaco.	25		
Idem.	54. —— de Grangia.	12		
Idem.	55. —— de Sibirenas.	8		
	56. —— de Beligneu.	9	12	
	57. —— de Leynz.	//	10	
	58. —— de Briort.	12	32	
	59. —— de Cleseu.	22	28	
Capit. S. Pauli.	60. —— de Chasey.	15	30	
Prior Nantuaci.	61. —— de Stabulis.	8	16	
Idem.	62. —— de Gyvreyssia.	10	30	
Abbas S. Eugendi.	63. —— de Jurrio.	18	22	
Episcopus Bellicensis.	64. —— de Ysernore.	18	32	
Abbas Ambroniaci.	65. —— de Jusiria.	15	16	
Idem.	66. —— de Leyment.	7	8	
Idem.	67. —— de Loyetes.	12	30	
Idem.	68. —— de Layneu.	18	20	
	69. —— de Marchiant.	18	34	
Abbas S. Eugendi.	70. —— de Septem Moncellis.	7 10	25	
Idem.	71. —— de Molinges.	15	38	
Episcopus Bellicensis.	72. —— de Nat.	10	12	
Abbas S. Eugendi.	73. —— de Oyenna.	15	24	
Prior Nantuaci.	74. —— de Sanctonas.	8	16	
	75. —— de Samognia.	10	25	
Abbas Ambroniaci.	76. —— S. Ieronimi.	15	20	
	77. —— S. Salvatoris.	9	16	
Abbas loci.	78. —— S. Reneberti.	16	20	
Prior loci.	79. —— S. Benedicti de Saysseu.	15	40	
Prior de Yniment.	80. —— de Sellonas.	16	32	
Idem.	81. —— S. Desiderii.	6	22	
Abbas Ambroniaci.	82. —— de Serreres.	14	33	

DE SAVIGNY ET D'AINAY.

PATRONI.	BENEFICIA.	DECIMA.	PROCURA-TIONES.	ANIMADVERSIONES.
		lib. sol.	lib. sol. d.	
Prior de Chavanon....	83. Eccl. S. Julite......	10	14	
	84. —— S. Mauricii de Romains.	10	26	
Abbas S. Regneberti...	85. —— de Toccu.....	14	24	
Abbas S. Eugendi.....	86. —— de Viris......	8	20	
Archiepiscop. Lugdun..	87. —— de Valognia...	15	24	
	88. Infirmar. Ambroniac.	10		
	89. Prior de Laigniaco..	15	60	
	90. Eccl. de Mornay....	18	32	
Prior Nantuaci.......	91. Domus insule subtus Quiriacum.	17 10	20	

In archipresbyteratu Trefforcii.

PATRONI.	BENEFICIA.	DECIMA.	PROCURA-TIONES.	ANIMADVERSIONES.
Capit. Matiscon.......	1. Eccl. de Aronia [Aroma].	20	43	
	2. —— de Buenco, alias Alte Curie.	20	36	
Abbas S. Eugendi.....	3. —— de Chavannes..	30	42	
Prior Nantuaci,.......	4. —— de Charnox ...	20	48	
Abbas Ambroniaci.....	5. —— de Durilles....	30	42	
Prior Gigniaci........	6. —— de Germania .. 7. et de Tholojone...	20	34	
Abbas S. Eugendi.....	8. —— de Jasserone...	20	34	
Prior Gigniaci........	9. —— de Montagnia-le-Templier.	20		
Archiepiscop. Lugdun..	10. —— de Monteflorido	40	60	
Prior Nantuaci.......	11. —— de Oncia, alias de Corcia.	20	36	
Capit. Matiscon.......	12. —— S. Ymiterii....	30	54	
	13. —— S. Mauricii ... 14. cum Chaleya [Échasanx?].......	20		
Abbas Ambroniaci.....	15. —— de Saysiriaco..	30	40	
Prior Nantuaci.......	16. —— de Trefforcio..	30	60	
	17. Prior de Crues	(Non tax.)	60	
	18. —— de Saysiria....	70 [a]	6	[a] Fuit repertus per Ja. Q. tax. ad 40 lib. et non ultra.
Abbas Ambroniaci.....	19. Eccl. de Tossia.....	20	31	
Archipresbyter Trefforcii	20. —— de Valufino...	25	46	
Abbas Ambroniaci.....	21. —— de Villarēversura.	24	37	
Idem...............	22. —— S. Martini de Monte.	25	36	
	23. Prior de Essertines..	20	50	
	24. —— de Trefforcio..	80		
	25. —— de Lovena....	20	63 4	
Cluniac.............	26. —— de Gigniaco...	400		
	27. —— de Monteforti..	40	43 4	
	28. —— de Viobles....	40	4	
	29. —— de Siligniaco ..	60		

PATRONI.	BENEFICIA.	DECIMA.	PROCURA-TIONES.	ANIMADVERSIONES.
		lib. sol.	lib. sol. d.	
	Beneficia 15 libr. et infra.			
	30. Eccl. de Vallegrignosa	18	38	
	31. — de Arnaux	8	18	
Abbas S. Eugendi	32. — de Bua	10	12	
Idem	33. — de Condes	(Non tax.)	13	
Idem	34. — de Coysia	(Non tax.)	22	
Idem	35. — de Chalayc	(Non tax.)	46	
	36. — de Novilla	(Non tax.)	34	
	37. — de Cruysiaco	10	22	
Dom. [archiep.] Lugdun.	38. — de Corent	8	18	
Abbas S. Eugendi	39. — de Cymandres	18	34	
Idem	40. — de Druyn	15	28	
	41. — de Essertines	10	16	
Prior loci	42. — de Gigniaco	15	32	
	43. — de Genas	12	22	
Prior loci	44. — de Lovenna	13	32	
	45. — de Loyem	12	36	
	46. — de Montegnia prope Burgum.	*a*		*a* Non calculatur in dec.
Capit. Lugdun	47. — Mayria	15	22	
Prior S. Petri Matiscon.	48. — de Mellona	18	36	
Prior Gigniaci	49. — deMontaigniaco	7	36	
Episcopus Bellicensis	50. — de Polliaco	15	32	
Prior Gigniaci	51. — de Pressia	9	20	
Abbas Ambroniaci	52. — de Revona	10	26	
Dom. [archiep.] Lugdun.	53. — de Rignia	8	16	
Episcopus Bellicensis	54. — de Romanechi	13	22	
	55. — de Sacies	5	26	
Episcopus Bellicensis	56. — S. Juliani 57. et de Villa Chantura	18	45	
Dom. [archiep.] Lugd.	58. — de Sisi	8	16	
Abbas Ambroniaci	59. — de Trancleria	10	16	
Idem	60. — de Viobles	15	36	
Prior Nantuaci	61. — de Vecles	12	33	
	62. Prior de Oncia	15	60	
	In archipresbyteratu Coloigniaci.			
Capit. Matiscon	1. Eccl. de Andelos	20	46	
Capit. S. Nicetii	2. — de Beysia	22	47	
Prior Gigniaci	3. — de Cuysello	50	60	
Abbas S. Eugendi	4. — de Coloigniaco*b*	25	54	*b* Commensalis.
Prior Gigniaci	5. — de Espi	25	66	
Abbas S. Eugendi	6. — de Monte S. Remigii.	20	30	
Capit. Matiscon	7. — S. Amoris	50	5	
Prior Gigniaci	8. — de Varennis	25	50	
	9. Prior de Villamontier.	100	7	

PATRONI.	BENEFICIA.	DECIMA.	PROCURATIONES.	ANIMADVERSIONES.
		lib. sol.	lib. sol. d.	
	10. Prior de Castro Caprino.	20	60	
	11. —— de Coloigniaco.	100	7	
	12. —— de Donczuerro.	30	60	
	13. —— de Mirauterio..	60		
	Beneficia minora 15 libr. et infra.			
Prior Gigniaci........	14. Eccl. de Montagneu le Recondu.	10	20	
Prior S. Petri Matiscon.	15. —— de Bruelles....	8	28	
Archipresbyter Cologn..	16. —— de Condas....	12	24	
Prior Gigniaci........	17. —— de Cosanci....	14	30	
Archipresbyter Cologn..	18. —— de Cormo.....	14	28	
Prior Gigniaci........	19. —— de Cuysia.....	10	30	
Abbas S. Eugendi.....	20. —— de Cormangon.	15	25	
Prior Gigniaci........	21. —— de Campaignia.	15	25	
Idem...............	22. —— de Dompno Martino.	6	12	
Idem...............	23. —— de Digniaco...	15	30	
Idem...............	24. —— de Donczuerro.	9	16	
Idem...............	25. —— de Frontenas..	7	20	
Idem...............	26. —— de Jondes.....	10	30	
Archipresbyter Cologn..	27. —— de Nancello...	6	22	
Capitul. Matiscon.....	28. —— S. Johannis de Torcularibus.	15	25	
Prior Gigniaci........	29. —— Ste Crucis.....	12	30	
Idem...............	30. —— de Vaires.....	10	20	
Idem...............	31. —— de Verjone....	7	16	
Abbas S. Eugendi.....	32. —— de Villemonasterii.	15	28	
	33. Prior de Valleclusa[a].	15		[a] Pro celerario suo Cuyselli.
Archipresbyter Cologn..	34. Eccl. S. Sulpicii....	//	5	[b] Non hic Rosay secundum librum domini Ja. Q.[1]
	35. Rosey[b]	//	20	
	In archipresbyteratu Baugiaci.			
Capit. S. Pauli.......	1. Eccl. de Arbigny... 2. et de Sermoya....	25	40	
Capit. S. Nicecii......	3. —— de Bayni.....	12	42	
Abbas Ambroniaci....	4. —— de Brou[2], alias Burgi in Breyssia.	70	5 10	
Capit. Matiscon.......	5. —— de Cra.......	20	40	
Idem...............	6. —— de Chavaignia.	20	22	
Abbas Trenorchiensis..	7. —— de Chivroux...	32	40	
Prior Gigniaci........	8. —— de Foyssia....	24	42	
Prior S. Petri Matiscon.	9. —— de Gorrevoust.	20	27	

[1] Voyez la note de la page suivante.
[2] Ici et au n° 20 on pourrait lire *Bron*, et non *Brou*, car la dernière lettre du mot ressemble plus à un *n* qu'à un *u*.

PATRONI.	BENEFICIA.	DECIMA.	PROCURATIONES.	ANIMADVERSIONES.
		lib. sol.	lib. sol. d.	
Archiepiscop. Lugdun..	10. Eccl. de Lescheroux.	25	50	
Episcopus Matiscon....	11. —— de Monpon....	24	45	
Archiepiscop. Lugdun.	12. —— de Montelaferta	22	40	
Prior loci............	13. —— de Marbo.....	25	46	
Prior S. Petri Matiscon.	14. —— de Manziaco...	20	32	
Idem.................	15. —— de Marzona...	20	28	
Abbas Trenorchiensis..	16. —— de Ponte Vallium.	35	66	
Episcopus Matiscon....	17. —— de Romanay...	50	4 8	
Prior S. Petri Matiscon.	18. —— S. Johan. supra Royssosam.	32	50	
Idem.................	19. —— S. Martini Castri.	25	33	
	20. Prior de Brou, alias Burgi.	60	7	
	21. Castrum de Romenay.	300	^a	^a Non solv. proc.
	22. Prior S. Petri Matisc.	200	25 18 4	
Trenorchiens. exempt..	23. Prior de Baugiaco... 24. et de Chivroux (Caprosio)..........	50	5	
Idem.................	25. —— de Brienna....	30	4	
	26. —— de Marbosco...	30	4 10	
	27. —— de Seillons....	50	^b	^b Non solv. proc.
	28. —— de Montemerulo	140	^c	^c Ut supra.
	29. Capit. Matiscon.....	106 5	^d	^d Ut supra.
Custos Lugdun.......	30. Eccl. Baugiaci Ville .	42	52	
	Beneficia minora.			
Capit. S. Nicecii.......	31. Eccl. de Curtafonz.	18	40	
Abbas S. Eugendi.....	32. —— de Attignia....	15	25	
Prior S. Petri Matiscon.	33. —— de Bandonges..	8	16	
Abbas Trenorchiensis...	34. —— de Brianna....	13	23	
Prior S. Petri Matiscon.	35. —— de Roesy^e.....	8	16	^e Non reperitur[1].
Idem.................	36. —— de Bereysia....	13	28	
Abbas Trenorchiensis..	37. —— Baugiaci Castri.	12	26	
Capit. S. Pauli........	38. —— de Croteil.....	12	18	
Capit. Matiscon.......	39. —— de Confranczon	10	25	
Abbas S. Eugendi.....	40. —— de Cuel......	15	34	
Abbas Trenorchiensis..	41. —— de Chavannes .	15	23	
Prior Gigniaci........	42. —— de Capella Nauda.	14	20	
Prior S. Petri Matiscon.	43. —— de Curcia.....	18	23	
Prior Gigniaci........	44. —— de Estres.....	12	32	
Custos Lugdun.......	45. —— de Curtes.....	8	15	
Abbas S. Eugendi.....	46. —— de Fluyria....	10	15	
Prior S. Petri Matiscon.	47. —— de Felinz.....	14	25	

[1] *Rosey* ne se trouve pas en effet dans l'archiprêtré de Bâgé, mais dans celui de Coligny, où le scribe l'a ajouté, comme on peut le voir à la page précédente, n° 35. C'est évidemment *Boosy* (*Boissey*) qu'il faut lire ici.

DE SAVIGNY ET D'AINAY.

PATRONI.	BENEFICIA.	DECIMA.	PROCURA-TIONES.	ANIMADVERSIONES.
		lib. sol.	lib. sol. d.	
Prior S. Petri Matiscon.	48. Eccl. de Jaya.......	14	26	
Idem.............	49. —— de Tecla[1].....	10	18	
Idem.............	50. —— de Montestruel.	10	22	
Capit. Lugdun.[a]......	51. —— de Poilliaco...	15	34	[a] Pro obed. de Pollia et
Abbas Trenorchiensis..	52. —— de Perona....	12	10	de Benens (?)
	53. —— de Rancies....	7	11	
Prior S. Petri Matiscon.	54. —— de Replonjo...	18	32	
Abbas Trenorchiensis..	55. —— de Sayseriaco..	10	26	
Prior S. Petri Matiscon.	56. —— S. Juliani.....	12	18	
Capit. Lugdun.[b]......	57. —— S. Stephani lo Bocheus.	10	25	[b] Pro obed. de Leut.
Prior S. Petri Matiscon.	58. —— S. Desiderii de Onciaco.	15	18	
Archipresbyter Bagiaci..	59. —— S. Sulpicii....	7	15	
Prior Nantuaci........	60. —— S. Martini Larena.	15	36	
Custos Lugdun	61. —— S. Steph. supra Royssosam.	10	27	
Prior de Vilario.......	62. —— de Servignaco..	8	10	
Prior Gigniaci........	63. —— S. Nicecii juxta Curtos.	12	30	
Capit. S. Pauli.......	64. —— S. Triverii....	13	46	
Prior S. Petri Matiscon.	65. —— de Sornay.....	14	22	
Abbas S. Eugendi.....	66. —— de Viria......	18	33	
Capit. Matiscon.......	67. —— de Vecors.....	9	20	
Abbas Trenorchiensis..	68. —— de Villanova...	13	23	
	69. Kathelini in eccl. Matiscon.	7		
	70. Sacrista S. Petri, alias de Chevroux.	10		

Valet totalis decima secundum taxationes predictas a parte imperii. 1452 lib. 3 s. 6 d. Vienn.
Quæ, deducta decima ad medietatem, valet................. 726 lib. 21 d.
Decima unius anni in regno et imperio valet............... 3371 lib. 19 s.
Melius est... 3331 lib. 19 s.[2]

---

[1] Le scribe avait écrit S. Tecla, mais on a barré l'S.

[2] Ce dernier chiffre est en effet le total exact des deux totaux portés aux pages 966 et 979.

IV.

POUILLÉ

DU DIOCÈSE DE LYON AUX XVIᴱ ET XVIIᴱ SIÈCLES.

Le document que nous publions ici est proprement du xviᵉ siècle; mais, comme il présente peu de différence avec le pouillé qu'a publié de la Mure en 1671[1], nous avons pensé qu'il convenait, pour économiser le temps et l'espace, de les résumer tous deux dans un seul, au moyen de notes. Comme celui de de la Mure est imprimé, il ne nous a pas paru nécessaire d'en relever minutieusement toutes les différences orthographiques : nous n'avons pris que ce qui était essentiel. Nous ne nous sommes pas du tout occupé du pouillé imprimé dans la grande collection de Gervais Alliot, parce qu'il a été, comme tous ceux qui font partie de cette collection, publié sans aucune espèce de soin, ou, pour mieux dire, avec une inintelligence vraiment déplorable. Nous avons eu connaissance de plusieurs autres pouillés manuscrits, soit à la Bibliothèque nationale, soit dans d'autres dépôts publics; mais nous ne nous sommes attaché qu'aux principaux et à ceux qui portaient un cachet officiel. A ce titre, nous avons cru devoir relever les variantes qu'offre un pouillé du xvᵉ siècle appartenant à M. Baud, archiviste du département de l'Ain, à Bourg. Nous avons aussi pris connaissance d'un pouillé du commencement du xviiᵉ siècle, qui se trouve dans les archives du Jura, à Lons-le-Saunier; mais la collation que nous en avons faite sur les lieux mêmes ne nous a fourni aucune variante importante. Enfin, pour compléter autant qu'il dépendait de nous les renseignements fournis par le pouillé du xviiᵉ siècle publié par de la Mure, nous avons relevé avec soin les détails consignés dans les procès-verbaux d'une visite pastorale faite par l'archevêque Camille de Neuville, de 1654 à 1656, dans une partie de son diocèse, celle que les anciens pouillés disent être *a parte imperii*, et qui nous est moins connue. Nous y avons puisé des notes fort curieuses. Pour éviter des périphrases, nous désignerons le pouillé de M. Baud par la lettre A, celui de de la Mure par la lettre B, et la visite diocésaine par les mots abrégés de *vis. dioc.* 1654.

L'original du document qui est reproduit *in extenso* se trouve dans les archives du Rhône, à Lyon, et se compose de dix-huit feuillets de papier, sur le verso du dernier

---

[1] *Histoire ecclésiastique du diocèse de Lyon* (Lyon, 1671, in-4°), pag. 230 à 261.

desquels on lit : « Copia sumpta fuit, desumpta et extracta ex polleto seu pancharta sedis
« archiepiscopalis Lugdunensis, in qua omnes parrochiales ecclesiæ et prioratus ac be-
« neficia et officia in diocesi Lugdunensi existentes describuntur; extracta, inquam, or-
« dinatione et decreto reverendissimi domini vicarii generalis dictæ sedis, ad requestam
« nobilium et egregiorum virorum dominorum decani, canonicorum et capituli ecclesiæ
« Sancti Vincentii Matisconensis, per me Joannes Livet, ipsius sedis archiepiscopalis
« secretarium et civem Lugdunensem. Lugduni, die prima mensis Junii, anno Domini
« millesimo quinquagesimo octuagesimo septimo. — LIVET. »

POLLETUS

SEU PANCHARTA SEDIS ARCHIEPISCOPALIS LUGDUNENSIS.

Et primo in civitate et suburbiis Lugdunensibus.

1. Dominus archiepiscopus.
2. Capitulum ecclesiæ Lugdun. XXXII canonici [1].
3. ——— S. Justi, XXV canonici.
4. ——— S. Pauli, XX canonici.
5. ——— S. Nicetii, XVIII canonici.
6. ——— Forverii.
7. Abbas Athanatensis.
8. Infirmarius.
9. Abbatissa S. Petri Monialium.
10. Prior S. Hyrenei.
11. ——— de Plateria.   [*Patrons.*]
12. Eccl. S. Cirici . . . . Capitulum ecclesie Lugdunensis.
13. ——— S. Germani . . . . Idem.
14. ——— Arbigniaci . . . . Idem.
15. ——— de Poleymieu . . . . Idem.
16. ——— Dardilliaci [2] . . . . Archiepiscopus Lugdunensis.
17. ——— de Tassins . . . . Capitulum ecclesie Lugd.
18. ——— Greisiaci . . . . Capitulum S. Justi.
19. ——— S. Genesii les Olières . . . . Capitulum ecclesie Lugd.
20. ——— S. Petri [3] Monialium . . . . Abbatissa S. Petri Monialium.

---

[1] Pour avoir de plus grands détails sur les églises capitulaires de Lyon, voyez le préambule du pouillé B, dans l'ouvrage de de la Mure, p. 230.

[2] Par erreur sans doute, ce nom ne figure pas dans B, qui ajoute au contraire dans Lyon « Ecclesia parochialis S. Romani et S. Petri (*Saint-Pierre-le-Vieux*) ; » et hors de Lyon : « Ecclesia vulgo dicta de la *Guillotière et Villurbane*. » Cette indication est inexacte pour la dernière localité, qui, dans le même pouillé, figure encore à l'archiprêtré de Meyzieux. Il paraît toutefois que, dès le commencement du XVIIe siècle, Villeurbane fut rattaché à l'archiprêtré des suburbes, car il n'en est pas question dans la visite de l'archiprêtré de Meyzieux faite par l'archevêque Camille de Neuville en 1654.

[3] B. *SS. Petri et Saturnini.*

21.	Eccl. Ste Fidis	Capitulum ecclesie Lugd.
22.	—— S. Michaelis	Abbas Athanatensis.
23.	—— S. Vincentii	Capitulum S. Pauli.
24.	—— S. Georgii [1]	Prior S. Joannis Ierosolimitani.
25.	—— de Veysia	Infirmarius Athanatensis.
26.	—— S. Romani de Cosone	Archiepiscopus Lugdunensis.
27.	—— d'Escully	Capitulum S. Justi.
28.	—— de Cosone [2]	Capitulum ecclesie Lugdunensis.

In archipresbyteratu Rodanne.

1.	Eccl. de Ampliputeo	Minor celerarius Savigniaci.
2.	—— de Brienon	Prior Marcigniaci.
3.	—— de Bullieu	Capitulum ecclesie Lugd.
4.	—— de Charay [*Chérier*]	Idem [3].
5.	—— de Cromellis	Prior Montis Verduni.
6.	—— de Melleys	Prior S. Rigaudi et prior Donziaci alternative.
7.	—— de Nullise	Archiepiscopus Lugd.
8.	—— de Rodanna	Capitulum S. Nicetii.
9.	—— S. Mauricii [in Roannesio]	Prior loci [4].
10.	—— S. Habundi Castri	Prior de Amberta.
11.	—— S. Habundi Veteris	Idem.
12.	—— de Amberta	Idem [5].
13.	—— de Bussieu [6]	Idem.
14.	—— de Comellis	Capitulum ecclesie Lugd.
15.	—— de Cordella	Prior S. Joannis [in Roannesio].
16.	—— de Chirassimont et Machesal	Archiepiscopus Lugd.
17.	—— de Dancé	Capitulum Aniciense [7].
18.	—— de Espinacia [8]	Prior de Amberta.
19.	—— de Fornellis	Archiepiscopus Lugd.
20.	—— de Lentigneu	Capitulum ecclesie Lugd.
21.	—— de Luré	Archipresbyter Rodanne.
22.	—— de Lay [9]	Prior Rigniaci.
23.	—— de Servagiis	Archiepiscopus Lugd.
24.	—— de Mabley	Prior de Amberta.
25.	—— de Nuallieu	Prior loci.
26.	—— de Noats [alias Nualibus]	Prior de Rigniaco.
27.	—— de Osches	Prior de Cariloco [*Charlieu*].

[1] B. *S. Georgii et S. Eulaliæ.*

[2] Le pouillé B ajoute ici une liste de bénéfices réguliers : « Abbas Athanatensis (*d'Ainay*), ibi prior et sacrista, etc. — Abbatissa S. Petri Monialium. — Abbatissa Desertæ (*la Déserte*). — Prior S. Irenæi, in quo prioratu sacrista, infirmarius, eleemosynarius, camerarius, chorerius, etc. : patronus prioris, rex christianissimus. — Prior de Plateria, ibi sacrista, etc. : patronus, abbas S. Rufi Valentinensis. — Præceptoria S. Georgii : patronus, ordo S. Joannis Hyerosolimitani. — Priorissa Casalis (*de Chazaux*). — Priorissa de Blye. » Les patrons de ces deux dernières maisons ne sont pas indiqués. Le monastère de Chazaux, fondé en 1322 par Luce de Beaudiner, dans la paroisse de Firminy, près de Saint-Étienne, avait été transféré à Lyon en 1623.

[3] Il s'est glissé ici dans la copie de notre document une erreur évidente. Par suite de l'omission de cet *idem*, les dix lignes suivantes sont déplacées. J'ai cru devoir remettre les choses dans leur état naturel.

[4] A. *Capitul. Lugdunense.*

[5] A. *Capitul. Lugdunense.*

[6] A. *Beyssicum*. Je ne saurais dire où était cette paroisse, portée sur tous les anciens pouillés, et qui devait être située près d'Ambierle. B ajoute même à ce *Bussy* un *Saint-Martin-des-Bois* (dont l'archevêque était patron), qui est sans doute *Saint-Martin-du-Boisy*. (Voyez page 914, note 6.)

[7] B. *Prior Marcigniaci.*

[8] B ne donne pas l'église de *l'Espinasse*, mais il donne *Saint-Forgeux-l'Espinasse* (patron, l'archevêque), qui ne paraît pas ici.

[9] B ajoute ici comme annexe *S. Symphorien*.

DE SAVIGNY ET D'AINAY.

28. Eccl. de Parignieu.................... Sacrista Cluniacensis.
29. —— de Pollieu..................... Priorissa loci [1].
30. —— de Roneysons.................... Prior de Amberta.
31. —— de Riorgiis........,........... Prior loci.
32. —— de S. Reveriano................... Prior de Amberta.
33. —— S. Prejecti Ruppis............... Archipresbyter Rodanne [2].
34. —— S. Ciricii de Faveriis.............. Abbas Athanatensis [3].
35. —— S. Pauli de Visilins................ Archipresbyter Rodanne.
36. —— de Sainct Polgo................... Prior S. Joannis de Roneisons [4].
37. —— S. Sulpitii prope Villeretz.......... Prior Marcigniaci.
38. —— S. Andree de Roneysons........... Prior de Amberta.
39. —— S. Leodegarii..................... Prior de Riorgiis.
40. —— S. Romani Mote.................. Prior Marcigniaci.
41. —— S Joudaldi [Saint-Jodard].......... Capitulum S. Justi.
42. —— S. Germani..................... Prior de Amberta.
43. —— de Vendranges .... Capitulum ecclesie Lugd.
44. —— de Verneto .... Prior Marcigniaci.
45. —— de Villareis.................... Idem [5].
46. —— de Villemonteis.................. Capitulum ecclesie Lugd.
47. Prior de Nualllieu..................... Abbas Savigniaci.
48. —— S. Joannis in Roannesio........... Abbas S. Michaelis de Stella seu...[6]
49. Domus de Cromellis [7].
50. Prior de Amberta..................... Abbas Cluniacensis.
51. —— de Riorgiis [8].................... Abbas Athanatensis.
52. Abbas [9] Benedictionis Dei [10].

In archipresbyteratu de Pomyers.

1. Eccl. de Buxi........................ Prior de Pomyers.
2. —— de Greisolles.................... Idem.
3. —— de Jullieu [11].................... Prior Montisverduni.
4. —— de Meyserieu.................... Prior de Cleipieu.
5. —— de Nervieu..................... Capitulum ecclesie Lugd.
6. —— S. Julliani la Vestre............... Prior Nigristabuli.
7. —— de Salles et Cerviere.............. [B. Prior Nigristabuli.]
8. —— S. Joannis la Vestre................ Capitulum ecclesie Lugd.
9. —— S. Sixti .... Idem.
10. —— S. Justi [in Cabalino, alias in Chivaleto]. Prior loci.
11. —— S. Germani Vallis................ Priores de Pomyers et Cleipiaci alternative.
12. —— S. Desiderii supra Rupemfortem [12]... Prior Hospitalis [Rupis fortis].
13. —— S. Martini Salvetatis [13]............ Capitulum ecclesie Lugd.
14. —— de Aillieu [14].................... Idem.

---

[1] B. *Abbatissa S. Menulphi* (Saint-Menoul).
[2] A. *Procurator Rodanæ*.
[3] B. *Prior de Riorgiis*.
[4] B. *in Roannesio*.
[5] A. *Capitul. Lugdunense*.
[6] B. *Abbas S. Michaelis de Clusa in Sabaudia*.
[7] Cette maison ne figure pas dans B.
[8] B. *Unitus collegio Roannensi*.
[9] B. *Abbatissa Benedictionis Dei, patronus rex christianissimus*. En 1611, les moines de la Bénissou-Dieu avaient fait place à des religieuses. (Voy. mon *Hist. du Forez*, t. I, p. 185.)
[10] B. Ajoute : « Prioratus de Villeressio, unitus prioratui Marcigniaci. — Prioratus monialium Polliaci, unitus abbatiæ S. Menulphi. — Domus Templi in Roannesio, unita ordini S. Joannis Hyerosolimitani. » Chose étrange, aucun autre pouillé que celui du XIIIᵉ siècle ne mentionne le prieuré de *Beaulieu*, près de Roanne.
[11] A. *alias S. Stephani la Melard*.
[12] B. *cum annexa de la Valla*.
[13] B. *cum annexa S. Taurini* (Saint-Thurin).
[14] B. *cum annexo de Cesay*.

15. Eccl. de Artuno.................... Prior Poilliaci[1].
16. —— S. Marcelli[2] [de Ulphiaco]......... Prior de Pomyers.
17. —— de Amions, alias Mions............ Capitulum Aniciense [le Puy en Vélay].
18. —— de Campipolito................. Capitulum ecclesie Lugd.
19. —— de Barrolis................... Prior de Pomyers.
20. —— de Cleipiaco................... Prior loci.
21. —— de Juré..................... Prior de Pomyers.
22. —— de la Prugny[3]................ Prior loci.
23. —— de Noaillieu.................. Prior de Pomyers.
24. —— S. Julliani de Pomiers............ Idem.
25. —— S. Julliani d'Odes.............. Capitulum ecclesie Lugd.
26. —— S. Sulpitii................... Idem.
27. —— S. Romani [subtus Ulphiacum]...... Archiepiscopus Lugd.
28. —— S. Mauricii[4]................. [A. capitul. Lugdunense.]
29. —— S. Projecti la Prugni............ Prior loci.
30. —— Ste Fidis [Villæ Dei].......... Prior Cleipiaci.
31. —— de Soternon.................. Capitulum ecclesie Lugd.
32. —— de Verreriis................. [B. Capitulum Lugd.]
33. —— de Ulphieu.................. Archiepiscopus Lugd.[5]
34. —— de Pomiers[6]................ Prior loci.
35. Obedientia Ste Fidis.............. [B. Unita sacristiæ majori capituli insulæ Barbaræ.]
36. Domus de Chaselles*[7]............. [A. Ordo S. Johannis Hycrosolimitani.]
37. —— S. Johannis de Verieriis......... [B. Annex. alteri præceptoriæ ord. S. Johan. Hierosol.]
38. Prior de Clepieu[8]*............... Abbas decanus insule Barbare.
39. —— S. Justi en Chevalet............ Abbas S. Rigaudi.
40. —— de Buxi*.................... [Abbas Savigniaci.]
41. —— S. Prejecti la Prugni...........
42. —— S. Romani subtus Urphiacum[9].....
43. —— de Pomiers.................. Prior Nantuaci.
44. Hospitale de Verreriis............. [Vide n° 37.]

In archipresbyteratu Nigre Unde.

1. Eccl. de Barbignieu................ Prior Poilliaci[10].
2. —— de Costances................. Prior de Clepieu.
3. —— S. Joannis de Panissieres[11]..... Prior Montistroterii.
4. —— de Violleys.................. Idem.
5. —— de Buxeriis.................. Prior S. Albini.
6. —— de Crosello.................. Abbas S. Rigaudi.

---

[1] B. *Conventum Cluniac. ob prioratum Polliaci.*
[2] Le manuscrit porte à tort *Marcellini*.
[3] A. *Eccl. S. Justi Lapragni.*
[4] Cette paroisse, dont la situation m'est inconnue, ne paraît pas dans le pouillé B, et je suis tenté de croire que c'est par erreur qu'elle figure ici comme dans les pouillés des xiv° et xv° siècles.
[5] A. *Archipresbyter de Pommiers.*
[6] On ne voit sur les anciens pouillés qu'une seule église à Pommiers, c'est celle de Saint-Julien, portée sous le n° 24. Il paraît qu'aux xv°, xvi° et xvii° siècles il y en avait une seconde, peut-être celle du prieuré.

[7] Les établissements marqués d'un astérisque (*) manquent dans B, qui ajoute au contraire à cette nomenclature des bénéfices réguliers : « Prioratus Sanctæ Magdalenæ in Sylva (*du bois de la Magdelaine*), unitus conventui Athanatensi. »
[8] B. *Exemptus a regula.*
[9] Par erreur sans doute, le pouillé A indique ce prieuré comme dépendant de l'Ordre de Saint-Jean de Jérusalem. Le même pouillé ajoute un prieuré à cette nomenclature : *Prior S. Justi la Prugni.* (Voyez la note 3.)
[10] B. *Conventus Cluniac. ob prioratum Polliaci.*
[11] B. *et de Montchal.*

DE SAVIGNY ET D'AINAY.

7. Eccl. de Civens....................... Prior Clepiaci.
8. —— de Nigra Unda................... Prior Poilliaci [1].
9. —— de Chambosco.................... Prior de Cuysieu.
10. —— de Donzieu [2].................... Prior loci [3].
11. —— de Savisignet [4].................. Prior Saltus Donziaci.
12. —— de Essertines [en Donzy]........... Prior Montistroterii.
13. —— de Piney....................... Idem.
14. —— de Roziers [5]..................... Idem.
15. —— S. Marcelli [de Felines]........... Idem.
16. —— de Vetula Canaba [*Villechenève*]...... Idem [6].
17. —— de Poilliaco..................... Decanus loci [7].
18. —— de Cirici de Valorges............. Prior Magni Rivi [8].
19. —— Ste Colombe................... Abbas Athanatensis.
20. —— S. Justi la Pendue................ Archiepiscopus Lugdunensis.
21. —— de Jars [*Jas*].................... Idem [9].
22. —— de Parcieu [*Épercieux*]........... Prior de Randans.
23. Prior S. Albini....................... Prior S. Hyrenei.
24. Prior [10] de Poillieu.................. Abbas Cluniacensis et unitus mense conventus.

In archipresbyteratu Montisbrisonis.

1. Eccl. Alteville........................ Prior S. Romani Podii.
2. —— de Chaselles..................... Idem.
3. —— de Lesigneu..................... Idem.
4. —— de Precieu...................... Idem.
5. —— S. Prejecti de Rosseto [11]......... Idem.
6. —— S. Martini de Sancto Romano....... Idem.
7. —— de Boisseto..................... Prior Savigniaci Montisbrisonis.
8. —— de Chalain le Contal.............. Idem.
9. —— de Modonio [12].................... Idem [13].
10. —— Ste Madalenes Montisbrisonis........ Idem.
11. —— S. Andree Montisbrisonis.......... Idem.
12. —— de Savigniaco Montisbrisonis....... Idem.
13. —— de Chambone [*Chambéon*]......... Capitulum ecclesie Lugd.
14. —— de Poncins..................... Idem.
15. —— de Perignieu.................... Idem.
16. —— S. Laurentii la Conche............ Idem.
17. —— S. Mauricii en Gourgeois.......... Idem.
18. —— S. Marcellini.................... Idem.
19. —— de Verreriis [14]................... Idem.
20. —— de Feurs....................... Prior de Randans.
21. —— S. Boniti Castri.................. Prior S. Ragneberti.
22. —— Suriaci comitalis................. Prior loci.

---

[1] B. *Conventus Cluniac. ob prioratum Polliaci.*
[2] Cette paroisse ne figure plus sur le pouillé du XVIIIe siècle.
[3] B. *Prior Saltus Donziaci.*
[4] B. *et de la Valette.*
[5] B. *et de Sainte-Agathe.*
[6] B. *Prior Cultus Donziaci.*
[7] B. *Conventus Cluniacensis ob prioratum loci.* Le doyenné de Pouilly avait été réuni à la mense conventuelle de Cluny.
[8] B. *Prior Mareigniaci.*
[9] A. *Prior Montistroterii.*
[10] B. *Prior seu decanatus de Poilleu.*
[11] Le ms. porte à tort *Bosseto*. B. *cum annexa S. Nazarii.* Cette annexe de Saint-Nazaire ne figure que sur le pouillé B.
[12] B. *Cum annexa Sanctæ Annæ.* C'est Sainte-Anne de Montbrison, chapelle de l'hôpital, qui dépendait de l'église de Moind avant la Révolution.
[13] B. *Conventus Casæ Dei.*
[14] Cette église ne figure pas dans B.

23. Eccl. S. Justi in Basso.................. Capitulum S. Justi.
24. —— S. Georgii supra Cosanum.......... Capitulum S. Nicetii.
25. —— S^{tæ} Agathes .... Prior Montisverduni.
26. —— S. Boniti de Quadrellis............. Archiepiscopus Lugdunensis.
27. —— de Bar......................... Prior loci.
28. —— de Escotay [1]................... Prior de Bar.
29. —— de Bonson [2].................... Prior S. Ragneberti.
30. —— S. Nicetii...................... Prior S. Romani le Puy [3].
31. —— S. Petri de Sancto Romano [4]........ Idem.
32. —— de Soleymieu [5]................. Idem.
33. —— S. Thomæ [Monialium]............. Idem.
34. —— de Boneson [6]................... Prior S. Ragneberti.
35. —— de Marclop .... Idem.
36. —— de Boenco .... Prior Saltus de Cosano.
37. —— Saltus de Cosant [7]................ Idem.
38. —— de Chastronons [Castro novo?]...... Idem.
39. —— de Lerignieu..................... Idem.
40. —— de Boteressia [8] .... Idem.
41. —— de Laviaco..................... Idem [9].
42. —— de Campis..................... Prior de la Bolena [10].
43. —— de Mornant.................... Idem.
44. —— de Chandiaco .... Prior loci.
45. —— de Essertines [en Chastelneuf]...... Prior de Chandiaco.
46. —— de Prato Longo .... Idem.
47. —— de Chalain d'Usore............... Archiepiscopus Lugd.
48. —— de Charmazello.................. Capitulum S. Justi.
49. —— de Chanaleilles [*Chenereilles*]........ Idem.
50. —— de Lurieu .... Idem.
51. —— de Marols .... Idem.
52. —— de Gumieres .... Prior loci.
53. —— S. Laurentii Hospitalis Rupisfortis [B. Prior loci [11].
    seu en Solore].
54. —— de Rupe....................... Prior Hospitalis [12].
55. —— de Ruperforti .... Idem.
56. —— Marcilliaci..................... Prior loci.
57. —— de Marcolz .... Capitulum ecclesie Lugd.
58. —— S. Cipriani.................... Idem.
59. —— de Treilins..................... Idem.
60. —— de Villa Dei................... Idem [13].
61. —— de Unitate [14]................... Idem [15].

[1] Écotay est porté comme simple annexe de Bard dans B.
[2] Voyez le n° 34, qui semble n'être qu'un double emploi.
[3] A. *Abbas insulæ Barbaræ.*
[4] Porté comme simple annexe de Saint-Martin de Saint-Romain dans B. Il ne paraît plus sur le pouillé du xviii° siècle.
[5] Dans B, Soleymieux n'est que l'annexe de Saint-Jean, qui ne figure pas même ici. Sur le pouillé du xviii° siècle, au contraire, Soleymieu ne paraît pas du tout; Saint-Jean seul figure.
[6] Cette église ne figure pas dans B; mais on lit dans le pouillé du xv° siècle : *Eccl. de Boysson* (A. *Bousson*), *patr. prior S. Romani.* Serait-ce le Rousset, dont le nom aurait été mal lu? (Voyez le n° 5 ci-dessus.)
[7] B. *cum annexa S. Saturnini.* (C'est la chapelle du château de Cousan.)
[8] La Bouteresse est portée comme annexe de Boën dans B.
[9] *Prior S. Romani le Puy.*
[10] Le ms. porte à tort *Volana.* B. *Prior Montis Verduni ob prioratum de Bolena unitam.*
[11] B. *Prior Hospitalis Rupisfortis.*
[12] B. *Prior Saltus de Cosano.*
[13] B. *Annexa eccl. S. Fidis in archipresbyteratu de Pomiers.* Sur le pouillé du xviii° siècle, Villedieu ne paraît plus.
[14] B. *Ecclesia de Uniaco seu Unitate Dei* (*Unias*), *cum annexa Hospitalis Magni.*
[15] B. *seu prior S. Romani in Podio.*

DE SAVIGNY ET D'AINAY.

62. Eccl. de Monteverduno.................. Prior loci.
63. —— de Polognieu.................... Prior Montisverduni.
64. —— de Castrinom (Castri Novi?)[1]...... Prior de Sales.
65. —— de Crentilliaco................... Prior Montisverduni.
66. —— S. Pauli d'Usore................. Idem.
67. —— de Magnieu [Magneux-Haute-Rive].... Prior loci.
68. —— de Montrond[2].................... Prior de Fabriciis.
69. —— de Randans[3]..................... Prior loci.
70. —— de Chazelles[4].
71. —— S. Ragneberti.................... Prior loci[5].
72. —— de Salvains...................... Archiepiscopus seu capitulum S. Nicetii.
73. —— S. Petri Montisbrisonis............ Prior Savigniaci [Montisbr.]
74. —— de Torreta...................... Prior loci[6].
75. —— de Boissello[7].................... Prior S. Romani.
76. Capitulum Montisbrisonis............... [B. Rex christianissimus.]
77. Prior S. Ranegueberti[8]................ Abbas decanus insule Barbare[9].
78. —— de Chaselleto[10]. *[11]............. [B. Capitul. de Conques, diœcesis Rutenensis.]
79. —— de Suriaco[12]..................... Abbas decanus insule barbare.
80. —— de Torreta *.
81. —— S. Romani le Puy................. Abbas Athanatensis.
82. —— de Bar........................... Abbas Magni Loci.
83. —— Savigniaci Montisbrisonis........... Abbas Case Dei.
84. —— Chandiaci....................... Abbas Magni Loci.
85. —— de Marcilliaco[13]................. Abbas Savigniaci.
86. —— Hospitalis Rupis fortis............. Abbas Case Dei.
87. —— de Monteverduno................. Idem.
88. —— de Magnieu, unitus prioratui de Suriaco. [Vide n° 79.]
89. —— de Randans..................... Abbas Savigniaci.
90. Cellerarius Domus Dei *.
91. Prior Saltus de Cosano................. Abbas Cluniacensis.
92. Domus S. Johannis Montisbrisonis........ [B. Magnus magister ordinis S. Joh. Hieros.]
93. Prior de Gumieriis[14] .... Prior de Ris (in Alvernia).
94. Vestiarius S. Romani *.
95. Sacrista S. Romani *.
96. Hospitale *.

---

[1] C'est sans doute la répétition du n° 38. Ne figure pas dans B.

[2] B. cum annexa de Meley.

[3] Dans B, Randans ne figure que comme annexe de Feurs; il n'est pas mentionné sur le pouillé du xviii° siècle. Cette localité est en effet tout à fait déchue.

[4] Ne figure pas dans B. C'est sans doute la répétition du n° 2, ou peut-être Châtelet, qui figure comme paroisse dans le pouillé du xiii° siècle. (Voyez ci-après, n° 78.)

[5] A. Prior abbas insulæ Barbaræ commensalis. (Voyez le n° 77 et la note.)

[6] A. Prior loci seu capitul. Lugd.; B, Abbas Athanatensis.

[7] C'est Boisset-Saint-Priest. Cette église, qui avait été omise sans doute, est placée après les bénéfices réguliers dans le ms. Nous avons cru devoir la placer dans la nomenclature des paroisses. Elle ne figure pas dans B, qui nous fournit au contraire une paroisse de plus : « Ecclesia de Cella (la Celle de l'Orme), unita ecclesiæ Clopiaci in archipresbyteratu [de Pomiers]. »

[8] Lisez Ragneberti.

[9] B. « Prior S. Ragneberti sæcularisationis gaudens cum capitulo, abbas decanus insulæ Barbaræ patronus prioris, et prior capituli. »

[10] Je pense qu'il s'agit ici du Châtelet, près Saint-Victor-sur-Loire, que de la Mure place dans l'archiprêtré de Jarez. (Voyez plus loin cet archiprêtré, n° 97 et la note.)

[11] Les établissements marqués d'un astérisque manquent dans B, qui en nomme au contraire plusieurs autres : « Abbatissa Boni Loci, patr. rex christianissimus. — Domus Palatii, S. Eugeniæ Medonii (le Palais ou Sainte-Eugénie de Moindlex-Montbrison), unita mensæ conventus Casæ Dei. — Priorissa Laigniaci (Laigneu), patr. abbas Savigniaci. — Priorissa S. Thomæ Monialium, patr. abbas Athanatensis ob prioratum S. Romani Podii unitum. »

[12] Le pouillé B ajoute encore ici un prieuré : « Prior sæcularis Beatæ Mariæ Suriaci, patronus marchio de Sourdis. »

[13] Par erreur, Marcillieco.

[14] Par erreur, Jumieriis.

In archipresbyteratu Corziaci.

1. Eccl. Montistroterii.................... Prior loci[1].
2. —— Alterivorie.................... Prior Montistroterii.
3. —— de Longesaigne................ Idem.
4. —— de Meys..................... Capitulum S. Justi[2].
5. —— S. Simphoriani Castri.......... Capitulum ecclesie Lugd.
6. —— S. Cirici Vinearum............. Idem.
7. —— S. Martini Lestra.............. Idem.
8. —— S. Andree Savigniaci[3]......... Abbas Savigniaci.
9. —— S. Petri de Vineis[4]........... Idem.
10. —— de Aveyses................... Hostellarius Savigniaci.
11. —— de Bessenay.................. Prior Corziaci.
12. —— Corziaci..................... Prior loci.
13. —— de Sanzy..................... Prior Corziaci.
14. —— S. Genesii Argenterie[5]........ Capitulum ecclesie Lugd.[5]
15. —— de Brulliolles................. Abbas Savigniaci.
16. —— de Chivinay et S. Petri de Palude. Idem.
17. —— Greisiaci.................... Idem.
18. —— S. Julliani................... Idem.
19. —— S. Romani de Popes........... Idem.
20. —— S. Belli [Sainbel]............. Idem.
21. —— S. Laurentii de Chamosset..... Idem.
22. —— de Coisy.................... Capitulum S. Justi.
23. —— de Chapella................. Idem.
24. —— de Maringues [Maringes]...... Idem.
25. —— S[te] Consortie............... Idem.
26. —— S. Bartholomei [de Strata].... Idem.
27. —— de Valleiles................. Idem.
28. —— de Duerna................... Prior de Mornant[7].
29. —— de Fabvricis[8].............. Prior loci.
30. —— de Viricella................ Prior de Fabvricis[9].
31. —— de Yserone................. Abbas Athanatensis.
32. —— de Monte Romano........... Capitulum ecclesie Lugd.
33. —— de Poillenay................ Idem[10].
34. —— de Pomey[11]................ Idem.
35. —— de Saltus Donziaci.......... Prior loci.
36. —— de Verigneu................ Prior Poilliaci[12].
37. —— S. Andree le Puy............ Prior de Fargiis[13].
38. —— de Chazeleto............... Preceptor loci[14].
39. Prior de Montetroterio............ Abbas Savigniaci.

[1] A. alias abbas Savigniaci.
[2] B. Prior Montistroterii.
[3] C'est l'église particulière du bourg, et non celle de l'abbaye.
[4] Saint-Pierre-les-Vignes n'a que le titre d'annexe de Saint-André de Savigny dans B. Cette église ne paraît pas dans le pouillé du XVIII° siècle.
[5] B ajoute ici une autre paroisse : « Eccl. Ste Fidis (Sainte-Foy-l'Argentière), patron. capit. Lugd. »
[6] A. Prior Corziaci.
[7] B. Capitul. S. Justi.
[8] B. De Fabriciis, alias de Bellegarde. Ce sont deux localités voisines. Le dernier nom seul paraît sur le pouillé du XVIII° siècle.
[9] B. Prior de Bellegarde.
[10] A. Decanus de Pollenay.
[11] B ne donne à Pomey que le titre d'annexe de Saint-Symphorien-le-Châtel.
[12] B. Conventum Cluniac. ob prioratum Polliaci.
[13] B. Prior de Bellegarde.
[14] A. Prior de Fabriciis.

DE SAVIGNY ET D'AINAY.

40. Prior de Castro Veteri, unitus mense abbatiali Abbas Athanatensis.
Athanatensi.
41. Prior seu decanus Corziaci................ Abbas Savigniaci.
42. —— de Fabricis seu de Bellegarde .... Abbas Athanatensis.
43. —— Saltus Donziaci .... Abbas Savigniaci.
44. Camerarius Savigniaci.
45. Abbas Savigniaci.
46. Major cellerarius.
47. Minor cellerarius.
48. Communerius.
49. Ellemosinarius.
50. Operarius.
51. Sachrista.
52. Domus de Lanay.
53. Hostellarius.
54. Prior major Savigniaci.
55. Minister crucis.
56. Domus de Teylant[1].

In archipresbyteratu Arbrele.

1. Eccl. Arbrele......................... Abbas Savigniaci.
2. —— Cheissiaci et Brolii .... Idem.
3. —— Teysiaci......................... Idem.
4. —— de Ulmis....................... Cellerarius Savigniaci[2].
5. —— de Bullieu[3] .... Abbas Savigniaci.
6. —— S. Lupi......................... Idem.
7. —— Taratri.......................... Idem.
8. —— de Vasonna [*Valsonne*]............ Capitulum S. Justi.
9. —— de Baignolz..................... Archiepiscopus.
10. —— de Yconio .... Idem.
11. —— de Buxo........................ Idem.
12. —— de Chambosco................... Capitulum S. Justi.
13. —— de Chamellet.................... Idem.
14. —— de Strata....................... Idem.
15. —— S. Ferreoli..................... Idem.
16. —— S. Appollinaris .... Idem.
17. —— S. Justi d'Avrey................. Idem.
18. —— S. Clementis [de Valsonna]......... Idem.
19. —— de Fluyriaco .... Abbas insule Barbare.
20. —— de Fontenas [*Frontenas*]........... Decanus loci.
21. —— de Joz.......................... Hostellarius Savigniaci.
22. —— de Lentilliaco .... Capitulum ecclesie Lugd.
23. —— de Surciaco..................... Cellerarius[4] Savigniaci.
24. —— S. Verani .... Prior Teysiaci.
25. —— S. Laurentii cum capella[5].......... Minor cellerarius Savigniaci.
26. —— Ste Ginburgie [*Ste Valburge*][6].

[1] B ajoute à cette nomenclature : « Priorissa de l'Argentière. »
[2] A. *Sacrista S. Johannis;* B. *Camerarius Savigniaci.*
[3] B. *cum annexa de Salsiaco.*
[4] A. *Sacrista.*

[5] B. *cum annexis Sanctæ Paulæ et de Muy, é.*
[6] Ne se trouve pas ici dans B, mais est porté dans l'archiprêtré d'Anse. (Voyez la note du n° 20 de l'archiprêtré suivant.) Cette paroisse ne figure pas dans le pouillé du XVIIIe siècle; mais elle est dans les anciens pouillés.

27. Eccl. de Ternand..................... Prior loci.
28. —— de Nuellis [1].
29. Prior Taratri.
30. —— de Ternand [2].

In archipresbyteratu Anse.

1. Abbas insule Barbare.
2. Eccl. Anse .... Capitulum ecclesie Lugd.
3. —— de Colongiis .... Abbas insule Barbare.
4. —— de Coigny..................... Prior Deniciaci.
5. —— de Lymans................... Abbas Cluniacensis vel decanus loci.
6. —— S. Georgii de Rogneins........... Abbas Cluniacencis [3].
7. —— de Quinciaco juxta Bellijocum .... Prior S. Nicetii [l'Estra].
8. —— S. Desiderii in Monteaureo......... Abbas Savigniaci.
9. —— de Sivriaco et Losanna............ Abbas Athanatencis.
10. —— de Chasey.................... Idem.
11. —— Villefranche.................. Prior de Salles et de Grelongy.
12. —— de Vallibus.................. Decanus de Lymans [4].
13. —— de Amberiaco................. Archiepiscopus Lugd.
14. —— de Lymonei................... Idem.
15. —— de Ouilliaco.................. Prior de Arna.
16. —— de Arna..................... Prior loci.
17. —— de Dracieu................... Prior de Arna.
18. —— de Albussonas................ Prior loci.
19. —— de Odenas................... Capitulum S. Pauli [5].
20. —— Chastellionis d'Asergues [6]........... Idem.
21. —— de Blacieu et de Salles [7].......... Prior de Sales.
22. —— de Lacenas.................. Idem.
23. —— de Lissieu................... Idem.
24. —— de Beligny................... Capitulum ecclesie Lugd.
25. —— de Charnay.................. Idem.
26. —— de Lucenay.................. Idem.
27. —— de Charentay................. Capitulum Bellijoci.
28. —— de Chacellay................. Abbas Athanatensis.
29. —— de Marcilliaco [8]................ Idem.
30. —— de Villa [9].................... Idem.
31. —— de Corcelles................. Prior S. Joannis de Arderia [10].

[1] Les manuscrits portent à tort *Miellis*, que de la Mure a traduit par *Miel*. Il n'y a point de localité de ce nom dans l'archiprêtré de l'Arbrêle : c'est de *Nuelles* qu'il s'agit ici. Le pouillé A donne pour patron à cette paroisse le *prieur de Saint-Rambert* [*de Nuellis*]; le pouillé B, le *prieur de Ternand*.

[2] B ajoute deux bénéfices : « Prior *Theziaci* (*Theizé*), patron. abbas Savigniaci. — Decanus seu prior de Frontenas. » Il ne donne pas le nom du patron du dernier ; c'était, je crois, le seigneur du lieu.

[3] B ajoute : *ob decanatum loci*.

[4] B. *Prior Cluniac. ob decanatum de Limans*.

[5] A. *S. Justi*.

[6] B. *cum capella de Mancy*. C'est la chapelle de Sainte-Valburge (d'Amancy), n° 26 de l'archiprêtré de l'Arbrêle.

[7] B. *Salles et Blacieu*. Salles ne reparaît plus dans le pouillé du xviiie siècle. Louvet nous apprend, dans son histoire manuscrite du Beaujolais, qu'on retira les fonctions curiales à l'église de ce lieu pour les donner à Blacé, son annexe, parce que, « comme une église est sujette d'être ouverte de nuit pour l'administration des sacrements, » cette cure fut trouvée incompatible avec le repos des religieuses, » dans l'église desquelles elle se trouvait.

[8] Par erreur sans doute cette paroisse, qui est sur tous les autres pouillés, ne figure pas sur le pouillé B.

[9] B. *Eccl. de Gerniost, cum annexa Villœ super Gerniost*. C'est la première fois que Jarniost figure sur les pouillés. Il est étrange qu'il ait ici le pas sur Ville, qui est déjà porté sur les pouillés dès le xiiie siècle.

[10] B. *Capitulum insulœ Barbarœ ob prioratum unitum*.

DE SAVIGNY ET D'AINAY. 991

32. Eccl. S. Joannis de Arderia............ Prior loci[1].
33. ——— Deniciaci..................... Prior loci.
34. ——— de Montmalas................. Prior Deniciaci[2].
35. ——— insule Barbare [*S. Rambert de l'île Barbe*]. Abbas loci.
36. ——— de Liergues.................... Decanus de Frontenas.
37. ——— de Marcieu supra Ansam......... Prior loci.
38. ——— Morenciaci.................... Priorissa loci[3].
39. ——— de Mallieu[4]................... Eadem [priorissa Moranciaci].
40. ——— Poilliaci monialium[5]............ Prior Montisverduni[6].
41. ——— Poilliaci castri................. Decanus de Lymans[7].
42. ——— S. Juliani..................... Idem.
43. ——— de Pomyers................... Prior loci.
44. ——— de Quinciaco prope Ansam...... Capitulum S. Justi.
45. ——— S. Leodegarii.................. Capitulum S. Pauli.
46. ——— de Gleysieu................... Prior S. Hyrenei.
47. ——— de Chassagnieu............... Prior de Ternand.
48. ——— de Ballavilla.................. Abbas loci.
49. ——— de Serciaco[8] [*Cercié*]............ Sacrista Cluniacensis.
50. Prior S. Joannis de Arderia[9].
51. ——— de Neytiers et S. Stephani la Varenna.
52. ——— de Albussonas.
53. ——— de Pomiers.................... [B. Abbas decanus insulæ Barbaræ.]
54. ——— de Denycy [*Denicé*]............. [B. Abbas Savigniaci.]
55. ——— de Arna...................... [B. Idem.]
56. ——— de Poilliaco monialium.
57. Priorissa de Morancieu................. [B. Unitus abbatiæ monialium S. Petri Lugd.]
58. Prior de Marcieu...................... [B. Abbas Savigniaci.]
59. ——— Grandimontis.
60. Domus de Chaseto.
61. Abbas de Joz [*Jugo Dei*]................ [B. Rex christianissimus.]
62. ——— Belleville..................... [B. Idem.]
63. Prior de Salles....................... [B. Abbas Cluniacensis.]
64. ——— S. Nicetii Lestra.
65. Sacrista insule Barbare.
66. Prior[10] de Lymans.
67. ——— S. Saturnini[11].

In archipresbyteratu Jaresii.

1. Eccl. de Brignais[12].................... Capitulum S. Justi.

---

[1] Au XVII° siècle, ce prieuré fut uni à l'abbaye de l'île Barbe. (Voyez la note précédente.)

[2] A. *Prior loci.*

[3] A. *Abbatissa S. Petri ob prioratum unitum.*

[4] Voyez page 941, note 1.

[5] Par inadvertance du copiste, sans doute, le prieur de Montverdun est indiqué comme patron de Pouilly-le-Monial, et le doyen de Limans comme celui de Pouilly-le-Châtel. Mais c'est une erreur. (Voyez le pouillé du XVIII° siècle.)

[6] B ajoute : *ob prioratum loci unitum.*

[7] B. *Prior Cluniacensis ob decanatum de Limans.*

[8] B ajoute à cette nomenclature : *eccl. S. Ragneberti de Novellis* (Saint-Rambert-de-Nouailles), patron. abbas decanus *insulæ Barbaræ.* Cette nouvelle paroisse devait embrasser une portion de territoire du *Nuelles*, sinon la paroisse même de ce nom, qui avait en effet pour vocable saint *Rambert.* Toutefois, je ferai remarquer que le pouillé du XIV° siècle indique comme localités distinctes *Nuelles* et *Saint-Rambert*, et qu'il les place toutes deux dans l'archiprêtré de l'Arbrêle.

[9] N'est pas dans B, parce qu'il avait été réuni à l'abbaye de l'île Barbe.

[10] B. *Seu decanatus de Limans*, unitus mensæ conventus Cluniac.

[11] A ajoute : *Prior de Bellomonte.*

[12] B. *cum annexa de Vourles.*

2. Eccl. de Dargoria.................... Capitulum S. Justi.
3. —— S. Justi super Ligerim............ Idem.
4. —— S. Baldomeri.................... Idem.
5. —— S. Desiderii subtus Riviriacum...... Capitulum S. Pauli.
6. —— de Charly¹..................... Abbas Athanatensis.
7. —— de Chivrieres................... Archiepiscopus Lugd.
8. —— de Eschallas .... Prior de Tailuiers.
9. —— de la Rajasse................... Capitulum S. Pauli.
10. —— Ripe Gerii..................... Capitulum ecclesie Lugd.
11. —— S. Eugendi .... Idem.
12. —— S. Genesii Lerpi .... Idem.
13. —— S. Joannis Bonorum Fontion (Fontium). Idem.
14. —— S. Andeoli Vallis................ Idem.
15. —— S. Pauli in Jaresio.............. Idem.
16. —— S. Martini la Plaigne .... Idem.
17. —— S. Martini Annualium............ Idem.
18. —— S. Stephani de Furano........... Dominus S. Prejecti.
19. —— de Albapinu .... Abbas Athanatensis.
20. —— de Chaignon................... Idem.
21. —— de Givort²..................... Idem.
22. —— de Grigny .... Idem.
23. —— d'Orliennas.................... Idem.
24. —— S. Clementis................... Idem.
25. —— de Briendas et de Meissimieu...... Capitulum ecclesie Lugd.
26. —— de Gramont.................... Idem.
27. —— de Longes et Treves............. Idem.
28. —— de Rontalon.................... Idem.
29. —— de Socieu..................... Idem.
30. —— S. Ginesii Vallis................ Idem.
31. —— de Sailliaco.................... Idem.
32. —— S. Boniti [Ollarum] .... Idem.
33. —— S. Ginesii in Terra Nigra .... Idem.
34. —— S. Andree li costa .... Idem.
35. —— de Villars..................... Idem.
36. —— de Vaugneray.................. Idem.
37. —— S. Andcoli in Jaresio............ Idem.
38. —— de Botheon.................... Prior S. Ragneberti.
39. —— de Chastellus.................. Idem³.
40. —— Rupiscisse [Rochetaillée].......... Idem.
41. —— de Turre...................... Idem.
42. —— de Foillosa.................... Idem.
43. —— de Chaimbles⁴................. Idem.
44. —— de Bans et Giuvort .... Capitulum S. Nicetii.
45. —— de Millery..................... Idem.
46. —— de Chaponost.................. Prior S. Hyrenei.
47. —— de Chassagnieu................ Prior de Mornand.

---

¹ B. *cum annexa de Vernaison.*

² B. *S. Geraldi de Givort.* Ne paraît plus dans le pouillé du xviiie siècle. Cette église était située sur un monticule voisin de Givort, et où l'on voit encore les ruines d'un couvent qui était placé sous le vocable de S. Gérald.

³ A. *Prior loci.*

⁴ Sur le pouillé du xiiie siècle et sur celui du xviiie, cette localité est portée dans l'archiprêtré de Montbrison, ce qui semble plus naturel. Elle ne paraît pas dans les pouillés des xive et xve siècles.

DE SAVIGNY ET D'AINAY.

48. Eccl. de Mornant.............................. Prior loci.
49. —— de Cornillon............................. Prior loci.
50. —— de Cusieu................................ Prior loci.
51. —— de Chambosco[1]........................ Prior loci.
52. —— de Chaussans............................ Capitulum S. Justi.
53. —— de Francheville.......................... Idem.
54. —— de Minore Peda.......................... Idem.
55. —— de Daignins[2]........................... Idem.
56. —— de Rupeforti............................. Idem.
57. —— de Sorbiers.............................. Capitulum ecclesie Lugd.[3]
58. —— S. Annemundi[4]......................... Capitulum S. Justi.
59. —— S. Mauritii supra Dargoriam............ Idem.
60. —— S. Laurentii de Daignins[5]............. Idem.
61. —— de Furmignieu........................... Prior loci.
62. —— de Ysieu................................. Priorissa loci.
63. —— de Hyrignins[6].......................... Archiepiscopus Lugd.
64. —— Doiziaci [*Doizieux-les-Farnanches*].... Idem.
65. —— S. Genesii de Malifaux................... Prior S. Salvatoris.
66. —— de Montaignieu[7]....................... Prior de Taluyers.
67. —— de Taluyers.............................. Prior loci.
68. —— de Pavesins[8].......................... Abbas S. Petri Viennensis.
69. —— S. Dionisii............................... Prior Montis Verduni[9].
70. —— S. Medardi[10].......................... Idem.
71. —— S. Romani [in Jaresio].................. Prior S. Romani le Puy.
72. —— S. Christophori........................ Idem.
73. —— S. Victoris............................... Abbas insule Barbare.
74. —— S. Justi in Velais........................ Idem[11].
75. —— de Turins................................ Idem.
76. —— Riveriaci................................. Capitulum S. Pauli.
77. —— S. Romani les Acteux................... Prior S. Juliani.
78. —— S. Juliani................................ Prior loci.
79. —— S. Prejecti............................... Dominus loci.
80. —— S. Martini Accoaillieu.................. Capitulum Aniciense.
81. —— de Tartaras.............................. Prior loci.
82. —— SS. Petri et Pancracii Velchie.......... Prior loci.
83. —— de Rivas................................. Prior loci.
84. —— de Valle Florida[12].................... Prior Savigniaci [Montisbr.].
85. Abbas Vallis Benedicte...................... [B. Rex christianissimus.]
86. Priorissa Isiaci............................... [Abbatissa Sancti Petri Lugd.?]
87. Prior de Mornand........................... [B. Abbas Savigniaci.]
88. —— de Tartaras.............................. [B. Exemptus. Patr. abbas decanus insulæ Barb.]

---

[1] *Chambœuf.* (Voyez la note 4 de la page 904, et la note 10 de la page 941.) B donne pour patron à cette église non le prieur du lieu, mais celui de Cusieu.

[2] Ne figure pas dans B ni dans le pouillé du xviiie siècle, mais se trouve sur ceux du xiiie et du xive siècle. C'est *Saint-Vincent-d'Agny.*

[3] A. *Capitulum S. Justi.*

[4] Outre les églises de *Saint-Ennemond* et de *Saint-Pierre* (*Minoris Pedæ,* n° 54), Saint-Chamond eut un chapitre dédié à saint Jean, fondé en 1634, et une église paroissiale dédiée à Notre-Dame, dont le patron était l'abbesse de Saint-Pierre de Lyon, et qui fut terminée en 1621.

[5] *Saint-Laurent-d'Agny.* Dans le pouillé B cette paroisse ne figure que comme annexe de Saint-Maurice-sur-Dargoire, sous le nom de *S. Laurent d'Agneva,* ce qui est assez étrange, vu l'éloignement des deux localités.

[6] B. *cum annexa de Ullins.*

[7] Ne figure pas dans B, par erreur sans doute.

[8] Comme ci-dessus.

[9] B ajoute : *ob prioratum* [*loci*] *unitum.*

[10] B. *cum annexa de Aveizieu.*

[11] B. *Priorissa S. Thomæ monialium.*

[12] Porté comme simple annexe de Saint-Christô (n° 72) dans B; ne paraît plus dans le pouillé du xviiie siècle.

994   APPENDICES AUX CARTULAIRES

89. Prior Furmigniaci .... [B. Unitus ecclesiastico seminario Lugd.]
90. ——— de Albapinu.
91. ——— S. Pauli de Cornillon.
92. ——— de Velchia..................... [B. Unitus conventui Athanatensi.]
93. ——— de Cusieu..................... [B. Prior S. Irenæi.]
94. ——— d'Orliennas.
95. ——— S. Romani in Jaresio.
96. ——— de Turins.
97. ——— de Chambosco¹.
98. ——— S. Dionisii.................... [B. Unitus prioratui Montisverduni.]
99. ——— S. Medardi................... [B. Idem.]
100. ——— S. Juliani.................... [B. Unitus collegio Lugdunensi.]
101. ——— de Taluyers.
102. ——— S. Crucis..................... [B. Unitus Cartusiæ.]

In archipresbyteratu Morestelli.

1. Eccl. de Cortenay.................. Abbas S. Theuderii.
2. ——— Sancti Baudilii .... Idem ².
3. ——— de S. Albano ³................ [B. Camerarius S. Theuderii.]
4. ——— de Balma..................... Prior de Chavano.
5. ——— Morestelli ⁴.................. Prior[issa] de Doleymieu⁵.
6. ——— de Amblaigneu .... Abbas Ambroniaci.
7. ——— de Boesse [*Bovesse*]......... Idem.
8. ——— de Arandone................. Priorissa loci.
9. ——— de Brongo [*Brangue*]⁶...... Abbatissa S. Petri monialium Lugd.
10. ——— de Doleymieu .... Eadem.
11. ——— S. Victoris................... Eadem.
12. ——— de Careisieu .... Capitulum S. Justi.
13. ——— de Charete................... Prior de Vallibus.
14. ——— de Marignieu ⁷............... Idem ⁸.
15. ——— de Meypieu .... Idem.
16. ——— de Parmillieu .... Prior S. Albini ⁹.
17. ——— de Crep .... Idem.
18. ——— de Passins ¹⁰................ Idem.
19. ——— de Quirieu................... Abbas vel camerarius S. Theuderii ¹¹.
20. ——— de Optevo................... Abbas ¹² S. Theuderii.
21. ——— de Praynsu.................. Idem.
22. ——— de Siceu .... Prior S. Hipoliti.

---

¹ Le pouillé B ne mentionne pas ce prieuré, mais il en donne deux autres : « Prioratus Vallis Floridæ, unitus prioratui Savigniaci prope Montembrisonem, » et « prior de Castelleto seu Sancti Victoris, patron. capitulum de Conques, diœcesis Ruthenensis. » (Voyez, pour ce dernier, l'archiprêtré de Montbrison, n° 78.)

² B. *Camerarius S. Theuderii*.

³ En 1654, Saint-Alban n'était plus qu'une chapelle rurale dont les curés de Creps et de Mépieux se disputaient les offrandes.

⁴ L'église était en ruines en 1655.

⁵ B. *Abbas S. Theuderii*.

⁶ Il y avait jadis dans cette paroisse une chapelle rurale dépendante du prieuré de Blie. Elle était en ruines en 1655.

⁷ L'église de Marignau n'existait plus en 1655, et les habitants étaient obligés de se rendre à Sainte-Colombe-des-Brosses, annexe de Saint-Vulbas (qui était de l'autre côté du Rhône). Sainte-Colombe devint par la suite une paroisse de l'archiprêtré de Morestel.

⁸ B. *Camerarius S. Theuderii*.

⁹ B. *Prior de Vallibus* (Vaux).

¹⁰ Au XVII° siècle, on trouvait encore dans la paroisse de Passins une église où on faisait presque toutes les fonctions curiales, quoiqu'elle ne fût pas même annexe : c'était l'église de l'ancienne paroisse de Chassin. (*Vis. dioc.*)

¹¹ B. *Capitul. S. Theuderii et S. Petri Vienn.*

¹² B. *vel camerarius*.

DE SAVIGNY ET D'AINAY. 995

23. Eccl. de Soleymieu.................... Prior de Chavano.
24. —— de Salmeyrieu.................... Prior de Veysononci [*Veseronce*][1].
25. —— de Trept....................... Prior[issa] de Doleymieu.
26. —— de Vaceu[2]...................... [B. Capit. S. Theuderii.]
27. —— de Verceu [*Vercieux*]............. Capitulum S. Justi Lugd.
28. —— de Cosances.................... Operarius S. Theuderii.
29. Prior de S. Albano................... [B. Abbas S. Theuderii.]
30. Priorissa de Doleymieu.
31. Prior de Vallibus.
32. Priorissa de Arandono.
33. Camerarius S. Theuderii[3].
34. Prior de S[te] Cruce.

In archipresbyteratu Meysiaci.

1. Eccl. de Genas....................... Capitulum S. Nicetii Lugd.
2. —— S. Simphoriani Auzonis........... Prior loci.
3. —— S. Laurentii..................... Abbas Athanatensis.
4. —— de Heyrieu...................... Abbas Ambroniaci.
5. —— de Antone...................... Prior de Chavanoz.
6. —— de Jons........................ Idem.
7. —— de Joannaiges[4]................. Idem.
8. —— de Malatret[5] et Janeyria......... Idem.
9. —— de Villeta...................... Idem.
10. —— de Arboz et de Columberio[6]...... Abbas Athanatensis.
11. —— de Genay [*Grenay*]............... Idem.
12. —— S. Prejecti..................... Abbas Athanatensis[7].
13. —— S. Boniti [de Mure].............. Idem.
14. —— de Bron........................ Abbas Altecombe.
15. —— de la Chassaigne [*Chaussagne*]..... Archiepiscopus Lugd.
16. —— de Chassieu et de Dessines........ Idem.
17. —— de Villa Urbana.................. Idem.
18. —— de Soleyse..................... Capitulum S. Justi Lugd.
19. —— de Myons...................... Idem.
20. —— de Chandiaco................... Prior loci[8].
21. —— S. Petri Chandiaci............... Idem.
22. —— de Feysins..................... Archiepiscopus Viennensis.
23. —— de Meysieu..................... Elemosinarius Athanatensis.
24. —— de Pusigna et de Moyfon[9]........ Elemosinarius Athanat. et prior de Chavanoz.
25. —— de Tocieu...................... Prior S. Simphoriani.
26. —— de Venici...................... Abbatissa S. Petri monialium Lugd.
27. —— de Vallibus..................... Prior de Plateria.

---

[1] B. *Capitulum S. Theuderii.*
[2] En 1655, cette paroisse n'était pas en état d'entretenir un curé. Quoique encore portée sur la carte de Cassini, elle ne figure pas sur le pouillé du xviiie siècle.
[3] Ne figure pas dans B.
[4] Par omission, sans doute, cette paroisse ne figure pas sur le pouillé B.
[5] L'église de Malatrait, dédiée à saint Grégoire, était en ruines en 1654, et toutes les fonctions curiales se faisaient à Janeyra, son annexe, qui seule figure comme paroisse sur le pouillé du xviiie siècle. Les cartes de Cassini et du Dépôt indiquent l'emplacement de Malatrait.

[6] B. *Eccl. de Columberio*, cum annexa *de Arboz*. Le nom d'*Arboz* ne figure sur aucun autre pouillé. Sur ceux du xiiie et du xive siècle, on lit *Arceu*. Je n'ai trouvé ni l'un ni l'autre sur les cartes. Il paraît que c'était là cependant la mère église de *Colombier*.
[7] *alias vestiarius et priorissa alternative.* — B. *Abbas vel vestiarius Athanatensis.*
[8] A. *Archiepiscopus Lugd.*
[9] Cette localité est indiquée comme paroisse sur le pouillé du xive siècle, qui porte *Moiffon*, et sur celui du xve, qui porte *Moysone*. Elle ne figure sur aucune carte.

28. Eccl. S. Nicetii de Chavaigneu............ Capitulum S. Nicetii.
29. —— de Siriaco [B. Ceriaco]¹............ [B. Idem.]
30. Prior S. Simphoriani................... [B. Abbas Athanatensis.]
31. —— de Heyriaco.
32. —— de Poilliaco.................... [A. Idem.]'
33. —— S. Petri Chandiaci.............. [Abbas Cluniac.?]
34. —— de Chavanoz................... [B. Exemptus a regula Patr. Abbas decanus insulæ Barbaræ.]
35. Tenentes Grangiam de Vignetes.

In archipresbyteratu Calomontis.

1. Eccl. Castellionis Paludis²............. Prior de Villeta.
2. —— [de] Daigneu................... Capitulum S. Pauli Lugd.
3. —— Stᵉ Eulalie..................... Capitulum ecclesie Lugd.³
4. —— Dompnipetri.................... Abbas Ambroniaci.
5. —— Meissimiaci.................... Idem⁴.
6. —— S. Martini Calomontis........... Idem.
7. —— de Gordans et de Neosco........ Prior Neosci⁵.
8. —— de Villiaco et de Loyettes⁶...... Capitulum S. Nicetii Lugd.⁷
9. —— de Villariis.................... Abbas S. Ragneberti⁸.
10. —— S. Mauricii de Beyno........... Archiepiscopus Lugd.⁹
11. —— S. Romani de Mirebello........ Prior loci¹⁰.
12. —— de Beyno..................... Prior S. Romani de Mirebello¹¹.
13. —— de Ballan..................... Capitulum ecclesie Lugd.
14. —— de Nievro.................... Idem.
15. —— de Buyssia................... Prior loci.
16. —— Buyriaci [Birieu]............. Prior loci¹².
17. —— de Breissola................. Prior Biriaci¹³.
18. —— de Cordiaco Ville............ Idem¹⁴.
19. —— de Burgo S. Christofori....... Abbas S. Ragneberti.
20. —— de Faramans................. Idem.
21. —— de Billigneu¹⁵............... Capitulum S. Pauli Lugd.
22. —— de Rigneu................... Idem.
23. —— S. Martini de Miribello....... Idem.
24. —— de Til....................... Idem¹⁶.
25. —— de Vassalieu................. Idem¹⁷.
26. —— de Charnoux................. Abbas Ambroniaci.
27. —— de Molone................... Idem.

¹ Je ne sais où était située cette localité, qui ne figure que sur le pouillé du xvᵉ siècle. (Voyez p. 968, n° 38.)
² B. *Eccl. de Bublane seu Castellionis Paludis.*
³ A. *Capit. S. Pauli.*
⁴ Messimy dépendait alors, pour le spirituel, du prieuré de Saint-Jean-Baptiste, situé hors de la ville. Ce prieuré fut ensuite érigé en collégiale, et cette dernière transférée plus tard dans la ville, où fut construite pour cela une église dédiée à saint Apolinard.
⁵ B. *Camerarius capituli insulæ Barbaræ ob prioratum de Noesco unitum.*
⁶ Lisez *Loyes* (Villieu et Loyes).
⁷ A. *Abbas S. Ragneberti.* — B. *Unitæ capitulo de Meximieux.*
⁸ A. *Cap. S. Pauli.* — B. *Cap. S. Justi.*
⁹ B. *Unita capitulo Montislupelli.*
¹⁰ B. *Præpositus capituli insulæ Barbaræ ob prioratum unitum.*
¹¹ B. *Idem ob eundem.*
¹² B. *Capitul. insulæ Barbaræ ob prioratum unitum.*
¹³ B. *Idem ob eundem.*
¹⁴ B. *Idem ob eundem.*
¹⁵ Au xvᵉ siècle, les habitants de Châne, dépendant de Biligneux, firent construire une église dans leur village. Cette église ou chapelle, dédiée à saint André, fut l'objet de quelques contestations au xviiᵉ siècle, entre le curé de Biligneux et les habitants de Châne. (*Vis. dioc. de 1654.*)
¹⁶ A. *Infirmarius Athanatensis.*
¹⁷ A. *Idem.*

28. Eccl. de Jallieu.......................... Prior de Neosco [1].
29. —— de Piseys........................... Idem [2].
30. —— de Montellier....................... Capitulum S. Nicetii Lugd.
31. —— Ste Crucis........................... Idem.
32. —— de Prioy [3]............................ Prior de Villette.
33. —— de Villeta............................ Prior loci.
34. —— de Peroges [4]......................... Decanus de Chaveyriaco [5].
35. —— de Romaneche et Cordieu [6]........ Prior de Niosco unito camerarie insule Barbare.
36. —— de Ronzuel.......................... Capitulum S. Pauli Lugd.
37. —— S. Mauricii de Anthone............. Prior loci.
38. —— de Mares............................ [B. Unita capitulo Montis Lupelli [7].]
39. —— de Desiderii de Renons, alias du Plantey. Prior Montis Berthodi [8].
40. —— S. Bartholomei Montis Lupelli....... Prior de la Boesse [9].
41. —— de Tramoyes........................ Camerarius insule Barbare [B. ob priorem de Noesco].
42. —— de Samans.......................... Prior de Montfavrey.
43. —— de Preux [10].
44. —— de Chastenay....................... Abbas Ambroniaci.
45. —— capelle Calomontis [11]............... Idem.
46. —— de Crant [12].......................... Idem.
47. Prior S. Romani Mirebelli [13].
48. —— de Bussia............................ [B. Abbas S. Rufi.]
49. —— S. Mauricii d'Anton.
50. —— de Noesco........................... [B. Exemptus a regula, et unitus camerariatui insulæ Barbaræ.]
51. —— Meissimiaci [B. S. Joannis Meissimiaci.]
52. —— S. Martini Calomontis.............. [B. Abbas Ambroniaci.]
53. —— de Biriaco.......................... [B. Exemptus a regula, et unitus capitulo insulæ Barbaræ.]
54. Obedientiarius de Jailliaco.

---

[1] B. *Camerarius capituli insulæ Barbaræ.*

[2] B. Comme ci-dessus.

[3] De cette paroisse dépendait l'église rurale de *Sainte-Marie-Madeleine de Varambon*, ainsi appelée parce qu'elle était près de Varambon et servait de paroisse à cette petite ville, dont la principale église avait été érigée en collégiale en 1451. (Voyez la note jointe au n° 1 de l'archiprêtré de Treffort.)

[4] B. En 1608, on transféra à Peroges une chapelle dédiée à saint Martin, qui avait été érigée précédemment au milieu de la plaine sous le nom de *Valbonne*. (Voir les cartes de Cassini et du Dépôt, qui indiquent encore l'emplacement de cette chapelle.) Ce nom de Valbonne est du reste celui du territoire. (Voyez l'Almanach de Lyon de 1779, article Montluel.)

[5] B. *Conventus Cluniac. ob decanatum de Chaveyria.*

[6] Cette désignation se rapporte à une petite église qui paraît avoir été la matrice de Cordieu-la-Ville, mais qui, au xvii° siècle, n'était plus que son annexe. Aujourd'hui Romanèche n'est qu'un hameau sans importance, et Cordieu lui-même, quoique chef-lieu d'une commune du département de l'Ain, ne possède que quelques maisons.

[7] Cette union valut au chapitre de Notre-Dame de Montluel le titre de paroisse, sous lequel il paraît dans le pouillé du xviii° siècle.

[8] B. *Conventus Cluniac. ob prioratum Montisberthodi.*

[9] B. *Dominus loci.*

[10] Lisez *Prins*. Cette paroisse ne figure pas sur le pouillé B, ayant été réunie en 1654 à Dompierre. (Voyez le pouillé du xiv° siècle.)

[11] Voyez ce que nous avons dit, page 922, note 2, au sujet de cette chapelle de Chalamont, qui avait le titre de cure et était dédiée à Notre-Dame. Située elle-même en un lieu fort incommode, sur le haut d'une montagne, elle fut suppléée au xvii° siècle par une autre chapelle bâtie dans le bas de la ville et dédiée à saint Roch. La construction fut commencée le 17 mars 1629, comme l'apprend l'inscription placée au-dessus du portail. Outre cela il y avait encore au xvii° siècle, à Chalamont, une chapelle située sur les fossés de la ville, et qui subsistait seule d'un hôpital ruiné par les guerres de cette époque.

[12] Le pouillé B fait connaître plusieurs autres églises dans l'archiprêtré de Chalamont : 1° le chapitre de Montluel, dédié à Notre-Dame, dont nous avons parlé à la note 7; 2° l'église de Saint-Étienne de la même ville (patron, le prieur de la Boesse); 3° l'église de Joyeux (patron, le chapitre de Saint Nizier de Lyon). Cette dernière était fort ancienne, et c'est sans doute par erreur qu'elle a été omise ici, car elle est sur les anciens pouillés.

[13] B. *et prioratus S. Juliani de Beynost, prope Miribellum, exempti a regula, et uniti præpositiuræ capituli insulæ Barbaræ.*

APPENDICES AUX CARTULAIRES

55. Abbas Chassagnie.................... [B. Rex christianissimus.]
56. Prior de Villetta..................... [B. Prior et conventus Nantuaci.]
57. —— S. Germani [de Beynost][1]....... [B. Unitus infirmariæ Nantuaci.]

In archipresbyteratu de Sandrens.

1. Eccl. de Bulligniaco.................. Capitulum ecclesie Lugd.
2. —— de Lent........................ Idem.
3. —— de Sandrens.................... Idem.
4. —— de Bisia........................ Abbas Athanatensis [2].
5. —— de Condeissia................... Prior de Plateiria.
6. —— de Corziaco Castri.............. Idem.
7. —— de Chano....................... Archiepiscopus Lugd.
8. —— de Bonna [*Vonnas*]............. Idem.
9. —— Noville monialium.............. Prior loci.
10. —— S. Nicetii Deserti............... Prior de Montfavrey.
11. —— de Buenens [3] et Chastellionis Dombarum. Capitulum ecclesie Lugdunensis.
12. —— S. Andree le Panoux............ Abbas Trenorchii.
13. —— de Montfavrey [B. Montis Fabricii][4]... [B. Conventus Ambroniaci.]
14. —— de Buella...................... Abbas Trenorchii.
15. —— de Greysieu.................... Idem.
16. —— de Morancol [*Montracol*]...... Idem.
17. —— de Charveiria [*Chaveiria*]..... Abbas Cluniacensis.
18. —— de Capella [B. alias du Chastellard]... Prior Pontis Vele [5].
19. —— S. Cirici prope Sandrens........ Idem [6].
20. —— de Longo Campo................ Prior [7] S. Petri Matisconensis.
21. —— de Serva....................... Idem.
22. —— de Laponas [*Luponas*]......... Archiepiscopus Lugd.
23. —— de Montfalcon.................. Capitulum Matisconense.
24. —— S. Cirici prope Baugiacum...... Idem.
25. —— de Montiou..................... Abbatissa S. Petri monialium Lugd.
26. —— de Marliaco.................... Eadem.
27. —— de Meyseria.................... Archiepiscopus Lugd. [8]
28. —— S. Juliani supra Velam......... Idem [9].
29. —— de Petrosa..................... Prior Noville.
30. —— de Perees...................... Capitulum Matisconense.

---

[1] Le pouillé B ajoute encore deux bénéfices : « Prioratus Domni Petri de Chalamont, unitus eleemosynariæ Ambroniaci; » et «Decanatus de Molone, patr. abbas Ambroniaci.»

[2] B. *Abbas Trenolchii ob prioratum loci unitam.*

[3] Cette localité, dont le nom a été écrit de diverses manières, a fini par disparaître des cartes, absorbée par Châtillon, où fut fondé en 1652 un chapitre important. Il n'est déjà plus question de Buennens sur le pouillé du XVIII° siècle, quoiqu'il figure encore sur la carte de Cassini. L'archevêque Camille de Neuville nous apprend, dans sa visite diocésaine, qu'en 1655 il n'y restait que trois ou quatre maisons, et qu'on n'y faisait plus les fonctions curiales, quoique l'église fût encore bonne.

[4] Cette paroisse, comme beaucoup d'autres, devait son existence à un prieuré. Le prieuré de Montfavrey, jadis considérable, mais dont il ne reste plus aujourd'hui qu'une chapelle, était situé au nord de Chalamont, dans la commune de Saint-Nizier-le-Désert. Il était en ruines au XVII° siècle. Voici ce qu'écrivait, en 1655, l'archevêque Camille de Neuville, dans sa visite diocésaine : «Nous avons visité l'église ou chapelle du prieuré de Montfavrey, qui est élevée sur une petite montagne, au milieu des bois et des étangs. Elle est absolument déserte et abandonnée. Elle a demeuré plusieurs années ouverte et sans porte. Depuis quelques années on y a fait une porte; mais elle se ressent encore du temps où elle était ouverte. » Un peu plus tard, dom Estiennot écrivait : «Cura B. Mariæ de Montfavrey, in principatu Dombensi, juxta oppidum Calomontis, modo destructa, est prioratus conventualis domus, cujus videntur etiam nunc rudera quæ probant olim ibi claustra et dormitorium monachos incoluisse.» (*Antiq. Lugd. dioc.* Ms. de la Bibl. nat.)

[5] B. *Abbas Athanatensis ob prioratum Pontis Velæ.*

[6] B. *Idem ob eundem.*

[7] B. *Præpositus.*

[8] B. *Archiepiscopus et archipresbyter alternativ.*

[9] B. *Idem.*

DE SAVIGNY ET D'AINAY. 999

31. Eccl. de Romanis.................... Prior de Sales [1].
32. —— S. Pauli de Varas................ Capitulum S. Pauli Lugd.
33. —— S. Georgii..................... Archipresbyter.
34. —— S. Germani de Renon............. Prior Montisberthodi.
35. —— de Suligniaco................... Idem.
36. —— S. Christofori................... Prior loci.
37. —— S. Andree Nemorosi.............. Archipresbyter de Sandrens.
38. —— S. Remigii..................... Abbas S. Eugendi.
39. —— S. Ginesii supra Mentonem......... Prior de Vallens.
40. —— de Vandans..................... Decanus Chaveiriaci [2].
41. Prior de Montfavrey.
42. —— de Buella...................... [B. Unitus mensæ abbatiali Trenoichii.]
43. —— de Besiaco..................... [B. Unitus eidem.]
44. —— S. Christofori................... [B. Unitus camerariatui Ambroniaci.]
45. —— Chaveiriaci [3]................... [B. Unitus mensæ abbatiali Cluniac.]

In archipresbyteratu Dombarum.

1. Eccl. de Chalains..................... Capitulum ecclesie Lugd.
2. —— de Frens....................... Idem.
3. —— de Genay...................... Idem.
4. —— de Siuriaco [Civrieux.]........... Idem.
5. —— de Chillia [4].................... Capitulum Forverii.
6. —— de Fleurieu.................... Capitulum S. Justi.
7. —— de Fontanis.................... Capitulum S. Nicetii.
8. —— S. Desiderii Chalarone........... Idem.
9. —— S. Stephani Chalarone........... Idem.
10. —— de Meissimiaco................. Prior de Vallibus [5].
11. —— de Vimy [6].................... Abbas insule Barbare.
12. —— de Athanains.................. Prior Pontis Vele [7].
13. —— Pontis Vele................... Prior loci [8].
14. —— de Montignieu et Chanteins...... Capitulum ecclesie Lugd. [9]
15. —— Montis Berthodi................ Decanus Montis Berthodi [10].
16. —— de Moncelz.................... Idem.
17. —— de Aignereins.................. Idem.
18. —— de Pollieu..................... Idem.
19. —— de Ambeirieu.................. Idem.
20. —— Trevolcii..................... Idem.
21. —— de Riortiers................... Idem.
22. —— de Villanova.................. Idem.

---

[1] B. *ob decanatum loci unitum.*

[2] B. *Abbas Cluniac. ob decanatum Chaveyriaci.*

[3] Le pouillé B mentionne trois autres bénéfices : « Prior de Novavilla monialium (*Neuville-les-Dames*) : patr. prior abbas S. Eugendi. — Decanatus de Romanis (*Romans*), unitus priori de Salles. — Præceptor *des Feuillées*, cum templo de *Molissoles*, patr. magnus magister ordinis S. Johannis Hierosolymitani. »

[4] B ajoute : *alias de Grèche*. Grèche ou Grièges a tout à fait remplacé Chillia sur le pouillé du xviii° siècle. A partir de cette époque, le nom de Chillia, qui était sans doute la mère église, ne reparaît plus sur aucune carte.

[5] B. *Abbas Athanat. ob priorem de Vallibus.*

[6] Vimy perdit son nom au xvii° siècle, pour prendre celui de *Neufville* (Neuville). Ce changement eut lieu peu après la nomination de Camille de Neuville à l'archevêché de Lyon (1653), et à l'occasion de grands travaux que ce prélat fit faire dans son parc d'Ombreval, situé à Vimy. Il était déjà consommé en 1671, lorsque de la Mure publia son pouillé du diocèse, car on lit : « eccl. de Neufville, alias de Vimiaco (*Vimy*). »

[7] B. *Abbas Athanat. ob prioratum Pontis Velæ.*

[8] B. *Abbas Athanat. ob prioratum loci.*

[9] B. *Conventus Cluniac. ob decanum Montisberthodi.*

[10] Comme à la note 9, ici et aux huit lignes suivantes.

APPENDICES AUX CARTULAIRES

23. Eccl. S. Nicolai Montismeruli............ Decanus Montis Berthodi.
24. —— S. Desiderii de Formans............ Idem.
25. —— S. Germani [1].................... Abbas insule Barbare.
26. —— Ruppiscisse [*Rochetaillée*]......... Idem.
27. —— de Ars........................... Capitulum ecclesie Lugd.
28. —— de Dompierre.................... Idem.
29. —— de Rancie...................... Idem.
30. —— de Reyrieu..................... Idem.
31. —— de Percieu [*Percieux*]............ Idem.
32. —— de Miserieu..................... Idem.
33. —— de Berens...................... Archiepiscopus Lugd.
34. —— de Illiaco...................... Idem.
35. —— de Poysieu [*Peysieux*]........... Idem.
36. —— de Moigneneins................. Idem.
37. —— de Tossieu..................... Idem.
38. —— de Sicens [B. alias *de Belleville*]..... Idem.
39. —— de Lancieu [2].
40. —— de Buxiges..................... Prior S. Germani.
41. —— de Chaneins.................... Prior de Novilla.
42. —— de Clemencia................... Idem.
43. —— de Bey........................ Prior S. Andree d'Uiria.
44. —— S. Andree d'Uyria.............. Prior loci.
45. —— de Crusilles.................... Prior S. Martini [3].
46. —— de Cormarenchi................. Abbatissa S. Andree Viennensis.
47. —— de Myonnay.................... Abbatissa S. Petri monialium Lugd.
48. —— de Genollieu................... Capitulum S. Justi Lugd.
49. —— de Guierrains.................. Priorissa [S. Petri Lugdunensis].
50. —— de Montaney................... Abbas insule Barbare.
51. —— S. Desiderii Miribelli............ Idem.
52. —— de Sathonay................... Idem.
53. —— de Macieu.................... Abbas Athanatensis.
54. —— S. Triverii.................... Prior loci.
55. —— de Amareins................... Prior S. Triverii.
56. —— S. Bernardi Anse............... Capit. de Romans et decanus Montis Berthodi [4].
57. —— Ste Euphemie................. Prior loci.
58. —— de Franchelains................ Priorissa loci [5].
59. —— S. Illidii [Sanctæ Olivæ].......... Prior de Villario [B. in Sabaudia, *Villars-Salet*].
60. —— Vallains...................... Prior loci.
61. —— de Mespillia................... Priorissa de Moranceu [6].
62. —— de Lucieu [7] [*Lurcy*].......... Decanus de Lymans.

[1] Je ne saurais dire où était cette paroisse, qui ne figure sur aucun autre pouillé (à moins que ce ne soit le Saint-Galmier de ceux des xive et xve siècles). Il paraît qu'il y avait un prieuré, car on peut voir un peu plus bas (n° 40) que Buxiges avait pour patron le prieur de Saint-Germain. Ce prieuré existait même déjà au xiiie siècle (voir le pouillé du xiiie siècle, archipr. de Dombes, n° 41, au patron); mais il avait disparu au xviie, car Camille de Neuville, dans sa visite diocésaine, nous apprend que le patron de Bussiges était alors (1655) le seigneur d'Ombreval, autrement dit de Neuville, comme on lit dans le pouillé du xviiie siècle.

[2] Il m'est impossible de dire la situation de cette paroisse, qui figure déjà sur le pouillé du xve siècle, mais dont le patron n'y est pas indiqué. C'est probablement un nom mal lu. Il ne paraît pas dans le pouillé B, qui donne au contraire une église de plus : « *eccl. de Seurcey, patr. conventus Cluniacensis, ob decanum Montisberthodi.* » Seurcey m'est tout aussi inconnu que Lancieu. Peut-être ce dernier nom est-il l'altération de celui de *Lay*. (Voyez le pouillé du xiiie siècle, archiprêtré de Dombes, n° 2, note.)

[3] B. *Abbas Cluniac, ob prioratum S. Martini*.

[4] B. *Abbas Cluniac. et prior de Salles*.

[5] B. *Abbas decanus insulæ Barbaræ*.

[6] B. *Abbatissa S. Petri ob prioratum de Morancé*.

[7] B porte par erreur *Curceu*, et dans la colonne des patrons : *Conventus Cluniac. ob prioratum de Limans*.

DE SAVIGNY ET D'AINAY.

63. Eccl. S. Joannis de Turigneu[1]............ Capitulum ecclesie Lugdunensis.
64. —— de Fareins[2]................... Idem.
65. Abbas de Jugo Dei[3]*.
66. Sacrista major insule Barbare*.
67. Prior S. Andree d'Uyria[4]............... [B. Abbas decanus insulæ Barbaræ.]
68. —— Pontis[5] Vele................... [B. Unitus abbatiæ Athanat.]
69. —— S. Triverii.
70. —— de Ligneu.
71. —— Ste Euphemie[6].............. [B. Abbas decanus insulæ Barbaræ.]
72. Abbas insule [Barbare] pro castro suo Vimiaci*.
73. Obedientiarius de Macieu (alias Massieu).
74. Decima[7] de Francheleins............... [B. Idem.]
75. Abbas Belleville*.
76. Prior Montis Berthodi................. [B. Unitus conventui Cluniacensi.]
77. Domus de Poletains [B. olim monialium ordinis Cartusiani.] [B. Unita Cartusiæ Lugd.]

In archipresbyteratu Ambroniaci.

1. Eccl. de Ambeiriaco................... Abbas Ambroniaci.
2. —— de Lentenay.................... Idem.
3. —— S. Saturnini.................... Idem.
4. —— S. Vulbandi.................... Idem.
5. —— de Vico subtus Varey............... Archiepiscopus Lugd.
6. —— Ste Julite[8].................. Prior de Chavanoz.
7. —— Ambroniaci..................... Abbas loci.
8. —— de Benoncia.................... Abbas S. Ragneberti.
9. —— de Lues [Lhuis].................. Idem.
10. —— de Cerdone..................... Dominus de Villars.
11. —— de Dortenco et Montecuysello......... Abbas S. Eugendi.
12. —— de Longo Camelo................. Idem.
13. —— de Martignia.................... Idem.
14. —— de Poncins..................... Idem.
15. —— S. Eugendi[9]................... Abbas loci.
16. —— de Lessard..................... Prior Nantuaci.
17. —— de Nantua[10].................... Prior loci.
18. —— de S. Albano.................... Prior Nantuaci.
19. —— de Senoches et Montisregalis[11]....... Idem.
20. —— S. Martini de Fraxino.............. Idem.
21. —— de Mataffellon................... Archiepiscopus Lugd.
22. —— de Vallibus..................... Idem.
23. —— de Vico d'Isinava................. Idem.

---

[1] Cette paroisse est inscrite après les bénéfices réguliers, par suite d'omission sans doute.

[2] Je crois devoir ajouter cette paroisse, qui, par omission sans doute, ne figure pas ici. Elle se trouve sur tous les autres pouillés.

[3] Les bénéfices marqués d'un astérisque (*) ne figurent pas dans B, qui en mentionne au contraire deux de plus : « Prior de Brueria (le Bruyère), patr. abbas Ambroniaci, » et « Prior de Vallalus. »

[4] B. et S. Euphemiæ, a regula exempti.

[5] Le ms. porte par erreur Montis.

[6] Voyez le n° 67, note.

[7] B. Prior secularis seu decanus de Francheleins.

[8] Cette paroisse a été à tort inscrite de nouveau après le n°58. J'ai supprimé la seconde mention comme au pouillé du xv° siècle. (Voyez page 973, n° 25.)

[9] De la Mure (pouillé B) donne deux paroisses à Saint-Claude : eccl. S. Eugendi et eccl. S. Romani. C'est une erreur ; il n'y avait qu'une paroisse à Saint-Claude, celle de Saint-Romain. L'église de Saint-Oyen ou Saint-Claude était abbatiale et non paroissiale.

[10] Nantua ne figure pas comme paroisse dans B.

[11] B. Montréal et Senoches. Senoches ne paraît pas dans le pouillé du xviii° siècle.

24. Eccl. de Villebois.................... Priorissa loci.
25. —— de Arant....................... Capitulum S. Pauli Lugd.
26. —— de Chasey supra Indum........... Idem.
27. —— de Arbenco..................... Abbas Ambroniaci.
28. —— de Lyns [1]..................... Archiepiscopus Lugd.
29. —— de Charis...................... Idem.
30. —— de Chau [Choux]................ Idem.
31. —— de Saligniaco [2]................ Idem.
32. —— de Grangia................... Idem.
33. —— de Sibirenas [3]................. Idem.
34. —— de Billigneu [4]................. Idem.
35. —— de Briord..................... Idem.
36. —— de Cleseu..................... Idem.
37. —— de Stabulis................... Prior Nantuaci.
38. —— de Givreissia.................. Idem.
39. —— de Jutria [Jeurre].............. Abbas S. Eugendi.
40. —— de Septem Moncellis............ Idem.
41. —— S. Leodegarii de Molinges....... Idem.
42. —— de Oyona..................... Idem.
43. —— de Viry...................... Idem.
44. —— de Isernorum................. Episcopus Bellicensis.
45. —— de Nat [5].................... Idem.
46. —— de Jusurieu................... Abbas Ambroniaci.
47. —— de Leyment................... Idem.
48. —— de Loyetes.................... Idem.
49. —— S. Iheronimi.................. Idem.
50. —— de Serrieres................... Idem.
51. —— de S. Donato Montis........... Prior Nantuaci.
52. —— de Mornay.................... Idem.
53. —— S. Ragneberti................. Abbas loci.
54. —— S. Benedicti de Saissieu........ Prior loci [6].
55. —— S. Cirici Uliaci [7].............. Prior de Saissieu [8].
56. —— de Torcieu.................... Abbas S. Ragneberti.
57. —— S. Desiderii Montagniaci........ Prior de Ynimont [9].
58. —— de Seillonas................... Idem.
59. —— de Vologna.................... Archiepiscopus Lugd.
60. —— de Laynieu................... Abbas Ambroniaci.
61. —— de Marchant [10]................ [A. Abbas Ambroniaci.]
62. —— de Samognia.................. Archiepiscopus Lugdun.
63. —— S. Mauritii de Remens.......... Abbas S. Ragneberti.
64. —— de Billignia [11]................ Sacrista Nantuaci.

[1] C'est sans doute par erreur que *Lyns* figure dans l'archiprêtré d'Ambournay : il se trouvait dans celui de Treffort.

[2] B. *Salignia* (le pouillé du xv° siècle porte *Siligniaco*). J'ignore où était située cette paroisse. Il s'agit peut-être de Sélignat, près et dans l'archiprêtré de Treffort.

[3] B. *Sibireine* (le pouillé du xv° siècle porte *Sibirenas*). J'ignore où était située cette paroisse.

[4] B. *Boulignens*. J'ignore où était située cette paroisse. C'est peut-être la même que celle qui est inscrite sous le 64, et qui seule paraît dans les autres pouillés.

[5] B. *et de Boloson*.

[6] B. *Capitul. Genevense ob prioratum loci unitum*.

[7] Cette localité ne figure dans aucun pouillé, si ce n'est peut-être dans celui du xiii° siècle, où nous trouvons *S. Ciricus*. La visite de 1469 mentionne une nouvelle église paroissiale « apud Uliacum subtus Grolea (Grolée). » On n'en voit pas de trace sur les cartes.

[8] B. Comme à la note 6.

[9] Le ms. porte à tort *Grammont*, aux n°s 57 et 58. Il s'agit ici du prieuré d'Ennemond ou Inimont en Bugey.

[10] Cette paroisse n'est pas dans B, par omission sans doute, car elle avait alors une certaine importance, et possédait même une annexe à Lompnas.

[11] Le pouillé A fournit ici une paroisse de plus : « Eccl.

DE SAVIGNY ET D'AINAY.

65. Abbas S. Eugendi Jurensis.
66. Prior major et camerarius [1]*.
67. —— de Arbenco.................... [B. Abbas Ambroniaci.]
68. Sacrista S. Eugendi*.
69. Grangerius de Cultura*.
70. Infirmarius S. Eugendi*.
71. Abbas Ambroniaci................. [B. Rex christianissimus patronus abbatis.]
72. Elemosinarius Ambroniaci*.
73. Camerarius Ambroniaci*.
74. Abbas S. Ragneberti............... [B. Rex christianissimus patronus abbatis.]
75. Prior de Loyetes.
76. —— S. Saturnini.................. [B. Abbas Ambroniaci.]
77. —— de Monestreuil.
78. —— de Marcilliaco.
79. —— de Lues [Lhuis].
80. —— S. Benedicti de Saissieu........... [B. Exemptus a regula et unitus capitulo eccl. cathedralis Genevensis.]
81. —— de Mairiaco*................... [A. Carthusienses.]
82. —— de Portes*.................... [A. Idem.]
83. —— de Nantuaco.
84. Camerarius de Nantuaco*.
85. Infirmarius Ambroniaci*.
86. Prior de Laignaco.
87. Domus insule subtus Quiriacum.

In archipresbyteratu Treffortii.

1. Eccl. de Aroma [2]..................... Capitulum Matisconense.
2. —— S. Ymiterii.................... Idem.
3. —— de Chavanes.................. Abbas S. Eugendi.
4. —— de Jasserone.................. Idem.
5. —— de Charnoz [3]................. Idem [4].
6. —— de Oncia..................... Prior Nantuaci.
7. —— de Treffortio [5]............... Idem.
8. —— de Druylles................... Idem [6].
9. —— de Saisiria [Ceyzeriat].......... Abbas Ambroniaci.
10. —— de Tossia.................... Idem.
11. —— de Villa Reversura............ Idem.

S. Salvatoris, patr. abbas S. Eugendi. » Cette localité, qui ne paraît que dans le pouillé du xviii° siècle, est *Saint-Sauveur-le-Villars* ou *Saint-Sauveur-lez-Saint-Claude*, ou simplement, comme on dit aujourd'hui, *le Villars*, près de Saint-Claude. Cette paroisse existait au xvii° siècle, car elle est mentionnée par l'archevêque Camille de Neuville dans sa visite diocésaine.

[1] Les bénéfices marqués d'un astérisque manquent dans B, qui en mentionne au contraire plusieurs autres omis ici : « Prioratus S. Germani de Amberiaco et S. Joannis Vetuli, uniti mensæ abbatiali Ambroniaci. — Decanatus de Hyeronimi, patr. abbas Ambroniaci. — Decanatus de Jujurieux, patr. abbas Ambroniaci — Prior de Rignaco. — Prior de Villebois. — Decanatus de Lentenay, unitus mensæ conventuali Ambroniaci. »

[2] De la Mure (pouillé B) place en tête de cet archiprêtré l'église collégiale de Varambon ; mais en cela il commet une erreur évidente, car Varambon dépendait de l'archiprêtré de Chalamont, comme nous l'avons vu dans le pouillé du xiii° siècle. Lorsqu'au xv° siècle (1451) La Palu, cardinal de Varambon, obtint l'érection d'une collégiale dans cette petite ville, son église perdit le titre de paroisse. Varambon fut rattaché, pour le spirituel, à *la Madeleine*, église rurale, annexe de Priay, archiprêtré de Chalamont. Voilà pourquoi Varambon ne figure pas parmi les paroisses à partir de cette époque, quoique assez important pour avoir droit de députer aux États de la province. (Voyez la note du n° 33 de l'archiprêtré de Chalamont.)

[3] Simple annexe de Montfleur, d'après la visite diocésaine.
[4] B. *Prior Nuntuaci.*
[5] B. *cum annexu Pontis Indi.*
[6] B. *Abbas Ambroniaci.*

APPENDICES AUX CARTULAIRES

12. Eccl. S. Martini de Monte.............. Abbas Ambroniaci [1].
13. —— de Germania et de Tholojone [2]...... Prior Gigniaci.
14. —— de Montagnia le Templier....... Idem.
15. —— de Monte Florido................. Archiepiscopus Lugd.
16. —— de Vallefino.................. Archipresbyter Treffortii.
17. —— de Vallegrigniosa [3]............... [B. Camerarius Nantuaci.]
18. —— de Arnant.................... Archiepiscopus Lugd.
19. —— de Facies [*Fassière*] [4].............. [B. Idem.]
20. —— de Genos [5].................... [B. Unita capitulo Burgi.]
21. —— Montagniaci prope Burgum [6]........ [Abbas Ambroniaci.]
22. —— de Bua..................... Abbas S. Eugendi.
23. —— de Condes................... Idem.
24. —— de Coisia [A. alias de Curcia]....... Idem.
25. —— de Chalaye.................. Idem.
26. —— de Novilla.................. [B. Unita capitulo de Poncin.]
27. —— de Cruysiaco................ [B. Abbas S. Eugendi.]
28. —— de Cymandres [*Simandres*]......... Abbas S. Eugendi.
29. —— de Druyn.................... Idem.
30. —— de Corent................... Archiepiscopus Lugd.
31. —— de Sisi..................... Idem.
32. —— d'Essartines................. Idem [7].
33. —— de Lovena.................. Prior loci.
34. —— de Moiria.................. Capitulum ecclesie Lugd.
35. —— de Meillonas................ Prior [8] S. Petri Matisconensis.
36. —— de Montagniaco [9]............. Prior Gigniaci.
37. —— de Preissia.................. Idem.
38. —— de Gigniaco................. Prior loci.
39. —— de Poilliaco................. Episcopus Bellicensis.
40. —— de Romaneche.............. Idem.
41. —— S. Juliani [et] de Villa Chantria...... Idem.
42. —— de Revona.................. Abbas Ambroniaci.
43. —— de Trancleria................ Idem.
44. —— de Vobles................... Idem.
45. —— de Vecles................... Prior Nantuaci.
46. —— de Buenco, alias Alte Cure [10]....... [B. Capitulum Matisconense.]
47. —— S. Mauritii [11].................. [B. Idem.]
48. Prior de Crues.................... [B. Unitus camerariatui Nantuaci.]
49. —— de Saisiria.................. [B. Unitus mensæ abbatiali Ambroniaci.]

---

[1] B. *Unita capitulo Burgi*.

[2] B. *Tolangeon*.

[3] Cette localité ne figure pas sur le pouillé du XVIIIᵉ siècle. Lors de la visite diocésaine de Camille de Neuville, en 1655, l'église (dédiée à saint Martin) et ses dépendances étaient déjà en fort mauvais état, et le curé résidait même à la Villette, annexe de Vaugrigneuse, qui l'a plus tard tout à fait supplantée.

[4] Cette localité ne reparaît pas dans la visite diocésaine de Camille de Neuville, en 1655.

[5] Le pouillé B indique cette église comme simple annexe de Saint-Martin-du-Mont; mais c'est une erreur, car *Genost*, ou mieux *Génod*, est fort loin de là.

[6] Ne figure pas ici dans B. Cette paroisse fut en effet unie au chapitre de Bourg au XVIIᵉ siècle.

[7] B. *Abbatissa S. Andreæ Viennensis*.

[8] B. *Præpositus*.

[9] Ce nom semble la répétition du n° 14. Les autres pouillés ne mentionnent en effet que deux Montagnia dans cet archiprêtré : *Montagnia-le-Templier* et *Montagnia près de Bourg*, dont le patron était anciennement l'abbé d'Ambournay. D'un autre côté, ce pouillé omet l'église de *Rignia*, dont l'archevêque était patron, et qui est mentionnée sur tous les autres pouillés.

[10] B. *Eccl. de Alta Curia, alias de Buenco*.

[11] De la Mure écrit « Eccl. S. Mauritii de Rement; » mais c'est par erreur. Saint-Maurice de Rement était dans l'archiprêtré d'Ambournay ; c'est de Saint-Maurice d'Eschaséaux, près de Treffort, qu'il s'agit ici. Cette paroisse, fort peu importante au XVIIᵉ siècle, était cependant mère de deux

DE SAVIGNY ET D'AINAY.

50. Prior d'Essartines.
51. —— de Treffortio.................. [B. Unitus mensæ prioris Nantuaci.]
52. —— de Lovena.
53. —— de Montefortio.
54. —— de Vobles................... [B. Abbas Ambroniaci.]
55. —— de Gigniaco.
56. —— de Silligniaco.
57. —— d'Oncia[1].................. Archiepiscopus Lugd.

In archipresbyteratu de Cologniaci.

1. Eccl. de Andelost.................. Capitulum Matisconense.
2. —— S. Amoris[2]................. Idem.
3. —— de Borcia.................... Capitulum S. Nicetii Lugd.
4. —— de Cuisello.................. Prior Gigniaci.
5. —— de Espi..................... Idem.
6. —— de Varenis S. Salvatoris[3]..... Idem.
7. —— de Cologniaco............... Abbas S. Eugendi.
8. —— de Monte S. Remigii......... Idem[4].
9. —— de Montagni le Recondu..... Prior Gigniaci.
10. —— de Cosance................. Idem.
11. —— de Cuysia[5]................ Idem.
12. —— de Campagnia.............. Idem.
13. —— de Dompno Martino........ Idem[6].
14. —— de Digniaco [Dignat]....... Idem.
15. —— [de] Donseurro[7].......... Idem.
16. —— de Frontenas............... Idem.
17. —— de Joudes.................. Idem.
18. —— Ste Crucis [S. Donat-de-Ste-Croix]..... Idem.
19. —— de Veiria................... Idem.
20. —— de Verona [Verjon]......... Idem.
21. —— de Bruelles................. Prior S. Petri Matisconensis.
22. —— de Condas.................. Archipresbyter Cologniaci.
23. —— de Cormoz................. Idem.
24. —— de Nantello................ Idem.
25. —— S. Sulpitii................. Idem.
26. —— de Rosay................... Idem.
27. —— de Cormangoud............ Abbas S. Eugendi.
28. —— de Villa Monasterii......... Idem.
29. —— S. Joannis de Torcularibus.. Capitulum Matisconense.

autres paroisses : Chalia (n° 25) et Curveysia (n° 27), qui étaient encore, en 1655, considérées comme annexes. La dernière remplaça bientôt l'église-mère, qui d'ailleurs était en pleine campagne.

[1] Le pouillé B donne cinq bénéfices de plus : «Prioratus S. Agathæ de Meillonas, exemptus a regula, unitus capitulo S. Petri Matisconensis. — Decanus Villæreversuræ, patr. abbas Ambroniaci. — Decanus de Trancleria, patr. abbas Ambroniaci. — Decanatus de Tossia et de Druillia, uniti mensæ conventuali Ambroniaci.»

[2] B. Capitulum S. Amoris.

[3] C'est par erreur que le pouillé B fait deux localités de la Varenne-Saint-Sauveur.

[4] B. Prior Gigniaci.

[5] Cette paroisse, ruinée dans les guerres du XVIIe siècle, fut pendant quelque temps simple annexe de Cousance. Elle reparaît comme paroisse dans le pouillé suivant.

[6] B. Unita capitulo Burgi.

[7] L'église de Donseurre était dédiée à saint Théodore. Le nom actuel de cette localité est sans doute une altération de domnus Theodorus; comme Dommartin, qui précède (n° 13), est l'altération de domnus Martinus. La forme étrange de la seconde partie du nom de Donseurre ne doit pas surprendre, quand on voit que Theodericus est devenu Thierry, et Theudorus, Chef (S. Theudericus, Saint-Chef, abbaye du Dauphiné).

1006 APPENDICES AUX CARTULAIRES

30. Eccl. de Civria [1].
31. Prior de Villa Monasterii [*Villemoutier*].
32. —— de Castro Caprino [*Château-Chevreux*].
33. —— de Cologniaco [2].
34. —— S. Theodori de Donseurro [3].
35. Abbas de Miratorio.................... [B. Unita mensæ Cisterciensis.]
36. Prior de Villa Causa pro celler. suo Cuyselli [4].

In archipresbyteratu Baugiaci.

1. Eccl. de Arbign. et de Sermoia............ Capitulum S. Pauli.
2. —— de Beiny........................ Capitulum S. Nicetii.
3. —— de Brou, alias Burgi [5] in Breissia...... Abbas Ambroniaci.
4. —— de Cra......................... Capitulum Matisconense.
5. —— de Chavania..................... Idem.
6. —— de Chevroux..................... Abbas Trenorchii.
7. —— de Ponte Vallium [6]............... Idem.
8. —— de Foissia...................... Prior Gigniaci.
9. —— de Gorrevoud................... Prior [7] S. Petri Matisconensis.
10. —— de Manziaco.................... Idem.
11. —— de Marsona.................... Idem [8].
12. —— S. Joannis supra Roissosam.......... Idem.
13. —— S. Martini castri prope Burgum....... Idem.
14. —— de Lescheroux.................. Archiepiscopus Lugdun.
15. —— de Malaferta.................... Idem.
16. —— Baugiaci ville................... Custos Lugdunensis.
17. —— de Montpont................... Episcopus Matisconensis.
18. —— de Romenay [9].................. Idem.
19. —— de Marbo [10].................. Prior loci.
20. —— de Courtafont.................. Capitulum S. Nicetii.
21. —— de Attignia.................... Abbas S. Eugendi.
22. —— de Cueil [*Cuet*]................ Idem.
23. —— de Fleuria..................... Idem.
24. —— de Viria....................... Idem.
25. —— de Bantanges.................. Prior S. Petri Matisconensis.

---

[1] Cette église, qui avait probablement été omise par le scribe, est inscrite à la fin de l'archiprêtré; elle fut ruinée durant les guerres du xviie siècle, et devint une annexe de Bourcia. Elle ne figure pas sur le pouillé B, non plus que Dignat (n° 14). Mais cette dernière a sans doute été omise par erreur; car elle se trouve sur tous les autres pouillés. Civria reparaît avec le titre de paroisse dans le pouillé suivant.

[2] B. « Prioratus de Cologniaco, in duos divisus, nempe in eum cujus reditus sunt in Bressia, patronus rex christianissimus (*le roi de France*), et in alterum cujus reditus sunt in comitatu Burgundiæ, patronus rex catholicus (*le roi d'Espagne*). » On sait que le comté de Bourgogne, autrement dit la Franche-Comté, appartenait alors au roi d'Espagne.

[3] Ne figure pas dans B, qui donne au contraire un bénéfice de plus : *Decani Castri Gaudiosi* (Château-Gaillard), *patr. abbas Ambroniaci*. Mais Château-Gaillard ne devrait pas, il semble, se trouver ici, car il est situé près d'Ambournay, où nous le verrons figurer comme annexe d'Ambérieux dans le pouillé du xviiie siècle.

[4] B écrit : *Cellerarium Cuyselli pro priore Villæ Clausæ* (Vau-

cluse). Ne vaudrait-il pas mieux lire, dans l'un et l'autre pouillé, *Vallis Clausæ*, traduction latine de Vaucluse? Cette localité se trouvait près de Saint-Claude.

[5] C'est la première fois que Bourg paraît dans la hiérarchie ecclésiastique. Jusque-là Brou seul avait été nommé. Mais le rôle que joua Bourg dès le xve siècle lui donna le pas sur Brou, qui déjà dans le pouillé B ne figure plus que comme prieuré annexé au chapitre de Bourg.

[6] Dans B, Pont-de-Vaux figure comme église collégiale, dont le seigneur du lieu était patron.

[7] B. Ici et plus bas, *Præpositus S. Petri Matiscon*.

[8] A. *Abbas Trenolchii*.

[9] A. *Castrum de Romenay*. La paroisse de Romenay fut cédée au xviiie siècle à l'évêché de Mâcon, qui possédait le temporel et réclamait depuis longtemps le spirituel. Elle forma ainsi, dans le diocèse de Lyon, une enclave tout à fait éloignée de sa métropole, comme on peut le voir sur la carte de 1769. L'église de Romenay était dédiée à saint Pierre.

[10] B. *de Majori Bosco*.

26. Eccl. de Rosay[1]..................... Prior S. Petri Matisconensis.
27. —— de Bereisia[2].................... Idem.
28. —— S. Laurentii de Curcia........... Idem.
29. —— de Felline..................... Idem.
30. —— de Jaya....................... Idem.
31. —— de Tecla...................... Idem.
32. —— de Menestreul[3]................. Idem.
33. —— de Ranciei.................... Idem.
34. —— de Replonges.................. Idem.
35. —— S. Juliani supra Roissosam........ Idem.
36. —— S. Desiderii de Onciaco.......... Idem.
37. —— de Sornay..................... Idem.
38. —— de Brienna[4].................... Abbas Trenorchii.
39. —— Baugiaci Castri................. Idem.
40. —— de Perona.................... Idem.
41. —— de Saisiriaco (S. Dionisii)......... Idem.
42. —— de Villanova et de Genesta[5]...... Idem.
43. —— de Croteil [*Crotet*]............. Capitulum S. Pauli.
44. —— de Chavanes supra Roissosam...... Abbas Trenorchii.
45. —— S. Treverii de Courtoux.......... Capitulum S. Pauli.
46. —— de Confrançon................. Capitulum Matisconense.
47. —— de Vecors.................... Idem.
48. —— de Capellanda [*Chapellenaude*]..... Prior Gigniaci.
49. —— de Estres..................... Idem.
50. —— S. Nicetii juxta Courtoux......... Idem.
51. —— de Courtoux .... Custos Lugdunensis.
52. —— S. Stephani supra Roissosam....... [B. Custos Lugdunensis.]
53. —— de Poilliaco................... Capitulum ecclesie Lugd.
54. —— S. Stephani Nemorosi............ Idem.
55. —— S. Sulpitii.................... [B. Archipresbyter Baugiaci.]
56. —— S. Martini de Larenay........... Prior Nantuaci.
57. —— de Boissey[6].................... Idem.
58. —— de Servigniaco................ Prior de Villareio.
59. Prior de Brous[7], alias Burgi.
60. Castrum de Romenay[8]*.
61. Prior S. Petri Matisconensis*.
62. —— Prior de Marbo................ [B. Prior de Gigniaci.]
63. —— de Seillons*.
64. Prior de Montemerulo*.
65. —— Baugiaci et de Chivroux (Caprosi).
66. Capitulum Matisconense*.
67. Catherini[9] in ecclesia Matisconensi*.
68. Sacrista S. Petri, alias de Chevroux.

[1] Je ne connais que le Rosay de l'archiprêtré de Coligny, qui avait, il est vrai, un autre patron. (Voy. p. 977, n° 55.)
[2] Cette paroisse a été omise dans B; mais elle est mentionnée dans la visite diocésaine de 1655.
[3] De la Mure écrit à tort *Montrevel*. La localité de ce nom faisait encore partie de la paroisse de Cuet avant la Révolution. C'est *Menestreuil* qu'il faut lire.
[4] Cette paroisse a été omise dans B : elle est mentionnée dans la visite diocésaine de 1655.
[5] Villeneuve ne paraît plus dans le pouillé du xviii° siècle.
[6] J'ai cru devoir intercaler ici cette paroisse, qui a probablement été omise par la faute du scribe, car elle figure sur tous les autres pouillés. (Voyez la note 2 ci-dessus.)
[7] Le ms. porte par erreur *Brom*. (Voyez p. 977, note 2.)
[8] Les bénéfices marqués d'un astérisque* manquent dans B, qui donne au contraire en plus l'article suivant : «Præceptoria de la Musse, cui unite sunt domus S. Martini Castri, d'*Espesses* et de *Tessonges* prope Burgum, patronus magnus magister ordinis Sancti Joannis Hyerosolimitani.»
[9] Voir le pouillé du diocèse de Mâcon, pièce n° VI.

V.

POUILLÉ GÉNÉRAL

DES PAROISSES

COMPOSANT L'ANCIEN ET LE NOUVEAU DIOCÈSE DE LYON

A LA FIN DU XVIII° SIÈCLE.

Les éléments de ce travail sont en grande partie empruntés à un pouillé publié en 1769, avec la carte du diocèse de Lyon[1]; mais nous les avons complétés en y joignant : 1° la liste des paroisses distraites de ce diocèse en 1742 pour former celui de Saint-Claude; 2° la liste des paroisses des diocèses voisins qui sont entrées dans la composition du nouveau diocèse de Lyon en 1790. Nous avons de plus ajouté à cette nomenclature générale un renseignement qui ne se trouve dans aucun des pouillés du diocèse de Lyon : c'est le nom du patron spirituel ou vocable de chaque paroisse. Ce renseignement est d'un grand secours pour l'étude des monuments anciens, car non-seulement il peut servir à constater l'identité d'une localité dont le nom a été altéré par les siècles, mais encore il peut aider à retrouver celles qui ne sont indiquées dans les documents anciens que par le nom du vocable de l'église, comme cela arrive fréquemment aux IX°, X° et XI° siècles. Pour nous procurer ce renseignement, nous nous sommes adressé aux prélats qui administrent aujourd'hui les différentes parties de l'ancien diocèse de Lyon, et il a été satisfait à notre demande de la façon la plus obligeante de la part de MM[grs] les évêques de Saint-Claude, de Belley et de Grenoble. Toutefois nous n'avons pas été aussi heureux auprès de l'administration ecclésiastique de Lyon, qui n'a pu nous fournir aucun renseignement; et, après l'avoir vainement sollicitée pendant plusieurs années, nous avons dû recourir à une autre voie pour arriver à notre but : nous avons envoyé d'abord des circulaires à tous les curés des chefs-lieux de canton; ensuite, pour suppléer au silence de plusieurs de ces messieurs, nous avons fait appel à la bonne volonté de nos amis. Malheureusement ces divers moyens n'ont pu entièrement combler les lacunes de notre liste; et cela est d'autant plus regrettable que ces lacunes portent

---

[1] Cette carte, rédigée avec beaucoup de soin par Joubert fils, sous la direction de l'abbé Berlié, et gravée probablement par Quetteville, comme la carte du gouvernement de Lyon, publiée deux ans avant par le même éditeur, se compose de deux grandes feuilles qui renferment également le diocèse de Mâcon. Elle est dédiée à *Monseigneur Antoine de Malvin de Montazet, archevêque de Lyon*, etc.

DE SAVIGNY ET D'AINAY.

précisément sur la partie du diocèse qui nous intéresse le plus, et qui seule possède les archives de l'ancienne administration épiscopale. Au reste, comme compensation, quelques prélats étrangers au pays nous ont fourni des notes précieuses sur les paroisses du diocèse actuel de Lyon qui faisaient autrefois partie du leur : nous citerons, entre autres, Mgr l'évêque de Viviers, pour les paroisses du Vivarais, et Mgr l'évêque du Puy, pour les paroisses du Velay. Les personnes qui nous ont rendu le plus de service pour les paroisses du Lyonnais proprement dit, outre MM. les curés des cantons, sont M. l'abbé Renon, naguère vicaire à Montbrison; M. l'abbé Devoucoux, grand vicaire à Autun; M. Jolibois, curé de Trévoux; M. Ragut, archiviste du département de Saône-et-Loire; M. Octave de la Bâtie, à Montbrison; feu M. Gonod, bibliothécaire de la ville de Clermont, et enfin M. Gauthier, archiviste du département du Rhône, dont l'obligeance, souvent mise à contribution par nous durant tout le cours de cette publication, ne nous a jamais fait défaut.

Pour rendre cette nomenclature plus claire, nous l'avons divisée en quatre paragraphes, dont les sommaires indiquent suffisamment l'objet. Nous commençons naturellement par celui qui est relatif aux paroisses distraites du diocèse de Lyon en 1742. Nous avons mis un grand soin à recueillir ce qui était relatif à ces dernières, parce qu'elles ne figurent pas sur les almanachs de Lyon, lesquels n'ont commencé qu'après cette époque à publier « l'état des paroisses dépendantes du diocèse de Lyon. » Cet état, amélioré chaque année, et qui, à l'époque de la Révolution, formait près de 200 pages in-8° à deux colonnes en petits caractères, renferme tout ce qu'on peut désirer sur l'organisation administrative de ces paroisses au XVIII° siècle. Mais, comme nous venons de le dire, les paroisses inscrites dans notre premier paragraphe n'y figurent pas, et elles ne sont pas non plus sur la carte du diocèse publiée en 1769.

Le second paragraphe embrasse toutes les paroisses qui ont été distraites du diocèse de Lyon en 1790. Nous avons mis également un grand soin à relever ce qui était relatif à ces paroisses, qui font aujourd'hui partie de quatre diocèses différents.

Pour ces deux paragraphes, nous avons mis à profit quatre précieux documents historiques qui se trouvent aujourd'hui en original dans les archives du département du Rhône; ce sont : 1° le procès-verbal d'une visite de l'archiprêtré de Dombes faite en 1730 par l'archiprêtre lui-même; 2° un procès-verbal de visite du même archiprêtré en 1711; 3° le procès-verbal d'une visite de l'archiprêtré d'Anse en 1719; 4° le procès-verbal d'une visite diocésaine faite par l'archevêque Camille de Neuville dans les années 1654, 1655 et 1656. Malheureusement ce dernier document, d'un très-grand intérêt, ne concerne que la portion orientale du diocèse, celle qui se trouvait sur la rive gauche du Rhône et de la Saône, et qui est dite dans les pouillés anciens *a parte imperii*. Nous n'avons rien de semblable pour la portion occidentale (*a parte regni*), qui forme le troisième paragraphe de notre pouillé. La Bibliothèque nationale de Paris possède toutefois le procès-verbal d'une visite générale des paroisses du diocèse de Lyon en 1469; mais ce document est d'une sécheresse désolante : nous en avons néanmoins tiré quelques renseignements.

Afin d'éviter les périphrases, nous indiquerons en note par les mots *vis. dioc. 1654* et *vis. dioc. 1469*, les renseignements empruntés aux derniers documents, et par *vis. de 1711, vis. de 1719* et *vis. de 1730* ceux tirés des visites des archiprêtrés de Dombes et d'Anse.

Outre la perte d'une partie de son territoire, le diocèse de Lyon subit au XVIIIe siècle quelques changements dans la circonscription de ses archiprêtrés : trois d'entre eux furent divisés en deux ou trois; de plus, quelques paroisses furent détachées de leur ancienne circonscription archipresbytérale pour être rattachées à d'autres. Nous signalerons ces faits à l'occasion.

§ Ier.

LISTE DES PAROISSES, ANNEXES ET SUCCURSALES DU DIOCÈSE DE LYON QUI SONT ENTRÉES, EN 1742, DANS LA COMPOSITION DU DIOCÈSE DE SAINT-CLAUDE [1].

1° Archiprêtré de Coligny : 31 paroisses ou succursales [2].

Noms des localités.	Vocables.	Patrons temporels.
1. Amour (Saint-) [3]	SS. Amour et Viator	Le chapitre de Saint-Vincent de Mâcon.
2. Andelot [4]	SS. Cyr et Julitte	*Idem.*
3. Bourcia	S. Gengulphe	Le chapitre de Saint-Nizier de Lyon.
4. Brouailles	Assomption	Le prévôt de Saint-Pierre de Mâcon.
5. Champagnat, succ. de Cuiseaux.	Assomption	Le prieur de Gigny.
6. Châtel [5], succ. de Dignat.	Invent. de S. Étienne	Le curé de Dignat.
7. Civriat	S. Léger	Le prieur de Gigny.
8. Coligny [6]	S. Martin	L'abbé de Saint-Claude.
9. Condal	S. Laurent	L'archiprêtre de Coligny.
10. Courmangoux [7]	S. Oyen [8]	L'abbé de Saint-Claude.
11. Courmoz	S. Pancrace	L'archiprêtre de Coligny.
12. Cousance	S. Julien	Le prieur de Gigny.
13. Croix (Sainte-)	S. Marc [9]	*Idem.*
14. Cuiseaux [10]	S. Thomas de Cantorb. [11]	*Idem.*
15. Cuisiat	S. Pierre [12]	*Idem.*
16. Dignat	S. Clément	*Idem.*
17. Dommartin	S. Barthélemy	(Unie au chapitre de Bourg.)
18. Épy	SS. Urse et Victorin	Le prieur de Gigny.
19. Frontenaud	Invent. de S. Étienne	*Idem.*
20. Jean-des-Treux (Saint-)	S. Jean-Baptiste	Le chapitre de Saint-Vincent de Mâcon.

[1] Cette liste est dressée d'après le document même émané de la cour de Rome, et dont une copie se trouve encore à Saint-Claude. Ce document, rédigé dans un autre ordre que celui que j'ai dû adopter, est intitulé : « Catalogus centum ecclesiarum parrochialium et succursalium concessarum a reverendissimo archiepiscopo Lugdunensi ad conficiendum episcopatum Sancti Claudi. » La nomenclature est divisée en deux sections seulement : 1° *Bourgogne* ; 2° *Bresse et Bugey*. Je suis particulièrement redevable de la communication de ce renseignement précieux à M. Girod, vicaire général de l'évêché de Saint-Claude.

[2] Non compris Domsourre, rattaché au nouvel archiprêtré de Bourg, et qui resta par conséquent au diocèse de Lyon.

[3] Il y avait trois chapelles distinctes dans cette paroisse : l'une dédiée à Notre-Dame de Bonne-Rencontre, dans Saint-Amour même; la seconde à Balanod; la troisième à Sougey.

[4] Chapelle rurale dédiée à S. Jérôme, en ruine en 1654.

[5] Ou mieux Châtel-Chevrais (*Chevreux* ou *Chevroux*) ; *col. de Castro Caprino* ou *de Castro Chevrello* (visita dioc. 1469). Il y avait dans cette paroisse un prieuré et une chapelle dédiée à S. Jean-Baptiste.

[6] Camille de Neuville mentionne comme annexe de Coligny une ancienne église existant dans le village de Pirajoux, et qui figure à titre de paroisse dans le pouillé du XIIIe siècle, et dans celui-ci même (archipr. de Bourg). Il y avait en outre dans la paroisse de Coligny un prieuré et une chapelle dédiée à S. Claude.

[7] Chapelle rurale à Chevigna, près Courmangoux.

[8] La liste officielle porte *S. Audoenus* (S. Ouen); mais c'est probablement par suite d'une erreur du copiste. Le patron de Courmangoux est encore S. Oyen (*S. Eugendus*).

[9] Aujourd'hui inv. Ste Croix.

[10] Il y avait dans cette paroisse un prieuré dédié à Ste Marie-Madeleine.

[11] Outre l'annexe (Champagnat), il y avait dans cette paroisse, au XVIIe siècle, quatre chapelles distinctes : Notre-Dame-de-la-Croix, Saint-Jacques, Saint-Jérôme, Sainte-Madeleine.

[12] Aujourd'hui S. Clément.

DE SAVIGNY ET D'AINAY.

Noms des localités.	Vocables.	Patrons temporels.
21. Joudes	S. Léger[1]	Le prieur de Gigny.
22. Montagna-le-Reconduit	S. Pierre aux liens	Idem.
23. Nanc, succ. de Saint-Amour	S. Martin, év. de Tours	Le curé de Saint-Amour[2].
24. Nantey	Assomption	L'archiprêtre de Coligny[3].
25. Remy-du-Mont (Saint-)[4]	S. Rémi, arch. de Reims	Le prieur de Gigny.
26. Rosay	SS. Pierre et Paul	L'archiprêtre de Coligny.
27. Sulpice (Saint-)	S. Antoine	L'archiprêtre de Coligny.
28. Varennes	Décoll. de S. Jean-Baptiste	Le prieur de Gigny.
29. Verjon	S. Hippolyte	Idem.
30. Veyria	S. Martin	Idem.
31. Villemoutier[5]	S. Vit, mart.[6]	L'abbé de Saint-Claude.

2° Partie de l'archiprêtré de Treffort : 34 paroisses ou succursales.

(Ce nombre, réuni à celui de l'autre portion de l'archiprêtré de Treffort restée au diocèse de Lyon, forme un total de 56 paroisses, annexes ou succursales.)

1. Arnand	S. Nizier[7]	L'archevêque.
2. Aromas	S. André	Le chapitre de Saint-Vincent de Mâcon.
3. Chalie, suc. de Curveysia[8]	S. Barthélemi[9]	L'abbé de Saint-Claude.
4. Ceiffiat	S. Martin	[Le chambrier de Saint-Claude.]
5. Charnoz	S. Pierre[10]	Le prieur de Nantua.
6. Chavannes	S. Pierre	L'abbé de Saint-Claude.
7. Cise	Assomption	L'archevêque[11].
8. Coisiat	S. Pierre	L'abbé de Saint-Claude.
9. Condes	S. Martin	Idem.
10. Cornod	S. Martin	L'archevêque.
11. Curveysia	S. Georges	L'abbé de Saint-Claude.
12. Deissiat[12]	S. Pierre ès liens	L'archevêque.
13. Dron	S. Thyrse	L'abbé de Saint-Claude.
14. Genod	S. Michel	L'archevêque.
15. Germagna	S. Germain, év. et conf.	Le prieur de Gigny.
16. Gigny, succ. de Veyria[13]	S. Martin	Le prieur du lieu.
17. Imitier (Saint-)	S. Imitier	Le chapitre de Saint-Vincent de Mâcon.
18. Jasseron	S. Jean-Baptiste	L'abbé de Saint-Claude.
19. Julien (Saint-)	S. Julien	L'évêque de Belley.
20. Leins[14]	Sᵗᵉ Anne	L'archevêque.
21. Louvenne	Assomption	Le prieur du lieu.
22. Maurice (Sᵗ·) d'Échazaux[15]	S. Maurice	Le chapitre de Mâcon.
23. Mélionaz	S. Oyen[16]	Le prévôt de Saint-Pierre de Mâcon.

[1] Aujourd'hui S. Didier.
[2] Ou plutôt le patron de Saint-Amour.
[3] Le prieur de Gigny. (*Vis. dioc. 1654.*) Tous les pouillés sont d'accord pour attribuer ce patronage à l'archiprêtre de Coligny.
[4] Chapelle rurale à Salavre.
[5] Chapelle dédiée à S. Léger.
[6] C'est aujourd'hui S. Léger, probablement parce que la paroisse a été installée dans l'église du monastère qui a donné son nom à la localité. Camille de Neuville constate que l'église paroissiale était séparée des habitations par une rivière, et que, lorsqu'il se présenta, il ne put voir aucun des habitants, quoiqu'on eût sonné la cloche, parce que la rivière avait débordé. (*Vis. dioc. 1654.*)
[7] Aujourd'hui Sᵗᵉ Catherine.
[8] Ou plutôt de Saint-Maurice d'Échazaux.
[9] Aujourd'hui S. Martin.
[10] Aujourd'hui S. Clair, qui était le deuxième patron.
[11] Le prieur de Nantua. (*Vis. dioc. 1654.*)

[12] Deissiat, qui paraît dans ce pouillé pour la première fois, était déjà annexe de Valfin lors de la visite de Camille de Neuville, en 1655. C'est le contraire ici.
[13] (Archipr. de Coligny.) C'était le contraire auparavant. (Voyez les pouillés précédents, et particulièrement celui du XIVᵉ siècle.) L'église de Gigny, dédiée à Notre-Dame, était mère-église de Veyria, suivant Camille de Neuville.
[14] Il y avait dans cette paroisse un prieuré sous le nom de Saint-Laurent-des-Creux.
[15] La visite diocésaine de 1654 mentionne comme paroisse, dont le chamarier de Nantua était présentateur, l'église de Toirette; mais elle porte : « Il n'y a aucun curé en ce lieu, la cure estant abandonnée. » Cette localité figure aussi, mais comme annexe de Saint-Maurice, sur la carte de 1769.
[16] La liste officielle porte S. Audvenus (S. Ouen); mais c'est par erreur. Le patron de Mélionaz est encore S. Oyen (S. Eugendus). Il y avait en outre une chapelle dédiée à S. Pierre et un prieuré dédié à Sᵗᵉ Agathe.

APPENDICES AUX CARTULAIRES

Noms des localités.	Vocables.	Patrons temporels.
24. Montagna-le-Templier[1]...	S. Étienne[2]...	Le prieur de Gigny.
25. Montfleur.............	Ste Catherine.........	L'archevêque.
26. Pouilla...............	Ste Marie-Madeleine[3]....	L'évêque de Belley.
27. Preissia...............	S. Laurent[4]...........	Le prieur de Gigny.
28. Ramasse, succ. de Jasseron.	Ste Maxime...........	Le curé de Jasseron.
29. Simandre[5]............	S. Antoine[6]...........	L'abbé de Saint-Claude.
30. Valfin, succ. de Deissia...	Ste Marie-Madeleine.....	L'archiprêtre de Treffort.
31. Vescles...............	SS. Pierre et Paul......	Le prieur de Nantua.
32. Villechantria, success. de Saint-Julien.	S. Clair[7]............	L'évêque de Belley.
33. Villette, succ. de Cornod.	S. Didier, év. de V. (11 fév.)	Le curé de Cornod.
34. Vosbles...............	S. Étienne............	Le prieur du lieu.

3° *Partie de l'ancien archiprêtré d'Ambournay cédée à l'évêché de Saint-Claude :*
35 paroisses ou succursales.

(Ce nombre, réuni à celui des paroisses des archiprêtrés de Nantua et d'Ambournay, formant les deux autres parties de l'ancien archiprêtré d'Ambournay, restées au diocèse de Lyon, donne un total de 99 paroisses, annexes ou succursales.)

1. Apremont, suc. de Martigna	S. André............	Le curé de Dortan.
2. Arbaut...............	Assomption[8]........	L'abbé d'Ambournay.
3. Belligna..............	S. Christophe.........	Le secrétain de Nantua.
4. Bois-d'Amont, succ. des Rousses.	Nativité de la Vierge....	Le curé des Rousses.
5. Boloson, succ. de Napt...	S. Étienne...........	L'évêque de Belley.
6. Bouchoux.............	Assomption[9]........	L'abbé de Saint-Claude.
7. Charrix..............	S. Amand[10].........	L'archevêque[11].
8. Choux...............	S. Laurent...........	L'abbé de Saint-Claude[12].
9. Cinquestral, succ. de Saint-Claude.	Nativité de la Vierge.....	Idem.
10. Claude (Saint-), la paroisse.	S. Romain, mart.......	L'abbé du lieu.
11. Dortan..............	S. Martin[13]..........	L'abbé de Saint-Claude.
12. Georges (Saint-)......	S. Georges...........	Idem.
13. Gevreisset, s. d'Isernore[14].	S. Martin............	Le prieur de Nantua.
14. Grange.............	S. Antoine...........	L'archevêque.

---

[1] La visite diocésaine de 1654 mentionne comme annexe de Montagna l'église de Saint-Oyen de Broissia, qui ne paraît sur aucun de nos pouillés, mais qui est en effet portée comme succursale sur la carte de Cassini. Il y avait en outre dans cette paroisse deux chapelles : l'une dédiée à S. Alban, l'autre sous le vocable de l'Annonciation.
[2] Aujourd'hui S. Marc.
[3] Aujourd'hui S. Pierre ès liens. Il y avait autrefois une chapelle dédiée à S. Jean-Baptiste.
[4] Chapelle rurale dédiée à S. Sébastien.
[5] Je m'étonne de ne pas voir figurer ici, au moins comme annexe, *Silignat*, qui est mentionné sur le pouillé du XIIIe siècle et qui est porté sur la carte du diocèse de 1769.
[6] Aujourd'hui S. Jean-Baptiste.
[7] Chapelle dédiée à S. Maurice.
[8] Aujourd'hui S. Laurent. L'église de l'Assomption, située à une demi-lieue du bourg et loin de toute maison, était en ruines au XVIIe siècle, mais conservait néanmoins son titre de mère-église. Celle de S. Laurent, qui l'a remplacée, et qui était située dans le bourg, n'avait alors aucun rang, quoique fort ancienne aussi. C'était l'église d'un

prieuré. Voici ce qu'en disait Camille de Neuville en 1655 : « L'autre église est dans le bourg dudit Arban, qui n'est ni annexe ni église paroissiale, et marque néanmoins estre bien ancienne, tant pour sa structure que pour ses dépendances. Le chœur est fort bien voûté; il y a les fenêtres qui ont été autrefois bien vitrées, où paroissent des images des saints de diverses couleurs. La nef estoit aussi bien voûtée, mais elle est maintenant en ruine. » (*Vis. dioc. 1654.*) Cette église de l'Assomption occupait sans doute l'emplacement indiqué sur la carte de Cassini par les mots : *Moutier, église ruinée.*
[9] Il y avait un prieuré sous le vocable de Notre-Dame et de S. Antoine.
[10] Aujourd'hui S. Veran.
[11] Le prieur de Nantua. (*Vis. dioc. 1654.*)
[12] L'archevêque. (*Vis. dioc. 1654.*)
[13] Chapelle rurale dédiée à S. *Gras*.
[14] Les pouillés anciens donnent à Gevreisset le titre de paroisse. Camille de Neuville y mentionne même une chapelle dite de Saint-Germain, qui aurait été la mère-église.

DE SAVIGNY ET D'AINAY. 1013

Noms des localités.	Vocables.	Patrons temporels.
15. Groissia, suc. de Martigna.	Notre-Dame.	Le curé de Dortan.
16. Isernore[1]	Assomption	L'évêque de Belley.
17. Jeurre	S. Léger[2]	L'abbé de Saint-Claude.
18. Geovreisset	S. Jean-Baptiste.	L'aumônier de Nantua.
19. Longchaumois[3]	S. Jean-Baptiste	L'abbé de Saint-Claude.
20. Martigna	SS. Maurice et Blaise.	Idem.
21. Matafelon	SS. Cyr et Julitte[4]	L'archevêque.
22. Molinges	S. Léger[5]	L'abbé de Saint-Claude.
23. Montagnes (Les), ou Montcusel, succ. de Dortan.	S. Maurice	Idem.
24. Montréal	S. Maurice[6]	Le prieur de Nantua.
25. Morez, succ. de Longchaumois.	Assomption[7]	Le curé de Longchaumois.
26. Mornay	S. Pierre	Le prieur de Nantua.
27. Napt	S. Martin	L'évêque de Belley.
28. Oyonnax	S. Léger	L'aumônier de Saint-Claude.
29. Rousses (Les)	S. Pierre	L'abbé de Saint-Claude.
30. Samogna	S. Barthélemi	L'archevêque.
31. Santonax (Saint-Donat-du-Mont).	S. Laurent[8]	Le prieur de Nantua.
32. Sauveur-le-Villars (Saint-[9]).	S. Antoine, abbé	L'abbé de Saint-Claude.
33. Septmoncel	S. Étienne, mart.[10]	Idem.
34. Veysia	S. Clair	Le curé de Dortan.
35. Viry	S. Romain, mart.[11]	L'abbé de Saint-Claude.[12]

§ II.

LISTE DES PAROISSES, ANNEXES ET SUCCURSALES DU DIOCÈSE DE LYON QUI ONT ÉTÉ DISTRAITES DE CE DIOCÈSE A L'ÉPOQUE DE LA RÉVOLUTION[13].

1° Archiprêtré de Nantua : 19 paroisses ou succursales.

(Voyez le préambule placé en tête du troisième archiprêtré du paragraphe précédent pour les détails.)

1. Alban (Saint-)	S. Alban	Le chapitre de Cerdon.
2. Balme (La), ann. de Saint-Alban.	S. Amand.	
3. Cerdon	S. Jean-Baptiste	Le chapitre du lieu.
4. Challes, ann. de Saint-Alban.	S. Pierre.	

---

[1] Il y avait près d'Isernore, à Seissia ou Ceissia, une chapelle dédiée à S. André.
[2] Chapelle rurale dédiée à S. Antoine.
[3] L'archevêque Camille de Neuville déclarait, en 1655, que l'église de Longchaumois était une des plus belles qu'il eût vues dans tout le cours de sa visite diocésaine.
[4] SS. Cyr et Antoine. (*Vis. dioc.* 1654.)
[5] Deux chapelles : l'une dédiée à S. Sébastien, l'autre à la Vierge et à S. Joseph.
[6] Aujourd'hui l'Assomption.
[7] Il y avait près de là, à la Mouille, qui est devenue commune, un prieuré sous le vocable de S. Eustache.
[8] Chapelle dédiée à S. Joseph.
[9] Ou Saint-Sauveur-lez-Saint-Claude. Suivant Camille de Neuville, cette paroisse fut longtemps mère-église des Bouchoux et de Molinges. (*Vis. dioc.* 1654.) Cette opinion était probablement erronée. Il y avait dans cette paroisse deux chapelles sous les vocables de la Vierge et de S. Joseph, et une troisième à Coiserette, dédiée à S. Joseph.
[10] Deux chapelles, sous les vocables de l'Annonciation et de la Visitation.
[11] Chapelle sous le vocable de la Décollation de S. Jean-Baptiste.
[12] L'archevêque, suivant Camille de Neuville. (*Vis. dioc.* 1654.)
[13] Sauf quelques exceptions, que nous signalerons, dans l'archiprêtré de Dombes.

Noms des localités.	Vocables.	Patrons temporels.
5. Chevillard, ann. de Saint-Martin-du-Fresne.	S. Théodule.	
6. Condamines, ann. de Vieux-d'Isenave.	S. Pierre.	
7. Étables[1]	S. Laurent.	Le prieur de Nantua.
8. Leyssard.	Assomption	Idem.
9. Mailla[2]	S. Irénée.	Idem.
10. Martin-du-Fresne (Saint-).	S. Martin.	Idem.
11. Merigna, ann. de Cerdon.	S. Éloi.	
12. Nantua.	S. Michel[3]	Le prieur du lieu.
13. Neyrolles, ann. de Nantua.	S. Clair.	
14. Peyria, ann. de Vologna.	S. Brice.	
15. Port, ann. de Saint-Martin-du-Fresne.	Ste Marie-Madeleine.	
16. Serrières, ann. de Leyssard.	S. Maurice.	
17. Solomia, ann. de Leyssard.	Nativité.	
18. Vieux-d'Isenave	S. Jean-Baptiste.	Les chartreux de Meyria.
19. Vologna.	S. Martin.	L'archevêque.

2° Archiprêtré d'Ambournay : 45 paroisses ou succursales.

(Voir le préambule de l'archiprêtré précédent.)

1. Ambérieux	S. Symphorien.	L'abbé de la Chassagne.
2. Ambournay.	S. Nicolas[4].	L'abbé du lieu.
3. Ambutrix, ann. de Vaux.	S. Maurice.	L'abbé de Saint-Rambert en Bugey.
4. Aran.	S. Paul.	Le chapitre de Saint-Paul de Lyon.
5. Benoît (Saint-) de Cessieu.	S. Benoît[5]	Le prieur du lieu.
6. Benonce.	S. Pierre.	L'abbé de Saint-Rambert en Bugey.
7. Blie, ann. de Chazay-sur-Ain.	S. Roch.	
8. Briord.	S. Jean-Baptiste.	L'archevêque.
9. Château-Gaillard, ann. d'Ambérieux.	Ste Foy.	
10. Châtillon-de-Corneille, ann. de Saint-Jérôme.	Notre-Dame.	
11. Chazay-sur-Ain.	SS. Pierre et Paul.	Le chapitre de Saint-Paul de Lyon.
12. Clésieu.	S. Martin.	L'abbé de Saint-Rambert en Bugey.
13. Corlier, ann. d'Aran.	Ste Agathe.	
14. Denis (Saint-)[6], ann. d'Ambérieux.	S. Denis.	
15. Douvres, an. d'Ambournay.	SS. Pierre et Paul.	
16. Grolée.	S. Cyriaque.	Le prieur de Saint-Benoît de Cessieu.
17. Jean-le-Vieux (Saint-).	S. Jean-Baptiste.	L'abbé d'Ambournay.
18. Jérôme (Saint-)	S. Jérôme.	Idem.
19. Jujurieux.	S. Étienne.	Idem.
20. Julie (Sainte-)	SS. Cyrille et Julitte.	Les carmes déchaussés de Lyon[7].
21. Labergement de Varey, an. de Saint-Jean-le-Vieux.	S. Louis.	

---

[1] Il y avait au hameau de *Ciègne* une chapelle rurale dédiée à Ste Catherine.
[2] Ce fut d'abord une annexe de Saint-Martin-du-Fresne.
[3] Le prieuré était dédié à S. Amand.
[4] Aujourd'hui l'Assomption.
[5] Aujourd'hui S. François de Sales.
[6] Saint-Denis de Chausson (*Vis. dioc. 1654*) ou le Chesson (*Carte de 1769*).
[7] Auxquels avait été uni le prieuré de Chavanost, ancien patron.

DE SAVIGNY ET D'AINAY.

	Noms des localités.	Vocables.	Patrons temporels.
22.	Lagnieux..............	S. Jean-Baptiste.........	Le chapitre du lieu.
23.	Lentenay.............	Assomption...........	L'abbé d'Ambournay.
24.	Leyment..............	S. Jean-Baptiste........	Idem.
25.	Lhuis.................	Assomption...........	L'abbé de Saint-Rambert en Bugey.
26.	Lompnas, ann. de Marchamp.	S. Jacques.	
27.	Loyette...............	SS. Jacques et Christophe.	L'abbé d'Ambournay.
28.	Marchamp............	S. Maurice............	Le prieur de Saint-Benoît de Cessieu.
29.	Maurice (St-) de Rement..	S. Maurice............	L'abbé de Saint-Rambert en Bugey.
30.	Montagneux...........	S. Didier[1]............	Le prieur d'Ennemond en Bugey.
31.	Mont-Griffon, ann. d'Aran.	Ste Anne.	
32.	Nivolet, ann. de St-Jérôme.	S. Léger.	
33.	Poncins...............	S. Martin.............	Le chapitre du lieu.
34.	Proulieux, ann. de Saint-Sorlin[2].	Ste Madeleine[3].	
35.	Rambert-de-Joux (Saint-) ou en Bugey.	S. Rambert...........	L'abbé du lieu.
36.	Rigneux-le-Désert, ann. de Saint-Maurice.	S. André[4].	
37.	Seillonas..............	S. Pierre.............	Le prieur d'Ennemond en Bugey.
38.	Serrières..............	S. Pierre.............	L'abbé d'Ambournay.
39.	Sorlin (Saint-).........	Ste Marie-Madeleine.....	Idem.
40.	Souclin, ann. de Villebois.	S. Cyr.	
41.	Torcieux...............	S. Blaise.............	L'abbé de Saint-Rambert en Bugey.
42.	Vaux[5]................	S. Martin.............	Idem.
43.	Villebois..............	S. Martin............	L'abbesse de Saint-Pierre de Lyon.
44.	Vulbas (Saint-)........	S. Vulbas............	Le prieur de Marsillieu.
45.	Ysenave, an. de Lentenay[6].	S. Jean-Baptiste.	

3° Archiprêtré de Treffort : 22 paroisses ou succursales.

(Voyez le préambule placé en tête du second archiprêtré du paragraphe précédent pour les détails.)

1.	Autecour ou Hautecour..	S. Laurent............	Le chapitre de S. Vincent de Mâcon[7].
2.	Bohaz................	S. Martin............	L'archevêque.
3.	Certines..............	S. Christophe.........	Le chapitre de Bourg.
4.	Ceyzériat.............	S. Laurent............	Le chapitre de Pont-de-Vaux.
5.	Coran................	S. Léger[8]............	L'archevêque.
6.	Cuisiat...............	S. Clément...........	Le prieur de Gigny.
7.	Drulliat...............	S. Georges...........	L'abbé d'Ambournay.
8.	Journens, an. de Revonas[9].	S. Valérien.	
9.	Martin-du-Mont (Saint-)..	S. Laurent............	L'abbé d'Ambournay.
10.	Meyria, ann. de Rignia[10].	S. Étienne.	
11.	Monetay (Le), ann. de Treffort.	S. Pierre.	

---

[1] Cette église étant située loin des habitations et sur une haute montagne, dont l'accès était fort difficile, « principalement aux vieilles gens et aux femmes grosses, » on avait construit une chapelle dans le village. (*Vis. dioc. 1654.*)

[2] La chapelle de Proulieux passait, au XVIIe siècle, pour être la mère-église de Saint-Sorlin. C'était une erreur, sans doute, car Saint-Sorlin (*eccl. S. Saturnini*) figure sur les pouillés des XIIIe et XIVe siècles, où Proulieux n'est pas nommé.

[3] Aujourd'hui S. Hilaire.

[4] Aujourd'hui Ste Anne.

[5] C'est dans cette paroisse que se trouvait la chapelle de Notre-Dame de Nièyre, bâtie sur une montagne voisine de Vaux.

[6] De Vieux-d'Isenave. (*Vis. dioc. 1469.*)

[7] Le prieur de Nantua. (*Vis. dioc. 1654.*)

[8] Aujourd'hui Ste Madeleine.

[9] Saint-Valérien de Journens figure déjà comme annexe de Revonas dans la visite diocésaine de 1654.

[10] C'est le contraire dans la visite diocésaine de 1654 : il est vrai que Rignia ne paraît pas même dans le pouillé du XVIe siècle.

Noms des localités.	Vocables.	Patrons temporels.
12. Montagna dit en Bresse...	S. Pierre............	Le chapitre de Bourg.
13. Neuville-sur-Ain........	S. Martin............	Le chapitre de Poncins.
14. Oussiat...............	S. Laurent...........	Le prieur de Nantua.
15. Pont-d'Ain, ann. d'Oussiat.	Assomption.	
16. Revonaz..............	S. Blaise............	L'abbé d'Ambournay.
17. Rigna................	S. Didier............	L'archevêque.
18. Romanèche-la-Montagne..	S. Paul.............	L'évêque de Belley [1].
19. Tossiat...............	S. Marcel...........	L'abbé d'Ambournay.
20. Tranclière (La).........	S. Jean-Baptiste......	Idem.
21. Treffort..............	Assomption..........	Le prieur de Nantua.
22. Villeversure...........	S. Laurent...........	L'abbé d'Ambournay.

4° Archiprêtré de Bâgé : 40 paroisses ou succursales.

(Ce nombre, réuni à celui de l'archiprêtré de Bourg, qui suit, détaché de celui de Bâgé au XVIII° siècle, forme un total de 68 paroisses, annexes ou succursales.)

1. André (Saint-), ann. de S. André. Bâgé-le-Châtel.		
2. Arbigny, ann. de Sermoyé.	S. Pierre............	Le chapitre de Saint-Paul de Lyon.
3. Bâgé-le-Châtel.........	Assomption..........	L'abbé de Tournus.
4. Bâgé-la-Ville..........	S. Michel............	Le grand custode de St-Jean de Lyon.
5. Bantanges.............	S. Vincent...........	Le prévôt de Saint-Pierre de Mâcon.
6. Benigne (Saint-)........	S. Benigne..........	Le chapitre de Pont-de-Vaux.
7. Bereziat...............	S. Georges..........	Le prévôt de Saint-Pierre de Mâcon.
8. Boissey...............	SS. Gervais et Protais...	L'abbé de Cluny.
9. Boz [2]................	S. Sébastien.........	L'abbé de Tournus.
10. Brienne..............	Ste Madeleine, pénitente.	Idem.
11. Chapellenode (La)......	Assomption..........	Le prieur de Gigny.
12. Chapelle-Tècle (La) [3]...	Ste Tècle............	Le prévôt de Saint-Pierre de Mâcon.
13. Chavannes-sur-Reissouse..	S. Martin............	Le chapitre de Pont-de-Vaux.
14. Chevroux.............	S. Martin............	L'abbé de Tournus.
15. Courtes...............	S. Hilaire...........	Le grand custode de St-Jean de Lyon.
16. Crotet................	S. Paul.............	Le chapitre de Saint-Paul de Lyon.
17. Curtiat...............	S. Laurent...........	Le prévôt de Saint-Pierre de Mâcon.
18. Cyr-sur-Menthon (Saint-) [4].	S. Cyr.............	Le chapitre de St-Vincent de Mâcon.
19. Dommartin de Larnay....	S. Blaise [5].........	Le chapitre de Bourg.
20. Étienne-sur-Reissouse (St-).	S. Étienne..........	Le grand custode de St-Jean de Lyon.
21. Feillens..............	S. Rambert..........	Le prévôt de Saint-Pierre de Mâcon.
22. Genette (La)..........	Assomption..........	L'abbé de Tournus.
23. Genis-sur-Menthon (St-) [6].	S. Barthélemi........	Le chapitre de St-Vincent de Mâcon [7].
24. Gorrevod.............	SS. Pierre et Paul.....	Le chapitre de Pont-de-Vaux.
25. Greziat [8]............	SS. Jacques et Philippe..	L'abbé de Tournus.
26. Jean-sur-Reissouse (St-)...	S. Jean-Baptiste......	Le prévôt de Saint-Pierre de Mâcon.
27. Jean-sur-Veyle (Saint-) [9].	S. Jean-Baptiste......	Le chapitre de St-Vincent de Mâcon.

[1] Le prieur de Nantua. (*Vis. dioc. 1654.*)
[2] En 1656, Boz n'était encore qu'annexe de Chevroux.
[3] Le procès-verbal de la visite diocésaine de 1469 nous apprend que, le 3 septembre, en sortant de la Genette, et avant de se rendre à la Chapelle-Tècle, les commissaires visitèrent une église ainsi désignée : « apud capellam Sancti Theodori : navis ecclesie est de nemore et minatur ruinam. Idem refficiatur infra unum annum. » Il m'a été impossible de trouver ce lieu sur les cartes.
[4] Précédemment de l'archiprêtré de Sandran.
[5] Le nom de la paroisse prouve qu'anciennement son église tait sous le vocable de S. Martin (*Domnus Martinus*).

[6] Précédemment de l'archiprêtré de Sandran. Il est à remarquer que ce n'est pas S. Genis qui est patron de cette paroisse, et cela depuis plusieurs siècles.
[7] Le prêtre qui administrait cette paroisse en 1656 dit à l'archevêque Camille de Neuville qu'il croyait qu'elle avait pour patrons « messieurs de Valbenoîte en Forez. »
[8] Précédemment de l'archiprêtré de Sandran.
[9] Ou Saint-Jean-des-Adventures (*Aventurarium*, vis. dioc. 1469), comme l'appelle Camille de Neuville. Suivant cet archevêque, la paroisse de Saint-Jean-des-Adventures fut érigée vers le commencement du XVII° siècle sous le titre de prieuré-cure, et en portait le titre. (*Vis. dioc. 1654.*) Elle

DE SAVIGNY ET D'AINAY. 1017

Noms des localités.	Vocables.	Patrons temporels.
28. Jouvençon, ann. de Brienne	S. Maurice.	
29. Manziat	S. Christophe	Le prévôt de Saint-Pierre de Mâcon.
30. Menetreuil	S. Pierre	Idem.
31. Monpont[1]	S. Euphrosin	L'évêque de Mâcon.
32. Nizier (Saint-) de Courtes ou le Bouchoux.	S. Nizier[2]	Le prieur de Gigny.
33. Pont-de-Vaux	Assomption	Le seigneur du lieu.
34. Rancy	S. Just	L'évêque de Châlon.
35. Replonges[3]	S. Martin	Le prévôt de Saint-Pierre de Mâcon.
36. Sermoyé	SS. Pierre et Paul	Le chapitre de Saint-Paul de Lyon.
37. Servignat	S. Barthélemi	Le prieur du Villars en Mâconnais.
38. Sornay	S. Rémi	Le prévôt de Saint-Pierre de Mâcon.
39. Trivier (Saint-) en Bresse[4]	S. Trivier	Le chapitre de Saint-Paul de Lyon.
40. Vecours	Assomption	Le chapitre de Saint-Vincent de Mâcon.

5° Archiprêtré de Bourg : 28 paroisses ou succursales.

(Voyez, pour les détails, le préambule de l'archiprêtré précédent.)

1. Attigna	S. Loup, év. de Lyon	L'archevêque.
2. Beaupont, succ. de Bény	S. Antoine.	
3. Bény ou S.-Vinc.-des-Bois	S. Vincent	Le chapitre de Saint-Nizier de Lyon.
4. Bourg[5]	Annonciation[6]	Le chapitre du lieu.
5. Confrançon	S. Pierre	Le chapitre de Saint-Vincent de Mâcon.
6. Cras	S. Jean-Baptiste	Idem.
7. Cuet-lez-Montrevel[7]	S. Oyen	L'archevêque[8].
8. Curtafon	Assomption	Le chapitre de Saint-Nizier de Lyon.
9. Denis (Saint-) de Ceyzéria	S. Denis	L'abbé de Tournus.
10. Didier (Saint-) d'Oussiat	S. Didier[9]	Le prévôt de Saint-Pierre de Mâcon.
11. Domseure[10]	S. Théodore	Le prieur de Gigny.
12. Étienne-les-Bois (Saint-)	S. Étienne	Les chanoines-comtes de Lyon.
13. Étré-le-Bouchoux	S. Martin	Le prieur de Gigny.
14. Fleiria, ann. de Viria	Translat. S. Jean-Bapt[11].	L'abbé de Saint-Claude[12].
15. Foissia	S. Denis	Le prieur de Gigny.
16. Jaya	Assomption	Le prévôt de Saint-Pierre de Mâcon.
17. Julien (St-) sur la Reissouse	S. Julien	Idem.
18. Lescheroux	S. André	L'archevêque.
19. Malafretas	S. Marc	Idem.
20. Manteney, an. de St-Julien.	Ste Marie-Madeleine.	
21. Marboz	S. Martin	Le prieur de Gigny.
22. Marsonnaz	SS. Pierre et Paul	Le prévôt de Saint-Pierre de Mâcon.

remplaça la paroisse de *Chavagna*, portée sur tous les anciens pouillés : ce n'était donc pas, à proprement parler, une nouvelle création.

[1] Montpont (*Mons Pavonis*, vis. dioc. 1469) est aujourd'hui sous le vocable de la Nativité de la Vierge.

[2] Aujourd'hui S. Antoine.

[3] Voir pour Romenay, qui ne paraît pas ici, la note 9 de la page 1006.

[4] Ou Saint-Trivier-de-Courtes. Il y avait deux églises dans cette paroisse : la mère-église, dédiée à S. Trivier, mais située hors du bourg proprement dit; l'autre, dédiée à Notre-Dame, et située dans le bourg. Cette dernière avait de fait supplanté la première dès le milieu du XVIIe siècle. (*Vis. dioc. 1654.*)

[5] La ville de Bourg, pour laquelle on avait tenté vainement de créer un évêché au XVIe siècle, mais qui était devenue au XVIIe chef-lieu d'archiprêtré, absorba dès lors complètement Brou, qui avait été jusque-là la mère-église. (Voyez Guichenon, *Hist. de Bresse*, p. 225.) Au XVe siècle, l'église de Brou était encore sous le vocable de S. Pierre.

[6] Notre-Dame, suivant la visite diocésaine de 1654.

[7] Montrevel, dont le patron est S. Barthélemi, n'avait encore aucun rang dans la hiérarchie paroissiale.

[8] L'abbé de Saint-Claude et le prévôt de Saint-Pierre de Mâcon se disputaient ce patronage au XVIIe siècle. (*Vis. dioc. 1654.*) Il fut sans doute cédé à l'archevêque, ainsi que beaucoup d'autres, comme compensation des pertes que l'érection du diocèse de Saint-Claude lui avait fait éprouver.

[9] Sous les auspices de S. Claude. (*Vis. dioc. 1654.*)

[10] Cette paroisse appartenait précédemment à l'archiprêtré de Coligny.

[11] Aujourd'hui S. Martin.

[12] La visite diocésaine de 1654 attribue le patronage de cette église au prieur de Jasseron.

APPENDICES AUX CARTULAIRES

Noms des localités.	Vocables.	Patrons temporels.
23. Martin-le-Châtel (Saint-)..	S. Martin............	Le chapitre de Bourg.
24. Peronnaz.............	S. Eusèbe...........	L'abbé de Tournus.
25. Pirajoux[1]...........	SS. Jacques et Philippe..	L'archevêque.
26. Polliat..............	S. Étienne..........	Les chanoines-comtes de Lyon.
27. Sulpice (Saint-).......	S. Antoine..........	L'archevêque.
28. Viria................	S. Pierre...........	Idem[2].

6° Archiprêtré de Dombes : 74 paroisses ou succursales.

(Nous avons marqué d'une croix simple (+) les paroisses qui faisaient partie du Lyonnais [Franc-Lyonnais], et d'un astérisque (*) celles de ces dernières qui font encore partie du diocèse de Lyon.)

1. Agnereins[3]..........	S. Jacques...........	L'abbé de Cluny[4].
2. Amareins............	SS. Pierre et Paul.....	Les minimes de Montmerle.
3. Ambérieux...........	S. Maurice..........	L'abbé de Cluny.
4. André (Saint-) d'Huria[5]..	S. André, ap........	Le chapitre de Pont-de-Vaux.
5. Ars.................	S. Sixte............	Les chanoines-comtes de Lyon[6].
6. Baneins ou Athaneins[7]...	S. Martin...........	L'abbé d'Ainay.
7. Beauregard, ann. de Frans.	S. François d'Assises....	[Le chap. de Saint-Jean de Lyon, 1655.]
8. Bereins[8]............	S. Martin[9].........	L'archevêque.
9. Barnard (Saint-)+[10]....	S. Barnard, év. de Vienne.	Le chapitre de Romans en Dombes.
10. Bey.................	S. Martin...........	Le chapitre de Pont-de-Vaux.
11. Bussiges.............	Assomption[11].......	Le seigneur de Neuville-sur-Saône[12].
12. Cesseins.............	Assomption..........	Le chapitre de Belleville.
13. Chaleins[13]...........	S. Julien............	Les chanoines-comtes de Lyon.
14. Champteins, ann. de Montagneux[15].	Assomption[14].	

[1] *Petra Jovis.* (*Vis. dioc.* 1469.) (Voyez p. 1012, note 6.)

[2] La visite diocésaine de 1654 attribue le patronage de cette paroisse au prieur de Jasseron.

[3] Il y avait plusieurs chapelles rurales dans cette paroisse, et, entre autres, une dédiée à S. Martin, au hameau du Massedorout. (*Vis. dioc.* 1655.) Il faut sans doute lire *mas d'Oroux*.

[4] « Comme doyen de Montberthoud. Montberthoud était un ancien prieuré ou plutôt doyenné qui fut réuni à la mense de Cluny au XVIe siècle. Il était situé dans la paroisse de Savigneux. Cette réunion fit disparaître également la paroisse du même nom qui figure sur les précédents pouillés.

[5] Il y avait encore au XVIIe siècle, dans cette paroisse, une très-ancienne chapelle rurale connue sous le nom de Notre-Dame d'Huria. Elle était très-fréquentée, et toutes les paroisses voisines y venaient processionnellement deux fois l'an. Lors de la visite de l'archevêque Camille de Neuville, en 1656, elle était à peu près abandonnée.

[6] « L'abbé de Cluny, comme doyen de Montberthoud. » (*Vis. dioc.* 1654.)

[7] Le nom d'Athaneins (*Antanes*, XIIIe siècle ; *Antaigneu*, XIVe siècle ; *Anthanains*, XVe siècle ; *Athanains*, XVIe siècle) a aujourd'hui complètement disparu des cartes. C'est le nom de Baneins qui l'a remplacé. Baneins (ou *Bagnens*, comme on le lit dans une charte de 1434) était un ancien château situé dans la paroisse d'Athaneins, et qui, ayant acquis une certaine importance au XVIIe siècle, fit d'abord joindre son nom à celui du chef-lieu, et insensiblement on s'est habitué à substituer l'un à l'autre. Cette substitution était déjà opérée de fait au XVIIIe siècle, comme on le voit sur la carte de Cassini, qui écrit BANNEINS ou *Anthenans*, et sur celle du diocèse (1769), qui écrit BANEINS ou *Athaneins* : elle fut adoptée officiellement à l'époque de la Révolution, après la destruction du château de Baneins, c'est-à-dire lorsqu'en réalité ce dernier nom aurait dû disparaître, puisqu'il ne restait plus que le village d'Athaneins. Malgré cette suppression administrative, Athaneins subsiste toujours pour les habitants du pays, et les rédacteurs du Dictionnaire des postes, édition de 1845, ne prenant pas garde que cela fait double emploi, mentionnent dans la commune de Baneins une localité du nom d'*Anthenar* ayant une population de quatre cents habitants. Ce qu'il y a de certain, c'est que le nom d'Athaneins paraît seul sur les anciens pouillés. Lorsque l'archevêque Camille de Neuville trouva l'église de ce village en très-bon état en 1656 ; il y avait même près de l'église une chapelle dédiée à S. Laurent : tout cela n'a pu disparaître en cinquante ans. N'y aurait-il pas quelque rapport entre le nom d'*Athaneins* et celui de son patron, *abbas Athanaoensis*?

[8] Suivant une note consignée dans la visite diocésaine de l'archevêque Camille de Neuville, il paraîtrait que Bereins n'était qu'une annexe de Saint-Georges-de-Renom, ce qui est fort extraordinaire ; car non-seulement ces deux localités n'étaient pas dans le même archiprêtré (Saint-Georges étant dans celui de Sandran), mais encore elles étaient à une distance assez considérable l'une de l'autre (environ deux lieues) et séparées par d'autres paroisses. Le fait est pourtant confirmé dans le procès-verbal de la visite de l'archiprêtré de Dombes en 1711. Aucun pouillé, il est vrai, ne rappelle cette circonstance.

[9] Aujourd'hui S. François.

[10] C'est dans cette paroisse que se trouvait jadis le monastère de la Bruyère (voy. p. 947, n° 71), dont l'église était dédiée à S. Roch, et qui fut uni au monastère des religieuses de Blie, à Lyon, au XVIIe siècle.

[11] Aujourd'hui S. Marc.

[12] Le seigneur d'Ombreval. (*Vis. dioc.* 1654.)

[13] Il y avait dans cette paroisse une chapelle nommée *Saint-Jean de Vaux*. Elle est indiquée sur les cartes.

[14] Aujourd'hui S. Roch.

[15] C'était le contraire en 1711, suivant le procès-verbal de la visite faite à cette époque ; cependant tous les anciens pouillés nomment Champteins comme annexe.

DE SAVIGNY ET D'AINAY.

Noms des localités.	Vocables.	Patrons temporels.
15. Chaneins,	Assomption	L'archevêque [1].
16. Civrieux +.	S. Denis	Les chanoines-comtes de Lyon.
17. Clementia.	S. Didier	L'archevêque.
18. Cormoranches.	S. Denis	Le chapitre de Bourg.
19. Crozilles.	S. Denis.	L'abbé de Cluny.
20. Didier-de-Chalaronne (St-) [2]	S. Didier	Le chapitre de Saint-Nizier de Lyon.
21. Didier-de-Fromens (St-) +.	S. Didier	Le chap. de Romans en Dombes et les religieux de Cluny, alternativement.
22. Dompierre-de-Chalaronne.	S. Georges.	L'abbé d'Ainay.
23. Étienne-de-Chalaronne (St)	S. Étienne [3]	Le chapitre de Saint-Nizier de Lyon.
24. Euphémie (Sainte-), ann. de Trévoux.	Ste Euphémie.	Le prieur du lieu, ou plutôt l'abbé de l'île Barbe, prieur et curé primitif.
25. Farcins.	Assomption	L'abbé de Cluny.
26. Fleurieux en Bresse.	SS. Laurent et Didier	Le chapitre de Châtillon-lez-Dombes.
27. Fleurieux *, an. de Montanay.	S. Martin.	
28. Fontaines *, ann. de Saint-Martin [4].	Notre-Dame.	Le chapitre de Saint-Nizier de Lyon.
29. Francheleins.	S. Martin	L'archevêque.
30. Frans.	S. Étienne d'août.	Les chanoines-comtes de Lyon.
31. Garnerans [5].	S. Jean-Baptiste.	Le seigneur du lieu.
32. Genay +.	Ste Madeleine.	Les chanoines-comtes de Lyon.
33. Genouilleux.	S. Pierre.	Le chapitre de Saint-Just de Lyon.
34. Grièges.	S. Martin [6].	Le chapitre de Fourvières.
35. Guerrins.	S. Marcellin.	L'abbesse de Saint-Pierre de Lyon.
36. Jassens *, ann. de Frans.	Assomption.	
37. Jean (St-) de Thurigneux+.	SS. Jacques et Christophe [7]	Les chanoines-comtes de Lyon.
38. Illiat.	S. Symphorien [8].	L'archevêque.
39. Juis, ann. de Savigneux.	S. Rémy.	
40. Labergement [9].	Assomption	L'archevêque.
41. Lays [10], an. de Pont-de-Veyle	S. Laurent.	
42. Lurcy.	S. Étienne.	L'abbé de Cluny.
43. Martin (St-) de Fontaines [11].	S. Martin	Le chapitre de Saint-Nizier de Lyon.
44. Massieux.	S. Barthélemi	Le chapitre d'Ainay.
45. Mépiliat.	S. Marc	L'abbesse de Saint-Pierre de Lyon.
46. Messimy.	S. Pierre	L'abbé d'Ainay.
47. Mionnay.	S. Jean-Baptiste	L'abbesse de Saint-Pierre de Lyon.
48. Misérieux.	S. Martin.	Les chanoines-comtes de Lyon.
49. Mogneneins.	S. Vincent [12].	L'archevêque.
50. Monceaux.	SS. Jacques et Philippe [13].	L'abbé de Cluny.
51. Montagneux.	S. Martin.	Idem.
52. Montanay.	S. Pierre.	Le seigneur de Neuville-sur-Saône.

[1] Le prieur de Neuville. (Vis. dioc. 1654.)

[2] Des lettres patentes de Louis-Auguste, duc du Maine, prince de Dombes, datées du mois de janvier 1736, et enregistrées au parlement de Dombes, décidèrent que cette paroisse porterait désormais le nom de Saint-Didier-de-Vallin ; mais le public ne paraît pas s'être soumis à cet ordre, qui avait pour cause la vanité du seigneur du lieu.

[3] Il y avait au XVIIe siècle, dans le cimetière de la paroisse, qui entourait l'église paroissiale, une ancienne chapelle dédiée à S. Étienne, qu'on croyait être la mère-église.

[4] C'est Notre-Dame-de-Fontaine, aujourd'hui Cailloux-sur-Fontaines. Le lieu proprement appelé Fontaine, et qui a donné lieu à deux communes nouvelles, est Saint-Martin-de-Fontaine.

[5] Paroisse créée vers 1700, à la demande de M. Cachet, qui fit à ses frais bâtir l'église et le presbytère.

[6] La visite de 1469 porte : «apud S. Gengulphum Chilliaci alias Griejo.»

[7] S. Jean-Baptiste. (Vis. dioc. 1654.)

[8] Il y avait dans la paroisse une chapelle dédiée à S. Loup, et pourvue de cimetière, de cloches, etc. Elle était considérée comme annexe.

[9] Cette paroisse existait déjà au milieu du XIIIe siècle ; au XVIIe elle avait pour patron temporel l'abbé de Saint-Claude. On a fait longtemps les fonctions curiales à l'église du Péage, située à un quart de lieue du bourg. Le Péage et Labergement font aujourd'hui partie de la commune de Châtillon-lez-Dombes.

[10] Il y avait un prieuré au XVe siècle. (Vis. dioc. 1469.)

[11] C'est la mère-église de Notre-Dame-de-Fontaines, qui lui fut plus tard tout à fait substituée.

[12] Il y avait en outre deux chapelles rurales : l'une dédiée à S. Jean, l'autre à S. Alban.

[13] Il y avait une chapelle avec cimetière à Bothenins, sous le vocable de S. Jacques. (Voyez le pouillé du XIIIe siècle, archipr. de Dombes, n° 31.)

APPENDICES AUX CARTULAIRES.

Noms des localités.	Vocables.	Patrons temporels.
53. Montmerle	S. Nicolas [1]	L'abbé de Cluny.
54. Néron, ou Saint-Didier-de Miribel, an. de Rillieux [2].	S. Didier.	
55. Neuville-sur-Saône *	Notre-Dame de l'Assompt.	Le seigneur du lieu [3].
56. Olive (S^{te}-) ou Sainte-Illide.	S. Illide.	Le chapitre de Tournus.
57. Parcieux, ann. de Reyrieux	S. Roch [4].	
58. Percieux	S. André	Les chanoines-comtes de Lyon.
59. Peyzieux	S. Martin.	L'archevêque.
60. Pont-de-Veyle	Assomption	Le chapitre d'Ainay.
61. Pouilleux [5]	S. Martin.	L'archevêque.
62. Rancey	S. Pierre [6].	Les chanoines-comtes de Lyon.
63. Reyrieux	SS. Pierre et Paul	Iidem.
64. Rillieux	S. Denis.	L'archevêque [7].
65. Riotiers +	S. Denis [8].	[Cluny] [9].
66. Rochetaillée *	Ste Catherine	L'archevêque.
67. Sathonay	S. Laurent.	Idem.
68. Savigneux	S. Laurent.	Le prieur du lieu.
69. Toissey [10]	Ste Marie-Madeleine.	L'archevêque.
70. Toussieux	S. Bonnet.	Idem.
71. Trévoux	S. Symphorien [11]	Le chapitre du lieu.
72. Trivier (Saint-) en Dombes	S. Denis [12]	Les minimes de Montmerle.
73. Valeins	S. Laurent	Le prieur (ou sacristain) de Charlieu.
74. Villeneuve	Ste Madeleine [13]	L'abbé de Cluny.

7° Archiprêtré de Sandran : 38 paroisses ou succursales.

1. André-de-Corcy (Saint-)	S. André	Le prieur de la Platière, à Lyon.
2. André-le-Panoux (Saint-)	S. André	L'abbé de Tournus.
3. Beaumont, ann. de la chapelle-du-Châtelard.	Notre-Dame.	
4. Bisiat	S. Clair	Idem.
5. Bouchoux, ou Saint-André-le-Désert.	S. André	Le chapitre de Montluel.
6. Bouligneux	S. Marcel.	Les chanoines-comtes de Lyon.
7. Buelle	S. Martin.	L'abbé de Tournus.
8. Chanoz	S. Martin.	L'archevêque.
9. Chapelle-du-Châtelard (La)	S. Pierre [14].	Le prieur de Saint-Pierre de Mâcon.
10. Châtillon-lez-Dombes [15]	SS. André et Vincent de P.	Les chanoines-comtes de Lyon.
11. Chaveyriat	S. Jean [16].	L'abbé de Cluny.
12. Christophe (Saint-) près de Sandran.	S. Christophe.	L'archevêque [17].
13. Condeyssiat	SS. Laurent et Julien	Le prieur de la Platière, à Lyon.

---

[1] Aujourd'hui S. Vincent.
[2] La paroisse de Néron est plus ancienne que celle de Rillieux. Aussi Camille de Neuville écrivait-il en 1655 : « Néron est la vraie église paroissiale, dont Rillieux n'est que l'annexe. » (*Vis. dioc. 1654.*) (Voyez le pouillé du XIIIe siècle, archipr. de Dombes.)
[3] « L'abbé de l'île Barbe. » (*Vis. dioc. 1654.*)
[4] *Notre-Dame*, suivant la visite diocésaine de 1654.
[5] Localité qui a perdu toute importance et se trouve aujourd'hui comprise dans la commune de Reyrieux. Déjà au XVIIe siècle Camille de Neuville constate la déchéance de Pouilleux dans sa visite diocésaine. Il n'y avait plus que quarante paroissiens.
[6] Il y avait une chapelle rurale dédiée à Notre-Dame au lieu de Limandas.
[7] En qualité d'abbé de l'île Barbe, ici et plus bas. L'abbaye de l'île Barbe avait été réunie à l'archevêché.
[8] Aujourd'hui S. Paul.
[9] Le procès-verbal de visite de 1711 porte : « Présentateur autrefois, monseigneur l'archevêque. La cure est unie au chapitre de Trévoux. » Riotiers fait aujourd'hui partie de la commune de Trévoux.
[10] Toissey dépendait auparavant de Saint-Didier-de-Chalaronne. Au XVIIe siècle, la princesse de Dombes y fonda une chapelle qui devint annexe, puis paroisse.
[11] Avant le XVIe siècle, SS. Clair et Blaise.
[12] Il y avait encore au XVIIe siècle, près des murs de la ville, une chapelle dédiée à S. Trivier, qui devait être la mère-église.
[13] S. Clair et Ste Madeleine.
[14] Aujourd'hui la Ste Vierge.
[15] Érigée en collégiale en 1652.
[16] Aujourd'hui l'Assomption.
[17] « Le chamarier de l'île Barbe. » (*Vis. dioc. 1654.*)

DE SAVIGNY ET D'AINAY. 1021

Noms des localités.	Vocables.	Patrons temporels.
14. Cyr (S^t-) près de Sandran.	S. Cyr.	L'abbé d'Ainay.
15. Georges-de-Renom (S^t-)[1].	S. Georges.	L'archevêque.
16. Germain-de-Renom (S^t-).	S. Germain.	L'abbé de Cluny.
17. Julien-sur-Veyle (Saint-).	S. Julien.	L'archevêque.
18. Lent.	S. Germain.	Les chanoines-comtes de Lyon.
19. Longchamp.	S. Laurent[2].	Le chapitre de Saint-Pierre de Mâcon.
20. Luponaz.	S. Pierre.	L'archevêque.
21. Marlieu.	S. Pierre-ès-liens.	L'abbesse de Saint-Pierre de Lyon.
22. Mezeriat.	SS. Christophe et André.	L'archevêque.
23. Montcel.	S. Martin.	L'abbé de Tournus.
24. Montfalcon.	S. Saturnin[3].	Le chap. de Saint-Vincent de Mâcon.
25. Monthieu.	S. Pierre.	L'abbesse de Saint-Pierre de Lyon.
26. Montracol.	S. Didier.	L'abbé de Tournus.
27. Neuville-les-Dames.	S. Maurice.	Les comtesses (religieuses) du lieu.
28. Nizier-le-Désert (Saint-).	S. Nizier.	Le collége de Thoissey.
29. Paul-de-Varax (Saint-).	S. Paul.	Le chapitre de Saint-Paul de Lyon.
30. Pérez.	Assomption.	Le chap. de Saint-Vincent de Mâcon.
31. Pérouse (La).	S. Romain.	L'archevêque.
32. Rémi (Saint-).	SS. Rémi et Clair.	Idem.
33. Romans.	S. Maurice.	Le prieur de Salles.
34. Sandran.	S. Priest.	Le chapitre de Montluel.
35. Serva.	S. Georges.	Le chapitre de Saint-Pierre de Mâcon.
36. Sulligna.	Nativ. Notre-Dame.	L'abbé de Tournus.
37. Vandeins.	SS. Pierre et Clair.	L'abbé de Cluny.
38. Vonnas.	S. Martin.	L'archevêque.

8° Archiprêtré de Chalamont : 52 paroisses ou succursales.

1. Balan.	S. Jean-Baptiste.	Les chanoines-comtes de Lyon.
2. Barthélemi (S^t-) de Montluel, ann. de la Boesse.	S. Barthélemi.	
3. Beynost.	S. Julien.	L'archevêque[4].
4. Biligneux.	S. Pierre.	Le chapitre de Saint-Paul de Lyon.
5. Birieux.	S. Pierre.	L'archevêque.
6. Boesse (La).	Assomption.	Idem.
7. Bourg-Saint-Christophe.	S. Christophe.	Le chamarier de St-Rambert en Bugey.
8. Bressolles.	S. Marcellin.	L'archevêque[5].
9. Bublan, ann. de Châtillon-la-Palud.	S. Georges.	Le prieur de Villette.
10. Chalamont (N.-Dame de).	Notre-Dame.	L'abbé d'Ambournay.
11. Charnoz, an. de Meximieux.	Assomption.	Idem.
12. Châtenay-lez-Dombes.	S. Pierre.	Idem.
13. Châtillon-la-Palud.	S. Irénée.	Le prieur de Villette-sur-Ain.
14. Cordieu.	S. Romain.	L'archevêque[6].
15. Cran.	Assomption.	L'abbé d'Ambournay.
16. Croix (Sainte-).	S. Donat.	Le chapitre de Saint-Nizier de Lyon.
17. Dagneux.	S. Nizier.	L'archevêque.
18. Dompierre[7].	SS. Pierre et Maurice[8].	L'abbé d'Ambournay.

[1] Voyez la note jointe au nom de Bereins, archiprêtré de Dombes (p. 1018, note 8).
[2] Aujourd'hui l'Assomption.
[3] Aujourd'hui S. Hilaire.
[4] Le prévôt de l'île Barbe. (*Vis. diœc. 1654.*) Il y avait dans cette paroisse une chapelle rurale dédiée à S. Pierre.
[5] Le chapitre de l'île Barbe. (*Vis. diœc. 1654.*)
[6] Le chamarier de l'île Barbe. (*Vis. diœc. 1654.*)
[7] On écrit ordinairement Dompierre-de-Chalaronne ; mais ce surnom est inexact. Il y a déjà un Dompierre-de-Chalaronne dans l'archiprêtré de Dombes. Celui qui est dans l'archiprêtré de Chalamont se trouve sur la Veyle, et serait mieux dit Dompierre-sur-Veyle. La carte du Dépôt de la guerre lui donne simplement le nom de Dompierre. De la Mure lui donne le nom de Dompierre-de-Chalamont.
[8] Aujourd'hui S. Georges.

Noms des localités.	Vocables.	Patrons temporels.
20. Éloy (Saint-)	Ste Eulalie	Les chanoines-comtes de Lyon.
19. Étienne (S^{t}-) de Montluel, ann. de la Boesse.	S. Étienne	Le prieur de la Boesse.
21. Faramant	S. Vincent	L'abbé de Saint-Rambert en Bugey.
22. Gourdan		Idem.
23. Jailleux	S. Barthélemi	L'archevêque.
24. Joyeux	S. Martin [1]	Le chapitre de Saint-Nizier de Lyon.
25. Loyes, ann. de Villieu	Ste Madeleine.	
26. Madeleine (la) de Varembon, ann. de Priay.	Ste Madeleine.	
27. Marcel (Saint-), ann. de St-André-de-Corcy (arch. de Sandran).	S. Marcel.	
28. Martin (S^{t}-) de Miribel [2]	S. Martin	Le chapitre de Saint-Nizier de Lyon.
29. Martin (S^{t}-), ann. de Chalamont [3].	S. Martin.	L'abbé d'Ambournay.
30. Maurice (S^{t}-) de Beynost	S. Maurice	L'archevêque.
31. Maurice (S^{t}-) de Gourdan	S. Maurice.	L'abbé d'Ainay.
32. Meximieux	S. Appolinaire	Le chapitre du lieu.
33. Montelier	Ste Madeleine.	Le chapitre de Saint-Nizier [4] de Lyon.
34. Montluel	Nativ. Notre-Dame [5]	Le chapitre du lieu.
35. Molon	S. Laurent.	L'abbé d'Ambournay.
36. Nièvre	Assomption	L'archevêque.
37. Niost-de-Gourdan [6]	S. Jean-Baptiste	Idem [7].
38. Pérouges	Ste Marie-Madeleine [8]	L'abbé de Cluny.
39. Pisay	S. Corneille.	L'archevêque [9].
40. Plantay (Le)	S. Pierre [10]	L'abbé de Cluny.
41. Priay	S. Pierre	Le prieur de Villette-sur-Ain.
42. Rigneux-le Franc	S. Paul [11]	Le chapitre de Saint-Paul de Lyon.
43. Romain (Saint-) de Miribel	S. Romain	L'archevêque [12].
44. Romanèche-la-Saussay	S. Martin	Le seigneur de Neuville-sur-Saône.
45. Ronzuel	S. Jean-Baptiste	Le chapitre de Saint-Paul de Lyon.
46. Saman	S. Mamert	L'archevêque.
47. Thil	S. Florent	L'abbé d'Ainay.
48. Tramoyé	Ste Vierge [13].	L'archevêque [13].
49. Versailleux	SS. Pierre et Paul	Le chapitre de Saint-Paul de Lyon.
50. Villars	Nativité	Le chapitre de Saint-Just de Lyon.
51. Villette-de-Loyes	S. Martin.	Le prieur du lieu.
52. Villieu	S. Pierre	Le chapitre de Meximieux.

[1] Aujourd'hui l'Assomption.

[2] Il y avait à Miribel deux paroisses : Saint-Martin et Saint-Romain. Dans la première se trouvait jadis, au hameau de Vancia, situé dans les bois, à une assez grande distance de Miribel, une chapelle dédiée à S. Pierre, qui paraît avoir été la mère-église. Elle fut réunie à Saint-Martin au XVIe siècle. Nous avons vu dans le pouillé du XIIIe siècle que Saint-Maurice de Beynost était alors aussi considéré comme une église de Miribel.

[3] Voyez ci-devant, page 922, note 2, ce que j'ai dit de cette église, qui était la matrice de celle de Chalamont; et 997, note 11, quelques détails sur l'église même de Chalamont.

[4] Saint-Paul. (Vis. dioc. 1654.)

[5] Montluel, simple chapelle au XIIIe siècle, possédait au XVIIIe, outre son chapitre de Notre-Dame ayant rang de paroisse, par suite de l'union qui y avait été faite au XVIIe de l'église de Mares, deux autres églises paroissiales : Saint-Étienne et Saint-Barthélemi. Cette dernière se trouvait sur le haut d'un monticule, dans la ville cependant.

[6] La carte de Cassini porte : « S. Jean de Niost ou Gourdan. » Le fait est que les deux localités sont tellement voisines qu'elles sont confondues.

[7] Camille de Neuville écrivait, en 1655 : « L'église est paroissiale; et ce fut autrefois un prieuré qui était uni à la chamarerie de l'île Barbe. » (Vis. dioc. 1654.)

[8] L'église de Saint-Georges, située hors du bourg, et qui existe encore, fut d'abord la mère-église.

[9] Le chamarier de l'île Barbe. (Vis. dioc. 1654.)

[10] Le Plantay était autrefois dédié à S. Didier. Il est même désigné dans les anciens pouillés sous le nom de S. Desiderius de Renom, alias du Plantay. Lors de la visite de Camille de Neuville, en 1655, on lui signala l'existence d'une ancienne chapelle rurale alors en ruines, dédiée à Ste Madeleine, et qui passait pour la mère-église : il ordonna de planter une croix dans ce lieu.

[11] Il y avait autrefois près de l'église paroissiale une chapelle dédiée à S. Méry, fort fréquentée.

[12] Le prévôt de l'île Barbe. (Vis. dioc. 1654.)

[13] Le prieur de St-Germain de Miribel. (Vis. dioc. 1654.)

DE SAVIGNY ET D'AINAY. 1023

9° Archiprêtré de Morestel : 26 paroisses ou succursales.

Noms des localités.	Vocables.	Patrons temporels.
1. Amblagnieux............	S. Laurent[1]...........	L'abbé d'Ambournay.
2. Arandon................	S. Cyprien............	L'abbesse de Saint-Pierre de Lyon.
3. Balme (La)[2]...........	S. Pierre.............	Les carmes déchaussés de Lyon[3].
4. Baudille (Saint-)........	S. Baudille...........	Le chamarier de Saint-Chef[4].
5. Bouvesse...............	S. Christophe.........	L'abbé d'Ambournay.
6. Brangues...............	S. Pierre-ès-liens......	L'abbesse de Saint-Pierre de Lyon.
7. Carisieux...............	S. Denis..............	Le chapitre de Saint-Just de Lyon.
8. Charettes...............	S. Pierre.............	Le prieur de Vaux.
9. Colombe-de-la-Brosse (S^{te}-).	Ste Colombe............	L'archevêque.
10. Courtenay..............	S. Martin[5]...........	Le chamarier de Saint-Chef.
11. Cozance................	S. Denis..............	L'ouvrier de Saint-Chef.
12. Crepts.................	S. Maurice............	Le chapitre de Saint-Chef.
13. Dolomieux.............	SS. Pierre et Paul.....	L'abbesse de Saint-Pierre de Lyon.
14. Mépieux...............	S. Pierre-ès-liens......	Le curé de Parmillieux, prieur de Vaux.
15. Morestel...............	S. Symphorien.........	Le chapitre de Saint-Chef.
16. Optevos................	S. Symphorien,........	Idem.
17. Parmillieux............	SS. Pierre et Paul.....	Le prieur de Saint-Irénée de Lyon.
18. Passins................	S. André, ap..........	Le chapitre de Saint-Chef.
19. Quirieu................	Assomption[6]..........	Idem.
20. Sermerieux.............	Assomption...........	Idem.
21. Sissieux, ann. d'Optevos..	S. Jean-Baptiste.......	Le prieur de Saint-Hippolyte.
22. Soleymieux.............	S. Martin.............	Les carmes déchaussés de Lyon.
23. Trept..................	Assomption...........	L'abbesse de Saint-Pierre de Lyon.
24. Vercieux...............	S. Louis..............	L'archevêque.
25. Vertrieux, ann. de la Balme	S. Laurent............	Le chapitre de Saint-Just de Lyon.
26. Victor (S^t-) dit en Dauphiné	S. Victor.............	L'abbesse de Saint-Pierre de Lyon.

10° Archiprêtré de Meyzieu : 28 paroisses.

1. Anthon.................	S. Germain...........	Les carmes déchaussés de Lyon[7].
2. Bonnet (Saint-) de Mure..	S. Bonnet............	L'abbé d'Ainay.
3. Bron...................	S. Denis..............	L'abbé d'Haute-Combe, en Savoie.
4. Charpieu...............	S. Ennemond.........	L'abbesse de Saint-Pierre de Lyon.
5. Chassieux..............	S. Galmier...........	Eadem.
6. Chavagneux............	S. Nizier.............	Le chapitre de Saint-Nizier de Lyon.
7. Colombier..............	S. Martin,............	L'abbé d'Ainay.
8. Dessines...............	S. Pierre-ès-liens......	L'archevêque.
9. Eyrieux................	Assomption...........	Le prieur du lieu.
10. Faisin.................	Assomption...........	Le prieur de Notre-Dame-de-l'Ile[8].
11. Genas..................	S. Barthélemi.........	Le chapitre de Saint-Nizier de Lyon.
12. Grenay................	S. Pierre.............	L'abbé d'Ainay.

---

[1] Aujourd'hui S. André.

[2] C'est dans cette paroisse que se trouve la célèbre chapelle de Notre-Dame de la Balme.

[3] C'était auparavant le prieuré de Chavanost; mais ce prieuré avait été uni aux carmes déchaussés au XVIIe siècle. Cette observation s'applique à toutes les autres collations attribuées aux carmes déchaussés de Lyon.

[4] En 1773, le chapitre de Saint-Chef fut réuni à Saint-André de Vienne, et toutes les collations de l'abbaye furent attribuées à l'archevêque de Vienne.

[5] Il y avait autrefois dans cette paroisse deux chapelles rurales : l'une dédiée à S. Roch, en plein champ; l'autre dédiée à Ste Madeleine, au village de Boulieu.

[6] Cette église, située sur les bords du Rhône, fut détruite par les protestants. Au XVIIe siècle, on disait la messe sur le haut de la montagne, dans une chapelle dédiée à Ste Catherine, et qui existe encore.

[7] Même observation qu'à la note 3.

[8] La visite diocésaine de Camille de Neuville porte que c'est l'archevêque qui est collateur, et que les jésuites de Vienne, comme prieurs du prieuré de la Tour (au nord de Faisin), uni à leur collège, sont seigneurs dîmiers. De plus, elle nous apprend qu'il y avait dans cette paroisse une chapelle, au château de l'Isle, où il y avait fondation de quelques messes.

Noms des localités.	Vocables.	Patrons temporels.
13. Janeyriat.............	S. Pierre............	Le prieur de Chandieu et les carmes déch. de Lyon, alternativement.
14. Jonage...............	S. Jean-Baptiste........	Les carmes déchaussés de Lyon.
15. Jons.................	S. Ferréol............	*Iidem.*
16. Laurent (Saint-) de Mure.	S. Laurent...........	L'abbé d'Ainay.
17. Meisieux.............	Assomption [1]........	Le chapitre d'Ainay.
18. Mions [2].............	Ste Madeleine.........	Le chapitre de Saint-Just de Lyon.
19. Pierre (S^t-) de Chandieu..	S. Pierre............	Le prieur du lieu.
20. Priest (Saint-) [3].......	S. Priest............	L'abbé d'Ainay et l'abbesse de Saint-Pierre de Lyon, alternativement [4].
21. Pusignan.............	Assomption...........	Les carmes déchaussés de Lyon.
22. Symphorien-d'Ozon (S^t-).	S. Symphorien........	Le prieur du lieu.
23. Solaise [5].............	S. Sylvestre..........	Le chapitre de Saint-Just de Lyon.
24. Thomas (S^t-) [6] de Chandieu	S. Thomas...........	Le prieur de Saint-Pierre de Chandieu.
25. Toussieux.............	S. Pierre............	Le prieur de Saint-Symphorien-d'Ozon.
26. Vaux-en-Velin.........	S. Romain, mart.......	Le prieur de la Platière, à Lyon.
27. Venitieux.............	S. Germain...........	L'abbesse de Saint-Pierre de Lyon.
28. Villette-d'Anthon.......	S. Martin............	Les carmes déchaussés de Lyon.

§ III.

LISTE DES PAROISSES, ANNEXES ET SUCCURSALES DE L'ANCIEN DIOCÈSE DE LYON QUI SONT ENTRÉES DANS LA COMPOSITION DU NOUVEAU DIOCÈSE, EN 1790.

1° Archiprêtré des suburbes : 27 paroisses ou annexes (non compris Lyon[7]).

1. Albigny...............	Nativité Notre-Dame.....	Les chanoines-comtes de Lyon.
2. Caluire, an. de S. Rambert [8]	La Pentecôte [9].	
3. Charbonnières, ann. de Tassins.	S. Roch, auj. Notre-Dame et S. Roch.	
4. Colonges..............	S. Clair [10]...........	L'archevêque.
5. Consorce (Sainte-)......	Ste Consorce [11]........	Le chapitre de Saint-Just de Lyon.
6. Couson...............	S. Maurice...........	Les chanoines-comtes de Lyon.
7. Cuire, ann. de Vaise [12]...	S. Sébastien [13].	
8. Cury, ann. de St-Germain.	S. Claude.	
9. Cyr (Saint-) au Mont-d'Or.	S. Cyr [14]............	Les chanoines-comtes de Lyon.
10. Dardilly..............	S. Pancrace..........	L'archevêque.
11. Didier (S^t-) au Mont-d'Or.	S. Didier [15]........	L'abbé de Savigny.

---

[1] Aujourd'hui S. Sébastien.

[2] Le pouillé joint à la carte de 1769 place ici une paroisse de Saint-Osonnet, qui ne se trouve cependant ni sur cette carte ni sur celle de Cassini. L'almanach de Lyon pour 1779 en fait mention, mais il n'indique pas sa situation; de plus, il lui donne pour curé M. Levet, dont le nom figure au même titre à l'article de Saint-Bonnet de Mure. J'en conclus que Saint-Osonnet ne doit son existence qu'à une mauvaise lecture du nom de Saint-Bonnet.

[3] A un quart de lieue de Saint-Priest existait, au XVIIe siècle, une chapelle rurale sous le titre de Ste Marguerite de la Clostra.

[4] Les pouillés anciens portent : *Abbas vel vestiarius Athanatensis.*

[5] Il y avait encore au XVIe siècle une chapelle rurale sous le titre de Saint-André-en-Vignettes.

[6] Ce n'était, à proprement parler, que l'annexe de Saint-Pierre. Elle fut rebâtie au XVIIe siècle. (*Vis. dioc.* 1654.)

[7] Nous n'avons pas cru nécessaire de donner ici la liste des paroisses de Lyon. On la trouve complète dans les almanachs de Lyon de cette époque.

[8] Cette localité, dont l'église fut bâtie en 1651 seulement, par la marquise de Miribel, est devenue chef-lieu de commune, grâce à sa proximité de Lyon, et a même donné naissance à deux autres importantes communes : la Croix-Rousse, dont l'église est dédiée à S. Augustin, et Saint-Clair, dont l'église est dédiée au saint de ce même nom.

[9] Le vocable de cette église est proprement le Saint-Esprit, dont la fête se célèbre à la Pentecôte.

[10] Il y a aujourd'hui une nouvelle église devenue paroissiale, sous le vocable de S. Nizier.

[11] Aujourd'hui la Nativité de Notre-Dame.

[12] Comme Caluire, cette annexe est devenue commune.

[13] L'église est sous le vocable du Sacré-Cœur de Jésus.

[14] Chapelle rurale sous le vocable de Notre-Dame, sur le Mont-Cindre.

[15] Chapelle rurale sous le vocable de S. Fortunat, au hameau de ce nom.

DE SAVIGNY ET D'AINAY.

Noms des localités.	Vocables.	Patrons temporels.
12. Dommartin	Notre-Dame	L'abbé d'Ainay.
13. Éculy	S. Blaise	Le chapitre de Saint-Just de Lyon.
14. Foy-lez-Lyon (Sainte-)	Ste Foy	Les chanoines-comtes de Lyon.
15. Francheville	Assomption (auj. S. Roch).	L'archevêque.
16. Genis-les-Ollières (Saint-).	S. Barthélemi	Les chanoines-comtes de Lyon.
17. Germain (S^t-) au Mont-d'Or	S. Germain	Iidem.
18. Grézieux-la-Varenne	S. Roch	Le chapitre de Saint-Just de Lyon.
19. Guillotière (La), faubourg de Lyon.	Notre-Dame de Grâce	L'archevêque.
20. Limonet	S. Abdon [1]	Idem.
21. Marcy-les-Loups, ann. de Sainte-Consorce.	S. Pierre.	
22. Poleymieux	S. Victor	Les chanoines-comtes de Lyon.
23. Rambert (Saint-)	S. Rambert [2]	L'archevêque.
24. Romain (S^t-) de Couzon	S. Romain	Idem.
25. Tassins	S. Claude	Les chanoines-comtes de Lyon.
26. Vaise, faubourg de Lyon	S. Pierre-ès-liens	L'abbé d'Ainay.
27. Villeurbane	Nativité de la Vierge	L'archevêque.

2° Archiprêtré d'Anse : 55 paroisses ou annexes.

1. Ambérieux-d'Azergues	S. Cyr	L'archevêque.
2. Anse	S. Pierre [3]	Les chanoines-comtes de Lyon.
3. Arbuissonnas	S. Laurent	L'abbé d'Ainay.
4. Arnas	S. Saturnin	Le prieur du lieu (Saint-Saturnin).
5. Béligny	S. Martin	Les chanoines-comtes de Lyon.
6. Belleville	Notre-Dame	L'abbé du lieu.
7. Blacé	S. Claude	Le prieur de Salles.
8. Cercié	Notre-Dame [4]	Le sacristain de Cluny.
9. Charentay	S. Martin [5]	Le chapitre de Beaujeu.
10. Charnay [6]	S. Cristophe	Les chanoines-comtes de Lyon.
11. Chassagne (La)	S. Pierre	Le prieur de Ternand.
12. Chasselay	S. Martin	L'abbé d'Ainay.
13. Châtillon-d'Azergues	S. Barthélemi [7]	Le chapitre de Saint-Paul de Lyon.
14. Chazay-d'Azergues	S. André [8]	L'abbé d'Ainay.
15. Chères (Les), ann. de Chasselay.	S. Roch.	
16. Chervinges [9], ann. de Limans.	S. Laurent.	
17. Civrieux	SS. Blaise et Cyr	L'abbé d'Ainay.
18. Cogny	S. Germain [10]	Le prieur de Denicé.
19. Corcelles	SS. Pierre et Paul	L'archevêque.
20. Cyprien (Saint-), ann. de Pomiers.	S. Cyprien.	
21. Cyr (Saint-), ann. de Vaux.	S. Cyr.	

---

[1] Aujourd'hui S. Martin. Il y a une chapelle rurale dans cette paroisse, sous le vocable de S. André, au hameau du même nom.

[2] Au XIIe siècle, l'église de ce bourg était dédiée à S. Nicolas et aux SS. Minervius et Éléasar. (Voyez Le Laboureur, *Mazures de l'Île Barbe*, t. Ier, p. 81 et 116.)

[3] Il y avait autrefois près d'Anse une église dédiée à S. Romain, où ont été tenus plusieurs conciles. La visite de 1469 place aussi aux environs d'Anse une église de *Bella Sargina*, dont il m'a été impossible de trouver la trace.

[4] Chapelle rurale sous le vocable de S. Ennemond (ancienne). (Voyez p. 915 pour le patron temporel.)

[5] Chapelle rurale sous le vocable de S. Pierre, apôtre.

[6] Il y avait dans cette paroisse un hameau avec église, Belmont, qui est devenu chef-lieu de commune.

[7] Aujourd'hui S. Camille. Deux chapelles rurales : l'une sous le vocable de S. Roch, l'autre sous celui de Ste Valburge, à Amanzé. C'est aussi dans la paroisse de Châtillon que se trouve Dorieux, cité comme paroisse dans la visite diocésaine de 1469. (Voyez ci-devant, p. 911, note 6.)

[8] Plus anciennement S. Pierre. (*Cart. d'Ainay*, ch. 37.)

[9] La visite de 1719 écrit *Servinges*, suivant en cela une prononciation du pays.

[10] Deux chapelles rurales : l'une sous le vocable de S. Claude, l'autre sous celui de Notre-Dame. Cette dernière sert d'église paroissiale à la commune de Rivolet.

1026 APPENDICES AUX CARTULAIRES

Noms des localités.	Vocables.	Patrons temporels.
22. Denicé	S. Pancrace [1]	L'archevêque.
23. Dracé	S. Pierre, apôtre [2]	Le prieur d'Arnas.
24. Étienne-la-Varenne (S^t-), ann. de Néty.	S. Étienne [3].	
25. Georges (Saint-) de Ronins.	S. Georges [4]	L'abbé de Cluny.
26. Glezé	Nativité Notre-Dame [5]	Le prieur de St-André-le-Bas de Vienne.
27. Jarniost, succ. de Ville	Ste Catherine	[Le seigneur du lieu.]
28. Jean-d'Ardière (Saint-)	S. Jean-Baptiste	L'archevêque.
29. Julien (S^t-) sous Montmelas	S. Julien	L'abbé de Cluny.
30. Lacenas	S. Jean-Baptiste [6]	Le prieur de Salles.
31. Lager (Saint-)	S. Léger	Le chapitre de Saint-Paul de Lyon.
32. Laye-Épinay, ann. de St-Georges-de-Ronins.	S. Denis.	
33. Liergues	Assomption [7]	L'abbé de Cluny.
34. Limans	S. Gilles, abbé	Idem.
35. Lissieux	S. Christophe [8]	Le prieur de Salles et les prébendiers du Saint-Sépulcre, alternativement.
36. Losanne, ann. de Civrieux.	S. Maurice et Ste Marguer.	
37. Lucenay	Inv. S. Étienne	Les chanoines-comtes de Lyon.
38. Marchamp, an. de Quincié.	Notre-Dame [9].	
39. Marcilly-d'Azergues	S. Barthélemi	L'abbé d'Ainay.
40. Marcy-sur-Anse [10]	S. Bonnet	Le chamarier de Savigny.
41. Montmelas	S. Antoine [11]	Le prieur de Denicé.
42. Morancé [12]	N.-D. de l'Assomption	L'abbesse de Saint-Pierre de Lyon.
43. Néty	S. Clair	Le prieur de Saint-Irénée de Lyon.
44. Odenas	S. Pierre et Ste Monique [13].	Le chapitre de Saint-Paul de Lyon.
45. Ouilly	Ste Agathe [14]	Le prieur d'Arnas.
46. Pommiers	S. Barthélemy	L'archevêque.
47. Pouilly-le-Châtel	Ste Andronique	L'abbé de Cluny.
48. Pouilly-le-Monial	S. Pierre	Le prieur de Montverdun [15].
49. Quincé [16]	SS. Pierre et Paul	Le prieur de Charlieu.
50. Quincieux	S. Laurent [17]	Le chapitre de Saint-Just de Lyon.
51. Sorlin-le-Puy (Saint-)	S. Saturnin	Le prieur de Saint-Irénée de Lyon.
52. Taponas, an. de St-Jean-d'A.	L'Assomption N.-D. [18].	
53. Vaux	S. Martin	L'abbé de Cluny.

[1] La visite de 1719 porte : « vocable, l'Assomption ; patron, S. Pancrace. » Elle indique de plus une chapelle rurale de Notre-Dame qui était peut-être la mère-église, d'où serait resté à la paroisse le vocable de l'Assomption (voy. p. 439). Le patron de la cure était encore alors le prieur de Denicé, réuni plus tard au séminaire de S. Pothin de l'île Barbe.

[2] Chapelle rurale sous le vocable de S. Pancrace (ancienne).

[3] Il y a aujourd'hui une autre église sous le vocable aussi de S. Étienne.

[4] Vocable, la Ste Vierge ; chapelle rurale sous le vocable de S. Honnebon (Hannebon). Il y avait en 1719 trois chapelles rurales : à Boistrait (S. ....), à Roffray (S. Étienne), et à Laye (S. Denis), qui n'était pas encore annexe. Aujourd'hui il n'y en a plus qu'une.

[5] Il y avait en 1719 trois chapelles rurales : celle de l'ancien hôpital de Villefranche (Roncevaux), celle de S. Roch et celle de Marcy.

[6] Aujourd'hui S. Joseph. Dans cette paroisse se trouve l'ancien château du Sou, dont l'église était dédiée à Notre-Dame (la visite de 1719 lui donne le titre de paroisse), et près de là le hameau de Saint-Paul, ayant une chapelle sous le même vocable.

[7] La visite de 1719 dit S. Éloi, et un acte de Cluny de l'an 970 environ, S. Ferréol.

[8] Il y avait en 1719 deux chapelles rurales : Saint-Bernard aux Chères (à Leschères), et une autre à l'Ermitage.

[9] Chapelle rurale à Sagnié, sous le vocable de S. Jean.

[10] C'est dans cette paroisse que se trouvait le village d'Alix (aujourd'hui chef-lieu de commune), célèbre par un chapitre noble de chanoinesses, dont le vocable était S. Denis. Déjà en 1719 l'autel et les fonts baptismaux de l'église du monastère tenaient lieu d'annexe, suivant une transaction passée entre les religieuses et le curé. Le patron était alors la dame de la Chassagne.

[11] Plus anciennement S. Pierre. (Cart. de Savig. ch. 727.)

[12] Il y avait dans cette paroisse, au XIVe siècle, une annexe qui est devenue chef-lieu de commune, Saint-Jean-des-Vignes. C'est ce que le pouillé appelle S. Joh. de Gastelliono.

[13] Chapelle rurale sous le vocable de Notre-Dame de Pitié. (Vis. de 1719.)

[14] Autrefois la Ste Vierge. (Cart. de Savigny, ch. 648.)

[15] Le séminaire Saint-Charles. (Vis. de 1719.)

[16] Deux chapelles rurales : Saint-Nizier-Lestra, ancien prieuré de Bénédictins dépendant de Cluny, qui est cité avec le titre de paroisse dans la visite de 1469, et Saint-Émilian. (Vis. de 1719.)

[17] Il y avait en outre une chapelle rurale. (Vis. de 1719.)

[18] Chapelle rurale sous le vocable de Ste Catherine. (Vis. de 1719.) Cette chapelle était près de Belleville. Il y en avait au XIVe siècle une autre sous le nom de Saint-Germain d'Orsez.

DE SAVIGNY ET D'AINAY.

Noms des localités.	Vocables.	Patrons temporels.
54. Villefranche	Notre-Dame	Le prieur de Salles.
55. Ville-sur-Jarniost	S. Martin [1]	L'abbé d'Ainay.

3° Archiprêtré de l'Arbréle : 38 paroisses ou annexes.

1. Appolinaire (Saint-) ..... S. Appolinaire .... Le chapitre de Saint-Just de Lyon.
2. Arbrêle (L') .... S. Jean-Baptiste [2] ..... L'abbé de Savigny.
3. Bagnols .... S. Blaise .... Le seigneur du lieu.
4. Bois-d'Oingt (Le) .... S. Martin .... L'archevêque.
5. Breuil (Le), an. de Chessy. Ste Vierge.
6. Bully-en-Lyonnais .... S. Michel [3] .... L'abbé de Savigny.
7. Chambost-sur-Chamelet .. S. Pierre .... L'archevêque.
8. Chamelet .... S. Barthélemi .... L'archevêque.
9. Chessy .... S. Martin .... L'abbé de Savigny.
10. Clément-sous-Valsonne (S^t-) S. Clément .... Le chapitre de Saint-Just de Lyon.
11. Darcisé, ann. de St-Loup.. S. Pierre.
12. Dième, ann. de Valsonne . S. François de Salles.
13. Eyveux, ann. de Fleurieux S. Pierre.
14. Fleurieux .... S. Barthélemi .... L'archevêque.
15. Forgeux (Saint-) .... S. Ferréol .... Le chapitre de Saint-Just de Lyon.
16. Frontenaz .... Assomption .... Le seigneur de Bagnols.
17. Germain (Saint-), ann. de S. Germain.
    l'Arbrêle
18. Joux-sur-Tarare .... Assomption .... L'hôtelier de Savigny.
19. Just (Saint-) d'Avray .... S. Just .... Le chapitre de Saint-Just de Lyon.
20. Laurent-d'Oingt (Saint-) . S. Laurent .... Le célérier de Savigny.
21. Legny, ann. du Bois-d'Oingt Invent. S. Étienne.
22. Lentilly .... S. Laurent .... Les chanoines-comtes de Lyon.
23. Létra .... S. Martin .... Le chapitre de Saint-Just de Lyon.
24. Loup (Saint-) .... S. Loup .... L'abbé de Savigny.
25. Marcel (Saint-), ann. de S. Marcel.
    Tarare
26. Moiré, ann. de St-Laurent- S. Pierre.
    d'Oingt.
27. Nuelle .... S. Rambert .... Le seigneur du lieu.
28. Oingt .... S. Mathieu [4] .... Idem.
29. Olmes (Les) .... S. Philibert .... Le petit célérier de Savigny.
30. Paule (Sainte-), ann. de Ste Paule.
    Saint-Laurent-d'Oingt.
31. Sarcey, ann. de Bully... S. Martin.
32. Sourcieux .... S. Barthélemi [5] .... Le sacristain de Savigny.
33. Tarare .... S. André [6] .... Le prieur du lieu.
34. Ternand .... S. Jean-Baptiste .... Idem.
35. Theisé .... S. Antoine .... L'abbé de Savigny.
36. Tour-de-Salvagny (La), an. S. Ennemond [7].
    de Lentilly.
37. Valsonne .... S. Jean-Baptiste .... Le chapitre de Saint-Just de Lyon.
38. Véran (Saint-) .... S. Véran .... Le prieur de Thisy.

---

[1] Il y avait en 1719 deux chapelles rurales sous les vocables de S. Roch et de S. Clair, plus une chapelle au château de Jarniost, et un ermitage dit de Saint-Abraham, où vivait un ermite.

[2] Il existait en outre dans cette paroisse une chapelle sous l'invocation de Ste Madeleine, sur le chemin de Lyon ; une autre au midi, du côté de Savigny, sous l'invocation de S. Étienne, et enfin un oratoire qu'on appelait Notre-Dame du Tranchard, sur la route de Paris.

[3] Plus anciennement S. Polycarpe. (Cart. Sav. ch. 820.)
[4] Depuis 1562 seulement, époque où les religionnaires démolirent l'ancienne église.
[5] Plus anciennement S. Genès. (Cart. de Savigny, ch. 9.)
[6] Il y avait autrefois dans cette paroisse un prieuré dépendant de l'abbaye de Savigny, une église succursale sous le vocable de Ste Madeleine, et une chapelle sous celui de la Vierge.
[7] Plus anciennement Ste Croix. (Cart. d'Ainay, ch. 187.)

4° *Archiprêtré de Roanne : 51 paroisses ou annexes.*

Noms des localités.	Vocables.	Patrons temporels.
1. Ambierle...............	S. Martin, év. de Tours...	Le prieur du lieu.
2. Amplepuis.............	S. Philibert [1].........	Le grand célérier de Savigny.
3. André-d'Apchon (Saint-).	S. André, apôtre.......	Le prieur d'Ambierle.
4. Arcon.................	S. Gilles, abbé.........	L'archevêque et le prieur d'Ambierle, alternativement.
5. Briennon [2].............	S. Irénée.............	Le prieur de Marcigny.
6. Bully.................	S. Michel.............	Les chanoines-comtes de Lyon.
7. Cherier...............	S. Barthélemi [3]........	Iidem.
8. Chirassimont..........	Notre-Dame...........	L'archevêque.
9. Commelles............	S. Philippe, apôtre....	Les chanoines-comtes de Lyon.
10. Cordelles.............	SS. Martin et Pancrace...	Le prieur de St-Jean-sur-St-Maurice.
11. Cremeaux............	S. Martin............	Le prieur de Montverdun.
12. Cyr (Saint-) de Favières.	S. Cyr...............	Le prieur de Riorges.
13. Dancé...............	S. Jean-Baptiste........	La prieure de Marcigny.
14. Fourneaux...........	S. Michel............	L'archevêque.
15. Forgeux-l'Espinasse (St-).	S. Ferréol............	Le prieur d'Ambierle.
16. Germain-l'Espinasse (St-).	S. Germain, év. d'Aux...	Idem.
17. Haon-le-Châtel (Saint-)...	S. Eustache [4].........	Idem.
18. Haon-le-Vieux (Saint-) ...	S. Abdon (*Habundus*) ...	Idem.
19. Jodard (Saint-).......	S. Gildas.............	L'archevêque.
20. Lay, ann. de Saint-Symphorien-de-Lay.	S. Clair.............	
21. Léger (Saint-).........	S. Léger.............	Le prieur de Riorges.
23. Lentigny.............	N.-D. d'août et S. Roch..	Les chanoines-comtes de Lyon.
24. Luré.................	Ste Anne.............	L'archiprêtre de Roanne.
22. Mably................	S. Barthélemi.........	Le prieur d'Ambierle.
25. Martin (Saint-) de Boisy..	S. Martin............	Le prieur de Montverdun.
26. Maschezal, ann. de Chirassimont.	S. Barthélemi, apôtre..	
27. Maurice (Saint-) sur Loire.	S. Maurice [5].........	Le prieur de St-Jean-sur-St-Maurice.
28. Melay...............	Invent. S. Étienne......	L'abbé de Saint-Rigaud.
29. Naoux...............	S. Marguerite.........	Le prieur de Rigny.
30. Noailly..............	S. Pierre.............	Le prieur du lieu.
31. Noez, ann. de Renaison...	Nativ. Ste. Vierge.	
32. Nulise...............	S. Jean-Baptiste........	L'archevêque.
33. Ouches..............	S. Georges............	Le prieur de Charlieu.
34. Parigny..............	Ste Madeleine..........	Le sacristain de Cluny.
35. Paul (Saint-) de Vezelins.	S. Paul..............	L'archiprêtre de Roanne.
36. Polgue (Saint-).......	S. Pierre.............	Le prieur de Pommier et la prieure de Marcigny, alternativement.
37. Pouilly-les-Nonnains....	Conv. S. Paul [6]........	L'abbesse de Saint-Menoux.
38. Priest-la-Roche (Saint-)..	S. Priest.............	L'archiprêtre de Roanne.
39. Renaison.............	S. Pierre [7]...........	Le prieur d'Ambierle.
40. Riorges..............	S. Laurent [8].........	Le prieur du lieu.

[1] Plus anciennement la Ste Vierge (*Cart. de Savigny*, ch. 756), et aujourd'hui S. Pothin. Il y avait autrefois dans cette paroisse deux chapelles rurales : l'une sous le vocable de S. Roch, l'autre sous celui de S. Fortunat. Il y a aujourd'hui dans cette commune une succursale sous le vocable de S. Claude, au hameau d'Huissel.

[2] C'est dans la paroisse de Briennon que se trouvait l'abbaye de la Benisson-Dieu, dont l'église, sous le vocable de S. Bernard, sert aujourd'hui d'église paroissiale au bourg de la Bénisson-Dieu, érigé en commune.

[3] Il y a dans la commune de Cherier une nouvelle paroisse, les Moulins-Cherier, sous le même vocable.

[4] Chapelle rurale sous le vocable de S. Roch.

[5] Il y a dans cette paroisse une chapelle rurale sous le vocable de S. Jean : c'est sans doute celle de l'ancien prieuré de St-Jean-sur-St-Maurice, citée comme paroisse en 1469.

[6] Il y a dans cette commune une chapelle rurale sous le vocable de S. Martin.

[7] Chapelle rurale sous le vocable de S. Roch.

[8] Aujourd'hui S. Martin.

DE SAVIGNY ET D'AINAY.

Noms des localités.	Vocables.	Patrons temporels.
41. Rirand (Saint-)	S. Riverien, mart	Le prieur d'Ambierle.
42. Roanne	S. Étienne	Le chapitre de Saint-Nizier de Lyon.
43. Romain-la-Mothe (Saint-)	S. Romain, mart	La prieure de Marcigny.
44. Ronno, ann. d'Amplepuis.	S. Martin.	
45. Sauvages (Les)	SS. Pierre et Paul	L'archevêque.
46. Sulpice-lez-Villerest (St-)	S. Sulpice	La prieure de Marcigny.
47. Symphorien-de-Lay (St-)	S. Symphorien	Le prieur de Rigny.
48. Villemontais	S. Martin	Les chanoines-comtes de Lyon.
49. Vandranges[1]	S. Genest	Iidem.
50. Vernay	Notre-Dame	Le prieur de St-Jean-sur-St-Maurice.
51. Villerest	S. Priest	La prieure de Marcigny.

5° Archiprêtré de Pommiers : 37 paroisses et annexes.

1. Ailleux	S. Pierre	Les chanoines-comtes de Lyon.
2. Amion	Notre-Dame	Le chapitre de Notre-Dame du Puy.
3. Arthun	S. Barthélemi	Les religieux de Cluny.
4. Bussy-Albieux[2]	Assomption	Le prieur de Pommiers.
5. Cervières	Ste Foy et S. Roch	Les dames de Laveine (Auvergne).
6. Cezay, ann. d'Ailleux	S. Barthélemi.	
7. Chambas (La) ou la Madeleine	Ste Madeleine	Le prieur de Montverdun.
8. Champoly	S. Bonnet (15 janv.)	Les chanoines-comtes de Lyon.
9. Cleppé	Notre-Dame	Le prieur du lieu.
10. Didier-sur-Rochefort (St-)	S. Didier et Ste Anne	Le prieur de l'Hôpital-sous-Rochefort.
11. Étienne-le-Molard (Saint-)	S. Étienne	Le prieur de Montverdun.
12. Foy-lez-Villedieu (Sainte-)	Ste Foy	Le prieur de Cleppé.
13. Georges (St-) de Baroilles[3]	S. Georges	Le prieur de Pommiers.
14. Germain-Laval (Saint-)	S. Germain	Les prieurs de Cleppé et de Pommiers, alternativement.
15. Grezolles	Notre-Dame	Le prieur de Pommiers.
16. Jean-la-Vestre (Saint-)	S. Jean-Baptiste	Les chanoines-comtes de Lyon.
17. Julien (Saint-) d'Odes	S. Julien	Iidem.
18. Julien-la-Vestre (Saint-)	S. Julien	Les dames de Laveine (Auvergne).
19. Juré	S. Barthélemi	Le chamarier de Pommiers.
20. Just-en-Chevalet (Saint-)	S. Just[4]	Le prieur du lieu.
21. Marcel-sous-Urfé (Saint-)	S. Marcel	Le prieur de Pommiers.
22. Martin-la-Sauveté (Saint-)	S. Martin	Les chanoines-comtes de Lyon.
23. Misérieux	S. Étienne	Iidem.
24. Noailleux ou Naullieu	S. Thomas	Le prieur de Pommiers.
25. Nervieux	S. Martin[5]	Les chanoines-comtes de Lyon.
26. Pommiers	S. Julien	Le prieur du lieu.
27. Priest-la-Prugne (Saint-)	S. Priest	Le prieur de Cunlzat (Auvergne).
28. Priest-la-Vestre (St-), ann. de Saint-Jean-la-Vestre.	S. Priest.	
29. Romain-sous-Urfé (Saint-)	S. Romain	L'archevêque.
30. Salles (Les), a. de Cervières	S. Pierre	Le prieur de Noirétable.
31. Sixte (Saint-)	S. Sixte	Les chanoines-comtes de Lyon.
32. Souternon	S. Étienne	Iidem.

[1] C'est au détriment de cette paroisse qu'a été formée récemment la commune du Coteau, près de Roanne, dont l'église est sous le vocable de S. Marc, évangéliste.

[2] Albieu est un hameau voisin de Bussy, et où se trouve une chapelle fort ancienne, dédiée à S. Antoine. Bussy était appelé autrefois Bussy-la-Paille. (Voyez ci-après, p. 1057.) Il y avait deux églises à Bussy au xi° siècle. (Cart. de Savigny, ch. 731.)

[3] La visite de 1469 donne le titre de paroisse à Baroilles et à Saint-Georges de Baroilles.

[4] Il paraît que fort anciennement cette paroisse était sous le vocable de S. Thibant. Il y avait en 1789 trois chapelles rurales, dont une seule, sous le vocable de Notre-Dame, subsiste encore.

[5] Il y a dans cette commune un hameau du nom de Grézieux qui a eu rang de paroisse. (Vis. dioc. 1469.)

Noms des localités.	Vocables.	Patrons temporels.
33. Sulpice-en-Bussy (Saint-).	S. Sulpice............	Les chanoines-comtes de Lyon.
34. Thurin (Saint-), ann. de Saint-Martin-la-Sauveté.	S. Thurin.	
35. Urfé..................	....	L'archevêque.
36. Valla (La), ann. de Saint-Didier-sous-Rochefort.	Nativité Notre-Dame.	
37. Verrières...............	S. Jean.............	MM. de Malte.

6° *Archiprêtré de Montbrison : 76 paroisses ou annexes.*

1. Agathe (Sainte-)........	Ste Agathe...........	Le prieur de Montverdun.
2. Anne (Sainte-) dans Montbrison, ann. de Moind..	Ste Anne.	
3. Bard..................	S. Jean-Baptiste.......	Le prieur du lieu.
4. Boën..................	S. Jean-Baptiste.......	Le prieur de Sail-sous-Couzan.
5. Boisset, ann. de St-Priest.	N.-D. et S. Nazaire.	
6. Boisset-lez-Montrond....	SS. Jean-Baptiste et Blaise.	Le prieur de Savigneux.
7. Bonnet-le-Château (Saint-)	S. Bonnet...........	Le prieur de Saint-Rambert-sur-Loire.
8. Bonnet-de-Courreau (S^t-).	SS. Bonnet et Barthélemi[1].	L'archevêque.
9. Bonson...............	Notre-Dame..........	Les chanoines-comtes de Lyon.
10. Bouteresse (La), a. de Boën.		
11. Celle-de-l'Orme (La), ann. de Cleppé (archiprêtré de Pommiers).		
12. Chalain-d'Uzore........	S. Didier.............	L'archevêque.
13. Chalain-le-Comtal.......	S. Ennemond........	Le prieur de Savigneux.
14. Chalmazel.............	S. Jean-Baptiste.......	L'archevêque.
15. Chambéon.............	S. Étienne...........	Les chanoines-comtes de Lyon.
16. Chambles.............	S. Pierre............	Le prieur de Saint-Rambert-sur-Loire.
17. Champs	Nativité de la Vierge....	Le prieur de Montverdun.
18. Chandieu	S. Sébastien..........	Le prieur de Firminy.
19. Châtelneuf.............	S. Gilles [2]........	Le prieur de Sail-sous-Couzan.
20. Chazelles-sur-Lavieu.....	S. Michel............	Le prieur de Saint-Romain-le-Puy.
21. Chenereilles...........	S. Symphorien........	Le chapitre de Saint-Just de Lyon.
22. Crintilleux	S. Léger.............	Le prieur de Montverdun.
23. Cyprien (Saint-)........	S. Cyprien...........	Les chanoines-comtes de Lyon.
24. Écotay, ann. de Bard....	S. Étienne.	
25. Essertines.............	S. Étienne...........	Le prieur de Firminy.
26. Feurs	Assomption..........	Le prieur de Randans.
27. Georges-Hauteville (Saint-)	S. Georges...........	Le prieur de Saint-Romain-le-Puy.
28. Georges-sur-Couzan (S^t-)..	S. Georges [3].......	Le chapitre de Saint-Nizier de Lyon.
29. Grézieux-le-Fromental, an. de Précieux.	S. Mein.	
30. Gumières.............	S. Barthélemi.........	Le prieur du lieu.
31. Hôpital-le-Grand (L'), ann. d'Unias	S. Laurent.	
32. Jean-Soleymieu (Saint-)..	S. Jean-Bapt. et Ste Anne[4].	Le prieur de Saint-Romain-le-Puy.
33. Just-en-Bas (Saint-)	S. Just [5]...........	Le chapitre de Saint-Just de Lyon.
34. Laurent-la-Couche (Saint-).	S. Laurent...........	Les chanoines-comtes de Lyon.
35. Laurent-en-Solore (Saint-).	Notre-Dame de Grâce...	Le prieur de l'Hôpital-sous-Rochefort.

[1] Il y a une chapelle rurale sous le vocable de S. Roch.
[2] L'ancienne église est en ruines. Il y en a une nouvelle sous le même vocable.
[3] Il y avait une chapelle rurale sous le vocable de S. Martin.
[4] Soleymieu paraît seul sur les anciens pouillés. Sur celui du XVIIe siècle (ci-devant, p. 986, note 5), Soleymieu n'est plus que l'annexe de Saint-Jean. Ici Soleymieu ne paraît pas du tout. Son église était sous le vocable de Ste Marie.
[5] Il y avait dans cette paroisse deux chapelles rurales : l'une sous le vocable de S. Roch, l'autre sous celui de S. Sébastien ; cette dernière est détruite. Une localité de cette paroisse, Jansagnières, a été, depuis la révolution de 1789, érigée en paroisse. L'église est sous le vocable de la Ste Vierge.

DE SAVIGNY ET D'AINAY.

Noms des localités.	Vocables.	Patrons temporels.
36. Lavieu	S. Jacques le Majeur	Le prieur de Saint-Romain-le-Puy.
37. Lérigneux	S. Jacques	Le prieur de Sail-sous-Couzan.
38. Lésigneux	S. Martin	Le prieur de Saint-Romain-le-Puy.
39. Luriec	S. Irénée	Le chapitre de Saint-Just de Lyon.
40. Madeleine (La), dans Montbrison.	Ste Madeleine	Le prieur de Savigneux.
41. Magneux-Hauterive	S. Martin	Le prieur de Sury-le-Comtal.
42. Marcellin (Saint-)	S. Marcellin	Les chanoines-comtes de Lyon.
43. Marcilly-le-Châtel	S. Cyr et Ste Julitte	Le prieur du lieu.
44. Marclop	S. Martin	Le prieur de Saint-Rambert-sur-Loire.
45. Marcoux	S. Christophe	Les chanoines-comtes de Lyon.
46. Marols	SS. Pierre et Bonnet	Le chapitre de Saint-Just de Lyon.
47. Maurice-en-Gourgois (S^t-)	S. Maurice	Les chanoines-comtes de Lyon.
48. Meylieu	Notre-Dame	Le prieur de Bellegarde.
49. Moind	S. Julien, martyr d'Ant. [1]	Les religieux de la Chaise-Dieu.
50. Montbrison (St-André dans)	S. André	Le prieur de Montverdun.
51. Montrond, ann. de Meylieu	S. Clair.	
52. Montverdun	S. Porcaire [2]	Le prieur du lieu.
53. Mornand	SS. Isidore et Roch	Le prieur de Montverdun.
54. Nizier (Saint-) de Fornas	S. Nizier	Le prieur de Saint-Romain-le-Puy.
55. Palogneux	S. Pierre [3]	Le prieur de Montverdun.
56. Paul-d'Uzore (Saint-)	SS. Pierre et Paul	Idem.
57. Périgneux	S. Jean-Baptiste	Les chanoines-comtes de Lyon.
58. Pierre (S^t-) dans Montbr.	S. Pierre	Le prieur de Savigneux.
59. Poncins	S. Laurent	Les chanoines-comtes de Lyon.
60. Pralong	S. Romain	Le prieur de Firmini.
61. Précieux	S. Symphorien	Le prieur de Saint-Romain-le-Puy.
62. Priest-en-Rousset (Saint-) [4]	S. Priest	Idem.
63. Rambert (Saint-) sur Loire	S. Rambert	Le prieur du lieu.
64. Roche-sur-Montbrison	S. Martin	Le prieur de Sail-sous-Couzan.
65. Rochefort	SS. Méd. et Loup, et N.-D.	Le prieur de l'Hôpital-sous-Rochefort.
66. Romain-le-Puy (Saint-)	S. Martin	Le prieur du lieu.
67. Sail-sous-Couzan	S. André [5]	Le prieur du lieu.
68. Sauvain	Notre-Dame	Le chapitre de Saint-Nizier de Lyon.
69. Savigneux	S. Nizier, auj. Ste Croix	Le prieur du lieu.
70. Sury-le-Comtal	S. André	Le prieur du lieu.
71. Thomas-les-Nonnains (S^t-)	S. Thomas	Le prieur de Saint-Romain-le-Puy.
72. Tourette (La)	S. Jean-Baptiste	Le chapitre d'Ainay.
73. Trelins	S. Maurice	Le prieur de Randans.
74. Unias	S. Barthélemi	Les chanoines-comtes de Lyon et le prieur de St-Romain-le-Puy, alternat.
75. Veauchette, an. de Veauche (archipr. de St-Étienne).	S. François Régis.	
76. Verrières	S. Ennemond	Les chanoines-comtes de Lyon.

7° Archiprêtré de Néronde : 26 paroisses, annexes ou succursales.

1. Affoux, ann. de Violey	S. Barthélemi.	
2. Agathe-en-Donzy (Sainte-)	Ste Agathe	Le prieur de Montverdun [6].

---

[1] Il y avait une autre église dédiée à S. Jean-Baptiste. Elle est en ruines.
[2] Plus anciennement S. Pierre. (*Cart. de Savig.* ch. 663.)
[3] Chapelle rurale sous le vocable de S. Roch.
[4] Ou Saint-Priest-en-Boisset et Saint-Nazaire (voyez p. 985, note 11). Il y a aujourd'hui à Boisset une église sous le vocable de la Ste Trinité.

[5] L'église du château de Couzan était sous le vocable de S. Saturnin.
[6] Il faut sans doute lire ici *Montrotier*, au lieu de Montverdun, puisque Sainte-Agathe est une ancienne annexe de Roziers-en-Donzy, qui avait pour patron le prieur de Montrotier. (Voyez page 985, note 5.)

Noms des localités.	Vocables.	Patrons temporels.
3. Balbigny............	S. Thurin............	Les religieux de Cluny.
4. Bussières............	S. Barthélemi........	Le prieur de Saint-Albin.
5. Chambost-Longesaigne...	S. Maurice..........	Le prieur de Cuzieux.
6. Civen...............	S. Cyprien..........	Le prieur de Cleppé.
7. Colombe (Sainte-)......	Ste Colombe..........	L'abbé d'Ainay.
8. Coutances............	S. Roch.............	Le prieur de Cleppé.
9. Croisel..............	Inv. S. Étienne.......	L'abbé de Saint-Rigaud.
10. Cyr (Saint-) de Valorges..	S. Cyr.............	Les religieux de Cluny.
11. Épercieux............	Notre-Dame..........	Le prieur de Randan.
12. Essertines............	S. Denis l'aréopagite [1]....	Le prieur de Montrotier.
13. Jas................	SS. André et Christophe.	L'archevêque.
14. Just-la-Pendue (Saint-)..	S. Just.............	Idem.
15. Marcel (Saint-) de Felines	S. Marcel...........	Le prieur de Montrotier.
16. Monchal, succ. de Panissières.	S. Guiric ou S. Cyr.	
17. Néronde.............	S. Christophe........	Les religieux de Cluny.
18. Panissières...........	S. Jean-Baptiste.......	Le prieur de Montrotier.
19. Paul-d'Épercieux (Saint-).	S. Paul.............	Les religieux de Cluny.
20. Piney...............	Notre-Dame..........	Le prieur de Montrotier.
21. Pouilly-lez-Feurs.......	S. Pierre............	Les religieux de Cluny.
22. Rosiers-en-Donzy.......	S. Pierre............	Le prieur de Montrotier.
23. Salvisinet............	S. Barthélemi[2].......	Le prieur de Sail-en-Donzy.
24. Valette (La), succ. de Salvisinet		
25. Villechenève..........	Assomption Ste Vierge...	Le prieur de Montrotier.
26. Violey..............	S. Georges..........	Idem.

8° Archiprêtré de Courzieux : 44 paroisses ou annexes.

1. Ancy, ann. de St-Romain-de-Popès	S. Pierre.	
2. André-le-Puy (Saint-)....	S. André...........	Le prieur de Bellegarde.
3. Aveizes[3]............	S. Pierre...........	La prieure de l'Argentière.
4. Barthélemi-l'Estra (Saint-).	S. Barthélemi........	Le chapitre de Saint-Just de Lyon.
5. Bellegarde............	S. Ennemond........	Le prieur du lieu.
6. Bessenay.............	S. Irénée[4]...........	Le prieur de Courzieux.
7. Bibost, ann. de St-Julien[5].	Assomption.	
8. Bressieux, ann. de Brulioles.	S. Denis et Assomption.	
9. Brullioles............	S. Jean-Baptiste[6]......	L'abbé de Savigny.
10. Chapelle-en-Vaudragon[7]..	S. Étienne...........	Le chapitre de Saint-Just de Lyon.
11. Châteauvieux, ann. d'Iseron.	S. Jean-Baptiste.	
12. Chazelles-lez-Lyon.......	Notre-Dame..........	MM. de Malte.
13. Chevinay............	S. Georges..........	L'abbé de Savigny.
14. Clément-des-Places (S^t-), ann. de Longesaigne.	S. Clément.	
15. Coise...............	S. Étienne...........	L'archevêque.
16. Courzieux............	S. Didier[8]..........	Le prieur du lieu.
17. Cyr-les-Vignes (Saint-)...	S. Cyr.............	Les chanoines-comtes de Lyon.

[1] Plus anciennement la Ste Vierge. (*Cart. de Sav.* ch. 6.)
[2] Plus anciennement S. Genès. (*Cart. de Sav.* ch. 831.)
[3] C'est dans cette paroisse, à l'Argentière, que se trouvait le prieuré de Bénédictines sous le vocable de Notre-Dame-de-Coise-en-l'Argentière.
[4] Plus anciennement S. Martin. (*Cart. de Sav.* ch. 816.)
[5] C'était le contraire au xve siècle. (*Vis. dioc. de 1469.*)

[6] Chapelle rurale sous le vocable de S. Roch.
[7] Ce nom vient sans doute de celui de la vallée dans laquelle se trouve la Chapelle.
[8] Il y avait dans cette paroisse deux chapelles rurales : l'une sous le vocable de Notre-Dame, l'autre sous celui de S. Clair. Cette dernière était jointe à un ermitage.

DE SAVIGNY ET D'AINAY.

Noms des localités.	Vocables.	Patrons temporels.
18. Duerne	S. Jean-Baptiste	L'archevêque.
19. Fenouil ou les Halles	Ste Suzanne	Le seigneur du lieu.
20. Foy-l'Argentière (S^{te}-), ann. de St-Genis-l'Argentière.	Ste Foy.	
21. Genis-l'Argentière (Saint-).	S. Genest	Les chanoines-comtes de Lyon.
22. Grézieux-Souvigny	S. Barthélemi	Le croisier de Savigny.
23. Haute-Rivoire	Ste Anne[1]	Le prieur de Montrotier.
24. Iseron	S. Barthélemi	L'abbé d'Ainay.
25. Julien-sur-Bibost (Saint-).	S. Jean-Baptiste	Le prieur de Montrotier.
26. Laurent-de-Chamousset (S.)	S. Laurent[2], diacre et mart.	L'archevêque.
27. Longesaigne	Ste Blandine	Le prieur de Montrotier.
28. Maringes	S. Laurent	L'archevêque.
29. Martin-l'Estra (Saint-)	S. Martin	Les chanoines-comtes de Lyon.
30. Meys	S. Pierre	L'archevêque.
31. Montroman	Nativité Notre-Dame	Les chanoines-comtes de Lyon.
32. Montrotier	S. Martin, év. de Tours[3].	Le prieur du lieu.
33. Pierre-la-Palud (S^t-), ann. de Chevinay.	S. Pierre.	
34. Pollioney	S. Jean-Baptiste	Le seigneur du lieu.
35. Pomeis, ann. de St-Symphorien-le-Château	S. Martin.	
36. Romain (S^t-) de Popès	S. Romain	L'abbé de Savigny.
37. Sail-en-Donzy	Nativité de la Vierge[4]	Le prieur du lieu.
38. Sainbel ou Saint-Bel	S. Jean-Baptiste	L'abbé de Savigny.
39. Savigny	S. André	L'abbé du lieu.
40. Souzy-l'Argentière	S. Étienne	Le prieur de Courzieux.
41. Symphorien-le-Châtel (S^t-).	S. Symphorien	Les comtes de Lyon.
42. Valleilles[5]		Le chapitre de Saint-Just de Lyon[6].
43. Viricelle	SS. Étienne et Blaise	Le prieur de Bellegarde.
44. Virigneux	S. Jean-Baptiste	Les religieux de Cluny.

9° Archiprêtré de Saint-Étienne[7] : 52 paroisses, annexes ou succursales.

1. Andrézieux, ann. de Saint-Cyprien (archiprêtré de Montbrison).	Ste Agathe.	
2. Aveizieux, ann. de Saint-Médard.	S. Léger.	
3. Bonnet-les-Oules (Saint-).	S. Bonnet	Les chanoines-comtes de Lyon.
4. Bouthéon	S. Laurent	Le prieur de Saint-Rambert-sur-Loire.
5. Chambœuf[8]	Ste Blandine	Le chapitre d'Ainay.
6. Chambon (Le)[9]	S. Clément, pap. et m.	Le prieur de Firmini.
7. Chamond (Saint-)[10]	S. Ennemond	L'archevêque.
8. Chatelus		Le prieur de Saint-Rambert-sur-Loire.
9. Chevrières		L'archevêque.

[1] Plus anciennement la Ste Vierge (*Cart. de Savigny*, ch. 5); aujourd'hui Ste Marguerite.
[2] L'ancienne chapelle du château de Chamousset est sous le vocable de S. Pierre. Il y avait dans cette paroisse deux chapelles rurales : l'une sous le vocable de S. Bonnet, l'autre sous celui de Ste Cécile. L'ancien nom de Saint-Laurent paraît avoir été *Ivinellis*. (Voyez ch. 650.)
[3] Il y a une succursale sous le vocable de S. Jean-Baptiste dans le village d'Albigny.
[4] Plus anciennement S. Julien (*Cart. de Savigny*, ch. 652 et autres).
[5] Il y a dans la commune de ce nom un hameau appelé Sury-le-Bois, qui est cité comme paroisse dans la visite de 1469. Cette petite localité a d'ailleurs joué un grand rôle au xive siècle, comme résidence comtale.
[6] Ou plutôt l'archevêque. (Voyez p. 961, note a.)
[7] Cet archiprêtré est formé d'une portion de l'ancien archiprêtré de Jarez, qui avait été partagé en deux.
[8] Écrit *Chamboscum* dans la visite diocésaine de 1469.
[9] D'abord annexe de Firmini. La chapelle du château de Chambon, située sur une montagne voisine, est dédiée à S. Jean et à S. Paul, martyrs. Au bas, et dans un lieu appelé Sauvanière, se trouve une chapelle rurale sous le vocable de S. Maurice, et qui possède les reliques de S. Romuald.
[10] Il y avait alors à Saint-Chamond trois églises paroissiales, outre un chapitre sous le vocable de S. Jean.

APPENDICES AUX CARTULAIRES

Noms des localités.	Vocables.	Patrons temporels.
10. Christô (Saint-)	S. Christophe	Le prieur de Saint-Romain-le-Puy.
11. Cornillon, ann. de Saint-Paul-en-Cornillon	S. Antoine [1].	
12. Cusieux	S. Martin	Le prieur du lieu.
13. Denis-sur-Coise (Saint-)	S. Denis	Le prieur de Montverdun.
14. Doisieux-lez-Farnanches	SS. Just et Laurent	L'archevêque.
15. Étienne (Saint-)	S. Étienne [2]	Le seigneur du lieu.
16. Farnay, ann. de St Paul-en-Jarez	S. Eucher, év. de Lyon.	
17. Firmini	SS. Firmin et Pierre [3]	Le prieur du lieu.
18. Fontanès, ann. de Grammont.	SS. Jean et Paul, mart.	
19. Fouillouse (La)	S. Martin	Le prieur de Saint-Rambert-sur-Loire.
20. Galmier (Saint-)	S. Baldomerus	Le chapitre de Saint-Just de Lyon.
21. Genest-l'Erm (Saint-)	S. Genest [4]	Les chanoines-comtes de Lyon.
22. Genest-de-Mallifaux (St-)	S. Genest le comédien	Le prieur de Saint-Sauveur-en-Rue.
23. Grammont	S. Pierre	Les chanoines-comtes de Lyon.
24. Héand (Saint-)	S. Héand (*Eugendus*)	Iidem.
25. Izieux, ann. de N.-D. de Saint-Chamond.	S. André.	
26. Jean-de-Bonnefont (Saint-)	S. Jean	Les chanoines-comtes de Lyon.
27. Julien (S^t-), ann. de Saint-Pierre de St-Chamond.	S. Julien.	
28. Jurieux, ann. de Pavesin	Ste Brigitte.	
29. Just (S^t-), ann. de Doisieux.	S. Just	L'archevêque.
30. Just-sur-Loire. (Saint-)	S. Just	Le prieur de Saint-Rambert-sur-Loire.
31. Just-lez-Vélais (Saint-)	S. Just	L'archevêque.
32. Martin-Aqualieu (Saint-)	S. Martin	Le seigneur de Saint-Chamond.
33. Médard (S^t-) ou St-Miard	S. Médard	Le prieur de Montverdun.
34. N.-D. dans Saint-Chamond.	Notre-Dame	Le seigneur du lieu.
35. N.-D. dans Saint-Étienne	Notre-Dame	Le seigneur du lieu.
36. Paul-en-Cornillon (Saint-).	S. Paul, apôtre	Le prieur de Firmini.
37. Paul-en-Jarez (Saint-)	Conv. S. Paul	Les chanoines-comtes de Lyon.
38. Pavesin	S. Clair	Le doyen de Saint-Pierre de Vienne.
39. Pierre (Saint-) dans Saint-Chamond.	S. Pierre	L'archevêque.
40. Planfoy, ann. de St-Étienne	S. Étienne.	
41. Priest (Saint-) en Jarez	S. Priest	Le seigneur du lieu.
42. Ricamarie (La), succ. de Saint-Étienne.	Nativité de la Vierge.	
43. Rivas		Le prieur du lieu.
44. Rochetaillée	Notre-Dame	Le prieur de Saint-Rambert-sur-Loire.
45. Romain-les-Atheux (Saint-)	S. Romain, diacre	Le prieur de Saint-Romain en Jarez.
46. Sorbier	Notre-Dame	Les chanoines-comtes de Lyon.
47. Tarentaise, ann. de Rochetaillée.	S. Roch.	
48. Tour-en-Jarez (La)	S. Georges	Le prieur de Saint-Rambert-sur-Loire.
49. Valla (La)	S. Andéol	Les chanoines-comtes de Lyon.
50. Veauche	SS. Pierre et Pancracé	Le chapitre d'Ainay.
51. Victor-sur-Loire (Saint-)	S. Victor	L'archevêque.
52. Villars	S. André	Les chanoines-comtes de Lyon.

[1] Il y a aujourd'hui près de là, à Unieux, une nouvelle paroisse sous le vocable de S. Thomas d'Aquin.

[2] Il y avait autrefois dans cette paroisse, qui était fort étendue, plusieurs chapelles rurales, une entre autres sous le vocable de la Nativité de la Vierge, au lieu de la Ricamarie, qui est indiquée plus bas comme annexe.

[3] L'église du château de Firmini est sous le vocable de S. Pierre, apôtre. C'est dans cette paroisse que se trouvait le monastère de Chazaux, dont la petite église existe encore.

[4] Il y a dans cette paroisse deux autres chapelles : l'une au lieu de Cizeron, sous le vocable de S. Ambroise ; l'autre au lieu de Cluzel, sous le vocable de la Ste Vierge.

DE SAVIGNY ET D'AINAY.

10° Archiprêtré de Mornant : 53 paroisses.

Noms des localités.	Vocables.	Patrons temporels.
1. Andéol-le-Château (Saint-).	S. Andéol.	Les chanoines-comtes de Lyon.
2. André-la-Côte (Saint-).	S. André, apôtre.	Iidem.
3. Bans.	S. Pancrace.	Le chapitre de Saint-Nizier de Lyon.
4. Brignais.	S. Clair.	Le chapitre de Saint-Just de Lyon.
5. Brindas.	S. Blaise.	Les chanoines-comtes de Lyon.
6. Catherine (Sainte-), ann. de St-Didier-sous-Riverie.	Ste Catherine.	
7. Chagnon.	Ste Julitte et S. Cyr.	L'abbé d'Ainay.
8. Chaponost.	S. Priest.	Le prieur de Saint-Irénée de Lyon.
9. Charly.	S. Antoine.	L'abbé d'Ainay.
10. Chassagny.	S. Blaise.	Le prieur de Mornant.
11. Châteauneuf, ann. de Rive-de-Gier.		
12. Chossan.	Décoll. S. Jean.	Le chapitre de Saint-Just de Lyon.
13. Dargoire.	Notre-Dame.	Idem.
14. Didier-sous-Riverie (S^t-).	S. Didier, év. de Vienne.	Le chapitre de Saint-Paul de Lyon.
15. Échalas.	S. Martin.	Le prieur de Talluyers.
16. Genis-Laval (Saint-).	S. Genis.	Les chanoines-comtes de Lyon.
17. Genis-Terre-Noire (Saint-)	S. Genest.	Iidem.
18. Givors, ann. de Bans.	S. Nicolas, év. de Myre[1].	
19. Grigny.	S. Pierre-ès-liens.	L'abbé d'Ainay.
20. Jean-de-Toulas (S^t-), ann. de Dargoire.	S. Jean.	
21. Irigny.	S. André et Ste Anne.	L'archevêque.
22. Larajasse.	Ste Anne.	Le chapitre de Saint-Paul de Lyon.
23. Laubépin.	SS. Philippe et Jacques.	L'abbé d'Ainay.
24. Laurent-d'Agny (Saint-).	S. Laurent.	Le chapitre de Saint-Just de Lyon.
25. Longes.	S. Pierre.	Les chartreux de Sainte-Croix.
26. Martin-Annaux (Saint-).	S. Martin.	Les chanoines-comtes de Lyon.
27. Martin-de-Cornas (Saint-), ann. de Chassagny.	S. Martin.	
28. Martin-la-Plaine (Saint-).	S. Martin.	Les chanoines-comtes de Lyon.
29. Maurice-sur-Dargoire (S^t-).	S. Maurice.	L'archevêque.
30. Messimy, ann. de Brindas.	S. Jean, l'évangéliste.	
31. Millery.	Invent. Ste Croix.	Le chapitre de Saint-Nizier de Lyon.
32. Montagny.	S. André.	Le prieur de Talluyers.
33. Mornant.	SS. Pierre et Paul[2].	Le prieur du lieu.
34. Orliénas.	S. Martin.	L'abbé d'Ainay.
35. Oullins, ann. d'Irigny.	S. Martin.	
36. Rantalon.	S. Romain.	Les chanoines-comtes de Lyon.
37. Rive-de-Gier.	Assomption.	Iidem.
38. Rivorie.	Convers. S. Paul.	Le chapitre de Saint-Paul de Lyon.
39. Rochefort.	S. Laurent, diacre et m.	L'archevêque.
40. Romain-sur-Gier (Saint-), ann. d'Echalas.	S. Romain.	
41. Romain-en-Jarez (Saint-)[3].	S. Romain.	Le prieur du lieu[4].
42. Sellieu ou Cellien.	S. Philibert.	Les chanoines-comtes de Lyon.
43. Sorlin (Saint-), ann. de Saint-André-la-Côte.	S. Saturnin.	
44. Soucieux.	S. Julien.	Les chanoines-comtes de Lyon

[1] Aujourd'hui S. Pancrace.
[2] Le Cartulaire de Savigny (ch. 840), ajoute S. Martin.
[3] On dit aujourd'hui vulgairement *Saint-Romain-les-Pommes*, pour distinguer ce lieu de Saint-Romain-en-Gier, ou sur-Gier, qui lui est voisin.
[4] Uni aux jésuites du petit collége de Lyon.

APPENDICES AUX CARTULAIRES

Noms des localités.	Vocables.	Patrons temporels.
45. Tartaras	S. Pierre-ès-liens	Le prieur du lieu.
46. Talluyers	Nativ. Notre-Dame	Le prieur du lieu.
47. Thurins	S. Martin	L'archevêque.
48. Trèves[1], ann. de Longes	N.-D. de l'Ass. et S. Roch.	
49. Vaugneray	S. Antoine	Les chanoines-comtes de Lyon.
50. Vaux	S. Laurent	L'archevêque.
51. Vernaison, ann. de Charly.	SS. Denis et Blaise.	
52. Vincent (Saint-), ann. de Saint-Laurent d'Agny.	S. Vincent.	
53. Vourles, ann. de Brignais.	S. Bonnet.	

§ IV.

LISTE DES PAROISSES, ANNEXES ET SUCCURSALES DES DIOCÈSES VOISINS DE CELUI DE LYON QUI ONT ÉTÉ SUCCESSIVEMENT ADJOINTES AU LYONNAIS, ET QUI SONT ENTRÉES POUR LA PLUPART, A L'ÉPOQUE DE LA RÉVOLUTION, DANS LA COMPOSITION DU NOUVEAU DIOCÈSE OU DÉPARTEMENT DE RHÔNE-ET-LOIRE.

1° Diocèse de Mâcon[2] : 82 paroisses.

(Archiprêtré de Cluny.)

1. Germolles	S. Blaise[3]	L'évêque de Mâcon.
2. Saint-Pierre-le-Vieux	S. Pierre	L'abbé de Cluny.

(Archiprêtré de Vaurenard.)

3. Avenas	Ste Vierge	Le chapitre de Saint-Vincent de Mâcon.
4. Cenves	Ste Foy	Idem.
5. Chénas	S. Clair	Idem.
6. Chirouble	S. Germain l'Auxerrois	Le prieur de l'église de St-Pierre de M.
7. Durette	Ste Marie	L'abbé de Cluny.
8. Emeringes	S. Étienne	Idem.
9. Fleurie	S. Martin	L'évêque et le chap. de St-Vincent de M.
10. Jullié	SS. Pierre et Paul	L'abbé de Cluny.
11. Julliénas	Ste Vierge	L'évêque de Mâcon.
12. Lancié	S. Julien de Brioude	L'abbé de Tournus.
13. Lantignié	Ste Vierge[4]	Le chapitre de Beaujeu.
14. Ouroux	S. Antoine	Le prieur de Saint-Pierre de Mâcon.
15. Rigné	S. Jean l'évangéliste	L'évêque de Mâcon.
16. Saint-Jacques-des-Arrêts[5]	S. Jacques, apôtre	Le prieur de Saint-Pierre de Mâcon.
17. Vaurenard	S. Martin	Idem.
18. Villié	S. Vincent	L'évêque de Mâcon.

(Archiprêtré de Beaujeu.)

19. Aiguilly	S. Léger	L'évêque de Mâcon.

[1] Ce nom viendrait-il du mot *Treb* ou *Trebe*, qui signifie église succursale? (Voyez le Glossaire de Du Cange, au mot *Treb*.)

[2] Comparé au pouillé qui suit, page 1043, ce fragment présente des différences notables dans les circonscriptions archipresbytérales et dans les noms des patrons : ces différences proviennent de changements qui avaient eu lieu depuis le XVIe siècle. Je me suis servi, pour établir ce document, de l'Almanach de Lyon de 1779.

[3] Pour les vocables, voir le pouillé de Mâcon ci-après.

[4] Il y avait au xe siècle une chapelle dédiée à S. Étienne. (Voyez *Cartul. de S. Vincent*, p. 7.) Il y a encore dans cette paroisse une chapelle rurale sous le vocable de S. Claude dans un hameau qui porte ce nom : et qui a eu autrefois de l'importance. Il s'y tient encore deux foires dans l'année.

[5] Ce surnom est très-probablement une traduction ou, pour mieux dire, une altération du mot *Oratorium*, d'où on a fait aussi Ouroux, nom d'une paroisse voisine, dont Saint-Jacques dépendit d'abord.

DE SAVIGNY ET D'AINAY.

	Noms des localités.	Vocables.	Patrons temporels.
20.	Arcinges...............	Ste Catherine, vierge....	Le prieur de Charlieu.
21.	Ardillats (Les).........	S. Pierre.............	Le chapitre de Beaujeu.
22.	Azolette...............	S. Pierre, apôtre.......	L'abbé de S. Rigaud.
23.	Beaujeu................	S. Nicolas............	L'évêque de Mâcon.
24.	Belleroche.............	S. Jean-Baptiste........	Le prieur de Charlieu.
25.	Belmont...............	SS. Christophe et Jacques.	Le chap. de Saint-Vincent de Mâcon.
26.	Bourg-de-Thizy.........	S. Pierre.............	Le prieur de Thizy.
27.	Chapelle (La) de Mardore, ann. de Mardore.	S. Blaise.............	Le chap. de Saint-Vincent de Mâcon.
28.	Chenelette.............	Ste Marie-Madeleine.....	Le sacristain de Cluny.
29.	Claveizolles............	S. Laurent[1]..........	Le prieur de Saint-Nizier d'Azergues.
30.	Combres, ann. de St-Victor.	S. Étienne.	
31.	Cours..................	S. Étienne[2]..........	Le prieur de Charlieu.
32.	Coutouvre.............	S. Denis, év. de Paris....	L'évêque de Mâcon.
33.	Cublize................	S. Martin.............	Le prieur de Charlieu.
34.	Cuinzier[4].............	Ste Marie Madeleine.....	L'évêque de Mâcon.
35.	Ecoches...............	S. Bonnet, év. de Mâcon.	Idem.
36.	Étoux (Les), an. de Beaujeu.	S. Martin.	
37.	Grandris...............	Assomption...........	L'abbé de Cluny.
38.	La Gresle..............	Ste Vierge............	Le prieur de Charlieu.
39.	Mardore...............	SS. Laurent et Pierre....	Le chap. de Saint-Vincent de Mâcon.
40.	Marnand...............	S. André.............	Le prieur de Thizy.
41.	Montagny..............	S. Sulpice, év.........	Le prieur de Charlieu.
42.	Mure (La), ann. de Claveizolles.	S. Martin.	
43.	Naconne, ann. de Regny..	....	
44.	Notre-Dame de Boisset...	Assomption...........	L'abbé de Saint-Rigaud.
45.	Perreux................	S. Bonnet, év. de Clerm.[5]	Le sacristain de Cluny.
46.	Pradines...............	SS. Pierre et Claude[6]....	L'évêque de Mâcon.
47.	Poule..................	S. Martin.............	Le prieur de Charlieu.
48.	Ranchal...............	S. Martin.............	Le prieur de Thizy.
49.	Regny.................	S. Julien.............	Le prieur du lieu.
50.	Saint-Bonnet de Troncy..	S. Bonnet.............	Le prieur de Saint-Pierre de Mâcon.
51.	Saint-Didier sur Beaujeu..	S. Didier.............	Le chapitre de Beaujeu.
52.	Saint-Germain-la-Montagne	S. Germain, év. de Paris.	Le prieur de Charlieu.
53.	Saint-Jean du château de Beaujeu.	S. Jean..............	Le chapitre de Beaujeu.
54.	Saint-Jean-la-Bussière....	S. Jean-Baptiste........	Le chap. de Saint-Vincent de Mâcon.
55.	Saint-Nizier-d'Azergues...	S. Nizier[7]............	Le prieur du lieu.
56.	Saint-Victor-sur-Rhins...	S. Victor.............	Le sacristain de Cluny, comme prieur du lieu.
57.	Saint-Vincent-de-Boisset..	S. Vincent............	Le chamarier de Charlieu.
58.	Saint-Vincent-de-Rhins...	S. Vincent............	Le prieur de Charlieu.
59.	Sevelinges.............	S. Jean-Baptiste[8]......	Idem.
60.	Thel...................	SS. Pierre et Paul......	Idem.
61.	Thizy.................	S. Georges[9]..........	Le prieur du lieu.
62.	Vernay................	Nativ. Ste Vierge.......	Le prieur de Charlieu.

[1] Plus anciennement la Ste Vierge. (Cartul. de Savigny, ch. 431.)

[2] Il y a aujourd'hui dans cette commune un village du nom de Ville, qui a été érigé en paroisse sous le vocable de S. Joseph.

[3] Plus anciennement, la paroisse était sous le vocable de S. Jean-Baptiste. Un village de cette commune a été depuis érigé en commune sous le nom de Meaux, et possède une église sous le vocable de S. Joseph.

[4] Cuinzier, qui ne figure pas sur le pouillé du xvie siècle, publié plus loin, paraît déjà sur un pouillé de 1662.

[5] La chapelle du château, qui existe encore, est sous le vocable de S. Véran.

[6] Le monastère de Pradines est sous le vocable de S. Benoît.

[7] SS. Martin, Jean-Baptiste, Pierre et Nizier. (Cart. de Savigny, ch. 397.)

[8] Il y a aujourd'hui dans cette commune, au hameau de la Cergne, une chapelle sous le vocable de la Conversion de S. Paul.

[9] C'est l'église du château. L'église paroissiale est aujourd'hui sous le vocable de Notre-Dame.

(Archiprêtré de Charlieu.)

Noms des localités.	Vocables.	Patrons temporels.
63. Boyer[1]	S. Barthélemi	L'évêque de Mâcon.
64. Chandon	S. Gilles (Ægidius)[2]	Idem.
65. Charlieu	S. Philibert	Le prieur du lieu.
66. Fleury-la-Montagne (enclave du Mâconnais)	S. Barthélemi	L'évêque de Mâcon.
67. Jarnosse	S. Pierre-ès-liens	Le prévôt de Saint-Pierre de Mâcon.
68. Jonzy	S. Martin	Le prieur de Charlieu.
69. Mailly	S. Laurent	Le prieur de Marcigny.
70. Maizilly	Assomption et S. Jean	L'évêque de Mâcon.
71. Mars	S. Corneil	Idem.
72. Nandax	S. Martin	Le collège de Roanne, comme prieur de Riorges.
73. Pouilly-sous-Charlieu	SS. Pierre et Paul	L'évêque de Mâcon.
74. Saint-Bonnet de Cray	S. Bonnet	Le prieur de Charlieu.
75. Saint-Denis de Cabane	S. Denis	Idem.
76. Saint-Hilaire	S. Hilaire	Idem.
77. Saint-Julien de Cray	S. Julien	L'évêque de Mâcon.
78. Saint-Nizier de Tigny[3]	S. Nizier	Idem.
79. Saint-Pierre-la-Noaille	S. Pierre	Idem.
80. Villers	S. André	L'abbé d'Ainay.
81. Vougy	S. Bonnet	Le célérier de Charlieu.
82. Yguerande	S. André	Le prieur de Marcigny.

2° Diocèse d'Autun : 13 paroisses ou parcelles.

(Archiprêtré du Bois-Sainte-Marie.)

1. Saint-Bonnet-des-Bruyères	S. Bonnet	La cure unie au doyenné d'Aigueperse.
2. Aigueperse, ann. de Saint-Bonnet	Ste Marie Madeleine	Les chanoines élisent le doyen.
3. Saint-Igny-de-Vers[4]	S. Jean, évêque	Le chapitre d'Aigueperse.
4. Propières	S. Georges	Idem.
5. Monsols	S. Sulpice, év. de Bourges	Le secrétain de l'abbé de Cluny.
6. Trades	S. Éloy, év. de Noyon	L'abbé de Cluny.
7. Saint-Christophe	S. Christophe	Idem.
8. Saint-Mamert[5]	S. Jean-Baptiste	Idem.
9. Matour (en partie)	S. Jean-Baptiste	Le prieur de Saint-Rigaud.
10. Dompierre (en partie)	S. Antoine	Le chapitre de Cluny.

(Archiprêtré de Pierrefitte.)

11. Lenax (en partie)	S. Martin	Le doyen de Semur en Brionnais.
12. Durbize[6]	L'Assompt. ou l'Annonciat.	L'abbé de Cluny.
13. Monteguet	Ste Anne	L'abbesse de la Bénisson-Dieu.

3° Diocèse de Vienne : 35 paroisses, annexes ou succursales.

(Archiprêtré des suburbes de Vienne.)

1. Sainte-Colombe-lez-Vienne	Ste Colombe	La prieure des bénédictines du lieu.

---

[1] Boyer paraît déjà sur un pouillé de 1652.
[2] Aujourd'hui S. Éloi.
[3] Aujourd'hui on écrit Saint-Nizier-sous-Charlieu ; mais il paraît ici que l'ancien nom de la localité était *Tigny*.
[4] Il y avait dans cette paroisse deux chapelles rurales : l'une sous le vocable de Notre-Dame-de-Vers, et l'autre sous le vocable de Saint-Clément-de-Vers. Cette dernière est aujourd'hui érigée en paroisse.
[5] Aujourd'hui réunie à Saint-Jacques-des-Arrêts.
[6] L'Almanach de Lyon de 1779 place cette paroisse dans l'archiprêtré de Cusset (diocèse de Clermont) ; mais c'est une erreur : Durbize était du diocèse d'Autun.

DE SAVIGNY ET D'AINAY. 1039

Noms des localités.	Vocables.	Patrons temporels.
2. St-Cyr, an. de Ste-Colombe.	S. Cyr.	

(Archiprêtré de Condrieu.)

3. Condrieu.............	S. Étienne.............	Les chanoines-comtes de Lyon.
4. Roche, ann. de Condrieu.	S. Nicolas.	
5. Loire.................	Notre-Dame............	Le prieur de Talluyers.
6. Saint-Romain-en-Gal....	S. Romain.............	MM. de Malte.
7. Les Hayes.............	S. Laurent.............	L'abbé de Saint-Pierre de Vienne.
8. La Chapelle, an. des Hayes.	Ste Marguerite.	
9. Ampuis...............	Ste Baudille..........	Idem.
10. Chuyes...............	S. Julien..............	Le chap. de Saint-Maurice de Vienne.
11. Saint-Michel...........	S. Michel..............	L'abbé de Saint-Pierre de Vienne.
12. Semons...............	Notre-Dame............	Le chapitre de Saint-Pierre de Vienne.
13. Tupin, ann. de Semons..	S. Julien..............	Idem.
14. Chavanay.............	S. Jean-Baptiste........	L'abbé d'Ainay.
15. Pelussin...............	Notre-Dame............	L'abbé de Saint-Pierre de Vienne.
16. Bœuf.................	S. Pierre..............	L'archevêque de Vienne.
17. Malleval..............	Notre-Dame, S. André?..	Idem.
18. Lupé.................	Assomption, S. Pantalon, Ste Blandine.	Le seigneur du lieu.
19. Limony...............	S. Jean-Baptiste........	Le chapitre de Saint-Claude.
20. Maclas................	SS. Romain et Clair....	Le chap. de St-André-le-Bas de Vienne.
21. Roisey................	S. Pancrace............	Le chapitre d'Annonay.
22. Bessey[1]..............	S. Jean...............	Le prieur de Roisey.

(Archiprêtré de Bourg-Argental.)

23. Bourg-Argental.........	Notre-Dame............	(Deux curés[2].)
24. La Versanne[3] ou Ruthianges, ann. de B.-Argental.	Notre-Dame, S. Didier.	
25. Argental..............	S. Georges.............	Le collége de Tournon, pour le prieur de Saint-Sauveur.
26. Saint-Apollinard........	S. Apollinaire..........	Idem.
27. Saint-Julien-Molin-Molette	S. Julien..............	Idem.
28. Colombier, ou Saint-Pierre en Colombarez, ann. de Saint-Julien.	S. Pierre.	
29. Burdignes.............	S. Martin..............	Le chap. de Saint-Maurice de Vienne.
30. Saint-Sauveur-en-Rue, ou Saint-Sauveur-le-Versain.	Notre-Dame............	Le collége de Tournon, pour le prieur de Saint-Sauveur.
31. Veranne (La)..........	S. Maurice.............	Le chapitre de Saint-André de Vienne.
32. Paillerez..............	Nativité de la Vierge....	
33. Nozières (en partie).....	Assomption, S. Clair?...	
34. Saint-Félicien (en partie).	S. Félicien.............	

(Archiprêtré de Tournon.)

35. Colombier-le-Jeune[4].....	Assomption............	

[1] Cette nomenclature comprend tout l'archiprêtré de Condrieu, moins une paroisse, celle de Vinzieu.

[2] La cure était desservie par deux curés : l'un à la nomination alternative de l'archevêque et du chapitre de Vienne, l'autre à la nomination du collége de Tournon, pour le prieur de Saint-Sauveur.

[3] Ce nom de Versanne, dont on ignore aujourd'hui l'origine, ne s'appliquait à aucune localité en particulier; il était donné jadis à une parcelle de la paroisse de Bourg-Argental, où fut érigée, le 19 décembre 1707, une succursale, au lieu de Ruthianges, qui lui imposa insensiblement ce nouveau nom. Peut-être le nom primitif venait-il de la position de cette parcelle par rapport au territoire de Bourg-Argental, dont elle était séparée par la paroisse d'Argental. On sait qu'au moyen âge on donnait ce nom de versanne à une mesure agraire. On aurait dit la versanne, pour désigner la parcelle située à une versanne du chef-lieu. (Voyez le Glossaire de Du Cange, édition Didot, au mot Versanne.) On pourrait aussi faire venir de là le surnom de le Versain donné parfois à Saint-Sauveur-en-Rue, situé à peu de distance de Bourg-Argental, chef-lieu féodal ou du moins judiciaire de la contrée pendant les trois derniers siècles.

[4] Pour les quatre dernières paroisses, qui formaient jadis deux petites enclaves du Forez dans le Vivarais, mais qui

1040 APPENDICES AUX CARTULAIRES

4° Diocèse du Puy : 17 paroisses ou annexes.

(Archiprêtré de Monistrol.)

Noms des localités.	Vocables.	Patrons temporels.
1. Riotort	S. Jean-Baptiste	Le collége de Tournon, pour le prieur de Saint-Sauveur.
2. Marlhes	S. Saturnin	L'évêque du Puy.
3. Saint-Ferréol d'Auroure	S. Ferréol	Le prieur de Firmini.
4. Jonzieux, ou les Étœufs	S. Romain, diacre	L'évêque du Puy.
5. Basset, ann. de Bas	S. Thyrse	Idem.
6. Bas-en-Basset		

(Archiprêtré de Saint-Paulien.)

7. Estivareilles	S. Pierre-ès-liens	Le prieur du lieu, qui était lui-même nommé par l'abbé d'Ainay.
8. Rosier	S. Hilaire	Les chartreux de Lyon, comme seign^{rs}.
9. Merle	Notre-Dame	Le prieur de Saint-Romain-le-Puy.
10. Tiranges	S. Martin de Tours	Le prieur de Saint-Rambert-sur-Loire.
11. Chalancon, an. de Tiranges	S. André, ap.	
12. Saint-Pal-en-Chalancon	S. Paul, ap.	L'évêque du Puy.
13. Boisset	S. Pierre, ap.	Le seigneur de Vorey en Vélais.
14. Saint-Hilaire	S. Hilaire	Le prieur de Saint-Rambert-sur-Loire.
15. Apinac	Décoll. de S. Jean-Baptiste.	L'évêque du Puy.
16. Usson	S. Symphorien	Le prieur de la Chaise-Dieu.
17. Montarchier [1]	Assomption	Le prieur d'Estivareilles.

5° Diocèse de Clermont : 19 paroisses ou parcelles.

(Archiprêtré du Livradois.)

1. La Chapelle-en-Lafaye	S. Julien	Le prieur de Saint-Rambert-sur-Loire.

(Archiprêtré de Billom.)

2. Noirétable	Notre-Dame	La prieure de Laveine.
3. Celle (en partie)	S. Julien	Le chapitre de Saint-Genez de Thiers.
4. Montvianey (en partie)	Notre-Dame	Le prieur de Montpéroux.
5. La Loubière ou St-Victor-sur-Thiers (en partie)	S. Victor	La prieure de Laveine.
6. Saint-Rémi (en partie)	S. Rémi	Le chapitre de Saint-Genez de Thiers.
7. Arconsat	S. Blaise	L'évêque de Clermont.

(Archiprêtré de Cusset.)

8. Crozet	Nativité de la Vierge [2]	Le prieur d'Ambierle.

n'ont pas été conservées par le département de Rhône-et-Loire, nous avons suivi les indications des Almanachs de Lyon. D'après un renseignement qui nous a été fourni par M. J. Ronchier, secrétaire de M. l'évêque de Viviers, Paillerez aurait été chef-lieu d'un archiprêtré du diocèse de Vienne, d'où ressortissait Nozières ; Saint-Félicien aurait aussi été chef-lieu d'archiprêtré du même diocèse, et enfin Colombier aurait dépendu de l'archiprêtré de Saint-Sylvestre, du diocèse de Valence.

[1] Suivant un mémoire publié en 1777, in-4°, par Dominique Garde des Fauchers, notaire royal et ancien premier consul de la ville de Craponne, sous ce titre : « Certificat authentique et notes historiques sur icelui, au sujet des anciennes limites du pays de Velay avec celles des provinces d'Auvergne et Forez, » ce dernier pays aurait enlevé au diocèse du Puy non-seulement 11 des paroisses que nous venons de nommer, mais encore les annexes suivantes : Keriaires, le Pertuis, Valprivas, le Vernet, Chalancon, Pontempeyrat, Bouzols, Roucoules, Billac, Artias, Charrol. « Lesquelles, dit-il, font le nombre de 22, et excèdent par conséquent celui porté par la délibération du 13 décembre 1684, qui ne fait mention que de 14 cotisées dans le pays de Forez. » La délibération dont parle ici Des Fauchers rappelle une des discussions nombreuses qui eurent lieu à l'occasion de cette enclave du Forez dans le diocèse du Puy. (Voyez *Histoire du Velay*, par le docteur Arnaud, 2 vol. in-8°, 1816, au Puy, t. II, p. 386.) Au surplus, Des Fauchers place dans le Velay les paroisses suivantes, dont quelques-unes étaient certainement en Forez : Marlhes, Saint-Didier, Aurec, la Chapelle-d'Aurec, Saint-Victor, Saint-Ferréol.

[2] Aujourd'hui sous le vocable de S. Jean-Baptiste.

DE SAVIGNY ET D'AINAY. 1041

Noms des localités.   Vocables.   Patrons temporels.

9. Pacaudière (La)........ Assomption...........
10. Saint-Bonnet-des-Quarts[1]. S. Bonnet............. Le prieur d'Ambierle.
11. Changy............... Ste Madeleine......... Idem.
12. Arçon................. S. Sylvestre.......... Idem.
13. Saint-Martin-d'Estrau.... S. Martin............. Les dames de Beaulieu, près de Roanne.
14. Tourzie............... S. Hippolyte[2]......... Le prieur d'Ambierle.
15. Vivans................ S. Étienne............ Idem.
16. Arfeuil (en partie)....... S. Pardoux........... La prieure de Laveine.
17. Ande-la-Roche (en partie). S. André .... L'abbesse de la Bénisson-Dieu.
18. St-Pierre-la-Val (en partie). S. Pierre............. L'abbé de Saint-Rigaud.
19. Sail-lez-Château-Morand.. SS. Symphorien et Blaise. Le prieur d'Ambierle.

En résumé, le diocèse de Lyon renfermait, dans la première moitié du xviiie siècle, 931 paroisses, annexes ou succursales (non comprises celles de Lyon), réparties ainsi qu'il suit :

Archiprêtré de Coligny.............	31	Archiprêtré des suburbes (non comp. Lyon)	27
——— de Treffort..............	56	——— d'Anse...............	55
——— d'Ambournay...........	99	——— de l'Arbrêle...........	38
——— de Bâgé...............	68	——— de Roanne............	51
——— de Dombes.............	74	——— de Pommiers..........	37
——— de Sandran.............	38	——— de Montbrison.........	76
——— de Chalamont...........	52	——— de Néronde...........	26
——— de Morestel.............	26	——— de Courzieux..........	44
——— de Meysieux............	28	——— de Jarez..............	105

Après la création de l'évêché de Saint-Claude, qui prit 100 paroisses du diocèse de Lyon, ce dernier n'en posséda plus que 831, ainsi réparties :

Archiprêtré de Nantua..................	19	Archiprêtré des suburbes (non comp. Lyon)	27
——— d'Ambournay...........	45	——— d'Anse...............	55
——— de Treffort..............	22	——— de l'Arbrêle...........	38
——— de Bâgé...............	40	——— de Roanne............	51
——— de Bourg...............	28	——— de Pommiers..........	37
——— de Dombes.............	74	——— de Montbrison.........	76
——— de Sandran.............	38	——— de Néronde...........	26
——— de Chalamont...........	52	——— de Courzieux..........	44
——— de Morestel.............	26	——— de Saint-Étienne.......	52
——— de Meysieux............	28	——— de Mornant...........	53

Sur ce nombre de 831 paroisses, annexes ou succursales, le Lyonnais (Lyonnais, Forez et Beaujolais) en comprenait 470, c'est-à-dire un peu plus de la moitié, ainsi réparties :

Archiprêtré des suburbes (non comp. Lyon)	27	Archiprêtré de Néronde..............	26
——— d'Anse...............	55	——— de Courzieux..........	44
——— de l'Arbrêle...........	51	——— de Saint-Étienne.......	52
——— de Roanne............	37	——— de Mornant...........	53
——— de Pommiers..........	76	——— de Dombes (en partie : Franc-Lyonnais).............	11
——— de Montbrison.........	38		

[1] Ou d'Escarts. — [2] Une annexe à Crozet, sous le vocable de S. Jean.

A ce nombre de 470 paroisses de l'ancien diocèse de Lyon composant le Lyonnais, il faut ajouter celles que cette province avait acquises en tout ou en partie sur les diocèses voisins, et dont voici le relevé :

Diocèse de Mâcon.............................	82
——— d'Autun.............................	13
——— de Vienne.............................	35
——— du Puy.............................	17
——— de Clermont.............................	19
Total...............	166
Diocèse de Lyon.............................	470
Total général des paroisses, annexes ou succursales incorporées en tout ou en partie dans le Lyonnais (Lyonnais, Forez et Beaujolais) avant la Révolution, et qui ont servi à former le département du Rhône-et-Loire, autrement dit le diocèse de Lyon actuel [1]...............	636

[1] Il faut toutefois en retrancher trois de l'ancien diocèse de Lyon, qui furent perdues pour le nouveau : (Villeurbane (dans l'archiprêtré des suburbes), rattachée au département de l'Isère ; Saint-Just-lez-Vélais (archiprêtré de Jarez ou de Saint-Étienne), rattachée au département de la Haute-Loire ; et Mellay (archiprêtré de Roanne), rattachée au département de Saône-et-Loire.

VI.

POUILLÉ

DU DIOCÈSE DE MÂCON AU XVIᵉ SIÈCLE.

Ce document est extrait d'un manuscrit des archives du Rhône qui renfermait autrefois les pouillés des cinq diocèses de la première Lyonnaise, mais dont on a soustrait ceux de Lyon, de Châlon et de Langres : il ne renferme donc plus aujourd'hui que les pouillés des diocèses d'Autun et de Mâcon. Il est daté approximativement de 1500. Je l'ai complété à l'aide d'un autre document du même genre qui se trouve dans les archives du département de Saône-et-Loire, et qui est intitulé : « Synode de 1660. — « Règlement pour avoir payement des droits synodaux. » J'ai emprunté, entre autres choses, à ce dernier (dont je dois la communication à M. Ragut, archiviste du département de Saône-et-Loire) le nom français des paroisses et le nom de leur patron spirituel, qu'on trouvera entre crochets à la suite du nom latin. Du reste, ce pouillé de 1660 ne nous offre rien de particulier, si ce n'est qu'il donne quelques paroisses nouvelles et le nom de huit ecclésiastiques qui avaient droit d'assister aux synodes, outre les recteurs des six églises ressortissant à la cathédrale, et les curés de toutes les paroisses. Ces huit personnes sont ainsi désignées :

D. præpositus ecclesiæ collegiatæ S. Petri [Matisconensis].
D. promotor curiæ episcopalis Matisconensis.
D. prior S. Petri Tisiaci.
D. prior S. Nicetii d'Asergues.
D. prior SS. Jul. et Fiacri Rupen [la Grange-du-Bois].
D. prior S. Eugendi de Montbellet.
D. prior du Villars.
D. prior S. Andreæ deserti.

Ce pouillé de 1660 commence par le titre suivant : « Nomina eorum qui ratione suæ « dignitatis, aut beneficii, aut ex consuetudine, synodis interesse debent, et qui vocati « comparuerunt vel non comparuerunt in synodo celebrato Matiscone die 13 Aprilis « 1660. » Il se termine par la curieuse note que voici : « Sur les plaintes qui ont esté « faictes par messieurs les archiprestres, qu'ils perdent beaucoup de droicts synodaux par

« la mauvaise volonté de plusieurs curés, qui diffèrent autant qu'ils le peuvent de les
« payer, quittent enfin ou permutent leurs bénéfices sans satisfaire auxdits droicts; pour
« obvier donc à cela, on sera doresnavant adverty que quiconque désirera obtenir des visa
« ou provisions de quelque bénéfice, il faut qu'il apporte certificat de messieurs lesdits
« archiprestres, par lequel il apparoisse que lesdits droicts sont payés, autrement on n'ex-
« pediera point leurs provisions que lorsqu'ils auront satisfait lesdits sieurs archiprestres.

« JEAN, é[vesque] de Mascon. »

HEC SUNT NOMINA BENEFFICIORUM

TAM IN CIVITATE QUAM DIOCESI MATISCONENSI EXISTENTIUM.

Primo est ecclesia cathedralis [*S. Vincent*], in qua, licet sit certus numerus canonicorum, scilicet viginti, juramento canonicorum vallatus et apostolica auctoritate confirmatus, non est tamen
distinctio prebendarum.

Item in ipsa ecclesia sunt sex dignitates, quarum quilibet tenens aliquam ex eis est canonicus, et
in dicto numero viginti canonicorum includuntur :

Decanatus. \
Cantoria.. / Eliguntur per commune capitulum, sine consensu episcopi.

Archidiaconus Matisconensis.... \
Archidiaconus de Rosseyo...... \
Archidiaconus Viriseti......... / Spectant ad collationem episcopi.
Archidiaconus Vallis Regnaudi.. /

Isti quatuor archidiaconatus sunt modici valoris, et quasi nullius, quia non habent emolumentum, sed primo optant post decanum et cantorem in divisione terrarum.

Item est sacrista, cujus ..... emolumentum sustinet episcopus.

Item in dicta ecclesia sunt septem presbyteri qui confratres
nominantur, ex eo quod in divino officio celebrando vices ca- } Eliguntur per commune capi-
nonicorum supplent................................. } tulum.

Sunt etiam quatuor cappellani ad altare crucis, quorum duo
sunt vicarii decani, et ministrant sacramenta ecclesiastica inter } Sunt ad collationem decani in-
parrochianos et officiarios ipsius ecclesiæ................ } solidum.

Item, in dicta ecclesia sunt cappellaniæ quæ sequuntur :

Primo cappellania Beate Katherine et Beati Thome, in qua
sunt sex cappellani [qui] *Katherini* nominantur, et degunt atque } Conferuntur per totum capitu-
morantur sub uno et eodem tecto.................... } lum.

Cappellania Sancti Yvonis : sunt duo cappellani..........
Cappellania Sancti Jacobi : unus cappellanus............ } Conferuntur per capitulum Ma-
Cappellania Angelorum : sunt duo cappellani............ } tisconense.
Cappellania Beate Marie : sunt quatuor cappellani........

DE SAVIGNY ET D'AINAY.   1045

Cappellania Sancti Stephani : sunt duo cappellani............
Cappellania Sancte Elizabet : sunt duo cappellani............
Cappella Sancti Johannis : sunt quatuor cappellani...........
Cappella Sancti Firmini : sunt duo cappellani............... } Conferuntur per capitulum Ma-
Cappella Beati Andree : sunt tres cappellani................   tisconense.
Cappella Beati Sebastiani : sunt duo cappellani.............
Tres cappelle in crotis.....................................
Cappella Beate Marie in claustro : sunt duo cappellani......
Cappella Beate Marie in porta ecclesie.....................
Cappella Sancti Martini : sunt duo cappellani...............   Archidiaconus de Rosseyo.
Cappella Sancti Blasii : sunt octo cappellani, scilicet quatuor } Episcopus et archidiaconus Vi-
ad collationem episcopi et quatuor ad collationem archidiaconi   riseti.
Viriseti...
Cappella Beati Michaelis : sunt duo cappellani.............

Item in dicta diocesi est una sola ecclesia collegiata, scilicet ecclesia Beate Marie Bellijoci; et in ista non est certus numerus canonicorum, neque distinctio prebendarum; et in eadem ecclesia sunt dignitates :

Decanatus..
Cantoria.... } Eliguntur per capitulum.
Sacrista....

Item, in eadem ecclesia Bellijoci sunt septem vicarii perpetui.   Confert capitulum.

Item, in dicta diocesi sunt duo abbatie :

Primo abbatia Cluniacensis, et ista cum omnibus beneficiis in abbatia et villa Cluniacensi est exempta; et etiam ipsa villa Cluniacensis in clero et populo, in spiritualibus et temporalibus, infra menia, est exempta.

Item est abbatia Sancti Rigaudi; et ipsa non est exempta, sed eligitur per conventum, et confirmatur per episcopum.

Item in dicta diocesi sunt quatuor archipresbyteratus qui conferuntur per episcopum, videlicet :

Archipresbyteratus Bellijoci,
Archipresbyteratus de Rosseyo,
Archipresbyteratus Viriseti,
Archipresbyteratus Vallis Regnaudi.

Sequuntur nomina parrochialium ecclesiarum in civitate et diocesi Matisconensi constitutarum.

Et primo in civitate [et] suburbiis Matisconensibus sunt ecclesie que dicuntur esse de cathedra, in numero sex :

Ecclesia parrochialis Sancti Petri.................... }
Ecclesia de Charnayo [Ste *Marie Madeleine de Charnay*].....   Prior Sancti Petri.
Ecclesia Sancti Stephani..............................   Episcopus.
Ecclesia Sancti Clementis............................. } Capitulum Matisconense.
Ecclesia Flaciaci [Ste *Eulalie de Flacé*]................
Ecclesia Sancti Laurentii.............................   Abbas Case Dei.

In archipresbyteratu Bellijoci sunt ecclesie que sequuntur :

1. Eccl. d'Agullie [*S. Léger d'Aiguilly*]..................
2. —— burgi Bellijoci [*S. Nicolas du bourg de Beaujeu*].....
3. —— de Cothobro [*S. Denis de Coutouvre*].............. } Episcopus pleno jure confert.
4. —— de Chassignie (*S. Symphorien de Chassigny-la-Garde*[1]].
5. —— de Chandon [*S. Éloy (Ægidus) de C.*]..............
6. —— Centigniaci [Ste *Marie de Saint-Igny-de-Roche*[2]].....

---

[1] C'est sans doute ce que la carte de 1769 appelle *Chassigny-sous-Dun*.

[2] A la différence d'un autre *Saint-Igny* assez voisin, mais situé dans le diocèse d'Autun, et appelé *Saint-Igny-de-Vair*.

1046   APPENDICES AUX CARTULAIRES

7. Eccl. Escochiarum [*SS. Bonnet et Genis d'Écoches*]...... ⎫
8. ——— Fleuriaci [*S. Barthélemi de Fleury-la-Montagne*].... ⎪
9. ——— Jonsiaci [*S. Martin de Jonzy*]................. ⎪
10. ——— Sancti Petri de Noillia [*Saint-Pierre-la-Noaille*].... ⎪
11. ——— des Ardillas [*Saint-Pierre des Ardillats*]........ ⎪
12. ——— de Masilliaco [*SS. Marie et Jean de Maizilly*]....... ⎪
13. ——— de Mars [*S. Corneille de M.*]................. ⎪
14. ——— Poilliaci [*SS. Pierre et Paul de Pouilly*]......... ⎬ Episcopus pleno jure confert.
15. ——— de Pradines [*SS. Pierre et Claude de P.*]......... ⎪
16. ——— Varennarum subtus Dunum [*S. Martin de Varenne-sous-Dan*].................. ⎪
17. ——— Sancti Nicetii prope Carilocum [*Saint-Nizier-sous-Charlieu*]..................... ⎪
18. ——— Sancti Julliani de Crayo [*Saint-Julien-de-Cray*]..... ⎪
19. ——— de Nandaux [*S. Martin de Nandax*]............. ⎪
20. ——— Chassignaci Brionnensis [*S. Sulpice de Chassigny Bosdemont*].................... ⎭

21. ——— de la Grelhe [*Ste Marie de la Grelle*]............ ⎫
22. ——— Bellimontis [*SS. Jacques et Christophe de Belmont*]... ⎪
23. ——— Mardubrii [*SS. Pierre et Laurent de Mardore*]..... ⎪
24. ——— Muciaci [*S. Austrégésile (Æstrigius) de Mussy-sous-Dun*] ⎬ Capitulum Matisconense.
25. ——— Sancti Johannis de Buxeria [*Saint-Jean-la-Bussière*]. ⎪
26. ——— Sancti Vincentii de Reins [*Saint-Vincent de Rhins*].. ⎪
27. ——— d'Arcinges [*Ste Marie d'A.*]............... ⎪
28. ——— de Cublise [*S. Martin de C.*]................. ⎭

29. ——— Belle Rupis [*S. Jean de Belleroche*]............ ⎫
30. ——— Cariloci [*S. Philibert de Charlieu*]............. ⎪
31. ——— Capelle subtus Dunum [*Ste Marie de la Chapelle-sous-Dun*]...................... ⎪
32. ——— Beate Marie de Verneto [*Notre-Dame du Vernay*]... ⎬ Prior Cariloci.
33. ——— Montagniaci [*S. Sulpice de Montagny*].......... ⎪
34. ——— de Pola [*S. Martin de Poule*]................ ⎪
35. ——— Sancti Dionisii de Cabanis [*S. Denis de Cabane*].... ⎪
36. ——— Sancti Germani de Monte [*Saint-Germain-la-Montagne*] ⎪
37. ——— Sancti Illarii [*Saint-Hilaire*].................. ⎪
38. ——— Sancti Boniti de Cray [*Saint-Bonnet-de-Cray*]..... ⎪
39. ——— Sancti Vincentii de Boisseto [*Saint-Vincent-de-Boisset*]. ⎪
40. ——— Vougiaci [*S. Bonnet de Vougy*].............. ⎭

41. ——— Castrinovi [*S. Paul de Châteauneuf*]............ ⎫
42. ——— de Liciaco [*S. Martin de Lixy*]............... ⎬ Capitul. S. Pauli Lugdunensis.
43. ——— Sancti Mauricii [*Saint-Maurice-lez-Châteauneuf*].... ⎪
44. ——— de Tancone [*S. Étienne de Tancon*]............ ⎭

45. ——— d'Azolettes [*S. Pierre d'A.*].................. ⎫
46. ——— de Choffaliis [*SS. André et Laurent de Chauffailles*]... ⎬ Abbas S. Rigaudi.
47. ——— Ligniaci [*SS. Jacques et Philippe de Ligny*]....... ⎪
48. ——— Sancti Saturnini de Cray [*Saint-Sernin-en-Brionnais*[1]]. ⎭

49. ——— Beate Marie de Boisseto [*Notre-Dame de Boisset*].... ⎫
50. ——— de Gernousse [*S. Pierre de Jarnosse*]........... ⎬ Prior S. Petri Matisconensis.
51. ——— de Vilars [*S. André de Villers*]............... ⎭

52. ——— Sancti Boniti de Troncy [*S. Bonnet de Troncy*].... ⎫
53. ——— de Perrues [*S. Bonnet de Perreux*]............ ⎬ Sacrista Cluniacensis.
54. ——— Sancti Victoris [*Saint-Victor-sur-Rhins*]......... ⎭

55. ——— de Chaneletes [*Ste Marie-Madeleine de Chenelettes*]... ⎱ Abbas Cluniacensis.
56. ——— Sancti Laurentii Brionnensis [*St-Laurent-en-Brionnais*]. ⎰

(Cassini) ou *de Vers* (Dépôt), et *Santigniacus* dans un pouillé de 1500 environ, que j'ai en ce moment sous les yeux.

[1] Saint-Sernin est porté sur la carte du duché de Bourgogne, de Guillaume de l'Isle, entre Saint-Laurent-en-Brionnais et Ligny.

DE SAVIGNY ET D'AINAY.

57. Eccl. castri Bellijoci [*S. Jean du château de Beaujeu*].... ⎫
58. —— Sancti Desiderii [*Saint-Didier près de Beaujeu*]..... ⎬ Capitulum Bellijoci.
59. —— Grandi Rivi [*Notre-Dame de Grandris*]........... Prior dicti loci (Grandirivi?).
60. —— de Siviturgiis [*S. Jean de Sevelinges*]............ ⎫
61. —— de Marnant [*S. André de Marnand*]............ ⎬ Prior Tisiaci.
62. —— de Ranchel [*S. Martin de Ranchal*]............
63. —— Tisiaci [*S. Georges du château de Thizy*]........
64. —— Sancti Nicetii de Sergues [*Saint-Nizier-d'Azergues*].. ⎫
65. —— de Clavesoles [*S. Laurent de Claveisolles*]........ ⎬ Prior S. Nicetii subtus Bellijo-
66. —— de Cours [*S. Étienne de C.*].................. cum[1].
67. —— de Thel [*SS. Pierre et Paul de Thel*]............
68. —— de Comblanc [*Ste Marie-Madeleine de Coublanc*].... Abbas Vizilliaci.
69. —— Yguerande [*S. André d'Iguerande*].............. ⎫ Prior Marcigniaci.
70. —— Mailliaci [*S. Laurent de Mailly*]................ ⎬
71. —— Rigniaci subtus Tisiacum [*S. Julien de Regny*][2]..... Prior dicti loci.

In archipresbyteratu de Rosseyo sunt ecclesie que sequuntur :

1. Eccl. de Rosseyo [*S. Denis du Rousset*]..............
2. —— Marriaci [*SS. André et Symphorien de Marry*].....
3. —— Colongiarum subtus Montem [*S. Étienne de Collonges sous le Mont-Saint-Vincent*][3]
4. —— Genoilliaci [*S. Pierre de Genouilly*]..............
5. —— Jonciaci [*S. Didier de Joncy*]....................
6. —— Sancti Clementis supra Guiam [*St-Clément-sur-Guye*].
7. —— Sancti Eustadii[4] [*S. Barthélemi de Saint-Ythaire*]...
8. —— Flagiaci [*S. Thibaud de Flagy*]..................
9. —— Chevaigniaci supra Guiam [*S. Antoine de Chevagny-sur-Guye*].
10. —— Massiliaci [*S. Denis de Massilly*]................
11. —— Beati Germani de Ruffeyo [*S. Germain de Roffey*][5].
12. —— Sancti Pauli de Cray [*S. Paul de Cray*].........
13. —— de Abergamento [*Ste Catherine de l'Abergement*]... ⎬ Episcopus pleno jure.
14. —— Sancti Eusebii, vulgo Saint-Euroge [*Saint-Huruge*][6].
15. —— de Confranson [*S. Jean-Baptiste de Confrançon*]...
16. —— Sancti Martini Salenciaci[7] [*S. Martin de Salencé*]...
17. —— de Aynard [*SS. Hippolyte et Jean d'A.*]..........
18. —— Sailliaci [*S. Laurent de Sailly*]..................
19. —— Prissiaci subtus Dundanum [*S. Pierre de Pressy-sous-Dondin*]...
20. —— Vitriaci [*SS. Éloi et Blaise de Vitry*]...........
21. —— de Curtili[8] juxta Burnant [*S. Pierre du Curtil-sous-Burnand*]...
22. —— de Tramayes [*S. Martin*[9] *de T.*]..............
23. —— Sancti Pontii {*Saint-Point*}...................
24. —— de Burnant [*S. Nizier de B.*]..................
25. —— de Bufferiis [*SS. Sébastien, Denis et Georges de Buffières*]...

---

[1] C'est sans doute Saint-Nizier-d'Azergues. Toutefois les pouillés du xviie siècle donnent pour patron à Cours et à Thel le prieur de Charlieu.
[2] Le pouillé de 1660 donne deux noms de plus : *Boyer* (S. Barthélemi) et *Cuinzier* (Ste Madeleine).
[3] Mont-Saint-Vincent est près de là, mais dans le diocèse d'Autun.
[4] Pouillé de 1660 : « *S. Stadii, vulgo S. Hitaire.* »
[5] Roffey, près de Cluny.
[6] Le nom ancien de cette localité est peut-être Bicy.

Severt cite en effet une église dédiée à S. Eusèbe, « in comitatu Matisconensi, in villa Biciaco. »
[7] Il semble y avoir *Salterciaci*, mais c'est par suite d'une mauvaise lecture du copiste.
[8] Le copiste a écrit *Certili*.
[9] Au xe siècle, l'église de Tramayes était dédiée à S. Germain. (Voir le Cartulaire de saint-Vincent de Mâcon, pièce 415.) Elle portait encore le même vocable sur les synodes de 1652 et 1653; mais celui de 1660 lui donne le vocable de S. Martin (aujourd'hui S. Jean-Baptiste).

APPENDICES AUX CARTULAIRES

26. Eccl. de Curtilli subtus Bufferias [*Notre-Dame du Curtil-sous-Buffières*]..........................
27. —— Capelle Montis Francie [*S. Vincent de la Chapelle-du-Mont-de-France*].......................
28. —— de Serreriis[1] [*SS. Jacques et Christophe de Serrières*].   } Episcopus pleno jure.
29. —— Sancti Petri Veteris [*Saint-Pierre-le-Vieux*].........
30. —— de Trambly [*Notre-Dame de T.*].................
31. —— Massiaci [*S. Denis de Massy*]...................
32. —— Savigniaci [*S. Etienne de Savigny-sur-Grosne*].......
33. —— Sancte Columbe [*Sainte-Colombe*]...............
34. —— Sigiaci Castri [*S. Symphorien de Sigy-le-Châtel*].....   } Cluniacensis.
35. —— Ammugniaci [*Notre-Dame d'Ameugny*[2]]..........
36. —— de Castris [*S. Martin de Château*]................
37. —— de Vinosa [*Notre-Dame de la Vineuse*]............
38. —— Soloigniaci [*S. Vincent de Sologny*]...............
39. —— Verziaci [*S. Jean-Baptiste de Verzé*]..............
40. —— de Brandonne [*S. Pancrace de Brandon*].........
41. —— Sancti Vincentii de Pratis [*Saint-Vincent-des-Prés*]....
42. —— Burgi Villani [*S. Denis de Bourgvilain*]...........   } Capitulum Matisconense.
43. —— Petre Clause [*S. Martin de Pierreclaux*]...........
44. —— de Lornant [*Notre-Dame de Lournand*]..........
45. —— Buciaci [*S. Paul de Bussières*]..................
46. —— Sancte Cecillie [*Sainte-Cécile*]...................
47. —— Milliaci [*S. Jacques de Milly*]..................
48. —— Berziaci Castri [*S. Sébastien de Berzé-le-Châtel*].....
49. —— de Verchiseul[3]...............................
50. —— de Cota [*S. Laurent de Cote*][4]..................
51. —— Donziaci Regalis [*S. Nizier de Donzy-le-Royal*]....
52. —— Jaloigniaci [*SS. Honoré et Valentin de Jalogny*]......
53. —— Igiaci [*S. Germain d'Igé*]......................
54. —— de Berga Serena [*S. Pierre de Bergesserin*]........   } Abbas Cluniacensis.
55. —— de Clarmant [*Notre-Dame de Clermain*]..........
56. —— de Masilliis [*S. Blaise de Mazilles*]..............
57. —— Sancti Ypolyti[5] [*S. Hippolyte*]..................
58. —— Berziaci Ville [*Notre-Dame de Berzé-la-Ville*]......
59. —— de Bonnayo [*Notre-Dame de Bonnay*]............   } Abbas Trenorchii.
60. —— de Solornayo supra Guyam [*S. Antoine de Salornay-sur-Guye*]..   } Prior de Perreciaco.
61. —— Sancti Marcellini [*Saint-Marcellin*]..............
62. —— Sancti Quintini de Aliis[6] [*Saint-Quentin-des-Hauts*]..
63. —— Sancti Andree Deserti [*Saint-André-le-Désert*]......   } Prior Sancti Andree Deserti.
64. —— de Ciergues[7]..................................
65. —— Montaigniaci prope Buxeriam [*S. Fiacre de Montagny sous la Bussière*[8]]..........................   } Preceptor de Millesiis, ordinis Sancti Joh. Iherosolimitani.
66. —— Taisiaci [*S^{tes} Marie et Marie Madeleine de Taizé*][9]....   } Abbas Cluniacensis.

---

[1] La copie porte par erreur *Serveriis*.
[2] Pouillé de 1660 : *Amugny*.
[3] Cette localité, qui n'est portée que comme annexe de Verzé sur la carte de 1769, ne figure pas sur le pouillé de 1660.
[4] Ne figure pas dans le pouillé de 1660 ; sur la carte de 1769 Cote ou Saint-Laurent-de-Cote est placé dans l'archiprêtré de Vérizet.
[5] Cette paroisse, qui ne figure pas dans le pouillé de 1660, est portée comme chapelle sur la carte de 1769. C'est aujourd'hui un simple hameau de la commune de Bonnay.
[6] Il faudrait ici *de Altis* pour la traduction moderne. Cette paroisse ne figure pas, au reste, sur le pouillé de 1660. C'est la carte de 1769 qui nous fournit le nom moderne. Le cartulaire de Perrecy, cité dans Perard, p. 29, porte : « Eccl. S. Quentini ad Petram Fictam, alias Petra Fixa. »
[7] Cette paroisse, qui ne figure pas sur le pouillé de 1660, se trouve portée sur la carte de 1769. Elle dépendait, je crois, ainsi que Saint-André-le-Désert, de l'abbaye de *Reaumaus*, dans le diocèse de Langres. Ces deux églises sont désignées ainsi dans les chartes de l'abbaye : « In Saturniaco, eccl. S. Andree, cum capella S. Leodegarii ; eccl. S. Martini de Cereis.... »
[8] La Bussière est un ancien château fort situé dans la commune de Saint-Léger-la-Bussière, près de Montagny.
[9] Le pouillé de 1660 nous fournit trois noms de plus : Saint-Blaise de *Germolles*, annexe de Tramayes ; Saint-Martin de *Croix* et Saint-Léger de *Bussière*.

DE SAVIGNY ET D'AINAY.

In archipresbyteratu Viriseti sunt ecclesie que sequuntur :

1. Eccl. Bissiaci Matiscon. [*S. Cyr et Ste Julitte de Bissy-la-Mâconnaise*]..................
2. —— Lugniaci [*S. Denis de Lugny*]..................
3. —— Marziaci [*S. Jean de Merzé*][1]..................
4. —— Fargiarum [*S. Barthélemi de Farges*]..........
5. —— Bissiaci subtus Huiscellas [*S. Laurent de Bissy-sous-Uxelles*]..................
6. —— de Bray [*S. Quentin de B.*]..................
7. —— Viriseti [*S. Symphorien de Vérizet*]..........
8. —— de Aula [*Notre-Dame de la Salle*]..............
9. —— Sancti Petri de Senosano [*Saint-Pierre-de-Senosan*]..
10. —— de Sathonayo [*S. Maurice-de-Sathonay*]........
11. —— Sancti Martini de Senosano [*S. Martin-de-Senosan*]...
12. —— Sancti Mauritii de Pratis [*Saint-Maurice-des-Prés*]...
13. —— Cleissiaci [*Notre-Dame de Clessé*]...............
14. —— Cissiaci [*S. Gengoux de Scissé*]................
15. —— de Charboneriis [*S. Bonnet de Charbonnières*]......
16. —— de Verchiseul[2]..................
17. —— Hurigniaci [*Notre-Dame d'Hurigny*]..............
18. —— Viriaci [*S. Cyr et Ste Julitte de Viré*]........
19. —— Chardonay [*S. Rémy de C.*]..................
20. —— Chissiaci [*S. Pierre de Chissey*]................
21. —— Sancti Albani [*Saint-Albain*]..................
22. —— de Liz [*Notre-Dame de Lys*]..................
23. —— de Perrona [*Ste Marie-Madeleine de Péronne*]......
24. —— Laisiaci [*S. Antoine de Laizé*]..................
25. —— de Blanosco [*S. Martin de Blanot*]...............
26. —— Sancti Saturnini [3] [*Saint-Sorlin*]..............
27. —— Seneciaci [*S. Didier de Senecé*]................
28. —— de Pray [*Notre-Dame de Prayes*]..............
29. —— de Maleto [*Notre-Dame de Malay*]............
30. —— de Chazelles[4] [*Nativ. de la Ste Vierge*].........
31. —— de Nancella [*S. Martin de Nancelle*]............
32. —— de Cortembert [*S. Maurice de Cortambert*]......
33. —— Sancti Johannis le Prische [*Saint-Jean-le-Priche*]....
34. —— Huchisiaci [*S. Pierre d'Uchizy*]................
35. —— de Plotes [*S. Barthélemi de P.*]................
36. —— Aziaci [*S. Étienne d'Azé*]..................
37. —— de Villario [*Ste Marie-Madeleine du Villars*]........
38. —— Montisbeleti [*S. Didier de Montbelet*]............
39. —— de Monsteriis in Campasia [*S. Martin de Chapaize*]...
40. —— Sanciaci [*S. Paul de Sancé*]..................
41. —— Colongiarum Matiscon. [*S. Pierre de Colonge-la-Mâconnaise*[5]]..................

Episcopus pleno jure.

Prior S. Petri Matisconensis.

Capitulum Matisconense.

Abbas Cluniacensis.

Decanus Matisconensis.

Abbas Trenorchii.

Abbas S. Eugendi Jurensis.
Abbas S. Petri Cabilonensis.
Prior dicti loci.

Capitulum Matisconense.

---

[1] Cette localité ne figure pas sur le pouillé de 1660; mais elle est sur la carte de 1769.

[2] C'est par erreur que Verchiseul est inscrit ici : il figure déjà dans l'archiprêtré du Rousset. La confusion provient de la situation de cette localité dans une enclave qui s'avance dans l'archiprêtré de Vérizet.

[3] Le pouillé de 1660 porte, « eccl. S. Saturnini et Nancelles, » en un seul article; mais la carte de 1769, comme le pouillé de 1500, fait deux paroisses de ces deux localités. Elles sont aujourd'hui dans la même commune (Saint-Sorlin).

[4] Cette localité, qui ne se trouve pas sur le pouillé de 1660, est indiquée dans le synode de 1651 comme annexe de Taizé. Elle figure comme paroisse sur la carte de 1769; mais elle est portée dans l'archiprêtré du Rousset.

[5] Ce surnom sert à distinguer Colonges de l'archiprêtré du Vériset de Colonges de l'archiprêtré du Rousset, appelé *Colonges sous le Mont-Saint-Vincent*. Le pouillé de 1660 porte ici *Colonges vulgo Cruzille*; la carte de 1769 porte seulement *Cruzille*. Colonges et Cruzille sont deux villages distincts, mais voisins, de la même commune, désignée aujourd'hui sous le nom de la dernière localité, qui a supplanté la première.

In archipresbyteratu Vallis Regnaudi sunt ecclesie que sequuntur :

1. Eccl. Prissiaci [*S. Martin de Prissé*]..................⎫
2. —— Chevagniaci la Chevriere [*S. Vincent de Chevagny-la-Chevrière*[1]].................
3. —— Chintriaci [*Notre-Dame de Chaintré*]............
4. —— Villiaci [*S. Vincent de Villié*]..................⎬ Episcopus.
5. —— Prusilliaci [*S. Martin de Prusilly*]..............
6. —— Vinsellarum [*S. Georges de Vinzelles*]...........
7. —— Rigniaci [*S. Jean de Rignié*]..................
8. —— Fluriaci [*S. Martin de Fleurie*]................
9. —— de Jullenay [*Notre-Dame de Juliénas*].........⎭
10. —— de Quercu [*SS. Pierre et Jacques de Chânes*[2]].....⎫
11. —— de Chasselay [*Notre-Dame de Chasselas*]........
12. —— de Cenva [*Ste Foy de Cenves*]...............⎬ Capitulum Matisconense.
13. —— de Chennaz [*S. Clair de Chénas*].............
14. —— Sancti Amoris [*Saint-Amour*]..................
15. —— d'Avenas [*Notre-Dame d'A.*]..................
16. —— Sancti Verani [*Saint-Véran*]..................
17. —— de Verchisson [*S. Martin de Vergisson*]..........⎭
18. —— de Dureta [*Notre-Dame de Durette*]............⎫
19. —— Julliaci [*SS. Pierre et Paul de Jullié*]...........
20. —— de Emeringiis [*S. Étienne d'Émeringes*]..........⎬ Abbas Cluniacensis.
21. —— Solutriaci [*S. Pierre de Solutré*]................
22. —— Davayaci [*S. Julien de Davayé*]................
23. —— de Guinchay [*Notre-Dame de G.*].............⎭
24. —— Sancti Simphoriani [*S. Symphorien d'Ancelles*]....⎫
25. —— de Romanesches [*S. Pierre de Romanèche*].......⎬ Abbas Trenorchii.
26. —— Lanciaci [*S. Julien de Lancié*]................
27. —— de Lena [*S. Vital de Leynes*]................⎭
28. —— Vallis Regnaudi [*S. Martin de Vaurenard*].......⎫
29. —— de Cherobles [*S. Germain de Chiroubles*].......⎬ Prior S. Petri Matisconensis.
30. —— de Oratorio [*S. Antoine d'Ouroux*]..............
31. —— Sancti Leodegarii [*Saint-Léger*]................⎭
32. —— Fussiaci [*S. Germain de Fuissé*]...............⎫ Capitulum S. Pauli Lugdun.
33. —— Varennarum [*S. Marcelin de Varennes*].........⎭
34. —— Lentinhiaci [*S. Étienne de Lantignié*]........... Capitulum Bellijoci.

---

[1] C'est le nom que je trouve sur la carte du Dépôt; les autres ne donnent que celui de *Chevani*.

[2] Il y a ici sur le pouillé de 1660 : « SS. Petri et Jac. de Chasne et Chresche. » Sur la carte de 1769, ces deux localités forment deux paroisses distinctes, comme elles forment aujourd'hui deux communes. La carte de 1769 mentionne encore trois autres paroisses qui ne figurent pas sur le pouillé de 1660 : ce sont *Saint-Jacques-des-Arrêts*, *Loché* et *Saint-Romain*, qui forment aujourd'hui autant de communes; mais elles semblent d'une création plus récente que celles indiquées sur le pouillé de 1660, et par conséquent ne peuvent se trouver sur celui de 1500. Loché est déjà mentionné comme annexe de Vinzelles dans le synode de 1652 ; Saint-Jacques paraît dans celui de 1677.

VII.

FRAGMENT D'UN POUILLÉ DU DIOCÈSE D'AUTUN

AU XI° SIÈCLE.

Nous devons ce précieux document à M. l'abbé Devoucoux, correspondant du ministère de l'instruction publique pour les travaux historiques à Autun. Il se trouve dans un très-ancien manuscrit du chapitre d'Autun, conservé aujourd'hui au grand séminaire de cette ville, et intitulé : *Textus prophetarum,* etc. Il sert d'onglet à l'un des cahiers de ce livre, et ne doit sa conservation qu'à cette circonstance, qui explique en même temps son état de mutilation. Le relieur, pour utiliser le morceau de parchemin sur lequel il se trouve, en a retranché plus de la moitié avec ses ciseaux. M. Devoucoux nous écrivait, dans sa lettre d'envoi, déjà ancienne : « Je n'ai pu trouver le reste, et le ciseau de celui qui relia le manuscrit a emporté une partie des noms que j'ai recueillis. Ce monument, en tout conforme à nos pouillés du XIV° siècle, prouve l'ancienneté de la circonscription du diocèse d'Autun et de sa division en archiprêtrés. » Et dans une lettre plus récente, en nous adressant un fac-similé du manuscrit : « Chaque archiprêtré y est distingué de celui qui le précède par une ligne tracée à l'encre, et au lieu du nom de la paroisse principale, qui indique l'archiprêtré dans nos pouillés plus récents, ici c'est le nom de l'archiprêtré lui-même. » C'est aussi à M. Devoucoux que nous devons la restitution des noms de lieux qui suit chaque nom latin entre crochets.

Le chiffre romain qui suit la plupart des noms de lieux indique le taux des droits synodaux qu'avait à payer le curé de ces localités. Les lettres *ar.* indiquent sans doute les paroisses dont l'archiprêtre recevait les droits synodaux pour lui-même.

Il a été publié un document du même genre et du même temps environ pour le diocèse de Sens ; mais il ne renferme pas les indications dont nous venons de parler. Ce document se trouve sur la garde d'un volume de la Bibliothèque royale de Stockholm. (Voyez le Catalogue (en suédois) des principaux manuscrits anglais et français de cette bibliothèque, publié par M. Georges Stephens, esq. Stockholm, 1847, in-8° (p. 50-56).)

[Archiprêtré d'Autun : le commencement manque.]
La Comel... [*La Comelle*].
Curgiacus III [*Curgy*].

La Cella ar. [*La Celle*].
Draciacus IIII [*Dracy-Saint-Loup*].
Monteloni IIII [*Monthelon*].

Cobordussa [*Cordesse*].
S. Leodegarius IIII [*Saint-Léger-sous-Beuvray*].

EX MINISTERIO ODGERII.

[Archiprêtré de Perrecy.]

Tolon ar. [*Toulon-sur-Arroux*].
Marliacus IIII [*Marly-sur-Arroux*].
Patriciacus IIII [*Perrecy*].
Cerecius IIII [*Ciry*].
Uldriacus IIII [*Oudry*].
Gelonacus IIII [*Genelard*].
Calsingas ar. [*Chausaigne, Chassagnes*, aujourd'hui *Sainte-Radegonde*].
Roserius ar. [*Rosières*, comm. de Toulon].
S. Maria IIII [*Palinges*].
Capciacus IIII [*Chassy*].
Domnus Petrus II [*Dompierre-sous-Sanvignes*].
S. Romanus IIII [*Saint-Romain-sous-Versigny*].
S. Bonittus IIII [*Saint-Bonnet-de-Vieille-Vigne*].
Braniacus IIII [*Bragny en Charollais*].

EX MINISTERIO ODULGERII.

[Archiprêtré de Blanzy.]

S. Benignus IIII [*Saint-Berain-sous-Sanvigne*].
Sinvinea II [*Sanvigne*].
S. Ingenius IIII [*Saint-Eugène*].
S. Simphorianus ar. [*Saint-Symphorien-de-Marmagne*].
Carmedus ar. [*Charmoy*].
S. Valerius IIII [*Saint-Vallier*].
Cassolium IIII [*Chazeu*, auj. *Saint-Firmin*].
Torciacus IIII [*Torcy*].
S. Nisecius III [*Saint-Nizier-sous-Charmoy*].
Marmanica IIII [*Marmagne*].
Blanziacus ar. [*Blanzy*].
S. Eusebius II [*Saint-Eusèbe-des-Bois*].
Piliaucus IIII [*Pouilloux*].

EX MINISTERIO GONTERII.

[Archiprêtré de Charolles.]

Cadrella ar. [*Charolles*].
Cangiacus ar. [*Changy*].
Altafons IIII [*Autefond*].
Peridus II [*Paray*].
Voloricus IIII [*Volèvre*].
S. Leodegarius IIII [*Saint-Léger-lez-Paray*].
S. Albinus IIII [*S. Aubin en Charollais*].
Campus Luciacus IIII [*Champlecy*].
Beronus IIII [*Baron*].
Grande Vallis IIII [*Grandvaux*].
Martiniacus IIII [*Martigny-le-Comte*].
Baledraucus IIII [*Ballore*].
S. Bonitus I [*Saint-Bonnet-de-Joux*].

Viriacus IIII [*Viry*].
Madorna IIII [*Mornay*].
S. Simphorianus IIII [*Saint-Symphorien-lez-Charolles*].
Vindenissa ar. [*Vandenesse-lez-Charolles*].
Canventus [*Champvent*].
Locus IIII [*Lugny?*].
Sedunum IIII [*Suin*].
Vallis IIII [*Vaudebarrier*].
Marciliacus III [*Marcilly-la-Gueurce*].
Madrisia IIII [*Marizy*].

EX MINISTERIO IPSIUS.

[Archiprêtré du Bois-Sainte-Marie.]

Marturnus ar. [*Matour*].
Mons Melardus ar. [*Montmelard*].
Gebulas IIII [*Gibles*].
Corbiniacus IIII [*Curbigny*].
Valilias IIII [*Vareille*].
S. Simphorianus I [*Saint-Symphorien-des-Bois*].
Columbarium ar. [*Colombier*].
Ilsona IIII [*Ozolle?*].
Salmiriacus II [*Sommery*, par. d'*Ozolle*].
Balbiriacus IIII [*Beaubery*].
Veraurus IIII [*Vérovre*].
Tercius Vicus II [*Trivy*].

[Le reste manque.]

[Archiprêtré de Pierrefitte : le commencement manque.]

Bilial.... [1] [*Huillaud?*].
S. Petrus.... [*Saint-Pierre-la-Val*].
Molin.... [*Molinet*].
Colonia.... [*Coulanges*].
Petrafi[tta] [*Pierrefitte*].
Dialcus.... [*Diou*].
Berber....
Silinia.... [*Saligny*].
Monast.... [*Monetay*].
S. Leodeg.... [*Saint-Léger-des-Bruyères*].

EX MINIS.....

[Archiprêtré de Semur en Brionnais.]

Brionn.... [*Brian*].
S. Christop.... [*Saint-Christophe*].
Augendus.... [*Oyé*].
Diaucus.... [*Dyo*].
Siv.... [*Saint-Julien-de-Sivry*].
Poncio [*Poisson*].
Varenna.... [*Varenne*].
S. Desiderius.... [*Saint-Didier*].
Sadria.... [*Sarry*].
Cambo [*Chambilly*].
Blanq....

---

[1] A partir de là, le parchemin a été rogné, et on ne retrouve plus qu'une partie des noms.

DE SAVIGNY ET D'AINAY.   1053

Amanz.... [*Amanzé*].
Enzi.... [*Anzy*].
S. Maria.... [*Semur-en-Brionnais*].
Monte.... [*Montceaux*].
Vind.... [*Vindecy*],
Mort.... [*Marcigny*].
Virte.... [*Versaugues?*].
S. Aug.... [*S. Yan*].
S. Ge.... [*Saint-Germain-de-Rives*].
Varennes.... [*Varennes-Reuillon*].
Digon.... [*Digoin*].
Vid.... [*Vigny?*].
Vid.... [*Vitry?*].
Reni.... [*Rigny-sur-Arroux*].

ET MI......
[Archiprêtré de Moulins en Bourbonnais.]

Teode.... [*Thiel?*].
Lisinia.... [*Lusigny*].
Ysoder.... [*Yseure et Moulins*].
Wald.... [*Garnat*].
Cava.... [*Chevagnes*].
Gene.... [*Genetines*].
Cang.... [*Chezy*].
Trev.... [*Trevol*].
Peridus.... [*Paray-le-Frézil*].
Domn.... [*Dompierre*].
Alona.... [*Vaalons?*].
Bedele.... [*Baulon*].
Wado.... [*Gannat*].
S. Bonitus.... [*Saint-Bonnet*].
Mons.... [*Montbeugny*].

Tracy.... [*Trizy*].
S. Por.... [*Saint-Pourçain-sur-Bébre*].
Lucen.... [*Lucenay-en-Vallée*].
[Le reste manque.]

EX MINIST........
[Archiprêtré de Luzy.]

Stann.... [*Étang*].
Pictia.... [*Poys, Poil?*].
Miliac.... [*Millay*].
Basiac.... [*Bessot*, auj. *S. Nizier-sur-Arroux*].
Bax.... [auj. *la Tanière*].
S. Petrus.... [*la Roche-Milay*].
Deste.... [*Dettey*].
Carbonn.... [*Charbonnat*].
S. Bon.... [*Montmort*].
Luzi.... [*Luzy*].
S. Jangul.... [*Saint-Gengoux*].
Geig.... [*Chides*].
S..... [*Semelay?*].
Colo.... [*Colonges, Laizy?*].
Car.... [*Charmoy*, auj. *Brion?*].
Till.... [*Thil-sur-Arroux*].

EX MI......
[Archiprêtré de Bourbon-Lancy.]

Cal.... [*Chalmoux*].
Cad.... [*Cardin*].
S. H.... [*Saint-Hilaire*].
Sar....
[Le reste manque.]

VIII.

PANCHARTE DU DROIT DE CIRE ET D'ENCENS

DÛ À L'ÉGLISE DE LYON.

Le titre que nous venons de transcrire est celui qu'un archiviste a écrit au XVIIIe siècle sur l'original de la pièce que nous allons publier. Cette pièce, qui se trouve dans les archives du Rhône, est signée de la main de Pierre d'Épinac, qui fut archevêque de Lyon de 1569 à 1599, ce qui donne l'âge approximatif du manuscrit[1]; mais cet âge importe peu, car le document est, sauf quelques rares exceptions que nous signalerons, littéralement semblable à beaucoup d'autres datant d'époques diverses[2], et constatant la perception des mêmes droits depuis le commencement du XVe siècle. Si nous avons adopté cet exemplaire plutôt qu'un autre, c'est qu'il paraît fait avec plus de soin, et que les rectifications qu'il présente sont authentiquées par la signature de l'archevêque. L'original de notre document est composé de trois belles peaux de vélin in-folio, cousues en un cahier, dont cinq pages seulement sont occupées par l'écriture : la dernière est blanche. Nous ne nous expliquons pas pourquoi il n'est fait mention dans ces registres de comptabilité que de onze archiprêtrés sur dix-huit qui composaient de toute ancienneté le diocèse de Lyon. Ceux dont il n'est pas question ici sont (outre l'archiprêtré des suburbes, qui n'est pas cité non plus dans le pouillé du XIIIe siècle) : Bâgé, Dombes, Sandrans, Coligny, Meysieux et Morestel.

Ce qui nous a surtout engagé à publier ce document, c'est que la forme dans laquelle il est rédigé, l'orthographe des noms de lieux religieusement conservée par tous les scribes depuis le XIVe siècle, le mot de *ministerium* servant à désigner les archiprêtrés, le nom de *Foresii* donné à l'archiprêtré de Montbrison, et quelques autres circonstances moins caractéristiques, tout démontre que cette *pancharte* est la reproduction exacte d'un document datant des premiers temps de l'organisation des archiprêtrés.

In nomine Domini, amen. Sequuntur ecclesiæ, archipresbiteri, priores, sacristæ, curati et ipsarum ecclesiarum rectores debentes thus, ceram et pecuniam primæ cathedrali ac metropoli-

---

[1] Un des archivistes a inscrit sur la pièce la date de 1592, nous ne savons d'après quel renseignement, car cette date ne se trouve pas dans l'acte.

[2] Nous avons pu collationner notre registre sur une douzaine d'autres, dont chacun constate la perception de l'imposition pendant plusieurs années.

DE SAVIGNY ET D'AINAY.

tanæ Lugdunensis ecclesiæ, annis singulis, in unaquaque sinodo, ad pondus sanctuarii, quilibet prout inferius particulariter declaratur pro jure cathedratico, sinodali, ac luminarii prædictæ majoris ecclesiæ.

De ministerio Forensi solvunt omnes ecclesiæ totum censum ceræ ad prædictum pondus in sinodo Maii, et in sinodo Beati Lucæ tantummodo quatuor : scilicet ecclesia de Foro, ecclesia de Perigniaco, ecclesia de Sancto Mauricio in Gorgodesio et ecclesia de Sancto Laurencio de Conca.

In archipresbiteratu Montisbrisonis :

Eccl. de Foro debet in qualibet synodo xiv lib. cere.
De Poncianis, viii l. [1]
De Bodenno, alias Buenco, viii l.
De Sancto Georgio supra Cosam, viii l.
De [2] Candiaco, prior debet viii l.
De Sancto Bonito de Kadrellis, viii l.
De [3] Modonio, viii l.
De Cruntilliaco, iiii l.
De Unedate, alias Unitate, iiii l.
De Sancto Romano
et Sancto Martino de Podio, viii l.
De Sancto Ragneberto, sacrista debet viii l.
De Perigniaco, in qualibet synodo, iiii l.
De Lidriaco, alias Luyreu [4], iiii l.
De Sancto Mauricio in Gorgodesio, in qualibet synodo, iiii l.
De Sancto Marcellino, viii l.
De Lisigniaco, i l. et d.
De Bar, prior debet iiii l.
De Mercurio, alias Marco, iiii l.
De Sancta Maria de Sauvaint, alias de Salvanico, iiii l.
De Sancto Paulo d'Isoro, iiii l.
De Cambedono, iiii l.
De Sancto Laurencio de Conca, in qualibet synodo, iiii l.
De Marcloto, iiii l.

Eccl. de Marcilliaco [5] castri, iiii l.
De Chalanno comitalis, iiii l.
De Villa Andriaci [6]
et eccl. Sancti Cypriani, i l. et d.
De Solodro vel de Sancto Laurencio hospitalis Rupefortis, viii l.
De Sancto Clemente, viii l.
De Chalanno in Ysouro, viii l.
De Savigniaco, sacrista, viii l.
Prior de Rochi [7], v l. et i t.
Curatus ejusdem loci debet ii l. et ii t.
De Suriaco, prior debet viii l.
De Preissiaco, viii l.
De Solemniaco prior [8], v l. et i t.
Curatus ejusdem loci, ii l. et ii t.
De Sancto Nicecio, iiii l.
De Sancto Prejecto de Rosseto, ii l.
De Gomeriis, prior debet i l. et d.
De Vereriis, iiii l.
De Tresluno [9], viii l.
De Marcilliaco, prior debet iiii l.
De Sancto Justo en Bas, iiii l.
De Xartinis, i l. et d.
De Magniaco, i l. et d.
De Mailiaco, alias de Monreon, iiii l.
De Boisseto, iiii l.
De Campis, iiii l.
De Marollias, alias de Marolz [10], viii l.

Archipresbiter, loci incensi, ii l.

De ministerio Corziaci, in quo sciendum est quod archipresbiter loci debet in qualibet synodo solvere dicto thesaurario ecclesiæ Lugdunensis xxxv libras cere ad pondus sanctuarii de omnibus ecclesiis archipresbiteratus sui, quam debent cappellani pro censu ecclesiarum suarum.

Archipresbiter vero dicti loci debet in qualibet synodo dimidiam libram incensi ad dictum pondus.

---

[1] l. signifie *libr.*; l. et d. *libr. et dimid.*; l. et.... t., *libra et... terc. pars* ou *partes*; l. f. ou d. f., *libr. fort.* ou *den. fort.*
[2] Plusieurs copies portent par erreur *de Sancto Candiaco*.
[3] Plusieurs copies portent également ici *sancto*.
[4] C'est sans doute Luriec.
[5] Les plus anciennes copies portent *Maysilliaco*.
[6] Les plus anciennes copies portent *Andrisiaci*, qui est meilleur.
[7] A la place de cette ligne et de la suivante, la plus ancienne copie porte « prior de Rochi, viii lib. ; prior debet duas partes Saltus de Cosant. »
[8] Au lieu de cette ligne et de la suivante, on lit sur la plus ancienne copie : « De Solemniaco, viii lib. ; prior debet duas partes. »
[9] C'est *Trélins*. Cette localité est inscrite au commencement de la nomenclature dans les copies plus anciennes.
[10] Dans les copies plus anciennes, cette paroisse, ajoutée probablement après coup, est inscrite à tort dans le ministère de Roanne sous cette désignation, « Marollias, alias Marcollias, iiii l.; » mais les colonnes correspondantes à cette ligne n'ont pas été remplies, ce qui semble prouver que le comptable n'avait pas su découvrir l'erreur de placement. Une charte de Cluny, de l'an 996 environ, place aussi un *Maroglias* dans le comté de Roanne : l'erreur était donc bien ancienne.

De ministerio Chalomontis, in quo sciendum est quod archipresbiter loci debet solvere in qualibet synodo dicto thesaurario xxx libras cere ad pondus sanctuarii de omnibus ecclesiis sui archipresbiteratus ad opus ejusdem ecclesiæ, quam ceram debent cappellani pro censa ecclesiarum suarum. Anno Domini millesimo quingentesimo XL° [1], in cappitulo generali, die quarta mensis Novembris celebrato, reduxerunt ad XXII libras cere in qualibet synodo ad pondus sanctuarii.

Archipresbiter vero loci debet in qualibet synodo dimidiam libram incensi ad dictum pondus.

De ministerio Jaresii solvunt omnes curati, in synodo beati Luce evangeliste, totum censum cere; in synodo vero Maii tantummodo medietatem. Chambo non solvit nisi in Maio.

De Sancto Clemente de Chambo, pro Maio, III l.
De Firminiaco, VI l.
De Sancto Stephano de Furano, VI l.
De Sancto Paulo, VI l.
De Sancta Maria in Ripa Gerii, VI l.
De Sancto Martino la Plaigni, VI l.
De Sancto Romano, prior debet VI l.
De Sancto Desiderio subtus Riviriacum, VI l.
De Sancto Mauricio, VI l.
De Sancto Petro de Mornan, VI l.
De Thurins, VI l.
De Sancto Medardo, III l.
De Valle Neyria [2], VI l.
De Sancta Maria de Pisam [3], alias Albaspina, VI l.
De Sancto Eugendo, VI l.
De Velchia, curatus debet VI l.
De Sancto Baldomero, VI l.
De Sancto Christophoro, VI l.
De Caprariis, VI l.
De Sancto Andrea d'Yseu, III l.
De Sancto Martino Coilliaco, III l.
De Sancto Petro de Grignieu, abbas Athanatensis, IIII l.
Curatus ejusdem loci, II l.
De Sancto Victore, III l.
De Sancto Genesio Lerpt, alias la Rochi, III l.
De Sancto Joanne de Bonofonte, III l.

De Sancta Maria de Sorberiis, III l.
De Sancto Julliano, prior debet III l.
De Selliaco [5], III l.
De Longes, III l.
De Eschallatis, III l.
De Orlenatis, III l.
De Sociaco [6], III l.
De Chaponiaco, VI l.
De Rontallone [7], III l.
De Sancto Martino de Annualibus, III l.
De la Folhousa, III l.
De Sancto Justo supra Ligerim, III l.
De Botedono, III l.
De Cuysiaco, prior debet III l.
De Meisiriaco [8], sive Meyrisiaco, III l.
De Capella, I l. et d.
De Sancto Justo en Vellay, III l.
De Sancto Romano les Auteis, III l.
De Sancto Andeollo in Valle, III l.
De Sancto Romano Descondelles [9], alias en Giers, III l.
De Sancto Pancratio de Ban, alias Givort, II l.
De Sancto Joanne de Calcianis, II l.
De Sancto Saturnino et de Sancto Andrea la Coste, I l.
De Sancto Petro de Magno Monte [10], III l.
De Franchavilla, II l.
De Sancto Joanne de Atola, al. de Dargoire, III l.

Archipresbiter loci debet in qualibet synodo unam libram incensi.

De ministerio de Pomiers, omnes ecclesie debent totum censum cere in qualibet synodo.

In archipresbiteratu de Pomiers:

Ecclesia de Sancto Sixto, III l.
De Sancto Desiderio, pro Lucæ, VIII l.
In Maio, IIII l.
De Sancto Stephano de Jullieu, I l. et d.
De Sancto Julliano de la Vetra, I l. et d.

De Sancto Bonito [11] Campo Polito. I l. et d.
De Sales, III l.
De Sancto Bonito de Cilogneu [12], I l. et d.
De Sancto Romano d'Ulpheu, III l.
De Sancto Justo en Chivallet, III l.

[1] Comme on doit le voir par la date inscrite ici, cette phrase ne se trouve pas dans les copies anciennes.
[2] C'est *Vaugneraî*.
[3] Les anciennes copies portent plus exactement *Pisaix*.
[4] Cette indication semble justifier l'opinion que nous avons émise p. 901, note 5. Les plus anciennes copies portent ici : « de Sancto Petro de Grigneu, VI lib. abbas Athan. debet duas partes. »
[5] Alias *Silliaco*.

[6] Alias *Sociacco*.
[7] Alias *Rantholone*.
[8] Alias *Maysiriaco* ; c'est probablement Millery.
[9] Les plus anciennes copies portent *Lescondelles* : faut-il lire *les Chandelles* ?
[10] C'est *Grammont* (grand mont).
[11] Les anciennes copies ajoutent ici, à tort, je crois, le mot *et*.
[12] J'ignore où était cette localité. Je crois même que le

De Juyriaco, 1 l. et d.
De Sancto Martino de Salvitate, in Mayo, viii l.
  Et in Luce, iiii l.
De Sillio¹ et Alliaco, 1 l. et d.
De Graisolles, 1 l. et d.
De Saultrenon, 1 l. et d.
De Amoncio [*Amions*], 1 l. et d.

De Sancto Germano de Valle, iii l.
De Pomerio et Sancto Julliano, iii l.
De Boxeto la Pelle, iii l.
De Sancto Sulpitio, iii l.
De Nerviaco, 1 l. et d.
De Maysiriaco, 1 l. et d.
De Corcenniaco², 1 l. et d.

Archipresbyter loci debet in qualibet synodo, 1 l. incensi.

De ministerio Rodanne solvunt omnes ecclesie totum censum cere in unaquaque synodo.

In archipresbiteratu Rodanne :

Ecclesia de Noalliaco, xii l.
De Melleto, vi l.
De Briannono, vi l.
De Rodanno³, vi l.
De Sancto Germano Spinacie, vi l.
De Sancto Petro de Ronnisono, vi l.
De Sancto Andrea de Roneyson, vi l.
De Villa Montisio, iii l.
De Letilliaco, alias Lentigniaco, 1 l. et d.
De Cromellis, vi l.
De Sancto Paulo de Vissillins, vi l.
De Maximiaco
  et Sancto Prejecto Rupis⁴, iii l.

De Sancto Romano Mote, iiii l.
De Novalisio, alias Noleysy, vi l.
De Noals, 1 l. et d.
De Sancto Simphoriano⁵ de Lay, xii l.
De Amberta, sacrista, xii l.
De Mastallo⁶ et Chirassimon, iii l.
De Danziaco, 1 l. et d.
De Amplo Puteo⁷, vi l.
De Sancto Cirico apud Favieres, iii l.
De Villaresiis, 1 l. et d.
De Chareyas, 1 l. et d.
De Sancto Sepulchro Porgo⁸, xii den. fort.
De Sancto Martino de Cordella, vi l.

Archipresbiter loci debet in qualibet synodo dimidiam libram incensi.

De ministerio Nigre Unde, omnes ecclesie solvunt totum censum cere in qualibet synodo.

In archipresbyteratu Nigre Unde :

Ecclesia de Sancto Joanne Panicires, iii l.
De Vialesio [*Violay*], iii l.
De Sancta Columba, 1 l. et d.
De Buxeriis, 1 l. et d.
De Poilliaco, 1 l. et d.
De Expericiaco⁹, 1 l. et d.
De Civenniis, iiii l. d. f.
De Valle et Savigni¹⁰, 1 l. et d.

De Constanciis, iiii l. d. f.
De Sancto Justo la Pendue, 1 l. et d.
De Essartines, 1 l. et d.
De Veillia Cheneva, 1 l. et d.
De Roseriis, xii d. f.
De Sancto Marcello, iii l.
De Chambosto, iiii d. f.

Archipresbiter loci debet in qualibet synodo dimidiam libram incensi.

---

rédacteur de cette pièce n'en savait pas plus que moi; c'est-à-dire que cette ligne n'est inscrite ici que pour mémoire, car la colonne des recettes est restée en blanc dans tous les comptes.

¹ Alias *Silio* : c'est Cesay.
² Ou *Torcenniaco*. Même observation qu'à la note 12 de la page précédente.
³ Alias *Rodenna*.
⁴ Il paraîtrait, d'après cette indication, que l'ancien nom de Saint-Priest est *Maximiacus*, car il n'y a point de localité de ce nom aux environs.
⁵ Alias : « .... prior de Laya debet. »
⁶ Alias *Mascallo* : c'est Maschezal.
⁷ Les anciennes copies portent : « De Amploputeo, vi l.; patronus duas partes. »

⁸ Il faut sans doute lire ici, « De Sancto Sepulchro, alias de Sancto Porgo, » car le nom de *Saint-Polgue* (vulgairement *Saint-Porgue*) n'est que la corruption de *Sancto Sepulchro*. A la vérité, d'anciens actes portent *Sapolgo*, et de la Mure émet même la pensée que peut-être ce nom vient de *sanum et pulchrum*. Comme cette paroisse a pour patron saint Pierre, dont le nom est habituellement suivi de celui de saint Paul, le même auteur ajoute : « Des deux noms latins SS. Petri Paulique pourrait avoir été tiré, par une licence et abréviation du vulgaire, un nom qui exprimât ce dernier mot de *Paulique* par ce nom de *Saint-Polgue*. » (*Hist. du dioc. de Lyon*, p. 269.)
⁹ Les anciennes copies portent *Expariciaco*.
¹⁰ Les anciennes copies portent *Savignisset*. C'est Lavalette et Salvisinet.

De ministerio Ance omnes ecclesie solvunt totum censum cere in qualibet synodo.

In archipresbiteratu Ance :

Ecclesia de Lymonees, I l. et d.
De Sancto Cirico, I l. et d.
De Colonges, I l. et d.
De Poleimieu, I l. et d.
De Sancto Germano, VI l.
De Civriaco [1], I l. et d.
De Morenciaco, I l. et d.
De Charnay, VI l.
De Villa supra Gernyoux, VI l.
De Cogniaco, VI l.
De Denisiaco, prior, I l. et d.
De Arnato, I l. et d.
De Vallibus, X den. f.

De Sancto Desiderio, I l. et d.
De Sancto Georgio de Rognens, I l. et d.
De Sancto Stephano de Varenna, I l. et d.
De Sancto Johanne d'Arderia, I l. et d.
De Donato, alias Adona [2], I l. et d.
De Draciaco, I l. et d.
De Quinciaco subtus Bellum Jocum, I l. et d.
De Pomeriis, I l. et d.
De Poliaco Monialis, I l. et d.
De Liergos, I l. et d.
De Lucennay, I l. et d.
De Lacenna [3], III l.

Archipresbiter loci debet in qualibet synodo dimidiam libram incensi.

De ministerio Arbrelle solvunt omnes ecclesie totum censum cere in qualibet synodo.

In archipresbiteratu Arbrelle :

Ecclesia de Sancto Martino Lestra [4], I l. et d.
De Sancto Ferreolo, VI l.
De Sancto Romano de Valsonna, III l.
De Sancto Clemento de Valsonna, III l.
De Bulliaco et Sarsaico [5], III l.
De Broilliaco et Cheissieu [6], I l.
De Sancto Germano et Sancto Stephano Luans, alias de Arbrella [7], III d.
De Lentilliaco, I l.
De Sursiaco [8] prope St Bel, I l. et d.
De Fluriaco, I l.
De Taratro et Sancto Marcello [9], III l.
De Laigniaco et S. Martino de Buxo [10], XII den. f. et I l. et d.

De Sancto Johanne de Tarnant, II l.
De Sancto Lupo [et] de Dareysiaco [11], I l. et d. [et] XII den. f.
De Ulmis, VI den. f.
De Joho, I l. et d.
De Sancto Verano, I l. et d.
De Sancto Romano de Popees, II l.
De Aymidis [12] de Yconio, I l. et d.
De Balniolo, I l. et d.
De Frontanaco, I l. et d.
De Sancto Laurencio de Yconio, II l.
De Sancto Justo d'Ovrey, XVI den. f.
De Chameleto, I l. et d.

Archipresbiter loci debet in qualibet synodo dimidiam libram incensi.

De ministerio Trefforcii, omnes ecclesie solvunt totum censum cere in qualibet synodo.

In archipresbiteratu Trefforcii :

Ecclesia Sancti Ymecterii, VIII l.
De Corsone [13], debet Vallis Grignose I l. et d.
De Vioblis, I l. et d.
De Chavannes, I l. et d.
De Trefforcio, I l. et d.

De Sancto Julliano de Jasseron, III l.
De Saisiriaco, I l. et d.
De Montaniaco prope Burgum, I l. et d.
De Boaco, I l. et d.
De Sancto Martino de Monte, III l.

Archipresbiter loci debet in qualibet synodo dimidiam libram incensi.

---

[1] Les anciennes copies portent *Syvriaco*.
[2] Aujourd'hui *Odenas*.
[3] Cette localité ne figure pas sur les anciennes copies.
[4] Il y a ici confusion : c'est *Letra* tout court qu'il faut lire. Saint-Martin-Létra était dans l'archiprêtré de Courzieu.
[5] Dans la plus ancienne copie il y a : « De Sarsaico : Bullieu, I lib. et d. »
[6] *Ibid.* « De Brolliaco et Chayssen, I lib. et d. »
[7] D'après les anciennes copies, c'est le curé qui devait payer I livre et demie pour chacune de ces deux églises.
[8] Les anciennes copies portent *Silsiaco*.
[9] Ce dernier nom ne paraît pas dans les copies anciennes.
[10] Le compte de 1412 et plusieurs autres portent ici : *de Laigniaco, debet curatus de Baxo, XII d.* — *De Sancto Laurentio de Yconio, II lib.* Mais la dernière rédaction est bien préférable, puisqu'elle nous fait connaître, outre Légny (*Laigniacus*), *Sanctus Martinus de Baxo* (qui est le Bois-d'Oingt), *Sanctus Laurentius de Yconio* (qui est Saint-Laurent-d'Oingt), et *Aynudis* (qui est le village d'Oingt).
[11] Ces deux noms sont séparés dans les anciennes copies.
[12] Ou mieux *Aynudis*, comme on lit dans les copies plus anciennes. Il faut sans doute lire, *de Aynudis, alias de Yconio*, car le premier mot est probablement l'ancienne forme du nom d'Oingt. (Voyez la note 10 ci-dessus.)
[13] Il faut sans doute lire : « De Cornode, debet curatus Vallis Grignose. » Cornod est en effet près de Vaugrigneuse.

De ministerio Ambroniaci, omnes ecclesie solvunt totum censum cere in qualibet synodo.

In archipresbiteratu Ambroniaci :

Ecclesia de Dortento, iiii l. et d.
De Guyrisia, in Mayo, 1 l.
De Sancto Nazario, alias Matafellon, 1 l. et d.
De Sancto Bartholomeo, alias de Sammoniaco, 1. l. et d.
De Morniaco, 1 l. et d.
De Vallibus et Ambutiris, 1 l. et d.
De Ambroniaco, viii l.
De Toiciaco, 1 l. et d.
De Sancto Albano, 1 l. et d.

Archipresbiter loci debet in qualibet synodo dimidiam libram incensi.

Sacrista Belle Ville debet in qualibet synodo duas marchas argenti, valentes duodecim francos.

P. D'ESPINAC,
archevesque de Lyon.

Per illustrissimum et reverendum dominum archiepiscopum
et comitem Lugdunensem, Galliarum primatem :

PINET.

IX.

POUILLÉ

DES

DROITS DE CENS, DE PARÉE, ETC. DUS A L'ARCHIPRÊTRE

DANS L'ARCHIPRÊTRÉ DE JAREZ[1].

L'original de ce document, qui se trouve dans les archives du département du Rhône, se compose de neuf feuillets de vélin. Il est écrit avec quelque soin. Les titres sont en rouge dans le manuscrit. Un archiviste a écrit sur la pièce, au XVIII° siècle : « Droits synodaux en l'archiprêtré de Jarez vers 1450. » Cette date est bien celle que la forme de l'écriture permet d'assigner à la pièce; mais elle importe peu ici, car le document s'applique à un grand nombre d'années, et a été transcrit sans doute d'après un monument plus ancien. Nous voyons en effet qu'il a servi jusque dans le XVII° siècle : il a été authentiqué le 25 avril 1526 par un notaire appelé Beaujelin, et visé le 6 avril 1596 par un notaire appelé Janosey. Ainsi, comme la pièce précédente, celle-ci nous fait connaître un état de chose permanent. Nous avons cru devoir la reproduire tout entière, malgré quelques répétitions, parce qu'elle n'est pas fort longue et peut servir d'indication pour tous les autres archiprêtrés. Elle offre d'ailleurs un intérêt particulier, celui de faire connaître une subdivision de l'archiprêtré ignorée jusqu'ici dans le diocèse de Lyon, où il n'existait ni archidiaconé ni doyenné[2]. Cette subdivision était le *concile* ou le *conseil*, car le mot est écrit tantôt *concilium*, tantôt *consilium*. On peut voir qu'il y avait trois conseils dans l'ancien archiprêtré de Jarez : celui de Mornant, qui a servi de base à l'archiprêtré du même nom formé au XVIII° siècle, et ceux de Saint-Julien et de la Fouillouse, qui, sauf quatre ou cinq paroisses cédées à l'archiprêtré de Mornant, ont servi à composer l'archiprêtré de Saint-Étienne, formé à la même époque.

---

[1] Voyez, pour ceux dus à l'archevêque, le pouillé n° 1, et particulièrement les pages 901 à 904, relatives à l'archiprêtré de Jarez.

[2] Le glossaire de la basse latinité (édit. Didot, t. II, p. 511, col. 3) mentionne le «concilium, districtus archidiaconorum;» mais je doute que ce soit là le type de notre division territoriale.

DE SAVIGNY ET D'AINAY. 1061

SEQUITUR LIBER SEU POLETUS CENSUUM, PARATARUM ET JURIUM
ARCHIPRESBITERATUS JARESII.

Et primo sequuntur nomina curatorum et curarum debentium, in concilio de Mornant, quod celebratur die Lune post Reminiscere, census et paratas archipresbitero dicti archipresbiteratus Jaresii :

Et primo curatus de Mornant, v s. f.[1]
Curatus Sancti Mauricii, v s. f.
―――― de Bans, v s. f.
―――― de Grigniaci, v s. f.

Curatus Charliaci, xviii d. f.
―――― Chassaigniaci, v s. f.
―――― de Chalas, v s. f.
―――― de Rajacie, v s. f.

Somma, xxxvi s. vi d. fortes; valentes iiii fl. x d.

In consilio Sancti Juliani, quod celebratur Martis sequentis, debent curati subscripti dicto archipresbitero summas subscriptas :

Curatus Castri Novi, xviii d. f.
―――― Sancti Julliani, v s. f.

Curatus Sancti Christofori, v s. f.
―――― Rippagerii, xviii d. f.

Somma, xiii s. fortes, valentes xvii gr. v d.

In concilio Foillose, quod celebratur Mercurii sequentis, debent curati subscripti dicto archipresbitero summas subscriptas :

Curatus Sancti Prejecti, v s. f.
―――― Sancti Stephani de Furano, v s. f.
―――― de Curnillion, xviii d. f.
―――― Sancti Victoris, viii s.
―――― Velchie, v s. f.
―――― Chambosti, iiii s. f.

Curatus de Chivrieres, v s. f.
―――― de Boteon, ii s. vi d. f.
―――― Sancti Medardi, v s. f.
―――― Castrilucii, iii s. f.
―――― Foillose, ii s. iii d. f.

Somma, xlvi s. iii d. fortes, valentes v fl. i gr. x d.

Sequuntur nomina curatorum qui debent census et paratas dicto archipresbitero Jaresii in synodo Luce :

Et primo curatus Rippagerii, iiii s. vi d.
Curatus Sancti Martini la Plagni, iiii s. vi d. f.
―――― Sancti Pauli in Jaresio, iiii s. vi d. f.
―――― Sancti Eugendi, iiii s. vi d. f.
―――― Sancti Genesii Lerpt, iiii s. vi d. f.
―――― Sancti Johannis Bonorum Fontium, ii s. iii d. f.
―――― de Sorbiers, ii s. iii d. f.
―――― Seilliaci, ii s. iii d. f.
―――― de Longes, ii s. iii d. f.
―――― de Chalas, ii s. iii d. f.
―――― Sancti Romani supra Gier, xviii d. f.
―――― de Mornant, iiii s. vi d. f.
―――― Sancti Mauricii, iiii s. vi d. f.
―――― Sancti Desiderii, iiii s. vi d. f.
―――― Sancti Romani in Jaresio, iiii s. vi d. f.
―――― Sancti Julliani, ii s. iii d. f.
―――― Sancti Martini Acoallieu, ii s. iii d. f.
―――― Ysiaci, ii s. iii d. f.
―――― Sancti Andeoli Vallis, xviii d. f.

Curatus de Gramont, ii s. iii d. f.
―――― d'Orlienas, ii s. iii d. f.
―――― Vallisnigre, seu Vauneriaci, iiii s. vi d. f.
―――― de Chaponost, iiii s. vi d. f.
―――― de Sociou, ii s. iii d. f.
―――― de Franchavilla, ii s. iii d. f.
―――― de Chausans, ii s. iii d. f.
―――― de Grenieu, iiii s. vi d. f.
―――― de Bans, ix d. f.
―――― Sancti Christofori, ii s. iii d. f.
―――― do Firmignieu, iiii s. vi d. f.
―――― Sancti Justi en Velley, ii s. iii d. f.
―――― Sancti Stephani de Furano, iiii s. vi d. f.
―――― Sancti Victoris, ii s. iii d. f.
―――― Sancti Romani les Actoys, ii s. iii d. f.
―――― Sancti Justi supra Ligerim, ii s. iii d. f.
―――― Foillose, ii s. iii d. f.

---

[1] Pour l'explication de ces lettres, voyez la note 1 de la page 1055. On trouve de plus ici des oboles (*ob.*), des florins (*fl.*) et des gros (*gr.*).

Curatus de Botheon [1], II s. III d. f.
— de Velchia, IIII s. VI d. f.
— Cuysiaci, II s. III d. f.
— Sancti Baldomeri, IIII s. VI d. f.
— de Chevreres, IIII s. VI d. f.
— Rajacie, IIII s. VI d. f.
— Sancti Martini de Annualibus, II s. III d. f.

Curatus de Turins, IIII s. VI d. f.
— Doysiaci, III lib. cere ad pondus sumptuarii [2].
— Sancti Medardi [3], IIII s. VI d. f.
— Sancti Genesii de Maliffault debet quadraginta scutellas, quadraginta greillonos [4] et viginti discos nemor.

Somma pecunie censuum et paratarum dicte synodi Luce, VII lib. V s. VI d. f. val. XVI fl. II gr. Cere, III lib.
Scutelle, greilloni et disci, ut supra.
Nota quod in qualibet synodo beati Luce debentur domino archiepiscopo Lugd. LII s. IIII de f. valentes V fl. XI gr. III d.

Sequuntur nomina curatorum qui debent census et paratas archipresbitero Jaresii in synodo Maii :

Et primo curatus Vaunerici seu Vallis Nigre, XVIII d. ob f.
Curatus de Chappono, II s. III d. f.
— Francheville, XII d. f.
— de Socieu, XIII d. ob.
— de Chausan, XIII d. ob.
— Greignaci, II s. III d. f.
— de Bans, IX d. f.
— de Chalas, XIII d. ob. f.
— d'Orlionas, XIII d. ob. f.
— de Mornant, II s. III d. f.
— Sancti Mauricii, II s. III d. f.
— Sancti Julliani, II s. III d. f.
— Sancti Desiderii, II s. III d. f.
— Sancti Romani in Jaresio, II s. III d. f.
— Sancti Martini Acoallieu, XIII d. ob. f.
— Ysiaci, XIII d. ob.
— Sancti Andeoli Vallis, IX d. f.
— Sancti Christofori, XIII d. ob. f.
— Rippagerii, II s. III d. f.
— Sancti Martini Planiciei, II s. III d. f.
— Sancti Pauli in Jaresio, II s. III d. f.
— Sancti Eugendi, II s. III d. f.
— Sancti Genesii Lerpt, II s. III d. f.

Curatus Sancti Johannis Bonorum Fontium, XVIII d. ob.
— de Sorbiers, XIII d. ob. f.
— Seilliaci, XIII d. ob. f.
— de Longes, XIII d. ob. f.
— de Gramont, XIII d. ob. f.
— Firmigniaci, II s. III d. f.
— Sancti Justi en Veley, XIII d. ob. f.
— Sancti Romani d'Atoys, XIII d. ob. f.
— Sancti Stephani de Furano, II s. III d. f.
— Sancti Victoris, XIII d. ob. f.
— Sancti Justi supra Ligerim, XIII d. ob. f.
— Folliose, XIII d. ob. f.
— de Botheon, XIII d. ob. f.
— Velchiere, II s. III d. ob.
— Cuysiaci, XIII d. ob.
— Sancti Baldomeri, II s. III d. f.
— Sancti Medardi, II s. III d. f.
— de Chivrieres, II s. III d. f. [4]
— Rajacie, II s. III d. f.
— Sancti Martini de Annualibus, XIII d. ob.
— de Turins, II s. III d. f.

Somma pecunie paratarum synodi Maii, LXXIII s. I d. f. valentes VIII fl. I gr. VI d.

Nota. In qualibet synodo Maii debentur domino archiepiscopo Lugd. LXXIII s. III d. f. valentes VIII flor. I gr. X d.

Item, plus debentur in ecclesia Lugd. XV s. IX d. valentes XXI gr.

---

[1] Le scribe a, par inadvertance, écrit ici *Sotrenon*. Souternon est fort loin de là, dans l'archiprêtré de Pommiers. Un autre scribe, à peu près contemporain, ne trouvant pas Bouthéon dans cette nomenclature, l'a ajouté un peu plus bas, ce qui fait double emploi. J'ai cru devoir rectifier ces erreurs matérielles.

[2] Lisez *sanctuarii*, comme dans la pièce précédente.

[3] Entre cette ligne et la suivante, un autre scribe a écrit *Curatus de Botheon*, II s. III d. f. (Voyez la note 1.)

[4] Il me semble qu'ici ce mot ne peut signifier *gril* ou *grille de cuisine*, comme le porte le glossaire de Ducange au mot *greil*. Il s'agit évidemment d'un objet en bois fabriqué dans la paroisse de Saint-Genest-Mallifaux, comme les écuelles et les plats. C'était un impôt en nature qu'avait à payer cette paroisse, perdue dans les montagnes, et trop pauvre pour pouvoir payer en argent.

[5] On a écrit plus tard en marge : *3 s. 9 d. t.*

DE SAVIGNY ET D'AINAY. 1063

Sequuntur nomina curatorum qui debent esse in consilio archipresbiteratus Jaresii apud Mornant, in quo sunt XXXVII ecclesie :

Et primo curatus de Francheville.
Curatus de Chaponost.
——— de Brignes.
——— Sancti Genesii Vallis.
——— d'Irignins [et Olins][1].
——— de Charlieu [et Verneyson].
——— Milliriaci.
——— de Bans.
——— de Givort.
——— de Grignieu.
——— de Chalas [et Sancti Romani in Gerio].
——— de Longes [et Treves].
——— de Tartaras[2].
——— de Dargoria et Sancti Johannis de Touslas.
——— Sancti Andeoli in Jaresio.
——— de Chassagnieu.
——— de Montagnieu.
——— Sancti Mauricii.

Curatus Sancti Desiderii.
——— de Reviriaco.
——— Albaspinus.
——— de Rajacia.
——— Sancti Martini Annualibus.
——— Ruppisfortis.
——— Sancti Andree la Coste.
——— de Chouczans[3].
——— de Mornant.
——— de Rontalon.
——— Sancti Laurentii de Dagnins.
——— de Daignins.
——— de Turins.
——— de Meyssimeu [et Brindas].
——— Vallisnigre seu Vauneriaci.
——— de Socieu.
——— d'Orliennas.
——— de Taluyers.
——— Sancti Laurentii de Vaulx[4].

Item in concilio Sancti Juliani, in quo sunt ecclesie XXV[5], debent esse curati subscripti :

Et primo Paveysins.
Curatus Doysiaci.
——— Sancti Pauli in Jaresio, et Farnay.
——— Sancti Martini a Coallieu.
——— Sancti Andeoli Vallis.
——— Ysiaci.
——— Sancti Julliani.
——— Sancti Christofori.
——— Sancti Enemondi.
——— Major peda, id est Sanctus Petrus.
——— de Gramont [et Fontanei].
——— Sancti Romani in Jaresio.
——— de Chaignon.

Curatus Seilliaci.
——— Sancti Genesii in Terra Nigra.
——— Sancti Martini la Plagne.
——— de Sorbiers.
——— Sancti Johannis Bonorum Fontium.
——— de Rochetaillie.
——— Sancti Romani d'Atoys.
——— Sancti Genesii de Malleffaux.
——— Sancti Justi en Velley.
——— Rippagerii.
——— de Chasteauneufz.
——— de Chatellus[6].

Item in concilio Folliose, in quo sunt XXIIII[7] ecclesie, debent esse curati subscripti :

Et primo curatus de Cornillion.
Curatus Sancti Clementis.
——— de Firmignieu.
——— de Chambons.
——— Sancti Victoris.
——— Sancti Genesii Lerpt.
——— de Villars.
——— Sancti Prejecti.
——— de Turre in Jaresio.

Curatus Sancti Stephani de Furano.
——— Folliose.
——— Sancti Eugendi.
——— de Chivrieres.
——— de Chastellus.
——— Sancti Dionisii.
——— Sancti Medardi.
——— Sancti Baldomeri.
——— de Cuysieu.

---

[1] Nous avons mis entre crochets quelques additions d'une époque moins ancienne.
[2] Par inadvertance, ce nom est répété au-dessous dans le manuscrit.
[3] Une main plus moderne a ajouté ici : *Curatus [Sancti] Romani supra Gier*.
[4] Ce dernier nom a été biffé après coup dans le manuscrit.
[5] La nomenclature de la page 1065 ne donne que 23 églises au conseil de Saint-Julien. Il y en a deux de plus ici ; mais l'une d'elle (*Chatelus*) est répétée dans le conseil de la Fouillouse, auquel elle appartient en réalité. Reste 24.
[6] C'est par erreur que cette localité figure au conseil de Saint-Julien. Elle appartenait à celui de la Fouillouse, où elle est reportée du reste. (Voyez page 1065.)
[7] La nomenclature de la page 1065 ne donne que 23 paroisses au conseil de la Fouillouse, et cela avec raison, car Saint-Clément et le Chambon ne font qu'un.

APPENDICES AUX CARTULAIRES

Curatus de Rivat.
—— de Velchia.
—— de Chambosco.

Curatus Sancti Boniti les Olles.
—— de Boteons.
—— Sancti Justi supra Ligerim[1].

Sequuntur alia jura debita et pertinencia dicto archipresbitero Jaresii ad causam dicti sui archipresbiteratus.

Et primo curati ecclesiarum parrochialium dicti archipresbiteratus qui defficiunt in dictis consiliis, in quibus anno quolibet interesse tenentur singula singulis refferendo, debent et tenentur solvere pro quolibet defectu quinque solidos fortes dicto archipresbitero, et alios quinque solidos fortes domino nostro archiepiscopo Lugdunensi.

Item curati novi dictarum ecclesiarum parrochialium dicti archipresbiteratus Jaresii, pro eorum nova institucione, debent et tenentur solvere dicto archipresbitero Jaresii, videlicet quilibet ipsorum quinque solidos fortes.

Item sepulture omnium et singulorum curatorum predictarum ecclesiarum parrochialium dicti archipresbiteratus Jaresii, qui contingit ipsos ab humanis decedere, sive super loco ipsarum ecclesiarum parrochialium, sive alibi, sunt, spectant et pertinent dicto archipresbitero Jaresii, solentque et consueverent heredes ipsorum talium curatorum decidere[2], concordare et componere, concordantque et compunctant de sepulturis hujusmodi cum dicto archipresbitero ad voluntatem ipsius archipresbiteri; alias pro viribus hujusmodi sepulturarum debet habere et habet ac habere consuevit ipse archipresbiter spolia ipsorum curatorum decedencium, videlicet meliorem vestem, zonam, lectum, equum seu jumentum, breviarium, mantellum, capucium, caligas, disploidem, bazalarium, cutellos, occrea calcaria, lignerium et funerium cujuslibet talis curati decedentis, que per decessum cujuslibet ipsorum curatorum decedentium spectant et pertinent dicto archipresbitero.

Item ultra predicta luminare cujuslibet talis curati decedentis spectat et pertinet dicto archipresbitero; item dictus archipresbiter, per se, vel per alium, tenetur anno quolibet, post Pascha, differre in omnibus et singulis ecclesiis parrochialibus predictis sanctum Chrisma; et luminarii ipsarum ecclesiarum parrochialium debent et tenentur solvere, recipiendo dictum sanctum Chrisma, eidem archipresbitero quinque solidos Turonenses cum expensis ipsius archipresbiteri ad duos equos.

Item tociens quociens curati ecclesiarum parrochialium dicti archipresbiteratus Jaresii habent novum archipresbiterum per mortem sui in eodem archipresbiteratu immediate predecessoris, et non per resignacionem, ipsi curati debent dicto eorum novo archipresbitero, pro ejus novo et jocundo adventu, unum pallafredum, pro quo ipsi curati concedunt ac solvere consueverunt et debent eidem novo archipresbitero unam integram subvencionem, quam admodum conceditur in dicto archipresbiteratu domino archiepiscopo Lugdunensi sibi solvendam ad duos terminos.

Item quod propterea inferius sunt scripte omnes et singule ecclesie parrochiales dicti archipresbiteratus[3], et quantum quelibet ipsarum debet de et pro una dimidia subvencione, et quantum ascendit integra subvencio in dicto archipresbiteratu, que integra solvi solet et debetur pro dicto pallafredo.

Imposicio medie subvencionis domini archiepiscopi Lugdunensis in archipresbiteratu Jaresii, et primo in consilio de Mornant, in quo sunt xxxvii ecclesie :

Franchavilla, xiii s.
Chapono, xiii s.
Brignes, xxviii s. vi d.
Sanctus Genesius Vallis, xv s.
Yrignus, xii s. vi d.
Cherlieu, xxviii s.

Millerieu, xviii s. vi d.
Bans, xxvii s. vi d.
Givort, iiii s.
Grignieu, x s.
Echalas, xlv s.
Longes, xii s. vi d.

---

[1] Une main plus moderne a ajouté ici *Curatus Sancti Petri de Chamble*. On a vu en effet que cette localité figurait à l'archiprêtré de Jarez dans le pouillé du xvie siècle.

[2] Il y avait *decedere*, mais on a corrigé.
[3] Le scribe avait écrit *archipresbiterati*, mais on a rectifié plus tard son erreur.

DE SAVIGNY ET D'AINAY. 1065

Tartaras, x s.
Dargoria, xxi s.
Sanctus Andeolus in Jaresio, xx s.
Chassagnieu, xx s.
Montagnieu, xvii s. vi d.
Sanctus Mauricius, x s.
Sanctus Desiderius subtus Riviriacum, xxv s.
Riviriacus, vi s.
Albaspinus, ix s.
Rajacia, xxv s.
Sanctus Martinus[1] de Annualibus, xxv s.
Rochefort, iiii s.
Sanctus Andreas la Coste, viii s.

Chausans, viii s.
Mornant, xv s.
Rontallon, xi s.
Sanctus Laurencius, vi s.
Dagnins, iiii s.
Turins, x s.
Messemieu, xii s. vi d.
Vallis Nigra, id est Vaunerey, xii s. vi d.
Socieu, xv s. iiii d.
Orlionas, x s.
Tailluyers, xiiii s.
Sanctus Laurencius en Vaulx[2], xii s. vi d.

Somma in dicto consilio, xxvii l. ix s. iii d.

Item, plus in concilio Sancti Juliani, in quo sunt ecclesie xxiii :

Et primo Paveysins, xviii s. vi d.
Doysieu, xi s.
Sanctus Paulus in Jaresio, xxx s.
Sanctus Martinus Acoallieu, xi s.
Sanctus Andeollus Vallis, xx s.
Ysiacus, xv s.
Sanctus Jullianus, xviii s.
Sanctus Christophorus, xv s.
Sanctus Enemundus, x s.
Sanctus Petrus Sancti Chamondi, x s.
Gramont, xiii s.
Sanctus Romanus in Jaresio, xxviii s. vi d.

Chaignon, iiii s.
Seillieu, xv s.
Sanctus Genesius in Terra Nigra, xx s.
Sanctus Martinus la Plagni, xvi s.
Sorbiers, xiii s.
Sanctus Johannes de Bonofonte, xxx s.
Rochetaillé, xi s.
Sanctus Romanus d'Atoy, viii s.
Sanctus Genesius de Mallifault, viii s.
Sanctus Justus en Valey, viii s.
Rippagerii[3], xlv s.

Somma in dicto concilio Sancti Julliani, xviii l. xviii s. ii d. fortes.

Item in consilio Foillose, in quo sunt xxiii[4] ecclesie :

Et primo Cornillion, viii s.
Firmigniacus, xviii s. vi d.
Sanctus Clemens, viii s.
Sanctus Victor, x s.
Sanctus Genesius Lerpt, xvii s. vii d.
Villars, iii s.
Sanctus Prejectus, v s.
Turris in Jaresio, x s.
Sanctus Stephanus de Furano, xxv s.
Foillosa, xxii s.
Sanctus Eugendus, l s.
Chivrieres, xxv s.

Chastellus, iiii s.
Sanctus Dyonisius, xii s. vi d.
Sanctus Medardus, xvi s.
Sanctus Baldomerus, xlii s. vi d.
Cuysieu, xvii s. vi d.
Rivat, xvii s. vi d.
Chambostus, viii s.
Velchia, xii s. vi d.
Sanctus Bonitus les Olles, xii s. vi d.
Botheon, xxii s.
Sanctus Justus supra Ligerim, xxii s.

Somma in dicto concilio Foillose, xix l. ix s. i d.

Somma universalis dimidie subvencionis predicte, lxv l. xvi s. vi d.

Somma integre subvencionis, vi^{xx} xi l. xiii s. que debetur et conceditur novo archipresbitero dicti archipresbiteratus pro pallafredo.

---

[1] Le manuscrit porte *Sancti Martini*, sous-entendu *ecclesia*.
[2] Ce nom est biffé, je ne sais pourquoi, comme dans la nomenclature de la page qui précède.
[3] La nomenclature qui précède donne deux noms de plus : *Chasteaunenfz* et *Chatellus*. Il y a erreur pour cette dernière localité, qui reparaît dans le conseil de la Fouillouse, comme nous avons vu.
[4] La nomenclature de la page 1063 donne 24 églises au conseil de la Fouillouse ; mais c'est parce qu'elle fait à tort deux localités de *Saint-Clément* et du *Chambon*.

ÉCLAIRCISSEMENTS.

NOMENCLATURE

DES

SUBDIVISIONS TERRITORIALES

DES DIOCÈSES DE LYON ET DE MÂCON, ET PAYS CIRCONVOISINS,

AUX IXe, X^e ET XIe SIÈCLES.

Les éléments de ce travail, destiné à servir d'éclaircissement à la carte jointe à notre livre, et surtout à la dégager des noms latins dont l'inscription l'aurait rendue confuse, ont été puisés à différentes sources, dont nous donnerons successivement l'indication. Les trois principales sont : 1° les cartulaires de Savigny et d'Ainay, publiés ici pour la première fois; 2° le cartulaire de Saint-Vincent de Mâcon, encore en manuscrit, et dont M. Ragut, archiviste du département de Saône-et-Loire, prépare une édition; 3° enfin les copies des chartes de Cluny faites par Lambert de Barive, sur l'ordre du Gouvernement, avant la révolution de 1789, qui a anéanti ou dispersé les originaux [1].

Il a déjà été publié quatre listes différentes des *agri* du Lyonnais : la première dans les Annales Bénédictines de dom Mabillon [2], sous ce titre, « Notitia de agris qui sunt in pago Lugdunensi; » elle renferme vingt-neuf noms, que nous avons tous retrouvés dans le cartulaire de Savigny, où ils avaient été recueillis. La seconde a été imprimée par M. Guérard, dans son livre intitulé, *Essai sur les divisions territoriales de la Gaule* [3]; elle contient quatre noms de plus que celle de Mabillon, mais un seul nous semble admissible jusqu'ici : c'est le *Candiacensis ager,* dont nous parlerons en son lieu. La troisième a été publiée par M. de Gingins, dans la Revue du Lyonnais de 1836 [4]; l'auteur ne paraît pas avoir eu connaissance de la notice des Annales Bénédictines, non plus que de celle de M. Guérard, car sa liste ne renferme que vingt circonscriptions, presque toutes différentes de celles décrites par ses devanciers; il est le premier qui ait entrepris de donner la restitution des noms de lieux. La quatrième liste a été publiée par nous-même dans

---

[1] Les copies de Lambert de Barive sont conservées à la Bibliothèque nationale, où l'on trouve aussi une copie du cartulaire de Saint-Vincent.
[2] *Ann. Bened.* t. I, p. 678.
[3] In-8°. Paris, 1832 (p. 144).
[4] T. IV de la 1re série.

la Revue du Lyonnais, en 1845. Tout incomplète qu'elle était, elle renfermait déjà la description de plus de cinquante *agri*. Depuis lors, de nouvelles découvertes, une exploration des cartulaires de la Bibliothèque nationale et des histoires locales nous ont permis de doubler ce nombre.

Dans le travail qui suit, nous ne nous sommes pas restreint au *pagus Lugdunensis*: pour donner plus d'intérêt et de précision à nos recherches, nous avons embrassé aussi le *pagus Matisconensis* (qui est presque complétement enclavé dans le premier, et qui a été en grande partie fondu dans le Lyonnais proprement dit), et une portion des *pagi* environnants, celle qui confinait au diocèse de Lyon. De la sorte nous avons pu compenser, par un ensemble de renseignements positifs sur une plus grande surface du territoire occidental, les lacunes que l'absence de documents laisse voir sur la portion orientale du diocèse de Lyon.

Il est bien entendu que nous n'indiquons dans une circonscription que les localités qui y sont portées positivement par les actes dont nous avons eu connaissance, et que nous ne nous sommes pas préoccupé des localités plus importantes ou plus anciennes qui pouvaient s'y trouver aussi, mais qui ne sont pas mentionnées dans ces actes.

Pour rendre les recherches plus faciles, nous avons classé toutes les circonscriptions dans l'ordre alphabétique, mais en les laissant néanmoins sous le titre général du *pagus* auquel elles appartiennent.

A cette occasion, nous croyons convenable de rappeler un fait important : c'est qu'il ne faut pas confondre les *pagi* MAJORES (ou diocèses) avec les *pagi* MINORES (ou pays). Les premiers sont invariables, et se sont conservés généralement intacts jusqu'au XVIII siècle; les seconds, au contraire, mobiles comme la politique, à laquelle ils devaient naissance, se sont agrandis ou resserrés suivant les vicissitudes du régime féodal. Il doit être entendu que ce sont les premiers qui servent ici de type à nos grandes divisions territoriales; les autres sont rangés parmi les divisions inférieures, telles qu'*agri, vicariæ*, etc.

Nous venons de dire que les *pagi majores* étaient invariables : cependant on voit fort souvent une localité d'un diocèse indiquée dans les actes comme se trouvant dans un autre diocèse : c'est une simple erreur de scribe, qui provient presque toujours de ce que cette localité est sur les confins des deux diocèses. C'est ainsi que, de nos jours, malgré toutes les ressources qu'on possède en cartes et en dictionnaires géographiques, on se trompe encore dans l'attribution d'une ville à tel ou tel département. Nous avons probablement commis nous-même plus d'une fois cette faute dans le cours de ce livre.

On s'étonnera peut-être de voir figurer dans nos listes des noms qui semblent faire double emploi. Dans l'incertitude où nous sommes encore sur certaines questions de géographie ancienne, nous n'avons rien voulu supprimer, parce qu'une première exclusion nous aurait conduit à une foule d'autres. Nous avons cru devoir tout enregistrer ici; nous résumerons les faits dans la préface.

AUX IXe, X^e ET XIe SIÈCLES.

LUGDUNENSIS PAGUS.

Le territoire de ce *pagus* ou diocèse, dont la carte jointe à ce volume donne l'étendue exacte au commencement du xviiie siècle, ne paraît pas avoir subi de modifications importantes depuis sa formation, ou au moins depuis le vi^e siècle, jusqu'en 1742. Quelques actes semblent, il est vrai, lui attribuer certains territoires des *pagi* voisins; mais ce sont de simples inadvertances des scribes. Ainsi un acte de Cluny de la fin du xe siècle (954-988?) place dans le *pagus Lugdunensis* Combres et Saint-Victor-sur-Rhins, qui étaient certainement du *pagus Matisconensis*. L'erreur provient de la situation de ces localités sur les confins des deux *pagi*. Un diplôme royal de 860, publié par dom Bouquet (VIII, 399), concède à l'église de Lyon «castrum seu villa [de] Tor- «none, quod situm est in pago Lugdunensi, juxta fluvium Rhodanum.» Il s'agit évidemment ici de Tournon en Vivarais; mais il est certain que cette petite ville était dans le *pagus Viennensis;* la confusion provient peut-être de ce que ce *pagus* était alors compris dans le *duché* de Lyon. Au reste, nous trouverons plusieurs autres indications du même genre dans le travail qui suit. Comme on peut le voir sur la carte, le *pagus Lugdunensis* avait à l'ouest les *pagi Alvernensis*, *Augustodunensis* et *Matisconensis;* au nord les *pagi Matisconensis*, *Cabillonensis*, *Visuntinensis;* à l'est les *pagi Genevensis*, *Bellicensis*, *Viennensis;* au midi les *pagi Viennensis* et *Vellavensis*.

ALDUNIACENSIS AGER est mentionné dans le cartulaire de Savigny, qui y place une localité appelée *Villanova*. Dom Mabillon écrit *Adulniacensis*. Peut-être faut-il, au contraire, lire *Ladaniacensis*. Dans ce cas, *Villanova* serait Villeneuve sur la Veyle, à l'ouest de Pont-de-Veyle. (Voyez *Ladiniacensis ager*.)

ANIMIACENSIS, AYNIMIACENSIS AGER est cité dans le cartulaire d'Ainay, qui y place *villa Artis* (Ars) et *aqua Folmoda* (le Formans, ruisseau). Le chef-lieu de cet *ager* est probablement Agnereins, dont le nom est écrit *Agnignens, Anygnens* dans les anciens pouillés. Il faudrait sans doute lire *Aniniacensis ager*.

ANSENSIS AGER OU VALLIS ANSENSIS AGER est mentionné fort souvent dans les cartulaires de Savigny et d'Ainay. Ils y placent *Anuiliacus*[1] (Ouilly), *Arnacus* (Arnas), *Brionna* (Brienne, près d'Anse, lieu où se trouvait jadis un couvent de Bénédictines), *Clippiacus* (lieu inconnu qui figure aussi dans le *Monsaureacensis ager*, et qui paraît même dans le cartulaire d'Ainay avec le titre de chef-lieu d'*ager*: il devait être près de Chazay), *Draciacus* (Dracé-le-Panoux), Limans, *Lacennacus* (Lucenay), Losanne (qui figure aussi dans le *Monsaureacensis ager*), *Marciacus*[2] (Marcy-sur-Anse), *Mons S. Johannis* (Saint-Jean-des-Vignes?), *Rubeola* (les Rousses, près de Glaizé?), *Savigniacus* (Savigny, près de Blacé), *Treddo* (Tredo, près de Morancé)[3]. — On voit que cet *ager* comprenait tout l'archiprêtré d'Anse, sauf la portion méridionale, qui en était séparée par l'Azergues, limite très-régulière. Anse, le chef-lieu de cet *ager*, est l'*Asa Paulini* des itinéraires romains, d'où vient qu'on écrit fort souvent *Asensis*. (Voyez *Vala Ansis*, etc.)

ARGENTERIENSIS OU ARGENTERIUS AGER est mentionné plusieurs fois dans le cartulaire de Savigny, qui y place «locus qui vocatur ad «Morterium, et est ei super positum nomen «*Provencherias*,» près d'un ruisseau appelé *Scaravagius; Truncus* et *Mons Aculfi villa*. De tous ces lieux, un seul nous est connu: c'est Provenchères, hameau de la com. de Grézieux-le-Marché, où il paraît qu'il y avait jadis une église dédiée à S. Étienne (ch. 140). Ce lieu s'appelait aussi, comme on le voit, *Morterius*. Le cartulaire place encore, dans la *Vallis Argenteria*, *Torenchi* (Torenche, parcelle de la paroisse de Haute-Rivoire où se

---

[1] Il faut sans doute lire *Auviliacus*.
[2] C'est par erreur que Mabillon a écrit *Massiacus*.
[3] M. de Gingins place encore dans cet *ager*, je ne sais d'après quels documents, *Darciacum* (c'est sans doute *Draciacus*), *Sarciacum* et *Anciacum*. Je crois ces indications erronées.

trouvait autrefois un prieuré dépendant de l'abbaye de Mazan, en Vivarais). Cet *ager* avait pour chef-lieu l'Argentière, qui a laissé son nom à quelques localités voisines, et où était avant la Révolution un célèbre chapitre de Dames fondé en 1273[1].

ASSERENENSIS AGER est mentionné dans une charte de Cluny de l'an 880, qui y place *Crouptas villa* et *locus ad Alsono aqua*. Il s'agit de la vente de quelques terres limitées de matin par l'église de Saint-Étienne de Mâcon (*Matisconensi*), et ayant *per medio Alsonis aqua*. J'ignore quel était le chef-lieu de cet *ager*, mais il devait être situé près de Saint-Symphorien-d'Ozon : l'*Alsonis aqua* n'est pas autre chose que l'Ozon. Quant à *Crouptas villa*, c'est sans doute Crapon, porté sur la carte de Cassini un peu au sud-ouest de Saint-Symphorien, qui était peut-être lui-même le chef-lieu de l'*ager Asserenensis*.

AURIACENSIS AGER, mentionné dans une charte de Cluny d'environ l'an 1000, qui y place *Lovensis villa*, ayant une chapelle dédiée à saint Didier, n'est sans doute pas autre chose que l'*ager Monsaureacensis*. (Voyez ce mot.) La *villa Lovensis* est probablement le village qu'on appelle aujourd'hui Saint-Didier-au-Mont-d'Or. Au reste, je dois avouer que la charte où j'ai trouvé ce renseignement porte *in pago Ledunense* et non *Lugdunense*, et qu'il ne s'agit peut-être pas du Lyonnais.

BAÏODACENSIS AGER est mentionné dans le cartulaire de Saint-Vincent de Mâcon, sous la date de 900 environ, à l'occasion d'une donation faite à cette église en un lieu appelé *villa Lipiacus*[2].

BALGIACENSIS et BOLGIACENSIS AGER est mentionné dans une charte de Cluny, de l'an 994, qui y place *Pratum Borsanum (?)*, et dans deux chartes du cartulaire de Saint-Vincent de Mâcon, qui y placent, la première, un lieu appelé *villa Curtis*, et la seconde, *villa Mons* et *villa Bo*. Le chef-lieu de cet *ager* est Bâgé-le-Châtel, qui devint plus tard le chef-lieu d'un grand archiprêtré, et près duquel nous trouvons un village de *Coûr*, un autre portant le nom de *Mont*, et, un peu plus au nord-ouest, le village de *Boz*. La restitution de ce dernier nom est certaine; mais les deux autres sont douteuses. J'ai même de fortes raisons de croire que *villa Curtis* est le chef-lieu de la commune de Courtes, près de Saint-Trivier-de-Courtes, au nord de Bâgé, ce qui donnerait une certaine étendue à cet *ager*, car il comprendrait toute la partie nord de l'archiprêtré de Bâgé proprement dit. Peut-être même servit-il de base à l'archiprêtré de ce nom, qui comprenait encore Bourg au XVIIIe siècle. En effet, nous voyons que les sires de Bâgé portaient, au XIe siècle, le titre de seigneurs de Bresse[3].

BEBRONNENSIS ou BEVRONNENSIS VALLIS AGER[4] est mentionné une seule fois dans le cartulaire d'Ainay, mais un grand nombre de fois dans celui de Savigny. Il tirait son nom de la vallée de la Brevenne, rivière qui prend sa source dans le Forez, près de Meys, passe près de Savigny, reçoit à l'Arbrêle la Tardine, et se jette dans l'Azergues au-dessus de Losanne. Le cartulaire de Savigny nous a fourni pour cet *ager*, qui se trouvait au centre des possessions de l'abbaye, une quantité considérable de noms de lieu. Nous n'en citerons ici que quelques-uns, qui pourront servir à déterminer son étendue, renvoyant pour les autres à l'*Index generalis*: *Alta Villa* (Haute-Ville, com. de Haute-Rivoire), *Arciacus* (Ressy, com. de Savigny?), *Avelgus* (Avergues, com. de Courzieu), Brullioles, Bessenay, *Brenacus* (Barnay, com. de Bessenay), *Bruciacus* (Bressieux), Bibost, *Caballius* (Chevalin, com. de Bressieux), *Cavennacus* (Chevinay ou Chavanne, com. de Courzieux), *Chavennacus* (Chevinay), *Corziacus* (Courzieux), *Criciacus* (Crécy, com. de Chevinay), *Crisciliacus* (Cressilieu, com. de Bessenay), *Dommariacus* (Demare, com. de Montrotier), *Libertis* (le Libéral, com. de Saint-Pierre-la-Palud?), *Lovanis* (Louans, com. de l'Arbrêle), *Lurciacus* (Lurcieux, com. de Bessenay), *Madisias* (Meys), *Milliacus* (Milly, com. de Brullioles), *Moisiacus* (Mazieu, com. de Montro-

---

[1] M. de Gingins place dans cet *ager* Saint-Genis-l'Argentière et Rantalon. Il y a probablement confusion quant à cette dernière localité, qui se trouve fort loin de l'Argentière.

[2] M. Ragut, éditeur du cartulaire de Saint-Vincent, pense qu'il faut lire *Lissiacus* (Saint-Martin-de-Lixy); mais cette restitution ne nous fait pas connaître le chef-lieu de l'*ager*.

[3] Guichenon, *Hist. de Bresse et de Bugey*, 1re part. p. 45.

[4] Je ne relève que les dénominations normales. On trouvera toutes les autres variantes de ce mot dans l'*Index generalis* aux lettres Bebr... et Bevr...

tier), *Mons Romanus* (Mont-Roman), *Paludis* (Saint-Pierre-la-Palud), *Percidis locus* (le Perret, com. de Bessenay?), *Periculis* (Saint-Martin-de-Montrotier), *Pomariolis* (Pomérieux, comm. de Courzieux), *Rossonis villa* (Rossan, com. de Saint-Genis-l'Argentière), *Sepziacus*, *Sedziacus* (Sudieu, com. de Bessenay), *S. Bonitus* (le Petit-Saint-Bonnet, com. de Saint-Pierre-la-Palud), Saint-Clément-des-Places, *Tauriniacus* (Thorigny, com. de Bibost). — Tous ces lieux faisaient encore, avant la Révolution, partie de l'archiprêtré de Courzieux, qui semble avoir succédé à l'*ager Bebronnensis*.

BERIACENSIS AGER, mentionné dans le cartulaire de Saint-Vincent de Mâcon, est peut-être le territoire de Birieux, dans l'archiprêtré de Chalamont.

BESSENACENSIS AGER est mentionné plusieurs fois dans le cartulaire de Savigny, qui y place *Cliviacus villa(?)*, *Crisciliacus villa* (Cressilieu, com. de Bessenay), *Longavilla* (avec une église dédiée à Ste Marie), *Noailliacus* (Nilly), *Tailliacus* ou Bibost. — Le chef-lieu de cet *ager* était Bessenay.

BILINIACENSIS AGER est mentionné deux fois dans le cartulaire d'Ainay, qui y place *Biliniacus villa*. Cette localité était le chef-lieu de l'*ager*. C'est la seule qui soit citée; mais la mention de la Saône (*Arar*) comme confin indique bien sa situation. C'est Béligny, près de Villefranche, qui n'existait pas encore.

BRESSIÆ, BRESCIÆ, BRISCIÆ PAGUS. Le premier auteur chez lequel on rencontre le nom de la Bresse est le moine Aimoin, qui vivait au IXe siècle. Parlant de la fondation de l'église de Saint-Marcel-lez-Châlon, ce chroniqueur s'exprime ainsi : « Hanc denique basilicam « ipse (Guntchramnus rex) divino successus « amore, in suburbio quidam prædictæ civi- « tatis (Cabillonis), sed in territorio Sego- « num saltuque *Brexio*, studiosissime ædifica- « vit, ubi monachos aggregans, monasterium « construxit, quod pluribus prædiis faculta- « tibus ditavit[1]. » Il y a deux observations à faire sur ce passage. La première, c'est que le mot de *Brexio* ne paraît pas dans la charte de Gontrand que nous possédons[2]; la seconde, que ce mot n'est pas accompagné ici de celui de *pagus*, qu'on lui accola plus tard. D'où je conclus qu'il n'avait encore au IXe siècle aucune valeur politique. Et en effet Hadrien de Valois, se fondant sans doute sur le texte d'Aimoin, dit que la Bresse, à l'exemple de la Brie, du Perche, de la Thiérache, a tiré son nom de celui d'une forêt considérable qui couvrait jadis tout le territoire de la rive gauche de la Saône[3]. Cette explication me semble d'autant plus probable, que la Bresse, dépourvue de grands centres de population, était encore fort boisée aux Xe et XIe siècles[4], et embrassait une vaste étendue de territoire enclavée dans différentes provinces, et portant même différents noms. Ainsi, en face de Mâcon, on l'appelait le bois Chétif, corruption de *nemus Captivum*; plus au midi, où sont les prairies de Cormoranche, on l'appelait le bois Vanère, etc. Sans doute le mot de Bresse fut d'abord une dénomination vague, comme celles de forêt des *Ardennes* et de forêt *Noire*, qu'on a appliquées à deux pays dont il serait bien difficile d'indiquer les limites précises. Mais ensuite, lorsque les bois eurent été défrichés, on donna le nom de Bresse à un pays spécial, comme de nos jours on a fait un département des Ardennes, lequel non-seulement ne comprend pas tout le territoire qui portait autrefois ce nom, mais encore en embrasse d'autres qui ne l'avaient jamais porté jusque-là. J'ai dit que la Bresse s'étendait sur les territoires ressortissant à des peuples différents : en effet, d'une part le récit d'Aimoin constate que la forêt de Bresse se trouvait dans le pays des Séquanes, car c'est ainsi qu'il faut traduire *territorio Segonum*, comme le démontre le passage où Frédégaire parle de la fondation de l'église de Saint-Marcel : « . . . divino amore ecclesiam « Beati Marcelli ubi ipse pretiosus requiescit « in corpore, suburbano Cabillonensi, sed qui- « dem tamen Sequanum est territorium...[5], » et mieux encore celui où César raconte l'ar-

---

[1] Recueil des Historiens de France de Duchesne, t. III, p. 87.
[2] Saint-Julien de Baleure, *Antiq. de Châlon*, p. 382.
[3] Hadrien de Valois, *Notit. Gall.* art. *Brexia*.

[4] César (*de Bello Gall.* liv. I) parle aussi des forêts où se réfugièrent les Helvétiens lorsqu'il alla les attaquer sur les bords de la Saône.
[5] Bouquet, II, 417.

rivée des Helvétiens sur les bords de la Saône, « Flumen est Arar, quod per fines « Æduorum et Sequanorum in Rhodanum « influit incredibili lenitate[1]; » et d'autre part l'auteur de la légende de S. Trivier nous apprend que la Bresse s'étendait sur la Dombes, qui appartenait au territoire des Ségusiaves. Ceci nous explique pourquoi au xvi° siècle la Bresse était encore divisée en deux parties bien distinctes : la plus petite, composée de la portion séquanaise, était appelée *Bresse Châlonnaise*, par suite de son incorporation au *pagus* ou diocèse de Châlon; la seconde, composée de tout ce qui se trouvait chez les Ambarres ou les Ségusiaves, était appelée *Bresse Savoyarde*, parce qu'elle comprenait toute la portion du *pagus* ou diocèse de Lyon limitée par l'Ain, le Rhône et la Saône, qui était venue successivement aux mains des ducs de Savoie. (Voyez *Balgiacensis ager* et *Reversimontis pagus*.)

BROLIACENSIS AGER et BROLLIACENSIS VICARIA sont mentionnés chacun une fois dans le cartulaire de Savigny. On trouve dans le premier *Cassanias villa*; dans la seconde *Lanzolarias villa*. Je ne sais où sont situées ces deux localités; mais leur chef-lieu était probablement le Breuil, dans l'archiprêtré de l'Arbrèle.

BRUILLOLIS AGER est mentionné une seule fois dans le cartulaire de Savigny, à l'occasion d'une donation faite dans la *villa Cahors*, qui est souvent indiquée dans l'*ager Bebronnensis*. Le chef-lieu de cet *ager* était sans doute Brullioles, qui est en effet dans l'archiprêtré de Courzieux.

BUISSANTA ou BUYSANTA (AGER DE) est mentionné deux fois dans le cartulaire d'Ainay, qui y place *villa de Rastiaco* et *villa de Buissanta*. J'ignore où était la première de ces *villæ*; quant à la seconde, qui était le chef-lieu de l'*ager* du même nom, c'est aujourd'hui un simple hameau dont les maisons éparses s'étendent sur les communes de Limans et de Pommiers, archiprêtré de l'Arbrèle. Il donne encore son nom à une montagne.

BUSSIACENSIS et BUSCIACENSIS AGER, mentionné trois fois dans le cartulaire de Savigny, qui y place *Draciacus in Pudiniaco* (Dracé-le-Panoux), avait sans doute pour chef-lieu un ancien château du nom de Bussy, qui se trouvait au-dessus de Saint-Georges-de-Reneins, sur le ruisseau Saucillon.

BUZIACENSIS et BOZIACENSIS AGER sont mentionnés chacun une fois dans le cartulaire d'Ainay, qui met dans le premier *villa Tres Canos*, et dans le second *villa ad Solarium*. Il y a bien un hameau de Tréchien dans la commune de Saint-Marcel-Éclairé; mais il ne peut être question de cette localité ici; nous trouvons au contraire *le Soulier*, dans la commune de Vaux, canton de Villefranche, qui nous rapproche fort de l'*ager* précédent. Je pense qu'il s'agit ici encore de l'*ager Bussiacensis*.

CANDEACENSIS ou CANDIACENSIS AGER est mentionné plusieurs fois dans des chartes de Cluny du x° siècle, qui y placent *Candiacus, Etono* ou *Metono*, ou encore *Metorio villa*, ayant une église dédiée à saint Michel, et *Jariacus villa*. Le chef-lieu de cet *ager* était Chandieu en Dauphiné (archiprêtré de Meyzieux), et non pas Chandieu près de Montbrison, comme l'a cru M. de Gingins. Aussi cet *ager* est-il souvent indiqué *in pago Viennensi*.

CANINIACENSIS ou COMMIACENSIS AGER est mentionné dans le cartulaire de Saint-Vincent de Mâcon[2] à l'occasion d'une donation faite vers l'an 882, en un lieu appelé *ad Maciago*. Le donateur veut que la paroisse, qui était sous l'invocation de saint Bonnet, appartienne à la chapelle de Saint-Vincent. Ce sont les seuls renseignements qu'on possède, et ils ne suffisent pas pour qu'on puisse déterminer la situation de cet *ager*. Au reste, sa mention dans le *pagus Lugdunensis* est probablement erronée. (Voyez l'*ager Aubliacensis* du *pagus Matisconensis*, où il est question d'une charte presque identique.)

CASNENSIS AGER est mentionné dans une charte de Cluny de l'an 1000 environ, qui y place *Curt Roberti villa*. Ce lieu est sans doute Corrobert, dans la paroisse de Chanos en Bresse, qui était, je pense, le chef-lieu de l'*ager Casnensis*.

CAVANIACENSIS AGER est mentionné dans deux

---

[1] *De Bello Gall.* lib. I, ch. II.
[2] Les deux formes se trouvent, la première, dans la copie de Mâcon, la seconde, dans la copie de Paris. — Le cartulaire de Perrecy mentionne fort souvent une *vicaria Cavinensis* ou *Caviniacensis*, mais il la place dans le *pagus Matisconensis*.

chartes de Cluny des années 932 et 937, qui y placent la *villa Quinciacus* (Quincié, archipr. d'Anse), dans laquelle se trouvait le lieu de Montmai (*de Monte Madio*). Le chef-lieu de cet *ager* était sans doute Chavanne, hameau à l'est et dans la commune de Quincié.

CAVARIACUS et CAVARIACENSIS AGER sont mentionnés dans deux chartes de Cluny du x° siècle, qui y placent, la première, *Tornetores villa*, et la seconde, *Cadavos villa, in pagulo Lugdunensi*. Je ne sais où trouver ces deux *villæ*; mais il est probable que le chef-lieu de cet *ager* était Chaveyriat en Bresse, qui est appelé *Cavariacus* dans les actes anciens.

CESTRIACENSIS AGER est mentionné dans une charte de Cluny de l'an 889, qui y place *Salgli flumen* et *Darbonadus locus*. Cet *ager* semble être le même que *Prestiacensis ager*, dont le nom aurait été mal écrit. (Voyez ce mot.)

CHASSIACUS VICARIA est mentionné dans le cartulaire de Savigny (ch. 136), qui semble le placer dans l'*ager Tarnantensis*. Le chef-lieu de cette *vicaria* était Chessy, dans l'archiprêtré d'Anse.

CLIPPIACENSIS AGER est mentionné une seule fois dans le cartulaire d'Ainay, et c'est probablement par erreur, car *Clippiacus*, son chef-lieu, est très-souvent indiqué soit dans l'*ager Vallis Ansensis*, soit dans l'*ager Monsaureacensis*. Cette localité devait être aux environs de Chazay, sur l'Azergues, limite des deux *agri* que je viens de nommer.

COGNIACENSIS AGER est mentionné plusieurs fois, tant dans le cartulaire de Savigny que dans celui d'Ainay. Le premier y place, outre le chef-lieu, *Cogniacus* (Cogny), et *Toriniacus* (Turrin, près de Villefranche), *Deniciacus* (Denicé), qui à son tour paraît comme chef-lieu d'*ager* dans la charte 754. Cela prouve le peu d'importance de ces deux *agri*, qui, de fait, étaient compris dans la circonscription du grand *ager Ansensis*.

COLNENSIS ou VALLIS COLNENSIS AGER est mentionné une seule fois dans le cartulaire de Savigny, qui y place *Theria* (le Tyr, village dans la commune de Saint-Julien-sur-Bibost). Ce petit *ager* tirait son nom de la rivière du Conan ou Cunan, qui se jette dans la Brevenne au-dessus de Bessenay.

COMMIACENSIS AGER. Voyez *Caniniacensis ager*.

COSCONACENSIS ou COSCONIACENSIS AGER est mentionné dans plusieurs actes de Cluny et de Saint-Vincent de Mâcon des x° et xi° siècles, qui y placent : Saint-Genis-sur-Menthon, *Longus Campus* (?), *villa Cortefredono* (Curtafond), *villa Reculanda* (Reculande, près de Confrançon), *Miziriacus* (Méziriat), et *Brociacus* (le château de Brosse, au sud de Méziriat). On voit que cet *ager* était situé entre Bourg et Bâgé. Son chef-lieu était peut-être dans l'endroit où se trouve aujourd'hui le domaine de Cocogne, au sud de Saint-Genis. Il comprenait une partie des archiprêtrés de Bâgé et de Sandrans. Quelques chartes portent à tort cet *ager* dans le *pagus Matisconensis*. (Voyez p. 1089.)

COSENACENSIS AGER est porté au *pagus Matisconensis* dans le cartulaire de Saint-Vincent de Mâcon, qui y place *villa Arnant*, avec une chapelle dédiée à saint André. Ce ne peut être Arnant de l'ancien archiprêtré de Treffort, car cette paroisse avait pour patron saint Nizier. Peut-être, au reste, faut-il lire *Cosconacensis ager*. Dans ce cas, Arnant pourrait être Saint-André[1], près de Bâgé. (Voy. *Cosenacensis ager* dans le *pagus Matisconensis*.)

DINICIENSIS AGER est mentionné une seule fois dans le cartulaire de Savigny, qui y place *Mons Melardus* (Montmélas). Le chef-lieu de cet *ager* était Denicé, qui paraît dans une autre charte du même cartulaire comme simple dépendance de l'*ager Cogniacensis*. (Voyez ce dernier mot.)

DOMBENSIS PAGUS. Cette dénomination, donnée à une portion du grand *pagus Lugdunensis*, n'est peut-être pas aussi ancienne qu'on l'a cru, sur la foi d'un document dont la date est incertaine, la légende de saint Trivier. Cette légende nous apprend bien que le pieux cénobite vint s'établir dans le pays de Dombes avec deux jeunes enfants qui en avaient été précédemment arrachés par les soldats de Théodebert, roi d'Austrasie, au retour d'une campagne en Italie; mais elle ne prouve pas que le pays s'appelât déjà Dombes du vivant de saint Trivier, c'est-à-dire au vi° siècle : elle constate seule-

---

[1] Voy. sur cette église le 2° vol. (p. 62) des *Recherches historiques sur le département de l'Ain*, par M. de la Teissonnière.

ment que cette dénomination existait du temps du légendaire. Or à quelle époque vivait ce dernier? Voilà la question importante, et dont malheureusement aucun auteur ne s'est encore occupé. Voyons si nous pourrons la résoudre. Voici d'abord le passage de la légende qui nous intéresse : « ... duo pueruli nomine Radigneselus et « Sulsufur, de pago Dombensi, ubi Briscia « dicitur, juxta fluvium Araris, de villa sive « utinga quæ sex millibus a Priscianico vico « distat, ubi et rivulus præterfuit qui dicitur « Monienta, ab hostibus capti, etc.[1] » On remarquera que le légendaire ne savait déjà plus le nom de la *villa* qu'était venu habiter saint Trivier, et à laquelle on a depuis donné le nom de ce saint, car il a recours, pour la désigner, à une circonlocution fort longue, et qui serait inintelligible si nous ne savions pas que *Priscianicum* est le nom ancien de la petite ville de Saint-Didier-de-Chalaronne, qui doit son nom actuel au martyre d'un autre saint du diocèse[2]. Cela suffit pour prouver que l'auteur de la légende de saint Trivier écrivait fort longtemps après la mort de ce dernier; mais ce n'est pas tout : la phrase que nous venons de transcrire indique bien l'emplacement du pays de Dombes en nous faisant connaître la situation de Saint-Trivier-sur-Moignans; mais en même temps elle soulève une question. Que signifie *ubi Briscia dicitur?* Suivant Hadrien de Valois[3], cela veut dire qu'une portion de la Bresse faisait partie de la Dombes; mais cet auteur cite ensuite deux actes qui semblent prouver, au contraire, que toute la Dombes était comprise dans la Bresse. En effet, ces deux actes, que nous possédons, sont : 1° une charte de Cluny, de l'an 1094, dans laquelle Saint-Didier-sur-Formans et la chappelle de Riottiers qui l'avoisine sont dits en Bresse : « Ego « Ugo, Dei gratia Lugdunensis archiepisco-« pus, do... ecclesiam Sancti Desiderii sitam « in Brexia, et capellam de Roorterio, cum « ecclesiam Sancti Pauli infra castri ipsius « (Roorterii) munitionem sitam.....[4] » 2° Une lettre du pape Pascal II, de 1107, qui

met dans le même pays les églises de Savigneux et de Saint-Germain-de-Renom: « ... in « episcopatu Lugdunensi, ecclesia de Salve-« naco, ecclesia Sancti Germani in Bressia, « quas duas ecclesias Hugo archiepiscopus « dedit vobis[5]... » Faut-il en conclure que le nom de Dombes n'existait pas encore au XIIe siècle, et, par conséquent, que le légendaire a écrit après cette époque? Ce serait peut-être aller un peu loin; mais je dois dire que je n'ai pas vu paraître ce mot une seule fois dans les actes avant le XIIIe siècle. La plus ancienne charte où je l'aie rencontré est de l'an 1280 : c'est une donation faite *in Dombis* par Louis, seigneur de Beaujeu[6]. Quoi qu'il en soit, l'archiprêtré de Dombes, formé vers ce temps-là, nous indique quelle était alors l'étendue de ce pays, qui s'agrandit peu à peu politiquement au détriment de la Bresse, par les acquisitions des seigneurs de Beaujeu. Ces derniers, en effet, imposèrent à toutes leurs possessions situées sur cette rive de la Saône le nom de *Dombes*, qui était celui du pays qu'ils y avaient possédé d'abord. (Voy. à l'article *pagus Bressiæ*.)

ESTRABIACENSIS AGER. (Voy. *Strabiacensis ager*.)

EXARTIPETRACENSIS AGER est mentionné une seule fois dans le cartulaire de Savigny, qui y place *Chamboscus villa* (Chambosc). Le chef-lieu de cet *ager* est Panissières, qui est appelé *Exartipetrus, Exartopetrus, Exarpetra,* et enfin *Exartaspetri,* dans les actes anciens. Le dernier nom, qu'on peut décomposer ainsi, *Exartus Petri* (l'essart de Pierre), semble le meilleur. On a peine à comprendre, toutefois, comment ce mot a pu se transformer en Panissières. (Voyez *Sancti Johannis vicaria.*)

FARENX (AGER DE), *in comitatu Lugdunensi*. Cet *ager* est cité une seule fois dans une charte de Cluny de l'an 943, relative à l'église de Sainte-Marie (ou Notre-Dame) de Fareins, sur la Saône, archiprêtré de Dombes. Il est à peine besoin de dire que Fareins était le chef-lieu de cet *ager*.

FLORIACENSIS ou FLURIACENSIS AGER est mentionné fort souvent dans le cartulaire de

---

[1] *Acta Sanctorum*, etc. par Jean Bolland, etc. t. II du mois de janvier, p. 33.
[2] *Idem*, t. V du mois de mai, p. 251, 253.
[3] *Notitia Galliarum*, art. *Brexia*.
[4] *Bibl. Clun.* col. 532.
[5] *Ibid.* col. 537.
[6] Louvet, *Hist. du Beaujolais*, etc. (ms. de la Bibl. nat.) t. II, fol. 5.

Savigny, et une fois seulement dans celui d'Ainay. Le chef-lieu de cet *ager* est Fleurieux, près de l'Arbrèle. Voici l'indication des autres localités principales qui s'y trouvaient : *Apinacus* (Apinost, qui figure aussi dans l'*ager Tarnantensis*), *Arciacus* (Ressy, près et à l'ouest de Savigny), *Celsiacus* (Sourcieux), *Consiacus* (Conzy, comm. de Châtillon), *Lentilliacus* (Lentilly), *Liviacus* (Levy), *Mons* (le Mont, ham. de la com. de Saint-Germain-sur-l'Arbrèle), *Salvaniacus* (Salvagny), *Saugnatis* (le Sonnay, ham. de la com. de Sourcieux), *Talaradis* (Talaru, com. de Saint-Forgeux), *Thisiacus* (Thezé?). On voit que cet *ager* comprenait toute la partie méridionale de l'archiprêtré de l'Arbrèle.

FOLDRINGUS AGER est mentionné dans le cartulaire de Saint-Vincent de Mâcon, qui y place *villa de Curte Comite*. Cet *ager* devait se trouver du côté du Beaujolais; mais je n'ai pu découvrir la situation exacte du chef-lieu ni de ses dépendances.

FORENSIS AGER est mentionné un grand nombre de fois dans le cartulaire de Savigny. Son chef-lieu était la ville de Feurs, l'ancien *Forum Segusiavorum* des itinéraires romains. Sa circonscription était très-considérable; car, sur beaucoup de points, il s'étendait au delà de l'archiprêtré de Montbrison, c'est-à-dire dans ceux de Pommiers, Néronde, Courzieux et Jarez. On trouvera dans l'*Index generalis* la nomenclature complète des lieux qui y sont portés : je ne donnerai ici que les localités principales et celles qui peuvent servir à déterminer son étendue. *Aciacus* (Assieux, également commune de Trelins), *Alta Rivoria* (Haute-Rivoire), *Artedanus* (Arthun), *Avalezia* ou *Valeisia* (Valézy, hameau de la commune de Trelins, qui est aussi indiqué dans l'*ager Solobrensis*), *Aveza* (Aveize), Boën, *Brugillolis villa* (Brulliole, commune de Poncins), *Buxerias* (Bussières, près de Néronde), *Buxi* (Bussy-Albieux), *Calzacus* (Chanzieu, près de Chandieu), *Cambetdonus* (Chambéon), *Celles* (la Celle), *Chrontilliacus* (Craintillieu), *Civent*, *Conca villa* (Saint-Laurent-la-Conche?), *Cusiacus* (Cusieux), *Donziacus* (Donzy), *Duæ Olchæ* (Disouche), *Duerna* (Duerne), *Espartiacus* (Éperoieux), *Exartinis* (Essertines-en-Donzy), *Farges villa* (Farges, com. de Bellegarde), *Fenestra* (Fenêtre, com. de Bussières), *Fontanis* (Fontane, com. de Chalain-de-Comtal), *Frasnetus* (Frenay, com. de Bussières), *Isourus mons* (mont d'Uzore), *Lestrada* (Saint-Martin-Lestra), Montverdun, *Luiniacus* (Lugneux, com. de Marcilly-le-Châtel), *Madis, Madisech, Madisus villa* (Meys), *Magniacus* (Magneux), *Marcilliacus* (Marcilly-le-Châtel), *Nizeius* (Nizeys, com. de Saint-Georges-Haute-Ville), *Nugeriolis* (Neyrieux, com. de Virigneux), *Pinetus* (Pinay), *Polliacus* (Pouilly), *Pratus Longus* (Pralong), *Randan, Rengo* (Rangon, com. de Pralong), *Rigniacus* (Rigny, com. de Civent), *Rosariæ* (Roziers-en-Donzy), Sainte-Agathe-la-Bouteresse, Sail-en-Donzy, Trelins, *Unisiacus, Onisiacus, Anisiacus* (Unias), *Usourus* (Uzore), *Villanova* (Villeneuve, com. de Chambéon).

FORENSIS AICIS. Un acte de Cluny, de l'an 957 environ, mentionne aussi l'*aicis Forensis* (*in pago Lugd.*), dans lequel il met *Mariniacensis villa*. Serait-ce Marigny, com. de Balbigny, près de Feurs? Quoi qu'il en soit, ce mot d'*aicis* signale le voisinage de l'Auvergne, province où il remplace complétement celui d'*ager*. C'est ce qui a sans doute induit le scribe en erreur.

FORENSIS PAGUS. Cette dénomination ne se trouve qu'une seule fois dans les actes de Cluny : c'est dans une charte de 965, faisant mention d'une église de Saint-Priest, dont la situation n'est pas connue; le cartulaire du Monestier mentionne une fois aussi (fol. 89) le *pagus Forensis*, qu'il place *in comitatu Lugdunensi*, et dans lequel il met les *villæ Cazaletis, Monteniacus, Disculis, Solesius*. Je n'ose proposer la restitution d'aucun de ces noms; l'acte dans lequel ils se trouvent est de l'an 1000 environ. Le cartulaire de Savigny est plus explicite : il mentionne une dizaine de fois le *pagus Forensis*, et y place les localités suivantes : *Pinetus* (Piney), en 929; *Vermionus* (?), en 950; Randan, en 993; *Casa Varenna* (?), en 993; l'*ager Solobrensis*, en 1024; Bussy-Albieux, en 1046; Villeneuve près de Chambéon, en 1086; l'*ager Solobrensis*, en 1100. On voit par là que le *pagus Forensis*, comme l'*ager* du même nom, s'étendait sur trois archiprêtrés au moins : ceux de Montbrison, de Pommiers et de Néronde. Son territoire servit probablement de base à celui du *comitatus Forensis*, si même les deux dénominations ne sont pas synonymes.

FORENSIS COMITATUS. Ce comté est mentionné dans trois chartes de Cluny : la première de l'an 967, qui y place un lieu appelé *Poliacus*; la seconde de 981, qui y place la *villa Arteam* (Arthun); et la troisième de l'an 1091, relative à une *villa Poliacus*, qui est peut-être la localité citée dans la première charte. D'un autre côté, on trouve la mention du *comitatus Forensis* dans un acte du cartulaire de Savigny, de l'an 1080 environ, à propos d'une donation faite dans la *villa Valleriis* (Valleilles?). Toutes ces indications sont bien vagues; mais il est probable que le *comitatus Forensis* avait la même étendue que le *pagus* du même nom. (Voyez ce mot.) En tout cas, il ne paraît pas que ce comté ait eu alors des comtes particuliers : c'était une simple circonscription territoriale, tirant son nom de la ville de Feurs, comme le *comitatus Rodonensis* tirait le sien de la ville de Roanne, et, ce qui le prouve, c'est que les comtes de Forez étendaient toujours leur autorité sur toute la portion occidentale du *pagus Lugdunensis*, dans lequel le *comitatus Forensis* était lui-même compris : « in pago « Lugdunensi, atque in comitatu Forensi... « hoc ex curtem meam qui vocatur Polia- « cus... » (Charte de Cluny de 967.) Aussi nous voyons les comtes autoriser ou faire eux-mêmes des donations dans l'*ager Cogniacensis* en 994, dans l'*ager Tarnantensis* en 1013, 1017, 1030, à Sainte-Paule-d'Oingt en 1078 (*Cart. de Savigny*); dans la banlieue de Lyon en 1012 (*Cart. d'Ainay*), et dans cette ville même (charte de Cluny de l'an 1077, par laquelle Artaud, comte de Forez, cède à cette dernière abbaye la moitié du péage [*pediture*] de Lyon). Ce n'est que plus tard, lorsque le comte et l'archevêque se furent partagé le pays (1173) que le comté de Forez eut une constitution régulière; mais il comprit alors toute la portion du *pagus Lugdunensis* laissée aux comtes et celle même des pays voisins où ils s'étaient établis. (Voyez *comitatus Lugdanensis*.)

FUSCIACENSIS ou FOSCIACENSIS AGER est mentionné une fois par le cartulaire de Saint-Vincent de Mâcon comme faisant partie du *pagus Lugdunensis*; mais c'est probablement par erreur, car le chef-lieu de cet *ager* est Fuissé en Mâconnais. Le seul lieu qui y soit porté est une *villa Beseus* ou *Besleus*, dont j'ignore la situation. (Voyez *Fusciacensis ager* dans le *pagus Matisconensis*.)

GANIACENSIS AGER. (Voyez *Janiacensis*.)

GEHONGIACENSIS AGER est mentionné une seule fois dans une charte de Cluny de l'an 1010 environ, qui y place *curtis Albini villa*.

GERENSIS [AGER?]. (Voyez *Jarensis ager*.)

GOFIACENSIS AGER est mentionné plusieurs fois dans le cartulaire de Savigny, et une fois seulement dans celui d'Ainay. Voici quelques-unes des localités qui y sont indiquées comme en faisant partie : *Bidinus* ou *Bedina* (Badan, com. de Grigny), *Cappons* (Chaponost?), *Casenica* (Chassagny), *Colangis villa* (Colonges, près Saint-Andéol), *Corcennatis* (Saint-Maurice-sur-Dargoire), *Curciacus* (Sourzy, près de Goiffieu), *Dagninus* (Saint-Vincent-d'Agny), *Luiscus*, *Loisus*, *Loiscus*, *Lodiscus* (Luet, près de Mornant), *Mornant*, *Marcollatis*, *Marciolatis* (Marsolla, com. de Mornant), *Matusatis* (Malosa, com. de Saint-Maurice-sur-Dargoire), *Sociacus* (Soucieux), *Vofiacus* (Goiffy, au nord de Mornant). Le chef-lieu de cet *ager* était Goiffieu, à l'est de Mornant, dans la commune de Montagny.

GRASSIACENSIS AGER est mentionné une seule fois dans le cartulaire de Savigny, à l'occasion de la donation faite à cette abbaye de l'église de Saint-Pierre *de Avesiis villa*. Le chef-lieu de cet *ager* était Grézieux-le-Marché, dont Aveize était une annexe.

INIMIACENSIS AGER est mentionné dans le cartulaire d'Ainay, qui y place *villa Vendonessa*; mais qui n'indique pas le *pagus* dans lequel il se trouvait. Peut-être était-il dans l'Autunois. Au reste, voyez plus loin *Vendonensis ager*, et ci-devant *Animiacensis ager*.

JANIACENSIS, GAGNIACENSIS AGER est mentionné dans le cartulaire d'Ainay, qui y place *Trevos* (Trévoux), *fluvius Sagonna* (la Saône) au midi, *Vineolas villa* (Vignolles), *Poliacus villa* (Pouilleux), et un lieu appelé *Lirinicus*. Le chef-lieu de cet *ager*, qui se confond en beaucoup de points avec celui de Parcieux, devait être Genay, un peu au midi de cette dernière localité. Ces deux *agri* ne pouvaient pas coexister ensemble; en d'autres termes, l'existence de l'un implique la non existence de l'autre, et cependant nous les voyons ici figurer presque à la même époque, la fin du x° siècle.

JARENSIS AGER est mentionné deux fois dans le cartulaire de Savigny, à l'occasion de donations faites *in fine de Escalati villa* (Échallas), et *in villa quæ dicitur Celsihiacus* (Cellieu?). J'ignore où était le chef-lieu de cet *ager;* mais il tirait certainement son nom de la rivière du Gier, en latin *Jarius.* C'est de là que vient le nom de Jarez, que porte encore une des contrées du Lyonnais, et qui servait à désigner jadis un des plus vastes archiprêtrés du diocèse de Lyon. Le cartulaire de Savigny mentionne encore une *villa quæ dicitur Trevedus* (Trèves), *in Gerense,* mais sans faire suivre ce dernier nom du mot de *vallis* ou d'*ager,* qui peuvent lui convenir également. On dit encore Saint-Romain-en-Jarez, Saint-Julien-en-Jarez, Saint-Priest-en-Jarez, la Tour-en-Jarez, etc. (Voy. *Turiacensis ager*[1].)

JURIACENSIS ou TURIACENSIS AGER est mentionné une seule fois dans le cartulaire de Savigny, à l'occasion d'une donation faite *in villa quæ vocatur Savoniacus.* Je ne saurais dire où était cet *ager.* Peut-être est-ce le même que le précédent, *Jarensis ager.* (Voyez aussi *Turiacensis ager.*)

LADINIACENSIS, LADINACENSIS, LADUNIACENSIS AGER est mentionné dans plusieurs actes du cartulaire de Saint-Vincent de Mâcon, qui y placent, entre autres localités, les *villæ Mispiliacus*[2] (Mépilliat) et *Mons Gudinus* (Montgoin, comm. de Garnerans), à peu de distance de Thoissey, dans l'archiprêtré de Dombes. Quant au chef-lieu de cet *ager,* c'est peut-être *Lagnat,* village de la commune de Mépilliat. Une charte de Cluny, de 967, mentionne un lieu appelé *Ladiniacus,* ayant une église dédiée à saint Paul; mais sa situation n'est pas indiquée, à moins que le mot *Arvernico,* qu'on lit dans la rubrique, ne désigne l'Auvergne. (Voyez *Alduniacensis ager.*)

LESCHERIAS VICARIA est rappelée dans deux chartes de Cluny, datées de 1005 et 1009 environ, et faisant toutes deux mention d'une église de Saint-Julien. Le chef-lieu de cette vicairie était sans doute Leschères (aujourd'hui les Chères), près de Saint-Germain-au-Mont-d'Or. Quant à l'église de Saint-Julien, je ne sais où elle était située. Celle de Leschère est aujourd'hui dédiée à saint Roch.

LUGDUNENSE SUBURBIUM est mentionné dans le cartulaire de Savigny. C'est le territoire environnant Lyon; il a donné naissance à l'archiprêtré des suburbes.

LUGDUNENSIS PAGUS. Le *pagus minor Lugdunensis* se confond avec le *pagus major,* et il est impossible de le décrire. (Voy. les observations placées en tête de cette nomenclature.) Toutefois j'ai cru pouvoir donner ce nom à une portion du territoire lyonnais qui semble l'avoir porté d'une manière toute spéciale au XI° siècle. (Voy. les ch. 602, 644, 730.) Il embrassait à peu près les archiprêtrés d'Anse et de l'Arbrêle.

LUGDUNENSIS COMITATUS. Le *comitatus Lugdunensis* a eu une étendue différente suivant les époques. Il dut comprendre d'abord tout le *pagus;* mais à l'époque féodale il n'embrassa plus que la partie de ce *pagus* située à droite de la Saône et du Rhône, et une partie de l'autre portion. Nous voyons, en effet, d'après des chartes de Cluny de 913, 914, 924, 956, qu'il comprenait l'*ager Octaviensis,* ou du moins confinait cet *ager,* qui appartenait au *comitatus* ou *pagus Viennensis,* c'est-à-dire qu'il embrassait l'archiprêtré de Meysieux; qu'il comprenait, en 917, Saint-André-d'Huriat[3]; en 924, Savigneux et Ambérieux; en 943, les *agri* dont Peysieux et Fareins étaient les chefs-lieux; en 944, Montagneux; en 946, Thoissey; en 952, l'*ager* même de Thoissey; en 970, Ouroux (*eccl. S. Martini in villa Oratorias*), dans la paroisse d'Agnereins; c'est-à-dire qu'il embrassait tout l'archiprêtré de Dombes; qu'il comprenait, en 998, Bouligneux, Chaveyriat, Romans, c'est-à-dire l'archiprêtré de Sandran; d'un autre côté, nous voyons, par les chartes de Savigny, qu'il comprenait, à la droite de la Saône, en 956 et 959, le *pagus Rodanensis;* en 993, l'*ager Rodanensis;* en 975, l'*ager Forensis;* en 1000 le *pagus Forensis;*

---

[1] M. de Gingins place dans l'*ager Jarensis,* qu'il nomme *pagus Giaresius,* je ne sais d'après quel document, Ampuis et Condrieu, qui ne pouvaient en faire partie, puisque l'un et l'autre se trouvaient dans le grand *pagus Viennensis.*

[2] La copie de Paris porte à tort *Caspiliacus.* (Voyez le Glossaire, édit. Didot, t. I, p. 113, col. 3, au mot *ager.*)

[3] Une charte publiée par Juénin (*Hist. de Tournus,* pr. p. 119) met Chevroux même dans le comté de Lyon.

quoique les territoires de ces deux *agri* ou *pagi* portassent quelquefois le titre de *comitatus*; enfin un acte de Cluny, de l'an 970, y place Liergues et Lacenas. On peut conclure de là que le *comitatus Lugdunensis* embrassait encore au x° siècle, outre le territoire du grand *pagus* du même nom à la droite de la Saône, une grande partie de celui situé à la gauche. Il paraît même que, dès les premières années de ce siècle, il commença à s'étendre sur les *pagi* voisins, dont il finit par absorber une bonne portion de territoire. Ainsi, nous voyons dans un acte de Cluny, publié par dom Bouquet (IX, 680), que le comté de Lyon avait des propriétés dans le comté de Mâcon : « Quasdam res de comitatu Lugdu- « nensi conjacentes in comitatu Matisconensi, « villa quæ dicitur Chavineas... » Qu'il s'agisse de Chevagny-les-Chevrières ou de Chevigne, comm. de Davayé, le fait est d'autant plus extraordinaire que ces localités sont au centre du Mâconnais. En tout cas, cette enclave, qui avait sans doute seulement pour cause une possession personnelle du comte, ne fut pas conservée par le comté de Lyon, et, dès 931, elle semble avoir fait retour au comté de Mâcon (Bouquet, IX, 577). Enfin, le comté de Lyon eut de fort bonne heure une enclave très-considérable dans le *pagus Matisconensis*, du côté de Charlieu, et cette portion du Mâconnais, conservée au comté de Lyon lorsque ce dernier fut reconstitué en 1173, se trouva alors former une enclave détachée de ce dernier. C'est ainsi que le comté de Lyon conserva aussi quelques propriétés dans le nord du comté de Forez, dans le Roannais et l'Auvergne. Mais à cette époque, le comté de Lyon proprement dit, réduit d'un côté par le Beaujolais, de l'autre par le comté de Forez, ne formait plus sur la rive droite de la Saône qu'un territoire assez restreint.

LUGDUNENSIS VICE-COMITATUS. Cette dénomination se trouve dans deux chartes de Cluny, des années 944 et 946, relatives à Thoissey, sur la rive gauche de la Saône; voici ce qu'on y apprend : le 23 avril 943 (*VIII kal. Maii*), le roi Conrad avait donné cette ville et son territoire aux religieux de Cluny, sur l'instance de Hugues, comte et marquis, son parent, qui avait été chargé d'administrer pendant la minorité du roi; mais le vicomte Adémar, prétendant que cette ville était de sa *vicomté*, s'efforça d'empêcher l'exécution de ce *précepte* royal. Les moines vinrent se plaindre l'année suivante dans un plaid tenu par le même Hugues, et auquel avait été appelé particulièrement le vicomte Adémar. En présence des juges assemblés, ce dernier, reconnaissant qu'il n'avait aucune raison à alléguer contre le décret royal, renonça à ses prétentions. Les moines, non contents d'avoir fait valider la renonciation par les assistants, demandèrent une confirmation au roi de France lui-même, qui donna, pour cela, son *précepte* le 1er juillet 946. Thoissey n'est pas nommé dans cet acte; mais on y voit qu'il s'agit d'une « villula de racione vice « comitatus Lugdunensis.... sita in eodem « pago Lugdunensi, super Ararim fluvium. » Il semble résulter de ces documents que la vicomté de Lyon avait alors un territoire particulier compris dans le comté même, et que ce territoire était aux environs de Thoissey. C'est probablement ce qu'on appela plus tard le pays de Dombes, d'un mot dont on ignore l'origine aussi bien que l'étymologie. (Voyez *Dombensis pagus*.)

LUGDUNENSIS PAGULUS est mentionné dans une charte de Cluny antérieure à l'an 993, car elle est datée du règne de Conrad (*annos sesante regnante Gonrado rege?*). Il s'agit de diverses propriétés situées *in pagulo Lugdunensi*, *in agro Cavariacense*, *in villa Cadavos*. L'*ager Cavariacensis* avait probablement pour cheflieu Chaveyriat, dans l'archiprêtré de Sandrans. Il semblerait, d'après cela, que le nom de *pagulus Lugdunensis* fut donné au x° siècle à une portion de l'ancien *pagus* qui se trouvait en dehors du comté et de la vicomté de Lyon.

MARCINIACENSIS, MARCENNACENSIS AGER est mentionné une fois dans le cartulaire de Savigny (avec le premier nom) et deux fois dans les chartes de Cluny, des années 1020 et 1049 (avec le deuxième nom). Les trois actes y placent Villeret [1] (*Villaris, Villareis, Villarensis villa*), sur la Loire, ce qui indique

---

[1] Une des chartes de Cluny fait mention de l'église du lieu, qui était alors, comme elle l'est encore, dédiée à S. Priest.

suffisamment la situation de cet *ager*; toutefois, il y a doute relativement au chef-lieu qu'on doit lui donner. Est-ce Marcenet (hameau de la commune de Saint-Maurice-sur-Loire)? Je ne le pense pas; je crois que cet *ager* dut son nom au prieuré de Marcigny-sur-Loire, diocèse d'Autun, dont dépendaient Villeret et les paroisses voisines. En mentionnant cet *ager*, les moines de Savigny et de Cluny ont seulement voulu dire qu'ils avaient des propriétés dans le canton appartenant à Marcigny. C'est ainsi qu'on verra dans le *pagus Matisconensis* l'abbaye d'Ainay donner son nom à un *ager*.

MARLIACENSIS AGER est mentionné dans un acte du cartulaire de Saint-Vincent de Mâcon, qui y place *Corlaison villa* (Corlaison, comm. de Chaveyriat) et *fontana Janina*. Le chef-lieu de cet *ager* était peut-être Marlieu ou Dombes. (Voyez *Cavariacensis ager*.)

MAXIMIACENSIS AGER est mentionné dans le cartulaire d'Ainay, à l'occasion de biens situés dans la *villa de Monscuch*. Le chef-lieu de cet *ager* était probablement Messimy en Dombes, qui dépendait du prieuré de Vaux, lequel dépendait lui-même de l'abbaye d'Ainay, et lui fut même uni au XVII° siècle. (Voyez p. 999, note 5.)

MENTHEARENSIS AGER est mentionné dans un diplôme mérovingien de l'an 587 [1], dont l'authenticité, ou du moins la date, est fort contestable, mais qui n'en est pas moins intéressant pour nous, car le faussaire, s'il y a eu falsification, comme cela est probable, a dû se régler sur l'état des lieux à l'époque où il vivait [2]. L'acte en question est relatif à la donation de l'église *Darnas* (d'Arnas?) et de quelques terres « in alio loco de *Selmena* et « in alio loco *Acclavense*. » Il y a dans le Lyonnais plusieurs localités du nom d'Arnas (une au nord de Villefranche, une autre dans la commune de Bully, une troisième dans la commune de Saint-Romain-de-Popès); mais aucune ne paraît convenir à notre diplôme. Peut-être faudrait-il lire *Monsaureacensis*. (Voyez à ce mot et à *Mentoniacensis ager*.)

MENTONIACENSIS AGER est mentionné dans une charte de Cluny de 1010 environ, qui y place *Mons Ledgardi villa*. Serait-ce la rivière de Menthon qui aurait donné son nom à cet *ager*? (Voyez *Menthearensis ager*.)

MONSAUREACENSIS, MONSAUREUS ou MONSAUREOCENSIS AGER est mentionné à la fois par les cartulaires de Savigny et d'Ainay, et par une charte de Cluny de 951 environ. Cet *ager* tirait son nom du *Mont-d'Or*, petite contrée située au nord-ouest de Lyon, et dont une partie se trouvait encore avant la révolution dans l'archiprêtré des suburbes. La charte de Cluny place dans cet *ager* : *Colonicas villa* (Collonges); le cartulaire de Savigny : Saint-Didier, *Lescherias* (les Chères), une église de Saint-Baudèle (près ou dans Vaise); le cartulaire d'Ainay : *Albiniacus* (Albigny), *Avolorgus Mons* [3], *Brucalia* (Le Bruille, com. de Lissieux), *Cacellacus* (Chasselay), *Caliscus* (Calay, com. de Chasselay), *villa de Cosone* (Couson), *Clippiacus* (voyez *Clippiacensis ager*), *Dardilliacus* (Dardilly), *Leschères*, *Limonadas* (Limonest), *Lisinus Mons* (Mont-Luzin, com. de Chasselay), *Lissiacus* (Lissieu), *Marcilliacus* (Marcilly), *Mons Pioleriii* (Mont-Piolier), *Pauliniacus*, *Poloniacus* (Poleymieux?), *Treddo* (Tredo?), Salvagny, *Sivriacus* (Civrieux). On voit que cet *ager* composait toute la portion méridionale de l'archiprêtré d'Anse, et une partie des suburbes. (Voyez *Menthearensis ager*.)

MONTELIAGUS AGER est mentionné dans le cartulaire du Monestier (fol. 49 de l'exemplaire de la Bibl. nat.), qui n'indique aucune autre

---

[1] Voyez l'édition des *Diplomata* donnée par M. Pardessus, t. Ier, p. 156.

[2] Estiennot nous a conservé, dans son manuscrit sur les Antiquités du diocèse de Lyon (p. 408), une copie de cet acte, tirée des registres de l'abbaye de Saint-Pierre, qu'il concernait. Sa copie diffère quelque peu de l'imprimé. Suivant Estiennot, le nom de l'*ager* était *Monthacense*, et se rapportait à une localité qui appartenait encore de son temps à l'abbaye de Saint-Pierre, Monthieu, archiprêtré de Sandrans. Au lieu du mot *Darnas*, Estiennot écrit aussi *Vernas* ; d'après son système, ce pourrait être *Vernange*, un peu au midi de Monthieu ; mais il ne restitue pas ce nom de lieu,

quoiqu'il restitue celui d'*Acclavense*, qu'il traduit par *les Clavettes*, et qualifie d'*oppidulum*.

[3] « Ce mont Avolorgue, qui n'est plus connu sous ce nom (dit Menestrier, page VI des Preuves de son Histoire consulaire de la ville de Lyon), a laissé un proverbe en ce pays, où, pour dire qu'une chose est perdue et comme désespérée, on dit qu'elle est à Volorgue. « Le prétendu proverbe lyonnais n'a aucun rapport avec le mot *Avolorgue*; ce n'est que la corruption d'une vieille locution française. *Avolorgue* est ici pour *avau l'eau* (aval l'eau, suivant le courant de l'eau), qu'il ne faut pas écrire *à vau l'eau*, comme on l'a fait dans le Dictionnaire de l'Académie, édit. de 1835.

localité pouvant servir à faire reconnaître l'emplacement de cette circonscription, si ce n'est qu'elle était dans le *pagus Forensis*. Je dois dire que la mention de cet *ager* est elle-même fort inexacte; le texte porte : « ... in pago Forense, in pago (*agro*? peut-être même *villa*?) Monteliago. » L'acte est de la 2ᵉ année du règne de Lothaire (956).

MORBANENSIS AGER est mentionné dans un acte du cartulaire de Saint-Vincent de Mâcon, qui ne nous donne que le nom du chef-lieu, *Morbanacus*.

MORNANTENSIS AGER est mentionné deux fois dans le cartulaire de Savigny, qui y place *Colovracia* et *Maiernacus*, deux localités inconnues. Au reste, l'*ager Mornantensis* ne paraît pas avoir eu d'existence propre : il se trouvait dans l'*ager Gofiacensis*, qui comprenait la ville de Mornant elle-même. C'est sans doute l'importance de cette dernière localité, d'où dépendaient plusieurs églises environnantes, qui lui aura fait donner le titre de chef-lieu d'*ager*.

OCTAVIENSIS, OCTAVENSIS, OCTAVIACUS, HOCTAVIENSIS AGER est mentionné dans plusieurs chartes de Cluny du xᵉ siècle (943, 956, 964, 970, 975), qui y placent *Casariacus*, *Celosia*, *Cisarinus* ou *Cesarinus*, *Cistarinus* et *Mons Mercurius*. De tous ces noms, un seul semble pouvoir nous mettre sur la trace de cet *ager*, c'est *Celosia*, qui paraît être Solaise. En effet, le nom de cette localité est écrit *Celusia* dans le pouillé n° 1, *Celuysi* dans le n° 2, *Celuysia* dans le n° 3. *Cisarinus* pourrait être Serezin, à l'ouest de Solaize, et le chef-lieu de cet *ager*, Saint-Symphorien-d'Ozon, dont le nom moderne aurait fait complétement oublier l'ancien; mais chef-lieu pourrait être placé aussi à Oytier, à huit kilomètres environ au sud d'Heyrieux. Oytier était, il est vrai, dans le *pagus Viennensis*; mais le fait n'aurait rien d'extraordinaire, car l'*ager Octaviensis* est dit aussi souvent dans ce dernier *pagus* que dans le *pagus Lugdunensis*, et le mélange de localités de deux *pagi* différents dans un même *ager* placé sur les limites de deux pays n'est pas rare. Chorier fait dériver les noms actuels de Septème et d'Oytier des mots *septimo lapide* et *octavo lapide*, jugeant qu'ils devaient être, le premier à sept milles, et le second à huit de Vienne, en suivant la route de Grenoble, le *Cularo* des anciens. On pourrait encore proposer pour chef-lieu de l'*ager Octaviensis*, Obtevos, dans l'archiprêtré de Morestel : dans ce cas, *Casariacus* serait Carisieu, au midi d'Obtevos, et *Celosia*, Cessieux, entre Carisieu et Obtevos.

OSANENSIS AGER est mentionné dans un acte publié par Juénin dans les Preuves de l'Histoire de Tournus (p. 114). Cet acte, rédigé à Anse, en 951, place dans l'*ager Osanensis* : *Sarciacus villa*[1], ayant une église dédiée à saint Étienne. Le chef-lieu de cet *ager* était peut-être Ozan, au midi de Pont-de-Vaux, à peu de distance de la Saône. Plusieurs actes du xᵉ siècle font mention des piscines d'Osa ou Oza, situées dans le *pagus Matisconensis*. Il s'agit sans doute ici des pêcheries que les habitants d'Oza avaient sur les bords de la Saône, et qui par cela même ne dépendaient pas du *pagus Lugdunensis*, le *pagus Matisconensis* s'étendant sur la rive gauche de la Saône depuis Asnières jusqu'au-dessous de Mâcon. (Voyez la carte.)

PARCIACENSIS AGER est mentionné dans le cartulaire d'Ainay, qui y place *Rariacus villa* (Reyrieu) et *Vineolas villa* (qui ne figure pas sur les cartes, mais qui devait être près du ruisseau de Vignolles), et un champ appelé *Linirolis*, dans cette dernière *villa*. Le chef-lieu de cet *ager* était Parcieux, au midi de Trévoux.

PASIACUS AGER est mentionné dans une charte de Cluny de l'an 943, relative à Monceau : c'est l'acte d'une donation faite par Leutalde, comte de Mâcon, d'un aleu dans le comté de Lyon, *in villa Moncellis*, d'une église dédiée à la Vierge et à saint Andéol. Le chef-lieu de cet *ager* est Peysieux en Dombes[2].

PERCIACENSIS AGER est mentionné dans le cartu-

---

[1] Juénin pense qu'il s'agit ici de Sarcey, et que le nom de cet *ager* est une altération de celui d'Anse; mais l'église de Sarcey est dédiée à S. Martin. De son côté, M. de Gingius traduit *Sarciacus* par Chérier, et donne Ouche, près de Roanne, pour chef-lieu à cet *ager*, dont il écrit le nom *Oshanensis*; mais l'église de Chérier est dédiée à S. Barthélemi.

[2] M. de Gingins, qui mentionne cet *ager*, y place, je ne sais d'après quels renseignements, *Romanis* (Romans), *Cavariacum* (Chaveiriat), *Montaniacum* (Montagneux), *Bouligniacum* (Bouligneux), *Amberiacum* (Ambérieux), *Savigniacum* (Savigneux), *Giana* (Genay).

laire d'Ainay, qui y place *Crisciacus villa*, dont la situation est inconnue, mais qui devait être aux environs d'Ars, suivant les données de la charte d'Ainay, n° 173. Le chef-lieu de cet *ager* est Percieux, près de Saint-Trivier-sur-Moignans, en Dombes.

PISTINACENSIS AGER est mentionné dans un acte du cartulaire de Saint-Vincent de Mâcon, qui y place *Albiniacus villa* et un lieu appelé *Mons Chimicus* ou *Chiminus*. (Le conseiller Aubret, qui parle de cette charte dans son manuscrit sur le pays de Dombes, lit *Mons Chaninus*.) Peut-être s'agit-il ici d'Arbigny, canton de Pont-de-Vaux? J'ignore quel était le chef-lieu de cet *ager*.

PISTRIACENSIS AGER. (Voyez *Prestiacensis ager*.)

POSTLIMIACENSIS AGER est mentionné dans une charte de Cluny de l'an 956, qui y place *Lovincus villa*. Je ne saurais dire où était l'emplacement de cet *ager*, dont le nom a peut-être été mal lu. Il y avait une paroisse de Lovenne dans l'archiprêtré de Treffort; d'un autre côté, Louhans (en latin *Lovincus*) se trouvait sur les confins du diocèse de Lyon, et en a même fait partie anciennement, suivant Courtépée (*Description de la Bourgogne*, tome IV, page 622). Voyez aussi un acte de 878, cité par Juénin (*Preuves de l'Histoire de Tournus*), et par lequel on apprend que Louhans, situé *in pago Lugdunensi*, se trouvait alors sur les confins de trois *pagi* ou diocèses: ceux de Besançon, Lyon et Châlon. Le nom de cet *ager* viendrait-il de sa situation au delà des limites du *pagus Lugdunensis* : *post limites*, d'où on aurait fait par corruption *Postlimiacensis*?

PRESTIACENSIS et PISTRIACENSIS AGER sont mentionnés dans deux chartes de Cluny, de 898 et 905, qui y placent la Seille (*Salla*, *Saalla fluvius*) et *Darbonatus* ou *Tarbonatus villa*. Cette localité est sans doute l'Arbonna dont parle Juénin (*Histoire de l'abbaye de Tournus*, page 108), et qu'il dit être aujourd'hui le Truchère, sur la Seille. (Voyez *Cestriacensis ager*.) Dans ce cas, le chef-lieu de cet *ager* serait Préty (près de Tournus), localité qui paraît avoir joué jadis un certain rôle. On y a trouvé, en effet, une quantité considérable de meules à bras et de fours, ce qui semble dénoter qu'il y avait une grande boulangerie sous les Romains. Toutefois, je ferai observer que Préty ne se trouvait pas dans le *pagus Lugdunensis* au XIII° siècle, et ne lui a probablement jamais appartenu. Dès avant le XIII° siècle il faisait partie du *pagus Cabilonensis*. Il se pourrait, néanmoins, que ce territoire eût été cédé au diocèse de Châlon par celui de Lyon, comme ce dernier céda plus tard à celui de Mâcon le territoire de Romeney. (Voyez *Romanacensis ager*.)

PRICIACENSIS OU PRITIACENSIS AGER est mentionné dans un acte du cartulaire de Saint-Vincent de Mâcon, de 960 environ, qui y place un lieu appelé *Lierencus villa*. Le chef-lieu de cet *ager* est peut-être Saint-Didier-de-Chalaronne, près de Thoissey, dont le nom ancien était *Priscianum* ou *Priscianicus vicus*, si l'on en croit la légende de saint Didier, imprimée dans les Bollandistes, tome V du mois de mai. (Voyez *Prisciniacensis ager*.)

PRISCINIACENSIS AGER est mentionné dans une charte de Cluny, de l'an 948 environ, qui y place une *villa Basinen* ou *Basenenc*. (Voyez *Priciacensis ager*.)

RESPIACENSIS et RESPICIACENSIS AGER sont mentionnés dans trois actes du cartulaire de Saint-Vincent de Mâcon, qui y placent *villa Montis* (Mons, près de Replonges?), *villa Manciaco* (Manziat), *silva Pireta* et *prata Sagonica*, c'est-à-dire, suivant M. Aubret, les grandes prairies de Mâcon et de Dombes. Cet *ager*, dont le chef-lieu m'est inconnu, paraît avoir beaucoup de rapport avec celui appelé *Spinacensis*.

REVERSIMONTIS PAGUS est le nom donné aux pays occupés par les sires de Coligny sur la rive droite de l'Ain, c'est-à-dire dans les archiprêtrés de Coligny et de Treffort. Ce nom, suivant Guichenon, avait été donné à la contrée à cause de sa situation sur le revers des monts qui bordent la vallée de l'Ain; mais je ne l'ai vu mentionné dans aucun acte ancien.

RODANENSIS, RODONENSIS AGER est mentionné fort souvent dans le cartulaire de Savigny, qui y place *Roofangus* (Ronfin, com. de Saint-Symphorien-de-Lay), *Donciacus* (Donzy, com. de Saint-Priest-la-Roche), *Campanicus* Champagny, com. de Saint-Haon-le-Vieux), *Arciacus* (Ressy, com. de Saint-Cyr-de-Valorges?). Cet *ager*, qui servit de base au *pagus* et au *comitatus* de même nom, puis à l'archiprêtré de Roanne, avait pour chef-lieu la ville de ce nom, la *Rodumna* des anciens. Il comprenait tout le territoire de cet archiprêtré, sauf un ou deux petits *agri*, qui paraissent lui avoir été assimilés à une certaine époque, et dont l'existence n'est pas même bien certaine.

RODANENSIS PAGUS. Ce *pagus* est mentionné dans une charte de l'an 902, publiée par de la Mure (*Histoire du diocèse de Lyon*, p. 294) et par dom Bouquet (tome IX, page 681). Il s'agit dans cet acte d'Ambierle, qui est en effet assez proche de Roanne. La copie de de la Mure, qui me paraît la plus authentique, porte que ce *pagus* était dans l'archevêché de Lyon; celle de dom Bouquet, qu'il était dans le *comitatus Lugdunensis*. Un acte de Cluny, de l'an 949, place également Ambierle et Saint-Haon dans le *pagus Rodanensis*[1]. D'un autre côté, les chartes de Savigny y placent Noailly, Naux, Amplepuis; mais deux de ces chartes disent ce *pagus Rodanensis in comitatu Lugdunensi*, comme dans la copie de l'acte de 902 publiée par dom Bouquet. Dans la charte 461, qui est de l'an 959, il est question de deux *villæ* (Campaniacus et Arciacus) qui sont dites *in comitatu Lugdunensi, in pago Rodonensi*; dans la charte 527, qui est de l'an 1000 environ, ces mêmes *villæ* sont dites *in pago Lugdunensi, in comitatu Rodonensi*.

RODANENSIS COMITATUS. Le territoire de Roanne est mentionné trois fois avec ce titre dans le cartulaire de Savigny : 1° dans une charte de 952 (n° 63), qui y place la *vicaria Sancti Johannis*; 2° une de 992 (n° 523), qui y place les *villæ Campaniacus* et *Arciacus*; 3° une de l'an 1000 (n° 527), qui rappelle encore ces mêmes *villæ*. Les deux dernières chartes spécifient que le *comitatus Rodanensis* se trouvait *in pago Lugdanensi*. La première ne porte pas cette mention, mais c'est sans doute par oubli. L'étendue du *comitatus* semble être la même que celle du *pagus Rodanensis*. Cependant la première charte lui donne une circonscription beaucoup plus considérable, car elle place dans son territoire Saint-Jean de Panissières, qui semble plus naturellement devoir faire partie du *comitatus* ou *pagus Forensis*.

ROMANACUS, ROMANACENSIS AGER est mentionné dans une charte de Cluny, de 951 environ, qui y place *Curtiacus villa* (Curtiat), et dans une charte de Saint-Vincent de Mâcon, qui y place une église dédiée à saint Benoît, sainte Babile et saint Innocent. Le chef-lieu de cet *ager* est Romenay, dont le territoire faisait encore partie du diocèse de Lyon au XVIIᵉ siècle, comme on peut le voir sur les anciens pouillés, mais qui fut cédé au diocèse de Mâcon au XVIIIᵉ siècle.

SANCTI JOHANNIS VICARIA est mentionné dans les chartes 63 et 916 de Savigny, qui y placent les *villæ Azola*, *Rasalmor* et *Vileta*. Cette vicairie, qui est dite *in comitatu Rodonensi* dans la charte 63, avait pour chef-lieu Panissières, autrement dit Saint-Jean. (Voy. *Exartipetracensis ager*.)

SAVINIACENSIS AGER est mentionné fort souvent dans le cartulaire de Savigny, comme cela est naturel. Voici la nomenclature des lieux qui y sont portés : *Grisiniacus villa* (Grésigny, com. de Saint-Pierre-la-Palud), *Felix Valpis* (Sudieux, com. de Bessenay), *Chivinnacus* (Chevinay), *Pugniacus* (Pugny, com. de Saint-Pierre-la-Palud), *Taxelanus* (Taylan), *Domariacus* (Démare, com. de Montrotier?), *Mosobras* (Moscœuvre, comm. de Lentilly), Bibost, Louans, comm. de l'Arbrêle. On voit que cet *ager* occupait toute la partie nord de l'archiprêtré de Courzieux; il ne le dépassait qu'en un point, du côté de Louans, qui est voisin de l'Arbrêle, et dans l'archiprêtré du même nom.

SAXIACENSIS AGER est mentionné dans une charte d'Ainay, publiée par Guichenon, page 225 des Preuves de son Histoire de Bresse et de Bugey. Cet *ager* tirait son nom de *Saxiacus*, Cessieux, en Bugey, archiprêtré d'Ambournay, où fut fondé, au IXᵉ siècle, un monastère dédié à saint Benoît.

SOLOBRENSIS, SOLOVRENSIS AGER est mentionné plusieurs fois dans le cartulaire de Savigny. Il est aussi rappelé dans une charte de Cluny de 919 ou 930, à propos de la donation faite à cette abbaye d'une église dédiée à la

---

[1] Une charte de Cluny de l'an 996 environ mentionne également *Maroglias* dans le *pagus Rodanensis*; mais c'est évidemment par erreur. (Voyez ce que j'ai dit ci-devant, page 1055, note 10.)

Vierge, mais dont la situation n'est pas indiquée. L'*ager Solobrensis* avait pour chef-lieu Solore, aujourd'hui Saint-Laurent-sous-Rochefort. Son étendue est bien difficile à déterminer, parce qu'il se confondait en beaucoup de points avec celui de Feurs, dans le *pagus* duquel, en outre, il se trouvait compris. Il répondait à peu près à l'archiprêtré de Pommiers, dont la portion avoisinant la Loire appartenait à l'*ager Forensis*, mais en fut, il semble, détachée plus tard. Voici les localités qui sont portées par le cartulaire de Savigny dans l'*ager Solobrensis* : *Adennacus* (Chadenat, comm. de Saint-Laurent?), *Raveriæ* (Ravière, com. de Saint-Martin-la-Sauveté), *Valesiacus* (Valézy, commune de Trelins), et *Usore*. Cette dernière mention est sans doute erronée, car le mont d'Usore était certainement dans l'*ager Forensis*. Voici maintenant les noms des localités de ce dernier *ager* qui confinaient à l'*ager Solobrensis*, d'après le même cartulaire : *Aciacus* (Assieux, com. de Trelins), *Angeriacus* (Angérieux, com. de Chandieu), *Pratus Longus* (Pralong), *Rainiacus* (Runieux, com. de Sainte-Foy), et au nord : *finis de Marcennaco* (?). (Voy. *Marciniacensis ager*.)

SOYONENSIS VICARIA est indiquée une fois dans le *pagus Lugdunensis* par le cartulaire du Monestier, qui y place la *villa Carabaciago* (fol. 53). (Voyez *Monteliagus ager*.) Le même cartulaire mentionne encore la *vicaria Soionensis* avec une *villa Geira*, et un *aicis Soionensis in vicaria de Belmont*; mais il ne les porte pas dans le *pagus Lugdunensis*, et je crois que c'est par erreur que cette indication se trouve au fol. 53.

SPINACENSIS AGER est mentionné dans plusieurs actes du cartulaire de Saint-Vincent de Mâcon, qui y placent *villa Felinas* (Feillens), *Rinplonglus* (Replonge), « et unum desertum de « terra Sancti Petri (Matisconensis) ex Cro- « tula. » Le chef-lieu de cet *ager*, appelé *Spinacus*, était peut-être Épinoux, com. de Manziat; quant au *désert* dont il est ici question, c'est sans doute le bois Chétif (*Captivum*), dont Épinoux rappelle le situation. (Voyez, p. 1073, l'article *Bressiæ pagus*, et p. 1083 l'article *Respiacensis ager*.)

STRABIACENSIS et ESTRABIACENSIS AGER sont mentionnés, le premier dans deux chartes de Cluny, des années 975 et 979, qui y placent *Mons* et *Asnerias*, et le second dans une charte du même monastère, de l'an 962, qui y place *Guiarada* (dont l'église était dédiée à saint Urse), *Sponcionis* et *Vig.* J'ignore où étaient situées les trois dernières localités; mais les deux premières me semblent être *Mons* et *Asnières*, situées dans l'archiprêtré de Meyzieux, et non loin de Tramoye (dans l'archiprêtré de Chalamont), qui était, je crois, le chef-lieu de l'*ager*. M. de Gingins attribue ce titre à Tramaye en Mâconnais (auquel il rattache Asnières, sur la rive gauche de la Saône), qui, suivant lui, aurait été uni au comté de Lyon à cause d'un palais des rois de Provence et de Bourgogne jurane. Mais on ne voit pas pourquoi la résidence royale aurait été attribuée plutôt au comté de Lyon qu'à celui de Mâcon, dans lequel elle se trouvait. Au reste, ce n'est ni à Tramaye en Mâconnais, comme le croit M. de Gingins[1], ni à Cremieux en Dauphiné, comme le prétend Hadrien de Valois[2], que se trouvait le palais en question, et où se tint en 835 une célèbre assemblée mentionnée dans la Vie de Louis le Débonnaire, par l'Anonyme. Ce palais était à Tramoyé en Bresse, le seul des trois endroits cités qui pût être dit *in pago Lugdunensi*, comme le porte le texte[3], et où on voyait encore, au XVIIe siècle, les ruines d'un château dont parle Menestrier[4]. Le roi Lothaire y donna en 856 une charte de confirmation de la possession de Villeurbane par l'église de Lyon[5], à laquelle appartenait Tramoye même[6].

TARADRENSIS AGER est mentionné une seule fois dans le cartulaire de Savigny, qui y place *Paissolleis* (Paisselay, com. de Valsonne). Le chef-lieu de cet *ager* est Tarare, aujourd'hui chef-lieu de canton du département du Rhône.

---

[1] *Essai sur les divisions et l'administration politiques du Lyonnais au Xe siècle*, p. 9.
[2] *Notitia Galliarum*, p. 524.
[3] *Vita imp. Lud.* Bouquet, t. VI, p. 117, 119, 120, 160.
[4] *Hist. consul. de Lyon*, p. 237. Menestrier pensait que Tramoye pourrait avoir tiré son nom du chaume qui couvrait toutes les maisons du village (a *straminibus*).
[5] Bouquet, t. VIII, p. 396, et Menestrier, *Hist. cons. pr.* p. XXXIV.
[6] Menestrier, *Hist. cons. pr.* p. XXXIV.

TARNANTENSIS AGER est mentionné fort souvent dans les cartulaires de Savigny et d'Ainay. Voici les lieux principaux qui s'y trouvaient : *Appiniacus* (Apiniost, com. de Bully), *Avalgiæ* (Avauges, com. de Saint-Romain-de-Popès), *Arnacus* (Arnas, *ibid.*), *Amantiniacus* (Mantigny, com. de Bully), *Ad Falcono* (Fachon, com. de Saint-Apollinaire), *Brolium* (le Breuil), *Bagniacus* (Bagny, com. de Létra), *Billiacus* (Billy, com. de Légny), *Boyacus* (Boyeux, com. de Châtillon), *Bulliacus* (Bully), *Cliviacus* (Clévy, com. de Saint-Romain-de-Popès), *Cassiacus* (Chessy), *Carpenetus* (Charpenet, comm. des Sauvages?), *Cunziacus* (Chanzé, com. de Saint-Loup), *Chaarnacus* (Charnay?), *Darasiacus* (Dareizé), *Esclarias* (Saint-Marcel-Éclairé), *Flaciacus* (Flacieux, com. du Breuil), *Fragnetus* (Franier, comm. de Saint-Marcel), *Grivilliacus* (com. de Saint-Forgeux), *Griorgis* (Gruge, com. de Bully), *Iconium* (Oingt), *Lagniacus* (Légny), *Losanna* (Losanne), Saint-Loup, *Merdacus* (Merduel, com. de Sainte-Paule-d'Oingt), *Magniacus* (Magny, com. de Sarcey), *Moncellum* (Moncet, com. de Tarare), *Maaliacus* (Maillettes, com. de Ternant), *Polliacus* (Pouilly, com. de Sarcey), *Pradellis* (Pradel, com. de Saint-Veran), *Prunacus* (Progny, com. d'Oingt), *Radix* (Radix, com. de Saint-Veran), *Sarceius*, *Sarsaycus* (Sarcey), *ad Solerios* (Soly, commune de Saint-Clément), *Taradrensis vallis* (la vallée de Tarare), *Tasiacus* (Theizé), *Ulmi* (les Olmes), *Villa* (Ville-sur-Jarniost). Comme on le voit, cet *ager*, dont le chef-lieu était Ternant, comprenait presque tout l'archiprêtré de l'Arbrèle, limité toutefois par la vallée de la Brevenne. Le cartulaire de Savigny (ch. 136 et 391) mentionne aussi la *vicaria Tarnantensis*, dans laquelle il place *villa de Pragnolis (?)*.

TORONIACENSIS, TORNIACENSIS, THORNIACENSIS, TURNIACUS AGER[1] est mentionné sous ces divers noms dans le cartulaire de Saint-Vincent de Mâcon, qui y place *villa Crotel* (Crotet), *Flaciacus* ou *Flaciagus (?)*, *Cavaniacus prope Velam* (aujourd'hui Saint-Jean-sur-Veyle), *Mons* (Mons, près de Pont-de-Veyle), et *Tornacus*, le chef-lieu, qui est Tournaz, commune de Saint-Cyr-sur-Menthon.

TURIACENSIS ou JURIACENSIS AGER est mentionné une seule fois dans le cartulaire de Savigny, à l'occasion d'une donation faite *in villa quæ vocatur Savoniacus*. Cet *ager* est peut-être le même que *Jarensis ager*, dont le nom aurait été mal copié; on pourrait également voir dans *Turiacensis* le nom du chef-lieu de l'*ager Jarensis*, la Tour-en-Jarez. (Voyez *Jarensis ager*.)

TUSCIACENSIS AGER est mentionné dans une charte de Cluny de 952, qui y place *Offeningo villa* (Offanans, com. de Saint-Didier-sur-Chalaronne). Le chef-lieu de cet *ager* était sans doute Thoissey, sur la Saône.

VALA-ANSIS, VALANSENSIS, VALASENSIS, VALANSIS, VALENSENSIS, VALLANSIS, VALLACENSIS, VALLASENSIS, VALLIACCENSIS, VALLIS ANSENSIS, VALLIS ASENSIS, VALLIS ASSENSIS AGER. (Voyez *Ansensis ager*.)

VALCONIACENSIS AGER. (Voyez *Volniacus ager*.)

VALLIS NERIACENSIS AGER est mentionné dans le cartulaire de Savigny sous plusieurs noms différents (*ager Vallis Neriacensis*, *ager Neriacensis*, *ager Nirniacensis*, *ager Vallis Nuriacensis*, et par erreur de copie *Vallis Muriacensis*). Le chef-lieu de cet *ager* est Vaugneray, que les pouillés anciens appellent *Valnerey*, *Vaneyreu*, *Vannereu*, *Vallis Nigra*. On peut conclure de ces derniers mots que le nom de Vaugneray (Vallée noire) fut d'abord celui de la vallée où coule le petit ruisseau qu'on appelle aujourd'hui Ymon, et qu'il fut ensuite appliqué au village le plus voisin. Les localités portées dans cet *ager* sont : *Pons* (sans doute le Pont-d'Alai), *Massennacus* (Massenod, près de Marcy-les-Loups), et *Marciacus* (Marcy-les-Loups), *Excoliacus* (Écully), *Craponnica* (Crapone), *Cuniculus* (Cunieux, commune de Vaugneray), etc.

VARESINUS, VAUSINUS et TRAHESINUS COMITATUS, tels sont les divers noms qu'on a cru lire[2] dans une charte de Cluny datée de Dijon, le 3 des kalendes de décembre, indiction 3ᵉ, sous le règne de Lothaire, c'est-à-dire de l'année 960 environ. Par cet acte, le roi Lothaire soumet à l'abbaye de Cluny le monas-

---

[1] On lit aussi *Tariniacensis*, *Thomoracense*, *Tromacense*, dans la copie de Paris.

[2] Voyez Bouquet, t. IX, p. 623; *Gall. christ.* t. IV, pr. col. 5.

tère de Saint-Amand (de Nantua), situé dans ce comté, sur lequel on n'a pas d'autre renseignement. Si la première orthographe est exacte, comme je le pense, on doit donner pour chef-lieu à ce comté le château de Varey, situé dans la commune de Saint-Jean-le-Vieux, qui n'est pas autre chose que le *Vicus de Varey* des anciens pouillés (p. 972), déjà appelé *Vuic de Varey* dans celui du XIII° siècle, et *Vieu subtus Varey* dans celui du XIV°. Ce château de Varey paraît en effet avoir joué jadis un certain rôle; car, outre le bourg (*vicus*) dont nous venons de parler, il a donné son nom à quelques localités voisines, et entre autres à l'*Abergement de Varey*; de plus, il est voisin d'Ambournay, chef-lieu d'un vaste archiprêtré qui occupait peut-être une partie de l'étendue du *comitatus Varesinus*.

VENDONENSIS AGER est mentionné dans une charte du cartulaire de Savigny, qui y place une *villa Jujunellis, Ivinellis, Jainiellis* ou *Ivinnellis*, possédant une église dédiée à saint Laurent. Il serait assez difficile de retrouver la trace de cette localité si on n'avait que ce renseignement. Heureusement un autre document du même cartulaire (charte n° 817) nous apprend que l'église dont il est ici question est celle du village qui porte aujourd'hui le nom de Chamousset, emprunté à un château voisin. De la sorte, nous savons où était situé cet *ager*; mais nous ignorons encore la situation du chef-lieu, car il n'y a auprès de Saint-Laurent-de-Chamousset aucune localité à laquelle puisse convenir le nom de *Vendonensis*.

VESIACENSIS AGER est mentionné une fois dans le cartulaire de Savigny, qui y place une *villa Sancti Baudelii*. Quoique cette indication soit bien vague, il n'y a pas de doute que cet *ager* n'ait eu pour chef-lieu Vaise, près de Lyon, car il est question dans d'autres chartes du même cartulaire de l'église de *Saint-Baudèle*, et elle est dite « in suburbio Lugdunensis civitatis, » (charte 200), et près de l'*ager Montisaureacensis* (charte 202).

VILLÆ URBANÆ AGER est mentionné dans une charte de l'an 938, publiée par Charvet (*Histoire de l'église de Vienne*, p. 255), et faisant mention d'un lieu appelé *Corbas* (c'est Corbas, au midi de Venissieux). Le chef-lieu de cet *ager* est Villeurbane, à cinq kilomètres à l'est de Lyon, dans l'archiprêtré de Meyzieux.

VIRCIONIS ou VIRCIONENSIS AGER est mentionné dans le cartulaire de Saint-Vincent de Mâcon, qui y place une *villa* appelée *Chiminacus*, ou *Chinimacus*, ou *Claniacus*.

VIRIENSIS AGER est mentionné dans le cartulaire de Saint-Vincent de Mâcon, qui y place *Amista*, ou *Avistas villa*, et *Restisengia*. La dernière localité pourrait être Retissange, près de Biziat. Quant au chef-lieu de l'*ager*, j'ignore sa situation.

VOLNIACUS, VALCONIACENSIS AGER est mentionné dans deux chartes de Cluny de 950 et 1012 environ, qui y placent toutes deux *Batesiamesma villa*. L'une d'elles mentionne aussi un lieu appelé *Cimandrias*. Je ne sais où pouvait être situé cet *ager*. Il y a bien un Simandre près de Neuville-sur-Saône, mais ce ne peut être de ce lieu qu'il est question dans l'acte. Il y a aussi un Simandre dans l'archiprêtré de Treffort.

WARENNENSIS AGER est mentionné une seule fois dans le cartulaire de Savigny, à l'occasion de la donation de deux curtils *in villa quæ dicitur Montelg*. Il est difficile de dire laquelle des nombreuses localités du nom de *Varennes* ou *Garennes* qui se trouvaient dans le *pagus Lugdunensis* était le chef-lieu de cet *ager*.

PAGUS MATISCONENSIS.

AATGIACENSIS AGER est mentionné dans le cartulaire de Cluny, qui y place *Crosiagus villa*. (Voyez *Itgiacensis* et *Catgiacensis ager*.)

AENACENSIS, AINACENSIS, AYNACENSIS AGER est mentionné dans plusieurs chartes de Cluny du X° siècle, qui y placent : *Bussiagus* (Bussy), *Cavaniacus* (Chevagny-sur-Guye), *Ammoniacus* (Ameugny), *Flagiacus* (Flagy), *Engoniacus* (Angoin, près de Salornay). (Voy. *Agenacensis ager*.)

AGEACENSIS, AGIACENSIS, AGANACENSIS AGER est mentionné dans des chartes de Cluny et de

Saint-Vincent de Mâcon, qui y placent : *Comandis villa* (Command, comm. de Cray), *Bussiacus* (Bussy), et *ad Rancusas*. (Voyez *Agenacensis ager*.)

AGENACENSIS, AGINACENSIS, AGNIACENSIS AGER est mentionné dans des chartes de Cluny, de Saint-Vincent et de Perrecy, qui y placent : *Prisciacus* (Pressy-sous-Dondin), *Bussiacus* (Bussy, près Champvent?), *Cavaniacensis* (Chevagny-sur-Guye), *Amoniacus* (Ameugny), *Vatrerias* (la Verrière, comm. de Saint-Martin-de-Salencey?), *Craius* (Cray), *Salenciacus* (Saint-Martin-de-Salencey). On voit que cet *ager* était circonscrit dans la portion septentrionale de l'archiprêtré de Rousset; mais je ne puis dire quel était son chef-lieu. Peut-être était-ce Ainard?

AGNIACENSIS AGER est mentionné dans le cartulaire de Saint-Vincent de Mâcon, qui y place *Amoniacum* (Ameugny). (Voyez *Agenacensis ager*.)

AHURIACENSIS AGER est mentionné dans une charte de Cluny, de 991, qui y place *villa Vallis*. Il faut peut-être lire *Galuniacensis ager*. Dans cette hypothèse, *villa Vallis* serait Vaux, près de Jalogny.

AIBLIACENSIS AGER est mentionné dans une charte de Saint-Vincent de Mâcon, à propos d'une donation faite à cette église sous le règne du roi Eudes, qui s'étend de l'an 887 à l'an 898. Voici la description des lieux : « Unus curtilus..... in pago Matisconense, « agro Aibliacense, villa que vocatur Curte « Supernense, qui habet terminationes a « mane via publica, a medio die fines de « Casal Dulciso, a sero Mardum aqua vol-« vente, a circio terra Alnico et Adaldranno « cum heris..... alius curtilus in ipso pago « vel agro, in Monte Moriciono vocant. » Il s'agit peut-être ici de *Cours*, dans le territoire duquel on trouve un hameau assez important du nom de *Pernin*, ou bien de *Courcenay*, au midi de Cours ou pour mieux dire de Mardore, qui a, en effet, à l'ouest, la rivière appelée *Mardonnet*, le *Mardum* de la charte. En tout cas, il est certain que cet *ager* n'est pas autre que celui décrit aux articles *Cupriacensis* et *Aubliacensis*. Il faut

sans doute lire *Cubliacensis*, c'est-à-dire que le chef-lieu de cet *ager* était Cublise.

APOTIACUS (POTIACUS?) AGER est mentionné dans une charte de Cluny, de l'an 998, qui y place *villa Buxiacus*. (Voy. *Pontiacensis ager*.)

ARPAGIACENSIS, ARPAIACUS, ARPAYENSIS, ARPEIACENSIS AGER est mentionné dans les chartes de Cluny, qui y placent : *Camsigent* ou *Hansigentus*, *Alchier* ou *Alichier* (*mansus*) et *Ponciagus* (Poncié, près de Fleurie-en-Beaujolais). Le chef-lieu de cet *ager* était Arpayé, ancien monastère de Bénédictins, situé dans la paroisse de Fleurie, et qui était déjà en ruine en 1779 (*Almanach de Lyon*).

ATHANACENSIS AGER est mentionné dans deux chartes de Cluny, qui y placent toutes deux *villa Salorniacus*. Cet *ager* est évidemment une simple indication des propriétés que l'abbaye d'Ainay avait dans le territoire de Salornay, autrement dit *ager Salorniacensis*, comme porte le cartulaire d'Ainay lui-même, et non pas un *ager* administratif. C'est de la même manière que les chartes de Cluny et de Savigny font mention d'un *ager Marcenacensis*, ou territoire de Marcigny, dans le *pagus Lugdunensis*.

AUBLIACENSIS AGER est mentionné dans le cartulaire de Saint-Vincent de Mâcon, à l'occasion d'une donation faite à cette église par le prêtre Ado, en l'an 882 (*regnante Karlomanno rege*). Voici le passage le plus intéressant de cet acte curieux : « Sacrosancte ecclesie « Sancti Vincentii que est constructa in pago « Matisconensi, in agro Aubliacense, in loco « qui vocatur villa Leotorciso, ego Ado, pres-« byter, cedo... aliquid de rebus meis que « sunt in ipso pago vel agro, et terminatur « a mane Reno aqua volvente, a medio die « guttula volvente, et terra de Barbariaco « usque in via publica, pro illo servo, a cer-« cio terra Teofalensis Sancti Andree. » On voit qu'il s'agit ici de Saint-Vincent-de-Rhins, la *villa Leotorciso* de l'acte[1], qui doit son nouveau nom à l'église qu'avait fait construire peu de temps auparavant le prêtre Ado. (Voy. à l'art. *Cupriacensis ager*.) Quant au nom de l'*ager*, il est mal écrit; c'est *Cubliacensis* qu'il faut lire, car le chef-lieu de cet *ager* doit être

---

[1] Il y a dans la commune de Saint-Bonnet-de-Troncy, entre le village de ce nom et Saint-Vincent-de-Rhins, une localité appelée *Lorcy*, qui pourrait bien être le *Leotorciso* de l'acte.

AUX IXe, X^e ET XIe SIÈCLES.

Cublisc. Les nouvelles propriétés cédées par Ado à l'église de Saint-Vincent dépendaient précédemment de la paroisse de Saint-Bonnet-de-Troncy, c'est du moins ce que me semble vouloir dire cette phrase, assez obscure, il est vrai : « ...Transfundo ea ratione « quia ipsa parrochia quæ fuit Sancti Boniti « ad ipsam capellam Sancti Vincentii perve-« niat. » La terre de *Barbariaco* est peut-être Barbareis, au midi de Saint-Bonnet-de-Troncy, et celle de *Teofalensis Sancti Andree,* celle d'un habitant de Saint-André de Marnand, paroisse voisine. (Conférez cet article avec ceux des *agri Cupriacensis* et *Aibliacensis.* Voyez aussi l'*ager Caniniacensis* du *pagus Lugdunensis.*)

AURICENSIS AGER est mentionné dans une charte de Cluny de 1009 environ, qui y place *villa Perrotis.*

AYNACENSIS, AYNIACENSIS AGER. (Voyez *Aenacensis ager.*)

BALOGNIACENSIS AGER. (Voy. *Galoniacensis ager.*)

BAXIACENSIS VICARIA est mentionné dans une charte de Cluny, de 956, qui y place *villa Petrona* (Péronne?). Le chef-lieu de cette vicairie était sans doute Bassy, près Saint-Gengoux-de-Scissé, archiprêtré de Vériset.

BELLIJOCENSIS ou BELJOCENSIS PAGUS. Le nom de Beaujolais et celui même de Beaujeu ne paraissent pas avant le XIe siècle; il est inutile de s'en occuper ici. Je ferai connaître ailleurs l'origine de ce nom et du pays auquel il fut appliqué.

BERCIACENSIS VICARIA est mentionné dans une charte de Cluny de l'an 950 environ, qui y place *villa Itgiaco* (Igé), et *Mulnitus locus* (le Munet, com. d'Igé). Le chef-lieu de cette vicairie devait être Berzé-le-Châtel ou plutôt Berzé-la-Ville, dans la partie méridionale de l'archiprêtré du Rousset.

BILIACENSIS AGER est mentionné dans une charte de Cluny, qui y place *Castelletus villa* (?), et dans une autre du cartulaire de Saint-Vincent de Mâcon, qui y place *Brurerias villa* (la Bruyère, com. de Durette?). Le chef-lieu de cet *ager* est peut-être Villié, dans la partie méridionale de l'archiprêtré de Vaurenard.

BLIACENSIS AGER est mentionné dans une charte de Cluny, qui y place *Lintiniacus villa* (Lantignié, dans la partie méridionale de l'archiprêtré de Vaurenard?). Le chef-lieu de cet *ager* est sans doute le même que celui de l'*ager Biliacensis.*

BUCIACUS, BOCIACUS AGER est mentionné dans deux chartes de Cluny, qui y placent *Buciacus* ou *Bociacus villa*, ayant une église dédiée à saint Eusèbe. C'est peut-être Saint-Huruge-sur-Guye.

BUCIACENSIS, BUSIACENSIS AGER est mentionné dans deux chartes de Cluny, mais sans indication de localité. (Voyez *Buciacus ager.*)

BUFERIAS AGER est mentionné dans une charte de Cluny, de l'an 962 environ, qui y place *villa de Danziaco* (Donzy-le-Royal). Le chef-lieu de cet *ager* était Buffières, à l'ouest de Cluny, dans l'archiprêtré du Rousset.

BUFERIAS, BUFFERIAS, BUFLIRIAS VICARIA est mentionné dans plusieurs chartes de Cluny du Xe siècle, qui y placent *Danziacus villa* (Donzy-le-Royal), *Marchesolius* (Marchiseuil, au nord de Pressy-sous-Dondin), *Keiladas* (Chide?). Même chef-lieu que l'*ager* qui précède.

BURGUNDIONENSIS VICARIA est mentionné dans une charte de Cluny, de l'an 949, qui y place *villa de Bellomonte, cum capella Sancti Eutropii.* Le chef-lieu de cette *vicaria* était peut-être Bourgogne, comm. de Saint-Point, à l'ouest duquel on trouve un hameau appelé *le Mont*. Il y a aussi un Bourgogne dans la commune de Bourgvilain.

BUSIACENSIS AGER. (Voyez *Buciacensis ager.*)

CADIACENSIS, CATCIACENSIS, CATGIACENSIS AGER est mentionné plusieurs fois dans les chartes de Cluny, qui y placent les *villæ Solenciagus* (Salencé?), *Crosiagus, Crozia, Perciacus, Cortiniacus* (Cutigny près de Pressy), etc.

CALONIACENSIS AGER est mentionné dans le cartulaire de Saint-Vincent de Mâcon, qui y place *villa Castellum* (Château). (Voyez *Galoniacensis ager.*)

CANCIACENSIS VICARIA est mentionné dans une charte de Cluny, qui y place *villa Arpagiacus,* avec une chapelle dédiée à saint Laurent. C'est peut-être *Guinchay*, aujourd'hui la Chapelle-de-Guinchay, et Arpayé, ancien monastère de bénédictins dans la paroisse de Fleurie. Arpayé est indiqué aussi comme chef-lieu d'*ager*. (Voyez *Arpagiacensis* et *Caniniacensis ager.*)

CANTRIACENSIS AGER est mentionné dans le cartulaire de Saint-Vincent, à l'occasion d'une donation faite à *Cantriacum* (Chaintré), chef-lieu de cet *ager*, qui se trouvait dans la partie nord-est de l'archiprêtré de Vaurenard.

CARDONACENSIS, CARDINACENSIS, CARDUNACENSIS, CARDONACUS, CARDONIACENSIS AGER est mentionné fort souvent dans le cartulaire de Saint-Vincent et dans les chartes de Cluny, qui y placent, outre le chef-lieu, *Chardonacus villa* (Chardonnay, canton de Lugny) : *Fabricias* (Farges) et *Pedrotno* (Péronne). On voit que cet *ager* occupait le nord de l'archiprêtré de Vérizet. Voici quelques localités dont il m'a été impossible de trouver la situation. Dans le cartulaire de Saint-Vincent : *villa Geon, villa Cambonas*; dans les chartes de Cluny : *villa Deven, villa Pradilis, villa Berisiacus*.

CARDONIACENSIS VICARIA est mentionné dans une charte de Cluny de 958 avec *villa Codasiaco*. On trouve aussi fort souvent *finis Cardoniacensis*.

CATGIACENSIS, CATGIACENSIS AGER. (Voyez *Cadiacensis ager*.)

CAVANIACENSIS, CAVANIACUS AGER est mentionné dans plusieurs chartes de Cluny, des années 889, 925, 954 environ, qui y placent *Cavaniacus* ou *Cavaniagus* (Chevagny-sur-Guye), le chef-lieu, et *Villareius* (les Valliers, comm. de Saint-Martin-de-Salencé?). Comme on voit, cet *ager* occupait une partie de l'archiprêtré du Rousset.

CAVANIACA VICARIA est aussi mentionné dans une charte de Cluny [1], de l'an 966 environ, qui y place *Salenciaco* (Saint-Martin-de-Salencé).

CICIACENSIS, CITIACENSIS, SICIACENSIS AGER est mentionné un grand nombre de fois dans les chartes de Cluny [2] du xe siècle, qui y placent : *villa Bassiacus* (Bassy, près de Saint-Gengoux-de-Scissé), *villa Cavanias* (Chavannes, près de Clessé), *Scammicus locus* (?), *villa Carsiniacus* (?), *villa Lancus* (Saint-Pierre-de-Lanque, comm. de Péronne), *villa Coicia* (?), *villa Codociacus* (?), *villa Petrono* (Péronne), *terra Francorum, Campanius* (Champagne, comm. de Saint-Maurice-des-Prés).

Le chef-lieu de cet *ager* est Scissé, ou Saint-Gengoux-de-Scissé, archiprêtré de Vériset.

CLUNIACENSIS AGER est mentionné dans deux chartes de Cluny, des années 926 et 933, qui y placent : *villa Castellum* (Château, à l'ouest de Cluny), *villa Rusciacus* [*Ruffiacus?*] (Ruffey, comm. de Cluny), *villa Bieria* (?) [3], *villa juxta Betus* (?). Cet *ager* avait pour chef-lieu Cluny. (Voyez l'*ager Rufiacensis*.)

COLINIACENSIS AGER est mentionné dans une charte de Cluny, de l'an 961 environ, qui y place *villa Seia*. Il faut peut-être lire *Soloniacensis* (Sologny) *ager*. Dans cette hypothèse, *Seia* serait la Chize, comm. de Milly.

COMMINANDIS AGER, mentionné dans une charte de Cluny de 884. Le chef-lieu est sans doute Command, comm. de Cray.

COSCONIACENSIS AGER est mentionné dans deux chartes de Cluny, des années 1000 et 1020 environ, qui y placent *villa Masiriacus* (Mezériat) et *villa Curfrancio* (Confrançon). C'est par erreur que cet *ager* est indiqué dans le *pagus Matisconensis*; il était dans le *pagus Lugdunensis*. (Voyez au même nom dans ce dernier *pagus*.) La confusion provient sans doute de ce que l'église de Mâcon avait beaucoup de possessions dans cette partie du *pagus Lugdunensis*, dont on lui céda même plus tard une portion. (Voy. *Romanacensis ager*.)

COSENACENSIS, COSONIACENSIS, COSONACUS AGER sont mentionnés, le premier dans le cartulaire de Saint-Vincent de Mâcon, et les deux autres dans les chartes de Cluny, des années 970 et 996, qui y placent *villa Arnant, cum capella S. Andreæ* (?), *finis Putei, villa Tescia*. (Voyez *Cosenacensis ager* dans le *pagus Lugdunensis*.)

CROSIACENSIS AGER est mentionné dans une charte de Cluny de 904 environ, qui y place *villa Crosiaco*. (Voyez l'*ager Catgiacensis*.)

CUPRIACENSIS AGER est mentionné dans le cartulaire de Saint-Vincent de Mâcon, à l'occasion d'une donation faite à cette église, sous l'épiscopat de Gontard, qui occupa le siège de Mâcon de l'an 879 à l'an 884, par Berninius et Ado. La donation comprend : « quas-« dam res proprietatis... quæ sunt sitæ in

---

[1] Le cartulaire de Perrecy mentionne deux fois la *vicaria Cavinensis, Caviniacensis*, avec la *villa Bacherias, Buscerias, Buzerias* (la Bussière).(Pérard, *Rec. de pièces*, etc. p. 40 et 44.)

[2] Voyez aussi le cartulaire de Saint-Vincent de Mâcon.

[3] Il y a un hameau du nom de Bierre au-dessous de Salornay-sur-Guye, mais il est trop éloigné de Cluny pour qu'on puisse lui attribuer cette indication. *Bieria* figure d'ailleurs encore dans l'*ager Galoniacensis*.

AUX IXe, X^e ET XIe SIÈCLES.

« pago Tolvendonense, in agro Cupriacense, « in loco qui vocatur Leodretico; habent « fines... a mane Reno fluvio, a medio die « guttula quæ de Barbariaco pergit in Reno, « a circio guttula quæ de Croso valla pergit in « Reno. » En récompense, l'évêque permit à Ado de construire une chapelle sur cette propriété, à la condition qu'elle appartiendrait, ainsi que toutes ses dépendances, à Saint-Vincent. Cette donation, ainsi qu'on le verra ailleurs, fut l'origine de la paroisse de Saint-Vincent-de-Rhins, dont le territoire dépendait alors de la paroisse de Saint-Bonnet-de-Troncy. (Voyez à l'article *Aubliacensis ager*.) *Leodreticus* paraît être, en effet, l'ancien nom de Saint-Vincent-de-Rhins, qui doit son surnom à la petite rivière qui le traverse, le *Reno* de la charte; au midi et sur la rive orientale du Rhins on trouve une autre petite rivière (*guttula*), qui passe à Barbereis, et au nord, sur la rive occidentale du Rhins, une autre petite rivière appelée la *Goutte-Noire*, qui rappelle peut-être celle venant de *Croso Valla*. En tout cas, le chef-lieu de l'*ager Cupriacensis* ne me semble pas pouvoir être autre que Cublize[1], au midi de Saint-Vincent-de-Rhins, et sur le Rhins même. (Voyez aux articles *Aibliacensis* et *Aubliacensis ager* des détails essentiels, qui semblent prouver que cet *ager* comprenait à la fois les paroisses de Cublize, de Saint-Vincent-de-Rhins, de Saint-Bonnet-de-Troncy, de Mardore, de Marnand, de Cours, etc.)

DARIACENSIS, DARIACUS AGER est mentionné dans plusieurs chartes de Cluny, des xe et xie siècles, qui y placent *villa Maliacus* ou *Mailiacus* et *villa Copta* (Merzé et Cotte?). Une autre charte de Cluny, de l'an 940 environ, place Varangue « in agro Marciacensi vel Dariacense, » ce qui semble indiquer que ces deux *agri* étaient voisins ou n'en faisaient qu'un. (Voyez *Marciacensis ager*.)

DIPGIACENSIS AGER est mentionné dans le cartulaire de Saint-Vincent de Mâcon, qui y place *villa Tasiacus* (Taizé?).

DIRIACENSIS AGER est mentionné dans une charte de Cluny, de l'an 1011 environ, qui y place *villa ipsa, campus in Montbosonangio Nioeti* (le mont de Bosornay, com. de Saint-Vincent-des-Prés), *Tilonia* (?). C'est sans doute *Donziacensis* qu'il faut lire. (Voyez ce mot, et *Dariacensis ager*.)

DISIACENSIS AGER est mentionné dans une charte de Cluny, de l'an 1005 environ, qui y place *villa Chasautas* (Chazoux, comm. d'Hurigny). Le chef-lieu de cet *ager* est sans doute Igé, dont le nom a été mal lu.

DONCIACENSIS, DONZIACENSIS, DUNCIACENSIS AGER est mentionné dans plusieurs chartes de Cluny, du xe siècle, qui y placent *villa Hedias, Velia Casa, locus a la Genevra*, et *villa Dunciugas*. La dernière localité est sans doute Donzy-le-Royal, chef-lieu de cet *ager*.

EBGIACENSIS AGER. (Voyez *Ibgiacensis*.)

EBURIACENSIS, EVORIACENSIS, IVORIACENSIS, EURIACENSIS AGER est mentionné dans plusieurs chartes de Cluny, des xe et xie siècles, qui y placent : *villa Ayonna, villa Brualias, villa Conflans, villa Casmedus, villa Colonicus, villa Vallis*. Le chef-lieu de cet *ager* est peut-être Azé; en effet, dans la commune de ce nom, on trouve Aine, Bruyères, Conflans et Vaux.

ESCUSOLIACENSIS AGER. (Voyez l'article suivant.)

EUUSELIACENSIS ou CUNLESIACENSIS AGER est mentionné dans une charte de Cluny, de l'an 941 environ, qui y place *villa Resedant* et *villa Kalmagn*. Ce dernier nom et celui de l'*ager* me semblent altérés. Il faut lire, je crois, *Escuseliasensis* ou *Escusoliacensis*, et donner pour chef-lieu à cet *ager* Escussolés, dans la commune de Saint-Pierre-le-Vieux, dont le bourg est *Resedunt* lui-même, appelé ailleurs *vicus Resedo* (voy. page 1100). C'est sans doute de ce mot de *vicus* qu'est venu le surnom actuel de Saint-Pierre. Nous avons, en effet, beaucoup d'autres exemples d'une transformation semblable : ainsi *vicus d'Isenava* est devenu le Vieux-d'Isenave, *vicus subtus Varey* est devenu Saint-Jean-le-Vieux.

FABRIACENSIS et FARGIAS AGER est mentionné dans plusieurs chartes de Cluny, du xe siècle, qui y placent *villa Marcosolius* (Marchizeul, commune de Pressy-sous-Dondin), *villa Hedias* et *villa Mont*. Le chef-lieu de cet *ager* était sans doute le petit hameau de Farges, commune de Saint-Vincent-des-Prés.

FENESTELACENSIS, FENESTACIACENSIS, FENESTE-

---

[1] M. Ragut pense que l'*ager Cupriacensis* pourrait avoir tiré son nom d'une très-ancienne mine de cuivre, abandonnée depuis longtemps, et qui se trouve au pied de la montagne de Subran, dans la commune de Claveysolles.

NIACENSIS AGER sont mentionnés dans trois chartes de Cluny de 957, 975 et 1000 environ, qui y placent *villa Mont* et *villa Nogulas* ou *Noglas* (Nogles, comm. de la Vineuse).

FLAGIACENSIS AGER est mentionné dans une charte de Cluny de l'an 1020 environ, qui y place « *villa Tiliensis, in agro Flagiacense et Marciacense* (voyez *Marciacensis ager*), in utraque parte fluminis Graunnæ. » Le chef-lieu de cet *ager* était sans doute Flagy, au nord de Cluny, et la *villa* citée, Tillouzot, comm. de Taizé, près de la Grosne, qui était ainsi sur la limite de l'*ager* de Flagy et de celui de Merzé.

FUSCIACENSIS, FOXIACENSIS, FOSCIACENSIS, FUSCIACUS AGER est cité un grand nombre de fois, tant dans les chartes de Cluny que dans le cartulaire de Saint-Vincent de Mâcon. Voici les principales localités qui sont indiquées dans les chartes de Cluny : *villa de Bulono*, *villa de Cacellaico vel Cacellaco* (Chasselas), *villa et boscus de Castanedo*, *villa de Cantriaco* (Chaintré), *villa de Caveriaco*, *villa de Chivinias* (Chevigne, comm. de Prissé), *villa Cobulon*, *villa Crotoniacus*, *villa Davaiacus* (Davayé), *villa Jalnant et locus Tariacus* (les Thoriats, comm. de Crèches?), *villa de Lopheaco* (Loché?), *villa de Maloniaco*, *Molonaco*, *Montenacus*, *villa de Noliaco*, *villa de Prisciaco* (Prissé), *villa de Poliaco* (Pouilly, comm. de Solutré), *villa de Solistriaco*, *Salistriaco*, *Salustriaco*, *Solestriaco* (Solutré), *villa Sarrerias* (Serrières), *villa de Toriaco* (les Thoriats, comm. de Crèches), *villa de Tadriaco*, *villa Varennas* (la Varenne, annexe de Saint-Clément-lez-Mâcon), *villa Vercheson*, *Vergeson* (Vergisson), *villa Vals*, *Valles* (la Vallée, près de Loché), *villa Vincella* (Vinzelles). Dans le cartulaire de Saint-Vincent : *villa de Alburnaco*, *Albucunaco*, *Albuxiniaco*, *Albucigniaco*, *Albuconaco, cum eccl. S. Amoris, terminat a mane terra S. Verani* (c'est Buissonnat, com. de Saint-Amour, au midi de Saint-Véran[1]), *villa de Aylonaco*, *Aloniaco* (les Allogniers, au nord de Chevagny), *villa de Cantriaco* (Chaintré), *villa Caderias* (les Cadots, au sud de Vinzelles), *villa de Cavaniaco* (Chevagny), *villa de Davagiaco* (Davayé), *villa de Exartis* (Esserteaux, château sur la Grosne), *villa de Fontanaco* (le Fontenay, près de Saint-Véran), *villa Muyson*, *Moison prope Craonam* (Mohoui ou Mouhy, comm. de Prissé), *villa de Mansiaco* (Meziat, près de Vinzelles?), *villa de Oratorio* (Ouroux), *villa Romaniscas* (Romanèche), *villa de Sepsiaco*, *villa de Satonaco*, *Satornaco* (Satonay, comm. de Saint-Amour), *villa de Torriciaco*, *Tarriciaco*, *Tauriaco*, *Toriaco* (les Thoriats), *villa Vincella*, *Vincellas*, *Vinzell.* (Vinzelles), *villa Varennas* (Varennes). Cet *ager*, qui comprenait toute la portion nord de l'archiprêtré de Vaurenard, avait pour chef-lieu Fuissé, à l'ouest de Mâcon. (Voyez *Fusciacensis ager* dans le *pagus Lugdunensis*.)

GALLONIACENSIS, GALONIACENSIS, GALUNIACENSIS AGER est mentionné un grand nombre de fois dans les chartes de Cluny et une fois seulement dans le cartulaire de Saint-Vincent de Mâcon. Voici les localités qui y sont portées : *villa Bainas* (Bène, comm. de la Vineuse?), *villa Biera*, *Bieria*, *Bierri*, *Breya*, *Belucia*, *villa Bardon et locus Vineolas*, *villa de Broco* (Broux, près Jalogny?), *villa Bugdon*, *Buydon*, *villa de Calmiriaco cum cap. S. Leodegarii* (aujourd'hui Saint-Léger, comm. de Château), *villa de Calmirie*, *Calmiriaco*, *Calmilliaco*, *Calmeriaco*, *villa de Castello* (Château), *villa Cainve* (Cenves), *villa Galloniagus* (Jalogny), *villa de Montelio*, *villa de Motelico* (Montillet, près et à l'ouest de Cluny), *villa Roclena*, *villa de Roselliago*, *villa de Vallo*, *Valis*, *Vallis* (Vaux, au sud de Jalogny), *villa Vescors*, *Vescort*, *Vescor*, *Vetus Curtis*, *villa Vineolas* (la Vineuse). Le chef-lieu de cet *ager* était Jalogny, au midi de Cluny.

GIGNIACENSIS AGER est mentionné dans une charte de Cluny, de l'an 936 environ, qui y place *villa de Pedro*. (Voyez *Ginenciacensis ager*.)

GINENCIACENSIS ou GINACIACENSIS AGER est mentionné dans le cartulaire de Saint-Vincent de Mâcon, qui y place *villa de Madriaco*. (Voy. *Gigniacensis ager*.)

GRIVILIACENSIS, GRIVILIACUS AGER est mentionné dans plusieurs chartes de Cluny, des xe et xie siècles, qui y placent : *villa ad Luviniacum* (endroit près de Lugny), *villa Colonicas* (Collonge, près Cruzille), *villa Vallis(?)*,

---

[1] D'après la carte du Dépôt de la guerre ; Cassini place au contraire les Buissonnats à l'est de Chaintré.

villa de Colomitis (?), *aqua Burbunci* (la Bourbonne, petite rivière qui traverse les communes de Lugny, de Montbelet, etc.), *villa Lascherias* (?). Le chef-lieu de cet *ager* était sans doute Grevilly, à l'ouest de Chardonnay.

GRONIACENSIS AGER est cité, je ne sais d'après quel document, par M. de Gingins, qui y place Germolles (*villa Gemellis*). Cet *ager* tirerait son nom de la rivière de Grosne.

HATGIACENSIS AGER. (Voyez *Itgiacensis ager*.)

HISSIACENSIS AGER est mentionné dans une charte de Cluny de l'an 926 environ, qui y place *Moncellis villa*.

IBGIACENSIS, EBGIACENSIS, IBIACENSIS, IGGENCENSIS, ITGIACUS, IBIACUS, IPGIACENSIS, INGIACUS, IDGIACENSIS, ITGIACENSIS, YGIACENSIS AGER. Cet *ager* est mentionné un nombre considérable de fois dans les chartes de Cluny et dans le cartulaire de Saint-Vincent. Voici les localités principales qu'on y trouve, d'après les chartes de Cluny : *villa Amulnet* (le Munet, près d'Igé), *Carbonedus* (Charbonnière?), *villa Classiacus* (Clessé), *villa de Domangio* (Domange, au nord d'Igé), *villa de Marciniaco* (Marigny, au sud de Clessé), *ad Quintenas* (Quintaine, près de Verzé), *villa Septem Molinis* (les Sept-Moulins, sur la Mouge?), *villa de Tasiaco*, peut-être Laisiaco (Laisé?), *villa de Umriaco*, peut-être Uriniaco (Hurigny?), *villa de Verchisolio* (Verchiseuil, au sud de Satonnay), *villa de Verciaco* (Verzé). Le chef-lieu de cet *ager*, qui comprenait la partie sud-est de l'archiprêtré du Rousset, était Igé. (Voyez *Itgiacensis vicaria*.)

INGIACUS AGER est cité dans une charte de Cluny, de l'an 988 environ, qui y place *villa de Ingiaco*. (Voyez *Ibgiacensis ager*.)

ITGIACENSIS VICARIA est mentionné dans une charte de Cluny, de l'an 979, qui y place un lieu appelé *Chalo*, peut-être *Chabo*, Chabotte, village de la commune d'Igé. (Voyez *Ibgiacensis ager*.)

JACIACENSIS AGER est mentionné dans le cartulaire de Cluny, qui y place *Crosia villa*. (Voy. *Catgiacensis ager*.)

JOVENCIACUS AGER est mentionné dans une charte de Cluny, de l'an 1039 environ, à l'occasion d'une vigne située « in ipso loco vulgo dicto Vigniaco. »

KALONIACENSIS AGER est mentionné dans une charte de Cluny de 992, avec *villa de Montelio* (Montillet, à l'ouest de Cluny). Lisez *Galoniacensis*.

KOSCIACENSIS AGER est mentionné dans une charte de Cluny de l'an 1015 environ, à l'occasion d'une propriété sise *in villa Toria et in Alliniaco*. Il faut sans doute lire *Fosciacensis ager*.

LALIACENSIS, LILIACENSIS AGER est mentionné un grand nombre de fois dans les chartes de Cluny, qui y placent, outre le chef-lieu *Laliacus*, ayant une église dédiée à saint Sulpice : *villa de Belplano*, *villa de Buferias*[1], *villa Corcellas* (Corcelles, près de Bourgvilain), *villa de Curziaco*, *villa de Laorniaco*, *villa Seia* ou *Seya*, *Sia*, *villa de Suliniaco*, *Suppliniago* (Sologny). J'ignore où était le chef-lieu de cet *ager*[2], dont la situation toutefois n'est pas douteuse. On voit qu'il était dans la partie méridionale de l'archiprêtré du Rousset. La *villa Laliacus* paraît, au reste, dans l'*ager Miliacensis*. (Voyez ce mot.)

LANCEGUS VICARIA est mentionné dans une charte de Cluny, de l'an 941 environ, qui y place *Roliacus villa*. Le chef-lieu de cette vicairie était peut-être Saint-Pierre-de-Lanque, comm. de Péronne.

MACIACENSIS, MACEACUS, MASCIACENSIS AGER est mentionné un grand nombre de fois dans les chartes de Cluny, et une fois seulement dans le cartulaire de Saint-Vincent de Mâcon. Voici les localités qui y figurent : *villa Baginas*, *Baynas*, *Bainas* (Bène, comm. de la Vineuse), *villa de Besornico*, *Besorniaco*, *Besorniago* (Besornay, comm. de Saint-Vincent-des-Prés), *villa Cavenas* et *Vetus Canivas*, *villa Cavaniacensis*, *villa de Crosiaco*, *Crossiago* (voy. *Saciago*), *villa de Curte Macinorio vel Marciorio*, *villa Dambinas* (Dombine, écart de la Vineuse), *villa Donziacus* (Donzy-le-Royal), *villa Murcilliaco* (le Murzeaux, comm. de la Vineuse), *villa Oblato* (Zublé, au nord de Vitry?), *villa de Paciago* (peut-être *Saciago*), *villa Pestonicas*, *villa Saceago*, *Saciago*, *Satiago* (Sassy, comm. de

---

[1] Ces deux localités figurent dans l'*ager Mediolanensis*. (Voy. plus loin dans le même *pagus* et dans celui d'Autun.)
[2] Il y a bien un hameau appelé *Laly* ou *la Lye*, au midi de Charnay; mais cette localité me semble trop éloignée des autres citées ici pour qu'on puisse en faire le chef-lieu de l'*ager Laliacensis*.

la Vineuse), *villa Turris* (la Tour-du-Blé), *villa Verolias*, *villa de Vilaro*, *villa de Visandono*, *villa de Vitriaco*, *Vitriago et Alsoerius locus* (Vitry et Auxoy), *villa de Vilaro* (Vilars, comm. de Flagy). Cet *ager*, situé dans la partie centrale de l'archiprêtré du Rousset, avait pour chef-lieu Massy. Il semble que la similitude de noms des *agri Maciacensis et Marciacensis* ait causé quelques méprises. En effet, nous trouvons dans les deux circonscriptions la *villa Baginas* (Bène), qui, suivant toutes les probabilités, a dû appartenir seulement à l'*ager Maciacensis*.

MARCIACENSIS, MARCIGIACENSIS, MARTIACENSIS, MARZIACENSIS, MARSIACENSIS, MARCIACUS AGER est mentionné dans un grand nombre de chartes de Cluny, qui y placent : *villa de Arice*, *villa Baginas*, *Beinas* (Bène, comm. de la Vineuse), *villa Cassanias*, *Chasaniacus*, *villa Cavaniacus*, *Cavenas*, *Kavanias* (Chevagny, comm. de Lournand), *villa Carengencus*, *villa Cariniacus*, *villa Colonicas* (Collonge, comm. de Lournand), *villa Charigniaco*, *villa de Escartellis*, *Escartello*, *Exaltellis*, *locus de Enblango* (Blangue, comm. de Lournand), *villa Hurumniacus*, *villa Lornant* (Lournand), *villa Marciacus* (Merzé, comm. de Cortambert), *villa Montillo* (Montillet, comm. de Cluny), *villa Scotia*, *villa de Torro*, *Turro*, *Turre* (Toury, comm. de Bray), *villa de Varingo*, *Varengo*, *Varenga* (Varangue, comm. de Cortambert). Le chef-lieu de cet *ager* était sans doute Merzé ou Saint-Jean-de-Merzé, comm. de Cortambert, à l'est de la Grosne, dont il embrassait les deux rives. Il occupait la partie est de l'archiprêtré du Rousset. Une charte de Cluny de l'an 940 environ semble prouver que cet *ager* et celui appelé *Dariacensis* n'en faisaient qu'un. (Voyez ce dernier mot.)

MASIRIACENSIS, MAXIRIACENSIS AGER est mentionné plusieurs fois dans les chartes de Cluny du x° siècle, qui y placent, outre le chef-lieu *Masiriacus* : *villa de Boeragio*, *villa de Crao*, *villa Deila*, et un bois (*silva increpita*.) Le chef-lieu de cet *ager* est sans doute Mazeret, près de Genouilly.

MATISCONENSIS COMITATUS. Le comté de Mâcon, qui est dit *in pago Burgundiæ*[1], dans un acte de Cluny de l'an 957, paraît avoir compris tout le *pagus Matisconensis* au x° siècle. Nous voyons en effet, dans une charte de Cluny de l'an 937, Iguerande et ses trois églises (St-André, St-Jean et St-Marcel) figurer dans ce comté; d'autres actes tirés des mêmes archives y placent, en 945, l'*ager Tusciacensis*, en 950 la *vicaria Bufferias*, en 956 la *vicaria Baxiacensis*, en 983 la *finis Salenciaci* (Salancé), etc.

MATORNENSIS AGER est mentionné dans une charte de Cluny de l'an 980 environ, qui y place *Escotiolas villa* (Escussoles, comm. de Saint-Pierre-le-Vieux). C'est par erreur que cet *ager* est dit *in pago Matisconensi*; il appartenait au *pagus Augustodunensis*, comme on peut le voir plus loin; mais Escussoles était dans le Mâconnais. (Voyez ci-devant, au mot *Escusoliacensis*, p. 1091.)

MEDIOLANENSIS, MIOLANENSIS, MEYOLANENSIS AGER est mentionné dans plusieurs chartes de Cluny du x° siècle, qui presque toutes y placent *Bufferias* (Buffières); l'une d'elles seulement nomme *Civinionas* (Sivignon, à l'ouest de Buffières). Le chef-lieu de cet *ager* était Meulin, dans le diocèse d'Autun, mais sur les confins de celui de Mâcon, ce qui explique pourquoi quelques paroisses de ce dernier sont comprises dans cet *ager*. (Voy. le même mot dans le *pagus Augustodunensis*.)

MELIOMACENSIS, MELIONIACENSIS AGER n'est mentionné qu'une fois, sous le premier nom, dans une charte de Cluny de l'an 996 environ, qui y place un lieu appelé *Petalgius*, ayant au midi la (petite) Grosne; mais il l'est un grand nombre de fois, sous le second nom, dans le cartulaire de Saint-Vincent de Mâcon, qui y place : *villa Cananacus* (la Chanaye, comm. de Saint-Clément), *villa de Carnaniaco* (Charnay), *villa Condamina* (Condemine, comm. de Charnay), *villa Fontanellas*, *Fontanullas* (Fontenailles, comm. de Saint-Clément), *villa Moyson* ou *Muyson* (Mouhy, com. de Prissé). J'ignore quel était le chef-lieu de cet *ager*; mais sa situation me paraît bien certaine; il occupait le nord-est de l'archiprêtré de Vaurenard. Peut-être avait-il pour chef-lieu le village appelé *les Miolans*, au midi d'Hurigny?

---

[1] Ce mot semble désigner ici le duché de Bourgogne.

MILIACENSIS, MELIACENSIS AGER sont mentionnés, le premier dans une charte de Cluny, de l'an 969, qui y place *Prilingas villa* (Purlange, comm. de Sainte-Cécile), le second dans deux chartes du cartulaire de Saint-Vincent de Mâcon, qui y placent toutes deux *Laliacus villa* (la Lie, comm. de Saint-Sorlin). Le chef-lieu de cet *ager* est sans doute Milly, au midi de Berzé-la-Ville. (Voyez *Laliacensis ager*.)

MISIACENSIS AGER, *in vicaria Bufariensis*, est mentionné dans une charte de Cluny, de l'an 999 environ, qui y place *villa de Monte*. Le chef-lieu de cet *ager* m'est inconnu; mais son territoire devait être aux environs de Buffières, où l'on trouve le *Mont-de-France*. Peut-être faut-il lire *Miliacensis*, comme à l'article précédent. Au reste, le mot *ager* ne paraît pas avoir eu ici le sens de circonscription, mais avoir désigné seulement le territoire qui entourait une localité, car il se trouvait dans une vicairie, c'est-à-dire dans une subdivision de l'*ager* proprement dit.

MORGONICUS AGER est mentionné dans deux chartes de Cluny, des années 926 et 956. Le chef-lieu était sans doute Morgon (Haut et Bas), comm. de Villié; pourtant la charte de 926 place dans cet *ager* un lieu appelé *villa Cabannas*, avec une église dédiée à saint Denis : ce pourrait-être Saint-Denis-de-Cabane, près de Charlieu?

OTGIACENSIS AGER. (Voyez *Ibgiacensis*.)

PLOTENSIS AGER est mentionné dans le cartulaire de Saint-Vincent de Mâcon, qui y place *villa de Cardonaco* (Chardonnay). Le chef-lieu de cet *ager* est Plottes, près de Tournus.

PONTIACENSIS, PONXIACENSIS, POZIACENSIS, POCIACENSIS, POTZIACENSIS, POTCIACUS, POTIACUS AGER est mentionné deux fois dans le cartulaire de Saint-Vincent de Mâcon, et six fois dans les chartes de Cluny du x° siècle. Voici les lieux qui y sont indiqués : *villa de Belosis* (la Belouze, com. de Davayé[1]?), *villa de Buciaco*, *villa Baserias, Buscerias* (Bussières), *villa de Clipgiaco, cum cap. S. Martini* (Pierreclos?), *villa de Clutgiaco* (même localité)[2], *villa de Diniaco* ou *Diviaco*, *villa de Miseriaco*. Le chef-lieu de cet *ager* était peut-être Saint-Sorlin, situé au nord de Bussières, et qui aurait porté un autre nom au x° siècle, peut-être Saint-Point, dont la dénomination serait moderne, relativement du moins, ou peut-être encore Poncey ou Poncety, près Davayé?

PRISCIACENSIS, PRISSIACENSIS, PRISCIACUS, PRISSIACUS, PRESSIACUS, PRISIACENSIS AGER est mentionné dans plusieurs chartes de Cluny du x° siècle, et deux fois dans le cartulaire de Saint-Vincent de Mâcon, qui y placent, outre le chef-lieu *Prisciacus* (Prissé, sur la petite Grosne) : *villa Busserias* (Bussières), *villa Calbonensis, villa Cavanias, Cavineus* (Chevagny ou Chevigne), *villa de Corboniaco, villa de Masiriaco, villa Vernolium* (Verneuil, com. de Charnay), *villa locus voc. a Volofono*. Comme l'indique le nom de son chef-lieu, cet *ager* était situé dans le nord de l'archiprêtré de Vaurenard.

PUINCIAGUS AGER est mentionné dans une charte de Cluny, de l'an 960, à l'occasion d'une donation faite *in ipsa villa*. Le copiste a rendu ce mot par *Poincy*; serait-ce Poncey, près de Davayé? (Voyez *Pontiacensis ager*.)

QUINTIACENSIS AGER est mentionné dans une charte de Cluny, de l'an 996, qui y place *Lamolia*(?).

RIMACENSIS AGER est mentionné dans une charte du cartulaire de Saint-Vincent de Mâcon, qui y place *villa Diviniacus* ou *Diminiacus*.

ROFIACUS, ROFIAGUS, RUFIACUS, ROFIACENSIS, RUFIACENSIS AGER est mentionné dans plusieurs chartes de Cluny du x° siècle et dans un acte du cartulaire de Saint-Vincent de Mâcon, qui y placent, outre le chef-lieu, *Rufiacus* ou *Rofiacus villa* (Ruffey, comm. de Cluny) : *villa Bainas* (Bène, comm. de la Vineuse), *villa Cluniacus* (Cluny), *villa Turro* (le moulin Thury, comm. de Mazille), *villa Vetas Canevas, Vescanevas*(?), *villa Lornant* (Lournant), etc. On voit que cet *ager* comprenait une partie de l'archiprêtré du Rousset.

ROFIACENSIS VICARIA est mentionnée dans une charte de Cluny de l'an 927, qui y place *Cariniacus villa* (Carruge, comm. de Buffières?).

---

[1] Il y a aussi la Belouze, au nord de Saint-Sorlin.

[2] On trouve dans le même acte (Cluny, 992) les localités suivantes, dont la situation dans cet *ager* n'est pas certaine : *Mons Portuiacus, Senmurum Boscus, Corgiaco Boscus, Mons Berzincum* (Mont-de-Berzé, à l'ouest de Pierreclos).

SUBDIVISIONS DU PAGUS MATISCONENSIS

ROMACIACENSIS AGER est mentionné dans une charte de Cluny, de l'an 936 environ, qui y place *villa Oblado* (Zublé?). Il faut sans doute lire *Maciacensis*. (Voyez ce mot.)

RUFIACUS AGER. (Voyez *Rofiacus*.)

SALIACENSIS AGER est mentionné dans une charte de Cluny de l'an 1004 environ, qui y place *villa de Cligiaco* (peut-être *Clipgiaco*). (Voy. *Laliacensis ager*.)

SALORNIACENSIS, SALORNACENSIS, SALORNACUS, SALURNIACENSIS AGER est mentionné dans les chartes de Cluny et dans les cartulaires de Saint-Vincent de Mâcon et d'Ainay. La description de cet *ager* présente une certaine difficulté, parce qu'il y a deux Salornay dans le *pagus Matisconensis*, et près de l'un et de l'autre des localités de noms analogues. Il paraît même qu'ils ont été tous deux chefs-lieux d'*ager*. Toutefois, les lieux dont la restitution est la plus certaine se trouvent aux environs du Salornay qui est à l'ouest de Mâcon (comm. de Flacé). Voici en effet les localités qui y sont portées par le cartulaire de Saint-Vincent : *villa de Basciaco*, *Bossido* (Bioux, comm. de Charnay), *villa de Casotis* ou *Casolis* (Chazou, comm. d'Hurigny), *villa Carnaci*, *de Carnaco* (Charnay), *villa Carbonerias* (Charbonnières sur la Mouge), *villa de Cavaniaco* (Chevagny-la-Chevrière), *villa de Exartis* (Essertaux?), *villa de Flaciaco* (Flacé), *villa Fontanellas, Fontanullas* (Fontenailles?), *villa Fossa Alsaci* (la Fosse-d'Azé), *villa de Liviniaco, Litiniaco* (Levigny, comm. de Charnay), *villa de Muyson, Moison, Masonnica* (Mouhy sur la Grosne?), *villa Maxeciaci* ou *Maxeriaci, Moncellis* (Montceau, comm. de Prissé), *villa de Poilliaco* (Pouilly, comm. de Fuissé), *villa de Sanciaco* (Sancé), *villa Siniciaci* (Sennecé), *villa Someriaci* (Sommerey, comm. de Saint-Sorlin), *villa Urchesolis* ou *Verchesolis* (Verchiseul, comm. de Verzé au sud de Satonnay). De son côté, le cartulaire d'Ainay, qui cite une seule fois cet *ager*, y place *Siniciacus* (Sénecé). On voit que dans l'un et l'autre cartulaire il n'est question que du Salornay situé près de Mâcon; mais il n'en est pas de même des chartes de Cluny : là le doute est non-seulement permis, mais encore il est évident que Salornay-sur-Guye est cité comme *ager*. En effet, voici les localités que ces chartes placent dans l'*ager Salorniacensis* : *villa de Cavaniaco* (il y a deux Chevagny : un près de la Grosne, l'autre près de la Guye), *villa Dombinas* (Dombine, comm. de la Vineuse), *villa de Engoeno* (Angoin-sur-Guye, comm. de Salornay). Les deux dernières *villæ*, sinon la première, ne peuvent appartenir qu'à Salornay-sur-Guye. Voici au contraire d'autres localités qui semblent appartenir à Salornay-lez-Mâcon : *villa de Laisiaco* (Laizé sur la Mouge), *villa de Luviniaco* (Levigny, comm. de Charnay), *villa de Vernalio* (Verneuil, comm. de Charnay), *villa de Uriniaco* (Hurigny), *villa de Virziaco* (Verzé). Voici enfin quelques autres localités dont la restitution est incertaine : *villa de Ibiaco, de Modot, de Perciaco, de Santiniaco*.

SANCIACENSIS ou SINCIACENSIS AGER est mentionné dans le cartulaire de Saint-Vincent de Mâcon, qui y place, outre le chef-lieu, *villa de Sanciaco* (Sancé), *villa de Buesongi* (Bussonge, comm. de Saint-Martin-de-Senozan), et un pré borné à l'est par la Saône. Le nom du chef-lieu et la mention de la Saône suffisent pour déterminer la situation de cet *ager*.

SAVINIACENSIS, SAVINIACUS AGER est mentionné dans plusieurs chartes de Cluny du xe siècle, qui y placent *villa Cigonia*, *villa Vallis*[1] (Vaux, com. de Saint-Ythaire) et une église dédiée à saint Gengoux. Le chef-lieu de cet *ager* était Savigny sur la grande Grosne, au nord de Salornay-sur-Guye.

SEDUNENSIS, SIDUNENSIS VICARIA est mentionné dans une charte de Cluny de l'an 932 avec *villa Vallis*. (Voyez l'article qui suit.)

SEOTUNENSIS AGER est mentionné dans des chartes de Cluny, des années 904 et 905, qui y placent *villa Vallis* et *villa de Civiniono*. On voit qu'il s'agit ici de Suin et de deux localités voisines, de la même commune, Vaux et Sivignon. Suin, comme Meulin, était du diocèse d'Autun, mais situé sur les confins de celui de Mâcon, ce qui explique la confusion faite par les scribes, qui placent les *agri Seotunensis* et *Mediolanensis* tantôt dans l'Autunois, tantôt dans le Mâconnais. (Voyez

---

[1] Le cartulaire de Saint-Vincent mentionne également *villa Vallis* dans un *Saumnacensis* (*Saviniacensis?*) *finis*.

l'*ager Seotunensis* dans le *pagus Augustodunensis*.)

SIBRIACENSIS, SIBRANICENSIS, SIBRIANICENSIS AGER est mentionné dans deux copies différentes d'un même acte du cartulaire de Saint-Vincent de Mâcon, passé sous le règne de Carloman, c'est-à-dire, en 882 environ. Il s'agit, dans cet acte, de la donation faite à Saint-Vincent de quelques propriétés sises «in pago Tolvedonense, et in agro Sibra-«nicense, sive in locis quorum vocabula «sunt Agroledas (ou *Goroledas*);» en récompense de quoi l'évêque de Mâcon, Gontard, remit en *prestaire* au donateur une église cédée par l'oncle de ce dernier à Saint-Vincent, et dédiée à la Vierge Marie, laquelle église était située «in pago vel agro prenominato.» C'est évidemment l'église de la Grêle (*Agroledas*), dédiée en effet à Notre-Dame et dépendante de Saint-Vincent de Mâcon. Quant au chef-lieu de l'*ager Sibriacensis*, je pense que c'est Sevelinge, car je ne puis croire que ce soit *Soubran*, entre Claveisolles et Marchant, localité séparée de la Grêle par les *agri Tolvedonensis* et *Cupriacensis*. Peut-être même faut-il lire ici *Capriacensis ager*. (Voyez ce mot.)

SICIACENSIS AGER. (Voyez *Ciciasensis ager*.)

SICINIACENSIS AGER est mentionné dans une charte de Cluny, de l'an 950 environ, qui y place *villa Senosana* (Senozan). Le nom véritable de cet *ager* est sans doute *Siniciacensis* ou *Sinitiacensis*, et son chef-lieu Sennecé. (Voyez *Siniciacensis ager*.)

SIGIACUS AGER est mentionné dans une charte de Cluny, de l'an 1039 environ, qui y place *Buxiacus villa*. Le chef-lieu de cet *ager* est sans doute Sigy-le-Châtel, sur la Guye.

SILENSIS VICARIA est mentionné dans une charte de Cluny, de l'an 979 environ, qui y place *villa Casellas*. S'il s'agit ici de Chazelle sur la grande Grosne, il faut sans doute rectifier le nom de la *vicaria*, et lire *Lisensis*, car son chef-lieu serait Lys, comm. de Chissey.

SINIACENSIS AGER est mentionné dans une charte de Cluny, de l'an 947 environ, qui y place *villa de Siniciaco*. Il faut peut-être lire *Siniciacensis*. (Voyez ce mot.)

SINICIACENSIS AGER est mentionné dans une charte de Cluny, de l'an 952 environ, qui y place *Siniciacus villa*. C'est Sennecé, au nord de Mâcon, près de la Saône.

SOLMACENSIS, SALMACENSIS AGER est mentionné dans une charte du cartulaire de Saint-Vincent, qui y place *villa de Sargo Villaro*.

SOLURNIACENSIS AGER. (Voyez *Salorniacensis*.)

SOLUSTRIACENSIS POTESTAS est mentionné dans une charte de Cluny de l'an 1020. Cette pôté avait pour chef-lieu Solutré, près de Fuissé.

SUSCIACUS, SUSCIACENSIS AGER est mentionné dans le cartulaire de Saint-Vincent de Mâcon; mais c'est une mauvaise lecture. Il faut lire *Fusciacensis*. (Voyez ce mot.)

TECOMMENSIS AGER est mentionné dans le cartulaire de Savigny, qui y place une église dédiée à S. Germain (Saint-Germain-la-Montagne?). Le chef-lieu de cet *ager* est probablement Tancon, près de Châteauneuf.

TISIACENSIS, TICIACENSIS, TISCIACENSIS, TISSIACENSIS, TISIACUS, TYSIACUS, TUSCIACENSIS AGER est mentionné dans un grand nombre de chartes de Cluny, du Xe siècle, qui y placent, outre le chef-lieu, *Tisiacus*, dont la situation m'est inconnue : *villa Burgundia* (Bourgogne, comm. de Saint-Point), *villa de Camparecio*, *villa Corcellas* (Corcelles, comm. de Bourgvilain), *villa Fargias*, *cum cap. in honore S. Victoris* (c'est Farge, comm. de Serrières), *villa S. Pontii* (Saint-Point), *villa Provilingias* (Purlange, com. de Sainte-Cécile), *villa Roca* (la Roche, comm. de Saint-Point), *villa Tresdet* (Tradet, comm. de Trade), *Moschias*. Comme on le voit, la situation de cet *ager* n'est pas douteuse : il se trouvait dans la partie nord du canton de Matour. Son chef-lieu était peut-être le Thozet, comm. de Germolles.

TOLVEOENSIS, TOLVEGENSIS, TOLVEDUNENSIS AGER est mentionné dans trois chartes du cartulaire de Savigny, qui y placent : 1° *vallis de Orval* (la vallée d'Orval, à l'ouest de Claveysolles)[1]; 2° l'église dédiée à S. Pierre, S. Jean-Baptiste et S. Nizier, de l'obédience de laquelle dépendaient les deux églises paroissiales de Claveysolles et de la Mure (c'est Saint-Nizier-d'Azergues); 3° quelques terres *in villa Montanensi* (Monténard, près

---

[1] Il y a aussi une vallée d'Orval à l'est de Cublise; mais elle ne me semble pas s'adapter aussi bien aux détails qui suivent.

d'Orval); 4° la troisième partie de l'église Notre-Dame de Claveysolles; 5° un curtil *in Novavilla* (peut-être Maison-neuve, au midi d'Orval); 6° et un curtil *in villa quæ dicitur Pratum Menulfi* (Pramenou, au sud de Saint-Nizier-d'Azergues). Le chef-lieu de cet *ager* était Turvéon, qui joue un si grand rôle dans les légendes du Beaujolais, et dont une montagne, située dans la commune de Chenelette, porte encore le nom. (Voyez *Pagus Tolveoensis*.)

TOLVEOENSIS, TOLVEDONENSIS, TORVEDONENSIS, TOLVENDONENSIS PAGUS est mentionné dans trois chartes du cartulaire de Saint-Vincent de Mâcon, ou, pour mieux dire, dans deux, car la troisième n'est que la répétition abrégée de la seconde. Ces actes ont été passés sous l'épiscopat de Gontard, qui occupa le siège de Mâcon de l'an 879 à l'an 885. Dans la première charte, il s'agit d'une donation faite *in pago Tolvendonense*, *in agro Capriacense*, c'est-à-dire dans l'*ager* qui avait pour chef-lieu Cublise, et dont j'ai fait connaître ailleurs l'étendue; dans la seconde, de propriétés sises *in pago Tolvedonense* et *in agro Sibriacense*, dont le chef-lieu était, je crois, Sevelinges. On voit par là que le *pagus Tolvedunensis*, qui devait comprendre l'*ager* du même nom, mentionné par le cartulaire de Savigny, et qui avait lui-même pour chef-lieu Turvéon, dans la paroisse de Chenelette, embrassait une grande partie de la portion du diocèse de Mâcon occupée plus tard par le Beaujolais.

TORMAICENSIS AGER est mentionné dans le cartulaire de Saint-Vincent de Mâcon, qui y place *villa Uriniacus* et *Buscidas* ou *Busciacus*. Je ne sais où trouver le chef-lieu de cet *ager*. Peut-être faut-il lire *Salorniacensis*. Nous trouvons, en effet, près de Salornay-sur-Grosne, Hurigny et Bioux, commune de Charnay.

TORRENSIS AGER est mentionné dans une charte de Cluny, de l'an 925 environ, qui n'indique aucune localité; l'*ager Torrensis* est aussi mentionné dans le cartulaire de Saint-Vincent de Mâcon, qui y place *villa Romanorum*. Serait-ce Romanèche? Dans le cas de l'affirmative, on pourrait mettre le chef-lieu de l'*ager* aux Thorins, hameau de la même commune. Mais ces deux restitutions me paraissent bien douteuses. On verra en effet, à l'*ager Uriniacensis*, figurer un *finis de Torrente* qui semble ne pouvoir s'accorder avec ces données.

TRUBLIACENSIS AGER est mentionné dans le cartulaire de Saint-Vincent de Mâcon, qui y place *villa de Leotorciso*, près de la rivière de *Reno* (le Rhins). Le nom de cet *ager* est une mauvaise lecture. (Voyez *Cupriacensis*.)

TUSCIACENSIS AGER. (Voyez *Tisiacensis ager*.)

URIACENSIS, URIACUS AGER est mentionné dans le cartulaire de Saint-Vincent de Mâcon et dans deux chartes de Cluny, des années 1000 et 1006 environ, qui y placent, la première, Conflans (comm. d'Azé?); la seconde, *villa Sanctæ Muris*. C'est sans doute Saint-Maurice-des-Prés. J'ignore quel pouvait être le chef-lieu de cet *ager*. (Voyez *Eburiacensis ager*.)

URINIACENSIS AGER est mentionné dans une charte du cartulaire de Saint-Vincent de Mâcon, qui y place *Uriniacus villa*, *in fine de Torrente*. Le cartulaire de Saint-Vincent semble porter *Urmiacensis* et *Urmiacus*; mais je pense qu'il s'agit d'Hurigny, au nord de Mâcon, quoique le *finis de Torrente* présente une certaine difficulté. (Voy. *Torrensis ager*.)

VERZIACENSIS, VERCIACENSIS AGER est mentionné dans les chartes de Cluny et de Saint-Vincent de Mâcon, qui y placent *villa de Ipgiaco vel Idgiacensis* (Igé), *villa de Mamesiaco*, *villa Seia* (la Chize, comm. de Milly?). Le chef-lieu de cet *ager* est sans doute Verzé. (Voyez *Virciacus vicaria* et *Virciacensis ager*.)

VESCHENINAS (peut-être VESCHENIVAS ou VESCHEVINAS) AGER est mentionné dans une charte de Cluny, de l'an 988 environ, qui y place *villa de Rufiaco* (Ruffey, près de Cluny). (Voyez *Rofiacensis ager*, où l'on trouve au contraire *Vetas Canevas*, *Vescanevas villa*.)

VIRCIACUS VICARIA est mentionné dans une charte de Cluny de l'an 935 environ, qui y place *Minciacus villa*. (Voyez *Verziacensis ager*.)

VIRIACENSIS, VIRIACUS AGER est mentionné dans plusieurs chartes de Cluny et de Saint-Vincent de Mâcon, qui y placent, les premières : *villa Belosia* (?), *villa de Bericiaco* ou de *Birisiaco* (Vérizet?), *villa de Pociaco*, *villa Senosana* (Senozan), *villa Valceletas*; et les secondes : *villa S. Albani* (Saint-Albin), *villa de Amanaco* ou *de Avanaco*, *villa Avenasi*, de

AUX IXe, X^e ET XIe SIÈCLES.

Avenaco, villa de Beraciaco (Vérizet?), *villa de Causel, de Causello* (Choizeau, comm. de Saint-Albin), *villa de Casellis, villa Carbonerias* (Charbonnières sur la Mouge), *villa Cabannas, curtil. de Framerio, villa de Seloneco, villa de Turiciaco* (Turicey, comm. de Montbelet), *rivus qui dicitur Glatmor*. Le chef-lieu de cet *ager* devait être Viré, au midi de Montbelet.

VORIACENSIS AGER est mentionné dans une charte de Cluny, de l'an 955 environ, qui y place *villa de Aiono*. Peut-être faudrait-il lire *Evoriacensis*. Nous voyons en effet dans l'*ager* de ce nom une *villa Ayonna*.

PAGUS AUGUSTODUNENSIS.

ALSGOIA CENTENA est mentionné dans deux chartes de Cluny, de 928 et 936, qui nomme son chef-lieu, l'une, *Alsgoia*, l'autre, *Algoia*. Cette dernière mentionne, en outre, une localité du nom de *Aliosio*. Le chef-lieu de cette centaine est ou *les Goyats* (comm. de Saint-Pierre-le-Vieux), dont le nom est écrit *Augoyat* (pour *aux Goyats*) sur la carte du Dépôt de la guerre, ou Aujoux (comm. de Saint-Igny-de-Vair), ancien prieuré situé sur une haute montagne, d'où lui vient son nom (*prioratus de Alto Jugo*). Ce prieuré, dont dépendait Monsol au xve siècle, dépendait lui-même de Cluny. Son église était sous le vocable de saint Victor.

AUGUSTODUNENSIS COMITATUS. Le comté d'Autun paraît avoir eu la même étendue que le *pagus* du même nom, du moins sur les confins méridionaux et orientaux, c'est-à-dire du côté des *pagi Lugdunensis* et *Matisconensis*. Nous y voyons en effet placer, d'après les chartes de Cluny, Montmelard en 981, Vigousset en 982, et Trivy en 983.

BRIENNENSIS PAGUS (le Brionnais) est une petite contrée qui a emprunté son nom, dit-on, à une ville appelée Brienne ou Brionne, et dont on ignore l'emplacement. (Voyez les dictionnaires géographiques de Baudrant et Expilly[1].) Courtépée (*Description historique du duché de Bourgogne*) croit que ce nom vient au contraire de celui de Brian, village à deux lieues au nord de Semur, et ancien chef-lieu du Brionnais. Son opinion me paraît beaucoup plus probable, car le nom de Brionnais ne me paraît pas remonter au-delà du xie siècle : il doit probablement son origine à la féodalité. Le plus ancien document où j'aie vu ce mot est une charte de Cluny de l'an 1050 environ : un certain Artaud et sa sœur Eldeburga donnent à Cluny l'église de Varenne-l'Arconce et une partie de la forêt de la Chassagne (*Cassania*) situées «in episcopatu Augustodunensi, in pago Briennensi.» On voit qu'il en est de ce *pagus* comme de celui de Roanne, qui lui est voisin, et qui est dit également dans l'évêché de Lyon. (Voyez *pagus Rodonensis* dans le grand *pagus Lugdunensis*.) Je crois, au reste, que le Brionnais, comme le Beaujolais, ne doit sa constitution qu'à l'influence de la famille qui l'a possédé à l'époque féodale.

DUNENSIS PAGUS est mentionné dans le cartulaire de Saint-Vincent de Mâcon, qui y place : «villa de Liciaco, cum eccl. S. Martini.» Serait-ce Saint-Martin-de-Lixy, près de Châteauneuf, en Mâconnais? Ce petit *pagus* aurait donc compris des territoires situés dans le *pagus Matisconensis* et dans le *pagus Augustodunensis*, où son chef-lieu, Dun-le-Roi, se trouvait situé.

MATORNENSIS AGER est mentionné dans plusieurs chartes de Cluny, du xe siècle, qui y placent, outre le chef-lieu, *Matornensis villa* (Matour), *Estivalns* (Estivau, au midi de Matour), *Moncionus*(?), *Trescort* (Trécourt, au nord de Matour), *Varennas* (la Garenne, au midi de Matour). (Voyez plus bas *Monciocensis ager*.)

MEDIOLANENSIS, MIOLANENSIS AGER est mentionné dans plusieurs chartes de Cluny, qui y placent *villa Vilarus* (le Villar, commune de Trivy[2]), *villa Curtis* (le Curtil-sous-Buffières), et *Belplanus*. Le chef-lieu de cet *ager* est Meulin, sur les confins des deux dio-

---

[1] Hadrien de Valois n'en parle pas.
[2] Trivy est indiqué dans une charte de Cluny de l'an 926 comme dépendant du comté d'Autun, ce qui prouve que les circonscriptions féodales étaient encore intactes.

cèses d'Autun et de Mâcon; ce qui fait que cet *ager* est indiqué tantôt dans le *pagus Augustodunensis*, tantôt dans le *pagus Matisconensis*. (Voyez dans ce dernier au mot *Mediolanensis*.) On voit, en effet, qu'ici et là cet *ager* comprend des localités situées dans les deux *pagi*.

MONCIOCENSIS AGER est mentionné dans deux chartes de Cluny, des années 922 et 933 environ, qui y placent *villa Corian* et *vicus subtus S. Christophorum*. J'ignore où est la première localité; mais je pense que la seconde est le bourg de Saint-Christophe-la-Montagne, ou du moins une localité voisine, qui est indiquée sous le nom de *Vivy* sur la carte du Dépôt, et sous celui de *Vis* sur la carte de Cassini. La carte départementale de M. Rembielinski, quoique ordinairement beaucoup plus détaillée, confond cette localité avec le bourg lui-même. Quant au chef-lieu de cet *ager*, je pense que c'est Monsol. Une autre charte de Cluny, de l'an 926, mentionne un *ager Monoscensis*, dont le nom doit peut-être se lire *Monciocensis*, et dans lequel on voit figurer un *vicus Resedon*, qui est sans doute Saint-Pierre-le-Vieux. (Voyez au *pagus Matisconensis* l'*ager Escusoliacensis*.)

SANTINIACENSIS AGER est mentionné dans une charte de Cluny, de 943, qui y place *villa Arfolia* et *cortis qui dicitur a Moncello*. Le chef-lieu de cet *ager* est sans doute Saint-Igny-de-Vair, dont le nom actuel n'est que la corruption de *Santiniacus* ou *Centiniacus*, seul inscrit dans les anciens pouillés. Il y a bien une localité du nom d'Arfeuille près de Saint-Igny-de-Roche, mais cette dernière localité était dans le *pagus Matisconensis*.

SEUDONENSIS, SEOTUNENSIS AGER est mentionné dans trois chartes de Cluny, des années 913, 915, 946, qui y placent la *villa Civinus* ou *Civinionus* (Sivignon, hameau de la commune de Suin), et une localité du nom de *Vallis* (qui est probablement Vaux, au nord-ouest de Sivignon). Le chef-lieu de cet *ager* est Suin, canton de Saint-Bonnet-de-Joux (Saône-et-Loire). (Voy. *Seotunensis ager* et *Sedunensis vicaria* dans le *pagus Matisconensis*.)

VENDENESSIS AGER est mentionné dans une charte de Cluny, de 924, qui y place *villa Colonicas*. Le chef-lieu de cet *ager* est sans doute Vandenesse-lez-Charolles (vocable, S. Denis), avec *villa Colonicas* (Collanges-sur-la-Semence, près de Vandenesse). Il y a aussi un Vandenesse près de Saint-Igny-de-Vair, mais il n'a pas la même importance que le premier.

PAGUS ARVERNENSIS, ALVERNENSIS ou ALVERNICUS.

LIBRATENSIS VICARIA est mentionné dans le cartulaire de Savigny, qui place cette vicairie *in comitatu Turornensi*. La seule localité qui soit positivement indiquée comme appartenant à cette *vicaria* est la *villa Beureria*, Beurière, chef-lieu d'une commune du canton d'Arlanc (Puy-de-Dôme). Le cartulaire du Monestier cite aussi l'*aicis* ou *vicaria Libratensis*, et y place les *villæ Dora* (Dore-l'Église, comm. du canton d'Arlanc), *Telliarias* (Thiolières, comm. du canton d'Ambert), et *S. Johannis ad Bracones*. La *vicaria Libratensis* a laissé son nom à une petite vallée (*le Livradois*) dans laquelle coule la Dore, et qui comprend Ambert et Arlanc.

LEMANICUS AICIS est mentionné dans le cartulaire de Brioude, qui le décrit ainsi : « In « patria Arvernica, in aice Lemanico, in co- « mitatu Telemitensi, in vicaria Broniari, in « villa quæ dicitur Orib, in ipsa cultura quæ « est in villa » (fol. 9 verso). C'est du nom de cet *aicis* que vient celui de la Limagne d'Auvergne, qui porte ailleurs aussi le titre de *pagus* (fol. 8 du même cartulaire).

TELEMITENSIS COMITATUS. (Voyez l'article précédent.)

TIERNENSIS ou THYERNENSIS AGER est mentionné dans deux chartes de Cluny, presque identiques, des années 963 et 978. Elles y placent, l'une et l'autre, les localités suivantes, dont les noms sont toutefois différemment écrits : 1° Dans la *vicaria Dorotensis* ou *Doratensis* (Dorat, comm. du canton de Thiers) : *villa de Nymsiaco* ou *Nimsyaco*, *Guireta*, *Givreta* ou *Gevreta*, *Monsbrisonis*, *Arlatium*, *Arlatia* (Orliat, comm. du canton de Lezoux?), *Selviacum* (Salviat, comm. du canton de Courpière); 2° Dans la *vicaria Lo-*

dosensis (Lezoux) : *villa de Leodriaco, Ledraco, villa Columna, Colomna, Calomna, Foliosa* Fouillouse, comm. de Culhat, canton de Lezoux), *Arnoiolis, Arnoyolis, Arrioeflia (?), Spiriacum* (Espirat, comm. du canton de Vertaison), *Runca Vulpis*. Le chef-lieu de cet *ager* est évidemment Thiers; quant aux localités qui sont indiquées dans les deux vicairies, il m'a été impossible d'en restituer plus que je ne l'ai fait. Je n'admets pas, avec M. de Gingins[1], que le *Monsbrisonis* de la *vicaria Doratensis* soit Montbrison en Forez. Non-seulement cette ville est séparée de Thiers par une chaîne considérable de montagnes, mais encore par des localités qui sont positivement placées dans le *pagus Lugdunensis*[2]. Ce n'est pas plus exactement, je crois, que M. de Gingins restitue le nom d'*Arlatium* par Arlant[3]; car, bien que cette localité soit en Auvergne, elle est trop éloignée de Thiers pour avoir fait partie de son territoire; elle appartenait à la *vicaria Libratensis*. (Voyez ce mot.) La restitution que je propose me semble bien préférable.

TURORNENSIS ou TORLONENSIS COMITATUS est mentionné dans deux chartes de Savigny, l'une qui y place la *vicaria Libratensis* (voyez ce mot), autrement dit *le Livradois*, et l'autre la *villa Bicalona* (Bichelone, commune de Saillan, canton de Viverols), *in valle Valonica*. Ce dernier nom peut se traduire également par Valette, nom d'une petite vallée où se trouve Saillans, ou par Vallorgue, nom de la vallée où se trouve Saint-Anthême, qui est appelée, dans le cartulaire de Savigny, *Vallis Longa*, et qui reçut plus tard, par corruption, le nom de *Vallis Organa* (traduction latine du français Vallorgue). Ce comté tirait, dit-on, son nom d'une montagne voisine de Billom, et qu'on appelle aujourd'hui Turluron. J'avoue que cette restitution ne me semble pas bien certaine. On voit seulement ici que ce comté embrassait à peu près l'arrondissement d'Ambert.

PAGUS VELLAVENSIS, VELLAICUS ou VELAUNICUS.

ANICIENSIS AICIS est mentionné dans le cartulaire du Monestier, qui y place *villa Dearmas* (*de Armas*?) *seu Fabricas*. C'est sans doute Farges, sur la Loire, au midi du Puy, qui devait être le chef-lieu de cet *aicis*.

BALDINAR AICIS est mentionné dans le cartulaire du Monestier, qui y place *villa de Mercorio* (?). Le chef-lieu de cette circonscription est peut-être Beaudiner, au midi de Saint-Bonnet-le-Froid, dans le Vivarais. Le château de Beaudiner, qui n'est pas fort éloigné de Monestier, a joué un certain rôle au moyen âge.

BASSENSIS AICIS est mentionné dans une charte du Monestier, qui y place *villa de Veracio*, peut-être *Vorocio*, comme ci-dessous; et dans une charte de Cluny, qui y place *villa Vorocio, in aice vel vicaria Bassense*. (Voyez l'article suivant.)

BASSENSIS, BAZENSIS VICARIA est mentionné dans deux chartes de Cluny, des années 962 et 1000 environ, qui y placent *villa Loberias, villa Vorocio* (les Verroux, comm. de Merle); et dans plusieurs chartes du cartulaire du Monestier, qui y placent : *villa de Planciaco* (peut-être Planchard, au nord-est de Rosiers), *Vallis Privata* (Vauprivat, annexe de Bas-en-Basset), *locus Confolens juxta fluvium Aligarim* (Confolent, au confluent de la Loire et du Lignon[4]), *villa de Croseto* (le Croset, comm. de Saint-Hilaire), et *Flumiangas* (?). Le chef-lieu de cette *vicaria* est *Bas-en-Basset*, dont le surnom rappelle encore l'ancienne dénomination, qu'on devrait écrire *Bassois*.

BONACIENSIS AICIS est mentionné plusieurs fois dans le cartulaire du Monestier, qui y place la *vicaria Tesciacensis* et la *villa Casaletis*.

---

[1] *Essai sur la division de l'administration politique du Lyonnais au* x[e] *siècle*, p. 8. — *Essai historique sur la souveraineté de Lyon*, p. 29.

[2] Je vois cité dans le cartulaire de Brioude (fol. 32, r.) une *cultura de Montebrisone* qui pourrait bien être la localité en question; mais j'ignore sa situation.

[3] *Essai historique*, etc. p. 29.

[4] Il ne s'agit pas ici du Lignon du Forez, illustré par Honoré d'Urfé dans son roman d'Astrée, mais d'une rivière du même nom qui se trouve dans le Vélais, et qu'on a quelquefois confondue avec la première, témoin ce qu'on lit dans les Confessions de Jean-Jacques Rousseau.

J'ignore quel était le chef-lieu de cet *aicis*; mais sa situation est connue : il était aux environs de Tence. (Voy. *Tansiacensis vicaria*.)

CALANCONENSIS VICARIA est mentionné dans le cartulaire du Monestier, qui y place *villa de Exarto*. Je ne sais où était située cette *villa*; mais la *vicaria* avait sans doute pour chef-lieu Chalencon, qui a laissé son nom à plusieurs localités, et, entre autres, à Saint-Pal-de-Chalencon et à Saint-André-de-Chalencon, l'un sur la rive gauche, l'autre sur la rive droite de la petite rivière d'Anse, qui servait jadis de limite au Forez et au Vélais.

CRAPONENSIS VICARIA est mentionné dans le cartulaire du Monestier, qui y place *villa Vernetis*, sans doute le Vernet, près de Craponne, chef-lieu de cette *vicaria*.

DONERIA AICIS, mentionné dans le cartulaire du Monestier, est peut-être le territoire de Dunières, localité située au nord de Montfaucon, et qui a donné son nom à la rivière qui la traverse.

ISSENGAUDENSIS AICIS est mentionné dans le cartulaire du Monestier, qui y place *ipsa villa* et *villa Fagetus*, peut-être la Fayette, au midi d'Issingeaux, chef-lieu de cet *aicis*.

TANSIACENSIS, TESCIACENSIS VICARIA (in *uice Bonaciense*) est mentionné dans le cartulaire du Monestier, qui y place *villa Vileta* (Villette, au midi de Tense) et *villa de Fraxineto* (Freycinet, au nord-ouest de la même ville). Le chef-lieu de cette *vicaria* était Tence.

VETULA CIVITATE (VICARIA DE) est mentionné fort souvent dans le cartulaire du Monestier, qui y place : *villa de Boscheto*, *locus de Cadernago*, *villa de Calme*, *villa Crosologus*, *villa de Genoliaco*. Le chef-lieu de cette *vicaria* est sans doute Saint-Paulien, l'antique *Ruessio*, qui paraît avoir porté le nom de *Vetula Civitas*, lorsqu'elle eut été dépouillée de son évêché au profit du Puy, après les ravages des Normands, et avant de prendre son nom moderne de Saint-Paulien.

PAGUS VIENNENSIS.

AMPUICENSIS AGER est mentionné dans une charte de Cluny, de l'an 882, comme voisin de l'*ager Terveneussis*. Voici le nom de deux *villæ* qui y sont portées, sans distinction d'*ager* : *Ancellas* et *Caucilla*. J'ignore où étaient situées ces deux localités; mais le chef-lieu de cet *ager* me paraît être Ampuis, canton de Condrieu (Rhône).

ANNONENSIS ou ANNONACENSIS AGER est mentionné dans plusieurs actes du XIe siècle, cités par Chorier[1] et par Charvet[2], et qui y placent *Cruas*, *Rosiacus* ou *Rofiacus*, et une *villa* appelée *Monasterium S. Marcelli* : c'est Saint-Marcel près d'Annonay. Un acte du IXe siècle (844), publié par Baluze[3], et relatif à Argental (*Argentaus*), place cette localité dans un *ager Ananocensis*. Il faut évidemment lire *Annonacensis*. Enfin une charte de Cluny de 874 place dans cet *ager* une *villa Vugor*. Le chef-lieu de l'*ager Annonacensis* est Annonay, département de l'Ardèche.

BOCIUS AGER est mentionné dans un acte cité par Chorier[4], et dans lequel il dit avoir lu : « *Portum de villa Bocio, qui est super flumen Rhodanum.* » Le chef-lieu de cet *ager* est sans doute Bœuf, ou, comme on dit aujourd'hui, Saint-Pierre-de-Bœuf. Il est, en effet, question dans l'acte d'une église dédiée à saint Pierre, et d'une *villa Rosiatis* (Roisé).

COLUMBARENSIS AGER est mentionné dans un acte de 912, cité par Dom Vaissète[5], et qui y place *Arlabosc villa*. Le chef-lieu de cet *ager* est Colombier-le-Jeune, qui faisait autrefois partie d'une enclave de Forez dans le Vivarais, et près duquel est une commune du nom d'Arlebosc.

COMMUNACENSIS AGER, cité dans une charte de Cluny de 942 environ, avait sans doute pour chef-lieu Communai, canton de Saint-Symphorien-d'Ozon (Isère).

CONDRIACENSIS AGER est mentionné dans un acte du cartulaire de Saint-Pierre de Vienne, cité par Cochard[6], et faisant mention d'Am-

---

[1] *Hist. du Dauphiné*, t. I, p. 831 et 863.
[2] *Hist. de l'église de Vienne*, p. 263, 267 et 290.
[3] *Capitul.* t. II, col. 1443.
[4] *État du Dauphiné*, t. II, p. 375.
[5] *Hist. de Languedoc*, t. V, p. 679.
[6] *Almanach de Lyon pour 1812*, p. XXXIII.

puis (*Ampucio*). Le chef-lieu de cet *ager* est Condrieux. Je ferai remarquer, toutefois, qu'Ampuis paraît avoir été aussi chef-lieu d'*ager*. (Voyez au mot *Ampuicensis*.)

FEREOLUS AGER est mentionné dans une charte de l'église de Vienne, invoquée par Charvet[1], et par laquelle on apprend que cet *ager* était près de la Vezeronce, petite rivière qui se jette dans le Rhône au midi de Sainte-Colombe-lez-Vienne (Rhône). Quant au chef-lieu, que Charvet appelle Saint-Féréol, j'ignore où il était situé.

[1] *Histoire de l'église de Vienne*, p. 210.

MATISCLACENSIS ou MASCLACENSIS AGER est mentionné dans plusieurs chartes du x° siècle, citées par Charvet et Chorier, et qui y placent Pélussin et une *villa Solemcinatis* ou *Solencinatis*, dont on ignore la situation. Le chef-lieu de cet *ager* est Maclas.

OCTAVIENSIS AGER. (Voyez ce mot dans le *pagus Lugdunensis*.)

TERVENEUSSIS AGER est mentionné dans une charte de Cluny de l'an 882, comme voisin de l'*ager Ampuicensis*.

DICTIONNAIRE GÉOGRAPHIQUE.

Ce Dictionnaire fait connaître la situation actuelle des lieux, montagnes, rivières, etc. cités dans les cartulaires de Savigny et d'Ainay, dont les noms modernes ont pu être restitués, et celle de toutes les localités portées dans les *Appendices*. — Les lettres *I. G.* renvoient à l'*Index generalis*, et le chiffre qui suit, au numéro d'ordre du mot. La lettre *A* renvoie aux *Appendices*; le chiffre qui suit, à la *page*, et la lettre n., aux *notes*. Comm. signifie *commune;* cant. *canton;* dép. *département;* S.-et-L. *Saône-et-Loire;* Puy-de-D. *Puy-de-Dôme;* H.-Loire, *Haute-Loire*, etc. Quand une localité est indiquée dans une commune, c'est un simple hameau; dans un canton, c'est un chef-lieu de commune, dans un arrondissement, c'est un chef-lieu de canton; dans un département, c'est un chef-lieu d'arrondissement. — Nous avons réuni ici toutes les variantes d'un même nom; mais, pour économiser l'espace, nous avons cru devoir souvent abréger ces noms lorsqu'ils étaient conformes au premier mot de l'article ou lorsqu'il s'agissait de noms de saints très-connus, soit latins, soit français. Nous avons mis en *italique* les noms dont la restitution est douteuse.

A

ABERGEMENT (L'), comm. de Burzy (S.-et-L.). *A*. Albergamentum, 1047.

ABERGEMENT (L'), canton de Châtillon-lez-Dombes (Ain). *A*. L'Abergement, 927, 1019, n. 9.

ABERGEMENT-DE-VAREY (L'), cant. d'Ambérieux (Ain). *A*. 1014.

ADVENTURES (St-JEAN-DES-). *A*. 1016, note 9.

AFFLODE, ancien prieuré dans le département de la Charente. *I. G.* Aflaaz, Flaaz.

AFFOUX, cant. de Tarare (Rhône). *I. G.* Affo. *A*. Afou, 908; Affoux, 1031.

AGNEREINS, comm. de Villeneuve (Ain). *I. G.* Animiàcensis. *A*. Agninens, 927; Anygnens, 946; Aignineins, 972; Aignereins, 999; Agnereins, 1018.

AGNY, comm. de St-Laurent-d'Agny (Rhône).
Ce village est ordinairement désigné sous le nom de St-Vincent, emprunté à celui du patron de l'église. *I. G.* Dagninus. *A*. Daygnins, 901, 942, 965, 993, n. 2 et 5. (Voy. *St-Vincent*.)

AILLEUX, cant. de Boën (Loire). *A*. Ailleu, 909; Aylleu, 937; Aillieu, 956; Aillieu, 983; Ailleux, 1029.

AIGUEPERSE, cant. de Monsol (Rhône). *A*. 1038.

AIGUILLY, comm. de Vougy (Loire). *A*. Agullie, 1045; Aiguilly, 1036.

AINAY, abbaye située dans la ville de Lyon. *I. G.* Aynnacus, Athanatense monasterium, etc. (Voyez aussi les pouillés.)

Alaval. C'est peut-être le nom primitif de St-Cyprien-d'Anse. (Voyez ce nom.)

ALBANAIS (L'), pays qui tirait son nom d'Albens, bourg à 5 lieues au nord de Chambéry; il comprenait la vallée d'Aix à Frangy et les environs d'Annecy. *I. G.* Albanensis pagus.

ALBIEUX, com. de Bussy (Loire). *A.* 1029, n. 2.

ALBIGNY, château dans la comm. de Montrotier (Rhône). *I. G.* Albiniacus 2.

ALBIGNY, cant. de Neuville (Rhône). *I. G.* Albiniacus 1. *A.* Arbigniacus, 935, 981; Albigniacus, 953; Albigny, 1024.

ALIX, cant. d'Anse (Rhône). *I. G.* Ali. *A.* Alio, 915; Aolens, 917; Alix, 1026, n. 10.

ALLEMAGNE. *I. G.* Alemania.

ALO, près de Manissieux (Isère). *A.* 918; Aillon, 944. (Voyez p. 918, n. 4.)

AMANCY, com. de Châtillon-d'Azergues (Rhône). *I. G.* Amanciacus. L'église était sous le vocable de Ste Valburge. *A.* Sta Galbora, 911 et n. 6; S. Gaburt, 940; S. Ginburgia, 961, 989; Mancy, 990, n. 6.

AMANZÉ, cant. de la Clayette (S.-et-Loire.) *A.* Amanz.., 1053.

AMAREINS, cant. de St-Trivier-sur-Moignans (Ain). *A.* Marens, 927; Amaren, 946; Amareins, 972; Amareins, 1000, 1018.

AMBÉRIEUX, cant. d'Anse (Rhône). *A.* Ambariacus, 917; Ambayriacus, 940; Amberiacus, 962, 990; Ambérieux-d'Azergues, 1025.

AMBÉRIEUX, arr. de Belley (Ain). *A.* Ambayreus, 931; Ambayriacus, 947, 973; Ambeiriacus, 1001; Ambérieux, 1014.

AMBÉRIEUX, cant. de St-Trivier-sur-Moignans (Ain). *A.* Ambarreu, 927; Ambayriacus, 946; Ambayreu, 971; Ambeirieu, 1000; Ambérieux, 1018.

AMBIERLE, cant. de St-Haon-le-Châtel (Loire). *A.* Amberta, 914, 954, 982, 983; Ambirliacus, 936; Ambierle, 1028.

AMBLAGNIEU, cant. de Crémieu (Isère). *A.* Amblayneu, 920; Amblaigneu, 943, 948, 966, 994; Amblagnieux, 1023.

AMBOURNAY, cant. d'Ambérieux (Ain). *A.* Ambronais, 931; Ambroniacus, 947, 973; 1001; Ambournay, 1014.

Ambroniacus. Ce mot est peut-être le nom primitif de Rive-de-Gier. (Voy. *Rive-de-Gier*, dans le *Dict. géogr.* et *Ambroniacus* dans l'*Index gen.*)

AMBUTRIX, cant. de Lagnieu (Ain). *A.* Ambutris, 948; Ambutrix, 1014.

AMEUGNY, cant. de St-Gengoux-le-Royal (S.-et-L.). *A.* Ammugniacus, 1048.

AMIONS, cant. de St-Germain-Laval (Loire). *A.* Amionz, 910; Amiens, 937; Amions, alias Mions, 956, 984; Amion, 1029; Amoncius, 1057.

AMPLEPUIS, cant. de Thizy (Rhône). *I. G.* Amplus Puteus. *A.* Amplus Putheus, 913; Amplus Puteus, 936, 954, 982; Amplepuis, 1028.

AMPUIS, cant. de Condrieu (Rhône). *A.* 1039.

ANCELLES. (Voyez *St-Symphorien-d'Ancelles.*)

ANCY, cant. de Tarare (Rhône). *I. G.* Anciacus. *A.* Ancy, 1032.

ANDE-LA-ROCHE, cant. de la Palisse (Allier). *A.* 1041.

ANDELOT, cant. de St-Julien (Jura). *A.* Andelos, 930, 950, 976; Andelost, 1005; Andelot, 1010.

ANDRÉZIEUX, cant. de St-Galmier (Loire). *A.* 1033; Andriacus, Andrisiacus, 1055.

ANGÉRIEUX, comm. de Chandieu (Loire). *I. G. Angeriacus.*

ANGLETERRE. *I. G.* Angliæ regnum.

ANGOULÊME (Charente). *I. G.* Engolismensis episcopus, comes, moneta, etc.

ANGOUMOIS. *I. G.* Engolismensis pagus. (Voyez *Angoulême.*)

ANNECY, en Savoie. *I. G.* Annasseu.

ANSE, arr. de Villefranche (Rhône). *I. G.* Ansa, Ansensis, Valansis, Valansensis, Valensensis ager. *A.* Ansa, 917, 940, 962, 990; Anse, 1025.

ANTHON, cant. de Meyzieux (Isère). *A.* Anthon, 944, 967; Anton, 995; Anthon, 1023.

ANZY, cant. de Marcigny (S.-et-L.). *A.* Enzi.., 1053.

APINAC, cant. de St-Bonnet-le-Chât. (Loire). *A.* 1040.

APINOST, comm. de Bully (Rhône). *I. G.* Appeniacus.

APREMONT, cant. de Nantua (Ain). *A.* 1012.

AQUITAINE. *I. G.* Aquitania, Aquitaniæ ducatus, Aquitanorum rex, dux, etc.

ARAN (ou ARANC), cant. de Hauteville (Ain). *A.* Arant, 931, 1002; Aranc, 947; Arenc, 974; Aran, 1014.

ARANDON, cant. de Morestel (Isère). *A.* Arandon, 919; Arando, 943, 966, 994; Arandon, 1023.

ARBENT, cant. d'Oyonnax (Ain). *A.* Albeins, Albenc, 913; Albencus, 947; Arbencus, 974, 1002; Arbent, 1012 et n. 9.

ARBIGNY, cant. de Pont-de-Vaux (Ain). *A.* Albinies, 929; Arbignia, 950; Arbigny, 977; Arbign. 1006; Arbigny, 1016.

ARBIN, comm. située à 2 kil. de Montmélian (Savoie). *I. G.* Erbinus. Il y a au nord de la paroisse d'Arbin une montagne sur laquelle sont trois croix. C'est sans doute celle qu'on appelait, au XI° siècle, *Mons Benedictus, I. G.*

ARBOZ, mère-église de Colombier (Isère). *A.* 995.

ARBRÈLE (L'), arr. de Lyon (Rhône). *I. G.* Arbravilla, Arbrella. *A.* Arbrella, 910, 940, 961; Arbrela, 989; l'Arbrèle, 1017.

ARBUISSONNAS, cant. de Villefranche (Rhône). *A.* Albuczona, 915; Arbuczonas, 940, 941; Arbuzona, 962; Albussonas, 990, 991; Arbuissonnas, 1025.

ARCEU, près de Colombier (Isère). *A.* Arceu, 919, 944, 967. (Voyez 919, n. 5, et 944, n. 5.)

ARCINGES, cant. de Belmont (Loire). *A.* 1037, 1046.

ARCON, cant. de S¹-Haon-le-Châtel (Loire). *A.* 1028.

ARCON, comm. de Vivans (Loire). *A.* 1041.

ARCONSAT, cant. de S¹-Remy (Puy-de-D.). *A.* 1040.

ARDILLATS (LES), cant. de Beaujeu (Rhône). *A.* Les Ardillas, 1046; les Ardillats, 1038.

ARFEUILLES, cant. de la Palisse (Allier). *A.* Arfeuil, 1041.

ARGENTAL, comm. de Bourg-Argental (Loire). *A.* 1039.

ARGENTIÈRE (L'), comm. d'Aveize (Rhône). *I. G.* Argenteria. *A.* L'Argentière, 989, n. 1, 1032, n. 3.

ARLES (L'archevêque d'). *I. G.* Arelatensis archiepiscopus.

ARNANS, cant. de Treffort (Ain). *A.* Arnans, 925; Aranc (?), 949; Arnaux, 976; Arnant, 1004; Arnaud, 1011.

ARNAS, hameau de la comm. de S¹-Romain-de-Popès (Rhône). *I. G.* Arnacus 1.

ARNAS, cant. de Villefranche (Rhône). *I. G.* Arnacus 2. *A.* Arnas, 916, 940; Arna, 941, 962, 990, 991; Arnas, 1025; Arnatus, 1058.

AROMAS, cant. d'Arinthod (Ain). *A.* Arromas, 925; Arroma, 949, 1003; Arronia (?), 975; Aromas, 1011.

ARS, cant. de Trévoux (Ain). *I. G.* Artis villa. *A.* Ars, 927. 946, 971, 1000, 1018.

ARS, village sur la rive gauche du Né, arr. de Cognac (Charente). *I. G.* Arcs.

ARTHUN, cant. de Boën (Loire). *I. G.* Artedunus. *A.* Arteun, 909; Arteon, 937; Artheonne, 956; Artunus, 984; Arthun, 1029.

ASNIÈRES, comm. de Villette-d'Anthon (Isère). *A.* Asineriæ, 918.

ASSIEUX, com. de Trelins (Loire). *I. G.* Aciacus.

ATHANEINS, comm. de Baneins (Ain). *A.* Antanes, 926; Antaigneu, 946; Anthanains, 971; Athanains, 999; Athaneins, 1018. (Voyez p. 1018, n. 6.)

ATTIGNAT, cant. de Montrevel (Ain). *A.* Atinies, 929; Atignia, 950; Attignia, 978, 1006; Attigna, 1017.

AUBÉPIN (L'), comm. de la Rajasse (Rhône). *I. G.* Albapinu; *A.* L'Albespin, 903; Albaspinus, 941, 942, 964; Albapinus, 992, 994; Laubépin, 1035; Albaspina, 1056.

AUTEFOND, cant. de Paray (S.-et-L.). *A.* Altafons, 1052.

AUTUN. *I. G.* Augustodunensis comitatus, Eduorum episcopus. *A.* Autun, 1051.

AUVERGNE (Pays d'). *I. G.* Alvernensis pagus.

AVAUGES, comm. de S¹-Romain de-Popès. *I. G.* Avalga, Avalgiis.

AVEIZE, cant. de S¹-Symphorien-le-Château (Rhône). *I. G.* Avesias. *A.* Aveyses, 913, 939, 960, 988; Aveises, 1032.

AVENAS, cant. de Beaujeu (Rhône). *A.* 1036, 1050.

AVERGUES, comm. de Courzieu (Rhône). *I. G.* Avergiis.

AVET, comm. de S¹-Martin-l'Estra (Loire). *I. G.* Adavesiis.

AVEYZIEUX, cant. de S¹-Galmier (Loire). *A.* Vaisseu, 903; Aveizieu, 993, n. 10; Aveizieux, 1033.

AVIGNON (Évêque d'). *I. G.* Avenionensis episcopus.

Avolorgue. I. G. Avolorgus. (Voy. p. 1081, n. 3.)

AYNARD, comm. de Bonnay (S.-et-L.). *A.* 1047.

AZÉ, cant. de Lugny (S.-et-L.). *A.* Aziacus, 1049.

AZERGUES, rivière qui se jette dans la Saône près d'Anse (Rhône). *I. G.* Aselga.

AZIN, comm. de Genas (Isère). *A.* Azeus, 918, et n. 12.

AZOLETTES, cant. de Monsols (Rhône). *I. G.* Azolettes. *A.* 1046; Azolette, 1037.

DICTIONNAIRE GÉOGRAPHIQUE.

B

BADAN, com. de Grigny (Rhône). *I. G.* Badina villa.

BÂGÉ-LA-VILLE, cant. de Bâgé-le-Châtel (Ain). *A.* Baugia la Villa, 929; Beaugiacus villa, 950, 977, 1006; Bâgé-la-Ville, 1016.

BÂGÉ-LE-CHÂTEL, arr. de Bourg (Ain). *A.* Baugies, 929 et note 1; Baugiacum, 950, 978, 1007; Bâgé-le-Châtel, 1016.

BAGNOLS, canton de Bois-d'Oingt (Rhône). *A.* Baigneulz, Banneuls, 911; Baigneu, 940; Baignoux, 961; Baignolz, 989; Bagnols, 1027; Balniolus, 1058.

BAGNY, comm. de Létra (Rhône). *I. G.* Bagniacus villa.

BAGNY, comm. de Chevinay (Rhône). *I. G.* Bagniolis.

BALAN, cant. de Montluel (Ain). *A.* Balaout, 921; Balon, 944, 969; Ballan, 996; Balan, 921.

BALANOD, cant. de St-Amour (Jura). *A.* 1010, n.

BALBIGNY, cant. de Néronde (Loire). *I. G.* Balbieo, Balbineu. *A.* Balbigneu, 908; Barbigneu, 937, 956; Barbignieu, 984; Balbigny, 1032.

BALLORE, cant. de la Guiche (S.-et-L.). *A.* Baledraucus, 1052.

BALME (LA), cant. de Cremieu (Isère). *A.* Balma, 920, 943, 966, 994; la Balme, 1023.

BALME (LA), cant. de Poncins (Ain). *A.* 1013.

BANEINS. (Voy. *Athaneins* et la note 6 de la page 1018.)

BANS, comm. de Givors (Rhône). *A.* Baon, 901, 941, 964; Bans, 992, 1035.

BANTANGES, cant. de Montpont (S.-et-L.). *A.* Bandenges, 928; Bandenches, 950; Bandonges, 978; Batanges, 1006; Bantanges, 1016.

BARBE (L'île), cant. de Neuville (Rhône). *I. G.* Barbara, Barbarensis insula. *A.* Insula Barbara, 941, 962, 963, 990, 991. (Voy. *St-Rambert-de-l'Île-Barbe.*)

BARBY, près de Chambéry, en Savoie. *I. G.* Balbiacus.

BARD, canton de Montbrison (Loire). *A.* Bar, 906, 939, 985, 987, 1055; Bays, 938; Barrum, 958; Bard, 1030.

BARNAY (LE), comm. de Bessenay, cant. de l'Arbrèle (Rhône). *I. G.* Brenacus.

BAROILLES, comm. de St-Georges de Baroilles (Loire). *A.* Barolli, 909; Baroylli, 937; Berriolly, 956; Barrollis, 984; Baroilles, 1029, n. 3.

BARON, cant. de Charolles (S.-et-L.). *A.* Beronus, 1052.

BAS-EN-BASSET, arr. d'Issengeaux (H.-Loire). *A.* 1040.

BASSET, comm. de Bas-en-Basset (H.-Loire). *A.* 1040.

BATAILLY, hameau qui a donné son nom à un ruisseau dans la commune de St-Romain-de-Popès (Rhône). *I. G.* Bataliaco, Batalieu (de).

BAULON, cant. de Chevagnes (Allier). *A.* Bedele..., 1053.

BEAUBERY, cant. de St-Bonnet-de-Joux (S.-et-L.). *A.* Balbiriacus, 1052.

BEAUJEU, arr. de Villefranche (Rhône). *I. G.* Bellojoco (de). *A.* Bellusjocus, 1045; Beaujeu, 1037.

BEAULIEU, ancien prieuré de filles dans la com. de Riorges (Loire). *A.* Bellus Locus, 915 et les n. 2 à 6.

BEAUPONT, cant. de Coligny (Ain). *A.* 1017.

BEAUREGARD, cant. de Trévoux (Ain). *A.* Beauregard, 1018.

BEAUREGARD, hameau de la commune de St-Genis-Laval (Rhône). *I. G.* Belveder, et p. 921, Belvert, Belveer.

BECHEVELIN, ancien château situé dans la com. de la Guillotière (Rhône). *A.* Becchivellen, 918; Bechivelleynt, 944. (Voy. p. 918, n. 2.)

BÉLIGNEUX, cant. de Montluel (Ain). *A.* Biliguieu, 921; Biligneu, 944; Belligneu, 969; Billigneu, 996; Biligneux, 1021. (Voyez p. 996, n. 15.)

BÉLIGNIAT, cant. d'Oyonnax (Ain). *A.* Belignia, 947; Beligneu, 974; Billignia, 1002; Belligna, 1012.

BÉLIGNY, cant. de Villefranche (Rhône). *A.* Balligneu, 916; Biligneu, 940, 962; Beligny, 990; 1025.

Bellasargina (?), près d'Anse. *A.* 1025, n 3.

BELLEGARDE, cant. de St-Galmier (Loire). *A.* 988, 989, 1032.

BELLEROCHE, cant. de Belmont (Loire). *A.* Bella Rupis, 1046; Belleroche, 1037.

BELLEVILLE, arr. de Villefranche (Rhône). *A.* Bellavilla, 916, 941, 962, 963, 991; Belleville, 1025.
BELLEVILLE. (Voy. *Cesseins.*)
BELLEY (Évêque de). *I. G.* Bellicensis episcopus.
BELMONT, cant. d'Anse (Rhône). *I. G.* Bellus Mons. *A.* Belmonz, 917; Bellus Mons, 941, 962, 991, n. 11; Belmont, 1025, n. 6.
BELMONT, arr. de Roanne (Loire). *A.* Bellusmons, 1046; Belmont, 1037.
BÉNISSON-DIEU (LA), cant. de Roanne (Loire). *A.* Benedictio Dei, 936, 954, 983; Bénisson-Dieu, 1028, n. 2.
BENONCE, cant. de Lhuis (Ain). *A.* Benonci, 932, 947, 973; Bennonce, 948; Benoncia, 1001; Benonce, 1014.
BÉNY, cant. de Coligny (Ain). *A.* Beunis, 929; Bennis, 950; Bayni, 977; Beiny, 1006; Beny, 1017.
BEREINS, cant. de S¹-Trivier-sur-Moignans (Ain). *A.* Bereyns, 946; Becons (?), 971; Berens, 1000; Bereins, 1018 et n. 8.
BEREYZIAT, cant. de Montrevel (Ain). *A.* Bereyssia, 928; Bereysia, 950, 978; Bereisa, 107; Bereziat, 1016.
BERGESSERIN, cant. de Cluny (S.-et-L.). *A.* Berga Serena, 1048.
Berichi, Benchi (?), archipr. de Pommiers. *A.* 910, 937.
BERZÉ-LE-CHÂTEL, cant. de Cluny (S.-et-L.). *A.* Berziacus Castri, 1048.
BERZÉ-LA-VILLE, cant. de Mâcon (S.-et-L.). *A.* Berziacus Villa, 1048.
BESANÇON (Archevêque de). *I. G.* Bizuntinus archiepiscopus.
BÉSAUDUN, cant. de Bourdeaux, arrond. de Die (Drôme). *I. G.* Besaldunus.
BESSENAY, cant. de l'Arbrêle (Rhône). *I. G.* Bessenacus, Bessenacensis, etc. *A.* Bessenay, 912, 960, 988; Bessennays, 939; Bessenay, 1032.
BESSEY, cant. de Pélussin (Loire). *A.* 1039.
BETHENINS, comm. de Montceaux (Ain). *A.* Betenens, 927. (Voy. p. 927, n. 1, et p. 1019, n. 11.)
BEURIÈRE, cant. d'Arlanc (Puy-de-D.). *G. I.* Beureria.
BEY, cant. de Pont-de-Veyle (Ain). *A.* Bei, 926; Bey, 946; Bay, 971; Bey, 1000, 1018.
BEYNOST, cant. de Montluel (Ain). *A.* Baino, 920; Bayno, 920, 944, 969; Beyno, 996; Beynost, 1021 et n. 4. (Voy. *S¹-Maurice-de-Beynost.*)
BIBOST, cant. de l'Arbrêle (Rhône). Il y a un autre Bibost, simple hameau de la commune de Sourcieux, même canton; mais il ne paraît pas avoir eu d'importance dans le passé. Le premier, au contraire, a donné son nom à une commune voisine. *I. G.* Bibosch, etc. *A.* Bibost, 1032.
BICHALONNE, comm. de Saillant, cant. de Vivarols (Puy-de-D.). *I. G.* Bicalona.
BICY, p. 1047, n. 6. (Voy. *S¹-Huruge.*)
BIGNY, com. de Cleppé, près de Feurs (Loire). *I. G.* Binniacus.
BILIGNEUX. (Voy. *Béligneux.*)
BILLY, com. de Légny (Rhône). *I. G.* Billiacus.
BIRIEUX, cant. de Meximieux (Ain). *A.* Bireu, 921, 945; Biriacus, 969, 997; Birieux, 1021.
BISSY-LA-MÂCONNAISE, cant. de Lugny (S.-et-L.). *A.* Bissiacus Matisconensis, 1049.
BISSY-SOUS-UXELLES, cant. de S¹-Gengoux-le-Royal (S.-et-L.). *A.* Bissiacus subtus Huiscellas, 1049.
BIZAIL (LE), comm. de S¹-Clément-de-Valorgue, cant. de S¹-Anthême (Puy-de-D.). *I. G.* Besail.
BIZIAT, cant. de Châtillon-lez-Dombes (Ain). *A.* Bizias, 923; Bisia, 945, 970; Bisiacus, 970, 998; Besiacus, 999; Bisiat, 1020.
BLACÉ, cant. de Villefranche (Rhône). *A.* Blaceu, 917, 940, 962; Blacieu, 990 et n. 7; Blacé, 1025.
BLANOT, cant. de Cluny (S.-et-L.). *A.* Blanoscus, 1049.
BLANZY, cant. de Montcenis (S.-et-L.). Blanziacus, 1052.
BLIE, comm. de Chazey-sur-Ain (Ain). *A.* Blez Monialium, 932; Blie, 1014.
BLUFFY, près du lac d'Annecy, rive orientale, dans la gorge de la montagne qui domine Talloires. *I. G.* Blufiacus.
BŒUF ou S¹-PIERRE-DE-BŒUF, cant. de Pélussin (Loire). *A.* 1039.
BOËN, arr. de Montbrison (Loire). *I. G.* Boen. *A.* Boen, 906; Buen, 938; Boencus, 958, 986; Boën, 1030; Bodennus, Boencus, 1055.
Boennacus. Il m'a été impossible de retrouver la trace de cette paroisse, qui est cependant parfaitement désignée, surtout dans la charte

DICTIONNAIRE GÉOGRAPHIQUE. 1109

648, où l'on voit qu'elle dépendait, ainsi que Dracé et Ouilly, du prieuré d'Arnas.

BOHAZ, cant. de Ceyzériat (Ain). *A.* Buas, 925; Bua, 949, 976, 1004; Bohaz, 1015; Boacus, 1058.

BOIS-D'AMONT, cant. de Morez (Jura). *A.* 1012.

BOIS-D'OINGT (LE), arr. de Lyon (Rhône). *I. G.* Buxum; *A.* el Bois, 911; el Boys, 940; Buxum, 961, 989, 1058; Bois-d'Oingt, 1027.

BOISSE (LA), cant. de Montluel (Ain). *A.* Buxa, 921; Buyssia, 944, 969; Bussia, 997; Boesse, 1021.

BOISSET-LEZ-MONTROND, cant. de St-Rambert (Loire). *A.* Boisset, 906; Boyset, 938; Boysseto, 957; Boissetus, 985; Boisset-lez-Montrond, 1030, 1055.

BOISSET-LEZ-TIRANGES, cant. de Bas-en-Basset (H.-Loire). *A.* 1040.

BOISSET-St-PRIEST, cant. de St-Jean-Soleymieux (Loire). *A.* Boissel, 905; Boyson, 938; Boysson, 958; Bonson, 986; Boissellus, 987; Boisset, 1030.

BOISSEY, cant. de Pont-de-Vaux (Ain). *A.* Boisseis, 929; Boysie, 950; Boesy, 978; Boissey, 1007, 1016.

BOISSY (?), cant. de Roanne (Loire). *A.* Boysseu, 914 et n. 6; Buyssia, 936, 954; Buysseu; 982 et n. 6. (Voy. *St-Martin-de-Boisy.*)

BOISTRAIT, comm. de St-Georges-de-Reneins (Rhône). *A.* 1026, n. 4.

BOLÈNE (LA), près de St-Paul-Trois-Châteaux (Drôme). *A.* Bolena, 907, 986; Bolana, 958.

BOLOSON, cant. d'Isernore (Ain). *A.* Bolozon, 1002, n. 5; Boloson, 1012.

BONLIEU, comm. de Ste-Agathe-la-Bouteresse (Loire). *A.* Bonus Locus, 987, note 11.

BONNAY, cant. de St-Gengoux-le-Royal (S.-et-L.). *A.* Bonnayus, 1048.

BONNEFONDS. (Voy. *St-Jean-de-Bonnefonds.*)

BONNEVAUX, abbaye fondée au XIVe siècle, com. de Bossieux, cant. de la Côte-Saint-André (Isère). *A.* 944.

BONSON, cant. de St-Rambert (Loire). *A.* Bonczo, 905; Bonczons, 938; Bonceu, 958; Bonson, 986, 1030.

BORDEAUX (Gironde). *I. G.* Burdegala, Burdegalensis archiepiscopus.

BOSDEMONT (et non BEAUDEMONT, comme on a écrit dans le Dict. des Postes), cant. de la Clayette (S.-et-L.). *A.*

BOUCHALAT, comm. de St-Martin-l'Estra, cant. de Feurs (Loire). *I. G.* Boscalatis.

BOUCHOUX (LES), arr. de St-Claude. *A.* 1012, et 1013, n. 9.

BOULIEU, près de Courtenay (Isère). *A.* 1013, n. 5.

BOULIGNEUX, cant. de St-Trivier-sur-Moignans (Ain). *A.* Buligneu, 923; Bouligneu, 945; Bulligniacus, 970, 998; Bouligneux, 1021.

BOURCIA, cant. de St-Julien (Jura). *A.* Borsies, 930; Borseu, 950; Beysia, 977; Borcia, 1005; Bourcia, 1010.

BOURDEAUX, arr. de Die (Drôme). *I. G.* Bordel.

BOURG-ARGENTAL, arr. de St-Étienne (Loire). *A.* 1039.

BOURG (Ain). *A.* Burgus, 977, 1006, 1007; Bourg, 1017 et n. 5. (Voy. 939, n. 3, 1006, n. 5.)

BOURG-St-CHRISTOPHE, canton de Meximieux (Ain). *A.* Burc, 921; Burgus S. Christophorus, 944, 969, 996; Bourg-St-Christophe, 1021.

BOURG-SUR-CHARENTE, cant. de Segonzac (Charente). *I. G.* Burgus.

BOURGVILAIN, cant. de Tramayes (S.-et-L.). *A.* Burgus Villanus, 1048.

BOURGOGNE (Royaume de). *I. G.* Burgundia.

BOUTERESSE (LA), comm. de Ste-Agathe-la-Bouteresse (Loire). *A.* Botaresci, 906; Boterey, 938; Boterecia, 959; Boteressia, 986; Bouteresse, 1030.

BOUTEVILLE, cant. de Châteauneuf (Charente). *I. G.* Botavilla.

BOUTHÉON, cant. de St-Galmier (Loire). *A.* Botheon, 904, 964, 992; Boteon, 941; Bouthéon, 1033.

BOUVESSE, cant. de Morestel (Isère). *A.* Boveci, 919, 943; Boveti, 966; Boesse, 994; Bouvesse, 1023.

BOYER, cant. de Charlieu (Loire). *A.* Boyer, 1038, 1047, n. 2.

BOYEUX, com. de Châtillon-d'Azergues (Rhône). *I. G.* Boyacus.

Boz, cant. de Pont-de-Vaux (Ain). *A.* 1016.

BRAGNY, cant. de Palinges (S.-et-L.). *A.* Braniacus, 1052.

BRANDON, cant. de Matour (S.-et-L.). *A.* Brandonnis, 1048.

BRANGUES, cant. de Morestel (Isère). *A.* Brengo,

919, 943, 966; Brongo, 994; Brangues, 1023.

BRAY, cant. de Cluny (S.-et-L.). *A.* 1049.

BRENAZ, comm. de St-Sorlin (Ain). *A.* Brenas, 947.

BRESSIEU, cant. de St-Laurent-de-Chamousset (Rhône). *A.* Bressieux, 1032.

BRESSOLLES, cant. de Montluel (Ain). *A.* Breissola, 921; Brusola, 945; Breyssolla, 969; Breissola, 996; Bressolles, 1021.

BREUIL (LE), cant. de Bois-d'Oingt (Rhône). *I. G.* Broliacus, Broliacensis ager. *A.* Le Bruel, 911; le Brueil, 940; Brueyl, 961; Brolius, 989; le Brueil, 1027; Broilliacus, 1058.

BREVENNE (LA), rivière qui se jette dans l'Azergues, près de Châtillon (Rhône). *I. G.* Bebrona, Bevrona, etc.

BRIAN, cant. de Semur-en-Brionnais (S.-et-L.). *A.* Brionn... 1052.

BRIENNE, cant. de Cuisery (S.-et-L.). *A.* Briana, 929; Brianna, 950, 978; Brienna, 951, 1007; Brienne, 1016.

BRIENNE. Ce nom, qui était resté à un ancien couvent de bénédictines, près d'Anse, mais qui a disparu avec lui, depuis la Révolution, rappelait peut-être le *Brianna villa* de l'*I. G.*

BRIENNON, cant. de Roanne (Loire). *A.* Briannon, 914, 1057; Brienon, 942; Briennon, 936, 954, 1028.

BRIÈRE, comm. de Bussières-lez-Néronde (Loire). *I. G.* Ad Briverias?

BRIGNAIS, cant. de St-Genis-Laval (Rhône). *A.* Brignayes, 901, 963; Brignays, 941; Brignais, 991, 1035.

BRINDAS, cant. de Vaugneray (Rhône). *A.* Briendas, 901, 964, 992; Briandas, 941; Brindas, 1035.

BRION, autrefois Charmoy (?), cant. de Mesvres (S.-et-L.). *A.* Car... 1053.

BRIORD, cant. de Lhuis (Ain). *A.* Briort, 932, 947, 974; Briord, 1002, 1014.

BROISSIA, cant. de St-Julien (Jura). *A.* 1012, n. 1.

BRON, cant. de la Guillotière (Rhône). *A.* Broen, 918; Bron, 944, 967, 995, 1023.

BROSSE. Il y a tant de lieux appelés la Brosse ou les Brosses, qu'il est impossible d'en désigner aucun comme se rapportant aux *Brocia*, *Brociacus*, etc. de l'*I. G.*

BROU, comm. de Bourg (Ain). *A.* Brou, 929, 950; Brou, 977, 1006 et n. 5; Brous, 1007.

BRUAILLES, cant. de Louhans (S.-et-L.). *A.* Bruelli, 950; Bruelles, 977, 1005; Brouailles, 1010.

BRUILLE (LE), lieu-dit dans la comm. de Lissieux, canton de Limonest (Rhône). *I. G.* Broialia, etc. (Voy. surtout la charte *28, où ce lieu est parfaitement limité.)

BRULIOLE, comm. de Poncins, près de Feurs (Loire). *I. G.* Brugillolis.

BRULLIOLES, cant. de St-Laurent-de-Chamousset (Rhône). *I. G.* Brugilolis, Bruillolis, Bruillolis ager. *A.* Brullôles, 912, 913; Bruylloles, 939; Brullioles, 960; Brulliolles, 988; Brullioles, 1032.

BRUSSIEUX (et non BRESSIEUX, comme on l'écrit quelquefois), cant. de St-Laurent-de-Chamousset (Rhône). *I. G.* Bruciacus, etc.

BRUYÈRE. Il y a tant de localités portant le nom de Bruyère ou Bruyères, qu'il est impossible de désigner celle dont il est question dans l'*I. G.* sous les noms de *Brueria* et de *Bruyeria*.

BRUYÈRE, près de Trévoux (Ain). *A.* Brueria, 947, 1001, n. 3; la Bruyère, 1018, n. 9.

BUBLANNE, comm. de Châtillon-la-Palud (Ain). *A.* Boblan, 922; Bublane, 996, n. 2; Bublan, 1021.

BUELLAS, cant. de Bourg (Ain). *A.* Budelle, 923; Buella, 945, 970, 998; Buelle, 1020.

BUENC ou BUENT. (Voy. *Hautecour*.)

BUENENS, près de Châtillon-lez-Dombes (Ain). *A.* Buennens, 924, 945, 970; Buenens, 998. (Voy. 924, n. 4, et 998, n. 3.)

BUFFIÈRES, cant. de Cluny (S.-et-L.). *A.* Bufferiæ, 1047.

BUISANTE, village et montagne, sur les confins des comm. de Pommiers et Limas, cant. de Villefranche et d'Anse (Rhône). *I. G.* Buissanta.

BULBANCHE ou BURBANCHE (LA), cant. de Virieux, arr. de Belley (Ain). *I. G.* Vuilbaenchies.

BULLY, cant. de l'Arbrêle (Rhône). *I. G.* Buliacus, Bulleu, Bulliaco (de). *A.* Bulleu, 910; Buylleu, 940; Bullieu, 961, 989; Bully-en-Lyonnais, 1027; Bulliacus, 1058.

BULLY, cant. de St-Germain-Laval (Loire). *A.* Bulleu, 914; Buylleu, 936; Bullieu, 954, 982; Bully, 1028.

DICTIONNAIRE GÉOGRAPHIQUE.

BURDIGNES, cant. de Bourg-Argental (Loire). *A.* 1039.

BURNAND, cant. de St-Gengoux-le-Royal (S.-et-L.). *A.* Burnant, 1047.

BUSSEROLES (St-Jean de), église fort ancienne dans la paroisse de la Chapelle-de-Mardore, cant. de Thizy (Rhône). *I. G.* Buxeroloas.

BUSSIÈRES, cant. de Néronde (Loire). *I. G.* Buxerias. *A.* Buissieres, 908; Buysseres, 937; Buxeriæ, 957, 984, 1057; Bussières, 1032.

BUSSIÈRES, cant. de Mâcon (S.-et-L.). *A.* Buciacus, 1048.

BUSSIGE, comm. de Civrieux (Ain). *A.* Bussiges, 927; Buxiges, 946, 971, 1000; Bussiges, 1018.

BUSSY, au nord de St-Georges-de-Reneins, cant. de Belleville (Rhône). *I. G.* Bussiacensis.

BUSSY-ALBIEUX, cant. de Boën (Loire). *I. G.* Buxi, Buxeti castrum. *A.* Buyssi, 909; Buyssia, 937; Buxiacus, 955; Buxi, 983, 984; Buxetus la Pelle, 1057; Bussy-Albieux, 1029.

C

CALLAIS, comm. de Marcilly-d'Azergue, cant. de Limonest (Rhône). *I. G.* Calliscus 2.

CALUIRE, cant. de Neuville (Rhône). *A.* 1024 et n. 8.

CAPRAIS (S.), église du château de Cognac (Charente). *I. G.* Eccl. S. Caprasii.

CARISIEU, cant. de Cremieu (Isère). *A.* Carisieu, 920, 943, 967; Careisieu, 994; Carisieux, 1023.

CEFFIA, cant. d'Arinthod (Jura). *A.* Ceiffia, 1011.

CELLE, cant. de St-Remy (Puy-de-D.). *A.* 1040.

CELLE (LA). (Voy. *l'Orme.*)

CELLE (LA), cant. de Lucenay-l'Évêque (S.-et-L.). *A.* La Cella, 1051.

CELLIEU, cant. de Rive-de-Gier (Loire). *A.* Selleu, 903; Seilleu, 942; Seilliacus, 965; Sailliacus, 992; Seilleu, 1035; Selliacus, 1056.

CENVES, cant. de Monsol (Rhône). *A.* Cenva, 1050; Cenves, 1036.

CERCIÉ, cant. de Belleville (Rhône). *A.* Celsie, 915; Sercia, 941; Serciacus, 963, 991; Cercié, 1025.

CERDON, cant. de Poncins (Ain). *A.* Cerdon, 947, 973, 1001, 1014.

CERGNE, comm. de Sevelinges (Loire). *A.* 1037, n. 8.

CERTINES, cant. de Pont-d'Ain (Ain). *A.* Essartines, 925, 1004; Essertines, 949, 974; Certines, 1015.

CERVIÈRES, cant. de Noirétable (Loire). *A.* Cerveiri, 910; Servera, 937; Cerveria, 955; Cerviere, 983; Cervières, 1029.

CESSEINS, cant. de St-Trivier-sur-Moignans (Ain). *A.* Sycen, 946; Cisens, 973; Sicens, alias Belleville, 1000; Cesseins, 1018.

CESSIEUX ou SEYSSIEUX. (Voy. *St-Benoît.*)

CESSIEUX, au midi d'Obtevoz, cant. de Crémieu (Isère). *A.* Siceu, 920; Syceu, 943; Siceu, 967, 994; Sissieux, 1023.

CEYZÉRIAT, arr. de Bourg (Ain). *A.* Saisiriacus, 925; Saysiria, 949, 975; Saisiria, 1003; Ceyzériat, 1025.

CEZAY, cant. de Boën (Loire). *A.* Sesel, 909; Cezay, 983, n. 14; 1029; Sillio, Silio, 1057.

CHABLENAS, comm. de Mornant (Rhône). *I. G.* Cablionatis.

CHAGNON, cant. de Rive-de-Gier (Loire). *A.* Chaignon, 903, 964, 992; Chanius, 941; Chagnon, 1035.

CHAINTRÉ, cant. de la Chapelle-de-Guinchay (S.-et-L.). *A.* Chintriacus, 1050.

CHALAIN-LE-COMTAL, canton de Montbrison (Loire). *A.* Chalang lo Contal, 906; Chalein lo Contal, 938; Chalaym lo Contal, 957; Chalain le Contal, 985; Chalain-le-Comtal, 1030; Chalannus Comitalis, 1055.

CHALAIN-D'UZORE, cant. de Montbrison (Loire). *A.* Chalang d'Ysoure, 907; Chalens d'Isoro, 938; Chalein d'Isore, 958; Chalain-d'Usore, 986, 1030; Chalannus in Ysouro, 1055.

CHALAMONT, arr. de Trévoux (Ain). *A.* Chalamont, 922; Chalamons, 945; Chalomons, 968; Chalamons, 969; Calomons, 997; Chalamont, 1021. (Voy. p. 922, n. 2; 997, n. 11.)

CHALANCON, com. de Tiranges (H.-Loire). *A.* 1040.

CHALAY, comm. de Chasselay (Rhône). *I. G.* Callech?

CHALEAT, cant. d'Arinthod (Jura). *A.* Chaleya, 975; Chalaye, 976, 1004; Chalie, 1011.

CHALEINS, cant. de S¹-Trivier-de-Moignans (Ain). *A*. Chalenz, 927; Chalens, 946, 971; Chalains, 999; Chaleins, 1018.

Chaletes, archiprêtré de Meyzieux. *A*. 919 et n. 3. C'est peut-être Salettes, archipr. de Morestel.

CHALLES, cant. d'Isernore (Ain). *A*. 1013.

CHALMAZELLES, cant. de S¹-Georges-en-Couzan (Loire). *A*. Chalmazel, 907; Chermasel, 938; Charmasellus, 958; Charmazellus, 986; Chalmazel, 1030.

CHALMOUX, cant. de Bourbon-Lancy (S.-et-L.). *A*. Cal... 1053.

CHÂLON (Évêque de). *I. G.* Cavillonensis.

CHAMBA (LA), cant. de Noirétable (Loire). *A*. La Chamba, 910; la Chambas, 1029.

CHAMBÉON, cant. de Montbrison (Loire). *I. G.* Cambetdonus. *A*. Chambeo, 907; Chambens, 938; Chambeon, 957; Chambo, 985; Chambéon, 1030; Cambedonus, 1055.

CHAMBILLY, cant. de Marcigny (S.-et-L.). *A*. Cambo... 1052.

CHAMBLE, canton de S¹-Rambert (Loire). *A*. Chambla, 905; Chambles, 992, 1030.

CHAMBŒUF, canton de S¹-Galmier (Loire). *A*. Chambosc, 904; Chambos, 941; Chamboscus, 942, 964, 993; Chambœuf, 1033.

CHAMBON (LE), arr. de S¹-Étienne (Loire). *A*. S. Clemens, 903 et n. 7, 942, 965, 992; le Chambon, 1033 et n. 9; Chambo, 1056.

CHAMBOST, cant. de S¹-Laurent-de-Chamousset (Rhône). *I. G.* Chamboscus. *A*. Chambosc, 908; Chamboscus, 937, 957, 985; Chambost-Longesaigne, 1032; Chambostus, 1057.

CHAMBOST-SUR-CHAMELET (ou CHAMBOST-ALLIÈRES), cant. de la Mure (Rhône). *A*. Chambosc, 911; Chambon, 940; Chamboscus, 961, 989. Chambost-sur-Chamelet, 1027.

CHAMELET, cant. du Bois-d'Oingt (Rhône). *A*. Chamelet, 911, 961; Chamellet, 940, 989; Chamelet, 1027; Chameletus, 1058.

CHAMOUSSET. (Voy. *S¹-Laurent-de-Chamousset*.)

CHAMP, comm. de Mornand (Loire). *A*. Campi, 907, 938, 986, 1055; Chans, 938; Champs, 1030.

CHAMPAGNAT, cant. de Cuiseaux (S.-et-L.). *A*. Champagna, 950; Campaignia, 977; Champagnia, 1005; Champagnat, 1010 et n. 5.

CHAMPAGNE, com. de S¹-Didier-en-Mont-d'Or, cant. de Limonest (Rhône). *I. G.* Campania.

CHAMPAGNY, comm. de Souternon (Loire). *I. G.* Campaniacus 1.

CHAMPAGNY, com. de S¹-Haon-le-Vieux (Loire). *I. G.* Campaniacus 2.

CHAMPLECY, cant. de Charolles (S.-et-L.). *A*. Campus Luciacus, 1052.

CHAMPOLY, cant. de S¹-Just-en-Chevalet (Loire). *A*. Champului, 910; Chantpulli, 937; Campus Politus, 956, 984; Champoly, 1029.

CHAMPVENT, cant. de la Guiche (S.-et-L.). *A*. Canventus, 1052.

CHANA (LA), lieu-dit dans la comm. de Sarcey, cant. de l'Arbrêle (Rhône). *I. G.* Escanatis.

CHANASSON, rivière qui se jette dans la Loire, près de Feurs (Loire). *I. G.* Chanasson.

CHANDIEU, cant. de Montbrison (Loire). *A*. Chandieu, 906; Chandeu, 938; Chandiacus, 939, 986, 1055; Chandiacus Montisbris., 958; Chandieu, 1030.

CHANDIEU, cant. d'Heyrieux (Isère). *I. G.* Candiaco (de). *A*. Chandiacus, 918, 944, 967, 995; S¹-Thomas-de-Chandieu, 1024.

CHANDON, cant. de Charlieu (Loire). *A*. 1036, 1045.

CHÂNE, comm. de Béligneux (Ain). *A*. 996, n. 15.

CHANEINS, canton de S¹-Trivier-sur-Moignans (Ain). *A*. Channes, 927; Chanens, 946, 947; Channens, 971; Chaneins, 1000, 1019.

CHÂNES, cant. de la Chapelle-de-Guinchay (S.-et-L.). *A*. Quercus, 1050.

CHANGY, cant. de la Pacaudière (Loire). *A*. 1041.

CHANGY, cant. de Charolles (S.-et-L.) *A*. Cangiacus, 1052.

CHANOZ. Il y a un ruisseau de la Chanoz entre Jonage et Villette-d'Anthon (Isère). *A*. Chanos, 944.

CHANOZ, cant. de Châtillon-lez-Dombes (Ain). *A*. Chasno, 923; Chanos, 945; Chano, 970, 998; Chanoz, 1020.

CHANTEINS, comm. de Villeneuve (Ain). *A*. Chantens, 972; Chanteïns, 999; Champteins, 1018 et n. 13.

CHANZÉ, hameau qui tire son nom, ainsi qu'une rivière, un bois, etc. d'un ancien château situé dans la commune de Dareizé (Rhône). *I. G.* Canziacus.

CHANZIEU, fief dans la paroisse de Boën, mentionné sur l'Almanach de Lyon pour 1779,

DICTIONNAIRE GÉOGRAPHIQUE. 1113

mais non porté sur les cartes de Cassini et du Dépôt. *I. G.* Calziacus.

CHAPELLE (LA), cant. de Pélussin (Loire). *A.* 1039.

CHAPELLE-DU-CHÂTELARD (LA), cant. de Châtillon-lez-Dombes (Ain). *A.* Capella, 924; Cap. de Castellario, 945; Capella, 970; Cap. du Chastellard, 998; la Chapelle-du-Châtelard, 1020.

CHAPELLE-SOUS-DUN (LA), cant. de la Clayette (S.-et-L.). *A.* Capella subtus Dunum, 1046.

CHAPELLE-EN-LA-FAYE (LA), cant. de S¹-Jean-Soleymieux (Loire). *A.* 1040.

CHAPELLE-DE-MARDORE (LA), cant. de Thizy (Rhône). *A.* 1037.

CHAPELLE-DU-MONT-DE-FRANCE (LA), cant. de Matour (S.-et-L.). *A.* Capella Montis Franciæ, 1048.

CHAPELLE-NAUDE (LA), cant. de Louhans (S.-et-L.). *A.* Capella Audan, 929; Capella Nauda, 950, 977; Capellanda, 1007; Chapellenode, 1016.

CHAPELLE-TÈCLE (LA), cant. de Montpont (S.-et-L.). *A.* S. Tecla, 928; la Tecle, 950; Tecla, 979, 1007; Chapelle-Tècle, 1016.

CHAPELLE-EN-VAUDRAGON (LA), cant. de S¹-Symphorien-le-Châtel (Rhône). *A.* Capella, 913, 939, 960, 988; la Chap.-en-V., 1032.

CHAPIAT, au midi de Leyssart (Ain). *A.* Chapia, 947.

CHAPONOST, cant. de S¹-Genis-Laval (Rhône). *I. G.* Capons villa; *A.* Chaponno, 901, 941; Chaponnoz, 964; Chaponost, 992, 1035.

CHARANTAY, cant. de Belleville (Rhône). *A.* Charantay, 915, 940, 963, 990, 1025.

CHARAVAY, comm. de Sourcieux (Rhône). *I. G.* Scaharevacus.

CHARBONNAT, cant. de Mesvres (S.-et-L.). *A.* Carbonn... 1053.

CHARBONNIÈRES, cant. de Mâcon (S.-et-L.). *A.* Charboneriæ, 1049.

CHARBONNIÈRES, cant. de Vaugneray (Rhône). *A.* Charbonneires, 905; Charbonnières, 1024.

CHARDONNAY, canton de Lugny (S.-et-L.). *A.* Chardonay, 1049.

CHARENTE (LA), rivière qui donne son nom à deux départements français. *I. G.* Charenta.

CHARETTE, cant. de Morestel (Isère). *A.* Charaita, 920; Chareyta, 943; Chareta, 967; Charetæ, 994; Charettes, 1023.

Charfontan. Telle est la traduction du mot *Carmen fons* de l'*I. G.* donnée par Mailliard dans son manuscrit du xv° siècle. Je ne connais point de ruisseau de ce nom; mais l'Almanach de Lyon de 1779 mentionne, sous le nom de Charfetan, « un fief de la paroisse de Bruilloles. » C'est sans doute ce que la carte du Dépôt indique sous le nom de Charftin, et celle de M. Rembielinski sous celui de Charfetin. Il paraît qu'alors on donnait le nom de cette localité au ruisseau qui la traverse et qui est appelé aujourd'hui la Cône.

CHARIX, cant. de Nantua (Ain). *A.* Charis, 931, 947, 974, 1002; Charrix, 1012.

CHARLIEU, arr. de Roanne (Loire). *A.* Caruslocus, 1046; Charlieu, 1038.

CHARLY, cant. de S¹-Genis-Laval (Rhône). *A.* Charleu, 901, 941; Charlieu, 963; Charly, 992, 1035.

CHARMOY, cant. de Montcenis (S.-et-L.). *A.* Carmedus, 1052.

CHARNAY, cant. d'Anse (Rhône). *I. G.* Chaarnacus, Chaarnaco (de). *A.* Carniacus, 916; Charnay, 940, 962, 990, 1025, 1058.

CHARNAY-LEZ-MÂCON, cant. de Mâcon (S.-et-L.). *A.* Charnayus, 1045.

CHARNOD, cant. d'Arinthod (Jura). *A.* Charnos, 925, 949; Charnox, 975; Charnoz, 1003, 1011.

CHARNOZ, cant. de Meximieux (Ain). *A.* Charnauz, 921; Charnaus, 945; Charnoux, 969, 996; Charnoz, 1021.

CHAROLLES (S.-et-L.). *A.* Cadrella, 1052.

CHARPENAY. Il y a un bois de ce nom dans la com. de Sarcey, cant. de l'Arbrèle (Rhône). Il y a aussi un village du même nom dans la paroisse des Sauvages, canton de Tarare (Rhône). *I. G.* Carpenetus.

CHARPIEUX, comm. de Decines (Isère). *A.* Charpeu, 918, 944; Charpiacus, 944; Charpieux, 1023.

CHARVONAI, localité voisine d'Annecy (Savoie). *I. G.* Calvonacus.

Chasales, Chaselles (?). *A.* 937, 956, 984.

CHASELLE, comm. de S¹-Étienne-de-Chalaronne (Ain). *A.* Capella de Chaselles, 926.

CHASSAGNE (LA), cant. d'Anse (Rhône). *A.* Chassagnia, 917; Chassaigneu, 963; Chassagnieu, 991; la Chassagne, 1025.

CHASSAGNE (LA), ancienne abbaye, comm. de

Chalamont (Ain). *A.* Chassagnia, 945; Chassaignia, 968; Chassagna, 998.

CHASSAGNY, cant. de Givors (Rhône). *I. G.* Chassagniaco (de). *A.* Chassaigneu, 901; Chassagneu, 941, 964; Chassagnieu, 992; Chassagny, 1035.

CHASSELAS, cant. de la Chapelle-de-Guinchay (S.-et-L.). *A.* Chasselay, 1050.

CHASSELAY, cant. de Limonest (Rhône). *I. G.* Cacellacus, Cacelliacus. *A.* Chacellay, 917, 940, 990; Chacelay, 963.

Chassenatis. Je pense qu'il s'agit ici du village qu'on appelle aujourd'hui St-Maurice-sur-Dargoire, parce qu'il est voisin du bourg de Dargoire (Rhône). Le nom de *Chassenatis* semble s'être conservé dans celui d'une autre localité du voisinage qu'on appelle encore St-Jean-de-Chaussan. Si mon hypothèse était fondée, il faudrait admettre que St-Maurice s'appelait jadis absolument *Chassenatis,* autrement dit Chaussan, et que ce nom, comme cela est arrivé pour plusieurs autres localités, telles que Donzy, Bussy, etc. fut appliqué d'abord aux églises voisines pour les distinguer de celles qui existaient déjà sous le même vocable, et qu'ensuite, ayant perdu de vue l'origine de ce mot de Chaussan, on l'a remplacé par celui de Dargoire, qui avait acquis quelque importance.

CHASSIEUX, cant. de Meyzieux (Isère). *A.* Chaceu, 918, 944; Chasseu, 967; Chassieu, 995; Chassieux, 1023.

CHASSIGNY, près de Bosdemont, cant. de la Clayette (S.-et-L.). *A.* Chassigniacus Brionnensis, 1046.

CHASSIGNY-SOUS-DUN, cant. de Chauffailles (S.-et-L.). *A.* Chassignie, 1045.

CHASSIN ou CHASSAGNY, comm. de Pouilly-lez-Feurs (Loire). *I. G.* Cassiacus.

CHASSIN, près de Passins (Isère). *A.* Chacins, 920; Chaucins, 943 et n. 5; Chassin, 994, n. 10.

CHASSY, cant. de Greugnon (S.-et-L.). Capciacus, 1052.

CHÂTEAU, cant. de Cluny (S.-et-L.). *A.* Castra, 1048.

CHÂTEAU-GAILLARD, près d'Ambérieux (Ain). *A.* Castrum Gaudiosum, 1006, n. 3; Château-Gaillard, 1014.

CHÂTEAUNEUF, cant. de Rive-de-Gier (Loire). *A.* Castrum Novum, 902; Châteauneuf, 1035.

CHÂTEAUNEUF, cant. de Chauffailles (S.-et-L.). *A.* Castrum Novum, 1046.

CHÂTEAUVIEUX, comm. d'Iseron (Rhône). *A.* Castrum Vetus, 913, 939, 960, 989; Châteauvieux, 1032.

CHÂTEL, au nord de Digna (Jura). *A.* Châtel, 1010.

CHÂTEL-CHEVROUX, comm. de Digna, cant. de Beaufort (Jura). *A.* Castrum Caprinum, 977, 1006.

CHÂTELARD (LE). *I. G.* Castellario (de). (Voy. *la Chapelle-du-Châtelard.*)

CHATELET, ancien prieuré situé sur les bords de la Loire, entre Chamble et St-Victor. (Voy. Cassini.) *A.* Castellet, 905; Castrum, 938; Castelletum, 958; Chaselletum, 987; Castelletum seu Sanctus Victor, 994, n. 1.

CHÂTELLUS, cant. de St-Galmier (Loire). *A.* Chastelluz, 903, 964; Castrum, 941; Chastellus, 992; Chatelus, 1033.

CHÂTELNEUF, cant. de St-Georges-en-Couzan (Loire). *A.* Castrum Novum, 906, 938, 958, 959; Castronons, 986; Châtelneuf, 1030.

CHÂTENAY, cant. de Chalamont (Ain). *A.* Chastaney, 922; Chateney, 945; Chatenay, 969; Chastenay, 997; Châtenay-lez-Dombes, 1021.

CHÂTILLON-D'AZERGUES, cant. du Bois-d'Oingt (Rhône). *I. G.* Casteliolo (de). *A.* Castellio, 916, 940, 963; Chastellio-d'Asergues, 990; Châtillion-d'Azergues, 1025.

CHÂTILLON-DE-CORNEILLE, com. de St-Jérôme (Ain) *A.* 1014.

CHÂTILLON-LEZ-DOMBES, arr. de Trévoux (Ain). *A.* Castilio, 923; Castellio Dombarum, 998; Chât.-lez-D., 1020 et n. 15.

CHÂTILLON-LA-PALUD, cant. de Chalamont (Ain). *A.* Chatellon, 922; Castellio Paludis, 945; 969, 996; Chât.-la-P., 1021.

CHATOUX. (Voy. *St-Cyr.*)

CHAUFFAILLES, arr. de Charolles (S.-et-L.). *A.* Choffaliæ, 1046.

CHAUSSAGNE, com. de la Guillotière (Rhône). *A.* Chaucioigni, 918; Chauciogni, 944; Choucioigni, 967; Chassaigne, 995. (Voy. 918, n. 6.)

CHAUSSAN ou CHOSSAN. (Voy. *Chassenatis* et *St-Jean-de-Chaussan.*)

CHAUX (LA), comm. de St-Cyr-au-Mont-d'Or (Rhône). *I. G.* Calciensis villa.

CHAVAGNA, cant. de Pont-de-Veyle (Ain). *A.* Chavenna, 929; Chavaigneu, 950; Chavaignia, 977; Chavania, 1006. (Voy. 1016, n. 9.)

CHAVAGNEUX, cant. de Meyzieux (Isère). *A.* Chavaigneu, 944; eccl. S. Nicetii de Chavaigneu, 968; Chavagneux, 1023.

CHAVANAY, cant. de Pélussin (Loire). *A.* 1039.

CHAVANNE, comm. de Courzieu, cant. de Vaugneray (Rhône). *I. G.* Cavennacus.

CHAVANNES, comm. de Montchal (Loire). *I. G.* Cavannis (Finis de).

CHAVANNES, cant. de Treffort (Ain). *A.* Chavannes, 925, 949, 975, 1003, 1011.

CHAVANNES-SUR-REYSSOUSE, cant. de Pont-de-Vaux (Ain). Chavanes, 929; Chavannes, 950, 978; Chavanes supra Roissosam, 1007; Chavannes-sur-Reiss., 1016.

CHAVANOZ, cant. de Meyzieux (Isère). *A.* Chavanno, 918, 932, 967, 968; Chavanosc, 919; Chavanoz, 995, 1001; Chavanost, 1023 et n. 3; Chavane, 973; Chavanon, 975.

CHAVEYRIAT, cant. de Châtillon-lez-Dombes (Ain). *A.* Chavairiacus, 924; Chavayria, 945, 946; Chaveyriacus, Cherveysia, 970; Charveiria, Chaveiriacus, 999; Chaveyriat, 1020.

CHAVORD, vignoble d'Arbin, près de Montmélian (Savoie). *I. G.* Cavorni (Terra).

Chavorlay (?), archipr. de Meyzieux. *A.* 918.

CHAZAUX, comm. de Firmini (Loire). *A.* 1034, n. 3. (Voy. aussi 982, n. 2.)

CHAZAY, cant. d'Anse (Rhône). *I. G.* Casetum. *A.* Chasei, 916; Chasey, 940, 962, 990; Chazetum, 962; Chazay-d'Azergues, 1025.

CHAZELLE, cant. de St-Gengoux-le-Royal (S.-et-L.). *A.* Chazelles, 1049.

CHAZELLES-SUR-LAVIEU, cant. de St-Jean-Soleymieux (Loire). *I. G.* Casellæ, Chazellæ, etc. *A.* Chaselles, 906, 938, 985; Chaseles, 957; Chazelles, 987; Chaz.-sur-Lavieu, 1030.

CHAZELLES-SUR-LYON, canton de Saint-Galmier (Loire). *A.* Chasaletus, 913; Chaseletus, 961; Chaezletus, 988; Chazelles-lez-Lyon, 1032.

CHAZEY (ou CHAZAY), cant. de Lagneux (Ain). *A.* Chasey, 932, 947, 974, 1002; Chazay 1014.

CHEIRE, promontoire qui s'avance sur le lac d'Annecy, entre Talloires et Menthon (Savoie). *I. G.* Cheria.

CHÉNAS, cant. de Beaujeu (Rhône). *A.* Chennas, 1050; Chénas, 1036.

CHENELETTE, cant. de la Mure (Rhône). *A.* Chaneletes, 1046; Chenelettes, 1037.

CHENEREILLES, cant. de St-Jean-Soleymieux (Loire). *A.* Chanaleles, 906; Chananelles, 938; Chananilles, 958; Chanaleilles, 986; Chenereilles, 1030.

CHERIER, cant. de St-Just-en-Chevalet (Loire). *A.* Chareyes, 914; Chareys, 936; Chares, 954; Charay, 982; Cherier, 1028.

CHERVINGES, comm. de Gleizé (Rhône). *A.* Chalvinges, 917; Chervinges, 1025.

CHESSY, cant. du Bois-d'Oingt (Rhône). *I. G.* Cassiacus, Chassiacus, Chessiacus, Cheyssieu, etc. Cheyssiaco (de). *A.* Chaisseu, 911; Chayseu, 940; Chessieu, 961; Cheissiacus, 989; Chessy, 1027; Cheissieu, 1058.

CHEVAGNES, arrond. de Moulins (Allier). *A.* Cava... 1053.

CHEVAGNY-LA-CHEVRIÈRE, cant. de Mâcon (S.-et-L.). *A.* Chevagniacus la Chevriere, 1050.

CHEVAGNY-SUR-GUYE, cant. de la Guiche (S.-et-L.) *A.* Chevaigniacus supra Guiam, 1047.

CHEVALIN, comm. de Brussieux (Rhône). *I. G.* Caballius.

CHEVÈNES, comm. de Denicé (Rhône). *I. G.* S. Mariæ ecclesia, in villa de Diniciaco. *A.* Cheneves, 917.

CHEVIGNA, comm. de Courmangoux (Ain). *A.* 1010, n. 7.

CHEVILLARD, cant. de Brenod (Ain). *A.* 1014.

CHEVINAY, cant. de Vaugneray (Rhône). *A.* Chiviney, Chivinnacus, etc. (Voy. *Libertis.*) *A.* Chivennay, 939; Chivinnay, 960; Chivinay, 988; Chevinay, 1032.

CHEVRIÈRES, cant. de St-Galmier (Loire). *A.* Chavreres, 903; Chivreres, 941; Chevreres, 963; Chivrieres, 992; Chevrières, 1033; Capraria, 1056.

CHEVROUX, cant. de Pont-de-Vaux (Ain). *A.* Chevrons, 929; Chivrous, 950; Chivroux, 978, 1007; eccl. de Caprosio, 978; Chevroux, 979, 1016, n. 2.

CHEZY, cant. de Chevagnes (Allier). *A.* Cang.... 1053.

CHIDES, cant. de Luzy (Nièvre). *A.* Geig.... 1053.

CHILLIA, comm. de Griéges (Ain). *A.* Chillie, 926; Chillia, 946, 971, 999. (Voy. la note 4 de la page 999.)

CHIRASSIMONT, cant. de St-Symphorien-de-Lay (Loire). *A.* Chasalsymont, 915, 936; Charassimont, 954; Chirassamont, 982; Chirassimont, 1028.

CHIROUBLES, cant. de Beaujeu (Rhône). *I. G.* Chirobles. *A.* Cherobles, 1050; Chirouble, 1036.

CHISSEY, cant. de St-Gengoux-le-Royal (S.-et-L.). *A.* Chissiacus, 1049.

CHOUX, cant. de Bouchoux (Jura). *A.* Chaous, 947; Chau, 974, 1002; Choux, 1012.

CHUYES, cant. de Pélussin (Loire). *A.* 1039.

CIEGNE, cant. d'Isernore (Ain). *A.* 1014, n. 1.

CIERGUES, comm. de Donzy-le-Royal (S.-et-L.). *A.* 1048.et n. 7.

CINQUESTRAL, cant. de St-Claude (Jura). *A.* 1012.

Ciriacus (?), archipr. d'Ambournay. *A.* 931.

Ciriacus (?), archipr. de Meyzieux. *A.* Ciriacus, 968; Siriacus, alias Ceriacus, 996.

CIRY, cant. de Toulon-sur-Arroux (S.-et-L.). *A.* Cerecius, 1052.

CISE, cant. de Ceyzériat (Ain). *A.* Sici, 949; Sisi, 976, 1004; Cise, 1011.

CIVENS, cant. de Feurs (Loire). *I. G.* Civent, Civen. *A.* Civent, 908; Sivans, 937; Civens, 957, 985; Civent, 1032; Civenniæ, 1057.

CIVRIAT, comm. de Bourcia (Jura). *A.* Civria, 1006 et n. 1; Civriat, 1010.

CIVRIEUX, cant. de Trévoux (Ain). *A.* Syvreu, 927; Sivriacus, 947; Syvriacus, 971; Sivriacus, 999; Civrieux, 1019.

CIVRIEUX-D'AZERGUE, cant. de Limonest (Rhône). *I. G.* Sivriacus 4. *A.* Syvreu, 916; Syvriacus, 917; Sivriacus, 941, 962, 990; Civrieux, 1025; Civriacus, 1058.

CIZERON, comm. de St-Genest-Lerpt (Loire). *A.* 1034, n. 4.

CLAVEISOLLES, cant. de la Mure (Rhône). *I. G.* Cluylesiolis. *A.* Clavesoles, 1047; Claveizolles, 1037.

CLEMENCIA, comm. de Châtillon-lez-Dombes (Ain). *A.* Clemence, 927; Clemencia, 946, 971, 1000; Clementia, 1019.

CLEPPÉ, cant. de Boën (Loire). *A.* Claypeu, 909; Cleypeu, 937; Cleypieu, 955; Cleypiacus, 956; Cleipiacum, 984; Clepieu, 984; Cleppé, 1029.

CLERMAIN, cant. de Tramayes (S.-et-L.). *A.* Clermant, 1048.

CLERMONT (Puy-de-D.). *I. G.* Claromontensis episcopatus, Claromonte (de).

CLÉSIEU (ou CLÉZIEU), cant. de St-Rambert (Ain). *A.* Clayseu, 931; Cleyseu, 947; Cleseu, 974, 1002; Clésieu, 1014.

CLESSÉ, cant. de Lugny (S.-et-L.). *A.* Cleissiacus, 1049.

CLÉVY, com. de St-Romain-de-Popès (Rhône). *I. G.* Cliviacus.

CLOSTRA (Notre-Dame de), près de St-Priest (Isère). *A.* 1024, n. 3.

Cloye Monialium (?), prieuré, archipr. d'Ambournay. *A.* 932.

CLUNY, arr. de Mâcon (S.-et-L.). *I. G.* Cluniacum, etc. *A.* Cluniacum, 1045.

CLURIEUX, com. de Ste-Foy-St-Sulpice (Loire). *I. G.* Cluireu.

CLUSE (LA), abbaye située dans le diocèse de Maguelonne (Hérault). *A.* Clusa, 909.

CLUZEL, comm. de St-Genest-Lerpt (Loire). *A.* 1034, n. 4.

COCULET, comm. de St-Martial-de-Coculet, arr. de Jonzac (Char.-Infér.). *I. G.* Cocollionem (Ad).

COGNY, cant. de Villéfranche (Rhône). *I. G.* Cogniacus, Cognacensis ager, etc. *A.* Coigneu, 916; Cuneus, 917 (?), Coigneu, 940; Coigne, 962; Coigny, 990; Cogny, 1025; Cogniacus, 1058.

COISE (La), rivière qui se jette dans la Loire, près de Montrond (Loire). *I. G.* Cosia aqua.

COISE, comm. du cant. de St-Symphorien-le-Chatel (Rhône), sur la rivière de Coise. *A.* Coisi, 913; Coysi, 939, 960; Coisy, 988; Coise, 1032.

COISERETTE, cant. de Bouchoux (Jura). *A.* 1013.

COISIA, cant. d'Arinthod (Jura). *A.* Coysia, 949, 976; Coisia, 1004; Coisiat, 1011.

COLIGNY, arr. de Bourg (Ain). *A.* Coloniacum, 930; Colognacum, 950, 1005; Coloigniacum, 976; Cologniacum, 1006, n. 2; Coligny, 1010.

COLLIARD, comm. de Ternand (Rhône). *I. G.* Conlidius?

COLOMBAREZ. (Voy. *Colombier.*)

COLOMBIER, cant. de la Clayette (S.-et-L.). *A.* Columbarium, 1052.

COLOMBIER, cant. de la Verpillière (Isère). *A.* Colombier, 944; Columberium, 967, 995; Colombier, 1023. (Voy. 995, n. 6.)

COLOMBIER ou St-PIERRE-EN-COLOMBAREZ, cant. de Bourg-Argental (Loire). *A.* 1039.

DICTIONNAIRE GÉOGRAPHIQUE. 1117

COLOMBIER-LE-JEUNE, cant. de Tournon (Ardèche). *A.* 1039 et n. 4.

COLONGE-LA-MÂCONNAISE, comm. de Cruzilles (S.-et-L.). *A.* Colongiæ Mâtiscon. 1049.

COLONGE-SOUS-LE-MONT-St-VINCENT, aujourd'hui Collonges-en-Charollais, cant. de la Guiche (S.-et-L.). *A.* Collongiæ subtus Montem, 1047.

COLONGES, cant. de Limonest (Rhône). *A.* Colunges, 917; Colungiæ, 962, 990; Colonges, 940, 1024, 1058.

COLONGES, cant. de Mornant (Rhône). *I. G.* Colungis villa.

COMBE (Bois de la), comm. de Tarare (Rhône). *I. G.* Combæ Adelelmi silva.

COMBRES, cant. de Perreux (Loire). *A.* 1037.

COMELLE (LA), cant. de St-Léger-sous-Beuvray (S.-et-L.). *A.* La Comel.... 1051.

COMMELLES, cant. de Perreux (Loire). *A.* Comelles, 914, 936, 954, 982; Commelles, 1028.

CONAC (St-Thomas-de-), sur la Gironde (Charente-Infér.). *I. G.* Cosnacus, Cosniacensis ager.

CONAN, rivière qui se jette dans la Brevenne, près de Bibost (Rhône). *I. G.* Colna, Colnensis ager.

CONCIZAN, comm. de Cezay (Loire), semble indiquer l'emplacement du bois *Concisa* de l'*I. G.*

CONDAL, cant. de Cuiseaux (S.-et-L.). *A.* Conda, 930; Condas, 977, 1005; Condal, 1010.

CONDAMINES, cant. de Brenod (Ain). *A.* 1014.

CONDES, cant. d'Arinthod (Jura). *A.* Condes, 925, 976, 1004, 1011.

CONDESSIAT, canton de Châtillon-lez-Dombes (Ain). *A.* Condoisias, 923; Condeyssia, 970; Condeissia, 998; Condeyssiat, 1020.

CONDRIEU, arr. de Lyon (Rhône). *A.* 1039.

CONFRANÇON, comm. de Cortevaix (S.-et-L.). *A.* Confranson, 1047.

CONFRANÇON, cant. de Montrevel (Ain). *A.* Corfrancons, 929; Confranczon, 950, 978; Confrançon, 1007, 1017.

CONZY, com. de Châtillon-d'Azergues (Rhône). *I. G.* Conziacus.

CORANT, cant. de Ceyzériat (Ain). *A.* Corent, 949, 976, 1004; Coran, 1015.

CORBAS, au midi de Vénissieux (Isère). *A.* Corbai, 918 et n. 8.

CORCELLES, cant. de Belleville (Rhône). *I. G.*

Corcellis (De). *A.* Corcelles, 915, 917, 940, 963, 990, 1025.

CORCY (St-André-de-), cant. de Trévoux. *A.* Corzeu, 923; Corsiacus castri, 945, 970, 998; St-A.-de-C. 1020.

CORDELLE, cant. de Saint-Symphorien-de-Lay (Loire). *A.* Cordella, 914, 936, 954, 982; Cordelles, 1028.

CORDESSE, cant. de Lucenay-l'Évêque (S.-et-L.). *A.* Cobordussa, 1052.

CORDIEUX, cant. de Montluel (Ain). *A.* Corzeu, 921; Corziacus, 945, 969; Cordiacus, 996; Cordieu, 997, 1021. (Voy. p. 997, n. 5.)

CORLIER, cant. de Hauteville (Ain). *A.* 1014.

CORMORANCHE, cant. de Pont-de-Veyle (Ain). *A.* Cormorenchi, 926, 946; Cormarenchi, 971, 1000; Cormoranches, 1019.

CORMOZ, cant. de St-Trivier-de-Courtes (Ain). *A.* Cormouz, 950; Cormo, 977; Cormoz, 1005; Courmoz, 1010.

CORNAS. (Voy. *St-Martin-de-Cornas*.)

CORNILLON, comm. de St-Paul-en-Cornillon (Loire). *A.* Cornillon, 904, 941, 993, 994, 1034; Cornillion, 964.

CORNOD, cant. d'Arinthod (Jura). *A.* Cornod, 925, 1011.

CORTAMBERT, cant. de Cluny (S.-et-L.). *A.* Cortembert, 1049.

COTE, ancienne paroisse située dans la commune de Cluny. La carte du Dépôt n'indique plus que le bois de Cote. *A.* Cota, 1048.

CÔTE-EN-COUSAN (LA), canton de Noirétable (Loire). *I. G.* Costa 1.

COTEAU (LE), canton de Roanne (Loire). *A.* 1029, n. 1.

Cotons (?), hôpital, archipr. de Chalamont. *A.* 912. Peut-être est-ce Cossieux, membre de la commanderie des Feuillets, commune de Cordieu (Ain).

COTTANCE, cant. de Feurs (Loire). *A.* Constances, 908, 956; Costances, 937, 984; Coutances, 1032; Constanciæ, 1057.

COUBLANC, cant. de Chauffailles (S.-et-L.). *A.* Comblanc, 1047.

COULANGES, cant. de Dompierre (Allier). *A.* Colenia... 1052.

COURMANGOUX, cant. de Treffort (Ain). *A.* Cormangons, 930; Cormangon, 950, 977; Cormangond, 1005; Courmangoux, 1010.

COURS, cant. de Thizy (Rhône). *A.* 1037, 1047.

COURTES, cant. de St-Trivier-de-Courtes (Ain).

A. Cortos, 929; Courtoux, 950, 1007; Curtes, 978; Courtes, 1016.

COURTENAY, cant. de Morestel (Isère). *A.* Cortenay, 920; Cortennay, 943; Cortenay, 966, 994; Courtenay, 1023.

COURVEISSIAT ou CORVEYSSIAT, cant. de Treffort (Ain). *A.* Curveysia, 1011.

COURZIEU, cant. de Vaugneray (Rhône). *I. G.* Corciacus, Corziacus, Crosiacus, Corzieu. *A.* Corzeu, 912; Corziacus, 939, 988, 989; Corsiacus, 960; Courzieux, 1032.

COUSANCE, canton de Beaufort (Jura). *A.* Cosanci, 950, 977; Cosance, 1005 et n. 5; Cousance, 1010.

COUTOUVRE, cant. de Perreux (Loire). *A.* Cothobrum, 1045; Coutouvre, 1037.

COUZAN, château dans la commune de Sail-en-Couzan. Il a donné son nom à plusieurs localités du voisinage. *I. G.* Cosans, Cosanno (de), Cosant (de). *A.* Cosant, 906, 938, 958.

COUZANCE, au midi de Carisieu (Isère). *A.* Cosances, 920, 995; Cozance, 1023.

COUZON, cant. de Neuville (Rhône). *I. G.* Coson. *A.* Coson, 935; Cosons, 953; Coson, 982; Couson, 1024.

CRAINTILLEUX, canton de St-Rambert (Loire). *I. G.* Chrontilliacus. *A.* 938, n. 15; Crinsilliacus, 959; Crentilliacus, 987; Crintillieux, 1030; Cruntilliacus, 1055.

CRANS, cant. de Chalamont (Ain). *A.* Crant, 922, 945, 969, 997; Cran, 1021.

CRAPONNE, comm. de Grézieux-la-Varenne (Rhône). *I. G.* Craponica.

CRAS, cant. de Montrevel (Ain). *A.* Cra, 929, 950, 977, 1006; Cras, 1017.

CRAY, cant. de la Guiche (S.-et-L.). *A. S.* Paulus de Crayo, 1047.

CRÈCHES, cant. de la Chapelle-de-Guinchay (S.-et-L.). *A.* Cresches, 1050.

CRÉCY, com. de St-Didier-au-Mont-d'Or (Rhône). *I. G.* Cresciacus.

CRÉCY, comm. de Chevinay (Rhône). *I. G.* Criciacus, Crisiacus, Creceu (de).

CREMEAUX, cant. de St-Just-en-Chev. (Loire). *A.* Cromelz, 914; Cromels, 936; Cremelles, 936; Gromelles, 954; Cromelles, 954, 982, 983; Cremeaux, 1028.

CREMIEU, arr. de la Tour-du-Pin (Isère). *I. G.* Crimeu.

CRESSILIEU, comm. de Bessenay (Rhône). *I. G.* Crissiliacus.

CREYS, au nord de Morestel (Isère). *A.* Crep, 919; Crept, 943; Crep, 967, 994; Crepts, 1023.

CRITEUIL, cant. de Segonzac (Charente). *I. G.* Cristiolensis vicaria.

CROIX-ROUSSE (LA), faub. de Lyon. *A.* 1024, n. 8.

CROIZET, cant. de Saint-Symphorien-de-Lay (Loire). *A.* Crosers, 937; Crosellus, 957, 984; Croisel, 1032.

CROTET, cant. de-Pont-de-Veyle (Ain). *A.* Crotez, 929; Croteil, 950, 978, 1007; Crotet, 1016.

CROUIN, cant. de Cognac (Charente). *I. G.* Cruch?

CROZET, comm. de la Pacaudière (Loire). *A.* 1040.

CRUAS, ancienne abbaye près de Viviers en Vivarais. *I. G.* Crudatenses monachi.

Crucheto (S. Saturninus de), St-Sorlin-de-Cuchet? (Voy. *S. Sorlin.*)

CRUPIES, cant. de Bourdeaux (Drôme). *I. G.* Cripies.

CRUZILLE, cant. de Lugny (S.-et-L.). *A.* 1043, n. 3.

CRUZILLES, cant. de Pont-de-Veyle (Ain). *A.* Cruisilles, 926; Cruisillies, 946; Crusilles, 971, 1000; Crozilles, 1019.

CUBLIZE, cant. de Thizy (Rhône). *A.* 1037; Cublise, 1046.

CUET, comm. de Montrevel (Ain). *A.* Cuyel, 950; Cuel, 978; Cueil, 1006; Cuet-lez-Montrevel, 1017.

CUILLY, près de Lausanne, sur les bords du lac Léman. *I. G.* Cusleu?

CUINZIER, cant. de Belmont (Loire). *A.* 1037, 1047, n. 2.

CUIRE, comm. de Caluire (Rhône). *A.* Tueres (lisez Cueres), 935, 943; Cuire, 1024.

CUISEAUX, arr. de Louhans (S.-et-L.). *A.* Eccl. Cuyselli, 950; — de Cuysello, 976; — de Cuisello, 1005; Cuiseaux, 1010.

CUISIAT, cant. de Treffort (Ain). *A.* Cuisiacus, 925; Cuysia, 949; Cruysiacus, 976, 1004; Cuisiat, 1015.

CUISIAT, cant. de Beaufort (Jura). *A.* Cuysia, 950, 977, 1005 et n.; Cuisiat, 1010.

Cultressa (I. G.), ruisseau dont le nom n'est pas porté sur les cartes : c'est peut-être celui de la commune de Sourcieux, qui se jette dans la Brevenne près de Sainbel (Rhône).

DICTIONNAIRE GÉOGRAPHIQUE.

Cultura, cant. de St-Claude (Jura). *A.* 948, 973, 1003.
Cunieux ou Cunet, com. de Vaugneray (Rhône). *I. G.* Cuniculus locus.
Curbigny, canton de la Clayette (S.-et-L.). *A.* Corbiniacus, 1052.
Curciat, cant. de St-Trivier-de-Courtes (Ain). *A.* Circeus (?), 928; Curtia, 950; Curcia, 978, 1007; Curtiat, 1016.
Curdin, canton de Gueugnon (S.-et-L.). *A.* Cad.... 1053.
Cureria (*I. G.*). C'est peut-être le ruisseau auquel la carte de M. Godefin donne le nom de Font-Froide, près de Panissières (Loire).
Curgy, cant. d'Autun (S.-et-L.). *A.* Curgiacus, 1051.
Curis, cant. de Neuville (Rhône). *A.* Cury, 1024.
Curtafond, cant. de Montrevel (Ain). *A.* Cortafonz, 929, 978; Curtafon, 950; Courtafont, 1006; Curtafon, 1017.
Curtil-sous-Buffières (Le), cant. de Cluny (S.-et-L.). *A.* Curtilus subtus Bufferias, 1048.
Curtil-sous-Burnand (Le), cant. de St-Gengoux-le-Royal (S.-et-L.) *A.* Curtilus juxta Burnant, 1047.
Cusieu, cant. de St-Galmier (Loire). *I. G.* Cusiacus. *A.* 904; Cuyseu, 941, 942, 964; Cuysien, 964; Cusieu, 993, 994; Cusieux, 1034.

D

Dagneux, cant. de Montluel (Ain). *A.* Danneu, 921; Daigneu, 945, 968, 996; Dagneux, 1021.
Dancé, cant. de St-Germain-Laval (Loire). *A.* Danceu, 916, 936; Dancieu, 954; Dancé, 982, 1028; Danziacus, 1057.
Dardilly, cant. de Limonest (Rhône). *I. G.* Darzilliacus, etc. *A.* Darzilliacus, 935; Dardilliacus, 953, 981; Dardilly, 1024.
Dareizé, cant. de Tarare (Rhône). *I. G.* Darasiacus, Darasiaco (de), Darasci (peut-être Darasei). *A.* Araiseu, 910; Dareisé, 1027; Dareysiacus, 1058.
Dargoire, canton de Rive-de-Gier (Loire). *A.* Dalgoyria, 902; Dargoria, 942, 963, 992; Dargoire, 1035.
Davayé, cant. de Mâcon (S.-et-L.). *A.* Davayacus, 1050.
Décines, cant. de Meyzieux (Isère). *A.* Dissines, 918; Disines, 944; Dessines, 967, 995, 1023.
Delphingue, comm. de Charentay (Rhône). *I. G.* Delfingis.
Démare, comm. de Montrotier (Rhône). *I. G.* Domariacus.
Denicé, cant. de Villefranche (Rhône). *I. G.* Diniciacus, Dinicensis, Diniciacensis ager. L'église actuelle de Denicé est dédiée à S. Pancrace. L'ancienne église paroissiale, dédiée à Notre-Dame, est dans un hameau voisin appelé Chevènes (voy. ce mot). *A.* Denice, 917; Daniceus, 917; Denices, 940; Denice, 941, 962, 963; Deniciacus, 991; Denycy, 991; Denicé, 1026 et n. 1; Denisiacus, 1058.
Dessia, cant. de St-Julien (Jura). *A.* Deissia, 1011 et n. 7.
Dettey, cant. de Mesvres (S.-et-L.). *A.* Deste.... 1053.
Die (Drôme). *I. G.* Diensis episc.
Digna, cant. de St-Amour (Jura). *A.* Dignia, 930; Digniacus, 977, 1005; Dignat, 1010.
Digoin, arr. de Charolles (S.-et-L.). *A.* Digon.... 1053.
Diou, cant. de Dompierre (Allier). *A.* Dialcus, 1052.
Disouche, comm. de Chambéon (Loire). *I. G.* Duæ Olchæ.
Doizieux, canton de St-Chamond (Loire). *A.* Doayseu, 902 et n. 6; Duayseu, 942; Doysiacus, 966; Doiziacus, 993; Doizieux-lez-Farnanches, 1034.
Dolomieu, cant. de la Tour-du-Pin (Isère). *A.* Dolomeu, 919; Doleymieu, 943, 994; Doleymeu, 944, 966, 967; Dolomieux, 1023.
Dommartin, cant. de l'Arbrèle (Rhône). *A.* 1025.
Dommartin, cant. de Bâgé (Ain). *A.* Donnus Martinus, 950; Dompnus Martinus, 977, 1005; Dommartin, 1010.
Dommartin-de-Larenay, cant. de Bâgé (Ain). *A.* S. Martinus de Larona, 928; S. M. de la

Rena, 951; S. M. de Larena, 979; S. M. de Larenay, 1007; Dommartin-de-Larnay, 1016.

DOMPIERRE, cant. de Matour (S.-et-L.). *A.* 1038.

DOMPIERRE, arrond. de Moulins (Allier). *A.* Domn...... 1053.

DOMPIERRE, cant. de Pont-d'Ain (Ain). *A.* Donnus Petrus, 922, 945; Domperus, 968; Dompnus Petrus, 996; Dompierre, 1021. (Voy. 998, n. 1, et 1021, n. 7.)

DOMPIERRE-DE-CHALARONNE, cant. de Thoissey (Ain). *A.* Domnus Petrus, 926; Domperus, 946, 972; Dompierre, 1000; Dompierre-de-Chalaronne, 1019.

DOMPIERRE-SOUS-SANVIGNES, cant. de Toulon-sur-Arroux (S.-et-L.). *A.* Domnus Petrus, 1052.

DOMSURE, cant. de Coligny (Ain). *A.* Donceres, 930; Donczuerro, 950, 977; Donseurro, 1005 et n. 7; Domseure, 1017.

DONDIN (*Dundanus*). (Voy. *Pressy-sous-Dondin.*)

Donsperos (?), archipr. de Treffort. *A.* 925.

DONZY, ancien château dans la comm. de Sail-en-Donzy, cant. de Feurs (Loire). Il a donné son nom à plusieurs localités du voisinage. L'église était dédiée à S. Alban. *I. G.* Donsiacus. *A.* Donzeu, 908, 957; Donziacus, 937; Donzieu, 985.

DONZY, comm. de St-Priest-la-Roche (Loire). *I. G.* Donciacus, etc.

DONZY-LE-ROYAL, cant. de Cluny (S.-et-L.). *A.* Donziacus Regalis, 1048.

DORIEU, comm. de Châtillon (Rhône). *A.* Eccl. de Duabus Rivis, 911, n. 6.

Dorosa, nom ancien de la rivière qui passe à Missilieu (voy. ce mot), et qu'on appelle aujourd'hui Foudagny, d'après la carte cantonale de M. Rembielinski.

DORTAN, cant. d'Oyonnax (Ain). *A.* Dortemt, 931; Dorten, 947; Dortencus, 973, 1001; Dortan, 1012, 1013; Dortentus, 1058.

DOUSSARD, chef-lieu d'une paroisse située sur le lac d'Annecy (Savoie). *I. G.* Dulsas.

DOUVRES, cant. d'Ambérieux (Ain). *A.* Dolvres, 934; Douvres, 1014.

DRACÉ-LE-PANOUX, cant. de Belleville (Rhône). *I. G.* Draciacus. On n'écrit plus aujourd'hui que Dracé; mais le vieux surnom de Panoux, qui rappelle le Pudiniacus de l'*I. G.* se trouve sur la carte de Cassini. *A.* Traceu, 915; Draceu, 940; Drace, 963; Dracieu, 990; Dracé, 1036; Draciacus, 1058.

DRACY-St-LOUP, canton d'Autun (S.-et-L.). *A.* Draciacus, 1051.

DROM, cant. de Ceyzériat (Ain). *A.* Drun, 925, 949; Druyn, 976, 1004; Dron, 1011.

DRUILLAT, cant. de Pont-d'Ain (Ain). *A.* Durlies, 925; Durllies, 949; Durilles, 975; Druylles, 1003, 1005, n. 1; Drulliat, 1015.

DUERNE, cant. de St-Symphorien-le-Château (Rhône). *I. G.* Duerna. *A.* Duerna, 913, 939, 960, 988; Duerne, 1033.

DUING, en Savoie, diocèse d'Annecy. *I. G.* Dugnensis ecclesia.

DURBIZE, cant. de la Pacaudière (Loire). *A.* 1038.

DURETTE, cant. de Beaujeu (Rhône). *A.* Dureta, 1050; Durette, 1036.

DYO, cant. de la Clayette (S.-et-L.). *A.* Dyaucus, 1052.

E

EAUX-PROFONDES, ancien nom du prieuré de Courzieu. *I. G.* Profundæ Aquæ.

ECHALLAS, cant. de Givors (Rhône). *I. G.* Escalatus. *A.* Eschalas, 901, 942, 963; Eschallas, 992, 1056; Échalas, 1035.

ÉCLAIRÉ, comm. de St-Marcel-Éclairé, près de Tarare (Rhône). *I. G.* Esclareias.

ÉCOCHES, cant. de Belmont (Loire). *A.* Escochiæ, 1046; Écoches, 1037.

ÉCOTAY, canton de Montbrison (Loire). *I. G.* Escotay. *A.* Escotay, 906, 938, 958, 986, 1030.

ÉCULLY, cant. de Limonest (Rhône). *I. G.* Excoliacus. *A.* Escuilleu, 904; Esculliacus, 935; Escuilieu, 953; Escully, 982; Écully, 1025.

ÉMERINGES, cant. de Beaujeu (Rhône). *A.* Emeringiæ, 1050; Émeringes, 1036.

ÉPAISSE, commanderie avec chapelle sous le vocable de S. Jean-Baptiste, comm. de Bâgé-la-Ville (Ain). *A.* Espeyssia, 930; Espesses, 1007, n. 8.

ÉPARCIEU, comm. de Meylieu, ou ÉPERCIEUX, comm. de St-Cyr-les-Vignes (Loire). *I. G.* Esparciacus.

DICTIONNAIRE GÉOGRAPHIQUE.

Épercieux, cant. de Feurs (Loire). *I. G.* Espartiacus. *A.* Esparceu, 908, 937; Eperceu; 957; Parcieu, 985; Épercieux, 1032; Expericiacus, 1057.

Épy, cant. de S¹-Julien (Jura). *A.* Espis, 930; Espi, 950, 976, 1005; Épy, 1010.

Escharvine, paroisse de Talloires, en Savoie. *I. G.* Escaluina.

Eschazaux. (Voy. *S¹-Maurice-d'Eschazaux*.)

Escopet, membre de la commanderie d'Épaisse, située dans la comm. de Vernoux, au nord de S¹-Trivier-de-Courtes (Ain). *A.* Escopais, 930.

Espinasse (L'), ham. de la comm. de Forgeux-l'Espinasse, à laquelle il donne son nom. *A.* Lespinaci, 914, 936; Espinacia, 954, 982.

Essertines (ou Certines), cant. de Pont-d'Ain (Ain). *A.* Essertines, 947.

Essertines-en-Châtelneuf, cant. de Montbrison (Loire). *A.* Sartines, 906; Essertines, 938, 939, 958, 986, 1030; Xartiniæ, 1055.

Essertines-en-Donzy, cant. de Feurs (Loire). *I. G.* Essartines, Exartines. *A.* Sartines, 908; Essertines, 937, 957, 985, 1032; Essartines, 1057.

Estivareilles, cant. de S¹-Bonnet-le-Château (Loire). *A.* 1040.

Étables, cant. d'Isernore (Ain). *A.* Étroblos, 931; Étables, 947; de Stabulis, 974, 1002; Étables, 1014.

Étang, cant. de S¹-Léger-sous-Beuvray (S.-et-L.). *A.* Stann...... 1053.

Éteufs (Les) ou Jonzieux. *A.* 904. (Voy. *Jonzieux*.)

Étoux (Les), comm. de Beaujeu (Rhône). *I. G.* Estols. *A.* Les Étoux, 1037.

Étrez, cant. de Montrevel (Ain). *A.* Estres, 929, 978, 1007; Etres, 950; Étré-le-Bouchoux, 1017.

Éveux, cant. de l'Arbrêle (Rhône). *I. G.* Iva? *A.* Eyveux, 1027.

F

Fachon, comm. de S¹-Apollinaire (Rhône). *I. G.* Falcono?

Faramans, cant. de Meximieux (Ain). *A.* Pharamanz, 922; Faramanz, 945; Faramans, 969, 996; Faramant, 1022.

Fareins, cant. de S¹-Trivier-sur-Moignans (Ain). *A.* Farens, 927, 946, 972; Fareins, 1001, 1019.

Farges, comm. de Bellegarde (Loire). *I. G.* Farges. *A.* Farges, 912, 939; Fabriciæ, 939, 960; Fabvriciæ, 988; Fabriciæ, 989.

Farges, comm. d'Essertines-en-Châtelneuf (Loire). *I. G.* Fargis.

Farges, comm. de Chambost-sur-Chamelet. *I. G.* Fargias.

Farges, cant. de Tournus (S.-et-L.). *A.* Fargiæ, 1049.

Farnanches. (Voy. *Doizieux*.)

Farnay, cant. de S¹-Chamond (Loire). *A.* Farnay, 902, 1034.

Fassieres (?), archipr. de Treffort. *A.* Socies, 949; Sacies, 976; Facies, 1004.

Feillens, cant. de Bâgé-le-Châtel (Ain). *A.* Felins, 928; Felinz, 950, 978; Felline, 1007; Feillens, 1016.

Fenêtres, comm. de Bussières (Loire). *I. G.* Fenestra.

Fenouil ou Les Halles. (Voy. *Les Halles*.)

Feuillets (Les), hôpital ou commanderie de l'ordre de S. Jean de Jérusalem, avec une chapelle dédiée à S. Jean-Baptiste, dans la comm. de Châtenay (Ain). *A.* les Folliés, 922; les Feuillées, 999, n. 3. (Ne pas confondre avec les Feuillées, hameau qui se trouve tout auprès.)

Feurs, arr. de Montbrison (Loire). *I. G.* Forum, Forensis, etc. Foro (de). *A.* Forum, 907; Fuers, 938; Fuer, 957; Feurs, 985, 1030.

Feyzin, com. de S¹-Symphorien-d'Ozon (Isère). *A.* Faysins, 919, 944, 967; Feysins, 995; Faisin, 1023.

Firmini, cant. de Chambon (Loire). *A.* Firminiacus, 904, 964; Firmigneu, 942, 964; Firmigniacus, 942; Furmignieu, 993; Furmigniacus, 994; Firmini, 1034.

Flacé-en-Mâconnais, cant. de Mâcon (S.-et-L.). *A.* Flaciacus, 1045.

Flacieux, comm. du Breuil (Rhône). *I. G.* Flaciacus.

Flagy, cant. de Cluny (S.-et-L.). *A.* Flagiacus, 1047.

Fleurie, cant. de Beaujeu (Rhône). *A.* Fluriacus, 1050; Fleurie, 1036.

Fleurieux, cant. de l'Arbrêle (Rhône). *I. G.*

Floriacus, Fluriacus, Floriacensis, Fluriacensis ager. *A.* Floireu, 910; Fluyriacus, 940, 961, 989; Fleurieux, 1027.

FLEURIEUX, canton de Neuville (Rhône). *A.* Fleurieux, 1019.

FLEURIEUX, comm. de Châtillon-lez-Dombes (Ain). *A.* Finire (?), 926; Fluyriacus, 946; Fluyreu, 971; Fleurieu, 999; Fleurieux en Bresse, 1019.

FLEURY-LA-MONTAGNE, cant. de Semur-en-Brionnais (S.-et-L.). *A.* Fleuriacus, 1046; Fleury-la-Montagne, 1038.

FLEYRIAT, cant. de Viria (Ain). *A.* Flories, 929; Fluyria, 950, 978; Fleuria, 1006; Fleiria, 1017.

FLOIRAC, cant. de Cozes (Char.-Inf.). *I. G.* Floriacus.

FOISSIAT, cant. de Montrevel (Ain). *A.* Foissia, 929; Foyssiacus, 951; Foyssia, 977; Foissia, 1006, 1017.

FONTAINE, cant. de Neuville (Rhône). *A.* Fontanes, 928, n. 3, 946; Fontanæ, 971, 999; Fontaines et S. Martin de Fontaine, 1019, n. 4 et 9.

FONTANE, comm. de Chalain-le-Comtal (Loire). *I. G.* Fontanis.

FONTANÈS, cant. de St-Héand (Loire). *I. G.* Fontaneis, Fontaneto (de). *A.* Fontanetus, 903; Fontaneys, 942.

FONTENAILLES, comm. de Belleville (Rhône). *I. G.* Fontanillias.

FONTFROIDE, ruisseau près de Panissières (Loire). *I. G.* Frigido Fonte (de), curtilus ad Frigidum Fontem.

FOREZ, province, comté, pays, pagus, ager, etc. *I. G.* Forense territorium, Forensis, etc.

FORMANS (LE), rivière près de Trévoux (Ain). *I. G.* Folmoda Aqua.

FORNAS. (Voy. *St-Nizier-de-Fornas*.)

FORTUNAT, comm. de St-Didier-au-Mont-d'Or (Rhône). *A.* 1024, n. 15.

Fossat. Il y a un bois de ce nom dans la com. de Chalmazel (Loire). *I. G.* Fossadum (ad).

FOUDAGNY, ruisseau dans le cant. de Mornant (Rhône). (Voy. *Dorosa*.)

FOUILLOUSE (LA), cant. de St-Héand (Loire). *A.* La Follousa, 904; Foillousa, 942; Foillosa, 964, 992; la Fouillouse, 1034.

FOURCHES (LES). Il y a dans la comm. de St-Marcel-Éclairé (Rhône) une montagne de ce nom. *I. G.* Furcis (de).

FOURNEAUX, cant. de St-Symphorien-de-Lay (Loire). *I. G.* Fornels. *A.* Fornelz, 913, 915; Forneuz, 936; Fornellis, 954, 982; Fourneaux, 1028.

FOURVIÈRE, montagne sur laquelle est une église dans la ville de Lyon. *I. G.* eccl. Forverii.

FRANCE et FRANÇAIS (Rois de France ou des Français). *I. G.* Francia, Francorum rex. — Bois des Français. *I. G.* Franchorum Boscus. — Route de France. *I. G.* Via Francisca.

FRANCHELEINS, cant. de St-Trivier-sur-Moignans (Ain). *I. G.* Francheleins. *A.* Franchinens, 927; Franchelens, 946, 947; Francheleins, 972, 1001, 1019; Franchelains, 1000.

FRANCHEVILLE, cant. de Vaugneray (Rhône). *A.* Franchavilla, 901, 942, 965, 993; Francheville, 1025.

FRANIER (Cassini écrit Frenay, la carte du Dépôt de la guerre Framier, mais c'est Franier qu'il faut lire, comme dans la carte cantonale de M. Rembielinski), hameau voisin de Saint-Marcel-Éclairé (Rhône). *I. G.* Fracsnetus, Fragnetus. Le curtil de la *Comba Fragney* de l'*I. G.* n'est sans doute que le Creux de Fragnay, autre hameau voisin.

FRANS, cant. de Trévoux (Ain). *A.* Frenz, 927; Frens, 946, 971, 999; Frans, 1019.

FRENAYE ou LA FRÉNÉE. Il y a deux hameaux de ce nom dans la com. de Bussières (Loire). *I. G.* Frasnetus, Fraxinus.

FRIDIÈRE. Il y a plusieurs hameaux de ce nom dans le départem. du Rhône; mais je pense qu'il s'agit ici de celui qui se trouve dans la comm. de St-Clément-les-Places, canton de St-Laurent-de-Chamousset. *I. G.* Frigderias.

FRONTENAS, cant. de Bois-d'Oingt (Rhône). *A.* Frontenas, 911; Frontenas, 940, 961; Fontenas, 989; Frontenaz, 1027; Frontanacus, 1058.

FRONTENAY, cant. de Voiteur (Jura). *A.* Frontena, 950; Frontenas, 949, 977, 1005; Frontenay, 1010.

FUISSÉ, cant. de Mâcon (S.-et-L.). *A.* Fussiacus, 1050.

G

GANNAT (Allier). *A.* Wadon... 1053.
GARDE (LA), comm. de St-Veran (Rhône). *I. G.* Garda.
GARNAT, cant. de Chevagnes (Allier). *A.* Wald.... 1053.
GARNERANS, cant. de Thoissey (Ain). *A.* 1019 et n. 5.
GAULE (LA). *I. G.* Gallia, Francia.
GELENARD, cant. de Toulon-sur-Arroux (S.-et-L.). *A.* Gelonacus, 1052.
GENAS, cant. de Meyzieux (Isère). *A.* Jonas, 918; Genas, 944, 967, 995, 1023.
GENAY, cant. de Trévoux (Ain). *I. G.* Janiacensis, Gayniacensis villa. *A.* Agatone, 927; Geynay, 946, 971; Genay, 999, 1019.
GENÈTE (LA), cant. de Cuisery (S.-et-L.). *A.* Genesta, 1007; Genette (La), 1016.
GENETINES, canton de Moulins (Allier). *A.* Gene..... 1053.
GENÈVE (Suisse). *I. G.* Gebenensis, Genevensis, etc.
GENEVET, comm. de Chambost (Rhône). *I. G.* Genova?
GENOD, cant. d'Arinthod (Jura). *A.* Genos, 949, 1004; Genas, 976; Genod, 1011.
GENOUILLEUX, cant. de Thoissey (Ain). *A.* Genoilleu, 927; Genoylleu, 946; Genollieu, 972; Genollieu, 1000; Genouilleux, 1019.
GENOUILLY, cant. du Mont-St-Vincent (S.-et-L.). *A.* Genoilliacus, 1047.
GENTÉ, sur le Né, cant. de Segonzac (Charente). *I. G.* Genten.
GÉOVRESSIAT ou GEVREISSET, cant. de Nantua (Ain). *A.* Gevreset, 931; Guyreysia, 947; Gyvreyssia, 974; Givreissia, 1002; Gevreisset, 1012.
GÉOVREISSET, cant. d'Oyonnax (Ain). *A.* 1013.
GERMAGNIAT, cant. de Treffort (Ain). *A.* Germaniacus, 925; Germagnies, 949; Germania, 975, 1004; Germagna, 1011.
GERMOLLES, cant. de Tramayes (S.-et-L.). *A.* Germolles, 1036, 1048, n. 9.
GIBLES, cant. de la Clayette (S.-et-L.). *A.* Gebulas, 1052.
GIER (LE), rivière qui se jette dans le Rhône, près de Givors. *I. G.* Gerius, Gerensis, Jarensis ager.

GIGNY, cant. de St-Julien (Jura). *A.* Giniacum, 924; Gignia, 949; Gigniacum, 949, 976, 1004; Gigny, 1011 et n. 9.
GIMEUX, arr. de Cognac (Charente). *I. G.* Gemois.
GIVORS, arr. de Lyon (Rhône). *A.* Gyvorus, 901; Givort, 942, 992 et n. 2; Gyvort, 964; Giuvort, 992; Givors, 1035.
GIVRY, près de Montluel (Ain). *A.* Giriacus (?), 921.
GLEIZÉ, cant. de Villefranche (Rhône). *I. G.* Laisiacensis, eccl. *A.* Layseu, 915, 940; Gleysieu, 991; Glezé, 1026.
GOËLLE (Cassini écrit GOUALLE), comm. de Souternon (Loire). *I. G.* Geolis.
GOIFFIEUX, ancien château dans la comm. de Millery (Rhône). *I. G.* Gofiacus, Gofiacensis ager. — Il y a aussi près de là, dans la com. de St-Laurent-d'Agny, une localité portant le nom de Goaffy (Cassini) ou Goiffieux (Rembielinski). Elle ne figure pas sur la carte du Dépôt de la guerre.
GORREVOD, cant. de Pont-de-Vaux (Ain). *A.* Gorevot, 928; Gorrevout, 950; Gorrevoust, 977; Gorrevoud, 1006; Gorrevod, 1016.
GOURDAN, comm. de St-Jean-de-Niost (Ain). *A.* Gordans, 968, 996; Gourdan, 1022.
GRAMMONT, canton de St-Galmier (Loire), *A.* Grantmont, 903; Grandus Mons, 942; Gramont, 965, 992; Grammont, 1034; Magnus Mons, 1056.
GRAMMONT, ancien prieuré dans la commune de Blacé (Rhône). *A.* Grantmont, 941; Grandus Mons, 991.
GRANDRIS, cant. de la Mure (Rhône). *A.* Grandus Rivus, 1047; Grandris, 1037.
GRANDVAUX, cant. de Palinges (S.-et-L.). *A.* Granda Vallis, 1052.
GRANGEN, près de St-Victor-sur-Loire (Loire). *A.* Grangen, 904.
GRANGES, cant. d'Isernore (Ain). *A.* Granges, 947; Grangia, 974, 1002; Grange, 1013.
GRÉGNIEUX, comm. de Nervieux (Loire). *A.* 1029, n. 5.
GRELONGES, ancien monastère de filles fondé par les sires de Beaujeu dans une île de la Saône, aujourd'hui disparue, et qui était, à

ce que l'on croit, en face de Fareins. Le monastère fut transféré plus tard à Salles, d'où vient le titre de prieur de Salles et de Grelonges que portait le prieur de Salles. *A.* Gravis Longa, 916; Grelonge, 962; Grelonges, 990.

GRENAY, cant. d'Heyrieux (Isère). *A.* Griennay, 919, 944, 967; Genay(?), 995; Grenay, 1023.

GRENOBLE (Territoire et évêché de). *I. G.* Gratianopolitensis.

GRÉSIGNY, com. de St-Pierre-la-Palud (Rhône). *I. G.* Grisiniacus, Crissiniacus.

GRESLE (LA), cant. de Belmont (Loire). *A.* La Grelhe, 1046; la Gresle, 1037.

GRÉZIAT, comm. de St-Cyr-sur-Menthon (Ain). *A.* Graysiacus, 923, 946; Graysies, 945; Greysieu, 970, 998; Greziat, 1016.

GRÉZIEUX-LE-FROMENTAL, cant. de Montbrison (Loire). *A.* 1030.

GRÉZIEUX-LE-MARCHÉ, cant. de St-Symphorien-le-Chât. (Rhône). *I. G.* Grasiacus, etc. Grassiacensis ager. *A.* Grayseu, 913; Greysiacus, 939, 960; Greisiacus, 988; Grézieux-Souvigny, 1033.

GRÉZIEUX-LA-VARENNE, cant. de Vaugneray (Rhône). *A.* Graysiacus, 905; Greysiacus, 936; Greysieu, 953; Greisiacus, 981; Grézieux-la-Varenne, 1025.

GREZOLLES, cant. de St-Germain-Laval (Loire). *A.* Graysoles, 909, 937; Greysoles, 955; Greisolles, 983; Grezolles, 1029.

GRIÉGES, cant. de Pont-de-Veyle (Ain). *A.* Griéges, 1019. (Voy. *Chillia* et p. 999, n. 4.)

GRIGNY, cant. de Givors (Rhône). *A.* Grinacus, 901; Grigneu, 942, 965; Grigny, 992, 1035; Grignieu, 1056.

GRIVILLY, comm. de St-Forgeux (Rhône). *I. G.* Griviliacus.

GROISSIA, cant. d'Oyonnax (Ain). *A.* 1013.

GROLÉE, cant. de Lhuis (Ain). *A.* 1014.

GRUGE, comm. de Bully (Rhône). *I. G.* Villa de Griorgiis.

GUERREINS, cant. de Thoissey (Ain). *A.* Guierrens, 946; Guierrans, 972; Guierrains, 1000; Guerrins, 1019.

GUILLOTIÈRE (LA), arr. de Lyon (Rhône). *A.* La Guilliotière, 981, 1025.

GUINCHAY. (Voy. *La Chapelle-de-Guinchay.*)

GUISANS, portion du territoire de la comm. de Bouvières, canton de Bourdeaux (Drôme). *I. G.* Ecclesia de Gusancio, vallis Guzantium.

GUMIÈRES, cant. de St-Jean-Soleymieux (Loire). *A.* Gumeres, 906, 959; Gomieres, 938; Gomeres, 939; Gumières, 958, 986, 1030; Gomeriæ, 1055.

H

HALLES (LES) ou FENOUIL, cant. de St-Laurent-de-Chamousset (Rhône). *A.* 1033.

HAUTECOUR, cant. de Ceyzériat (Ain). *A.* Buenc, 925; eccl. de Buenco, 949; — alias Altæ Curiæ, 975, 1004; Autecour, 1015.

HAUTE-RIVOIRE, cant. de St-Laurent-de-Cham. (Rhône). *I. G.* Alta Rivoria. *A.* Alta Rivoiri, 912; Alta Rivoria, 939; Alta Ryvoria, 959; Altarivoria, 988; Haute-Rivoire, 1033.

HAUTEVILLE, comm. de Haute-Rivoire (Rhône). *I. G.* Alta Villa?

HAUTE-VILLE. (Voy. *St-Georges-Haute-Ville.*)

HAYES (LES), cant. de Condrieu (Rhône). *A.* 1039.

HEYRIEUX, arr. de Vienne (Isère). *A.* Ayreu, 918, 944; Eyreu, 967; Heyrieu, 995; Eyrieux, 1023.

HÔPITAL-LE-GRAND (L'), cant. de Montbrison (Loire). *A.* 1030.

HÔPITAL-SOUS-ROCHEFORT (L'), cant. de Boën (Loire). *A.* Hospitale, 907; Hospitale Rupis Fortis, 938, 939, 958, 959, 987; l'Hôpital-sous-Rochefort, 1030.

HUISSEL, comm. d'Amplepuis (Rhône). *A.* 1028, n. 1.

HURIAT. (Voy. *St-André-d'Huriat.*)

HURIGNY, cant. de Mâcon (S.-et-L.). *A.* Hurigniacus, 1049.

I

IGÉ, cant. de Cluny (S.-et-L.). *A.* Igiacus, 1048.

IGUERANDE, canton de Semur-en-Brionnais (S.-et-L.). *A.* Yguerande, 1038, 1047.

DICTIONNAIRE GÉOGRAPHIQUE. 1125

ILLIAT, cant. de Thoissey (Ain). *A.* Illie, 936; Yllia, 946; Illiacus, 972, 1000; Illiat, 1019 et n. 7.

INIMONT, canton de Lhuis (Ain). *A.* Ynimons, 932; Yniment, 974; Ynimont, 1002; Ennemond, 1015.

IRIGNY, cant. de St-Genis-Laval (Rhône). *I. G.* Irignis. *A.* Yrignins, 901, 965; Irignins, 942; Hyrignins, 993; Irigny, 1035.

ISENAVE, IZENAVE ou YSENAVE, cant. de Brenod (Ain). *A.* Ysenave, 1015. (Voy. *Vieux-d'Isenave.*)

ISÈRE, rivière du Dauphiné. *I. G.* Ysara.

ISERNORE, arr. de Nantua (Ain). *A.* Ysernore, 947, 974; Ysernorent, 948; eccl. Isernorum, 1002; Isernore, 1013.

ITALIE. *I. G.* Italia.

IZIEUX, cant. de St-Chamond (Loire). *A.* Ysiacus, 902, 942, 964; Ysieu, 965, 993; Isiacus, 993; Izieux, 1034; Yseu, 1056.

J

JAILLEUX, comm. de Montluel (Ain). *A.* Jailleu, 921; Jaylleu, 945; Jaillieux, 969; Jailliacus, 997; Jailleux, 1022.

JALOGNY, cant. de Cluny (S.-et-L.). *A.* Jaloigniacus, 1048.

JANNEYRIAS, cant. de Meyzieux (Isère). *A.* Janeyria, 995; Janeyriat, 1024.

JANSAGNIÈRES, cant. de St-Georges-en-Couzan (Loire). *A.* 1030, n. 5.

JAREZ (LE), territoire de la vallée du Gier. *I. G.* Gerensis, Jarensis ager. (Voy. *Gier.*)

JARNIOUX, com. de Ville-sur-Jarnioux (Rhône). *A.* Gerniost, 990; Jarniost, 991, 1026.

JARNOSSE, cant. de Bellemont (Loire). *A.* Gernousse, 1046; Jarnosse, 1038.

JAS, cant. de Feurs (Loire). *I. G.* Jaas. *A.* Jaas, 908; Jays, 957; Jars, 985; Jas, 1032.

JASSANS, cant. de Trévoux (Ain). *A.* Jassens, 1019.

JASSERON, cant. de Ceyzériat (Ain). *A.* Tassonas (?), 925; Jassaron, 949; eccl. de Jasserone, 976, 1003, 1011, 1058. (Voy. p. 925, n. 2.)

JAYAT, cant. de Montrevel (Ain). *A.* Jeya, 928; Jaya, 950, 976, 1007, 1017.

JÉRUSALEM. *I. G.* Hierusalem.

JEURRE, cant. de Moirans (Jura). *A.* Juerrus, 947; Jurrius, 974; Jutria, 1002; Jeurre, 1013 et n.

JONAGE, cant. de Meyzieux (Isère). *A.* Joanages, 918; Juhannages, 944; Joannanges, 967; Joannaiges, 995; Jonage, 1024.

JONCY, cant. de la Guiche (S.-et-L.). Jonciacus, 1047.

JONS, cant. de Meyzieux (Isère). *A.* Gions, 944; Jons, 967, 999, 1023.

JONZIEUX ou LES ÉTEUFS, cant. de St-Genest-Malifaux (Loire). *A.* 1040.

JONZY, cant. de Semur-en-Brionnais (S.-et-L.). *A.* Jonsiacus, 1046; Jonzy, 1038.

JOUDES, cant. de Cuiseaux (S.-et-L.). *A.* Jondes, 950, 977; Joudes, 1005, 1011.

JOUG-DIEU, ancienne abbaye de bénédictins, près de Villefranche (Rhône). *A.* Jo, 941, 962; Joz, 991.

JOURCÉ, comm. de St-Galmier (Loire). *A.* Jurceu, 904.

JOURNENS, cant. de Pont-d'Ain (Ain). *A.* 1015.

JOUVENÇON, cant. de Cuisery (S.-et-L.). *A.* Jovenczons, 929; Jovenczon, 950; Jouvençon, 1017.

JOUX-SUR-TARARE, cant. de Tarare (Rhône). *I. G. Jo. A.* Jo, 911, 940, 961; Joz, 989; Joux-sur-T. 1027.

JOYEUX, cant. de Meximieux (Ain). *A.* Joieu, 922; Joious, 945; Joyacus, 968; Joyeux, 1022. (Voy. 977, n. 12.)

JUIS, comm. de Savigneux-lez-Dombes (Ain). *A.* 1019.

JUJURIEUX, cant. de Poncin (Ain). *A.* Jusireus, 931; Jusireu, 947; Jusiria, 975; Jusurieu, 1002; Jujurieux, 1014.

JULIÉNAS, cant. de Beaujeu (Rhône). *A.* Jullenay, 1050; Jullienas, 1036.

JULLIÉ, cant. de Beaujeu (Rhône). *A.* Julliacus, Jullié, 1036.

JULLIEU, com. de St-Étienne-le-Molard (Loire). *A.* Julleu, 909; Juylleu, 937; Jullieu, 955, 983.

JURA (Roi de la Bourgogne jurane). *I. G.* Jurensis rex.

JURÉ, cant. de St-Just-en-Chevalet (Loire). *A.* Giureu, 909; Jureu, 937; Juyreu, 937, 955; Juré, 984, 1029.

JURIEUX, comm. de Pavezin (Loire). *A.* Giureu, 902; Juyreu, 942.

JUSSIEUX, comm. de Bessenay (Rhône). *I. G.*
Jussiacus.

JUYREU (Obédience de), 948. (Voyez *Juju-rieu*.)

L

LACENAS, cant. de Villefranche (Rhône). *A.* Lacennaa, 917; Lacenas, 940; Lacena, 963; Lacenas, 990, 1026; Lacenna, 1058.

LAGNEU, arr. de Belley (Ain). *A.* Laigniacum, 932; Laigneu, 932, 947; Layneu, 974; Laynieu, 1002; Lagnieu, 1015.

LAINS, cant. de St-Julien (Jura). *A.* Lenz, 949; Leynz, 974; Leyns, 1002; Leins, 1011.

LAIZ, cant. de Pont-de-Veyle (Ain). *A.* Lays, 1019. (Voy. *Laz*.)

LAIZÉ, cant. de Mâcon (S.-et-L.). *A.* Laisiacus, 1049.

LAIZY, cant. de Mesvres (S.-et-L.). *A.* Colo... (?) 1053.

LANAY, comm. de Savigny (Rhône). *I. G.* Lasnay, Lasnaco (de). Il y avait dans ce lieu un doyenné rural dépendant de Savigny. *A.* Lanay, 939; Lernay, 960; Lanay, 989.

LANCIÉ, cant. de Belleville (Rhône). *A.* Lanciacus, 1050; Lancié, 1036.

Lancieu (?), archipr. de Dombes. *A.* 972, 1000 et n. 2.

LANGES. Mont-de-Lange, au nord de Clésieu (Ain). *A.* 931.

LANGRES (Évêque de). *I. G.* Lingonensis episc.

Lanova (?), maison religieuse de Montbrison. *A.* 939 et n. 1.

LANTIGNIÉ, cant. de Beaujeu (Rhône). *A.* Lentigniacus, 1050; Lantignié, 1036.

LARENAY. (Voy. *Dommartin*.)

LAUMUSSE ou LA MUSSE, ancienne commanderie de Malte, comm. de Crotet (Ain). *A.* La Muci, 930; La Musse, 1007, n. 8.

LAUSANNE en Suisse. *I. G.* Lausanna, Lausanensis.

LAVIEU, cant. de Montbrison (Loire). *I. G.* Lavieu, Laviaco (de). *A.* Lavien, 906, 938, n. 4; Laviacus, 959, 986; Lavieu, 1031.

LAY, comm. de St-Symphorien-de-Lay (Loire). *I. G.* Lay, Lay (de), S. Simphoriano (de). *A.* Lay, 913, 936, 954, 982, 1028.

Lay (?), archipr. de Treffort. *A.* 949.

LAYE-ÉPINAY, comm. de St-Georges-de-Reneins (Rhône). *A.* 1026 et n. 4.

Laz (?), archipr. de Dombes. *A.* 926 et n. 6.

Ledaycus, montagne dont le nom ne figure pas sur les cartes, mais qui était située dans la com. de St-Germain-sur-l'Arbr. (Voy. l'*I. G.*)

LÉGNY, cant. du Bois-d'Oingt (Rhône). *I. G.* Lagniacus, etc. *A.* Laigniacus, 1058; Légny, 1027.

LEIGNEUX, cant. de Boën (Loire). *A.* Laigneu, 907; Leyseux (?), 938.

LÉMAN (Lac). *I. G.* Lemanus, etc.

LENAX, cant. du Donjon (Allier). *A.* 1038.

LENT, cant. de Bourg (Ain). *A.* Lent, 923, 945, 970, 998, 1021.

LENTENAY, cant. de Brenod (Ain). *A.* Lentenais, 931; Lentenay, 948, 973, 1001, 1015.

LENTIGNY, cant. de Roanne (Loire). *A.* Lentigneu, 914, 936, 982; Lentignieu, 954; Lentigny, 1028; Letilliacus, Lentigniacus, 1057.

LENTILLY, canton de l'Arbrêle (Rhône). *I. G.* Lentiliacus. *A.* Lentilleu, 910, 940; Lintilliacus, 961, 989, 1058; Lentilly, 1027.

LÉRIGNEUX, cant. de Montbrison (Loire). *A.* Lirigneu, 906, 938, 958; Lerignieu, 986; Lérigneux, 1031.

LÉRIN, célèbre monastère qui était situé près d'Antibes (Var). *I. G.* Lirinense.

LESCHÈRES, LES CHÈRES ou LES ÉCHELLES, cant. de Limonest (Rhône). *I. G.* Lescheria, etc. *A.* Les Chères, 1025, 1026, n. 8.

LESCHEROUX, cant. de St-Trivier-de-Courtes (Ain). *A.* Lescheroux, 978, 1006, 1017.

LÉTRA, cant. du Bois-d'Oingt (Rhône). *A.* Strata, 911, 961, 989; Letra, 940, 1027; Lestra, 1058.

LÉVY, comm. de Fleurieu-Éveux (Rhône). *I. G.* Liviacus.

LEYMENT, cant. de Lagneu (Ain). *A.* Lemenz, 932; Leymentz, 947; Leyment, 974, 1002, 1015.

LEYNES, canton de la Chapelle-de-Guinchay (S.-et-L.). *A.* Lena, 1050.

LEYSSARD, cant. d'Isernore (Ain). *A.* Leyssart 932; Leysart, 947; Lessart, 973; Lessard, 1001; Leyssard, 1014.

DICTIONNAIRE GÉOGRAPHIQUE. 1127

Lézigneux, cant. de Montbrison (Loire). *A.* Lisineu, 905; Lisigneu, 938; Lesigneu, 957, 985; Lésigneux, 1031; Lisiniacus, 1055.

Lhuis ou L'Huis, arr. de Belley (Ain). *A.* Luyeis, 932; Lues, 947, 973, 1001; Lhuis, 1015.

Libertis, nom d'un hameau de la paroisse de Chevinay, où se trouvait une église dédiée à Notre-Dame. *I. G.* Libertis. (Voy. la note de la page 12, dont il faut peut-être effacer les quatre dernières lignes.)

Liège, en Belgique. *I. G.* Leodicensis ecclesia.

Liergues, cant. d'Anse (Rhône). *A.* Liergos, 915, 1058; Lorges, 940; Liergues, 963, 990, 1026.

Ligneux, comm. de S¹-Jean-de-Thurigneux (Ain). *A.* Ligneu, 947, 971, 1001.

Lignon (Le), rivière qui se jette dans la Loire, près de Feurs (Loire). *I. G.* Lignonus.

Ligny, cant. de Semur-en-Brionnais (S.-et-L.) *A.* Ligniacus, 1046.

Limandas, comm. de Rancé (Ain). *A.* 1020, n. 6.

Limans ou Limas, cant. de Villefranche (Rhône). *I. G.* Limans. *A.* Limanz, 917; Lymanz, 940; Limans, 962; Lymans, 990; Limans, 1026.

Limonest, arr. de Lyon (Rhône). *I. G.* Limonadas. *A.* Limonas, 916; Lymonees, 940, 1058; Limonnes, 963; Lymonei, 990; Limonet, 1024.

Limony, cant. de Serrières (Ardèche). *A.* 1039.

Lissieux, cant. de Limonest (Rhône). *I. G.* Lissiacus. *A.* Lisseu, 916, 940, 963; Lissieu, 963, 990; Lissieux, 1026.

Livradois (Le), vallée de l'Auvergne, dans laquelle coule la Dore, et qui donnait, au x⁵ siècle, son nom à une vicairie. Elle s'étend d'Arlanc à la Tour-Goyon, et comprend Ambert. *I. G.* Libratensis vicaria.

Lixy. (Voy. *S¹-Martin-de-Lixy*.)

Loché, cant. de Mâcon (S.-et-L.). *A.* 1050.

Loire, cant. de Condrieu (Rhône). *A.* 1039.

Loire (La), fleuve qui donne son nom à plusieurs départements. *I. G.* Liger.

Lompnas, cant. de Lhuis (Ain). *A.* 1015. (Voy. 1002, n. 10.)

Longchamp, comm. de Lent (Ain). *A.* Longus Campus, 924, 945, 950, 970, 998; Longchamp, 1021.

Longchaumois, cant. de Morez (Jura). *A.* Eccl. de Longo Camelo, 947, 973, 1001; Longchaumois, 1013 et n. 1.

Longes, cant. de Condrieu (Rhône). *A.* Longes, 902, 942, 965, 992, 1035, 1056.

Longesaigne, cant. de S¹-Laurent-de-Chamouss. (Rhône). *I. G.* Longa Sagna. *A.* Eccl. de Longi Saigni, 912, 939, 959; Longa Saigna, 988; Longesaigne, 1033.

Lonne, près d'Arandon (Isère). *A.* Lonna, 943 et n. 7.

Losanne, cant. d'Anse (Rhône). *I. G.* Lozanna, Losanna, etc. *A.* Losanna, 990; Losanne, 1026.

Lot (Le), comm. de Mornant (Rhône). *I. G.* Lodiscus?

Louans, comm. de l'Arbrèle (Rhône). *I. G.* Luans. *A.* Luans, 1058.

Loubière (La). (Voy. *S¹-Victor-sur-Thiers*.)

Lournand, cant. de Cluny (S.-et-L.). *A.* Lornant, 1048.

Louvenne, cant. de S¹-Julien (Jura). *A.* Lovena, 925, 949, 975, 1004; Levonna, 949; Louvenne, 1011.

Louvagny, près d'Annecy, en Savoie. *I. G.* Lovaniacus, Loagneu.

Loyé, près de Néronde (Loire). *I. G.* Loya villa.

Loyes, cant. de Meximieux (Ain). *A.* Loyes, 945, 968, 996, 1022.

Loyette, cant. de Lagnieu (Ain). *A.* Loyetes, 932, 947, 974, 1002; Loyette, 1015.

Loyon, au midi de Louvenne (Jura). *A.* Loyon, 949; Loyem, 976. (Voy. 949, n. 6.)

Lu (?), archipr. de Sandran. *A.* 924.

Lucenay, cant. d'Anse (Rhône). *I. G.* Lucennacus. *A.* Lucennay, 916, 940, 963, 1058; Lucenay, 990, 1026.

Lucenay-en-Vallée, comm. de Genetines (Allier). *A.* Lucen... 1053.

Lucennay (?) (Obédience de), archipr. d'Ambournay, 948.

Luet (Le), comm. de Mornant (Rhône). *I. G.* Loisus.

Lugneux, comm. de Marcilly-le-Chât. (Loire). *I. G.* Luiniacus.

Lugny, cant. de Charolles (S.-et-L.). *A.* Locus, 1052.

Lugny, arr. de Mâcon (S.-et-L.) *A.* Lugniacus, 1049.

Lupé, cant. de Pélussin (Loire). *A.* 1039.

LUPONAZ, comm. de Vonnas (Ain). *A.* Loponas, 923; Lopona, 945, 970; Laponas, 998; Luponaz, 1021.
LURCIEUX, comm. de Bessenay (Rhône). *I. G.* Luirciacus.
LURCY, cant. de St-Trivier-sur-Moignans (Ain). *A.* Lurce, 927; Viceu (?), 946; Luriceu, 947; Lurcieu, 973; Lucieu, Curceu, 1000; Lurcy, 1019.
LURÉ, cant. de St-Germain-Laval (Loire). *A.* Luireu, 914; Luyreu, 936, 954; Luré, 982, 1028.

LURIECQ, cant. de St-Jean-Soleymieux (Loire). *A.* Luireu, 906; Luyreu, 938, 958; Lurieu, 986; Luriec, 1031, Lidriacus, 1055.
LUSIGNY, cant. de Chevagnes (Allier). *A.* Lisinia... 1053.
LUTRY, près de Lausanne. *I. G.* Lustriacus, Lustriacensis, etc.
LUZY, arr. de Château-Chinon (Nièvre). *A.* Luzi... 1053.
LYON, province, comté, pays, pagus, ager, etc. *I. G.* Lugdunum, Lugdunensis, etc.
LYS, comm. de Chissé (S.-et-L.). *A.* Liz, 1049.

M

MABLY, cant. de Roanne (Loire). *A.* Mableu, 914; Mables, 936; Mabley, 954, 982; Mably, 1028.
MACHY, comm. de Chasselay (Rhône). *I. G.* Amachinio.
MACLAS, cant. du Pélussin (Loire). *A.* 1039.
MÂCON, MÂCONNAIS. *I. G.* Matisconensis pagus, comitatus, etc.
MADELAINE (LA), ancien ermitage situé sur les confins ouest de la paroisse des Noes (Loire), dans les bois de la Madelaine. *A.* Prioratus Sanctæ Magdalenæ in Sylva, 984, n. 7.
MADELAINE (LA), comm. de Varambon (Ain). *A.* 1022.
MAGNEUX-HAUTE-VILLE, cant. de Montbrison (Loire). *I. G.* Magneis, Magniacus 2. *A.* Magneu, 907, 938, 959; Magniacus, 939, 1055; Maigneu, 958; Magnieu, 987; Magneux-Haute-Rive, 1031.
MAGNY, comm. de Sarcey (Rhône). *I. G.* Magniacus 1.
MAILLAT, cant. de Nantua (Ain). *A.* 1014.
MAILLETTES, comm. de Ternant (Rhône). *I. G.* Maaliacus.
Mailliacus (?), archipr. de Sandran. *A.* 924, 970. Peut-être pour *Marliacus* (Marlieu).
MAILLY, cant. de Semur-en-Brionnais (S.-et-L.). *A.* Mailliacum, 1047; Mailly, 1037.
MAIZILLY, cant. de Charlieu (Loire). *A.* Masilliacus, 1046; Maizilly, 1038.
Mainciacus. Au sujet de cette localité, qu'on ne retrouve pas sur les cartes, mais qui devait être au nord de Lissieux, voyez *Broialia*, dans l'*I. G.*

MALAFRETAZ, canton de Montrevel (Ain). *A.* Mons ha Ferta, 978; Malaferta, 1006; Malafretas, 1017.
MALATRAIT, près de Janeira (Isère). *A.* Malatrait, 919, 944, 968; Malatret, 995 et n. 5.
MALAVILLE, arr. de Cognac (Charente). *I. G.* Malaz villa.
MALAY, cant. de St-Gengoux-le-Royal (S.-et-L.). *A.* Maletum, 1049.
MALIFAUX. (Voy. *St-Genès-Malifaux.*)
MALLEVAL, cant. de Pélussin (Loire). *A.* 1039.
MALOUZA, comm. de St-Maurice-sur-Dargoire (Rhône). *I. G.* Matusatis.
MANISSIEUX ou MANICIEU, comm. de St-Priest (Isère). *A.* Manisseu, 918.
MANTENEY, cant. de St-Trivier-de-Courtes (Ain). *A.* 1017.
MANTIGNY, comm. de Bully (Rhône). *I. G.* Amantiniacus.
MANZIAT, cant. de Bâgé (Ain). *A.* Manzia, 928, 950; Manziacum, 978, 1006; Manziat, 1017.
MARBOZ, cant. de Coligny (Ain). *A.* Marbos, 929; Marbo, 950, 951, 977, 1006, 1007; Marboscus (*Major boscus*), 978; Marboz, 1017.
MARCENET, comm. de St-Maurice-sur-Loire *I. G.* Marcennacus, Marcennagus.
MARCHANT (ou MARCHAMP), cant. de Beaujeu (Rhône). *I. G.* Marchant. *A.* Marchamp, 1026.
MARCHANT (ou MARCHAMPT), cant. de Lhuis (Ain). *A.* Marchant, 932, 1002; Marchanz, 947; Marchiant, 974; Marchamp, 1015.
MARCILLY-D'AZERGUES, canton de Limonest (Rhône). *I. G.* Marcilliacus 1, etc. *A.* Marcil-

DICTIONNAIRE GÉOGRAPHIQUE. 1129

leu, 916; Marsillieu, 940; Marcilliacus, 963, 990; Marcilly-d'Azergues, 1026.

MARCILLY-LE-CHÂTEL (ou MARCILLY-LE-PAVÉ), cant. de Boën (Loire). *I. G.* Marcilliacus 1, Marceliaco (de), Marcilleu. (Voy. *St-Cyr.*) *A.* Marcilleu, 906; Marsilleu; 938; Marsilliacus, 939; Marcilliacus, 958, 986, 987; Marcillieu, 959; Marcilly-le-Châtel, 1031; Marcilliacus Castri, 1055.

MARCILLY-LA-GUEURCE, cant. de Charolles (S.-et-L.). *A.* Marciliacus, 1052.

MARCIGNY, arrond. de Charolles (S.-et-L.). *A.* Mort... (?), 1053.

MARCLOP, cant. de Feurs (Loire). *A.* Marclop, 905, 938, 959, 986, 1031; Marclotus, 1055.

MARCOUX, cant. de Montbrison (Loire). *I. G.* Mercurius, Mercol (de). *A.* Mercor, 907, 938; Mercos, 959; Marcolz, 986; Marcoux, 1031; Mercurius, alias Marco, 1055.

MARCY-LES-LOUPS, comm. de Ste-Consorce (Rhône). *I. G.* Marciacus villa 1. *A.* Marceu, 912; M.-les-L. 1025.

MARCY-SUR-ANSE, cant. d'Anse (Rhône). *I. G.* Marciacus villa 2. *A.* Marceu, 917; Marceu supra Ansam, 941, 963; Marcieu sur Anse, 991; Marcy-sur-A. 1026.

MARDORE, cant. de Thizy (Rhône). *A.* Mardubrius, 1046; Mardore, 1037.

MARES (Église de), unie au chapitre de Montluel (Ain). *A.* Mares, 969, 997 et n. 7.

MARETAY, comm. de Matha, arr. de St-Jean-d'Angely (Char.-Inf.). *I. G.* Marinatis.

MARIGNAC, arr. de Pons (Char.-Infér.) *I. G.* Marinacum.

MARIGNEU, comm. de la Balme (Isère). *A.* Marigneu, 920, 943, 967; Marignieu, 994.

MARINGES, cant. de St-Galmier (Loire). *I. G.* Marangias et Mayrangias. *A.* Maringes, 912; Marcignia, 939; Maringes, 965; Maringues, 988; Mauringes, 1033.

Marinis (*I. G.*). Il s'agit sans doute ici d'une localité qui figure dans le cartulaire de saint Hugues, évêque de Grenoble, sous le nom de « Ecclesia de Marinis, in decanatu Sabaudiæ; » mais je n'ai pu la retrouver sur les cartes.

MARIZY, cant. de la Guiche (S.-et-L.). *A.* Madrisia, 1052.

Marlant (?) (Doyénné de), archipr. d'Ambournay. *A.* 978.

MARLENS, chef-lieu d'une paroisse, près de Faverge, en Savoie. *I. G.* Marlens.

MARLHES, cant. de St-Genest-Malifaux (Loire). *A.* 1040.

MARLIEUX, cant. de Chalamont (Ain). *A.* Marin (?), 923; Mailliacus (?), 924, 970; Marleu, 945; Marliacus, 998; Marlieu, 1021. (Voy. p. 924, n. 5.)

MARLY-SUR-ARROUX, cant. de Toulon-sur-Arroux (S.-et-L.). *A.* Marliacus, 1052.

MARMAGNE, cant. de Montcenis (S.-et-L.). *A.* Marmanica, 1052.

MARNAND, cant. de Thizy (Rhône). *A.* Marnant, 1047; Marnand, 1037.

MAROLS, cant. de St-Jean-Soleymieux (Loire). *A.* Marol, 906; Mares (?), 938; Maros, 959; Marols, 986, 1031; Marolias, 1055.

MARRY, cant. du Mont-St-Vincent (S.-et-L.). *A.* Marriacus, 1047.

MARS, cant. de Charlieu (Loire). *A.* 1038, 1046.

MARSILLIA, près de St-Vulbas (Ain). *A.* Marsilliacum, 932; Marsillia, 948; Marcilliacum, 974, 1003; Marsillieu, 1015.

MARSOLLA, comm. de Mornant (Rhône). *I. G.* Marciolatis.

MARSONNAS, cant. de Montrevel (Ain). *A.* Marconai, 928; Marczona, 950; Marczonnas, 951; Marzona, 978; Marsona, 1006; Marsonnas, 1017.

MARTIGNIA, cant. d'Oyonnax (Ain). *A.* Martinia, 931; Martignia, 947, 1001, 1013; Martignya, 973.

MARTIGNY-LE-COMTE, cant. de Palinges (S.-et-L.). *A.* Martiniacus, 1052.

MARZÉ, comm. de Glaizé (Rhône). *I. G.* Marzeu, Marziaco, Marzio (de).

MASCHEZAL ou MACHEZAL, cant. de St-Symphorien-de-Lay (Loire). *A.* Maschasal, 913; Maschesal, 982; Machezal, 1028; Mastallus, Mascallus, 1057.

MASSEDOROUT. (Voy. *Oroux.*)

MASSENET (LE), com. de Ste-Consoree (Rhône). *I. G.* Massennacus.

MASSIEUX, cant. de Trévoux (Ain). *A.* Maceu, 927, 946, 947, 972; Macieu, 1000, 1001; Massieu, 1001; Massieux, 1019.

MASSILLY, cant. de Cluny (S.-et-L.). *A.* Massiliacus, 1047.

MASSY, cant. de Cluny (S.-et-L.). *A.* Massiacus, 1048.

MATAFELON, cant. d'Isernore (Ain). *A.* Matafelon, 947, 973, 1013; Mataffelon, 1001; Mataffellon, 1059.

MATOUR, arr. de Charolles (S.-et-L.). *A*. Marturnus, 1052; Matour, 1038.
MAURIENNE (LA) ou St-JEAN-DE-MAURIENNE, en Savoie. *I. G.* Muriana.
MAUZAT, ancienne abbaye de bénédictins sous le vocable des SS. Pierre et Caprais, dans le diocèse de Clermont, cant. de Riom (Puy-de-D.). *I. G.* Mausiacensis.
MAYEN, comm. de St-Thurin, cant. de St-Germain-Laval (Loire). *I. G.* Maien.
MAZIEU, comm. de Montrotier (Rhône). *I. G.* Moisiacus.
MAZILLES, cant. de Cluny (S.-et-L.). *A*. Masiliæ, 1048.
MEAUX, cant. de la Mure (Rhône). *A*. 1037, n. 3.
MEILLONNAS, cant. de Treffort (Ain). *A*. Melionas, 925; Mellona, 949, 976; Meillonas, 1004; Mélionaz, 1011.
MELAY, cant. de Marcigny (S.-et-L.). *A*. Meley, 915; Meleys, 936; Melleys, 954, 982; Melay, 1028; Melletus, 1056.
MENETREUIL, cant. de Montpont (S.-et-L.). *A*. Monestruel, 928, 950; Montestruel, 979; Menestreul, 1007; Menetreuil, 1017.
MÉPIEU, au midi de Quirieu (Isère). *A*. Maipeu, 919; Maypeu, 943; Maipieu, 967; Meypieu, 994; Mépieux, 1023.
MÉPILLAT, canton de Pont-de-Veyle (Ain). *A*. Mespillie, 926; Mespilleu, 946; Mespillieu, 973; Mespillia, 1000; Mépiliat, 1019.
MERDUEL ou MARDUEL, comm. de Ste-Paule-d'Oingt (Rhône). *I. G.* Merdacus.
MERIGNAT, cant. de Poncin (Ain). *A*. 1014.
MERLE, cant. de St-Bonnet-le-Ch. (Loire). *A*. 1040.
MERLIEU, comm. de Montbrison (Loire). *I. G.* Marliacus.
MERPINS, cant. et arr. de Cognac (Charente). *I. G.* Merpini castrum.
MERZÉ, comm. de Cortambert (S.-et-L.). *A*. Marziacus, 1049.
MESSIMY, cant. de St-Trivier-sur-Moignans (Ain). *A*. Maximiacus, 927; Mayssimiacus, 946, 971; Meissimiacus, 999; Messimy, 1019. (Voy. p. 996, n. 4.)
MESSIMY, canton de Vaugneray (Rhône). *A*. Maximiacus, 901; Maysimiacus, 941; Meyssimieu, 964; Meissimieu, 992; Messimy, 1035.
MEXIMIEUX, arr. de Trévoux (Ain). *A*. Maximiacus, 921; Mayssimeu, 945; Maysimiacus, 968; Meissimiacus, 996; Meximieu, 1022.
MEYLIEU-MONTROND, cant. de St-Galmier (Loire). *A*. Mailliacus, 907; Meley, 987, n. 2; Meylieu, 1031; Mailiacus, 1055.
MEYRIAT, cant. de Ceyzeriat (Ain). *A*. Mairia. 925; Mayria, 949, 976; Moiria, 1004; Meyria, 1015 et n. 9.
MEYRIAT, ancienne chartreuse, com. de Vieux-d'Isenave (Ain). *A*. Domus de Mayriaco, 932, 974; Meyria, 949; Mairiacus, 1002.
MEYZIEUX, arr. de Vienne (Isère). *A*. Maysiacus, 919, 944; Mayseu, 968; Meysieu, 995; Meisieux, 1024.
MEYS, cant. de St-Symphorien-le-Ch. (Rhône). *I. G.* Madis, Madisus. *A*. Mais, 913, 939; Mays, 959; Meys, 1033.
MÉZÉRIAT, cant. de Châtillon-lez-Dombes (Ain). *A*. Mesiriacus, 924; Maysiriacus, 945; Meyseria, 970, 998; Mezeriat, 1021.
MILLAY, cant. de Luzy (Nièvre). *A*. Miliac... 1053.
MILLERY, cant. de Givors (Rhône). *A*. Millereu, 901; Milleriacus, 942; Millierou, 965; Millery, 992, 1035, 1056.
MILLY, comm. de Bruilloles (Rhône). *I. G.* Milliacus, Miliaco (de).
MILLY, cant. de Mâcon (S.-et-L.). *A*. Milliacus, 1048.
MIONNAY, cant. de Trévoux (Ain). *A*. Mionnay, 972; Myonnay, 1000; Mionnay, 1019.
MIONS, cant. de St-Symphorien d'Ozon (Isère). *A*. Meons, 919, 944, 968; Myons, 995; Mions, 1024.
MIRAMBEAU, cant. de Jonzac (Char.-Inf.). *I. G.* Miribellum, Mirabello, Mirebello (de).
MIRIBEL, cant. de Montluel (Ain). *A*. Miribel, 920; Miribellum, 945, 969, 996; Miribel, 1022. (Voy. p. 997, n. 13, et 1022, n. 2.)
MIROIR (LE), cant. de Cuiseaux (S.-et-L.) *A*. Miratorium, 930, 950, 1006; Miroterium, 977.
MISÉRIEUX, cant. de Boën (Loire). *I. G.* Masziriacus, Miseriacus. *A*. Maysereu, 909; Mayserui, 937; Maysiriacus, 955; Meyserieu, 983; Misérieux, 1029.
MISSILIEU, comm. de St-Maurice-sur-Dargoire (Rhône). *I. G.* Musciliacus.
MIZÉRIEUX, cant. de Trévoux (Ain). *A*. Misi-

DICTIONNAIRE GÉOGRAPHIQUE.

reu, 927; Misereu, 946; Misirieu, 972; Miserieu, 1000; Misérieux, 1019.

MOGNENEINS, cant. de Thoissey (Ain). *A.* Mouines, 927; Magninens, 946; Mogninens, 972; Moigneneins, 1000; Mogneneins, 1019 et n. 10.

MOIFFON, près de Pusignan (Isère). *A.* Moiffon, 944; Moysone, 968; Moyfon, 995. (Voy. p. 944, n. 10, et 995, n. 9.)

MOINGT, cant. de Montbrison (Loire). *A.* Medonium, 906, 985, 1055; Moing, 938, 939; Modonus, 957; Moind, 1031.

MOIRÉ, cant. du Bois-d'Oingt (Rhône). *I. G.* Mauriacus, Moriacus, Moiriaco (de). *A.* Moyré, 989, n. 5; Moiré, 1027.

MOLINET, cant. de Dompierre (Allier). *A.* Molin... 1052.

MOLINGES, cant. de St-Claude (Jura). Molenges, 947; Molinges, 974, 1002, 1003 et n.

MOLISSOLES, au nord de Varambon (Ain). *A.* 999, n. 3.

MOLLON, cant. de Meximieux (Ain). *A.* Molun, 922, 945; Molon, 945, 969, 996, 998 et n., 1022.

MONCEAU, comm. de Sail-en-Donzy (Loire). *I. G.* Moncedus, Moncellum, Moncels.

MONCEL, près de Tarare (Rhône). *I. G.* Ad Moncellum.

MONCEY, canton de Bourg (Ain). *A.* Monceuil, 923; Monceuz, 924; Monceaux, 945; Montcel, 970, 1021.

Monestreil. Tel est le mot par lequel Benoît Mailliard rend le *Monesteriolus* de l'*I. G.* Mais je n'ai pu trouver ce nom sur aucune carte aux environs de Savigny.

Monestreuil(?), archipr. d'Ambournay. *A.* Monestreuil, 932, 1003; Monestruel, 948, 974.

MONETAY (LE), à l'ouest de Treffort (Jura). *A.* 1015.

MONETAY, cant. de Dompierre (Allier). *A.* Monast... 1052.

MONSOL, arrond. de Villefranche (Rhône). *A.* 1038.

MONS, comm. de Villette-d'Anthon (Isère). *A.* 918, 944.

Mons Lunæ(?), archipr. de Pommiers. *A.* 910 et n. 10.

MONT (LE), comm. de St-Germ.-sur-l'Arbrêle (Rhône). *I. G.* Mons locus.

MONTAGNAT, cant. de Bourg (Ain). *A.* Montannyes, 925; Montagnia, 949; Montagnia prope Burgum, 976; Montagniacus prope B. 1004, 1058; Montagna dit en Bresse, 1016.

MONTAGNE-NOIRE, comm. d'Ordonnax (Ain). *I. G.* Trunes Mons.

MONTAGNEUX, cant. de Lhuis (Ain). *A.* Sant Desiero, 932; S. Desiderius, 948, 974. S. D. Montagniaci, 1002; Montagneux, 1015 et n. 1.

MONTAGNIA-LE-RECONDUIT, cant. de St-Amour (Jura). *A.* Montanies, 930; Montagneu-le-Recondu, 950, 977; Montagni le Recondu, 1005; Montagna le Reconduit, 1011.

MONTAGNIA-LE-TEMPLIER, cant. de St-Julien (Jura). Montagnies et li Temples, 949; Montagnia-le-Templier, 975, 1004; Montagna-le-Templier, 1012.

MONTAGNIEUX, comm. de St-Trivier-sur-Moignans (Ain). *A.* Montaigneu, 927; Montaigniacus, 946; Montagneu, 972; Montignieu, 999; Montagneux, 1018 et n., 1019.

MONTAGNY, comm. de Bully (Rhône). *I. G.* Montaniacus.

MONTAGNY, cant. de Givors (Rhône). *A.* Montaigneu, 901, 965; Montagniacus, 942; Montaignieu, 993; Montagny, 1035.

MONTAGNY, cant. de Perreux (Loire). *A.* Montagniacus, 1046; Montagny, 1037.

MONTAGNY-SOUS-LA-BUSSIÈRES, auj. MONTAGNY-SUR-GROSNE, cant. de Matour (S.-et-L.). *A.* Montaigniacus prope Buxerium, 1048.

MONTANAY, cant. de Trévoux (Ain). *A.* Montaneys, 946, 972; Montaney, 1000; Montanay, 1019.

MONTARCHIER, cant. de St-Jean-Soleymieux (Loire). *A.* 1040.

MONTBELET, cant. de Lugny (S.-et-L.). *A.* Monsbeletus, 1049.

MONTBERTHOUD, comm. de Savigneux-lez-Dombes (Ain). *A.* Mons Berthoudi, 946, 972; Mons Berthodi, 999, 1001. (Voy. p. 946, n. 11, et 1018, n. 3.)

MONTBEUGNY, cant. de Neuilly-le-Réal (Allier). *A.* Mons, 1033.

MONTBRISON (Loire). *A.* Monsbriso, 906 et n. 2, 938, 957, 958, 985; Montbrison, 1031.

MONTCEAUX, cant. de Marcigny (S.-et-L.). *A.* Monte... 1053.

MONTCEAUX, cant. de Thoissey (Ain). *A.* Moncelz, 927; Monceuz, 946; Moncelz, 972, 999; Monceaux, 1019.

MONTCHAL, cant. de Feurs (Loire). *A.* Mont Chal, 908; Montchal, 984 et n. 11, 1032.

MONT-CHERVET, comm. de Panissières (Loire). *I. G.* Caprarius Mons.

MONT-CINDRE, montagne avec chapelle dans la comm. de St-Cyr-au-Mont-d'Or (Rhône). *A.* 1024, n. 14.

MONTCORIN, comm. d'Irigny (Rhône). *I. G.* Monscorpinus.

MONTCUSEL, cant. de Moirans (Ain). *A.* Eccl. de Monte Cuysello, 1001; Montcusel, 1013.

MONT-D'OR (Le), montagne située à l'ouest de Lyon, et qui a donné son nom à plusieurs localités. *I. G.* Mons Aureus, Mons Aureacensis, Monte Aureo (de).

MONTEGUET, cant. du Donjon (Allier). *A.* 1038.

MONTFALCON, comm. de Mézériat (Ain). *A.* Monsfalconis, 923; Montfalcon, 945, 970, 998, 1021.

MONTFAVREY, com. de St-Nizier-le-Désert (Ain). *A.* Montfavreys, 946, 948, 970; Montfavrey, 998, 999. (Voy. p. 998, n. 4.)

MONTFLEUR, cant. de St-Julien (Jura). *A.* Mons Floridus, 975, 1004; Montfleur, 1012.

MONTFORT, com. de Cuisiat (Ain). *A.* Mons Fortis, 926 et n. 1, 949, 975, 1004.

MONTGRIFFON, cant. de St-Rambert (Ain). *A.* 1015.

MONTHELON, cant. d'Autun (S.-et-L.). *A.* Monteloni, 1051.

MONTHIEU, cant. de St-Trivier-sur-Moignans (Ain). *A.* Monteuc, 923; Monteus, 945; Monteus, 970; Montion, 998; Monthieu, 1021.

MONTILLIER, canton de Meximieux (Ain). *A.* Montellier, 921, 945, 997; Monteiller, 969; Montelier, 1022.

MONTLUEL, arr. de Trévoux (Ain). *I. G.* Monte Lupello (de). *A.* Montloel, 921; Monslupelli, 921, 945, 969, 997, n. 7 et 12; Montluel, 1021, 1022 et n. 5.

MONTLUZIN (ou MONTLUISANT), comm. de Chasselay (Rhône). *I. G.* Mons Lisinius.

MONTMAIN, comm. de Valeilles (Loire). *I. G.* Molmenz.

MONTMELARD, cant. de Matour (S.-et-L.). *A.* Monsmelardus, 1052.

MONTMÉLAS, cant. de Villefranche (Rhône). *I. G.* Monsmalatus, Mons Melardi, Mons Malardi. *A.* Mons Malastus, 916; Montmalas, 941, 963, 990; Montmélas, 1026.

MONTMERLE, chartreuse, comm. de Lescheroux (Ain). *A.* Monsmerula, 929, n. 6; Mons Merulis, 951; Monsmerulus, 978, 1007.

MONTMERLE, cant. de Thoissey (Ain). *A.* Monsmerulus, 927, 1000; eccl. S. Nycholaï et Montmeleu, 947; S. Nicolay (de Montm.), 972; Montmerle, 1020.

MONTMORT, cant. d'Issy-l'Évêque (S.-et-L.). *A.* S. Bon... 1053.

MONT-PIOLIER, comm. de Chasselay (Rhône). *I. G.* Mons Piolerii.

MONTPONT, arr. de Louhans (S.-et-L.). *A.* Monpon, 929, 978; Montpon, 950; Montpont, 1006; Monpont (*Mons Pavonis*), 1017.

MONTRACOL, canton de Bourg (Ain). *A.* Mons Racol, 923; Monrocoz, 945; Montracoul, 970; Morancol, 998; Montracol, 1021.

MONTRÉAL, cant. de Nantua (Ain). *A.* Mons Regalis, 948, 973; Montréal, 1013.

MONTREVEL, arr. de Bourg (Ain), p. 1007, n. 3, et 1017, n. 7.

MONTROMAN, cant. de St-Laurent-de-Cham. (Rhône). *I. G.* Mons Romanus. *A.* Mons Romanus, 913, 939, 960, 988; Montroman, 1033.

MONTROND, comm. de Meylieu (Loire). *A.* Mons Rotundus, 938; Montriont, 959; Montrond, 987, 1031; Monreon, 1055.

MONTROTIER, cant. de St-Laurent-de-Cham. (Rhône). *I. G.* Montrotier, etc. Le château de Montrotier, bâti au xe siècle (p. 233), reçut dès cette époque un prieuré qui fut longtemps appelé absolument le Château (*Castellum* : voy. ce mot dans l'*I. G.*). Ce n'est qu'assez tard qu'on voit paraître le nom de Montrotier, emprunté soit à la route du Forez, que le château était chargé de surveiller (d'où *Mons Roterius*), soit à la rivière qui passe dans la commune, et que la carte de Cassini indique encore sous le nom de Ratier ou Rotier. On l'appelle aujourd'hui rivière de Cone. L'église paroissiale était dédiée à S. Martin et située hors du bourg. Cette église existe encore; mais il en a été construit une autre dans Montrotier même, outre une chapelle dédiée à Ste Madeleine, qui se trouve aussi hors du bourg. *A.* Mons Troterius, 912; Montrotier, 939; Monstroterius, 939, 959, 960, 988; Montrotier, 1033.

MONT-St-RÉMI ou St-RÉMI-DU-MONT, comm. de Salavre (Ain). *A.* Li Mons de S. Remigio,

DICTIONNAIRE GÉOGRAPHIQUE.

930; le Mont Seint Remis, 950; Mons S. Remigii, 976, 1005; St-R.-du-Mont, 1011.

MONTSERVIE, près de Panissières (Loire). *I. G.* Cervarius, Cerverius Mons.

MONTVERDUN, cant. de Boën (Loire). *I. G.* Mons Verdunus. Il paraît que le nom primitif de ce village est Longueville (*Longavilla*); celui qu'il porte aujourd'hui est proprement celui de la montagne sur laquelle il était situé. *A.* Monsverdunus, 907, 938; Mons Verdonis, 939, 958, 959, 987; Montverdun, 1031.

MONTVIANEY, près de St-Victor-sur-Thiers (Puy-de-D.). *A.* 1040.

MORANCÉ, cant. d'Anse (Rhône). Moranciaco (de). *A.* Moranceu, 916, 941, 962; Morancieu, 963, 991; Morenciacus, 991, 1058; Morancé, 1026.

MORESTEL, arr. de la Tour-du-Pin (Isère). *A.* Morestel, 919; Morestellus, 943; Morestallus, 966; Morestellus, 994; Morestel, 1023.

MOREZ, arr. de St-Claude (Jura). *A.* 1013.

MORGON (Le), rivière qui se jette dans la Saône, près de Villefranche (Rhône). *I. G.* Morgona.

MORNAND, cant. de Montbrison (Loire). *A.* Mornant, 907, 938, 958, 986; Mornand, 1031.

MORNANT, arr. de Lyon (Rhône). *I. G.* Mornant, Mornantensis, etc. *A.* Mornant, 901, 942, 964, 965, 993, 1035, 1056.

MORNAY, cant. de St-Bonnet-de-Joux (S.-et-L.). *A.* Madorna, 1052.

MORNAY, cant. d'Isernore (Ain). *A.* Mornais, 931; Mornay, 948, 975, 1002, 1013; Morniacus, 1059.

MORTIER (LE), comm. de Bessenay (Rhône). *I. G.* Mortarius.

MOSŒUVRE ou MOUSOUVRE, comm. de Lentilly (Rhône). *I. G.* Mosobro.

MOTE (La petite et la grande), portion de la comm. de Feurs située sur la rive gauche de la Loire. *I. G.* Mota.

MOUILLE (LA), canton de Morez (Jura). *A.* 1013, n. 7.

MUCE (LA). (Voy. *Laumusse.*)

MURE (LA), arr. de Villefranche (Rhône). *I. G.* Mura. *A.* la Mure, 1037.

MUSSY, comm. d'Oingt (Rhône). *I. G.* Mussiacus, Mussiaco, Musseu, Mussieu (de).

MUSSY-SOUS-DUN, cant. de Chauffailles (S.-et-L.). *A.* Muciacus, 1046.

N

NACONNE, comm. de Regny (Loire). *A.* 1037.

NANC, cant. de St-Amour (Jura). *A.* 1011.

NANCELLE, comm. de St-Sorlin (S.-et-L.). *A.* Nancella, 1049 et n. 3.

NANDAX, cant. de Charlieu (Loire). *A.* Nandaux, 1046; Nandax, 1038.

NANTEY, cant. de St-Amour (Jura). *A.* Nantels, 930; Nianteuz, 950; eccl. de Nancello, 977; eccl. de Nantello, 1005; Nantel, 1011.

NANTUA (Ain). *A.* Nantoas, 931; Nantuas, 948, 973; Nantua, 1001, 1014.

NAPT, cant. d'Isernore. *A.* Nat, 932, 948, 974, 1002; Napt, 1013.

NAUX (ou Ste-MARGUERITE-DE-NAUX), cant. de St-Symphorien-de-Lay (Loire). *I. G.* Novais. *A.* Nualz, 913; Noaux, 936; Noyans, 954; les Noats, 982; alias de Nualibus, 954, 982; Naoux, 1028; Noais, 1057.

NÉRONDE, arr. de Roanne (Loire). *A.* Neyrunda, 908; Nigra Unda, 937, 957, 985; Néronde, 1032.

NERVIEUX, cant. de Boën (Loire). *I. G.* Nerviacus, Nerviaco (de). *A.* Nerveu, 909, 937; Nervieu, 955, 983; Nervieux, 1029.

NÉTY, NÉTYS ou NÉTIERS, comm. de St-Étienne-la-Varenne (Rhône). *A.* Naisteu, 916; Nayte, 941; Noyete, 962; Neytiers, 991; Néty, 1026.

NEUIL-LE-VEROUIL, arr. de Jonzac (Char.-Inf.). *I. G.* Niolio (de).

NEULISE, cant. de St-Symphor.-de-Lay (Loire). *A.* Nulisia, 914; Nuelisia, 915; Nulleysi, 936; Nulleysie, 954; Nullise, 982; Nulise, 1028; Novalisius, al. Noleysy, 1057.

NEUVILLE-SUR-AIN, cant. de Pont-d'Ain (Ain). *A.* Novilla, 925, 948, 976, 1004; Neuville, 1016.

NEUVILLE LES-DAMES, cant. de Châtillon-lez-Dombes (Ain). *A.* Novilla, 923 et n. 2, 945, 970; Novilla Monialium, 998; Nouville les Dames, 1021.

NEUVILLE-SUR-SAÔNE, arr. de Lyon (Rhône). *A.*

Vimies, 927, 947, 971; Vimy, 999 et n. 6; Vimiacus, 1001; Neuville-sur-Saône, 1020.

NEYRIEUX, comm. de Virigneux (Loire). *I. G.* Nugeriolis.

NEYROLLES, cant. de Nantua (Ain). *A.* 1014.

NEYRON ou NÉRON, canton de Montluel (Ain). *A.* 1020. (Voyez St-Didier-de-Miribel et p. 1020, n. 2.)

NIÈVRE (NOTRE-DAME DE), près de Vaux, cant. d'Ambérieux (Ain). *A.* 1025, n. 5.

NIÈVROZ, cant. de Montluel (Ain). *A.* Nevro, 921, 945; Nievro, 969, 996; Nièvre, 1022.

NIORT ou LE PETIT-NIORT, comm. de Mirambeau (Char.-Infér.). *I. G.* Niort, etc.

NIOST (St-JEAN-DE-), cant. de Meximieux (Ain). *A.* Noyosc, 921; Neyot, 945; eccl. de Niesto, Neosto, 968; de Noesco, 997; Niost-de-Gourdan, 1022 et n. 6 et 7.

NIVOLET, com. de Montgriffon (Ain). *A.* 1015.

NIZEYS, com. de St-Georges-Haute-Ville (Loire). *I. G.* Niseco (de).

NIZY, comm. du Bois-d'Oingt (Rhône). *I. G.* Iciacus.

NOAILLY-EN-ROANNAIS, cant. de St-Haon-le-Châtel (Loire). *I. G.* Noaliacus 3. *A.* Nuailleu, 915; Noalleu, 936; Nuallieu, 954, 982, 983; Noailly, 1028.

NOAILLY, comm. de Sal-en-Donzy (Loire). *I. G.* Noaliacus 4.

NOAILLY, château dans la comm. de Violet, près de Panissières (Loire). *I. G.* Noailliacus 5.

NOËS (LES), cant. de St-Haon-le-Châtel (Loire). *A.* Noez, 1028.

NOIRÉTABLE, arr. de Montbrison (Loire). *A.* 1040.

NOLLIEUX, cant. de St-Germain-Laval (Loire). *A.* Noailleu, 909; Nohalleu, 937; Nuallieu, 956; Noaillieu, 984; Naullieu, 1029.

NOTRE-DAME, chapelle rurale de la comm. de Denicé (Rhône). Cette chapelle a aussi pour second patron S. Roch. Les habitants des communes voisines y viennent en foule tous les ans pour être préservés de la crampe et de la peste. *A.* 1026, n. 1.

NOTRE-DAME-DE-L'ILE, près de Serrières, cant. de Lhuis (Ain). *A.* Domus Insulæ subtus Quiriacum, 948, 975, 1003.

NOTRE-DAME-DE-BOISSET, cant. de Perreux (Loire). *A. B. M.* de Boisseto, 1046; N.-D.-de-Boisset, 1037.

NOZIÈRES, cant. de la Mastre (Ardèche). *A.* 1039 et n. 4.

NUELLES, cant. de l'Arbrêle (Rhône). *I. G.* Noellis (de). *A.* Noelles, 911; Noalle, 940; Nuelle, 990, 991 et n. 8, 1027.

O

Occia (?), archipr. de Treffort. *A.* 949.

ODENAS, cant. de Belleville (Rhône). *A.* Audona, 915; Odennas, 940; Odena, 962; Odenas, 990, 1026; Donatus, Adona, 1056.

ODES. (Voy. St-Julien-d'Odes.)

OINGT, canton du Bois-d'Oingt (Rhône). *I. G.* Yconium, Yconio (de). *A.* Yconium, Ioing, 911; Hyonigius, 940; Yconium, 961, 989; Oingt, 1027; Aymidus de Yconio, 1058.

OISE (L') (Cassini écrit la Loise), rivière qui se jette dans la Loire près de Feurs (Loire). *I. G.* Adoisia, Adoysius.

OPTEVOZ, cant. de Crémieu (Isère). *A.* Autevo, 920; Eptevo, 943, 967; Optevo, 994; Optevos, 1023.

ORLIENAS, cant. de Mornant (Rhône). *A.* Orlenas, 901, 942; Orlienas, 942; Orlliennas, 964, 965; Orliennas, 992, 994; Orliénas, 1035; Orlenatus, 1056.

ORME (L') ou LA CELLE-DE-L'ORME, comm. de Cleppé (Loire). *I. G.* Celles. *A.* La Cella, 907; la Celle-de-l'Orme, 987 et n. 7, 1030.

ORMES (LES), cant. de Tarare (Rhône). *I. G.* Ulmus, Ulmis (de). (Voy. *Ulzonetus, Olzonetus villa*.) *A.* Ulmi, 910; Lormo, 940; Ulmi, 961, 989, 1058; les Olmes, 1027.

OROUX (Mas d'), au nord de Villeneuve, cant. de St-Trivier-sur-Moignans (Ain). *A.* 1018, n. 2.

ORSEZ (St-GERMAIN D'). *A.* 1026, n. 18. Ancienne chapelle aujourd'hui détruite, qui existait dans le nord de la comm. de St-Jean-d'Ardière (Rhône). Le nom d'Orsez est resté à deux tènements de culture portant les noms de Grand et de Petit Orsez. Quant à l'emplacement de la chapelle, il est indiqué par le nom de St-Germain que porte encore un endroit du Petit Orsez.

ORVAL (*I. G.*). Il y a deux localités de ce nom auxquelles la mention du cartulaire peut convenir : l'une est un hameau de la comm. de St-Nizier-d'Azergues, qui donne son nom à un ruisseau; l'autre est un ancien château dans la comm. de Cublise (Rhône). Le premier semble préférable.

OUCHE, cant. de Roanne (Loire). *A.* Oches, 936; Osches, 954, 982; Ouches, 1028.

OUDRY, cant. de Toulon-sur-Arroux (S.-et-L.). *A.* Uldriacus, 1052.

OUILLY, cant. de Villefranche (Rhône). *I. G.* Aulliacus. *A.* Auliacus, 916; Aylleu, 940; Aylliacus, 962; Ouilliacus, 990; Ouilly, 1026.

OULLINS, cant. de St-Genis-Laval (Rhône). *A.* Aullins, 901; Ullins, 993, n. 6; Oullins, 1035.

OUROUX, cant. de Monsol (Rhône). *A.* Oratorium, 1050; Ouroux, 1036.

OUSSIAT, cant. de Pont-d'Ain (Ain). *A.* Hucies, 925; Ocies, 949; Oncia alias de Corcia, 975; Oncia, 976, 1003, 1005; Oussiat, 1016.

OUSSIAT ou AUSSIAT. (Voy. *St-Didier-d'Aussiat.*)

OYÉ, cant. de Semur-en-Brionnais (S.-et-L.). *A.* Augendus, 1052.

OYONNAX, arr. de Nantua (Ain). *A.* Oenas, 913; Oyonas, 948; Oyenna, 974; Oyona, 1002; Oyonnax, 1013.

OZOLLE, cant. de Charolles (S.-et-L.). *A.* Isona, 1052.

P

PACAUDIÈRE (LA), arr. de Roanne (Loire). *A.* 1041.

PAILLEREZ, cant. de St-Félicien (Ardèche). *A.* 1039 et n. 4.

PALINGES, arr. de Charolles (S.-et-L.). *A.* S. Maria, 1052.

PALOGNIEUX, cant. de St-Georges-en-Couzan (Loire). *A.* Poloigneu, 907, 959; Poloméon (?), 938; Polognieu, 987; Palogneux, 1031.

PALUD (LA). (Voy. *St-Pierre-la-Palud.*)

PANISSIÈRES, cant. de Feurs (Loire). *I. G.* Exartipetrensis, Exartopetrus, S. Joannis villa, vicaria, etc. *A.* S. Johannes, 908; S. J. de Paniceres, 937; S. J. de Panicieres, 956; S. J. de Panissières, 1032; Panicires, 1057.

PANOUX, surnom de Dracé (Rhône). Ce surnom, qu'on néglige tout à fait aujourd'hui, rappelle le nom ancien de la localité, celui de Dracé étant relativement moderne. *I. G.* Pudiniacus.

PARAY, arrond. de Charolles (S.-et-L.). *A.* Peridus, 1052.

PARAY-LE-FREZIL, cant. de Chevagnes (Allier). *A.* Peridus, 1053.

PARCIEUX, cant. de Trévoux (Ain). *A.* Parcieux, 1020.

PARCIEUX, cant. de Trévoux (Ain). *I. G.* Parciacensis ager.

PARIGNY, cant. de Perreux (Loire). *I. G.* Pariniaco (de). *A.* Parignou, 913, 936, 954; Parignieu, 982; Parigny, 1028.

PARMILLIEU, cant. de Crémieu (Isère). *A.* Palmilleu, 920; Parmilleu, 943, 967; Parmillieu, 994; Parmillieux, 1023.

PARMÉNIE, chartreuse, sur la paroisse de Beaucroissant, près de Tullins (Isère). *A.* Parmaigni, 944.

PASSINS, cant. de Morestel (Isère). *A.* Pacins, 920, 943, 967; Passins, 994, 1023.

PAVEZIN, cant. de Rive-de-Gier (Loire). *A.* Plavaisins, 902; Paveysins, 942, 965; Pavesins, 993; Pavesin, 1034.

PAYERNE, abbaye célèbre en Suisse. *I. G.* Paterniacensis.

PÉAGE (LE), comm. de Châtillon-lez-Dombes. *A.* 1019, n. 8.

PÉLOGES, ancien monastère de femmes près d'Avenas, cant. de Beaujeu, et dont l'église était dédiée à Notre-Dame. Il semble, d'après les termes d'un acte du cartulaire de Saint-Vincent de Mâcon de 1117, qu'il n'existait déjà plus alors. Avenas était située sur une voie romaine. *I. G.* Pelogiis (de).

PÉLUSSIN, arr. de St-Étienne (Loire). *A.* 1039.

PERCIEUX, comm. de St-Trivier-sur-Moignans (Ain). *I. G.* Perciacensis ager. *A.* Perceu, 927; Parceu, 946, 972; Percieu, 1000; Percieux, 1020.

Periculis, nom d'un hameau qu'on appelle aujourd'hui St-Martin-de-Montrotier, à cause de la proximité de ce hameau du bourg de Montrotier; mais l'église de St-Martin est la mère-église de Montrotier, et le fut jusqu'à la fin du XVIIIe siècle. Un acte du cartulaire de Savigny (430) nous apprend que le château de Montrotier fut bâti dans la paroisse de St-Martin de Periculis. (Voy. l'*I. G.* à ce mot.)

PÉRIGNEUX, cant. de St-Rambert (Loire). *A.* Parigneu, 905, 938; Pyrigneu, 957; Perignieu, 985; Perigniacus, 1055.

PÉRIGUEUX (Évêque de). *I. G.* Petragoricensis.

PÉRONNAS, cant. de Bourg (Ain). *A.* Peronai, 929; Perona, 950, 979, 1007; Peronnaz, 1018.

PÉRONNE, cant. de Lugny (S.-et-L.). *A.* Perrona, 1049.

PÉROUGES, cant. de Meximieux (Ain). *A.* Peroges, 921, 945; eccl. de Perogiis, 969; Pérouges, 1022. (Voy. p. 997, n. 4, et 1022, n. 8.)

PÉROUZE, cant. de St-Trivier-sur-Moignans (Ain). *A.* Perrosa, 923; Perousa, 946; Petrosa, 970, 998; Pérouse, 1022.

PERRECY, cant. de Toulon-sur-Arroux (S.-et-L.). *A.* Patriciacus, 1052.

PERRET (LE), comm. de Bessenay (Rhône). *I. G.* Percideus locus.

PERREUX, arr. de Roanne (Loire). *A.* Perrues, 1046; Perreux, 1037.

PERREX, cant. de Pont-d'Ain (Ain). *A.* Peresc, 923; Peres, 948; Perees, 970, 998.

Perronus (?), archipr. d'Ambournay. *A.* 947.

PEISSELAY, hameau et ruisseau, comm. de Valsonne (Rhône). *I. G.* Paisselleis, Pessiliacus.

PEYRIAT, arr. de Nantua (Ain). *A.* 1014.

PÉZIEUX, cant. de Thoissey (Ain). *A.* Payseu, 927; Persieu, 946; Paysieu, 972; Poysieu, 1000; Peyzieu, 1020.

PIERRECLOS ou PIERRECLAUX, canton de Tramayes (S.-et-L.). *A.* Petra Clausa, 1048.

PIERREFITTE, comm. de Ternand (Rhône). *I. G.* Petraficta.

PIERREFITTE, cant. de Dompierre (Allier). *A.* Petra Fitta, 1052.

PIERRE-SCISE, ancien château fort des archevêques de Lyon, près de cette ville. *I. G.* Petra Scissa.

PIGOTIÈRE (LA), hameau de la comm. d'Oingt (Rhône). *I. G.* Adpigo.

PINAY, cant. de Néronde (Loire). *I. G.* Pinetus, Pineti, Pineto (de), Piniacus. *A.* Piney, 908, 937, 985, 1032; Espiney, 957.

PIRAJOUX, cant. de Coligny (Ain). *A.* Perojes, 930; Pirajoux, 1010 et n. 3, 1018.

PISEY, comm. de la Rajasse (Rhône). *A.* Piseiz, 903; Pizaiz, 1056.

PITAVAL, comm. de Bruilloles (Rhône). *I. G.* Pitavallis 2.

PITAVEAU, hameau près de Chevinay (Rhône). *I. G.* Pitavallis 1.

PIZAY, cant. de Montluel (Ain). *A.* Pisiz, 921; Piseiz, 945; Piseys, 969, 997; Pisay, 1022.

PIZAY, comm. de St-Jean-d'Ardières (Rhône). *I. G.* Piseys (de).

PLANFOY, comm. de St-Genest-Matifaux (Loire). *A.* 1034.

PLANTAY (Le). (Voyez *St-Didier-de-Renon*, et 1032, n. 10.)

PLAT (LE), comm. de Chevinay (Rhône). *I. G.* Platanetus?

PLOTTES, cant. de Tournus (S.-et-L.). *A.* Plotes, 1049.

POIL, comm. de la Roche-Millay (Nièvre). *A.* Pictia... 1053.

POISSON, cant. de Paray (S.-et-L.). *A.* Poncio, 1052.

POITIERS, dép. de la Vienne. *I. G.* Pictavenses, Pictavini, Pictavinus.

POLEYMIEUX, cant. de Neuville (Rhône). *A.* Polleymeu, 935; Poleymieu, 953, 981, 1058: Poleymieux, 1025.

POLLETEIN, comm. de Mionnay (Ain). *A.* Pelotens, 921, 922, 971; Poletains, 1001.

POLLIAT, cant. de Bourg (Ain). *A.* Poilias, 929; Pollia, 950; Poilliacus, 979, 1007; Polliat, 1018.

POLLIONNAY, cant. de Vaugneray (Rhône). *A.* Pollenay, 912; Polonay, 939; Pollennay, 960; Poillenay, 988; Pollioney, 1033.

POMEYS, cant. de St-Symphorien-le-Châtel (Rhône). *A.* Pomei, 913; Pomey, 939, 960, 988; Pomeis, 1033.

POMERIEUX, comm. de Courzieu (Rhône). *I. G.* Pomariolis villa.

POMMIERS, cant. d'Anse (Rhône). *A.* Pomers, 917, 941, 962; Pomeis supra Ansam, 941; Pomiers, 962, 991; Pomyers, 991; Pommiers, 1026; Pomeria, 1058.

POMMIERS, cant. de St-Germain-Laval (Loire). *A.* Pomers, Pomeria, 909; Pomers, 937; Pomiers, 956, 984; Pommiers, 1029.

PONCE, hameau de la commune de Vaugneray, canton du même nom (Rhône). *I. G.* Pontis?

PONCINS, cant. de Boën (Loire). *A.* Poncins

DICTIONNAIRE GÉOGRAPHIQUE.

907; Pancins(?), 938, 957, 985; Poncins, 1031; Poncianus, 1055.

PONCINS, arr. de Nantua (Ain). *A.* 931, 948, 973, 1001, 1015.

PONEY, près de Talloires (Savoie). *I. G.* Pomacus?

PONT-D'AIN, arr. de Bourg (Ain). *A.* Pont-d'Ain, 1016.

PONT-DE-VAUX, arr. de Bourg (Ain). *A.* Li Ponz de Vaux, 929; Pons Vallium, 950; 978, 1006; Pont-de-Vaux, 1017.

PONT-DE-VEYLE, arr. de Trévoux (Ain). *A.* Pons Velæ, 946, 972, 999, 1001; Pont-de-V. 1020. (Voy. p. 926, n. 6.)

PORT, cant. de Nantua (Ain). *A.* 1014.

PORTES (LES), anc. chartreuse, comm. de Benonce (Ain). *A.* Domus Portarum, 932; Portes, 949, 974, 1003.

POUILLAT, cant. de Treffort (Ain). *A.* Polies, 925; Pollia, 949; Polliacum, 976; Poilliacum, 1004; Pouilla, 1012.

POUILLEU, com. de St-Laurent-de-Mure (Isère). *A.* Paolleu, 918; Polliacus, 944; Poilliacus, 967; 996. (Voy. 919, n. 4.)

POUILLIEUX, comm. de Reyrieu (Ain). *I. G.* Poliacus. *A.* Poylleu, 927; Poilliacus, 946; Poilleu, 972; Pollieu, 999; Pouilleux, 1020 et n. 5.

POUILLOUX, cant. de la Guiche (S.-et-L.). *A.* Piliaucus, 1052.

POUILLY, comm. de Lentilly (Rhône). *I. G.* Poliacus 1.

POUILLY, comm. de Sarcey (Rhône). *I. G.* Poliacus 2; Polliacus 2.

POUILLY-LE-CHÂTEL, com. de Denicé (Rhône). *A.* Ad Poilliacum castrum, 916, 941, 963, 991; Pouilly-le-Ch. 1026.

POUILLY-SOUS-CHARLIEU, canton de Charlieu (Loire). *A.* Poilliacus, 1046; P.-sous-Charlieu, 1038.

POUILLY-LEZ-FEURS, canton de Feurs (Loire). *I. G.* Polliacus 1. *A.* Poylleu, 908, 937; Poilleu, 937; Pollieu, 956; Polliacus, 957; Poilliacus, 985; P.-lez-F. 1032.

POUILLY-LE-MONIAL, cant. d'Anse (Rhône). *A.* Poilliacus Monialis, 915; Poylliacus Mon. 941; Polliacus Mon. 962, 963; Poilliacus Mon. 991; P.-le-M. 1026; Poliacus Monialis, 1058.

POUILLY-LES-NONNAINS, cant. de Roanne (Loire). *A.* Poilliacus, 914; Polleu, 936; Poillieu, 954; Pollieu, 983; P.-les-N. 1028.

POULE, cant. de la Mure (Rhône). *A.* Pola, 1046; Poule, 1037.

POUZOL, comm. de St-Nizier-de-Fornas (Loire). *I. G.* Posolis.

PRADEL, comm. de St-Veran (Loire). *I. G.* Pradellis.

PRADINES, cant. de St-Symphor.-le-Ch. (Loire). *A.* 1037, 1046.

PRALONG, cant. de Boën (Loire). *A.* Pratus Longus. *A.* Pratus Longus, 906, 959, 986; Pralent (?), 938; Pralong, 1031.

PRAMENOU, château et bois dans la comm. de St-Nizier-d'Azergues (Rhône). *I. G.* Pratus Menulfi.

Pravieux (?), archipr. de Morestel. *A.* Pravieux, 920; Prayneu, 943, 967, 994.

PRAYES, comm. de Chissé (S.-et-L.). *A.* Pray, 1049.

PRÉCIEUX, canton de Montbrison (Loire). *A.* Preysseu, 905; Prisseu, 938; Pressieu, 957; Precieu, 985; Précieux, 1031; Preissiacus, 1055.

PRESSIAT, cant. de Treffort (Ain). *A.* Preyssiacus, 925; Prissia, 949; Pressia, 976; Preissia, 1004; Preissia, 1012.

PRESSY-SOUS-DONDIN, cant. de St-Bonnet-de-Joux (S.-et-L.). *A.* Pressiacus subtus Dundanum, 1047.

PRÉ-VIEUX, comm. de Salvagny (Rhône). *I. G.* Pratum Vetus.

PRIAY, canton de Pont-d'Ain (Ain). *A.* Prioy, 922; Prioys, 945; Prioy, 969, 997 et n. 3; Priay, 1022.

PRIN, à l'est de Dompierre (Ain). *A.* Prins, 945; Prieux, 969; Preux, 997. (Voy. p. 945, n. 3, et 997, n. 10.)

PRISSÉ, cant. de Mâcon (S.-et-L.). *A.* Prissiacus, 1050.

PROGNY, com. d'Oingt (Rhône). *I. G.* Prunacus.

PROPIÈRES, canton de Monsol (Rhône). *I. G.* Properiis (de). *A.* 1088.

PROUILLEUX, cant. de Lagneu (Ain). *A.* 1045 et n. 2.

PROVENCHÈRE, comm. de Grézieux-le-Marché (Rhône). Cette localité paraît avoir été appelée aussi *Morterius,* et avoir eu une église dédiée à S. Étienne. (Voy. la note de la page 104.)

PRUGNE (LA). *A.* La Prugni, 909 et n. 5, 937; la Prugne, 956; la Prugny, 984. (Voyez St-Priest-la-Prugne.)

PRUZILLY, cant. de la Chapelle-de-Guinchay (S.-et-L.). *A.* Prusilliacus, 1050.

PUGNY, comm. de St-Pierre-la-Palud (Rhône). *I. G.* Pugniacus, Pugniaco, Pugneu (de).

PUITS (LE), hameau de la comm. de St-André-le-Puy (Loire), qui lui doit son nom, qu'on devrait écrire *Paits. I. G.* Puteus villa, del Pux.

PUITS (LE), commune de Panissières (Loire). *I. G.* Puteis (de).

PUY-MOYEN, arrond. d'Angoulême (Charente). *I. G.* Podium Medianum.

PUZIGNAN, cant. de Meyzieux (Isère). *A.* Pusigniacus, 919; Pusignan, 968; Pusigna, 995; Pusignan, 1024.

Q

QUINCIÉ, cant. de Beaujeu (Rhône). *A.* Quinceyus, 915; Quinceu, 941; Quinciacus, 962, 990, 1055; Quincié, 1026.

QUINCIEUX, cant. de Neuville (Rhône). *A.* Quinceu, 916; Quinceus, 917; Quinciacus juxta Ansam, 941, 963, 991; Quincieux, 1026.

QUIRIEU, cant. de Morestel (Isère). *A.* Quireu, 919; 967; Quiriacus, 943; Quirieu, 994, 1023.

QUIRIEUX, comm. de Bouvesse (Isère). *A.* Quiriacus, 948, 975, 1003.

R

RADIX, comm. de St-Véran (Rhône). *I. G.* Radix.

RAGEAT, comm. de Chandieu (Isère). *A.* Ragia, 918 et n. 7.

RAJASSE (LA), cant. de St-Symphorien-le-Châtel (Rhône). *A.* La Rajasci, 903; la Rajaci, 942; Rajacia, 963; la Rajasse, 992; Larajasse, 1035.

RAMASSE, cant. de Ceyzériat (Ain). *A.* 1012.

RAMPONEY, à une demi-lieue de Talloires, en Savoie, au pied du château de Menthon. *I. G.* Ramponetus.

RANCÉ, comm. de Thurigneu (Ain). *A.* Ranciacus, 927; Rancies, 946, 972; Rancie, 1000; Rancey, 1020.

RANCHAL, cant. de la Mure (Rhône). *A.* Ranchel, 1047; Ranchal, 1037.

RANCY, cant. de Louhans (S.-et-L.). *A.* Rincies, 951; Rancies, 979; Ranciei, 1007; Rancy, 1017.

RANDAN, près de Feurs (Loire), ancienne paroisse où se trouvait un prieuré dépendant de Savigny. Ce prieuré, plus tard occupé par des femmes, a disparu comme la paroisse. Il reste à peine aujourd'hui quelques maisons sur le territoire de Randan, sans cesse réduit par les érosions de la Loire. *I. G.* Randans, etc. Il y avait au xe siècle, à Randan, un quartier appelé Châteauneuf. *I. G.* Castellum Novum. Une famille portait le nom de Randan. *I. G.* Randanis (de). *A.* Randans, 907, 958, 959, 987; Rondans (?), 938, 939.

RANGON, com. de Pralong (Loire). *I. G.* Rengo.

RANZUN, ruisseau qui passe à Amplepuis après avoir traversé un hameau auquel il a emprunté son nom, et que la carte du Dépôt de la guerre appelle *Ramçon,* et Cassini *Ramson. I. G.* Ranzun.

RÉGNIÉ. (Voy. *Rignié.*)

REGNY, cant. de St-Symphorien-de-Lay (Loire). *I. G.* Rineu, Riniaco (de). *A.* Rigniacus, 1047; Regny, 1037.

REMENS (prieuré). *A.* 948. (Voy. *St-Maurice-de-Réman.*)

RENAISON, cant. de St-Haon-le-Ch. (Loire). *A.* Ronneisons, 914; Reneysons, 936; Roigneysons, 954; Roneysons, 983; Renaison, 1028.

RENEINS. (Voy. *St-Georges-de-Reneins.*)

REPLONGES, cant. de Bâgé (Ain). *A.* Replunjon, 928; Replonjo, 951, 978; Replonges, 1007, 1017.

RESSY, comm. de Savigny (Rhône). *I. G.* Arciacus 2.

RESSY, comm. de St-Cyr-de-Valorge, ou comm. de Ste-Colombe-lez-Néronde (Loire). *I. G.* Arciacus 3.

REVONAS, cant. de Ceyzériat (Ain). *A.* Revonas, 925; Revuenas, 949; Revona, 976, 1004; Revonaz, 1016.

REYRIEU, cant. de Trévoux (Ain). *I. G.* Rariaco (de). *A.* Rayreu, 927, 972; Reyreu, 946; Reyrieu, 1000; Reyrieux, 1020.

RHÔNE (Le), fleuve. *I. G.* Rodanus.

RICAMARIE (LA), cant. du Chambon (Loire). 1034.

RIGNAT, cant. de Pont-d'Ain (Ain). *A.* Rinna, 925; Rignies, 949; Rignia, 976; Rigna, 1016. (Voy. 1015, n. 9.)

RIGNEUX-LE-DÉSERT, comm. de Lagneux (Ain). *A.* Rigneu, 948; Rigniacus, 974; Rigneux-le-Désert, 1015.

RIGNEUX-LE-FRANC, cant. de Meximieux (Ain). *A.* Rigneu, 922, 945, 969, 996; Rign.-le-Franc, 1022 et n. 11.

RIGNIÉ, cant. de Beaujeu (Rhône). *A.* Rigniacum, 1050; Rignié, 1036.

RIGNY, comm. de Civen (Loire). *I. G.* Rigniacus.

RIGNY-SUR-ARROUX, cant. de Gueugnon (S.-et-L.). *A.* Reni... 1053.

RILLIEUX, cant. de Trévoux (Ain). *A.* 1020 et n. 2.

RIORGES, cant. de Roanne (Loire). *A.* Riorges, 914, 936; Riorgii, 954, 983; Riorges, 1028.

RIOTIERS, comm. de Jassens (Ain). *A.* Reorter, 927; Riotiers, 946; Riortiers, 972; Riotiers, 999, 1020 et n. 9.

RIOTORT, cant. de Montfaucon (Hᵗᵉ-Loire). *A.* 1040.

RIVAS, cant. de Sᵗ-Galmier (Loire). *A.* Rivaz, 904, 941, 942, 966; Rivas, 993, 1034.

RIVE-DE-GIER, arr. de Sᵗ-Étienne (Loire). *I. G.* Ripa de Gerio. (Voy. *Ambroniacus*.) *A.* Riva de Gier, 902, 942; Ripa Gerii, 963, 992, 1056; Rive-de-Gier, 1035.

RIVERIE, cant. de Mornant (Rhône). *A.* Riveria, 902; Reveriacus, 942; Riveriacus, 965, 993; Riverie, 1035.

RIVOIRE, hameau de la commune des Sauvages (Rhône). *I. G.* Rivoria. — Il y a tant de localités du nom de Rivoire, Rivière, etc. qu'il est difficile de déterminer exactement les lieux indiqués par des noms analogues dans les cartulaires. Une ou plusieurs familles ont porté ce nom. *I. G.* Rivori, Rivoiri, Rivieri, Riverii.

RIVOLET, canton de Villefranche (Rhône). *A.* 1025, n. 10.

ROANNE (Loire). *I. G.* Rodana, Rodanensis comitatus, pagus, ager. *A.* Rodenna, 914, 915; Rodanna, 936, 954, 982, 1057; Roanne, 1029.

ROCHE, cant. de Montbrison (Loire). *A.* Rochi, 960, 938; Rupis, 959, 986; Roche-sur-Montbrison, 1031; Rochi, 1055.

ROCHE, anc. annexe de Condrieu (Rhône). *A.* 1039.

ROCHE-LA-MOLIÈRE, cant. du Chambon (Loire). *A.* Rochi la Moleri, 903.

ROCHEFORT, cant. de Boën (Loire). *I. G.* Rochifort. *A.* Rochifort, 907; Rupes Fortis, 938, 958, 986; Rochefort, 1031.

ROCHEFORT, comm. de Sᵗ-Martin-Annaux (Rhône). *A.* Rochefort, 901; Rupes Fortis, 942, 965, 993; Rochefort, 1035.

ROCHE-MILLAY, cant. de Luzy (Nièvre). *A. S.* Petrus, 1053.

ROCHE-ROUSSE, comm. de la Burbanche. *I. G.* Luticus Mons.

ROCHETAILLÉE, cant. de Sᵗ-Étienne (Loire). *A.* Rocataillia, 902; Rochitaillia, 942; Rupiscissa, 965, 992; Rochetaillée, 1034.

ROCHETAILLÉE, canton de Neuville-sur-Saône (Rhône). *A.* Rochitaillia, 927; Rupes Scissa, 946, 972, 1000; Rochetaillée, 1020.

ROFFEY, comm. de Cluny (S.-et-L.). *A.* Ruffeyum, 1047.

ROFFRAY, comm. de Sᵗ-Georges-de-Reneins (Rhône). *A.* 1026, n. 4.

ROISEY, cant. de Pélussin (Loire). *A.* 1039.

ROMANÈCHE, cant. de la Chapelle-de-Guinchay (S.-et-L.). *A.* Romanesches, 1050.

ROMANÈCHE, comm. de Montluel (Ain). *A.* Romaneschi, 921; Romanechi, 945, 968; Romanèche, 997; Romanèche-la-Saussaye, 1022. (Voy. p. 997, n. 6.)

ROMANÈCHE-LA-MONTAGNE, cant. de Ceyzériat (Ain). *A.* Romaneschi, 925; Romanechi, 949, 976; Romanèche, 1004; Romanèche-la-Montagne, 1016.

ROMANS, cant. de Châtillon-lez-Dombes (Ain). *A.* Romans, 924, 946, 947, 970, 999, 1021.

ROME, église de Rome, pèlerin de Rome. *I. G.* Roma, Romana ecclesia, Romei peregrini.

ROMENAY, cant. de Tournus (S.-et-L.). *A.* Romenai, 929; Romenay, 950, 978, 1007, 1017. (Voy. p. 1007, n. 9, et 1017, n. 3.)

RONFINS, comm. de Sᵗ-Symphorien-de-Lay (Loire). *I. G.* Roofangus.

RONNO, cant. de Tarare (Rhône). *I. G.* Ronno. *A.* Ronno, 913, 1028.

RONTALON, cant. de Mornant (Rhône). *A.* Rantalons, 901; Rantalon, 942, 965; Rontalon, 992; Rantalon, 1035.

RONZUEL, comm. de Chalamont (Ain). *A.* Runzuel, 922; Ronzuel, 945, 969, 997, 1022.

ROSAY, cant. de Beaufort (Jura). *A.* Rosey, 950, 977; Rosey, 978; Rosay, 1005, 1007, 1011.

ROSIER, cant. de St-Bonnet-le-Ch. (Loire). *A.* 1040.

ROSIÈRES, comm. de Toulon-sur-Arroux (S.-et-L.). *A.* Roserius, 1058.

ROSIERS-EN-DONZY, cant. de Feurs (Loire). *I. G.* Roseriæ. *A.* Rosers, 908; Rosey, 937, 957; Roziers, 985; Rosiers-en-Donzy, 1032.

ROSSAN, com. de St-Genis-l'Argentière (Rhône). *I. G.* Rossontis villa.

ROUSSES (LES), cant. de Morez (Jura). *A.* 1013.
ROUSSET. (Voy. *St-Priest-en-Rousset.*)
ROUSSET (LE), cant. de la Guiche (S.-et-L.). *A.* Rosseyum, 1047.

RUGNEUX, com. de Ste-Foy-lez-Villedieu (Loire). *I. G.* Ruiniacus, Ruineus.

RUTHIANGES. (Voy. *la Versanne.*)

S

Ste-AGATHE-EN-DONZY, cant. de Néronde (Loire). *A. S. A.* 985, n. 4; Ste-Agathe-en-Donzy, 1031.

Ste-AGATHE-LA-BOUTERESSE, canton de Boën (Loire). *I. G. S.* Agatha. *A, S.* Agatha, 907; S. Agnes, 938; S. Agathes, 958, 986; Ste-Agathe, 1030.

St-ALBAIN, cant. de Lugny (S.-et-L.). *A. S.* Albanus, 1049.

St-ALBAN, chapelle dans le château de Donzy (Loire). *I. G.* cap. S. Albani.

St-ALBAN, sur les bords du Rhône, au nord de St-Victor (Isère). *A. S.* Albanus, 920, 944, 967, 994 et n. 3, 995.

St-ALBAN, cant. de Poncins (Ain). *A. S.* Albanus, 932, 948, 973, 1001; St-Alban, 1013.

St-ALBIN, comm. de Bussières (Loire). *A. S.* Albinus, 908, 937, 956, 985.

St-ALLIRE, faubourg de Clermont, ainsi appelé du nom d'un monastère qui s'y trouvait autrefois. *I. G. S.* Illidii monast.

St-AMAND-DE-BOIZE, sur la Charente. *I. G.* Sanctus Amandus super Charentam.

St-AMOUR, cant. de la Chapelle-de-Guinchay (S.-et-L.) *A. S.* Amor, 1050.

St-AMOUR, arr. de Lons-le-Saulnier (Jura). *A. S.* Amor, 930, 950, 976, 1005; St-A. 1010.

St-ANDÉOL-LE-CHÂTEAU, canton de Givors (Rhône). *A. S.* Andeolus, 902; S. A. in Jaresio, 942, 965, 992; St-A.-le-Ch. 1035.

St-ANDÉOL-LA-VALLA. (Voy. *la Valla.*)

St-ANDRÉ, comm. de Limonest (Rhône). *A.* 1025, n. 1.

St-ANDRÉ-D'APCHON (ou St-A.-DE-RENAISON), cant. de St-Haon-le-Châtel (Loire). *A. S. A.* 914; S. A. de Roneysons, 936, 955, 983; St-A.-d'Apchon, 1028.

St-ANDRÉ-LEZ-BÂGÉ, cant. de Bâgé (Ain), 1016. (Voy. 929, n. 1.)

St-ANDRÉ-LE-BOUCHOUX, cant. de Châtillon-lez-Dombes (Ain). *A. S.* Andreas lo Boschos, 924; S. A. Nemorosus, 946, 970, 999; St-A.-le-B. 1020.

St-ANDRÉ-LA-CÔTE, cant. de Mornant (Rhône). *A. S. A.* la Costa, 902, 965, 992; S. A. la Cota, 942; St-A.-la-Côte, 1035.

St-ANDRÉ-LE-DÉSERT, cant. de Cluny (S.-et-L.). *A. S. A.* Deserti, 1048 et n. 7.

St-ANDRÉ-D'HUIRIAT, cant. de Pont-de-Veyle (Ain). *A. S.* Andreas, 926; S. Andreas d'Uyria, 947, 971, 972, 1000, 1001; St-André-d'Huria, 1018, n. 4.

St-ANDRÉ-LE-PANOUX, cant. de Bourg (Ain). *A. S. A.* lo Panos, 923; S. A. lo Panous, 946, 970; St-A.-le-Panoux, 998, 1020.

St-ANDRÉ-LE-PUY, cant. de St-Galmier (Loire). *A. S.* Andrea (lo Puey), 912 et n. 9, 939; St-A.-le-P. 961, 988, 1032. (Voy. *le Puits 2.*)

St-ANDRÉ-EN-VIGNETTES, chapelle rurale dépendant, au XVIe siècle, de la paroisse de Solaise (Isère). *A.* 1024, n. 5.

St-ANTOINE-D'OUROUX. (Voy. *Ouroux.*)

St-APOLINARD, canton de Pélussin (Loire). *A.* 1039.

St-APOLINAIRE, cant. de Tarare (Rhône). *A. S.* Appolinaris, 911; St-Apolinart, 940; S. Apolinaris, 961; S. Appolinaris, 989; St-Appolinaire, 1027.

Sᵗ-Aubin-en-Charollais, cant. de Palinges (S.-et-L.). *A.* S. Albinus, 1052.

Sᵗ-Barthélemy-l'Estra, cant. de Feurs (Loire). *I. G.* S. Bartholomeus. *A.* S. B. 912; S. B. Letra, 939; S. B. 960, 988; Sᵗ-B.-l'Estra, 1032.

Sᵗ-Baudèle, nom d'une localité située près de Lyon, du côté de Vaise, et qui tirait son nom d'une église dédiée à S. Baudèle. Il m'a été impossible de déterminer sa situation exactement. *I. G.* S. Baudelii villa.

Sᵗ-Baudille, cant. de Crémieu (Isère). *A.* S. Bauderius, 920; Seint Buel, 943; S. Bandolius, 966; S. Baudilius, 994; S. B. 1023.

Sᵗ-Benigne, cant. de Pont-de-Vaux (Ain). *A.* Sanz Bereiz (?), 928; Sᵗ-Benigne, 1016.

Sᵗ-Benoît-de-Cessieux, cant. de Lhuis (Ain). *A.* Sayssiacum, Sayseu, 932; Sᵗ B. de Seysseu, 948; S. B. de Sayssen, 974; S. B. de Saissieu, 1002; Sᵗ-B.-de-Cessieu, 1014.

Sᵗ-Berain-sous-Sanvignes, cant. de Montcenis (S.-et-L.). *A.* S. Benignus, 1052.

Sᵗ-Bernard, cant. de Trévoux (Ain). *A.* S. Bernardus, 927; S. B. de Ansa, 947, 972; S. B. Ansæ, 1000; Sᵗ-Bernard, 1018.

Sᵗ-Bonnet, comm. d'Yseure (Allier). *A.* 1053.

Sᵗ-Bonnet-des-Bruyères, canton de Monsol (Rhône). *A.* 1038.

Sᵗ-Bonnet-le-Château, arrond. de Montbrison (Loire). *A.* S. Bon. 905; S. Benedictus (*sic*) Castri, 938; S. Bonitus Castri, 957, 985; Sᵗ-B.-le-Ch. 1030.

Sᵗ-Bonnet-le-Courreau, cant. de Sᵗ-Georges-en-Couzan (Loire). *A.* S. Bonetus de Carreuz, 907; S. Benedictus (*sic*) de Quareuz, 938; S. B. de Quadrellis, 958, 985; Sᵗ-B.-le-Courreau, 1030; S. B. de Kadrellis, 1055.

Sᵗ-Bonnet-de-Cray, cant. de Semur-en-Brionnais (S.-et-L.) *A.* Sᵗ-B.-de-Cray, 1046.

Sᵗ-Bonnet-le-Froid, sur les confins des deux comm. de Courzieu et de Chevinay (Rhône), *I. G.* S. Bonetus. *A.* S. Bonitus Frigidus, 939.

Sᵗ-Bonnet-de-Joux, arr. de Charolles (S.-et-L.). *A.* S. B. 1052.

Sᵗ-Bonnet-de-Mure, cant. d'Heyrieux (Isère). *A.* S. B. 919; S. B. 944; S. Bonetus, 968; S. B. 995; Sᵗ-B.-de-Mure, 1023.

Sᵗ-Bonnet-les-Oules, canton de Sᵗ-Galmier (Loire). *A.* S. Bon. 904; Seint Bonet, 942; Sᵗ B. les Olieres, 955; S. B. [Ollarum], 992; Sᵗ-B.-les-O. 1033.

Sᵗ-Bonnet-des-Quarts, cant. de la Pacaudière (Loire). *A.* 1041.

Sᵗ-Bonnet-de-Troncy, cant. de la Mure (Rhône). *I. G.* Trunci. *A.* Sᵗ-Bonn.-de-Troncy, 1037, 1046.

Sᵗ-Bonnet-de-Vieille-Vigne, cant. de Palinges (S.-et-L.). *A.* S. B. 1052.

S. Caliaus (?), archipr. de Montbrison. *A.* 938 et n. 15.

Sᵗᵉ-Catherine-sous-Riverie, cant. de Mornant (Rhône). *A.* Sᵗᵉ-Catherine, 1035.

Sᵗᵉ-Cécile, cant. de Cluny (S.-et-L.). *A.* S. Cecillia, 1048.

Sᵗ-Chamond, arr. de Sᵗ-Étienne (Loire). *I. G.* S. Annemundo (de). *A.* S. Annemundus, 903 et n. 1, 942 et n. 5, 965, 993 et n. 4; Sᵗ-Ch. 1033 et n. 10.

Sᵗ-Chef, cant. de Bourgoin (Isère). *I. G.* S. Theuderii abbatia. *A.* S. Chier, 944; S. Theuderius, 966, 995.

Sᵗ-Christô-en-Jarez, cant. de Sᵗ-Héand (Loire). *A.* S. Christoforus, 903, 942, 965, 993, 1056; Sᵗ-Christô, 1034.

Sᵗ-Christophe, cant. de Sᵗ-Trivier-sur-Moignans (Ain). *A.* S. Christoforus, 924, 946, 970, 999; Sᵗ-Christophe, 1020.

Sᵗ-Christophe, cant. de Semur-en-Brionnais (S.-et-L.). *A.* 1052.

Sᵗ-Christophe, cant. de Monsol (Rhône). *A.* 1038.

Sᵗ-Claude, comm. de Lantigné (Rhône). *A.* 1036.

Sᵗ-Claude (Jura). *A.* S. Eugendus, 948, 973, 1001; S. C. 1012. (Voy. p. 1001, n. 9.)

Sᵗ-Clément. (Voy. *Chambon*.)

Sᵗ-Clément-sur-Guye, cant. du Mont-Sᵗ-Vincent (S.-et-L.). *A.* S. C. supra Guiam, 1047.

Sᵗ-Clément-sur-Lignon, comm. de Montverdun (Loire). *A.* S. Clem. 906, 938 et n. 15 (?), 1055.

Sᵗ-Clément-lez-Mâcon, cant. de Mâcon (S.-et-L.). *A.* S. Cl. 1045.

Sᵗ-Clément-les-Places, cant. de Sᵗ-Laurent-de-Chamousset (Loire). *I. G.* S. Clemens. *A.* S. Clem. 912; Sᵗ-Cl.-des-Places, 1032.

Sᵗ-Clément-de-Valorgue, cant. de Sᵗ-Anthême (Puy-de-D.). *I. G.* Vallis Longa.

Sᵗ-Clément-de-Valsonne, canton de Tarare (Rhône). *I. G.* S. Clementis ecclesia. *A.* S. Cl. 911, 940, 961, 989; Sᵗ-Cl.-sous-Valsonne, 1027.

Sᵗᵉ-COLOMBE-DE-LA-BROSSE, comm. de la Balme (Isère). *A.* 994, n. 7.
Sᵗᵉ-COLOMBE, comm. de Sᵗ-Martin-de-Salencé (S.-et-L.). *A.* 1048.
Sᵗᵉ-COLOMBE, cant. de Condrieu (Rhône). *A.* 1038.
Sᵗᵉ-COLOMBE, canton de Néronde (Loire). *A.* S. Columba, 908, 937, 957, 985; Sᵗᵉ-Col. 1032.
Sᵗᵉ-CONSORCE, canton de Vaugneray (Rhône). *I. G.* S. Consorcia. *A.* S. C. 912, 939, 960, 988, 1024.
Sᵗᵉ-CROIX, ancienne chartreuse, comm. de Pavesin (Loire). *A.* S. Crux, 943, 964, 994.
Sᵗᵉ-CROIX, cant. de Montluel (Ain). *A.* S. Crux, 921, 945, 969, 997; Sᵗᵉ-C. 1021.
Sᵗᵉ-CROIX, cant. de Montpont (S.-et-L.). *A.* S. Crux, 950, 977, 1005; Sᵗᵉ-Croix, 1010.
Sᵗᵉ-CROIX, prieuré à Arandon (?) (Isère). *A.* prior Sanctæ Crucis, 944, 966, 995.
Sᵗ-CYPRIEN, canton de Sᵗ-Rambert (Loire). *A.* S. Cyprianus, 906; S. Crepin (?), 938; S. Cypr. 958, 986; Sᵗ-Cyp. 1030.
Sᵗ-CYPRIEN-SUR-ANSE, comm. de la Chassagne, près d'Anse (Rhône). L'ancien nom semble avoir été *Alaval*. *I. G.* Alaval. *A.* S. Cyprianus, 917; Sᵗ-Cyp. 1025.
Sᵗ-CYR. *I. G.* S. Cirici ecclesia. Il y a, dans les deux départements du Rhône et de la Loire, plusieurs localités du nom de Sᵗ-Cyr; mais aucune ne dépendait de Savigny. Je crois qu'il s'agit ici de l'église de Marcilly-le-Châtel, dédiée à S. Cyr. En effet, nous trouvons parmi les signataires des analyses d'actes insérés sous le n° 765, un *Poncius de Marcelliaco* (Marcilly) et un *Girinus de Mercol* (Marcoux).
Sᵗ-CYR, cant. de Condrieu (Rhône). *A.* 1039.
Sᵗ-CYR, com. de Sᵗ-Trivier-sur-Moignans (Ain). *A.* S. Cyricus prope Sandrens, 923; S. C. juxta S. 946; S. C. prope S. 970, 998; Sᵗ-C.-près-Sandrans, 1021.
Sᵗ-CYR-DE-CHATOUX, cant. de Villefranche (Rhône). *A.* 1025.
Sᵗ-CYR-DE-FAVIÈRES, cant. de Sᵗ-Symphorien-de-Lay (Loire). *A.* S. C. 914, 936; S. C. de Faveriis, 955, 983; Sᵗ-C.-de-Favières, 1028.
Sᵗ-CYR-SUR-MENTHON, cant. de Pont-de-Veyle (Ain). *A.* S. C. prope Baugiacum, 923, 971, 998; S. C. juxta Baug. 946; Sᵗ-C.-sur-M. 1016.

Sᵗ-CYR-AU-MONT-D'OR, canton de Limonest (Rhône). *I. G.* S. Ciricus villa. *A.* S. Cyricus, 935; S. Ciricus, 953, 981.
Sᵗ-CYR-D'ULLIAT, près de Grolée (Ain). *A.* S. Ciricus, 931; S. Ciricus Uliaci, 1002.
Sᵗ-CYR-DE-VALORGES, cant. de Néronde (Loire). *A.* S. C. 908, 937; S. Cir de Valorges, 957, 985; Sᵗ-C.-de-V. 1032.
Sᵗ-CYR-LES-VIGNES, cant. de Feurs (Loire). *A.* S. Ciricus, 912; S. Cyricus, 939; S. C. de Vineys, 960; S. C. Vinearum, 988; Sᵗ-C.-les-V. 1032.
Sᵗ-DENIS-DE-CABANE, cant. de Charlieu (Rhône). *A.* S. D. de Cabanis, 1046; Sᵗ-D.-de-Cabane, 1038.
Sᵗ-DENIS-DE-CEYZÉRIAT, arr. de Bourg (Ain). *A.* Seisirens, 929; eccl. Saisiriaci in Breyssia, 951; — de Sayseriaco, 979; — de Saisiriaco, 1007, 1058; Sᵗ-D.-de-C. 1017.
Sᵗ-DENIS-DE-CHAUSSON, près d'Ambérieux (Ain). *A.* 1014 et n. 6.
Sᵗ-DENIS-SUR-COISE, cant. de Sᵗ-Galmier (Loire). *A.* S. Dion. 903, 942, 964, 965, 993, 994; Sᵗ-D.-sur-C. 1034.
Sᵗ-DIDIER, cant. de Semur-en-Brionnais (S.-et-L.). *A.* 1052.
Sᵗ-DIDIER-D'AUSSIAT, cant. de Montrevel (Ain). *A.* S. D. 928, 951; S. Desid. de Onciaco, 979, 1007; Sᵗ-D.-d'Oussiat, 1017.
Sᵗ-DIDIER-SUR-BEAUJEU, canton de Beaujeu (Rhône). *A.* S. D. 1047; Sᵗ-D.-sur-B. 1037.
Sᵗ-DIDIER-DE-CHALARONNE, cant. de Thoissey (Ain). *A.* S. Desiderius de Chalaronna, 927, 946, 971; S. D. de Chalarone, 999; Sᵗ-D.-de Ch. 1019 et n. 2.
Sᵗ-DIDIER-DE-FORMANS, cant. de Trévoux (Ain). *A.* S. D. de Reorter, 927; S. D. de Formans, 947; S. D. de Faramans, 972; S. D. de Formans, 1000.
Sᵗ-DIDIER-DE-MIRIBEL, cant. de Montluel (Ain). *A.* S. D. (de Rilliaco), 927; S. D. de Miribello, 947; S. D. de Miribelli, 972, 1000; Sᵗ-D.-de-M. ou Néron, 1020. (Voy. *Neyron.*)
Sᵗ-DIDIER-AU-MONT-D'OR, cant. de Limonest (Rhône). *I. G.* S. Desiderius. *A.* S. Des. 916, 941; S. D. in Monte Aureo, 941, 962, 990; S. D. 1024.
Sᵗ-DIDIER-DE-RENOM ou LE PLANTAY, cant. de Chalamont (Ain). *A.* S. D. de Ruennon, 921; S. D. de Renons, 945, 968, 997.
Sᵗ-DIDIER-SOUS-RIVERIE, canton de Mornant

(Rhône). *A. S. D.* 902; *S. D. subtus Riviriacum*, 942, 964, 992, 1056; St-D.-s.-R. 1035.

St-DIDIER-SUR-ROCHEFORT, cant. de Noirétable (Loire). *A. S. D.* 909; *S. D. supra Rupem Fortem*, 937, 955, 983; St-D.-sur-R. 1029.

St-DIZANT-DU-GUA, arr. de Jonzac (Char.-Inf.). *I. G. S. Dizentii ecclesia.*

St-ÉLOI, cant. de Meximieux (Ain). *A. S. Eulalia* (?), 922, 968, 996; St-Alay (?), 945; St-Éloy, 1012.

St-ÉTIENNE (Loire). *A. S. Steph. Affurans*, 903; *S. St. de Furans*, 942, 964; *S. St. de Furano*, 992, 1056; St-Étienne, 1034.

St-ÉTIENNE-DU-BOIS, cant. de Treffort (Ain). *A. S. St. del Boschous*, 929; *S. St. de Nemorosiis*, 951, 1007; *S. St. lo Boscheus*, 979; S^t-Ét.-les-Bois, 1017.

St-ÉTIENNE-DE-CHALARONNE, cant. de Thoissey (Ain). *A. S. St. de Chalaronna*, 926, 947, 971, 999; S^t-Ét.-de-Ch. 1019 et n. 3.

St-ÉTIENNE-LE-MOLARD, cant. de Boën (Loire). *I. G. Molarus. A. S. St.* 909, 983; S^t-Ét.-le-M. 983 et n. 11, 1029.

St-ÉTIENNE-SUR-REYSSOUSE, cant. de Pont-de-Vaux (Ain). *A. S. St,* 929; *S. St. supra Reyssousam*, 951; *S. St. s. Royssosam*, 979; *S. St. s. Roissosam*, 1007; S^t-Ét.-sur-R. 1016.

St-ÉTIENNE-LA-VARENNE, canton de Belleville (Rhône). *A. S. St. de la Varenna*, 916; *S. St. la Var.* 941; *S. St. de la Var.* 962; *S. St. la Var.* 991; *S. St. de Varenna*, 1058; St-Étienne-la-Varenne, 1026.

St-EUGÈNE, cant. de Mesvres (S.-et-L.). *A. S. Ingenius*, 1052.

Ste-EULALIE. (Voy. *St-Éloi.*)

Ste-EUPHÉMIE, cant. de Trévoux (Ain). *A. S. Eufemia*, 927; *S. Euphemia*, 947, 972, 1001; Ste-Euphémie, 1019.

St-EUSÈBE-DES-BOIS, cant. du Mont-St-Vincent (S.-et-L.). *A. S. Eusebius*, 1052.

St-FÉLICIEN, arr. de Tournon (Ardèche). *A.* 1039 et n. 4.

St-FERRÉOL, cant. de St-Didier-la-Seauve (H^{te}-Loire). *A.* 1040.

St-FIRMIN (autrefois Chazeu), cant. de Montcenis (S.-et-L.). *A. Cassolium*, 1052.

St-FORGEUX, canton de Tarare (Rhône). *I. G. S. Ferreoli parrochia. A. S. Ferreolus*, 910; Seint Ferruel, 940; *S. Ferreolus* 961, 989, 1058; St-F. 1027.

St-FORGEUX-L'ESPINASSE, cant. de la Pacaudière (Loire). *A. S. Ferreolus*, 914; St-F.-l'Espin. 1028.

S^{te}-FOY-L'ARGENTIÈRE, cant. de St-Laurent-de-Cham. (Rhône). *I. G. S. Fides. A. S. F.* 913, 988 et n. 5; Ste-Foy-l'Argentière, 1033.

S^{te}-FOY-EN-BUSSY, canton de Boën (Loire). *A. Sta Fides*, 909, 937, 956; *S. F. Villæ Dei*, 984; Ste-Foy-lez-Ville-Dieu, 1029.

S^{te}-FOY-LEZ-LYON, canton de St-Genis-Laval (Rhône). *A. S. F.* 904, 935, 953, 982, 1025.

St-GALMIER, arr. de Montbrison (Loire). *I. G. S. Baldomerus. A. S. B.* 904, 964, 992, 1056; *S. Garmier*, 942; St-Galmier, 1034.

St-GALMIER, à l'est de Montanay (Ain). *A. S. Galmier*, 947; *S. Garmerius*, 972. (Voy. la note 1 de la page 1000.)

St-GENEST-L'ERPT, cant. du Chambon (Loire). *A. S. G. Lerm.* 932; *S. G. Lerpt*, 942; *S. G. Lerps*, 963; *S. G. Lerpi*, 992; St-Genest-l'Erm, 1034; *S. G. Lerpt*, 1056.

St-GENÈS-MALIFAUX, arr. de St-Étienne (Loire). *A. Malifau*, 904; *Mirifort*, 942; *Malifaut*, 965; *S. Genesius Malifaux*, 993; St-Genest-de-Mallifaux, 1034.

St-GENGOUX-DE-SCISSÉ, cant. de Lugny (S.-et-L.). *A. Cissiacus*, 1049.

St-GENGOUX, hameau près de la Roche-Millay (Nièvre). *A. S. Jangul...* 1053.

St-GENIS-L'ARGENTIÈRE, cant. de St-Laurent-de-Chamousset (Loire). *A. S. Genesius*, 913; *Seint Genies*, 923; *S. G. l'Argentière*, 960; *S. G. Argenteriæ*, 988; St-Genis-l'Argentière, 1033.

St-GENIS-LAVAL, arr. de Lyon (Rhône). *I. G. Vals parrochia. A. S. Genesius en Val*, 901; *S. G. Vallis*, 942, 965, 992; St-G.-L. 1035.

St-GENIS-SUR-MENTHON, cant. de Pont-de-Veyle (Ain). *A. S. Genesius*, 923, 971; *S. Genes*, 946; *S. Genes supra Menthonem*, 999; St-G.-sur-M. 1016 et n. 6.

St-GENIS-LES-OLLIÈRES, cant. de Vaugneray (Rhône). *A. S. Genesius les Oleres*, 936, 953; *S G. les Olieres*, 981; St-G.-les-Ollières, 1025.

St-GENIS-TERRE-NOIRE, cant. de Rive-de-Gier (Loire). *A. S. Gen. in Terra Nigra*, 903, 942, 965, 992; St-Gen.-Terre-Noire, 1035.

St-GEORGES, ou St-GEORGES-LA-RIVOIRE, au midi de St-Claude. *A.* 1012.

St-Georges-des-Agouts, arr. de Jonzac (Char.-Inf.). *I. G. S.* Georgii ecclesia.

St-Georges-de-Baroilles, cant. de St-Germain-Laval (Loire). *A.* 1029.

St-Georges-en-Couzan, arrond. de Montbrison (Loire). *A. S. G.* 907; S. G. supra Cosant, 938, 958, 986; St-G.-sur-C. 1030; S. G. supra Cosam, 1055.

St-Georges-Haute-Ville, cant. de St-Jean-Soleymieux (Loire). *I. G.* Alta Villa. *A.* Alta Villa, 905, 938, 957, 985; St-G.-Haute-V. 1030.

St-Georges-de-Reneins, canton de Belleville (Rhône). *I. G.* Ronnenchum. *A.* Ronnens, 916; S. G. de Rognens, 941, 1058; S. G. de Rogneins, 962, 990; St-G.-de-Ronens, 1026.

St-Georges-de-Renom, cant. de Châtillon-lez-Dombes (Ain). *A.* S. Georgius, 924, 946, 970, 999; St-G.-de-R. 1021. (Voy. 1018, n. 7.)

St-Germain, à l'ouest de Courmangoux (Ain). *A.* S. Germanus, 930.

St-Germain-sur-l'Arbrêle, cant. de l'Arbrêle (Rhône). *I. G. S.* Germani ecclesia. (Voyez aussi *Versenaicus, Versennas, Versennacus.*) *A. S. G.* 910; St-G. 1027.

St-Germain-de-Beard, au sud d'Izernore (Ain). *A. S. G.* de Bayart, 948, 1013 et n. 5.

St-Germain-l'Espinasse, cant. de St-Haon-le-Châtel (Loire). *A. S. G.* 914, 936, 955, 983; St-G.-l'Espinasse, 1028; S. G. Spinaciæ, 1057.

St-Germain-Laval, arr. de Roanne (Loire). *A. S. G.* 909; St-G.-Laval, 937; S. G. Vallis, 955, 983; St-G.-Laval, 1029.

St-Germain-la-Montagne, cant. de Belmont (Loire), est peut-être la *Montanea* de la charte 413 de Savigny. (Voy. aussi *S. Germanus in agro Tecommensi.*) *A. S. G.* de Monte, 1046; St-G.-la-Montagne, 1037.

St-Germain-au-Mont-d'Or, cant. de Neuville (Rhône). *A. S. G.* 935, 953, 981; St-G.-au-Mont-d'Or, 1025.

St-Germain-de-Renom, cant. de Chalamont (Ain). *A. S. G.* 923, 946, 970; S. G. de Renon, 999; St-G.-de-R. 1021.

St-Germain-de-Rives, cant. de Digoin (S.-et-L.). *A.* S. Ge... 1053.

St-Gilles, lieu de pèlerinage fort célèbre autrefois, dans le Languedoc. *I. G. S.* Egidii ecclesia.

St-Haon-le-Châtel, arr. de Roanne (Loire). *A.* S. Habundius, S. Eugendus Castri, 936; S. Habundus Castri, 954, 982; St-Haon-le-Châtel, 1028.

St-Haon-le-Vieux, cant. de St-Haon-le-Châtel (Loire). *A.* S. Habundius Vetus, 914; Seint Tant lo Viel, 936; S. Habundus Vetus, 954, 982; St-H.-le-V. 1028.

St-Héand, arr. de St-Etienne (Loire). *A.* S. Eugendus, 904, 963, 992, 1056; Saint Oyan, 942; St-Héand, 1034.

St-Hilaire, comm. de St-Germain-au-Mont-d'Or (Rhône). *I. G. S.* Hilarius.

St-Hilaire, cant. de Charlieu (Loire). *A.* S. Hilarius, 1046; St-Hilaire, 1037.

St-Hilaire, cant. de St-Bonnet-le-Ch. (Loire). *A.* 1040.

St-Hilaire, église succursale dans le canton de Decise (Nièvre). *A.* S. H... 1053.

St-Hippolyte, comm. de Bonnay (S.-et-L.). *A.* S. Ypolytus, 1048.

St-Huruge, cant. de St-Gengoux-le-Royal (S.-et-L.). *A.* S. Eusebius, 1047.

St-Hymetière, cant. d'Arinthod (Jura). *A.* S. Ymiterius, 925, 975, 1003; S. Ymicterius, 949, 1058; St-Imitier, 1011.

St-Igny-de-Roche, cant. de Chauffailles (S.-et-L.). *A.* Centigniacus, 1045.

St-Igny-de-Vair, cant. de Monsol (Rhône). *A.* Santigniacus, 1046 et note; St-Igny-de-Vair, 1038.

St-Illide. (Voy. *Ste-Ollive.*)

St-Jacques-de-Compostel, en Espagne. *I. G. S.* Jacobi eccl.

St-Jacques-des-Arrêts, canton de Monsol (Rhône). *A.* 1036 et n. 5, 1050.

St-Jean-d'Ardières, cant. de Belleville (Rhône). *I. G. S.* Johannis terra, 2. *A. S.* J. de Arderia, 915; S. J. d'Arderi, 941; S. J. de Arderia, 962, 963, 991; St-Jean-d'Ardière, 1026.

St-Jean-de-Bonnefonds, canton de St-Étienne (Loire). *A.* Bonus Fons, 903; S. J. de Bono Fonte, 942, 964, 1056; S. J. Bonorum Fontium, 992; St-Jean-de-Bonnefont, 1034.

St-Jean-la-Bussière, cant. de Thizy (Rhône). *A. S.* J. de Buxeria, 1046; St-J.-la-B. 1037.

St-Jean-de-Chaussan, cant. de Mornant (Rhône). *A.* Chauczans, 902; Chauczons, 942; Chauzans, 964; Chaussans; 993; Chossan, 1035; S. J. de Calcianis, 1056.

St-Jean-de-Maurienne, en Savoie. *I. G. S.* Joannis Murianæ ecclesia.

St-Jean-le-Priche, cant. de Mâcon. *A.* St-J.-le-Prische, 1049.

St-Jean-sur-Reyssouse, cant. de St-Trivier-de-Courtes (Ain). *A. S. J.* 928; S. J. supra Reyssousam, 951; S. J. supra Royssosam, 978; S. J. supra Roissosam, 1006; St-Jean-sur-Reissouse, 1016.

St-Jean-sur-St-Maurice, comm. de St-Maurice-en-Roannais (Loire). *A. S. J.* 914; S. J. in Reannesio, 936; S. J. in Roanesio, 954, 983; St-J.-sur-St-M. 1038, n. 5.

St-Jean-Soleymieux, arr. de Montbrison (Loire). *A.* 986 et n. 5, 1030.

St-Jean-de-Thurigneux. (Voy. *Thurigneux.*)

St-Jean-de-Toulas, cant. de Givors (Rhône). *A. S. J.* Attolas, 902 et n. 3; St-Jean-de-T. 1035; S. J. de Atola, al. de Dargoire, 1056.

St-Jean-des-Treux, cant. de St-Amour (Jura). *A. S. J.* 930; S. J. Destruoux, 950; S. J. de Torcularibus, 977, 1005; St-Jean-des-Treux, 1010.

St-Jean-de-Vaux, près de Chaleins (Ain). *A.* 1018, n. 12.

St-Jean-la-Vestre, cant. de Noirétable (Loire). *A. S. J.* 910; S. J. la Vaytre, 937, 955; St-J.-la-Vestre, 983, 1029.

St-Jean-sur-Veyle, cant. de Pont-de-Veyle (Ain). *A.* 1016 et n. 9.

St-Jean-le-Vieux, cant. de Poncin (Ain). *A.* 1014. (Voy. *Vuic-soas-Varey.*)

St-Jean-des-Vignes, cant. d'Anse (Rhône). *I. G.* Mons S. Joannis. *A. S. J.* de Castellione, 941; St-J.-des-V. 1026, n. 12.

St-Jérôme, cant. de Poncin (Ain). *A. S.* Ieronimus, 931, 974; S. Gerormus, S. Geronimus, 948; S. Iheronimus, 1002; St-J. 1014.

St-Jodard, cant. de Néronde (Loire). *A.* Sant Jaudart, 915; S. Jodart, 936; Seint Giudart, 936; S. Joudaldus, 935, 983; St-Jodart, 1028.

St-Jorioz, sur la rive occidentale du lac d'Annecy, en Savoie. *I. G. S.* Georii ecclesia.

Ste-Julie, cant. de Lagnieu (Ain). *A.* Sanctus Jullus, 932; S. Julliæ, 948; S. Julitæ, 975; 1001; Ste-Julie, 1014.

St-Julien, arr. de Lons-le-Saulnier (Jura). *A. S.* Julinus, 925; S. Jullanus, 949, 976, 1004; St-Julien, 1011.

St-Julien-sur-Bibost, cant. de l'Arbrêle (Rhône).

I. G. S. Julianus. *A. S.* Julianus, 912, 939 961, 988; St-J.-sur-B. 1033.

St-Julien-de-Cray, cant. de Semur-en-Brionnais (S.-et-L.). *A. S. J.* de Crayo, 1046.

St-Julien-en-Jarez, cant. de St-Chamond (Loire). *A. S.* Jul. 903, 942, 943, 964, 965, 993, 994; St-Julien, 1034, 1056.

St-Julien-Molin-Molette, cant. de Bourg-Argental (Loire). *A.* 1039.

St-Julien-sous-Montmelas, canton de Villefranche (Rhône). *A. S. J.* 916, 941, 963, 990; St-J.-sous-M. 1026.

St-Julien-d'Odes, cant. de St-Germain-Laval (Loire). St-J.-d'Odes, 910, 937, 956, 984, 1029.

St-Julien-sur-Reissouse, canton de St-Trivier-de-Courtes (Ain). *A. S. J.* 928, 979; S. J. supra Royssosam, 951; S. J. supra Roissosam, 1007; St-Jul.-sur-la-Reissouse, 1017.

St-Julien-de-Sivry, cant. de Charolles (S.-et-L.). *A.* Siv... 1052.

St-Julien-la-Vestre, canton de Noirétable (Loire). *A. S. J.* de Lavaistres, 910; S. J. de Lavaytre, 937; S. J. la Veytre, 955; S. J. la Vestre, 983, 1029; S. J. la Vetra, 1056.

St-Julien-sur-Veyle, cant. de Châtillon-lez-Dombes (Ain). *A. S. J.* 923, 946, 971; S. J. supra Velam, 998; St-J.-sur-V. 1021.

St-Just, comm. de Doizieu (Loire). *A.* 902.

St-Just-d'Avray, cant. du Bois-d'Oingt (Rhône). *A. S. J.* d'Avrei, 911; S. J. d'Avrey, 940, 989; S. J. Davreysius, 961; St-J.-d'Avray, 1027; S. J. d'Ovray, 1058.

St-Just-en-Bas, cant. de St-Georges-en-Couzan (Loire). *A. S. J.* 907; S. J. in Basso, 938, 957, 986; St-J.-en-Bas, 1030, 1055.

St-Just-en-Chevalet, arr. de Roanne (Loire). *A. S. J.* 909, 937, 955; S. J. en Chavalet, 937; S. J. en Chevalet, 955; S. J. in Cabalino, vel in Chivaleto, 983; S. J. in Chevalet, 984; St-J.-en-Chev. 1029.

St-Just-sur-Loire, cant. de St-Rambert (Loire). *A. S. J.* supra Ligerim, 904, 992; S. J. supra Leyri, 942, 963; St-Just-sur-Loire, 1034.

St-Just-la-Pendue, cant. de St-Symphorien-de-Lay (Loire). *A. S.* Justus la Pendua, 908, 957; S. J. 937; St-J.-la-Pendue, 985, 1032, 1057.

St-Just-en-Vélais, cant. de St-Didier-la-Seauve (H.-Loire). *A. S. J.* en Vellay, 904; S. J. en

Velay, 942, 965; S. J. en Velais, 993; St-J.-lez-Vélais, 1034.

St-Lager, cant. de Belleville (Rhône). A. S. Leodegarius, 915; S. Legier, 941; S. Leod. 963, 991; St-Lager, 1026.

St-Laurent-d'Agny, cant. de Mornant (Rhône). A. S. L. 901; S. L. de Dagnins, 942; S. L. de Daignins, 965, 993; St-L.-d'Agny, 1035. (Voy. *Agny*.)

St-Laurent-de-l'Ain, cant. de Bâgé (Ain). A. St-L. 1045.

St-Laurent-en-Brionnais, cant. de la Clayette (S.-et-L.). A. S. L. Brionnensis, 1046.

St-Laurent-de-Chamousset, arrond. de Lyon (Rhône). I. G. Jujuellis, Camopsetus, Camopseto (de). Il y avait jadis dans cette paroisse une chapelle dédiée à S. Pierre, soit dans le château, soit dans le bourg. (ch. 817.) A. S. L. 912; Chamosset, 913; S. L. de Chamosset, 939, 960, 988; St-L.-de-Cham. 1033.

St-Laurent-la-Conche, cant. de Feurs (Loire). I. G. Conca. A. S. L. de Conchi, 907; S. L. la Conchi, 938, 957; S. L. la Conche, 985; St-L.-la-Conche, 1030; S. L. de Conca, 1055.

St-Laurent-des-Creux, au midi de Lains (Jura). A. S. L. de Crues, 926; Crues, 975, 1004; St-L.-des-Creux, 1011, n. 14.

St-Laurent-de-Mure, cant. d'Heyrieux (Isère). A. S. L. 919, 944, 907, 995; St-L.-de-M. 1024.

St-Laurent-d'Oingt, cant. du Bois-d'Oingt (Rhône). I. G. S. Laurentius. A. S. L. 911, 940, 961, 989; St-L.-d'Oingt, 1027; S. L. de Yconio, 1058.

St-Laurent-sous-Rochefort, cant. de Boën (Loire). I. G. Solobrensis ager. A. S. Laur. in Solodro, 907; S. L. Hospitalis Rupisfortis, 986; Solodrus, 1055; St-L.-en-Solore, 1030.

St-Léger, comm. de Charnay (S.-et-L.). A. S. Leodegarius, 1050.

St-Léger, com. de Pouilly-les-Nonnains (Loire). A. S. Leodeg. 914; Saint Legier, 936; S. Leod. 955, 983; St-Léger, 1028.

St-Léger-sous-Beuvray, arr. d'Autun (S.-et-L.). A. S. Leodeg. 1052.

St-Léger-des-Bruyères, cant. du Donjon (Allier). A. S. Leodeg. 1052.

St-Léger-lez-Paray, cant. de Paray (S.-et-L.). A. S. Leod... 1052.

St-Loup, cant. de Tarare (Rhône). I. G. S. Lupi ecclesia. A. S. Lupus, 910, 940, 961, 989; St-Loup, 1027.

St-Loup, chapelle d'Illiat (Ain). A. Capella, 926.

St-Mamer (?), archipr. de Chalamont. A. S. Mammes, 922; S. Mamès, 945 et n. 4.

St-Mamert, cant. de Monsol (Rhône). A. 1038.

S. Manz (?), archipr. de Jarez. A. 942.

St-Marcel, cant. de Tarare (Rhône). A. 1027.

St-Marcel, cant. de Meximieux (Ain). A. 1022.

St-Marcel-de-Felines, canton de Néronde (Loire). I. G. S. Marcellus. A. S. M. 908, 937, 957, 985; St-M.-de-Felines, 1032.

St-Marcel-d'Urfé, cant. de St-Just-en-Chev. (Loire). A. S. M. 909; S. M. supra Ulfeu, 937; S. M. 956; S. M. de Ulphiaco, 984; St-M.-sous-Urfé, 1029.

St-Marcellin, cant. de St-Rambert (Loire). A. S. M. 905, 938, 957, 985, 1031.

St-Marcellin, cant. de la Guiche (S.-et-L.). A. S. M. 1048.

Ste-Marguerite-de-Naux. (Voy. *Naux*.)

St-Martin-Annaux, cant. de St-Symphorien-sur-Coise (Rhône). A. S. M. de Noals, 901; S. M. de Annualibus, 942; S. M. Annualium, 964, 992; St-M.-Annaux, 1035.

St-Martin-de-Boisy, comm. de Pouilly-les-Nonnains (Loire). A. 1028. (Voy. *Boisy*.)

St-Martin-de-Chalamont, com. de Chalamont (Ain). A. S. Martinus, 922; S. M. de Chalamonte, 945; S. M. Chalomontis, 968; S. M. Calomontis, 996; S. Martin, 1022.

St-Martin-le-Châtel, cant. de Montrevel (Ain). A. S. M. Castri, 928, 951, 978; S. M. C. prope Burgum, 1007; St-M.-le-Ch. 1018.

St-Martin-en-Coailleux, cant. de St-Chamond (Loire). A. S. M. Acoailleu, 902 et n. 8; S. M. Acuailleu, 942; S. M. Acoallieu, 966; S. M. Accoaillieu, 993; St-M.-Aqualieu, 1034; S. M. Coailliacus, 1056.

St-Martin-de-Cornas, cant. de Givors (Rhône). I. G. de Cornaco. A. Cornas, 901; St-M.-de-C. 1035.

St-Martin-l'Estra, cant. de Feurs (Loire). I. G. Lestrada. A. S. M. 912; S. M. Letra, 939; S. M. Lestrat, 960; S. M. Lestra, 988; St-M.-l'Estra, 1033.

St-Martin-d'Estrau, canton de la Pacaudière (Loire). A. 1041.

St-Martin-de-Fontaines, cant. de Neuville-sur-Saône (Rhône). A. 1019.

DICTIONNAIRE GÉOGRAPHIQUE. 1147

St-Martin-de-Fresne, cant. de Nantua (Ain). *A. S. M.* de Fraxino, 931, 973, 1001; S. M. lo Freno, 948; St-M.-du-F. 1014.

St-Martin-de-Lixy, cant. de Chauffailles (S.-et-L.). *A.* Liciacus, 1046.

St-Martin-du-Mont, cant. de Pont-d'Ain (Ain). *A. S. M.* de Monte, 925, 949, 975, 1004; St-M.-du-M. 1015. (Voy. 947, n. 13, 948, n. 5.)

St-Martin-la-Plaine, cant. de Rive-de-Gier (Loire). *A.* S. M. de Planicie, 902; S. M. la Plagni, 942; S. M. la Plaigni, 964, 1056; S. M. la Plaigne, 992; St-M.-la-Pl. 1035.

St-Martin-de-Salencé, cant. de la Guiche (S.-et-L.) *A.* S. M. Salenciaci, 1047.

St-Martin-la-Sauveté, cant. de St-Germain-Laval (Loire). *A.* S. M. de (Salvetate?), 909 et n. 2, 937; S. M. de Servetate, 955; S. M. Salvetatis, 983; St-M.-la-Sauveté, 1029.

St-Martin-de-Senozan, cant. de Mâcon (S.-et-L.). *A.* S. M. de Senosano, 1049.

St-Maurice-de-Beynost, canton de Montluel (Ain). *A.* S. M. de Miribel, 920; Seint Muris de Bayno, 945; S. M. de Bayno, 969; S. M. de Beyno, 996; St-M.-de-Beynost, 1022.

St-Maurice-lez-Châteauneuf, cant. de Chauffailles (S.-et-L.). *A.* S. M. 1046.

St-Maurice-sur-Dargoire, canton de Mornant (Rhône). *A.* S. M. 902, 1056; S. M. supra Dalgoriam, 942; S. M. supra Dargoriam, 965, 993; St-M.-sur-D. 1035. (Voy. *Chassenatis.*)

St-Maurice-d'Eschazaux, canton de Treffort (Ain). *A.* S. M. 925, 949, 975, 1004; S. M. d'Eschazaux, 1011. (Voy. 1004, n. 11.)

St-Maurice-de-Gourdan, cant. de Meximieux (Ain). *A.* S. M. de Anthone, 921, 945, 968, 997; St-M.-d'Anthon, 1022.

St-Maurice-en-Gourgois, cant. de St-Bonnet-le-Château (Loire). *A.* S. M. 905; Seint Morise, 938; S. M. 957; S. M. en Gourgeois, 985; St-M.-en-G. 1031; S. M. in Gorgodesio, 1055.

St-Maurice-des-Prés, cant. de Lugny (S.-et-L.). *A.* S. M. de Pratis, 1049.

St-Maurice-de-Réman, cant. d'Ambérieux (Ain). *A.* S. M. de Remenis, 948; S. M. de Romains, 975; S. M. de Remens, 1001, St-M.-de-Rement, 1015.

St-Maurice-en-Roannais, canton de Roanne (Loire). *I. G. S.* Mauritii castellum. *A.* S. M. 914, 915, 936, 954, 982; St-M.-sur-Loire, 1028.

St-*Maurice* (?), archipr. de Pommiers. *A.* 937, 956, 984.

St-Médard, canton de St-Galmier (Loire). *A.* S. Medardus, 903, 964, 965, 993, 994; 1056; Saint Medart, 942; Saint Miart, 942, St-M. 1034.

St-Michel, cant. de Pélussin (Loire). *A.* 1039.

St-Nazaire, ancienne annexe de Boisset-St-Priest (Loire). *A.* 985, n. 11.

St-Nazaire, près de Mornant (Rhône), lieu inconnu. *I. G. S.* Nazarii eccl. *A.* 901 et n. 7.

St-Nizier-sur-Arroux, autrefois Bessot, cant. de Toulon (S.-et-L.). *A.* Basiac... 1053.

St-Nizier-d'Azergues, cant. de la Mure (Rhône). *I. G. S. N. A.* S. Nicetius de Sergues, 1047; St-N.-d'A. 1037.

St-Nizier-le-Bouchoux, cant. de St-Trivier-de-Courtes (Ain). *A.* S. N. 929; S. N. juxta Cortoux, 951; S. N. Cortos, 977; S. N. Courtoux, 1007; St-Nizier-de-Courtes ou le Bouchoux, 1017.

St-Nizier-sous-Charlieu, cant. de Charlieu (Loire). *A.* S. N. prope Carilocum, 1046; St-N.-sous-Ch. 1038 et n. 3.

St-Nizier-sous-Charmoy, cant. de Montcenis (S.-et-L.). *A.* S. Nisecius, 1052.

St-Nizier-le-Désert, cant. de Chalamont (Ain). *A.* S. N. 924, 946, 970; S. N. Deserti, 998; St-N.-le-D. 1021.

St-Nizier-l'Estra, ancien prieuré dans la com. de Quincié (Rhône). *A.* S. N. 941; S. N. Letra, 962; S. N. Lestra, 991; 1026 et n. 16.

St-Nizier-de-Fornas, cant. de St-Bonnet-le-Château (Loire). *A.* S. N. 905, 938, 959, 986, 1055; St-N.-de-F. 1031.

Ste-Ollive, cant. de St-Trivier-sur-Moignans (Ain). *A.* S. Illidius, 927; S. Ylarius (?), 947; S. Illidius, 972, 1000; Ste-Olive ou Ste-Illide, 1020.

St-Osonnet. (Voy. p. 1024, n. 2.)

St-Pal-en-Chalançon, cant. de Bas-en-Basset (H.-Loire). *A.* 1040.

St-Paul, comm. de Lacenas (Rhône). *A.* 1026, n. 6.

St-Paul-en-Chablais, près d'Évian. *I. G. S.* Pauli ecclesia secus lacum Lemannum.

St-Paul-en-Cornillon, cant. de Chambon (Loire). *A.* S. P. 904, 1056; S. P. de Cor-

144.

nillon, 942; S. P. de Curnillon, 964; S¹.-P.-en-C. 1034.

S¹.-Paul-d'Épercieux, com. d'Épercieux (Loire). A. S. P. 908; S¹.-P.-d'É. 1032.

S¹.-Paul-en-Jarez, cant. de Rive-de-Gier (Loire). A. S. P. in Jareysio, 902; S. P. in Jaresio, 942, 964, 992; S¹.-P.-en-J. 1034.

S¹.-Paul-d'Uzore, cant. de Montbrison (Loire). A. S. P. 907; S. P. d'Isoro, 938, 959, 1055; S. P. d'Usore, 987. Cette localité paraît avoir porté absolument le nom d'*Uzourus*. (Voy. *Uzore*.)

S¹.-Paul-de-Varax, cant. de Chalamont (Ain). A. S. P. de Varas, 924, 946, 970, 999; S¹.-P.-de-V. 1021.

S¹.-Paul-de-Vezelin, cant. de S¹.-Germain-Laval (Loire). A. S. P. 915, 936; S. P. de Visigne, 954; S. P. de Visilins, 983; S¹.-P.-de-Vezelins, 1028; S. P. de Vissillins, 1057.

S¹ᵉ.-Paule, cant. du Bois-d'Oingt (Rhône). I. G. S¹ᵃ Paula. A. Capella, 940 et n. 6, 961, 989 et n. 5; S¹ᵉ.-P. 1027.

S¹.-Pierre-de-Chandieu, cant. d'Heyrieux (Isère). A. S. P. de Chandiaco, 918, 944, 968, 995; S¹.-P.-de-Ch. 1024.

S¹.-Pierre-la-Noaille, canton de Charlieu (Loire). A. S. P. de Noillia, 1046; S¹.-P.-la-Noaille, 1038.

S¹.-Pierre-la-Palud, cant. de l'Arbrêle (Rhône). I. G. Palu, Palus, S. Petrus la Palu, Palude (de). A. S. P. apud Paludem, 912; S. P. Paludis, 960; S. P. de Palude, 988; S¹.-P.-la-P. 1033.

S¹.-Pierre-Laval, cant. de la Palisse (Allier). A. 1041, 1052.

S¹.-Pierre-le-Vieux, cant. de Tramayes (S.-et-L.). A. S¹.-P.-le-V. 1036; S. P. Vetus, 1048. (Voy. p. 1091, col. 2.)

S¹.-Pierre-des-Vignes, ancienne annexe de S¹.-André de Savigny, aujourd'hui détruite. A. S. P. de Vineys, 960, 988 et n. 4.

S¹.-Point, cant. de Tramayes (S.-et-L.). A. S. Pontius, 1047.

S¹.-Polgues, cant. de S¹.-Germain-Laval (Loire). A. Sant Polgo, 914, 936, 955, 982; Saint-Polgne, 1028; S. Sepulchrum, 1057 et n. 8.

S¹.-Pourçain-sur-Bèbre, cant. de Dompierre (Allier). A. S. P. ?. 1053.

S¹.-Priest, cant. de S¹.-Symphorien-d'Ozon (Isère). A. S. Prejectus, 918, 944, 968, 995; S¹.-Priest, 1024 et n. 3.

S¹.-Priest-en-Jarez, cant. de S¹.-Étienne (Loire). I. G. S. Prejecti terra. A. S. P. 903, 965, 993; Seint Prines, 942; S¹.-P.-en-J. 1034.

S¹.-Priest-la-Prugne, cant. de S¹.-Just-en-Chevalet (Loire). A. S. P. 910, n. 1; S. P. la Prugni, 955, 956, 984; S¹.-P.-la-P. 1029.

S¹.-Priest-la-Roche, cant. de S¹.-Symphorien-de-Lay (Loire). A. S. P. 913, 936, 954; S. P. Ruppis, 983; S¹.-P.-la-Roche, 1028; S. P. Rupis vel Maximiacus, 1057.

S¹.-Priest-en-Rousset, comm. de Boisset-S¹.-Priest (Loire). A. S. P. 905; S. P. de Rosset, 938, 957, 985; S¹.-P.-en-R. 1031 et n. 4; S. P. de Rosseto, 1055.

S¹.-Priest-la-Vestre, canton de Noirétable (Loire). A. S. P. 910 et n. 1; S¹.-P.-la-V. 1029.

S¹.-Quentin, autrefois S¹.-Quentin-des-Hauts, comm. de S¹.Marcelin (S.-et-L.). A. S. Quintinus de Aliis (Altis?), 1048 et n. 6.

S¹ᵉ.-Radegonde (autrefois Chausaigne), cant. d'Issy-l'Évêque (S.-et-L.). A. Calsingas, 1052.

S¹.-Rambert, arr. de Belley (Ain). A. S. Renebertus, 931, 974; S. Ranebertus, 948; S. Ragnebertus, 1002; S¹.-Rambert-de-Joux, 1015.

S¹.-Rambert-de-l'Île-Barbe, cant. de Limonest (Rhône). A. S. Renebertus insulæ Barbaræ, 917; eccl. ins. Barb. 940; S. R. 1025 et n. 2.

S¹.-Rambert-sur-Loire, arrond. de Montbrison (Loire). S. Renebertus, 906, 938, 958; S. Ranebertus, 959; S. Ragnebertus, 987; S¹.-Rambert, 1031.

S¹.-Rambert-de-Nuelles. (Voy. *Nuelles*.)

S¹.-Rémi-du-Mont. (Voy. *Mont-S¹.-Rémi*.)

S¹.-Rémi, cant. de Bourg (Ain). A. S. R. 924; Seint Rumy, 946; S. R. 971, 999; S¹.-Rémy, 1021.

S¹.-Rémi, arr. de Thiers (Puy-de-D.). A. 1040.

S¹.-Rigaud, comm. de Ligny (S.-et-L.). A. S. Rigaudus, 1045.

S¹.-Riran, cant. de S¹.-Haon-le-Châtel (Loire). A. S. Rivorianus, 915; S. Reverianus, 936, 954, 982; S¹.-Rirand, 1029.

S¹.-Romain-les-Atheux, cant. de S¹.-Genès-Malifaux (Loire). A. S. R. Alsatives, 904 et n. 2; S. R. les Estues, 965; S. R. les Acteux, 993; S. R. les Auteis, 1056; S. R. les A. 1034; S¹.-R.-les-Actoys, 1061.

DICTIONNAIRE GÉOGRAPHIQUE.

St-Romain-de-Couzon, canton de Neuville (Rhône). *A. S. R.* 935, 953; S. R. de Cosone, 963, 982; St-R.-de-C. 1025.

St-Romain-en-Gal, cant. de Condrieu (Rhône). *A.* 1039.

St-Romain-en-Gier, cant. de Givors (Rhône). *A.* S. R. en Gier, 901; S. R. sur Gier, 1035; S. R. Descondelles, 1056.

St-Romain-en-Jarez, canton de Rive-de-Gier (Loire). *A.* S. R. in Jareisio, 902; S. R. in Jaresio, 942, 964, 965, 993, 994; St-R.-en-J. 1035 et n. 3.

St-Romain-la-Motte, cant. de St-Haon-le-Châtel (Loire). *A.* S. R. 914, 936, 955; S. R. Mote, 983, 1057; St-Rom.-la-Mothe, 1028.

St-Romain-de-Popès, cant. de Tarare (Rhône). *I. G.* S. Romanus. *A.* S. R. 912; S. R. de Popes, 939, 960, 988, 1033; S. R. de Popees, 1058.

St-Romain-le-Puy, cant. de St-Rambert (Loire). *A.* S. R. 905 et n. 8, 938, 958, 959, 985, 986; S. Rom. lo Puey, 939; S. R. le Puys, 958; St-R.-le-Puy, 987; 1031.

St-Romain-sur-Saône, canton de la Chapelle-de-Guinchay (S.-et-L.). *A.* S. R. 1050.

St-Romain-d'Urfé, cant. de St-Just-en-Chevalet (Loire). *A.* S. R. 909, 937; S. R. subtus Ulphiacum, 956, 984; St-Rom.-sous-Urfé, 1029.

St-Romain-sous-Versigny, cant. de Toulon-sur-Arroux (S.-et-L.). *A.* S. R. 1052.

S. Romanus Veteris (?), archipr. de Sainbel. *A.* 913. C'est sans doute ce que le Laboureur, *Maz. de l'isle Barbe*, t. I, p. 117, appelle *eccl. S. Rom. Vetuli.*

St-Sauveur-en-Rue, ou St-Sauveur-le-Versain, cant. de Bourg-Argental (Loire). *A.* 1039 et n. 3.

St-Sauveur-le-Villars, près de St-Claude (Jura). *A.* S. Salvator, 974; St-Sauveur, 1003 et n. 1, 1013 et n. 9.

St-Savin, monastère situé près de Bourdeaux (Drôme). *I. G.* S. Sabini monasterium.

St-Sernin-de-Cray, près de Ligny (S.-et-L.). *A.* S. Saturninus de Cray, 1046 et n. 1.

St-Serva (?), archipr. d'Ambournay. *A.* 948.

St-Sixte, cant. de Boën (Loire). *A.* S. Sixtus, 909, 937, 955, 983, 1029.

St-Sorlin, cant. de Mâcon (S.-et-L.). *A.* S. Saturninus, 1049.

St-Sorlin, cant. de Mornant (Rhône). *I. G.* S. Saturnini ecclesia. *A.* S. S. 902, 1035.

St-Sorlin (de Cuchet), cant. de Lagnieu (Ain). *A.* S. Saturninus de Crucheto, 932, 948, 973, 1002; St-S. 1015, et n. 2.

St-Sorlin-le-Puy, ancienne paroisse réunie à Montmélas (Rhône). *A.* S. Saturninus, 916; Sencorum (?), 941; S. Saturn. 963, 991; St-Sorlin-le-Puy, 1026.

St-Sulpice, cant. de Bâgé (Ain). *A.* S. Supplicius, 951; S. Sulpicius, 979; S. Sulpitius, 1007; St-Sulpice, 1018.

St-Sulpice, cant. de Cuiseaux (S.-et-L.). *A.* S. Supplicius, 950; S. Sulpicius, 977, 1005; St-Sulpice, 1011.

St-Sulpice-en-Bussy, cant. de Ste-Foy-en-Bussy (Loire). *A.* S. S. 909, 937, 956, 984; St-S.-en-B. 1030.

St-Sulpice-lez-Villeret, ancien chef-lieu de commune réuni à Villeret (Loire). *A.* S. S. 914, 936, 954; S. S. prope Villeretz, 983; St-S.-lez-Villerest, 1028.

St-Symphorien-d'Ancelles, canton de la Chapelle-de-Guinchay (S.-et-L.). *A.* S. S. 1050.

St-Symphorien-des-Bois, cant. de la Clayette (S.-et-L.). *A.* S. S. 1052.

St-Symphorien-lez-Charolles, cant. de Charolles (S.-et-L.) *A.* S. S. 1052.

St-Symphorien-le-Châtel (ou St-S.-sur-Coise), arr. de Lyon (Rhône). *A.* S. S. 913; S. S. Castri, 939, 960, 988; St-S.-le-Ch. 1033.

St-Symphorien-de-Lay, arr. de Roanne (Loire). *A.* 936, 982 et n. 9, 1028.

St-Symphorien-de-Marmagne, cant. de Montcenis (S.-et-L.). *A.* S. S. 1052.

St-Symphorien-d'Ozon, arr. de Vienne (Isère). *A.* S. S. 919; S. S. de Auzone, 944, 967; S. S. Auzonis, 995; St-S.-d'O. 1023.

St-Thomas-la-Garde, cant. de St-Jean-Soleymieux (Loire). *A.* St-Thomas, 906, 938, 959, 986; St-Thomas-les-Nonnains, 1031.

St-Thurin, cant. de St-Germain-Laval (Loire). *A.* S. Taurinus, 983 et n. 13; S^t-Th. 1030.

St-Trivier-de-Courtes, arr. de Bourg (Ain). *A.* Sanz Trivers, 929; S. Triverius, 950, 979; S. T. de Courtoux, 1007; St-Trivier-en-Bresse, 1017 et n. 4.

St-Trivier-sur-Moignans, arrond. de Trévoux (Ain). *A.* S. Triverius, 927, 947, 971, 1000, 1001; St-Trivier, 1020 et n. 12.

Ste-Valburge. (Voy. *Amancy*.)

Sᵗ-VALLIER, cant. du Mont-Sᵗ-Vincent (S.-et-L.). A. S. Valerius, 1052.

Sᵗ-VÉRAN, cant. du Bois-d'Oingt (Rhône). I. G. S. Verani parrochia. A. S. Veranus, 911, 940, 961, 989; Sᵗ-Véran, 1027.

Sᵗ-VÉRAN, cant. de la Chapelle-de-Guinchay (S.-et-L.). A. S. Veranus, 1050.

Sᵗ-VICTOR, près de Ternand (Rhône). I. G. S. Victoris ecclesia.

Sᵗ-VICTOR-SUR-LOIRE, canton de Chambon (Loire). A. S. V. 904; Seint Vitour, 942; S. Victor, 965, 993, 1056; Sᵗ-Victor-sur-L. 1034.

Sᵗ-VICTOR-DE-MORESTEL, canton de Morestel (Isère). A. S. Victor, 919, 943, 967, 994, 1023.

Sᵗ-VICTOR-SUR-RHINS, cant. de Sᵗ-Symphorien-de-Lay (Loire). I. G. S. Victoris obedientia. A. S. V. 1046; Sᵗ-V.-sur-R. 1037.

Sᵗ-VICTOR-SUR-THIERS (ou LA LOUBIÈRE), cant. de Sᵗ-Rémy (Puy-de-Dôme). A. 1040.

Sᵗ-VINCENT. A. 1036. (Voy. *Agny*.)

Sᵗ-VINCENT-DES-BOIS. (Voy. *Bény*.)

Sᵗ-VINCENT-DE-BOÏSSET, canton de Perreux (Loire). A. S. V. de Boisseto, 1046; Sᵗ-V.-de-Boisset, 1037.

Sᵗ-VINCENT-DES-PRÉS, cant. de Cluny (S.-et-L.). A. S. V. de Pratis, 1048.

Sᵗ-VINCENT-DE-RHINS, cant. de la Mure (Rhône). A. S. V. de Reins, 1046; Sᵗ-V.-de-Rhins, 1037.

Sᵗ-VULBAS, canton de Lagnieu (Ain). A. Sant Vulba, 932; Saint Vulbas, 948; S. Ulbandi, 973; S. Vulbandi, 1001; Sᵗ-Vulbas, 1015.

Sᵗ-YAN, cant. de Paray (S.-et-L.) A. S. Aug... 1053.

Sᵗ-YTHAIRE, cant. de Sᵗ-Gengoux-le-Royal (S.-et-L.). A. S. Eustadius ou Stadius, 1047.

SAGNIÉ, comm. de Marchant (Rhône). A. 1026 et n. 9.

SAIL-LEZ-CHÂTEAUMORAND, cant. de la Pacaudière (Loire). A. 1041.

SAIL-SOUS-COUZAN, cant. de Boën (Loire). A. Sal, 906; Saltus de Cosant, 939, 958, 985; S.-sous-C. 1031.

SAIL-EN-DONZY, canton de Feurs (Loire). I. G. Sal. A. Sal, 912; Saltus Donziaci, 939, 960, 988, 989; Sail-en-Donzy, 1033.

SAILLY, cant. de Sᵗ-Gengoux-le-Royal (S.-et-L.). A. Sailliacus, 1047.

SAINBEL, cant. de l'Arbrêle (Rhône). I. G. S. Beel, S. Bellus, Sambeellus. A. Sambeel, 912; Seint Bel, 939; Sanctus Bellus, 961, 988; Sainbel, 1033.

SAINTES et SAINTONGE. I. G. Sanctonense, etc.

SAL. (Voy. *Sail-en-Donzy*.)

SALAVRE, cant. de Coligny (Ain). A. 1011, n. 4.

SALENCÉ. (Voyez *Sᵗ-Martin-de-Salencé*.)

SALIGNY, cant. de Dompierre (Allier). A. Salinia.., 1052.

Saliniacus (?), archipr. d'Ambournay. A. Saliniacus, 974; Saligniacus ou Sulignia, 1002. (Serait-ce Seligniat ou Silignat, commune de Simandre, placé constamment dans l'archiprêtré de Treffort?)

SALLE (LA), cant. de Lugny (S.-et-L.). A. Aula, 1049.

SALLES (LES), cant. de Villefranche (Rhône). A. Sales, 917, 941, 962; Salles, 990 et n. 7.

SALLES (LES), cant. de Noirétable (Loire). A. Sales, 910, 937, 955; Salles, 983, 1029.

SALORNAY-SUR-GUYE, cant. de Cluny (S.-et-L.). I. G. Salornay (de), Salorniacencis ager. A. Salornayus supra Guyam, 1048.

SALVAGNY. (Voyez *la Tour-de-Salvagny*.)

SALVISINET, cant. de Feurs (Loire). I. G. Savisinetus, etc. A. Saviniset, 908; Savignioset, 937; Savignoset, 957; Savisignet, 985; Salvisinet, 1032; Savigni, 1057.

SAMANS, comm. de Rignieux-le-Franc (Ain). A. Simans, 969; Samans, 997; Saman, 1022.

SAMONIAT, cant. d'Isernore (Ain). A. Samonies, 931; S. Monnia, 948; Samognia, 974, 1002; Samogna, 1013; Sammoniacus, 1059.

SANCÉ, canton de Mâcon (S.-et-L.). A. Sanciacus, 1049.

SANDRANS, cant. de Châtillon-lez-Dombes (Ain). A. Sandrens, 923, 946, 970, 998; Sandran, 1021.

SANTONAX, comm. de Cornod (Jura). A. Centonas, 931; Santonas, 948; Sanctonas, 974; S. Donatus Montis, 1002; Santonax, 1013.

SANVIGNE, cant. de Toulon-sur-Arroux (S.-et-Loire). A. Sinvinea, 1052.

SANVILLE, comm. de Lissieux (Rhône). I. G. Sonvilla (de).

SAÔNE (La), rivière. I. G. Arar, Sagonna.

SARCEY, cant. de Tarare (Rhône). I. G. Sarsaicus. A. Sarsay, 911; Salsiacus, 989 et n. 3; Sarcey, 1027; Sarsaicus, 1058.

Sarry, cant. de Semur-en-Brionnais (S.-et-L.). *A.* Sadria..., 1052.

Sathonay ou Satonnay, cant. de Lugny (S.-et-Loire). *A.* Sathonayus, 1049.

Satonay, cant. de Trévoux (Ain). *A.* Satenay, 927; Satennay, 947; Satonnay, 972; Sathonay, 1000, 1020.

Sauvages (Les), cant. de Tarare (Rhône). *A.* Salvages, 913; Salvatges, 915; Servaius, 936, Servagi, 954, 982; les Sauvages, 1028.

Sauvagnère, comm. de Chambon (Loire). *A.* 1033, n. 9.

Sauvain, cant. de St-Georges-en-Couzan (Loire). *A.* Salvaing, 907, 938; Salvains, 959, 987; Sauvain, 1031; Sauvaint, 1055; Salvanicus, 1055.

Savigneux, cant. de Montbrison (Loire). *A.* Saviniacus, 906; Savigniacus, 939, 1055; Savigniacus Montisbrisonis, 958, 985, 987; Savigneux, 1031.

Savigneux, cant. de St-Trivier-sur-Moignans (Ain). *A.* Savigne, 927; Savigneux, 1020.

Savigny, cant. de l'Arbrêle (Rhône). *I. G.* Saviniacus, Saviniacencis, Sapiniacensis, etc. *A.* Savigniacus, 911 et n. 5, 912 et n. 3, 939; S. Andreas de Savigniaco, 960, 988; Savigny, 1033.

Savigny, comm. de Blacé (Rhône). *I. G.* Saviniacus 4.

Savigny-sur-Grosne, cant. de St-Gengoux-le-Royal (S.-et-L.). *A.* Savigniacus, 1048.

Savoie. *I. G.* Sabaudia. Un *ager* du *pagus* de Grenoble portait ce nom au xe siècle. *I. G.* Savogensis ager.

Scaravacus. Il y avait jadis, dans la portion occidentale du *pagus Lugdunensis*, plusieurs ruisseaux de ce nom ou d'un nom analogue : un dans l'*ager Tarnantensis* (Scaravacus); un second dans l'*ager Saviniacensis* (Scharevacus); un troisième dans l'*ager Argenterius* (Scaravagius); un quatrième près de Lyon (Scaravacus). Deux autres, sans désignation de territoire, sont appelés Scarabeus et Scaravacus : ils se rapportent peut-être aux premiers; mais ni les uns ni les autres ne peuvent être indiqués précisément aujourd'hui, ces noms ayant presque complètement disparu. Toutefois, je dirai que Guillaume Paradin, ayant rencontré ce mot dans le traité conclu en 1167 entre l'archevêque de Lyon et le comte de Forez, l'a traduit par Escharavay, dans l'analyse qu'il a donnée de cet acte : ceci convient au ruisseau situé près de Lyon ; c'est probablement celui qui passe à Vaise. Nous trouvons encore, sur la carte du canton de St-Laurent-de-Chamousset, un ruisseau Charavet qui pourrait être le Scaravagius de l'*ager Argentinus*; un hameau, nommé Charavay dans la commune de Sourcieux, qui pourrait rappeler le Scharevacus de l'*ager Saviniacensis*; enfin, un hameau également du nom de Charavay dans la commune de St-Martin-Annaux, cant. de St-Symphorien-le-Châtel (Rhône).

Scissé. (Voyez *St-Gengoux-de-Scissé*.)

Seillon, comm. de Péronnas (Ain). *A.* Seillons, 929, 951, 977, 1007.

Seillonas ou Seillonnaz, cant. de Lhuis (Ain). *A.* Sellonas, 932, 974; Seillonas, 948, 1002, 1015.

Seissia ou Cessiat, à l'est d'Isernore (Ain). *A.* 1013 et n. 1.

Semelay, canton de Luzy (Nièvre). *A. S...* 1053.

Semons, cant. de Condrieu (Rhône). *A.* 1039. (Voyez *Tupin*.)

Semur-en-Brionnais, arr. de Charolles (S.-et-Loire). *I. G.* Sepmurus. *A. S.* Maria..., 1053.

Seneci Avelli (?) (Obed.), archipr. d'Ambournay. *A.* 948.

Sennecé, canton de Mâcon (S.-et-L.) *A.* Seneciacus, 1049.

Senoches, archipr. d'Ambournay, annexe de Montréal. *A.* Senosches, 931; Senoches, 948, 973, 1001.

Senozan, cant. de Mâcon (S.-et-L.) *A.* Senosanus, 1049.

Septmoncel, cant. de St-Claude (Jura). *A.* Monceuz (?), 947; eccl. de Septem Moncellis, 974, 1002; Sept-Moncel, 1013.

Serivol, comm. de Bessenay (Rhône). *I. G.* Cerveseria.

Sermérieu, cant. de Morestel (Isère). *A.* Salmaireu, 920; Salmayreu, 944, 967; Salmeyrieu, 995; Sèrmerieux, 1023.

Sermoyer, cant. de Pont-de-Vaux (Ain). *A.* Sermoyé, 929; Sermoya, 950, 977; Sermoia, 1006; Sermoyé, 1017.

Serrières, cant. de Lhuis (Ain). *A.* Serreres, 931, 948, 974; Sarrières, 1001, 1014.

Serrières, cant. de Tramayes (S.-et-L.). *A.* Serreriæ, 1048.

SERRIÈRES-SUR-AIN, cant. d'Isernore (Ain). *A.* 1014.
SERVAS, cant. de Bourg (Ain). *A.* Silva, 924; Serva, 946, 970, 998, 1021.
SERVIGNAT, cant. de St-Trivier-de-Courtes (Ain). *A.* Sulignia (?), 951 et n. 1; Serviniacus, 979, 1007; Servignat, 1017.
SEVELINGES, cant. de Belmont (Loire). *A.* Sivilurgiæ, 1047; Sevelinges, 1037.
Sibirenas(?), archipr. d'Ambournay. *A.* Sibirenas, 977, 1002; Sibireine, 1002.
SIGY-LE-CHÂTEL, cant. de St-Gengoux-le-Royal (S.-et-L.). *A.* Sigiacus Castri, 1048.
SILIGNAT, comm. de Simandre (Ain). *A.* Silinies, 925; Silignia, 949; Siligniacum, 975; Silligniacum, 1005, 1012 et n. 5.
SIMANDRE, cant. de Ceyzériat (Ain). *A.* Cymandres, 949, 976, 1004; Simandres, 1012.
SIVRY. (Voyez *St-Julien-de-Sivry*.)
SOLAISE, cant. de St-Symphorien-d'Ozon (Isère). *A.* Celusia, 919; Celuysi, 944; Celuysia, 967; Soleyse, 995; Solaise, 1023.
SOLEYMIEU, cant. de Crémieu (Isère). *A.* Soloymeu, 920; Soleymeu, 943, 967; Soleymieu, 995; Soleymieux, 1023.
SOLEYMIEUX, canton de St-Jean-Soleymieux (Loire). *A.* Soloymeu, 906; Soloymeu, 938; Soleymieu, 959, 986, 1030 et n. 4; Solemniacus, 1055.
SOLOGNY, canton de Mâcon (S.-et-L.). *A.* Soloigniacus, 1048.
SOLOMIA, près de Leyssard (Ain). *A.* 1014.
SOLORE ou St-LAURENT-DE-SOLORE. (Voyez *St-Laurent-sous-Rochefort*.)
SOLUTRÉ, cant. de Mâcon (S.-et-L.). *A.* Solutriacus, 1050.
SOLY, près de St-Clément-de-Valsonne, cant. de Tarare (Rhône). *I. G.* ad Solerios.
SOMMERY, comm. d'Ozolle (S.-et-L.). *A.* Salmiriacus, 1052.
SONNAY (LE), comm. de Sourcieux (Rhône). *I. G.* Saugnatis villa.
SORBIERS, cant. de St-Héand (Loire). *A.* Sorbers, 903, 965; Sorbiers, 942, 993; Sorbier, 1034; Sorberiæ, 1056.

SORNAY, cant. de Louhans (S.-et-L.). *A.* Sornay, 925, 951, 979, 1007, 1017.
SOU (Château du), com. de Lacenas (Rhône). *A.* 1026, n. 6.
SOUANE, rivière qui se jette dans l'Azergues, au-dessous du Bois-d'Oingt, après avoir donné son nom à Valsonne (*Vallis Soanæ*). *I. G.* Soana.
SOUCIEUX-EN-JAREZ, canton de St-Genis-Laval (Rhône). *A.* Sociacus, 901; Soceu, 942; Socieu, 965, 992; Soucieux, 1035.
SOUGEY, paroisse de St-Amour. *A.* 1010.
SOURCIEUX, cant. de l'Arbresle (Rhône). *I. G.* Celsiacus. *A.* Serceu, 910; Lissieu (?), 940; Circiacus, 961, 1058; Surciacus, 989; Sourcieux, 1027.
SOURZY, comm. de Montagny (Rhône). *I. G.* Curciacus (?).
SOUTERNON, cant. de St-Germain-Laval (Loire). *A.* Soutreignon, 909; Sautrenon, 937; Soutrenon, 956; Soternon, 984; Souternon, 1029.
SOUVIGNY. (Voyez *Grézieux-le-Marché*.)
SOUZY-L'ARGENTIÈRE, cant. de St-Laurent-de-Chamousset (Rhône). *I. G.* Suciacus. *A.* S. Stephanus de Sauczi, 939; Sauzy, 960; Sanzy, 988; Souzy-l'Argentière, 1033.
SUDIEUX, comm. de Bessenay (Rhône). *I. G.* Felix Vulpes, Sedziacus. (Le dernier nom avait remplacé le premier.)
SUIN, cant. de St-Bonnet-de-Joux (S.-et-L.). *A.* Sedunum, 1052.
SULIGNAT, comm. de Bâgé-la-Ville (Ain). *A.* Sulignia, 951 (?). Voyez *Servignat*.
SULIGNAT, cant. de Châtillon-lez-Dombes (Ain). *A.* Suligniacus, 923; Sulignia, 946; Suligniacus, 971, 999; Sulligna, 1021.
SURY-LE-BOIS, comm. de Valeilles (Loire). *A.* 1033, n. 5.
SURY-LE-COMTAL, cant. de St-Rambert (Loire). *A.* Syureu, 906; Suiriacus Comitalis, 938; Syuriacus, 957; Suyriacus, 958; Suriacus Comitalis, 985, 987, 1055; Sury-le-Comtal, 1031.

T

TAIZÉ, cant. de St-Gengoux-le-Royal (S.-et-L.). *A.* Taisiacus, 1048.

TALARU, comm. de St-Forgeux (Rhône). *I. G.* Talarudis villa.

DICTIONNAIRE GÉOGRAPHIQUE. 1153

TALLOIRES en Savoie, près d'Annecy. *I. G.* Talueriis, etc.

TALLOT (LE), comm. de St-Julien-sur-Bibost (Rhône). *I. G.* Taliacus.

TALUYERS, cant. de Mornant (Rhône). *A.* Taluyers, 901, 993, 994; Talues, 942, 943; Taluyes, 964, 966; Talluyers, 1036.

TANCON, cant. de Chauffaille (S.-et-L.). *I. G.* Tecommensis [villa] (?). *A.* Tanco, 1046.

TANIÈRE (LA), cant. de Mèvres (S.-et-L.) *A.* Bax... 1053.

TANNÉ, ancienne abbaye de l'ordre de Cîteaux dans le diocèse de Genève. *I. G.* eccl. Taunii.

TAPONAS, cant. de Belleville (Rhône). *A.* 1026.

TARANTAISE (La) en Savoie. *I. G.* Tarentasis.

TARANTAISE, cant. de St-Genest-Malifaux (Loire). *A.* 1034.

TARARE, arrond. de Lyon (Rhône). *I. G.* Taradra, Taratrum, Taradrensis ager, Taratro (de). *A.* Tarare, 911; Taratrum, 940, 961, 989, 990, 1058; Tarare, 1027.

TARAVET, comm. d'Orliénas (Rhône). *I. G.* Taraviacus.

TARDINE (La). (Voy. *la Tardine*.)

TARTARAS, canton de Rive-de-Gier (Loire). *A.* Tartaras, 902, 942, 964, 966, 993, 1036.

TASSIN, cant. de Vaugneray (Rhône). *I. G.* Tazins. *A.* Tacins, 904, 936, 953; Tassins, 981, 1025.

TASSONAS. (Voyez *Jasseron*.)

TÈCLE. (Voyez *la Chapelle-Tècle*.)

Telieres (?), archipr. de Coligny. *A.* 950.

TEMPLE (LE) en Roannais, maison de l'ordre de St-Jean-de-Jérusalem, située dans la paroisse de St-Romain-la-Motte (Loire). *A.* Templum in Roannesio, 983.

TENAILLE (LA), ancienne abbaye dans le diocèse de Saintes. *I. G.* Tenall.

TERNANT, cant. du Bois-d'Oingt (Rhône). *I. G.* Tarnantus, Tarnantensis ager. *A.* Ternant, 911; Tarnant, 940, 1058; Ternant, 961; Ternand, 990, 1027.

TESSONGES (Ste-Agathe de), prieuré près de Bourg (Ain). *A.* Theilonges, 930; Tessonges, 1007, n. 8.

TEYLAN, comm. de Savigny (Rhône). *I. G.* Taxelannus, Telan. *A.* Teylant, 939, 961, 989.

Thanayes (?), archipr. de Chalamont. *A.* 922.

THEIZÉ, cant. du Bois-d'Oingt (Rhône). *I. G.* Tasiacus. *A.* Tayzeu, 911, 940; Theysieu, 961; Teysiacus, 989; Theisé, 1027.

THEL, canton de la Mure (Rhône). *A.* 1037, 1047.

THÉLIS, com. de St-Symphorien-de-Lay (Loire). *I. G.* Thélis, Tiliz.

THIEL, canton de Chevagnes (Allier). *A.* Teod... (?), 1053.

THIERS en Auvergne; son abbaye. *I. G.* Tirniacense monasterium.

THIL, cant. de Montluel (Ain). *A.* Til, 922, 945, 969, 996; Tyl, 945; Thil, 1022.

THIL-SUR-ARROUX, cant. de St-Léger-sur-Beuvray (S.-et-L.). *A.* Till... 1053.

THIZY, arr. de Villefranche (Rhône). *I. G.* Tisiacus.

THOISSEY, arr. de Trévoux (Ain). *A.* 1020 et n. 10.

THORIGNY, comm. de Bibost (Rhône). *I. G.* Torinniacus, Toroniacus, Tauriniacus, Toreniaco, Torognieu (de).

THURIGNEUX, cant. de Trévoux (Ain). *A.* Turine, 927; S. Johan de Turigneu, 947, 972, 1001; St-Jean-de-Turigneux, 1019.

THURINS, cant. de Vaugneray (Rhône). *I. G.* Torincus. *A.* Turins, 901, 942, 964, 966, 993, 994; Thurins, 1036, 1056.

TIGNY. (Voyez *St-Nizier-sous-Charlieu*.)

TIRANGES, cant. de Bas-en-Basset (H.-Loire). *A.* 1040.

TIRIEU, comm. de Courtenay (Isère). *A.* Templum de Treuz, 920; de Trevoz (?), 944.

TOIRETTE, à l'est de St-Maurice-d'Eschazaux (Ain). *A.* 1011, n. 10.

TOLONJON, au nord-est de Germagniat (Ain). *A.* Tolongion, 949; Tholojone, 975, 1004.

TORANCHE, comm. de Haute-Rivoire (Rhône). *I. G.* Torenchia.

TORCIEUX, cant. de St-Rambert (Ain). *A.* Torceu, 948; Toceu, 975; Torcieu, 1002; Torcieux, 1015.

TORCY, cant. de Montcenis (S.-et-L.). *A.* Torciacus, 1052.

TOSSIAT, cant. de Pont-d'Ain (Ain). *A.* Tocies, 925; Tocia, 949; Tossia, 975, 1003, 1005, n.; Tossiat, 1016.

TOULAS. (Voyez *St-Jean-de-Toulas*.)

TOULON-SUR-ARROUX, arr. de Charolles (S.-et-Loire). *A.* Tolon, 1052.

TOURVÉON, montagne située dans la commune de Chenelette, cant. de la Mure (Rhône), et qui a donné son nom à un *ager* au xe siècle. *I. G.* Tolvedunensis ager.

145

1154   DICTIONNAIRE GÉOGRAPHIQUE.

Tour-en-Jarez (La), cant. de S¹-Héand (Loire). A. Turris, 903, 942, 966, 992; la Tour-en-Jarez, 1034.

Tour-de-Salvagny (La), canton de l'Arbrèle (Rhône). I. G. Salvaniacus, Salviniacus. A. La Tour-de-Salvagny, 1027.

Tourrette (La), cant. de S¹-Bonnet-le-Château (Loire). I. G. Torreta, Turricula, etc. A. la Torreta, 905, 938, 958, 959, 987; la Tourette, 1031.

Tourzie, comm. de la Pacaudière (Loire). A. 1041.

Toussieux, comm. de Reyrieu (Ain). A. Toceu, 927, 947; Tocieu, 972; Tossieu, 1000; Toussieux, 1020.

Toussieux, cant. d'Heyrieux (Isère). A. Toceu, 919, 944, 968; Tocieu, 995; Toussieux, 1024.

Trades, cant. de Monsol (Rhône). A. 1038.

Tramayes, arr. de Mâcon (S.-et-L.). A. 1047, et n. 9.

Trambly, cant. de Matour (S.-et-L.). A. 1048.

Tramoyé, cant. de Trévoux (Ain). A. Tremoies, 920; Tramoyes, 945, 969, 997; Tramoyé, 1022.

Tranchard, comm. de l'Arbrèle (Rhône). A. 1027, note 2.

Tranchia (?), peut-être *Trancleria*, archipr. de Treffort. A. 949. (Voyez *Tranclière*.)

Tranclière (La), cant. de Pont-d'Ain (Ain). A. Trancleria, 948, 949, 976, 1004, 1005 et n. 1; La Tranclière, 1016.

Trédo, com. de Morancé (Rhône). I. G. Treddo.

Treffort, arr. de Bourg (Ain). A. Trefforz, 925; Treffort, 924, 949, 1016; Treffortius, 949, 975; Treffortius, 1005, 1058.

Trelins, cant. de Boën (Loire). I. G. Trelins. A. Trellins, 938, 986; Treyllins, 959; Trelins, 1031; Treslunus, 1055.

Trept, canton de Crémieu (Isère). A. Tret, 920; Trevouz, Trevoz, 944; Trep, 967; Trept, 995, 1023.

Trèves, cant. de Condrieu (Rhône). I. G. Trevedus. A. Trevies, 902; Trives, 942; Treves, 964, 992; Trèves, 1036 et n. 1.

Trevol, cant. de Moulins (Allier). A. Trev... 1053.

Trévoux (Ain). I. G. Trevos. A. Trevos, 927, 947, 972; Trevolcius, 999; Trévoux, 1020.

Trivy, cant. de Matour (S.-et-L.). A. Tercius Vicus, 1052.

Trizy, cant. de Bourbon-Lancy (S.-et-L.). A. Tracy, 1053.

Trois-Pierres, commune d'Arandax, près de Belley (Ain). I. G. Tœria Petra.

Tueres. (Voyez *Cueres*.)

Tupin, aujourd'hui Tupin-et-Semons, cant. de Condrieu (Rhône). A. 1039.

Turdine ou Tardine (La), rivière qui se jette dans la Brevenne près de l'Arbrèle. I. G. Turdina.

Turluron, nom d'un ancien comté du *pagus Alvernensis*. I. G. Tolornensis.

Turrins, à l'est de Villefranche (Rhône). I. G. Toriniacus.

U

Uchizy, cant. de Tournus (S.-et-L.). A. Huchisiacus, 1049.

Unias, cant. de S¹-Rambert (Loire). I. G. Unisiacus, Onisiacus. A. Unitas, 906, 959; Unia, 938; Unias, 1031; Unedas, Unitas, 1055.

Unieux, près de Cornillon (Loire). A. 1034, n. 1.

Urfé, comm. de S¹-Romain-d'Urfé (Loire). A. Ulpheu, 910; Ulfeu, 937; Ulpheu, 956; Ulphieu, 984; Urfé, 1030.

Usson, canton de S¹-Bonnet-le-Châtel (Loire). A. 1040.

Uzore (Le Mont d'), qui donne son nom à deux communes du canton de Montbrison (Loire). I. G. Uzourus.

V

Vaalons (?), près de Moulins. A. Alona, 1059.

Vair, ou Vers. (S. Igny, S. Clément, Notre-Dame de). A. 1038 et n. 4. (Voy. *S¹-Igny-de-Vair*.)

DICTIONNAIRE GÉOGRAPHIQUE.   1155

Vaise, canton de Lyon (Rhône). *I. G.* Veisa, Vesiacensis ager. *A.* Veysia, 936, 953, 982; Vaise, 1025.

Valais (Comté de), en Suisse. *I. G.* Valensis comitatus.

Valbenoîte, canton de St-Étienne (Loire). *A.* Vallis Benedicta, 904, 942, 964, 993.

Valbonne, comm. de Pérouges (Ain). *A.* 997, n. 4.

Valeilles, cant. de Feurs (Loire). *I. G.* Vallelias, Valeilliis (de). *A.* Valleles, 912; Vallilies, 939; Valleles, 961; Valleiles, 988; Valleilles, 1033.

Valeins, cant. de Thoissey (Ain). *A.* Valens, 926, 947; Valans, 974; Vallains, 1000, 1001 et n. 3; Valeins, 1020.

Valence, en Dauphiné (Drôme). *I. G.* Valencia, Valentinensis episcopus.

Valette (La), comm. de Salvisinet (Loire). *A.* La Val, 908; la Valette, 985 et n. 5, 1032; Vallis, 1057.

Valette (La), nom d'une petite vallée dans laquelle se trouve la comm. de Saillant (Puy-de-D.). *I. G.* Valonica Vallis. Peut-être vaudrait-il mieux lire Valorgue (*Vallis Lorga,* corruption de *Vallis Longa*), nom de la vallée dans laquelle se trouve St-Anthême. (Voy. *Valorgue.*)

Valézy, comm. de Trélins (Loire). *I. G.* Avaleisia, Valeisia.

Valfin-sur-Valouse, cant. d'Arinthod (Jura). *A.* Valufin, 949; eccl. de Valufino, 975; de Vallefino, 1004; Valfin, 1012. (Voy. aussi p. 1011 et n. 7.)

Valfleuri, cant. de St-Chamond (Loire). *A.* Vallis Florida, 902, 942, 966, 993, 994.

Valla (La), cant. de Noirétable (Loire). *A.* 983 et n. 12, 1030.

Valla (La), ou Saint-Andéol-la-Valla, cant. de St-Chamond (Loire). *A.* S. Andeolus in Vallibus, 902; S. A. Vallis, 942, 964, 992; la Valla, 1034.

Vallis S. Martini(?), archipr. de Treffort. *A.* 925.

Valorgue, nom d'une petite vallée dans laquelle se trouvent St-Clément et St-Anthême (Puy-de-D.). *I. G.* Vallis Longa, et par corruption Vallis Lorga. (Voyez *la Valette* 2.)

Val-Profonde, nom de la portion de la vallée de la Brevenne qui est au-dessous de Courzieu; prieuré nommé lui-même Eaux-Profondes. *I. G.* Vallis Profunda.

Valsonne, cant. de Tarare (Rhône). *A.* Vallis Soennæ, 911; Valsoanna, 940; Vallis Soanna, 961; Vasonna, 989; Valsonne, 1027; Valsonna, 1058. (Voy. *Souane.*)

Vandeins, cant. de Châtillon-lez-Dombes (Ain). *A.* Vandens, 924, 946, 971; Vandans, 999; Vandeins, 1021.

Vandenesse-lez-Charolles, cant. de Charolles (S.-et-L.). *A.* Vindenissa, 1052.

Varais (Comté de), en Franche-Comté. *I. G.* Vuarascus comitatus.

Varambon, canton de Pont-d'Ain (Ain). *A.* Varambon, 922; Varembon, 1032. (Voy. p. 997, n. 3; p. 1003, n. 2.)

Vareilles, cant. de la Clayette (S.-et-L.) *A.* Valilias, 1052.

Varenne (La). (Voy. *St-Étienne-la-Varenne.*)

Varenne-sous-Dun, cant. de la Clayette (S.-et-L.). *A.* Varennæ subtus Dunum, 1046.

Varenne-l'Aronce, cant. de Semur-en-Brionnais (S.-et-L.). *A.* Varenna, 1052.

Varennes, com. de St-Romain-de-Popès (Rhône). *I. G.* Varennis (de).

Varennes-lez-Mâcon, cant. de Mâcon (S.-et-L.). *A.* Varennæ, 1050.

Varennes-Reuillon, cant. de Digoin (S.-et-L.). *A.* Varennes, 1053.

Varennes-Saint-Sauveur, cant. de Cuiseaux (S.-et-L.). *A.* Varennes, 950; eccl. de Varennis, 977; eccl. de Varenis S. Salvatoris, 1005.

Varey, comm. de St-Jean-le-Vieux (Ain). (Voy. *Vuic-de-Varey.*)

Vassalieu, comm. de Chambles (Loire). *I. G.* Vassaliaco (de).

Vassieux, au midi d'Amblagneu (Isère). *A.* Vaceu, 920, 944, 967, 995 et n. 2.

Vaucluse, comm. de St-Claude (Jura). *A.* Valclusa, 950; Vallis Clusa, 977; Villa Clausa, 1006 et n. 4.

Vaud (Comté de), en Suisse. *I. G.* Vualdensis comitatus.

Vaudebarrier, cant. de Charolles (S.-et-L.). *A.* Vallis, 1052.

Vaudragon. (Voyez *la Chapelle-en-Vaudragon.*)

Vaugneray, arr. de Lyon (Rhône). *I. G.* Neriacensis, Vallis Neriacensis ager, etc. *A.* Valnerey, 901; Vaneyreu, 942; Vannereu, 966; Vaugneray, 992, 1036; Vallis Neyra, 1056.

Vaugrigneuse, comm. de Cornod (Ain). *A.*

Valgriniousa, 949; Vallis Grignosa, 976; Vallis Grigniosa, 1004 et n. 3, 1058.

VAURENARD, cant. de Beaujeu (Rhône). *A.* Vallis Regnaudi, 1050; Vaurenard, 1036.

VAUX ou St-LAURENT-DE-VAUX, cant. de Vaugneray (Rhône). *A.* 1036.

VAUX, cant. de Lagneu (Ain). *A.* Vauz, 931; Vauz d'Ambutris, 948; Valles, 973, 1001; Vaux, 1015.

VAUX, cant. de Villefranche (Rhône). *A.* Valles, 915; Vauz, 941; Valles, 962, 990; Vaux, 1026.

VAUX-EN-VÉLIN, au nord-est de Villeurbane, cant. de la Guillotière (Rhône). *A.* Valles, 919, 944, 966, 968, 995; Vaux-en-Vélin, 1024.

Vaux (en Vélin?), archipr. de Morestel (Isère). *A.* Prior de Vallibus, 944, 966, 995.

VEAUCHE, cant. de St-Galmier (Loire). *I. G.* Velchi. *A.* Velchia, 904, 964, 966, 993, 994, 1056; Velchi, 942; Veauche, 1034.

VEAUCHETTE, cant. de St-Rambert (Loire). *A.* Veauchette, 1031.

VEILLY, comm. de la Genête (S.-et-L.) *A.* Veilies, 929.

VENDRANGES, canton de St-Symphorien-de-Lay (Loire). *A.* Veindranges, 914; Vendranges, 936, 982; Vandranges, 955, 1029.

VÉNISSIEUX, canton de la Guillotière (Rhône). *A.* Venicies, 918, 944, 968; Venici, 995; Venitieux, 1024.

VÉRANNE (LA), cant. de Pélussin (Loire). *A.* 1039.

VERCHISEUL, comm. de Verzé (S.-et-L.). *A.* 1048, 1049.

VERCIEU, cant. de Morestel (Isère). *A.* Verceu, 920, 944, 967, 995; Vercieux, 1023.

VÉREL, village près de Talloires, en Savoie. *I. G.* Verelli.

VERGISSON, cant. de Mâcon (S.-et-L.). *A.* Verchisson, 1050.

VÉRIA ou VEYRIA, cant. de St-Amour (Jura). *A.* Varies, 930; Vayres, 949; Vayria, 950; Vaires, 977; Veiria, 1005; Veyria, 1011 et n. 9.

VÉRISET, cant. de Lugny (S.-et-L.). *A.* Virisetus, 1049.

VERJON, cant. de Coligny (Ain). *A.* Verjons, 930; eccl. de Vergeone, 950; de Verjone, 977; Verona, 1005; Verjon, 1011.

VERNAISON, cant. de St-Genis-Laval (Rhône). *A.* Verneysons, 901, 941, 992, n. 1; Vernaison, 1036.

VERNAY, cant. de Beaujeu (Rhône). *A.* eccl. Verneto, 1046; Vernay, 1037.

VERNAY, comm. de Commelle (Loire). *A.* Vernei, 914; Vernecon, 936 et n. 13; Vernetus, 955, 982; Vernay, 1029.

VERNAY, près d'Amplepuis (Rhône). *I. G.* Vernetus, Verneto (de).

VERNAY, près de St-Martin-l'Estra (Loire). *I. G.* Vernedus.

VEROVRE, cant. de St-Bonnet-de-Joux (S.-et-L.). *A.* Veraurus (Verovrus?), 1052.

VERRIÈRES, canton de Montbrison (Loire). *A.* Vereires, 906; Verreres, 938; eccl. de Verreriis, 958, 985, 1055; Verrières, 1031.

VERRIÈRES, com. de St-Germain-Laval (Loire). *A.* Vereires, 910; Verreres, 937; Vereres, 955, 956; eccl. de Verreriis, 956, 984; de Verieriis, 984; Verrières, 1030.

VERRIÈRES, comm. de Charbonnières (Rhône). *I. G.* Vedrerias.

VERSAILLEUX, canton de Chalamont (Ain). *A.* Vassailleu, 921, 945, 969, 996; Versailleux, 1022.

VERSAIN (LE). (Voy. *St-Sauveur-en-Rue*.)

VERSANNE (LA), ou RUTHIANGES, cant. de Bourg-Argental (Loire). *A.* 1039 et n. 3.

VERSAUGUES, canton de Paray (S.-et-L.). *A.* Virte... 1053.

VERTRIEUX-DE-LA-BALME, canton de Crémieu (Isère). *A.* Vertrieux, 1023.

VERZÉ, cant. de Mâcon (S.-et-L.). *A.* Verziacus, 1048.

VESCLES, cant. d'Arinthod (Jura). *A.* Vercles, 925; Vecles, 949, 976, 1004; Vescles, 1012.

VESCOURS, cant. de St-Trivier-de-Courtes (Ain). *A.* Vescors, 951; Vecors, 979, 1007; Vecours, 1017.

VESONE, territoire de Talloires, dans la direction de Faverges, en Savoie. *I. G.* Vesona.

VEVEY, près de Lausanne, en Suisse. *I. G.* Vivis.

VEYSAN, cant. d'Oyonnax (Ain). *A.* 1013.

VÉZÉRONCES, cant. de Morestel (Isère). *A.* Veseronces, 966, 967, 995.

Viegnes (?) (Manigleria de), archipr. de Treffort. *A.* 949.

VIENNE, en Dauphiné (Isère). *I. G.* Vienna, Viennensis.

VIEUX-D'ISENAVE, canton de Brenod (Ain). *A.* Vicus d'Isanava, 931; Vic d'Isenava, 948;

Vicus d'Isinava, 973, 1001; Vieux-d'Isenave, 1014.

VIGNETTES, com. de Solaise (Isère). *A.* Vignetes, 944 et n. 11, 996; Vignates, 967; Saint-André-de-Vignettes, 1024, n. 5.

VIGNOLES, nom d'une ancienne *villa* qui est resté à un territoire et à un ruisseau voisins, situés le premier dans la comm. de St-Loup, et le second dans celle de St-Ferréol, cant. de Tarare (Rhône). *I. G.* Vineolas.

VIGNY, cant. de Paray (S.-et-L.). *A.* Vid.... 1053.

VILARIIS (Templum de), chapelle sous le vocable de St-Denis, membre dépendant de la commanderie des Feuillets (O. St Jean-de-Jérusalem). C'est sans doute la chapelle de St-Denis portée sur la carte de Cassini près de Vilars, cant. de St-Trivier-sur-Moignans (Ain). *A.* 924.

VILETTE, près de Lausanne, sur le bord du lac Léman. *I. G.* Vileta.

VILLARS, cant. de St-Héand (Loire). *A.* Vilars, 903, 966; Villars, 942, 992, 1034.

VILLARS, cant. de St-Trivier-sur-Moignans (Ain). *A.* Vilars, 921; Villars, 945, 1022, 968; eccl. de Villariis, 996.

VILLARS (LE), cant. de Tournus (S.-et-L.) *A.* Villarium, 1049.

VILLE, comm. de Cours (Rhône). *A.* 1037, n. 2.

VILLE-SUR-JARNIOUX, canton du Bois-d'Oingt (Rhône). *I. G.* Villa locus. *A.* Villa, 916, 941, 963, 990; Villa supra Jarniout, 941; V.-sur-J. 1027; Villa supra Gernioux, 1058.

VILLEBOIS, cant. de Lagnieu (Ain). *A.* Villabois moniales, 932; Villaboys, 948, 973; Villebois, 1002, 1015.

VILLECHANTRIA, cant. de St-Julien (Jura). *A.* Villa Chantria, 924, 1004; Villa Chantura, 976; Villechantria, 1012; Villa Chantrian, 949.

VILLECHENÈVE ou mieux VIEILLECHENÈVE, cant. de St-Laurent-de-Cham. (Rhône). *I. G.* Vetula Caneva. *A.* Veillicheneva, 908; Vielli Cheneva, 937; Vetula Canaba, 957, 985; Villechenève, 1032; Veilla Cheneva, 1057.

VILLEDIEU, comm. de Ste-Foy-en-Bussy (Loire). *A.* Viladeu, 907; Villa Deuz, 938; Villadei, 959, 986.

VILLEFRANCHE (Rhône). *A.* Villafrancha, 916, 941, 962, 990; Villafranche, 1027.

VILLEMONTAIS, canton de Roanne (Loire). *A.* Villa Monteis, 914, 983; Villamonteys, 936, 954; Villemontais, 1028; Villa Montisio, 1057.

VILLEMOUTIER ou VILLEMOTIER, cant. de Coligny (Ain). *A.* Villamotiers, 930; Villa Monasterii, 950, 977, 1005; Villemoutier, 1011 et n. 2.

VILLENEUVE, comm. de Chambéon (Loire). *I. G.* Villanova.

VILLENEUVE, canton de Cuisery (S.-et-L.). *A.* Villanova, 979, 1007.

VILLENEUVE, cant. de St-Trivier-sur-Moignans (Ain). *A.* Villanova, 927, 947, 999; Villeneuve, 1020.

VILLERÊT, cant. de Roanne (Loire). *A.* Vilareis, 914; Vilareys, 936; Villareys, 955; Villareis, 983; Villerest, 1019.

VILLERS, cant. de Charlieu (Loire). *A.* Vilars, 1046; Viller, 1038.

VILLETTE, cant. de Chalamont (Ain). *A.* Vilette, 922; Villeta, 945, 969, 997; Villette-de-Loye, 1022.

VILLETTE, comm. de Cornod (Jura). *A.* Vileta, 925; Villette, 1004 et n. 3, 1012.

VILLETTE-D'ANTHON, cant. de Meyzieux (Isère). *A.* Vileta, 918; Villeta, 944, 968, 995; V.-d'A. 1024.

VILLEURBANE, cant. de la Guillotière (Rhône). *A.* Villa Urbana, 918, 944, 968, 995; Villeurbane, 1025.

VILLEVERSURE, cant. de Ceyzeriat (Ain). *A.* Villa Reversura, 925, 949, 975, 1003; Villeversure, 1016.

VILLIÉ, cant. de Beaujeu (Rhône). *A.* Villiacus, 1050; Villié, 1036.

VILLIEUX, comm. de Loyes (Ain). *A.* Vialleu, 921; Villeu, 945; Villiacus, 968, 996; Villieu, 1022.

VIMY ou VIMIES. (Voyez *Neuville-sur-Saône* et p. 999, n. 6.)

VINDEGY, canton de Marcigny (S.-et-L.). *A.* Vind...... 1053.

VINDRY, comm. de St-Loup, près de Tarare (Rhône). *I. G.* Vindreu, Vindriacus.

VINEUSE (LA), cant. de Cluny (S.-et-L.). *A.* Vinosa, 1048.

VINZELLES, cant. de Mâcon (S.-et-L.). *A.* Vinzellæ, 1050.

VIOLET, cant. de Tarare (Rhône). *I. G.* Violetus. *A.* Violeys, 908 et n. 2; Vyoleys, 937;

Viouleys, 956; Violleys, 984; Violey, 1032; Vialesius, 1057.
VIRÉ, cant. de Lugny (S.-et-L.). *A.* Viriacus, 1049.
VIRIA, cant. de Bourg (Ain). *A.* Viries, 929; Viria, 951, 979, 1006, 1018.
VIRICELLES, cant. de S*t*-Galmier (Loire). *A.* Viricella, 912, 939, 961, 988; Viricelle, 1033.
VIRIGNEUX, cant. de S*t*-Galmier (Loire). *A.* Virigneu, 912, 939, 988; Virignieu, 961; Virigneux, 1033.
VIRY, cant. de Bouchoux (Ain). *A.* Viris, 948; 975; Viry, 1002, 1013.
VIRY, cant. de Charolles (S.-et-L.). *A.* Viriacus, 1052.
VITATERNE (S*t*-Martial-de-), arrond. de Jonzac (Char.-Infér.). *I. G.* Vitaterna.
VITRY, cant. de Cluny (S.-et-L.). *A.* Vitriacus, 1047.
VITRY, canton de Paray (S.-et-L.). *A.* Vid.... 1053.

VIVANS, canton de la Pacaudière (Loire). *A.* 1041.
VOLÈVRE, cant. de Paray (S.-et-L.). *A.* Voloricus, 1052.
VOLOGNA, cant. d'Isernore (Ain). *A.* Volaniet, 931; Veloignies, 948; Valognia, 975; Volognia, 1002; Vologna, 1014.
VONNAS, cant. de Châtillon-lez-Dombes (Ain). *A.* Vonna, 923, 946; Vanna, 970; Bonna, 998; Vonnas, 1021.
VOSBLES, cant. d'Arinthod (Jura). *A.* Viobles, 925, 949, 975, 1058; Vobles, 1005; Vosbles, 1012.
VOUGY, cant. de Charlieu (Loire). *A.* Vougiacus, 1046; Vougy, 1038.
VOURLES, cant. de S*t*-Genis-Laval (Rhône). *A.* 991, n. 12, 1036.
VUIC-DE-VAREY. *A.* Vieu subtus Varey, 948; Vicus subtus Varey, 973, 1001; S*t*-Jean-le-Vieux, 1014. (Voy. ce dernier nom, et 931, n. 4.)

Y

YSENAVE. (Voyez *Isenave*.)
YSEURE, cant. de Moulins (Allier). *A.* Ysoder... 1053.

YZERON, cant. de Vaugneray (Rhône). *A.* Ysero, 913, 939, 988; Iseron, 1033.

GLOSSAIRE

ET

EXPLICATION DE QUELQUES MOTS.

Pour ne pas répéter continuellement les mêmes explications, nous n'avons relevé ici que les mots de la basse latinité qui nous paraissaient réclamer quelques observations particulières qu'on ne trouvait pas au Glossaire, dernière édition; mais nous les avons tous inscrits dans l'*Index generalis*.

Abessus pour *Abyssus*.
Acatamentum. (Voy. le Glossaire, au mot *Acaptamentum*.)
Accrescimentum (mal écrit *Accressimentum*), accroissement, augmentation.
Adsignatores, signataires d'un acte. (Voy. le Glossaire, au mot *Adsignatio*.)
Andanz. Ce mot désigne une mesure agraire équivalant à une fauchée de pré. (Voy. dans le Glossaire, au mot *Andena* 2.)
Archidiaconus. Il n'y eut jamais qu'un seul archidiacre dans le diocèse de Lyon, et voici quelles étaient ses fonctions au xiv° siècle : « Quicumque est archidiaconus, ratione archidiaconatus supradicti, non corrigit, non visitat, non procurat, non excommunicat, non absolvit, nec debet aliquid spiritualitatis exercere, sed est officium ipsius ordinare defensiones terræ manualiter contra illos qui violenter nituntur jura ecclesiæ usurpare. » (Voyez le Cartulaire de Savigny, p. 541-542, et l'*Index generalis* au mot *Lugdunenses archidiaconi*.)
Atenciis (écrit par erreur *Atienciis*) pour *Attinenciis*. (Voy. le Glossaire, au mot *Attinentiæ*.)
Aurtatis. Ce mot, qui n'est pas au Glossaire, semble désigner une espèce de terre : il est mis en rapport avec *pratis* et *campis*.

Aucum (peut-être pour *autcum*), avec.
Baraterius, surnom donné à Durand de l'Isle (*Durantus Insulæ*), qui figure comme témoin dans un acte du commencement du xii° siècle. Ce mot n'a sans doute pas ici le sens défavorable que lui donne le Glossaire, car Durand signe avec beaucoup de nobles et de personnes honorables.
Bosculus, petit bois.
Breviarium. (Voy. le Glossaire, au mot *Brevis*.)
Calgata. « Dono unam calgatam de vino » (ch. 114). Ce mot n'est pas au Glossaire. Serait-ce une charge de vin, autrement dit une *ânée*?
Camerarius. (Voyez, p. 542, quelles étaient les attributions de son office dans l'église cathédrale de Lyon.)
Cartale, *Cartallum*, *Cartalus*. (Voy. le Glossaire, aux mots *Cartalis*, *Cartallus*.)
Causatio. (Voy. le Glossaire, au mot *Causa*.)
Chadafals. Même sens que *Chafallus* du Glossaire. (Voy. plus loin le mot *Speculator*.)
Chacipol ou *Chazipol*, nom fort en usage dans les terres du seigneur de Beaujeu pour désigner une espèce de prévôt. (Voyez dans le Glossaire, au mot *Cacepollus*, l'étymologie qui en est donnée.)
Chacipoleria, office du chacipol. (Voy. le Glossaire, au mot *Cacepollus*.)

Consiliator, tuteur.
Corgealius. « Dono omnia quæ ibi habeo, excepto « uno corgealio » (ch. 254). On lit dans un sens presque analogue, dans la charte 258 : « Dono omnia quæ ibi habeo, excepto uno « curtilo. » Ce mot n'est pas dans le Glossaire.
Crucis minister, autrement dit *Cruserius*, en français *Crusier*. Les Bénédictins se sont trompés en donnant au mot *Cruserius* le sens de *crucifix*. Le *Cruserius* était un officier particulier à l'abbaye de Savigny, et dont la fonction principale consistait à entretenir constamment un cierge allumé devant le crucifix. Voici les propres termes de Benoît Mailliard dans son *Manuale prioris* : « Minis-« ter crucis apud nos *Cruserius* dicitur. Et di-« citur minister crucis a cruce, ex eo quia in « cruce unum cereum die noctuque arden-« tem manutenere debet. »
Demenchiata, mesure agraire. (Voy. le Glossaire, au mot *Demanchiata*, etc.)
Drueria. (Voy. le Glossaire, au mot *Drueleria*.)
Exitus communis, chemin public.
Feale, *feodale*, féodalement.
Feuones et *Fruones*. (Voy. le Glossaire, au mot *Feudum*, et les chartes 813, 817, 820.)
Fraternitas, nom particulier que prenait une ghilde existante dans le Lyonnais au x° siècle, et qui était composée de clercs et de laïques, d'hommes et de femmes. Elle se réunissait dans un banquet annuel. (Voy. la ch. 549.)
Iminada. (Voy. *Hermina*, *Imina* dans le Glossaire.)
Impopec (et non pas *Impopée*, comme l'a écrit Du Cange, trompé par les notes d'Estiennot). Mot de la langue rustique qui semble désigner l'échéance du droit de *réméré*.
Inquisitum. (Voy. *Exquisitum* dans le Glossaire.)
Levare cartam de terra. Voici ce qu'on lit dans les Antiquités du droit Germanique de Jacques Grimm (*Deutsche Rechts-Alterthümer* [Göttingen, 1825], p. 557) : « Il n'était pas nécessaire, dans l'origine, pour que la tradition fût complète, qu'un instrument fût rédigé par écrit; mais l'usage de ces actes fut introduit par le clergé, et par suite de l'influence romaine, dès les v° et vi° siècles, chez certaines populations germaniques, et aux vii° et viii° siècles on rencontre une foule d'actes de tradition franks, allemands et lombards. C'était alors l'usage de déposer sur le parchemin écrit tous les symboles qui se rattachaient à la tradition, et de les enlever pendant l'action judiciaire. C'est ce que l'on appelait *levare cartam*. On plaçait même sur l'acte la plume et l'encrier. Les formules de Vérone données dans Canciani en fournissent la preuve. On y trouve des expressions comme celle-ci : « Mitte atramentum super cartulam ; « levent cartam de terra cum atramentario; « levant cartam de terra cum omnibus quæ « superius diximus, etc. » Une chose digne de remarque, c'est que c'est encore dans l'Allemagne ou sur les confins de ce pays qu'a été rédigée la charte 641, où nous trouvons l'expression *levare cartam de terra*.
Minister crucis. (Voy. *Crucis minister*.)
Paltaverius ou *Paltanerius*, surnom que prend le témoin d'un acte appelé *Rainerius Viridis*. Le mot le plus rapproché de celui-ci qu'on trouve dans le Glossaire est *Paltonerius*, qui est pris en mauvaise part. Nous ferons ici la même observation qu'au mot *Baraterius* : il n'est pas croyable que ce mot ait ici le sens que lui donne le Glossaire, car il est porté par un témoin qui signe avec beaucoup de seigneurs de la province.
Pasnatio. (Voy. le Glossaire au mot *Pastio*.)
Piperum pour *Piper*.
Pomarium. Ce mot semble avoir ici le même sens que *Pomerium* 1 dans le Glossaire.
Præstaria. Voici l'explication que Benoît Mailliard donne de ce mot dans son analyse du cartulaire de Savigny : « Et ut intelligas « quid sit prestaria, scire debes quod nobiles « et alii, devotione moti, bona sua ecclesie « Saviniaci donabant; postea ab abbate et « religiosis, aliqui ad vitam, alii ad succes-« sores, accipiebant; et super illis prediis et « possessionibus certa tributa imponebant, « et tradiciones talium possessionum presta-« rias a presto prestas vocabant. »
Publicetum. Ce mot, qui ne se trouve pas dans le Glossaire, désigne une terre consacrée à une certaine culture : « Cum pratis, terra « culta et inculta, campis, vircariis, cum pu-« blicetis et salicetis... » Peut-être s'agit-il d'une plantation de peupliers?
Sacrista. (Voy. quelles étaient les fonctions de cet officier dans l'église de Lyon, p. 542.)
Salices, *Salicetum*, saussaie. (Voy. le Glossaire, aux mots *Salectum*, *Sales*, *Saletrum*, *Sali-*

ET EXPLICATION DE QUELQUES MOTS.

cata, etc. et les dictionnaires latins au mot *Salictetum*.)

Sartirium. (Voy. le Glossaire au mot *Sartum, Sartire.*)

Sellio. (Voy. *Selio* dans le Glossaire.)

Semitarium, Semiterium, Sendarium, Senterius, sentier. (Voy. le Glossaire aux mots *Semitarias* et *Senterium.*)

Speculator villæ. Sentinelle chargée de surveiller tout ce qui se passait hors de la ville, pour éviter une surprise. Il habitait ordinairement une tour en bois construite près d'une des portes de la ville, et appelée *Chadafals.* (Voy. ce mot.) Le Glossaire ne donne pas ce sens.

Subcessor, successeur. (Voy. le Glossaire au mot *Subcedere.*)

Suffragator. Ce mot paraît avoir ici le même sens que *Vuadiator.* (Voy. ce dernier mot.)

Truccus arboris, tronc d'arbre.

Trassa, même sens que *Trossa* dans le Glossaire.

Ubliæ (Obliæ). (Voyez le Glossaire au mot *Oblata.*)

Usuarie possidere, posséder à titre d'usufruit. (Voy. le Glossaire aux mots *Usuare, Usuaria.*)

Usus fructuarius. (Voy. le Glossaire au mot *Usufructuarium.*)

Vernetum. Ce mot n'a pas le sens de *Vinetum* (territoire planté de vignes) que lui attribue Du Cange. Il désigne sans doute un lieu planté d'aunes ou *vernes.* (Voy. les observations des Bénédictins aux mots *Vern, Verna, Vernagium* et *Vernetum* dans le Glossaire.)

Vestitarum pour *Vestitara.*

Vicarius comitis (ch. 864). Ces mots désignent sans doute le vicomte de Lyon à cette époque.

Vocatus abbas. (Voy. les observations des Bénédictins à ce mot dans le Glossaire.)

Vuadiarius ou *Vuadiator.* Ces mots, qui paraissent souvent dans le cartulaire de Savigny, désignent l'exécuteur testamentaire. Cette qualité est quelquefois attribuée au père, à la mère, aux frères du défunt; mais le plus souvent à un étranger. (Voy. le Glossaire au mot *Vuadicarius,* qui est probablement une mauvaise lecture.)

VARIANTES ET RECTIFICATIONS.

Le gros chiffre indique la page ; le petit chiffre qui suit, la ligne ; l'astérisque (*), les variantes produites par une nouvelle collation du manuscrit C.)

PREMIÈRE PARTIE.

2, 8, * præfuerunt.
    9, * quippe temporum.
3, 12, * vocatur Charpenello.
5, 21, * ipsius ecclesiæ.
10, 17, * siccatur, a sero terra.
    23, * Ladavalle. Infra istos fines.
12, note 2, supprimez la fin à partir de Forsan.
14, 11, * abbas Gunduno.
15, 23, * Mesellis. – Note 3, Guillermi.
16, 21, dicitur Merdacus et a Campellis. Term.
17, 1, sed sit culpabilis, et impl. libr. unam.
    20, * Farulfus.
20, 7, * supra parem. – 10, * isto censu.
22, 17, * villa Tasiaco.
25, 6, * vocatur Cliviacus. – 24, * loco ubi dic.
26, 8, * prestaria rerum in...
29, 27, * pro præd. prest. – 29, * Cassaneis.
31, 2, * appenditiis. – 17, * Gevenensis.
32, 20, * Busciacensi. In ipsa v. Drac. est unus curtilus cum superposito prato et vinea.
34, 8, * manque depuis cum virc. jusqu'à arabilis.
39, 7, * Auschericus. – 11, * Pudimiaco.
41, 7, * scripsit. – 27, * Utulfredi.
46, 1, * beneficiaremus. – 6, * terra Stephani.
    8, * eo tamen tenore. – 18, * ambabus.
47, 23, * Domino fratri.
49, 12, * ficiaremus.
52, 7, * arabili. – 10, * teneo aut possideo.
55, 14, * primo regni Conradi regis.
59, 25, qui habet fines; quicquid:
60, 3, * donationem istam.
    7, * locis positorum. – 19, * curtilos.
63, 20, * locum revertatur.
64, 4 et 10, * Crimeldis.
65, 12, * maneat. Ego. – 23, * Si quis hanc d.
    Effacez la note 8.

66, 23, * indominicatum.
68, 23, * quem conquisivit.
69, 25, * in Solovrense et.
71, 18, * Berardus de Aven.
    25, * servientibus, ego.....
    Note 5, l. 3 et 4, ut mos erat, super tribus nominibus; unde...
77, 4, * quam possidet.
80, note 1, ligne 1, vel forte melius ex cambio.
83, 26, * quamdiu vivus, ten. et possideas; don.
86, 4, * reddant.
    8, * verum esse, et v. et c. suis, ut.
87, 5, * recondidit. Fecit. – 7, * argenteas quas.
    13, * constituit ut h. h. præesset, quic.
    19, * universitas quod ego.
90, 7, * ut propositum. – 23, * operari.
94, 7, * calumniam opponere.
95, 13, * continentur subjaccat.
97, 18, * S. Ervici?
98, 30, * manque : cum omn. app. suis.
99, 3 et 4, suis. Quicq... inquisitum, omnia, etc.
100, 10, nostris, approbatis testibus, stet.
101, 4 et 5, * cartam calumniam inferre.
    6, * et inantea.
105, 15, * monachis Deo famulatum.
107, 7, * Aquadocta.
    17, * sanctorum ejus incurrat.
108, 5, * legibus advenit.
110, 20, Bessenacensi, in v. Talliaco; et.
111, 8, commanentium, ea ratione.
    11, persolvam, post.
113, 21, * possidet. Quicq.
    29, * emelioratæ eo tempore valuerint.
114, 15, * quamdiu autem ego vixero.
115, 1 et 15, * inantea. – 28, * adveniunt.
116, 28, * commutata.

VARIANTES ET RECTIFICATIONS.

118, 11, * mihi reservo.-23, * Saviniacensi.
119, 15, * donamus similiter, et ubic.
121, 15, * insulæ Barbaricæ.
122, 15, * Acfredi. – 20, * Vuuidradus.
123, 11, * Luirciaco. Quicq. - 26, * continente.
124, 1, * nobis prior. - 20, * inquisitum. Omnia.
126. *Un fragment original de la charte n° 174 de Savigny se trouve aux archives du Rhône. Les variantes qu'il fournit sont sans importance, mais il donne cinquante-deux signatures au lieu de neuf qui se trouvent dans le cartulaire. Voici, au reste, les principales variantes :*
126, 10, 11 et 16, Sabiniacens....
    15, Gauzmarus abbas.
    17, Juzeus. - 19, Hetenulfus.
    28, permaneat cum stipulatione subnexa.
127, 2, Ghondrado.
Quant aux signatures, les voici dans l'ordre où elles me semblent devoir être disposées : Heldebertus indignus abbas, Widaldus monachus, Bernardus, Giroldus monachus, Wido monachus, Johanes indignus monachus, Adalgarius, Gaucerannus, Danihel levita et monachus, Atso monachus, Vulferius levita et monachus, Rotbaldus monachus, Grimaldus monachus, Ingelbertus monachus, Bernardus, Morlannus, Truannus, Vivencius, Samuel monachus, Artaldus, Leotardus, Ermenbaudus, Pontius, Ermengaudus, Witbertus, Adalardus, Rodboldus presbyter, Albericus monachus, Durannus, Rollannus, Witbertus, Leotaldus levita, Eliseus, Servus Dei, Ericus, Ricardus, Gauserannus, Heldebertus, Stephanus, Adalelmus monachus, Willelmus monachus, Magnus, Mainardus, Ansoldus, Nargaudus, Dominicus, Arnulfus, Ingelbertus, Engerionnus monachus, Martinus, Floduldus monachus, Adalardus monachus.
Ces signatures, qui presque toutes sont autographes, se trouvent distribuées sans ordre sur le parchemin. Les neuf premières seulement figurent dans le cartulaire, qui de plus donne la signature de l'abbé Gausmar, absente sur notre fragment original.
128, 15, * Rotbaldi. – 20, * ecclesiæ et Beati.
132, 15, * Infra hos fines.
133, 5, * ecclesiæ et sancto Martino.
    19, * qui sic terminatur : a mane.
135, 11 et 12, * visus fuit habere.
    14, * campis, omniaque adjacentia eis.

138, 19, * carta ista firma perm.
139, 1, * inquiet. præsumpserit. - 2, * valuerit.
    13, * in ipso loco vineam pro.
141, 24, * res prælibatæ eo.
144, 6, * Sancti Martini, ut perm.
145, 7, * Arrii *au lieu de* Arrici.
147, 14, * Odoni. - 21, * Saviniacensi.
148, 7, * Saviniacensi. – 13, * in exquisitum.
151, 18, * vuadiarii. – 26, * reditibus.
152, 11, * reditibus. – 19, * Saviniacensi.
153, 10, * molare finali.
154, 5, * Saviniacensi. – 12, Aledonis.
    13, * Rotboldi. – 19, * accepimus.
155, 6, * Saviniacensi. – 9, Flaciago, hoc.
156, 3 et 16, * Saviniacensi. – 4, dono ex rebus.
    19, Varennis. Unus. – 20, * vinea.
    21, * exitu communi, a cerc. terra.
157, 11 * Bononis *au lieu de* Benonis.
158, 3, * Saviniacensi.
159, 19, * Saviniacensi.
160, 26, * Saviniacensi.
161, 11, * Saviniacensi. – 14, * Roserias.
163, 13, * Marangis. – 14, * Saviniacensi.
164, 5, * Ambrardi. – 15, * in ipsis finibus.
    24, * Saviniacensi.
167, 3, * Saviniacensi. – 4, * ex rebus quæ,
    11 et 27, * in exquisitum.
    12, * ibi desservientium.
168, 13, * redem. ips. mansum, pro. – 18, * quæ.
Supprimez la note 3.
169, 4, Hutperti. – 21, nona calendas.
170, 14, * vircaria. – 18, * usu fructuario.
173, 13, * Marini.
175, 10, * finali.
176, 8, * redditus.
177, 3, * exitibus et reditibus.
    4, * quicquid ego in. – 25, * servientium.
183, 14, * in Unisiaco. – 15, * ubi domnus.
185, 5, * Arulfi. – 14, * Lanech.
186, 21, * suprascriptum. – 28, * Saviniacensi.
190, 17, * Arieldis?
191, 12, * Mascerias.
193, 9, * Saviniacensi. – 27, * Adennauo.
194, 27, * Saviniacensi.
199, 8, * et campos et pratos. – 9, * Moncello.
200, 6, * de Monte Verduni. – 20, * Saviniacensi.
202, 3, * *manque* Amen. – 8, * silva.
    15 et 20, * Dadrann...
204, 20, * Fredoeni.
    Note 2, Christ. *Note 5*, M. et C. quarta.
205, *note 5, ligne 3*, defuncto.

VARIANTES ET RECTIFICATIONS.

206, 22, * habemus in indominicatu.
207, 19, * Saviniacensi.
  Note 5, ligne 2, effacez est.
212, 8, hæreditate Erm. – 9, * hæreditate, et.
  17, * Isaach, et de alia terra.
214, 7, * Arumbuodæ.
215, 5, * Heldeodi. – 22 * Saviniacensi.
  23 et 24, * una peciola.
220, 22, * in præsenti reddo.
222, 7, * Yconium. – 12, * Ychonium.
223, 17, * Esvelichi. – 23, * sexteriatam.
224, 14, * conquesto..... acquisierit in ante.
  23, * S. Bernardi Burdelli.
225, 10, * Ichonio. – 17, * menaio.
  22, * modo in presenti.
227, en marge, 3ᵉ date : 944 circa.
228, 24, Longa Sagnia.
229, 16, de sartiriis.
230, 13, * obnixe. – 16, * abbatem. Quorum.
  19, * postularat.
234, 4, * quæ meæ rationi.
236, 4, * per destimentum. – 11, * et habeant.
237, 7, * Arberti.
239, 24, * maledictioni comm: pr. sit traditum.
241, 7, * quam domnus Hugo.
243, ch. 448, en marge : 30 Aug. 993?
248, 26, * Pruvaco. – 29, * Fredrici.
249, 5, * Loctangis; et. – 26, * Pontenls.
  Effacez la note 5.
251, 4, * Gotlaberti. – 7, * per manus.
255, 18 et 19, * et donamus ea ad eccl.
256, 7, * manque : curt. u. c. o. et vircaria, et.
257, 14, * Bessenacensi. – 18, * Fenestre.
  23, * commandam.
258, 7, * curtilibus. – 10, * silvis et terra cart.
259, 10, * acrescementum.
262, 11, * villa Pontus.
265, 9, * Ingela. – 16, * franchesia.
269, 18, * Engelbertus.
270, 12, * in exquisitum. – 13, * mea usu.
271, 2, * Columberio.
273, 14, * quæ vocatur. – 16, * Girini.
274, 13, * Vuitberti. – 26, * ultronea.
275, 3, * quod querit sed.
282, 6, * Solobrensi. – 7, * Lanech.
  22, * Saviniacensis. – 26, * Rotdardi.
287, 3, * sibi, una cum consensu, mœstitiæ, etc.
  7, * virorum, abbat. necne, domni Milonis.
  Note 6, à la fin, lisez Saint-Chef.
  Note 7, 2ᵉ ligne, lisez Cod. C. ob iter usitans hoc ævo ad probe.

288, 2 et 3, * existente. Hæc. – 4, * suditione.
  Note 2, prælibati..... lo venustate, etc.
291, 9, ei mont² de Brolio. (* Elmont.)
297, en marge, 21 Sept. 1010?
  17, * hac hora. – 28, * reverentissimus.
302, 16, * Biethcis. – 27, * Usouro.
307, 5, * Durannus. – 14, * Monte Verduno.
  18, * quæ in ipso monte.
308, en marge, 1018 circa.
  7, * sextando, et proficuis. – 23, * executus.
311, 9, * prædicta ecclesia s. s. debebat, dedit.
314, 1, * Santonensi. – 3, * nostrarum.
  14, * Genten.
318, 10, peut-être non facessere.
  12, * pro remedio animæ.
321, 10, * ligo atque transfundo.
322, 21, præsumat.
  Note 1, videbis ad chartas 767 et 823 eamdem loquendi formam.
323, 13, * Natalis.
324, 5, * Berardus.
325, 18, * fuerunt. – 21, * pacti illis.
  24, * Martino, in pr. astante domno.
  En marge, 1032 circa.
326, 1, * esset. – 5, Martino, pro.....
329, 12, * Jujunellis.
332, 19, * cum orto de ipsa vicaria, etc.
  En marge, Post 1018.
333, en marge, Post 1018.
334, 16, * et circuitu ipsius.
  En marge, Post 1018.
335, en marge, Post 1018.
336, en marge, deux fois, Post 1018.
339, ch. 662, en marge, 1022 circa.
344, effacez la note 2.
349, 23, * cum ad partitionem de...
350, 6, * illorum terra accipiebat.
355, 9, * ad usus. – 16, * visi sumus habere.
  19, * autem hanc cartam.
357, 9, * manque ubi domnus It. præest.
  10, * hæreditate mea, quæ mihi jure hæreditario advenit, in villa.
  21, * Saviniacensi – Note 1, M. et C.
359, 11, * per manus..... Pentecosten.
360, note 1, lig. 4, Rodulfi au lieu de Conradi.
  En marge, ch. 696, 1023 circa.
363, 11, * Saviniacensi. – 18, * Duranti.
364, 18, * meridie de ipsa. – 22, * manus.
365, 16, * peccatorum meorum. – 21, * terram.
366, 18, * Truncuis. – 19, * mon. præfati loci q.
  28, * consilium.

367, 6, * piscatoris et mea. - 23, * suos a die.
369, 3, * Saviniacensi. - 15, repetit, sed.
372, 26, * abbas et prælatus audeat abstr.
373, 28, * hoc est med. mansi unius.
375, 12, * terminatur ita. - 13, * Alco lacus.
376, 23, * libras. - *Note 4, lig. 7,* qui S. Nicetii.
377, *notes, 1re col. lig. 5, effacez* Quod et les deux lignes suivantes.
   Ib. l. 19, Duranti quod ab anno 1018 jam.
379, 18, * Saviniacensi. - 23, saliceto et alia.
380, 3 et 12, * Saviniensi. - 18, * aliquis ex hær.
382, 19, * Saviniensi. - 21, * Hugo, Vuald.
383, 11, Saviniacensi.
385, 22, * Civent.
388, 15, * ducimus. - 22, * Siguini.
391, 11, * die et deinceps. - 22, * adstipulatione.
392, 2, * Gallias. - 16, * scribi.
393, 11, * Raymundi. - 12, * si aliquis.
396, *en marge,* 1070 circa.
397, 14, * Saviniacensi. - 23, Torincus.
398, 7 et 8, * per laudantium domni.
   19, * auri puri.
   Transposez les notes 6 et 7.
399, 8, * denarios et munita.
   Supprimez la note 1.
401, 3, * Umberto. - 18, * Bladinus.
402, 2, * consuetudine. In fest. tant. S. Cirici, si forte, etc.
   16, resipuerit; *et effacez la note 2.*
   17, percussus; *et effacez la note 3.*
403, 1, * tissimam Lugdunensem.
   7 et 8, * peculii, quam car. deput. hær.
   11 et 12, * monachis et fum. dom. et qual. nost. dono hospitiolum, opp.
   15, * domum et dare, et vendere.
   26, * dare et vendere.
404, 4, * primus contuli.
   7, * Musculus; Fredaldus; Roth.
   8, * Theodonus; Aschericus; Steph.
   13, * Saviniacensi. - 24, * sextaradam de t.
406, *à la marge, 1re et 2e date,* 10 April. 1068.
407, 3, * quæ sunt sitæ ad cast.
   28 et 29, * Sacr. Dei eccl. quæ est constructa in honore S. Martin. Savin. ubi domnus Dalmatius abbas præesse videtur, Ego.....
408, 22, * Morvent. - 31, * habuerunt.
409, 2, * quæ ad benefficium de majoria.
   16 * videbar habere.
413, 16, * Taissonerias. - 23, * Albairon.
415, 2, * absque ulla inquietudine.

415, 7, * ipsi duo fratres. - 9, * fidejussores.
   10, * laudent. - 26, * curtili.
416, 14, * Antonia. - 19, * matris earum.
418, 18, * Duranti Talaru. - 22, * Yonio.
   25, * mulum aut mulam et equum.
421, *en marge, 2^e date,* Post 1066.
424, 1, * absque ulla cal. - 4, * Umbertus.
   24, * sacimus (sancimus?).
425, 27, * BENEVALE.
426, 12, * ob interventu. - 26, * Saviniacensi.
   Note 5, lisez ch. 641.
428, 27, * ut nulli unquam alii.
431, 6, * dona infrigerit (infregerit).
432, 1, * Ante hæc. - 16, * suis, Vuill.
   20, * infregerit. - 26, Gibuinus.
   A la marge, 1085 circa.
434, 2, * itinere, et hoc. - 19, * cum ejus app.
436, *en marge,* 9 Jun. 1087?
437, *en marge, 2^e date,* 6 Mai. 1085 (vel 86).
438, 9, * acquisierint. - *Effacez la note 6.*
439, *en marge,* 2 Febr. 1087.
440, *notes, 2^e col. lig. 3,* et enim mansis.
442, 4, * Adjaas. - 17, * Arnaldi *pour* Amaldi.
444, 5, * videbatur. - *Effacez la note 2.*
445, 17, * cœnobii. Ipsis.
446, 1re *date, en marge,* 1102-1112.
   29 et 30, * Bernardi Amici et Artaldi fratrum; Bladini.
449, 3, * terra, ut unam.
450, 10, * sacrosanctæ ecclesiæ. - *Note 6,* C. et M.
451, 2, * suorum; ut ab hod. die et deinc. nec.
   8, * Saviniensi. - 23, * Eccl. sanctæ beati M.
452, 16, * nominat. - 23, * Saviniensi.
   En marge, 3^e date, 1088.
454, 3, * ecclesiæ et beati.
455, 6, * frater ejus.
456, 16, * arabili, et vin. un. quæ conj. in.
   26, * Guibergiæ.
458, 26, Ademaro. (* Adenazo.)
460, 28, * sunt sex fossoratæ.
461, 20, * Artardus. - 25, * Chanassun.
464, 8, * tradiderant, ac. - 25, * mei Geraldi.
466, 2, * tiramnide. - 14, * vendet.
467, *en marge, 1re date,* 1103-1113.
468, 13, * Cuvireu *au lieu de* Tuvireu.
471, 6, * in Aduavesis.
472, *en marge,* 1084 circa.
   Note 2, effacez alterius.
474, *en marge,* 1118 circa.
475, *en marge, 1re date,* 9 Dec. 1115?
   7, exortis pro castello : nos.

1166 VARIANTES ET RECTIFICATIONS.

475, 14, * manere decernimus.
476, 5, * tuis petit. – 23, * omnibus pertinentiis.
477, 4, * calumnia canonica tenuit inconc. tibi.
— 5, * Decernimus ergo.
En marge, 19 Feb. 1121-1124.
478, *en marge*, 1115 circa.
479, 28, * jurandum. – *En marge*, 1115 circa.
480, 2, * subterdanda pecora.
481, 12, rationatus esset.
En marge, 1115 circa. – *Effacez la note 6.*
482, 22, * fecit, superædif. est.
— 25, * retinere poterit.
483, 9 et 10, * quod sic ut legit. test. prob. possem avum, etc.
— 20, * vero inde proferrent.
484, 4, quod [si] facere. – 17, * senes.
— 18, * Insula. Baraterius.
485, 9, * approb. et nobiles viros. – 17, *Bonifaci.
486, 12, * Sanctonensis.
488, 1, * Bonifaci. – 20, * milium.
491, 9, * terra suprascripta. – 24, * decimis.
492, 31, * Arnulfus Govius.
494, *en marge*, *1re date*, 1121 circa.
495, 4, * Vaheria (*voy. p. 498*).
— 13, * fidejussoriam. – 22, * retinemento.
496, 9 et 10, * Gothol. – 21, * Berardus.
— 28, * Vuillelmi, Arnulfi.
497, 9, * ad Labardine. – 10, * Azoletes.
498, 9, * Arnaldus et Uncrinus.
— 19 et 21, * Suriun. – 25, * Lumbardus.
499, 5, * moritur. – 26, perpetuum. Eccl.
501, 3, * Charentan. – 20, * Raudans.
503, 16, * domum. – 17, * constitutam.
504, 26 et 27, * filio suo Girino.
507, 3, * admodum. – 13, * Stephanus Gauz...
508, 6, * aliquos. – 20, * laudaverunt : Lud...
— 20 et 21, * Vuillelmus Bermar, Turumb.
510, 14, * præposito. – 20, * Achardi.
— 26, * acquisisse.

511, 14, * re habere cupiens, quia ex ipso.
— 22, *supprimez* (sic).
512, 13, admodum. – 22, * possidebat : qui...
513, 15, *supprimez les deux parenthèses.*
— 23, * Radulfus, Martinus.
516, 11, * Berardus. – 18, * præsentes ac post.
518, 9, * ædifficatione seu reædifficatione.
519, 16 et 17, * læsioni, pet. et obl. libelli, litis.
522, 11, * mandato quinque generalia.
524, 7, * per vos. – 18, * extimabantur.
526, 6, * defectus. – 8, * jam est annus.
— 21, * in præmissis commiserunt.
527, 4, * proventum.
528, 22, clericum, publicum notarium.
529, 20, * dilatione. – 26, * novis quas.
— 29, * Guidone de Taratro.
530, 11, * dominum abbatem.
531, 16, * quondam abbatem.
532, 22, * spiritaliter. – 27, * vite vera tanq.
En marge, Mart. 1251 (N. S.).
533, 15, * Quem si. – 19, * velint.
— 22, * At tamen.
534, 18, * acceptantes. Conc.
— 21, * vero præfati.
535, 2, * Saviniacensium. – 5, loci salutem et.
537, 11, * Hugoni. – 29, * Datum mense.
538, 5, triumphantis trinitas.
— 16, * conditiones poterunt.
539, 1, vero statutus (?). – 12, * quivis.
540, 1, *supprimez la note.*
— 7, * Monte Saventio. – 13, * Serramalle.
— 17, * Cossonney.... Corgeron.... Salorney.
— 18, * Rupeforti.... Mosthons.
— 20, * Girinus Pentis. – 21, * Pallude.
— 23, * domini Dama. – 26, * Rey...
541, 2, Augusta (*Aoste*). – 5, redditibus triginta.
— 8 * juridictionem. – 30, * habet in redditibus.
543, 6, * quidam. – 10, * tenere tres.
544, 29, ecclesiæ, custodes, milites, et.

DEUXIÈME PARTIE.

554, *en marge*, *1re date*, 925 circa.
560, 28, pagani, *lisez* Pagani.
562, 20, fabri, *lisez* Fabri.
565, 1, abbas preesse. Nos, in.....
— 5, *supprimez les trois premiers mots.*
571, *1re date, en marge*, Nov. 986.
579, *en marge*, *2e date*, 1003.
582, 23, Sivuinus.

590, *en marge*, *2e date*, 925 circa.
596, *en marge*, Sept. 990?
610, 8, rogavi.
618, *en marge*, 8 April. 1004.
628, *en marge*, 1008.
630, *en marge*, *2e date*, April. 1008.
632, note 2, Fecime.
638, 29, predic[tas.

VARIANTES ET RECTIFICATIONS.

643, *en marge*, 925 circa.
654, 2, vocabulo [*Losanna*.
655, *en marge*, 1007-1013.
659, 5, iuiciaco?
670, *en marge, 1ʳᵉ date*, 925 circa.
671, 4, terram quam.
672, *en marge*, 30 Mart. 991.
678, 14, at[en]enciis.
682, 9, Meliori Femine.
684, *note 4, lig. 3, lisez :* in vil[la de Tre]voos, *et supprimez le reste.*
685, 29, terminos³ supradictos.
691, *en marge*, 930 circa.
692, *en marge*, Mai. 925?
698, *en marge, 1ʳᵉ date*, 968 circa.
707, *en marge*, 964?
708, 3, quo, Segefrido abbate, monasterio.
713, 38, 963-978.
736, 34, 1018.
739, 16, 1018.
742, 14, 1070.-22 et 24, 10 April.
744, 31, 1085, *effacez* domno It. ab sec.
33, 1082.-35, 37, 39, 1086.
41, 1066, 22 Mart.
745, 15, 1087, 9 Jun.
751, 29, 25 Feb. 1162 (N. S.).-32, 1083.
772, *2ᵉ col. effacez* Andella, etc.
773, *1ʳᵉ col. ligne 32, lisez* Augusta (*Aoste*), *et reportez cet article à la page 781.*
Ligne 34, effacez Inimiacensis.
Ligne 35, au lieu de 186, *mettez* [AGNEREINS].
777, *2ᵉ col. ligne 13, lisez* subdiaconus.
779, *2ᵉ col. ligne 16, ajoutez* (ARS.).
781, *2ᵉ col. lig. 15,* Fulcherius, *lisez* Warnerius.
Ligne 23, effacez (AVET?).
801, *1ʳᵉ col. ligne 23, ajoutez* CRESI locus, 159.

817, *1ʳᵉ col. effacez la 4ᵉ ligne.*
832, *2ᵉ col. ligne 7, lisez* SAINT-ALLIRE.
841. *2ᵉ col. ligne 27, ajoutez* Udulricus.
848, *2ᵉ col. :* MOMBLOY, *ajoutez à la fin de l'article :* (MONTBLOY).
894, *dernière ligne,* nominibus, *lisez* vocibus.
906, *1ʳᵉ col. ligne 7,* S. Reneberti.
915, *notes, 1ʳᵉ col. ligne 1,* Anzy-le-Duc.
935, n°. 49, *lisez* dom. de Cueres (*Cuire*), *et supprimez la note.*
943, n° 26, *même correction.*
948, *note 6,* S. Germ. de Beard, au midi d'Izernore.
953, *note 9,* Pro ob. de Papalonges.
982, n° 6, Danziaci (Anzy-le-Duc).
1011, n° 16, S. Martin, *lisez* N. D.
1018, n° 9, Dombes, *lisez* Dauphiné.
1019, n° 18, S. Denis, *lisez* S. Didier.
37, S. Jacques, *lisez* S. Jean.
1024, n° 27, *lisez* Venissieux.-N° 8, *lisez* Curis. *Effacez la note 12.*
1029, n° 23, Iidem, *lisez* Le prieur de Cleppé.
1031, n° 2, Montverdun, *lisez* Montrotier; *et effacez la note 6.*
1044, 23, cujus onus et emol.
31, *à l'accol.* totum, *lisez* commune.
1045, 22, due abbatie.
1046, n° 12, Massiliaco.
n° 20 et 56, Briennensis.
n° 39 et 49, Boysseto.
n° 42, S. Martini de Liciaco.
1105, *ajoutez :* AOSTE, ville du Piémont, *Augusta*, 541.
1131, *2ᵉ col. :* MONTBLOY, ancien château situé entre Sainbel et l'Arbrêle (Rhône), et aujourd'hui totalement détruit. I. G. Mombloy.

FIN.

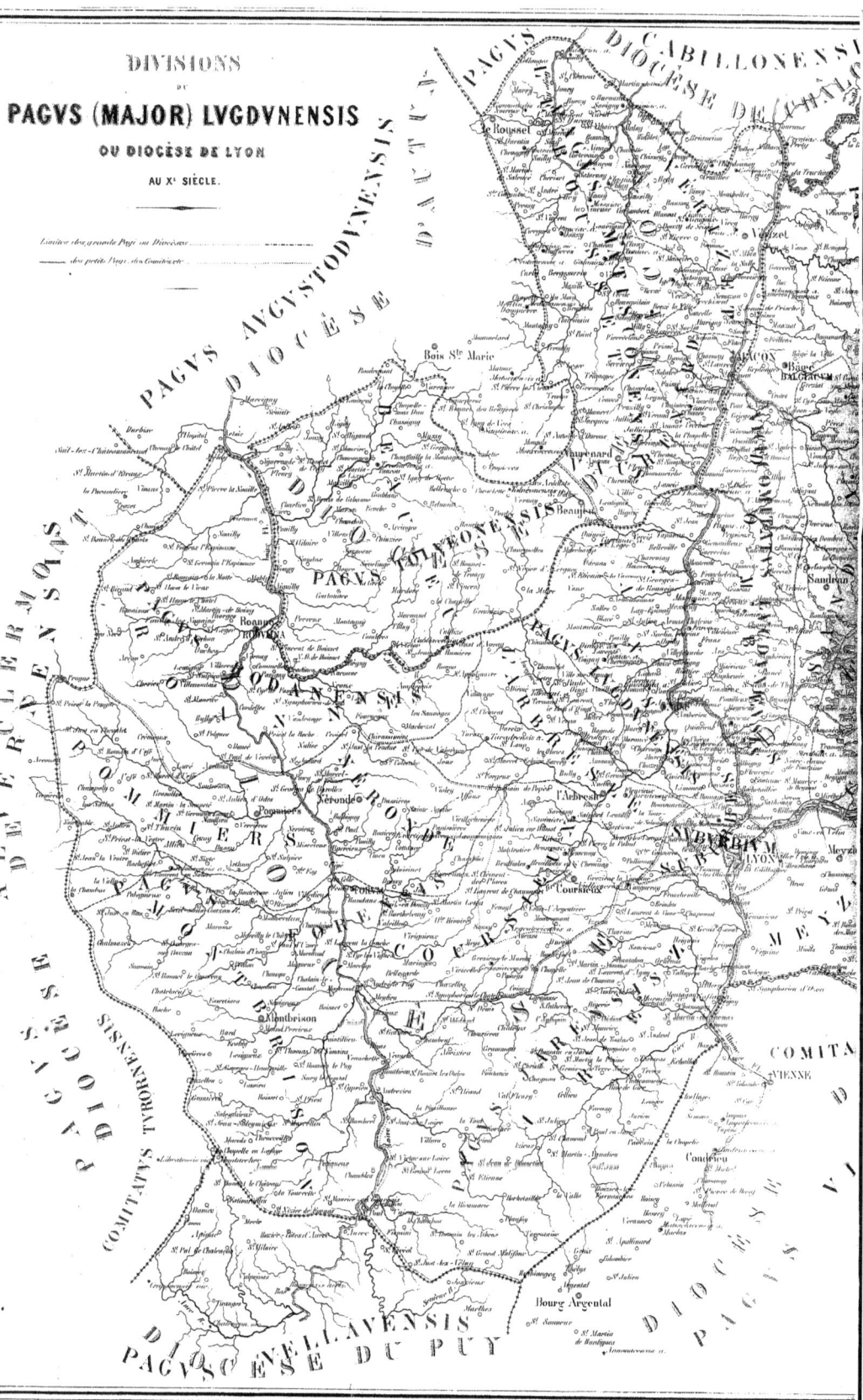

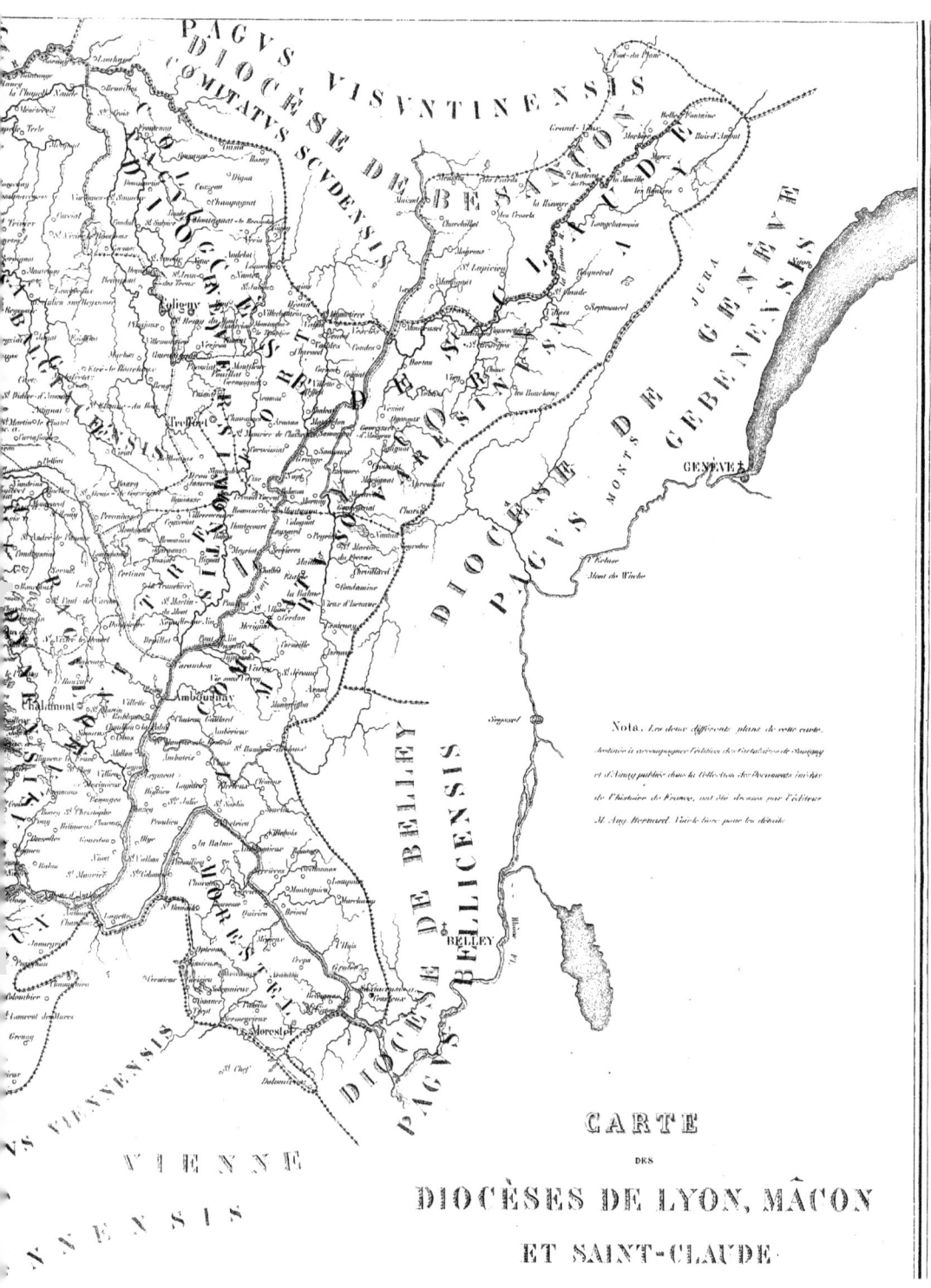

CARTE DES DIOCÈSES DE LYON, MÂCON ET SAINT-CLAUDE

www.ingramcontent.com/pod-product-compliance
Lightning Source LLC
Chambersburg PA
CBHW071202230426
43668CB00009B/1046